SCHÜLERDUDEN

Die Duden-Bibliothek für den Schüler

Rechtschreibung und Wortkunde
Vom 4. Schuljahr an. 324 Seiten mit einem Wörterverzeichnis mit 15 000 Stichwörtern.

Bedeutungswörterbuch
Erklärung des deutschen Grundwortschatzes.
447 Seiten mit über 500 Abbildungen.

Grammatik
Eine Sprachlehre mit Übungen und Lösungen.
412 Seiten.

Fremdwörterbuch
Herkunft und Bedeutung fremder Wörter.
478 Seiten.

Die richtige Wortwahl
Ein vergleichendes Wörterbuch sinnverwandter Ausdrücke. 480 Seiten mit rund 13 000 Wörtern.

Die Literatur
Die wichtigsten literarischen Begriffe. 480 Seiten.
2 000 Stichwörter, zahlreiche Abbildungen.
Register.

Die Mathematik I
Ein Lexikon zur Schulmathematik, Sekundarstufe I (5.–10. Schuljahr). 539 Seiten mit über 1 000 meist zweifarbigen Abbildungen. Register.

Die Mathematik II
Ein Lexikon zur Schulmathematik, Sekundarstufe II (11.–13. Schuljahr). 468 Seiten mit über 500 meist zweifarbigen Abbildungen. Register.

Die Physik
Von der ersten Physikstunde bis zum Abitur.
490 Seiten. 1 700 Stichwörter, 400 Abbildungen.
Register.

Die Chemie
Ein Lexikon der gesamten Schulchemie.
424 Seiten. 1 600 Stichwörter, 800 Abbildungen.
Register.

Die Biologie
Das Grundwissen der Schulbiologie. 464 Seiten.
2 500 Stichwörter, zahlreiche Abbildungen.

Die Geographie
Von der Geomorphologie zur Sozialgeographie.
420 Seiten. 1 800 Stichwörter, 200 Abbildungen und Tabellen.

Die Geschichte
Die wichtigsten historischen Begriffe. 503 Seiten.
2 400 Stichwörter, 150 Abbildungen.
Personen- und Sachregister.

Die Musik
Ein Sachlexikon der Musik. 464 Seiten.
2 500 Stichwörter, 350 Notenbeispiele und Bilder. Register.

Die Kunst
Der gesamte Stoff für den modernen Kunstunterricht. 528 Seiten. 3 000 Stichwörter, 96 Farbtafeln, zahlreiche Abbildungen. Register.

Politik und Gesellschaft
Ein Lexikon zur politischen Bildung. 463 Seiten.
2 300 Stichwörter, 120 Abbildungen, Literaturverzeichnis. Register.

Die Psychologie
Ein Fachwörterbuch speziell für Schüler.
408 Seiten. 3 000 Stichwörter, 200 Abbildungen.
Register.

Die Religionen
Ein Lexikon aller Religionen der Welt.
464 Seiten. 4 000 Stichwörter, 200 Abbildungen.
Register.

Das Wissen von A - Z
Ein allgemeines Lexikon für die Schule.
568 Seiten. 8 000 Stichwörter, 1 000 Abbildungen und Zeichnungen im Text, davon 350 farbig auf 24 Bildtafeln.

Das große Duden-Schülerlexikon
Verständliche Antwort auf Tausende von Fragen.
704 Seiten, rund 10 000 Stichwörter.
1 600 Abbildungen, Zeichnungen und Graphiken im Text.

SCHÜLERDUDEN-ÜBUNGSBÜCHER

Band 1: Aufgaben zur modernen Schulmathematik mit Lösungen I
Bis 10. Schuljahr. Mengenlehre und Elemente der Logik. 260 Seiten mit Abbildungen und mehrfarbigen Beilagen.

Band 2: Aufgaben zur modernen Schulmathematik mit Lösungen II
11.–13. Schuljahr. Ausbau der Strukturtheorien – Analysis. Analytische Geometrie.
270 Seiten mit Abbildungen.

Band 3: Übungen zur deutschen Rechtschreibung I
Die Schreibung schwieriger Laute.
Mit Lösungsschlüssel. 239 Seiten.

Band 4: Übungen zur deutschen Rechtschreibung II
Groß- und Kleinschreibung.
Mit Lösungsschlüssel. 256 Seiten.

Band 5: Übungen zur deutschen Sprache I
Grammatische Übungen. Mit Lösungsschlüssel.
239 Seiten.

Band 6: Aufgaben zur Schulphysik mit Lösungen
Bis 10. Schuljahr. 200 vollständig gelöste Aufgaben. 208 Seiten.

Band 7: Übungen zur Schulbiologie
Mehr als 400 Aufgaben mit Lösungen. 224 Seiten mit 180 Abbildungen.

Band 8: Übungen zur deutschen Rechtschreibung III
Die Zeichensetzung. Mit Lösungsschlüssel.
205 Seiten.

Bibliographisches Institut
Mannheim/Wien/Zürich

DUDEN
Band 4

Der Duden in 10 Bänden
Das Standardwerk
zur deutschen Sprache

*Herausgegeben vom Wissenschaftlichen Rat
der Dudenredaktion:
Prof. Dr. Günther Drosdowski,
Dr. Rudolf Köster, Dr. Wolfgang Müller,
Dr. Werner Scholze-Stubenrecht*

DUDEN

Grammatik
der deutschen Gegenwartssprache

4., völlig neu bearbeitete
und erweiterte Auflage

Herausgegeben und bearbeitet von
Günter Drosdowski
in Zusammenarbeit mit
Gerhard Augst, Hermann Gelhaus,
Helmut Gipper, Max Mangold, Horst Sitta,
Hans Wellmann und Christian Winkler

DUDEN BAND 4

Bibliographisches Institut Mannheim/Wien/Zürich
Dudenverlag

Bearbeitung:
Prof. Dr. Günther Drosdowski

Autoren:
Prof. Dr. Max Mangold: Der Laut
Prof. Dr. Gerhard Augst: Der Buchstabe
Prof. Dr. Hermann Gelhaus: Die Wortarten
Prof. Dr. Hans Wellmann: Die Wortbildung
Prof. Dr. Helmut Gipper: Der Inhalt des Wortes und die
Gliederung der Sprache · Prof. Dr. Horst Sitta: Der Satz
Prof. Dr. Christian Winkler: Die Klanggestalt des Satzes

CIP-Kurztitelaufnahme der Deutschen Bibliothek

Der **Duden in 10 [zehn] Bänden:** d. Standardwerk zur
dt. Sprache / hrsg. vom Wiss. Rat d. Dudenred.:
Günther Drosdowski... - Mannheim; Wien; Zürich:
Bibliographisches Institut.
    Frühere Ausg. u.d.T.: Der grosse Duden
NE: Drosdowski, Günther [Hrsg.]

Bd. 4. → Duden „Grammatik der deutschen Gegenwartssprache".

Duden „Grammatik der deutschen Gegenwartssprache" /
hrsg. u. bearb. von Günther Drosdowski in Zusammenarbeit
mit Gerhard Augst... [Autoren: Max Mangold...]. – 4., völlig
neu bearb. u. erw. Aufl. – Mannheim; Wien; Zürich:
Bibliographisches Institut, 1984.
    (Der Duden in 10 Bänden; Bd. 4)
    ISBN 3-411-20904-6
NE: Drosdowski, Günther [Hrsg.]; Grammatik der deutschen
Gegenwartssprache.

© Bibliographisches Institut, Mannheim 1984
Satz: Zechnersche Buchdruckerei, Speyer (Digiset 40T20 R)
Druck und Bindearbeit: Klambt-Druck GmbH, Speyer
Printed in Germany
ISBN 3-411-20904-6

Vorwort zur vierten Auflage

Die letzte, dritte Auflage der Duden-Grammatik stammt aus dem Jahre 1973. In den seitdem vergangenen Jahren haben neuere Sprachtheorien und Grammatikmodelle – vielfach vorschnell und unkoordiniert – einen ersten Niederschlag in Lehrplänen und Unterrichtswerken gefunden. In dieser Situation kommt der Neuauflage der Duden-Grammatik in besonderem Maße die Aufgabe zu, eine Orientierung für Lehrende und Lernende in einer Zeit widerstreitender sprachwissenschaftlicher Schulen und Richtungen zu sein.

In der 4. Auflage ist der bewährte Aufbau der früheren Auflagen beibehalten worden. Die Grammatik schreitet konsequent vom Laut über das Wort mit all seinen Abwandlungsmöglichkeiten und seiner Kombinationsfähigkeit mit anderen Wörtern zum Satz fort. Alle Abschnitte sind gründlich und unter Berücksichtigung der neuesten Forschung überarbeitet worden. Neu hinzugekommen ist der Abschnitt „Der Buchstabe", in dem die Prinzipien unserer Schreibung dargestellt werden.

Hauptziel der Neubearbeitung war es, durch eine noch übersichtlichere und verständlichere Darstellung die Benutzbarkeit der Duden-Grammatik zu verbessern. Auch der sprachlich interessierte Laie, der sich über den Aufbau unserer Sprache unterrichten will oder Rat sucht bei grammatischen Zweifelsfällen, soll diese Grammatik benutzen können. Nicht zuletzt soll die Duden-Grammatik auch ein praktisches Handbuch für den Unterricht der deutschen Sprache als Fremdsprache sein.

Mannheim, den 20. Februar 1984

Der Wissenschaftliche Rat der Dudenredaktion

Der Inhalt des Wortes und die Gliederung der Sprache

DER SATZ

DAS WORT

Der Laut

1 Allgemeines

1.1 Lautschrift

1

Der Mensch spricht in Wörtern. Wenn jemand sagt: „Hans, komm!", dann weiß er, daß er zwei Wörter gesprochen hat, nämlich *Hans* und *komm*. Er weiß es mehr oder weniger bewußt, gleichgültig, ob er schreiben und lesen kann oder nicht. Auch der Analphabet weiß, was ein Wort ist. So gibt es in Sprachen, die keine Schrift besitzen, durchaus Ausdrücke, die soviel wie „Wort" bedeuten. Der Mensch ist also – auch ohne besondere Vorbereitung – in der Lage, gesprochene Sätze in kleinere Teile, d. h. in Wörter, zu zerlegen.

Schwieriger ist es hingegen für den gewöhnlichen Sprecher, ein einzelnes Wort weiter zu zerlegen und zu entscheiden, wie viele und was für Laute darin stecken. Es scheint, daß der Laut im Bewußtsein viel weniger vorhanden ist als das Wort. In der Tat hat die Menschheit lange gebraucht, bis sie es fertigbrachte, Wörter in Laute zu zerlegen und die Laute mit Hilfe von Buchstaben in der Schrift wiederzugeben, wie dies heute etwa in der deutschen Buchstabenschrift der Fall ist. Hier entspricht im allgemeinen ein Buchstabe einem Laut. So hat *Hans* die vier Laute [h], [a], [n], [s] und die vier Buchstaben *H, a, n, s*. Allerdings entsprechen sich die Anzahl der Laute und die Anzahl der Buchstaben nicht immer: In *komm* spricht man drei Laute ([kɔm]), schreibt aber vier Buchstaben (*k, o, m, m*). Ferner wird nicht selten ein und derselbe Laut mit verschiedenen Buchstaben wiedergegeben. So erscheint der [f]-Laut als *F* in *Folge* [ˈfɔlgə], aber als *V* in *Volk* [fɔlk].

Bereits an diesen wenigen Beispielen wird deutlich, daß die Buchstaben die Laute nicht eindeutig und einheitlich darstellen. Man ist deshalb gezwungen, für die Angabe der Aussprache eine besondere Lautschrift (phonetische Schrift, phonetisches Alphabet) zu verwenden. Am besten eignet sich die heute verbreitetste Lautschrift, das Alphabet der Association Phonétique Internationale (API, IPA), die sogenannte Internationale Lautschrift. Um sie deutlich von den Buchstaben abzuheben, setzt man sie in eckige Klammern (phonetische, allophonische Lautschrift) oder zwischen Schrägstriche (phonemische Lautschrift). Zusätzlich wird hier nach Möglichkeit auch in der Orthographie Kürze und Länge der hauptbetonten Vokale angegeben, und zwar bei Kürze durch untergesetzten Punkt, bei Länge durch untergesetzten waagrechten Strich. Die folgende Tabelle enthält in der ersten Spalte die Zeichen der Internationalen Lautschrift, in der zweiten eine volkstümliche Erklärung oder Bezeichnung und in der dritten entsprechende Beispiele:

Zeichen der Internationalen Lautschrift

2

a	helles bis mittelhelles a	hạt [hat], Bạd [baːt]	ã	nasales a	Gourmand [gʊrˈmãː]
ɑ	dunkles bis mitteldunkles a	Zạhl [tsɑːl] (hamburgisch)	ai̯	ai-Diphthong	weit [vai̯t]
			au̯	au-Diphthong	Haut [hau̯t]
ɐ	abgeschwächtes a	Wạsser [ˈvasɐ]	b	b-Laut	Bau [bau̯]
			ç	Ich-Laut	ich [ɪç]

d	d-Laut	Damm [dam]	s	ß-Laut (scharf)	Last [last]
dʒ	dsch-Laut (weich)	Gin [dʒɪn]	ʃ	sch-Laut	schalt [ʃalt]
ð	englischer th-Laut (weich)	Fathom ['fɛðəm]	t	t-Laut	Tau [tau]
			ts	z-Laut	Zelt [tsɛlt]
e	geschlossenes e	lebt [le:pt]	tʃ	tsch-Laut	Matsch [matʃ]
ei	eⁱ-Diphthong	Lady ['leidi]	θ	englischer th-Laut (scharf)	Thriller ['θrɪlɐ]
ɛ	offenes e	hätte ['hɛtə]			
ɛ̃	nasales e	Teint [tɛ̃:]	u	geschlossenes u	Kuh [ku:]
ə	Murmelvokal	halte ['haltə]	ʊ	offenes u	Pult [pʊlt]
f	f-Laut	fast [fast]	v	w-Laut	Wart [vart]
g	g-Laut	Gans [gans]	x	Ach-Laut	Bach [bax]
h	h-Laut	Hans [hans]	y	geschlossenes ü	Tüte ['ty:tə]
ʰ	starke Behauchung	Pack [pʰakʰ]	ʏ	offenes ü	wüßte ['vʏstə]
i	geschlossenes i	Elisa [e'li:za]	z	s-Laut (weich)	Hase ['ha:zə]
ɪ	offenes i	bist [bɪst]	ʒ	sch-Laut (weich)	Genie [ʒe'ni:]
j	j-Laut	just [jʊst]			
k	k-Laut	kalt [kalt]	ǀ	Stimmritzen-verschlußlaut (Kehlkopfver-schlußlaut, Glottalstop, Knacklaut); das Zeichen [ǀ] wird wegge-lassen am Wortanfang vor Vokal, wo der Stimmritzen-verschlußlaut in der Standard-lautung immer gesprochen werden muß	abebben ['apǀɛbn̩] Verein [fɛɐ'ǀain] Affe ['afə] eigentlich ['ǀafə]
l	l-Laut	Last [last]			
m	m-Laut	man [man]			
m̩	mn-Laut	fünf [fʏm̩f] (ugs.)			
n	n-Laut	Nest [nɛst]			
ŋ	ng-Laut	lang [laŋ]			
o	geschlossenes o	Lot [lo:t]			
oᵘ	oᵘ-Diphthong	Show [ʃoᵘ]			
õ	nasales o	Bon [bõ:]			
ɔ	offenes o	Post [pɔst]			
ø	geschlossenes ö	mögen ['mø:gŋ]			
œ	offenes ö	könnt [kœnt]			
œ̃	nasales ö	Parfum [par'fœ̃:]	'	mittelstarke bis schwache Behauchung	Akte ['ak't'ə]
ɔy	eu-Diphthong	heute ['hɔytə]			
p	p-Laut	Pakt [pakt]	°	kleiner Kreis, übergesetzt oder untergesetzt, bezeichnet Stimmlosigkeit	Absage ['apza:gə]
pf	pf-Laut	Pfahl [pfa:l]			
r	r-Laut (gerolltes Zungen-spitzen-R)	Rast [rast]	:	Längenzeichen, bezeichnet Länge des unmittelbar davor stehenden Vokals	bade ['ba:də]
ɾ	r-Laut (Zungen-spitzen-R mit einem Anschlag der Zungenspitze)	Rast [rast]	'	Hauptbeto-nung, steht un-mittelbar vor der betonten Silbe; wird nicht gesetzt bei einsilbigen Wörtern	Acker ['akɐ] Apotheke [apo'te:kə] Haus [haus]
ʀ	r-Laut (Zäpf-chen-R mit einem Anschlag oder mehreren Anschlägen des Zäpfchens)	Rast [ʀast]			
ʁ	r-Laut (geriebe-nes Zäpfchen-R)	Rast [ʁast]			

Nebenbetonung, steht unmittelbar vor der nebenbetonten Silbe	Straßenbahn-schaffner ['ʃtraːsn̩baːn-ˌʃafnɐ]	untergesetzt, bezeichnet unsilbische Vokale	
Zeichen für silbische Konsonanten, steht unmittelbar unter dem Konsonanten	Kegel ['keːgl̩]	- Bindestrich, bezeichnet Silbengrenze	Wirtschaft ['vɪrt-ʃaft]
		[ ] bedeutet phonetische Lautschrift	Polynesier [poly'neːzi̯ɐ]
Halbkreis, übergesetzt oder	Vision [vi'zi̯oːn]	// bedeutet phonemische Lautschrift	Polynesier /poːly:'neːziːər/

1.2 Grundlagen[1]

1.2.1 Grundbegriffe

Laute (Phone) und ihre Eigenschaften

[3]

Ein Laut (Phon) unterscheidet sich von einem anderen zum einen durch verschiedene Qualität, d. h. durch verschiedene Klangfarbe (z. B. [a] gegenüber [o]) oder durch Verschiedenheit des hervorgebrachten Geräuschs (z. B. [f] gegenüber [s]).

Zum anderen können Laute eine unterschiedliche Länge ([Zeit]dauer, Quantität) haben: [a] in *Bann* [ban] ist kurz, [a:] in *Bahn* [baːn] ist lang; [m] in *Strom* [ʃtroːm] ist kurz, [mm] in *Strommenge* ['ʃtroːmmɛŋə] ist lang.

Auch die Stärke (Intensität), mit der Laute ausgesprochen werden, kann verschieden sein. So besitzt in *Pascha* ['paʃa] das erste [a] eine größere Intensität als das zweite.

Und schließlich können sich Vokale und stimmhafte Konsonanten durch verschiedene Tonhöhe (musikalischer Akzent, Intonation) unterscheiden. Man vergleiche etwa ein fragendes *So?* mit einem sachlich feststellenden *So.*

Laute (Phone) schreibt man gewöhnlich in eckigen Klammern [ ].

Phonem

[4]

Zwei Laute sind verschiedene Phoneme, wenn sie in derselben lautlichen Umgebung vorkommen können und verschiedene Wörter unterscheiden.[2] So sind z. B. [r] und [l] verschiedene Phoneme, denn erstens treten sie in derselben lautlichen Umgebung auf (z. B. vor [a] in *Ratte* ['ratə] und *Latte* ['latə]), und zweitens unterscheiden sie verschiedene Wörter (z. B. *Ratte* ['ratə] und *Latte* ['latə]). Phoneme und mit Phonemen geschriebene Wörter setzt man zwischen schräge Striche: /r/, /l/; /'ratə/, /'latə/.

Wörter, die sich nur durch ein einziges Phonem unterscheiden, heißen Minimalpaare (minimale Paare). Minimalpaare sind z. B. folgende Wörter:

/p/ : /b/	packe : backe	/iː/ : /oː/	Kiel : Kohl
/t/ : /m/	Tasse : Masse	/ɪ/ : /ɛ/	fit : fett
/k/ : /ts/	Kahn : Zahn	/eː/ : /ʏ/	fehle : fülle

---

[1] Vgl. O. v. Essen: Allgemeine und angewandte Phonetik. Berlin 1966; M. Mangold: Sprachwissenschaft. Darmstadt (1973), S. 21–121; M. Schubiger: Einführung in die Phonetik. Berlin 1977.

[2] Gelegentlich wird der Begriff auch im Sinne von voraussagbarem Morphophonem (vgl. 6) verwendet.

/n/	:	/l/	Gneis	:	Gleis	/a:/ : /a/	Rate : Ratte
/l/	:	/r/	Lippe	:	Rippe	/ʏ/ : /œ/	Hülle : Hölle
/f/	:	/v/	Fall	:	Wall	/ø:/ : /ö:/	Bö : Bon
/s/	:	/ʃ/	Bus	:	Busch	/o:/ : /au/	roh : rauh
/s/	:	/z/	Muße	:	Muse	/ɔ/ : /au/	voll : faul
/pf/	:	/ts/	Tropf	:	Trotz	/ai/ : /ɔy/	Eile : Eule
/ts/	:	/dʒ/	Zinn	:	Gin	/au/ : /ɛ̃:/	Tau : Teint

Ein einzelnes Phonem kann stellungsbedingte und freie Varianten (Allophone) haben. Daneben kann es auch zu Variation zwischen mehreren Phonemen kommen (Phonemvariation).

Stellungsbedingte Varianten

Stellungsbedingte Varianten können keine Wörter unterscheiden und nicht in derselben lautlichen Umgebung auftreten. So sind bei einem kleinen Wort- und Formenschatz der Laut [ç] – wie in *dich* [dɪç] – und der Laut [x] – wie in *Dach* [dax] – stellungsbedingte Varianten ein und desselben Phonems, das wir /x/ schreiben können.[1] Erstens kommt [ç] nicht in der lautlichen Umgebung vor, wo [x] auftritt, und umgekehrt: [ç] tritt gewöhnlich nach den vorderen Vokalen ([ɪ œ] u.a.) und nach Konsonanten wie in *dich* [dɪç], *manch* [manç] auf, während [x] nach nichtvorderen Vokalen wie [ʊ a ɔ] auftritt, z. B. in *Dach* [dax]. Somit schließen sich [x] und [ç] in derselben lautlichen Umgebung gegenseitig aus. Zweitens kann man mit [ç] und [x] nicht verschiedene Wörter unterscheiden: Wenn man für *Dach* statt [dax] [daç] sagt, weicht man zwar von der Standardaussprache ab, hat damit aber kein neues Wort geschaffen.

Freie (fakultative) Varianten

Freie Varianten eines Phonems sind verschiedene Laute, die in derselben lautlichen Umgebung auftreten können, ohne Wörter zu unterscheiden. In der Standardaussprache sind vor Vokal das mehrschlägige Zungenspitzen-R [r], das einschlägige Zungenspitzen-R [ɾ], das gerollte Zäpfchen-R [ʀ] und das Reibe-R [ʁ] freie Varianten des Phonems /r/. In *Ratte* z. B. sind alle vier R-Aussprachen möglich. Verschiedene Wörter ergeben sich dadurch nicht.

Phonemvariation

Es kommt vor, daß in bestimmten Wörtern ein Phonem durch ein anderes ersetzt werden kann, ohne daß sich die Bedeutung ändert. Man nennt das Phonemvariation. Sie ist in der Standardaussprache selten (z. B. *jenseits* /'jɛ:nzaits/, /'jɛnzaits/, wobei /e:/ und /ɛ/ verschiedene Phoneme sind).

5	## Morphem

Wenn man den Imperativ Singular von *beten* (*bet!* /be:t/) weiter zerlegen würde, könnte man z. B. /be:/ und /t/ erhalten. Eine solche Zerlegung wäre aber nicht sinnvoll, weil /be:/ und /t/ hier keine Bedeutung haben. Zerlegt man hingegen *geht!* /ge:t/ (Imperativ Plural von *gehen*) in /ge:/ und /t/, dann stellt man fest, daß beiden Teilen durchaus eine Bedeutung bleibt: 1. /ge:/ ‚sich fortbewegen', 2.

---

[1] Bei einem größeren Wort- und Formenschatz, wie man ihm in der Duden-Rechtschreibung (¹⁸1980) und im Duden-Fremdwörterbuch (⁴1982) begegnet, ist man gezwungen, [ç] und [x] als zwei verschiedene Phoneme zu betrachten, da beide in derselben lautlichen Umgebung auftreten können; so etwa vor /a/ am Wortanfang, z. B. /ç/ in *Charitin* /ça'ri:tɪn/ gegenüber /x/ in *Chassidismus* /xasi'dɪsmʊs/. Auch Wortpaare wie *Kuhchen* /'ku:çən/ (‚kleine Kuh') und *Kuchen* /'ku:xən/ mögen ein Grund dafür sein, /ç/ und /x/ als verschiedene Phoneme zu betrachten.

/t/ ‚Imperativ Plural'. Solche nicht weiter zerlegbaren bedeutungshaltigen Teile wie /be:t/, /ge:/, /t/ nennt man Morphe.
Zerlegt man nun *wartet*! /'vartət/ (Imperativ Plural von *warten*), dann erhält man die Morphe /vart/ ‚erwarten' und /ət/ ‚Imperativ Plural'. Davon läßt sich das Morph /ət/ mit dem Morph /t/ in /ge:t/ zu einem einzigen Morphem {-t} /t~ət/ mit der Bedeutung ‚Imperativ (2. Person) Plural' zusammenfassen. Man sagt auch, /t/ und /ət/ seien Allomorphe des Morphems {-t}.

Morphophonem

6

Wenn man die Allomorphe eines Morphems miteinander vergleicht, kann man feststellen, daß sie sich in den Phonemen unterscheiden. Bei den Allomorphen /t/ und /ət/ für das Morphem {-t} etwa ist die Zahl der Phoneme eine jeweils andere; dagegen werden bei den Allomorphen des Morphems *lieb*- {li:b-} (‚jemanden sehr gern haben') verschiedene Phoneme gebraucht:

1. /li:b/; z.B. in *liebe* /'li:bə/ und *lieben* /'li:bən/
2. /li:p/; z.B. in *liebst* /'li:pst/ und *liebte* /'li:ptə/

Diesen Phonemwechsel zwischen /b/ und /p/ nennt man Morphophonem.[1] Morphophoneme kann man zwischen Doppel-Schrägstrichen schreiben //b//. Das Morphophonem //b// (= Wechsel von /b/ und /p/) ist voraussagbar: /b/ erscheint gewöhnlich vor einem /ə/, /p/ sonst. Es gibt aber auch Morphophoneme, die nicht voraussagbar sind. Das gilt z.B. für das Morphem *fall*- {fal-} (‚das Gleichgewicht verlieren') mit den Allomorphen *fall*- /fal/, *fäll*- /fɛl/ (z.B. in *fällt* /fɛlt/), *fiel* /fi:l/, wo das Morphophonem //a// (= Wechsel von /a/, /ɛ/, /i:/) nicht voraussagbar ist. Nichtvoraussagbare Morphophoneme wie dieses //a// erscheinen besonders im Umlaut und Ablaut.

Silbe (Sprechsilbe) und Silbengrenze (lautliche)

7

Im Unterschied zu der inhaltlich-grammatischen Einheit Morphem ist die Silbe (Sprechsilbe) eine lautliche Größe, nämlich die kleinste Lautfolge, die sich bei der Untergliederung des Redestroms ergibt.[2] Sie wird vom Sprecher als kleinste Einheit des Kraftaufwandes beim Sprechen empfunden.
Eine Silbe kann aus einem Einzelvokal (*oh*! [o:]), einem Diphthong (*au*! [au̯]) oder aus deren Kombination mit Konsonanten bestehen (*aus* [au̯s], *schrumpfst* [ʃrʊmpfst]); wobei die auf einen Vokal endende Silbe offen, die auf einen Konsonanten endende geschlossen genannt wird. Ein Wort wiederum kann eine oder mehrere Silben haben, z.B. *red*! [re:t], *rede* ['re:-də], *redete* ['re:-də-tə]. Dabei heißt der besonders hervortretende Laut Silbenträger (Silbengipfel). Als solche treten meistens Vokale auf, aber auch Konsonanten, besonders [m n ŋ l r]. Man sagt dann, [m n ŋ l r] seien silbisch, und schreibt genauer: [m̩ n̩ ŋ̩ l̩ r̩]. So wird in der Standardaussprache *reden* wie ['re:dn̩] gesprochen, wobei [e:] Silbenträger der ersten Silbe und [n̩] Silbenträger der zweiten Silbe ist.
Treten Vokale als Nichtsilbenträger auf, dann nennt man sie unsilbisch. So ist im Diphthong [au̯] des Wortes *Haus* [hau̯s] der Vokal [u] unsilbisch, während der Vokal [a] silbisch, d.h. Silbenträger, ist. In der Standardaussprache treten [i u y o] unsilbisch auf, z.B. in *sexuell* [zɛ'ksu̯ɛl]. Besonders Vokale mit hoher Zungenlage wie [i u y] kommen unsilbisch vor.

---

[1] Was hier als (voraussagbares) Morphophonem bezeichnet wird, nennen einige Phonem. Sie schreiben dann /b/, wo hier //b// geschrieben wird; oder /ta:g/, wo hier //ta:g// erschiene (vgl. auch 4).
[2] Zu einer Diskussion der zahlreichen Silbendefinitionen vgl. W. D. Ortmann: Sprechsilben im Deutschen. München 1980, S. III–XXXVI.

Die Silbengrenze markiert das Zusammentreffen zweier Silben (z. B. *reden* ['re:-dn̩]).

---

8 | ## Phonotaktik

Phoneme lassen sich nicht beliebig kombinieren. Zum Beispiel können /a/, /h/, /l/, /t/ nur in der Reihenfolge /h/, /a/, /l/, /t/ (=*halt*) miteinander verbunden werden. Alle anderen – im ganzen 23 – Kombinationen wie /ahlt/, /alht/, /hlta/, /lhat/, /tlha/ sind unmöglich.

Kombinationsmöglichkeiten und -regeln dieser Art untersucht man in der Phonotaktik. Man berücksichtigt dabei die Stellung (Anlaut, Inlaut, Auslaut) der Phoneme in Einheiten wie Silbe, Morphem, Wurzel, Affix (Präfix, Suffix), Wort; ferner Silbenzahl und Betonung, Wortart und Etymologie (Interjektionen verhalten sich phonotaktisch anders als etwa Verben, Fremdwörter anders als Nichtfremdwörter). So kommt das Phonem /ə/ zwar im Wortauslaut (vgl. *nahe* /'na:-ə/), nicht aber im Wortanlaut (*Atom* /a'to:m/; nicht /ə'to:m/) vor; und die Phonemfolge /sç/ findet sich nur in fremdwörtlichen Morphemen (vgl. *Schisma* /'sçisma/), nicht aber in deutschen.

---

9 | ## 1.2.2 Lautgruppen

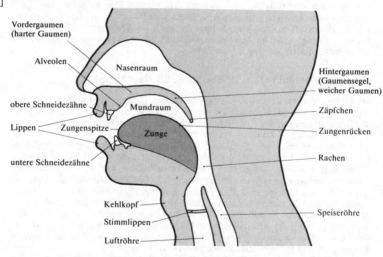

Querschnitt durch die Sprechwerkzeuge

Sprachlaute pflegt man in zwei große Gruppen (Lautgruppen) einzuteilen, in Vokale (Selbstlaute) und Konsonanten (Mitlaute); wobei die Zahl der ersteren kleiner ist als die der letzteren.

---

10 | ## Vokale (Selbstlaute)

Vokale (Selbstlaute) sind Laute, bei denen die Stimmlippen im Kehlkopf schwingen und die Atemluft ungehindert durch den Mund ausströmt.

Zungen- und Lippenstellung

Von der Stellung des Zungenrückens und der Lippen hängt vor allem die Klangfarbe ab.

Höhe der Zunge (Vertikallage der Zunge)

Je weiter oben der höchste Punkt des Zungenrückens liegt, desto höher (geschlossener) ist ein Vokal. Bei [i:] in *Kino* ['ki:no] ist der höchste Punkt des Zungenrückens höher als bei [e:] in *Mehl* [me:l]. Man sagt auch, [i:] sei geschlossener als [e:] bzw. [e:] offener als [i:].

Horizontallage der Zunge

Je weiter vorn im Mund der höchste Punkt des Zungenrückens ist, desto heller ist ein Vokal; je weiter hinten der höchste Punkt des Zungenrückens ist, desto dunkler ist er. Bei [i:] in *biete* ist der höchste Punkt des Zungenrückens vorn. Bei [u:] in *gut* [gu:t] ist er hinten, bei [ə] in *mache* ['maxə] ist er in der Mitte. Man sagt auch, [i:] sei ein vorderer, [u:] ein hinterer Vokal.

Lippenstellung

Vokale werden mit gerundeten oder ungerundeten Lippen gesprochen. Bei [y:] in *übel* ['y:bl] sind die Lippen gerundet, bei [i:] in *Biene* ['bi:nə] sind sie nicht gerundet (ungerundet). Man sagt auch, [y:] sei gerundet (labial) und [i:] ungerundet (nichtlabial).

Vokalviereck

11

Den Bereich des Mundraumes, in dem die Vokale gebildet werden, stellt – etwas vereinfacht – das sogenannte Vokalviereck auf der Zeichnung Seite 28 oben dar (unten eine ergänzte Vergrößerung). Mit seiner Hilfe läßt sich die Zungenstellung der Vokale am besten zeigen. Dabei ist zu beachten, daß hier nicht Vokale einer bestimmten Sprache dargestellt werden, sondern Bezugsvokale (Standardvokale), auf welche die einzelsprachlichen Vokale bezogen werden können. Von diesen Vokalen sind [i ɪ e ɛ æ a ɨ ə ɐ ɯ ʌ ɑ] ungerundet und [y ʏ ø œ ʉ u ʊ o ɔ ɒ] gerundet.

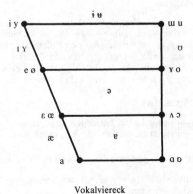

Vokalviereck

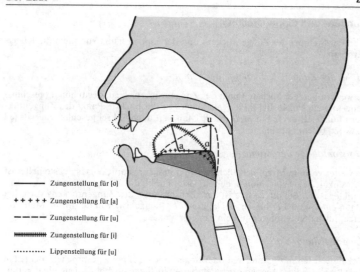

- ———— Zungenstellung für [ɑ]
- + + + + + Zungenstellung für [a]
- — — — — Zungenstellung für [u]
- ⅢⅢⅢⅢ Zungenstellung für [i]
- ·········· Lippenstellung für [u]

Sprechwerkzeuge mit Vokalviereck im Mundraum

12 Diphthonge

Im Gegensatz zu den Monophthongen (einfachen Vokalen) bestehen Diphthonge (Zwielaute, Doppellaute) aus zwei Vokalen, von denen der eine silbisch (Silbenträger) und der andere unsilbisch ist. Ist der erste Vokal silbisch und der zweite unsilbisch (vgl. [aʊ̯] in *Haus* [haʊ̯s]), so heißt der Diphthong fallend; im umgekehrten Fall steigend (vgl. [i̯ə] in *Studie* [ˈʃtuːdi̯ə]). Genauer gesagt sind Diphthonge Gleitlaute, bei denen die Zunge oder die Zunge zusammen mit den Lippen eine Gleitbewegung von einem Vokal zu einem anderen durchführt.

13 Orale und nasale Vokale

Die deutschen Vokale sind gewöhnlich oral (Mundvokale), wobei das Gaumensegel angehoben ist und den Nasenraum verschließt, der deshalb keinen Resonanzraum bilden kann. Dagegen ist bei den nasalen Vokalen (Nasenvokalen; besser nasalierten Vokalen) das Gaumensegel gesenkt und der Durchgang zum Nasenraum, der einen Resonanzraum bildet, geöffnet. Nasale Vokale finden sich v. a. in Fremdwörtern aus dem Französischen (vgl. [ɛ̃ː] in *Teint* [tɛ̃ː]).

14 Konsonanten (Mitlaute)

Konsonanten (Mitlaute) sind Laute, bei denen ausströmende Atemluft während einer gewissen Zeit gehemmt (gestoppt) oder eingeengt wird.

15 Artikulationsart (Artikulationsmodus, Überwindungsmodus)

Unter Artikulationsart versteht man die Art des Durchgangs und der Behinderung des Luftstroms bei der Lautbildung.

Verschlußlaute (Sprenglaute, Momentanlaute, Klusile, Explosive, Plosive, Mutae)
Bei den Verschlußlauten wird ein Verschluß gebildet, die Luft wird während einer gewissen Zeit am Ausströmen gehindert: [p b t d k g ǀ].

Nasenlaute (Nasale, Nasalkonsonanten)
Bei den Nasenlauten entweicht die Luft durch die Nase. Der Mund ist geschlossen: [m ɱ n ŋ].

Seitenlaute (Laterale)
Bei den Seitenlauten entweicht die Luft nicht durch den Mund in seiner ganzen Breite, sondern nur auf einer oder auf beiden Seiten der Zunge: [l].

Schwinglaute (Zitterlaute, Gerollte, mehrschlägige Laute, Vibranten)
Bei den Schwinglauten schwingt die Zungenspitze oder das Zäpfchen hin und her (vibriert, rollt): [r ʀ].

Geschlagene Laute (einschlägige Laute)
Bei den geschlagenen Lauten schlägt die Zungenspitze oder das Zäpfchen nur einmal: [ɾ ʀ].

Reibelaute (Engelaute, Frikative, Spiranten)
Bei den Reibelauten wird die ausströmende Luft eingeengt. Es entsteht ein Reibegeräusch: [f v θ ð s z ʃ ʒ ç j x ʁ h]. [s z ʃ ʒ] nennt man Zischlaute (Sibilanten); bei ihnen wird zusätzlich in der vorderen Zungenmitte eine Längsrille gebildet.

Affrikaten
Affrikaten sind eng zusammen ausgesprochene, zu derselben Silbe gehörende Verschluß- und Reibelaute mit ungefähr gleicher Artikulationsstelle (homorgan): [p͡f], [t͡s] u. a.

Artikulationsstelle (Hauptartikulationen) | 16 |

Darunter ist die Stelle zu verstehen, wo die (beiden) an der konsonantischen Hauptartikulation beteiligten Organe gegeneinander wirken (zusammentreffen).

Lippenlaute (Bilabiale)
Bei den Lippenlauten artikulieren Unter- und Oberlippe gegeneinander: [p b m].

Lippenzahnlaute (Labiodentale)
Bei den Lippenzahnlauten artikuliert die Unterlippe gegen die oberen Schneidezähne: [ɱ f v].

Zahnlaute (Dentale) und Alveolare
Bei den Zahnlauten und Alveolaren artikuliert die Zungenspitze oder der vorderste Zungenrücken gegen die oberen Schneidezähne oder gegen die Alveolen: [t d n l r ɾ θ ð s z].

Palatoalveolare
Bei den Palatoalveolaren artikuliert die Zungenspitze oder der vordere Zungenrücken gegen den hinteren Teil der Alveolen oder den vordersten Teil des Vordergaumens: [ʃ ʒ].

Vordergaumenlaute (Palatale)
Bei den Vordergaumenlauten artikuliert der vordere Zungenrücken gegen den Vordergaumen: [ç j].

Hintergaumenlaute (Velare)
Bei den Hintergaumenlauten artikuliert der hintere Zungenrücken gegen den Hintergaumen: [k g ŋ x].

Zäpfchenlaute (Gaumenzäpfchenlaute, Halszäpfchenlaute, Uvulare)
Bei den Zäpfchenlauten artikuliert der hinterste Teil des Zungenrückens gegen das Zäpfchen: [ʀ ʁ].

Stimmritzenlaute (Kehlkopflaute, Glottale, Laryngale)
Die Stimmritzenlaute werden in der Stimmritze (Glottis = Spalt zwischen den Stimmlippen) gebildet: [ʔ h].

17 | **Stimmhaftigkeit (Sonorität)**

Schwingen die Stimmlippen im Kehlkopf, dann ist der Konsonant stimmhaft. Das Schwingen läßt sich leicht nachprüfen, indem man die Hand an den Kehlkopf legt. So ist in der Standardlautung zum Beispiel [z] in *Sonne* ['zɔnə] oder in *Hase* ['ha:zə] stimmhaft. Schwingen die Stimmbänder nicht, dann ist der Konsonant stimmlos, z. B. bei [s] in *Haß* [has] oder in *hasse* ['hasə]. Stimmhafte Verschlußlaute heißen auch Mediä: [b d g], stimmlose Verschlußlaute Tenues: [p t k].

18 | **Stärke (Intensität)**

Konsonanten können als starke (Fortes) oder als schwache Konsonanten (Lenes) gesprochen werden.

19 | **Behauchung (Aspiration)**

Konsonanten sind behaucht (aspiriert), wenn auf sie eine mehr oder weniger große Menge frei ausströmender Atemluft folgt. In der Standardlautung ist z. B. [p] in *Paß* [pas] stark behaucht, also: [pʰas].

20 | **Zusätzliche Artikulationen (sekundäre Artikulationen)**

Zusätzlich zu den oben besprochenen Hauptartikulationen können Konsonanten sekundär artikuliert werden. Hier ist besonders die Labialisierung zu erwähnen, bei der zusätzlich zur Hauptartikulation die Lippen wie beim Sch-Laut [ʃ] in der Standardlautung vorgestülpt werden.

2 Standardlautung –
Nichtstandardlautung

21 | Die deutsche Sprache wird nicht völlig einheitlich ausgesprochen; es gibt eine ganze Reihe landschaftlicher und durch die soziale Schichtung bedingter Unterschiede in der Aussprache. Wiederholt hat man versucht, die Aussprache zu normen, ähnlich wie man die Rechtschreibung genormt hat. Es zeigt sich jedoch, daß es leichter ist, eine bestimmte Schreibung festzulegen als eine bestimmte Aussprache. Schreibung läßt sich auf dem Papier jederzeit und dauernd sichtbar festhalten. Das Gesprochene läßt sich weniger leicht festhalten. Um es zu beschreiben, braucht man u. a. eine genaue Lautschrift, die der normale Leser nicht ohne weiteres lesen oder gar nachsprechen kann. Während die Schreibnorm als amtliche Rechtschreiberegelung durchgesetzt werden konnte, ist es bisher nicht gelungen, eine Aussprachenorm, eine verbindlich festgelegte Lautung mit demselben Erfolg durchzusetzen.

Die bekannteste, 1898 geschaffene standardisierte Lautung ist die sogenannte „Bühnenaussprache" von Theodor Siebs, die in erster Linie eine einheitliche Aussprache auf der Bühne ermöglichen sollte, dann aber eine viel weiter gehende Geltung erlangte. Sie ist mehrmals überarbeitet worden. Die 13. Auflage erschien 1922 unter dem Titel „Deutsche Bühnenaussprache – Hochsprache". 1957 kam die 16. Auflage unter dem Titel „Siebs Deutsche Hochsprache" mit dem Untertitel „Bühnenaussprache" heraus. Seit 1969 liegt die 19. Auflage unter dem Titel „Siebs – Deutsche Aussprache" mit dem Untertitel „Reine und gemäßigte Hochlautung mit Aussprachewörterbuch" vor.

2.1 Standardlautung

Die Aussprache der deutschen Schriftsprache hat sich im 20. Jahrhundert, besonders seit den 50er Jahren, in einigen Fällen geändert, nicht zuletzt deshalb, weil das (klassische) Theater seine Rolle als Träger einer Einheitsaussprache weitgehend an Rundfunk und Fernsehen abgeben mußte. Dieser Entwicklung hat zuerst das „Wörterbuch der Deutschen Aussprache" (1969) und im Anschluß daran das „Duden-Aussprachewörterbuch" (^{2}1974) Rechnung getragen, in dem die neue Einheitsaussprache, die vor allem die Aussprache geschulter Rundfunksprecher wiedergibt, unter der Bezeichnung „Standardaussprache" (Standardlautung) beschrieben wird. Die wesentlichen Züge dieser Standardlautung sind folgende:
1. Sie ist eine Gebrauchsnorm, die der Sprechwirklichkeit nahekommt. Sie erhebt jedoch keinen Anspruch darauf, die vielfältigen Schattierungen der gesprochenen Sprache vollständig widerzuspiegeln.
2. Sie ist überregional. Sie enthält keine typisch landschaftlichen Ausspracheformen.
3. Sie ist einheitlich. Varianten (freie Varianten und Phonemvariation) werden ausgeschaltet oder auf ein Mindestmaß beschränkt.
4. Sie ist schriftnah, d. h., sie wird weitgehend durch das Schriftbild bestimmt.
5. Sie ist deutlich, unterscheidet die Laute einerseits stärker als die Umgangslautung, andererseits schwächer als die zu erhöhter Deutlichkeit neigende Bühnenaussprache.

In den vergangenen Jahren wiederholt gemachte Versuche, innerhalb der Standardlautung verschiedene Formstufen (formelles, langsames, vertrauliches, schnelles usw. Sprechen) zu beschreiben und zu normen, haben bisher noch nicht zu einheitlichen und eindeutigen Ergebnissen geführt. Deshalb haben wir uns in diesen Bereichen auch nur auf einige Hinweise in Abschnitt 50 beschränkt.

2.1.1 Vokale

Vokalphoneme

Unter Berücksichtigung eines größeren Wort- und Formenschatzes (vgl. Fußnote 1, S. 24) können folgende Vokalphoneme (ihre Aussprache in [ ]) angenommen werden:

| 22 |

/i:/	[i: i i̯]	/ø:/	[ø: ø]	/ɔy/[1]	[ɔy]
/ɪ/	[ɪ]	/œ/	[œ]	/ɛ̃:/	[ɛ̃: ɛ̃]
/e:/	[e: e]	/ə/	[ə]	/ã:/	[ã: ã]
/ɛ:/	[ɛ:]	/u:/	[u: u u̯]	/œ̃:/	[œ̃: œ̃]
/ɛ/	[ɛ]	/ʊ/	[ʊ]	/õ:/	[õ: õ]
/a:/	[a:]	/o:/	[o: o o̯]	(/ei̯/[2]	[ei̯])
/a/	[a]	/ɔ/	[ɔ]	(/ou̯/[2]	[ou̯])
/y:/	[y: y y̆]	/ai̯/[1]	[ai̯]		
/ʏ/	[ʏ]	/au̯/[1]	[au̯]		

23 **Bemerkungen zu den Vokalphonemen**

1. Es ist üblich, [m̩], [n̩], [l̩] und [ɐ] als die Phonemfolgen /əm/, /ən/, /əl/ und /ər/ aufzufassen (z. B. *gr̲oßem* /'gro:səm/ ['gro:sm̩], *b̲esser* /'bɛsər/ ['bɛsɐ]).
2. Die steigenden Diphthonge wie [i̯ə i̯ɔ y̆i: u̯ə o̯a] u. a. lassen sich als die Phonemfolgen /i:ə i:ɔ y:i: u:ə o:a/ u. a. auffassen (z. B. *Stu̲die* /'ʃtu:di:ə/ ['ʃtu:di̯ə]).
3. Die fallenden Diphthonge mit [ɐ̯] als zweitem Bestandteil (sogenannte „zentrierende" Diphthonge) lassen sich als Phonemfolgen /langer Vokal/ + /r/ auffassen (z. B. *Bi̲er* /bi:r/ [bi:ɐ̯]).
4. Triphthonge, die aus unsilbischen Vokalen [i̯ y̆ u̯ o̯] + langem Vokal + [ɐ̯] bestehen, lassen sich auffassen als Phonemfolgen /langer Vokal/ + /langer Vokal/ + /r/ (z. B. *Ju̲nior* /'ju:ni:o:r/ ['ju:ni̯o:ɐ̯]).
5. In der differenzierten „Gymnasialaussprache"[3] gibt es betont die zusätzlichen Phoneme /i/ [i], /e/ [e], /y/ [y], /u/ [u], /o/ [o] (vgl. z. B. *Epi̩theton* /e:'pite:tɔn/ [e'pitetɔn]; in der einfachen Gymnasialaussprache werden diese Phoneme durch die Phoneme /ɪ ɛ ʏ ʊ ɔ/ ersetzt (*Epi̩theton* /e:'pɪte:tɔn/ [e'pɪtetɔn]); in deutscher Aussprache treten dafür die Phoneme /i: e: y: u: o:/ ein (*Epi̲theton* /e:'pi:te:tɔn/ [e'pi:tetɔn]). In diesem Buch wird auf die Wiedergabe der differenzierten, im allgemeinen auch der einfachen Gymnasialaussprache verzichtet. Wer bestrebt ist, betonte Vokale in Fremdwörtern griechischen und lateinischen Ursprungs im Sinne der Gymnasialaussprache mit der Quantität der Ursprungssprache auszusprechen, wird zu diesem Zweck griechische und lateinische Wörterbücher und Grammatiken mit Quantitätsangaben zu Rate ziehen müssen. Er müßte dann z. B. *psycholo̩gisch* /psy:ço:'logɪʃ/ [psyço'logɪʃ] (oder /psy:ço:'lɔgɪʃ/ [psyço'lɔgɪʃ]), *Da̩ten* /'datən/ ['datn̩], *Le̩ktor* /'le:ktɔr/ ['le:ktɔr], *Skri̩ptum* /'skri:ptʊm/ ['skri:ptʊm] aussprechen.

Klangfarbe

24 **Lautbestand**

Orale Monophthonge: [i: i i̯ ɪ e: e ɛ: ɛ a: a y: y y̆ ʏ ø: ø œ ə ɐ u: u u̯ ʊ o: o o̯ ɔ]; nasale Monophthonge: [ɛ̃: ɛ̃ ã: ã œ̃: œ̃ õ: õ]; Diphthonge: [ai̯ au̯ ɔy] ([ei̯ ou̯]).[4]
Die Artikulation der Monophthonge und Diphthonge ist aus den folgenden Vokalvierecken ersichtlich[5]:

---

[1] Es gibt auch Auffassungen, wonach die hier als Einzelphoneme betrachteten Diphthonge /ai̯ au̯ ɔy/ Phonemfolgen von je zwei Phonemen darstellen.
[2] Die neuen Phoneme /ei̯/, /ou̯/ finden sich vorwiegend in Fremdwörtern englischer Herkunft (z. B. *Lady, Show*).
[3] M. Mangold: Deutsche Vokale und Gymnasialaussprache. In: Sprechwissenschaft und Kommunikation, Sprache und Sprechen, Bd. 3. Kastellaun 1972, S. 79–92.
[4] Phonetisch genauer wäre die Schreibung [aɪ̯ aʊ̯ ɔʏ̯]; andere schreiben dafür [ae ao ɔø] u. ä. Auch für [ei̯ ou̯] könnte man genauer [eɪ̯ oʊ̯] schreiben.
[5] Dabei bedeutet • ‚Vokal ohne Lippenrundung', ○ ‚Vokal mit Lippenrundung'.

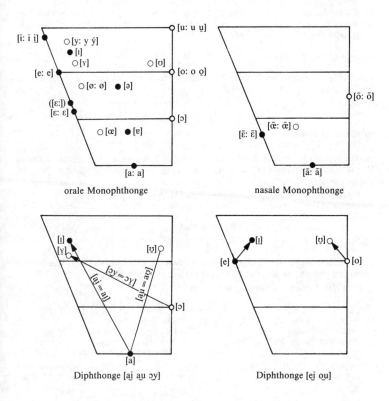

orale Monophthonge

nasale Monophthonge

Diphthonge [ai̯ au̯ ɔy]

Diphthonge [ei̯ ou̯]

Die Aussprache von /ə/ + /m/, /n/, /l/

25

Die Phonemfolgen /əm/, /ən/, /əl/ werden nur bei langsamer und deutlicher Aussprache als [əm], [ən], [əl], gewöhnlich aber als [m̩] (silbisches *m*), [n̩] (silbisches *n*; in bestimmten Stellungen auch [m̩] bzw. [ŋ̍]) und [l̩] (silbisches *l*) gesprochen:

| | Recht-schreibung | phonemisch | Aussprache | |
			normal	*langsam, deutlich*
/əm/	großem	/ˈgroːsəm/	[ˈgroːsm̩]	[ˈgroːsəm]
	Cochem	/ˈkɔxəm/	[ˈkɔxm̩]	[ˈkɔxəm]
	schwarzem	/ˈʃvartsəm/	[ˈʃvartsm̩]	[ˈʃvartsəm]
/ən/	haben	/ˈhaːbən/	[ˈhaːbn̩] auch: [ˈhaːbm̩]	[ˈhaːbən]
	hatten	/ˈhatən/	[ˈhatn̩]	[ˈhatən]
	Haken	/ˈhaːkən/	[ˈhaːkn̩] auch: [ˈhaːkŋ̍]	[ˈhaːkən]
/əl/	Nabel	/ˈnaːbəl/	[ˈnaːbl̩]	[ˈnaːbəl]
	Himmel	/ˈhıməl/	[ˈhıml̩]	[ˈhıməl]
	Löffel	/ˈlœfəl/	[ˈlœfl̩]	[ˈlœfəl]

Im Folgenden werden die Bedingungen beschrieben, unter denen bei Normalaussprache /əm/ als [m̩] oder [əm], /ən/ als [n̩] (inklusive [m̩], [ŋ̩]) oder [ən] und /əl/ als [l̩] oder [əl] gesprochen werden.

Aussprache von /əm/:

/əm/ wird als [m̩] (silbisches *m*) gesprochen am Wortende oder vor Konsonant, und zwar nach den Reibelauten [f v s z ʃ ʒ ç x]:

tiefem	['tiːfm̩]	largem	['larʒm̩]
passivem	[pa'siːvm̩]	welchem	['vɛlçm̩]
nassem	['nasm̩]	wachem	['vaxm̩]
losem	['loːzm̩]	Cochem	['kɔxm̩]
raschem	['raʃm̩]	Cochems	['kɔxm̩s]

In den übrigen Stellungen wird /əm/ als [əm] gesprochen, und zwar vor und nach Vokal, nach den Verschlußlauten [p b t d k g], nach den Nasenlauten [m n ŋ], nach dem Seitenlaut [l] und nach [r]:

Cochemer	['kɔxəmɐ]	kleinem	['klainəm]
nahem	['naːəm]	hellem	['hɛləm]
Atem	['aːtəm]	wirrem	['virəm]

Aussprache von /ən/:

/ən/ wird als [n̩] (silbisches *n*) gesprochen am Wortende oder vor Konsonant, wenn die vorausgehende Silbe kein [n̩] enthält, und zwar:

- nach den Verschlußlauten [p b t d k g]:

knappen	['knapn̩]	Haydnsch	['haidn̩ʃ]
halben	['halbn̩]	bindenden	['bindn̩dən]
hatten	['hatn̩]	nähernden	['nɛːɐndn̩]
Welten	['vɛltn̩]	kraulenden	['krauləndn̩]
doppelten	['dɔpltn̩]	Balkens	['balkn̩s]
redenden	['reːdn̩dən]	röntgenden	['rœntgn̩dən]

An Stelle von [pn̩], [bn̩], [kn̩], [gn̩] wird im allgemeinen häufiger [pm̩], [bm̩], [kŋ̩], [gŋ̩] gesprochen:

knappen	['knapm̩]	Balken	['balkŋ̩]
halben	['halbm̩]	röntgen	['rœntgŋ̩]

Das geschieht weniger häufig vor [t d n l s z ʃ ʒ ç tʃ dʒ]:

röntgend	['rœntgŋ̩t]	Funkens	['fuŋkŋ̩s]
liebende	['liːbm̩də]	Tropennacht	['troːpm̩naxt]
Backenzahn	['bakŋ̩tsaːn]		

- nach den Reibelauten [f v s z ʃ ʒ ç x] (außer in dem Verkleinerungssuffix *-chen* [çən]):

scharfen	['ʃarfn̩]	forschen	['fɔrʃn̩]
aktiven	[ak'tiːvn̩]	Logen	['loːʒn̩]
hassende	['hasn̩də]	Bärchent	['barçn̩t]
bremsen	['brɛmzn̩]	lachendes	['laxn̩dəs]

- nach den Affrikaten [pf ts tʃ dʒ]:

Hopfens	['hɔpfn̩s]	pantschen	['pantʃn̩]
Katzen	['katsn̩]	managen	['mɛnidʒn̩]

In den übrigen Stellungen wird /ən/ als [ən] gesprochen, und zwar:

- vor Vokal:

Ebene	['eːbənə]	Wüstenei	[vyːstə'nai]
ebenes	['eːbənəs]	Gürzenich	['gʏrtsəniç]

- nach Vokal:

nahen ['na:ən]   Reihen ['raiən]
Böen ['bø:ən]   Auen ['auən]

- nach den Nasenlauten [m n ŋ]:

zahmen ['tsa:mən]   öffnend ['œfnənt]
qualmende ['kvalməndə]   langen ['laŋən]
fernen ['fɛrnən]   bangend ['baŋənt]

- nach dem Seitenlaut [l]:

Wahlen ['va:lən]   eitlen ['aitlən]
edlen ['e:dlən]   heiklen ['haiklən]
passablen [pa'sa:blən]   quirlend ['kvɪrlənt]

- nach [r]:

wahren ['va:rən]   saubren ['zaubrən]
wirren ['vɪrən]   powren ['po:vrən]
teuren ['tɔyrən]   unsren ['ʊnzrən]

- nach [j]:

Bojen ['bo:jən]   Taillen ['taljən]
schwojenden ['ʃvo:jəndn̩]   taljenden ['taljəndn̩]

- wenn in der vorausgehenden Silbe [n̩] auftritt:

Apensen ['a:pn̩zən]   reißenden ['raisn̩dən]
bindenden ['bɪndn̩dən]   horchenden ['hɔrçn̩dən]

- in dem Verkleinerungssuffix *-chen* [çən]:

Frauchen ['frauçən]   Kügelchen ['ky:gl̩çən]
Mädchen ['mɛ:tçən]   Kinderchen ['kɪndɐçən]

Aussprache von /əl/:

/əl/ wird als [l̩] (silbisches *l*) gesprochen am Wortende oder vor Konsonant, und zwar nach den Verschlußlauten [p b t d k g], nach den Nasenlauten [m n ŋ], nach den Reibelauten [f v s z ʃ ʒ ç x] und nach den Affrikaten [pf ts tʃ dʒ]:

Pudel ['pu:dl̩]   Löffel ['lœfl̩]
Himmel ['hɪml̩]   Gipfel ['gɪpfl̩]

In den übrigen Stellungen wird /əl/ als [əl] gesprochen, und zwar vor und nach Vokal und nach [r]:

Eselei [e:zə'lai]   Pleuel ['plɔyəl]
pingelig ['pɪŋəlɪç]   Varel ['fa:rəl]

Die Aussprache von /ə/ + /r/

26

Die Phonemfolge /ər/ (orthographisch meist *-er*) wird bei normalem Sprechen am Wortende und vor Konsonant gewöhnlich als [ɐ] (silbisches, „vokalisches" *r*) gesprochen. Nur bei sehr langsamer und deutlicher Aussprache kann dafür auch [ɐʁ] ([ɐ] + schwaches Reibe-R) oder [ɐᴿ] ([ɐ] + schwaches Zäpfchen-R) eintreten[1]:

| | Recht-schreibung | phonemisch | Aussprache | |
			normal	*sehr langsam, sehr deutlich*
/ər/	näher	/'nɛ:ər/	['nɛ:ɐ]	['nɛ:ɐʁ], ['nɛ:ɐᴿ]
	Wasser	/'vasər/	['vasɐ]	['vasɐʁ], ['vasɐᴿ]

---

[1] Im Kunstgesang gilt für /ər/ immer [ər] ([r] = mehrschlägiges Zungenspitzen-R), z. B. *Wasser* ['vasər], *Wassers* ['vasərs].

näher	['nɛːɐ̯]	kauernder	['kauɐndɐ̯]
Seher	['zeːɐ̯]	Hunderter	['hʊndɐtɐ̯]
Bauer	['bauɐ̯]	Zauderers	['tsaudɐrɐs]
Bauers	['bauɐs]	fürchterlich	['fʏrçtɐlɪç]
Baur	['bauɐ̯]	Dummerjan	['dʊmɐjaːn]
Kentaur	[kɛn'tauɐ̯]	andersartig	['andɐs|aːɐ̯tɪç]
Wasser	['vasɐ̯]	Wasserjungfer	['vasɐjʊŋfɐ̯]
Wassers	['vasɐs]	Dampferfahrt	['dampfɐfaːɐ̯t]

Vor Vokal dagegen wird die Phonemfolge /ər/ als [ər] gesprochen:

Feerie	[feə'riː]	sauberes	['zaubərəs]
Szenerie	[stsenə'riː]	Teuerung	['tɔyərʊŋ]
Wegerich	['veːgərɪç]	Weigerung	['vaigərʊŋ]
zögere	['tsøːgərə]	Schießerei	[ʃiːsə'rai]

---

27 Betonung und Länge silbischer Vokale

In deutscher Aussprache kommen alle oralen Monophthonge und alle Diphthonge mit Ausnahme von [i e y ø ə ɐ u o] betont vor. Die langen Nasalvokale treten meist betont, die kurzen Nasalvokale nur unbetont auf.
Unbetont kommen alle oralen Monophthonge, alle Diphthonge und die kurzen Nasalvokale vor. Lange Vokale erscheinen selten unbetont, besonders selten vor betonter Silbe. Lange Nasalvokale sind unbetont sehr selten (z. B. *Pavillons* ['pavɪljõːs]).

Vokale in betonter Stellung:

[iː]	mieden	['miːdn̩]		[ʊ]	Butter	['bʊtɐ̯]
[ɪ]	Mitte	['mɪtə]		[oː]	rote	['roːtə]
[eː]	lege	['leːgə]		[ɔ]	Motte	['mɔtə]
[ɛː]	Bären	['bɛːrən]		[ai]	reite	['raitə]
[ɛ]	hätte	['hɛtə]		[au]	außen	['ausn̩]
[aː]	rate	['raːtə]		[ɔy]	heute	['hɔytə]
[a]	hatte	['hatə]		[ɛ̃ː]	Pointe	['pɔɛ̃ːtə]
[yː]	müde	['myːdə]		[ãː]	Gourmand	[gʊr'mãː]
[ʏ]	Hürde	['hʏrdə]		[œ̃ː]	Parfum	[par'fœ̃ː]
[øː]	mögen	['møːgn̩]		[õː]	Garçon	[gar'sõː]
[œ]	Götter	['gœtɐ̯]		([ei]	Lady	['leidi])
[uː]	Muße	['muːsə]		([ou]	Show	[ʃou])

Vokale in unbetonter Stellung:

[iː]	Muttis	['mʊtiːs]		[ə]	alle	['alə]
[i]	Mutti	['mʊti]		[ɐ̯]	Wasser	['vasɐ̯]
[ɪ]	Spinnerei	[ʃpɪnə'rai]		[uː]	Demut	['deːmuːt]
[eː]	Eugen	['ɔygeːn]		[u]	Uhu	['uːhu]
[e]	lebendig	[le'bɛndɪç]		[ʊ]	Putzerei	[pʊtsə'rai]
[ɛː]	Scheusäler	['ʃɔyzɛːlɐ̯]		[oː]	Kleinod	['klainoːt]
[ɛ]	elend	['eːlɛnt]		[o]	Forelle	[fo'rɛlə]
[aː]	Grobian	['groːbiaːn]		[ɔ]	Amboß	['ambɔs]
[a]	Monat	['moːnat]		[ai]	Streiterei	[ʃtraitə'rai]
[yː]	Bistümer	['bɪstyːmɐ̯]		[au]	Brauerei	[brauə'rai]
[y]	düpieren	[dy'piːrən]		[ɔy]	Meuterei	[mɔytə'rai]
[ʏ]	Schnüffelei	[ʃnʏfə'lai]		[ɛ̃]	Pleinpouvoir	[plɛ̃pu'voaːɐ̯]
[øː]	Blödelei	[bløːdə'lai]		[ã]	engagieren	[ãga'ʒiːrən]
[ø]	möblieren	[mø'bliːrən]		[œ̃]	Lundist	[lœ̃'dɪst]
[œ]	Nörgelei	[nœrgə'lai]		[õ]	foncé	[fõ'seː]

Die unsilbischen Vokale [i̯ y̆ u̯ o̯]

28

[i y u] werden vor Vokal gewöhnlich unsilbisch gesprochen, d. h. als [i̯ y̆ u̯], wobei [i̯] am leichtesten und [y̆] am wenigsten leicht auszusprechen ist:

Akazie [a'ka:t̮si̯ə], Ferien ['fe:ri̯ən], Gloria ['glo:ri̯a], glorios [glo'ri̯o:s], Libyen ['li:by̆ən], manuell [ma'nu̯ɛl], Nation [na't̮si̯o:n].

Unbetont werden [i y u] jedoch vor Vokalen silbisch gesprochen, d. h. als [i y u], und zwar

– wenn [p b t d k g m n f v s ʃ ç x] + [m n r l] vorausgehen:

Amphitruo [am'fi:truo], Amphitryo [am'fi:tryo], Dochmius ['dɔxmius], Insignien [ɪn'zɪgni̯ən], Natrium ['na:trium], Omnium ['ɔmniʊm], Onuphrio [o'nu:frio], Patriarch [patri'arç].

– oft dann, wenn [i y u] zu einem Wortteil gehören, mit dem eine bestimmte bekannte lexikalische Bedeutung verbunden wird:

Biennale [biɛ'na:lə] (*Bi-* bedeutet ‚zwei‘), Biologe [bio'lo:gə] (*Bio-* bedeutet ‚Leben‘), Dual [du'a:l] (*Du-* bedeutet ‚zwei‘), myop [my'o:p] (*my-* bedeutet ‚sich schließen‘).

Die Lautfolgen [ii̯: i̯i i̯i̯ y̆y: y̆y y̆y̆ y̆u: y̆u y̆u̯ u̯y: u̯y u̯y̆ u̯u: u̯u u̯u̯] kommen im allgemeinen nicht vor. Dafür stehen [ii: ii i̯i] usw.:

liniieren [lini'i:rən], Vakuum ['va:kuʊm]; (aber:) Etui [e'ty̆i:], Linguist [lɪŋ'gu̯ɪst], Studium ['ʃtu:di̯ʊm].

[o] wird unbetont vor [a a:] unsilbisch gesprochen, wenn in der Schrift oi, oy stehen:

loyal [lo̯a'ja:l], Memoiren [me'mo̯a:rən].

Ersatz von Vokalen und Vokalfolgen

29

Folgende Vokale und Vokalfolgen können ersetzt werden:

Ersatz von [ɪr] usw. durch [iːɐ̯] usw.

Am Wortende können unbetont [ɪr ʏr ʊr ɔr] durch [iːɐ̯ y:ɐ̯ u:ɐ̯ o:ɐ̯] ersetzt werden (vgl. 39):

Saphir ['za:fɪr] > ['za:fi:ɐ̯], Zephyr ['t̮se:fʏr] > ['t̮se:fy:ɐ̯], Femur ['fe:mʊr] > ['fe:mu:ɐ̯], Doktors ['dɔktɔrs] > ['dɔkto:ɐ̯s].

Ersatz von [i] usw. durch [ɪ] usw.

Vor Wortfugen in griechischen und lateinischen Wörtern können [i y u o] durch [ɪ ʏ ʊ ɔ] ersetzt werden, wenn mehrere Konsonantenbuchstaben folgen (ausgenommen *b, c, ch, d, f, g, k, p, ph, t, th* + *l, r*); dabei verschiebt sich die lautliche Silbengrenze:

Epispadie [epi-spa'di:] > [epɪs-pa'di:], Polyspermie [poly-spɛr'mi:] > [polʏs-pɛr'mi:], Manuskript [manu-'skrɪpt] > [manʊs-'krɪpt], Apostasie [apo-sta'zi:] > [apɔs-ta'zi:].

2.1.2 Konsonanten

Konsonantenphoneme

30

Unter Berücksichtigung eines größeren Wort- und Formenschatzes (vgl. Fußnote 1, S. 24) können folgende Konsonantenphoneme (ihreAussprache in [ ]) angenommen werden[1]:

---

[1] Der Stimmritzenverschlußlaut [ʔ] ist kein eigentliches Konsonantenphonem, sondern ein Grenzsignal. Er signalisiert vor Vokal den Wortanfang und die Fuge in Präfixbildungen und zusammengesetzten Wörtern, z. B. *anekeln* ['ʔanʔe:kl̩n], *beachten* [bə'ʔaxtn̩].

Konsonanten (ohne Affrikaten)

	Lippenlaute		Lippenzahnlaute		Zahnlaute		Vordergaumenlaute		Hintergaumenlaute		Zäpfchenlaute		Stimmritzenlaute	
	stimm-los	stimm-haft	stimm-los	stimm-haft	stimm-los	stimm-haft	stimm-los	stimm-haft	stimm-los	stimm-haft	stimm-los	stimm-haft	stimm-los	stimm-haft
Verschlußlaute stark	p				t				k				—	
Verschlußlaute schwach		b				d				g				
Nasenlaute		m				n				ŋ				
Seitenlaute						l								
Schwinglaute						r						ʀ		
geschlagene Laute						ɾ						ʀ		
Reibelaute stark			f		(θ) s ʃ		ç		x				h	
Reibelaute schwach				v		(ð) z ʒ		j				ʁ		

/p/	[p]	/l/	[l]	/ʒ/	[ʒ]
/b/	[b]	/r/	[r ʁ]¹	/ç/	[ç]
/t/	[t]	/f/	[f]	/j/	[j]
/d/	[d]	/v/	[v]	/x/	[x]
/k/	[k]	(/θ/	[θ])²	/h/	[h]
/g/	[g]	(/ð/	[ð])²	/pf/³	[pf]
/m/	[m]	/s/	[s]	/ts/³	[ts]
/n/	[n]	/z/	[z]	/tʃ/³	[tʃ]
/ŋ/	[ŋ]	/ʃ/	[ʃ]	/dʒ/³	[dʒ]

Artikulationsart   31

Nach der Artikulationsart geordnet, ergeben sich folgende Konsonantengruppen:

Verschlußlaute [p b t d k g l]:

[p]	Panne	['panə]	[k]	kahl	[ka:l]
[b]	Bau	[bau]	[g]	Gast	[gast]
[t]	Tau	[tau]	[l]	Verein	[fɛɐ̯'lain]
[d]	dann	[dan]			

Nasenlaute [m n ŋ]:

[m] Mast [mast]
[n] Nest [nɛst]
[ŋ] lang [laŋ]

Seitenlaut [l]:

[l] Laut [laut]

Schwinglaute [r = r ʀ]:

[r], [ʀ] Rast [rast], [ʀast]

Geschlagene Laute [r = ɾ ʀ]:

[ɾ], [ʀ] Rast [ɾast], [ʀast]

Reibelaute [f v s z ʃ ʒ ç j x r(=ʁ) h (θ ð)]:

[f]	fast	[fast]	[j]	ja	[ja:]
[v]	was	[vas]	[x]	ach!	[ax]
[s]	Mast	[mast]	[ʁ]	Rast	[ʁast]
[z]	Hase	['ha:zə]	[h]	Halt	[halt]
[ʃ]	Schau	[ʃau]	([θ]	Thriller	['θrɪlɐ])
[ʒ]	Genie	[ʒe'ni:]	([ð]	Fathom	['fɛðəm])
[ç]	ich	[ɪç]			

---

¹ [r ʁ] sind die beiden stellungsbedingten Varianten von /r/ (zu seinen freien Varianten vgl. 4; 38); zu den stellungsbedingten Varianten anderer Phoneme vgl. 4.
² Die neuen Phoneme /θ/ und /ð/ sind selten. Sie finden sich in wenigen, meist aus dem Englischen stammenden Fremdwörtern.
³ Nach anderen Auffassungen sind /pf ts tʃ dʒ/ nicht Einzelphoneme, sondern Phonemfolgen von je zwei Phonemen (/p/ + /f/ usw.).

Affrikaten [pf[1] ts̜ tʃ dʒ]:

[pf] Pfau [pfau̯]   [tʃ] Tscheche ['tʃɛçə]
[ts̜] Zahl [ts̜a:l]   [dʒ] Gin [dʒɪn]

32 **Artikulationsstelle**

Nach der Artikulationsstelle geordnet, ergeben sich folgende Konsonantengruppen:

Lippenlaute [p b m]:

[p] Panne ['panə]
[b] Bau [bau̯]
[m] Maus [mau̯s]

Lippenzahnlaute [f v]:

[f] fast [fast]
[v] was [vas]

Zahnlaute (Alveolare und **Palatoalveolare** inbegriffen)

Dental bis alveolar sind [t d n l r ɾ s z ts̜]; palatoalveolar und zusätzlich mit gerundeten Lippen gesprochen (labialisiert) sind [ʃ ʒ tʃ dʒ]:

[t]	Tau [tau̯]	[z]	Hase ['ha:zə]	([θ]	Thriller ['θrɪlɐ])
[d]	dann [dan]	[ts̜]	Zahl [ts̜a:l]	([ð]	Fathom ['fɛðəm])
[n]	Nest [nɛst]	[ʃ]	Schau [ʃau̯]		
[l]	Laut [lau̯t]	[ʒ]	Genie [ʒe'ni:]		
[r]	Rast [rast]	[tʃ]	Tscheche ['tʃɛçə]		
[ɾ]	Rast [ɾast]	[dʒ]	Gin [dʒɪn]		
[s]	was [vas]				

Vordergaumenlaute [ç j]; **Hintergaumenlaute** [k g ŋ x]:

[ç] mich [mɪç]   [g] Gast [gast]
[j] jung [jʊŋ]   [ŋ] lang [laŋ]
[k] kalt [kalt]   [x] ach! [ax]

Zäpfchenlaute [ʀ] (gerollt und geschlagen), [ʁ] (Reibelaut):

[ʀ] Rast [ʀast]
[ʁ] Rast [ʁast]

Stimmritzenlaute [ǀ h]:

[ǀ] Verein [fɛʔ'lai̯n]
[h] Hast [hast]

Artikulation der einzelnen Konsonanten[2]

33 **Verschlußlaute**

---

[1] [pf] ist im ersten Teil [p] bilabial, im zweiten [f] labiodental.
[2] Zur Stimmhaftigkeit vgl. 17; 40, zur Stärke 18; 41, zur Behauchung 19; 42.

Lippenverschlußlaute [p b]

Das Gaumensegel (Hintergaumen) schließt den Durchgang vom Rachen zum Nasenraum ab. Unter- und Oberlippe bilden einen Verschluß:

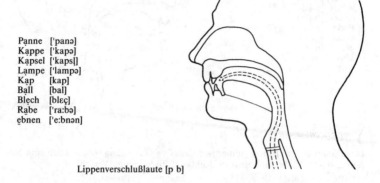

Panne	['panə]
Kappe	['kapə]
Kapsel	['kaps|]
Lampe	['lampə]
Kap	[kap]
Ball	[bal]
Blech	[blɛç]
Rabe	['ra:bə]
ebnen	['e:bnən]

Lippenverschlußlaute [p b]

Zahnverschlußlaute [t d]

Das Gaumensegel (Hintergaumen) schließt den Durchgang vom Rachen zum Nasenraum ab. Die Zungenspitze (bzw. der vorderste Teil des Zungenrückens) bildet an den oberen Schneidezähnen oder an den Alveolen einen Verschluß:

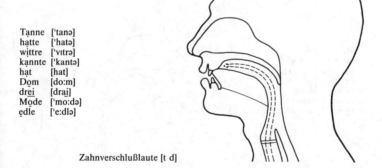

Tanne	['tanə]
hatte	['hatə]
wittre	['vɪtrə]
kannte	['kantə]
hat	[hat]
Dom	[do:m]
drei	[draɪ]
Mode	['mo:də]
edle	['e:dlə]

Zahnverschlußlaute [t d]

Hintergaumenverschlußlaute [k g]

Das Gaumensegel (Hintergaumen) schließt den Durchgang vom Rachen zum Nasenraum ab. Der hintere Zungenrücken bildet am weichen Gaumen einen Verschluß:

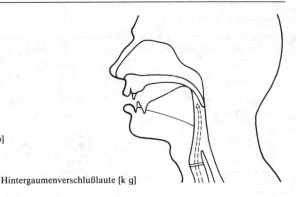

Kanne ['kanə]
Hacke ['hakə]
wickle ['vɪklə]
Anker ['aŋkɐ]
Pack [pak]
Gans [gans]
grell [grɛl]
Lage ['la:gə]
magre ['ma:grə]

Hintergaumenverschlußlaute [k g]

Stimmritzenverschlußlaut [|]

Das Gaumensegel (Hintergaumen) schließt den Durchgang vom Rachen zum Nasenraum ab. Die Stimmlippen im Kehlkopf bilden einen Verschluß:

Affe   ['afə]   beachten   [bə'|axtn̩]
(eigentlich: ['|afə])   desavouieren   [dɛs|avu'i:rən]
Abart   ['ap|a:ɐt]   Deemphasis   [de'|ɛmfazɪs]
(eigentlich: ['|ap|a:ɐt])   Antacid   [ant|a'tsi:t]
verachten   [fɛɐ'|axtn̩]   (eigentlich: [|ant|a'tsi:t])

| 34 | **Nasenlaute[1]** |

Lippennasenlaut [m]

Das Gaumensegel (Hintergaumen) ist gesenkt und läßt den Durchgang vom Rachen zum Nasenraum offen. Unter- und Oberlippe bilden einen Verschluß:

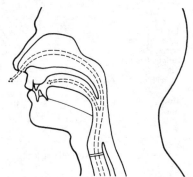

Mast   [mast]
ramme   ['ramə]
Amnion   ['amniɔn]
Lampe   ['lampə]
Damm   [dam]
Helm   [hɛlm]
tiefem   ['ti:fm̩]

Lippennasenlaut [m]

Zahnnasenlaut [n]

Das Gaumensegel (Hintergaumen) ist gesenkt und läßt den Durchgang vom Rachen zum Nasenraum offen. Die Zungenspitze (bzw. der vorderste Teil des Zun-

---

[1] Zu silbischem *m* [m̩], *n* [n̩] und *ŋ* [ŋ̩] vgl. 25.

genrückens) bildet an den oberen Schneidezähnen oder an den Alveolen einen
Verschluß:

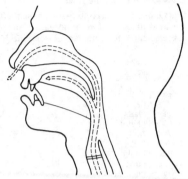

Naht   [naːt]
Wanne   ['vanə]
andre   ['andrə]
nannte ['nantə]
Bann   [ban]
Köln   [kœln]
reden   ['reːdn̩]

Zahnnasenlaut [n]

Hintergaumennasenlaut [ŋ]

Das Gaumensegel (Hintergaumen) ist gesenkt und läßt den Durchgang vom Rachen zum Nasenraum offen. Der hintere Zungenrücken bildet am weichen Gaumen einen Verschluß:

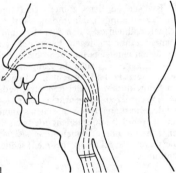

lange   ['laŋə]
hangle   ['haŋlə]
schlingre ['ʃlıŋrə]
Ängste   ['ɛŋstə]
Angel   ['aŋl̩]
Fang   [faŋ]
packen   ['pakŋ̩]

Hintergaumennasenlaut [ŋ]

Seitenlaut [l]   35

Das Gaumensegel (Hintergaumen) schließt den Durchgang vom Rachen zum Nasenraum ab. Die Zungenspitze (bzw. der vorderste Teil des Zungenrückens) bildet
in der Mitte an den oberen Schneidezähnen oder an den Alveolen einen Verschluß, wobei sie seitlich nicht abschließt (zum silbischen *l* [l̩] vgl. 25):

Lage   ['laːgə]
Falle   ['falə]
Hilfe   ['hılfə]
baumle ['baumlə]
Ball   [bal]
Kerl   [kɛrl]
Himmel ['hıml̩]

Reibelaute

Lippenzahnreibelaute [f v]

Das Gaumensegel (Hintergaumen) schließt den Durchgang vom Rachen zum Nasenraum ab. Die Unterlippe nähert sich bis zur Berührung der Unterkante der oberen Schneidezähne, wobei sich eine Enge bildet:

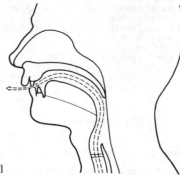

fạst	[fast]
Ạffe	['afə]
Lẹfze	['lɛftsə]
Hịlfe	['hɪlfə]
Wọlf	[vɔlf]
Wịlle	['vɪlə]
Wrạck	[vrak]
Ụwe	['u:və]
Mạlve	['malvə]

Lippenzahnreibelaute [f v]

Zahnreibelaute [s z] ([θ ð])

Bei [s z] schließt das Gaumensegel (Hintergaumen) den Durchgang vom Rachen zum Nasenraum ab, der vorderste Teil des Zungenrückens nähert sich den oberen Schneidezähnen oder den Alveolen, und die Zungenspitze kommt an die unteren Schneidezähne zu liegen. Es entsteht eine Enge zwischen dem vordersten Zungenrücken einerseits und den oberen Schneidezähnen oder den Alveolen anderseits. Es kann sich auch die Zungenspitze selbst den oberen Schneidezähnen nähern; in diesem Fall entsteht eine Enge zwischen der Zungenspitze und den oberen Schneidezähnen. Bei den verschiedenen genannten Artikulationen befindet sich im vorderen Zungenrücken eine sich vorn stark verengende Längsrille.

Bei den meist aus dem Englischen stammenden [θ ð] nähert sich die Zungenspitze den oberen Schneidezähnen, oder sie schiebt sich zwischen die oberen und unteren Schneidezähne; dabei bildet sich auf dem Zungenrücken keine Längsrille. Das Gaumensegel (Hintergaumen) schließt den Durchgang vom Rachen zum Nasenraum ab.

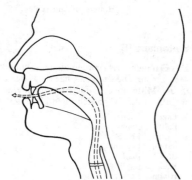

Cịty	['sɪti]
Slịp	[slɪp]
Tạsse	['tasə]
Kạsten	['kastn̩]
Hạls	[hals]
Sọnne	['zɔnə]
Hase	['ha:zə]
Ẹlse	['ɛlzə]
knạusre	['knaʊzrə]
(Thrịller	['θrɪlɐ])
(Fạthom	['fɛðəm])

Zahnreibelaute [s z]

Palatoalveolare Reibelaute [ʃ ʒ]

Das Gaumensegel (Hintergaumen) schließt den Durchgang vom Rachen zum Nasenraum ab. Der vorderste Teil des Zungenrückens nähert sich den hinteren Alveolen und dem vordersten Teil des Vordergaumens, wobei die Zungenspitze sich hinter den oberen oder unteren Schneidezähnen befindet. Es entsteht eine Enge zwischen dem vordersten Teil des Zungenrückens einerseits und den Alveolen sowie dem vordersten Teil des Vordergaumens anderseits. (Es kann sich auch die Zungenspitze den Alveolen und dem vordersten Teil des Vordergaumens nähern; in diesem Fall entsteht eine Enge zwischen Zungenspitze einerseits und den Alveolen sowie dem vordersten Teil des Vordergaumens anderseits.) Bei den genannten Artikulationen befindet sich im vorderen Zungenrücken eine Längsrille, die weiter hinten liegt und weniger eng ist als bei [s] und [z]. Sowohl bei [ʃ] als auch bei [ʒ] werden die Lippen stark vorgestülpt (Labialisierung).

Schale	[ˈʃaːlə]
Stall	[ʃtal]
Tasche	[ˈtaʃə]
raschle	[ˈraʃlə]
fälsche	[ˈfɛlʃə]
harsch	[harʃ]
Mensch	[mɛnʃ]
Genie	[ʒeˈniː]
Gage	[ˈgaːʒə]

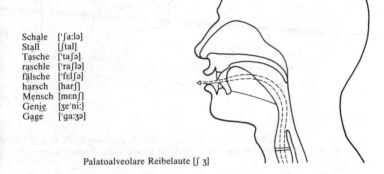

Palatoalveolare Reibelaute [ʃ ʒ]

Vordergaumenreibelaute [ç j]

Das Gaumensegel (Hintergaumen) schließt den Durchgang vom Rachen zum Nasenraum ab. Der vordere Zungenrücken nähert sich dem Vordergaumen. Zwischen dem vorderen Zungenrücken und dem Vordergaumen entsteht eine Enge (sie kann bei [j] weniger stark sein).

Chemie	[çeˈmiː]
Sichel	[ˈzɪçl̩]
nüchtern	[ˈnʏçtɐn]
ich	[ɪç]
Recht	[rɛçt]
jagen	[ˈjaːgn̩]
Fjord	[fjɔrt]
Boje	[ˈboːjə]
Talje	[ˈtaljə]

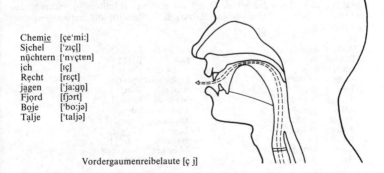

Vordergaumenreibelaute [ç j]

Hintergaumenreibelaut [x]

Das Gaumensegel (Hintergaumen) schließt den Durchgang vom Rachen zum Nasenraum ab. Der hintere Zungenrücken nähert sich dem Hintergaumen. Zwischen dem hinteren Zungenrücken und dem Hintergaumen entsteht eine Enge.

Chassidismus	[xasi'dɪsmʊs]
autochthon	[autɔx'to:n]
Achat	[a'xa:t]
Buche	['bu:xə]
doch	[dɔx]
Wucht	[vʊxt]

Hintergaumenreibelaut [x]

Stimmritzenreibelaut [h]

Das Gaumensegel (Hintergaumen) schließt den Durchgang vom Rachen zum Nasenraum ab, und die Stimmritze (Ritze zwischen den Stimmlippen) wird etwas verengt.

Haft	[haft]	Uhu	['u:hu]	vehement	[vehe'mɛnt]
Hirt	[hɪrt]	Ahorn	['a:hɔrn]	Vehikel	[ve'hi:kl̩]

37 | **Affrikaten** [pf̯ t̯s t̯ʃ d̯ʒ]

Alle Affrikaten stellen eine enge Verbindung aus Verschluß- und Reibelaut dar: [pf̯] aus Lippenverschlußlaut [p] und Lippenzahnreibelaut [f], [t̯s] aus Zahnverschlußlaut [t] und Zahnreibelaut [s], [t̯ʃ] aus Zahnverschlußlaut [t] und palatoalveolarem Reibelaut [ʃ] und [d̯ʒ] aus Zahnverschlußlaut [d] und palatoalveolarem Reibelaut [ʒ]:

Pfahl	[pfa:l]	tschilpen	['tʃɪlpn̩]
Pflanze	['pflantsə]	tschüs	[tʃy:s]
Apfel	['apfl̩]	Watsche	['va:tʃə]
Karpfen	['karpfn̩]	pantschen	['pantʃn̩]
Topf	[tɔpf]	Klatsch	[klatʃ]
Krampf	[krampf]	Mantsch	[mantʃ]
Zahn	[tsa:n]	Dschungel	['dʒʊŋl̩]
Zweck	[tsvɛk]	Dschunke	['dʒʊŋkə]
Katze	['katsə]	Loggia	['lɔdʒa]
Kerze	['kɛrtsə]	Hadschi	['ha:dʒi]
Herz	[hɛrts]	Manager	['mɛnɪdʒɐ]
Kranz	[krants]	Hedschra	['hɛdʒra]

Artikulation von /r/

Das Phonem /r/ hat zwei wesentliche Artikulationen: 1. konsonantisches *r* [r],
2. vokalisches *r* [ɐ̯] (vgl. auch /ər/ unter 26).

Konsonantisches r [r]   ┌────┐
                                                                │ 38 │
                                                                └────┘
Die verschiedenen Arten von konsonantischem r [r]

Beim konsonantischen *r* lassen sich – je nach Bedarf und Genauigkeit – mehrere
Untergruppen von Artikulationen unterscheiden: Zungenspitzen-R und Zäpfchen-R; Zungenspitzen-R, Zäpfchen-R und Reibe-R; mehrschlägiges Zungenspitzen-R, einschlägiges Zungenspitzen-R, Zäpfchen-R und Reibe-R; mehrschlägiges Zungenspitzen-R, mehrschlägiges Zäpf-
chen-R, einschlägiges Zäpfchen-R, Reibe-R.
1. Reibe-R (genaues Zeichen: [ʁ]):
   Das Gaumensegel (Hintergaumen) schließt den Durchgang vom Rachen zum
   Nasenraum ab. Der hintere Zungenrücken nähert sich dem Zäpfchen, wobei
   eine Enge entsteht.
2. Zäpfchen-R (genaues Zeichen: [ʀ]):
   Das Gaumensegel (Hintergaumen) schließt den Durchgang vom Rachen zum
   Nasenraum ab. Der hintere Zungenrücken nähert sich dem Zäpfchen, das ein
   oder mehrere Male gegen den hinteren Zungenrücken schlägt.
3. Mehrschlägiges Zungenspitzen-R (gerolltes Zungenspitzen-R; genaues Zeichen: [r]):
   Das Gaumensegel (Hintergaumen) schließt den Durchgang vom Rachen zum
   Nasenraum ab, und die Zungenspitze schlägt zwei- bis dreimal gegen die oberen Schneidezähne oder gegen die Alveolen.
4. Einschlägiges Zungenspitzen-R (genaues Zeichen: [ɾ]):
   Die Zungenspitze schlägt einmal gegen die oberen Schneidezähne oder gegen
   die Alveolen (sonst wie beim mehrschlägigen Zungenspitzen-R).

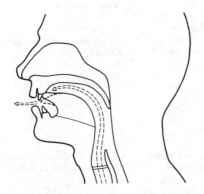

Mehr- und einschlägiges Zungenspitzen-R [r], [ɾ]

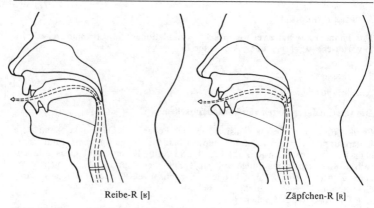

Reibe-R [ʁ]   Zäpfchen-R [ʀ]

Die Verwendung der [r]-Arten

Bei den ausgebildeten Berufssprechern des Rundfunks und Fernsehens sowie den Berufsschauspielern auf der Bühne überwiegt deutlich das Reibe-R [ʁ]; doch findet man bei letzteren oft auch Zäpfchen-R [ʀ] (meist mehrschlägig), weniger oft ein- und mehrschlägiges Zungenspitzen-R [ɾ r]. Für den Kunstgesang gilt mehrschlägiges Zungenspitzen-R [r] (gerolltes Zungenspitzen-R).

Die Verwendung der verschiedenen [r]-Arten hängt auch von Inhalt, Stil und Sprechlage ab. Bei zunehmender Deutlichkeit und zunehmendem Nachdruck wird vermehrt Zäpfchen-R und Zungenspitzen-R mit steigender Zahl von Zäpfchen- bzw. Zungenspitzenschlägen verwendet. Im Folgenden schreiben wir im allgemeinen für alle Arten von konsonantischem r einfach [r].

Das Vorkommen von [r]

– vor silbischen und unsilbischen Vokalen:

Rat	[raːt]	zögere	['tsøːgərə]
Rheuma	['rɔyma]	Ferien	['feːriən]
Fahrer	['faːrɐ]	weigre	['vaigrə]
zerren	['tsɛrən]	albre	['albrə]
Diarrhö	[diaˈrøː]	unsre	['ʊnzrə]

– nach den kurzen Vokalen [ɪ ɛ ʏ œ a ʊ ɔ] am Wortende oder vor Konsonanten (vgl. jedoch *er-, ver-, zer-; herbei* usw. unter 39):

Irrsein	['ɪrzain]	hart	[hart]
zerr!	[tsɛr]	harrt	[hart]
dürr	[dʏr]	Wetzlar	['vɛtslar]
örtlich	['œrtlɪç]	Form	[fɔrm]

39 *Vokalisches r [ɐ]*[1]

Vokalisches r [ɐ] ist ein unsilbischer Vokal mit derselben Artikulationsstelle wie der silbische Vokal [ɐ] in *Wasser* ['vasɐ] (vgl. 24; 26). Es kommt in folgenden Stellungen vor:

---

[1] Für den Kunstgesang gilt – an Stelle von [ɐ] – konsonantisches *r*, und zwar mehrschlägiges Zungenspitzen-R [r] (gerolltes Zungenspitzen-R).

1. Nach den langen Vokalen [i: e: ɛ: y: ø: u: o:] am Wortende oder vor Konsonant:

Bier	[bi:ɐ̯]	hört	[hø:ɐ̯t]
Pferd	[pfe:ɐ̯t]	Uhr	[u:ɐ̯]
fährst	[fɛ:ɐ̯st]	fuhrst	[fu:ɐ̯st]
Tür	[ty:ɐ̯]	Ohr	[o:ɐ̯]

Bei deutlicher und nachdrücklicher Aussprache kann dem unsilbischen Vokal [ɐ̯] ein schwaches Reibe-R [ᵏ] folgen, also [bi:ɐ̯ᵏ], [pfe:ɐ̯ᵏt], [fɛ:ɐ̯ᵏst] usw. Bei noch größerer Deutlichkeit und noch größerem Nachdruck kann dem langen Vokal direkt ein volles Reibe-R [ʁ] folgen, also [bi:ʁ], [pfe:ʁt], [fɛ:ʁst] usw.; weniger häufig ein Zäpfchen-R [ʀ] oder ein mehrschlägiges Zungenspitzen-R [r], also [bi:ʀ], [pfe:ʀt], [fɛ:ʀst] usw. oder [bi:r], [pfe:rt], [fɛ:rst]. Im allgemeinen verwenden wir nur die Schreibung mit [ɐ̯] und ohne [ᵏ ʁ ʀ r], also [bi:ɐ̯], [pfe:ɐ̯t], [fɛ:ɐ̯st] usw.

2. Nach langem *a* [a:] am Wortende oder vor Konsonant. In dieser Stellung kann ebensogut an Stelle von [ɐ̯] ein Reibe-R [ʁ] gesprochen werden:

Haar	[ha:ɐ̯]/[ha:ʁ]
Bart	[ba:ɐ̯t]/[ba:ʁt]
Harz	[ha:ɐ̯ts]/[ha:ʁts]
paarst	[pa:ɐ̯st]/[pa:ʁst]

Bei besonders deutlicher und nachdrücklicher Aussprache wird die Form mit Reibe-R [ʁ] vorgezogen, also [ha:ʁ] usw.; weniger häufig eine Form mit Zäpfchen-R [ʀ] oder mehrschlägigem Zungenspitzen-R [r], also [ha:ʀ] oder [ha:r]. Im allgemeinen verwenden wir nur die Schreibung mit [ɐ̯] und ohne [ʁ ʀ r], also [ha:ɐ̯] usw.

3. In den Präfixen *er-, ver-, zer-* und in *herbei, hernach, hernieder, hervor, herzu:*

erobern	[ɛɐ̯'lo:bɐn]	hernach	[hɛɐ̯'na:x]
erfassen	[ɛɐ̯'fasn̩]	Verlust	[fɛɐ̯'lʊst]
herbei	[hɛɐ̯'bai]	zerlegen	[tsɛɐ̯'le:gn̩]

Wie nach den langen Vokalen [i: e: ɛ:] usw. (s.o.) wird auch hier unter denselben Bedingungen die Aussprache mit [ɐ̯] bzw. mit [ʁ ʀ r] verwendet, also *Verlust* [fɛɐ̯ᵏ'lʊst] bzw. [fɛʁ'lʊst], [fɛʀ'lʊst], [fɛr'lʊst]. Im allgemeinen verwenden wir nur die Schreibung mit [ɐ̯] und ohne [ᵏ ʁ ʀ r], also [fɛɐ̯'lʊst] usw.

Stimmhaftigkeit

[40]

Voll stimmlos sind die Konsonanten [p t k ǀ f s ʃ ç x h pf ts tʃ (θ)]:

[p]	Panne	['panə]		[ç]	Licht	[lɪçt]
[t]	Tat	[ta:t]		[x]	Dach	[dax]
[k]	Kalk	[kalk]		[h]	Hals	[hals]
[ǀ]	beachte	[bə'ǀaxtə]		[pf]	Pfahl	[pfa:l]
[f]	Fall	[fal]		[ts]	Zahl	[tsa:l]
[s]	Last	[last]		[tʃ]	tsching!	[tʃɪŋ]
[ʃ]	Schaft	[ʃaft]		([θ]	Thriller	['θrɪlɐ])

Weitgehend stimmhaft oder schwach stimmhaft bis fast stimmlos sind die Konsonanten [b d g v z ʒ ʁ dʒ (ð)].
– Sie sind schwach stimmhaft bis fast stimmlos (hier: [b̥ d̥ g̊ ɣ̥ ʒ̊ j̊ r̥ (= ʁ̥) d̥ʒ̊ (ð̥)]) nach den stimmlosen Konsonanten [p t k f s ʃ ç x pf ts tʃ (θ)]:

[b̥]	Kasba	['kasb̥a]		[ʒ̊]	Holzjalousie	['hɔltsʒ̊aluzi:]
[d̥]	abdanken	['apd̥aŋkn̩]		[j̊]	wegjagen	['vɛkj̊a:gn̩]
[g̊]	rotgelb	['ro:tg̊ɛlp]		[ʁ̥]	warten	['vartn̩] (= ['vaʁ̥tn̩])
[ɣ̥]	Abwurf	['apɣ̥ʊrf]		[d̥ʒ̊]	Obstjuice	['o:pstd̥ʒ̊u:s]
[ʒ̊]	Absicht	['apʒ̊ɪçt]				

- Sie sind weitgehend stimmhaft in allen übrigen Stellungen (hier: [b d g v z ʒ j r(= ʁ) dʒ (ð)]):

Ball	[bal]	Einbahn	['ai̯nbaːn]
braun	[braṷn]	Genie	[ʒe'niː]
halbe	['halbə]	Garage	[ga'raːʒə]
Wahl	[vaːl]	rangieren	[rä'ʒiːrən]
wringen	['vrɪŋən]	Jahr	[jaːɐ̯]
Vorwahl	['foːɐ̯vaːl]	Talje	['taljə]
Lavendel	[la'vɛndl̩]	Weinjahr	['vai̯njaːɐ̯]
powre	['poːvrə]	fahren	['faːrən] (= ['faːʁən])
Sahne	['zaːnə]	Dschunke	['dʒʊŋkə]
Vase	['vaːzə]	Manager	['mɛnɪdʒɐ]
Bremse	['brɛmzə]	Baumdschungel	['baṷmdʒʊŋl̩]
labe	['laːbə]	(Fathom	['fɛðəm])

Stimmhaft sind die Konsonanten [m n ŋ l r(= r ɾ ʀ)]:

Mahl	[maːl]	lang	[laŋ]	Rang	[raŋ]
naß	[nas]	lahm	[laːm]	warm	[varm]

41 ## Stärke (Intensität)

Starke Konsonanten (Fortes) sind [p t k f s ʃ ç x pf ts tʃ (θ)]:

[p]	Panne	['panə]		[ç]	ich	[ɪç]
[t]	Tau	[taṷ]		[x]	ach!	[ax]
[k]	kalt	[kalt]		[pf]	Pfau	[pfaṷ]
[f]	fast	[fast]		[ts]	Zahl	[tsaːl]
[s]	was	[vas]		[tʃ]	Tscheche	['tʃɛçə]
[ʃ]	Schau	[ʃaṷ]		([θ]	Thriller	['θrɪlɐ])

Schwache Konsonanten (Lenes) sind [b d g v z ʒ j r(= ʁ) dʒ (ð)]:

[b]	Bau	[baṷ]		[ʒ]	Genie	[ʒe'niː]
[d]	dann	[dan]		[j]	ja	[jaː]
[g]	Gast	[gast]		[ʁ]	rot	[roːt] (= [ʁoːt])
[v]	was	[vas]		[dʒ]	Gin	[dʒɪn]
[z]	Hase	['haːzə]		([ð]	Fathom	['fɛðəm])

Für die übrigen Konsonanten, d. h. [l m n ŋ l r(= r ɾ ʀ) h], ist der Unterschied stark/schwach nicht wichtig.

42 ## Behauchung (Aspiration)

Behaucht können die Konsonanten [p t k] sein. Die übrigen Konsonanten, d. h. [b d g m n ŋ l r(= r ɾ ʀ ʁ) f v s z ʃ ʒ ç j x pf ts tʃ dʒ (θ ð)], sind dagegen immer unbehaucht.
Unbehaucht sind [p t k]
- in [ps pf ks kʃ], wenn zwischen [p] und [s], [p] und [ʃ], [k] und [s], [k] und [ʃ] keine Silbengrenze liegt:

Psi	[psiː]	Xenie	['kseːni̯ə]
mopsen	['mɔpsn̩]	Echse	['ɛksə]
Erbse	['ɛrpsə]	Hexe	['hɛksə]
Raps	[raps]	Hexan	[hɛ'ksaːn]
Pschorr	[pʃɔr]	Wegs	[veːks]
Ruppsche	['rʊpʃə]	gschamig	['kʃaːmɪç]
Nimbschen	['nɪmpʃn̩]	Hecksche	['hɛkʃə]

- im ersten Teil von [pp], [pb], [tt], [td], [kk], [kg] (vgl. 43 f.):

abpassen	['appʰasn̩]	entdecken	[ɛnt'dɛkʰn̩]
Leibbinde	['lai̯pbɪndə]	Rückkehr	['rʏkkʰeːɐ̯]
enttäuschen	[ɛnt'tʰɔy̯ʃn̩]	weggehen	['vɛkgeːən]

Behaucht sind [p t k] in den übrigen Stellungen, und zwar:
- stark bis sehr stark behaucht (hier [pʰ tʰ kʰ]) am Wortanfang und am Wortende
  vor einer Pause; besonders in betonter Silbe vor dem betonten Vokal, wenn in
  der Silbe kein [s] oder [ʃ] vorausgeht; ferner ist [k] in der Ableitungssilbe -keit
  stark bis sehr stark behaucht:

Pạck	[pʰakʰ]	Tat	[tʰaːtʰ]	kẹck	[kʰɛkʰ]
prạll	[pʰral]	Talẹnt	[tʰaˈlɛntʰ]	Kọrk	[kʰɔrkʰ]
Pneu	[pʰnɔy]	vital	[viˈtʰaːl]	Einsamkeit	[ˈainzaːmkʰaitʰ]
Ạnprall	[ˈanpʰral]	Ạnteil	[ˈantʰail]		

- mittelstark bis schwach behaucht in den restlichen Stellungen (hier [p‘ t‘ k‘]):

Lịppe	[ˈlɪp‘ə]	wịttre	[ˈvɪt‘rə]
tạppte	[ˈtʰap‘t‘ə]	Stạll	[ʃt‘al]
kọpple	[ˈkʰɔp‘lə]	Wịrtschaft	[ˈvɪrt‘ʃaftʰ]
lieblich	[ˈliːp‘lɪç]	Mụ̈cke	[ˈmʏk‘ə]
kạpre	[ˈkʰaːp‘rə]	hạckte	[ˈhak‘t‘ə]
Spaß	[ʃp‘aːs]	wịckle	[ˈvɪk‘lə]
Liebschaft	[ˈliːp‘ʃaftʰ]	mọ̈glich	[ˈmøːk‘lɪç]
hạtte	[ˈhat‘ə]	lọckre	[ˈlɔk‘rə]
Rạthke	[ˈrat‘k‘ə]	Skạlp	[sk‘alpʰ]
rụ̈ttle	[ˈrʏt‘lə]	Belẹgschaft	[bəˈleːk‘ʃaftʰ]
rẹdlich	[ˈreːt‘lɪç]		

Anmerkung: Mit zunehmender Deutlichkeit und mit zunehmendem Nachdruck
nimmt auch die Behauchung an Stärke zu.

Lange Konsonanten [1]   43

Lange Konsonanten kommen in einfachen Wörtern nicht vor; hier sind alle Konsonanten kurz:

Rạte [ˈraːtə], Rạtte [ˈratə], Rọggen [ˈrɔgn̩], schmụggle [ˈʃmʊglə], Wahhabịt [vahaˈbiːt],
wattieren [vaˈtiːrən].

Lange Konsonanten kommen nur in der Wortfuge bei Ableitungen, Präfixbildungen und zusammengesetzten Wörtern sowie zwischen Wörtern im Satzinneren
vor, die ohne Pause nacheinander gesprochen werden. Sie werden nur einmal gebildet (eingesetzt) und aufgehoben (abgesetzt), nicht jedoch in der Mitte, wo sich
eine Silbengrenze befindet:

ạbpassen [ˈapasn̩], Geschịrreinigung [gəˈʃɪrainɪgʊŋ], Fẹhlleistung [ˈfeːllaistʊŋ],
Lauffeuer [ˈlauffɔyɐ], mich Chemiker [mɪçˈçeːmikɐ], Pạßskandal [ˈpasskandaːl], wạhllos
[ˈvaːlloːs], Wạschschüssel [ˈvaʃʃʏsl̩].

Folgende lange Konsonanten kommen nicht vor: [bb dd gg ‖ ŋŋ vv zz ʒʒ jj hh].
Darüber hinaus gibt es auch keine langen Affrikaten; im Falle von [pfpf] (wie
Kọpfpflaster [ˈkɔpfpflastɐ], [tsts], [tʃtʃ] muß zwischen [pf] und [pf] usw. immer neu
eingesetzt werden. [dʒdʒ] kommt nicht vor.

Stimmlose und stimmhafte Konsonanten gleicher
Artikulationsart und -stelle im Kontakt   44

Treten stimmlose und stimmhafte Konsonanten gleicher Artikulationsart und
-stelle ohne Zwischenpause hintereinander auf, d. h. [pb td kg fv sz ʃʒ çj], dann
wird von [p] zu [b], von [t] zu [d] usw. die Artikulation unverändert beibehalten.
Zwischen [p] und [b] usw. befindet sich eine Silbengrenze (vgl. auch 45, 8):

ab Baden [apˈbaːdn̩], ạbbrennen [ˈapbrɛnən], Haussuchung [ˈhauszuːxʊŋ], Pẹchjahr
[ˈpɛçjaːɐ], Rạddampfer [ˈratdampfɐ], Weggenosse [ˈveːkgənɔsə].

---

[1] Lautschriftliche Wiedergabe durch Doppelschreibung ([pp rr ʃʃ] usw.).

2.1.3 Silbentrennung (lautliche)

Wir haben der besseren Lesbarkeit wegen in der Lautschrift auf eine durchgehende Kennzeichnung der lautlichen Silbengrenze verzichtet, schreiben also nicht *nationalisieren* [na-ts̬i̯o-na-li-'zi:-rən], sondern [nats̬i̯onali'zi:rən]. Da aber die lautliche Silbengrenze ein wesentlicher Teil der Lautform eines Wortes ist, führen wir hier wenigstens die wichtigsten Trennungsregeln auf.

1. Wo die Rechtschreibung zwischen Wörtern einen Zwischenraum läßt, ist eine lautliche Silbengrenze:

   Ich weiß es nicht [ɪç-vai̯s-|ɛs-nɪçt].

2. In zusammengesetzten Wörtern ist die Silbengrenze in der Wortfuge:

   Angstschweiß ['aŋst-ʃvai̯s], Geldhunger ['gɛlt-hʊŋɐ], Lebensangst ['le:bn̩s-laŋst].

3. Auf die deutschen Präfixe *be-, ent-, er-, ge-, ver-, zer-* folgt eine Silbengrenze: beachten [bə-'la̯xtn̩], bestreiten [bə-'ʃtrai̯tn̩], entsagen [ɛnt-'za:gn̩], zerreißen [tsɛɐ̯-'rai̯sn̩].

4. Vor den Ableitungssilben *-bar, -chen, -haft, -heit, -keit, -lein, -ler, -lich, -ling, -lings, -los, -ner, -nis, -sal, -sam, -schaft, -sel* [z|], *-tum, -wärts* liegt eine Silbengrenze: Gebirgler [gə'bɪrk-lɐ], Knäblein ['knɛ:p-lai̯n], lenkbar ['lɛŋk-ba:ɐ̯], möglich ['mø:k-lɪç], Schürzchen ['ʃyrts-çən].

5. Zwischen gleichen Lauten liegt eine Silbengrenze.

   abpassen ['ap-pasn̩], einnehmen ['ai̯n-ne:mən], Filii ['fi:li-i], Kanaan ['ka:na-an], Zoologie [tso-olo'gi:]

6. Zwischen zwei silbischen Vokalen, die zusammenstoßen, liegt eine Silbengrenze:

   Danaer ['da:na-ɐ], Filii ['fi:li-i], Natrium ['na:tri-ʊm].

7. In der Folge Vokal + Konsonant + Vokal liegt die Silbengrenze zwischen dem ersten Vokal und dem folgenden Konsonanten:

   Ahle ['a:-lə], Hecke ['hɛ-kə], lange ['la-ŋə], mache ['ma-xə], Maße ['ma:-sə], Wasser ['va-sɐ].

8. Zwischen einem stimmlosen Verschlußlaut ([p t k]) und folgendem [b d g v z ʒ dʒ] liegt im Wortinneren eine Silbengrenze:

   abbitten ['ap-bɪtn̩], abdanken ['ap-daŋkn̩], abwärts ['ap-vɛrts], Absage ['ap-za:gə], Mägde ['mɛ:k-də], Weltgenie ['vɛlt-ʒeni:].

9. [i ẙ u o b d g | v z ʒ j h dʒ] haben keine Silbengrenze unmittelbar nach sich:

   Kalium ['ka:li̯ʊm], einengen ['ai̯n|ɛŋən], fasre ['fa:zrə], Hedschra ['hɛdʒra], Jäheit ['jɛ:hai̯t], Magma ['magma], powre ['po:vrə], Redner ['re:dnɐ].

10. Vor [b d g v z ʒ dʒ] ist im Inneren einfacher Wörter eine Silbengrenze:

    lesbisch ['lɛs-bɪʃ], Nabe ['na:-bə], nörgle ['nœr-glə], Pilsner ['pɪl-znɐ], regle ['re:-glə], unsre ['ʊn-zrə].

11. Vor [| h] liegt eine Silbengrenze:

    abhauen ['ap-hau̯ən], einengen ['ai̯n-|ɛŋən].

12. [ɐ̯ m̩ n̩ |] haben keine Silbengrenze unmittelbar vor sich:

    fährt [fɛ:ɐ̯t], Löffel ['lœfl̩], reden ['re:dn̩].

13. Zwischen gleichen Zeichen der Lautschrift liegt eine Silbengrenze:

    forttraben ['fɔrt-tra:bn̩], ummähen ['ʊm-mɛ:ən].

14. Die Zeichen für Hauptbetonung ['] und Nebenbetonung [ˌ] stehen immer in einer Silbengrenze:

    Prosaist [proza-'ɪst], Regierungsrat [re-'gi:rʊŋs-ˌra:t].

2.1.4 Wortbetonung

Einfache Wörter

In einfachen Wörtern ist gewöhnlich die erste Silbe betont:
Acker, Ekel, Elend, Erde, redet, Tages.

Abgeleitete Wörter

In abgeleiteten Wörtern ist gewöhnlich die erste Silbe betont:
langsam, lesbar, Mannschaft, Möglichkeiten.

Präfixbildungen

Die Präfixe *be-, ent-, er-, ge-, ver-, zer-* sind nicht betont:
beachten, Begriff, entfernen, Verfall.

Zusammengesetzte Wörter und Verbzusätze

In zweigliedrigen zusammengesetzten Wörtern ist gewöhnlich der erste Teil stärker betont (hauptbetont) als der zweite (nebenbetont). Der Nebenton wird in der Lautschrift gewöhnlich nicht bezeichnet:

Scheinwerfer ['ʃainvɛrfɐ] (genauer: ['ʃain‚vɛrfɐ]); Regierungsrat [re'giːrʊŋsraːt] (genauer: [re'giːrʊŋs‚raːt]).

In dreigliedrigen Zusammensetzungen ist der erste Teil am stärksten, der zweite am zweitstärksten, der dritte am drittstärksten betont, wenn die Zusammensetzung aus dem ersten Teil einerseits und dem zweiten + dritten Teil andererseits besteht:

Dampfschiffahrt ['dampf‚ʃɪffaːɐt] (bestehend aus *Dampf* + *Schiffahrt,* Formel: a+[b+c]).

Dagegen ist der erste Teil am stärksten betont, der zweite am drittstärksten und der dritte am zweitstärksten, wenn die Zusammensetzung aus dem ersten + zweiten Teil einerseits und dem dritten Teil andererseits besteht:

Dampfschiffahrt ['dampfʃʃɪf‚faːɐt] (bestehend aus *Dampfschiff* + *Fahrt,* Formel: [a+b]+c).

Die Partikeln *ab-, an-, aus-, bei-, ein-, nach-, wieder-* sind meistens betont:
Abweg, ausfahren, beistehend, Eingriff.

Die Partikeln *da-, dar-, durch-, her-, hier-, hin-, hinter-, in-, miß-, ob-, über-, um-, un-, unter-, voll-, vor-, wider-, zu-* kommen betont und unbetont vor:
durchgehen, durchgehen, Inbegriff, infolge.

Abweichende Betonungen

Die Ableitungssuffixe *-ei* und *-ieren* sind betont:
Bücherei, halbieren, polieren, Polizei.

Bei gefühlsmäßiger (emphatischer) Betonung und gelegentlich auch sonst können Zusammensetzungen auf beiden Teilen betont sein:
Erzhalunke, haarscharf, neunhundert.

In bestimmten zweigliedrigen Zusammensetzungen kommt auch Betonung auf dem zweiten Bestandteil vor:
Hohepriester, liebkosen, Rechtsaußen.

Auch in bestimmten dreigliedrigen Zusammensetzungen kommt gelegentlich Betonung auf dem zweiten Bestandteil vor:

Dreikäsehoch, Fünfmarkstück, Vierzimmerwohnung.

Aneinanderreihungen mit und ohne *und* sind auf allen Teilen oder auf dem letzten Teil betont:

Maul- und Klauenseuche/Maul- und Klauenseuche, rotweißrot/rotweißrot.

Bei Gegensatzbetonung kann jede beliebige Silbe, die kein [ə] enthält, betont werden:

nicht erfassen, sondern verfassen; Menschenfreund (im Gegensatz zu einem nicht ausdrücklich genannten *Menschenfeind*).

Abkürzungen, die mit den Buchstabennamen ausgesprochen werden, sind auf dem letzten Teil betont, häufig vorkommende auch auf dem ersten:

BGB [be:ge'be:]; LKW [ɛlka:'ve:] (auch:) ['ɛlkave].

Für Fremdwörter und fremde Namen lassen sich keine allgemeinen Betonungsregeln aufstellen. Bei einzelnen fremden Adjektiven auf -*al, -ell, -iv* und bei einzelnen Fremdwörtern (bes. griechischen und lateinischen), die als zusammengesetzt empfunden werden, findet man zunehmend – besonders fachsprachlich – Verlagerung der Betonung auf die erste Silbe:

national > national, personell > personell, positiv > positiv; international > international, Psychologie > Psychologie, Telefon > Telefon.

Auch bei einzelnen aus dem Französischen stammenden Fremdwörtern, die materielle Gegenstände bezeichnen, besteht Neigung zur Anfangsbetonung:

Camembert [kamã'bɛːɐ̯] > ['kaməmbeːɐ̯], Chevreau [ʃə'vroː] > ['ʃevro], Chiffon [ʃɪ'fõː] > ['ʃɪfõ].

Namen haben oft abweichende Betonung:

Berlin, Fontane, Heilbronn, Roswitha.

2.2 Nichtstandardlautung

Außerhalb der Standardlautung kann man zwei Arten von Nichtstandardlautung unterscheiden: die Umgangslautung, die weniger deutlich und schriftnah ist als die Standardlautung, und die Überlautung, die deutlicher und schriftnäher ist als die Standardlautung. Beide Lautungen sind ungenormt.

47 2.2.1 Umgangslautung[1]

Die Umgangslautung herrscht je nach Gegend, sozialer Schicht und Sprechlage in der gewöhnlichen Unterhaltung zu Hause, auf der Straße und im Betrieb vor und wird für die Wiedergabe sprachlich und inhaltlich weniger anspruchsvoller Texte verwendet. Oft bedient man sich ihrer auch, wenn man sich an ein breiteres Publikum wendet, wie dies gelegentlich im Fernsehen, im Film und im Rundfunk geschieht. Da die Umgangslautung gegenüber der Standardlautung durch einen schwer übersehbaren Reichtum an individuellen, regionalen und sozialen Abstufungen gekennzeichnet ist, muß ihre umfassende systematische Darstellung als

---

[1] Bei der lautschriftlichen Wiedergabe erscheint lediglich der jeweils in Frage kommende Teil des Wortes in der Umgangslautung, der Rest wird nach der Standardaussprache umschrieben. Die vor dem Zeichen > stehenden Formen gehören im allgemeinen der Standardsprache an, die übrigen der Umgangslautung. Das Zeichen > ist dabei nicht so zu verstehen, als sei die eine Form aus der anderen hervorgegangen.

unmöglich gelten. In den folgenden Bemerkungen werden deshalb vor allem häufige Erscheinungen der Umgangslautung besprochen, allerdings ohne Angaben zur räumlichen Verbreitung. Auch muß immer damit gerechnet werden, daß einzelne dieser Erscheinungen in bestimmten Gebieten als unfein gelten, während sie anderswo lediglich als fremdartig abgelehnt werden.[1]

Bemerkungen zu den Vokalen   48

Ersatz von [ɛ:] durch [e:]

Langes offenes e [ɛ:] kann durch langes geschlossenes e [e:] ersetzt werden. Durch den Zusammenfall von [ɛ:] mit [e:] werden viele Wörter nicht mehr unterschieden, die in der Standardlautung auseinandergehalten werden:

Bär [bɛːɐ̯] > [beːɐ̯], Mädchen ['mɛːtçən] > ['meːtçən]; Bären/Beeren ['beːrən]; bäte/bähte/bete/Beete ['beːtə]; Häfen/Hefen ['heːfn̩]; lägen/legen ['leːgn̩]; Mähre/Märe/Meere/mehre ['meːrə].

Kürzung langer Vokale

In bestimmten einsilbigen Wörtern können betonte lange Vokale vor folgendem Konsonanten gekürzt werden:

Bad [baːt] > [bat], Glas [glaːs] > [glas], grob [groːp] > [grɔp].

Ersatz von unbetonten [e ɛ] durch [ə]

Nicht am Wortanfang stehendes unbetontes kurzes geschlossenes e [e] und unbetontes kurzes offenes e [ɛ] können durch [ə] ersetzt werden:

arretieren [are'tiːrən] > [arə'tiːrən], genetisch [ge'neːtɪʃ] > [gə'neːtɪʃ], investieren [ɪnvɛs'tiːrən] > [ɪnvəs'tiːrən], Karies ['kaːri̯ɛs] > ['kaːri̯əs], molekular [moleku'laːɐ̯] > [moləku'laːɐ̯].

Ersatz der Nasalvokale

Die Nasalvokale können durch [ɛŋ aŋ œŋ ɔŋ] ersetzt werden:

Embonpoint [ãbõ'pŏɛ̃] > [aŋbɔŋ'pŏɛŋ], Ensemble [ã'sãːbl̩] > [aŋ'saŋbl̩], Fond [fõ:] > [fɔŋ], Impromptu [ɛ̃prõ'ty:] > [ɛŋprɔŋ'ty:], Parfum [par'fœ̃:] > [par'fœŋ], Teint [tɛ̃:] > [tɛŋ].

Ferner können die Nasalvokale ersetzt werden durch:
– [ɛm am œm ɔm] vor [p b]:

Empire [ã'piːɐ̯] > [am'piːɐ̯], L'hombre ['lõːbɐ̯] > ['lɔmbɐ̯].

– [ɛn an œn ɔn] vor [t d s z ʃ ʒ]:

Chance ['ʃãːsə] > ['ʃansə], Entente [ã'tãːtə] > [an'tantə].

– [ɛŋ aŋ œŋ ɔŋ] vor [k g]:

Engobe [ã'goːbə] > [aŋ'goːbə], Enquete [ã'keːtə] > [aŋ'keːtə].

Ersatz von [y: y ʏ] (geschrieben: y) durch [i: i ɪ]:

hysterisch [hʏs'teːrɪʃ] > [hɪs'teːrɪʃ], physikalisch [fyzi'kaːlɪʃ] > [fizi'kaːlɪʃ], Rhythmus ['rʏtmʊs] > ['rɪtmʊs], System [zʏs'teːm] > [zɪs'teːm].

---

[1] Allgemeines Interesse beanspruchen vor allem zwei Erscheinungen: 1. der Aussprachezusammenfall von /ɛː/ (geschrieben: ä, äh, ae) und /eː/ (geschrieben e, ee, eh) etwa in Räder und Reeder (beide Male ['reːdɐ̯]) (s. u.); 2. die Aussprache von -ig etwa in wenig als [-ɪk] statt als [-ɪç] (vgl. 49).

Ersatz von [i e y ø u o] durch [ɪ ɛ ʏ œ ʊ ɔ]

Nicht am Wortende stehende unbetonte [i e y ø u o] können vor Konsonant durch [ɪ ɛ ʏ œ ʊ ɔ] ersetzt werden:

Methylen [mety'le:n] > [mɛtʏ'le:n], Politologie [politolo'gi:] > [pɔlɪtɔlɔ'gi:], voluminös [volumi'nø:s] > [vɔlʊmɪ'nø:s].

Bemerkungen zu den Konsonanten

Ersatz von [ç] durch [k]

[ç] kann in der Endung -ig am Wortende und vor Konsonant durch [k] ersetzt werden:

einig ['aɪnɪç] > ['aɪnɪk], predigt ['pre:dɪçt] > ['pre:dɪkt], vereinigt [fɛɐ̯'aɪnɪçt] > [fɛɐ̯-'aɪnɪkt], wenigstens ['ve:nɪçstn̩s] > ['ve:nɪkstn̩s], wichtig ['vɪçtɪç] > ['vɪçtɪk].

In Fremdwörtern kann [ç] vor Vokal, besonders am Wortanfang, durch [k] ersetzt werden:

Charitin [ça'ri:tɪn] > [ka'ri:tɪn], Chemie [çe'mi:] > [ke'mi:], China ['çi:na] > ['ki:na], Chylus ['çy:lʊs] > ['ky:lʊs].

Ersatz von [g k] (geschrieben: g)

Zwischen vorderen Vokalen ([ə] einbegriffen) kann [g] durch [j] oder [ç] ersetzt werden:

legen ['le:gn̩] > ['le:jən], ['le:çn̩].

Im Wortinnern kann [g] vor Vokal nach [l] oder [r] durch [j] ersetzt werden:

Felge ['fɛlgə] > ['fɛljə], Sorge ['zɔrgə] > ['zɔrjə].

Vor stimmlosen Konsonanten und am Wortende kann [k] nach vorderen Vokalen und nach [l r] durch [ç] ersetzt werden:

legt [le:kt] > [le:çt], Sarg [zark] > [zarç], Sieg [zi:k] > [zi:ç].

Vor stimmlosen Konsonanten und am Wortende kann [k] nach hinteren Vokalen ([a a:] einbegriffen) durch [x] ersetzt werden:

gesagt [gə'za:kt] > [gə'za:xt], Smaragd [sma'rakt] > [sma'raxt], Zug [tsu:k] > [tsu:x].

Ersatz von [n] durch [m/ɱ/ŋ]:

[np nb nm] können durch [mp mb mm] ersetzt werden:

anpassen ['anpasn̩] > ['ampasn̩], einbauen ['aɪnbaʊən] > ['aɪmbaʊən], einmachen ['aɪn-maxn̩] > ['aɪmmaxn̩].

[nf nv] können durch [ɱf ɱv] ersetzt werden:

anfangen ['anfaŋən] > ['aɱfaŋən], einwerfen ['aɪnvɛrfn̩] > ['aɪɱvɛrfn̩], fünf [fʏnf] > [fʏɱf], Invasion [ɪnva'zio:n] > [ɪɱva'zio:n].

[nk ng nx] können durch [ŋk ŋg ŋx] ersetzt werden:

ein Chan [aɪn 'xa:n] > [aɪŋ 'xa:n], eingreifen ['aɪngraɪfn̩] > ['aɪŋgraɪfn̩], Einkauf ['aɪn-kaʊf] > ['aɪŋkaʊf], Ingreß [ɪn'grɛs] > [ɪŋ'grɛs].

Kürzung langer Konsonanten

Lange Konsonanten ([pp tt kk mm ll] usw.; vgl. 43) können durch einfache Konsonanten ([p t k m l] usw.) ersetzt werden, auch nach Ersatz von [nm], [sz], [sʃ] usw. durch [mm], [ss], [ʃʃ] usw. (vgl. vorangehenden und folgenden Absatz):

abpassen ['appasn̩] > ['apasn̩], Annahme ['anna:mə] > ['ana:mə], Aussage ['ausza:gə] > ['aussa:gə]/['ausa:gə], Aussprache ['ausʃpra:xə] > ['ausʃpra:xə]/['auʃpra:xə], einmachen ['ainmaxn̩] > ['aimmaxn̩]/['aimaxn̩], Waschschüssel ['vaʃʃʏsl̩] > ['vaʃʏsl̩].

Ersatz von [sʃ] durch [ʃʃ]

[sʃ] kann durch [ʃʃ] ersetzt werden:

Ausschank ['ausʃaŋk] > ['auʃʃaŋk], es scheint [ɛs'ʃaint] > [ɛʃ'ʃaint], es stinkt [ɛs-'ʃtiŋkt] > [ɛʃ'tiŋkt].

Ersatz von [r] durch [ɐ̯]

Nach kurzem Vokal kann [r] am Wortende oder vor Konsonant durch unsilbisches [ɐ] (Zeichen: [ɐ̯]) ersetzt werden (vgl. auch 38):

Berlin [bɛr'li:n] > [bɛɐ̯'li:n], harr! [har] > [haɐ̯], Hirt [hɪrt] > [hɪɐ̯t], wirr [vɪr] > [vɪɐ̯].

Ersatz von [pf ts tʃ] durch [pf̯ ts̯ tʃ]

In der Wortfuge können [pf ts tʃ] durch [pf̯ ts̯ tʃ] ersetzt werden. Die lautliche Silbengrenze erscheint dann vor oder nach [pf̯ ts̯ tʃ]:

Abfall ['apfal] > ['apf̯al], Hutschachtel ['hu:tʃaxtl̩] > ['hu:tʃaxtl̩], Wertskala ['ve:ɐ̯tska:la] > ['ve:ɐ̯ts̯ka:la].

Ersatz von [ʒ dʒ] durch [ʃ tʃ]

[ʒ dʒ] können durch [ʃ tʃ] ersetzt werden:

Blamage [bla'ma:ʒə] > [bla'ma:ʃə], Genie [ʒe'ni:] > [ʃe'ni:], Gin [dʒɪn] > [tʃɪn], Journalist [ʒʊrna'lɪst] > [ʃʊrna'lɪst].

Ersatz von [sp st] durch [ʃp ʃt]

Im Wortinnern können [sp st] durch [ʃp ʃt] ersetzt werden, wenn zwischen [s] und [p]/[t] eine Morphemgrenze empfunden wird:

Inspektor [ɪn'spɛktɔr] > [ɪn'ʃpɛktɔr], inspirieren [ɪnspi'ri:rən] > [ɪnʃpi'ri:rən], Konstitution [kɔnstitu'tsi̯o:n] > [kɔnʃtitu'tsi̯o:n].

Ersatz von [gm gn] durch [ŋm ŋn] in Fremdwörtern

Im Innern von Fremdwörtern können [gm gn] durch [ŋm ŋn] ersetzt werden. Dabei verschiebt sich die Silbengrenze vor [m n]:

Magnet [ma'gne:t] > [maŋ'ne:t], Magnifizenz [magnifi'tsɛnts] > [maŋnifi'tsɛnts], Phlegma ['flɛgma] > ['flɛŋma], sigmatisch [zɪ'gma:tɪʃ] > [zɪŋ'ma:tɪʃ], Signal [zɪ'gna:l] > [zɪŋ'na:l].

Schwache Wortformen

50

Pronomen und Artikel, häufig verwendete Formen der Verben *haben, sein, werden, sollen, wollen* u.a., häufig verwendete (besonders einsilbige) Präpositionen, Konjunktionen und Adverbien können beim schnellen Sprechen unter Änderung der Vokale und unter Verlust von Vokalen und Konsonanten je nach Tempo und Stellung mehr oder weniger abgeschwächt werden:

Wenn du gehst, ... [vɛn du: ge:st] > [vɛn də ge:st]. Was haben sie denn der Frau gesagt? [vas 'ha:bn̩ zi: dɛn de:ɐ̯ frau gə'za:kt] > [vas han zə n dɐ frau gə'za:t].

2.2.2 Überlautung

51 Die Überlautung ist deutlicher und schriftnäher als die Standardlautung. Man verwendet sie, wenn höchste Deutlichkeit verlangt wird (Diktat, laute Umgebung, große Entfernung zwischen Sprecher und Hörer, z. T. auch im Gesang und im elementaren Leseunterricht). Hier werden nur die wichtigsten Merkmale aufgeführt. (Alle Umschriften sind in Überlautung.)

52 ### Bemerkungen zu den Vokalen

Längung unbetonter Vokale

Die unbetonten Vokale [i e y ø u o ɛ̃ ã õ œ̃] werden gelängt; [i̯ y̑ u̯ o̯] werden silbisch und lang:

Hypertrophie [hy:pʰɛrtʰroːˈfiː], lebendig [leːˈbɛndɪç], Politik [pʰoːliːˈtʰiːkʰ], Studium [ˈʃtʰuːdiːʊm].

Die unbetonten Vokale [ɛ a] werden gelängt, wenn sie in der Standardlautung in betonter Stellung als [ɛː aː] gesprochen würden.

Apparat [apʰaːˈraːtʰ], Präsiden [pʰrɛːˈziːdɛn] (vgl. mit betontem [ɛː]: Präses [ˈpʰrɛːzɛs]), Zäsur [tsɛːˈzuːr].

Ersatz von [ə] durch [e eː ɛ]

[ə] wird durch [e] oder [eː] bzw. durch [ɛ] ersetzt:

Atem [ˈaːtʰɛm]; großes [ˈgroːsɛs]; mache [ˈmaxeː]/[ˈmaxɛ]; redet [ˈreːdɛtʰ].

Ersatz von [m̩], [n̩], [l̩], [ɐ] durch [ɛm], [ɛn], [ɛl], [ɛr]

Die silbischen Konsonanten [m̩], [n̩], [l̩] werden durch [ɛm], [ɛn], [ɛl], der Vokal [ɐ] durch [ɛr] ersetzt:

bösem [ˈbøːzɛm], machen [ˈmaxɛn], Schlüssel [ˈʃlʏsɛl], Wasser [ˈvasɛr].

Ersatz von [ɐ̯] durch [r]

Der unsilbische Vokal [ɐ̯] (vokalisches *r*) wird durch [r] ersetzt (vgl. auch 38 f.):

erfahr! [ɛrˈfaːr], hörst [høːrstʰ].

53 ### Bemerkungen zu den Konsonanten

Behauchung von [p t k]

[p t k] sind immer stark behaucht (außer in [ps pʃ ks kʃ]):

abbrennen [ˈapʰbrɛnɛn], abpassen [ˈapʰpʰasɛn], Raddampfer [ˈraːtʰdampfɛr], weggehen [ˈvɛkʰgeːɛn].

Aussprache von /r/

/r/ (meist geschrieben *r, rr, rrh*) wird als gerolltes Zungenspitzen-R [r] oder als gerolltes Zäpfchen-R [ʀ] gesprochen.

Aussprache von *h*

Der Buchstabe *h* zwischen Vokalen wird als [h] gesprochen:

Ehe [ˈeːheː]/[ˈeːhɛ], gehen [ˈgeːhɛn], ziehest [ˈtsiːhɛstʰ].

Der Buchstabe

1 Allgemeines

54

Die deutsche Sprache kommt in zwei Existenzformen vor: gesprochen und geschrieben. In einem stark vereinfachten Kommunikationsmodell kann man das so beschreiben:
Der Sprecher spricht Laute aus, der Hörer hört Laute; der Schreiber schreibt Buchstaben, der Leser liest Buchstaben. Einmal sind also die Laute das Kommunikationsmittel, das andere Mal die Buchstaben.
In welchem Verhältnis stehen Laute und Buchstaben zueinander? Beim ersten Hinsehen mag es so scheinen, als ob der Schreiber die Laute in Buchstaben „übersetzt" und der Leser diese Übersetzung dann wieder rückgängig macht. Diese naive Auffassung, der auch der Ratschlag „Schreibe, wie du sprichst!" zugrunde liegt, ist aber, wissenschaftlich betrachtet, in doppelter Weise falsch: 1. Geschriebene und gesprochene Sprache sind nicht identisch. 2. Die Buchstaben geben nicht die Laute wieder.

1.1 Geschriebene Sprache – gesprochene Sprache

55

Beim Schreiben und Lesen liegt eine andere Kommunikationssituation vor als beim Sprechen und Hören. In der mündlichen Kommunikation sehen sich Sprecher und Hörer in der Regel. Sie teilen eine gemeinsame Situation. Oft reden sie sogar über einen Gegenstand oder Sachverhalt, den sie beide gleichzeitig wahrnehmen können. Mündliche Kommunikation ist in ihrer typischen Ausprägung ein Wechselgespräch, in dem der Sprecher zum Hörer und der Hörer zum Sprecher wird. Durch Gestik und Mimik kann der Sprecher seine Rede unterstützen; der Hörer kann auf die gleiche Weise zeigen, daß er etwas verstanden bzw. nicht verstanden hat. Die Kommunikationsteilnehmer können jederzeit Rückfragen stellen.
Demgegenüber ist die schriftliche Kommunikation in vielem anders. Schreiber und Leser teilen meist nicht eine gemeinsame Kommunikationssituation. Der Schreiber schreibt für sich an einem bestimmten Ort zu einer bestimmten Zeit, und der Leser liest den Text meist an einem anderen Ort zu einer späteren Zeit. Schreiber und Leser tauschen nicht im raschen Wechsel die Rollen, deshalb können sie Verständigungsschwierigkeiten auch nicht so schnell erkennen und beheben. Der Schreiber hat allerdings den Vorteil, daß er seinen Text planen, vorschreiben und verbessern kann – und der Leser kann mehrmals durchlesen, was der Schreiber geschrieben hat.
Fassen wir die Besonderheiten der schriftlichen Kommunikation zusammen:
– Sie ist in mehrfacher Weise abstrakter als die gesprochene.
– Sie ist situationsunabhängig; sie überwindet Raum und Zeit.
– Sie erfolgt in langen geplanten „Spielzügen", z. B. Brief – Gegenbrief.
– Sie arbeitet nur mit sichtbaren Zeichen. (Die mündliche Kommunikation arbeitet mit hörbaren Zeichen [Laute, Akzent, Intonation] und sichtbaren Zeichen [Mimik, Gestik].)
Daraus folgt: Alles, was der Schreiber ausdrücken will, muß er in Worte kleiden; die Sprache ist – sieht man von Zeichnungen und Bildern ab – der alleinige Träger der Mitteilung. Daher werden in der schriftlichen Kommunikation auch andere Anforderungen an die Sprache gestellt als in der mündlichen.

56

Geschriebene und gesprochene Sprache weichen nicht so sehr in den Mitteln voneinander ab, sondern in dem Gebrauch, den sie von diesen Mitteln machen. So kann man in der mündlichen wie in der schriftlichen Kommunikation Nebensätze bilden, nur verwendet man sie beim Schreiben viel häufiger. (Es ist daher ratsam, eine Syntax, Semantik und Pragmatik der geschriebenen und gesprochenen Sprache zu unterscheiden; vgl. die Graphik S. 61.)

Während die mündliche Kommunikation (und damit auch die gesprochene Sprache) artspezifisch ist für den Menschen, ist die schriftliche Kommunikation eine Kulturtechnik, die vor etwa 6000 Jahren entwickelt wurde. Das Entstehen der Schrift veränderte das Zusammenleben der Völker, da so Wissen unabhängig vom Gedächtnis gespeichert werden konnte. Die Entfaltung von Wissenschaft und Technik steht damit in engem Zusammenhang.

Das Kind lernt seine Muttersprache als gesprochene Sprache in der mündlichen Kommunikation auf natürliche Weise wie von selbst. Die Schrift und die geschriebene Sprache lernt es nur durch systematisches Üben. Und selbst für den Erwachsenen, der die schriftliche Kommunikation gut beherrscht, ist Schreiben mit Arbeit verbunden, während Sprechen meist ganz von selbst zu gehen scheint.

Sprechen ist also sowohl in der Menschheitsgeschichte als auch beim Kind primär. Schreiben und Lesen bauen dagegen erst auf der Fähigkeit auf, mündlich zu kommunizieren. Das Kind, das die Schriftsprache erlernen will, muß eine eigene „schriftsprachliche Kompetenz" aufbauen. Dies ist deshalb so schwierig, weil es die Unterschiede zur mündlichen Kommunikation erkennen muß.

Die folgende Graphik (S. 61) faßt diese Unterschiede, die auf drei Ebenen liegen, nochmals zusammen:

1. Die gedanklich-sprachliche Organisation der Aussage (des zu übermittelnden Sinns) ist in der mündlichen und schriftlichen Kommunikation verschieden.

2. Die gesprochene und geschriebene Sprache unterscheiden sich in ihren syntaktischen, semantischen, textuellen und pragmatischen Mitteln, vor allem aber in deren Gebrauch.

3. Das „Produkt" der mündlichen Kommunikation, hier Rede genannt, wird mit anderen Mitteln realisiert als der Text in der schriftlichen Kommunikation. (Die gestrichelten Querlinien deuten an, daß beide Kommunikationsformen zwar voneinander unabhängig, aber auch nicht völlig losgelöst voneinander zu sehen sind.)

1.2 Laut – Buchstabe

57

Die geschriebene Sprache ist anders als die gesprochene. Aber selbst wenn man diese geschriebene Sprache laut liest, so entspricht keineswegs immer ein Buchstabe einem Laut. Man kann das mit einem einzigen Blick auf das Schriftbild dieses Textes sofort feststellen: Es gibt in der deutschen Schreibung große und kleine Buchstaben, aber keine großen und kleinen Laute in der Aussprache.

Gerade weil die Buchstaben nicht die Laute exakt wiedergeben, haben sich die Wissenschaftler mit der Internationalen Lautschrift (vgl. 2) ein Inventar von Zeichen geschaffen, in dem es diese Eins-zu-eins-Entsprechung gibt. Jedem einzelnen Laut wird in dieser Lautschrift je ein sichtbares Zeichen zugeordnet. Man notiert diese Zeichen in eckigen Klammern:

[ʃprɪç 'laŋzaːm ʊnt 'dɔytlɪç]
Sprich langsam und deutlich!

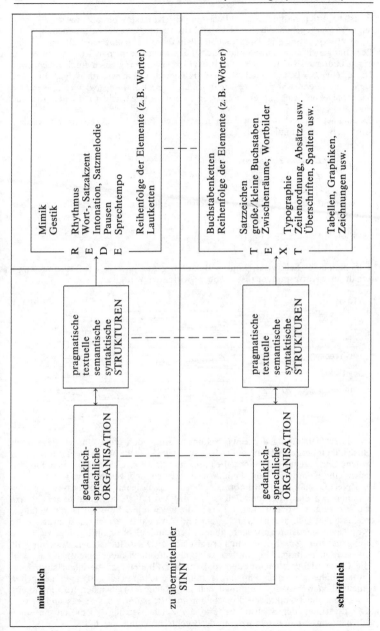

Es ist natürlich möglich, nach Beziehungen (Korrespondenzen) zwischen Lauten – wiedergegeben durch die Lautschrift – und Buchstaben zu suchen, z. B.: [ʃ]=*s*, [p]=*p*, [x]=*ch*, [ɔy]=*eu*. Schon allein diese wenigen Paare zeigen, daß die Beziehung zwischen Lauten und Buchstaben recht kompliziert ist. Da gibt es für einen Laut zwei Buchstaben, z. B. [x]=*ch*, aber auch für einen Buchstaben zwei Laute, etwa *x*=[ks]. Einmal wird [ʃ] als *s* geschrieben, wie im obigen Beispiel *sprich*, ein anderes Mal als *sch* wie in *schlaff*. Der Diphthong [ɔy] wird hier mit *eu* wiedergegeben, während er in anderen Fällen *äu* geschrieben wird (wie in *Bäume*).

Es ist leicht zu ermitteln, wie ein Laut durch Buchstaben verschriftet werden kann, z. B. das stimmlose [s]:

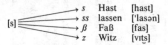

Andererseits kann ein Buchstabe verschiedene Laute wiedergeben, z. B. der Buchstabe *s*:

Hast [s] ←
Hase [z] ←　　　　　 *s*

Fügt man beide Sehweisen (Laut → Buchstabe/Buchstabe → Laut) zusammen, so erhält man Korrespondenzlisten von verwirrender Vielfalt:

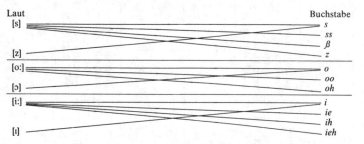

In dieser Darstellung der Entsprechungen sind noch nicht einmal die großen Buchstaben berücksichtigt; außerdem sind nur deutsche Wörter angeführt.

Solche Entsprechungen beschreiben aber nur ein Oberflächenphänomen. Sie täuschen eine Unordnung vor, die in Wirklichkeit so nicht gegeben ist. Dazu nur ein Beispiel: Das lange [i:] wird normalerweise *ie* geschrieben. Eine der wenigen Ausnahmen, wo dies nicht der Fall ist, ist das Wort *Vieh*, bei dem das lange [i:]=*ieh* ist. Wir können also feststellen: [i:]=*ie* ist die Regel, [i:]=*ieh* die Ausnahme. Verallgemeinert läßt sich sagen: Wer Regeln und Ausnahmen sucht, muß zwar solche Korrespondenzlisten aufstellen, aber er kann sich nicht damit begnügen.

Bei genauerem Zusehen nämlich erweist sich die Laut-Buchstaben-Beziehung als eine schlechte Basis. Die Analyse zeigt, daß die Buchstaben eigentlich gar nicht die Laute wiedergeben, sondern daß sie auf Phoneme zu beziehen sind. Man spricht daher von einer Phonem-Graphem-Beziehung (vgl. 59 ff.). Ferner geben Buchstaben neben der Lautung noch eine Menge zusätzlicher Informationen, etwa über die syntaktische Struktur und die Bedeutung des Satzes und Textes. Die Beziehung der Buchstaben (und der Zeichensetzung) zu diesen einzelnen Ebenen nennt man die Prinzipien der Rechtschreibung (vgl. 64).

1.2.1 Phonem-Graphem-Beziehung und Wortbild

Gehen wir von den Wörtern *Tag* [taːk], *Tages* ['taːgəs], *täglich* ['tɛːklɪç] und *Mittag* ['mɪtaːk] aus. Das Wort [taːk] erscheint je nach Umgebung lautlich leicht verändert: Bei der Deklination variieren [k] und [g], bei der Ableitung [aː] und [ɛː], bei der Zusammensetzung verschmelzen das [t] von [mɪt] und das von [taːk] zu einem einzigen [t].
59

In der Phonologie (vgl. das Kapitel „Der Laut") geht man davon aus, daß alle diese verschiedenen Lautfolgen des Wortes *Tag* aus einer abstrakten Grundform erzeugt werden. Jeder realisierte Laut (in der Phonologie spricht man von Phon) geht zurück auf ein abstraktes Phonem, jede realisierte Lautfolge auf eine abstrakte Phonemfolge. Zur Unterscheidung von den Lauten, die in eckigen Klammern geschrieben werden, werden die Phoneme in Schrägstriche gesetzt. Das Beispiel *Tag* ergibt dann folgendes Schaubild:

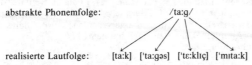

abstrakte Phonemfolge: /taːg/

realisierte Lautfolge: [taːk]   ['taːgəs]   ['tɛːklɪç]   ['mɪtaːk]

Durch die Regel, daß übereinstimmende Konsonanten im Aus- und Anlaut verschmelzen, entsteht ['mɪtaːk] (auch: ['mɪtːaːk]); durch die Regel, daß stimmhafte Verschlußlaute in bestimmten Umgebungen stimmlos werden, wird aus dem Phonem /g/ der Laut [k] in [taːk].

Vergleicht man nun die Schreibungen *Tag, Tages, täglich, Mittag* mit den entsprechenden Lautfolgen einerseits und der Phonemfolge /taːg/ andererseits, so stellt man fest, daß die Schreibung viel größere Ähnlichkeit mit der Phonemfolge als mit der Lautfolge hat. Dies führt zu zwei wichtigen Annahmen:

– In der Schreibung beziehen sich die Buchstaben nicht auf die Laute, sondern auf die Phoneme.

– Man kann die Schreibung – ebenso wie die Lautung – aus einer abstrakten Grundform ableiten.

Die Graphematik (auch: Graphemik), wie man die Wissenschaft von den Schreibsystemen nennt, hat in Anlehnung an die Phonologie nach den Begriffen Phon/Phonem die Begriffe Graph/Graphem eingeführt.
60

Wir bleiben in unserer Darstellung bei den Bezeichnungen Laut (= Phon) und Buchstabe (= Graph), obwohl ein Graph manchmal mehreren Buchstaben entspricht, vgl. z. B. *ie, sch, ng, ch, bb, tz, ck.* Wir benutzen aber die Ausdrücke Phonem und Graphem und notieren Grapheme und Graphemfolgen in spitzen Klammern.

Es ergeben sich folgende Beziehungen:

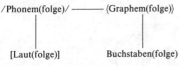

/Phonem(folge)/ ——— ⟨Graphem(folge)⟩

       [Laut(folge)]   Buchstaben(folge)

Wenden wir dies auf das Beispiel *Tag* an, dann ergibt sich:

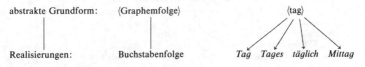

abstrakte Grundform: ⟨Graphemfolge⟩   ⟨tag⟩

Realisierungen: Buchstabenfolge   *Tag   Tages   täglich   Mittag*

Man kann also Regeln angeben, wie aus der Graphemfolge die Grapheme in Buchstaben überführt werden. In den ersten beiden Fällen z. B. wird ⟨t⟩ zu *T*, weil das Wort ein Substantiv ist; im dritten Fall liegt ein Adjektiv mit *-lich* vor, das mit kleinem Anfangsbuchstaben zu schreiben ist; im vierten Fall ist gleichfalls klein zu schreiben, weil das Wort als Teil einer Zusammensetzung nicht am Wortanfang steht, und als bestimmtes Wort in der Zusammensetzung wird es ebenfalls klein geschrieben.

61 Die Regeln und auch die Inventare der Buchstaben und Grapheme werden in derselben Verfahrensweise entwickelt wie in der Phonologie, d. h. durch minimale Gegensatzpaare. Zunächst zwei Beispiele aus der Phonologie:

['ra:gǝn] (ragen) : ['va:gǝn] (wagen)
['ra:gǝn] (ragen) : ['ʀa:gǝn] (ragen)

Da die Laute [r] und [v] im ersten Minimalpaar helfen, die Bedeutungen der beiden Wörter zu unterscheiden, sind sie Phoneme des Phoneminventars des Deutschen. Hingegen kann man (vgl. zweites Beispiel) durch Zungen- und Zäpfchen-R ([r, ʀ]) im Deutschen keine Bedeutungen unterscheiden; sie sind daher lediglich freie Varianten (Allophone) eines einzigen Phonems /r/.
Dasselbe nun in der Schreibung:

ragen: wagen
ragen: ragen

Mit Hilfe der Buchstaben *r* und *w* kann man Bedeutungen unterscheiden, also sind es Grapheme des Grapheminventars des Deutschen. Für die Buchstaben *r* und *r* gilt das hingegen nicht; sie sind lediglich freie Varianten (Allographe) eines Graphems ⟨r⟩.
Die Laute [tʰ] und [t] werden zu einem Phonem /t/ gestellt, weil vorhersagbar ist, wann [tʰ] oder [t] steht; man kann allein mit [tʰ] und [t] keine Bedeutung unterscheiden. Ebenso werden die Buchstaben *k* und *q* zu einem Graphem ⟨k⟩ gestellt, weil vorhersagbar ist, wann *k* oder *q* steht; allein mit *k* und *q* läßt sich keine Bedeutung unterscheiden.
Man kann die Grapheme einer Schriftsprache unabhängig von der Lautung ermitteln, man kann sie aber auch auf die Phoneme beziehen und die jeweiligen Realisierungen durch das Sprechen oder Schreiben betrachten. Wir wählen hier den zweiten Weg:

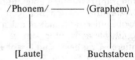

/Phonem/ ——— ⟨Graphem⟩

[Laute]   Buchstaben

62 Wenn wir das an dem ‚nicht durch Motorkraft fortbewegten Zweirad' veranschaulichen, ergibt sich:

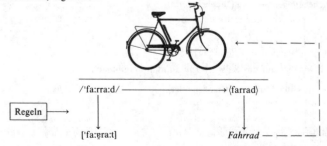

Regeln ⟶

/'fa:rra:d/ ———————⟶ ⟨farrad⟩

['fa:ɐ̯ra:t]   *Fahrrad* — — — —

Es besteht keine direkte Verbindung zwischen Lautung und Schreibung (daher fehlt in der Zeichnung auch eine durchgezogene Linie zwischen Lauten und Buchstaben). Schreiben heißt also nicht, Laute und Buchstaben aufeinander beziehen, sondern eine Phonem-Graphem-Beziehung herstellen. Der Schreiber muß die abstrakte phonematische Grundform des Wortes /'faːrraːd/ umwandeln in die abstrakte graphematische Grundform ⟨farrad⟩. Die Anwendung von Regeln und die Speicherung von Ausnahmen (hier: ⟨a⟩ zu *ah*) führen zur richtigen Schreibung *Fahrrad*.

Beim Lesen geht der Leser den umgekehrten Weg. Es ist aber bisher nicht in allen Einzelheiten erforscht, wie das Lesen „funktioniert". Eine wichtige Frage ist etwa, ob beim stillen (stummen) Lesen die Lautseite überhaupt noch eine Rolle spielt. Gibt es nicht auch einen direkten Weg von der Buchstabenfolge, vom Wortbild zur Bedeutung? (In unserem Beispiel ist daher von *Fahrrad* zu der Bedeutung, die durch die Zeichnung dargestellt ist, eine gestrichelte Linie gezogen.)

Einerseits zeigt das laute Buchstabieren, wenn jemand beim Lesen eines Textes z. B. auf ein unbekanntes (Fremd)wort stößt, daß er nicht ganze Wörter liest, sondern (auch) einzelne Buchstaben identifiziert. Andererseits kann man die enorme Geschwindigkeit beim stillen Lesen nur so erklären, daß häufig vorkommende Wortbilder (oder auch Teile von Wörtern) als Ganzes gespeichert werden. Sieht der Leser ein solches Wortbild, so schließt er ohne den „Umweg" über die Lautung (genauer: Graphem- und Phonemfolge) auf die Bedeutung. Das trifft sicher auf die häufig auftretenden grammatischen Wörter zu wie *der, die, das, ein, auf, neben, für, so, eben*, aber auch auf Vorsilben wie *ver-, er-, be-, ent-*, Nachsilben wie *-lich, -ig, -keit, -ung* und auf häufig benutzte Substantive, Adjektive und Verben.

63

Der Ausdruck „Wortbild" steht hier gleichbedeutend für Buchstabenfolge, nur drückt er eine andere Sehweise aus. Man kann auch von „Schema" sprechen und davon, daß es offensichtlich eine Tendenz im deutschen Schreibsystem gibt, dieses Schema gleichzuhalten. Dies erklärt dann auch, warum man immer *Tag* schreibt, aber je nach Umgebung unterschiedlich ausspricht.

Weshalb ist das so? Während das Hören linear in der Zeit verläuft (ein Laut nach dem anderen), ist Sehen räumlich, d. h., das Auge erfaßt mehrere Dinge (z. B. Buchstaben) gleichzeitig (simultan). Diesen Sachverhalt nützen für das Schreiben und Lesen besonders Begriffsschriften aus, die, unabhängig von der Lautung, ein sichtbares Zeichen für jedes Wort haben.

Im Deutschen ist dies bei den Zahlen der Fall, z. B. 1, 2, 10, 456, oder bei Zeichen für & = *und* oder § = *Paragraph*. Sonst hat das Deutsche jedoch eine Buchstabenschrift, die allerdings durch die Tendenz, eine Buchstabenfolge, ein Wortbild konstant zu halten, auch dem raschen simultanen Erfassen Rechnung trägt. Diese Eigenschaft, die man S c h e m a k o n s t a n z nennt, spielt eine wichtige Rolle beim Schreiben und Lesen.[1]

Die Vor- und Nachteile von Begriffsschrift, Lautschrift und Buchstabenschrift lassen sich folgendermaßen bestimmen: Begriffsschriften (wie annäherungsweise im Chinesischen) ordnen jedem Wort ein Zeichen zu. Diese Zeichen müssen Schreiber und Leser sich merken. (Im Deutschen würde dies bedeuten, daß man sich 10 000 Zeichen merken müßte für ca. 10 000 Grundwörter, aus denen alle anderen Wörter durch Zusammensetzung oder Ableitung gebildet sind.) Begriffsschriften erlauben einerseits beim stillen Lesen eine schnelle Sinnerfassung, da sie

---

[1] Welche höheren Einheiten (statt Einzelbuchstaben) beim Lesen verarbeitet werden, ist umstritten: Sind es ganze Wörter *(Kindergarten)*, kleinste bedeutungstragende Einheiten (Morpheme; *Kind-er-garten)*, Silben *(Kin-der-gar-ten)* oder feste Buchstabenverbindungen *(K-i-nd-er-g-a-rt-en)*? Zum neusten Forschungsstand vgl. L. Henderson: Orthography and Word Recognition in Reading. London 1982.

auf dem simultanen Sehen aufbauen, andererseits sind sie beim lauten Lesen nur durch den „Umweg" über die Bedeutung mit der Lautung verbunden.

Lautschriften erfordern nur die Einprägung eines begrenzten Zeicheninventars. Sie beziehen sich exakt auf die tatsächliche Lautung der Wörter. Allerdings führt die Sinnerfassung nur über die Lautung. Die simultane Erfassung von optischen Zeichen wird dadurch erschwert.

Buchstabenschriften vereinigen die Vorteile der Laut- und Begriffsschrift in sich und schließen deren Nachteile aus: Es gibt nur ein begrenztes Inventar von Zeichen. Die Phonem-Graphem-Beziehung erlaubt es, beim leisen Lesen die variantenreichere lautliche Ebene unberücksichtigt zu lassen, und schafft konstante(re) Wortbilder, die der Leser unmittelbar auf die Bedeutung beziehen kann. Anders als in der Begriffsschrift braucht er sich diese Wortbilder aber nicht alle zu merken, da er sie auf Grund der Phonem-Graphem-Beziehung jederzeit als Buchstabenfolge entschlüsseln kann.

64 | 1.2.2 Prinzipien der Schreibung

Schreiben bedeutet, so wurde im vorigen Kapitel (vgl. 1.2.1) ausgeführt, die regelgeleitete Umwandlung von Phonemen und Graphemen in Buchstaben[folgen]. Solche Regeln gibt es etwa zur Groß- und Kleinschreibung, Getrennt- und Zusammenschreibung, ß-Schreibung und Silbentrennung; sie beziehen sich nicht nur auf die lautliche Seite der Sprache, sondern berücksichtigen auch morphologische, lexikalische, semantische, syntaktische und textuelle Phänomene. So schreiben wir z. B. groß, um Text- und Satzanfänge, Eigennamen, die Wortart Substantiv und Anredeformen zu markieren. Das macht deutlich, daß Schreibung nicht einfach eine Lautschrift des Gesprochenen ist, sondern eine Verschriftlichungsform, die neben der lautlichen Beziehung auch Hinweise auf andere (höhere) sprachliche Ebenen enthält. Art und Anzahl der verschiedenen Prinzipien, denen unsere Schreibung folgt, weichen je nach der zugrundeliegenden Theorie, aber auch nach der Genauigkeit der Darstellung voneinander ab.

Wir unterscheiden grundsätzlich zwei Hauptebenen, eine der Lautung und eine aller höheren (morphologischen, lexikalischen, semantischen, syntaktischen, textuellen und pragmatischen) Prinzipien (zu den Einzelheiten vgl. Teil 2 dieses Kapitels):

Lautebene (phonologische Prinzipien):
- Phonem-Graphem-Beziehung — phonematisches Prinzip
- Silbe — syllabisches Prinzip
- rhythmisch-intonatorische Zeichensetzung — rhythmisch-intonatorisches Prinzip
- (eu)graphische Bedingungen — ästhetisches Prinzip

Ebene der höheren Prinzipien:
- Zeichen für lexikalische Einheiten — ideographisches Prinzip

    Schemakonstanz — Stammprinzip (morphologisches, etymologisches Prinzip)

    Schemadifferenzierung — Homonymieprinzip
    Wortgrenze
    Unterscheidung von Zeichenklassen — lexikalisch-semantisches Prinzip
    Abkürzungen – Sparschreibungen – Gestaltprägnanz
    ideographische Zeichen

- Zeichen für syntaktische   grammatisch-syntaktisches Prinzip
  Strukturen
  Satzbinnengliederung
  Satzgrenze
- Zeichen für pragmatische,
  textuelle und stilistische
  Strukturen
  pragmatische Strukturen   pragmatisches Prinzip
  textuelle/stilistische   textuelles/stilistisches Prinzip
  Strukturen

Wenn oben festgestellt wurde, daß die Laut-Buchstaben-Beziehungen eine Un-ordnung in der Schreibung vortäuschen, die in Wirklichkeit nicht besteht, so gilt andererseits, daß die hier genannten Prinzipien gelegentlich nicht konsequent durchgeführt sind und daß ihre Vielzahl zu Überschneidungen führt.

Ferner muß bei der Regelfindung und -beschreibung ein Kernbereich deutscher Wörter von einem Randbereich mit Namen und Fremdwörtern unterschieden werden. Wenn man z. B. an die verschiedenen Schreibungen des Familiennamens *Maier, Meyer, Mayer* denkt, sieht man leicht, daß Namen oft ältere Schreibmög-lichkeiten bewahrt haben. Eine Darstellung der Schreibung, die alle Möglichkei-ten erschöpfend erfassen will, muß auch solche Formen berücksichtigen. Dies ist aber nicht nötig, wenn es die Regeln, Systeme und Systemtendenzen aufzudecken gilt. Dasselbe trifft auf die Schreibung der Fremdwörter zu. Hier treten oft die Schreibgewohnheiten der Sprache, aus der das Wort entlehnt ist, mit den deutschen Phonem-Graphem-Beziehungen in Widerstreit. Man kann dies sehr schön bei Eindeutschungen verfolgen (*Bureau > Büro, Sauce > Soße, Cakes > Keks*). Auf diese besonderen Probleme der Namen- und Fremdwortschreibung wird im Folgenden nicht eingegangen.

1.3 Schreibung – Rechtschreibung

65

Die deutsche Schreibung ist seit 1901 amtlich normiert. Diese Normierung um-faßt neben den amtlichen Bereichen Laut und Buchstabe, Groß- und Kleinschrei-bung, Fremdwortschreibung, Silbentrennung, Bindestrich und Apostroph heute auch die Zeichensetzung und die Zusammen- und Getrenntschreibung.

Ein besonderes Problem ergibt sich für viele Schreibende dadurch, daß die Rechtschreibung auf die Hochlautung (Standard-, Bühnenaussprache) bezogen ist. Diese stellt aber im Gegensatz zur Rechtschreibnorm nur eine Idealnorm dar: kaum jemand spricht reine Hochlautung. Für die Rechtschreibung muß der Schreiber erst einmal zwischen seiner Umgangslautung und der Hochlautung eine Beziehung herstellen, um dann die richtige Schreibung zu finden.

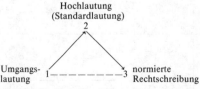

Hochlautung
(Standardlautung)
2

Umgangs-   1 — — — — — — 3   normierte
lautung   Rechtschreibung

So muß z. B. ein Schwabe erst [haʃt] in [hast] übertragen, um zur Schreibung *Hast* zu gelangen.[1] Nur gelegentlich ist die Umgangslautung der Schreibung näher als

---

[1] Natürlich kann sich der Schreiber die korrekte Schreibung als Wortbild (Schema) auch zu seiner Umgangslautung einprägen, was aber hohe Anforderungen an sein Gedächtnis stellt.

| Laut | Phonem | Graphem | Buchstabe (Graph) | | | | | | |
| | | | Basis | regelgeleitete Veränderungen | | | Ausnahmen | | |
				Geminate	Kombination	Majuskel	Einzelbuchstabe	Dehnung	Kombination
[a]	/a/	⟨a⟩	a			A			
[aː]	/aː/	⟨a⟩	a			A, Aa, Ah		aa, ah	
[ɛ]	/ɛ/	⟨e⟩	e		ä (= /a/ + Umlaut)				e (= /a/ + Umlaut)
[ə]	/e/	⟨e⟩	e						
[eː]	/eː/	⟨e⟩	e			E, Eh		ee, eh	
[ɛː]	/ɛː/	⟨ä⟩	ä			Ä, Äh	ä	äh	
[ɪ]	/ɪ/	⟨i⟩	i						
[iː]	/iː/	⟨ie⟩	ie			I, Ih		i, ih	
[ɔ]	/ɔ/	⟨o⟩	o						
[oː]	/oː/	⟨o⟩	o			O, Oh		oo, oh	
[œ]	/ø/	⟨ö⟩	ö						
[øː]	/øː/	⟨ö⟩	ö			Ö, Öh		öh	
[ʊ]	/ʊ/	⟨u⟩	u						
[uː]	/uː/	⟨u⟩	u			U, Uh		uh	
[ʏ]	/ʏ/	⟨ü⟩	ü						
[yː]	/yː/	⟨ü⟩	ü			Ü, Üh		üh	
[ai]	/ai/	⟨ei⟩	ei			Ei, Ai	ai		
[au]	/au/	⟨au⟩	au			Au			
[ɔy]	/oy/	⟨eu⟩	eu		äu (= /au/ + Umlaut)	Eu, Äu, Oi	äu, oi		eu (= /au/ + Umlaut)

[b]~[p]¹	/b/	(b)	b	bb		B		
[d]~[t]¹	/d/	(d)	d	dd		D		
[f]	/f/	(f)	f	ff		F, V	v	
[g]~[k]~[ç]¹	/g/	(g)	g	gg		G		
[h]	/h/	(h)	h			H		
[j]	/j/	(j)	j			J		
[k, kʰ]²~[ç]¹	/k/	(k)	k	ck, k-k	q (+u)	K, Q(+u), X		x (=k+s), ch (+s)
[l]	/l/	(l)	l	ll		L		
[m]	/m/	(m)	m	mm		M		
[n]	/n/	(n)	n	nn		N		
[ŋ]	/ŋ/	(n)`	n	ng				
[p, pʰ]²	/p/	(p)	p	pp		P		
[r, ɾ, ʀ, ʁ, ɐ̯]²	/r/	(r)	r	rr		R		
[z]~[s]¹	/z/	(s)	s			S		
[s]	/s/	(s)	s	ss³	ß³, z (nach t)³			
[t, tʰ]²	/t/	(t)	t	tt	z (=/t/+/s/)	T, Th, Z	th	d (+t)
[v]~[f]¹	/v/	(w)	w		u (nach q)	W, V	v	
[ʃ]	/ʃ/	(sch)	sch		s (+p/t)	Sch, S(+p/t)		
[ç, x]²	/x/	(ch)	ch					

¹ Morphophonemische Variante.
² Allophone.
³ Sonderregeln.

die Hoch- bzw. Standardlautung, wie im Falle von anlautendem *sp-* und *st-*. Zu dieser Schreibung gelangt der Norddeutsche über die Umgangslautung seiner Landschaft direkt (vgl. niederd. [spɪts̯] und [sta̯in] gegenüber hochd. [ʃpɪts̯] bzw. [ʃta̯in]).
Wir gehen im Folgenden von der Standardlautung aus.

2 Die Prinzipien der Rechtschreibung im einzelnen

66 | In der folgenden Darstellung werden die Prinzipien der deutschen Rechtschreibung in der unter 64 angeführten Ordnung dargestellt.[1] Einen ersten Überblick bietet die Tabelle (S. 68 f.), die neben den deutschen Phonemen und Graphemen auch die zugehörigen Laute (Phone) und Buchstaben (Graphe) angibt.[2] Die Buchstaben sind in folgender Weise geordnet: Ausgangspunkt (Basis) ist der normalerweise einem Graphem entsprechende Buchstabe (bzw. die Buchstabengruppe). Abweichungen oder Veränderungen schließen sich in den folgenden Spalten an, und zwar stehen die regelhaften vor den Ausnahmen. So läßt sich z. B. der große Buchstabe statt des normal zu erwartenden kleinen Buchstabens durch Regeln vorhersagen. Dagegen kann man nicht mit Sicherheit vorhersagen, in welchen Wörtern das /f/ durch den Buchstaben *v* wiedergegeben wird (z. B. *Vater, Vogel*); nur soviel ist sicher: es ist eine Ausnahme gegenüber dem normalerweise zu erwartenden *f* (z. B. *Fisch, falsch*).

Jede der Zeilen in der Tabelle sollte man lesen wie das im allgemeinen Teil entwickelte Grundschema:

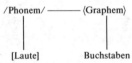

Dies sieht dann für die erste Zeile so aus:

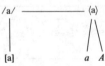

Dem Phonem /a/, gesprochen [a], entspricht das Graphem ⟨a⟩; dieses wird normalerweise realisiert als Buchstabe *a,* in regelgeleiteter Veränderung als A.

67 | Die Buchstaben der deutschen Sprache werden in einer Folge, genannt Alphabet oder ABC, geordnet. Von den acht nach den Aspekten groß/klein, handschriftlich/gedruckt und lateinisch/deutsch geordneten Varianten sei hier besonders die sogenannte deutsche Schrift hervorgehoben. Sie wird in ihrer gedruckten Form auch Fraktur, in der handschriftlichen Form Kurrentschrift genannt. (Der Fraktur sehr ähnlich ist die gotische Druckschrift.) In der folgenden Aufstellung ist die deutsche Schrift in kleinen und großen Schreib- und Druckbuchstaben wiedergegeben:

---

[1] Zu rechtschreiblichen Einzelheiten vgl. Duden 1, Rechtschreibung der deutschen Sprache und der Fremdwörter. Mannheim, Wien, Zürich [18]1980, S. 15 ff.; Duden 9, Zweifelsfälle der deutschen Sprache. Mannheim, Wien, Zürich [2]1972; W. Mentrup: Die Regeln der deutschen Rechtschreibung. Mannheim, Wien, Zürich [2]1981.

[2] Laute, Phoneme, Grapheme und Buchstaben, die nicht zum Kernbereich der deutschen Wörter gehören, werden dagegen nicht wiedergegeben.

Kurrentschrift:

α ℓ τ ϑ η ƒ ℊ ſ ι ȷ ℜℓ m n o p qü x ʃ 6 ɫ ŭ ω ωℓ℘ ωȝ z
Ɑ Ꞵ ℰ Ꞷ Ꞓ Ƒ Ᵹ ℏⱼ ℑ ℐ Ꝛℒ ℳ ℳ ℴ ℘ Ꝍⁿ ℛ ℐ 7 Ꞟ ω ωω ᶍ ℇℐ ʒ

Fraktur:

a b c d e f g h i j k l m n o p q r ſ s t u v w x y z
𝔄 𝔅 ℭ 𝔇 𝔈 𝔉 𝔊 ℌ ℑ 𝔍 𝔎 𝔏 𝔐 𝔑 𝔒 𝔓 𝔔 ℜ 𝔖 𝔗 𝔘 𝔙 𝔚 𝔛 𝔜 ℨ

2.1 Lautebene (phonologische Prinzipien)

68

Im allgemeinen Teil dieses Kapitels wurde dargelegt, daß zwei Hauptebenen in der Schreibung zu unterscheiden sind, eine erste mit Zeichen, die sich auf die Lautung beziehen, und eine zweite mit solchen Zeichen, die sich auf höhere Ebenen der Sprache beziehen, z. B. die Bedeutung oder die Syntax. Man faßt alle Prinzipien, die zur ersten Ebene gehören, unter dem Oberbegriff „phonologische Prinzipien" zusammen und unterscheidet im einzelnen
– die Phonem-Graphem-Beziehung (phonematisches Prinzip)
– die Silbe (syllabisches Prinzip)
– die rhythmisch-intonatorische Zeichensetzung (rhythmisch-intonatorisches Prinzip)
– die (eu)graphischen Bedingungen (ästhetisches Prinzip)
Wir behandeln diese Prinzipien jetzt in der angegebenen Reihenfolge.

2.1.1 Phonem-Graphem-Beziehung (phonematisches Prinzip)

69

Dieses Prinzip ist zweifellos das wichtigste. So wie in der mündlichen Kommunikation die Laute als Realisierungen der Phoneme die Hauptträger der Information sind, so tragen in der schriftlichen Kommunikation die Buchstaben als Realisierungen der Grapheme die Hauptinformation. Im einzelnen ergeben sich folgende Besonderheiten:

Laut(e) – Phonem – Graphem

70

[k, k^h]	/k/	⟨k⟩
[p, p^h]	/p/	⟨p⟩
[t, t^h]	/t/	⟨t⟩
[r, ɾ, ʀ, ʁ, ɐ̯]	/r/	⟨r⟩
[ç, x]	/x/	⟨ch⟩

Ein Beweis dafür, daß die Buchstaben nicht die Laute wiedergeben, ist die Liste der Allophone. Man kann das /r/ auf fünf verschiedene Weisen aussprechen; teilweise ist der Sprecher in der Aussprache frei, teilweise muß er sich darin nach der Stellung des /r/ richten; geschrieben wird in allen Fällen nur ein ⟨r⟩. Dasselbe gilt für die anderen Allophone.

71 **Phonem – Graphem – Buchstabe(n)**

/x/	⟨ch⟩	ch
/ŋ/	⟨n⟩	ng
/ʃ/	⟨sch⟩	sch
/k/ + /s/	⟨ks⟩	x
/t/ + /s/	⟨ts⟩	z

Die Schreibung wäre optimal geregelt, wenn jedem Phonem nur ein Graphemzeichen entspräche. Diese Eins-zu-eins-Beziehung ist aber nicht immer gegeben. Einerseits entsprechen den Phonemen /x/, /ŋ/ und /ʃ/ zwei oder drei Buchstaben: *ch, ng, sch*, z. B. in *suchen, singen, waschen;* andererseits werden die Phonemfolgen /k/ + /s/ und /t/ + /s/ unter bestimmten Bedingungen durch einen einzigen Buchstaben wiedergegeben: *x, z*, z. B. in *Hexe, Wurzel*.

72 **Ein Graphem – verschiedene Buchstaben**

Graphem:	⟨ei⟩	⟨w⟩	⟨f⟩	⟨ks⟩	⟨t⟩	⟨sch⟩	⟨kw⟩
Regel:	*ei*	*w*	*f*	*ks*	*t*	*sch*	—
Ausnahmen:	*ai*	*v*	*v*	*chs/x*	*th*	*s*	*qu*

In einigen Fällen stehen für ein Graphem zwei oder mehrere Buchstaben zur Wahl, wobei einer meist regelmäßig erscheint, der andere die Ausnahme ist. Im folgenden einige Beispiele für die Ausnahmen:

ai: Kaiser, Saite, Kai usw. (etwa 30 Wörter);

v (statt *w*): *Malve, Vase, Vene* usw. (etwa 20 Wörter, oft mit fakultativer [v]- oder [f]-Aussprache: *Pulver, Kurve, Larve* usw.);

v (statt *f*): *Vater, Vetter, viel, vor, ver-* usw. (etwa 25 Wörter, bis auf *Frevel* nur am Wortanfang);

x (statt *ks*[1]): *fix, Axt, lax, Haxe* usw. (in etwa 25 deutschen und vielen Fremdwörtern);

chs (statt *ks*[1]): *Fuchs, Dachs, Lachs, Luchs, Wachs, wachsen, sechs* usw. (etwa 25 Wörter);

th: Panther, Theke, Thron, Zither usw. (nur in Lehnwörtern und in Fremdwörtern aus dem Griechischen);

qu: Die Grapheme ⟨k⟩ und ⟨w⟩ werden normalerweise als *k* und *w* realisiert, aber ⟨k⟩ + ⟨w⟩ ergibt *qu: Quelle, bequem, Qual* usw.; aber: *Sinkwerk*.

73 **Vokalquantität**

Obwohl das deutsche Phonemsystem lange und kurze Vokale unterscheidet, gibt es dafür bis auf langes /i:/, dem ein eigenes Graphem ⟨ie⟩ entspricht, jeweils nur ein Graphem (⟨a, o, u, e⟩). Bei vielen Wörtern kann man jedoch auf Grund der lautlichen Umgebung sagen, ob der Vokal lang oder kurz ist:
1. Folgt kein Konsonant, ist der Vokal lang *(da, wo, wie, Schnee, sah, ja, du;* Ausnahmen: *desto, etwa* und schwachtoniges *-e*, z. B. in *Wunde, Gabe, gerne).*
2. Folgen zwei verschiedene Konsonanten, ist der Vokal kurz *(Hemd, Wand, fort, blind, wirken;* zu den etwa 70 Ausnahmen gehören *Erde, werden, fahnden).*
Keine Vorhersage kann man bei Wörtern machen, bei denen auf den Vokal nur ein Konsonant folgt (z. B. ist bei *fahl* und *Fall* trotz des gemeinsamen einfachen /l/-Phonems der vorangehende Vokal verschieden lang).

---

[1] Bei ⟨ks⟩ überwiegen die Ausnahmen mit *x* bzw. *chs;* die reguläre *ks*-Realisierung weisen nur *Keks, Koks, Murks* und (ugs.) *Runks* auf.

Da im Deutschen für die langen und kurzen Vokale keine eigenen Buchstaben zur Verfügung stehen, muß die Vokalquantität im zuletztgenannten Fall auf andere Weise bezeichnet werden. Die Kürze wird regelmäßig durch Verdoppelung des nachfolgenden Konsonanten gekennzeichnet. Die Länge wird – jedoch nicht durchgehend – durch Verdoppelung des Vokals, Hinzufügung eines -e oder -h markiert. Für den Leser würde es ausreichen, wenn entweder die Länge oder die Kürze bezeichnet wäre. Daß beides geschieht, ist nur historisch zu erklären.

Regel:	*bb* *dd* *gg* *ff*	*ll* *mm* *nn*	*pp* *rr* *ss*[1] *tt*	
Zusatzregel:		*ck*	*ng*	*ß*	*tz*
Ausnahme:		*kk*		*dt*	

Regelhaft sind Schreibungen wie

Ebbe, Widder, Roggen, Affe, Elle, Hammer, Wanne, Puppe, wirr, messen, Fett.

Für die Zusatzregeln und Ausnahmen gilt folgendes: Das verdoppelte *kk* tritt nur als Ausnahme auf, z. B. *Kokke*. Regelmäßig ist die Umwandlung des ersten *k* in ein *c*, z. B. *backen, Socken, Ruck*. Bei der Silbentrennung wird das *c* wieder rückgängig gemacht, z. B. *Zucker/Zuk-ker*.
Das Phonem /ŋ/ wird vor /k/ als *n* geschrieben, z. B. *sinken, Trank;* folgt kein *k*, wird es *ng* geschrieben, z. B. *singen, Klang*. Diese Erscheinung läßt sich nur historisch begründen.
Die Schreibung *dt* für *tt* erscheint nur in der einzigen Ausnahme *Stadt*.
Die Konsonantenverbindung /t/ + /s/ erscheint als Graphem ⟨z⟩ und wird normalerweise als *z* realisiert, z. B. *Zaun, Walzer, Wurzel, Wanze, Brezel*. Tritt ⟨z⟩ jedoch nach kurzem Vokal auf, so schreibt man *tz*, z. B. *sitzen, Satz, Lätzchen*. In der optischen Wirkung kommt es daher zwei verschiedenen Konsonanten gleich, die Kürze anzeigen.
Einige Grapheme werden bei der Schreibung nicht verdoppelt: ⟨w⟩ und ⟨j⟩ kommen nur nach langem Vokal vor (z. B. *Möwe, Boje*). ⟨sch⟩ und ⟨ch⟩ sind schon durch mehrere Buchstaben realisiert, die Vokalquantität wird daher bei ⟨sch⟩ und ⟨ch⟩ nicht bezeichnet. Der vorhergehende Vokal ist meist kurz, z. B. *Bach, Loch, frech; Wäsche, rasch, Tusche;* nur in wenigen Fällen ist er lang, z. B. *Buche, Sprache; Nische; Dusche, Rüsche.*
In einer Reihe von Fällen unterbleibt die Konsonantenverdoppelung, z. B.

am, in, um, von, ab; ver-, zer-, -er, -el, -en, -in (aber: -innen), -nis (aber -nisse); japsen, schubsen, Brand, Gespinst, sämtlich; Himbeere, Walnuß; Bräutigam, Wildbret.

(Zur Tilgung eines Buchstaben vgl. 83.)

Im Gegensatz zur Bezeichnung des kurzen Vokals ist der lange Vokal wesentlich weniger regelmäßig bezeichnet. Eine genaue Vorhersage ist in vielen Fällen nicht möglich.

Basis:	*a*	*e*	*ie*	*o*	*u*	*ä*	*ö*	*ü*
Ausnahmen:								
Doppelvokal:	*aa*	*ee*	—	*oo*	—	—	—	—
+h:	*ah*	*eh*	*ih*	*oh*	*uh*	*äh*	*öh*	*üh*
einf. Vokal:	—	—	*i*	—	—	—	—	—

---

[1] Vgl. dazu 75.

Dort, wo die Längenmarkierung vom System her am notwendigsten wäre, vor zwei verschiedenen Konsonanten, fehlt sie meistens, z. B. *Erde, werden, Pferd* (aber: *fahnden, ahnden*).

Regelmäßig wird die Länge nur bei /i:/ bezeichnet, das als *ie* erscheint. Ausnahmen sind hier am Wortanfang *Igel, Isegrim, ihm, ihn, Ihle* und im Wortinnern z. B. *Biber, Tiger, Fibel, Nische.* Bei *Vieh* liegt ein silbenschließendes *h* vor (vgl. 76).

Die Doppelvokale *aa, oo, ee* kommen nur in etwa 60 Grundwörtern vor (*u* und *i* werden nicht verdoppelt), z. B.

Aal, Haar, Maar, Saal; Moos, Boot, doof; Klee, Fee, See, Heer, leer, Beet, Seele.

74 Das Dehnungs-h steht – wenn überhaupt – nur vor *l, m, n* und *r* (Ausnahmen: *Fehde, Lehde*):

	-l	-m	-n	-r
a	Ahle	zahm	Zahn	Bahre
ä	erzählen	zähmen	Mähne	währen
e	Kehle	Lehm	Lehne	sehr
o	Kohle	Ohm	Hohn	Mohr
ö	Höhle	öhmen	stöhnen	Föhre
u	Kuhle	Ruhm	Huhn	Uhr
ü	fühlen	rühmen	Bühne	rühren

Aber auch hier sind die Schreibungen ohne Dehnungs-h häufiger (etwa 300 gegenüber 200 Grundwörtern), so daß die Erscheinung insgesamt als Ausnahme bewertet werden kann (zu einigen Besonderheiten vgl. 93 f.).

75 **s, ss, ß**

/z/	⟨s⟩	*s*
/s/	⟨s⟩	*s, ss, ß*

Obwohl wir im Deutschen ein stimmhaftes /z/ und stimmloses /s/ haben, gibt es nur ein Graphem ⟨s⟩. Nun kann man die Stimmhaftigkeit oder Stimmlosigkeit in vielen Stellungen vorhersagen: Am Wortanfang ist das *s* stimmhaft (['zaːɡən] *sagen,* ['zɛndən] *senden*), ebenso nach *l, m, n* und *r,* z. B. (['hɪrzə] *Hirse*). Stimmlos ist es dagegen nach kurzem Vokal, z. B. (['fasən] *fassen,* ['vasɛr] *Wasser,* [hast] *Hast*). Nicht vorhersagen kann man es nach langem Vokal und Diphthong, z. B. stimmhaft: *Hase, Vase, Wiese, Meise;* aber stimmlos: *aßen, Kloß, Ruß, reißen, Grüße.* In einigen Fällen wirkt die Opposition stimmhaft – stimmlos sogar bedeutungsunterscheidend, z. B. *Geisel – Geißel, Muse – Muße, reisen – reißen.* Das Problem verschärft sich noch dadurch, daß das stimmhafte Phonem /z/ im Auslaut stimmlos wird, so daß sich stimmhafte und stimmlose Formen eines Wortes gegenüberstehen, z. B. ['leːzən] *lesen* – [liːs] *lies,* ['mɔyzə] *Mäuse* – [maus] *Maus.* (Man spricht hier von Auslautverhärtung, vgl. 81.)

Die Schreibung der beiden Phoneme /z/ und /s/ ist daher sehr kompliziert. Von der Struktur läßt sie sich folgendermaßen erfassen:

1. Das stimmhafte Phonem /z/, das stimmhaft und stimmlos (Auslautverhärtung) realisiert werden kann, wird immer *s* geschrieben, z. B. *sausen, Amsel, Hirse, Gänse/Gans, Hälse/Hals, Häuser/Haus, Wiesel; [ihr] reist, [du] liest.*

2. Das stimmlose /s/ wird als alleiniger Konsonant nach langem Vokal oder Diphthong *ß* geschrieben, sonst *s;* z. B. *Spaß, fließen* (aber: *Hast, Haspel, Wurst, Gips*).

3. Gemäß den Regeln über die Bezeichnung der Vokalkürze (vgl. 73) wird *s* als alleiniger Konsonant nach kurzem Vokal verdoppelt zu *ss: Masse, fassen, Wasser, gehässig, Flüsse.* (Bei *Hast, Haspel, Wurst* folgen auf den kurzen Vokal mehrere Konsonanten, daher keine Verdoppelung!)

4. Die Schreibung wird nun dadurch noch erschwert, daß dieses Doppel-s in folgenden Fällen in ein *ß* verwandelt werden muß:
  – am Wortende und vor der Zusammensetzungsfuge: *Fässer/Faß, Faßbier;
    Hasses/Haß, haßerfüllt; Flüsse/Fluß, Flußbett;*
  – vor Endungen und Suffixen, die mit Konsonant beginnen, und wenn
    durch den Ausfall eines Vokals unmittelbar ein Konsonant folgt: *fassen/
    faßt, faßbar; hassen/haßt, häßlich; besser/beßre; wässerig/wäßrig.*
Die folgenden Schreibungen muß man sich merken, weil man nicht ermitteln
kann, ob das stimmlose [s] auf Auslautverhärtung zurückgeht und daher *s* geschrieben oder auf das Phonem /s/ und daher *ß* geschrieben wird:

  Eis(bein), Mies(muschel), gries (,grau‘), Gries(gram), gleisnerisch, Grus (,Asche‘), Reis,
  preis(geben), Vlies, Gros (,12 × 12‘); Grieß(brei), schließlich.

2.1.2 Die Silbe (syllabisches Prinzip) | 76 |

Es gibt Sprachen, die nicht auf der Phonem-Graphem-Beziehung aufbauen, sondern Schriftzeichen für Silben entwickelt haben.
Im Deutschen spielt die Silbe nur in zwei Fällen bei der Schreibung eine Rolle.

h an der Silbengrenze

Der Buchstabe *h* wird außer zur Kennzeichnung der Dehnung auch eingesetzt,
um die Silbengrenze zwischen zwei Vokalen zu bezeichnen, z. B. *fähig, sehen*
(aber: *säen), drehen, fliehen, drohen, Mühe, Weiher.* Er fehlt jedoch bei den Di-
phthongen *eu* (z. B. *Reue, Scheuer, teuer)* und *au* (z. B. *Bauer, brauen, kauen;* Ausnahme: *rauh)* und überwiegend bei *ei (Feier, Schleier, schreien,* aber: *Reiher, sei-
hen).*
(Zur Tilgung dieses *h* an der Morphemgrenze vgl. 83.)

Die Worttrennung nach Silben | 77 |

Mehrsilbige Wörter können am Zeilenende zur besseren Platzausnützung getrennt werden; dabei wird teilweise nach (Sprech)silben – also gemäß dem pho-
nologischen Prinzip – getrennt, teilweise nach Morphemen – also gemäß dem lexikalischen Prinzip.
Einfache und abgeleitete Wörter trennt man nach (Sprech)silben:

  Bö-en, Ski-er; fröh-lich, freu-dig, läp-pisch; la-den, Boo-te, Bre-zel; mel-den, war-ten,
  sin-ken, san-gen; es-sen, kom-men, Lap-pen, Städ-te.

(Eu)graphisch (vgl. 79) ist es zu erklären, daß *st* nicht getrennt und ein einzelner
Vokal nicht abgetrennt wird (also nicht: *Kis-te, A-bend, Reu-e).* Die Umwandlung
von *ck* in Doppel-k *(Zuk-ker)* folgt demselben Prinzip.
Die Silbenaufteilung ist in der gesprochenen Sprache bei mehreren Konsonanten
unter bestimmten Bedingungen nicht eindeutig. In diesen Fällen ist die Worttrennung normativ geregelt, indem konsequent vor dem letzten gesprochenen Konsonanten getrennt wird, z. B.: *Karp-fen, imp-fen, Jod-ler, deut-sche* (ni ch t: *Kar-pfen,
im-pfen, Jo-dler, deu-tsche).* Das gilt auch für das die Silbengrenze markierende
stumme *h,* z. B.: *se-hen, lei-hen.* Auch *ch, sch* kommen auf die folgende Zeile, z. B.
ma-chen, La-sche.

2.1.3 Rhythmisch-intonatorische Zeichensetzung | 78 |
(rhythmisch-intonatorisches Prinzip)

Beim Sprechen werden die Satzteile, vor allem aber das Satzende (etwa in Fragesätzen) auch durch die Stimmführung gekennzeichnet, was die Zeichensetzung

wenigstens teilweise wiederzugeben versucht:

Wohin gehst du? - Das geht dich nichts an! / Nach Hause.

Die Zeichensetzung - vor allem die Kommasetzung - ist also aus dem Bedürfnis der Leseerleichterung entstanden. In dem Maße aber, wie das Lesen stumm wurde, trat das Erfassen der grammatischen Struktur stärker in den Vordergrund. Die Zeichensetzung übernahm zusätzlich und dann vorrangig die Funktion, die grammatische Struktur des Satzes sichtbar zu verdeutlichen. Sie wird daher im Kapitel „Zeichen für syntaktische Strukturen" (vgl. 96 ff.) behandelt.

Dennoch hängt natürlich die grammatische Struktur auch mit der Intonation zusammen, so daß die grammatisch begründete Zeichensetzung auch Informationen über die Stimmführung gibt, z. B.:

Im Tank ist eine Meldestation eingebaut, der sogenannte Geber, der im wesentlichen aus einem Schwimmer, hier einem Kunststoffkörperchen, und einem elektrischen Widerstand besteht. (Heim und Werk 6 [1982], S. 27)

Ohne Zeichensetzung würde es nicht nur schwerer sein, den Text zu verstehen, sondern es fiele auch schwerer, die richtige Stimmführung zu finden.

79 | 2.1.4 (Eu)graphische Bedingungen (ästhetisches Prinzip)

Wie bei der Lautung, wo es einige euphonische, also den Wohlklang berücksichtigende Erscheinungen gibt, lassen sich einige Besonderheiten der Schreibung aus einem (eu)graphischen Prinzip erklären. Die Schreibung gibt also hier nichts Lautliches wieder, sondern berücksichtigt die „gute Gestalt" des Wortes. So fällt z. B. die Kennzeichnung der Dehnung durch Doppelvokal bei *i* weg, weil es dann wie *ü* aussähe. Auch daß der Umlaut der Doppelvokale *aa, oo* nur durch einfaches ä bzw. ö *(Haar - Härchen, Boot - Bötchen)* realisiert ist, wird wohl ebenfalls durch (eu)graphische Gründe verursacht sein. Dasselbe läßt sich auch beim Ausfall eines Buchstabens (vgl. *dennoch, Mittag, Roheit)* und dem Einfügen eines Bindestrichs bei drei aufeinandertreffenden gleichen Vokalbuchstaben in substantivischen Zusammensetzungen *(Tee-Ei)* anführen. Schließlich gehört auch die Konvention, den vor *st* stehenden Konsonanten nicht zu verdoppeln *(Geschwulst, Gespinst),* in diesen Zusammenhang. Auf (eu)graphische Gesichtspunkte im Zusammenhang mit der Worttrennung wurde unter 77 hingewiesen.

2.2 Ebene der höheren Prinzipien

Im allgemeinen Teil dieses Kapitels (vgl. 64) wurde dargelegt, daß die Schreibung sich nicht nur auf die Lautung bezieht, sondern daß sie auch lexikalische, syntaktische und pragmatische Informationen bietet. Im einzelnen unterscheidet man hier:

- Zeichen für lexikalische Einheiten
- Zeichen für syntaktische Strukturen
- Zeichen für pragmatische, textuelle und stilistische Strukturen

80 | 2.2.1 Zeichen für lexikalische Einheiten (ideographisches Prinzip)

Es geht hier darum, die Morpheme und Wörter in unterschiedlicher Umgebung gleich zu schreiben bzw. unterschiedliche Wörter auch deutlich durch unterschiedliche Schreibung zu kennzeichnen. Man spricht hier vom ideographischen Prinzip und meint damit die Verschriftlichungsweise, bei der im Unterschied zur Wiedergabe von Lauten durch Buchstaben ganze Begriffe und Vorstellungen (griech. *idéa*) durch einheitliche Wortbilder wiedergegeben werden.

Schemakonstanz (Stammprinzip/morphologisches Prinzip)

Während der Sprecher gewöhnlich die Wörter in seinen Äußerungen einander angleicht und verkürzt, verfolgt der Schreiber das Prinzip, jedes von ihm verwendete Wort auch in unterschiedlicher Umgebung optisch möglichst konstant zu halten, damit es der Leser möglichst rasch und mit einem Blick als einheitliches Schema wahrnehmen kann.

Morphemgrenze – Auslautverhärtung

81

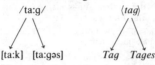

Beim Sprechen werden die stimmhaften Phoneme /b, d, g, z/ in zweierlei Weise realisiert: bei nachfolgendem Vokal als stimmhafter Laut [b, d, g, z], in allen anderen Fällen stimmlos ([p, t, k, s]). Die Schreibung macht diese phonetische Veränderung nicht mit, das Schema bleibt konstant:

stimmhaft vor Vokal	sonst stimmlos
Tages	*Tag*
Tagesstätte	*Eintagsfliege*
sie tagen	*ihr tagt, du tagst*
Tagung	*täglich*
zweitägig	

Hinzuweisen ist in diesem Zusammenhang auch auf die Endung *-ig,* die am Wortende und vor Konsonanten [ıç] gesprochen wird, es sei denn, ein zweites [ç] folgt, etwa in der Endung *-lich.* Dann gilt – wie vor Vokal – die Verschlußlautaussprache [k] bzw. [g]. Auch diese Veränderung vollzieht die Schreibung nicht mit:

['kø:nıç]   aber: ['kø:nıgə] – ['kø:nıklıç]
König   Könige   königlich

Der Umlaut

82

Bei der Beugung und Ableitung tritt – nicht immer regelmäßig – Umlaut ein:

Wald – Wälder, Hinterwäldler, Wäldchen; Wahl – Wähler; offen – öffnen, öffentlich; Hof – Höfe, höflich; Kuß – küssen; Wut – wüten; blau – bläulich.

Obwohl in der Lautung dieser Umlaut von /a/ und /au/ mit den schon vorhandenen Phonemen /ɛ/ und /ɔy/ (= [ɛ, ɔy]/*e, eu*) zusammenfällt, wird in der Schreibung der ursprüngliche Buchstabe beibehalten und der Umlaut lediglich durch zwei Punkte angezeigt. Dadurch bleibt das Schema, das Wortbild konstant; daher *Wälle* (zu *Wall*), aber *Welle; Häute* (zu *Haut*), aber *heute.*
Nur in einigen Fällen schreibt man ä oder äu, ohne daß ein Wort mit a oder au zugrunde liegt, z. B. *Geländer, Lärm, Lärche, ätzen; Räude, Säule, sträuben.*
Andererseits schreibt man in einigen Fällen ein e oder eu, obwohl ein Wort mit a oder au vorausgeht, z. B. *behende, Eltern, überschwenglich, schmecken; schneuzen, greulich, Greuel.*

Tilgung eines Lautes oder Buchstabens

83

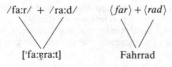

In der Lautung verschmelzen bei der Zusammensetzung oder Ableitung der letzte Laut des ersten Wortes bzw. Wortteils und der erste des folgenden miteinander, wenn sie gleich oder ähnlich sind. Die Schreibung macht dies in der Mehrzahl aller Fälle nicht mit; so bleiben die gespeicherten Schemata (Wortbilder) konstant und können rascher erfaßt werden, z. B.:

> Schilddrüse, mitteilen, Haussegen, fünffach, Rückkunft, Bestandteil, Fußsohle, zerreißen, verreisen, erreichen, enttäuschen, handhabbar; gewandt, verwandt, er sandte.

Ausnahmen sind hier *Achtel* (aus: *acht + tel*), aber: *achtzig*; die Beugung in der 2. Person Singular Präsens der Verben auf *-s, -ss, -ß, -x* und einige Wörter auf Dental in der 3. Person Singular Präsens:

> du saust (nicht: sausst), faßt (nicht: faßst), mixt (nicht: mixst), wächst (nicht: wächsst), er wird (nicht: wirdt), hält (nicht: hältt).

Dasselbe gilt für den Superlativ *größte* (nicht: *größste*).

Das silbenschließende *h* wird getilgt, wenn sich das Suffix *-heit* anschließt:

> Rauh + heit = Rauheit, ebenso: Roheit, Hoheit; aber: Rauhhaardackel.

Schreibung und Aussprache haben sich gegenseitig beeinflußt bei Wörtern, die auf *-ie* enden, z. B. *Knie, knien.* Sie werden, ob ein- oder zweisilbig gesprochen, nur so geschrieben. Das gleiche gilt für Wörter auf *-ee*, z. B. *Alleen, Armeen, Seen, feenhaft.*

Auch wenn ein Wort auf *-el* mit *-lein* abgeleitet wird, folgt die Schreibung der Aussprache, auch bei der Worttrennung:

> Spiegel + lein → Spiegelein, getrennt: Spiege-lein; ebenso: Schüsselein/Schüsse-lein.

Stoßen bei der Wortbildung drei gleiche Buchstaben für Konsonanten aufeinander, so wird einer getilgt:

> denn + noch = dennoch, ebenso: Mittag, Drittel; Brennessel, Schwimmeister, Schnellesen.

Bei der Worttrennung stehen in der Regel wieder alle drei Buchstaben, z. B. *Brenn-nessel, Schwimm-meister* (Ausnahmen: *den-noch, Mit-tag, Drit-tel*).

Die Tilgung unterbleibt jedoch, wenn auf die drei gleichen Konsonanten ein weiterer Konsonant folgt, z. B. *Sauerstoffflasche, Pappplakat, Balletttruppe.* Dies gilt jedoch nicht für *th* in griechischen Fremdwörtern, z. B. *Ballettheater.* Die Tilgung unterbleibt auch, wenn – wie in der Schweiz – *ß* durch *ss* ersetzt wird, z. B. *Massschneider, Massstab, Fusssohle.*

Stoßen drei gleiche Vokale zusammen, so werden zusammengesetzte Substantive mit Bindestrich geschrieben, z. B. *Tee-Ernte.* Für zusammengesetzte Adjektive und Partizipien gilt das jedoch nicht, z. B. *schneeerhellt, seeerfahren.*

Der Apostroph zeigt an, daß das Schema (Wortbild) in unüblicher Weise verkürzt ist, z. B. *Höh'* (aus: *Höhe*), ebenso: *Lieb', 'nauf, er ist's.* Dieselbe Funktion hat der Auslassungsstrich, wenn ganze Wortteile in Zusammensetzungen ausfallen, z. B. *fort- und weiterentwickeln* (aus: *fortentwickeln und weiterentwickeln*); ebenso: *Damen- und Herrenfriseur, Hin- und Rückfahrt, Warenein- und -ausgang.*

| 84 | **Bewahrung der Wortverwandtschaft (etymologisches Prinzip)** |

In etymologisch zusammengehörigen Wörtern bleibt das Schema auch dann konstant, wenn sich in der Aussprache Varianten ergeben, z. B. *vier* [i:] – *vierzehn, vierzig* [ɪ], *sechs* [ks] – *sechzehn* [ç], *Draht-drehen, Naht-nähen, Mühle-mahlen.* Eigentlich müßten auch *Blume* und *Blüte* (*zu blühen*), *Nadel* (zu *nähen*), *Glut* (zu *glühen*) und *Schuster* (zu *Schuh*) mit *h* geschrieben werden.

In einigen Wörtern folgt die Schreibung dem etymologischen Prinzip, obwohl die wortgeschichtlichen Zusammenhänge verdunkelt sind, z. B. *Wildbret* [-ɛt], *vielleicht, Rentier, Mesner.*

Der Bindestrich   85

In manchen Fällen werden zusammengesetzte Wörter durch den Bindestrich gegliedert, um so die einzelnen Teile als Schemata deutlicher hervortreten zu lassen,
z. B. *Ich-Roman* oder *Soll-Bestand.* Der Bindestrich wird auch gesetzt, um Mißverständnisse zu vermeiden, z. B. *Bett-Tuch,* aber: *Bet-Tuch,* oder *Druck-Erzeugnis,*
aber: *Drucker-Zeugnis.* Er kann ferner verwendet werden, um Namen von Wörtern abzuheben, z. B. *Paracelsus-Ausgabe* oder *Mozart-Abend.*

Die Trennung nach „Sprachsilben"   86

Teilweise wird die Schemakonstanz auch in der Silbentrennung beachtet. Vor der
Trennung nach Sprechsilben müssen komplexe Wörter, d. h. Zusammensetzungen
und Wörter mit Präfixen, nach „Sprachsilben" (ein pädagogischer Ausdruck für
Morphem) getrennt werden, z. B. *ver-achten, er-reichen, be-schließen, Haus-tür,
Haustür-schlüssel.* Dies gilt im allgemeinen jedoch nicht für Suffixe und Beu-
gungsendungen, z. B. *He-bel, freu-dig, Kin-der, Mäu-se* (aber: *fröh-lich, bö-ig*).
Zur Überschneidung von Sprech- und Sprachsilben kommt es, wenn ein Wort
nicht mehr klar durchsichtig ist:

> Klein-od, her-ab, al-lein, voll-enden, ein-ander, Gar-aus.

Die Rechtschreibnorm läßt hier nur die Trennung nach Sprachsilben zu.
Der Trennung nach Sprechsilben steht das Bestreben entgegen, die Wörter und
Wortteile in der Schreibung deutlich hervortreten zu lassen. In diesem Zusam-
menhang ist daher die einschränkende Forderung erklärbar, nicht sinnentstellend
zu trennen, z. B. nicht *Spargel-der, bein-halten, Gehörner-ven, Autoren-nen.* Der
Leser kann dadurch auf das Schema eines anderen Wortes hingewiesen werden
(*Spargel, Bein, Hörner* usw.).

Schemadifferenzierung (Homonymieprinzip)   87

Neben dem Prinzip, Wortformen (eines Wortes) trotz unterschiedlicher Lautung
gleich zu schreiben, damit das sichtbare Schema möglichst konstant bleibt (Schemakonstanz), gibt es auch das umgekehrte der Schemadifferenzierung (auch An-
dersschreibung oder Heterographie): Wörter, die (zufällig) gleich lauten, werden
unterschiedlich geschrieben:

> Rain – rein; Saite – Seite; Laib – Leib; Miene – Mine; Lid – Lied; wider – wieder; ma-
> len – mahlen; Sole – Sohle; Waage – Wagen; leeren – lehren; Lärche – Lerche; das –
> daß.[1]

Die Schemadifferenzierung ist sehr unregelmäßig durchgeführt. Zum einen ist sie
nicht möglich, wo sich keine Schreibvarianten anbieten, z. B. *kosten* ‚probieren' –
kosten ‚teuer sein'; zum anderen unterbleibt sie oft, wo sich durchaus Schreibvarianten angeboten hätten, z. B. *Ton* ‚Erde' – *Ton* ‚Klang', *Star* ‚Vogel' – *Star* ‚berühmte Persönlichkeit', *wachsen* ‚sprießen' – *wachsen* ‚mit Wachs einreiben'.
Da die Schreibunterschiede willkürlich gewählt sind, funktioniert die Schemadifferenzierung nur, wenn sich Schreiber und Leser die Verbindung zwischen der
Bedeutung und dem jeweiligen Schema fest einprägen. Hier nähert sich die
Schreibung der Begriffsschrift (vgl. 63).

---

[1] Viele Buchstabenvarianten (vgl. 72) und der Doppelvokal sind beinahe nur noch auf Grund der
Schemadifferenzierung erhalten *(Mohr – Moor, Boot – bot).*

88 | Wortgrenze (Getrennt- und Zusammenschreibung)

Das auffälligste Kennzeichen, die Wörter sichtbar hervorzuheben, sind die Zwischenräume. Während wir die Laute innerhalb eines Satzes meist ohne Pause zwischen den Wörtern sprechen, sind in der Schreibung die Wörter deutlich durch Zwischenräume abgesetzt. So wird es möglich, Zusammengehöriges augenfällig zu machen.

Manchmal wird durch die Getrennt- oder Zusammenschreibung deutlich, ob es sich um eine Abfolge von Wörtern oder um eine Zusammensetzung handelt, z. B.:

> Man sollte darauf achten, daß nicht alle Termine auf einen Tag zusammenfallen. – Er hält sich stolpernd an ihm fest, so daß sie zusammen fallen.

Gelegentlich werden Wortfolgen zusammengeschrieben, wenn sie übertragen gebraucht werden, z. B.:

> Er wollte das Bier kalt stellen. Er wollte den Minister kaltstellen.
> Du kannst auf der Bank sitzen bleiben. Du kannst in der Schule sitzenbleiben.

In vielen Fällen ist es nicht leicht zu entscheiden, ob eine Abfolge von Wörtern oder eine Zusammensetzung vorliegt. Daher zählt die Getrennt- und Zusammenschreibung zu den schwierigsten Bereichen der Rechtschreibung.

89 | Hervorhebung bestimmter Wortklassen (lexikalisch-semantisches Prinzip)

Im vorhergehenden Abschnitt wurde bereits erwähnt, daß die Schreibung auch im Hinblick auf semantische Unterscheidungen eine Rolle spielt. So werden durch Getrennt- oder Zusammenschreibung *kalt stellen* und *kaltstellen* unterschieden, durch Groß- oder Kleinschreibung *im Dunklen* (‚in der Finsternis') und *im dunklen* (‚im Ungewissen') *tappen*. Dieses Streben nach lexikalischer Deutlichkeit findet seinen besonderen Ausdruck in der sichtbaren Hervorhebung bestimmter Klassen sprachlicher Zeichen.

90 | Eigennamengroßschreibung

Aus der Gesamtheit aller Bezeichnungselemente hebt die Schreibung eine Gruppe besonders heraus, weil sie nicht eine Klasse von Personen, Gegenständen und Sachverhalten bezeichnet, sondern eine individuelle Person, einen individuellen Gegenstand oder Sachverhalt. Es sind die Namen, die man bis auf Formwörter wie *der, von, im* im Inneren und Zusätze wie *von, van, ten* (bei Familiennamen) mit großen Anfangsbuchstaben (Majuskeln) schreibt:

> Renate Müller, Schulzes, Holbein der Jüngere, von Bülow, Walther von der Vogelweide, Klein Erna; Bello, Reineke Fuchs; Berlin, Europa, Lüneburger Heide, Straße von Gibraltar, Rhein; Hotel zur Alten Post; Großer Bär, Mars; die Titanic; Institut für Anorganische Chemie, Deutsche Christliche Partei.[1]

In der gegenwärtigen deutschen Rechtschreibung wird die Großschreibung der Namen durch die Großschreibung der Substantive überdeckt. Daher kann durch die Schreibung nicht sichtbar werden, wenn Namen als Gattungsbezeichnungen gebraucht werden, z. B.

> Er ist ein Nero. Das war sein Waterloo. Er fährt einen Diesel.

---

[1] Adjektive, die nicht am Anfang von mehrteiligen Namen stehen, werden aber auch klein geschrieben, z. B. *Institut für deutsche Sprache*. Die Schreibung richtet sich dann nach der Eintragung in das Namenregister o. ä.

Substantivgroßschreibung

Auch aus der Reihe der Wortarten hebt die Schreibung eine durch einen großen Anfangsbuchstaben besonders hervor: das Substantiv. Diese in ihrer Entstehung und unter inhaltlichem Aspekt lexikalische Hervorhebung ist heute auch syntaktisch bestimmt, weil auch andere Wörter groß, hingegen Substantive auch klein geschrieben werden können. Die Substantivgroßschreibung wird in dem Abschnitt „Zeichen für syntaktische Strukturen" (vgl. 97) abgehandelt.

Abkürzungen – Sparschreibung – Gestaltprägnanz

In diesem Abschnitt werden besondere Erscheinungen behandelt, die das Wortbild betreffen: es kann verkürzt (Abkürzung, Sparschreibung) oder erweitert (Gestaltprägnanz) werden. (Auf den Apostroph und den Ergänzungsbindestrich wurde schon hingewiesen.)

Abkürzung

Nur noch „Reste" der Phonem-Graphem-Beziehung bleiben bei den Abkürzungen übrig. Hier nähert sich daher die Schreibung sehr stark der Begriffsschrift. Unbekannte Abkürzungen kann man meist nicht entschlüsseln, bekannte Abkürzungen stellen, vor allem für den Schreiber, eine Erleichterung dar. (Vgl. grundsätzlich zur Abkürzung 692.)

In vielen Fällen wird nur der erste Buchstabe eines Wortes geschrieben, z. B.

u. = und, v. = von, G. Müller = Gerhard Müller, Günther M. = Günther Meier, Heinrich Sch. = Heinrich Schmitt.

Manchmal werden auch mehrere Buchstaben bewahrt, z. B.

Dr. = Doktor, Abk. = Abkürzung, Tel. = Telefon(nummer), Wwe. = Witwe, Abt. = Abteilung.

Bei Zusammensetzungen werden oft die ersten Buchstaben der einzelnen Wörter verwendet, z. B.

Kfz = Kraftfahrzeug, Pkw = Personenkraftwagen.

Dabei können auch nur große Buchstaben (Versalienschreibung) verwendet werden:

PKW = Personenkraftwagen, VO = Verordnung, BGB = Bürgerliches Gesetzbuch, MEZ = Mitteleuropäische Zeit.

Es werden nicht nur einzelne Wörter, sondern auch Fügungen aus einzelnen Wörtern, gelegentlich auch ganze Sätze abgekürzt. Dabei können die einzelnen Buchstaben durch Punkt getrennt werden oder unmittelbar hintereinander stehen, z. B.

usw. = und so weiter, u. a. = unter anderem, m. a. W. = mit anderen Worten, G.m.b.H./ GmbH = Gesellschaft mit beschränkter Haftung, U.A.w.g./u.A.w.g. = Um/um Antwort wird gebeten, EKD = Evangelische Kirche in Deutschland.

Viele, vor allem internationale Abkürzungen sind normiert; dies trifft besonders für den Bereich der metrischen Maße und Gewichte zu, z. B.

m = Meter, cm = Zentimeter, g = Gramm, Hz = Hertz.

Von den Abkürzungen, die (meist mit Punkt[en]) nur geschrieben werden *(u. a., usw., Mrd.),* sind die (ohne Punkt[e]) zu unterscheiden, die auch gesprochen werden (Buchstabenwörter), z. B.

die PKWs/Pkws [di: 'pe:ka:ve:s], das EKG/Ekg [das e:ka:'ge:], das UFO/Ufo [das 'u:fo], die APO/Apo [di: 'a:po].

| 93 | **Sparschreibung** |

Mit den Abkürzungen vom Verfahren her verwandt ist die Sparschreibung. Bei dieser ökonomischen Schreibung werden entgegen den regulären Phonem-Graphem-Beziehungen kürzere Formen geschrieben. Im wesentlichen geht es dabei um das Fehlen der Doppelkonsonanz nach kurzem Vokal und das Fehlen der Dehnungsbezeichnung.

Die Sparschreibung wird angewendet auf Formwörter, die sich durch ihr häufiges Vorkommen dem Schreiber und Leser als feste Wortbilder eingeprägt haben. Man kann daher vermuten, daß der Schreiber sie als Ganzes hinschreibt und daß der Leser sie als Ganzes mit einem Blick liest, ohne den Weg über die Phonem-Graphem-Beziehung. Beispiele für Wörter und Affixe ohne Doppelkonsonanz sind:

in, im, am, von, vom, man, an, un-, um, hin, zum, das, des, was, wes, mit, es, ver-, zer-, er-, ob, -en, -el, -er, -ig, -nis, -in (Ausnahmen: denn, wenn, wann, dann).

Beispiele für die fehlende Dehnungsbezeichnung bei Formwörtern sind:

der, dem, den, wer, wem, wen, vor, für, zur (Ausnahmen: mehr, sehr, ohne).

Ob diese Fälle tatsächlich durch das Prinzip der Sparschreibung zu erklären sind, ist umstritten. Ohne Zweifel liegt Sparschreibung vor, wenn zwei Wörter durch den Schrägstrich ineinandergeschoben werden, z. B. *Schüler/innen* aus *Schüler* und *Schülerinnen* (nur so zu lesen!). Gelegentlich findet man auch die Klammer, z. B. *Student(inn)en*.

| 94 | **Gestaltprägnanz** |

Das Gegenstück zur Sparschreibung stellt die Gestaltprägnanz dar. Sie hilft, wichtige Wörter in ihrem sichtbaren Schema (Wortbild) so auszustatten, daß sie beim Lesen nicht übersehen werden können. Hauptsächlich wird diese Aufgabe von dem Dehnungs-h übernommen, das einem Wortbild mehr Breite, einen größeren Umfang gibt und das man daher auch Blickfang-h nennt, z. B. *Wahl, Ohr, hehr*. Dieses Prinzip ist aber sehr uneinheitlich durchgeführt worden (vgl. *Tal, Tor, her*).

Einige der Fälle, die bei den (eu)graphischen Bedingungen (vgl. 79) genannt wurden, könnten auch hierher gehören.

| 95 | **Ideographische Zeichen** |

Ideographische Zeichen, d. h. Zeichen, die überhaupt keine Phonem-Graphem-Beziehung aufweisen, kommen in der Schreibung des Deutschen bis auf einen Bereich sehr selten vor:

& = „und" (sog. Et-Zeichen; meist nur in Firmennamen, z. B. *Voß & Co.*)
℔ = „Pfund"
₰ = „Pfennig".

Häufiger verwendet werden z. B.

% = „Prozent"
‰ = „Promille"
§ = „Paragraph", §§ = „Paragraphen"
/ = „und" bzw. „oder" (Ich/Wir nehme[n] daran teil ...)
– = „gegen" (1. FC Kaiserslautern – 1. FC Köln); „bis" (30–40 DM)
× = „mal" (50 × 30 cm)
* = „geboren"
† = „gestorben"; „Sonntag" (im Fahrplan) u. a.

Nur in einem Bereich sind ideographische Zeichen allgemein üblich: bei den Zahlen. Die Zahlen Null bis Neun werden durch die Ziffern 0–9 ideographisch dargestellt, die Zahlen ab zehn werden als Zusammensetzung von Ziffern im Dezimalsystem wiedergegeben. Mit einem Punkt nach der Zahl kennzeichnet man die Ordnungszahl, z. B. *1. = erste, erstens; 2. = zweite, zweitens; 23. = dreiundzwanzigste; 100. = hundertste; 1000. = tausendste.*

Weitere Zeichen wie +, =, −, ., ., ·, $\sum$, ° (Grad) sollen hier nur erwähnt werden; sie führen in den Bereich der mathematischen Symbole, die von ihrer Zeichenfunktion her auch ideographisch sind.

Neben den arabischen Ziffern werden gelegentlich auch die römischen Ziffern (I, II, III, IV, V, VI, VII, VIII, IX, X, L, C, D, M) verwendet, z. B. bei Namenszählung (Heinrich VIII.), bei Monatsangaben, Hausnummern, zur Textgliederung, früher auch bei Jahreszahlen.

2.2.2 Zeichen für syntaktische Strukturen (grammatisch-syntaktisches Prinzip)

96

Eines der Hauptmerkmale der geschriebenen Sprache gegenüber der gesprochenen ist eine komplexere Syntax, d. h. in der Regel längere Sätze mit starker Binnengliederung (Verschachtelung). In der gesprochenen Sprache machen Betonung, Pausen und teilweise auch unterschiedliche Sprechgeschwindigkeit die Gliederung des Satzes deutlich. Diese akustischen Mittel sind nur schwer ins Graphische zu übertragen (vgl. Zeichensetzung auf rhythmisch-intonatorischer Grundlage unter 78). Zur sichtbaren Verdeutlichung der syntaktischen Struktur des Satzes und der Satzgrenzen werden daher in der geschriebenen Sprache auch die Großschreibung und die Zeichensetzung verwendet.

Satzbinnengliederung (syntaktisches Prinzip)

97

Wortartgroßschreibung

Im Gegensatz zu allen anderen Sprachen, die über große und kleine Buchstaben verfügen, setzt das Deutsche den großen Buchstaben auch ein, um eine Wortart, nämlich das Substantiv, besonders hervorzuheben. Dies verlangt vom Schreiber ein gewisses Maß an grammatischem Wissen. Die Anwendung der einfachen Regel, alle Substantive groß zu schreiben, wird nämlich dadurch schwierig, daß manche Substantive, so wie wir sie im Wörterbuch vorfinden, bei ihrer Verwendung im Satz inhaltlich oder formal in eine andere Wortart überwechseln können (Desubstantivierung); zum anderen dadurch, daß umgekehrt alle anderen Wörter im Satz zu Substantiven werden können (Substantivierung), und zwar ohne daß dies inhaltlich immer deutlich werden müßte. Ob ein Wort groß geschrieben wird, ergibt sich daher auch aus seiner Verwendung im Satz und nicht aus der Wortart, der es, isoliert betrachtet, angehört.

Da die meisten isolierten Substantive auch im Satz als Substantive stehen, ergibt sich:

Regel 1: Substantive werden groß geschrieben, z. B.

Haus, Horn, Hut, Gunst, Erde, Himmel, König, Rettich.

Man darf davon ausgehen, daß in den meisten Fällen jeder Schreiber ohne Nachdenken die isolierten Wörter einer Wortart zuordnet. Bei vielen Substantiven helfen dabei bestimmte Suffixe, welche die Wortart Substantiv anzeigen, z. B. in

Kind*heit,* Freudig*keit,* Bot*schaft,* Warn*ung,* Fremd*ling,* Bröt*chen,* Fräu*lein,* Gewerk-
schaft*ler,* Jä*ger.*

Einige Substantive kommen nur noch in Wendungen vor, z. B. *in Bälde, im Nu,
Obacht geben, auf Gedeih und Verderb.*

Diese selbstverständliche Wortartenzuordnung gilt auch bei zwei lautgleichen
Wörtern, die verschiedenen Wortarten zugeordnet werden, z. B.

stolz – Stolz, fett – Fett, reifen – Reifen, fernsehen – Fernsehen, paar – Paar.

Schwierigkeiten treten jedoch bei Wörtern wie *Recht/recht, Angst/angst, Feind/
feind, Freund/freund, Not/not, Pleite/pleite, Bankrott/bankrott, Schuld/schuld,
Gram/gram, Leid/leid, Diät/diät* auf, z. B.

Das ist ihm recht. Sie wird recht behalten/bekommen/erhalten/geben/haben/tun. Es
wird recht sein. (Aber:) Sie werden Recht finden/sprechen/suchen. Ich habe ein Recht
darauf. Man muß der Frau ihr Recht geben. Er wird schon sein Recht bekommen. Es
ist Rechtens.

Im Sog der Substantivgroßschreibung werden auch feste Fügungen für substantivische Begriffe groß geschrieben; sie rücken manchmal in die Nähe der Eigennamen, z. B.

Goldener Schnitt, Schwarzes Brett, Roter Milan, Kleines Sumpfhuhn; (aber:) schneller
Brüter, grauer Star, italienischer Salat.

Regel 2: Substantive, die – oft mit der Endung *-(en)s* – in eine andere Wortart
übertreten, werden klein geschrieben, z. B.

kraft, trotz, laut, dank, statt (des Gesetzes), zeit (meines Lebens), (um der Gerechtigkeit)
willen; (heute) abend/mittag/morgen; abends, mittags, morgens; rings, mangels,
zwecks, angesichts, teils – teils, falls, mittels; seitens, namens; ein bißchen, ein paar
(Leute).

Regel 3: In vielen stehenden Verbindungen wird das Substantiv nicht mehr als
Substantiv empfunden und daher klein geschrieben, z. B.

in bezug auf; seit alters; außer acht lassen.

In einigen Fällen wird die Verbindung auch zusammengeschrieben, z. B.

auf Grund/aufgrund, an Stelle/anstelle, (gut) im Stande sein/imstande sein, zu den
Zeiten/zuzeiten, Dank sagen/danksagen.

Regel 4: Substantivierte Wörter anderer Wortarten werden groß geschrieben,
z. B.

Das Gute siegt. Die Fortgeschrittenen treffen sich. Sie bot ihm das Du an. Ein Zweites
möchte ich noch erwähnen. Er scheute das Drum und Dran. Sie erörterten das Für und
Wider. Das ständige Wenn und Aber regte ihn auf. In einem Hui ging es ab.

Für den Schreiber ist es nicht immer leicht zu entscheiden, ob ein Wort in einem
bestimmten Kontext substantivisch zu betrachten und damit groß zu schreiben ist
oder nicht. Hier einige Beispiele:

Des weiteren ist zu sagen. Diese Methode ist genau das richtige (= richtig). Er hat das
Richtige getan. Sie liest am besten. Es fehlt ihr am Besten. Sie nahmen das erste beste.
Sie versuchten alles mögliche. Es fragte einer den anderen, aber niemand wußte etwas.
Sie ist jeden Morgen die erste in der Klasse. Sie ist die Erste in der Klasse.

| 98 | **Zeichensetzung im Satzinnern** |

Komma, Doppelpunkt, Semikolon, Gedankenstrich, runde und eckige Klammern
können die Binnengliederung eines Satzes sichtbar machen.

Das Komma ist das wichtigste Mittel zur Binnengliederung. Es gibt zahlreiche Regeln für die Kommasetzung, die hier nicht im einzelnen aufgeführt werden können; sie sind – vor allem beim Infinitiv mit *zu* – kompliziert. Nimmt man eine grobe Einteilung vor, kann man sagen, daß das Komma einerseits Satzteile (z. B. Aufzählungen, Apposition), andererseits komplexe Sätze (z. B. Einschübe, Haupt- und Nebensätze, Infinitivsätze) gliedert. Dazu einige Beispiele:

> Es war ein süßes, klebriges, kaum genießbares Getränk. Sie macht lehrreiche physikalische Versuche. – Johannes Gutenberg, der Erfinder der Buchdruckerkunst, lebte in Mainz. Friedrich der Weise half Luther. – Das Schiff kommt wöchentlich einmal, und zwar donnerstags, an. Er geht in den Garten und pflückt Blumen. Er geht in den Garten, und er pflückt Blumen. Er sagt, daß er in den Garten geht und daß er Blumen pflückt. – Aus vollem Halse lachend, kam er auf mich zu. Lachend kam er auf mich zu. – Wir hatten beschlossen, den Betrag zu überweisen. Wir hatten den Betrag zu überweisen beschlossen.

Das Semikolon nimmt eine Mittelstellung zwischen Punkt und Komma ein. Bei der Aufzählung gliedert es Teile, die näher zusammengehören, z. B.

> Unser Proviant bestand aus gedörrtem Fleisch, Speck und Rauchschinken; Ei- und Milchpulver; Reis, Nudeln und Grieß.

Bei Satzreihungen zeigt es eine engere Zusammengehörigkeit als der Punkt an, z. B.

> Die Angelegenheit ist erledigt; darum wollen wir nicht länger streiten.

Der Schreiber hat hier, im Gegensatz zum Komma, einen recht großen Ermessensspielraum.

Der Doppelpunkt unterstützt die Ankündigung des folgendes Satzes oder Satzteiles bzw. der folgenden Sätze oder Satzteile, z. B.

> Er sagte: „Komm her!" Rechnen: befriedigend. Das Jahr hat 12 Monate: Januar, Februar, März … Arbeiten und Beten: das war ihr Leben.

Gedankenstriche, runde und eckige Klammern helfen ebenfalls, den Satz sichtbar zu gliedern, aber ihre eigentliche Funktion geht weiter, indem sie Wichtiges von Unwichtigem, Hauptsächliches und Nebensächliches scheiden. Sie haben daher mehr eine textuelle und pragmatische Funktion und werden in diesem Zusammenhang behandelt (vgl. 102 f.).

Satzgrenze
99

Der Satzanfang wird durch die Großschreibung des ersten Wortes sichtbar gekennzeichnet, das Satzende durch die Verwendung der Satzzeichen Punkt, Frage- und Ausrufezeichen. Im fortlaufenden Text ist die Satzfuge doppelt bezeichnet: durch das Satzzeichen für den vorhergehenden Satz und durch die Großschreibung am Satzanfang des folgenden Satzes.

Großschreibung am Satzanfang
100

Im Gegensatz zur Wortartgroßschreibung sind die Regeln für diese Art der Großschreibung nicht schwierig.

Ein Satz, der nicht mit einem Buchstaben beginnt, hat keinen großen Anfangsbuchstaben, z. B.

> 's ist Frühling! … getan hat sie es.

Komplizierter sind die Regeln nach dem Doppelpunkt, der – wie unter 98 dargelegt wurde – der Funktion nach zwischen Punkt und Komma steht. Leitet der Doppelpunkt eine Aufzählung ein, so folgt kein großer Buchstabe:

> Er hat durch den Brand alles verloren: sein Haus, seine Ställe, sein Vieh.

Folgt nach dem Doppelpunkt ein Satz, dann hängt die Groß- oder Kleinschreibung davon ab, ob er selbständig ist oder angekündigt, ob er zusammenfaßt oder folgert:

> Gebrauchsanweisung: Man nehme alle zwei Stunden eine Tablette. Sein Haus, seine Ställe, sein Vieh: alles hat er durch den Brand verloren. Du kommst nicht pünktlich zur Arbeit, du arbeitest nicht ordentlich und gehst zu früh: so geht es nicht weiter.

101 | Satzschließende Zeichen

Punkt, Frage- und Ausrufezeichen schließen in der Regel einen Satz ab. Der Punkt ist das normale Satzschlußzeichen, Frage- und Ausrufezeichen sind Sonderzeichen, was sich auch in ihrer sichtbar „aufwendigeren" Form ausdrückt. Schwierigkeiten können dadurch auftreten, daß die Satzform (Aussage-, Frage-, Befehlssatz) nicht übereinzustimmen braucht mit der Betonung (Aussage-, Fragebetonung) und der inhaltlichen Absicht (Aussage, Frage, Aufforderung, Wunsch, Befehl), z. B.

> „Komm jetzt endlich!"
> Die Mutter rief in drohendem Ton: „Kommst du jetzt endlich?"
> „Du kommst jetzt endlich."

In allen drei Fällen handelt es sich um eine (drohende) Aufforderung, obwohl die Satzform und die Betonung verschieden sind.

102 | 2.2.3 Zeichen für pragmatische und textuelle Strukturen

Der Schreiber schreibt nicht um der Buchstaben, Wörter und Sätze willen, sondern weil er mit dem Text dem Leser etwas mitteilen möchte. Es ist daher einleuchtend, daß im Bereich der geschriebenen Sprache die Hinwendung zum Leser (pragmatisches Prinzip) und die textuelle und stilistische Struktur (textuelles und stilistisches Prinzip) durch sichtbare Zeichen unterstützt werden.

Pragmatische Strukturen (pragmatisches Prinzip)

An erster Stelle ist hier die Großschreibung der Anredepronomen und Titel zu nennen. *Sie* wird als Pronomen der höflichen Anrede mit allen seinen Formen immer groß geschrieben; bei *du* (und den dazugehörigen Formen) gibt es einige Unterscheidungen, die hier nicht erläutert werden sollen. Auch die Großschreibung nichtsubstantivischer Bestandteile von Titeln (Rang- und Ehrenbezeichnungen) bedeutet eine Ehrerweisung gegenüber dem Angesprochenen, z. B. *Regierender Bürgermeister, Seine Magnifizenz.*
Auch die Großschreibung der Personennamen ist aus dem pragmatischen Prinzip der Ehrerbietung entstanden (vgl. 90).

103 | Textuelle und stilistische Strukturen (textuelles und stilistisches Prinzip)

Bei einem Text müssen die Mittel für die Grob- und Feinstruktur unterschieden werden. Zu den Aufbaumitteln für die Grobstruktur zählt vor allem die Textsorte. Durch immer wiederkehrende schriftliche Kommunikationssituationen bilden sich im Laufe der Zeit mehr oder weniger festgelegte Textmuster heraus, z. B. Brief, Familienanzeige, Lebenslauf, Bewerbungsschreiben, Leitartikel, wissenschaftliche Abhandlung. Jede dieser Textsorten hat einen bestimmten Aufbau, der bis zur Verwendung fester Formeln geht. Auch sichtbare Mittel der Flächen-

aufteilung spielen dabei eine große Rolle, sehr augenfällig z. B. bei Briefen oder
(Familien)anzeigen.
Die Feinstruktur im Textaufbau ergibt sich innerhalb des großen Rahmens aus
der Verknüpfung der einzelnen Sätze und Äußerungen. Auch hier können sichtbare Mittel unterstützend wirken. Die hier zu erwähnenden Mittel fallen nur zu
einem geringen Teil unter die Rechtschreibung, da nur noch ganz spärlich Buchstaben und Zeichensetzung daran beteiligt sind.

Flächenaufteilung

Zur Flächenaufteilung im Rahmen der Textgestaltung tragen folgende Faktoren
bei:
- unterschiedliche Schriftgrade
- Schrifttypen
- Abschnitte, Einzüge, Initialen
- Kolumnen, Spalten
- Zwischenüberschriften
- Gliederungszahlen
Die Flächenaufteilung kann die gedankliche Struktur des Textes sichtbar abbil-
den.

Großschreibung am Textanfang

Das erste Wort von Überschriften und Werktiteln (der verschiedensten Art) wird
groß geschrieben. Werktitel werden oft zusätzlich durch Kursivdruck oder durch
Zitatzeichen („") hervorgehoben. Bei Gedichten u. ä. kann der Zeilenanfang groß
geschrieben werden.

Zeichensetzung

In der Feinstruktur des Textes heben die Anführungszeichen Zitate und wörtliche
Rede optisch hervor. Einzelne Wörter, Sätze, ja ganze Abschnitte können in
Klammern stehen und dadurch auch sichtbar als Nebensächliches oder Ergänzung ausgewiesen werden. Gedankenstriche weisen auf einen Einschub hin. Nach
einem Satz oder Abschnitt zeigen sie den Wechsel des Sprechers oder des Themas
an. Drei Punkte deuten an, daß etwas Unnötiges weggelassen, daß etwas Anrü-
chiges nicht hingeschrieben wurde oder – am Ende eines Satzes oder einer Äußerung – daß etwas nicht weiter ausgeführt wird. Spiegelstriche mit Absatz (und
Einzug) können mehr oder weniger umfangreiche Aufzählungen sichtbar ordnen (s. o. „Flächenaufteilung").

Fassen wir noch einmal zusammen: Man schreibt nicht Laute, die man hört, nieder. Zum einen beziehen sich auf Grund der herrschenden Phonem-Graphem-
Korrespondenz die Buchstaben nur mittelbar auf die Laute (und umgekehrt);
zum anderen geben Buchstaben und Zeichensetzung nicht nur Lautliches wieder,
sondern beziehen sich auch auf andere sprachliche Ebenen. Die Prinzipien der
Schreibung sind, wie Teil 2 dieses Kapitels gezeigt hat, nicht überschneidungsfrei
und teilweise auch unvollständig durchgeführt. Wichtig ist zu wissen, daß man
nicht die gesprochene Sprache schreibt, sondern eine eigens entwickelte geschriebene Sprache: Schreiben ist mehr als Rechtschreibung!

Die Wortarten[1]

1 Überblick über die Wortarten

104 | Im Satz werden als selbständige sprachliche Elemente, als akustisch bzw. orthographisch abhebbare Einheiten mit Bedeutung und Funktion Wörter gebraucht (vgl. 684, 687). Als sprachliche Zeichen sind sie eine Verbindung von Ausdruck und Inhalt, von Lautfolge und Bedeutung (mit Bezug auf Nicht-, auf Außersprachliches; vgl. 945ff., 962). Auf Grund der unterschiedlichen Funktion im Satz und der damit eng verknüpften Formmerkmale, Anordnung und Beziehungen zueinander können verschiedene Gruppen oder Klassen von Wörtern unterschieden werden, die sich auch semantisch voneinander abgrenzen lassen und die man Wortarten nennt.

105 | **Verben**

Wörter wie

> wohnen, bleiben, sein, fallen, wachsen, verblühen, kämpfen, bauen, schreiben, begreifen, abhauen, übersetzen, festbinden, gewährleisten

nennt man Verben (vgl. 115ff.). Mit Verben wird das Prädikat des Satzes gebildet, weshalb sie in ihrer Form veränderbar, konjugierbar sind: Von ihnen können etwa verschiedene Personal- und Tempusformen gebildet werden:

> ich *fahre* – wir *fahren;* du *fährst* – ihr *fahrt;* er *fuhr* – sie *fuhren.*

Mit den Verben bezeichnet der Sprecher, was geschieht oder was ist: Zustände *(wohnen),* Vorgänge *(verblühen)* oder Tätigkeiten und Handlungen *(bauen).*

106 | **Substantive**

Wörter wie

> Mann, Frau, Kind, Peter; Fisch, Aal; Blume, Rose; Tisch, Auto; Wald, Wasser, Bahnhof, Frankfurt; Geist, Liebe, Mathematik, Dummheit, Durchsage

nennt man Substantive (vgl. 324). Sie werden im allgemeinen mit einem großen Anfangsbuchstaben geschrieben. Kennzeichnend für das Substantiv ist, daß es

---

[1] Vgl. H. Bergenholtz/B. Schaeder: Die Wortarten des Deutschen. Stuttgart 1977; H. Brinkmann: Die Wortarten im Deutschen. In: Wirkendes Wort 1 (1950/51), S. 65–79; ders.: Die deutsche Sprache. Düsseldorf [2]1971; J. Erben: Deutsche Grammatik. München [12]1980; W. Flämig: Probleme und Tendenzen der Schulgrammatik. In: Deutschunterricht 19 (1966), S. 334–345; H. Glinz: Der deutsche Satz. Düsseldorf [6]1970; ders.: Deutsche Grammatik I/II. Frankfurt/M. 1970/71; G. Helbig (Hg.): Beiträge zur Klassifizierung der Wortarten. Leipzig 1977; W. Schmidt: Grundfragen der deutschen Grammatik. Berlin 1965, S. 36ff. Zur Problematik der Wortarten vgl. man nun auch M. D. Stepanowa/G. Helbig: Wortarten und das Problem der Valenz in der deutschen Gegenwartssprache. Leipzig [2]1981. Stepanowa und Helbig unterscheiden zwischen einer homogenen und heterogenen Wortklassifizierung. Die homogene Klassifizierung arbeitet nur mit einem einzigen Kriterium, etwa dem morphologischen oder syntaktischen. Die heterogene Klassifizierung kombiniert das morphologische, syntaktische und semantische Kriterium, wobei den einzelnen Kriterien von Fall zu Fall ein unterschiedliches Gewicht zukommen kann. Unsere Grammatik wendet die heterogene Klassifizierung an, da sie leistungsfähiger ist als die homogene. Freilich löst auch die heterogene Klassifizierung nicht alle Probleme; auch sie kann nicht verhindern, „daß die Grenzen zwischen den Klassen nicht immer ganz streng gezogen werden können, daß es Berührungspunkte und Streitfälle gibt" (Stepanowa/Helbig, S. 54). Man sollte aber die Schwierigkeiten auch nicht überbewerten. Dieser Meinung sind offensichtlich auch Stepanowa und Helbig, wenn sie nach einer Sichtung der Wortarten-Einteilung in deutschen und russischen Grammatiken auf S. 57 schreiben: „... Andererseits werden faktisch alle in der deutschen Sprache vorhandenen Wortarten in den verschiedenen Darstellungen widergespiegelt, unabhängig davon, ob sie als selbständige Klassen anerkannt oder als Teilklassen anderer Klassen zugeordnet werden."

mit dem Artikel verbunden werden kann. Durch *der, die, das* wird angegeben, ob das jeweilige Substantiv ein Maskulinum, ein Femininum oder ein Neutrum ist: *der* Mann, *die* Frau, *das* Kind; *ein* Mann, *eine* Frau, *ein* Kind.

Substantive werden als Subjekt oder Objekt, als adverbiale Bestimmung oder Attribut gebraucht und können entsprechend in ihrer Form verändert werden, sie sind deklinierbar; von ihnen können verschiedene Kasus- und Numerusformen gebildet werden:

> (Nom.:) der Mann, die Männer; (Gen.:) des Mannes, der Männer; (Dat.:) dem Manne, den Männern; (Akk.:) den Mann, die Männer.

Mit den Substantiven bezeichnet der Sprecher Lebewesen (Menschen: *Frau;* Tiere: *Aal*), Pflanzen *(Rose),* Sachen oder Dinge *(Auto, Tisch),* Begriffe oder Abstrakta *(Liebe, Kälte)* u. ä.

Adjektive

107

Wörter wie

> schön, häßlich, gut, schlecht, krank, gesund, schnell, angenehm, vierwöchig, tragbar, vorschriftsmäßig, lebensmüde, platonisch, provinziell

nennt man Adjektive (vgl. 439). Auch sie sind, wie die Substantive, deklinierbar; von ihnen können verschiedene Kasus-, Numerus- und Genusformen gebildet werden:

> (Nom.:) ein groß*es* Haus; (Dat.:) mit groß*er* Freude; (Nom./Akk.:) groß*e* Annehmlichkeiten.

Von den meisten Adjektiven kann man Vergleichsformen (Steigerungsformen) bilden, d. h., mit bestimmten Formen können verschiedene Grade ausgedrückt werden:

> Karl fährt *schnell.* Leo fährt *schneller.* Vera fährt *am schnellsten.*

Mit den Adjektiven werden Eigenschaften und Merkmale benannt. Der Sprecher gibt mit ihnen an, wie jemand oder etwas ist, wie etwas vor sich geht oder geschieht. Sie sind Attribut oder adverbiale Bestimmung der Art und Weise:

> Inge hat ein *neues* Auto. Es ist *rot* und fährt sehr *schnell.*

Diese drei Wortarten, also Verben, Substantive und Adjektive, nennt man auch Hauptwortarten.

Begleiter und Stellvertreter des Substantivs (Artikel und Pronomen)

108

Wörter wie *der* und *ein* nennt man Artikel (vgl. 351). Sie sind, wie Substantive und Adjektive, deklinierbar und werden nur in Verbindung mit einem Substantiv gebraucht:

> *der* Mann, *die* Frau, *das* Kind; *ein* Mann, *eine* Frau, *ein* Kind.

Wörter wie

> ich, er, sie; mein, dein, sein; dieser, jener; niemand, mehrere

nennt man Pronomen (vgl. 530). Die meisten von ihnen sind deklinierbar und haben verschiedene Kasus-, Numerus-, Genus- und – gelegentlich – Personalformen. Die Pronomen werden wie der Artikel in Verbindung mit einem Substantiv und/oder an Stelle eines Substantivs (+ Artikel) gebraucht:

> *diese* Frau, *jenes* Kind; *mein* Buch; ich habe *ihn* (den Vater) gestern gesprochen.

Artikel und Pronomen werden hier als Begleiter und Stellvertreter des Substantivs zu einer Wortart zusammengefaßt.

Die Wörter der bisher besprochenen Wortarten sind flektierbar, d. h. ihrer Form nach veränderlich: konjugierbar sind die Verben, deklinierbar die Substantive, Adjektive, Artikel und Pronomen. Davon zu unterscheiden sind als nicht flektierbare Wörter Partikeln und Interjektionen.

109 Partikeln

Die Partikeln können bis auf wenige Ausnahmen ihrer Form nach nicht verändert werden. Sie lassen sich in drei Gruppen gliedern:

Adverbien

Zu den Adverbien (vgl. 582) gehören Wörter wie

> bald, besonders, gern, sehr, dort, fast, abends, einigermaßen, probeweise.

Die Adverbien werden als Umstandsangabe (*Sie kommt* bald, *singt* gern) oder als Attribut gebraucht (*das Buch* dort, *ein* besonders *schönes Buch,* fast *dreißig Personen*). Mit Adverbien werden – ganz allgemein gesprochen – in der Regel nähere Umstände angegeben.

Präpositionen

Zu den Präpositionen (vgl. 614) gehören Wörter wie

> *auf* dem Tisch liegen, *in* das Auto packen, *über* die Brücke fahren, *wegen* eines Unfalls gesperrt sein.

Die Präpositionen sind weder Satzglied noch Attribut, sondern werden in der Regel mit einem Substantiv (Pronomen) zu einem festen Block verbunden, wobei der Kasus des Substantivs o. ä. von der Präposition bestimmt wird. Mit Präpositionen werden bestimmte Verhältnisse und Beziehungen gekennzeichnet.

Konjunktionen

Zu den Konjunktionen (vgl. 653) gehören Wörter wie

> Vater *und* Mutter; er fehlt, *weil* er krank ist; sie sagt, *daß* sie morgen kommt.

Die Konjunktionen sind weder Satzglied noch Attribut, sondern Bindewörter, mit denen Wörter, Wortgruppen oder Sätze verbunden werden.

110 Interjektionen

Wörter wie

> ah!, oh!, ach!, pfui!; äh, hm; wau, muh

nennt man Interjektionen (vgl. 677). Sie können in ihrer Form nicht verändert werden. Interjektionen sind Ausrufe, mit denen Empfindungen, Gemütsbewegungen u. ä. ausgedrückt oder bestimmte Laute nachgeahmt werden. Sie sind gewöhnlich syntaktisch isoliert und erfüllen insofern eine wichtige Aufgabe, als sie auch Dialoge steuern und gliedern, als Gesprächswörter fungieren.

111 Anmerkungen

1. Die in diesem Überblick gezogenen Grenzen zwischen den einzelnen Wortarten sind nicht starr: Viele nicht substantivische Wörter, einzelne Buchstaben,

ganze Wortgruppen und Sätze können etwa mit dem Artikel verbunden und als Substantiv gebraucht werden (Substantivierung; vgl. 700 ff.):

Das Singen war schön. Das war *das Dümmste*, was du machen konntest. Sie bot ihm *das Du* an. Er hat in Latein *eine Vier* geschrieben. Sie ergründete *das Warum und Weshalb* dieses Falles.

Die beiden Partizipien des Verbs sind in bestimmten Verwendungen als Adjektive anzusehen. Zu Präpositionen können Substantive in Verbindung mit Präpositionen *(infolge, inmitten)* und Adjektive *(gelegentlich)* werden.

2. Innerhalb der einzelnen Wortarten lassen sich bestimmte Untergruppen und Schichten feststellen. So kann man z. B. die Konjunktionen in nebenordnende, Satzteil-, Teilsatz- und Infinitivkonjunktionen aufgliedern. Eine andere Untergliederung ergibt sich daraus, daß bestimmte Wörter nur eingeschränkt gebraucht werden können (sog. Defektiva). So gibt es etwa Verben, von denen kein Passiv, Substantive, von denen keine Pluralform gebildet werden kann, und Adjektive mit nur prädikativem bzw. attributivem Gebrauch. | 112 |

3. Der Bestand des deutschen Wortschatzes wird im allgemeinen zwischen 300000 und 500000 Wörtern angesetzt (vgl. 683). Die Verben machen davon schätzungsweise knapp ein Viertel, die Substantive etwa zwei Viertel, und das Adjektiv und das Adverb gut ein Viertel aus; die Zahl der Präpositionen und Konjunktionen beläuft sich auf etwa 200, die der Pronomen nicht einmal auf 100 Wörter.[1] | 113 |

Die Wortarten im Überblick | 114 |

Wortart	morphologisch	Merkmale[2] syntaktisch	semantisch
Verb	flektierbar: Konjugation	Funktion: v. a. Prädikat Distribution[3]: in Kongruenz mit dem Subjekt (Personalform)	Zustände, Vorgänge, Tätigkeiten, Handlungen
Substantiv	flektierbar: Deklination	Funktion: Subjekt, Objekt, adverbiale Bestimmung, Attribut Distribution: mit Artikel	Lebewesen, Sachen (Dinge), Begriffe (Abstrakta)
Adjektiv	flektierbar: Deklination komparierbar	Funktion: Attribut, adverbiale Bestimmung Distribution: mit Substantiv bzw. Verb	Eigenschaften, Merkmale
Artikel, Pronomen	flektierbar: Deklination	Funktion: Attribut oder Substantiv-Stellvertreter (mit entsprechender Funktion) Distribution: mit oder an Stelle eines Substantivs	Verweis, nähere Bestimmung
Partikeln: – Adverb	nicht flektierbar	Funktion: Attribut oder Umstandsangabe Distribution: mit Substantiv, Adjektiv, Verb	nähere Umstände
– Präposition	nicht flektierbar	Funktion: Präpositionalkasus Distribution: vor Substantiven (Pronomen)	Verhältnisse, Beziehungen
– Konjunktion	nicht flektierbar	Funktion: Verbindung, Einleitung, Unterordnung Distribution: zwischen Sätzen, innerhalb von Satzgliedern und Attributen	Verknüpfung im logischen, zeitlichen, begründenden, modalen u. ä. Sinn
Interjektion	nicht flektierbar	gewöhnlich syntaktisch isoliert; dialogsteuernde und -gliedernde Funktion	Empfindungen, Gefühle, Stellungnahmen

[1] Vgl. W. Ortmann: Hochfrequente deutsche Wortformen, Bd. III. München [3]1979, S. XXXI: Verben 19,3%, Fragewörter 0,4%, Adjektive 22,6%, Pronomen 0,8%, Zahlwörter 0,5%, Adverbien 6,7%, Präpositionen 1,2%, Konjunktionen 1,3%, Interjektionen 0,4%, Substantive 46,0%, Eigennamen 0,9%.
[2] Die Merkmale sind vom Wortgrundbestand der einzelnen Wortarten her formuliert. Ausnahmen und Abweichungen bleiben hier unberücksichtigt.
[3] *Distribution* ‚Verteilung, Zusammenvorkommen'.

2 Das Verb

Wörter wie die folgenden nennt man Verben (Singular: das Verb)[1]:

> bauen, bleiben, einschlafen, erfrieren, fahren, fallen, gehen, haben, helfen, kämpfen, kommen, pflügen, regnen, schreiben, sein, verblühen, verreisen, wachsen, werden, wohnen.

Mit den Verben wird das Prädikat des Satzes (vgl. 1024) gebildet:

> Sie *baut* ein Haus. Sie *bleiben* in München. Er *wird eingeschlafen sein.* Gestern *kam* ich spät nach Hause. Wir *haben* heute einen Aufsatz *geschrieben.* Man *sagte,* sie *kämen* morgen.

Als Prädikat können die verschiedensten Verbformen gebraucht werden. Die Veränderung der Form beim Verb nennt man Konjugation (vgl. 183 ff.). Nur Verben werden konjugiert.

2.1 Untergliederung der Verben

2.1.1 Bedeutungsgruppen und Aktionsarten

Bedeutungsgruppen[2]

Wenn man von der Bedeutung ausgeht, kann man die Verben in grober Unterscheidung[3] folgendermaßen einteilen:

Tätigkeitsverben (Handlungsverben)

Mit Verben der ersten Gruppe wird ausgedrückt, daß jemand etwas tut, ausführt; es wird ein Tun bezeichnet, das beim Subjekt Tätigsein, Aktivität voraussetzt. Diese Verben nennt man Tätigkeitsverben:

> Petra *lachte* glücklich. Die Kinder *spielten.* Er *ging* nach Hause. Die Patienten *warteten* ungeduldig. Ich *schrie* leise *auf.*

In sehr vielen Fällen wird im Satz ein Ziel genannt, auf das sich die Tätigkeit bezieht, auf das eingewirkt, das verändert, von dem Besitz ergriffen wird u. ä. Diese Verben könnte man als Untergruppe der Tätigkeitsverben Handlungsverben nennen:

> Sie *zählt* das Geld. Er *unterstützt* seinen Bruder. Er *dankte* seinem Vater. Sie *bemächtigte* sich der Kasse. Sie *gedachten* der Toten. Sie *spotten* über ihn.

Die Tätigkeitsverben bilden den Hauptteil der Verben.

Vorgangsverben

Mit Verben der zweiten Gruppe, den Vorgangsverben, wird eine Veränderung bezeichnet, die sich am Subjekt vollzieht, ein Prozeß, ein Vorgang, ein Ablauf, den das Subjekt an sich selbst erfährt:

> Peter *fieberte.* Die Vase *fiel* vom Tisch. Die Bäume *wachsen* langsam. Die Blumen *verblühten.* Die Kinder *schliefen* schnell *ein.* Die ersten Blüten *erfroren.*

---

[1] Andere, weniger angemessene Bezeichnungen sind *Zeit-, Tätigkeits-* oder *Tuwort.*
[2] Vgl. E. Leisi: Der Wortinhalt. Heidelberg [4]1971, S. 46 ff.; H. Renicke: Grundlegung der neuhochdeutschen Grammatik. Berlin 1961, S. 73 ff.; M. Regula: Grundlegung und Grundprobleme der Syntax. Heidelberg 1951, S. 113.
[3] Zu weiteren Bedeutungsgruppen vgl. das Kapitel „Die Wortbildung".

Zustandsverben

118

Mit Verben der dritten Gruppe, den Zustandsverben, wird ein Zustand, ein Bestehen, ein Sein, ein Beharren, eine (Ruhe)lage bezeichnet, also etwas, was als Bleibendes, sich nicht Veränderndes am Subjekt haftet:

> Die Vase *steht* auf dem Tisch. Das Buch *liegt* im Regal. Sie *wohnen* in München. Sie ist nicht gestorben, sie *lebt*. Er *bleibt* ein Träumer sein Leben lang.

Aktionsarten

119

Mit Aktionsart bezeichnet man die Art und Weise, wie das durch ein Verb bezeichnete Geschehen abläuft (Geschehensweise, Verlaufsweise, Handlungsart). Eindeutige Abgrenzungen sind manchmal nur schwer durchzuführen; am sichersten sind Aktionsarten auszumachen, soweit sie an bestimmte Wortbildungsmittel, vor allem an Präfixe und Suffixe (vgl. 740, 790), gebunden sind.

Zeitliche Verlaufsweise

1. Verben, mit denen eine zeitliche Begrenzung ausgedrückt wird, nennt man perfektiv oder terminativ:

120

> besteigen, entnehmen, erfrieren, verblühen, vollenden.

Die perfektiven Verben werden, je nachdem, ob mit ihnen der Beginn oder das Ende eines Geschehens bezeichnet wird, ingressiv oder inchoativ bzw. resultativ oder egressiv genannt. Inchoativ (ingressiv) sind z. B.

> erblühen, aufbrechen, erblassen, entbrennen, losrennen, aufstehen, abmarschieren, erklingen.

Resultativ (egressiv) sind z. B.

> verblühen, verblassen, aufessen, verklingen, verbrennen, durchschneiden, vollenden, ausklingen.

Wenn Verben etwas bezeichnen, was ohne zeitliche Ausdehnung punkthaft geschieht, nennt man sie punktuelle oder momentane Verben:

> erblicken, finden, treffen, ergreifen, erschlagen, fassen.

2. Verben, mit denen etwas als ohne zeitliche Begrenzung ablaufend, als unvollendet, als dauernd gekennzeichnet wird, nennt man imperfektiv oder durativ:

121

> blühen, schlafen, wachen, frieren, wohnen, sein, bleiben, andauern.

Wiederholung

122

Es gibt Verben, mit denen eine stete Wiederholung gleichartiger Vorgänge ausgedrückt wird. Man nennt sie iterativ:

> flattern, sticheln, krabbeln, grübeln, streicheln u. a.

Grad, Intensität

123

Mit einigen Verben wird ein größerer oder geringerer Grad, die stärkere oder schwächere Intensität eines Vorgangs gekennzeichnet. Man nennt sie intensiv:

> schnitzen, schluchzen, liebeln, lächeln u. a.

Ausdruck der Aktionsart durch zusätzliche Wörter u. ä.

124

Eine Aktionsart wird häufig durch zusätzliche Wörter oder durch bestimmte Fügungen, Konstruktionen u. ä. ausgedrückt:

(perfektiv:) über den See schwimmen (vgl. 320, 3), anfangen/aufhören zu arbeiten, ins Rutschen kommen, zum Abschluß bringen;
(imperfektiv:) am Kochen sein[1] (landsch. für: kochen), in Blüte stehen, an einem Roman schreiben;
(iterativ:) ständig trinken, andauernd husten, stündlich eine Tablette nehmen;
(intensiv:) entsetzlich schmerzen, mächtig toben.

2.1.2 Vollverben, Hilfsverben, Modalverben, modifizierende Verben

125 Vollverben sind Verben, die eine lexikalische Bedeutung haben und allein das Prädikat bilden können:

Peter *schläft*. Susanne *kommt* morgen. Ralf *öffnet* die Tür. Thekla *schwimmt* gut.

Man kann mit Ausnahme des Subjekts die Teile eines Satzes mit dem Infinitiv des Vollverbs als geschlossenen Verband aus dem Satz herauslösen:

Peter *hilft* seinem Vater. → (Peter) ‖ seinem Vater *helfen*.
Petra *öffnete* schnell die Tür. → (Petra) ‖ schnell die Tür *öffnen*.

Man erhält auf diese Weise eine vom Vollverb her gegliederte Wortgruppe oder Wortkette. Der Infinitiv als notwendige Grundlage dieses Wortverbandes steht am Ende. Man nennt diese Probe Infinitivprobe.

126 Hilfsverben sind die Verben *haben, sein* und *werden,* wenn sie der Umschreibung von Verbformen (zusammengesetzte Tempora, Passiv) dienen. Mit den infiniten Formen (Infinitiv oder 2. Partizip) eines zweiten Verbs bilden sie das mehrteilige Prädikat:

Peter *hat/hatte geschlafen*. Susanne *ist/war gekommen*. Die Tür *ist/war geöffnet*. Die Tür *wird/wurde geöffnet*. Susanne *wird* morgen *kommen*.

127 Die Modalverben *dürfen, können, mögen, müssen, sollen* und *wollen*[2] sind Verben, die den Inhalt eines anderen Verbs modifizieren. Mit seinem Infinitiv bilden sie ein mehrteiliges Prädikat (zu ihrem weiteren Gebrauch vgl. 130):

Peter *darf* ins Kino *gehen*. Thilo *kann* gut *schwimmen*. Susanne *möchte* ins Schwimmbad *gehen*.

Neben den Modalverben können auch andere Verben gelegentlich modifizierend gebraucht werden. Solche modifizierenden Verben sind dann mit einem Infinitiv mit *zu* verbunden:

Peter *pflegt* jeden Tag zum Sportplatz *zu gehen*. Susanne *scheint zu schlafen*. Wenige der Schiffbrüchigen *vermochten* sich *zu retten*. Das Haus *drohte einzustürzen*.

128 Die Hilfsverben, Modalverben und modifizierenden Verben können bei der Infinitivprobe weggelassen werden (Weglaßprobe), das Vollverb als notwendige Grundlage des Wortverbandes nicht:

Mein Bruder *hat* drei Jahre bei einer Versicherung *gearbeitet*. → (mein Bruder) ‖ drei Jahre bei einer Versicherung *gearbeitet haben* → (mein Bruder) ‖ drei Jahre bei einer Versicherung *arbeiten*
Susanne *möchte* ins Schwimmbad *gehen*. → (Susanne) ‖ ins Schwimmbad *gehen mögen* → (Susanne) ‖ ins Schwimmbad *gehen*

---

[1] *am, beim* und *im* bilden in Verbindung mit *sein* und einem substantivierten Infinitiv die „Verlaufsform", die den genannten Vorgang oder Zustand ohne zeitliche Begrenzung erscheinen läßt. Die Verwendung von *am* ist landschaftlich (v. a. im Rheinland und in Westfalen), die von *beim* und *im* auch standardsprachlich:

(landsch.:) ... das Gas ströme wieder, das Mittagessen *sei am Kochen*. (V. Baum) Hier *ist* immer etwas *am Wachsen*. (Gaiser)
(standardspr.:) Sie *ist beim Lesen*. ... zu glauben, daß das ptolemäische Weltsystem wieder *im Kommen ist*. (Langgässer)

[2] Zu *brauchen,* das im Begriff steht, in den Kreis der Modalverben hinüberzuwechseln, vgl. 141, 661, Anm. 1 und besonders 1025.

Die Verben *haben, sein* und *werden* können auch als Vollverben gebraucht werden. Sie stehen dann nicht notwendig in Verbindung mit der Form eines anderen Verbs: | 129 |

> Sie *ist* völlig gesund. Er *hatte* große Angst. Mein Bruder *wird* Schlosser.

Bei den Modalverben *dürfen, können, mögen, müssen, sollen* und *wollen* wird der Gebrauch als Vollverb meist elliptisch verstanden:

> Seine Schwester *darf* nicht ins Kino [*gehen*]. Wir *wollen* am Wochenende in den Schwarzwald [*fahren*]. Ich *will* das nicht [*tun*]. Susanne *kann* gut Englisch [*sprechen*].

Zum Gebrauch der Modalverben[1]

| 130 |

Wenn die Modalverben *dürfen, können, mögen, müssen, sollen* und *wollen* in Verbindung mit einem Infinitiv gebraucht werden, steht dieser ohne *zu:*

> Er *will* kommen. Sie *sollte* bleiben. Er *will* das Buch *gelesen haben*. Sie *muß* bereits *angekommen sein*. Der Koffer *mußte geöffnet worden sein*.

Geht ihnen ein reiner Infinitiv voraus (etwa im Perfekt oder Plusquamperfekt), dann wird statt des 2. Partizips der Infinitiv gebraucht:

> Peter *hat/hatte* ins Kino *gehen dürfen* (nicht: gedurft).

Von den Modalverben kann weder ein Imperativ noch ein Passiv gebildet werden.

Im Folgenden werden die einzelnen Modalverben durch die Angabe ihrer Hauptbedeutung (jeweils die erste Variante) und weiterer typischer Verwendungsweisen beschrieben.

können

Variante 1 („Möglichkeit"):

| 131 |

Die Hauptbedeutung von *können* läßt sich mit ‚Möglichkeit' angeben. Der Grund für die Möglichkeit ist dabei durchaus verschieden. Er kann zum Beispiel bestehen in

a) einer (körperlichen, geistigen, angeborenen usw.) Fähigkeit:

> Sie *kann* (= ist fähig, hat die Fähigkeit) Klavier spielen. Vögel *können* fliegen.

b) einer Gelegenheit:

> Da ich ohnehin nächste Woche nach Mannheim reise, *können* wir (= besteht für uns/ haben wir die Gelegenheit) schon bald unsere Gespräche fortsetzen.

c) einer „ontologischen" Möglichkeit (auf Grund der Natur der Dinge, der Beschaffenheit der Welt):

> Morgen *kann* es regnen. Der Vulkan *kann* jederzeit wieder ausbrechen.

---

[1] Die folgende Darstellung stützt sich vor allem auf G. Bech: Das semantische System der deutschen Modalverba. In: Travaux du Cercle Linguistique de Copenhague 4 (1949), S. 3–46; ders.: Grundzüge der semantischen Entwicklungsgeschichte der hochdeutschen Modalverba. In: Danske Historik-filologiske Meddelelser 32, 6 (1951), S. 3–28; J. Buscha/G. Heinrich/J. Zoch: Modalverben. Leipzig ³1979; J. Fourquet: Zum ‚subjektiven' Gebrauch der deutschen Modalverba. In: Studien zur Syntax des heutigen Deutsch. Düsseldorf 1970, S. 154–161; H. Germer: Der objektive Gebrauch der Modalverben: Ein Schema. In: Deutsch als Fremdsprache 4 (1980), S. 237 f.; G. Kaufmann: Der Gebrauch der Modalverben *sollen, müssen* und *wollen.* In: Deutschunterricht für Ausländer 12 (1962), S. 154–172 und 13 (1963), S. 41–51; ders.: Aussageweise in Verbindung mit Modalverben. In: Deutschunterricht für Ausländer 15 (1965), S. 1–14; H. Kolb: Über *brauchen* als Modalverb. In: Zeitschrift für deutsche Sprache 20 (1964), S. 64–78; K. Welke: Untersuchungen zum System der Modalverben in der deutschen Sprache der Gegenwart. Berlin 1965.

d) einer Grund-Folge-Beziehung (Ursache-Wirkung):

> Wenn es morgen regnet, *können* wir den geplanten Ausflug nicht unternehmen. Da die Finanzierung gesichert ist, *kann* das Unternehmen nunmehr den Auftrag erteilen.

Diese Aufzählung ist nicht vollständig. Sie erfaßt nur einige wichtige Typen und ließe sich leicht ergänzen, weil die Bedingungen für eine Möglichkeit sehr vielfältig sind (vgl. 134 ff., *dürfen;* 138 ff., *müssen;* 142 ff., *sollen*).

Zwei Gebrauchsweisen von *können* heben sich besonders hervor, weswegen sie eigenen Varianten zugewiesen werden.

| 132 | Variante 2 („Erlaubnis'):

Die Bedeutung „Möglichkeit' ist in dieser Variante nicht aufgehoben; sie wird lediglich dadurch genauer als „Erlaubnis' bestimmt, daß eine erlaubende Person oder Instanz den Grund für die Möglichkeit abgibt. Dementsprechend ist *können* in dieser Variante durch *dürfen* (vgl. 134 f.) ersetzbar:

> Meinetwegen *kann* (= darf) er machen, was er will. Auf Grund eines Gesetzes *können* Spenden von der Steuer abgesetzt werden.

Dabei wird die erlaubende Person oder Instanz im gleichen Satz (vgl. *meinetwegen, auf Grund eines Gesetzes*) oder im Kontext genannt.

| 133 | Variante 3 („Vermutung, Annahme'):

Auch in der dritten Variante ist die Bedeutung „Möglichkeit' nicht aufgehoben, sondern lediglich genauer als gedankenmäßige, „hypothetische" Möglichkeit gefaßt: Der Sprecher/Schreiber hält es für möglich, daß etwas ist oder geschieht, weshalb der Hörer/Leser das *können* der Variante 3 im Sinne von „Vermutung' oder „Annahme' versteht:

> Man behauptet, er habe das Geld veruntreut, aber er *kann* es auch verloren haben. – Das ließ wiederum den Schluß zu, daß der Täter Handschuhe getragen haben *konnte.* (H.-J. Hartung)

Vgl. dazu 136, 140, 151 und 161.

dürfen

| 134 | Variante 1 („Erlaubnis'):

In der Variante 1 drückt *dürfen* „Erlaubnis' aus. Wie die Hauptbedeutung von *sollen* (vgl. 142), so gründet auch die von *dürfen* in einem fremden Willen (Person oder Instanz):

> Sie *durfte* (= bekam die Erlaubnis) schon früh Klavierunterricht nehmen. In einem freien Staat *dürfen* die Bürger offen ihre Meinung sagen.

Das erlaubende Subjekt ist im *dürfen*-Satz niemals zugleich grammatisches Subjekt. Während dieses (im Aktivsatz) stets diejenige Person ist, der etwas erlaubt wird, ist das erlaubende Subjekt entweder ganz getilgt (vgl. den ersten Beispielsatz) oder aber im Satz bzw. Kontext „versteckt" (vgl. im zweiten Beispielsatz *in einem freien Staat*). Es gibt freilich auch den Fall, daß das erlaubende Subjekt überhaupt nicht genannt wird, etwa in bestimmten wiederkehrenden Kommunikationssituationen, die dadurch gekennzeichnet sind, daß zwischen Sprecher, Angesprochenem und gegebenenfalls übermittelndem Dritten ein Über- bzw. Unterordnungsverhältnis besteht; vor allem in der Anrede an die 2. Person bleibt das erlaubende Subjekt dann oft verdeckt:

Wenn etwa ein Arzt gegenüber seinem Patienten den Satz *Ab heute dürfen Sie aufstehen!* äußert, ist das erlaubende Subjekt der Sprecher selbst; spricht ihn dagegen die Krankenschwester aus, bezieht sie sich auf den Willen eines ungenannten Dritten (des Arztes), ohne daß dies – wegen der im Verhältnis zwischen Arzt, Krankenschwester und Patient angelegten und von allen Beteiligten anerkannten Ordnung – ausdrücklich betont werden muß.

Zum Verhältnis dieser Hauptvariante von *dürfen* gegenüber *können* gilt folgendes: Wenn jemand eine Erlaubnis ausspricht, heißt dies, daß er eine Möglichkeit schafft (die Umkehrung gilt nicht immer). In diesem Sinne bezeichnet *dürfen* (‚Erlaubnis') im Vergleich zu *können* (‚Möglichkeit') eine nähere Bestimmung und ist oft durch dieses ersetzbar (die Umkehrung gilt nur in eingeschränktem Maße; vgl. 131). Im einzelnen hängt diese Ersetzbarkeit davon ab, ob und wie deutlich der Sinnzusammenhang erkennen läßt, daß es sich um eine Erlaubnis handelt: Während in dem Beispielsatz *Sie* durfte *schon früh Klavierunterricht nehmen* der Ersatz von *dürfen* durch *können* die ‚Erlaubnis'-Komponente verunklaren würde und deshalb nicht zu empfehlen ist, erscheint er in dem Beispiel *In einem freien Staat* dürfen *die Bürger offen ihre Meinung sagen,* wo bereits die Umstandsangabe *in einem freien Staat* „erlaubenden" Charakter hat, unproblematisch.

Variante 2 (‚Berechtigung u. ä.'):
In übertragenem Sinn kann als erlaubendes Subjekt auch auftreten[1]

135

a) ein (religiöses, ethisches, wissenschaftliches, rechtliches o. ä.) Prinzip:

Jeder *darf* (= ist berechtigt) sich wehren, wenn er glaubt, daß er zu Unrecht verdächtigt wird. In einer wissenschaftlichen Abhandlung *darf* man fremde Autoren zitieren.

b) ein Umstand, eine Bedingung:

Wenn er zu den Gewinnern des Wettbewerbs zählt, dann *darf* er (= hat er Grund, Ursache) sich glücklich schätzen. Nun, da die Gefahr überstanden ist, *dürfen* wir aufatmen. *Durfte* sie nach jenem Vorfall ihren Freund nicht mit Recht der Täuschung bezichtigen?

c) das Schicksal:

Insgesamt dreimal *durfte* sie (= es war ihr vergönnt) ihr gelobtes Land, Italien, sehen. Erst mit 70 Jahren *durfte* er das Glück seiner Kinder erleben.

Auch in der Variante 2 kann *dürfen* in den meisten Fällen durch *können* ersetzt werden (vgl. 134):

Jeder *darf/kann* sich wehren, wenn er glaubt, daß er zu Unrecht verdächtigt wird. Wenn er zu den Gewinnern des Wettbewerbs zählt, dann *darf/kann* er sich glücklich schätzen. Insgesamt dreimal *durfte/konnte* sie ihr gelobtes Land, Italien, sehen.

Variante 3 (‚Vermutung, Annahme'):
dürfen im Konjunktiv II drückt meistens ‚Vermutung' oder ‚Annahme' aus[2]:

136

Jetzt *dürfte* (= ist zu vermuten) er angekommen sein. Ihre Hoffnungen *dürften* in die angedeutete Richtung gegangen sein. Das Werk *dürfte* von einem unserer besten Schriftsteller stammen.

Allerdings sind auch beim Konjunktiv Präteritum von *dürfen* die Varianten 1 und 2 nicht grundsätzlich auszuschließen:

Sie fragte an, wann sie kommen *dürfte* (= Variante 1).

---

[1] Die Aufzählung kann nicht vollständig sein; vgl. auch 131 ff., 138 ff. und 142 ff.
[2] Vgl. 133, 140, 151 und 161.

137 | Variante 4 („Notwendigkeit'):

In dieser besonders in wissenschaftlichen Texten begegnenden Variante tritt *dürfen* in Verbindung mit einer Negation auf, die sich nicht auf die Varianten 1–3 des Modalverbs, sondern auf den jeweils genannten Sachverhalt bezieht; dadurch entsteht die Bedeutung „Notwendigkeit':

> Wir *dürfen nicht* vergessen (= es ist notwendig), uns bei den Gastgebern zu bedanken. Diese Aussage *darf nicht* mißverstanden werden. Ihr *dürft* auch die kleinsten Größen *nicht* vernachlässigen.

Allerdings zeigt eine Negation in Verbindung mit *dürfen* nicht in jedem Fall die Variante 4 an; die Bedeutung „Erlaubnis' (Variante 1) oder „Berechtigung u. ä.' (Variante 2) kann – wenn auch negiert – durchaus erhalten sein:

> Wir *dürfen* die Halle *nicht* betreten (= haben nicht die Erlaubnis). Er war der einzige, der *keinen* Tadel aussprechen *durfte* (= nicht berechtigt war).

Auch in der Variante 3 („Vermutung') kann eine Negation auftreten:

> Sie *dürfte nicht* (= ist vermutlich nicht) die Frau sein, die wir suchen.

Welche Variante im Einzelfall vorliegt, entscheidet der Sinnzusammenhang.

müssen

138 | Variante 1 („Notwendigkeit'):

Als Hauptbedeutung von *müssen* tritt „Notwendigkeit' auf. Deren durchaus verschiedene Gründe können zum Beispiel[1] bestehen in

a) einer natürlichen Kraft, Gewalt:

> Die Kraft des Wassers war so stark, daß sie ertrinken *mußte.*

b) einem aus dem Gemüt, dem Gefühl kommenden inneren Zwang:

> Als er vom Tod seiner Schwester hörte, *mußte* er weinen.

c) einem Naturgesetz oder einer schicksalhaften Bestimmung:

> Es geschieht nur, was geschehen *muß.* Der Stein *muß* notwendigerweise auf die Erde fallen.

d) einer Forderung der Sitte, des Rechts, des Gesetzes u. ä.:

> Wir *müssen* aus christlicher Nächstenliebe den Notleidenden helfen. Von Gesetzes wegen *muß* jeder, der ein Auto erwirbt, eine Haftpflichtversicherung abschließen.

e) einem Zweck oder Ziel:

> Wenn ihr das Klassenziel erreichen wollt, dann *müßt* ihr noch hart arbeiten. Die Kartoffeln *müssen* mindestens 30 Minuten kochen, damit sie gar werden.

f) einem Gebot, Befehl u. ä.:

> An unserer Schule *mußten* sich die Schüler früher vor Schulbeginn in Reih und Glied aufstellen.

Zwei Gebrauchsweisen, bei denen *müssen* eine „(Auf)forderung' bzw. „Vermutung, Annahme' ausdrückt, können als eigene Varianten besonders hervorgehoben werden:

---

[1] Die Aufzählung kann nicht vollständig sein, sind doch die Bedingungen für eine Notwendigkeit außerordentlich vielfältig (vgl. 131ff. und 134ff.).

Variante 2 („[Auf]forderung'):

139

Die Notwendigkeit gründet bei dieser Variante in dem Willen einer Person, die an eine andere eine Forderung richtet. Dementsprechend kann *müssen* hier immer durch *sollen* (vgl. 142) ersetzt werden:

> Du *mußt/sollst* mich lieben! Ihr *müßt/sollt* dem sinnlosen Treiben ein Ende bereiten!

Variante 3 („Vermutung, Annahme'):

140

Wie mit *können* (vgl. 133) kann der Sprecher/Schreiber auch mit *müssen* ,Vermutung' oder ,Annahme' zum Ausdruck bringen. Aber während *können* einen Sachverhalt nur als möglicherweise wahr hinstellt, bezeichnet *müssen* einen Sachverhalt als mit hoher Wahrscheinlichkeit wahr („hypothetische Notwendigkeit"):

> Nach den Berechnungen der Astronomen *muß* die Mondfinsternis morgen um 18.15 Uhr eintreten. Aus den Umständen ist zu schließen, daß der Unterhändler sich noch am Tag zuvor mit dem Agenten getroffen haben *muß*. Der Wolf *mußte* versucht haben, durch die Reihe der Treiber zu flüchten, *mußte* beschossen worden und wieder umgekehrt sein. (E. Wiechert)

Vgl. auch 136, 151 und 161.

Variante 4 („nicht brauchen'):

141

Für verneintes *müssen* läßt sich in den meisten Fällen verneintes *brauchen* einsetzen:

> Es fiel ihm alles in den Schoß, so daß er sich *nicht* anstrengen *mußte/*anzustrengen *brauchte*. Mit dieser Frage, die längst geklärt ist, *müssen* wir uns *nicht* noch einmal beschäftigen/*brauchen* wir uns *nicht* noch einmal zu beschäftigen.

Die Verneinung bezieht sich dabei immer auf *müssen* in der Bedeutungsvariante ,Notwendigkeit' und nicht auf den angesprochenen Sachverhalt, was eine Ersatzprobe mit *nicht notwendig* sofort deutlich macht:

> Es fiel ihm alles in den Schoß, so daß es *nicht notwendig* war, daß er sich anstrengte. (Hier nicht möglich:) ... so daß es notwendig war, daß er sich nicht anstrengte. – Es ist *nicht notwendig,* daß wir uns mit dieser Frage ... noch einmal beschäftigen. (Hier nicht möglich:) Es ist notwendig, daß wir uns ... noch einmal mit dieser Frage ... beschäftigen.

Die seltenen Fälle, in denen sich die Verneinung nicht auf *müssen,* sondern den angesprochenen Sachverhalt bezieht, erlauben die Vertretung durch verneintes *brauchen* nicht. Allenfalls – nämlich nur bei *müssen* in der Bedeutungsvariante ,(Auf)forderung' – kann ersatzweise *nicht dürfen* eingesetzt werden:

> Wir *müssen nicht/dürfen nicht* (hier n i c h t: *brauchen nicht zu*) schweigen, sondern (müssen) laut anklagen.

sollen

Variante 1 („[Auf]forderung'):

142

In seiner Hauptbedeutung drückt *sollen* ganz allgemein ,(Auf)forderung' aus. Im einzelnen kann es sich dabei handeln um[1]

a) einen Auftrag, einen Befehl, ein Gebot oder eine Vorschrift:

> Du *sollst* morgen auf die Post kommen und ein Paket abholen. Hunde *sollen* an der Leine geführt werden.

b) eine (sittliche, religiöse usw.) Pflicht:

> Du *sollst* deinen Nächsten lieben wie dich selbst. Katholiken *sollen* jeden Sonntag die Messe besuchen.

c) eine Aufgabe, einen Zweck, ein Ziel, eine Funktion:

> Die neue Maschine *soll* nach dem Willen ihrer Erfinder den arbeitenden Menschen

---

[1] Die Aufzählung kann nicht vollzählig sein, weil die Gründe, aus denen sich Forderungen herleiten, außerordentlich vielfältig sind (vgl. 131 ff., 134 ff. und 138 ff.).

entlasten. Die Änderung des Strafrechts *soll* mögliche Täter abschrecken. Das Zeichen A *soll* bedeuten, daß ...

143 Das Modalverb *sollen* ist überflüssig, wenn die damit ausgedrückte (Auf)forderung in einem Satz bereits durch andere sprachliche Mittel zum Ausdruck kommt:

> Er kam der Aufforderung, das Lokal zu verlassen (nicht: das L. verlassen zu sollen), nicht nach.

Pleonastisch ist der Gebrauch von *sollen* im allgemeinen auch in Finalsätzen, in denen bereits die Konjunktion *damit* eine (Auf)forderung, den Willen eines anderen signalisiert:

> Sie gab ihm die 100 Mark, damit er seine Schulden bezahlen solle (statt: ... bezahlt). ... und ich sprang in den Flur zurück, damit er mich nicht sehen sollte. (Böll) Damit unsere Urlauber sich dort nicht verlaufen sollten, übte Himmelstoß das Umsteigen mit uns in der Kasernenstube. (Remarque)

144 Da die von *sollen* ausgedrückte (Auf)forderung in dem Willen einer Person oder Instanz gründet (in übertragenem Sinne kann an deren Stelle auch der „Wille" eines übermenschlichen oder sonst als beseelt gedachten Wesens, eines ethischen, religiösen oder wissenschaftlichen Prinzips treten), ist es in seiner Hauptbedeutung immer mehr oder weniger gut durch einen Ausdruck mit *wollen* ersetzbar:

> Hunde *sollen* an der Leine geführt werden. – Der Stadtrat *will,* daß Hunde ... Du *sollst* deinen Nächsten lieben ... – Gott *will,* daß du deinen Nächsten ... Die neue Maschine *soll* ... entlasten. – Die Erfinder *wollen,* daß die Maschine ...

Die Ersatzprobe zeigt, daß bei der Verwendung von *wollen* neben dem Gewollten ausdrücklich auch der Wollende genannt wird, und zwar als Subjekt im Hauptsatz; das Gewollte erscheint demgegenüber als abhängiger *daß*-Satz (in der Funktion eines Akkusativobjekts; vgl. 1035; 1221, 3). Die Modalverben *wollen* und *sollen* stehen also in einem ähnlichen Umkehrungsverhältnis zueinander wie Aktiv und Passiv: So wie beim Passiv der Täter (Agens) in den Hintergrund gedrängt, meistens sogar getilgt wird (vgl. 299), weicht bei der Umwandlung (Transformation) eines *wollen*-Ausdrucks in einen *sollen*-Ausdruck der Wollende von der Subjekt- auf eine „verstecktere" Stelle (vgl. etwa in unserem Beispiel oben die Umstandsangabe *nach dem Willen ihrer Erfinder*) oder den Kontext aus und wird durch das (materiell-logische) Objekt[1] ersetzt, auf das sich der Wille des Wollenden richtet.

145 Die Hauptfunktion von *sollen* besteht in der mittelbaren, berichtenden Wiedergabe eines Willensaktes, während die unmittelbare – in der direkten Rede – gewöhnlich mit Hilfe des Imperativs geschieht:

> Der Vater sagte zu seinem Sohn Peter in Gegenwart der Mutter: „*Mach* bitte das Fenster zu!" Gott gebietet: „*Liebet* eure Feinde!"

Neben dem Imperativ sind aber auch andere sprachliche Formen möglich:

> „Ich *will/wünsche/möchte/fordere,* daß du das Fenster zumachst." „Du machst das Fenster zu!" „Machst du das Fenster zu?"

Auch die mittelbare Wiedergabe eines Willensaktes durch *sollen* erfolgt auf verschiedene Weise, und zwar in Abhängigkeit davon, welche der am Kommunikationsakt beteiligten Personen – auffordernde oder aufgeforderte, zuhörende dritte oder gegebenenfalls abwesende vierte Person – die Wiedergabe vollzieht und an wen sie sich richtet. Mit anderen Worten: Es ist die Verteilung der Sprecher- und Hörerrolle, die über die jeweilige Form der mittelbaren Wiedergabe eines Willensaktes durch *sollen* entscheidet:

---

[1] Sprachlich ist es das Subjekt des abhängigen *daß*-Satzes.

Über die (Auf)forderung berichtet	Mittelbare Wiedergabe in	
	direkter Rede	indirekter Rede
1. der Fordernde		
a) dem Aufgeforderten:	Du sollst/solltest das Fenster zumachen! (als Wiederholung der Aufforderung)	Ich sage/sagte, du soll[e]st das Fenster zumachen.
b) einer zuhörenden 3. Pers.:	Peter soll[te] das Fenster zumachen.	Ich sage/sagte, Peter soll[e] das Fenster zumachen.
c) einer abwesenden 4. Pers.:	Peter soll[te] das Fenster zumachen.	Ich sage/sagte, Peter soll[e] das Fenster zumachen.
2. der Aufgeforderte		
a) dem Fordernden:	Soll[te] ich das Fenster zumachen? (nur als Frage)	Du sagst/sagtest, ich soll[e]/sollte das Fenster zumachen.
b) einer zuhörenden 3. Pers.:	Ich soll[te] das Fenster zumachen.	Der Vater sagt[e], ich soll[e]/sollte das Fenster zumachen.
c) einer abwesenden 4. Pers.:	Ich soll[te] das Fenster zumachen.	Der Vater sagt[e], ich soll[e]/sollte das Fenster zumachen.
3. eine zuhörende 3. Pers.		
a) dem Fordernden:	Soll[te] Peter das Fenster zumachen? (nur als Frage)	Du sagst/sagtest, Peter soll[e]/sollte das Fenster zumachen.
b) dem Aufgeforderten:	Du sollst/solltest das Fenster zumachen.	Der Vater sagt[e], du soll[e]st/solltest das Fenster zumachen.
c) einer abwesenden 4. Pers.:	Peter soll[te] das Fenster zumachen.	Der Vater sagt[e], Peter soll[e]/sollte das Fenster zumachen.
4. eine abwesende 4. Pers.		
a) dem Fordernden:	Soll[te] Peter das Fenster zumachen? (nur als Frage)	Du sagst/sagtest, Peter soll[e]/sollte das Fenster zumachen.
b) dem Aufgeforderten:	Du sollst/solltest das Fenster zumachen.	Der Vater sagt[e], du soll[e]st/solltest das Fenster zumachen.
c) einer zuhörenden 3. Pers.:	Peter soll[te] das Fenster zumachen.	Der Vater sagt[e], Peter soll[e]/sollte das Fenster zumachen.

Die Übersicht zeigt nicht nur, daß *sollen* sowohl in direkter als auch in indirekter Rede der mittelbaren Wiedergabe einer (Auf)forderung dient, sondern auch, daß die Umformung des – nur in direkter Rede möglichen – Imperativs in indirekte Rede ein Sonderfall der mittelbaren Wiedergabe ist und nur mit *sollen* vorgenommen werden kann (vgl. 277).

146 Für die mündliche Kommunikation sind vor allem die beiden folgenden Fälle wichtig:

1. Ein Sprecher teilt einem Hörer eine (Auf)forderung mit, die ein Dritter an ihn, den Hörer, richtet (vgl. 3b, 4b):

> Du *sollst* das Fenster zumachen! Ihr *sollt* eure Feinde lieben!

Als Subjekt tritt in diesem Fall immer die zweite Person auf.

2. Ein Sprecher beauftragt einen Hörer, einer dritten Person eine (Auf)forderung entweder seiner (des Sprechers) selbst oder aber einer anderen Person mitzuteilen (vgl. 1b bzw. c, 3c, 4c):

> Richte ihm von mir/von Herrn Meier aus: Er *soll* das Fenster zumachen.

In diesem Fall tritt als Subjekt immer die dritte Person auf.

Das Modalverb *sollen* wird zumal dann gebraucht, wenn es um die erzählende Wiedergabe einer in der Vergangenheit erhobenen Forderung geht:

> Der Vater sagte: „Mach bitte das Fenster zu!" → Peter *sollte* – nach dem Willen des Vaters – das Fenster zumachen.

147 Was das Verhältnis zwischen *sollen* und *müssen* anlangt, so drückt letzteres zwar auch ‚(Auf)forderung' aus, aber nicht mit seiner Haupt-, sondern nur mit einer Nebenbedeutung (vgl. 139). Deshalb ist *sollen* im allgemeinen nur dann durch *müssen* ersetzbar, wenn ein Hinweis, daß es um eine (Auf)forderung geht, bereits dem Kontext entnommen werden kann:

> Der Meister *fordert*, daß der Lehrling sich entschuldigen *soll/muß*.

148 Variante 2 (‚Aussage eines anderen'):

Die Variante 2 von *sollen* drückt aus, daß der Sprecher/Schreiber nur die Äußerung eines anderen wiedergibt, ohne für ihre Wahrheit zu bürgen:

> Nach Zeugenaussagen *soll* die Verschwundene noch einmal gesehen worden sein. Es *sollen* schlimme Zeiten anbrechen, meinen einige Zukunftsforscher.

Der Unterschied zur Variante 2 von *wollen* (vgl. 154) besteht darin, daß der Sprecher/Schreiber sich mit *wollen* auf die Aussage der besprochenen Person selbst bezieht, mit *sollen* aber auf die Aussage eines Dritten.

149 Variante 3 (‚Ratschlag, Empfehlung'):

Die Variante 3 von *sollen* drückt einen Ratschlag oder eine Empfehlung aus. Das Modalverb steht dabei im Konjunktiv II:

> Du *solltest* einmal einen Arzt aufsuchen. Wir *sollten* nicht länger warten.

Die Variante begegnet auch im Fragesatz als Ausdruck der Unentschiedenheit oder Ungewißheit hinsichtlich einer zu treffenden Entscheidung. In diesem Fall steht *sollen* in der ersten Person; der Konjunktiv II ist nicht unbedingt erforderlich:

> *Soll[te]* ich einmal zum Arzt gehen? *Soll[t]en* wir noch länger warten?

150 Variante 4 (‚Zukunft in der Vergangenheit'):

In Erzählungen drückt *sollen* (im Präteritum) zuweilen aus, daß ein Ereignis mit schicksalhafter Notwendigkeit (vgl. 142) zu einem späteren Zeitpunkt eintreten wird:

> Jenes böse Wort *sollte* ihn später noch gereuen. Wir *sollten* nichts mehr von ihm hören und sehen.

Variante 5 (,Vermutung, Zweifel'): 151

Besonders in der mündlichen Rede begegnet *sollen* öfter als Ausdruck einer fragenden oder zweifelnden Vermutung. Diese Funktion ist an die Form des Fragesatzes und an den Konjunktiv II gebunden:

> *Sollte* sie ernsthaft krank sein? *Sollte* der Freund ihn belügen?

In Fragen mit einleitendem Fragewort kann auch der Indikativ Präsens stehen:

> Woher *sollte/soll* sie das wissen? Weshalb *sollte/soll* man ihm jetzt eher glauben als damals?

Vgl. auch 133, 136, 140 und 161.

Variante 6 (,Bedingung'): 152

In dieser Variante kommt *sollen* (im Konjunktiv II) zusammen mit *wenn, selbst wenn, vorausgesetzt, daß; falls, im Falle, daß* und *für den Fall, daß* vor:

> Wenn/Falls/Im Falle, daß er wieder einen Anfall erleiden *sollte,* ist sofort der Arzt zu benachrichtigen. Wenn/Falls/Vorausgesetzt, daß morgen mildes Wetter herrschen *sollte,* werden wir den Aufstieg wagen.

Die Form *sollte* kann auch an die Spitze des Satzes treten, wobei die bedingende Konjunktion getilgt wird:

> *Sollte* er wieder einen Anfall erleiden, ist sofort der Arzt zu benachrichtigen. *Sollte* morgen mildes Wetter herrschen, werden wir den Aufstieg wagen.

Andererseits kann aber auch *sollen,* da es in dieser Variante nur den bedingenden Charakter des Konditionalsatzes verstärkt, weggelassen werden:

> Wenn er wieder einen Anfall erleidet, ist sofort der Arzt zu benachrichtigen.

Dies gilt – wenngleich eingeschränkter – grundsätzlich auch für *sollen* in Spitzenstellung:

> Erleidet er wieder einen Anfall, ist sofort der Arzt zu benachrichtigen.

wollen

Variante 1 (,Wille, Absicht'): 153

Das Modalverb *wollen* drückt in seiner Hauptbedeutung ,Wille, Absicht' aus:

> Die Familie *will* am Samstag einen Ausflug machen. Hanna *will* Peter ein Buch schenken.

Obwohl nur der Mensch über einen Willen im eigentlichen Sinn verfügt, kann bei übertragenem Verständnis auch einem Tier oder sogar einer unbelebten Sache ein Wille zugesprochen werden:

> Wir beobachteten, wie der Habicht den Fuchs angreifen *wollte.* Das Wetter *will* und *will* nicht besser werden. Der Stein *wollte* den Abhang hinunterrollen.

Variante 2 (,Behauptung'): 154

In dieser Variante drückt der Sprecher/Schreiber mit *wollen* aus, daß jemand von sich etwas behauptet, was nicht ohne weiteres für wahr zu halten ist (vgl. 148):

> Sie *will* schon dreimal in Amerika gewesen sein. Die Forscher *wollen* den Stein der Weisen gefunden haben. Mein Freund Ewald *will* schneller laufen können als der Landesmeister.

Variante 3: 155

Charakteristisch ist der Gebrauch von *wollen* in der Form des Konjunktivs II im Konditional-, Vergleichs- und Inhaltssatz mit *als/als ob* (vgl. 1244, 1203, 1225):

> Wenn wir das Problem in allen Einzelheiten besprechen *wollten,* würden wir dafür einen ganzen Tag benötigen. Es sieht so aus, als *wollte* sie uns verlassen.

Dabei nimmt *wollen* im Konditionalsatz gerne die Spitzenstellung ein, wobei die konditionale Konjunktion *(wenn, falls)* entfällt *(Wollten wir das Problem in allen Einzelheiten besprechen ...).*

Sowohl im Konditional- als auch im Vergleichs- und Inhaltssatz mit *als/als ob* besitzt *wollte* nur eine geringe Wichtigkeit. Es dient hauptsächlich als Konjunktivanzeiger und kann dementsprechend meistens durch den *würde*-Konjunktiv ersetzt werden:

> *Würden* wir das Problem in allen Einzelheiten besprechen ... Es sieht so aus, als *würde* sie uns verlassen.

---

156 Variante 4 („Notwendigkeit'):

Um einen übertragenen, bildlichen Gebrauch von *wollen* handelt es sich bei passivischen Ausdrücken wie den folgenden:

> Dieses Gerät *will* gut gepflegt werden. So eine Sache *will* vorsichtig behandelt werden. Diese Pflanzen *wollen* viel begossen werden.

Im Unterschied zur Variante 1 haftet *wollen* hier aber nicht mehr die Bedeutung ‚Wille', sondern ‚Notwendigkeit' an, was ein Ersatz mit *müssen* zeigt:

> Dieses Gerät *will/muß* gut gepflegt werden. So eine Sache *will/muß* vorsichtig behandelt werden.

---

157 Variante 5 („Zukunft'):

In Fällen, wo es bei einem Subjekt in der 1. Person *(ich/wir)* um einen Plan oder eine Absichtserklärung geht, konkurriert *wollen* mit dem *werden*-Futur (vgl. 231):

> Wir *wollen* (= werden) uns alle Mühe geben, damit wir das gesteckte Ziel erreichen. Ich *will* keine Zeit darauf verschwenden, Selbstverständliches noch einmal zu wiederholen.

Allerdings betont der Einsatz von *wollen* das Willensmoment stärker als die *werden*-Fügung.

---

158 Bei *wollen* in Verbindung mit einem *daß*-Satz (in der Rolle eines Akkusativobjekts) handelt es sich nicht um das Modal-, sondern das Vollverb[1]:

> Ich *will*, daß du kommst. Der Bürgermeister *wollte*, daß die Angelegenheit bald erledigt würde.

mögen

---

159 Variante 1 („Wunsch'):

In der Variante 1 drückt *mögen* aus, daß jemand etwas wünscht:

> Sie *möchte* (= wünscht) erst ihre Arbeit beenden, bevor sie Besuch empfängt. Wenn Sie damit einverstanden sind, *möchten* wir uns noch etwas auf die Sitzung vorbereiten.

Das Modalverb tritt hier durchweg in der Form des Konjunktivs II auf, der seiner Funktion nach allerdings ein Indikativ Präsens ist.

Dieses *mögen* unterscheidet sich von *wollen* dadurch, daß *wollen* einen entschiedenen (durchsetzbaren) Willen, *mögen* dagegen nur einen (schwächeren) Wunsch ausdrückt. Im letzteren Fall wirkte *wollen* unangemessen. Also nicht:

> Wenn Sie damit einverstanden sind, *wollen* wir uns noch etwas auf die Sitzung vorbereiten.

Kann dagegen von einer Willensbekundung ausgegangen werden, ist der Ersatz von *mögen* durch *wollen* akzeptabel:

> Sie *möchte/will* erst ihre Arbeit beenden, bevor sie Besuch empfängt.

Da hier *mögen* immer die höflichere Form ist, wird es *wollen* bzw. *sollen* (vgl. 153 bzw. 142 ff.) besonders da vorgezogen, wo die Willensbekundung für den Betrof-

---

[1] Dieselbe Möglichkeit gibt es sonst nur noch bei *mögen;* vgl. 159.

fenen etwas Abschlägiges, Unangenehmes o. ä. enthält und abgeschwächt werden
soll:

Ich *möchte* (statt: will) nicht gestört werden. Sagen Sie ihm bitte, er *möchte/möge* (statt:
solle) draußen auf mich warten.

Dieselbe Höflichkeitsfunktion erfüllen Diskussionsfloskeln wie

Ich *möchte* betonen, daß .../*möchte* nicht verhehlen, daß ...

Als Ersatzform, die die Strenge eines Imperativs oder einer *sollen*-(Auf)forderung
mildert, dient das höfliche *mögen* auch in den folgenden Beispielen:

Das Zeichen X *möge* (statt *soll* bzw. *Ich will, daß das Zeichen* ...) „Vorfahrt" bedeuten.
Die Zuschauer *mögen* (statt *sollen* bzw. *Verlassen Sie* ...) nach Ende des Spiels sofort
die Halle verlassen.

Sehr charakteristisch ist das in Spitzenstellung gebrachte *mögen* im Wunschsatz:

Möchten (Mögen) doch alle eure guten Wünsche in Erfüllung gehen!

Beide Formen können auch in die indirekte Rede übernommen werden:

Er wünscht[e] ihnen, daß alle ihre guten Wünsche in Erfüllung gehen *möchten/mö-
gen.*

Wie im Fall von *wollen* (vgl. 158) handelt es sich bei den Formen des Konjunktivs
II von *mögen* in Verbindung mit einem *daß*-Satz nicht um das Modal-, sondern
das Vollverb:

Ich *möchte* (= wünsche), daß ihr mir glaubt.

Variante 2 („Einräumung'): | 160 |

mögen steht zum Ausdruck einer Einräumung sowohl im Indikativ Präsens und
Konjunktiv I als auch im Indikativ Präteritum. Drei Fälle sind zu unterscheiden,
je nachdem ob das Modalverb auftritt a) in einem Konzessivsatz mit Konjunktion, b) ohne Konjunktion (aber *mögen* in Spitzenstellung) oder c) in einem Nebensatz anderer Art (z. B. Relativsatz) oder in einem Hauptsatz (im Falle a ist *mögen* zum Ausdruck der Einräumung wegen der konzessiven Konjunktion nicht
unbedingt erforderlich):

a) Auch wenn das Geschrei groß sein *mag*/groß *ist,* halte ich an meinem Plan fest.
b) *Mögen* sie sich auch noch so sehr anstrengen, sie werden es trotzdem nicht schaffen.
c) Mehrere Schüler haben die letzte Aufgabe, welche freilich auch die schwerste sein
mochte, nicht gelöst. Die letzte Aufgabe war schwer, das *mag* stimmen.

Variante 3 („Vermutung, Unsicherheit'): | 161 |

Das Modalverb *mögen* dient auch zum Ausdruck von ‚Vermutung' oder ‚Unsicherheit'. Es veraltet allerdings in dieser Funktion und wirkt darum leicht geziert.
Durch Ausdrücke wie *möglicherweise, wahrscheinlich, vermutlich, vielleicht* u. ä.
kann es ersetzt werden:

Er *mag* (= ist vermutlich) nun im besten Mannesalter sein. Das *mochten* (= waren vermutlich) die rohesten Burschen sein, denen er je begegnet war.

Vgl. auch 133, 136, 140 und 151.

Variante 4 („Lust, etwas zu tun'): | 162 |

In dieser Variante wird *mögen* häufig mit *gern* verknüpft:

Ich *mag gern* (= liebe es) ins Kino gehen.

Verneintes *mögen* drückt Abneigung, Widerwillen aus:

Ich *mag nicht gerne* (= habe eine Abneigung dagegen) Fleisch essen.

Als feste Wendungen sind *jmdn. nicht leiden mögen* und *jmdn. gut leiden mögen*
zu betrachten.

| 163 | **Der modale Infinitiv**[1] |

Mit den Modalverben konkurrieren die Infinitivkonstruktionen mit *sein* und *haben:*

> Durch das Fenster *ist* nichts *zu sehen.* Jedes Mitglied *hat* einen Jahresbeitrag *zu entrichten.*

Ähnlich wie bei den Modalverben lassen sich auch bei diesem modalen Infinitiv verschiedene Funktionsvarianten unterscheiden, die anschließend aufgezählt werden. Dabei kennzeichnen die in Klammern beigefügten modalen Ausdrücke einerseits die Funktion der betreffenden Variante, andererseits zeigen sie an, mit welchem Modalverb sie jeweils konkurriert:

| 164 | **Der modale Infinitiv mit *sein*** |

Variante 1 („können'):

> Wesensprobleme *sind* nur mit den Mitteln der Wissenschaft der Ontologie *zu lösen.* (P. Bamm)

Mit dieser Variante konkurrieren *-bar*-Ableitungen (vgl. 911) und Konstruktionen mit *sich lassen:*

> Wesensprobleme *sind* nur mit den Mitteln der Wissenschaft der Ontologie *lösbar.* Wesensprobleme *lassen sich* nur mit den Mitteln der Wissenschaft der Ontologie *lösen.*

Variante 2 („müssen'):

> Nur die Frage des Maßstabs *war* noch *zu klären.* (H. Böll)

Variante 3 („nicht müssen, nicht brauchen'):

> Davon *ist* in diesen Erinnerungen *nichts zu sagen.* (Th. Heuss)

Verneint ist hier – im Unterschied zur sich anschließenden Variante 4 – die „müssen'-Variante 2 („Notwendigkeit') des modalen Infinitivs (vgl. *Es ist* nicht notwendig, *davon in diesen Erinnerungen etwas zu sagen*).

Variante 4 („nicht dürfen'):

> Ein wütender Straußenhahn *ist* nicht *zu unterschätzen.* (B. und M. Grzimek)

Im Unterschied zur vorangehenden Variante 3 ist hier nicht die *müssen*-Variante 2 („Notwendigkeit') des modalen Infinitivs, sondern der angesprochene Sachverhalt verneint (vgl. *Es ist notwendig, einen wütenden Straußenhahn* nicht *zu unterschätzen*).

Da alle angeführten Modalverbparaphrasen des *sein*-Gefüges einen passivischen (Neben)sinn aufweisen, ist es erklärlich, daß sie zu den Konkurrenzformen des Passivs gezählt werden (vgl. 304, 4).

| 165 | **Der modale Infinitiv mit *haben*** |

Variante 1 („müssen'):

> Ich möchte betonen, daß Sie meine Anweisungen *zu befolgen haben.*

Variante 2 („nicht müssen, nicht brauchen'):

> Wir *haben* auch nicht *zu untersuchen,* warum das Epische nirgends zu so großer Blüte gelangte wie in Hellas. (E. Staiger)

---

[1] H. Gelhaus: Der modale Infinitiv. Mit einem dokumentarischen Anhang über die im gegenwärtigen Schriftdeutsch gebräuchlichen *bar*-Ableitungen. Tübingen 1977.

Verneint ist hier – im Unterschied zur sich anschließenden Variante 3 – die ‚müssen'-Variante 1 (‚Notwendigkeit') des modalen Infinitivs (vgl. *Es ist* nicht notwendig, *daß wir untersuchen* ...).

Variante 3 (‚nicht dürfen'):

> Die Polizei *hat* also weder von sich aus noch auf Ersuchen empfindsamer Naturen als Tugendwächter *zu fungieren.* (K. Ullrich)

Im Unterschied zur vorangehenden Variante 2 ist hier nicht die ‚müssen'-Variante 1 (‚Notwendigkeit') des modalen Infinitivs, sondern der angesprochene Sachverhalt verneint (vgl. *Es ist notwendig, daß die Polizei nicht ... als Tugendwächter fungiert*).

Die Varianten der *haben*-Konstruktion konkurrieren nicht nur mit bestimmten Modalverben, sondern auch mit den Varianten 2–4 der *sein*-Konstruktion. Man vergleiche:

> Nur die Frage des Maßstabs *war* noch/*hatte* man noch *zu klären.*
> Ich möchte betonen, daß Sie meine Anweisungen *zu befolgen haben*/meine Anweisungen von Ihnen *zu befolgen sind.*

2.1.3 Die Verbindung der Verben mit Wörtern im Satz

Verben mit und ohne Ergänzung[1]

Es gibt Verben, die im Satz ergänzungslos gebraucht werden, und solche, die mit bestimmten Ergänzungen wie Akkusativobjekt oder Präpositionalobjekt auftreten. | 166 |

Verben ohne Ergänzung nennt man a b s o l u t e Verben:

> Peter *schläft.* Susanne *arbeitet.* Der Hahn *kräht.* Der Baum *blüht.* Die Kinder *erkrankten.* Es *regnet.* Es *schneit.*

Verben mit einer oder mehreren Ergänzungen nennt man r e l a t i v e Verben:

> Peter *lobt* seinen Bruder. Die Spieler *danken* dem Trainer. Wir *gedenken* der Toten. Susanne *kümmert sich* um ihren Bruder. Die Äpfel *liegen* im Kühlschrank. Peter *schenkt* seinem Freund ein Buch. Er *beschuldigte* ihn des Diebstahls. Sie *legt* die Tomaten in den Kühlschrank.

Nach der Art der Ergänzungen kann man bestimmte Unterklassen unterscheiden, so Verben mit Akkusativobjekt, mit Dativobjekt, mit Genitivobjekt, Verben mit Akkusativ- und Dativobjekt usw. Bestimmte Verben gehören nur einer Verbklasse an wie etwa *loben,* das nur mit einem Akkusativobjekt verbunden wird; demgegenüber ist *beginnen* verschiedenen Verbklassen zuzuordnen *(etw./mit etw. beginnen).* | 167 |

Verben mit einem Akkusativobjekt, das bei der Umwandlung ins Passiv zum Subjekt wird *(Der Hund beißt* den Jungen. – Der Junge *wird vom Hund gebissen),* nennt man t r a n s i t i v (zielend), alle anderen i n t r a n s i t i v (nichtzielend).[2]

---

[1] In der folgenden Darstellung wird dem Subjekt ein Sonderstatus zuerkannt, es wird nicht als Ergänzung mitgezählt. Valenztheoretisch wird dagegen das Subjekt meist als Ergänzung aufgefaßt, so auch im Syntax- und Wortbildungsteil dieser Grammatik (vgl. 1082 ff.).

[2] Obwohl diese Einteilung heute vielfach zugunsten der genaueren nach der Valenz aufgegeben wird, erweist sie sich bei der Beschreibung der Passivstrukturen und bestimmter Wortbildungsmuster (z. B. der *-bar*-Bildungen) doch als nützlich.

168

Reflexive Verben[1]

Reflexive Verben sind solche Verben, die sich mit einem Reflexivpronomen (vgl. 541) als einer obligatorischen oder fakultativen Ergänzung verbinden:

Ich schäme *mich*. Du beeilst *dich* ja gar nicht. Sie eignet *sich* das Buch an. Wir waschen *uns*. Ihr kauft *euch* ein Buch. Er gefällt *sich* sehr. Sie glaubte an *sich*.

Dabei kann das Reflexivpronomen als einzige Ergänzung *(Er fürchtet sich)* oder als eine unter mehreren auftreten *(Ich entsinne mich des Vorfalls)*. Im letzteren Fall ist Kasusgleichheit nur beim Typ *Er nennt sich Arzt* (vgl. 1117) möglich. Bei einigen Verben kann über eine Präposition noch ein zweites Reflexivpronomen angeschlossen werden *(Ich ärgere mich über mich [selbst])*. Im allgemeinen bezieht sich das Reflexivpronomen auf das Subjekt des gleichen Satzes und stimmt mit ihm in Person und Numerus überein (zu Ausnahmen vgl. 541, Anm. 2). Ob es im Akkusativ, Dativ, Genitiv oder einem Präpositionalkasus steht, ist durch die Valenz des Verbs festgelegt.

Die reflexiven Verben lassen sich auf Grund gewisser syntaktischer und semantischer Merkmale in echte und unechte (nur reflexiv gebrauchte) reflexive Verben und in reziproke Verben einteilen. Ihrer näheren Erläuterung seien noch einige Bemerkungen zur Formenbildung vorangestellt.

Besonderheiten der Formenbildung

169

1. Das Perfekt bilden die reflexiven Verben mit *haben* (vgl. 198):

Ich *habe* mich geschämt. Du *hast* dich ja gar nicht beeilt. Sie *hat* sich das Buch angeeignet.

Dies gilt auch für die reziproken Verben (vgl. 176) mit Akkusativ:

Peter und Maria *haben* sich verliebt. Die Tarifpartner *haben* sich auf einen neuen Vertrag geeinigt. Sie *haben* sich getroffen.

Dagegen bilden die reziproken Verben mit Dativ das Perfekt teils mit *haben*, teils mit *sein:*

Die Zwillinge *haben* sich geglichen wie ein Ei dem anderen. (Aber:) Sie *sind* sich heute zum erstenmal begegnet.

2. Das 1. Partizip der reflexiven Verben behält im Gegensatz zum 2. das Reflexivpronomen bei:

sich freuen: das *sich freuende* Kind (nicht möglich: Das Kind ist *sich freuend.* [Vgl. 316]); sich auflösen: das *sich auflösende* Parlament.

170

3. Von den reflexiven Verben läßt sich kein Passiv bilden, was inkorrekte Sätze wie *Er wird [sich] geschämt* zeigen. Lediglich in der Umgangssprache werden zur Erzielung einer besonderen kommunikativen Wirkung („energische Aufforderung") Wendungen gebraucht wie *Jetzt wird sich gesetzt (ausgeruht, hingelegt)!* (vgl. dazu auch 303, 3).

171

4. Die reflexiven Verben können zwar kein (Zustands)passiv bilden, aber ein Zustandsreflexiv. Der Form nach gleicht es dem Zustandspassiv, da es wie dieses mit dem Partizip Perfekt gebildet ist und das Reflexivpronomen entfällt:

	Infinitiv	*Zustandsreflexiv*	
	sich waschen	gewaschen	⎫
	sich verlieben	verliebt	⎬ sein
	sich verfeinden	verfeindet	⎭
	sich verloben	verlobt	

---

[1] Dieser Abschnitt verdankt wertvolle Anregungen G. Stötzel: Ausdrucksseite und Inhaltsseite der Sprache. Methodenkritische Studien am Beispiel der deutschen Reflexivverben. München 1970; J. Buscha: Zur Wortklassenbestimmung der Reflexiva in der deutschen Gegenwartssprache. In: Deutsch als Fremdsprache 9 (1972), S. 151–159.

Das Kind *ist gewaschen.* Der Junge *ist verliebt.* Die Brüder *sind verfeindet.* Das Paar *ist verlobt.*

Allerdings ist dieses Zustandsreflexiv nur bei Verben mit akkusativischem Reflexivpronomen möglich; und auch da nicht in allen Fällen, wie die Beispiele *sich schämen, sich freuen, sich fürchten* zeigen.

Obgleich sowohl das Zustandsreflexiv als auch das Zustandspassiv einen Zustand als Ergebnis eines Vorgangs, einer Handlung bezeichnen, hat das Zustandsreflexiv im Unterschied zum Zustandspassiv aktivische und nicht passivische Bedeutung. Demgemäß ist das Zustandspassiv auf einen perfektischen Passivsatz zurückzuführen:

Das Bild ist gemalt. (aus:) Das Bild ist gemalt worden.

das Zustandsreflexiv dagegen auf einen perfektischen Aktivsatz:

Das Paar ist verlobt. (aus:) Das Paar hat sich verlobt.

Die entsprechenden Formen der unechten reflexiven Verben (vgl. 175) können sowohl als Zustandsreflexiv als auch als Zustandspassiv verstanden werden; welche Bedeutung in einem gegebenen Fall vorliegt, entscheidet der Sinnzusammenhang:

Ich bin blamiert. = 1. Ich habe mich blamiert (Zustandsreflexiv). 2. Ich bin blamiert worden (Zustandspassiv).

Dagegen handelt es sich bei den teilreflexiven Verben (vgl. 174) immer um das Zustandspassiv:

Die Wahl ist entschieden. (aus:) Die Wahl ist entschieden worden.

Echte reflexive Verben

172

Die echten reflexiven Verben zeichnen sich dadurch aus, daß das Reflexivpronomen

– notwendig bzw. nicht weglaßbar ist:

   Er schämt sich. (Nicht möglich:) Er schämt.

– nicht durch ein anderes Pronomen oder ein Substantiv ersetzt werden kann:

   Er schämt sich. (Nicht möglich:) Er schämt ihn/den Nachbarn.

– nicht koordinierbar ist:

   Er schämt sich. (Nicht möglich:) Er schämt sich und den Nachbarn.

– nicht erfragbar ist:

   Er schämt sich. (Nicht möglich:) Wen schämt er?

– nicht negierbar ist:

   Er schämt sich. (Nicht möglich:) Er schämt nicht sich, sondern den Nachbarn.

– bestimmten Stellungsbeschränkungen unterliegt. Es kann zum Beispiel nicht die Spitzenstellung einnehmen:

   Er schämt sich. (Nicht möglich:) Sich schämt er.

Auf Grund dieser Merkmale fehlt dem Reflexivpronomen der echten reflexiven Verben der Stellenwert eines selbständigen Satzgliedes bzw. einer durch die Valenz des Verbs geforderten Ergänzung (vgl. 166 f., 1082 ff.). Es muß als zwar notwendiger, aber inhaltlich leerer Bestandteil des Verbs (Prädikats) verstanden werden und erhöht dessen Valenz nicht. Damit verhalten sich die echten reflexiven Verben wie absolute (vgl. 166), durch die sie sich auch mehr oder weniger gut ersetzen lassen:

Sie beeilt sich. – Sie eilt/hastet.
Ein Unglück ereignet sich. – Ein Unglück geschieht.

Die echten reflexiven Verben lassen sich in zwei Teilgruppen untergliedern, die nur reflexiven und die teilreflexiven Verben.

173 Nur reflexive Verben

Nur reflexive Verben sind solche, die ausschließlich als echte reflexive Verben vorkommen:

(Mit dem Reflexivpronomen im Akkusativ:) Ich kenne *mich* hier gut aus. Sie beeilte *sich*. Sie bemächtigten *sich* seines Geldes. Ich kann *mich* nicht entschließen. Wir müssen *uns* noch gedulden. Ich sehne *mich* nach ihr. Sie haben *sich* verirrt.
(Mit dem Reflexivpronomen im Dativ:) Ich eigne *mir* diese Kenntnisse an. Was maßt du *dir* eigentlich an? Das möchte ich *mir* verbitten.
(Schwankender Gebrauch:) Ich getraue *mich*/(selten:) *mir* nicht, das zu tun. Ich tue *mich*/(selten:) *mir* schwer, das zu begreifen.

174 Teilreflexive Verben

Teilreflexive Verben sind solche, die in einer Bedeutung als echte reflexive Verben vorkommen, in einer anderen als nicht reflexive. Hierher gehören zum Beispiel

sich ängstigen ‚Angst empfinden'/jmdn. ängstigen ‚in Angst versetzen'; sich ärgern ‚Ärger empfinden'/jmdn. ärgern ‚in Ärger versetzen'; sich aufhalten ‚weilen, wohnen'/jmdn., etw. aufhalten ‚hindern'; sich entscheiden ‚wählen'/etw. entscheiden ‚bestimmen'; sich schicken ‚schicklich sein'/jmdn., etw. schicken ‚senden'; sich verlassen ‚vertrauen'/jmdn. verlassen ‚weggehen'.

175 Unechte reflexive Verben

Die unechten reflexiven Verben unterscheiden sich von den echten in folgenden Punkten:

1. Sie werden sowohl reflexiv als auch nicht reflexiv gebraucht, und zwar ohne daß die Bedeutung sich ändert:

Sie wäscht *sich*. – Sie wäscht *das Kind*.

2. Das Reflexivpronomen hat den Stellenwert eines selbständigen Satzgliedes bzw. einer durch die Valenz des Verbs geforderten Ergänzung. Es kann nämlich

– gegebenenfalls weggelassen werden:

Sie wäscht *sich*. – Sie wäscht.

– durch ein anderes Pronomen oder ein Substantiv ersetzt werden:

Sie wäscht *sich*. – Sie wäscht *ihn/ihren Jungen*.

– mit einem anderen Pronomen oder Substantiv koordiniert werden:

Sie wäscht *sich*. – Sie wäscht *sich und ihn/ihren Jungen*.

– erfragt werden:

Sie wäscht *sich*. – Wen wäscht sie? – Sich.

– negiert werden:

Sie wäscht *sich*. – Sie wäscht *nicht sich, sondern ihr Kind*.

– an die Spitze des Satzes gestellt werden:

Sie wäscht *sich*. – *Sich* wäscht sie.

3. Das Reflexivpronomen kann mit *selbst* gekoppelt werden:

Sie wäscht *sich*. – Sie wäscht *sich selbst*.

4. Das Reflexivpronomen ist nicht inhaltlich leer: Insofern durch seine Verwendung im Satz Handlungsträger und -objekt gleichgesetzt werden, schafft es tatsächlich ein reflexives, „rückbezügliches" Verhältnis zwischen Subjekt und Objekt.

Wie bei den echten reflexiven Verben kann auch bei den unechten das Reflexivpronomen im Akkusativ, Dativ, Genitiv oder in einem Präpositionalkasus stehen:

> (im Akkusativ:) Ich klage *mich* an, beschuldige *mich,* verletze *mich;* (im Dativ:) Ich denke, erlaube, verschaffe *mir* etw.; (im Genitiv:) Damit spottet er *seiner* selbst. Ich bin *meiner* nicht ganz sicher. (In einem Präpositionalkasus:) Ich achte *auf mich,* weise etw. *von mir,* zweifle *an mir.*

Absolute Verben (vgl. 166) können nicht reflexiv gebraucht werden (nicht: *Ich schlafe mich. Es blitzt sich* usw.).

Reziproke Verben

`176`

Bei den reziproken Verben hat das Reflexivpronomen eine andere Funktion als bei den echten und unechten reflexiven Verben, wie der Satz

> Peter und Maria lieben sich.

zeigt. Seinen Inhalt kann man mit ‚Peter liebt Maria, und Maria liebt Peter' wiedergeben. Das Reflexivpronomen stiftet hier kein „rückbezügliches", sondern ein „wechselbezügliches" Verhältnis.
Zum Ausdruck dieses reziproken Verhältnisses stehen – außer *einander* (vgl. 543) – im allgemeinen nur die Pluralformen *uns, euch* und *sich* des Reflexivpronomens zur Verfügung:

> Wir lieben *uns.* Ihr liebt *euch.* Sie lieben *sich.*

Nur in gewissen Fällen kann ein reziprokes Verhältnis auch singularisch ausgedrückt werden; dann ist aber im allgemeinen neben dem Reflexivpronomen noch ein Präpositionalgefüge (mit *mit*) erforderlich:

> Er streitet sich *mit ihr.*

Ähnlich wie bei den reflexiven Verben im engeren Sinn unterscheidet man nur reziproke, teilreziproke und reziprok gebrauchte Verben.

Nur reziproke Verben

`177`

Nur reziproke Verben sind solche, die im Plural ausschließlich reziprok gebraucht werden. Dazu gehören etwa:

> sich anfreunden, sich einigen, sich überwerfen, sich verbrüdern, sich verfeinden, sich verkrachen.
> Die beiden Brüder verfeindeten sich. Die Tarifpartner einigen sich auf einen neuen Vertrag.

Teilreziproke Verben

`178`

Teilreziproke Verben sind solche, die im Plural nur in einer bestimmten Bedeutungsvariante reziprok gebraucht werden, in einer anderen dagegen nicht reziprok; vgl. etwa *sich aussprechen* ‚ein klärendes Gespräch miteinander führen'/ *aussprechen* ‚in Lauten wiedergeben' und *sich vertragen* ‚in Eintracht mit jmdm. leben'/*vertragen* ‚aushalten, ohne Schaden zu nehmen'.

Reziprok gebrauchte Verben

`179`

Reziprok gebrauchte Verben sind solche, die ohne Bedeutungsunterschied sowohl reziprok als auch nicht reziprok gebraucht werden; vgl. etwa sich ähneln/jmdm. ähneln, sich begrüßen/jmdn. begrüßen; sich belügen, sich gleichen, sich hassen, sich lieben, sich vertrauen.

In all diesen Fällen können die Reflexivpronomen *uns, euch, sich* durch *einander* (vgl. 543) ersetzt werden:

Sie begrüßen *sich/einander*. Die Zwillinge gleichen *sich/einander*. Die Geschwister helfen *sich/einander*.

| 180 | **Besondere Reflexivkonstruktionen** |

1. Die Konstruktion *sich lassen* + Infinitiv gilt als eine Konkurrenzform des Modalverbs *können* (vgl. 131 ff.), des modalen Infinitivs (vgl. 163) und des Passivs (vgl. 304, 3):

Unsere Ware *läßt sich* schlecht *verkaufen* (= Unsere Ware kann schlecht verkauft werden/ist schlecht zu verkaufen). Die Schrift *läßt sich* leicht (schwer/gut/schlecht usw.) *lesen* (= Die Schrift kann leicht gelesen werden/ist leicht zu lesen). Die Tür *läßt sich öffnen* (= Die Tür kann geöffnet werden/ist zu öffnen)!

Die Konstruktionen mit einem qualifizierenden *gut, leicht, schwer* usw. können auch um *lassen* verkürzt werden:

Unsere Ware läßt sich schlecht verkaufen. – Unsere Ware verkauft sich schlecht.
Die Schrift läßt sich leicht lesen. – Die Schrift liest sich leicht.

2. Auch folgende Reflexivkonstruktionen lassen sich als Passivvarianten (vgl. 304, 6) deuten:

Die Tür öffnet sich (= wird geöffnet). Das Tor schließt sich (= wird geschlossen). Die Situation klärt sich (= wird geklärt).

Wie bei den echten reflexiven Verben ist das Reflexivpronomen hier eigentlich inhaltlich leerer Verbbestandteil ohne wirklich „rückbezügliche" Funktion. Der Konstruktionstyp steht, indem er das sachlich-logische Objekt in die Subjektposition und damit in den Blickpunkt rückt und das Agens verschweigt, im Dienst einer bestimmten Mitteilungsperspektive.

3. Um eine Ausdrucksvariante von *können* (vgl. 131 ff.) handelt es sich bei folgenden Reflexivkonstruktionen:

In Turnschuhen *läuft es sich* leicht (= kann man leicht laufen). Auf diesem Stuhl *sitzt es sich* bequem (= kann man bequem sitzen). Mit diesem Bleistift *schreibt es sich* schlecht (= kann man schlecht schreiben).

Mit solchen Sätzen urteilt man darüber, ob einem der Umgang mit einer Sache leicht, schwer usw. fällt.

4. Bestimmte Verben können ohne Bedeutungsänderung sowohl reflexiv als auch nicht reflexiv gebraucht werden:

Er irrt [sich]. Sie ruht [sich] aus. Er schleicht [sich] davon. Warum duschst du [dich] nicht? Sie flüchten [sich] in die Berge.

| 181 | **Persönliche und unpersönliche Verben** |

Ob ein Verb persönlich oder unpersönlich zu nennen ist, richtet sich danach, mit welchen Personalpronomen (bzw. Substantiven) in Subjektposition es verbunden werden kann.

Persönliche Verben (Personalia) nennt man die Verben, die in allen drei Personen (*ich, du, er* usw.) gebraucht und in der 3. Person mit entsprechenden Substantiven verbunden werden können:

ich laufe, du läufst, er/der Vater, sie/die Mutter, es/das Kind läuft; wir laufen, ihr lauft, sie/die Kinder laufen.

Persönliche Verben nennt man auch die Verben, die zwar nur in der 3. Person gebraucht, dabei aber mit *er, sie* (Sing. u. Plur.), *es* oder mit entsprechenden Substantiven verbunden werden können:

er/der Baum, sie/die Linde, es/das Bäumchen blüht, sie/die Bäume blühen; er/der Frosch laicht, sie/die Frösche laichen.

Unpersönliche Verben (Impersonalia) nennt man die Verben, die im allgemeinen mit *es* verbunden werden:

Es regnet, schneit, hagelt, taut, dämmert.

Da – wie die folgenden Beispiele zeigen – das *es* verschoben und in einigen Fällen auch mit inhaltlich passenden Substantiven ausgetauscht werden kann, wird es als Subjekt (besonderer Art) anerkannt (vgl. 1032b, 1089):

Es regnet heute. – Heute regnet *es*. – *Die Wolke* regnet. – *Regen* regnet auf das Dach. *Es* taut. – *Das Eis/Der Schnee* taut.
Es/Der Morgen dämmert.

Zur Aufgliederung des Bereichs der unpersönlichen Verben vgl. 1004 ff.

Funktionsverben [1]

182

Verben wie *bringen, kommen, geben, machen* nennt man Funktionsverben, wenn sie z. B. in folgenden Verbindungen auftreten:

zum Abschluß zur Sprache zur Vernunft ans Licht	} bringen/kommen
Anregung Versprechen Erlaubnis Einwilligung	} geben
Andeutung Ausführungen Mitteilung	} machen

Funktionsverben sind den Hilfsverben insofern verwandt, als sie das Prädikat nicht allein, sondern nur in Verbindung mit anderen sprachlichen Elementen (Akkusativobjekt oder Präpositionalgruppe) bilden können. Das Funktionsverb hat durchweg nur grammatische Funktion: Es trägt zwar alle Merkmale des Finitums (Tempus, Modus, Genus, Person, Numerus), hat aber seine Wortbedeutung mehr oder weniger verloren; als Hauptsinnträger des Prädikats dient das Akkusativobjekt bzw. die Präpositionalgruppe. In vielen Fällen kann deshalb das Funktionsverb gegen ein einfaches, dem Akkusativ bzw. dem Substantiv der Präpositionalgruppe etymologisch verwandtes Vollverb ausgetauscht werden:

Erlaubnis geben/erlauben, in Ordnung bringen/ordnen, eine Mitteilung machen/mitteilen, in Wegfall kommen/wegfallen.

In syntaktischer Hinsicht ist wichtig, daß Funktionsverbgefüge vielfach nicht ins Passiv gesetzt werden können:

Die Besprechung nahm einen unguten Verlauf. (Nicht:) Ein unguter Verlauf wurde von der Besprechung genommen.

---

[1] Vgl. B. Engelen: Zum System der Funktionsverbgefüge. In: Wirkendes Wort 18 (1968), S. 289–303; H. J. Heringer: Die Opposition von *kommen* und *bringen* als Funktionsverben. Düsseldorf 1968; W. Herrlitz: Funktionsverbgefüge vom Typ *in Erfahrung bringen*. Tübingen 1973; P. v. Polenz: Funktionsverben im heutigen Deutsch. Sprache in der rationalisierten Welt. Düsseldorf 1963.

Namentlich für die Funktionsverbgefüge mit Präpositionalgruppe gilt, daß deren Negation *nicht* und nicht *kein* lautet:

> Man brachte die Sache *nicht* in Ordnung. (Nicht:) Man brachte die Sache in *keine* Ordnung.

und daß ihr Substantiv in der Regel nicht erfragt werden kann:

> Man brachte die Sache in Ordnung. (Nicht:) *Wohin* brachte man die Sache?

Zur Vermeidung eines mit Substantiven überladenen, schwer verständlichen Stils sollte man sich immer überlegen, ob statt eines Funktionsverbgefüges nicht ein einfaches Vollverb gewählt werden kann. Allerdings ermöglichen die Funktionsverbgefüge oft differenziertere Aussagen und leisten vor allem gute Dienste, wenn bestimmte Aktionsarten gekennzeichnet werden sollen (vgl. etwa *zum Stehen kommen* gegenüber *stehen*).[1]

2.2 Die Bildung der Verbformen

2.2.1 Verbale Kategorien

183

Ein voll ausgeführter Satz des Deutschen enthält in aller Regel ein nach Person, Numerus, Tempus und Modus bestimmtes Verb (Finitum):

> Vera *sucht* das Buch.

Die finite Form *sucht* ist aber nur eine von vielen Formen, die das Verb *suchen* annehmen kann und die sich nach ihrer Gestalt und Bedeutung (Funktion) mit Hilfe der Kategorien

- Tempus („Zeit")
- Genus (verbi)
- Modus („Aussageweise")
- Person
- Numerus („Zahl")

ordnen lassen. Dabei ist jede dieser Kategorien verschiedener Ausprägung fähig: So wird beim Tempus zwischen Präsens, Präteritum, Futur I, Perfekt, Plusquamperfekt und Futur II unterschieden, beim Genus zwischen Aktiv und Passiv (Vorgangs- und Zustandspassiv), beim Modus zwischen Indikativ, Konjunktiv I und II und Imperativ, bei der Person zwischen 1., 2. und 3. Person und beim Numerus schließlich zwischen Singular (Einzahl) und Plural (Mehrzahl). Auf diese Weise wird eine bestimmte Verbform nicht nur durch ein einziges Merkmal, sondern durch ein ganzes Bündel von Merkmalen gekennzeichnet:

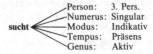

sucht	Person:	3. Pers.
	Numerus:	Singular
	Modus:	Indikativ
	Tempus:	Präsens
	Genus:	Aktiv

Eine Erweiterung erfährt dieses Kategoriensystem dadurch, daß es außer den finiten Formen (einschließlich des Imperativs) noch fünf infinite Formen gibt, nämlich Infinitiv Präsens, Infinitiv Futur und Infinitiv Perfekt und Partizip Präsens (1. Partizip) und Partizip Perfekt (2. Partizip).

---

[1] Vgl. dazu auch 991.

Obwohl keineswegs alle Verben nach ein und demselben Schema konjugiert werden, lassen sie sich aufs Ganze gesehen doch zwei großen Konjugationsklassen zuordnen, der regelmäßigen und der unregelmäßigen Konjugation.[1]

2.2.2 Die regelmäßige Konjugation

Die meisten Verben gehören der Klasse der regelmäßigen („schwachen") Verben an. | 184 |

Konjugationsmuster

Genus verbi: Aktiv | 185 |

Temp.	Num.	Pers.	Indikativ	Konjunktiv I	Konjunktiv II
Präs.	Singular	1.	ich lieb-e	ich lieb-e	
		2.	du lieb-st	du lieb-est	
		3.	er ⎫ sie ⎬ lieb-t es ⎭	er ⎫ sie ⎬ lieb-e es ⎭	
	Plural	1.	wir lieb-en	wir lieb-en	
		2.	ihr lieb-t	ihr lieb-et	
		3.	sie lieb-en	sie lieb-en	
Prät.	Singular	1.	ich lieb-t-e		ich lieb-t-e
		2.	du lieb-t-est		du lieb-t-est
		3.	er ⎫ sie ⎬ lieb-t-e es ⎭		er ⎫ sie ⎬ lieb-t-e es ⎭
	Plural	1.	wir lieb-t-en		wir lieb-t-en
		2.	ihr lieb-t-et		ihr lieb-t-et
		3.	sie lieb-t-en		sie lieb-t-en
Fut. I	Singular	1.	ich werde ⎫	ich werde ⎫	ich würde ⎫
		2.	du wirst ⎪	du werdest ⎪	du würdest ⎪
		3.	er ⎫ sie ⎬ wird ⎬ lieben es ⎭ ⎪	er ⎫ sie ⎬ werde ⎬ lieben es ⎭ ⎪	er ⎫ sie ⎬ würde ⎬ lieben es ⎭ ⎪
	Plural	1.	wir werden ⎪	wir werden ⎪	wir würden ⎪
		2.	ihr werdet ⎪	ihr werdet ⎪	ihr würdet ⎪
		3.	sie werden ⎭	sie werden ⎭	sie würden ⎭

[1] Die ältere Grammatik unterschied in Anlehnung an Jakob Grimm zwischen „starken" und „schwachen" Verben. Weil diese Klassifizierung nicht befriedigen konnte, wurden von Fall zu Fall weitere Klassen gebildet, etwa „Verben mit Mischformen" und „unregelmäßige Verben". Diese genaueren Einteilungen sind nun aber auch nicht sachgemäß und – vor allem für den Deutschlernenden – wenig hilfreich oder sogar irreführend. Daher unterscheidet diese Grammatik nur noch regelmäßige und unregelmäßige Verben. Das ist damit zu begründen, daß die weitaus meisten Verben nach dem Muster der regelmäßigen Konjugation konjugiert werden und daß sich der Bestand der regelmäßigen Verben noch vermehrt, indem alte „starke" Verben immer häufiger und Neubildungen stets regelmäßig konjugiert werden (vgl. 203 und 220). Demgegenüber stellen die unregelmäßigen Verben ihrer Zahl nach nur eine kleine Minderheit dar. Allerdings fällt ihnen ein erhebliches Gewicht dadurch zu, daß sie in der Sprachverwendung (Parole) – und zwar sowohl in der mündlichen Rede als auch im schriftlich niedergelegten Text – unverhältnismäßig oft gebraucht werden. So gesehen, gehören sie zum unentbehrlichen Kernbestand des sprachlichen Systems (Langue). Da sie nicht – wie die regelmäßigen Verben – eine einheitliche Gruppe bilden, werden sie in mehrere Untergruppen aufgeteilt (vgl. 203 ff.). Formal besteht der Hauptunterschied zwischen den regelmäßigen und unregelmäßigen Verben darin, daß die regelmäßigen das Präteritum mit *t*-Erweiterung und das 2. Partizip auf *-(e)t* bilden (*ich liebe/liebt-e/habe geliebt;* vgl. 189 ff., 205), während die unregelmäßigen andere Mittel zur Bildung ihrer Stammformen benutzen (in der Hauptgruppe vor allem den Ablaut; vgl. 203 ff.).

Temp.	Num.	Pers.	Indikativ	Konjunktiv I	Konjunktiv II
Perf.	Singular	1.	ich habe	ich habe	
		2.	du hast	du habest	
		3.	er sie } hat geliebt es	er sie } habe geliebt es	
	Plural	1.	wir haben	wir haben	
		2.	ihr habt	ihr habet	
		3.	sie haben	sie haben	
Plusq.	Singular	1.	ich hatte		ich hätte
		2.	du hattest		du hättest
		3.	er sie } hatte geliebt es		er sie } hätte geliebt es
	Plural	1.	wir hatten		wir hätten
		2.	ihr hattet		ihr hättet
		3.	sie hatten		sie hätten
Fut. II	Singular	1.	ich werde	ich werde	ich würde
		2.	du wirst	du werdest	du würdest
		3.	er sie } wird geliebt es haben	er sie } werde geliebt es haben	er sie } würde geliebt es haben
	Plural	1.	wir werden	wir werden	wir würden
		2.	ihr werdet	ihr werdet	ihr würdet
		3.	sie werden	sie werden	sie würden

Infinitiv	Präsens	lieb-en
	Futur I	lieben werden
	Perfekt	geliebt haben/(gesegelt sein)
	Futur II	geliebt haben werden/(gesegelt sein werden)

Partizip	Präsens (1. Partizip)	lieb-end
	Perfekt (2. Partizip)	ge-lieb-t

Imperativ	Singular	lieb-e!
	Plural	lieb-t!

Genus verbi: Passiv[1]

Vorgangs- oder *werden*-Passiv
186

Tempus	Indikativ	Konjunktiv I	Konjunktiv II
Präsens	er sie }wird geliebt es	er sie }werde geliebt es	
Präteritum	er sie }wurde geliebt es		er sie }würde geliebt es
Futur I	er sie }wird geliebt es werden	er sie }werde geliebt es werden	er sie }würde geliebt es werden
Perfekt	er sie }ist geliebt es worden	er sie }sei geliebt es worden	
Plusquam- perfekt	er sie }war geliebt es worden		er sie }wäre geliebt es worden
Futur II	er sie }wird geliebt es worden sein	er sie }werde geliebt es worden sein	er sie }würde geliebt es worden sein

Infinitiv	Präsens	geliebt werden
	Perfekt	geliebt worden sein

Imperativ	Singular	werde geliebt!
	Plural	werdet geliebt!

Zustands- oder *sein*-Passiv
187

Tempus	Indikativ	Konjunktiv I	Konjunktiv II
Präsens	er sie }ist verzaubert es	er sie }sei verzaubert es	
Präteritum	er sie }war verzaubert es		er sie }wäre es verzaubert
Futur I	er sie }wird es verzaubert sein	er sie }werde es verzaubert sein	er sie }würde es verzaubert sein

---

[1] Da das Passiv nach eindeutigen und schnell erkennbaren Regeln gebildet wird (vgl. 295 ff.), genügt ein vereinfachtes Muster, das nur die 3. Person Singular aufführt.

Das Verb 118

Tempus	Indikativ	Konjunktiv I	Konjunktiv II
Perfekt	er ⎫ sie ⎬ verzaubert es ⎭ gewesen	er ⎫ sie ⎬ sei es ⎭ verzaubert gewesen	
Plusquam- perfekt	er ⎫ war sie ⎬ verzaubert es ⎭ gewesen		er ⎫ wäre sie ⎬ verzaubert es ⎭ gewesen
Futur II	er ⎫ wird sie ⎬ verzaubert es ⎭ gewesen sein	er ⎫ werde sie ⎬ verzaubert es ⎭ gewesen sein	er ⎫ würde sie ⎬ verzaubert es ⎭ gewesen sein

Infinitiv	Präsens	verzaubert/geöffn-e-t sein
	Perfekt	verzaubert/geöffn-e-t gewesen sein

Imperativ	Singular	sei verzaubert!
	Plural	seid verzaubert!

Die Mittel der Formenbildung

188 Den Wortstamm, an dem sich die Formenbildung des Verbs vollzieht, erhält man durch die Kürzung des Infinitivs um seine Endung -(e)n:

fahren: **fahr-**, wohnen: **wohn-**; häkeln: **häkel-**, klappern: **klapper-**.

Unter dem Stammvokal eines Verbs versteht man den tontragenden Vokal des Stammes, also [a:] in *fahren*, [o:] in *wohnen*, [ɛ:] in *häkeln* und [a] in *klappern*.

Die Endungen

189 Zwei Formen wie *(ich) lieb-e* und *(du) lieb-st* unterscheiden sich dadurch, daß an den Stamm des Verbs *lieben* verschiedene Endungen treten. Im ganzen sind es 13 Endungen, die sich auf die einzelnen Verbformen folgendermaßen verteilen:

Numerus	Person	Präsens		Präteritum	
		Indikativ	Konjunktiv I	Indikativ	Konjunktiv II
Singular	1.	-e	-e	-(e)t-e	
	2.	-(e)st	-est	-(e)t-est	
	3.	-(e)t	-e	-(e)t-e	
Plural	1.	-en	-en	-(e)t-en	
	2.	-(e)t	-et	-(e)t-et	
	3.	-en	-en	-(e)t-en	

Die Endungen der infiniten Formen sind

- für den Infinitiv: *-(e)n*
- für das 1. Partizip: *-(e)nd*
- für das 2. Partizip: *-(e)t*[1]

Die Endung des Imperativs ist *-e* bzw. *-(e)t*.

---

[1] Zu dem an der Bildung des 2. Partizips mitbeteiligten Präfix *ge-* vgl. 191.

Da sich diese 13 Endungen auf 29 Formen verteilen, müssen von diesen zwangsläufig einige gleich lauten. So unterscheidet sich beispielsweise im Präteritum der Konjunktiv nicht vom Indikativ, und im Präsens sind die 1. Pers. Sing. und die 1. und 3. Pers. Plur. im Indikativ und Konjunktiv gleich (bei den Verben mit *e*-Erweiterung [vgl. 193 f.] auch noch die 2. Pers. Sing. und Plur., so daß sich lediglich die Indikativ- und Konjunktivformen der 3. Pers. Sing. durch ihre Endungen unterscheiden). Innerhalb des Indikativs Präsens sind die 1. und 3. Pers. Plur. gleich (in Fällen mit *e*-Erweiterung [vgl. 193 f.] auch die 3. Pers. Sing. und die 2. Pers. Plur.), und beim Konjunktiv Präsens unterscheiden sich 1. und 3. Pers. Sing. bzw. 1. und 3. Pers. Plur. nicht. Ähnliche Verhältnisse treffen wir innerhalb des Indikativs und Konjunktivs Präteritum an.

Die Erscheinung, daß sich verschiedene Formen hinsichtlich ihrer Gestalt nicht unterscheiden, nennt man Formenzusammenfall. Er ist an sich geeignet, das Funktionieren des Systems zu beeinträchtigen (vgl. etwa den Konjunktivgebrauch unter 286), wirkt sich aber im ganzen gesehen deshalb nicht nachteilig aus, weil andere Mittel der Unterscheidung zur Verfügung stehen (vor allem Pronomen [und Substantive], die in Person und Numerus mit den Verbformen kongruieren [vgl. 1158 f.], dann auch Ersatzformen und schließlich lexikalische und syntaktische Mittel). | 190 |

Das Präfix *ge-* | 191 |

Das 2. Partizip, auch Perfektpartizip oder 2. Mittelwort genannt, wird als einzige Form nicht nur durch eine Endung, sondern auch durch das Präfix *ge-* gekennzeichnet: *ge-liebt*. (Einige Verbgruppen sind jedoch von dieser Regel ausgenommen oder zeigen Besonderheiten; vgl. 317.)

Die *t*-Erweiterung | 192 |

Die Endungen des Präteritums sind von denen des Präsens eindeutig geschieden, und zwar durch das die Endung erweiternde *t*. Diese *t*-Erweiterung ist das eigentliche Klassenmerkmal der regelmäßigen Verben. Darin und in der Bildung des 2. Partizips (vgl. 189 ff., 205) unterscheiden sie sich von der Hauptgruppe der unregelmäßigen Verben, den Verben mit Ablaut („starke" Verben; vgl. 203 ff.).

Die *e*-Erweiterung | 193 |

Bei bestimmten Verben werden die 2. und 3. Pers. Sing. und die 2. Pers. Plur. Präs. Ind. und der Imperativ Plur. mit einem *e* erweitert; das gleiche geschieht bei allen Formen des Präteritums und beim 2. Partizip. Diese *e*-Erweiterung richtet sich nach folgender Regel: Alle Verben, deren Stamm auf Dental *(d* oder *t)* oder nasalische Doppelkonsonanz (Verschluß- oder Reibelaut + *m/n*) endet, erweitern mit *e*.

Beispiele für Dentalstamm:

du gründ-e-st, er/ihr gründ-e-t; gründ-e-t!; er gründ-e-te; gegründ-e-t,
du red-e-st, er/ihr red-e-t; red-e-t!; er red-e-te; gered-e-t,
du bett-e-st, er/ihr bett-e-t; bett-e-t!; er bett-e-te; gebett-e-t,
du rett-e-st, er/ihr rett-e-t; rett-e-t!; er rett-e-te; gerett-e-t.

Beispiele für nasalische Doppelkonsonanz:

du atm-e-st, er/ihr atm-e-t; atm-e-t!; er atm-e-te; geatm-e-t,
du widm-e-st, er/ihr widm-e-t; widm-e-t!; er widm-e-te; gewidm-e-t,
du rechn-e-st, er/ihr rechn-e-t; rechn-e-t!; er rechn-e-te; gerechn-e-t,
du wappn-e-st, er/ihr wappn-e-t; wappn-e-t!; er wappn-e-te; gewappn-e-t.

Bei der zweiten Gruppe findet die *e*-Erweiterung nicht statt, wenn dem Nasal *r* oder *l* vorausgeht:

> du lernst (nicht: lernest), er lärmt (nicht: lärmet), sie qualmte (nicht: qualmete), lernt! (nicht: lernet!).

194 Einen Sonderfall stellen die Verben dar, deren Stamm auf *s, ß, sch, x* oder *z* endet: Zwar ist es auch hier möglich, die betreffenden Indikativformen des Präsens (nicht aber die des Präteritums und des 2. Partizips) mit *e* zu erweitern *(du ras-e-st, er/ihr ras-e-t)*, diese Erweiterungen gelten aber als veraltet, poetisch oder geziert:

> Wenn du der Stunde dienst, beherrschest du die Zeit. (Rückert)

In der Regel unterbleibt deshalb die *e*-Erweiterung, was zur Folge hat, daß *s, ß, x* und *z* mit der Endung *-st* zu den Kurzformen *-st, -ßt, -xt* und *-zt* verschmelzen[1]:

> du rast; du schweißt; du feixt; du hetzt; du wachst (‚Wachs auftragen‘).

Gelegentlich ist die *e*-Erweiterung über die genannten Regelfälle hinaus anzutreffen, besonders in Imperativformen der Bibel. Sie gilt dann als veraltet oder dichterisch[2]:

> Seid fruchtbar und mehret euch, und füllet die Erde und machet sie euch untertan ...
> (1. Mose 1, 28)

195 **Die *e*-Tilgung**

In bestimmten Fällen kann ein *e* auch getilgt werden:
1. Verben mit dem (erweiterten) Stamm auf *-(e)l-* und *-er-*[3] werfen im Infinitiv, im Indikativ Präsens bei der 1. und 3. Pers. Plur. und im Konjunktiv Präsens bei der 1. und 3. Pers. Plur. und der 2. Pers. Sing. und Plur. das Endungs-*e* jeweils aus:

> (Inf.:) sammel-n, änder-n; (Ind./Konj. Präs.:) wir/sie sammel-n; (Konj. Präs.:) du sammel-st, ihr sammel-t.

2. Das *e* der Endung *-en* kann nach Vokal oder *h* beim Infinitiv und in der 1. und 3. Pers. Plur. im Indikativ und Konjunktiv des Präsens und Präteritums ausfallen (synkopiert werden); dies geschieht vor allem in der Literatur aus vers- und satzrhythmischen Gründen und in der (gesprochenen) Umgangssprache:

> *freun* statt *freuen; flehn* statt *flehen;* (ablautende Verben [vgl. 203 ff.]:) *schrein* statt *schrei-en, schrien* statt *schrie-en, fliehn* statt *flieh-en, flohn* statt *floh-en.*

Nur synkopiert gebräuchlich ist *knien.*

3. Das *e* am Ende einer Verbform kann in der Literatur aus vers- und satzrhythmischen Gründen und in der (gesprochenen) Umgangssprache – besonders in der 1. Pers. Sing. Präs. – weglassen (apokopiert) werden (und zwar bei allen Verben, also auch den unregelmäßig konjugierten [vgl. 203 ff.]). In der Schrift wird das unterdrückte *e* gewöhnlich durch einen Apostroph angezeigt:

---

[1] Nach *sch* ist dagegen diese *s*-Verschmelzung nicht üblich (vgl. *du naschst, du herrschst* und nicht: *du nascht, du herrscht*).
[2] In Österreich werden die Formen mit *e* zuweilen heute noch verwendet (*Kaufet Wiefler-Wäsche! Lernet Autofahren!;* vgl. H. Rizzo-Baur: Die Besonderheiten der deutschen Schriftsprache in Österreich und in Südtirol. Mannheim 1962, S. 104).
[3] Bei den Präsensformen auf *-e* (1. Pers. Sing. Ind. und Konj., 3. Pers. Sing. Konj.) und beim Imperativ Sing. werfen die mit *-(e)l-* gebildeten Verben das *e* dieses Wortbildungsmittels heute im allgemeinen aus *(ich/er sammle; sammle!);* die mit *-er-* gebildeten Verben behalten es dagegen im allgemeinen bei *(ich/er ändere; ändere!).*

Ich lauf' mal zum Bäcker. Ich leg' mich jetzt hin. Ich wohn' auf dem Land. Ich hab'
kein Geld (1. Pers. Sing. Präs.). Ich dacht', mich tritt ein Pferd (1. Pers. Sing. Prät.). Sie
konnt' sich nicht satt sehen (3. Pers. Sing. Prät.). Behüt' dich Gott! (3. Pers. Sing.
Konj. I). Es war, als ging' ein Engel durch den Raum (3. Pers. Sing. Konj. II).

Einfache und zusammengesetzte Formen | 196 |

Das hervorstechendste Merkmal nicht nur des regelmäßigen, sondern des verbalen Formensystems überhaupt ist, daß die Formen teils einfach, d. h. nur mit
Hilfe von Endungen und des Präfixes *ge-*, teils durch Zusammensetzung gebildet
werden. Man spricht von einfachen (synthetischen) und zusammengesetzten (umschriebenen, periphrastischen, analytischen) Formen.

Zusammengesetzte Formen haben Futur I und II, Perfekt, Plusquamperfekt, die | 197 |
Infinitive (außer dem Infinitiv Präsens) und das ganze Passiv. Im einzelnen: Das
Futur I bzw. II setzt sich aus den Präsensformen und – für den Konjunktiv II –
Präteritumformen des Hilfsverbs *werden* und dem Infinitiv Präsens (bzw. Perfekt)
zusammen, das Perfekt und Plusquamperfekt aus den präsentischen bzw. präteritalen Formen des Hilfsverbs *haben* (oder *sein*, vgl. 218) und dem 2. Partizip, der
Infinitiv Futur aus dem Infinitiv Präsens und dem Infinitiv von *werden;* der Infi-
nitiv Perfekt aus dem 2. Partizip und dem Infinitiv von *haben* (oder *sein*), der Infi-
nitiv Futur II aus dem Infinitiv Perfekt und dem Infinitiv von *werden.*

Die Bildung des Passivs führt nicht nur zu einer Verdoppelung des Formensystems, sondern wegen der Aufteilung in *werden-* und *sein*-Passiv sogar zu einer
Verdreifachung. Alle Passivformen werden umschreibend gebildet, und zwar
nach folgenden Grundsätzen: Einerseits verbindet sich beim *werden*-Passiv das
Formensystem des Hilfsverbs *werden* mit dem 2. Partizip *(man wird gefragt/ist gefragt worden),* wobei das 2. Partizip von *werden (geworden)* das Präfix *ge-* verliert;
auf der anderen Seite verbindet sich beim *sein*-Passiv das Formensystem des
Hilfsverbs *sein* mit dem 2. Partizip *(er ist gewaschen/gewaschen gewesen).*

Zur Bildung der zusammengesetzten Perfektformen[1] – sowohl der regelmäßigen | 198 |
als auch der unregelmäßigen Verben – mit *haben* oder *sein* ist folgendes zu beachten:

Transitive Verben bilden ihr Perfekt mit *haben:*

> Ich *habe* (den Wagen) gefahren. Sie *hat* (den Schüler) gelobt.

Reflexive Verben bilden ihr Perfekt im allgemeinen (vgl. 169) ebenfalls mit *haben:*

> Sie *hat* sich geschämt. Ich *habe* mich beeilt. Du *hast* dich verletzt.

Schließlich bilden auch diejenigen intransitiven Verben, die ein Geschehen in seinem unvollendeten Verlauf, in seiner Dauer ausdrücken, ihr Perfekt mit *haben:*

> Wir *haben* gut geschlafen. Die Rose *hat* nur sehr kurz geblüht.

Intransitive Verben jedoch, die eine Zustands- oder Ortsveränderung, einen neu-
en, erreichten Stand bezeichnen, bilden ihr Perfekt mit *sein:*

> Die Rose *ist* verblüht. Er *ist* angekommen.

Bei der Perfektbildung der intransitiven Verben mit *haben* oder *sein* treten immer | 199 |
dann Schwankungen auf, wenn die Zuordnung eines bestimmten Verbs zu einer
der beiden möglichen Gruppen unsicher ist oder wechselt. Ersteres ist z. B. der
Fall bei den intransitiven Verben, die eine allmähliche Veränderung bezeichnen:

---

[1] Dasselbe gilt für die Formen des Plusquamperfekts und des Futurs II.

Nach dem Regen *hat/ist* es schnell wieder abgetrocknet. Er *ist/hat* rasch gealtert. Der Wein *ist/hat* gegoren.

Ein Auffassungswechsel im Hinblick auf die Perfektbildung mit *haben* oder *sein* zeigt sich dagegen bei *sitzen, liegen, stehen* im Norden und Süden des deutschen Sprachgebiets. Während man im Norden

Ich *habe* gelegen/gestanden. Er *hatte* auf einem Krautfaß gesessen. (Plievier)

sagt, heißt es im Süden:

Ich *bin* gelegen/gestanden. Mit diesem Brief in der Hand *war* Georg lange ... an seinem Schreibtisch gesessen. (Kafka)

Die Formenbildung mit *sein* ist in diesen Fällen die sprachgeschichtlich ältere, die mit *haben* – mit Ausnahme des Sprachraums südlich des Mains (ohne die Gebiete von Südhessen und der Pfalz) – die zur Zeit übliche.

200 Verschiedene Sehweise und Perfektbildung ist immer möglich bei Bewegungsverben wie

tanzen, reiten, segeln, paddeln, fahren, fliegen, bummeln, flattern, rudern.

Stehen für den Sprecher/Schreiber (unvollendeter) Verlauf und Dauer der mit dem Verb bezeichneten Bewegung im Vordergrund, wird sein Perfekt mit *haben* gebildet:

Ich *habe* als junger Mensch viel getanzt. Sie *hat* den ganzen Vormittag gepaddelt/gesegelt.

Sieht der Sprecher/Schreiber dagegen mehr die (räumliche) Veränderung bei der mit dem Verb bezeichneten Bewegung, dann wird sein Perfekt mit *sein* gebildet:

Ich *bin* durch den Saal getanzt. Sie *ist* über den See gepaddelt/gesegelt.

Insgesamt gesehen nimmt bei den Bewegungsverben die Perfektbildung mit *sein* immer mehr zu; sei es, daß die (räumliche) Veränderung in der Bewegung stärker empfunden wird als Verlauf und Dauer; sei es, daß die Neigung besteht, das Perfekt einiger Bewegungsverben überhaupt nur mit *sein* zu umschreiben, auch wenn mit ihnen gar keine (räumliche) Veränderung ausgedrückt werden soll:

Wir *sind* den ganzen Tag geschwommen/geklettert/geritten u.a. (statt:) Wir *haben* den ganzen Tag geschwommen/geklettert/geritten u.a.

201 Diese Entwicklung hängt zum Teil mit Bedeutungsdifferenzierungen zusammen. Während z. B. das *sein*-Perfekt bei *fahren* und *fliegen (Ich bin gefahren/geflogen)* einen (passiven) Fahr- bzw. Fluggast in der Subjektrolle vermuten läßt, ruft das *haben*-Perfekt *(Ich habe gefahren/geflogen)* die Vorstellung von einem (aktiven) Fahrer bzw. Piloten hervor. Das Verb *bummeln* im Sinne von ‚langsam, ziellos spazierengehen‘ hat heute auch schon ein *sein*-Perfekt, wenn keine (räumliche) Veränderung empfunden wird; dadurch vermeidet man eine Verwechslung mit *bummeln* im Sinne von ‚trödeln, langsam arbeiten‘, das im Perfekt nur mit *haben* verbunden wird.

Das Perfekt von *gehen* und *reisen* wird heute nur noch mit *sein* gebildet; bei *laufen* und *springen* besteht eine Neigung dazu. Die ausgesprochenen Zustandsverben *sein* und *bleiben* haben auffälligerweise kein *haben*-, sondern ein *sein*-Perfekt:

Ich *bin* schon in Amerika gewesen. Wir *sind* in Berlin gewesen. Sie *ist* lange bei mir geblieben.

Auch im Zusammenhang mit der Bildung des Plusquamperfekts ist auf einige Be- | 202 |
sonderheiten hinzuweisen. Bisweilen wird zum Ausdruck eines Geschehens, das
zeitlich vor einem im Plusquamperfekt geschilderten anderen liegt, eine um *gehabt* (bzw. *gewesen*) „gestreckte" Plusquamperfektform gewählt (man könnte hier
von „Vor-Vorvergangenheit" sprechen):

> Ditte war wieder zurückgekommen ... [Sie] *hatte* schon ein gutes Ende *zurückgelegt ge-
> habt.* (A. Nexö) Mischa *hatte* die Geräte in weißes Papier *eingewickelt gehabt* und un-
> ter den Arm gepreßt getragen.

Diese Form steht aber gelegentlich auch überflüssig und inkorrekt für die einfache Vorvergangenheit:

> Wir *hatten* bereits *gegessen gehabt,* als er eintrat (richtig: Wir *hatten* bereits *gegessen,*
> als ...). ... tauschte die Flasche gegen den Hof und das Land ein, das er bisher nur *ge-
> pachtet gehabt hatte* (richtig: ... bisher nur *gepachtet hatte*).

Auch in den Fällen, wo die Verwendung des Plusquamperfekts mißverständlich
wäre, läßt sich die vielfach unbeholfen wirkende Erweiterung um *gehabt/gewesen*
umgehen:

> Und unter dieser Bewegung schloß Amadeus langsam die Augen. Er *hatte* sie in das
> Gesicht des Bruders *gerichtet gehabt.* (E. Wiechert)

Hier könnte das Plusquamperfekt *(... hatte sie in das Gesicht ... gerichtet)* im präteritalen Sinne mißverstanden werden. Aber deshalb muß der zusammengesetzten
Tempusform nicht noch ein *gehabt* hinzugefügt werden; ein einfaches (Zeit)ad-
verb genügt:

> Er *hatte* sie *bis dahin* in das Gesicht des Bruders *gerichtet.*

Auch das folgende Beispiel (um *gehabt* „gestreckte" Perfektform) läßt sich ohne
weiteres durch das Plusquamperfekt ersetzen:

> Denken Sie nur: Die Kleine *hat* den Nerz in einer Pelzhandlung *gestohlen gehabt.*
> (Abendpost; für:) Die Kleine *hatte* den Nerz in einer Pelzhandlung *gestohlen.*

Häufiger noch als die bisher behandelten Tempusstreckungen mit *gehabt* sind folgende inkorrekte bzw. stilistisch unschöne Fälle:

> Die von Westen anfliegenden Maschinen hatten vorzüglich gezielt, ein bißchen weniger
> gut und sie *hätten* ihre Absicht *erreicht gehabt,* den Divisionsstab auszuschalten, den
> sie im Schloß vermutet haben mußten (Erich Kuby; richtig: ... und sie *hätten* ihre Ab-
> sicht *erreicht* ...).
> Sie hinterließen einen Brief, in dem sie erklärten, daß sie sich eigentlich durch Gas hät-
> ten töten wollen, aber die Gasgesellschaft *habe* es *abgestellt gehabt,* weil es zu lange
> nicht bezahlt worden sei. (Stilistisch besser mit Zeitadverb:) ... aber die Gasgesellschaft
> *habe* es *schon vorher abgestellt,* weil ...

2.2.3 Die unregelmäßige Konjugation

Verben mit Ablaut

Die Verben mit Ablaut („starke" Verben[1]) stellen die Hauptgruppe der unregel- | 203 |
mäßigen Verben. Ihr kennzeichnendes Merkmal in der Formenbildung ist der
Wechsel des Stammvokals, der Ablaut (vgl. 207).
Die Klasse der ablautenden Verben ist heute nicht mehr produktiv. Ihre Zahl
nimmt sogar ab, indem viele „starke" Verben entweder schon „schwach" konjugiert (vgl. 184 ff.) oder wenig bzw. gar nicht mehr gebraucht werden und dadurch
aussterben. Neue Verben aber werden stets regelmäßig („schwach") konjugiert.

---

[1] Vgl. 183, Anm. 1.

204 | **Konjugationsmuster**

Tempus	Numerus	Person	Indikativ	Konjunktiv
Präsens	Singular	1.	ich sing-e (trage, breche)	ich sing-e
		2.	du sing-st (trägst, brichst)	du sing-est
		3.	er ⎫ sing-t sie ⎬ (trägt, bricht) es ⎭	er ⎫ sie ⎬ sing-e es ⎭
	Plural	1.	wir sing-en (tragen, brechen)	wir sing-en
		2.	ihr sing-t (tragt, brecht)	ihr sing-et
		3.	sie sing-en (tragen, brechen)	sie sing-en
Präter- itum	Singular	1.	ich sang (blieb)	ich säng-e (bliebe)
		2.	du sang-st (bliebst)	du säng-[e]st (bliebest)
		3.	er ⎫ sie ⎬ sang (blieb) es ⎭	er ⎫ sie ⎬ säng-e (bliebe) es ⎭
	Plural	1.	wir sang-en (blieben)	wir säng-en (blieben)
		2.	ihr sang-t (bliebt)	ihr säng-[e]t (bliebet)
		3.	sie sang-en (blieben)	sie säng-en (blieben)

Infinitiv	Präsens	sing-en

Partizip	Präsens (1. Partizip)	sing-end
	Perfekt (2. Partizip)	ge-sung-en

Imperativ	Singular	sing-e! (brich!)
	Plural	sing-t! (brech-t!)

Alle anderen Formen werden gemäß dem Muster der regelmäßigen Konjugation (vgl. 184 ff.) gebildet.

---

205 | **Die Mittel der Formenbildung**

Die Endungen und das Präfix *ge-*

Die Endungen des Präsens unterscheiden sich nicht wesentlich von den entsprechenden Endungen der regelmäßigen Konjugation:

Numerus	Person	Präsens		Präteritum	
		Indikativ	Konjunktiv I	Indikativ	Konjunktiv II
Singular	1.	-e	-e	–	-e
	2.	-(e)st	-est	-(e)st	-(e)st
	3.	-(e)t	-e	–	-e
Plural	1.	-en	-en	-en	-en
	2.	-(e)t	-et	-(e)t	-(e)t
	3.	-en	-en	-en	-en

Die Endungen der infiniten Formen sind
- für den Infinitiv: *-en*
- für das 1. Partizip: *-end*
- für das 2. Partizip: *-en* (+ Ablaut)

Die Endung des Imperativs ist *-e* bzw. *-(e)t*.

Unterschiede gegenüber der regelmäßigen Konjugation bestehen lediglich bei der Bildung des Präteritums und des 2. Partizips:
- die 1. und 3. Pers. Sing. Ind. Prät. sind endungslos;
- die präteritalen Endungen sind nicht durch *t* erweitert;
- das 2. Partizip endet nicht auf *-t*, sondern auf *-en* (zum Ablaut vgl. 207). Vorangestellt ist dem 2. Partizip das Präfix *ge-*.[1]

Der Umlaut

206

Umlaut tritt – sofern der betreffende Stamm einen umlautfähigen Vokal enthält – an zwei Stellen auf: in der 2. und 3. Pers. Sing. Präs. Ind. und in allen Formen des Konjunktivs II (Präteritum). An der erstgenannten Stelle lautet – allerdings nicht bei allen fraglichen Verben (vgl. 220) – der Vokal des Präsensstamms um (vgl. *ich trage – du trägst – sie trägt*), an der zweitgenannten der Vokal des Präteritumstamms (vgl. *ich sang – ich sänge*), ausnahmsweise auch der Vokal des zweiten Partizips (vgl. *gescholten – ich schölte*) oder der – im neueren Deutsch getilgte und durch den Vokal des Singulars ersetzte – alte Vokal des Plurals Indikativ (vgl. mhd. *wir wurben – ich würbe; verdürbe, würfe, stürbe*). Da hier die auf Ausgleich und Eindeutigkeit zielende sprachgeschichtliche Entwicklung in einigen Fällen noch nicht abgeschlossen ist, stehen bei manchen Verben heute noch verschiedene Konjunktivformen nebeneinander:

befehlen: beföhle/befähle
beginnen: begänne/(seltener:) begönne
dreschen: drösche/(veraltet:) dräsche
empfehlen: empföhle/(seltener:) empfähle
gelten: gölte/gälte
gewinnen: gewönne/gewänne
heben: höbe/(veraltet:) hübe
helfen: hülfe/(selten:) hälfe
rinnen: ränne/(seltener:) rönne
schwimmen: schwömme/(seltener:) schwämme

---

[1] Zu den Ausnahmen vgl. 317. Doppelpräfigierung hat das Partizip von *essen (ge-g-essen)* erfahren.

schwören: schwüre/(selten:) schwöre
sinnen: sänne/(veraltet:) sönne
spinnen: spönne/spänne
stehen (vgl. 212): stünde/stände
stehlen: stähle/(seltener:) stöhle

Da viele Konjunktiv-II-Formen mit Umlaut heute altertümlich wirken und als geziert empfunden werden, umschreibt man sie gerne mit der *würde*-Form (vgl. 287).[1]

Der Ablaut

207

Als Ablaut wird der regelmäßige Wechsel des Stammvokals bezeichnet. Er ist bei den „starken" Verben wesentlich für den Unterschied zwischen Präsens, Präteritum und 2. Partizip verantwortlich:

(ich) singe – (ich) sang – (ich habe) gesungen.

Damit ist der Ablaut das wichtigste Unterscheidungsmerkmal zwischen unregelmäßiger und regelmäßiger Konjugation, wo Präteritum und 2. Partizip nicht durch den Ablaut, sondern mit Hilfe eines (die Endung erweiternden) *t* gebildet werden (vgl. 189 ff.):

	Präsens	Präteritum	2. Partizip
regelmäßig	ich liebe	ich lieb-t-e	ge-lieb-t
unregelmäßig	ich singe	ich sang	ge-sung-en

Bezüglich des 2. Partizips zeigt das Beispiel, daß sich die unregelmäßige Konjugation von der regelmäßigen – abgesehen vom beiden gemeinsamen Präfix *ge-* – nicht nur durch den Ablaut, sondern auch durch die Endung *-en* (gegenüber regelmäßig *-[e]t*) unterscheidet.

208

Insgesamt gibt es rund 170 ablautende Verben, die sich auf 39 Ablautreihen verteilen und als eine Folge von Stammformen dargeboten werden:

singe – sang – gesungen.

Von der ersten Stammform (1. Pers. Sing. Ind. Präs.) werden alle Präsensformen, der Imperativ, das 1. Partizip und gegebenenfalls der Infinitiv abgeleitet, von der 2. Stammform (1. Pers. Sing. Prät.) die Präteritumformen; die 3. Stammform stellt das 2. Partizip (Partizip Perfekt) dar. Die folgende Zusammenstellung führt alle Ablautreihen (bis auf die von *gehen, stehen, tun;* vgl. 212) nach der Menge der zugehörigen Verben auf.[2] Während die ersten sechs Ablautreihen die Formbildung von ungefähr der Hälfte aller ablautenden Verben bestimmen, sind die Reihen 24 bis 39 jeweils nur durch ein einziges Verb vertreten[3]:

---

[1] Der Konjunktiv II der regelmäßigen Verben hat standardsprachlich keinen Umlaut. Die Form *bräuchte,* die im Süden des deutschen Sprachgebiets häufig gebraucht wird, ist landschaftlich. Durch das *äu* wird hier der Konjunktiv II vom Indikativ Präteritum abgehoben. Standardsprachlich lauten beide Formen gleich *(brauchte).*

[2] Vokallänge wird dabei in den Ablautreihen durch einen untergesetzten Strich gekennzeichnet; langes i̱ erscheint in den Beispielen regelmäßig als *ie.*

[3] Da sich Regeln, die angeben, nach welcher Ablautreihe ein bestimmtes Verb konjugiert wird, nur ansatzweise für einzelne Verbgruppen aufstellen lassen, ist es im Zweifelsfall am einfachsten, die Liste der unregelmäßigen Verben unter 220 zu befragen.

Ablautreihe	Beispiel	zugehörige Verben
1. ei - i - i	reite – ritt – geritten	23
2. i - a - u	binde – band – gebunden	19
3. ei - i - i	bleibe – blieb – geblieben	16
4. i - o - o	fließe – floß – geflossen	11
5. i - o - o	biege – bog – gebogen	11
6. e - a - o	berge – barg – geborgen	9
7. e - o - o	dresche – drosch – gedroschen	7
8. i - a - o	spinne – spann – gesponnen	6
9. a - u - a	fahre – fuhr – gefahren	6
10. e - a - e	gebe – gab – gegeben	6
11. e - a - o	spreche – sprach – gesprochen	5
12. e - a - e	messe – maß – gemessen	5
13. e - o - o	hebe – hob – gehoben	5
14. a - u - a	schaffe – schuf – geschaffen	4
15. a - i - a	blase – blies – geblasen	4
16. a - i - a	falle – fiel – gefallen	3
17. e - a - o	stehle – stahl – gestohlen	3
18. ä - o - o	gäre – gor – gegoren	3
19. ü - o - o	lüge – log – gelogen	3
20. i - o - o	glimme – glomm – geglommen	2
21. au - i - au	laufe – lief – gelaufen	2
22. au - o - o	sauge – sog – gesogen	2
23. a - i - a	fange – fing – gefangen	2
24. i - a - e	sitze – saß – gesessen	1
25. i - u - u	schinde – schund – geschunden	1
26. i - a - e	bitte – bat – gebeten	1
27. i - a - e	liege – lag – gelegen	1
28. a - o - o	schalle – scholl – (erschollen)	1
29. e - u - o	werde – wurde – geworden	1
30. e - a - o	nehme – nahm – genommen	1
31. o - a - o	komme – kam – gekommen	1
32. o - i - o	stoße – stieß – gestoßen	1
33. u - i - u	rufe – rief – gerufen	1
34. ä - i - a	hänge – hing – gehangen	1
35. ä - a - o	gebäre – gebar – geboren	1
36. ö - o - o	erlösche – erlosch – erloschen	1
37. ö - o - o	schwöre – schwor – geschworen	1
38. au - o - o	saufe – soff – gesoffen	1
39. ei - i - ei	heiße – hieß – geheißen	1

Die *e*-Erweiterung

209

1. Wie bei den regelmäßigen Verben (vgl. 193 f.) erweitern auch die unregelmäßigen (ablautenden) Verben, deren Stamm auf Dental (*d* oder *t*) endet, bestimmte Endungen (2. Pers. Sing./Plur. und 3. Pers. Sing. Präs. Ind., 2. Pers. Sing./Plur. Prät. Ind., Imperativ Plur.) mit einem *e*:

> du find-e-st, er/ihr find-e-t; find-e-t!; du fand-e-st, ihr fand-e-t;
> du gleit-e-st, er/ihr gleit-e-t; gleit-e-t!; du glitt-e-st, ihr glitt-e-t.

Hierzu einige Bemerkungen:
Wenn die 2. und 3. Pers. Sing. Präs. Ind. Umlaut oder *e/i*-Wechsel (vgl. 211) aufweisen, unterbleibt die *e*-Erweiterung:

> du hält-st, er hält (aber: ihr halt-e-t; halt-e-t!);
> du gilt-st, er gilt (aber: ihr gelt-e-t; gelt-e-t!).

In den Präteritumformen des Singulars gilt die *e*-Erweiterung als Zeichen archaischer oder dichterischer Sprache; in der Standardsprache werden in der Regel die Formen ohne *e* verwendet *(du fandst, du botst)*.

Während die *e*-Erweiterung im Imperativ Plur. bei den auf Dental schließenden Verben notwendig durchgeführt werden muß *(find-e-t!, biet-e-t!, lad-e-t!, fecht-e-t!)*, wirkt sie in allen anderen Fällen archaisch-feierlich:

> Lasset die Kindlein und wehret ihnen nicht, zu mir zu kommen. (Matt. 19,14)

2. Möglich ist die *e*-Erweiterung (in der 2. Pers. Sing./Plur. und der 3. Pers. Sing. Präs. Ind., der 2. Pers. Sing./Plur. Prät. Ind. und im Imperativ Plur.) auch bei den Verben, deren Stamm auf *s, ß, sch* oder *z* endet:

> du beweis-e-st, er/ihr beweis-e-t; beweis-e-t!; du bewies-e-st, ihr bewies-e-t;
> du reiß-e-st, er/ihr reiß-e-t; reiß-e-t!; du riss-e-st, ihr riss-e-t.

Abgesehen von der 2. Pers. Sing. Prät. Ind. wirken die *e*-erweiterten Formen aber archaisch-feierlich oder geziert und werden in der Standardsprache kaum verwendet. Hier heißt es vielmehr:

> du beweist, er/ihr beweist; beweist!; ihr bewiest;
> du reißt, er/ihr reißt; reißt!; ihr rißt;
> du sitzt, er/ihr sitzt; sitzt!; ihr saßt.[1]

Die *e*-Erweiterung unterbleibt auch, wenn die 2. und 3. Pers. Sing. Präs. Ind. Umlaut oder *e/i*-Wechsel (vgl. 211) aufweisen:

> du bläs-t, er bläs-t (aber: ihr blas-[e]-t);
> du wäsch-st, er wäsch-t (aber: ihr wasch-[e]-t);
> du lies-t, er lies-t (aber: ihr les-[e]-t).

3. Gelegentlich ist die *e*-Erweiterung bei unregelmäßigen Verben über die genannten Regelfälle hinaus anzutreffen. Sie gilt dann als veraltet oder dichterisch[2]:

> Drin liegst du, wie du starbest. (Uhland)

| 210 | **Die *e*-Tilgung** |

Über die bereits bei den regelmäßigen Verben genannten Fälle hinaus (vgl. 195) kann bei den ablautenden Verben das *e* in den Endungen der 2. Pers. Sing. und Plur. des Konjunktivs II wegfallen, wenn der Stammvokal des Indikativs und Konjunktivs Präteritum verschieden ist[3]:

> du trüg-e-st/trüg-st (Ind. du trug-st), ihr trüg-e-t/trüg-t;
> du tränk-e-st/tränk-st (Ind. du trank-st), ihr tränk-e-t/tränk-t.

| 211 | **Der *e/i*-Wechsel** |

Eine Reihe von ablautenden Verben bildet die 2. und 3. Pers. Sing. Präs. Ind. und den Imperativ Sing., indem sie das *e* des Präsensstamms gegen *i (ie)* auswechselt[4]:

---

[1] Wobei in der 2. Pers. Sing. Präs. Ind. das stammauslautende *s, ß* oder *z* mit der Endung *-st* zu *-st, -ßt* oder *-zt* verschmilzt *(du beweist, reißt, sitzt)*. Nur bei *sch* ist diese Verschmelzung nicht üblich *(du wäschst, drischst)*.

[2] In Österreich werden die Formen mit *e* zuweilen heute noch verwendet *(Leset das neue Bergland-Buch!;* vgl. H. Rizzo-Baur: Die Besonderheiten der deutschen Schriftsprache in Österreich und in Südtirol. Mannheim 1962, S. 104).

[3] Hiervon ausgenommen sind die unter 209 behandelten Verben mit stammauslautendem Zischlaut *(s, ß, sch, z)* bzw. Dental *(d, t);* also nur mit *e: du läs-e-st, ihr läs-e-t* (= Zischlaut); *du bänd-e-st, ihr bänd-e-t; du böt-e-st, ihr böt-e-t* (= Dental).

[4] In der Gegenwartssprache ist ein Zug zum Systemausgleich insofern festzustellen, als der Imperativ Sing. auch ohne *e/i*-Wechsel gebildet wird. So kann man in der gesprochenen (Umgangs)sprache *eß!/ esse!* statt standardspr. *iß!, werf!/werfe!* statt standardspr. *wirf!, brech!/breche!* statt standardsprachlich *brich!* hören.

ich breche – du brichst, er bricht; brich!
ich esse – du ißt, er ißt; iß!
ich lese – du liest, sie liest; lies!
ich nehme – du nimmst, sie nimmt; nimm!

In einigen Fällen wird auch ein *ä* oder *ö* des Präsensstamms gegen *i (ie)* ausgewechselt:

ich gebäre – du gebierst, sie gebiert; gebier! (Vgl. aber S. 135.)
ich [er]lösche – du [er]lischst, er [er]lischt; [er]lisch!

Konsonantenwechsel | 212 |

Bei einigen ablautenden Verben verbindet sich im Präteritum und im 2. Partizip der Wechsel des Stammvokals mit einer Änderung des stammschließenden Konsonanten:

ich schneide – ich schnitt/habe geschnitten;
ich leide – ich litt/habe gelitten;
ich siede – ich sott/habe gesotten;
ich gehe – ich ging/bin gegangen;
ich stehe – ich stand/habe gestanden;
ich ziehe – ich zog/habe gezogen;
ich sitze – ich saß/habe gesessen.

Bei *hauen* und *tun* verfügt nur das Präteritum über einen stammschließenden Konsonanten:

ich haue – ich hieb/habe gehauen;
ich tu[e] – ich tat/habe getan.

Verben mit Mischformen | 213 |

Die Verben mit Mischformen bilden ihre Stammformen teils nach dem Muster der regelmäßigen Verben, teils nach dem Muster der unregelmäßigen ablautenden *(mahlen – mahlte – gemahlen);* einige konjugieren sowohl regelmäßig als auch unregelmäßig *(gären – gor – gegoren/gären – gärte – gegärt).* Es begegnet auch der Fall, daß eine neuere regelmäßige Form mit einer älteren unregelmäßigen konkurriert *(backen – backte/*[älter:] *buk – gebacken).*
Bei bestimmten Verben sind mit den verschiedenen Konjugationsformen verschiedene Bedeutungen verknüpft:

bewegen: 1. a) ,die Lage verändern': *Er bewegte den Vorhang, hat ihn bewegt.* b) ,rühren, erregen': *Ihre Rede bewegte die Zuhörer, hat sie bewegt.* 2. ,jmdn. zu etw. veranlassen': *Er bewog sie zum Einlenken, hat sie dazu bewogen.*
erschrecken: 1. ,jmdn. in Schrecken versetzen': *Peter erschreckt* (ohne *e/i*-Wechsel!), *erschreckte seine Schwester, hat sie erschreckt.* 2. ,in Schrecken geraten': *Peter erschrickt* (mit *e/i*-Wechsel!) *leicht; er erschrak, ist sehr erschrocken.*

Verben mit Vokalwechsel | 214 |

In einer die Verben *brennen, kennen, nennen, rennen, senden* und *wenden* umfassenden Gruppe wechselt der Stammvokal zwischen *e* und *a* (sonst werden sie regelmäßig konjugiert): Im Präsens, Infinitiv, Imperativ, 1. Partizip und Konjunktiv I und II[1] lautet er *e (sie kennt),* im Präteritum und 2. Partizip *a (sie kannte, hat gekannt).*[2]

---

[1] Die Konjunktiv-II-Formen mit *e (er kennte)* sind allerdings selten; gewöhnlich werden sie mit der *würde*-Form umschrieben (vgl. 287).
[2] Die Verben *senden* und *wenden* bilden ihr Präteritum und das 2. Partizip auch regelmäßig *(sendete, wendete* statt *sandte, wandte).*

| 215 | **Verben mit Vokal- und Konsonantenwechsel** |

Hierher gehören die Verben *denken, bringen* und *dünken,* deren Formenbildung außer dem Wechsel des Stammvokals auch eine Änderung des stammschließenden Konsonanten zeigt (sonst werden sie regelmäßig konjugiert):

denken – dachte – gedacht; dächte;
bringen – brachte – gebracht; brächte;
dünken – deuchte (neben: dünkte) – gedeucht (neben: gedünkt).

| 216 | **Die Modalverben** |

Die Modalverben – außer *wollen*[1] – und das Verb *wissen* bilden die Gruppe der sog. Präteritopräsentia. Die Besonderheit dieser ursprünglich „stark" konjugierten Verben (vgl. 203 ff.) besteht darin, daß sie ihr altes Präsens verloren haben und daß die so entstandene Lücke durch Präteritumformen mit nun präsentischer Bedeutung gefüllt wurde. Deren Stelle nahmen Formen ein, die mit der (nicht umgelauteten) Stammform des Plurals und nach dem Grundsatz der „schwachen" Konjugation (vgl. 184 ff.) gebildet waren:

		dürfen	können	mögen	müssen	sollen	wollen	wissen
Indikativ Präsens	ich	darf	kann	mag	muß	soll	will	weiß
	du	darfst	kannst	magst	mußt	sollst	willst	weißt
	er sie es	darf	kann	mag	muß	soll	will	weiß
	wir	dürfen	können	mögen	müssen	sollen	wollen	wissen
	ihr	dürft	könnt	mögt	müßt	sollt	wollt	wißt
	sie	dürfen	können	mögen	müssen	sollen	wollen	wissen
Konjunktiv I	ich	dürfe	könne	möge	müsse	solle	wolle	wisse
	du	dürfest	könnest	mögest	müssest	sollest	wollest	wissest
	er sie es	dürfe	könne	möge	müsse	solle	wolle	wisse
	wir	dürfen	können	mögen	müssen	sollen	wollen	wissen
	ihr	dürfet	könnet	möget	müsset	sollet	wollet	wisset
	sie	dürfen	können	mögen	müssen	sollen	wollen	wissen
Indikativ Präteritum	ich	durfte	konnte	mochte	mußte	sollte	wollte	wußte
	du	durftest	konntest	mochtest	mußtest	solltest	wolltest	wußtest
	er sie es	durfte	konnte	mochte	mußte	sollte	wollte	wußte
	wir	durften	konnten	mochten	mußten	sollten	wollten	wußten
	ihr	durftet	konntet	mochtet	mußtet	solltet	wolltet	wußtet
	sie	durften	konnten	mochten	mußten	sollten	wollten	wußten
Konjunktiv II	ich	dürfte	könnte	möchte	müßte	sollte	wollte	wüßte
	du	dürftest	könntest	möchtest	müßtest	solltest	wolltest	wüßtest
	er sie es	dürfte	könnte	möchte	müßte	sollte	wollte	wüßte
	wir	dürften	könnten	möchten	müßten	sollten	wollten	wüßten
	ihr	dürftet	könntet	möchtet	müßtet	solltet	wolltet	wüßtet
	sie	dürften	könnten	möchten	müßten	sollten	wollten	wüßten

2. Partizip: *gedurft, gekonnt, gemocht, gemußt, gesollt, gewollt, gewußt.*

[1] Anders als bei den Präteritopräsentia kann im Falle von *wollen* der Indikativ Präsens nicht auf Präteritumformen zurückgeführt werden; es liegt vielmehr ein Konjunktiv zugrunde.

Die umschriebenen Formen werden mit *werden (sie wird können, wollen)* bzw. *haben (sie hat gekonnt, gewollt)* gebildet.

1. Die Präteritopräsentia werden entsprechend ihrer Geschichte in der 1. und 3. Pers. Sing. Präs. Ind. ohne Endungs-*e* bzw. -*t* gebildet (vgl. *ich/er darf* gegenüber *ich lieb-e, er lieb-t*).

217

2. Die Verben *können, dürfen, mögen, wollen* und *wissen* weisen im Präsens Singular und Plural verschiedenen Stammvokal auf:

ich k*a*nn/wir k*ö*nnen; d*a*rf/d*ü*rfen, m*a*g/m*ö*gen, w*i*ll/w*o*llen, w*ei*ß/w*i*ssen.

3. Bei *müssen* wird der Stammvokal im Präsens Plural umgelautet *(ich m*u*ß – wir m*ü*ssen).*

4. Die Präteritopräsentia *dürfen, können, mögen, müssen* und *wissen* bilden den Konjunktiv II durch Umlaut *(dürfte, könnte* usw.). Nicht so *sollen* und *wollen,* wo sich Konjunktiv II und Indikativ Präteritum nicht unterscheiden.

5. Im *haben*-Gefüge, das durch einen Infinitiv erweitert ist, wird das sonst übliche 2. Partizip durch den Infinitiv ersetzt[1]:

Sie hat kommen *können/wollen* (nicht: gekonnt/gewollt).

Die Verben *sein, haben, werden*

218

Zur Konjugation der Verben *sein, haben* und *werden,* die als Hilfsverben eine sehr wichtige Aufgabe im Konjugationssystem erfüllen (vgl. 197), vgl. S. 132f. und folgende Anmerkungen:

1. Von *werden* als Hilfsverb lautet das 2. Partizip *worden,* von *werden* als Vollverb *geworden:*

219

Der Hund ist geschlagen *worden.* Peters Schwester ist Lehrerin *geworden.*

Da *werden* zu den ablautenden Verben (vgl. 203 ff.) gehört, wird es bis auf folgende Abweichungen nach deren Muster konjugiert:

du wirst (für: wir[de]st), er/sie/es wird (für: wirdt), werde! (für: wird!).

Im Präteritum Sing. wurden die ursprünglichen Formen *(ich) ward, (du) wardst, (er/sie/es) ward* an den Plural *wurden* angeglichen und die Endung -*e* des „schwachen" Präteritums angehängt *(wurde).* Die älteren Formen werden noch gelegentlich zur Erzielung besonderer stilistischer Wirkungen gebraucht:

Der kleine, sorgfältig gezeichnete Wäscheschatz ... *ward* von Schalleen aufs beste betreut. (Th. Mann) Nur nach Weihnachten *ward* es zu arg. (Beheim-Schwarzbach)

2. Die 2. Pers. Plur. Präs. und der Imperativ Plur. von *sein* werden zur Unterscheidung von der gleichlautenden Präposition *seit* mit *d* geschrieben *(ihr seid; seid!).*

3. Die Unregelmäßigkeit des Verbs *haben* ist das Ergebnis von Zusammenziehungen *(hast* aus *ha[be]st, hat* aus *ha[be]t, hatte* aus *ha[be]te).*

---

[1] Zu diesem sog. Ersatzinfinitiv vgl. 318.

Tempus	Numerus	Person		Indikativ		Konjunktiv I		Konjunktiv II
Präsens	Singular	1.	ich	bin/habe/werde		sei/habe/werde		wäre/hätte/würde
		2.	du	bist/hast/wirst		sei[e]st/habest/werdest		wär[e]st/hättest/würdest
		3.	er/sie/es	ist/hat/wird		sei/habe/werde		wäre/hätte/würde
	Plural	1.	wir	sind/haben/werden		seien/haben/werden		wären/hätten/würden
		2.	ihr	seid/habt/werdet		seiet/habet/werdet		wär[e]t/hättet/würdet
		3.	sie	sind/haben/werden		seien/haben/werden		wären/hätten/würden
Präteritum	Singular	1.	ich	war/hatte/wurde				wäre/hätte/würde
		2.	du	warst/hattest/wurdest				wär[e]st/hättest/würdest
		3.	er/sie/es	war/hatte/wurde				wäre/hätte/würde
	Plural	1.	wir	waren/hatten/wurden				wären/hätten/würden
		2.	ihr	wart/hattet/wurdet				wär[e]t/hättet/würdet
		3.	sie	waren/hatten/wurden				wären/hätten/würden
Futur I		3.	er/sie/es	wird sein / wird haben / wird werden		werde sein / werde haben / werde werden		würde sein / würde haben / würde werden
Perfekt	Singular	3.	er/sie/es	ist gewesen / hat gehabt / ist geworden		sei gewesen / habe gehabt / sei geworden		
Plusq.	Singular	3.	er/sie/es	war gewesen / hatte gehabt / war geworden				wäre gewesen / hätte gehabt / wäre geworden
Futur II			er/sie/es	wird gewesen sein / wird gehabt haben / wird geworden sein		werde gewesen sein / werde gehabt haben / werde geworden sein		würde gewesen sein / würde gehabt haben / würde geworden sein

Die Bildungsweise der infiniten Formen und des Imperativs von *sein, haben* und *werden* geht aus den folgenden Tabellen hervor:

	Präsens	sein/hab-en/werd-en
	Futur I	sein werden/haben werden/(werden werden)
Infinitiv	Perfekt	gewesen sein/gehabt haben/geworden sein
	Futur II	gewesen sein werden/gehabt haben werden/geworden sein werden

	Präsens (1. Partizip)	sei-end/hab-end/werd-end
Partizip	Perfekt (2. Partizip)	ge-wes-en/ge-hab-t/(ge-)word-en

	Singular	sei!/hab-e!/werd-e!
Imperativ	Plural	seid!/hab-t!werd-et!

Liste aller unregelmäßigen Verben [1]

220

1. Stammform	2. Stammform	3. Stammform

backen[2] (vgl. 206, 213)
  du bäckst, er bäckt;
  (häufig schon:)
  du backst, er backt
	backte/buk (älter)
	  büke
		hat gebacken

befehlen (vgl. 211)
  du befiehlst,
  er befiehlt; befiehl!
	befahl
	  beföhle/befähle
	  (vgl. 206)
		hat befohlen

befleißen, sich[3]	befliß	hat sich beflissen

beginnen	begann
	  begänne/begönne
	  (selt.; vgl. 206)
		hat begonnen

beißen	biß	hat gebissen

bergen (vgl. 211)
  du birgst, er birgt;
  birg!
	barg
	  bärge
		hat geborgen

bersten (vgl. 211)
  du birst, er birst;
  (veralt.:) du berstest,
  er berstet; (selt.:) birst!
	barst
	  bärste
		ist geborsten

---

[1] Bei der 1. Stammform (Infinitiv Präsens) werden die 2. und 3. Pers. Sing. Präs. sowie der Imperativ, bei der 2. Stammform (1. Pers. Sing. Ind. Prät.) wird der Konjunktiv II hinzugesetzt, wenn Umlaut oder *e/i*-Wechsel u. ä. (vgl. 206 ff.) eintritt. Vor der 3. Stammform (2. Partizip) steht je nach der Bildungsweise der zusammengesetzten Verbform *hat* oder *ist*. Da die zusammengesetzten Verben im allgemeinen wie die entsprechenden einfachen konjugiert werden (vgl. *abbrechen* und *brechen*), erscheinen sie nur in Ausnahmefällen.

[2] In der Bedeutung ‚kleben' regelmäßig: *Der Schnee backt/backte/hat gebackt.*

[3] Heute selten; das übliche *sich befleißigen* wird regelmäßig konjugiert.

1. Stammform	2. Stammform	3. Stammform
bewegen ‚veranlassen'[1]	bewog bewöge	hat bewogen
biegen	bog böge	gebogen Sie *ist* um die Ecke gebogen. (Aber:) Er *hat* das Rohr gebogen.
bieten	bot böte	hat geboten
binden	band bände	hat gebunden
bitten	bat bäte	hat gebeten
blasen (vgl. 206) du bläst, er bläst	blies	hat geblasen
bleiben	blieb	ist geblieben
bleichen ‚hell werden' (intrans.)[2]	blich	ist geblichen
braten (vgl. 206) du brätst, er brät	briet	hat gebraten
brechen (vgl. 211) du brichst, er bricht; brich!	brach bräche	gebrochen Das Eis *ist* gebrochen. (Aber:) Er *hat* sein Wort gebrochen.
brennen (vgl. 214)	brannte brennte (selten)	hat gebrannt
bringen (vgl. 215)	brachte brächte	hat gebracht
denken (vgl. 215)	dachte dächte	hat gedacht
dingen	dang[3] dänge	hat gedungen[4]
dreschen (vgl. 211) du drischst, er drischt; drisch!	drosch/drasch (veralt.) drösche/dräsche (veralt.; vgl. 206)	hat gedroschen
dringen	drang dränge	gedrungen Sie *hat* darauf gedrungen. (Aber:) Der Feind *ist* in die Stadt gedrungen.
dünken (vgl. 215) dir/dich, ihm/ ihn dünkt (auch:) deucht	deuchte[5]	ihm/ihn hat gedeucht[7]
dürfen (vgl. 216 f.) ich darf, du darfst, er darf	durfte dürfte	hat gedurft
empfangen (vgl. 206) du empfängst, er empfängt	empfing	hat empfangen

---

[1] Vgl. 213.
[2] Meist nur noch in Zusammensetzungen und Präfixbildungen wie *aus-, er-, verbleichen*. Das trans. *bleichen* ‚hell machen' wird regelmäßig konjugiert *(bleichte, hat gebleicht)*. Das 2. Partizip zu *ausbleichen* ‚hell werden' *ausgeblichen*, aber auch schon *ausgebleicht. erbleichen* hat die Formen *erbleichte, ist erbleicht;* veraltet und im Sinne von ‚gestorben' nur [v]erblichen.
[3] Heute meist regelmäßig *(dingte)*.
[4] Seltener regelmäßig *(gedingt)*.
[5] Veraltet; heute meist regelmäßig *(dünkte, gedünkt)*.

1. Stammform	2. Stammform	3. Stammform
empfehlen (vgl. 211) du empfiehlst, er empfiehlt; empfiehl!	empfahl empföhle/empfäh- le (selt.; vgl. 206)	hat empfohlen
empfinden	empfand empfände	hat empfunden
erkiesen[1]	erkor erköre	hat erkoren
essen (vgl. 211) du ißt, er ißt; iß!	aß äße	hat gegessen
fahren (vgl. 206) du fährst, er fährt	fuhr führe	gefahren Er *ist* über die Brücke gefahren. (Aber:) Sie *hat* ein Auto gefahren.
fallen (vgl. 206) du fällst, er fällt	fiel	ist gefallen
fangen (vgl. 206) du fängst, er fängt	fing	hat gefangen
fechten (vgl. 211) du fichtst[2], er ficht; ficht!	focht föchte	hat gefochten
finden	fand fände	hat gefunden
flechten (vgl. 211) du flichtst[3], er flicht; flicht!	flocht flöchte	hat geflochten
fliegen	flog flöge	geflogen Sie *ist* nach London geflogen. (Aber:) Er *hat* die Maschine nach London geflogen.
fliehen	floh flöhe	geflohen Er *ist* geflohen. (Aber:) Der Schlaf *hat* mich geflohen.
fließen	floß flösse	ist geflossen
fragen (landsch. geleg. noch:) du frägst, er frägt (vgl. 206)	fragte (landsch. geleg. noch:) frug	hat gefragt
fressen (vgl. 211) du frißt, er frißt; friß!	fraß fräße	hat gefressen
frieren	fror fröre	hat gefroren
gären[4]	gor göre	gegoren Der Wein *hat/ist* gegoren.
gebären du gebierst, sie gebiert; gebier![5]	gebar gebäre	hat geboren
geben (vgl. 211) du gibst, er gibt; gib!	gab gäbe	hat gegeben

[1] Selten auch regelmäßig *(erkieste, hat erkiest)*. Der Infinitiv und die Präsensformen dieses Verbs sind
ungebräuchlich.
[2] Der Aussprache angeglichene umgangssprachliche Erleichterungsform ist *fichst*.
[3] Der Aussprache angeglichene umgangssprachliche Erleichterungsform ist *flichst*.
[4] Besonders in übertragener Bedeutung auch schon regelmäßig *(gärte, gegärt)*.
[5] Üblicher: *du gebärst, sie gebärt; gebäre!*

1. Stammform	2. Stammform	3. Stammform
gedeihen	gedieh	ist gediehen[1]
gehen (vgl. 212)	ging	ist gegangen
gelingen	gelang	ist gelungen
	gelänge	
gelten (vgl. 211)	galt	hat gegolten
du giltst, er gilt;	gölte/gälte	
(selten:) gilt!	(vgl. 206)	
genesen	genas	ist genesen
	genäse	
genießen	genoß	hat genossen
	genösse	
geschehen (vgl. 211)	geschah	ist geschehen
es geschieht	geschähe	
gewinnen	gewann	hat gewonnen
	gewönne/	
	gewänne	
	(vgl. 206)	
gießen	goß	hat gegossen
	gösse	
gleichen	glich	hat geglichen
gleiten[2]	glitt	ist geglitten
glimmen[3]	glomm	hat geglommen
	glömme	
graben (vgl. 206)	grub	hat gegraben
du gräbst, er gräbt	grübe	
greifen	griff	hat gegriffen
haben (vgl. 218f.)	hatte	hat gehabt
du hast, er hat	hätte	
halten (vgl. 206)	hielt	hat gehalten
du hältst, er hält		
hängen (intrans.)[4]	hing	hat gehangen
hauen (vgl. 212)[5]	hieb	hat gehauen
heben	hob/hub (veralt.)[6]	hat gehoben
	höbe/hübe (veralt.;	
	vgl. 206)	
heißen	hieß	hat geheißen[7]
helfen (vgl. 211)	half	hat geholfen
du hilfst, er hilft;	hülfe/hälfe (selt.;	
hilf!	vgl. 206)	
kennen (vgl. 214)	kannte	hat gekannt
	kennte (selten)	
klimmen[8]	klomm	ist geklommen
	klömme	
klingen	klang	hat geklungen
	klänge	
kneifen[9]	kniff	hat gekniffen

[1] Das alte Partizip *gediegen* ist zum Adjektiv geworden.
[2] Veraltet: *gleitete, gegleitet.*
[3] Daneben auch schon regelmäßig: *glimmte, geglimmt.*
[4] Älter oder mdal.: *hangen.* Das trans. *hängen* wird regelmäßig konjugiert *(Sie hängte das Bild an die Wand, hat es an die Wand gehängt).*
[5] Die unregelmäßige Form *hieb* wird standardspr. für das Schlagen mit einer Waffe oder das Verwunden im Kampf, gelegentlich auch geh. für *haute* verwendet. Sonst wird allgemein *haute* gebraucht. *gehaut* gehört der landsch. Umgangssprache an.
[6] Das Verb *anheben* ,anfangen, beginnen' hat im Präteritum die Formen *hob/hub an.*
[7] Die Form *gehießen* ist umgangssprachlich.
[8] Heute auch schon regelmäßig *(klimmte, geklimmt).*
[9] Die Formen *kneipen, knipp, geknippen* sind landsch. (Das von *Kneipe* abgeleitete ugs. *kneipen* ,in der Kneipe verkehren, trinken' wird regelmäßig konjugiert.)

1. Stammform	2. Stammform	3. Stammform
kommen (veraltet:) du kömmst, er kömmt (vgl. 206)	kam käme	ist gekommen
können (vgl. 216f.) ich kann, du kannst, er kann	konnte könnte	hat gekonnt
kreischen[1]	krisch	hat gekrischen
kriechen	kroch kröche	ist gekrochen
küren[2]	kor köre	hat gekoren
laden ‚aufladen' (vgl. 206) du lädst, er lädt	lud lüde	hat geladen
laden ‚zum Kommen auffordern' (vgl. 206) du lädst, er lädt; (veralt., aber noch landsch.:) du ladest, er ladet	lud lüde	hat geladen
lassen (vgl. 206) du läßt, er läßt	ließ	hat gelassen
laufen (vgl. 206) du läufst, er läuft	lief	gelaufen Er *ist* in den Wald gelaufen. (Aber:) Sie *hat* sich die Füße wund gelaufen.
leiden	litt	hat gelitten
leihen	lieh	hat geliehen
lesen (vgl. 211) du liest, er liest; lies!	las läse	hat gelesen
liegen	lag läge	gelegen Er *hat* lange krank gelegen. (vgl. 198ff.) (Aber:) Das Dorf *ist* schön gelegen.
löschen (intrans.[3]; vgl. 211) du lischst, er lischt; lisch!	losch lösche	ist geloschen
lügen	log löge	hat gelogen
mahlen	mahlte	hat gemahlen
meiden	mied	hat gemieden
melken[4] (vgl. 211) du milkst, er milkt; milk!	molk mölke	hat gemolken
messen (vgl. 211) du mißt, er mißt; miß!	maß mäße	hat gemessen

[1] Die unregelmäßigen Formen sind entweder veraltet oder mdal.; standardspr. heute regelmäßig *(kreischte, hat gekreischt).*

[2] Die regelmäßige Konjugation ist heute üblicher *(kürte, gekürt).*

[3] Meist nur noch in Bildungen wie *auslöschen, er-* und *verlöschen.* Das trans. *löschen* wie auch die trans. *auslöschen* und *verlöschen* werden regelmäßig konjugiert *(Er löschte das Feuer, hat das Feuer gelöscht).*

[4] Die unregelmäßigen Formen *milkst, milkt, milk!* sind veraltet; heute gebräuchlich sind die regelmäßigen Formen *melkst, melkt, melke!;* auch *melkte* ist heute üblicher als *molk;* neben *gemolken* wird auch schon *gemelkt* gebraucht.

1. Stammform	2. Stammform	3. Stammform
mißlingen	mißlang mißlänge	ist mißlungen
mögen (vgl. 216 f.) ich mag, du magst, er mag	mochte möchte	hat gemocht
müssen (vgl. 216 f.) ich muß, du mußt, er muß	mußte müßte	hat gemußt
nehmen (vgl. 211) du nimmst, er nimmt; nimm!	nahm nähme	hat genommen
nennen (vgl. 214)	nannte nennte (selten)	hat genannt
pfeifen	pfiff	hat gepfiffen
pflegen[1]	pflog pflöge	hat gepflogen
preisen	pries	hat gepriesen
quellen (intrans.[2]; vgl. 211) du quillst, er quillt; (selt.:) quill!	quoll quölle	ist gequollen
raten (vgl. 206) du rätst, er rät	riet	hat geraten
reiben	rieb	hat gerieben
reißen	riß	gerissen Sie *hat* sich ein Loch in die Hose gerissen. (Aber:) Der Strick *ist* gerissen.
reiten	ritt	geritten Sie *hat* den Schimmel geritten. (Aber:) Er *ist* in den Wald geritten.
rennen (vgl. 214)	rannte rennte (selten)	ist gerannt
riechen	roch röche	hat gerochen
ringen	rang ränge	hat gerungen
rinnen	rann ränne/rönne (selt.; vgl. 206)	ist geronnen
rufen	rief	hat gerufen
salzen	salzte	hat gesalzen/gesalzt (selt.); (übertr. nur:) gesalzen
saufen du säufst, er säuft	soff söffe	hat gesoffen
saugen[3]	sog söge	hat gesogen

---

[1] Nur noch in Wendungen wie *der Ruhe pflegen* unregelmäßig. In den Bedeutungen ‚Kranke betreuen' und ‚die Gewohnheit haben' nur regelmäßig: *Er pflegte ihn, hat ihn gepflegt. Sie pflegte früh aufzustehen.*

[2] Das trans. *quellen* wird regelmäßig konjugiert: *Der Koch quellte Bohnen, hat Bohnen gequellt.*

[3] Die regelmäßigen Formen *saugte, gesaugt* werden heute schon viel gebraucht, vor allem in der Sprache der Technik.

1. Stammform	2. Stammform	3. Stammform
schaffen ‚schöpferisch gestalten, hervor-bringen‘[1]	schuf schüfe	hat geschaffen
schallen	scholl[2] schölle	hat geschallt
scheiden	schied	geschieden Er *hat* die faulen Äpfel von den guten geschieden. (Aber:) Sie *ist* aus dem Dienst geschieden.
scheinen	schien[3]	hat geschienen[3]
scheißen	schiß	hat geschissen
schelten (vgl. 211) du schiltst, er schilt; schilt!	schalt schölte (vgl. 206)	hat gescholten
scheren ‚abschneiden‘[4]	schor schöre	hat geschoren
schieben	schob schöbe	hat geschoben
schießen	schoß schösse	geschossen Er *hat* den Hasen geschossen. (Aber:) das Wasser *ist* in die Rinne geschossen.
schinden[5]	schund	hat geschunden
schlafen (vgl. 206) du schläfst, er schläft	schlief	hat geschlafen
schlagen (vgl. 206) du schlägst, er schlägt	schlug schlüge	hat geschlagen
schleichen	schlich	ist geschlichen
schleifen ‚schärfen‘[6]	schliff	hat geschliffen
schleißen[7]	schliß	hat geschlissen
schließen	schloß schlösse	hat geschlossen
schlingen	schlang schlänge	hat geschlungen
schmeißen ‚werfen‘[8]	schmiß	hat geschmissen
schmelzen ‚flüssig werden‘ (intrans.[9]; vgl. 211) du schmilzt, er schmilzt; (selten:) schmilz!	schmolz schmölze	ist geschmolzen

[1] Mit der Bedeutung ‚vollbringen‘ bzw. ‚arbeiten‘ (landsch.) regelmäßig *(schaffte, geschafft)*. In Verbindung mit bestimmten Substantiven: *Sie schuf* (auch: *schaffte) endlich Abhilfe/Ordnung/Platz/Rat/ Raum/Wandel. Es muß endlich Abhilfe/Ordnung geschaffen* (selten: *geschafft) werden.*

[2] Häufiger bereits regelmäßig *(schallte)*. Bei der Präfixbildung *erschallen* sind neben den Formen *er-scholl/erschollen* auch *erschallte/erschallt* gebräuchlich.

[3] Landsch. gelegentlich *scheinte, hat gescheint.*

[4] Die regelmäßige Konjugation ist hier selten; ugs. *sich scheren* ‚sich fortmachen‘ und ‚sich kümmern‘ wird regelmäßig konjugiert *(Er scherte sich fort. Sie hat sich um ihn nicht geschert).*

[5] Das Präteritum wird meist gemieden. Wird es gebraucht, dann ist die Form heute im allgemeinen regelmäßig *(schindete)*.

[6] Das Verb *schleifen* ‚über den Boden ziehen‘ wird regelmäßig konjugiert *(schleifte, geschleift).*

[7] Auch regelmäßig *(schleißte, hat geschleißt).*

[8] Das weidm. Verb *schmeißen* ‚Kot auswerfen, besudeln‘ wird regelmäßig konjugiert *(schmeißte, hat geschmeißt).*

[9] Das trans. *schmelzen* ‚flüssig machen‘ wird heute ebenfalls unregelmäßig konjugiert *(Er schmilzt, schmolz das Eisen, hat das Eisen geschmolzen.)*. Die regelmäßige Konjugation ist veraltet.

1. Stammform	2. Stammform	3. Stammform
schnauben[1]	schnob schnöbe	hat geschnoben
schneiden	schnitt	hat geschnitten
schrecken ‚in Schrecken geraten' (intrans.[2]; vgl. 211) du schrickst, er schrickt; schrick!	schrak schräke	ist geschrocken (veralt.)
schreiben	schrieb	hat geschrieben
schreien	schrie	hat geschrie[e]n
schreiten	schritt	ist geschritten
schwären (vgl. 211) es schwärt(veralt.:) schwiert; schwäre! (veralt.:) schwier!	es schwärte/schwor (veraltet)	hat geschwärt/geschworen (veraltet)
schweigen	schwieg	hat geschwiegen
schwellen ‚größer, stärker werden, sich ausdehnen' (intrans.[3]; vgl. 211) du schwillst, er schwillt; schwill!	schwoll schwölle	ist geschwollen
schwimmen	schwamm schwömme/schwämme (selt.; vgl. 206)	geschwommen Sie *hat* den ganzen Vormittag geschwommen. (Aber:) Er *ist* über den Fluß geschwommen.
schwinden	schwand schwände	ist geschwunden
schwingen	schwang schwänge	hat geschwungen
schwören	schwor/schwur (veralt.) schwüre/schwöre[4] (selt.; vgl. 206)	hat geschworen
sehen (vgl. 211) du siehst, er sieht; sieh[e]!	sah sähe	hat gesehen
sein (vgl. 218 f.)	war wäre	ist gewesen
senden[5] (vgl. 214)	sandte/sendete sendete (selten)	hat gesandt/gesendet
sieden[6]	sott sötte	hat gesotten
singen	sang sänge	hat gesungen
sinken	sank sänke	ist gesunken

[1] Heute sind die regelmäßigen Formen *schnaubte, hat geschnaubt* üblich.
[2] Nur noch in Bildungen wie *er-, auf-, hoch-, zusammenschrecken.* Weidm. *schrecken* ‚schreien' wird regelmäßig konjugiert *(Das Reh schreckte, hat geschreckt).* Das trans. *schrecken* ‚in Schrecken versetzen' sowie die trans. *ab-, auf-* und *erschrecken* und das seltene *verschrecken* werden regelmäßig konjugiert *(Sie schreckte ihn [ab/auf], hat ihn erschreckt).* Das trans. *zurückschrecken* wird noch weitgehend unregelmäßig konjugiert; allerdings wird das entsprechende 2. Partizip *zurückgeschrocken* selten gebraucht, häufiger ist das regelmäßige Partizip. In übertragenem Gebrauch wird das intrans. *zurückschrecken* in Verbindung mit *vor* in der Bedeutung ‚etwas nicht wagen' vorwiegend regelmäßig konjugiert *(Er schreckte vor dem Verbrechen zurück, war davor zurückgeschreckt).*
[3] Das trans. *schwellen* ‚größer machen, dehnen' wird regelmäßig konjugiert *(schwellte, hat geschwellt).*
[4] Der Konjunktiv II *schwöre* ist mit dem Konjunktiv I und dem Präsens lautgleich.
[5] In der Bedeutung ‚[durch Rundfunk, Fernsehen] übertragen' nur regelmäßig.
[6] Gebräuchlicher sind heute die regelmäßigen Formen *siedete, hat gesiedet.*

1. Stammform	2. Stammform	3. Stammform
sinnen	sann sänne/sönne (veralt.; vgl. 206)	hat gesonnen[1]
sitzen	saß säße	hat gesessen (vgl. 198 ff.)
sollen (vgl. 216 f.) ich soll, du sollst, er soll	sollte	hat gesollt
spalten	spaltete	hat gespalten[2] (auch:) gespaltet
speien	spie	hat gespie(e)n
spinnen	spann spönne/spänne (vgl. 206)	hat gesponnen
spleißen	spliß	hat gesplissen
sprechen (vgl. 211) du sprichst, er spricht; sprich!	sprach spräche	hat gesprochen
sprießen	sproß sprösse	ist gesprossen
springen	sprang spränge	ist gesprungen
stechen (vgl. 211) du stichst, er sticht; stich!	stach stäche	hat gestochen
stecken ‚sich in etw. befinden' (intrans.)	stak stäke[3]	hat gesteckt
stehen (vgl. 212)	stand stünde/stände (vgl. 206)	hat gestanden (vgl. 198 ff.)
stehlen (vgl. 211) du stiehlst, er stiehlt; stiehl!	stahl stähle/stöhle (selt.; vgl. 206)	hat gestohlen
steigen	stieg	ist gestiegen
sterben (vgl. 211) du stirbst, er stirbt; stirb!	starb stürbe (vgl. 206)	ist gestorben
stieben[4]	stob stöbe	gestoben Die Funken *sind/haben* gestoben (vgl. 198 ff.)
stinken	stank stänke	hat gestunken
stoßen (vgl. 206) du stößt, er stößt	stieß	gestoßen Sie *ist* auf Widerstand gestoßen. (Aber:) Er hat *mich* gestoßen.
streichen	strich	gestrichen Er *hat* Butter aufs Brot gestrichen.(Aber:)DieSchnep- fen *sind* über den Acker ge- strichen.

---

[1] *gesonnen* („willens, gewillt') in der Verbindung *gesonnen sein* (*Sie ist gesonnen, es zu tun*) stammt von einem heute ausgestorbenen Verb; *gesinnt* (*Er ist treu gesinnt*) ist eine Ableitung von dem Substantiv *Sinn*.
[2] Die unregelmäßige Form *gespalten* steht besonders bei adjektivischem Gebrauch (*gespaltenes Holz* usw.).
[3] Auch regelmäßig *(steckte)*. In der Bedeutung ‚festheften' wird trans. *stecken* nur regelmäßig konjugiert *(steckte, hat gesteckt)*.
[4] Heute auch schon regelmäßig *(stiebte, gestiebt)*.

1. Stammform	2. Stammform	3. Stammform
streiten	stritt	hat gestritten
tragen (vgl. 206)	trug	hat getragen
du trägst, er trägt	trüge	
treffen (vgl. 211)	traf	hat getroffen
du triffst, er trifft; triff!	träfe	
treiben	trieb	getrieben
		Der Wind *hat* den Ballon südwärts getrieben. (Aber:) Der Ballon *ist* südwärts getrieben.
treten (vgl. 211)	trat	getreten
du trittst, er tritt; tritt!	träte	Er *hat* ihn getreten. (Aber:) Er *ist* in die Pfütze getreten.
triefen[1]	troff tröffe	hat getroffen
trinken	trank tränke	hat getrunken
trügen	trog tröge	hat getrogen
tun (vgl. 212) tu!	tat täte	hat getan
verderben (vgl. 211) du verdirbst, er verdirbt; verdirb!	verdarb verdürbe (vgl. 206)	verdorben[2] Sie *hat* sich den Magen verdorben. (Aber:) Das Eingemachte *ist* verdorben.
verdrießen	verdroß verdrösse	hat verdrossen
vergessen (vgl. 211) du vergißt, er vergißt; vergiß!	vergaß vergäße	hat vergessen
verlieren	verlor verlöre	hat verloren
wachsen (vgl. 206) du wächst, er wächst	wuchs wüchse	ist gewachsen
wägen (vgl. wiegen)[3]	wog wöge	hat gewogen
waschen (vgl. 206) du wäschst, er wäscht	wusch wüsche	hat gewaschen
weben[4]	wob wöbe	hat gewoben
weichen ,nachgeben'[5]	wich	ist gewichen
weisen	wies	hat gewiesen
wenden[6] (vgl. 214)	wandte/wendete wendete (selt.)	hat gewandt/gewendet

[1] Heute häufig regelmäßig *(Seine Nase triefte, hat getrieft)*. In geh. Sprache ist jedoch das Präteritum der unregelmäßigen Form gebräuchlicher *(troff)*.
[2] Die Form *verderbt* ,schlecht' wird nur noch als Adjektiv gebraucht.
[3] Die regelmäßige Konjugation *(wägte, gewägt)* kommt gelegentlich vor. Von *abwägen* kommen regelmäßige und unregelmäßige Formen vor *(wägte/wog ab* und *abgewogen/abgewägt)*.
[4] Im übertr. Gebrauch meist unregelmäßig; in eigentl. Bedeutung dagegen regelmäßig *(webte, hat gewebt)*.
[5] *weichen* in der Bedeutung ,ein-, aufweichen' wird regelmäßig konjugiert *(weichte, hat geweicht)*.
[6] In der Bedeutung ,einen Mantel, Heu, das Auto usw. wenden' nur regelmäßig *(wendete, hat gewendet)*. *gewandt* steht auch isoliert (,geschickt'). Bei *entwenden* sind die unregelmäßigen Formen veraltet *(entwandte, hat entwandt)*.

1. Stammform	2. Stammform	3. Stammform
werben (vgl. 211) du wirbst, er wirbt; wirb!	warb würbe (vgl. 206)	hat geworben
werden (vgl. 218f.) du wirst, er wird; werde!	wurde/ward (selt.) würde	ist geworden (Hilfsverb:) worden
werfen (vgl. 211) du wirfst, er wirft; wirf!	warf würfe (vgl. 206)	hat geworfen
wiegen (vgl. wägen)[1]	wog wöge	hat gewogen
winden	wand wände	hat gewunden
winken	winkte	hat gewinkt[2]
wissen (vgl. 216f.) ich weiß, du weißt, er weiß; wisse!	wußte wüßte	hat gewußt
wollen (vgl. 216f.) ich will, du willst, er will; wolle!	wollte	hat gewollt
wringen	wrang wränge	hat gewrungen
zeihen	zieh	hat geziehen
ziehen (vgl. 212)	zog zöge	gezogen Er *hat* den Wagen gezogen. (Aber:) Sie *ist* aufs Land gezogen.
zwingen	zwang zwänge	hat gezwungen

2.3 Die Funktionen der Verbformen

2.3.1 Das Tempus: Die Zeitformen[3]

Haupt- und Nebentempora

221

Die Tempora bilden als Ganzes ein Gefüge, in dem Präsens und Präteritum wegen der Häufigkeit ihres Vorkommens den Kern darstellen. Man bezeichnet sie deshalb als Haupttempora, die übrigen Tempora als Nebentempora.
Auf Präsens und Präteritum entfallen in der geschriebenen Sprache durchschnittlich rund 90% aller vorkommenden finiten Verbformen[4]:

---

[1] *wiegen* im Sinne von ‚schaukeln' wird regelmäßig konjugiert *(wiegte, hat gewiegt)*.
[2] Das unregelmäßige 2. Partizip *gewunken* wird heute nur noch mdal. oder scherzhaft gebraucht.
[3] Die Darstellung dieses Kapitels stützt sich im wesentlichen auf H. Gelhaus: Das Futur in ausgewählten Texten der geschriebenen deutschen Sprache der Gegenwart. Studien zum Tempussystem. München 1975; ders.: Synchronie und Diachronie. Zwei Vorträge über Probleme der nebensatzeinleitenden Konjunktionen und der Consecutio temporum. Bern 1972; H. Gelhaus/S. Latzel: Studien zum Tempusgebrauch im Deutschen. Tübingen 1974; U. Hauser-Suida/G. Hoppe-Beugel: Die Vergangenheitstempora in der deutschen geschriebenen Sprache der Gegenwart. Untersuchungen an ausgewählten Texten. Düsseldorf, München 1972.
[4] Der folgenden Graphik liegen Auszählungen am „Mannheimer Korpus" zugrunde, einer Sammlung von 24 Texten vor allem aus den Bereichen Erzählung (Roman), Zeitung (einschließlich Zeitschriften), wissenschaftliche Abhandlung und Drama.

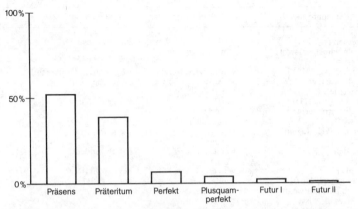

Auf das Präsens allein entfallen rund 52%, auf das Präteritum rund 38%.[1] Die übrigen vier Tempora teilen sich in die restlichen 10%, aber durchaus nicht zu gleichen Teilen: Perfekt und Plusquamperfekt sind mit 5,5% bzw. 3,2% noch gut vertreten, während das Futur, zumal das Futur II, nur in einem verschwindend geringen Teil der Belege vorkommt (1,5% bzw. 0,03%). Die Futurformen sind, so gesehen, nur eine Randerscheinung.

Funktionsbestimmung der Tempora

222 Die Tempora des Deutschen sind nach dem Vorbild der lateinischen Grammatik zusammengestellt worden: Präsens, Präteritum, Perfekt, Plusquamperfekt, Futur I und Futur II. Darauf sind nicht zuletzt die Schwierigkeiten zurückzuführen, die ihre Deutung heute noch bereitet. Wir tun gut daran, die lateinischen Bezeichnungen als reine Namen zu verstehen, die nur wenig über die jeweiligen Funktionen der einzelnen Tempusformen aussagen. Begreift man sie nämlich als sprechende Namen, kann es nicht nur geschehen, daß man die jeweilige Funktion nur unzureichend erfaßt, sondern es treten auch Ungereimtheiten und Widersprüche auf; etwa dann, wenn man bei näherem Zusehen feststellt, daß dem Futur (als sog. „Zukunfts"-Form) auch eine präsentische, also „Gegenwarts"-Funktion zukommt oder dem Perfekt (als sog. „Vollendungs"-Form) eine „Zukunfts"-Funktion. Es ist also streng zu unterscheiden zwischen den grammatischen Tempora als Namen für bestimmte Verbformen und den Zeitstufen als den verschiedenen Arten zeitlicher Einbettung, die mit Hilfe dieser Tempora vollzogen wird.

Grundlegend für die Deutung und Funktionsbestimmung der Tempora ist folgender Sachverhalt: Sie gehören – wie bestimmte Adverbien (*hier, dort, heute, gestern* u. a.) und wie die Personal- und Demonstrativpronomen – zu den deiktischen Kategorien der Sprache, denen keine absolute Bedeutung zukommt, sondern immer nur eine relative: Ihre konkrete Bedeutung gewinnen sie jeweils erst im Sprech- bzw. Schreibakt durch den Bezug auf das „Zeigfeld" des Sprechers/Schreibers mit

---

[1] Die zahlenmäßige Ausprägung des Verhältnisses zwischen Präsens und Präteritum kann im Einzelfall von diesen Durchschnittswerten mehr oder weniger stark abweichen: Das Verhältnis kann ungefähr ausgeglichen sein (z. B. in „Die Betrogene" von Th. Mann mit 42,4% Präsens und 47,4% Präteritum); das Präsens kann aber auch stark überwiegen (z. B. in „Die Atombombe und die Zukunft des Menschen" von K. Jaspers mit 86,3% Präsens und nur 8,6% Präteritum); oder das Präteritum kann ein deutliches Übergewicht haben (z. B. in „Die Blechtrommel" von G. Grass mit 17,4% Präsens und 76,5% Präteritum). Erzählende Texte bevorzugen im allgemeinen das Präteritum, wissenschaftliche Abhandlungen, Nachrichtentexte und Dialoge das Präsens.

den Dimensionen „Person", „Raum" und „Zeit".[1] So meint das Pronomen *du*
erst dann eine bestimmte Einzelperson, wenn es in einer spezifischen Situation
von einem Sprecher/Schreiber gegenüber jemandem verwendet wird. Und das
Adverb *hier* meint nicht einen bestimmten Raum/Ort, sondern jeweils den, in/an
dem sich der Sprecher/Schreiber gerade aufhält.

Was nun die Tempora betrifft, so ist ihre unterschiedliche Leistung (Funktion)
zuerst in der Dimension „Zeit" festgelegt. Dem Sprecher/Schreiber dient dabei | 223 |
der Sprechzeitpunkt – also der Zeitpunkt, in dem er sich mündlich oder schriftlich äußert – als Fix- und Bezugspunkt: Alles Geschehen (Handeln, Sein usw.),
das aus seiner Sicht im Sprechzeitpunkt abgeschlossen ist, gehört der „Vergangenheit" an; alles Geschehen (Handeln, Sein usw.), das aus seiner Sicht im
Sprechzeitpunkt nicht abgeschlossen ist, der Nichtvergangenheit, also „Gegenwart" oder „Zukunft". „Gegenwart" und „Zukunft" können dabei durch das folgende Merkmal genauer bestimmt und gegeneinander abgegrenzt werden: Das
Geschehen (Handeln, Sein usw.), das im Sprechzeitpunkt schon begonnen hat,
also gleichzeitig mit dem Sprechakt abläuft, gehört der „Gegenwart" an; das Geschehen (Handeln, Sein usw.), das im Sprechzeitpunkt noch nicht begonnen hat,
gehört demgegenüber in die „Zukunft". Dabei spielt es keine Rolle, ob der ins
Auge gefaßte Zeitpunkt des Beginns in der näheren oder ferneren Zukunft
liegt.[2]

„Gegenwart", „Vergangenheit" und „Zukunft" sind also keine absoluten, kalen-
darisch-objektiv bestimmbaren, sondern relative Größen, die sich in der Zeiter-
fahrung des Sprechers/Schreibers jeweils neu bilden.

Der Unterschied Vergangenheit – Nichtvergangenheit ist für das deutsche Tem-
pussystem insofern wichtig, als er allein für den Funktionsunterschied zwischen | 224 |
den beiden Haupttempora Präsens und Präteritum verantwortlich ist. Demgegenüber ist für die Futurformen (Futur I und II) außer der Zeitkomponente noch
eine modale Komponente (‚Vermutung', ‚Voraussage') anzusetzen und für die
Perfektformen (Perfekt, Plusquamperfekt, Futur II) eine Vollzugskomponente
(Vollzug als gegebene Tatsache oder Eigenschaft). Mit Hilfe dieser drei Komponenten lassen sich die Funktionen der sechs Tempora im wesentlichen wie folgt
beschreiben:

1. Das Präsens bezieht sich sowohl auf Gegenwärtiges (auf im Sprechzeitpunkt
Ablaufendes, Vorhandenes, Gültiges) als auch auf Zukünftiges.
2. Das Futur I kann sich genauso wie das Präsens sowohl auf Gegenwärtiges als
auch auf Zukünftiges beziehen. Es hat meist eine modale Komponente.
3. Das Perfekt stellt den Abschluß oder Vollzug eines Geschehens (einer Handlung) als eine im Sprechzeitpunkt gegebene Tatsache oder Eigenschaft fest. Daneben kann es den Abschluß oder Vollzug auch für einen Zeitpunkt in der Zukunft
feststellen.
4. Auch das Futur II hat – wie das Futur I – eine modale Komponente. In zeitlicher Hinsicht gleicht es dem Perfekt.
5. Das Präteritum bezieht sich auf ein Geschehen der Vergangenheit.
6. Das Plusquamperfekt stellt den Abschluß oder Vollzug eines Geschehens
(einer Handlung) als eine – zu einem bestimmten Zeitpunkt der Vergangenheit
gegebene – Tatsache oder Eigenschaft fest. Wegen dieses Vergangenheitsbezugs
kann es als Tempus der Vorzeitigkeit („Vorvergangenheit") gedeutet werden.

---

[1] K. Bühler: Sprachtheorie. Stuttgart [2]1965, S. 79 ff.
[2] Wenn man eine Aktzeit (= Zeit[punkt] des Geschehens) von einer Sprechzeit unterscheidet, kann
man „Gegenwart", „Vergangenheit" und „Zukunft" auch so bestimmen: „Gegenwart" = die Aktzeit
überlappt die Sprechzeit; „Vergangenheit" = die Aktzeit liegt vor der Sprechzeit; „Zukunft" = die
Aktzeit liegt nach der Sprechzeit (vgl. D. Wunderlich: Tempus und Zeitreferenz im Deutschen. München 1970, S. 114 ff.).

Wichtig für die Wahl des richtigen Tempus ist auch der folgende Umstand: Obwohl die Tempusmarkierung nur am Finitum erfolgt, bestimmt sich die Wahl des Tempus danach, ob die Satzaussage (Proposition) als Ganzes vergangen ist oder nicht und ob sie als Ganzes eine Vorhersage und/oder eine Vollzugsfeststellung meint. Es kommt also nicht allein auf den Verb-, sondern auf den ganzen Satzinhalt an.[1]

Die Verwendungsweisen der Tempora im einzelnen

225 | **Das Präsens**

Das Präsens kann allgemein charakterisiert werden als das Tempus der „Besprechung".[2] Im einzelnen sind folgende Verwendungsweisen zu unterscheiden:

226 | **1. Bezug auf Gegenwärtiges**

Das Präsens bezieht sich auf ein Geschehen, das im Sprechzeitpunkt – und in diesem Sinne in der Gegenwart – schon oder noch abläuft:

> Es *regnet.* Ich *schreibe* gerade einen Brief. Peter *besucht* zur Zeit einen Lehrgang. Sie *mischen* sich seit Jahren in meine persönlichsten Dinge ein ... (Böll)

227 | **2. Bezug auf Allgemeingültiges**

Im Präsens stehen auch solche Aussagen, die Allgemeingültiges beinhalten, z. B. Sprichwörter:

> Müßiggang *ist* aller Laster Anfang. Wer den Pfennig nicht *ehrt, ist* des Talers nicht wert. Du *glaubst* zu schieben, und du *wirst geschoben.*

228 | **3. Bezug auf Zukünftiges**

Das Präsens bezieht sich auch auf noch nicht begonnenes Geschehen:

> Morgen *fahre* ich nach Berlin. Nach einigen Jahren *spricht* niemand mehr davon. „Nein", sagte ich, „ich *gehe* auf der Stelle *hin* und *schmeiß* meinen Augustinus ins Feuer." (H. Böll)

Das Präsens in dieser Verwendungsweise konkurriert mit dem Futur I;[3] an Stelle des Präsens könnte in den vorstehenden Beispielen auch das Futur I stehen:

> Morgen *werde* ich nach Berlin *fahren.* Nach einigen Jahren *wird* niemand mehr davon *sprechen.* „Nein", sagte ich, „ich *werde* auf der Stelle *hingehen* und meinen Augustinus ins Feuer *schmeißen.*"

229 | **4. Bezug auf Vergangenes**

Das Präsens bezieht sich auch auf ein bereits vergangenes Geschehen und wird an Stelle des Präteritums verwendet, um die stilistische Wirkung einer stärkeren Verlebendigung und Vergegenwärtigung zu erzielen (historisches Präsens oder Praesens historicum):

> Da *liege* ich doch gestern auf der Couch und lese, *kommt* Ingeborg leise ins Zimmer und *gibt* mir einen Kuß.

Dieses Präsens wird auch gerne in Schlagzeilen *(Lokomotive kollidiert mit Lastwa-*

---

[1] So ist für die Wahl des Präsens in dem Satz *Goethe lebt nicht mehr* nicht nur die Bedeutung des Verbs *leben* entscheidend, sondern auch die Negation *nicht mehr.*
[2] Vgl. H. Weinrich: Tempus. Besprochene und erzählte Welt. Stuttgart [2]1971, S. 42 ff.
[3] Vgl. 233.

gen) oder in Geschichtstabellen *(49 v. Chr.: Cäsar überschreitet den Rubikon)* gebraucht.

Wenn dieses Präsens in einer „präteritalen Umgebung" steht, d. h., wenn präsentische Formen das Präteritum als Erzähltempus nur unterbrechen, spricht man von szenischem Präsens:

> Und aus einem kleinen Tor, das ... sich plötzlich aufgetan hatte, *bricht* – ich wähle hier die Gegenwart, weil das Ereignis mir so sehr gegenwärtig ist – etwas Elementares hervor ... (Th. Mann)

Das Präsens kann jedoch auch als episches Präsens an die Stelle des Präteritums als des eigentlichen Erzähltempus treten. Ein Beispiel für einen Roman im Präsens ist Hans Falladas „Kleiner Mann – was nun?":

> Pinneberg *greift* in die Tasche, *holt* aus dem Etui eine Zigarette und *brennt* sie an. Um die Ecke *weht* Lämmchen, im plissierten weißen Rock ...

Szenisches wie episches Präsens sind dadurch gekennzeichnet, daß sie stets gegen das Präteritum ausgetauscht werden können; wobei freilich die besondere stilistische Wirkung wieder verlorengeht.

Das Futur I

230

Das Futur I kann sich wie das Präsens auf Gegenwärtiges oder Zukünftiges beziehen. Vom Präsens unterscheidet es sich v. a. dadurch, daß es der Aussage meist die modale Komponente ‚Vermutung' verleiht. Auf Zukünftiges bezogen hat es den Charakter einer Voraussage oder Ankündigung.

1. Bezug auf Zukünftiges

231

Der Sprecher/Schreiber bezieht das Futur I auf Zukünftiges, also auf ein Geschehen, das noch nicht im Sprechzeitpunkt abläuft, sondern erst zu einem späteren Zeitpunkt einsetzen wird; dabei schwingt oft ein Moment der Unsicherheit mit:

> Du *wirst* noch im Zuchthaus *enden,* wenn du so weitermachst! Der Ruf unseres Bades *wird* schweren Schaden *nehmen,* wenn diese Geschichte durch die Skandalpresse geschleift wird. (H. Pinkwart) Er *wird* später einmal das Geschäft *übernehmen.*

Das Futur I kann auch einen festen Entschluß oder eine feste Absicht ausdrükken. Das Subjekt des Satzes steht in der 1. Person (Singular oder Plural), der Verbinhalt drückt ein menschliches Tun aus:

> Ich *werde* dich nie *verlassen!* Wir *werden* ihn nicht *vergessen!*

Ferner bringt das Futur I eine Aufforderung oder einen Befehl zum Ausdruck. Das Subjekt des Satzes steht in der 2. Person (Singular oder Plural), das Verb bezeichnet wieder ein menschliches Tun:

> „Jetzt *wirst* du für Eier *sorgen!"* sagte er zur Genossin Nietnagel. (E. Strittmatter) Kein Wort *wirst* du diesem verdammten Schnüffler *sagen!* (H. Pinkwart)

2. Bezug auf Gegenwärtiges

232

Der Sprecher/Schreiber bezieht das Futur I auf Gegenwärtiges, genauer: auf ein im Sprechzeitpunkt ablaufendes oder noch anhaltendes Geschehen. Er läßt sich dabei von der Erwartung leiten, daß seine Aussage als wahr bestätigt wird:

> Sie *werden* doch wohl *einsehen,* daß das Gut nicht zwei Verwalter gehabt haben kann." (H. Pinkwart) Aber ein Kännchen Milch für ein Kind *werdet* Ihr doch *haben,* Großvater? (B. Brecht) Der zartere Leser *wird* sich *fragen,* wie solchen Werken der Rang einer großen Dichtung zuzubilligen sei. (E. Staiger)

In allen Beispielen läßt sich durch Hinzufügen einer Zeitangabe wie *(auch) jetzt (noch)* der Bezug auf den Sprechzeitpunkt verdeutlichen.

Verhältnis Präsens – Futur I

Da Präsens und Futur I in ihrer Zeitfunktion übereinstimmen, ist oft nicht leicht zu entscheiden, welches der beiden Tempora zu wählen ist.

1. Präsens – Futur I mit Gegenwartsbezug
Das Futur I mit Gegenwartsbezug kann im allgemeinen nicht durch das Präsens ersetzt werden, weil sonst die modale Komponente ,Vermutung' verlorengeht und die Aussage im Sinne einer Behauptung verstanden wird:

> Er *wird* jetzt krank *sein*. (Nicht:) Er *ist* jetzt krank.

Nur wenn die Komponente ,Vermutung' auf andere Weise – etwa durch Adverbien wie *wohl, vielleicht, wahrscheinlich, vermutlich* – gesichert ist, kann hier das Präsens gesetzt werden:

> Er *wird* jetzt krank *sein*./Er *ist* jetzt *vermutlich* krank.

2. Präsens – Futur I mit Zukunftsbezug
An Stelle des Futurs I mit Zukunftsbezug kann auch das Präsens gesetzt werden, wenn der Zukunftsbezug durch den Kontext (z. B. Zeitangaben, Temporalsätze u. ä.) gesichert ist:

> Er *wird* später einmal das Geschäft *übernehmen*./Er *übernimmt später* einmal das Geschäft.

Daß im Vergleich mit dem Präsens das Futur I die angemessenere Form in Voraussagen ist, die mit einem gewissen Maß von Unsicherheit behaftet sind, verdeutlicht gut das Tempusschema einer Programmvorschau, wo die fest geplanten Beiträge im Präsens, das ungewisse, nur vermutete Ende des Programms im Futur I angekündigt werden:

> Um 20 Uhr *sehen* Sie die Tagesschau.
> Anschließend *zeigen* wir Ihnen das Wirtschaftsmagazin.
> Um 21 Uhr *folgt* „Sport aktuell".
> Sendeschluß *wird* etwa gegen 23 Uhr sein.

Auch in Absichtserklärungen oder Aufforderungen (vgl. 231), denen ein starker Nachdruck verliehen werden soll, ist das Futur I angemessener als das Präsens. Das Präsens ist jedoch – zumal in der gesprochenen Sprache, wo Absicht oder Aufforderung mit entsprechender Betonung geäußert werden kann – nicht ausgeschlossen:

> Ich *verlasse* dich nie! Kein Wort *sagst* du diesem verdammten Schnüffler!

Die Wahl von Präsens oder Futur I ist im übrigen auch eine Frage des Stils. So wird um der Abwechslung willen z. B. eine längere „futurische" Präsensreihe gern durch ein Futur I unterbrochen. Grundsätzlich gilt jedoch: Das Futur I eignet sich nicht – ebensowenig wie die anderen zusammengesetzten Tempusformen – zum reihenden Gebrauch in einem längeren Text. Es ist kein Erzähl- oder Abhandlungstempus. Dafür steht das Präsens zur Verfügung.

Das Präteritum

Das Präteritum wird immer dann gewählt, wenn ein Geschehen (eine Handlung) der Gegenwart entrückt, im Sprechzeitpunkt vergangen und abgeschlossen ist und in diesem Sinne der Vergangenheit angehört:

> Gestern *regnete* es. Vor hundert Jahren *wurde* der Kölner Dom *vollendet*. Goethe *beschäftigte* sich jahrelang mit der Farbenlehre. Kolumbus *entdeckte* Amerika.

Das Präteritum ist als Vergangenheitstempus das Haupttempus in allen Erzählungen und Berichten, die von einem erdachten (fiktiven) oder wirklichen (nichtfiktiven) Geschehen der Vergangenheit handeln (episches Präteritum).
Gelegentlich kann das Präteritum (wie das Plusquamperfekt) auch in Texten gebraucht werden, die eine zukünftige Handlung als schon vergangen betrachten (Zukunftsroman, futurologischer Bericht u. ä.). Der Autor berichtet dann aus einer nur konstruierten Rückschauperspektive. Allerdings muß dann die Situation oder der Textzusammenhang Hinweise enthalten, die es dem Hörer/Leser gestatten, diese Konstruktion zu durchschauen; sonst besteht die Gefahr eines Mißverständnisses, indem die „erzählte Zeit" (= Zukunft) im Sinne der „grammatischen Zeit" (= Vergangenheit) verstanden wird. Ein Beispiel:

> Übrigens hat man die 1995 eingeführten Laufbandgehwege, die die Fußgänger in den Hauptgeschäftsstraßen der Städte *beförderten,* ohne daß diese auch nur einen einzigen Schritt gehen *mußten,* wieder abgeschafft. Da die Menschen das Gehen fast *verlernt hatten, grassierte* eine Muskelschwundkrankheit, der nur zu begegnen *war,* wenn man sich täglich eine Stunde mit den dafür vorgesehenen Beinen selbst *bewegte.* Der große Sport des Jahres 2000 heißt daher: Gehe selbst! (Die Welt, 1967)

So lautet der Schlußteil eines Berichtes, der sich mit den Verkehrsverhältnissen des Jahres 2000 befaßt. Wie aus dem letzten Satz hervorgeht, sind alle Präteritumformen (und eine Plusquamperfektform) dieses Textes gewählt aus der vom Autor konstruierten Rückschauperspektive „im Jahre 2000".[1]

Das Perfekt

Beim Perfekt sind vier Verwendungsweisen zu unterscheiden:

1. Bezug auf Vergangenes

| 235 |

In der überwiegenden Zahl der Fälle tritt das Perfekt als Vergangenheitstempus auf und stellt den Vollzug oder Abschluß einer Handlung als eine – für den Sprechzeitpunkt (Gegenwart) gegebene – Tatsache oder Eigenschaft fest:

> Kathrin *hat* ein Klavier *gekauft.* Die Nachbarn *sind* von ihrer Reise *zurückgekehrt.*
> 24.00 Uhr: Ich *habe* noch keine Minute *geschlafen.* (M. Frisch)

Der Zeitpunkt der Vergangenheit, in dem die Handlung abgelaufen ist, kann durch Zeitangaben (Adverb, Präpositionalgefüge, Temporalsatz u. a.) ausdrücklich bezeichnet werden:

> Kathrin *hat* g e s t e r n ein Klavier *gekauft.* Ich *habe* diese Reise schon einmal v o r d r e i J a h r e n *gemacht.*

Andererseits kann auch der Zeitpunkt, für den die Feststellung des Vollzugs gilt (der Sprechzeitpunkt, die Gegenwart), bezeichnet werden:

> J e t z t *hat* er sein Werk *vollendet.* E b e n *ist* der Schnellzug *eingetroffen.*

Das Perfekt wird vor allem dann verwendet, wenn das Ergebnis oder die Folge eines Geschehens im Sprechzeitpunkt (noch) belangvoll ist. So ruft jemand, der am Morgen aus dem Fenster schaut und frisch gefallenen Schnee sieht:

> Es *hat geschneit!*

Oder man fragt, wenn man einen Schuldigen sucht:

> *Hat* er es *getan,* oder *hat* er es nicht *getan?*

---

[1] Zum Präteritum in der erlebten Rede vgl. 289; zum Verhältnis Präteritum – Perfekt vgl. 239; zum sog. „Ästhetenpräteritum" vgl. J. Trier: Unsicherheiten im heutigen Deutsch. In: Sprachnorm, Sprachpflege, Sprachkritik. Düsseldorf 1968, S. 22 ff.

| 236 | **2. Bezug auf Allgemeingültiges** |

Das Perfekt begegnet auch in allgemeingültigen Aussagen:

> Ein Unglück *ist* schnell *geschehen*. Wie schnell *hat* man nicht den Stab über einen Menschen *gebrochen!* Wenn der Pfeil die Sehne des Bogens *verlassen hat,* so fliegt er seine Bahn. (W. Heisenberg)

Hier zielt das Perfekt auf den wiederkehrenden Abschluß oder Vollzug einer Handlung. Diese Verwendung kommt sehr selten vor.

| 237 | **3. Bezug auf Zukünftiges** |

Das Perfekt kann den Abschluß oder Vollzug einer Handlung auch für die Zukunft feststellen:

> Morgen *hat* er sein Werk *vollendet.* In zwei Stunden *habe* ich das Geld *besorgt.* Wirklich *gesiegt haben* wir nur, wenn die Eingeborenen den Sinn der Schutzgebiete einsehen. (B. u. M. Grzimek)

Bedingung für diese in Texten der geschriebenen Standardsprache seltene Verwendungsweise ist, daß der Zukunftsbezug durch eine entsprechende Zeitangabe (Adverb, Präpositionalgefüge, Temporalsatz u. ä.) ausdrücklich bezeichnet wird.

| 238 | **4. Szenisches Perfekt** |

Wie es ein szenisches Präsens gibt (vgl. 229), so gibt es auch ein szenisches Perfekt. Es tritt an die Stelle eines Plusquamperfekts (gegen das es immer ausgetauscht werden kann), um ein vergangenes Geschehen lebendig vor Augen treten zu lassen:

> Und aus einem kleinen Tor, das ... sich plötzlich *aufgetan hat* (statt: *aufgetan hatte;* vgl. 229), bricht ... etwas Elementares hervor.

| 239 | **Verhältnis Präteritum – Perfekt** |

Präteritum und Perfekt sind zwar nicht funktionsgleich, aber doch funktionsähnlich: beide beziehen sich auf ein vergangenes, abgeschlossenes Geschehen. Aber während das Präteritum einer Handlung lediglich den Stempel ,im Sprechzeitpunkt vergangen' aufdrückt, stellt das Perfekt den Vollzug einer Handlung, ihre Durchführung fest, und zwar als eine im Sprechzeitpunkt gegebene Tatsache (vgl. 235), als eine (möglicherweise) wiederkehrende Tatsache (vgl. 236) oder als eine zu einem zukünftigen Zeitpunkt gegebene Tatsache (vgl. 237).

1. Präteritum – Perfekt mit Vergangenheitsbezug:
Aus dem Zusammenhang herausgelöst, kann das Perfekt mit Vergangenheitsbezug gegen das Präteritum ausgetauscht werden, ohne daß der Hörer/Leser einen großen Informationsunterschied bemerkt:

> Kolumbus *hat* Amerika *entdeckt.*/Kolumbus *entdeckte* Amerika.

Die gegenseitige Vertretung ist aber nicht gut oder überhaupt nicht möglich, wenn es auf die Mehrinformation des Perfekts entscheidend ankommt; wenn z. B. die im Perfekt genannte Tatsache zu einer anderen in Beziehung gesetzt wird:

> Da steht er nun, der kleine Hans, und weint, weil er vom Nikolaus nichts *bekommen hat.*

Da das Perfekt in der Standardsprache nicht als Erzähltempus dient, darf es auch nicht reihend in längeren Texten gebraucht werden; dafür steht das Präteritum zur Verfügung.[1] Allerdings werden mit dem Perfekt gerne Erzählungen u. ä. begonnen oder geschlossen; man vergleiche den Anfang eines Essays von Peter Bamm:

> Die Sorge um das Schicksal seiner Völker *hat* Kaiser Karl V. in mancher Nacht des Schlafes *beraubt*. Er *pflegte* dann, in seine Pelze gehüllt, am Kamin zu sitzen. Die Sorge, in ihren säkularen Lumpen, *saß* ihm gegenüber, bis die Nacht vorüber *war* – zwei Majestäten, die miteinander Geschäfte *hatten*.

2. Präteritum – Perfekt mit Bezug auf Allgemeingültiges:
Das Perfekt in allgemeingültigen Aussagen ist nicht durch das Präteritum ersetzbar:

> Wenn der Pfeil die Sehne des Bogens *verlassen hat*, so fliegt er seine Bahn. (Nicht möglich:) Wenn der Pfeil die Sehne des Bogens verließ, so fliegt er seine Bahn.

3. Präteritum – Perfekt mit Zukunftsbezug:
Auch das Perfekt mit Zukunftsbezug ist nicht durch das Präteritum ersetzbar:

> Wirklich *gesiegt haben* wir nur, wenn die Eingeborenen den Sinn der Schutzgebiete einsehen. (Nicht möglich:) Wirklich siegten wir nur, wenn die Eingeborenen den Sinn der Schutzgebiete einsehen.

Zum Verhältnis Perfekt – Futur II vgl. 244.

Das Plusquamperfekt

240

Das Plusquamperfekt unterscheidet sich vom Perfekt dadurch, daß es den Vollzug oder Abschluß eines Geschehens als gegebene Tatsache nicht für die Gegenwart oder für die Zukunft feststellt, sondern für einen Zeitpunkt der Vergangenheit:

> In den zwanziger Jahren unseres Jahrhunderts lebte in Düsseldorf am Rhein, verwitwet seit mehr als einem Jahrzehnt, Frau Rosalie von Tümmler mit ihrer Tochter Anna und ihrem Sohne Eduard in bequemen, wenn auch nicht üppigen Verhältnissen. Ihr Gatte, Oberstleutnant von Tümmler, *war* ganz zu Anfang des Krieges ... durch einen Automobilunfall ... ums Leben *gekommen* ... Rheinländerin von Geblüt und Mundart, *hatte* Rosalie die Jahre ihrer Ehe, zwanzig an der Zahl, in dem gewerbefleißigen Duisburg *verbracht*, wo von Tümmler garnisonierte, *war* aber nach dem Verlust des Gatten ... nach Düsseldorf *übergesiedelt* ...

In diesem Text von Thomas Mann wird der Bezugszeitpunkt mit *in den zwanziger Jahren unseres Jahrhunderts* angegeben. Der Zeitpunkt, zu dem das im Plusquamperfekt genannte Geschehen abgelaufen ist, liegt davor und wird dem Leser einmal durch *ganz zu Anfang des Krieges* und ein anderes Mal durch *nach dem Verlust des Gatten* mitgeteilt. Das Plusquamperfekt dient also als Tempus der Vorzeitigkeit („Vorvergangenheit").
Wie beim Perfekt so kann auch beim Plusquamperfekt der Bezugszeitpunkt, also der Zeitpunkt, für den die Feststellung des Abschlusses gilt, im Satz selbst benannt werden:

> N u n (= Zeitpunkt der Vergangenheit) *hatte* er das Spiel *gewonnen*. Am a n d e r n Tag (= Zeitpunkt der Vergangenheit) *hatte* sie ihr Werk *vollendet*.

---

[1] Nicht so im Gebiet der oberdeutschen Mundarten: Da hier Präteritum und Plusquamperfekt seit dem 16. und 17. Jahrhundert geschwunden sind (die Schwundgrenze nach Norden hin folgt etwa der Linie Trier–Frankfurt–Plauen), ist der Sprecher in diesen Mundartgebieten gezwungen, vergangenes Geschehen mit Hilfe des Perfekts darzustellen; lediglich bei *sein* benutzt er das Präteritum (vgl. K. B. Lindgren: Über den oberdeutschen Präteritumschwund. Helsinki 1957).
Bei einer Form wie

> Ich *war* (beim Bäcker) *gewesen*. (Statt: Ich *bin* beim Bäcker *gewesen*.)

handelt es sich um eine nicht standardsprachliche Mischform aus oberdeutschem (präteritalem) Perfekt und standardsprachlichem Präteritum. Sie ist besonders im Grenzgebiet zwischen Süd- und Norddeutschland zu hören. (Davon zu trennen ist *war gewesen* als Plusquamperfekt, das durchaus korrekt ist.)

Das Plusquamperfekt wird, genauso wie das Perfekt (vgl. 239, 1), gerne zur Eröffnung und zum Abschluß einer Erzählung o. ä. gebraucht.[1]

241 **Das Futur II**

Das Futur II vereint in sich die Funktionen des Perfekts und des Futurs I. Zwei Verwendungsweisen sind zu unterscheiden:

242 **1. Bezug auf Vergangenes**

Der Sprecher/Schreiber stellt den Vollzug oder Abschluß einer Handlung für den Sprechzeitpunkt fest. Die Aussage nimmt dabei den Charakter einer Vermutung über vergangenes Geschehen an:

> So *wird* es dann auch Oskars Blick *gewesen sein,* der den Bildhauer Maruhn ... verführen konnte, in mir ein Bildhauermodell ... zu sehen. (G. Grass) Da *wird* sich seine Mutter (sicherlich) *gefreut haben.*

In dieser Verwendungsweise dient das Futur II als ein Vergangenheitstempus.

243 **2. Bezug auf Zukünftiges**

In dieser wesentlich selteneren Verwendungsweise bezieht der Sprecher/Schreiber die – in der Regel durch ein Moment der Unsicherheit gekennzeichnete – Feststellung des Vollzugs oder Abschlusses einer Handlung auf einen Zeitpunkt in der Zukunft:

> Vielleicht *wird* die Menschheit bis dahin so weit *gelangt sein,* daß diese Fesseln von weisen Mönchen in stillen Klöstern aufbewahrt werden. (P. Bamm) Während die installierte Kraftwerksleistung 1965 ungefähr 10 Mio. kW betrug, *wird* sie 1980 auf etwa 25 Mio. kW *angewachsen sein.* (Urania, 1967)

Der Bezug auf den zukünftigen Zeitpunkt ist dabei immer – wie beim Perfekt – durch eine entsprechende Zeitangabe (Adverb, Präpositionalgefüge, Temporalsatz u. ä.) kenntlich zu machen.

244 **Verhältnis Perfekt – Futur II**

Das Verhältnis Perfekt – Futur II entspricht dem Verhältnis Präsens – Futur I (vgl. 233). Wie dort Präsens und Futur I in bestimmten Grenzen gegenseitig austauschbar sind, so hier Perfekt und Futur II.

1. Perfekt – Futur II mit Vergangenheitsbezug:
Grundsätzlich kann ein Perfekt das Futur II, wenn es eine Vermutung über ein vergangenes Geschehen ausdrückt, nicht vertreten, es sei denn, daß die modale Komponente ‚Vermutung‘ auf andere Weise, etwa durch Adverbien wie *wohl, vielleicht, wahrscheinlich, vermutlich,* gesichert wird:

> Er *wird* seinen Schlüssel *verloren haben/Er hat* v e r m u t l i c h seinen Schlüssel *verloren.* (Aber nicht: Er *hat* seinen Schlüssel *verloren.*)

2. Perfekt – Futur II mit Zukunftsbezug:
Das Futur II mit Zukunftsbezug kann immer durch das Perfekt ersetzt werden, da der Zukunftsbezug durch Zeitangaben u. ä. gesichert ist:

---

[1] Der Ausfall des Präteritums und des Plusquamperfekts hat im Oberdeutschen (vgl. 239, Anm. 1) zur Herausbildung einer neuen Form für die Vorvergangenheit geführt:
Ich *hab's* ganz *vergessen gehabt* (für standardspr.: Ich *hatte* es ganz *vergessen*). Ich *bin eingeschlafen gewesen* (für standardspr.: Ich war eingeschlafen).
„Wir *haben* uns alle schon so daran gewöhnt *gehabt,* daß nichts geschieht, aber immer etwas geschehen soll", erzählte Stumm. „Und da hat auf einmal jemand ... die Nachricht gebracht, daß heuer im Herbst ein Welt-Friedens-Kongreß tagen wird ..." (Musil)

Sie rechnen aus, wieviel heute jede Minute über die Brücke gehen und wieviel in zehn Jahren über die Brücke *gegangen sein werden* (Böll; auch möglich: ... und wieviel in zehn Jahren über die Brücke *gegangen sind*). Am kommenden Mittwoch *wird* das Raumschiff den Mond *erreicht haben* (auch möglich: Am kommenden Mittwoch *hat* das Raumschiff den Mond *erreicht*).

Das Futur II ist aber üblicher, wenn es sich um Zukünftiges betreffende Aussagen handelt, die mit einer gewissen Unsicherheit behaftet sind:

Knapp 22 Stunden später startete das Gerät wieder, und alles spricht dafür, daß die Männer ... am kommenden Donnerstag sicher zur Erde *zurückgekehrt sein werden* (Die Zeit, 1969; nicht so gut: ... am kommenden Donnerstag sicher zur Erde *zurückgekehrt sind*).

Die Verwendungsweisen der Tempora im Überblick

245

Präsens	Futur I	Präteritum	Perfekt	Plusquam-perfekt	Futur II
1. Verwendungsweise: Gegenwartsbezug	*1. Verwendungsweise:* Zukunftsbezug (Voraussage) *Nebenform:* Entschluß, Absicht *Nebenform:* Aufforderung, Befehl	*Verwendungsweise:* Vergangenheitsbezug	*1. Verwendungsweise:* Vollzug oder Abschluß eines Geschehens mit Bezug auf den Sprechzeitpunkt (Perfekt als Vergangenheitstempus)	*Verwendungsweise:* Vollzug oder Abschluß eines Geschehens mit Bezug auf die Vergangenheit (Vorvergangenheit)	*1. Verwendungsweise:* Vollzug oder Abschluß eines Geschehens mit Bezug auf den Sprechzeitpunkt (Vermutung; Futur II als Vergangenheitstempus)
2. Verwendungsweise: Bezug auf Allgemeingültiges	*2. Verwendungsweise:* Gegenwartsbezug (Vermutung)		*2. Verwendungsweise:* Vollzug oder Abschluß eines Geschehens; Bezug auf Allgemeingültiges		*2. Verwendungsweise:* Vollzug oder Abschluß eines Geschehens mit Zukunftsbezug (Voraussage)
3. Verwendungsweise: Zukunftsbezug			*3. Verwendungsweise:* Vollzug oder Abschluß eines Geschehens; Zukunftsbezug		
4. Verwendungsweise: histor., szenisches Präsens			*4. Verwendungsweise:* szenisches Perfekt		

Die Folge der Tempora (Consecutio temporum)

246 Ungeachtet der Tatsache, daß in konkreten Texten gewöhnlich entweder das Präsens oder das Präteritum vorherrscht, ist die Abfolge der Tempora sowohl im zusammengesetzten Satz als auch auf der Textebene grundsätzlich frei. Für ihre Wahl ist im wesentlichen nur die Mitteilungsabsicht des Sprechers/Schreibers maßgebend.

Allein bei den Temporalsätzen sind gewisse Einschränkungen zu beachten. Die Regel lautet dabei: Das Tempus des Temporalsatzes ist dem des übergeordneten so anzugleichen, daß entweder nur Vergangenheitstempora (Präteritum, Plusquamperfekt und die jeweils erste Verwendungsweise von Perfekt und Futur II) oder nur Nichtvergangenheitstempora (Präsens, Futur I, die zweite und dritte Verwendungsweise des Perfekts und die zweite Verwendungsweise des Futurs II) miteinander kombiniert werden. Möglich sind demnach Kombinationen wie

Hans *spielt* Klavier, während es *regnet.*
Hans *spielte* Klavier, während es *regnete.*

oder

Sie *ist* glücklich, seit[dem] sie die Prüfung *bestanden hat.*
Sie *war* glücklich, seit[dem] sie die Prüfung *bestanden hatte.*

Nicht möglich sind dagegen Kombinationen wie

Wir gehen ins Theater, sooft es uns die Zeit erlaubte/erlaubt hatte.
Sie hatten noch ein Stück zu gehen, bevor sie am Ziel sind/gewesen sind.

247 Einen Sonderfall stellen die Konjunktionen *wenn* und *als* dar. Die Konjunktion *wenn* leitet sowohl Nebensätze ein, die ein einmaliges Geschehen bezeichnen (punktuelles *wenn*), als auch solche, die ein wiederholtes Geschehen meinen (iteratives *wenn* ‚immer wenn'). Es gilt nun: Das iterative *wenn* kann mit allen Tempora verbunden werden:

[Immer] wenn die Sonne scheint/schien/geschienen hat, gehen/gingen wir spazieren/ sind wir spazierengegangen.

das punktuelle *wenn* jedoch nür mit Nichtvergangenheitstempora. Bei Vergangenheitstempora tritt an seine Stelle die Konjunktion *als* (punktuelles *wenn* und *als* verteilen sich also komplementär auf die Tempora):

Wenn (nicht: Als) morgen die Sonne scheint, gehen wir spazieren.

Aber:

Als (nicht: Wenn) gestern die Sonne schien, gingen wir spazieren.

248 Unsicherheit herrscht bei der Tempuswahl in *nachdem*-Sätzen. In der Regel wird die Konjunktion entweder mit dem Perfekt (übergeordneter Satz: Präsens) oder – der weitaus häufigere Fall – mit dem Plusquamperfekt (übergeordneter Satz: Präteritum) verbunden:

Nachdem er mehrfach sein Versprechen *gebrochen hat, glaubt* man seinen Versicherungen nicht mehr.
Nachdem er mehrfach sein Versprechen *gebrochen hatte, glaubte* man seinen Versicherungen nicht mehr.

Es kommen jedoch unter bestimmten Bedingungen auch andere Tempuskombinationen vor:
1. Wenn im übergeordneten Satz ein Präsens oder Futur I gewählt worden ist, ist im *nachdem*-Satz entweder das Perfekt oder das Präsens einzusetzen; und zwar das Perfekt, wenn ausgedrückt werden soll, daß die Handlung des übergeordneten Satzes nach dem Abschluß der Nebensatzhandlung einsetzt:

Nachdem das Wunder *gelungen ist,* den Laplaceschen Dämon vom Thron seiner Tyrannei zu stoßen, wird des Menschen Neugier sich aufmachen, seine neue Freiheit zu nutzen. (P. Bamm)

das Präsens, wenn ausgedrückt werden soll, daß die Handlung des übergeordneten Satzes nach dem Beginn der Nebensatzhandlung einsetzt:

> Erst nachdem der Ring am Finger *blitzt,* läßt der Eifer nach. (Bildzeitung)

2. Wenn im übergeordneten Satz Präteritum, Perfekt (1. Verwendungsweise) oder Plusquamperfekt gewählt worden ist, dann ist im *nachdem*-Satz entweder das Plusquamperfekt oder das Präteritum einzusetzen; und zwar das Plusquamperfekt, wenn ausgedrückt werden soll, daß die Handlung des übergeordneten Satzes nach dem Abschluß der Nebensatzhandlung einsetzt:

> Was ist mit der Lampe geschehen, nachdem Sie sich *beschwert hatten?* (Pinkwart)

das Präteritum, wenn ausgedrückt werden soll, daß die Handlung des übergeordneten Satzes nach dem Beginn der Nebensatzhandlung einsetzt (wobei für die Kombination Perfekt – Präteritum gewisse Einschränkungen gelten):

> Wir ... *begannen,* nachdem die Streifen-HJ, eingeschüchtert, ihre Diensträume kaum noch *verließ* ..., unser Arbeitsfeld in die Kirchen zu verlegen. (G. Grass)

2.3.2 Der Modus: Indikativ, Konjunktiv, Imperativ | 249 |

Durch verschiedene Verbformen wird das, was im Satz gesagt wird, in bestimmter Weise vom Sprecher/Schreiber gekennzeichnet, gefärbt, modifiziert; der Satz bekommt eine bestimmte Aussageweise, einen bestimmten Modus (Plural: die Modi). Zu unterscheiden sind[1]

– Indikativ:

> Karl *hat* heute abend Zeit und *kommt* auf einen Sprung zu euch.

– Konjunktiv I:

> Stephanie hat gesagt, Karl *habe* heute abend Zeit und *komme* auf einen Sprung zu uns. Man *nehme* täglich eine Tablette. Er tat, als ob er krank *sei.*

– Konjunktiv II:

> Wenn Stephanie Zeit *hätte, käme* sie auf einen Sprung zu uns. Er tat, als ob er krank *wäre.* Sie sagen, sie *kämen* heute. Einige sagen, sie *wäre* 120 Jahre alt (aber ich glaube es nicht).

– Imperativ:

> *Komm* doch auf einen Sprung zu uns! *Nehmt* dreimal täglich eine Tablette!

Der Indikativ[2] | 250 |

> Karl *hat* heute abend Zeit und *kommt* auf einen Sprung zu euch. Wenn Maria das Abitur *bestanden hat, geht* sie zur Universität. Susanne *ist* krank.

Mit dem Indikativ wird etwas in sachlicher Feststellung als tatsächlich und wirklich, als gegeben dargestellt und ohne Bedenken anerkannt. Er ist sozusagen der Normalmodus in allen Texten.

Indikativ und Realität | 251 |

Indikativische Aussagen können mit der Realität übereinstimmen, müssen es aber nicht. Das zeigt sich etwa
– im Bereich der Phantasie:

> Schnell *sprang* Rotkäppchen aus dem Bauche des Wolfes und die Großmutter auch.

---

[1] Die Bezeichnungen *Konjunktiv, Imperativ* und *Indikativ* beziehen sich hier auf bestimmte Verbformen.
[2] Man spricht auch von *Wirklichkeitsform;* zur Bildung der Formen vgl. 185 ff., 204 ff.

- in Verneinung und Frage:

  Er *geht* nicht ins Theater. *Gehst* du [nicht] ins Theater?

- im Bereich des Futurischen, wenn ein noch nicht begonnenes Geschehen ausgedrückt werden soll:

  Nach meiner Rückkehr *esse* ich und *gehe* ins Bett. Sie *wird kommen.*

- im Bereich des Allgemeingültig-Hypothetischen:

  Wer *wagt, gewinnt.* Ein Unglück *ist* schnell *geschehen.*

- im Bereich des bedingt Möglichen (vgl. 266):

  Wenn ich Geld *habe, kaufe* ich mir ein Faltboot. ... und im Winter, wenn sie zu Hause
waren, aßen sie schlecht. (Böll)

Wichtig ist, daß die Aussage in indikativischen Sätzen als real, als gegeben hinge-
stellt wird. Dasselbe gilt für die verschiedenen Nebensätze:

  Der Angeredete, der bislang *geschwiegen hatte,* zuckte die Achseln. Sie wünscht, daß
du *kommst.* Wenn du Zeit *hast,* kannst du kommen. Es steht fest, daß sich die Erde um
die Sonne *dreht.* Er ahnte nicht, was sich inzwischen *ereignet hatte.* Sie streitet ab, daß
sie das *getan hat.*

252 | Indikativ und modale Färbung

Sätze, deren Finitum im Indikativ steht, können mit verschiedenen Mitteln modal
gefärbt werden, und zwar

- durch bestimmte modale Adverbien (vgl. 589 ff.):

  Er ist *sicherlich* zu Hause. Sie wird *vielleicht* kommen. *Zweifellos* war es das beste, gleich
abzureisen.

- durch bestimmte modale Wortgruppen:

  Meiner Meinung nach/Meines Erachtens beginnt das Theater um 20 Uhr.

- durch bestimmte Verben u. ä. im übergeordneten Satz:

  Ich *vermute,* daß er morgen kommt. Sie *glaubt,* daß sie die Prüfung besteht. Es ist *möglich,* daß sie morgen fährt. Sie *wünschen,* daß wir kommen.

- durch Modalverben (vgl. 130):

  Ich *kann* morgen kommen. Er *muß* jeden Morgen um 6 Uhr aufstehen. Du *sollst* sofort
nach Hause kommen.

- durch bestimmte, modal gefärbte Tempusformen (vgl. 230):

  Das *wird* [schon] *stimmen.* Sie *wird* es [sicher] *gewesen sein.*

- durch besondere Betonung:

  Du *kommst mit!* Du *wirst* [jedenfalls] mit uns gehen!

253 | Der Konjunktiv[1]

Im Vergleich mit den indikativischen Formen stellen konjunktivische eher die
Ausnahme dar. Der Konjunktiv wird nur unter ganz bestimmten Bedingungen gewählt, die im Folgenden beschrieben werden.

---

[1] Die Darstellung des Konjunktivs stützt sich im wesentlichen auf folgende Untersuchungen: K.-H.
Bausch: Modalität und Konjunktivgebrauch in der gesprochenen deutschen Standardsprache.
Sprachsystem, Sprachvariation und Sprachwandel im heutigen Deutsch, Teil 1. München 1979; W.
Flämig: Zum Konjunktiv in der deutschen Sprache der Gegenwart. Inhalte und Gebrauchsweisen.
Berlin 1959; S. Jäger: Der Konjunktiv in der deutschen Sprache der Gegenwart. Untersuchungen an
ausgewählten Texten. München, Düsseldorf 1971; G. Kaufmann: Das konjunktivische Bedingungsge-
füge im heutigen Deutsch. Tübingen 1972; ders.: Die indirekte Rede und mit ihr konkurrierende Formen der Redeerwähnung. München 1976.

Der Konjunktiv I als Ausdruck der Aufforderung und des Wunsches

Außerhalb der indirekten Rede (vgl. 273) und des modalen Relativsatzes (vgl. 270) spielt der Konjunktiv I nur eine geringe Rolle. Er dient zum Ausdruck eines Wunsches, einer Bitte oder einer Aufforderung – die Funktionen sind nicht immer eindeutig zu trennen – und begegnet sowohl im Haupt- als auch im Nebensatz.

Hauptsatz

Zum Ausdruck eines Wunsches oder einer Aufforderung wird am häufigsten *sein* in den Konjunktiv I gesetzt:

> Dem Autor *sei* Dank ... (Die Zeit) Ein Redner *sei* kein Lexikon! (Tucholsky) *Seien* wir doch vernünftig! *Seien* die glücklich, die so handeln!

Von den Modalverben werden vor allem *mögen, wollen* und *sollen* gebraucht:

> Man *möge* es verstehen oder verurteilen. (Kantorowicz) Das *wolle* Gott verhüten![1]

Schließlich kommen auch Vollverben vor:

> ... auch den jungen Wein des Vorjahres *trinke* man! (Tucholsky) Es *sage* uns niemand, heute gebe es keine sachlichen Alternativen mehr. (Augstein) Man *meine* nicht, daß das Schauspiel komisch sei. (Koeppen)

Der Konjunktiv I als Ausdruck des Wunsches und der Aufforderung findet sich verhältnismäßig oft in mathematischen Fachtexten, in Anweisungen und Anleitungen auf Rezepten und in Redewendungen und Formeln:

> In der Zeichnung *sei* die Ellipse eine Planetenbahn. (Franke) Man *nehme* täglich dreimal eine Tablette. Man *nehme* fünf Eier und ein halbes Pfund Mehl, dann *rühre* man das Ganze gut durch. Er *lebe* hoch! Gott *sei* Dank! Das *sei* ferne von mir! Das *bleibe* dahingestellt!

Nebensatz

Wenn der Konjunktiv I im abhängigen Wunsch- oder Finalsatz auftritt, dann handelt es sich um die indirekte Wiedergabe eines direkt geäußerten Wunsches, einer direkt geäußerten Bitte oder Aufforderung. Die Form der direkten Äußerung kann der Imperativ sein, der Konjunktiv I oder eine Infinitivfügung mit *sollen*. Es besteht eine gewisse Nähe zur indirekten Rede (vgl. 273), weshalb vorwiegend Formen der 3. Pers. (Sing.) Präsens vorkommen.

Wunschsatz

Der Wunschsatz ist von einem dominanten Satz abhängig, der ein Verb oder Substantiv mit der Bedeutung ‚Wunsch, Bitte, Aufforderung' enthält. Er wird entweder mit der Konjunktion *daß* angeschlossen oder bleibt uneingeleitet. Im letzten Fall wird das Finitum vom Modalverb *mögen* gebildet und in Zweitstellung gerückt. Im ersten Fall ist *mögen* redundant:

> ... und so bat ich Gott, er *möge* es doch einrichten, daß Jerome kein Pferd von mir verlangte (Bergengruen; auch möglich: ... und so bat ich Gott, *daß* er es so *einrichte* ...). Das AA wünschte, *daß* irgendwie auch der Deutsche Reichstag durch eine Mitwirkung dabei sichtbar *werde* (Th. Heuß; auch möglich: Das AA wünschte, irgendwie *möge* auch der Deutsche Reichstag durch eine Mitwirkung dabei sichtbar werden). Seine Aufforderung, sie *möge* ihm zuhören, stieß auf taube Ohren (auch möglich: ..., *daß* sie ihm *zuhöre*, ...).

---

[1] In diesen Fällen sind *mögen* und *wollen* eigentlich redundant, der einfache Konjunktiv I genügte (*Man verstehe oder verurteile es! Das verhüte Gott!*).

258

Finalsatz

Der Finalsatz (vgl. 1252), der einem Zweck oder einer Absicht Ausdruck gibt, wird durch die Konjunktion *damit* oder *auf daß* eingeleitet, seltener durch einfaches *daß:*

> Ein Haustyrann, ... der es für nötig befindet, eiserne Vorhänge niederzulassen, *damit* das Wehgeschrei von innen nicht nach außen *schalle,* kann nicht mehr guten Glaubens verteidigt werden. (Kantorowicz) (Die Kinder) ... dürfen noch ein wenig aufbleiben, *auf daß* ihnen das Erwachsenengespräch zum Vorteil *gereiche.* (Böll)

Allerdings steht im Finalsatz überwiegend der Indikativ (vgl. 250). Wenn der Sprecher/Schreiber den Konjunktiv wählt, signalisiert er damit, daß er die Absicht eines anderen mitteilt und daß es sich nicht um eine eigene Aussage handelt.

259

Der Konjunktiv II als Ausdruck der Irrealität und Potentialität

Der Konjunktiv II dient als Zeichen dafür, daß der Sprecher/Schreiber seine Aussage nicht als Aussage über Wirkliches, über tatsächlich Existierendes verstanden wissen will, sondern als eine gedankliche Konstruktion, als eine Aussage über etwas nur Vorgestelltes, nur möglicherweise Existierendes. In diesem Sinne ist der Konjunktiv II ein Modus der Irrealität und Potentialität; man spricht auch vom Coniunctivus irrealis bzw. Coniunctivus potentialis.

Die umschreibende (periphrastische) Form des Konjunktivs II *(Er wäre gekommen/hätte gesungen/hätte gekauft ...)* bezieht sich auf – vom Sprechzeitpunkt aus gesehen – Vergangenes („Vergangenheit"),[1] die einfache Form *(Er käme/sänge/kaufte ...)* auf Nichtvergangenes („Gegenwart" und „Zukunft"). Die Formen des *würde*-Gefüges unterscheiden sich in ihrer Funktion nicht von den einfachen und periphrastischen Formen des Konjunktivs II:

vergangen („Vergangenheit")	nichtvergangen („Gegenwart" und „Zukunft")
Er hätte gekauft/würde gekauft haben.	Er kaufte/würde kaufen.
Er wäre gekommen/würde gekommen sein. Er hätte gesungen/würde gesungen haben.	Er käme/würde kommen. Er sänge/würde singen.

Der Konjunktiv II kommt im Haupt- und Nebensatz vor:

Hauptsatz

Irrealer Aussage- und Fragesatz

260

Sätze wie

> Euer Unternehmen *wäre gescheitert.* Das *wäre* schön. An seiner Stelle *hätte* ich anders *gehandelt.* Sie *würde* deine Arbeit *loben.*

sagen nur Mögliches, Angenommenes, Gedachtes aus, während zur Behauptung von Wirklichem, Tatsächlichem der Indikativ dient. Dementsprechend wird in den meisten Fällen eine konjunktivische Aussage falsch, wenn man den Konjunktiv durch den Indikativ ersetzt

> (wahr:) Euer Unternehmen *wäre gescheitert.* (falsch:) Euer Unternehmen *ist gescheitert.*

---

[1] In Verbindung mit einer entsprechenden Zeitbestimmung kann die umschreibende Form ausnahmsweise auch Zukünftiges meinen: *Morgen hätte sie es geschafft.*

Eine konjunktivische Aussage hat zudem gewöhnlich eine verneinte indikativische Aussage zur Voraussetzung (Präsupposition):

> Euer Unternehmen wäre gescheitert. (Präsupposition:) Euer Unternehmen ist *nicht* gescheitert.

Charakteristisch für den Konjunktiv II ist seine Verbindung mit bestimmten Adverbien wie *beinahe* und *fast (Beinahe/Fast wäre euer Unternehmen gescheitert)* und *vermutlich, wahrscheinlich* und *vielleicht (Vermutlich/Wahrscheinlich/Vielleicht wäre ein klärendes Gespräch besser als Stillschweigen).*

Der Konjunktiv II wird häufig zum Ausdruck gewisser Einstellungen und Haltungen benutzt, beispielsweise zum Ausdruck | 261 |
- einer höflichen, in die Frageform gekleideten Bitte, die die direkte Aufforderung vermeiden möchte:

> *Würden* Sie das bitte für mich *erledigen? Wären* Sie so freundlich, dies für mich zu erledigen?

- einer vorsichtigen, unaufdringlich-zurückhaltenden Feststellung, die den Partner nicht vor den Kopf stoßen möchte:

> Ich *wünschte,* daß Sie *nachgäben.* Ich *würde* Ihnen *empfehlen,* dieses Buch zu kaufen. Wir *würden* uns *freuen,* wenn Sie das Geld *überwiesen.* Ich *wüßte* wohl, was zu tun *wäre.*

Der Indikativ würde in diesen Fällen härter und schroffer wirken.
Formelhaft sind schon Sätze geworden wie

> Ich *würde sagen/meinen,* daß ... Ich *würde/möchte* Sie gern einmal *sprechen.* Ich *hätte* Sie gern einmal *gesprochen.*

Dieser Konjunktiv II wird auch gebraucht | 262 |
- bei der Feststellung eines unter Umständen nur mühsam erreichten Ergebnisses, das an sich eine Tatsache darstellt:

> Da *wären* wir endlich! Das *wäre* getan! Das *hätten* wir geschafft! Also, hier *hätten* wir den Blumenladen. (Fallada)

- bei einer zweifelnden, zögernd-überlegenden Frage:

> *Wäre* das möglich? Ich *hätte* im Lotto *gewonnen?* Er *hätte* es tatsächlich *getan? Sollte* sie es tatsächlich *getan haben?*

- zur Kennzeichnung eines Vorbehaltes gegenüber der Glaubwürdigkeit einer Aussage:

> Du hast im Lotto gewonnen. – Das *wäre* schön!

- bei einer Vermutung oder Annahme, die (in Form einer hypothetischen Setzung) eine eindeutige Festlegung vermeiden möchte:

> Das *dürfte (könnte/müßte/sollte)* wahr sein. Sie *könnte* auch einen anderen Weg *genommen haben.* So *kämen* wir des Rätsels Lösung *näher.*

Irrealer Wunschsatz | 263 |

Die irrealen Wunschsätze nehmen eine Mittelstellung zwischen Haupt- und Nebensatz ein. Insofern sie syntaktisch nicht in eine höhere Einheit eingebettet sind, handelt es sich bei ihnen um Hauptsätze; insofern sie die typischen Merkmale von Nebensätzen aufweisen (einleitende Konjunktion und Endstellung des Finitums[1]), gehören sie zu diesen. Entstanden sind sie wohl aus elliptischen[2] Konditionalgefügen (vgl. 1245), bei denen der Folgesatz weggelassen wurde:

---

[1] Spitzenstellung nur bei fehlender Konjunktion.
[2] Intonatorisch (vgl. 1286 ff.) unterscheiden sich die Wunschsätze von Ellipsen, was graphisch durch unterschiedliche Interpunktion (Ausrufezeichen gegenüber Auslassungszeichen) zum Ausdruck gebracht wird.

Wenn sie jetzt da *wäre* ... Wenn es nicht so weh *täte* ...

Der irreale Wunschsatz behält die Nebensatzstruktur bei und fügt häufig zum verstärkten, besonderen Ausdruck gefühlsmäßiger Betroffenheit ein Adverb wie *doch (nur)* ein:

> Wenn sie doch jetzt da *wäre!* Wenn es doch nur nicht so weh *täte!*
> (Mit Spitzenstellung des Finitums:) *Wäre* sie jetzt doch da! *Täte* es doch nur nicht so weh!

Auf diese Weise drückt der irreale Wunschsatz einen nicht erfüllbaren Wunsch aus (so gesehen zählt er zu den nichterfüllbaren Konditionalsätzen; vgl. 266).

Nebensatz

Konditionalsatz

264 Die Verwirklichung eines möglichen, gegebenenfalls auch wahrscheinlichen, auf jeden Fall aber nur in Gedanken konstruierten Sachverhalts wird oft an eine Bedingung (Voraussetzung) gebunden, die entweder unausgedrückt aus der Situation (dem Kontext) mitverstanden oder ausdrücklich vom Sprecher/Schreiber genannt wird. Das Präpositionalgefüge *an seiner Stelle* in dem Satz *An seiner Stelle hätte ich gehandelt* benennt z. B. eine solche Bedingung. Sie läßt sich auch in die Nebensatzform *Wenn/Falls ich an seiner Stelle gewesen wäre* ... überführen, wodurch ein Satzgefüge aus einem bedingten Hauptsatz und einem bedingenden Nebensatz (Konditionalsatz; vgl. 1244 ff.) entsteht, der als Bedingung (Voraussetzung) in den meisten Fällen – wie im Hauptsatz – einen als unwirklich (irreal) und nur möglich (potential) gedachten Sachverhalt anführt. Beide Teilsätze stehen dann im Konjunktiv II (an Stelle der Konjunktion *wenn* bzw. *falls* kann übrigens auch die Spitzenstellung des Finitums Abhängigkeit vom Hauptsatz anzeigen):

> *Wäre* ich an seiner Stelle gewesen, hätte ich gehandelt. Wenn ihr den Weg über die Nordseite *genommen hättet, wäre* euer Unternehmen *gescheitert.* Das *wäre* schön, wenn ewiger Friede *herrschte.* Wenn ich an seiner Stelle *gewesen wäre, hätte* ich *gehandelt.* Sie *würde* deine Arbeit *loben,* wenn sie sie *sähe.*

265 Ohne Bedeutungsunterschied tritt für den einfachen oder umschreibenden Konjunktiv II im Haupt- und Nebensatz der Deutlichkeit halber auch *würde* + Infinitiv bzw. *würde* + Partizip + *haben/sein* (vgl. 259) auf, und zwar vor allem

– an Stelle des einfachen Konjunktivs II von regelmäßigen Verben[1]:

> Wenn die Begeisterung für Umweltschutz die Welt *verändern würde* (statt: *veränderte*), *würde* ich mich *freuen* (statt: *freute* ich mich).

– an Stelle des einfachen wenig gebräuchlichen oder ungebräuchlichen Konjunktivs II von unregelmäßigen Verben:

> Wenn ein Hut auf dem Wasser *schwimmen würde* (statt: *schwömme/schwämme*), wäre der Anblick weniger grausam. (WDR)

– an Stelle eines Konjunktivs II mit Zukunftsbezug:

> *Würde* diese ... Abkühlung noch 250 Jahre im gleichen Maße *anhalten* (statt: *Hielte* ... *an*), begänne in Europa eine neue Eiszeit. (Der Spiegel)

– in einer Ausdrucksweise, die der gesprochenen Sprache nahesteht.

---

[1] Wenn in solchen Konditionalgefügen eine der beiden Konjunktivformen den Modus eindeutig zum Ausdruck bringt, kann auf die verdeutlichende *würde*-Form auch verzichtet werden:
... wenn man deine Briefe, deine Gespräche, deine kleinen Liebesabenteuer und deine Ehezerwürfnisse vor fremden Menschen *ausbreitete* (möglich, aber nicht nötig: *ausbreiten würde*), *sähen* sie ... ganz anders aus. (Tucholsky) Wenn der das Bein *untersuchte* (möglich, aber nicht nötig: *untersuchen würde*), *sähe* er die Spuren der Mißhandlung. (Bredel)

Es braucht jedoch nicht immer eine dieser Bedingungen vorzuliegen. Oft genügt der Wunsch nach Abwechslung, um den Sprecher/Schreiber die *würde*-Form wählen zu lassen, wobei nicht einmal schwerfällige Formulierungen wie *Wenn sie das getan haben würde* ... (statt: *Wenn sie das getan hätte* ...) vermieden werden. Im allgemeinen bevorzugt man jedoch Konstruktionen des folgenden Typs (konjunktionsloser Nebensatz mit *würde* in Spitzenstellung vor dem Hauptsatz):

> *Würde* man hier statt Polizeiterror eine föderalistische Ordnung *einführen*, wäre schnell wieder Ruhe im Baskenland, glaubt der Rechtsanwalt. (Süddeutsche Zeitung)

Der Modus des Bedingungsgefüges ist freilich nicht von vornherein der Konjunktiv II. Es gibt auch das indikativische Bedingungsgefüge: | **266**

> Wenn eine Figur vier rechte Winkel *hat*, dann *handelt* es sich entweder um ein Rechteck oder ein Quadrat. Wenn es *regnet, sind* die Straßen naß.

Derartige Bedingungsgefüge erheben den Anspruch, eine Aussage über wirklich Existierendes, Geschehenes zu machen, sie formulieren eine erfüllbare Bedingung und eine erfüllbare Folge, was soviel bedeutet wie: Bedingung und Folge treten in der Wirklichkeit auf. Wissenschaftliche (physikalische, logische u. a.) Gesetze werden deshalb immer im Indikativ formuliert, der Konjunktiv ist ausgeschlossen.
Anders ist es, wenn hinsichtlich der Erfüllbarkeit von Bedingung und Folge Zweifel oder Unsicherheit besteht: Je nach Sichtweise kann dann der Sprecher/Schreiber von der Realität (= erfüllbare Bedingung und Folge) oder Irrealität (= nichterfüllbare Bedingung und Folge) des Besprochenen ausgehen und dementsprechend entweder den Indikativ oder den Konjunktiv setzen. Man vergleiche:

> Wenn jemand im Büro *gewesen ist,* dann *hat* er mich *gehört.* / Wenn jemand im Büro *gewesen wäre,* dann *hätte* er mich *gehört.*

Im ersten Fall geht der Sprecher davon aus (oder schließt zumindest nicht aus), daß jemand im Büro gewesen ist. Im zweiten Fall schließt der Sprecher dies aus oder hält es zumindest für sehr unwahrscheinlich. Entsprechend sind die beiden folgenden Satzpaare zu beurteilen:

> Wenn sie den Zug um 9 Uhr *nimmt, kommt* sie noch rechtzeitig zur Eröffnung. / Wenn sie den Zug um 9 Uhr *nähme, käme* sie noch rechtzeitig zur Eröffnung.
> Wenn diese ... Abkühlung noch 250 Jahre im gleichen Maße *anhält, beginnt* in Europa eine neue Eiszeit. / Wenn diese ... Abkühlung noch 250 Jahre im gleichen Maße *anhielte (anhalten würde), begänne (würde beginnen)* in Europa eine neue Eiszeit.

Hier dient der Konjunktiv also dazu, die Erfüllung der jeweils genannten Bedingung/Folge als unmöglich oder doch als sehr unwahrscheinlich zu markieren.
Eine Kombination aus Indikativ und Konjunktiv kann vor allem in der gesprochenen Sprache begegnen: | **267**

> „Wenn wir es wieder tun *müßten,* dann *werden* wir es allein tun", sagte er. (Süddeutsche Zeitung)

Diese Modusmischung ist keineswegs grundsätzlich falsch; ein Modusausgleich läuft unter Umständen sogar der Kommunikationsabsicht des Sprechers/Schreibers zuwider. So muß etwa im folgenden Beispiel dann der Indikativ stehen, wenn der Zusammenhang die Erfüllung der Bedingung als sehr wahrscheinlich nahelegt und nicht nur eine bloße Spekulation des Sprechers/Schreibers vorliegt:

> Eine Wende könnte dann eintreten, wenn die Unternehmer (wie angekündigt) stärker *investieren* (statt: *investierten*).

Nicht selten wird der Konjunktiv II von *sollen* mit einem Indikativ Präsens oder

Futur im Hauptsatz kombiniert (*sollte* kann dabei Spitzenstellung oder – in Verbindung mit einer Konjunktion – Endstellung einnehmen):

> *Sollte* dieses dennoch eintreten, dann *fällt* eine wesentliche Säule der Regierungspolitik. (Der Spiegel; auch möglich: ... *wird* eine wesentliche Säule der Regierungspolitik *fallen.*/Wenn dieses dennoch eintreten *sollte* ...)

Mit *sollte* zielt der Sprecher/Schreiber immer auf einen hypothetischen Fall, der möglicherweise eintritt oder schon eingetreten ist. Es handelt sich also stets um eine erfüllbare Bedingung (vgl. 266), die in dem *sollte*-Satz genannt wird; bei unerfüllbaren Bedingungen darf *sollte* nicht verwendet werden:

> (Nicht:) *Sollten* wir dieses Schiff genommen haben, wären wir unrettbar verloren gewesen. (Sondern:) *Wenn* wir dieses Schiff *genommen hätten*, wären wir unrettbar verloren gewesen.

In vielen Fällen ist *sollte* allerdings redundant und könnte, ohne daß sich der Sinn der Aussage wesentlich ändert, weggelassen werden.
Der Indikativ an Stelle des Konjunktivs steht auch häufig in formelhaften *wenn*-Sätzen:

> Wenn man bedenkt .../darüber nachdenkt .../sich bewußtmacht .../sich klarmacht ...

---

268 | **Irrealer Konzessivsatz**

Der irreale Konzessivsatz (vgl. 1237) wird u. a. mit *auch wenn* (bzw. *wenn auch*), *selbst wenn* oder *und wenn* eingeleitet. Er stellt eine Ab- und Umwandlung des Konditionalsatzes (vgl. 264ff.) dar: Die für die Verwirklichung hinreichende Bedingung des irrealen Konditionalsatzes wird zu einer nicht hinreichenden Bedingung im irrealen Konzessivsatz, was sprachlich durch die im Hauptsatz hinzugefügte bzw. getilgte Negation zum Ausdruck kommt:

irrealer Konditionalsatz	irrealer Konzessivsatz
Wenn man mir 100 Mark *anböte,* verkaufte ich das Buch.	Auch wenn man mir 100 Mark *anböte,* verkaufte ich das Buch ni c h t.
Wenn sie *wollte,* könnte sie ihm helfen.	Auch wenn sie *wollte,* könnte sie ihm ni c h t helfen.
Roland will die Mannschaft ni c h t verlassen, wenn man ihm einen neuen Vertrag *gäbe.*	Roland will die Mannschaft verlassen, auch wenn man ihm einen neuen Vertrag *gäbe.*

Anders gesehen: Die im Konzessivsatz formulierte Bedingung ist nicht stark genug, um die in der Aussage des Hauptsatzes enthaltene Negation bzw. – bei fehlender Negation – die Aussage des Hauptsatzes aufzuheben.
Zur Verdeutlichung des Verhältnisses, das beim irrealen Konzessivsatz zwischen den Teilsätzen besteht, kann man im Hauptsatz ein (freilich sinnentbehrliches) *trotzdem* einfügen:

> Auch wenn sie wollte, könnte sie ihm *[trotzdem]* nicht helfen.

---

269 | **Exzeptivsatz**

Auch der Exzeptivsatz (vgl. 1247) stellt eine Variante des Konditionalsatzes dar. Inhaltlich formuliert er eine Bedingung, die zwar als einzige hinreichend wäre, die Aussage des Hauptsatzes aufzuheben, in Wirklichkeit aber wenig wahrscheinlich ist. Formal wird der Indikativ eines mit *wenn* eingeleiteten negierten Konditionalsatzes in den Konjunktiv II umgeformt, wobei gleichzeitig und unter Hinzufügung eines *denn* die Konjunktion *wenn* und die Negation getilgt werden:

Er ist verloren, *wenn nicht* ein Wunder *geschieht.* → Er ist verloren, es *geschähe denn* ein Wunder.

Da diese Konstruktion jedoch als literarisch-veraltet zu bewerten ist, treten an ihre Stelle gewöhnlich Konzessivkonstruktionen wie

es sei/wäre denn, daß ...; wie dem auch sei ...; sei (es) ..., sei (es) ...; sei (es) ... oder nicht; sei es auch.

Hierher gehören auch Konstruktionen wie

Es regne oder es stürme, ich halte an meinem Entschluß fest. Ich werde teilnehmen, [es] komme, was da wolle.

Modaler Relativsatz | 270 |

Modale Relativsätze (Vergleichssätze; vgl. 1203) werden im allgemeinen durch *als* (mit Zweitstellung des Finitums) oder *als ob,* selten durch *als wenn* oder *wie wenn* eingeleitet. Sie stehen im Konjunktiv (II)[1]:

Während Nora sprach, in einem erschreckend nüchternen, berichtenden Ton, als *verläse* sie ein offizielles Kommuniqué ..., beobachtete sie mich unentwegt. (H. Habe) Als ob Hans Castorp die Absicht *gehabt hätte,* den Stift etwa nicht zurückzuerstatten. (Th. Mann) Er legte sich ins Bett, wie wenn er schwach *wäre.* (Jens) „Ich habe außerdem schlecht geschlafen", sagte sie, als wenn meine Großmutter daran schuld *wäre.* (Bieler)

In knapp einem Drittel der Fälle wird – ohne erkennbaren Bedeutungsunterschied – der Konjunktiv I gebraucht:

Er bewacht das Eigentum ..., als *gebe* es daneben nichts auf der Welt. (Tucholsky) ... ja selbst Wachhunde überhören ihn, als ob er sie *behext habe.* (Beheim-Schwarzbach)

Irrealer Konsekutivsatz | 271 |

Die irrealen Konsekutivsätze werden v. a. mit *als daß* bzw. *daß* eingeleitet; der Hauptsatz enthält als Korrelat häufig *so* oder *zu:*

Er ist nicht *so* klug, *als daß* er alles *wüßte.* Sie war *so* ergriffen, *daß* sie fast einen Weinkrampf *bekommen hätte.* (Ompteda) Gisela war *so* schnell gefahren, *daß* sie das vorausfahrende Auto beinahe *gerammt hätte* (wenn sie das Steuer nicht im letzten Augenblick herumgerissen *hätte*). Er ist ein *zu* dummer Kerl, *als daß* er es *verstünde.*

Im Falle, daß eine erwartete Folge oder ein erwarteter Begleitumstand nicht eingetreten ist oder nicht eintritt, wird der Konsekutivsatz mit *ohne daß* und Konjunktiv II (bzw. auch möglichem Indikativ) gebildet:

Sie ging weg, *ohne daß* sie mich noch eines Blickes *gewürdigt hätte* (würdigte/gewürdigt hat.) Er arbeitet schon jahrelang an diesem Buch, *ohne daß* er damit fertig *würde* (wird). Die Sonne scheint, *ohne daß* es recht warm werden *wollte* (will).

Bei übereinstimmendem Subjekt in Haupt- und Nebensatz konkurriert diese Form des Konsekutivsatzes mit einer Infinitivkonstruktion:

Sie ging weg, *ohne* mich noch eines Blickes *zu würdigen.* (Nicht:) Die Sonne scheint, ohne recht warm zu werden.

---

[1] Nur vereinzelt findet sich hier der Indikativ:
Die Krähen strichen, als *gab* es nur eine Richtung für sie. (Grass) ... fast war es, als *ersehnte* ich das Unheimliche, als *fand* ich einen gewissen Genuß an seinen Qualen. (P. Weiss)
Auch in diesen Fällen müßte der Konjunktiv (*gäbe, fände*) stehen, wobei für das modusambivalente *ersehnte* die *würde*-Form eintreten könnte *(... als würde ich das Unheimliche ersehnen).*

272

Relativsatz

Wenn manchmal im Relativsatz (vgl. 1202 ff.) der Konjunktiv II als Modus der Irrealität und Potentialität begegnet, dann liegt ihm ein selbständiger irrealer Aussagesatz (vgl. 260) zugrunde:

> (Ich kenne ein wirksames Mittel.) Dieses Mittel *wäre* sofort in der Apotheke *zu bekommen.* → Ich kenne ein wirksames Mittel, das sofort in der Apotheke *zu bekommen wäre.*

273

Der Konjunktiv I und II als Kennzeichen der indirekten Rede

Der wichtigste Anwendungsbereich des Konjunktivs ist die indirekte Rede. Zählungen bestätigen, daß hier der Konjunktiv am häufigsten auftritt.

274

Zur Umwandlung der direkten Rede in die indirekte Rede

In der direkten (wörtlichen) Rede wird eine Äußerung wörtlich angeführt, d. h. so, wie sie tatsächlich gemacht wird. Die Beziehung zwischen dem Sprecher, dem Urheber der Äußerung, und dem Hörer ist direkt und unmittelbar:

> Hans behauptet: „Davon habe ich nichts gewußt."

In der indirekten (berichteten) Rede dagegen wird eine Äußerung (ein Gedanke, eine Überlegung u. ä.) mittelbar wiedergegeben, von ihr wird berichtet:

> Hans behauptet, daß er nichts davon gewußt habe.

Der Hörer der Äußerung wird dabei als Berichter zum Sprecher und vermittelt durch die Wiedergabe des unmittelbar Gehörten zwischen dem Urheber der direkten und dem Hörer der berichteten Äußerung.
Andere wichtige Formen, eine Äußerung wiederzugeben, sind

- Infinitivkonstruktion:

> Hans behauptet, davon nichts gewußt zu haben.

- „Quellenangabe" (in Form eines *wie*-Satzes, eines Präpositionalgefüges o. ä.):

> Nach Hans' Behauptung/Wie Hans behauptet, hat er davon nichts gewußt.

- Modalverbgefüge:

> Hans will davon nichts gewußt haben.

Alle diese Formen der Äußerungswiedergabe stehen in einem transformationellen Verhältnis zur direkten Rede: Bei geändertem Ausdruck bleibt der Inhalt (im wesentlichen) gleich.

275

Umwandlung des Aussagesatzes

Die Umwandlung (Transformation) der direkten in indirekte Rede geschieht nach bestimmten Regeln, die bezogen auf den Aussagesatz (vgl. 1009) vor allem folgende Erscheinungen betreffen:
1. Die Äußerung („Rede") wird als dependenter (abhängiger) Satz in eine als dominanter Satz dienende Redeeinleitung eingefügt, entweder mit oder ohne die Konjunktion *daß*[1]:

> Hans behauptet, *daß* er davon nichts gewußt hat.
> Hans behauptet, er habe davon nichts gewußt.

---

[1] Im Falle des *daß*-Anschlusses wird die Wortstellung des Ausgangssatzes im Sinne der Nebensatz-Wortstellung geändert, das Finitum rückt in die Endstellung.

2. Gegebenenfalls werden Personenbezeichnungen und Raum- und Zeitangaben gemäß dem Blickwinkel des berichtenden Sprechers/Schreibers geändert:
– Änderung der Personenbezeichnung („Pronominalverschiebung"):

> Hans behauptet: *„Ich* habe davon nichts gewußt." → Hans behauptet, daß *er* davon nichts gewußt habe/*er* habe davon nichts gewußt.

– Änderung der Raumangabe:

> Hans behauptet: „Ich habe *hier* nichts zu tun." → Hans behauptet, daß er *dort* nichts zu tun habe.

– Änderung der Zeitangabe:

> Hans behauptete: *„Morgen* regnet es." → Hans behauptete, daß es am *nächsten Tag* regne.

3. Gegebenenfalls wird das Finitum hinsichtlich der Kategorie Tempus geändert:

> Hans behauptet: „Ich *wußte* davon nichts." → Hans behauptet, daß er davon nichts *gewußt habe.*

4. Gegebenenfalls wird das Finitum hinsichtlich der Kategorie Modus geändert und an Stelle des Indikativs der Konjunktiv gesetzt[1]:

> Hans behauptet: „Davon *weiß* ich nichts." → Hans behauptet, daß er davon nichts *wisse.*

Umwandlung des Fragesatzes

276

Bei der Umwandlung (Transformation) von direkten Fragesätzen in indirekte sind im wesentlichen die gleichen Operationen durchzuführen wie beim Aussagesatz (vgl. 275). Wichtig ist folgender Unterschied: Während Satz- oder Entscheidungsfragen (vgl. 1011) mit der Konjunktion *ob* an den dominanten Satz angeschlossen werden, übernehmen diese Funktion bei den Wort- oder Ergänzungsfragen (vgl. 1011) deren Einleitewörter (Fragepronomen und -adverbien u. ä.); in beiden Fällen erfolgt Nebensatzstellung (Endstellung) des Finitums:

> (Satz- oder Entscheidungsfrage:)
> Hans fragt Maria: „Kommst du mit auf die Reise?" → Hans fragt Maria, *ob sie* mit auf die Reise *komme.*
> (Wort- oder Ergänzungsfrage:)
> Hanna fragt Peter: „Von wem hast du das Buch bekommen?" → Hanna fragt Peter, *von wem er* das Buch bekommen *habe.*
> Der Fremde erkundigte sich bei einem Einheimischen: „Wohin führt dieser Weg?" → Der Fremde erkundigte sich bei einem Einheimischen (danach), *wohin* dieser Weg *führe.*

Umwandlung des Aufforderungssatzes

277

Ein in direkter Rede geäußerter Imperativ *(„Geh!", „Lauf!")* kann als solcher in der indirekten Rede weder beibehalten noch konjunktivisch umgesetzt werden. Hier sind Umschreibungen notwendig, zu denen in erster Linie die Modalverben *sollen* und *mögen* herangezogen werden, dann aber auch das Gefüge aus *haben/ sein* + Infinitiv (vgl. 164 f.). Im übrigen gelten die Umwandlungsregeln des Aussagesatzes (vgl. 275) bis auf einen Punkt: der Aufforderungssatz wird im allgemeinen ohne die Konjunktion *daß* angeschlossen.

---

[1] Der umgekehrte Fall ist nicht möglich, d. h., ein Konjunktiv in der direkten Rede bleibt auch bei der Umwandlung in die indirekte Rede stets erhalten:
Hans sagt: „Das *hätte* man mir mitteilen müssen." → Hans sagt, das *hätte* man ihm mitteilen müssen.

Was die Wahl der Modalverben *sollen* und *mögen* und des *haben/sein*-Gefüges
anlangt, so richtet sie sich nach der Strenge der imperativischen Äußerung: Handelt es sich um eine freundliche Bitte, wird *mögen* gewählt, handelt es sich um einen Befehl oder eine barsche Aufforderung, muß *sollen* oder das Gefüge aus *ha-
ben/sein* + Infinitiv herangezogen werden:

(Bitte:)
Die Mutter bittet das Kind bei Tisch: „Reiche mir bitte das Salz." → Die Mutter bittet
das Kind bei Tisch, es *möge* ihr (bitte) das Salz reichen.
(Im Plural und/oder nach einem Vergangenheitstempus wird der Konjunktiv II von
mögen vorgezogen:)
Die Mutter bat uns: „Kinder, holt mir mal Petersilie aus dem Garten." → Die Mutter
bat uns Kinder, wir *möchten* ihr mal Petersilie aus dem Garten holen.
(Aufforderung:)
Der Beamte forderte mich auf: „Gedulden Sie sich noch einen Augenblick." → Der
Beamte forderte mich auf, ich *möchte/soll[t]e* mich noch einen Augenblick gedulden.
(Befehl:)
Der Vorarbeiter befahl mir: „Erledige diese Arbeit heute noch!" → Der Vorarbeiter be-
fahl mir, ich *soll[t]e* diese Arbeit noch am gleichen Tag erledigen/ich *hätte* diese Arbeit
noch am gleichen Tag *zu erledigen*/diese Arbeit *sei* noch am gleichen Tag von mir *zu er-
ledigen.*

Auch diejenigen Bitten, Aufforderungen und Befehle, die nicht in der Imperativform geäußert werden, müssen in der indirekten Rede mit Hilfe der genannten
Modalverben bzw. des Gefüges aus *haben/sein* + Infinitiv umschrieben werden:

Die Mutter befiehlt dem Kind: „Du machst zuerst deine Schularbeiten!" → Die Mutter
befiehlt dem Kind, es *solle* zuerst seine Schularbeiten machen.
Mein Freund schrieb mir: „Und daß du nicht vergißt, mir eine Karte aus dem Urlaub
zu schicken!" → Mein Freund schrieb mir, ich *soll[t]e/möchte* nicht vergessen, ihm eine
Karte aus dem Urlaub zu schicken.
Der Beamte forderte ihn auf: „Wollen/Würden Sie sich bitte noch etwas gedulden!" →
Der Beamte forderte ihn auf, er *möge/möchte* sich noch etwas gedulden.
Plötzlich rief jemand: „Zurücktreten!" → Plötzlich rief jemand, daß wir *zurückzutreten
hätten.*

278 ### Der syntaktische Status der direkten und indirekten Rede

Semantisch gesehen, sind es vor allem die Verba dicendi et sentiendi, die Verben
des Sagens und Denkens, und die ihnen entsprechenden Substantive, in deren
Stellenplan eine – obligatorisch oder fakultativ zu besetzende – Position für direkte bzw. indirekte Rede vorgesehen ist, die also – anders ausgedrückt – den
syntaktischen Status der direkten bzw. indirekten Rede bestimmen. Zum Beispiel
als Satz in der Rolle eines Akkusativobjekts:

Hans sagte: „Ich verreise." → Hans sagte, daß er verreise.

oder eines Attributs:

Sie stellte die Behauptung auf: „Die Götter sind sterblich." → Sie stellte die Behauptung auf, daß die Götter sterblich seien.

Zur Tempusumwandlung der indirekten Rede

Bei der Tempusumwandlung (-transformation) sind zwei Fälle zu unterscheiden,
je nachdem ob a) der Indikativ der direkten Rede beibehalten wird oder ob b)
eine Umwandlung in den Konjunktiv stattfindet.

279 a) Wenn der Indikativ beibehalten wird, ändert sich in der Regel auch das Tempus der direkten Rede nicht:

Ich hatte ihr zu verstehen gegeben: „Es *ist* Schluß." → Ich hatte ihr zu verstehen gegeben, daß Schluß *ist.*

Es ist jedoch auch möglich, das Tempus der direkten Rede gemäß den Bedingungen der Tempuswahl (mit Bezug auf den Sprechzeitpunkt; vgl. 223) umzuformen:

Auf der Polizei sagte man mir: „Er *liegt* im Krankenhaus." → Auf der Polizei sagte man mir, daß er im Krankenhaus *lag.*

Ausgeschlossen ist die Tempusumwandlung bei Zusagen und Versprechungen:

Sie versprach: „Ich *werde* euch *begleiten.*" → Sie versprach, daß sie uns *begleiten wird* (nicht: *begleitete*).

b) Wenn der Indikativ der direkten Rede nicht beibehalten wird, vollzieht sich die Umwandlung der indikativischen Tempora in die entsprechenden konjunktivischen Tempora nach folgenden Regeln:

| 280 |

indikativisches Tempus der direkten Rede	konjunktivisches Tempus der indirekten Rede
1. Indikativ Präsens	→ Konjunktiv Präsens/Präteritum/*würde*-Form
2. Indikativ Präteritum	→ Konjunktiv Perfekt/Plusquamperfekt
3. Indikativ Perfekt	→ Konjunktiv Perfekt/Plusquamperfekt/*würde*-Form
4. Indikativ Plusquamperfekt	→ Konjunktiv Perfekt/Plusquamperfekt
5. Indikativ Futur I	→ Konjunktiv Futur I/*würde*-Form
6. Indikativ Futur II	→ Konjunktiv Futur II/*würde*-Form

Dazu vergleiche man die folgenden Beispiele:

1. Indikativ Präsens → Konjunktiv Präsens/Präteritum/*würde*-Form:

Der Angler sagt[e]: „Wir *plaudern,* und das Wasser *steigt.*" → Der Angler sagt[e], daß sie *plaudern/plauderten/plaudern würden* und das Wasser *steige/stiege/steigen würde.*

2. Indikativ Präteritum → Konjunktiv Perfekt/Plusquamperfekt:

Sie sagt[e]: „Mein Mann *war* nie dabei." → Sie sagt[e], daß ihr Mann nie *dabeigewesen sei/wäre.*

3. Indikativ Perfekt → Konjunktiv Perfekt/Plusquamperfekt/*würde*-Form:

Betty sagt[e]: Dieses Bild *habe* ich immer besonders *geliebt.* → Betty sagt[e], dieses Bild *habe/hätte* sie immer besonders *geliebt/würde* sie immer besonders *geliebt haben.*

4. Indikativ Plusquamperfekt → Konjunktiv Perfekt/Plusquamperfekt:

Vera erzählt[e]: „Manchmal *hatte* Vater mich rufen *lassen,* und ich *hatte* ihm etwas *vorgelesen.* → Vera erzählt[e], daß sie manchmal ihr Vater *habe/hätte* rufen *lassen* und sie ihm etwas *vorgelesen habe/hätte.*

5. Indikativ Futur I → Konjunktiv Futur I/*würde*-Form:

In einem Sachbuch heißt [hieß] es: „Ohne Sauerstoffmaske *wird* man sich auf dem Mars nicht *bewegen können.*" → In einem Sachbuch heißt [hieß] es, daß man sich ohne Sauerstoffmaske auf dem Mars nicht *werde/würde bewegen können.*

6. Indikativ Futur II → Konjunktiv Futur II/*würde*-Form:

Ein Verlagsprospekt kündigt[e] an: „Bis zum Jahresende 1968 *werden* 4 der insgesamt 12 Lieferungen *erschienen sein.*" → Ein Verlagsprospekt kündigt[e] an, daß bis zum Jahresende 1968 4 der insgesamt 12 Lieferungen *erschienen sein werden/würden.*

Auffällig ist zum einen, daß das Tempus des dominanten Satzes die Wahl des konjunktivischen Tempus im Nebensatz nicht beeinflußt; zum anderen, daß der

Bedeutungs- bzw. Funktionsunterschied, wie er zwischen den indikativischen Tempusformen besteht (vgl. 222 ff.), im Rahmen der indirekten Rede weitgehend aufgehoben ist. Innerhalb der vier Tempusgruppen (einfache, mit *haben,* mit *werden* und mit *werden* und *haben* gebildete Tempora) besteht keine semantische Opposition mehr zwischen den Formen von Konjunktiv I und II:

> er gebe/er gäbe, er habe gegeben/er hätte gegeben, er werde geben/er würde geben, er werde gegeben haben/er würde gegeben haben

unterscheiden sich in der indirekten Rede hinsichtlich ihrer Bedeutung nicht.

---

281 | **Zur Modusumwandlung der indirekten Rede**

Der Konjunktiv ist nur ein Merkmal neben anderen, wodurch sich die indirekte Rede von der direkten abhebt. So erklärt es sich, daß der Konjunktiv an Stelle des Indikativs in der indirekten Rede zwar immer gewählt werden kann, aber nicht immer gewählt werden muß:

> Renate behauptet: „Davon *habe* ich nichts *gewußt.“*
> Renate behauptet, daß sie davon nichts *gewußt hat/gewußt habe.*

In bestimmten Fällen ist freilich die Wahl des Konjunktivs verbindlich, womit sich die Frage ergibt, wann der Indikativ der direkten Rede in den Konjunktiv der indirekten Rede transformiert wird (vgl. 282 ff.). Ein anderes Problem, das mit dem Konjunktiv in der indirekten Rede verbunden ist, stellt sich angesichts der Verschiedenheit der Konjunktivformen. Es werden – entsprechend den sechs Indikativparadigmen (vgl. 185) – auch sechs Konjunktivparadigmen unterschieden (Konjunktiv I [Präsens] und II [Präteritum], Konjunktiv Futur I und II und Konjunktiv Perfekt und Plusquamperfekt),[1] zu denen außerdem die Infinitivkonstruktion mit *würde* zählt (*Sie sagte, sie würde morgen kommen*). Insgesamt hat der Sprecher/Schreiber also aus sieben Paradigmen zu wählen. Allerdings sind seine Wahlmöglichkeiten schon vorab durch die Umwandlungsregeln für das Tempus (vgl. 279 f.) eingeschränkt, so daß er im wesentlichen nur noch zwischen Konjunktiv I, Konjunktiv II und der *würde*-Form eine Entscheidung treffen muß (vgl. 285 ff.).

---

282 | **Indikativ – Konjunktiv**

Als Grundregel gilt: Der Normalmodus der indirekten Rede ist der Konjunktiv. Er kann immer gewählt werden und ist daher niemals falsch.
Unter bestimmten Bedingungen darf jedoch die Modusumwandlung (-transformation) unterbleiben. Für diese Fälle, in denen also der Indikativ statt des Konjunktivs steht, lassen sich allerdings keine festen Regeln formulieren, sondern nur Tendenzen im Gebrauch beschreiben und Empfehlungen geben: Je mehr sich die geschriebene Sprache in ihrem Stil- und Normniveau der gesprochenen Sprache annähert, desto größer ist die Neigung, den Indikativ zu setzen:

> „Onkel Georgylein, Mami hat uns versprochen, du *fährst* (statt: *fahrest/führest*) uns heute spazieren!“ (Münchner Merkur) „Jetzt hast du gesagt, du *willst* (statt: *wollest/ wolltest*) ihn nicht mehr.“ (Aberle)

Man kann dies so erklären, daß die geschriebene Sprache hier einem in der gesprochenen Sprache herrschenden Ökonomieprinzip folgt, indem sie auf eine Transformation verzichtet, wenn der kommunikative Effekt (hier: Kennzeich-

---

[1] In einer gröberen Einteilung lassen sich Konjunktiv Präteritum und Plusquamperfekt zum Konjunktiv II zusammenfassen, alle übrigen Paradigmen zum Konjunktiv I.

nung einer Äußerung als indirekte Rede) nicht beeinträchtigt wird. Auch das Weglassen der einleitenden Konjunktion *daß* in den genannten Beispielen kann mit dem Ökonomieprinzip erklärt werden, ist doch – für die gesprochene Sprache – neben der Modustransformation auch die *daß*-Transformation entbehrlich, da die Information „indirekte Rede" durch die Pronominaltransformation (*du* aus *Onkel Georgylein, uns* aus *euch, du* aus *ich*) gesichert ist.

Begnügt sich also die gesprochene Sprache vielfach mit einem einzigen Signal zur Kennzeichnung einer Äußerung als indirekte Rede (= Pronominaltransformation), verlangt die geschriebene Sprache im allgemeinen eine Transformation mehr, wenn sie auf die Modusumwandlung verzichtet, nämlich die *daß*-Transformation. Unter dieser Voraussetzung ist auch in Texten mit größtem Öffentlichkeitscharakter und entsprechendem Stil- und Normniveau (z. B. in Nachrichtentexten) in indirekter Rede der Indikativ möglich: `|283|`

> Der Finanzminister kündigte an, *daß* jetzt die Stabilitätspolitik vielleicht korrigiert werden kann. (tz) (Mit Fragewort:) Bahr konnte auch nicht sagen, *wie lange* er sich in Moskau *aufhalten wird*. (Süddeutsche Zeitung)

Zählungen haben ergeben, daß in Nachrichtentexten die durch *daß* bzw. ein Fragewort eingeleitete indirekte Rede durchschnittlich einen Indikativanteil von 35–40% aufweist. Dagegen ist der Indikativ nicht üblich, wenn die einleitende Konjunktion *daß* fehlt; also nicht:

> Der Kanzler erklärte, er *ist* zu weiteren Verhandlungen bereit.

sondern nur:

> Der Kanzler erklärte, er *sei* zu weiteren Verhandlungen bereit.

Hier ist der Konjunktiv zwingend gefordert, weil er – neben der Pronominalverschiebung – das einzige Merkmal für die indirekte Rede bildet. Dasselbe gilt für die sog. berichtete Rede, eine Folge mehrerer in indirekte Rede umgewandelter Sätze. Danach müßte der folgende Text `|284|`

> „Wir *haben* das Feuer nicht gelegt. Vielleicht *waren* es die Lehrlinge der Schichauwerft, vielleicht aber auch Leute vom Westerlandverband. Die Stäuber *waren* keine Brandstifter ..." (G. Grass)

in indirekter Rede so lauten:

> (Oskar versicherte,) *daß* sie das Feuer nicht *gelegt hätten.* Vielleicht *seien* es die Lehrlinge der Schichauwerft *gewesen,* vielleicht aber auch Leute vom Westerlandverband. Die Stäuber *seien* keine Brandstifter *gewesen* ...

Im ersten Satz hätte die Umwandlung des Indikativs in den Konjunktiv unterbleiben können, ohne daß die Kennzeichnung der Äußerung als indirekte Rede verlorengegangen wäre. Nicht so im zweiten und dritten Satz, wo bei unterlassener Konjunktivumwandlung der unzutreffende Eindruck entstünde, es handelte sich um eine vom Erzähler hinzugefügte Vermutung und Erklärung.

Der gleiche Fall, daß nämlich eine Äußerung nur auf Grund des Konjunktivs als Fremdrede erkennbar wird, begegnet auch häufig in Relativ- und Kausalsätzen:

> Wilhelm Wagenfeld sprach gern „von alltäglichen Dingen", die es zu verbessern *gelte.* (Die Zeit) Aber der Minister lehnte ab, da er nur bei Verstößen gegen Gesetze eingreifen *könne.* (Der Spiegel)

Der Indikativ würde in beiden Fällen das Mißverständnis beim Hörer/Leser hervorrufen, es handelte sich um die Meinung des jeweils berichtenden Journalisten. Hier ist der Konjunktiv vielfach als eine Anweisung zu verstehen, die Redeeinleitung aus dem Kontext zu ergänzen:

> Aber der Minister lehnte ab [und begründete dies damit,] daß er nur bei Verstößen gegen Gesetze eingreifen *könne.*

Konjunktiv I – Konjunktiv II – *würde*-Form

285 **Konjunktiv I**

Folgende Grundregel ist anzusetzen: Wenn der Sprecher/Schreiber sich für den Konjunktiv in der indirekten Rede entscheidet, dann wählt er normalerweise den Konjunktiv I:

> Der Fremdenführer führt[e] aus: „Trier ist eine alte Römerstadt und war einst eine der vier Hauptstädte des römischen Weltreichs." → Der Fremdenführer führt[e] aus, daß Trier eine alte Römerstadt *sei* und einst eine der vier Hauptstädte des römischen Weltreichs *gewesen sei.*

Nicht selten begegnet jedoch an Stelle des Konjunktivs I auch der Konjunktiv II oder die *würde*-Form. Feste Regeln lassen sich auch dafür nicht angeben, sondern nur Gebrauchstendenzen.

286 **Konjunktiv II**

Der Konjunktiv II fungiert vor allem als Ersatz für solche Konjunktiv-I-Formen, die sich wegen des Formenzusammenfalls (vgl. 190) nicht von den entsprechenden Indikativformen unterscheiden:

> Man hatte zwar von weit entfernten Völkerschaften gehört, daß sie Schildkröten *äßen* (statt: *essen*), nannte diese Barbaren aber verächtlich die Schildkrötenfresser. (O. Doppelfeld)

In Übereinstimmung mit der Tatsache, daß die 3. Pers. Sing. bei allen deutschen Verben einen eindeutigen Konjunktiv I bilden kann, stehen lediglich diese Formen mit großer Regelmäßigkeit im Konjunktiv I; sonst ist immer wieder der Konjunktiv II anzutreffen. Also:

> Auf einer Pressekonferenz wies er die Beschuldigungen zurück und erklärte, *er habe* (= eindeutiger Konjunktiv I) bei dieser Firma lediglich eine „freiberufliche Tätigkeit" ausgeübt.

Aber:

> Der Direktor des Kopenhagener Büros der SAS ... erklärte ..., *die drei Luftpiraten ... hätten* (statt des uneindeutigen *haben*) das Flugzeug vom Typ DC 9-21 mit 85 Passagieren an Bord auf dem Flug von Stockholm nach Göteborg in ihre Gewalt gebracht. (Stuttgarter Nachrichten)

In diese Tendenz des Konjunktiv-I-Ersatzes fügen sich die folgenden Formen als Ausnahmen nicht ein:

1. Pers. Sing.: ich sei/dürfe/könne/möge/müsse/solle/wolle/wisse
2. Pers. Sing.: du seist usw.
1. Pers. Plur.: wir seien usw.
3. Pers. Plur.: sie seien usw.

Aus dieser Aufstellung geht u. a. hervor, daß die 2. Pers. Plur. von *sein (ihr seiet)* gern durch die entsprechende Konjunktiv-II-Form *(ihr wäret)* ersetzt wird, obwohl sich hier Konjunktiv I und II deutlich unterscheiden. Überhaupt ist zu beobachten, daß bei der 2. Person (Sing. und Plur.) die Neigung zu Konjunktiv-II-Formen noch deutlicher ausgeprägt ist als bei der 1. Person (Sing. und Plur.) und der 3. Pers. Plur., auch in den Fällen, wo sich eindeutige Konjunktiv-I-Formen anbieten:

> ... er begleitete mich und fragte, warum Du fortgegangen *wärest* (statt: *sei[e]st*). (E. Penzoldt)

Diese Tendenz verstärkt sich in dem Maße, wie die geschriebene Sprache sich der Ausdrucksweise der gesprochenen nähert. Dann werden weitgehend auch die Konjunktiv-I-Formen der 3. Pers. Sing. und die oben genannten Ausnahmen durch Konjunktiv-II-Formen verdrängt (sofern der Konjunktiv überhaupt noch gewählt wird und der Sprecher/Schreiber nicht den Indikativ der direkten Rede beibehält; vgl. 282):

> Ich hab, glaub ich, zu ihr gesagt, sie *wär* (Konjunktiv II statt Konjunktiv I: *sei*) uncharmant, sie *kann* (Indikativ statt Konjunktiv: *könne/könnte*) das von einem Mann nicht verlangen. (G. Aberle)

Im lockeren Gespräch fällt gewöhnlich die Wahl nicht auf den Konjunktiv I, sondern auf den Indikativ und Konjunktiv II, auch ohne daß damit die Absicht verbunden wäre, mit dem Indikativ den Wahrheitsgehalt bzw. mit dem Konjunktiv II den nicht verbürgten Charakter des Berichteten zu unterstreichen. [1]

würde + Infinitiv

287

An die Stelle einer einfachen Konjunktivform (Konjunktiv I und II) kann auch die Umschreibung *würde* + Infinitiv treten (= Konjunktiv II von *werden*):

> Sie sagte, daß sie in Hamburg *wohnen würde* (statt: *wohne/wohnte*).

Allerdings gilt sie, wenn sie statt einer einfachen Konjunktivform in der indirekten Rede gebraucht wird, als typisches Kennzeichen der (gesprochenen) Umgangssprache. In der Standardsprache wird sie nur unter folgenden Bedingungen gewählt:
1. Die *würde*-Form dient als Ersatz für ungebräuchliche und nicht eindeutige Formen. Ungebräuchlich, weil als gehoben oder als geziert empfunden, sind vor allem viele Konjunktiv-II-Formen mit Umlaut, also etwa

> beföhle/befähle, bärste, drösche/dräsche, flöchte, göre, genösse, höbe/hübe, kröche, lüde, mölke, mäße, ränge, schölle, schräke, sänne/sönne, sprösse, stäche, tröffe, verdürbe, wränge.

Solche Formen werden zur Vermeidung eines gespreizten Stils sogar im geschriebenen Deutsch gegen das *würde* + Infinitiv-Gefüge ausgetauscht:

> Sie beendete die Unterhaltung mit der Bemerkung, daß sie sich niemandem schnell *anschlösse*. (Auch möglich:) Sie beendete die Unterhaltung mit der Bemerkung, daß sie sich niemandem schnell *anschließen würde*.

Auch im folgenden Beispiel würde normalerweise an Stelle des Konjunktivs II die *würde*-Form gewählt:

> Der Apotheker sagte, bei chronischen Obstipationen *empföhlen/empfählen* sie meistens Kräuterlax.

Als nicht gehoben oder geziert werden offenbar nur die drei Formen *fände(n), käme(n)* und *bekäme(n)* empfunden.

Ebenfalls zu den nicht eindeutigen Konjunktivformen gehört der Konjunktiv II der regelmäßigen Verben. Auch er wird deshalb durch entsprechende *würde*-Umschreibungen ersetzt, häufig allerdings nur in der gesprochenen Sprache:

> Unrichtig ist ferner, daß diese acht Türken in einer Dachkammer *hausen würden* (statt: *hausten*) oder gehaust hätten. (Bildzeitung)

2. Aus Gründen des Wohlklangs wird der Konjunktiv Futur des Vollverbs *werden (werden werde)* und der Konjunktiv Futur Passiv *(gelobt werden werde)* durch den

---

[1] Eine solche Deutung der Formen wird manchmal noch vorgetragen, entbehrt aber der Grundlage. In dem Schiller-Zitat, das hier gerne bemüht wird:

> Mir meldet er aus Linz, er *läge* krank,
> Doch hab ich sichre Nachricht, daß er sich
> Zu Frauenberg *versteckt* beim Grafen Gallas.
> (Wallensteins Tod, II, 1)

könnte durchaus ohne Sinnänderung der Konjunktiv II *(läge)* durch den Konjunktiv I *(liege)* oder auch den Indikativ *(liegt)* ersetzt werden und der Indikativ *versteckt* durch den Konjunktiv I *(versteckte)*: Die Information, daß die erste Aussage eine Lüge ist, die zweite aber der Wahrheit entspricht, entnimmt der Hörer/Leser dem Kontext, nicht den Verbformen.

entsprechenden *würde*-Konjunktiv ersetzt:

> Er glaubte, daß dieser Schritt ohnehin unvermeidlich *werden würde* (statt: unvermeidlich *werden werde*). Aus dem Justizministerium verlautete, daß das Urteil vorerst nicht vollstreckt *werden würde* (statt: *werden werde*).[1]

3. Die *würde*-Form konkurriert häufig mit dem Konjunktiv Futur aus *werden* + Infinitiv, besonders dann, wenn das redeeinleitende Verb im Präteritum (Perfekt, Plusquamperfekt) steht und das in der indirekten Rede Berichtete auf ein Geschehen in der Zukunft zielt:

> ... und sie sahen an kleinen, gegen Mitternacht bei ihm auftretende Zeichen ..., daß er heute nicht den Weg nach Haus *nehmen würde* (statt: *nehmen werde*). (H. v. Doderer)
> ... und es war vorauszusehen, daß er mir schließlich die Zähne *zeigen werde* (auch möglich: *zeigen würde*). (Lernet-Holenia)

Zwischen diesen beiden Formen besteht kein kommunikativer, sondern allenfalls ein stilistischer Unterschied der Art, daß die *werde*-Form „gewählter" und „vornehmer" wirkt als die mit *würde* + Infinitiv.

4. Die *würde*-Form wird in der erlebten Rede (vgl. 289) häufig an Stelle des Indikativs/Konjunktivs Präteritum gesetzt:

> Morgen *ging* er ins Theater. Er *würde* sich „Die Nashörner" ansehen.

Hier könnte auch der Indikativ Präteritum des ersten Satzes *(ging)* durch die *würde*-Form ersetzt werden.

5. In den konjunktivischen Bedingungsgefügen konkurriert die – aus der direkten in die indirekte Rede übernommene – *würde*-Form mit dem Konjunktiv II und wird ihm in den meisten Fällen vorgezogen:

> Eine schon größere Minderheit von Priestern erklärt stets, wenn irgendwo in der Welt eine Umfrage nach dem Zölibat gehalten wird: Sie *würden* sofort *heiraten* (statt: *heirateten* sofort ...), wenn sie im Amt bleiben könnten. (Der Spiegel) [Staatsbank-Chef Düvel] betonte, daß er als Bankier glücklich *sein würde* (auch möglich: *glücklich wäre*), wenn er bei seinen Kreditnehmern auch nur ähnliche Verhältnisse *vorfinden würde* (auch möglich: *vorfände*). (Der Spiegel)

Die *würde*-Form wirkt manchmal allerdings schwerfälliger als der Konjunktiv II (= Konjunktiv Plusquamperfekt), der dann den Vorzug verdient; ein Mißverständnis muß dabei freilich ausgeschlossen sein:

> Sie sagte, sie *wäre gekommen* (schwerfälliger: *würde gekommen sein*), wenn es nicht geregnet hätte.

288 ## Verteilungen und Häufigkeiten

Die Verteilung der Konjunktiv-I-Formen auf die (grammatischen) Personen zeigt einige auffällige Merkmale. Die wichtigsten sind:
– Rund 90% aller eindeutigen Konjunktiv-I-Formen entfallen auf die 3. Pers. Singular.
– Die restlichen 10% verteilen sich vor allem auf die 1. Pers. Sing. und besonders die 3. Pers. Plural.
– In der 2. Pers. Sing./Plur. und der 1. Pers. Plur. kommen – schriftsprachlich – eindeutige Konjunktiv-I-Formen so gut wie nicht vor.
Diese Verhältnisse spiegeln den Formenzusammenfall wider (vgl. 190), und da besonders die Tatsache, daß nur die 3. Pers. Sing. bei allen deutschen Verben eine eindeutige Konjunktiv-I-Form bilden kann.

---

[1] Eine andere Möglichkeit, die Konstruktion *werden werde* zu vermeiden, besteht – bei Wegfall der Konjunktion *daß* – in der Änderung der Wortstellung:
> Er glaubte, dieser Schritt *werde* ohnehin unvermeidlich *werden*. Aus dem Justizministerium verlautete, das Urteil *werde* vorerst nicht vollstreckt *werden*.

Von den Konjunktiv-II-Formen, die in indirekter Rede begegnen, dient nur etwas
mehr als die Hälfte dem Zweck, indirekte Rede anzuzeigen. Die übrigen sind aus
der direkten Rede übernommen, wobei die größte Zahl in der 3. Pers. Plur. bzw.
der 1. Pers. Sing. steht; dagegen sind die 1. Pers. Plur. und die 2. Pers. Sing./Plur.
weit weniger vertreten. Auch diese Verteilung hängt mit dem Formenzusammenfall zusammen: Der Konjunktiv II tritt vor allem dort auf, wo der Konjunktiv I
keine eindeutigen Formen bereitstellt (vgl. 286).
Es sind nur einige wenige Verben, die den Großteil der in Texten auftretenden
Konjunktiv-I/II-Formen bilden: 60% leiten sich von den (Voll- bzw. Hilfs)verben
sein, haben und *werden* ab, 20% von den Modalverben *können, müssen, mögen,
dürfen, sollen*[1], *wollen*[1]; lediglich der Rest (20%) entfällt auf andere Verben. Damit kommt den verbalen Gefügen aus Hilfsverb/Modalverb + Infinitiv bzw. Partizip in der indirekten Rede große Bedeutung zu.

Zusatz: Erlebte Rede und innerer Monolog

289

Neben der direkten und indirekten Rede benutzen (Prosa)schriftsteller oft die erlebte Rede und den inneren Monolog, um unausgesprochene Gedanken und
Empfindungen ihrer Protagonisten wiederzugeben:

> (Direkte Rede:) Er dachte: „Morgen gehe ich ins Theater. Ich werde mir ‚Die Nashör-
> ner' ansehen."
> (Indirekte Rede:) Er dachte [daran], daß er am anderen Tag ins Theater gehe. Er werde
> sich „Die Nashörner" ansehen.
> (Erlebte Rede:) Er dachte: Morgen ging er ins Theater. Er würde sich „Die Nashörner"
> ansehen.
> (Innerer Monolog: [Ich dachte:]) Morgen ginge ich ins Theater. Ich würde mir „Die
> Nashörner" ansehen.

Erlebte Rede und innerer Monolog gleichen der indirekten Rede insofern, als
auch sie von der direkten Rede abgeleitete Formen darstellen. Im einzelnen sind
sie vor allem durch folgende Merkmale gekennzeichnet:

Erlebte Rede:

Die Pronomen und Tempora werden gemäß der Perspektive des Erzählers transformiert: Die 1. Pers. wird in die 3. umgewandelt, Präsens und Perfekt in Präteritum bzw. Plusquamperfekt. Präsens und Futur I mit Zukunftsbezug werden vorzugsweise durch die *würde*-Form wiedergegeben. Sonst wird der Modus nicht
transformiert, d. h., Indikativ und Konjunktiv werden beibehalten. Ebenso werden raum- und zeitbezügliche Angaben nicht umgeformt:

> Hans würde „Don Carlos" lesen, und dann würden sie etwas miteinander haben, wor-
> über weder Jimmerthal noch irgendein anderer mitreden könnte! Wie gut sie einander
> verstanden! Wer wußte, – vielleicht brachte er ihn noch dazu, ebenfalls Verse zu schrei-
> ben? ... Nein, nein, das wollte er nicht! (Th. Mann)

Innerer Monolog:

Das Pronomen der 1. Pers. *(ich, mein)* wird beibehalten, die indikativischen Tempusformen werden in den Konjunktiv II bzw. die *würde*-Form umgewandelt und
raum- und zeitbezügliche Angaben übernommen:

> Alle bei meiner Mutter versammelten Idioten würden mein Auftreten für einen herrli-
> chen Witz erklären, meine Mutter selbst würde es mit saurem Lächeln als Witz durch-
> gehen lassen müssen – und keiner würde wissen, daß es todernst war. (Böll)

Die auffälligsten Unterschiede bestehen also darin, daß die erlebte Rede in der 3.

---

[1] *sollen* und *wollen* bilden allerdings keine eindeutigen Konjunktiv-II-Formen; vgl. 216.

Pers. und vorwiegend im Indikativ, der innere Monolog aber in der 1. Pers. und im Konjunktiv steht. (Allerdings ist hier immer mit Abweichungen und Mischformen zu rechnen, handelt es sich doch um Darstellungsmittel, die vielfach abgewandelt werden können.)

Der Imperativ

Formenbildung

Die Formen des Imperativs werden mit dem Präsensstamm (1. Stammform) gebildet.

290 | **Imperativ Singular**

Der Imperativ Singular wird – vor allem in gehobener Sprache – mit -e, häufig aber auch ohne -e gebildet:

> trink[e]!, wasch[e]!, geh[e]!

Besonders aus metrischen oder rhythmischen Gründen fällt das -e auch in der poetischen Sprache nicht selten weg:

> *Geh,* ich bitte dich, *gehe* und *quäle* mich nicht länger! (Raabe)

Von Verben, die wie *sammeln* oder *filtern* auf -eln oder -ern enden, wird der Imperativ mit -e gebildet; dabei kann das e der Bildungssilbe – besonders bei -eln – auch ausfallen:

> hand[e]le!, samm[e]le!, förd[e]re!, fei[e]re!

Auch bei Verben, deren Stamm auf -d oder -t endet, wird im Imperativ Singular im allgemeinen ein -e angehängt:

> *Achte* sie! *Binde* die Schnur! *Biete* / (gelegentlich auch:) *Biet* ihm nicht zuviel!

Verben mit einem Stamm auf Konsonant + m oder n erhalten im allgemeinen ebenfalls ein Imperativ-e:

> *Atme* langsam! *Widme* ihm ein Buch! *Rechne* sorgfältig! *Wappne* dich!

Diese Regel gilt nicht, wenn dem m oder n ein m, n, r, l oder ein einfaches h vorausgeht:

> *Kämm[e]* dich! *Qualm[e]* nicht so! *Lern[e]* fleißig! *Lärm[e]* nicht so! *Rühm[e]* dich nicht selbst!

Einige ablautende Verben bilden den Imperativ Singular, indem sie das e *(ä, ö)* des Präsensstamms gegen i *(ie)* auswechseln; ein -e wird nicht angehängt (vgl. 211)[1]:

> lies!, wirf!, birg!, stirb!, verdirb!, iß!, miß!, sprich!, vergiß!, nimm!, hilf!, quill!, gib!, schilt!, wirb!, sieh![2]

Verben, die sowohl regelmäßig als auch unregelmäßig konjugieren, haben verschiedene Imperativformen, die auseinandergehalten werden müssen:

> *Erschrick* nicht! – *Erschrecke* ihn nicht!
> *Quill* empor! – *Quelle* die Bohnen!
> *Schwill!* – *Schwelle* den Umfang nicht so auf!
> *Lisch aus,* mein Licht! (Bürger) – *Lösche* das Feuer!

---

[1] Wenn Klassiker wie Goethe oder Herder die der 1. Stammform angeglichenen Formen mit e (*trete!, verspreche!, schelte!, nehme!* usw.) gebrauchen (Heine und Börne verwenden sie sogar ausschließlich), so ist dies aus dem noch nicht fest gewordenen Gebrauch zu erklären. Heute gelten sie mit wenigen Ausnahmen (vgl. *melke!* und nicht mehr: *milk!*) als nicht standardsprachlich.
[2] Die Form *siehe!* ist nur bei Verweisen in Büchern und als Ausruf gebräuchlich.

Imperativ Plural | 291 |

Der Imperativ Plural stimmt mit der 2. Pers. Plur. Indik. Präs. Akt. überein:

  geht!, schweigt!, ruft!, bindet!, rechnet!

Zu den Formen mit -*t* bzw. -*et* vgl. 193 f., 209.

Zum Gebrauch des Imperativs | 292 |

Der Imperativ dient dazu, eine Aufforderung direkt an eine oder mehrere Personen zu richten. Bei der Aufforderung kann es sich um eine Bitte, einen Wunsch,
eine Anweisung, einen Befehl o. ä. handeln.

  Komm herein, Monika! *Kommt herein*, ihr beiden! *Kommen Sie herein*, Herr Meier!
  Kommen Sie herein, meine Herrschaften!

Mit den Formen des Imperativs wendet sich der Sprecher direkt an

– eine anwesende Person (= Imperativ Singular):

  Komm! Nimm! Gehe!

– mehrere anwesende Personen (= Imperativ Plural):

  Kommt! Nehmt! Geht!

Diese Formen werden gegenüber Personen gebraucht, die man duzt; das Personalpronomen *(du, ihr)* wird im allgemeinen weggelassen, es sei denn, die Person
soll – etwa in nachdrücklicher Rede – besonders herausgehoben werden:

  Kümmere du dich um deine Angelegenheiten! *Sprich du* mit ihm! (Gelegentlich mit Anfangsstellung des Pronomens:) *Du misch* dich nicht *ein*, sagte jetzt Fränzel. (Kuby)

Im Unterschied dazu wird einer Person oder mehreren Personen gegenüber, die
man siezt, die Höflichkeitsform (3. Pers. Plur. des Konjunktivs Präs.) mit nachgestelltem *Sie* gebraucht:

  Schweigen Sie, mein Herr! *Seien Sie* still![1] *Reden Sie*, meine Damen!

Nur umgangssprachlich oder landschaftlich wird auch der Imperativ Plural als
Höflichkeitsform gegenüber Personen gebraucht, die man siezt:

  Kommt, mein Herr, Sie werden Hunger haben!

Die direkte Aufforderung in der 3. Pers. Sing. mit Angabe des Personalpronomens ist veraltet:

  Höre Sie, Mamsell! (Schiller) *Störe Er* nicht, Er Flegel!

Altertümlich klingt der Imperativ Passiv:

  Sei mir *gegrüßt*, mein Berg, mit dem rötlich strahlenden Gipfel! (Schiller) *Werde gegrüßt*, schönes Amalfi, dreimal *werde gegrüßt!* (Platen)

Da ein direkter Befehl u. ä. nur in der jeweiligen Sprechsituation sinnvoll ist, gibt
es eigentlich keinen Imperativ der Vergangenheit; dennoch hat man ihn zu bilden
versucht:

  In die Ecke! Besen, Besen, *seid's gewesen!* *Habt* Euch vorher wohl *präpariert*, Paraga-
  phos wohl *einstudiert!* (Goethe) Schweige und *habe gelitten!* (Benn)

Von manchen Verben sind die Imperativformen im allgemeinen unüblich. Dazu
gehören neben den unpersönlichen Verben (vgl. 181) und den Modalverben (vgl.
130 ff.) etwa

  gelten, geraten, kennen, kriegen, bekommen, vermissen, wiedersehen, wohnen.

---

[1] Der Gebrauch des Indikativs als Höflichkeitsform (*Sind* Sie still!) ist umgangssprachlich.

293 **Andere sprachliche Möglichkeiten, eine Aufforderung auszudrücken**

Neben den imperativischen Formen gibt es zahlreiche andere sprachliche Möglichkeiten, eine Aufforderung auszudrücken, z. B.:

- 1. Pers. Sing. Präs.:
  Ich *bekomme* Rumpsteak mit Salat!

- 2. Pers. Sing./Plur. Präs. als Ausruf oder Frage:
  Du *siehst* dich *vor!* Du *gehst* jetzt! *Kommt* ihr bald?

- 1. Pers. Plur. Präs. (zu einem Partner gesprochen; vgl. 538,2):
  Wir *sehen* uns jetzt immer *vor,* nicht wahr, Gudrun? Wir *tun* das nicht wieder, Hans!

- 3. Pers. Plur. Präs.:
  Sie *sind* so nett und *nehmen* hier Platz!

- 2. Pers. Sing./Plur. Fut. (vgl. 231) als Ausruf oder Frage:
  Du *wirst* dich *vorsehen! Wirst* du still *sein!* Ihr *werdet* Euch *hüten!*

- Modaler Infinitiv mit *zu + haben/sein* (vgl. 163 ff.):
  Du *hast* dich *vorzusehen!* Die Tür *ist* sofort *zu öffnen!*

- Infinitiv:
  Vorsehen (mit Wegfall des Reflexivpronomens)! Nur nicht frech *werden! Antreten!*
  Langsam *fahren! Einsteigen!*

- 2. Partizip:
  Vorgesehen (mit Wegfall des Reflexivpronomens)! *Stillgestanden!*

- Einzelne(s) Substantiv, Adjektiv, Partikel (elliptisch):
  [Übt] *Vorsicht!* [Gebt] *Achtung!* [Seid/Verhaltet euch] *Vorsichtig! Vorwärts* [gegangen]!
  Schneller! Auf, ihr Leute! *Auf!*

- Subjektloser Passivsatz (vgl. 303, 2 f.):
  Jetzt *wird* sich *vorgesehen!* Jetzt *wird geschlafen!*

- Gliedsatz:
  Daß ihr euch ja vorseht!

- Satzgefüge mit einem Verb des Aufforderns:
  Ich *wünsche/verlange/fordere,* daß das geschieht!

- Modalverben (vgl. 130 ff.).

2.3.3 Das Genus verbi: Aktiv und Passiv[1]

294 Aktiv und Passiv sind in Texten der deutschen Gegenwartssprache ungleich verteilt: Auf das Aktiv entfallen im Durchschnitt etwa 93%, auf das Passiv etwa 7% (Vorgangspassiv ca. 5%, Zustandspassiv ca. 2%) der finiten Verbformen. Auf Grund dieser Verteilung kann man das Aktiv als Erst- und das Passiv als Zweitform bezeichnen und bei der Beschreibung so verfahren, daß man das Aktiv als einfache, mehr oder weniger merkmallose Ausgangsform ansetzt und das Passiv als davon abzuleitende Kontrastform. Diese Betrachtungsweise bedeutet natürlich kein abwertendes Urteil über die kommunikative Wichtigkeit des Passivs.

---

[1] Die Darstellung des Passivs beruht im wesentlichen auf folgenden Untersuchungen: K. Brinker: Das Passiv im heutigen Deutsch. Form und Funktion. München 1971; G. Helbig/G. Heinrich: Das Vorgangspassiv. Leipzig [2]1978; G. Helbig/F. Kempter: Das Zustandspassiv. Leipzig [2]1975; S. Pape-Müller: Textfunktionen des Passivs. Untersuchungen zur Verwendung von grammatisch-lexikalischen Passivformen. Tübingen 1980; G. Schoenthal: Das Passiv in der deutschen Standardsprache. Darstellung in der neueren Grammatiktheorie und Verwendung in Texten gesprochener Sprache. München 1976.

Obwohl „Aktiv" und „Passiv" zunächst nur Bezeichnungen für verschiedene Formkategorien sind (*er schätzt [jmdn.] – er wird geschätzt/ist geschätzt*), werden sie seit jeher auch hinsichtlich ihrer Funktion (Leistung) gedeutet. Danach hat das Aktiv seinen Namen von jenen Sätzen, in denen das Subjekt „tätig" ist:

> Die Reiterin schlägt das Pferd. Der Hund bellt.

Aktivisch sind aber auch folgende Sätze:

> Er wohnt auf dem Lande. Der Kranke leidet. Sie bekommt keine Post. Die Blumen blühen.

deren Subjekt kaum als „tätig" zu bezeichnen ist. Unter dem Aktiv ist also eine Sehweise zu verstehen, die von der Bedeutung des Verbs unabhängig ist. Vielmehr handelt es sich dabei um die für den deutschen Satz charakteristische Blickrichtung, die den Träger („Täter"), den Urheber des Geschehens zum Ausgangspunkt macht und das erfaßt, was über ihn ausgesagt wird.

Entsprechendes ist vom Passiv zu sagen, wo das Subjekt keineswegs immer „leidend" ist, wie die lateinische Bezeichnung und ein Satz wie

> Das Pferd wird geschlagen.

nahelegen könnten. Auch das Passiv muß deshalb unabhängig von der Bedeutung des Verbs als eine Sehweise betrachtet werden, die der des Aktivs entgegengesetzt ist: Kann man dieses als „täterzugewandt" charakterisieren, so jenes als „täterabgewandt".[1]

Das Vorgangs- oder *werden*-Passiv

Typologie

Das Vorgangspassiv begegnet in drei verschiedenen Typen, deren Struktur gewöhnlich als Ergebnis der Umwandlung (Transformation) entsprechender Aktivtypen beschrieben wird:

295

	Aktivstruktur	Passivstruktur
Typ A	Vera streicht ihr Zimmer. Der Lehrer überreicht dem Schüler das Buch.	→ Das Zimmer wird [von Vera] gestrichen. → Das Buch wird dem Schüler [vom Lehrer] überreicht.
Typ B	Die Gemeinde gedenkt der Toten. Wir helfen dem Verletzten. Sie graben nach Kohle.	→ Der Toten wird [von der Gemeinde] gedacht./Es wird der Toten [von der Gemeinde] gedacht. → Dem Verletzten wird [von uns] geholfen./Es wird dem Verletzten [von uns] geholfen. → Nach Kohle wird [von ihnen] gegraben./Es wird [von ihnen] nach Kohle gegraben.
Typ C	Die Griechen tanzten. Man tanzt.	→ Von den Griechen wurde getanzt./Es wurde [von den Griechen] getanzt. → Es wird getanzt.

Die Unterscheidung dieser drei Typen des Vorgangspassivs richtet sich nach der

---

[1] Vgl. L. Weisgerber: Die Welt im „Passiv". In: Festschrift für Friedrich Maurer. Stuttgart 1963, S. 25–59.

Art der Verbergänzungen (vgl. 166 f.): Typ A bilden die Verben mit einem Akkusativobjekt (= transitive Verben), Typ B die (intransitiven) Verben mit Genitiv-, Dativ- oder Präpositionalobjekt, Typ C die (intransitiven) Verben ohne Objekt. Die eingeklammerten Agensangaben (vgl. 301 f.) in der Passivstruktur sind fakultativ (weglaßbar). Beim Typ C werden sie allerding immer getilgt, wenn die Subjektstelle der Aktivstruktur von dem unpersönlichen Pronomen *man* besetzt ist.

Gemessen an der Häufigkeit ihres Auftretens kommt den drei Typen keinesfalls das gleiche Gewicht zu. Die Belege entfallen nämlich zu 97% auf Typ A, während B und C nur mit 2% bzw. 1% vertreten sind.

Transformationen

Die Regeln, nach denen sich die Passivumwandlungen (-transformationen) vollziehen, sind den folgenden Graphiken zu entnehmen, die bis auf die den syntaktischen Strukturen des Aktivs und Passivs gemeinsamen semantischen Strukturen zurückgehen. Dies ist deshalb möglich, weil der mitzuteilende Sachverhalt im Aktiv und Passiv gleich (bedeutungsäquivalent) ist. Die Passivstruktur (= durchgezogener Pfeil) hebt sich dabei deutlich von der Aktivstruktur (= gestrichelter Pfeil) ab:

296

	semantische Struktur	syntaktische Struktur
	Handelnder (Agens) – – – – – – – →	Subjekt (= Nomen im Nominativ)
	affiziertes oder effiziertes Objekt	Objekt$_1$ (= Objekt im Akkusativ)
Typ A	Begünstigter[1] (Adressat)	Objekt$_2$ (= Objekt im Dativ)[1]
		Agensangabe (= Präpositionalgefüge)[1]
	Handlung (Aktion) ══════ → Aktiv ⎫ → Passiv ⎬ Finitum	

Beispiel:
Der Lehrer (= Handelnder) überreicht (= Handlung) dem Schüler (= Begünstigter) das Buch (= [affiziertes oder effiziertes] Objekt).

Die inhaltliche Größe „Handelnder" (Agens) besetzt also im Aktiv die Subjektstelle, im Passiv dagegen die fakultative Stelle „Agensangabe". Die Größe „affiziertes oder effiziertes Objekt" (Patiens) besetzt im Aktiv die Stelle eines Akkusativobjekts, im Passiv aber die Subjektstelle. Die Größe „Begünstigter" (Adressat) nimmt sowohl im Aktiv als auch im Passiv die Position eines Dativobjekts ein. Die Größe „Handlung" (Aktion) schließlich erhält im Aktiv die Aktivform, im Passiv die Passivform.

297

	semantische Struktur	syntaktische Struktur
	Handelnder (Agens) – – – – – – – →	Subjekt (= Nomen im Nominativ)
		es (= Subjekt-*es* im Nominativ)[1]
Typ B	Objekt – – – – – – – – – →	Dativ-, Genitiv- oder Präpositionalobjekt
		Agensangabe (= Präpositionalgefüge)[1]
	Handlung (Aktion) ══════ → Aktiv ⎫ → Passiv ⎬ Finitum	

Beispiel:
Wir (= Handelnder) helfen (= Handlung) dem Verletzten (= Objekt).

[1] Fakultativ.

Die inhaltliche Größe „Handelnder" (Agens) besetzt im Aktiv die Subjektstelle, im Passiv aber die fakultative Stelle „Agensangabe" (hier kann die Subjektstelle entweder mit dem inhaltsleeren *es* besetzt werden oder unbesetzt bleiben). Das „Objekt" ändert seine Stelle im Aktiv und Passiv nicht; es tritt in beiden Strukturen entweder als Dativ-, Genitiv- oder Präpositionalobjekt auf. Die inhaltliche Größe „Handlung" (Aktion) erhält im Aktiv die aktivische Form, im Passiv die passivische.

| | semantische Struktur | syntaktische Struktur | 298 |

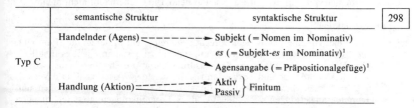

Typ C

Handelnder (Agens) ⟶ Subjekt (= Nomen im Nominativ)
es (= Subjekt-*es* im Nominativ)[1]
Agensangabe (= Präpositionalgefüge)[1]
Handlung (Aktion) ⟶ Aktiv } Finitum
                    ⟶ Passiv }

Beispiel:
  Die Griechen (= Handelnder) tanzten (= Handlung).

Die inhaltliche Größe „Handelnder" (Agens) rückt aus der aktivischen Subjektstelle in die fakultative Passivposition „Agensangabe", die Größe „Handlung" (Aktion) wird aus der Aktiv- in die Passivform umgewandelt. Die Agensangabe (und/oder eine Modalangabe) in der Passivstruktur kann nur dann weggelassen werden, wenn die Subjektstelle durch das inhaltsleere *es* besetzt wird (das bei vorhandener Agens- und/oder Modalangabe fakultativ ist und vor dem Finitum steht):

  Es wurde [von den Griechen] getanzt.

Fehlt dieses *es,* ist die Agensangabe (oder eine Modalangabe, Konjunktion) obligatorisch und steht an erster Stelle vor dem Finitum:

  Von den Griechen wurde getanzt.
  Dort wurde getanzt.
  Wenn getanzt wurde …

Funktionen

Syntaktisch-semantische Funktion

299

Die Passivtransformationen zeigen, daß der wichtigste Unterschied zwischen Aktiv und Passiv in folgendem besteht: Während die Größe „Handelnder" (Agens) im Aktiv die Subjektstelle besetzt, tritt sie im Passiv als ein dem Prädikat zu- und untergeordnetes Glied („Agensangabe") zurück oder wird ganz getilgt; an ihrer Stelle rückt im Typ A die Größe „affiziertes oder effiziertes Objekt" in die Subjektposition. Bei den Typen B und C wird die Subjektstelle entweder gar nicht besetzt *(Von den Griechen wurde getanzt)* oder nur formal-inhaltsleer mit *es (Es wurde [von den Griechen] getanzt);* sie bezeichnen im wesentlichen nur den Vorgang, die Handlung an sich, ohne ihren Urheber ("„Täter") zu benennen oder besonders hervorzuheben.

---
[1] Fakultativ.

Insofern die wesentliche Leistung des Vorgangspassivs darin besteht, die Agens-größe – beim Typ A – zugunsten der Größe „affiziertes oder effiziertes Objekt" entweder ganz zu tilgen oder doch in den Hintergrund zu drängen, bietet es sich dem Sprecher/Schreiber als eine „täterabgewandte" Alternative zum „täterzuge-wandten" Aktiv dar (vgl. 294).

Mit dieser Deutung, die zunächst nur einen strukturellen Befund wiedergibt, steht der statistische, wonach auf die Agensangabe häufig ganz verzichtet wird, in Ein-klang: Gemäß einer Zählung kommt sie beim Typ A noch in ca. 14% der Belege vor, beim Typ B nur noch in ca. 3% und beim Typ C überhaupt nicht mehr.

| 300 |

Textfunktion

Indem das Vorgangspassiv dem Sprecher/Schreiber ein Mittel an die Hand gibt, eine Kette von Aktivsätzen abwechslungsreicher zu gestalten, dient es in stilisti-scher Hinsicht ganz allgemein der Ausdrucksvariation. Darüberhinaus wird es besonders in Stilarten und Textsorten wie Sprache der Wissenschaft und Verwal-tung, in wissenschaftlichen Abhandlungen, Gesetzestexten, Anordnungen und Gebrauchsanweisungen verwendet, weil es Formulierungen gestattet, die den Handelnden unbezeichnet lassen. Außerdem verliert die Handlung als solche ih-ren Charakter und erscheint als ein – vom Handelnden losgelöster – Vorgang. Abgesehen davon, daß das Vorgangspassiv – wegen der Möglichkeit, das Agens auszusparen (vgl. 302) – eine ökonomische Ausdrucksweise darstellt, ist es auch noch in anderer Hinsicht maßgeblich am Aufbau eines Textes beteiligt: Es hilft dem Sprecher/Schreiber, die Mitteilungsperspektive gemäß seinen Absichten zu entwickeln, und zwar durch Thematisierung[1] des Akkusativobjekts in seiner Äu-ßerung und (stärkere) Rhematisierung[2] von Prädikat und Agensgröße (Hand-lungsträger).

Thematisierung des Akkusativobjekts und stärkere Rhematisierung des Prädikats zeigt z. B. das folgende Beispiel:

> ... ich hatte am ersten Abend schon eine Schlägerei mit einem Schwachsinnigen ... Ich wurde nicht nur ganz schön zusammengeschlagen ..., ich bekam auch eine schwere Gelbsucht. (Böll)

Das Passiv *(Ich ... wurde zusammengeschlagen ...)* erlaubt dem Autor hier, das Subjekt des ersten Satzes *(ich)* auch im zweiten beizubehalten. Da es sich auf schon Eingeführtes bezieht, spielt es die Rolle eines Themas ohne Neuigkeits-wert. Demgegenüber hätte die entsprechende Aktivkonstruktion die Größe *ich* als Akkusativobjekt einführen müssen *(Der Schwachsinnige schlug mich zusammen ...)*, wobei das Agens *(der Schwachsinnige)* unnötigerweise wiederholt und der sti-listisch wirkungsvolle Parallelismus der Konstruktion zerstört worden wäre. Gleichzeitig wird das Prädikat als Rhema, d. h. als Information mit dem größten Mitteilungswert hervorgehoben, dadurch hervorgehoben, daß es nur in der Form eines verbalen Gefüges ohne Agensnennung dargeboten wird. (Eine noch stärkere Rhematisie-rung erzielt freilich das subjekt- und angabenlose Passiv vom Typ *Es wird ge-tanzt.*)

Rhematisierung des Agens (des Handlungsträgers) begegnet im folgenden Aus-schnitt aus einer Fußballreportage:

> „... jetzt wird Müller angespielt, *von Meier.*"

Der besondere Mitteilungswert der Agensangabe *von Meier* wird hier durch End-stellung und Ausklammerung unterstrichen.

---

[1] Als Thema bezeichnet man den Ausgangspunkt einer Mitteilung, das Bekannte, Gegebene, das als solches für den Hörer/Leser nur geringen oder gar keinen Mitteilungswert hat. Syntaktisch gesehen besetzt es meistens die Subjektstelle.

[2] Als Rhema bezeichnet man das neu Mitzuteilende, das als solches den größten Mitteilungswert trägt.

Die Agensangabe

Anschlußmittel

301

Da die Agensangabe (vgl. 296 ff.) in einer Passivstruktur den Ausgangspunkt („Täter", Urheber, Ursache) einer Handlung oder eines Geschehens bezeichnet, nimmt sie bei einer Rückumwandlung ins Aktiv immer die Subjektstelle ein. In der Regel wird sie mit der Präposition *von* angeschlossen, in bestimmten Fällen auch mit *durch;* dabei wird *von* nicht nur bei Personen gebraucht, sondern auch dann, wenn die Agensgabe nicht persönlich ist, also eine Sache oder etwas Abstraktes nennt[1]:

> Das kranke Kind wird *von der Nachbarin* (nicht: *durch die Nachbarin*) gepflegt. Der Baum ist *vom Blitz* (nicht: *durch den Blitz*) getroffen worden. Wir wurden *von unseren Gefühlen* (nicht: *durch unsere Gefühle*) übermannt.

Geht es bei der Agensangabe nicht um den eigentlichen Urheber oder Träger eines Geschehens, dann kann die Präposition *durch* gebraucht werden:

> Er wurde *durch* eine johlende Menge aufgehalten. (= Die johlende Menge ließ ihn, ohne es zu beabsichtigen, nur langsam vorankommen. Im Gegensatz zu:) Er wurde *von* einer johlenden Menge aufgehalten. (= Die johlende Menge hielt ihn fest, ließ ihn nicht vorankommen.)

Die Präposition *durch* wird auch verwendet, wenn der Urheber oder Träger eines Geschehens im Auftrage eines anderen handelt, wenn er nur Vermittler eines Geschehens, Mittelsperson ist:

> Das Gelände wurde *durch* Polizisten gesichert. (= Man/Die Behörde/Die Regierung o. ä. sicherte das Gelände durch [den Einsatz von] Polizisten. Im Gegensatz zu:) Das Gelände wurde *von* Polizisten gesichert. (= Polizisten sicherten das Gelände.)

Die inhaltlichen Größen „Urheber/Träger eines Geschehens" und „Vermittler eines Geschehens, Mittelsperson" treten dort klar auseinander, wo sowohl das *von*- als auch das *durch*-Präpositionalgefüge im gleichen Satz auftreten:

> Er wurde *von* der Behörde *durch* einen Boten verständigt.

Der Präposition *durch* haftet, auch wenn das betreffende Präpositionalgefüge eindeutig als Agensangabe fungiert, die Bedeutung ‚Mittel, Vermittler, Werkzeug' an, und sei es nur in der Art einer mitschwingenden Nebenbedeutung:

> Diese Jahrhunderte werden *durch* schriftliche Quellen nur spärlich erhellt. (= Schriftliche Quellen erhellen diese Jahrhunderte nur spärlich.) Die Stadt wurde *durch* feindliche Bomben völlig zerstört. (= Feindliche Bomben zerstörten die Stadt vollständig.)

Aussparung der Agensangabe

302

Das Vorgangspassiv kommt überwiegend (zu ca. 90%) ohne Agensangabe vor; gar nicht möglich ist sie, wenn die Subjektstelle der Aktivstruktur von dem verallgemeinernden Pronomen *man* besetzt ist (vgl. 295):

> *Man* trägt jetzt wieder Lila. – Jetzt wird wieder Lila (nicht möglich: *von man*) getragen.

Vielfach fehlt die Agensangabe auch deshalb, weil der „Täter" (der Urheber, die Ursache) entweder nicht genannt werden kann oder soll. Man vergleiche folgende Mitteilung, in der das Agens fehlt, weil der Tathergang im einzelnen unbekannt ist:

> Letzte Nacht wurde im Juweliergeschäft Müller eingebrochen.

---

[1] Daneben dienen gelegentlich auch andere Präpositionen (z. B. *mit, bei*) dem Anschluß von Agensgaben, die bei einer Rückumwandlung ins Aktiv die Subjektposition übernehmen:
Bei sehr schweren Vergiftungen wird der Arzt gezwungen, nach anderen Wegen zu suchen. – (Aktiv:) Sehr schwere Vergiftungen zwingen den Arzt …

Weiterhin wird auf die Agensangabe auch verzichtet, wenn sie unwichtig ist oder
aus dem vorausgehenden oder nachfolgenden Zusammenhang ohne Schwierigkeiten erschlossen werden kann.[1] Vor allem Adverbien, Nebensätze, attributive
Genitive, Possessivpronomen und (orts-, richtungsbezogene u. a.) Präpositionalgefüge bezeichnen das Agens ausdrücklich oder unausdrücklich; man vergleiche
etwa das Adverb *gesetzlich* im folgenden Beispiel:

> Die Ehe ist eine sehr persönliche Gemeinschaft zwischen Menschen, die nicht *gesetz-
> lich* (= vom Gesetz) eingefangen werden kann.

Sprachlicher und/oder außersprachlicher Kontext können auch so beschaffen
sein, daß eine Agensangabe nicht nur als überflüssig, sondern geradezu als stö-
rend empfunden würde; man vergleiche etwa die Agensangabe in folgendem
Satz:

> Nun wird wieder *von den Besuchern des Balles* getanzt.

Schließlich können ganze Textsorten auf die Agensangabe verzichten; so etwa
Gesetze, Erlasse, Vorschriften und Anweisungen, deren Agens gewöhnlich mit
dem Adressaten des jeweiligen Textes identisch ist und deshalb nicht eigens immer genannt werden muß.

Anders liegt der Fall, wenn die Agensangabe rhematische Funktion hat, also eine
wichtige neue Information übermittelt (vgl. 300). In dem Satz

> Sie ist enttäuscht worden, *vom eigenen Mann.*

z. B. kann die Agensangabe nur um den Preis eines Informationsverlustes weggelassen werden.

303 Verben ohne Passivfähigkeit

Nicht alle Verben können ein (Vorgangs)passiv bilden. Im folgenden werden einige Verbgruppen aufgeführt, die nicht passivfähig sind.

1. Neben den transitiven Verben, deren Akkusativobjekt bei der Umwandlung
ins Passiv zum Subjekt wird, gibt es eine Reihe von Verben mit einem Akkusativobjekt, die nicht passivfähig sind. Das sind z. B. Verben mit einem Akkusativobjekt, das einen Körperteil bezeichnet (*Ich schüttle den Kopf.* [Nicht möglich: *Der
Kopf wird von mir geschüttelt.*]) oder eine Menge, einen Betrag o. ä. angibt (*Dieses
Gefäß enthält drei Liter Wasser.* [Nicht möglich: *Drei Liter Wasser werden von diesem Gefäß enthalten.*]), und Verben der *haben*-Beziehung (*Ihr Freund hat/besitzt
schon ein Auto.* [Nicht möglich: *Ein Auto wird schon von ihrem Freund gehabt/be-
sessen.*]).[2]

Kein Passiv bilden auch die unpersönlichen Ausdrücke *es gibt* und *es setzt* (*Es
gibt viele Tierarten.* [Nicht möglich: *Viele Tierarten werden gegeben.*]), die Verben
kennen, können und *wissen,* sofern das mit ihnen verbundene Akkusativobjekt einen Gedankeninhalt oder etwas Gewußtes bezeichnet (*Sie kennt alle Daten der
Weltgeschichte.* [Nicht möglich bzw. üblich: *Alle Daten der Weltgeschichte werden
von ihr gekannt.*]), und die Verben, die mit ihrem Akkusativobjekt eine feste(re)
Verbindung eingehen (*Er verlor die Besinnung.* [Nicht möglich: *Die Besinnung
wurde von ihm verloren.*]).[3]

2. Von den intransitiven Verben sind im allgemeinen die nicht passivfähig, die
nur mit einem unpersönlichen Subjekt (Sachsubjekt) verbunden werden können[4]

---

[1] Im ersten Fall spricht man von „anaphorischer", im zweiten von „kataphorischer Ellipse".
[2] Vgl. ausführlicher 1091.
[3] Zum Passiv der Verben, die mit einem doppelten Akkusativobjekt stehen, vgl. 1118.
[4] Bei der Frage, ob ein solches intransitives Verb passivfähig ist oder nicht, leistet die *man*-Probe gute
Dienste: Falls das betreffende Verb nämlich nicht mit dem Pronomen *man* als Subjekt verbunden werden kann, ist auch die Passivbildung nicht möglich: (vgl. etwa *schmecken,* wo weder *man schmeckt
jmdm.* noch *jmdm. wird geschmeckt* möglich ist).

(Diese Aussage beruht auf einem Irrtum. [nicht möglich: *Auf einem Irrtum wird von dieser Aussage beruht.*]) oder deren persönliches Subjekt nicht Träger oder Auslöser einer Handlung ist:

> Er altert schnell. (Nicht möglich:) Von ihm wird schnell gealtert.
> Sie ähnelt ihrem Bruder. (Nicht möglich:) Ihrem Bruder wird von ihr geähnelt.

Von einigen nicht passivfähigen intransitiven Verben wird jedoch gelegentlich (besonders in der gesprochenen Umgangssprache) ein Passiv gebildet, um eine energische Aufforderung auszudrücken (vgl. 293):

> Es wird hiergeblieben!
> Jetzt wird aber geschlafen!

Wenn man die Formenbildung betrachtet, so fällt auf, daß fast alle intransitiven Verben, die ihr Perfekt mit *sein* bilden, nicht passivfähig sind[1]:

> Ihr gelingt ein großer Wurf. (Nicht möglich:) Ein großer Wurf wird von ihr gelungen.
> Er entging mit knapper Not einem Anschlag. (Nicht möglich:) Mit knapper Not wurde von ihm einem Anschlag entgangen.

3. Nicht passivfähig sind schließlich die echten reflexiven Verben (vgl. 172), wenn auch vereinzelt (in literarischer Sprache) Passive gewagt werden (z. B. *Da wurde ... in zitternder Angst sich verkrochen.* [C. Viebig]). Auch die unechten reflexiven Verben (vgl. 175), bei denen das Reflexivpronomen die Rolle eines Akkusativobjekts einnimmt, können kein Passiv bilden, weil das Objekt mit dem Subjekt identisch ist (*Ich wasche mich.* [Nicht möglich, weil sinnlos:] *Ich werde von mir gewaschen*).

Wie bei den intransitiven Verben wird gelegentlich (besonders in der gesprochenen Umgangssprache) ein Passiv gebildet, um eine energische Aufforderung auszudrücken (vgl. 293):

> Hier wird sich hingelegt!
> Jetzt wird sich gewaschen!

Konkurrenzformen des Vorgangspassivs

304

Nicht selten werden andere Formen (Konstruktionen) gewählt, um passivische Sehweise auszudrücken. Die wichtigsten Konkurrenzformen des Vorgangspassivs sind:

1. *bekommen/erhalten/kriegen* + 2. Partizip:

> Er *bekommt/erhält/kriegt* (von Hans) das Buch *geschenkt.* (= Ihm wird das Buch [von Hans] geschenkt.)
> Er (der Kreissekretär) *bekam* einen Löffelbagger *zugesprochen.* (E. Strittmatter) (= Dem Kreissekretär wurde ein Löffelbagger zugesprochen.)
> Denn sie waren erstaunt, ihre Beiträge *zurückgesandt zu erhalten.* (Th. Heuß) (= Denn sie waren erstaunt [darüber], daß ihnen ihre Beiträge zurückgesandt wurden.)

---

[1] Manche Verben schwanken zwischen intransitivem und transitivem Gebrauch. Sie bilden dann ein Vorgangspassiv oder lassen den attributiven Gebrauch des 2. Partizips zu (vgl. etwa *bescheren: Die Kinder wurden [vom Roten Kreuz] beschert*). Von *schmeicheln,* das heute im allgemeinen mit dem Dativ der Person steht *(jmdm. schmeicheln),* wird gelegentlich das 2. Partizip verwendet *(... daß der geschmeichelte Führer ihrer Bitte um eine Funktion in der Partei entsprach.* [Feuchtwanger] *Ich fühle mich geschmeichelt);* dieser Gebrauch erklärt sich daraus, daß *schmeicheln* früher auch transitiv verwendet worden ist. Zu *folgen* ist, wohl nach französischem Vorbild, das passivische 2. Partizip *gefolgt von* gebildet worden, das sich trotz aller Kritik durchgesetzt hat *(... verließ die Prinzessin das Kloster, gefolgt von einer vertrauten Nonne.* [Schneider] *... Hofrat Behrens ..., der, gefolgt von Dr. Krokowski, ... hereinkam.* [Th. Mann] *... gefolgt von seinem Adjudanten [Böll]).* Daneben findet sich, wohl in Weiterführung dieser Konstruktion, gelegentlich ein Vorgangspassiv *(Die Suffixe ... werden in der Regel von einer Flexionssilbe gefolgt.* [Werner] *... wenn der Druck von einem ebenso starken Sog gefolgt wird* [Menzel]). Gelegentlich wird auch von einem intransitiven Verb aus Scherz ein Vorgangspassiv mit transitivem Vorbild gebildet, wenn ausgedrückt werden soll, daß das Verhalten einer Person o. ä. in der Subjektposition nicht freiwillig, sondern unter Zwang erfolgt *(Er ist gegangen worden).*

6*

Da das Subjekt des Satzes mit *bekommen/erhalten/kriegen* + 2. Partizip bei der Umwandlung ins Passiv die Rolle eines Dativobjekts übernimmt, dem etwas „zugewendet" wird, spricht man auch vom „Adressatenpassiv". Sein sehr kleiner Anwendungsbereich ist auf Verben beschränkt, die einen Dativ der Person und einen Akkusativ der Sache fordern (*jmdm. etw. bieten, anvertrauen, schenken, verehren, schreiben* u. a.).

Während die Konstruktion mit *bekommen* und *erhalten* als eine Variante des Vorgangspassivs anzusehen ist, die v. a. in der gesprochenen (Alltags)sprache vorkommt, jedoch langsam auch in die Schriftsprache eindringt, gilt dies nicht in gleichem Maße für die Fügung mit dem umgangssprachlichen *kriegen:* Sie wird in der Standardsprache nach Möglichkeit gemieden.

2. *gehören* + 2. Partizip:

> Ein solches Verhalten *gehört bestraft.* (= Ein solches Verhalten muß bestraft werden./ Man muß ein solches Verhalten bestrafen.)
> Wer über dreißig ist, *gehört aufgehängt.* (K. Mann) (= Wer über dreißig ist, der muß aufgehängt werden/... den muß man aufhängen.)

Die Konstruktion drückt eine unbedingte Notwendigkeit, ein Gebot aus und entspricht einem mit *müssen* umschriebenen Passiv. Sie ist nicht standard-, sondern nur umgangssprachlich und findet sich vornehmlich im Süden des deutschen Sprachgebietes.

3. *sich lassen* + Infinitiv:

> Die Tür *läßt sich öffnen.* (= Die Tür kann geöffnet werden.)
> Natürlich *läßt sich* die Physik nicht *betrügen.* (O. W. Gail/W. Petri) (= Natürlich kann die Physik nicht betrogen werden.)

Wie die Beispiele zeigen, ist das *lassen*-Gefüge mit unpersönlichem Subjekt modal gefärbt (vgl. die Umschreibungsmöglichkeit mit *können* + Vorgangspassiv) und spricht eine Handlung an, für deren (Nicht)durchführbarkeit nicht das Agens, sondern die Beschaffenheit und das Wesen der betroffenen Sache wichtig sind (vgl. dazu das verwandte *sein*-Gefüge [vgl. 4] und die *bar*-Ableitung [vgl. 7]).

Demgegenüber hat das *lassen*-Gefüge mit persönlichem Subjekt die Bedeutung ,veranlassen, erlauben, zulassen':

> Sie *läßt sich* nicht *täuschen.* (= Sie läßt nicht zu, daß sie getäuscht wird.)
> Er *läßt sich* die Haare *schneiden.* (= Er veranlaßt, daß ihm die Haare geschnitten werden.)

4. *sein (bleiben, stehen, geben, gehen)*[1] + *zu* + Infinitiv:

> Die Tür *ist* (von Hans) *zu öffnen.* (= Die Tür kann/muß/soll [von Hans] geöffnet werden.)
> Der Schmerz *ist* kaum *zu ertragen.* (= Der Schmerz kann kaum ertragen werden.)

Wie die Beispiele zeigen, entspricht die Konstruktion im allgemeinen einem mit einem Modalverb umschriebenen Passiv.[2]

5. Funktionsverbgefüge[3] mit einem Nomen actionis (Verbalsubstantiv):

> In allen diesen Schöpfungen *kam* immer wieder das scholastische Bedürfnis *zum Aus-*

---

[1] Seltener ist die Konstruktion mit *bleiben (Das Ergebnis bleibt abzuwarten. [= Das Ergebnis muß abgewartet werden.]), geben (Es gibt viel zu tun. [= Viel muß getan werden.])* und *stehen (... am Dienstag standen nun aber gleich beide Publikumsmagneten zu erwarten.* (Süddeutsche Zeitung) *[= ... am Dienstag wurden nun aber gleich beide Publikumsmagneten erwartet.]).* Umgangssprachlich ist die Fügung mit *gehen (Das Bild geht nicht zu befestigen. [= Das Bild kann nicht befestigt werden.]).*

[2] Als transformationelle Variante der *sein*-Konstruktion ist das attributive Gerundivum zu betrachten (*die zu öffnende Tür = die Tür, die zu öffnen ist = die Tür, die man öffnen kann/muß/soll;* vgl. auch 316).

[3] Vgl. dazu allgemein 182, 991.

druck. (P. Bamm) (= In allen diesen Schöpfungen wurde immer wieder das scholastische Bedürfnis ausgedrückt.)
Dies Verfahren *findet* in der Flugzeugortung und beim Fernsehen vielfache *Anwendung.* (O. W. Gail/W. Petri) (= Dies Verfahren wird in der Flugzeugortung und beim Fernsehen vielfach angewendet.)

Hinsichtlich der Passivumwandlung von Funktionsverbgefügen ist allerdings die Einschränkung zu machen, daß sie überall da unmöglich ist, wo kein mit dem nominalen Teil etymologisch verwandtes Grundverb zur Verfügung steht.

6. Reflexivkonstruktion mit unpersönlichem Subjekt:

Die Tür *öffnet sich.* (= Die Tür wird geöffnet.)
Eine Lösung *wird sich finden.* (= Eine Lösung wird gefunden werden.)

Mit adverbialer Bestimmung:

Der Stoff *wäscht sich* gut. (= Der Stoff kann gut gewaschen werden.)
Remarques Anti-Kriegsbuch „Im Westen nichts Neues" *verkaufte sich* in Rekordauflagen. (Quick) (= Remarques Anti-Kriegsbuch „Im Westen nichts Neues" wurde in Rekordauflagen verkauft.)

Diese Konstruktionen vertragen sich grundsätzlich nicht mit einer Agensangabe (nicht möglich: *Die Tür öffnet sich von mir*). Weiter ist zu beachten, daß keineswegs alle mit unseren Beispielsätzen übereinstimmenden Reflexivkonstruktionen mit dem Passiv konkurrieren, sondern lediglich diejenigen, deren unpersönliches Subjekt bei der Umwandlung in eine entsprechende nichtreflexive Konstruktion die Stelle eines Akkusativobjekts einnimmt; vgl.

Die Tür öffnet sich. → Man öffnet die Tür. → Die Tür wird geöffnet.
(Aber nicht:)
Der Himmel bedeckt sich. → Man bedeckt den Himmel. → Der Himmel wird bedeckt.

7. Wortbildungsmittel:

Das Gerät ist *tragbar.* (= Das Gerät kann getragen werden.)
Die Schmerzen sind *unerträglich.* (= Die Schmerzen können nicht ertragen werden.)
Der Kranke ist nicht *transportfähig.* (= Der Kranke kann nicht transportiert werden.)

Die Beispiele zeigen, daß auch mit den Mitteln der Wortbildung passivische Sehweise ausgedrückt werden kann (vgl. 910).

Das Zustands- oder *sein*-Passiv

| 305 |

Typologie und Funktion

Neben dem Vorgangs- oder *werden*-Passiv kennt die deutsche Sprache noch das Zustands- oder *sein*-Passiv, das mit *sein* + 2. Partizip gebildet wird. Zwei Typen lassen sich in der Regel klar voneinander unterscheiden[1]:

Typ 1

| 306 |

Der Typ 1 ist dadurch gekennzeichnet, daß das Zustands- oder *sein*-Passiv auf ein Perfekt des Vorgangs- oder *werden*-Passivs zurückgeführt werden kann:

---

[1] Im Einzelfall kann die Zuordnung eines Belegs zu den beiden Typen allerdings trotz der im Folgenden angegebenen Merkmale schwierig sein (z. B. bei einem lexikalisierten, mit einer besonderen, historisch bedingten „Fügungspotenz" ausgestatteten 2. Partizip oder bei metaphorischem Sprachgebrauch).

Die Tür ist geöffnet/geschlossen. (aus:) Die Tür ist geöffnet/geschlossen worden. – Die Arbeit ist beendet. (aus:) Die Arbeit ist beendet worden. – Der Fehler ist gefunden. (aus:) Der Fehler ist gefunden worden. – An dem Stecker ... sind nur die zwei Stromkontakte angeschlossen (H. Pinkwart). (aus:) An dem Stecker ... sind nur die zwei Stromkontakte angeschlossen worden.

Bei der Umwandlung des Vorgangs- in das Zustandspassiv wird, formal betrachtet, *worden* getilgt. Inhaltlich betrachtet, wird der Sachverhalt nicht mehr als Vorgang, als Prozeß, als Handlung mitgeteilt, sondern als ein Zustand, der das Ergebnis des Vorgangs oder der Handlung darstellt. Das Zustandspassiv vermittelt also eine andere Sehweise als das Vorgangspassiv, das eine Handlung, einen Vorgang ausdrückt: es drückt einen Zustand als das Ergebnis einer Handlung aus.

Im allgemeinen wird das Agens (der Handelnde, der Urheber, die Ursache eines Geschehens) beim Typ 1 des Zustandspassivs nicht genannt:

Die Tür ist geöffnet. (Nicht:) Die Tür ist von mir geöffnet.

Falls es aber genannt wird, erfolgt sein Anschluß wie beim Vorgangspassiv in der Regel mit *von* (vgl. 301). Nur in bestimmten Fällen, besonders dann, wenn eigentlich das Werkzeug, das Mittel oder der Vermittler gemeint ist, wird *durch* gebraucht.

307 Typ 2

Der Typ 2 des Zustandspassivs läßt sich nicht auf das Perfekt des Vorgangspassivs zurückführen, obwohl das betreffende Verb transitiv und passivfähig ist:

Die Bücher sind mit Staub bedeckt. (nicht aus:) Die Bücher sind mit Staub bedeckt worden. – Die Tage sind mit alltäglichen Verpflichtungen erfüllt. (nicht aus:) Die Tage sind mit alltäglichen Verpflichtungen erfüllt worden. – Machtbereiche sind durch Ödlandschaften getrennt. (nicht aus:) Machtbereiche sind durch Ödlandschaften getrennt worden. – Die Straße ist mit Flüchtlingen verstopft. (nicht aus:) Die Straße ist mit Flüchtlingen verstopft worden. – Der Raum ist von Lärm erfüllt. (nicht aus:) Der Raum ist von Lärm erfüllt worden.

Sätze dieses Typs lassen sich nur auf entsprechende Aktivsätze zurückführen:

Die Bücher sind mit Staub bedeckt. (aus:) Staub bedeckt die Bücher. – Die Tage sind mit alltäglichen Verpflichtungen erfüllt. (aus:) Alltägliche Verpflichtungen erfüllen die Tage. – Machtbereiche sind durch Ödlandschaften getrennt. (aus:) Ödlandschaften trennen Machtbereiche. – Die Straße ist mit Flüchtlingen verstopft. (aus:) Flüchtlinge verstopfen die Straße. – Der Raum ist von Lärm erfüllt. (aus:) Lärm erfüllt den Raum.

In einigen Fällen mag allerdings eine Zurückführung auf das Präsens des Vorgangspassivs möglich sein:

Dieses Gebiet ist von Turkmenen bewohnt. (aus:) Dieses Gebiet wird von Turkmenen bewohnt. – Der reibungslose Ablauf der Veranstaltung ist durch die Maßnahmen der Polizei gewährleistet. (aus:) Der reibungslose Ablauf der Veranstaltung wird durch die Maßnahmen der Polizei gewährleistet.
(Nicht möglich dagegen: Die Bücher sind mit Staub bedeckt. [aus:] Die Bücher werden mit Staub bedeckt. – Die Straße ist mit Flüchtlingen verstopft. [aus:] Die Straße wird mit Flüchtlingen verstopft.)

Ohne Zweifel handelt es sich auch beim Typ 2 um eine passivische Struktur. Dies ist daran zu erkennen, daß eine Hauptbedingung für die Aktiv-/Passiv-Transformation erfüllt ist, indem das Akkusativobjekt des Aktivsatzes zum Subjekt des Passivsatzes und das Subjekt des Aktivsatzes zur – meistens obligatorischen – Agensangabe in Form eines Präpositionalgefüges wird (vgl. 299). Semantisch betrachtet dient dieses Präpositionalgefüge allerdings nicht so sehr als Agens, sondern eher als Instrumentalangabe (‚Mittel, Vermittler, Werkzeug'). Es wird deshalb auch vorwiegend mit Präpositionen wie *mit, über* und *durch* angeschlossen, seltener durch *von* (das ja besonders bei einem persönlichen Subjekt gebraucht wird; vgl. 301): Eine hervorstechende Eigenart des Typs 2 besteht darin, daß das Subjekt des zugrundeliegenden Aktivsatzes meistens nicht das Merkmal ‚menschlich' trägt und daß keine Handlung bezeichnet wird, die bewußt auf die Herbeiführung eines bestimmten Zustands, auf die Erreichung eines Zieles oder auf die Verfolgung eines Zweckes gerichtet ist. Nicht ein Zustand als Ergebnis einer Handlung wird ausgedrückt, sondern eine andauernde oder zeitweilig zu beobachtende Seinsgegebenheit.

Ableitungsbeschränkungen   308

Transitive Verben, die ein Vorgangspassiv bilden können, gestatten in den meisten Fällen auch die Bildung des Zustandspassivs. Allerdings gibt es (oft schwer faßbare) Abstufungen der Art, daß das Zustandspassiv bestimmter Verben durchaus üblich, das anderer Verben dagegen weniger oder gar nicht üblich ist:

> Sie bewundern den Sänger. – Der Sänger wird von ihnen bewundert. (Aber nicht: Der Sänger ist bewundert.)

Von intransitiven Verben kann in der Regel kein Zustandspassiv gebildet werden:

> Die Gemeinde gedenkt der Toten. – Der Toten wird von der Gemeinde gedacht. (Aber nicht: Der Toten ist gedacht.)
> Sie graben nach Kohle. – Es wird nach Kohle gegraben. (Aber nicht: Nach Kohle ist gegraben.)

Lediglich bei einigen Verben mit einem Dativobjekt kommt vereinzelt ein subjektloses Zustandspassiv vor:

> Den Studenten ist mit dieser Regelung kaum genützt. Mit dieser Auskunft ist mir wenig geholfen. (Aber nicht: Dem Verletzten ist [von uns] geholfen.)

Nicht alle Verben, die ein Vorgangspassiv bilden können, bilden also auch ein Zustandspassiv. Dennoch kann man sagen, daß das Zustandspassiv das Vorgangspassiv meistens voraussetzt. Auch die für das Vorgangspassiv formulierten Einschränkungen (vgl. 303) gelten für das Zustandspassiv. Jedoch ist festzustellen, daß von einigen Verben, die normalerweise nicht passivfähig sind, ausnahmsweise doch ein Zustandspassiv gebildet wird (z. B. von *enthalten* in dem Satz *In dem Gefäß sind drei Liter enthalten*).

Abgrenzung gegenüber anderen Konstruktionen   309

Das Zustandspassiv kann leicht mit anderen Konstruktionen verwechselt werden, deren Prädikatsverband - der äußeren Form nach - ebenfalls aus *sein* + 2. Partizip besteht. Es handelt sich dabei um das prädikative (Satz)adjektiv, das Zustandsreflexiv und das Perfekt Aktiv. Von diesen drei Konstruktionen unterscheidet sich das Zustandspassiv dadurch, daß es entweder - beim Typ 1 - auf das Perfekt des Vorgangspassivs zurückgeführt werden kann (vgl. 306) oder - beim Typ 2 - auf ein Präsens des Vorgangspassivs bzw. einen entsprechenden Aktivsatz (vgl. 307). Derartige Zurückführungen sind weder beim prädikativen (Satz)adjektiv, noch beim Zustandsreflexiv, noch beim Perfekt Aktiv möglich:

> – Zustandspassiv:
> Die Tür ist geöffnet. (Typ 1)
> Dieses Gebiet ist von Turkmenen bewohnt. (Typ 2)
>
> Zurückführung möglich:
> Die Tür ist geöffnet worden. (Typ 1)
> Dieses Gebiet wird von Turkmenen bewohnt. / T. bewohnen dieses Gebiet. (Typ 2)

– Prädikatives (Satz)adjektiv:

Der Junge ist begabt.

Zurückführung nicht möglich:

Der Junge ist begabt worden.
Der Junge wird begabt.
Jemand begabt den Jungen.

– Zustandsreflexiv:

Das Mädchen ist verliebt.

Zurückführung nicht möglich:

Das Mädchen ist verliebt worden.
Das Mädchen wird verliebt.
Jemand verliebt das Mädchen.

– Perfekt Aktiv:

Der Mai ist gekommen.

Zurückführung nicht möglich:

Der Mai ist gekommen worden.
Der Mai wird gekommen.
Jemand kommt den Mai.

Was das Zustandsreflexiv angeht, so entbehrt es von vornherein des Passivcharakters, da es von einem nicht passivfähigen Verb abgeleitet ist (vgl. 171).

Die Gefahr, daß das Zustandspassiv mit dem prädikativen (Satz)adjektiv oder Perfekt Aktiv verwechselt wird, ist besonders groß bei mehrdeutigen Wortformen. (Wobei beim prädikativen [Satz]adjektiv eine Verwechslungsgefahr im übrigen nur gegeben ist, wenn das Adjektiv die Form des 2. Partizips besitzt.) So handelt es sich in dem Satz *Der Junge ist verzogen* nur dann um ein Zustandspassiv, wenn *verzogen* im Sinne von ,schlecht, falsch erzogen' gebraucht wird und nicht im Sinne von ,an einen anderen Ort umgezogen' (im letzteren Fall würde Perfekt Aktiv vorliegen). Weitere mehrdeutige Formen dieser Art sind etwa *gebildet, gelehrt* und *geschickt*. Meistens löst allerdings der Sinnzusammenhang die Mehrdeutigkeiten sicher auf.

310 Schwierigkeiten bei der Anwendung

Die Form des Zustandspassivs entsteht manchmal dadurch, daß bei der Beschreibung einer Handlung im Vorgangspassiv fälschlicherweise *worden* ausgelassen wird:

Die Sperre ist heute wieder aufgehoben. (Statt richtig:) Die Sperre ist heute wieder aufgehoben worden.
Der Ausbrecher ist heute wieder gefaßt. (Statt richtig:) Der Ausbrecher ist heute wieder gefaßt worden.

Besonders in Norddeutschland wird häufig das Zustandspassiv gebraucht, obwohl nicht das Ergebnis einer Handlung, sondern die Handlung selbst in ihrem Verlauf bezeichnet werden soll:

Die Herren sind gebeten, pünktlich zu erscheinen. (Statt richtig:) Die Herren werden gebeten, pünktlich zu erscheinen.

Gelegentlich bleibt es der freien Entscheidung des Sprechers/Schreibers überlassen, ob er einen Sachverhalt als Handlung im Vorgangspassiv mitteilen will oder als Ergebnis einer Handlung im Zustandspassiv. Der Unterschied ist dann für den vom Sprecher/Schreiber verfolgten kommunikativen Zweck so unwichtig, daß er vernachlässigt werden kann. So ist es z. B. gleichgültig, ob jemand in einer bestimmten Situation die Frage *Ist der Fehler nun gefunden?* oder *Ist der Fehler nun gefunden worden?* stellt (ähnlich: *Damit soll nicht gesagt sein, daß ...* oder *Damit soll nicht gesagt werden, daß ...*).

2.3.4 Person und Numerus: Finite Verbformen

Neben Tempus (vgl. 221 ff.), Modus (vgl. 249) und Genus verbi (vgl. 294 ff.) gehören auch Person und Numerus zu den verbalen Kategorien (vgl. 183).

| 311 |

Die Kategorie Person kennt in sich drei Unterscheidungen, die die am Sprech-/Schreibvorgang beteiligten Personen (bzw. Sachen) abbilden: Die 1. Person ist mit dem Sprecher/Schreiber selbst identisch, die 2. Person mit dem Angesprochenen und die 3. Person mit dem Besprochenen (bzw. der besprochenen Sache). Im Falle der 1. und 2. Person tritt als Subjekt nur das entsprechende Personalpronomen auf (*ich/wir; du/ihr/Sie,* veralt. *Er*), im Falle der 3. Person entweder ein Personalpronomen der 3. Person *(er/sie/es; sie)* oder ein Substantiv (bzw. eine Substantivgruppe oder ein Nebensatz o. ä. in Subjektfunktion). Eine Ausnahme bildet lediglich der Imperativ, bei dem die angesprochene Person (2. Pers. Sing./Plur.) normalerweise nicht pronominal ausgedrückt wird *(geh[e]!, geht!;* vgl. aber 292).
Die Kategorie Numerus kennt mit Singular (Einzahl) und Plural (Mehrzahl) zwei Unterscheidungen, die sich auf das am Subjekt zu beobachtende Merkmal ,Einheit' bzw. ,Vielheit' beziehen.
Die Verwendung der verbalen Kategorien Person und Numerus bereitet kaum Schwierigkeiten, da sie im allgemeinen durch den Bezug auf das Subjekt eindeutig bestimmt sind, ohne daß dem Sprecher/Schreiber eine Wahl belassen wäre. Wegen dieses Automatismus, mit dem Person und Numerus „funktionieren", kommt ihnen auch keine irgendwie geartete Bedeutung oder Funktion zu, welche den Verbinhalt oder die Satzaussage noch einmal in bestimmter Weise beeinflussen würde. (Nur für die Numerusunterscheidung beim Imperativ, wo das Subjekt normalerweise verdeckt ist [vgl. 292], sind hier gewisse Einschränkungen zu machen.) Hierzu ein Beispiel. Wenn man in dem Satz

Ich fahre nach Frankfurt.

statt des Subjekts *ich* ein anderes Pronomen gebraucht *(du, er; wir, ihr, sie)*[1], dann muß auch die Verbform *fahre* geändert werden:

	1. Person Person, die von sich selbst spricht	2. Person Person, die angesprochen wird		3. Person Person/Sache, von der gesprochen wird
		vertraulich familiär	höflich distanziert	
Singular	ich fahre	du fährst		er ⎫ sie ⎬ fährt es ⎭
			Sie fahren	
Plural	wir fahren	ihr fahrt		sie fahren

Zu dem Subjekt *ich* gehört in den Beispielen die Verbform *fahre,* zu dem Subjekt *du* die Form *fährst* und umgekehrt. Steht das Subjekt im Singular, dann steht

| 312 |

---

[1] Zu den Pronomen vgl. im einzelnen 530.

auch die Verbform im Singular, steht das Subjekt im Plural, dann steht auch die Verbform im Plural. Damit spiegeln die Kategorien Person und Numerus nicht Merkmale eines durch das jeweilige Verb bezeichneten Geschehens oder Seins wider, sondern beziehen sich auf entsprechende Merkmale des Subjekts: Steht das Subjekt in der 1. Person, dann steht auch das Verb in der 1. Person; das gleiche gilt für die 2. und 3. Person. Eine Verdopplung der Formen führt die Numerusunterscheidung herbei. Auch hier gilt: Steht das Subjekt im Singular, dann steht auch das Verb im Singular, steht das Subjekt im Plural, dann steht auch das Verb im Plural. Wir beobachten also eine strenge, vom Subjekt her bestimmte Abhängigkeit: Die Wahl der Verbform richtet sich in Person und Numerus nach dem Subjekt, nicht umgekehrt. Diese Erscheinung nennt man grammatische Kongruenz.[1]

313   Die Verbform, die in Person und Numerus (Modus und Tempus) bestimmt ist, heißt Personalform, finite (bestimmte) Verbform oder Finitum.[2] Das Prädikat (vgl. 1024) besteht in der Regel entweder – wenn es einteilig ist – aus der finiten Form allein *(Vera arbeitet)* oder – wenn es mehrteilig ist – aus finiter und infiniter Form *(Vera hat gearbeitet)* bzw. Halbpräfix/Verbzusatz *(Vera arbeitet etwas aus)*. Bei mehrteiligem Prädikat wird das Finitum sofort deutlich, wenn man das Subjekt in Person und/oder Numerus ändert: Das Finitum ist der Teil des Prädikats, der dann auch verändert wird:

Subjekt	Prädikat
Du/Ihr	*mußt/müßt* arbeiten.
Wir/Er	*wollen/will* (die Verwandten) besuchen.
Ich/Du	*soll/sollst* kommen.
Ich/Wir	*habe/haben* (ihn) gesehen.

314   ## 2.3.5 Infinitiv und Partizip: Infinite Verbformen

Das Prädikat in den folgenden Sätzen, deren Subjekt in Person bzw. Numerus variiert, ist zweiteilig:

Subjekt	Prädikat
Du/Ihr	mußt/müßt *arbeiten.*
Ich/Er	werde/wird *gehen.*
Wir/Sie	haben/hat *gelacht.*
Sie/Ich	sind/bin *eingeschlafen.*

Dabei rechnet man *arbeiten, gehen, gelacht* und *eingeschlafen,* Prädikatsteile also, die – im Unterschied zu den finiten Verbformen (vgl. 313) *mußt/müßt, werde/wird* usw. – auch dann nicht verändert werden, wenn sich das Subjekt des Satzes in Person und Numerus ändert, zu den infiniten Verbformen.[3] Sie können innerhalb und außerhalb des Prädikats verwendet werden; innerhalb in der Regel jedoch nur als Teil einer zusammengesetzten (umschriebenen) Verbform (vgl. aber 293).

---

[1] Vgl. dazu auch 1158.
[2] Vgl. auch 1024. Zur Beschränkung bestimmter Verben in Person und Numerus vgl. 181; zur Bildung der finiten Verbformen im einzelnen vgl. 184, 204.
[3] Vgl. auch 1025.

Man unterscheidet drei infinite Verbformen:

Infinitiv[1]	1. Partizip[2]	2. Partizip[3]
Er wird das Buch *lesen*. Sie will *kommen*.		Er hat das Buch *gelesen*. Sie ist *gekommen*.
	der *lesende* Vater	das *gelesene* Buch
das *Lesen* des Buches	die *Lesenden*	das *Gelesene* vergessen

Die Graphik zeigt, daß die infiniten Verbformen nicht nur als Prädikatsteile gebraucht werden können (Infinitiv und 2. Partizip), sondern in vielen Fällen auch wie Adjektive (1. und 2. Partizip) und Substantive.

Der Infinitiv

Die Form, in der man im Deutschen ein Verb üblicherweise angibt oder nennt, die Form, in der in einem Wörterbuch üblicherweise das Verb als Stichwort angesetzt wird, heißt der Infinitiv (Plural: die Infinitive)[1]:

> **lesen,** liest, las, hat gelesen ...; **kommen,** kam, ist gekommen ...; **klappern,** klapperte, hat geklappert ...; **sein,** war, ist gewesen ...

Die Endung des Infinitivs (Präsens Aktiv), der durch Person, Numerus, Modus und Tempus nicht weiter bestimmt ist, ist *-en (les-en)* oder *-n (klapper-n, häkel-n)*. Im einzelnen unterscheidet man folgende Infinitivformen:

– Infinitiv Präsens Aktiv *(loben, erwachen)*
– Infinitiv Futur I Aktiv *(loben/erwachen werden)*
– Infinitiv Perfekt Aktiv *(gelobt haben, erwacht sein)*
– Infinitiv Futur II Aktiv *(gelobt haben werden/erwacht sein werden)*

– Infinitiv Präsens (Vorgangs)passiv *(gelobt werden)*
– Infinitiv Perfekt (Vorgangs)passiv *(gelobt worden sein)*

– Infinitiv Präsens (Zustands)passiv *(geöffnet sein)*
– Infinitiv Perfekt (Zustands)passiv *(geöffnet gewesen sein)*

Neben dem reinen Infinitiv und dem mit *zu* gibt es den erweiterten Infinitiv:

nichterweiterter Infinitiv	erweiterter Infinitiv
reiner Infinitiv: Sie wird } *arbeiten.* Sie will }	*erw. Infinitiv ohne* zu: Sie wird *vier Tage daran arbeiten.*
Infinitiv mit zu: Sie pflegt *zu arbeiten.*	*erw. Infinitiv mit* zu: Sie pflegt *am Sonntag zu Hause zu arbeiten.* Er kommt, *um zu arbeiten.*

Zu den Infinitivkonjunktionen vgl. 661, zum Gebrauch des Infinitivs vgl. 127f., 1025, 1031ff.

---

[1] Auch *Nenn-* oder *Grundform* genannt.
[2] Auch *Mittelwort der Gegenwart* oder *Präsenspartizip* genannt.
[3] Auch *Mittelwort der Vergangenheit* oder *Perfektpartizip* genannt.

1. und 2. Partizip

Das 1. Partizip

| 316 | **Formbildung und Gebrauch** |

Das 1. Partizip (Präsenspartizip oder 1. Mittelwort) wird mit der Endung *-end* bzw. – bei Verben auf *-eln* und *-ern* – *-nd* gebildet:

brems-end, trag-end; lächel-nd, hämmer-nd.

Im Unterschied zu den beiden anderen infiniten Formen kann es nicht als Prädikatsteil gebraucht werden (vgl. 320). Es kennzeichnet das mit dem Verb genannte Geschehen oder Sein als ablaufend (und zwar im allgemeinen in aktiver Bedeutung), dauernd, unvollendet:

Die Lehrerin lobt ihn. – Die ihn *lobende* Lehrerin.
Er tanzte. – Er kam *tanzend* herein.

Das 1. Partizip ist zeitlich neutral und bezieht sich in der Regel auf den Zeitpunkt, der aus dem Tempus des Finitums hervorgeht:

Die *blühenden* Blumen erfreuen uns/erfreuten uns/werden uns erfreuen.

Bei attributivem Gebrauch kann durch hinzugefügte Zeitangaben allerdings auch ein anderer Zeitbezug ausgedrückt werden:

Die *gestern noch blühenden* Blumen sind heute verdorrt.

Dem 1. Partizip gleich gebildet ist die Form *zu billigend, zu fürchtend.* Sie entspricht dem lateinischen Gerundiv[um] und wird in der Standardsprache ziemlich häufig, in der Dichtung und in der Umgangssprache kaum verwendet:

Das ist ein nicht *zu billigender* Schritt. Sein *anzuerkennender* Fleiß ...

Sie hat passivische Bedeutung; mit ihr wird eine Notwendigkeit oder Möglichkeit ausgedrückt. Sie kann nur von transitiven Verben gebildet werden und wird nur attributiv gebraucht.

Das 2. Partizip

| 317 | **Formbildung** |

Die Verbform, mit der im Deutschen das Perfekt gebildet wird und die als 3. Stammform (vgl. 220) häufig in Wörterbüchern und Grammatiken erscheint, heißt 2. Partizip, Perfektpartizip oder 2. Mittelwort.
Das 2. Partizip der regelmäßigen Verben wird mit *-t* oder *-et*, das der unregelmäßigen Verben mit *-en* gebildet (beachte den Ablaut [vgl. 207]). Bei beiden Gruppen wird in der Regel das Präfix *ge-* gebraucht:

(regelmäßig:) ge-lob-t, ge-red-et;
(unregelmäßig:) ge-bund-en, ge-worf-en, ge-sung-en.

Das *e* der Endung *-en* beim 2. Partizip der unregelmäßigen Verben kann nach *h* in der Literatur aus vers- und satzrhythmischen Gründen und in der (gesprochenen) Umgangssprache weggelassen werden, z. B. *gesehn* oder *geflohn*. Von *schreien* und *speien* sind beide Formen gebräuchlich: *geschrieen* und *geschrien, gespieen* und *gespien.*
Bei den 2. Partizipien trennbarer Verben (vgl. 726 ff., 751 ff.) wird *ge-* nicht vorangestellt, sondern zwischen Partikel und Verb gesetzt. Entsprechendes gilt auch für Verben, die aus einer syntaktischen Fügung entstanden sind:

abhören – ab*ge*hört, einsehen – ein*ge*sehen, herausgehen – heraus*ge*gangen, dahinfallen – dahin*ge*fallen, teilnehmen – teil*ge*nommen, haushalten – haus*ge*halten, stattfinden – statt*ge*funden, kopfstehen – kopf*ge*standen.

Bei den 2. Partizipien der anfangsbetonten Verben, die von Zusammensetzungen abgeleitet sind, steht *ge-* voran *(wétteifern – ich wétteifere/habe gewétteifert).*

Folgende Verbgruppen bilden das 2. Partizip ohne *ge-:*

1. Alle einfachen und präfigierten Verben, die nicht auf der ersten Silbe betont sind:

   studieren – hat studiert, posáunen – hat posaunt, kredénzen – hat kredenzt, krakéelen – hat krakeelt, prophezeíen – hat prophezeit, kasteíen – hat kasteit, scharwénzeln – hat scharwenzelt, berúfen – hat berufen, entspríngen – ist entsprungen, erráten – hat erraten, verlétzen – hat verletzt, zerreíßen – hat zerrissen.

2. Alle Zusammensetzungen mit den Verben dieser Gruppe 1:

   einstudieren – hat einstudiert, herausposaunen – hat herausposaunt, einberufen – hat einberufen.

3. Alle zusammengesetzten Verben, die nicht auf dem ersten Glied betont sind:

   hintertreíben – hat hintertrieben, überráschen – hat überrascht, vollénden – hat vollendet, übergében – hat übergeben, überreíchen – hat überreicht.

Besonderheit: Ersatzinfinitiv statt 2. Partizip

318

Bei bestimmten Verben, die sich mit einem Infinitiv verbinden können, wird das 2. Partizip im *haben*-Gefüge (Perfekt, Plusquamperfekt, Futur II, Infinitiv Perfekt) durch den Infinitiv ersetzt (sog. Ersatzinfinitiv). Fest ist dieser Gebrauch bei den Modalverben und bei *brauchen* (selbst mit *zu*):

Er hat kommen *müssen* (nicht: *gemußt*). Er wird nicht haben kommen *können* (nicht: *gekonnt*). Das hättest du nicht (zu) tun *brauchen* (nicht: *gebraucht*).

Die Verben *heißen, lassen, sehen* stehen überwiegend im Infinitiv:

Er hatte mich kommen *heißen* (selten: *geheißen*). ... die hat er ... in Maybach *liegenlassen*.[1] (Quick) ... der Schah [hat] seine Frau *fallengelassen* (FAZ; seltener). Einen großen LKW ... hatten sie neben dem Wege liegen *sehen* (Plievier; selten: *gesehen*).

Die Verben *fühlen, helfen, hören* stehen heute sowohl im Infinitiv als auch im 2. Partizip:

Er hat das Fieber kommen *fühlen* (neben: *gefühlt*). Ich habe ihm das Auto waschen *helfen* (neben: *geholfen*). Sie hat ihn gestern abend kommen *hören* (neben: *gehört*).

Im 2. Partizip stehen im allgemeinen die Verben *lehren, lernen, machen:*

Er hat ihn auf seiner Farm reiten *gelehrt* (selten: *lehren*). Er hat sie schätzen*gelernt* (nicht üblich: *schätzenlernen*). Er hat mich lachen *gemacht* (selten: *machen*).

Im Infinitiv Perfekt tritt das 2. Partizip nur auf, wenn *haben* am Ende steht (vgl. auch 1262):

Ich erinnere mich, ihn laufen *gesehen* zu haben. Ich erinnere mich, sie früher das Bild sehen *gelassen* zu haben. Er wird nicht kommen *gekonnt* haben.

Sonst steht auch hier der Ersatzinfinitiv:

Sie wird ihn haben laufen *sehen*. Er wird ihn haben kommen *lassen*. Sie wird nicht haben kommen *können*.

Zum Gebrauch des 2. Partizips

319

Das wie ein Adjektiv gebrauchte 2. Partizip der transitiven Verben wird in der Regel auf ein Substantiv bezogen, das in einem entsprechenden Aktivsatz Objekt bzw. in einem Passivsatz Subjekt ist; das 2. Partizip der intransitiven Verben steht im allgemeinen bei einem Substantiv, das in einem entsprechenden Aktivsatz Subjekt ist:

---

[1] Im Passiv ist hier kein Ersatzinfinitiv möglich. Also nur: *Das Buch wurde von ihm liegengelassen.*

der *gehaßte* Feind – Er haßt seinen Feind./Der Feind wird gehaßt.
die *untergegangene* Sonne – Die Sonne geht unter.[1]

Mit den Partizipien der imperfektiven (vgl. 121) transitiven Verben wird das mit dem Verb genannte Geschehen oder Sein im allgemeinen auf die Zeit bezogen, die mit der finiten Verbform des Satzes angegeben wird (sie bilden somit geradezu „ein passives Gegenstück" zum „aktiven" 1. Partizip [vgl. 316]):

Er pflegte/pflegt das *geliebte* Kind. Ein von zwei Lokomotiven *gezogener* Zug fuhr/fährt in den Bahnhof ein. Das *gestützte* Dach spendete/spendet Schatten.

Mit den Partizipien der perfektiven (vgl. 120) intransitiven bzw. transitiven Verben wird im allgemeinen angegeben, daß ein Geschehen oder Sein vollendet ist, daß aber das Ergebnis als Zustand in der vom Finitum genannten Zeit andauert und nachwirkt:

Ein *gebundenes* Buch lag/liegt auf dem Tisch. Sie rollten/rollen ein *gefülltes* Faß auf die Straße. Das in Fäulnis *übergegangene* Fleisch war/ist ungenießbar.

Adjektiv oder Partizip?

320 Die Partizipien bestimmter Verben können wie ein Adjektiv gebraucht werden (mit Ausnahme des Gebrauchs als subjektbezogene Artergänzung; vgl. 445, 1104). Als Attribut werden sie auch wie ein Adjektiv dekliniert. Es sind dies:
1. Alle 1. Partizipien:

Das *schlafende* Kind ... Ich fand meine Schwester *schlafend*. Sie kam *tanzend* ins Zimmer.

Das 1. Partizip kann nur wie ein Adjektiv gebraucht werden; es ist keine Form des Konjugationssystems, weil die „Verlaufsform" im Deutschen – im Gegensatz etwa zum Englischen – nicht üblich ist:

Und doch ... *ist* (er) so *liebend*. (Stolberg)

2. Die 2. Partizipien der transitiven Verben:

Der *geprüfte* Schüler ... Sie traf ihren Freund *verwirrt* an. *Verlassen* blieb er zurück.

3. Die 2. Partizipien derjenigen intransitiven Verben, die mit *sein* verbunden werden und perfektiv sind:

die *verblühte* Rose, das *untergegangene* Schiff, die *abgeblaßte* Gardine, das *angebrannte* Gemüse, die *ausgeheilte* Wunde, der *zugefrorene* Teich.

Hierzu können auch die 2. Partizipien solcher an sich imperfektiven Verben mit *sein* treten, die durch den Kontext perfektiv geworden sind:

das in den Wald *gelaufene* Kind, das über den See *geschwommene* Mädchen.

Als subjektbezogene Artergänzung können die 2. Partizipien nicht gebraucht werden: Das 2. Partizip der transitiven Verben + *sein* ist Zustandspassiv (vgl. 305), also eine Konjugationsform *(Die Tür ist geöffnet. – Die Tür ist geöffnet worden);* und das 2. Partizip der intransitiven Verben mit perfektiver Aktionsart + *sein* ist Perfekt, also ebenfalls Konjugationsform *(Das Haus ist eingestürzt. – Das Haus stürzte ein).*

321 Nicht wie ein Adjektiv können in der Regel gebraucht werden:
1. Die 2. Partizipien derjenigen intransitiven Verben, die mit *haben* verbunden werden:

Das Kind *hat geschlafen/gespielt.* – (Aber nicht:) das *geschlafene/gespielte* Kind.

---

[1] Standardsprachlich nicht korrekt ist z. B. *das ihn betroffene Unglück* (nicht das Unglück ist betroffen worden, sondern es hat ihn betroffen). (Umgangssprachlich) üblich sind dagegen Fügungen wie *eine studierte Frau, ein geschworener Feind (des Alkohols), ein [aus]gedienter Soldat.*

Der gelegentliche Versuch, diese Partizipien wie attributive Adjektive zu verwenden, ist unzulässig. Also nicht:

> die stark *zugenommene* Kälte, der *aufgehörte* Regen, die *stattgefundene* Versammlung, die *überhandgenommene* Unordnung.

2. Die 2. Partizipien derjenigen intransitiven Verben, die mit *sein* verbunden werden und imperfektiv sind:

> Das Kind ist *gelaufen/geschwommen*. – (Aber nicht:) das *gelaufene/geschwommene* Kind.

3. Die 2. Partizipien einiger reflexiver Verben mit dem Reflexivpronomen im Akkusativ (vgl. 168):

> Das Kind *hat sich geschämt* (aber nicht: das *[sich] geschämte* Kind). Die Verkäuferin *hat sich gefreut* (aber nicht: die *[sich] gefreute* Verkäuferin). Die Mutter *hat sich geärgert* (aber nicht: die *[sich] geärgerte* Mutter). (Auch nicht:) die *sich dargebotene* Gelegenheit (bei der Fügung *die dargebotene Gelegenheit* ist *dargeboten* 2. Partizip des trans. Verbs *etw. darbieten*).

Neben den vorstehend genannten 1. und 2. Partizipien gibt es solche, die durch Bedeutungsdifferenzierung, inhaltliche Verselbständigung oder durch das Absterben der übrigen Konjugationsformen des entsprechenden Verbs isoliert sind und Adjektive darstellen, die fast alle attributiv[1] und – vor allem in Verbindung mit *sein* – als subjektbezogene Artergänzung gebraucht werden können und auch steigerungsfähig sind:

322

> das *reizende* Kind – das Kind ist *reizend;* der *gewandte* Turner – Er ist *gewandter* als ... (die Verben *reizen* und *wenden* haben eine andere Bedeutung).
> (Ähnlich:) einleuchtend, leidend, aufregend, rührend, entscheidend, empörend, abstoßend, ausfallend, zwingend, auffallend, verblüffend, verlockend, spannend u. a.; betrunken, geeignet, verirrt, verschwiegen, besorgt, erfahren, abgefeimt, verrückt, gemessen, gesetzt, gefaßt, gelassen, gewogen, zerfahren, gelegen, willkommen, gestanden(er Mann; südd. ugs.).

In manchen Fällen ändert sich die Valenz gegenüber dem Verb:

> Der Schüler *reizt* den Lehrer. – der den Lehrer *reizende* Schüler – (aber nur:) ein *reizendes* Kleid.
> Der Film *regte* ihn auf. – der ihn *aufregende* Film – (aber:) der Film war für ihn sehr *aufregend*.
> Der mich *empörende* Fall – (aber:) der Fall war für mich *empörend*.

Zur Substantivierung der Partizipien

323

Partizipien, die nur als Prädikatsteil (Konjugationsform) gebraucht werden können (vgl. 321), sind nicht substantivierbar. Also nicht:

> der Geschlafene, die Gelaufene, das Geschämte.

Dies ist aber mit allen Partizipien möglich, die wie ein Adjektiv gebraucht werden können *(der Betrunkene, der Verliebte, die Schlafende, der Geprüfte, das Spannende).*[2]

---

[1] Zu 1. und 2. Partizipien, die in Verbindung mit bestimmten Substantiven nur attributiv gebraucht werden können, vgl. 448,4.
[2] Entsprechend zu 319, Anm. 1 ist *der Bediente* nicht ein Mann, der bedient worden ist, sondern der selbst bedient oder bedient hat; ebenso: *eine Studierte* (ugs.).

3 Das Substantiv

Wörter wie die folgenden, die im allgemeinen mit einem großen Anfangsbuchstaben geschrieben werden, nennt man Substantive (Singular: das Substantiv)[1]:

Mann, Frau, Kind, Peter, Susanne; Fisch, Aal, Vogel, Spatz; Blume, Rose, Baum, Buch; Tisch, Fenster, Buch, Auto, Bahnhof; Wald, Wasser; Weser, Frankfurt; Geist, Kälte, Liebe, Mathematik, Dummheit, Treue, Unterschied, Freundschaft.

Substantive können gebraucht werden

– als Subjekt oder Objekt u. ä. (vgl. 1031ff.):
  Petra liest *ein Buch.*

– als adverbiale Bestimmung (vgl. 1040ff., 1053):
  Er ist *frohen Mutes.* Petra fährt *nach Frankfurt.*

– als Attribut (vgl. 1063):
  das Dach *des Autos.*

Substantive können in der Regel ihrer Form nach verändert (dekliniert), von ihnen können verschiedene Kasus- und Numerusformen gebildet werden:

Nominativ Singular/Plural: *die Frau/die Frauen;*
Dativ Singular/Plural: *dem Mann/den Männern.*

Mit Substantiven bezeichnet der Sprecher/Schreiber Lebewesen (Menschen oder Tiere) und Pflanzen, Dinge und Nichtgegenständliches, Gedachtes und Begriffliches (vgl. 325).
Weiter ist für das Substantiv kennzeichnend, daß es mit dem Artikel (*der, die, das; ein, eine, ein;* vgl. 351) verbunden werden kann. Dadurch wird angegeben, ob es zu den männlichen (Maskulina), den weiblichen (Feminina) oder den sächlichen Substantiven (Neutra) gehört (vgl. 331):

Maskulinum (männliches Substantiv): *der Mann, der Aal, der Wald.*
Femininum (weibliches Substantiv): *die Frau, die Blume, die Rose.*
Neutrum (sächliches Substantiv): *das Kind, das Auto, das Wasser.*

3.1 Bedeutungsgruppen des Substantivs

Mit den Substantiven bezeichnet der Sprecher/Schreiber

Lebewesen (Menschen, Tiere): *Mann, Frau, Kind, Peter, Susanne; Fisch, Aal, Vogel, Spatz.*
Pflanzen: *Blume, Rose, Baum, Buche.*
Dinge: *Möbel, Tisch, Fenster, Buch.*
Begriffe u. ä.: *Liebe, Treue, Unterschied, Freundschaft.*

Nach inhaltlichen Gesichtspunkten dieser Art unterscheidet man verschiedene Gruppen von Substantiven.

3.1.1 Konkreta und Abstrakta

Konkreta (Singular: das Konkretum) nennt man die Substantive, mit denen etwas Gegenständliches bezeichnet wird (man spricht deshalb auch von Gegenstandswörtern):

---

[1] Man nennt sie auch *Nomina* bzw. *Nomen* (Singular: das Nomen), *Nenn-, Namen-, Ding-* oder *Hauptwörter.*

Mensch, Mann, Frau, Kind, Fisch, Aal, Blume, Rose, Tisch, Fenster, Auto, Wald, Wasser, Frankfurt, Karl May, Titanic.

Abstrakta (Singular: das Abstraktum) nennt man die Substantive, mit denen etwas Nichtgegenständliches bezeichnet wird, etwas Gedachtes (Begriffe, man spricht auch von Begriffswörtern):

Menschliche Vorstellungen: *Geist, Seele.*
Handlungen: *Schlag, Wurf, Schnitt, Boykott.*
Vorgänge: *Leben, Sterben, Schwimmen, Schlaf, Reise.*
Zustände: *Friede, Ruhe, Angst, Liebe, Alter.*
Eigenschaften: *Würde, Verstand, Ehrlichkeit, Krankheit, Dummheit, Länge.*
Verhältnisse oder Beziehungen: *Ehe, Freundschaft, Nähe, Unterschied.*
Wissenschaften, Künste: *Biologie, Mathematik, Musik, Malerei.*
Maß- und Zeitbegriffe: *Meter, Watt, Gramm; Jahr, Stunde, Mai.*

Bestimmte Substantive können je nach ihrer Bedeutung konkret oder abstrakt sein. So bedeutet *Grund* konkret ‚Boden u. a.‘, abstrakt ‚Ursache, Begründung‘; *Jugend* bedeutet konkret ‚die Jugendlichen, junge Leute‘, abstrakt ‚Zeit des Jungseins‘. Weitere Beispiele sind die Substantive *Schönheit, Verwandschaft, Erscheinung, Wesen.*

3.1.2 Untergruppen der Konkreta

Untergruppen der Konkreta sind die Eigennamen und die Gattungsbezeichnungen.

Eigennamen

327

Mit den Eigennamen werden Lebewesen, Dinge u. a. bezeichnet, die so, wie sie sind, nur einmal vorkommen, z. B. bestimmte Menschen, Länder, Städte, Straßen, Berge, Gebirge, Flüsse, Seen, Meere, Fluren und andere Örtlichkeiten, Schiffe, Sterne, menschliche Einrichtungen und geistige Schöpfungen. Mit einem Eigennamen wird also etwas Bestimmtes, Einmaliges benannt; er ist in der Regel einzelnen Lebewesen oder Dingen zugeordnet und gestattet, diese zu identifizieren. Auch wenn viele Personen *Peter, Müller, Schmidt* oder mehrere Orte *Neustadt* heißen, wird mit dem Eigennamen etwas Einmaliges bezeichnet, denn jede Person und jeder Ort bleibt „Individuum“, d. h. ein bestimmtes unteilbares Einzelnes:

Sigrid, Theodor Storm, Deutschland, Leipzig, Kurfürstendamm, Brocken, Alpen, Rhein, Wannsee, Schwarzes Meer, Prater, Titanic, Saturn, Firma Berger und Co., Schalke 04, „Faust“.

Auch Pluraliatantum wie *die Niederlande, die Hebriden* (vgl. 371) sind als Eigennamen zu werten, weil sie eine Gruppe sozusagen als „Einzelwesen“ zu identifizieren gestatten.[1] Auch eine Personengruppe (z. B. ein Volk oder Stamm), die mit einem pluralischen Namen bezeichnet wird *(die Deutschen, die Engländer, die Sioux),* wird damit als kollektives „Einzelwesen“ von anderen Gruppen abgehoben. Pluralische Völkernamen u. ä. sind also in ihrem eigentlichen Gebrauch Eigennamen. Sie sind aber Gattungsbezeichnungen im Sinn von 328, wenn sie nur eine Anzahl von Angehörigen des betreffenden Volkes bezeichnen, die auch einzeln auftreten können *(drei Engländer, eine Französin, er ist Russe).* Die jeweilige Zuordnung ergibt sich meist aus dem Kontext.[2]
In der Volkssprache, im Märchen, in der Sage und im Mythos haben auch (Haus)tiere und Dinge Namen:

---

[1] Vgl. H. Vater: Eigennamen und Gattungsbezeichnungen. In: Muttersprache 75 (1965), S. 207–213.
[2] Vgl. Anm. 1, S. 198.

Moritz (Schimpanse im Zoo), *Karo* (Hund), *Balmung* (Siegfrieds Schwert), *Yggdrasil* (der Weltbaum des altgermanischen Mythos).

Tier-, Pflanzen-, Monats-, Wochentags-, Krankheits-, Verwandschaftsbezeichnungen gelten nicht als Eigennamen. Sie gehören den folgenden Gruppen an.

328 Gattungsbezeichnungen (Gattungsnamen, Appellativa)

Mit den Gattungsbezeichnungen werden benannt:

- einmal alle Lebewesen oder Dinge einer Gattung. Dabei versteht man unter Gattung eine Gruppe von Lebewesen oder Dingen, die wichtige Merkmale oder Eigenschaften gemeinsam haben. (Zum Beispiel zeichnet sich die Gattung *Mensch* u. a. durch ihre ‚Säugetierhaftigkeit' aus.)
- zum anderen jedes einzelne Lebewesen oder Ding, das zu einer solchen Gattung gehört (*Vor dem Haus standen* drei Menschen).

Gattungen können in verschiedene A r t e n unterteilt werden:

Personen:	*(Mensch –) Frau – Mann – Kind – Säugling.*
Tiere:	*(Tier –) Säugetier – Affe – Rhesusaffe.*
Pflanzen:	*(Pflanze –) Blume – Rose – Heckenrose.*
Dinge:	*(Hausrat –) Möbel – Tisch – Schreibtisch.*

Bestimmte Substantive sind sowohl Eigenname wie Gattungsbezeichnung.[1] Dabei können sie ursprünglich Eigenname oder Gattungsbezeichnung gewesen sein:
(Gattungsbezeichnung aus Eigennamen:) Bayreuth ist das *Mekka* der Wagnerfreunde. Ich bin kein *Krösus.* Dieser Lastkraftwagen ist ein *Diesel/*ein *Opel.* (Weitere Beispiele:) Duden, Baedeker, Browning, Celsius, Kognak, Grimm (Wörterbuch), Havanna (Zigarre), Maggi, Mentor (Erzieher), Quisling (Verräter), Schrapnell, Teddy, Xanthippe, Zeppelin.
(Familiennamen aus Gattungsbezeichnungen:) Müller, Schmidt, Becker, Schreiner, Wagner.

Die Grenze zwischen Eigennamen und Gattungsbezeichnungen ist nicht immer leicht festzulegen. Das wird besonders deutlich, wenn eine Benennung ein Adjektiv enthält: Nach den Regeln der Rechtschreibung (vgl. Duden 1, Rechtschreibung. Mannheim, Wien, Zürich [18]1980, S. 47 ff.) wird dieses groß geschrieben, wenn es sich um einen Eigennamen *(Goldener Sonntag),* klein geschrieben, wenn es sich um eine Gattungsbezeichnung *(goldene Worte)* handelt. Bei manchen Bezeichnungen schwankt die Schreibung, weil man sie entweder noch als Gattungsbezeichnung auffaßt oder schon als Eigennamen deutet.

Bei den Gattungsbezeichnungen werden zwei Untergruppen unterschieden, die S a m m e l b e z e i c h n u n g e n und die S t o f f b e z e i c h n u n g e n :

329 Sammelbezeichnungen (Kollektiva)

Die Sammelbezeichnungen sind singularische Substantive, mit denen eine Mehrzahl von Lebewesen oder Dingen benannt wird; ein einzelnes Stück kann mit ihnen nicht bezeichnet werden:

Herde ‚Schar von bestimmten Säugetieren gleicher Art (Kühe, Schafe u. ä.), die in Gruppen zusammenleben'; (entsprechend:) Familie, Flotte, Gebirge, Getreide, Laub, Mannschaft, Obst, Publikum, Schulklasse, Vieh, Volk, Wald.[2]

---

[1] Vgl. D. Berger: Sind Völkernamen und andere pluralische Personennamen Appellativa? In: Disputationes ad Montium Vocabula. 10. Internationaler Kongreß für Namenforschung I, 1. Wien 1969, S. 73–80; ders.: Zur Abgrenzung der Eigennamen von den Appellativen. In: Beiträge zur Namenforschung. Neue Folge 11 (1976), S. 376–387.
[2] Zu Sammelbezeichnungen etwa mit *-schaft, -tum, -heit* und *-keit (Studentenschaft, Beamtentum, Menschheit, Geistlichkeit)* vgl. 830.

Manche Substantive sind im Singular Gattungsbezeichnung oder Sammelbezeichnung (*Werkzeug* ist entweder das einzelne Werkzeug oder eine Menge von Werk-
zeugen, ebenso *Spielzeug, Gerät*); im Plural sind sie Gattungsbezeichnungen (vgl.
365). Zu den Sammelbezeichnungen gehören auch die Mengenangaben wie *Anzahl, Haufen, Dutzend, Schock, Gros.*

Stoffbezeichnungen

330

Stoffbezeichnungen sind Masse- oder Materialbezeichnungen:

> Wasser, Leder, Holz, Gold, Stahl, Wein, Fleisch, Salz, Wolle, Zement.

Wenn Stoffbezeichnungen mit dem individualisierenden Artikel oder im Plural
stehen (vgl. 354,4; 366), sind sie Gattungsbezeichnungen:

> Hölzer, Salze, Stähle. *Die Milch* in der Tasse ist sauer. Ich möchte *einen Kaffee.*

3.2 Das Genus des Substantivs

331

Die deutsche Sprache kennt drei Genera:
- Das Maskulinum (Pl.: Maskulina) mit dem genusanzeigenden Artikel *der,*
- das Femininum (Pl.: Feminina) mit dem genusanzeigenden Artikel *die,*
- das Neutrum (Pl.: Neutra) mit dem genusanzeigenden Artikel *das.*

Unter dem Genus (Pl.: die Genera; auch: grammatisches Geschlecht) eines
Substantivs versteht man seine Zugehörigkeit zu den Maskulina, Feminina oder
Neutra; es ist fest mit dem jeweiligen Substantiv gekoppelt (im Unterschied etwa
zu Numerus und Kasus, die vom Satzzusammenhang abhängen).[1]

Wenn bei einem Substantiv der Artikel, ein Adjektiv oder bestimmte Pronomen
stehen, so werden von ihnen je nach dem Genus des Substantivs männliche, weibliche oder sächliche Formen gebraucht. Anders ausgedrückt: Während das Substantiv sowohl genusbestimmt als auch genusfest ist, sind Artikel u. ä. und Adjektiv zwar genusbestimmt, aber nicht auch genusfest, sondern -veränderlich:

männlich	weiblich	sächlich
der Mann	*die* Frau	*das* Kind
dieser Mann	*diese* Frau	*dieses* Kind
ein großer Mann	*eine große* Frau	*ein großes* Kind

Durch diese formale Abstimmung im Genus werden Teile des Satzes als zusam-
mengehörend gekennzeichnet (grammatische Kongruenz, vgl. 312, 1158).

Eine Parallelität von Genus und Sexus (von grammatischem und natürlichem Ge-
schlecht) besteht nicht, was sich bereits an dem Vorhandensein einer dritten
Gruppe mit Neutra ablesen läßt. Beispielen wie *der Mann, die Frau* steht eine
Fülle von Substantiven ohne Übereinstimmung von Genus und Sexus gegenüber.
Und auch sonst gibt es kein System von Regeln, nach dem man das Genus der
Substantive bestimmen kann. Nur bei Substantiven bestimmter Sachgruppen (vgl.
332 ff.) sowie bei Substantiven mit bestimmten Endungen (vgl. 345) kann man all-
gemeinere Aussagen zum Genus machen.

Neben Substantiven mit schwankendem Genus (vgl. 347) gibt es solche mit gleicher Lautung, die durch das verschiedene Genus auseinandergehalten werden
(vgl. 348 ff.).

[1] Vgl. G. Wienold: Genus und Semantik. Meisenheim am Glan 1967, S. 187 f.; V. E. Jarnattowskaja:
Die Kategorie des Genus der Substantive im System der deutschen Gegenwartssprache. In: Deutsch
als Fremdsprache 5 (1968), H. 4, S. 213 ff.

3.2.1 Das Genus von Substantiven bestimmter Sachgruppen

| 332 | **Personenbezeichnungen**

Das Genus der Substantive, mit denen Personen benannt werden, darunter besonders das der Verwandtschaftsbezeichnungen, stimmt im allgemeinen mit dem natürlichen Geschlecht (dem Sexus) der Person überein:

> *der* Vater, *die* Mutter; *der* Sohn, *die* Tochter; *der* Bruder, *die* Schwester; *der* Neffe, *die* Nichte; *der* Onkel, *die* Tante; *der* Mann, *die* Frau; *der* Lehrer, *die* Lehrerin; *der* Knecht, *die* Magd.
> (Ausnahmen:) *das* Weib (vgl. 972), *die* Wache (militär.); (alle Verkleinerungsformen auf *-chen, -lein, -el, -le*:) *das* Mädchen, *das* Fräulein, *das* Mädel, *das* Schätzle, *das* (selten: *der*) Mannequin, *das* (auch: *der*) Kasperle.

Anmerkungen

1. Das Neutrum wird bei substantivierten Adjektiven und besonders auch bei Pronomen angewendet, wenn man nicht weiß, welches natürliche Geschlecht vorliegt, oder wenn männliche und weibliche Personen zusammengefaßt werden sollen:

> Heute ist Familientag, und dazu muß *alles* da sein, was unseren Namen trägt. (Ompteda) Vater und Mutter sind *jedes* ein Mensch für sich. (Wildenbruch)

In Verbindung mit den indefiniten Pronomen *jemand, niemand, wer* hat das folgende substantivierte Adjektiv oder Pronomen meist neutrales Genus; damit wird ausgedrückt, daß es sich um eine Person unbekannten Geschlechts handelt (vgl. 471,2; 571) oder daß das Geschlecht unwichtig ist.

> jemand/niemand *Fremdes* hat gefragt; jemand *anderes;* niemanden *anders.*

Im Süden des deutschen Sprachgebietes wird das Maskulinum an Stelle des Neutrums gebraucht:

> niemand *anderer* (Arnet); jemand *anderer/*wer *anderer* (Schnitzler); jemand *Fremder.*

Auch wenn auf *jemand/niemand* mit Relativ- oder Possessivpronomen Bezug genommen wird, geschieht das standardsprachlich üblicherweise mit maskulinen Formen, und zwar unabhängig davon, ob männliche oder weibliche Personen gemeint sind:

> Ich kenne *jemanden, der* nie Röcke trägt. *Niemand* wird wegen *seiner* abweichenden Meinung getadelt werden.

2. Besonders bei Berufsbezeichnungen und Substantiven, die den Träger eines Geschehens bezeichnen (Nomina agentis), verwendet man die maskuline Form vielfach auch dann, wenn das natürliche Geschlecht unwichtig ist oder männliche und weibliche Personen gleichermaßen gemeint sind. Man empfindet hier das Maskulinum als neutralisierend bzw. verallgemeinernd („generisch"):

> Es ist *keiner* vor dem Tode glücklich zu preisen. *Jeder* ist dem wechselnden Schicksal unterworfen.
> Das Institut hat 270 *Mitarbeiter* (= männliche und weibliche). (Ebenso:) An der Konferenz nahmen fast alle *Lehrer* teil. Wir bitten unsere *Kunden* ...
> *Bundestagspräsident* Frau N.N.; Frau *Professor* Dr. Schneider; Maria will *Autoschlosser* werden.

Wenn man jedoch den Bezug auf das weibliche Geschlecht deutlich zum Ausdruck bringen will, wählt man entweder die feminine Form (z. B. auf *-in*; vgl. 829) oder eine entsprechende Umschreibung:

> *Kein Mensch* ist vor seinem Tode glücklich zu preisen ... Liebe *Kolleginnen* und *Kollegen!* Frau Dr. Schneider ist *Professorin* für Mathematik. Mit Helga N. wurde die zweite *Staatssekretärin* dieser Regierung ernannt. Michaela will *Einzelhandelskauffrau* werden.

Tierbezeichnungen

333

Das Genus der Tierbezeichnungen entspricht in bestimmten Fällen dem natürlichen Geschlecht (dem Sexus) der Tiere:

> *der* Bulle, *der* Stier, *die* Kuh; *der* Löwe, *die* Löwin; *der* Hahn, *die* Henne; *der* Eber, *die* Sau; *der* Bock, *die* Geiß; (besonders jägerspr.:) *der* Bock, *die* Ricke; *der* Rüde, *die* Hündin; *der* Keiler, *die* Bache.

Bezeichnungen für Jungtiere (besonders bei Haustieren) sind meist Neutra:

> *das* Fohlen, *das* Füllen, *das* Kalb, *das* Lamm, *das* Ferkel, *das* Küken.

Gesamtbezeichnungen können das natürliche Geschlecht selbstverständlich nicht zum Ausdruck bringen:

> *das* Pferd (für Hengst und Stute), *der* Igel (für Igelmännchen und -weibchen), *die* Biene (für den weiblichen Weisel, die männliche Drohne und die unfruchtbare weibliche Arbeitsbiene).

Sachbezeichnungen und Abstrakta

334

Für Sachbezeichnungen und Abstrakta lassen sich nur wenige Hinweise geben, weil sie allen drei Genera angehören. Feste Anhaltspunkte bieten neben bestimmten Endungen (vgl. 345) die folgenden Wortgruppen:

1. Maskulina sind

– die Bezeichnungen der Jahreszeiten, Monate, Tage:

> *der* Frühling, Winter, Lenz, Januar, Hornung (alte deutsche Bezeichnung für den Februar), Freitag, Mittwoch; (aber:) *die* Woche, *das* Jahr;

– die Bezeichnungen der Himmelsgegenden, Winde, Niederschläge:

> *der* Norden, Westen; Föhn, Taifun, Passat, Schirokko, Monsun, Boreas; Hagel, Schnee, Regen, Tau, Reif, Nebel; (aber:) *die* Bora;

– die Bezeichnungen der Erd- und Gesteinsarten:

> *der* Granit, Basalt, Kalk, Sand, Schiefer, Lehm, Ton, Gneis, Kies; (aber:) *die* Gur (Kieselgur), *die* Kreide;

– viele Geldbezeichnungen:

> *der* Heller, Taler, Dollar, Schilling, Pfennig, Franken, Gulden, Rubel; (aber:) *die* Mark, *die* Krone, *die* Drachme, *das* Pfund.

2. Feminina sind

– die Baumbezeichnungen und sehr viele Blumenbezeichnungen:

> *die* Ulme, Rüster, Eiche, Tanne, Linde, Buche, Lärche, Kiefer, Fichte, Erle, Pappel, Birke, Espe, Eibe, Palme; (aber:) *der* Ahorn, *der* Baobab (= Affenbrotbaum); *die* Dahlie, Narzisse, Nelke, Rose, Chrysantheme; (aber als Verkleinerungsform:) *das* Veilchen;

– die Substantivierungen von Zahlen:

die Vier, Zehn.

– die Bezeichnungen der Druck- und Schriftarten und -grade:

die Antiqua, Borgis, Text.

3. Neutra sind

– die meisten Bezeichnungen der Metalle, der chemischen Elemente und der Medikamente:

das Gold, Silber, Platin, Blei, Nickel, Eisen, Erz, Uran, Kupfer, Zink, Zinn, Kalzium, Brom, Helium, Kobalt, Messing; (aber:) *der* Schwefel; *das* Aspirin usw.;

– die Verkleinerungsformen auf *-chen, -lein* und *-le:*

das Höschen, Brünnlein, Gärtle;

– nichtsubstantivische Wörter, die nur gelegentlich substantiviert werden:

das Schöne, Angenehme, Gedachte, Gewünschte; *das* Lesen, Schreiben; *das* Seine, *das* vertraute Du; *das* Ja und Nein, Drum und Dran, Auf und Nieder, Wenn und Aber, Weh und Ach;

– Kollektivbegriffe und (abwertende) Bezeichnungen für Gesamtvorgänge mit dem Präfix *Ge-:*

das Gebirge, Getier, Gewürm, Gewässer, Gestirn; *das* Gelaufe, Geschieße, Gejodle, Geschrei.

Eigennamen (und Gattungsbezeichnungen)

335 **Personennamen**

Das Genus der Personennamen stimmt meist mit ihrem natürlichen Geschlecht (dem Sexus) überein:

der kleine Karl, *der* reiche Schulze, *die* fleißige Liese, *die* kluge Schmidt; Maria Theresia und *ihre* Zeit.

Ausnahmen bilden die Neutra der Verkleinerungsformen auf *-chen, -lein* und *-le:*

das niedliche Karlchen, *das* altkluge Lottchen, *das* vierjährige Ingelein, *das* arme Hannele.

Bei der Verkleinerungsform auf *-(e)l* richtet sich jedoch das Genus im allgemeinen nach dem natürlichen Geschlecht (vgl. 1178):

die fleißige Gretel, *die* (aber auch: *das*) schöne Liesel, *der* (aber auch: *das*) dumme Hansel.

Im Brief können bei einer bestimmten Form des Briefschlusses Zweifel auftreten, ob es heißt: *Ihr dankbares Lenchen Schmidt* oder: *Ihre dankbare Lenchen Schmidt.* Meist zieht man hier formal-grammatische Übereinstimmung vor (vgl. auch 1184,8) und schreibt: *Ihr dankbares Lenchen Schmidt.*

336 **Geographische Namen**

1. Länder- und Gebietsnamen sind im allgemeinen Neutra, seltener feminin oder maskulin:

das schöne Thüringen, *das* Frankreich Ludwigs XIV., *das* geheimnisvolle Tibet, *das* tropische Afrika; unser ganz*es* Europa; *das* Elsaß[1], Ries, Wallis, Pandschab.

---

[1] Das im 19. Jh. gelegentlich auftretende männliche Genus von *Elsaß* ist zugunsten des sächlichen wieder aufgegeben worden.

Feminin sind die auf *-ei, -ie* oder *-e* endenden Länder- und Gebietsnamen:

> *die* Tschechoslowakei, Türkei, Lombardei, Walachei, Mongolei, Mandschurei; Normandie, Pikardie; Bretagne, Champagne, Gascogne, Levante, Provence, Ukraine.
> (Außerdem:) *die* Schweiz, Lausitz, Pfalz, Krim, Dobrudscha, Riviera, (Ant)arktis, Sahara, Gobi.

Maskulin sind z. B.

> *der* Peloponnes[1], Chersones[1], Balkan, Sudan, Irak, Iran, Jemen, Hedschas.

Einige Ländernamen kommen nur im Plural vor (vgl. 371):

> *die* Niederlande, *die* USA.

Zum Artikel bei Ländernamen vgl. auch 357.

2. Ortsnamen sind im allgemeinen Neutra,[2] selbst wenn in Zusammensetzungen (vgl. 344) das Grundwort – für sich genommen – ein anderes Genus hat:

> *das* ewige Rom, *das* herrliche Sevilla, *das* altertümliche Büdingen, *das* schöne Salzburg (obwohl: *die* Burg), *das* berühmte Heidelberg (obwohl: *der* Berg).

3. Bergnamen sind im allgemeinen maskulin (möglicherweise in Anlehnung an *der Berg*):

> *der* Brocken, Großglockner, Großer Arber, Kieferle, Kyffhäuser, Elm, Melibokus, Säntis, Ortler, Piz Palü, Monte Rosa, Montblanc, Olymp, Elbrus, Vesuv, Kilimandscharo, Popocatepetl, Nanga Parbat.

Einige auf *-a* endende Bergnamen sind Feminina:

> *die* Sc[h]esaplana, Marmolata; (aber:) *der* Ätna.

4. Gebirgsnamen sind maskulin, seltener feminin:

> *der* Harz, Taunus, Hunsrück, Spessart, Balkan, Jura, Fläming, Ith, Himalaja; (aber:) *die* Rhön, Haardt, Eifel, Silvretta, Sierra Nevada.

Viele Gebirgsnamen kommen nur im Plural vor (vgl. 371):

> *die* Pyrenäe*n, die* Dolomite*n, die* Alpe*n, die* Ardenne*n, die* Kordillere*n*.

5. Deutsche Flußnamen sind feminin oder maskulin:

> *die* Weser, Werra, Fulda, Donau, Spree, Lahn, Elbe, Oder, Maas, Mosel, Nahe;
> *der* Aland, Bober, Inn, Kocher, Lech, Main, Neckar, Regen, Rhein, Ruß; Weiße*r/* Schwarze*r* Schöps.

Ausländische Flußnamen sind überwiegend maskulin:

> *der* Nil, Kongo, Amazonas, Orinoko, Paraná, Uruguay, Jenissei, Mississippi, Jangtsekiang, Ganges, Indus, Euphrat, Tigris, Don, Bug, Ebro, Tiber, Po.

Feminin sind die meisten auf *-a* und *-e* endenden Flußnamen:

> *die* Wolga, Lena, Moskwa, Adda (aber: *der* Paraná); *die* Loire, Rhone, Seine, Themse.

Namen der Sterne und Sternbilder

337

Die Namen der Sterne und Sternbilder haben dasselbe Genus wie das betreffende Wesen oder Ding, nach dem sie benannt sind:

> *der* Jupiter, *der* Saturn, *der* Drache; *die* Kassiopeia, *die* Waage, *die* Venus; *das* Chamäleon, *das* Dreieck.

---

[1] *Peloponnes* und *Chersones* werden gelegentlich in der Fachsprache, z. B. in historischen Darstellungen über Griechenland, auch mit dem weiblichen Genus verbunden, weil die Silbe *-nes* auf griech. ἡ νῆσος ,die Insel' zurückgeht, das weiblich ist.
[2] Städtenamen traten allerdings früher (in dichterischem Gebrauch) auch als Feminina auf (*die rege Zürich, die edle Bern* [Schiller]; *die hohe Rom* [Klopstock]; *weil Carthago alle ihre Kräfte zusammennehmen wird* [Wieland]).

Wo ein Genus nicht festzustellen ist, steht meist das maskuline:

der Algol, *der* Arktur, *der* Fomalhaut, *der* Beteigeuze.

Die auf *-a* endenden sind jedoch weiblich:

die Wega, *die* Kapella, *die* Gemma.

338

Schiffsnamen

Die Namen von Schiffen sind im allgemeinen feminin, vor allem von solchen, die nach Städten und Ländern benannt sind:

die „Bremen", „Hessen", „Europa", „Deutschland", „Nautilus". Doch *die* „Maroussa" wurde zurückbeordert. (Der Spiegel)

Nach englischem Vorbild sind die Schiffsnamen heute meist auch dann feminin, wenn ein männlicher Personenname zugrunde liegt:

die „Graf Spee", *die* „Bismarck", *die* „Otto Hahn"; (aber:) *der* „Fliegende Holländer", *der* „General San Martin", *der* „Kaiser Wilhelm der Große".

Bei Sachbezeichnungen, die als Schiffsnamen gebraucht werden, schwankt das Genus zwischen dem der Bezeichnung und dem weiblichen:

die Seetüchtigkeit *des* „Pfeils"/*der* „Pfeil".

Bei Tierbezeichnungen, die als Schiffsnamen verwendet werden, tritt meist das betreffende Genus dieser Bezeichnungen ein:

das „Krokodil", *der* „Kormoran", *des* „Windspiels", *die* „Möwe", *der* „Jaguar"; (aber auch:) *die* „Condor".

339

Flugzeugnamen

Bei den Flugzeugnamen ist zwischen individuellen Namen und Gattungsbezeichnungen (Flugzeugtypen) zu unterscheiden. Wo überhaupt noch individuelle Namen gebraucht werden, ist das Genus weiblich:

die „Storch", *die* Adler", *die* „Pfeil".

Weiblich sind auch die meisten Gattungsbezeichnungen, auch dann, wenn ihnen der Name des Herstellers zugrunde liegt (dabei ist wahrscheinlich das Grundwort *Maschine* erspart):

die Ju(nkers) 52, *die* Do(rnier) X, *die* Focke-Wulf, *die* Britannia, *die* Comet IV, *eine* Fokker, *die* Caravelle, *eine* Boeing 727, *die* HA-300.

Bestimmte Gattungsbezeichnungen, denen ein gewöhnliches Substantiv zugrunde liegt, haben dessen Genus:

der (Fieseler-)Storch, *der* PAN-AM-Clipper (analog zu: *der* Segler), *der* Starfighter (analog zu: *der* Jäger), *die* Friendship (analog zu: *die* Freundschaft).

340

Markenbezeichnungen von Kraftfahrzeugen

Die Markenbezeichnungen von Kraftfahrzeugen sind Gattungsbezeichnungen. Bei Krafträdern ist das Genus weiblich:

die BMW, *die* Kawasaki, *die* Harley-Davidson.

Bezeichnungen für Kraftwagen sind Maskulina:

> *der* Opel, Porsche, VW, BMW, Fiat, Volvo, „Wartburg".

Ausnahmen bilden im allgemeinen Bezeichnungen, denen ein weiblicher Vorname zugrunde liegt; sie sind Feminina:

> *die* Isetta, *die* Isabella (aber: *der* Mercedes).

Namen von Hotels, Cafés, Kinos

341

Bezeichnungen, mit denen man zunächst kein Genus verbindet und die als Namen für diese Gebäude verwendet werden, haben zumeist sächliches Genus, analog zu dem Genus der Wörter *Hotel, Café* und *Kino:*

> *das* Continental, Gloria, Hilton. Ich gehe *ins* Kranzler, *ins* Blum; *das* Royal, *das* Rex. (Aber:) *die* Schauburg (weil: *die* Burg), *die* Filmbühne, *die* Kurbel.

Abkürzungswörter und Kurzwörter

342

Abkürzungswörter und Kurzwörter richten sich im Genus nach ihrem Grundwort bzw. ihrer Vollform:

> *die* CDU (*die* Christlich-Demokratische *Union*), *die* SPD (*die* Sozialdemokratische *Partei* Deutschlands), *das* BGB (*das* Bürgerliche Gesetz*buch*), *der* LKW (*der* Lastkraftwa*gen*);
> *der* Akku(mulator), *der* Trafo (der Transformator), *der* Bus (der Auto-, Omnibus), *die* Lok(omotive), *die* Kripo (die Kriminalpolizei), *das* Auto(mobil), *das* Velo(ziped) (schweiz.).

Nur selten wird ein abweichendes Genus gebraucht:

> *das* Kino (obwohl: *der* Kinematograph), *das* Foto (obwohl: *die* Fotografie; schweiz. allerdings: *die* Foto), *die* Taxe, *das* Taxi (obwohl: *der* Taxameter).

Substantivierte Buchstaben

343

Substantivierte Buchstaben sind Neutra:

> *das* A und *[das]* O, jemandem *ein* X für *ein* U vormachen.

Zusammensetzungen

344

Das Genus eines zusammengesetzten Substantivs wird durch den letzten Bestandteil (gewöhnlich das Grundwort) bestimmt (vgl. jedoch 336,2):

> *die* Mannsperson (weil: *die* Person); (entsprechend:) *das* Frauenzimmer, *der* Hausbau, *die* Zugspitze, *der* Böhmerwald, *das* Zungen-R.
> (Ausnahmen:) *der* (neben *die*) Abscheu, *der* Mittwoch (obwohl: *die* Woche).

Fällt das Grundwort einer Zusammensetzung oder einer Fügung fort, dann bleibt sein Genus erhalten:

> *der* FD(-Zug), *die* Lord(-Zigarette), *das* Roulett(spiel); *die* Elektrische (Straßenbahn), *das* kleine Helle (Bier).

| 345 | **3.2.2 Zusammenstellung einiger Endungen, an denen man das Genus des Substantivs erkennen kann**[1] |

	Endungen	Beispiele
Maskulina	-ich	Teppich, Bottich, Kranich, Rettich, Lattich, Fittich, Estrich;
	-ig	König, Käfig, Honig, Pfennig, Essig; (aber:) *das* Reisig;
	-ling	Däumling, Fäustling, Bückling, Schmetterling, Fremdling, Zwilling, Prüfling; (aber:) *die* Reling;
	-s	Schnaps, Klaps, Knicks, Schwips;
	-and (lat.)	Konfirmand, Doktorand, Informand, Proband, Habilitand;
	-ant (lat., roman.)	Aspirant, Brillant, Adjudant, Garant, Fabrikant, Informant, Musikant, Konsonant, Foliant;
	-är (frz.)[2]	Aktionär, Kommissionär, Parlamentär, Militär, Legionär; (aber:) *das* Militär, *das* Salär;
Maskulina	-ast (griech.-lat.)	Dynast, Phantast, Gymnasiast;
	-eur/-ör (frz.)	Amateur, Friseur, Ingenieur; Likör;
	-(i)ent (lat., roman.)	Skribent, Interessent, Inspizient, Student, Referent, Konsument;
	-ier ([...i̯eː] frz.)	Bankier, Routinier, Conferencier, Dossier (auch und schweiz. nur: *das* Dossier); (aber:) *das* Kollier;
	-ier ([...iːɐ̯] frz., ital.)	Offizier, Kavalier, Grenadier; (aber:) *das* Spalier; *die* Manier;
	-iker (griech.-lat.)	Fanatiker, Graphiker, Mechaniker, Phlegmatiker, Philharmoniker;
	-ikus (griech.-lat.)	Musikus, Kanonikus;
	-ismus (griech.-lat.)	Idealismus, Realismus, Kapitalismus, Fanatismus, Organismus, Optimismus, Egoismus;
	-ist (griech.-lat.)	Anarchist, Antagonist, Artist, Jurist, Pietist, Optimist, Hornist, Pianist;
	-or (lat.)	Motor, Regulator, Totalisator, Katalysator, Rektor.
Feminina	-ei	Bücherei, Metzgerei, Jägerei, Reiberei, Plauderei, Singerei;
	-in	Löwin, Freundin, Lehrerin, Studentin;
	-heit	Gottheit, Blindheit, Faulheit, Entschlossenheit, Einheit, Kindheit, Krankheit;
	-keit	Fruchtbarkeit, Eitelkeit, Bitterkeit, Höflichkeit, Feuchtigkeit, Kleinigkeit, Flüssigkeit;
	-schaft	Freundschaft, Eigenschaft, Verwandtschaft, Herrschaft, Kundschaft;
	-ung	Schöpfung, Achtung, Nahrung, Bildung, Kündigung, Vertretung, Werbung; (aber:) *der* Hornung (= Februar);
	-a (griech., lat., ital., span.)	Kamera, Aula, Prokura, Lira, Ballerina, Signora, Señora, Hazienda;
	-ade (roman., bes. frz.)	Ballade, Fassade, Maskerade, Marmelade, Kanonade, Olympiade;
	-age (frz.)	Garage, Bagage, Courage, Etage, Menage, Kartonage;
	-aille (frz.)	Kanaille, Journaille, Bataille, Emaille;
	-aise/-äse (frz.)	Française, Marseillaise; Majonäse, Polonäse;

---

[1] Ausnahmen sind möglich. Vgl. H. Brinkmann: Zum grammatischen Geschlecht im Deutschen. In: Ders.: Studien zur Geschichte der deutschen Sprache und Literatur. Bd. 1. Düsseldorf 1965, S. 357–399.

[2] Die Endung *-är* zeigt nur bei Personenbezeichnungen Maskulina an.

	Endungen	Beispiele
Feminina	-ance (frz.)	Renaissance, Mesalliance, Usance;
	-äne (frz.)	Fontäne, Moräne, Quarantäne;
	-anz (lat., roman.)	Arroganz, Bilanz, Brisanz, Distanz, Eleganz, Prägnanz;
	-ation	vgl. -ion;
	-elle (frz., ital.)	Bagatelle, Frikadelle, Zitadelle, Morelle;
	-ette (frz.)	Bankette, Dublette, Etikette, Facette, Pinzette, Rosette, Toilette, Tablette;
	-euse (frz.)	Friseuse, Masseuse, Balletteuse, Pleureuse, Mitrailleuse;
	-ie ([...i̯ə] lat.)	Materie, Folie, Historie, Glorie, Kastanie, Pinie, Fuchsie;
	-ie ([...i:] griech., lat., roman.)	Kolonie, Geographie, Lotterie, Kalorie, Akademie, Phantasie; (aber:) *das* Genie;
	-(i)enz (lat.)	Audienz, Existenz, Exzellenz, Frequenz, Konsequenz, Prominenz, Tendenz;
	-(i)ere (frz., ital.)	Misere, Garderobiere, Voliere, Portiere, Bonbonniere; (aber:) *der* Gondoliere, *der* Karabiniere, *der* Gonfaloniere;
	-ik (griech., lat., roman.)	Musik, Politik, Lyrik, Ethik, Botanik, Mathematik, Dialektik, Statistik;
	-ille (lat., frz., ital.)	Bastille, Quadrille, Pupille, Kamille;
	-ine (griech., lat., roman.)	Margarine, Latrine, Blondine, Maschine, Vitrine, Kabine;
	-ion/-ation (lat., frz., engl.)	Reduktion, Dispension, Oxydation, Explosion, Dimension, Kalkulation, Station, Qualifikation, Reformation, Eskalation;
	-isse (griech., lat., roman.)	Kulisse, Prämisse, Narzisse, Kanonisse, Diakonisse, Abszisse, Mantisse;
	-(i)tät (lat.-frz.)	Banalität, Fakultät, Kapazität, Qualität, Rarität, Realität, Universität, Vitalität;
	-itis (griech.)	Bronchitis, Rachitis, Neuritis, Nephritis, Arthritis;
	-ive (lat., frz.)	Defensive, Offensive, Alternative, Direktive, Kursive;
	-ose (griech.)	Sklerose, Neurose, Furunkulose, Tuberkulose, Dextrose, Osmose;
	-sis/se (griech.)	Basis, Dosis, Genesis, Analysis; Base, Genese, Analyse, Katechese;
	-ur (lat.)	Natur, Kultur, Temperatur, Karikatur, Statur, Registratur, Rasur, Mixtur, Tortur, Ligatur, Fraktur, Zensur;
	-üre (frz.)	Allüre, Broschüre, Gravüre, Bordüre.
Neutra	-chen, -lein, -le	Mädchen, Wäldchen, Frauchen, Wägelchen; Fräulein, Ingelein, Ringlein, Wässerlein; Mariele;
	-icht	Dickicht, Röhricht, Tannicht, Spülicht, Kehricht (auch: *der* Kehricht);
	-tel	Drittel, Viertel (aus *-teil*);
	-tum	Eigentum, Christentum, Heldentum, Volkstum; (aber:) *der* Irrtum, *der* Reichtum;
	-eau ([...o:] frz.)/o	Bandeau, Büro, Chaudeau, Chevreau, Frikandeau, Plateau, Plumeau, Rondeau, Rouleau, Tableau; (aber:) *der* Flambeau, *der* Manteau, *der* Trumeau;
	-ett (frz., ital.)	Amulett, Ballett, Bankett, Büfett, Etikett, Parkett, Quartett, Tablett; (aber:) *der* Kadett;
	-in (griech., lat.)	Benzin, Chinin, Insulin, Pepsin, Terpentin, Nikotin;
	-ing (engl.)	Clearing, Doping, Dressing, Dribbling, Hearing, Jogging, Meeting, Petting, Shaping, Shopping, Training; (aber:) *der/das* Looping, *der* Pudding, *der* Browning;
	-(i)um (lat.)	Album, Datum, Faktotum, Faktum, Fluidum, Plenum, Aquarium, Gremium, Stadium;

Endungen	Beispiele
Neutra -ma (griech.)	Asthma, Dogma, Paradigma, Phlegma, Plasma, Klima, Komma, Thema, Syntagma;
-ment (lat., [roman.])	Argument, Dokument, Pigment, Segment, Instrument, Experiment, Fundament; (aber:) *der* (zahnmed.: *das*) Zement;
-ment ([...mã:] frz.)	Appartement, Abonnement, Bombardement, Engagement.

3.2.3 Wechsel und Schwanken des Genus

346 Viele Substantive haben im Laufe der Sprachgeschichte ein anderes Genus bekommen. Häufig wurde der Genuswandel durch Analogie bewirkt:

(mhd.) *daz* sper → (nhd.) *der* Speer (weil: *der* Spieß, Ger);
(lat.) murus (mask.) → *die* Mauer (weil: *die* Wand);
(frz.) *la* douzaine (fem.) → *das* Dutzend (weil: *das* Hundert, Tausend, Schock).

Im Mittelhochdeutschen war z. B. der überwiegende Teil der Substantive auf *-e* feminin. Deshalb wurden viele ursprünglich maskuline oder neutrale Substantive auf *-e* diesem Genus angeglichen:

(mhd.) *der* bluome, vane → (nhd.) *die* Blume, Fahne.

Aus dem gleichen Grunde wurden ursprüngliche Feminina zu Maskulina, weil sie ihr Endungs-*e* verloren:

(mhd.) *diu* boteche, phlume → (nhd.) *der* Bottich, Flaum.

Schließlich wurden Maskulina oder Neutra zu Feminina, weil ihr ursprünglicher Singular ohne *-e* durch eine aus dem Plural abgeleitete weibliche Form auf *-e* verdrängt wurde:

(mhd.) *der* tran (Sing.)/*die* trene (Plur.) → (nhd.) die Träne.

Fremdwörter behalten oft das Genus, das sie in ihrer Herkunftssprache haben (frz. *le* carton [mask.] wird *der* Karton). Oft wird aber das Genus deutschen Wörtern mit der gleichen Endung oder deutschen Synonymen angeglichen:

frz. *le* bagage (mask.) wird *die* Bagage, frz. *le* flanc (mask.) wird *die* Flanke, frz. *le* cigare (mask.) wird *die* Zigarre; *die* Kolchose (russ. mask.) wie *die* Genossenschaft, frz. *le* bouillon (mask.) wird *die* Bouillon wie *die* Brühe.

Es gibt Substantive, deren Genus schwankt (vgl. 347). Solche Schwankungen können sich über lange Zeiträume erstrecken:

mhd. *diu* oder *daz* versumnisse, nhd. *das* (auch: *die*) Versäumnis; mhd. *der* wulst oder *diu* wulste, nhd. *der* oder *die* Wulst; mhd. *daz* oder *der* zepter, nhd.: *das* (seltener: *der*) Zepter.

Oft wird in einem Teil des Sprachraumes oder im engeren Bereich einer Mundart ein früher übliches Genus auch heute noch gebraucht:

mhd. *der* oder *das* bast, ostmitteld. *das* Bast, standardspr. *der* Bast;
mhd. *diu* oder *der* buter, schwäb. *der* Butter, standardspr. *die* Butter;
mhd. *der* oder *diu* bach, mdal. oft *die* Bach, standardspr. *der* Bach.

Zum Genus der Festbezeichnungen *Ostern, Pfingsten, Weihnachten* vgl. 371.
Fremdwörter haben oft schwankendes Genus, weil ihr Genus in der Herkunftssprache nicht bekannt, nicht am Artikel oder einer Endung ablesbar ist:

der oder *das* Radar; *der* (seltener: *das*, veraltet: *die*) Dschungel; *der* oder *das*, ugs. auch *die* Zigarillo, *der* oder *das*, ugs. auch *die* Joghurt.

Bei der Übernahme fremder Wörter in einen deutschen Text bestehen manchmal Zweifel, welches Genus zu wählen ist. Das Genus des fremden Wortes wird im allgemeinen beibehalten, wenn es im Deutschen wenig gebraucht und wenn ihm nicht eindeutig und fest ein deutsches Wort zugeordnet ist *(der Renouveau catholique)*. Ist das fremdsprachige Wort häufig und ist ihm ein lautähnliches deutsches Wort zugeordnet, dann wird im allgemeinen das Genus des deutschen Wortes vorgezogen:

> *der* (seltener: *die*) Place de la Concorde (obwohl frz. *place* Femininum ist); *die* (seltener: *der*) Banco di Credito (obwohl ital. *banco* Maskulinum ist).

Gebräuchliche Substantive mit schwankendem Genus

347

Abscheu, der (seltener: die)
Abszeß, der (österr. ugs. und oft
   auch standardsprachlich: das)
Apostolat, das (theol. auch: der)
Ar, das (auch: der)
Argot, das oder der
Barock, das oder der
Bauer („Käfig'), das (seltener: der)
Begehr, das (seltener: der)
Bereich, der (seltener: das)
Biotop, der und das
Bonbon, der oder das
Break, der oder das
Breisgau, der oder das
Bruch („Sumpfland'), der (auch: das)
Buna, der oder das
Cartoon, der oder das
Chinchilla, die oder
   (österr. nur:) das
Chor (Kirchenraum), der
   (seltener, österr. meist: das)
Curry, der (auch: das)
Diakonat, das (vor allem auch
   theol.: der)
Dispens, der (österr.: die)
Dotter, der oder das
   (landsch.: die)
Drangsal, die
   (selten und veraltet: das)
Dschungel, der
   (seltener: das, veraltet: die)
Elastik, das oder die
Entgelt, das (veraltet: der)
Episkopat, der oder das
   (theol. nur: der)
Erbteil, das (BGB: der)
Feudel, der oder das
Filter, der oder das
   (techn. meist: das)
Friesel, der oder das
Furore, die oder das
Gabardine, der (auch: die)
Gelee, das oder der
Gischt, der und die
Gong, der (selten: das)
Gulasch, das (österr. nur so;
   auch: der)

Gummi („Kautschukprodukt'),
   der (auch: das; für „Radiergummi'
   nur: der; ugs. für
   „Gummiband': das)
Häcksel, das oder der
Halfter, der oder das (veraltet: die)
Haspel, die (seltener: der)
Hehl, das (auch: der;
   nur noch in der Wendung
   kein /[auch:] *keinen*
   Hehl daraus machen)
Joghurt, der oder das
   (ugs. auch: die)
Juchten, der oder das
Kalkül, das (auch: der)
Kasperle, das oder der
Katapult, das (auch: der)
Katheder, das (seltener: der)
Kehricht, der oder das
Keks, der oder das
Klafter, das oder das
   (selten: die)
Klunker, die oder der
Knäuel, der oder das
Kompromiß, der (selten: das)
Krem, die (auch: der)
Lampion, der (seltener auch: das)
Lasso, der oder das
Liter, der und das
Mannequin, das (selten: der)
Match, das (seltener: der)
Meteor, der oder das
Meter, der (schweiz. nur so;
   auch: das)
Mündel, das (BGB: der)
Münster, das (seltener: der)
Ort ([„Schuster]ahle, Pfriem')
   der oder das
Patriarchat, das
   (theol. auch: der)
Pauschale, die (seltener: das)
Perpendikel, der oder das
Pflichtteil, der oder das
Pflugschar, die (landw. auch: das)
Plaid, das (älter: der)
Podest, das (österr. nur so;
   auch: der)

Poster, das oder der
Primat, der oder das
Pyjama, der (österr. auch: das)
Quader, der (österr. nur so;
    auch: die)
Radar, der oder das
Raster, der (Fernsehtechnik: das)
Rebus, der oder das
Rhododendron, das (auch: der)
Sakko, der (auch, österr. nur: das)
Salbei, der oder die
Schar vgl. Pflugschar
Schlamassel, der (auch: das)
Schmer, der oder das
Schnippel, Schnipsel, der oder das
Schorlemorle, die oder das
Schrot, der oder das
Sellerie, der oder (österr. nur:) die
Sims, der oder das
Soda, die oder das
Spachtel, Spatel, der oder die
Spind, der oder das

Tabernakel, das ([kath.] auch: der)
Teil, der
    (in bestimmten Wendungen und
    Zusammensetzungen auch: das)
Tingeltangel, der oder das
Traktat, der oder das
Trikot (Gewebe), der (selten, aber
    für ein Kleidungsstück
    nur: das)
Tüpfel, der oder das
Twinset, der oder das
Verhau, der oder das
Versäumnis, das (veralt.: die)
Virus, das (außerhalb der
    Fachsprache auch: der)
Wulst, der (seltener: die)
Zepter, das (seltener: der)
Zigarillo, der oder
    das (ugs. auch: die)
Zölibat, das (seltener, theol.
    nur: der)
Zubehör, das (seltener: der)

Gleichlautende verwandte Substantive mit verschiedenem Genus und verschiedener Bedeutung

34

Balg, der (,Tierhaut') – Balg, das (ugs. ,unartiges Kind'; seltener: der)
Band, das (,Fessel, Gewebestreifen'; ,enge Beziehung') – Band, der
    (,Eingebundenes, Buch')
Bauer, der (,Landmann') – Bauer, das (,Vogelkäfig'; seltener: der)
Bord, der (,Schiffsrand'; in Zus.: das) – Bord, das (,Bücherbrett')
Bouclé, das (,Zwirn') – Bouclé, der (,Gewebe, Teppich aus diesem Zwirn')
Bund, der (,Bündnis', ,Hosen- u. Rockbund') – Bund, das (,Gebinde, Bündel')
Ekel, der (,Abscheu') – Ekel, das (verächtl. für ,widerlicher Mensch')
Erbe, der (,Erbender') – Erbe, das (,Geerbtes')
Erkenntnis, die (,Einsicht') – Erkenntnis, das (,richterliches Urteil')
Fasson, die (,Form, Muster, Art') – Fasson, das (,Revers')
Flur, der (,Korridor') – Flur, die (geh. für ,Feld und Wiese')
Gefallen, der (,Gefälligkeit') – Gefallen, das (,Freude')
Gehalt, der (,Inhalt, Wert') – Gehalt, das (,Arbeitsentgelt')
Hut, der (,Kopfbedeckung') – Hut, die (,Schutz, Aufsicht')
Junge, der (,Knabe') – Junge, das (,neugeborenes oder junges Tier')
Kaffee, der (,Getränk') – Kaffee, das (,Kaffeehaus', selten; dafür: Café)
Kredit, der (,Glaubwürdigkeit', ,Zahlungsfähigkeit', ,Darlehen') – Kredit,
    das (,[Gut]haben')
Kristall, der (,mineral. Körper') – Kristall, das (,geschliffenes Glas')
Kunde, der (,Käufer') – Kunde, die (,Nachricht'; österr. auch für ,Kundschaft',
    ,ständiger Käufer')
Manipel, der (,Teil der röm. Kohorte') – Manipel, die (,Teil des Meßgewandes
    kath. Geistlicher')
Maß, das (,richtige Größe, Menge') – Maß, die (,Flüssigkeitsmaß';
    bayr. u. österr.)
Mensch, der (allgemein) – Mensch, das (verächtl. für ,Frau')
Moment, der (,Augenblick') – Moment, das (,Umstand, Merkmal')
Nickel, der (,Münze'; veralt.) – Nickel, das (,Metall')
Oblate, die (,ungeweihte Hostie', ,Gebäck') – Oblate, der (,Laienbruder')
Ort, der (,Ortschaft') – Ort, das (bergm. für ,Ende der Strecke')
Pack, der (,Packen') – Pack, das (verächtl. für ,gemeine, minderwertige
    Menschen')

Pantomime, die (,Gebärdenspiel') – Pantomime, der (,Darsteller einer
   Pantomime')
Paternoster, das (,Vaterunser') – Paternoster, der (,Aufzug')
Schild, der (,Schutzwaffe') – Schild, das (,Erkennungszeichen,
   Aushängeschild')
See, der (,Binnengewässer') – See, die (,Meer'; [,Sturz]welle')
Steuer, das (,Lenkvorrichtung') – Steuer, die (,Abgabe')
Stift, der (,Bleistift, kurzes Stäbchen'; ugs. ,Lehrling, Knirps') – Stift, das
   (,Kloster' oder ,Stiftung' [z. B. in Gestalt eines Altersheims])
Verdienst, der (,Einkommen, materieller Erwerb') – Verdienst, das
   (,anerkennenswertes Verhalten oder Tun')
Wehr, das (,Stauanlage') – Wehr, die (,Rüstung, Befestigung, Verteidigung')
Weise, der (,weiser Mensch') – Weise, die (,Art, Singweise')
Wurm, der (,Tier') – Wurm, das (häufig bemitleidend für ,hilfloses Kind')

Gleichlautende nichtverwandte Substantive mit verschiedenem Genus und verschiedener Bedeutung

349

Alp, der (,Alpdrücken') – Alp, die (,Bergweide')
Golf, der (,Meeresbucht') – Golf, das (,Rasenspiel')
Harz, das (,Holzabsonderung') – Harz, der (Gebirgsname)
Heide, die (,Ödland') – Heide, der (,Nichtchrist')
Kiefer, der (,Knochen, Kinnlade') – Kiefer, die (,Baum')
Koller, das (,Kragen', ,Wams'; veralt., mdal.) – Koller, der
   (,Pferdekrankheit'; ugs. für ,Wutausbruch')
Lama, das (,Tier') – Lama, der (,buddhistischer Priester')
Laster, das (,Ausschweifung') – Laster, der (ugs. für ,Lastkraftwagen')
Leiter, die (,Gerät mit Sprossen zum Steigen') – Leiter, der
   (,Person in übergeordneter Stellung')
Mangel, der (,Fehler') – Mangel, die (,Wäscherolle')
Mark, die (,Geldeinheit', ,Grenzland') – Mark, das (,Knochengewebe')
Marsch, der (,Fußwanderung') – Marsch, die (,flaches fruchtbares
   Land am Meer')
Mast, die (,Mästung') – Mast, der (,Mastbaum, Stange')
Messer, das (,Schneidegerät') – Messer, der (,Messender, Meßgerät'; nur als
   letzter Bestandteil in Zus.)
Ohm, der (Oheim; veralt., noch mdal.) – Ohm, das (Maßbezeichnung
   für elektr. Widerstand; veralt. als Bez. für ein Flüssigkeitsmaß)
Otter, der (,Marderart') – Otter, die (,Schlange')
Reis, der (,Nahrungsmittel') – Reis, das (,Zweiglein')
Schock, das (,60 Stück') – Schock, der (,Stoß', ,[Nerven]erschütterung')
Tau, der (,Niederschlag') – Tau, das (,starkes Seil')
Taube, die (,Vogel') – Taube, der (,Gehörloser')
Tor, das (,große Tür') – Tor, der (,törichter Mensch')

Verwandte Wörter von etwas abweichender Form mit verschiedenem Genus und gleicher oder verschiedener Bedeutung

350

Akte, die (,Schriftstück') – Akt, der (,Handlung', ,Theateraufzug'; ,Plastik';
   verwaltungsspr.: ,Vorgang, Schriftstück')
Backe, die (,Teil des Gesichts') – Backen, der (südd. Form)
Drohne, die (,Biene') – Drohn, der (fachspr. für *Drohne*)
Ecke, die (z. B. *Zimmer-, Straßenecke*) – Eck, das (bes. südd. u. österr. ugs.; in
   Ortsbezeichnungen *[das Deutsche Eck]* und in Zus. *[Dreieck]*
Etikette, die (,Förmlichkeit, Hofsitte'; selten noch für *Etikett*) – Etikett, das
   (,Zettel, aufgeklebtes Schildchen')
Gurt, der (,Band, Gürtel') – Gurte, die (landsch., fachspr. Nebenform)
Hacke, die (,Ferse') – Hacken, der (,Ferse')

Idyll, das ('idyllische Szene') – Idylle, die (Gedichtgattung; auch für *Idyll*)
Importe, die (veralt. für 'eingeführte Zigarre') – Import, der ('Einfuhr')
Karre, die – Karren, der[1]
Knolle, die ('[Pflanzen]auswuchs') – Knollen, der (seltenere Nebenform)
Lüge, die ('Unwahrheit') – Lug, der (fast nur noch in der Formel *Lug und Trug*)
Maie, die ('[junge] Birke[ngrün], Laubschmuck'; 'Maibaum') – Maien,
    der (schweiz. für 'Blumenstrauß, Frühlingsbergweide') – Mai,
    der (Monatsname)
Muff, der ('Handwärmer') – Muffe, die ('Verbindungsstück zweier Rohre')
Niete, die ('Metallbolzen'; allgemeinspr.) – Niet, der (techn. für *Niete*)
Posse, die ('Possenspiel, lustiges Theaterstück') – Possen, der
    ('lustiger Streich, Unsinn, Spielerei')
Quaste, die ('Troddel am Vorhang' usw.) – Quast, der (nordd. für 'breiter Pinsel')
Quelle, die ('hervorsprudelndes Wasser', 'Herkunftsstelle') – Quell, der
    (dicht. veralt. für *Quelle*)
Ratte, die ('Nagetier') – Ratz, der/Ratze, die
    (mdal. bzw. ugs. Nebenform)
Ritze, die ('schmale Spalte') – Ritz, der (mehr landsch. Nebenform;
    'Schramme, Kratzer')
Röhre, die – Rohr, das[2]
Ruine, die ('verfallenes Bauwerk') – Ruin, der ('Zusammenbruch, Untergang,
    Verfall')
Scherbe, die ('Bruchstück aus Glas o. ä.') – Scherben, der (wie *Scherbe;*
    oberd. auch in der speziellen Bedeutung 'Blumentopf'; fachspr.
    'gebrannte Tonmasse')
Schürze, die ('Kleidungsstück') – Schurz, der (meist nur noch handwerksspr.
    für *Schürze*)
Socke, die ('Strumpf') – Socken, der (landsch. und ugs. für *Socke*)
Spalte, die (bes. in *Gletscher-, Druckspalte*) – Spalt, der (bes. in
    Fenster-, Türspalt)
Spanne, die ('Abstand'; landsch. für *Spann*) – Spann, der ('Fußrücken')
Sparren, der ('Balken') – Sparre, die (veralt. für *Sparren*)
Spitze, die (spitzes Ende von etw.) – Spitz, der (oberd. für *Spitze;*
    sonst nur in den Bedeutungen 'Hundeart', 'leichter Rausch')
Sprosse, die ('Querholz [an der Leiter]'; 'Sommersprosse') – Sproß, der
    ('Pflanzentrieb, Nachkomme')
Stapfe, die ('Fußstapfe') – Stapfen, der (seltener für *Stapfe*)
Stolle, die ('Weihnachtsgebäck') – Stollen, der ('waagrechter unterirdischer Gang';
    'Zapfen am Hufeisen oder Fußballschuh'; auch für *die Stolle*)
Streife, die ('Erkundungsgang', 'Polizeipatrouille') – Streifen, der
    (in *Stoff-, Papier-, Filmstreifen*)
Striemen, der ('Hautstriemen') – Strieme, die (selten für *Striemen*)
Tapfe, die ('Stapfe') – Tapfen, der ('Stapfen')
Trupp, der ('Menschengruppe, Schar') – Truppe, die ('Schauspieler-, Artistentruppe',
    bes. 'soldatische Einheit' [meist Pl.])
Typ, der ('Gepräge, [Grund]form, Urbild, Vorbild, [Eigen]art, Gattung, Modell') –
    Type, die ('gegossener Druckbuchstabe'; ugs. für 'absonderlicher Mensch,
    komische Figur'; immer seltener für *Typ*)
Zacke, die ('Spitze') – Zacken, der ('einzelnes, unförmiges Stück an einem
    Gegenstand')
Zehe, die ('Körperglied') – Zeh, der (neben *Zehe*)
Zinke, die ('Spitze, Zacke'; 'Gaunerzeichen') – Zinken, der
    (ugs. für 'grobe, dicke Nase'; auch für 'Gaunerzeichen')

---

[1] *der Karren* wird in Süddeutschland, *die Karre* in Norddeutschland für ein einfaches, kleines ein- bis vierrädriges Fahrzeug und abwertend für 'Auto, Fahrrad' gebraucht. In Norddeutschland gilt *Karren* nicht als abwertend.
[2] Die Anwendungsbereiche der beiden Wörter sind nicht streng geschieden. Eine sich anbahnende Differenzierung geht aus den Zusammensetzungen hervor:
    Bambus-, Schilf-, Zuckerrohr, Rohrdommel; Blas-, Fern-, Kanonenrohr; Abfluß-, Wasser-, Ofenrohr; (aber:) Ofenröhre (= Backröhre); Harn-, Luft-, Speiseröhre; Röntgen-, Radioröhre.

3.3 Der Artikel und das Substantiv

351

Bei der Darstellung des Genus im vorigen Kapitel (vgl. 331) ist davon ausgegangen worden, daß Substantive mit *der, die* oder *das* verbunden werden können *(der Wald, die Tür, das Kind)*. Umgekehrt kann man sagen, daß *der, die* und *das* wie auch *ein (Wald), eine (Tür)* und *ein (Kind)* in Verbindung mit einem Substantiv gebraucht werden.

Man nennt *der, die, das* und *ein, eine, ein* A r t i k e l (auch Geschlechtswort); *der, die, das* näherhin den b e s t i m m t e n (auch bestimmenden) Artikel und *ein, eine, ein* den u n b e s t i m m t e n Artikel. Der Artikel geht dem Substantiv voraus und kann als Attribut nur in Verbindung mit dem Substantiv gebraucht und verschoben werden.

Attributive Adjektive (und Partizipien), die dem Substantiv nicht nachgestellt sind (vgl. 443), werden zwischen Artikel und Substantiv gestellt:

> die *braune* Tür, ein *großer* Wald, der *abgeblätterte* Verputz.

Die Artikel können in dieser Position (Artikelposition) mit bestimmten Wörtern ausgetauscht werden *(Ich habe den/diesen/jenen/keinen Mann gesehen)*. Man kann die Artikel und die mit ihnen austauschbaren Wörter als „Formklasse"[1] oder „Funktionsgruppe"[2] zusammenfassen und „Artikelformen"[1] oder „Artikelwörter"[2] nennen. In dieser Grammatik werden diese Wörter als B e g l e i t e r d e s S u b s t a n t i v s bezeichnet.

Die Artikel werden ausschließlich in Verbindung mit einem Substantiv gebraucht. Sie sind die allgemeinsten, d. h. die inhaltlich am wenigsten festgelegten Wörter unter den Begleitern des Substantivs. Die Beschreibung ihres Gebrauchs erfordert im besonderen die Berücksichtigung bestimmter Substantivgruppen (vgl. 325). Aus diesem Grunde werden die Artikel im Kapitel über das Substantiv behandelt.

Demgegenüber werden die anderen Wörter dieser Gruppe wie *dieser/jener/kein (Mann)* nicht nur wie der Artikel als Begleiter, sondern daneben auch wie bestimmte Pronomen als Stellvertreter eines Substantivs (+Artikel) gebraucht *(Hast du den Mann/ihn/keinen gesehen?;* vgl. 530)

3.3.1 Die Formen des Artikels

352

Der Artikel ist der Form nach veränderlich, er wird dekliniert (vgl. 378 ff.). Seine Form hängt von dem Substantiv ab, bei dem er steht, und zwar vom

– Genus des Substantivs (vgl. 331):
> *der* Tisch (Maskulinum), *die* Mütze (Femininum), *das* Brett (Neutrum);

– Numerus des Substantivs (vgl. 362):
> *der* Tisch, *das* Haus (Singular) – *die* Tische, *die* Häuser (Plural);

– Kasus des Substantivs (vgl. 372 ff.):
> z. B. *der* Tisch (Nominativ), auf *dem* Tisch (Dativ).

Man sagt: Zwischen dem Substantiv und dem attributiven Artikel besteht grammatische Übereinstimmung, g r a m m a t i s c h e K o n g r u e n z in bezug auf Genus, Numerus und Kasus (vgl. 1177).

---

[1] H. Vater: Das System der Artikelformen im gegenwärtigen Deutsch. Tübingen 1963.
[2] H.-J. Grimm: Synonymische Beziehungen zwischen einigen Artikelwörtern der deutschen Sprache. In: Deutsch als Fremdsprache 8 (1971), H. 5, S. 262–268.

		Maskulinum	Femininum	Neutrum
Singular	Nom.	*der/ein* Tisch	*die/eine* Mütze	*das/ein* Brett
	Gen.	*des/eines* Tisch[e]s	*der/einer* Mütze	*des/eines* Brett[e]s
	Dat.	*dem/einem* Tisch	*der/einer* Mütze	*dem/einem* Brett
	Akk.	*den/einen* Tisch	*die/eine* Mütze	*das/ein* Brett
Plural	Nom.	*die* Tische/Mützen/Bretter		
	Gen.	*der* Tische/Mützen/Bretter		
	Dat.	*den* Tischen/Mützen/Brettern		
	Akk.	*die* Tische/Mützen/Bretter		

Der unbestimmte Artikel *ein, eine, ein* hat keine Pluralformen. In den Verbindungen *ein wenig, ein paar* wird *ein* nicht gebeugt *(mit ein wenig Geduld, mit ein paar Mark)*.

Durch den Artikel wird – wie etwa auch durch attributive Adjektive – Genus, Kasus und Numerus des Substantivs verdeutlicht:

> Da ist *der Leiter*. Da ist *die Leiter* (vgl. 349). Ich ziehe *(den) Wein dem Wasser* vor. Gisela gibt *dem Vater* ein Buch. Der Lehrer lobte *den Schüler*. Der Lehrer lobte *die Schüler*.

3.3.2 Zum Gebrauch des Artikels [1]

| 353 | **Allgemeine Bestimmung** |

Mit dem unbestimmten Artikel hebt der Sprecher etwas aus einer gegliederten Gesamtheit heraus und drückt aus, daß es unbekannt ist oder als unbekannt angesehen wird. Es ist von etwas Unbestimmt-Unbekanntem die Rede, das noch nicht identifiziert werden kann. Im Plural wird die Unbestimmtheit durch die reine Pluralform des Substantivs ausgedrückt):

> Stephans Vater hat *ein neues Auto*.
> Du hast mir gestern *ein Buch* gegeben.
> Im Garten stehen *große Bäume*.

Mit dem bestimmten Artikel drückt der Sprecher aus, daß etwas bereits bekannt ist oder als bekannt vorausgesetzt wird. Es ist von etwas Bestimmt-Abgegrenztem die Rede, das identifiziert wird:

> *Das Auto* ist grün.
> *Das Buch* ist sehr spannend.
> *Die Bäume* tragen Blüten.

Als auf Grund von Erfahrungen bekannt oder durch nähere Erläuterungen bestimmt können folgende Fälle gelten:

> *Der Briefträger* kommt um 9 Uhr.
> *der Monat* Mai
> *Das Buch*, das du mir gegeben hast ...

Weiterhin wird sowohl durch den bestimmten als auch durch den unbestimmten Artikel ausgedrückt, daß mit dem Substantiv etwas einzelnes, daß einzelne Exemplare gemeint sind (individualisierende Funktion):

---

[1] Vgl. zum Folgenden H. Vater: Das System der Artikelformen im gegenwärtigen Deutsch. Tübingen 1963; H.-J. Grimm: Der Artikel im modernen Deutsch. In: Sprachpflege 19 (1970), S. 5–11, S. 82–89, S. 137–145, S. 206–209; 20 (1971), S. 14–24.

Singular	Plural
Im Garten steht *ein Baum*. *Der Baum* trägt Früchte.	Im Garten stehen *große Bäume*. *Die Bäume* tragen Früchte.

Durch den bestimmten und durch den unbestimmten Artikel kann aber auch ausgedrückt werden, daß mit dem Substantiv eine ganze Gattung oder Klasse gemeint ist, also alle Exemplare einer Gruppe von Lebewesen oder Dingen, die wichtige Merkmale oder Eigenschaften gemeinsam haben (generalisierende Funktion):

Singular	Plural
Ein Baum ist eine Pflanze. *Der Baum* ist eine Pflanze.	*Bäume* sind Pflanzen. *Die Bäume* sind Pflanzen.

Hier wird durch *ein* nicht die Unbestimmtheit gekennzeichnet, sondern – wie beim bestimmten Artikel – die jeweilige Gattung als bekannt vorausgesetzt. Im übrigen kann bei der Generalisierung auch ganz auf den Artikel verzichtet werden (etwa im Plural, wenn im Singular *ein* stehen würde) bzw. an seiner Stelle *alle* oder *jeder* verwendet werden:

> *Ein/Der/Jeder Baum* ist eine Pflanze. *Bäume/Die/Alle Bäume* sind Pflanzen.

Aus dem Vorstehenden wird deutlich, daß durch die Artikellosigkeit sowohl Individualisierung *(Im Garten stehen Bäume)* als auch Generalisierung *(Bäume sind Pflanzen)* ausgedrückt werden kann. (Zu besonderen Fällen des artikellosen Gebrauchs vgl. 355.)

Einzelhinweise zum Gebrauch des Artikels oder des artikellosen Substantivs[1]

Bei Substantiven, die nicht Eigennamen sind

354

1. Der unbestimmte Artikel (im Plural die artikellose Form des Substantivs) wird gebraucht, wenn etwas zum ersten Mal genannt wird, wenn etwas neu eingeführt wird, wenn etwas, das noch nicht identifiziert werden kann, zum ersten Mal vorgestellt wird. Ist etwas in dieser Weise einmal eingeführt und somit bekannt und identifizierbar, dann wird der bestimmte Artikel gesetzt[2]:

> Es war einmal *eine Witwe. Die Witwe* hatte *zwei Töchter,* davon war *die eine* schön und fleißig, *die andere* aber häßlich und faul.
> Ich sehe *einen Baum. Der Baum* blüht. Er trägt *rote und weiße Blüten. Die Blüten* sind schön.

2. Auf Grund seiner identifizierenden Funktion (vgl. 353) wird der bestimmte Artikel bei Substantiven gebraucht, mit denen etwas Einmaliges bezeichnet wird, das allgemein bekannt ist oder als solches angesehen wird:

> (Konkreta:) die Sonne[3] (vgl. aber 4), der Mond, der Himmel, das Paradies, die Erde, die Welt. *Das Haus* stürzt ein (situationsbedingte Einmaligkeit).

---

[1] Dieser Abschnitt verdankt viel dem 353, Anm. 1 genannten Aufsatz von H.-J. Grimm.
[2] Aus stilistischen o. ä. Gründen kann – besonders in literarischen Texten – hiervon abgewichen werden, so daß auch uneingeführte Substantive mit dem bestimmten Artikel stehen.
[3] ... Sonnensystem ..., mit seinem riesigen, vergleichsweise aber keineswegs bedeutenden Glutball, genannt „die" Sonne, obwohl sie nur den unbestimmten Artikel verdiene ... (Th. Mann)

(Kollektiva:) *Die Bevölkerung* steht fest hinter *der Regierung. Das Regime* ist totalitär. (Abstrakta:) die Natur, das Schicksal, die Vorsehung, der Tod, die Nachwelt, das Christentum, das Leben, die Wahrheit sagen.
(Bezeichnungen der Jahreszeiten, Monate, Tageszeiten und Mahlzeiten:) der Herbst, der April. Man soll *den Tag* nicht vor *dem Abend* loben. *Das Mittagessen* beginnt um 12 Uhr.

Ohne Artikel werden vielfach solche Abstrakta gebraucht, die ganz allgemein eine Eigenschaft, einen Zustand oder einen Vorgang bezeichnen:

Tugend besteht, *Schönheit* vergeht. *Widerstand* ist nutzlos. Sie braucht *Ruhe.* Sie hatte *Geduld. Durchgang* verboten! (Im Nominativ auch mit bestimmtem Artikel:) *Die Geduld* verließ ihn. (Bezeichnungen für Tätigkeiten stehen oft mit Artikel:) *Der Hieb* drang durch den Helm. *Ein Sprung* in die Tiefe rettet dich.

Die gleiche Artikellosigkeit ist üblich bei Zeitbegriffen mit Adjektiv, aber ohne Präposition, und Bezeichnungen der Wochentage ohne Präposition:

Seine Lehre beginnt *nächstes Jahr/nächsten Herbst* (aber: *im nächsten Jahr*). (Ähnlich:) *Mitte Oktober/Ende der Woche/Nächsten Dienstag* beginnt die Tagung. (Auch:) Es wird *Winter.* Es ist *Dienstag.*

3. In den meisten der vorstehenden Fälle unter 2 wird *ein* (im Plural das artikellose Substantiv) gebraucht, wenn das Substantiv mit einer näheren Bestimmung (Adjektiv, Relativsatz u. ä.) verbunden ist oder wenn mit ihm etwas als Vertreter einer Gattung gekennzeichnet, wenn also klassifiziert wird:

Sie wollen eine andere, *eine* neue *Welt.* Das Land hat *ein* totalitäres *Regime.* Diese Länder haben totalitäre *Regime.* Sie führt *ein* wildes *Leben.* Er hatte *einen* qualvollen *Tod.* In diesem Jahr hatten wir *einen* heißen *Juni/einen* herrlichen *Frühling.* Der 10. Oktober war *ein* strahlender *Tag.* Sie hatte *eine* anerkennenswerte *Geduld.* Das war *ein Mond,* wie wir ihn noch nie gesehen hatten. Das ist *eine Regierung/*Das sind *Regierungen,* die man nur als korrupt bezeichnen kann. Sie hatte *einen Tod,* den man niemandem wünscht. Das war *ein Tag/Sonntag,* an den wir noch lange denken werden. Sie hatte *eine Geduld,* die von allen bewundert wurde.

Generell, auch für die vorstehenden Fälle, gilt: Zur Identifizierung wird der bestimmte Artikel gebraucht, wenn die Einmaligkeit oder Bestimmtheit ausgedrückt und hervorgehoben wird
- durch den Superlativ oder eine Ordinalzahl als Attribut:

Von ihnen hatte er *die* größte *Geduld.* Das war *der* schönste *Tag* für sie. Sein Wahlsieg war *das* hervorstechendste *Ereignis* des Jahres. Er ist *der* klügste *Schüler* in der Klasse. Das war *die* fünfte *Regierung* in Italien innerhalb von zwei Jahren. *Der* zweite *Tag* seines Aufenthaltes war furchtbar. Das war *der* dritte *Versuch.* (Elativ ohne Artikel:) Dieser Betrieb besitzt modernste *Maschinen.* Es war tiefster *Winter.*

- durch eine andere nähere Bestimmung:

die Liebe der Mutter, *der Zaun* des Nachbarn, *der Anzug* von Karl/meines Freundes. Das ist *der Triumph* seines Lebens. Er starb *im* hohen *Alter* von 85 Jahren. (Aber allgemein:) Er starb in *hohem Alter.* (Bei vorangestelltem Genitivattribut ohne Artikel): der Mutter *Liebe,* des Nachbars *Zaun,* Karls *Anzug.*

- durch einen Relativsatz u. ä.:

Das ist *die Erde,* die für uns bestimmt ist. Das ist endlich *die Regierung,* die man sich wünscht. Sie führt *das Leben,* das sie für richtig hält. Das ist *der Tag,* auf den sie so lange gewartet hatten. Er hatte damit *den Sieg* errungen, für den er seit langem eisern trainiert hatte.

- durch Betonung:

Sein Sieg war *das Ereignis* in dieser Saison.

4. Unter 353 ist bereits gesagt worden, daß der bestimmte und der unbestimmte Artikel (im Plural das artikellose Substantiv) gebraucht werden, wenn generali-

siert wird, d. h., wenn etwas stellvertretend für eine ganze Gattung oder Klasse genannt wird:

Ein/Der/Jeder Baum ist eine Pflanze. *Bäume/Die/Alle Bäume* sind Pflanzen. *Der Mensch* ist/*Die Menschen* sind sterblich. Das weiß ja *ein/jedes Kind.*

Stoffbezeichnungen werden üblicherweise ohne Artikel gebraucht, wenn der jeweilige Stoff ganz allgemein oder eine unbestimmte Menge davon gemeint ist:

Er trinkt nur *Wein.* Alle Menschen brauchen *Kochsalz. Gold* schmilzt bei 1063 °C. Ich brauche *Geld.*

Wenn eine einzelne Sorte, eine bestimmte Menge, etwas einzelnes gemeint ist (individualisierend), wird dagegen der Artikel gesetzt:

Das ist *ein* guter *Wein. Die Milch* in der Tasse ist heiß. Sie trank *die Milch,* die vor ihr stand. Ich hätte gern *einen Kaffee.*

5. Beim Gleichsetzungsnominativ (nach *sein, werden, bleiben* u. ä.), Gleichsetzungsakkusativ (nach *nennen* u. ä.) und bei verwandten Konstruktionen mit *als* oder *wie* + Substantiv wird bei Identifizierung der bestimmte, bei Klassifizierung jedoch der unbestimmte Artikel oder ein artikelloses Substantiv gebraucht:

Sie ist *die Autorin* eines bekannten Frauenbuches. Es ist *der Briefträger.* Das ist *der Mann,* den ich gesehen habe.
Er ist *Schaffner.* Er ist *[ein] Deutscher.* Sie sind *Ausländer.* Sie wird *Kindergärtnerin.* Salmiak ist *ein Reinigungsmittel.* Er ist *ein Lügner/ein Künstler.* Ich nenne ihn *einen Schurken.* Er fühlt sich *als Frauenheld.* Ich betrachte ihn *als Freund.*

6. Bei distributivem Gebrauch von Maßbezeichnungen wird der bestimmte Artikel gebraucht:

Dieser Stoff kostet 18 DM *das Meter.* Wir sind 110 Kilometer *die Stunde* gefahren. (Nach *pro* und *je* ohne Artikel:) Dieser Salat kostet 0,80 DM *pro Kopf.* Diese Äpfel kosten 1 DM *je Kilo.*

Wenn eine Maßangabe in Zahlen mit *haben* verbunden wird, dann steht im allgemeinen der unbestimmte Artikel:

Frankreich hat *eine Fläche* von 543 965 km^3. Das Ulmer Münster hat *eine Höhe* von 161,6 m. Der Gardasee hat *eine Tiefe* von 346 m.

Besondere Fälle des Gebrauchs artikelloser Substantive

355

Im Folgenden werden Einzelfälle aufgeführt, in denen Substantive im allgemeinen ohne Artikel gebraucht werden und die in den vorstehenden Abschnitten nicht erfaßt sind:

a) Bestimmte feste Wendungen, Wortpaare und Wortgruppen, Sprichwörter:

Fuß fassen, Widerstand leisten, Frieden schließen, Feuer machen, Atem holen, Wurzeln schlagen, Verdacht schöpfen, Vertrauen fassen, Hunger haben, Schritt fahren usw.;
höheren Orts, frohen Mutes, guter Laune sein, schnellen Schrittes über die Straße gehen usw.;
guten Tag sagen, auf Wiedersehen!, jmdm. frohe Feiertage wünschen;
Mann und Frau, Haus und Hof, Ebbe und Flut, in Form und Inhalt ungenügend, weder Baum noch Strauch, Woge auf Woge; in Büro und Werkstatt; ... die Deutschen hätten sich mit Teilung und Mauer abgefunden (Die Zeit).
Not kennt kein Gebot. Zeit ist Geld. Reden ist Silber, Schweigen ist Gold.

b) Angeführte Wörter (vgl. 431), Kommandos, Ausrufe, Anrufe, Anreden[1]:

Die Beugung von „Bauer". Wie heißt „Brot" auf englisch? „Liebe" hat viele Bedeutungen. Was ist „Freiheit"?

---

[1] In familiärer Ausdrucksweise steht bei der Anrede auch der Artikel: „Hoppla, Achtung die Herren!" sagte Behrens. (Th. Mann) Bitte, die Dame?

Hände hoch! *Kopf* hoch! *Durchgang* verboten! *Hilfe! Feuer!* (Aber:) *[Das]* Gewehr ab!
[Die] Augen links!
Gnade, *Königin!* Er hat gelogen, *Hochwürden!* Sehr wohl, *gnädige Frau!* Hallo, *Süße!*
He, *Junge!*

c) Die Verwandschaftsbezeichnungen *Vater, Mutter, Großmutter, Großvater*
(landschaftlich bzw. umgangssprachlich):

Vater ist nicht zu Hause, *Mutter* auch nicht.

d) Zu den Festbezeichnungen *Ostern, Pfingsten* und *Weihnachten* vgl. 371.

e) In der Verwaltungssprache u. ä.:

Beklagter hat zugegeben ... *Verfasserin* dieser Schrift hat ... *Überbringer* ist berechtigt ...

f) In Über- und Aufschriften, Titeln, Schlagzeilen, Anzeigen, Telegrammen
usw.:

Metzgerei von E. Schulze. *Herbststimmung* (Gedichtüberschrift). *Mutter* und *Kind*
(Bildunterschrift). *Saal* im Schloß (Ort einer Theaterszene). *Wiedervereinigung* gefor-
dert (Zeitungsschlagzeile). *Werkswohnung* in gesündester Großstadt des Rhein-Main-
Dreiecks (Börsenblatt).
UNTERREDUNG MIT *DIREKTOR* GÜNSTIG VERLAUFEN STOP ERBITTE
WEISUNG FÜR *ABSCHLUSS GEPLANTER VERTRÄGE.*

g) In bestimmten Präpositionalgefügen:

bei Strafe verboten, *bei* Regen, *bei* Tage, *bei* Wasser und Brot; *an* Bord, *an* Hand; *auf*
Erden, *auf* Deck, *auf* Borg leben; *aus* Liebe, *aus* Haß, *aus* Kindermund; *bei* Tische, *bei*
Hofe; *gegen* Morgen; *in* [tiefe] Not geraten, *in* Zorn versetzen, *in* See stechen;[1] *mit*
Güte, *mit* Absicht, *mit* Mühe; *nach* Hause, *nach* Wunsch, *nach* Tisch; *ohne* Aufmerk-
samkeit; *nach* Schule gehen (nordd.); *über* Bord; *unter* Dach und Fach brin-
gen; *von* Herzen, *von* Kopf bis Fuß; *vor* Augen bringen, *vor* Anker liegen, *vor* Freude,
vor Sonnenaufgang; *zu* Lande, *zu* Abend essen, *zu* Zeiten (aber: *zur Zeit* = zur jetzigen
Zeit), *zu* Tode hetzen. (Neuere Fügungen, die allmählich fest werden:) *auf* Jagd/*auf*
Fahrt gehen, *von* (statt: *vom*) Stapel lassen.

Häufig bei Präpositionalgefügen, in denen das Substantiv durch eine Zahl bestimmt ist:

in Paragraph 4, auf Seite 44, in Halle 6, auf Bahnsteig 8, auf Gleis 5.

Häufig bei einem Gefüge aus Präposition + Verbalsubstantiv + nähere Bestimmung:

auf *Anordnung* des Lehrers; bei *Ausübung* der richterlichen Tätigkeit; nach *Abschluß*
der Verhandlungen; seit *Beendigung* des Krieges; auf *Befehl* des Unteroffiziers; unter
Angabe des Preises; in *Anerkennung* seiner Verdienste.

Bei einem Gefüge aus Präposition + partizipialem Attribut + Substantiv:

bei *eintretender Dunkelheit,* nach *bestandener Prüfung,* hinter *verschlossener Tür,* nach
getaner Arbeit.

Selbst näher bestimmte Sachbezeichnungen können im Singular ohne Artikel stehen, wenn Allgemeinheit des Ausdrucks erzielt werden soll:

ein Haus mit *flachem Dach;* auf *schneebedeckten Höhen* (vgl. 361).

Bei Eigennamen [2]

Da Eigennamen schon ganz bestimmte Einzelwesen oder -dinge bezeichnen, also
individualisieren, stehen sie im allgemeinen ohne (individualisierenden) Artikel.

---

[1] Besonders die Zusammenziehung *im* (vgl. 358) oder *in* + Artikel werden jedoch auch bei allgemeinen Zuständen gebraucht (z. B. *im* Krieg, *im* Traum, *im* Bewußtsein, *im* Begriff, sich *im* Bau befinden,
im Einklang stehen, *im* Urlaub sein, *in der* Not).
[2] Vgl. auch H. Vater: Eigennamen und Gattungsbezeichnungen. In: Muttersprache 75 (1965), S. 207–
213.

Personennamen

Personennamen ohne Attribute werden im allgemeinen ohne Artikel gebraucht:

> *Hans* ist ein braver Junge. Der Geburtsort *Johann Wolfgang von Goethes* ist Frankfurt am Main. (Entsprechend auch *Gott* und *Christus* für den Monotheisten:) *Gott* ist mein Zeuge. *Christus* trägt der Welt Sünde.

1. Der bestimmte Artikel steht aber, um den Kasus zu verdeutlichen (vgl. 411,3):

> die Dramen *des Sophokles,* eine Ausgabe *des Horaz (die Dramen Sophokles', eine Ausgabe Horaz'* wären undeutlich).

2. Der bestimmte Artikel steht weiterhin bei Personennamen, die mit einem Adjektiv verbunden sind:

> *der* kleine *Karl, die* reiche *Schulz, der* alberne *Schmidt; der* liebe *Gott.* (Aber bei Adjektiven als festen Bestandteilen von Namen oder in der Anrede:) Jung *Siegfried;* Klein *Erna.* Liebe *Petra!* Lieber *Franz!*

Bei vorangestellter Apposition erhält diese den Artikel:

> *der Dichter* Hölderlin; *der Geschichtsschreiber* Meinecke; *die Schauspielerin* Karoline Neuber.

Ist die vorangestellte Apposition jedoch ein Titel oder eine Verwandtschaftsbezeichnung, dann fehlt der Artikel:

> *Königin* Elisabeth, *Doktor* Schmidt, *Herr* Wahl, *Frau* Eck, *Fräulein* Schneider, *Vater* Schulze, *Mutter* Spohr.

Landschaftlich und verwaltungssprachlich steht der Artikel auch bei Personennamen ohne Adjektiv oder bei vorangestellter Apposition:

> *Die Inge* hat mich verlassen; *die Frau* Schmidt, *der Herr* Müller, die Akte *des Anton Meier.*

3. Der bestimmte Artikel steht identifizierend bei Werken der Kunst, Literatur, bei Schauspielrollen usw., die mit Eigennamen bezeichnet werden:

> *der* Laokoon, *die* Emilia Galotti (von Lessing); *den* Wallenstein spielen.

Bei Titeln von Kunstwerken kann der Artikel auch fehlen:

> ein Zitat aus ,,*Oberon*"; ich höre heute abend ,,*Rienzi*"; die Ouvertüre zu ,,*Lukrezia*". (Vor allem bei mehrgliedrigen Namen:) die bekannte Stelle aus ,,*Romeo und Julia*".

Wenn der Titel mit näheren Bestimmungen verbunden ist und als Gattungsbezeichnung klassifizierend gebraucht wird, wenn etwas als ein Vertreter einer Gattung gekennzeichnet wird, dann wird der unbestimmte Artikel gesetzt:

> Diese Aufführung ist *ein neuer Wallenstein.* Dort wird *ein Faust* aufgeführt, wie man ihn noch nie gesehen hat.

4. Wenn aus einem Personennamen eine Gattungsbezeichnung wird, dann steht bei Identifizierung der bestimmte, bei Klassifizierung der unbestimmte Artikel:

> Napoleon ist *der Cäsar* der Neuzeit. Er war *der Cicero* unserer Zeit. Das ist *der Rembrandt,* den ich gekauft habe. *Der Duden* (= Wörterbuch der Rechtschreibung von K. Duden) ist neu bearbeitet worden. Sie ist *eine zweite Lucrezia Borgia.* Sie ist *eine neue Sappho.* Der Wagen ist *ein Diesel.* Dieses Werk ist *ein echter Rembrandt.* Er dichtet wie *ein Goethe.* Er ist *ein* richtiger *Goethe.* (Unbestimmter Artikel vergleichend in der Bedeutung ‚ein Mann wie':) Von den poetischen Klängen *eines Körner* begleitet (= eines Mannes wie Körner').

5. Der Artikel steht auch beim Plural von Personennamen (vgl. 412):

> *die* Gretchen, *die* Heinriche; *die* [beiden] Grimm (Jacob und Wilhelm Grimm).

Er steht besonders dann, wenn mit dem Plural Herrschergeschlechter oder bekannte Familien bezeichnet werden:

die Ottonen, *die* Scipionen; *die* Bismarcks.

Die Bezeichnung für die Mitglieder einer Familie steht meist ohne Artikel (vgl. 412,2):

Meyers sind eine schreckliche Familie (doch auch: *die Meyers* im Sinne von *diese Meyers*).

6. Familiennamen von Frauen, die ohne einen das Geschlecht bezeichnenden Zusatz stehen, brauchen mindestens den bestimmten Artikel, um als weiblich erkannt zu werden; das gilt auch gelegentlich für fremdsprachige weibliche Vornamen:

Die Werke *der Droste-Hülshoff.* War das *die Hujus?* ... das Zimmer *der Wurmbrand.* (Th. Mann) Auf die Galeone mit *der Myga!* (Raabe) (Aber:) die Gedichte von *Ricarda Huch* (da durch den Vornamen das weibliche Geschlecht bereits deutlich wird).

357 Geographische Namen

1. Kontinent-, Länder-, Gebiets- und Städtenamen ohne Attribut haben im allgemeinen keinen bestimmten Artikel:

Afrika, Amerika, Asien, Australien, Europa; Deutschland, Polen, Rumänien; Thüringen, Wales, Kreta; Rom, Heidelberg.

Es gibt jedoch nicht wenige Ausnahmen:

(Maskulina:) *der* Darß, *der* Chersones, *der* Balkan, *der* Sudan, *der* Bosporus; die Asphaltstraße *des* Peloponnes; über *den* Libanon.
(Die auf *-ei, -ie, -e, -a* endenden Feminina:) *die* Tschechoslowakei, *die* Türkei, *die* Walachei; *die* Normandie, *die* Pikardie; *die* Betagne, *die* Champagne; *die* Riviera, *die* Dobrudscha; (ferner:) *die* Schweiz, *die* Pfalz, *die* Krim, *die* [Ant]arktis.
(Neutra:) *das* Elsaß, *das* Ries, *das* Engadin, *das* Pandschab.
(Pluralische Ländernamen [vgl. 371]:) *die* USA, *die* Niederlande.
(Zusammensetzungen und die entsprechenden Abkürzungen:) *die* Sowjetunion, *die* UdSSR, *der* Thurgau, *die* Steiermark, *die* Wetterau, *das* Allgäu, *das* Vogtland.

Bei Ländernamen, die im allgemeinen mit bestimmtem Artikel stehen, fällt der Artikel weg, wenn sie in Doppelnamen auftreten *(in Rheinland-Pfalz).*

2. Bei manchen Namen schwankt der Gebrauch des bestimmten Artikels:

[der] Iran, [der] Irak, [der] Jemen, [der] Libanon, [der] Hedschas. Den Haag (war früher Gattungsname und hat heute noch den Artikel: *im Haag, in Den Haag,* aber auch: *in Haag).* Iran verstaatlicht Schlüsselindustrien. (Mannheimer Morgen) Wird der Iran Drehpunkt des Weltkonflikts in den 80er Jahren? (Der Spiegel) Unruhen im/in Iran. Werke in Dänemark, Belgien und im Irak. (Wiesbadener Kurier) Eine Minderheit, bestehend aus Ägypten, Irak und dem Jemen ... (Der Spiegel) ... im/in Libanon. (FAZ)

In der Mundart gebraucht man manchmal den Artikel, wo er in der Standardsprache nicht üblich ist:

ins Österreich; ... schlimmer als *im* Südtirol. (Walliser Bote)

3. Der bestimmte Artikel steht ferner, wenn der Länder- oder Städtename mit einem Adjektiv, einer Apposition oder einem Genitivattribut verbunden oder sonst näher bestimmt ist:

das schöne Thüringen, *das* Land Thüringen, *das* Frankreich Ludwigs XIV.; *das* ewige Rom, *das* Rom Michelangelos; *das* Heidelberg, das ich so liebe.

Vor *ganz* und *halb* sowie in Listen kann der bestimmte Artikel wegfallen:

ganz Deutschland, *halb* Europa. Mit je einem Studierenden sind vertreten: Frankreich,

Schweiz, Griechenland, Türkei, Tschechoslowakei. (Seltener und dabei nachdrücklicher:) *das* halbe Europa, *das* ganze Deutschland.

4. Wenn aus einem Länder- oder Städtenamen eine Gattungsbezeichnung wird, dann steht bei Identifizierung der bestimmte, bei Klassifizierung der unbestimmte Artikel:

Bayreuth ist *das Mekka* der Wagnerfreunde. Das ist *eine Havanna.*

5. Die Namen von Bergen, Gebirgen, Flüssen, Seen, Meeren, Sternen, Schiffen, Gebäuden, Hotels, Cafés, Kinos, Straßen haben den bestimmten Artikel:

der Brocken; *der* Harz, *die* Dolomiten; *der* Bodensee; *die* Nordsee; *die* Venus; *die* „Bremen"; *der* „Schwan"; *das* Continental; *das* Kranzler; *das* Gloria; *die* Richard-Wagner-Straße.

Namen mit vorangestellter Apposition stehen vielfach ohne Artikel:

Schloß Wilhelmshöhe, Burg Stolzenfels, Kloster Banz, Kap Skagen.

Zusammensetzungen stehen jedoch mit Artikel:

die Wartburg, *der* Regenstein, *das* Rothaargebirge, *der* Schwarzwald.

Aufzählungen von zwei oder mehr Namen brauchen nicht unbedingt den Artikel:

Fulda und Werra vereinigen sich in Münden zur Weser. *Harz, Schwarzwald und Thüringer Wald* sind große Waldgebiete.

6. Wenn mit einem geographischen Namen etwas als ein Vertreter einer Gruppe gleichnamiger Dinge gekennzeichnet wird, wenn klassifiziert wird, dann wird der unbestimmte Artikel gebraucht:

Bei uns gibt es auch *ein Neustadt.* Wir haben auch *eine Richard-Wagner-Straße.*

Zu den Völkernamen vgl. 476.

Zur Verschmelzung des Artikels mit bestimmten Präpositionen

Wenn die Artikelformen *dem, den, das* und *der* nur schwach betont sind, können sie mit einigen Präpositionen verschmolzen werden. Diese Verschmelzung findet sich am häufigsten in festen Verbindungen und (übertragenen) Redewendungen. Sie ist in vielen Fällen nicht mehr auflösbar:

358

am Tage der Befreiung, *am* Dienstag, *am* Leben bleiben, *am* Rhein; *ans* Werk gehen, jemandem etwas *ans* Herz legen; *aufs* Land reisen, *aufs* Eis, *aufs* Haupt schlagen, Hand *aufs* Herz; die Gelegenheit *beim* Schopf fassen, *beim* Wort nehmen; *durchs* Ziel gehen; *fürs* erste, *fürs* Auge; *hinterm* Hause, *hinterm* Schrank; mit seiner Meinung nicht *hinterm* Berg halten; etwas *hintern* Schrank legen; *hinters* Licht führen, *hinters* Haus gehen; *im* Krieg, *im* Ernst, *im* Vertrauen, *im* Begriff, *im* Walde, *im* Freien, *im* Herbst; *ins* Wanken bringen, *ins* Stocken geraten, *ins* Gewissen reden, *ins* Blaue hinein; *überm* Wald; *übern* Graben springen; *übers* Knie brechen, *übers* Herz bringen, *übers* Jahr; *ums* Leben kommen, *ums* Eck gehen; *unterm* Eis; *untern* Tisch fallen lassen; *unters* Wasser tauchen; *vom* Acker kommen; *vorm* Tor; *vors* Tor gehen; *zum* Heile gereichen, *zum* Mann werden, etwas *zum* Spaß machen, *zum* dritten, Gasthaus „*Zum* Roten Hahn", das ist *zum* Lachen, *zum* besten; *zur* Schule, *zur* See; *zur* Tür hinaus, *zur* Zeit, *zur* Warnung dienen, *zur* Not, etwas *zur* Diskussion stellen, *zur* Sprache bringen.

In der Verschmelzung kann der bestimmte Artikel dem unbestimmten Artikel inhaltlich nahe stehen oder Allgemeines ausdrücken:

jemanden *zum* Künstler (= zu einem Künstler) ausbilden; jemanden *zum* Mannschaftskapitän bestimmen. Er ist *zum* Bürgermeister gewählt worden. Der Garten lag *am* Hang. *Im* Krieg (= in einem Krieg) gibt es wenig zu essen. *Am* Tage; *zur* Strafe; *im* Wege stehen; *im* Verhältnis.

In einer ganzen Reihe von Verbindungen konkurriert daher *im* mit *in*, ohne daß semantisch differenziert wird:

sich *im/in* Bau befinden; etw. *im/in* Besitz haben; *im/in* Familienbesitz sein; *im/in* Umlauf sein; *im/in* Urlaub sein u. a.

In der Fügung *am* + Superlativ ist die Verschmelzung nicht auflösbar; in der Fügung *aufs* + Elativ steht zumeist die Verschmelzung, die jedoch auflösbar ist:

Er tanzt *am* besten (vgl. 515). Sie begrüßte ihn *aufs* herzlichste. (Seltener:) Sie begrüßte ihn *auf das* herzlichste (vgl. 520).

am, beim und *im* bilden in Verbindung mit *sein* und einem substantivierten Infinitiv die „Verlaufsform". Die Verschmelzung ist hier nicht auflösbar:

(Landsch.:) Er ist *am* Arbeiten. (Standardspr.:) Er ist *beim* Arbeiten. Die Zeit ist *im* Kommen (vgl. 124). (Auch sonst beim substantivierten Infinitiv nicht auflösbar:) *beim* Schlafen, die Freude *am* Tanzen, *zum* Arbeiten nicht kommen.

|359| In zahlreichen Fällen kann neben der Verschmelzung auch die Präposition mit dem selbständigen Artikel gebraucht werden. Dieser hat dann nicht selten eine stark demonstrative Kraft und weist auf etwas ganz Bestimmtes hin, das durch einen Relativsatz oder den Rede- oder Textzusammenhang näher erläutert wird und somit identifiziert ist:

(Bei Raumangaben:) Er hieß ihn, die Koffer *auf das* Zimmer zu bringen. Er ging *an das* Tor, das sie als Treffpunkt ausgemacht hatten. Der Ring saß noch *an dem* (= demselben) Finger, an dem er gestern gesteckt hatte.

Nach Präpositionen, die mit dem Artikel verschmolzen sind, kann hingegen kein erläuternder Relativsatz folgen;[1] also nicht:

Fritz ist jetzt *im Haus,* das er sich letztes Jahr gebaut hat.

Gewöhnlich meint das Substantiv mit der Verschmelzung aus Präposition + Artikel nicht einen einmal gegebenen, vorerwähnten oder durch Hinzeigen bestimmten Gegenstand, sondern ganz allgemein einen Bereich, etwa den der Zugehörigkeit, der Herkunft, des Beschäftigtseins:

Er geht *aufs* Gymnasium (und nicht in die Volksschule). (Gegenüber:) Er geht *auf das* Schillergymnasium. Wir kaufen das Fleisch *beim* Metzger und nicht *beim* Konsum. (Gegenüber:) Wir kaufen das Fleisch *bei dem* Metzger, der sein Geschäft im vorigen Jahr eröffnet hat. (Entsprechend:) Sie waren *beim* Film. (Koeppen) Heute stehe auch ich *im* Geschäft und stelle mich nicht schlecht. (Gaiser) Kann es nicht jemand sein, der nicht *vom* Zirkus ist? (Remarque)

In Datumsangaben ist die Verschmelzung fest:

Es begab sich aber, daß Oskar *am* zwölften Juni dreiundvierzig nicht in Danzig-Langfuhr weilte. (Grass) Bugenhagen wurde in der Nacht *vom* 4. auf den 5. September ... in die Klinik eingeliefert. (Jens)

Bei anderen Zeitangaben ist gelegentlich der selbständige Artikel mit demonstrativer Kraft möglich:

am Tage (Opposition: *in der* Nacht) gegenüber: *An dem* (= an diesem) Tage, an dem das geschah, war sie verreist.

Man vermeide, von einer Verschmelzung zwei Substantive abhängen zu lassen, deren gebeugte Artikel verschiedene Formen haben:

Man sprach *vom* (von dem) *Leben* und (von dem) *Erfolg* des Staatspräsidenten. (Nicht:) Man sprach *vom* (von dem) *Erfolg* des Staatspräsidenten und *den weiteren Plänen.* (Sondern:) ... und *von den* weiteren Plänen. (Nicht:) Wir erkannten sie *am Gang* und *der Haltung.* (Sondern:) ... und *an* der Haltung.

---

[1] Vgl. D. Hartmann: Verschmelzungen als Varianten des bestimmten Artikels? Zur Semantik von Äußerungen mit präpositionalen Gefügen im Deutschen. In: D. Hartmann u. a. (Hg.): Sprache in Gegenwart und Geschichte. Festschrift für Heinrich Matthias Heinrichs. Köln 1978, S. 68–81.

Die Grenze zwischen standardsprachlicher und umgangssprachlicher (mundartlicher) Verschmelzung ist fließend. Im allgemeinen gelten Verschmelzungen wie

360

> aufs, durchs, fürs, hinterm, hintern, hinters, überm, übern, übers, ums, unterm, untern, unters, vorm, vors

als umgangssprachlich; nur gelegentlich kommen sie – aus rhythmischen Gründen – auch in der Dichtung und in standardsprachlichen festen Verbindungen und Redewendungen vor. Sie werden alle ohne Apostroph geschrieben. Reine Umgangssprache (Mundart) dagegen sind die bis auf *vorn* immer apostrophierten

> an'n, an'r, auf'm, auf'n, aus'm, durch'n, für'n, gegen's, in'n, mit'm, nach'm, vorn, zu'n.[1]

Vor allem in der Mundart ist die Fülle an Verschmelzungen besonders groß:

> Und da hat sie *von'n* ollen Wiedow, dem Schulderekter gesagt: Wann ick den Kierl *inn* Mars hat, ich scheet em *inne* Ostsee. (Tucholsky)

In der Umgangssprache kann der Artikel auch mit vorangehenden Verben zusammengezogen werden. Es steht dann ein Apostroph:

> Er *hat's* (= hat das) große Los gewonnen. Er *schlug'n* (= schlug den) Nagel in die Wand.

Bei einem attribuierten Substantiv sind zwei Konstruktionen möglich: Entweder steht die Verschmelzung mit dem nach Typ II (schwach; vgl. 476) gebeugten Adjektiv, oder aber es steht die einfache Präposition mit dem nach Typ I (stark; vgl. 475) gebeugten Adjektiv. Die erste Möglichkeit entspricht der Präposition mit dem bestimmten Artikel, die zweite einer Konstruktion mit dem unbestimmten Artikel:

361

> *im schlechten* Zustand (*in dem* schlechten Zustand) – *in schlechtem* Zustand (*in einem* schlechten Zustand).

Mann sollte nur dann die Verschmelzung in Verbindung mit dem nach Typ II gebeugten Adjektiv wählen, wenn etwas Bestimmtes, etwas bereits im Rede- oder Textzusammenhang Genanntes oder etwas, was als bekannt vorausgesetzt wird, angesprochen wird. Dagegen sollte man die Präposition in Verbindung mit dem nach Typ I gebeugten Adjektiv wählen, wenn etwas Unbestimmtes, etwas Allgemeines ausgedrückt werden soll:

> Wir haben das Haus bereits *im schlechten* Zustand übernommen (d. h. in dem schlechten Zustand, in dem es sich jetzt noch befindet). (Gegenüber:) Das Haus befindet sich *in schlechtem* Zustand (d. h. in einem schlechten Zustand). Weil ich mich *vor vorzeitigem* Zynismus ... bewahren möchte ... (Remarque). (Gegenüber:) Weil ich mich *vorm* (= vor dem) *vorzeitigen* Zynismus dieser Generation bewahren möchte ...

In manchen Fällen kann die Konstruktion aus Präposition + nach Typ I gebeugtem Adjektiv nicht durch Präposition + *ein* ersetzt werden, so etwa in den festen Wendungen *von ganzem Herzen (gratulieren), in vollem Umfang* usw. Auch hier wird etwas Allgemeines ausgedrückt.

3.4 Der Numerus des Substantivs

362

Der Numerus (Plural: die Numeri) gibt beim Substantiv an, ob das mit dem Substantiv Genannte einmal oder mehrmals vorhanden ist:

---

[1] Der Gebrauch von *in* (= in'n), *an* (= an'n) und *zun* (= zu'n), für *in den, an den, zu den* war im 18. Jahrhundert noch sehr üblich:
Und setz dich *in* Sessel (Goethe). Laß uns *in* Himmel kommen (Matthias Claudius). *An* Galgen kommen (Lessing). Vom Kopf bis *zun* Füßen (Schiller).

Auf dem Parkplatz stehen verschiedene Autos: ein Volvo, ein Mercedes, zwei Fiats, fünf Opel und viele Volkswagen. In dem Volvo sitzen drei Männer und ein Kind; in dem Mercedes sitzt eine Frau.

einmal vorhanden	mehrmals vorhanden
1 Volvo	2 Fiats
1 Mercedes	5 Opel
1 Kind	viele Volkswagen
1 Frau	3 Männer
Singular (Einzahl)	Plural (Mehrzahl)

Wenn mit einem Substantiv ausgedrückt wird, daß etwas nur einmal vorhanden ist *(der Tisch, ein Auto),* dann sagt man: das Substantiv steht im Singular (in der Einzahl). Wird jedoch ausgedrückt, daß etwas mehrmals, in mehreren Exemplaren vorhanden ist *(zwei Tische, drei Autos),* dann sagt man: das Substantiv steht im Plural (in der Mehrzahl).

Hat der Plural zum Ausdruck einer Vielheit die Merkmale ‚Gliederung in (gleichartige) Einheiten‘ und ‚mehr als eine Einheit‘,[1] so dient der Singular zunächst zur Kennzeichnung einer Einheit.

Mit dem Singular kann aber auch eine Vielheit bezeichnet werden, so

– bei generalisierender Bedeutung, wenn alle Einzelwesen einer Gattung gemeint sind:

  der Charakter *des Deutschen* (= der Charakter aller Deutschen). *Der Mensch* ist sterblich (= Alle Menschen sind sterblich).

– bei kollektiver Bedeutung, wenn mehrere Wesen oder Dinge gemeint sind:

  Der Feind steht vor dem Tor.

– bei distributiver Bedeutung, wenn etwas auf eine Mehrzahl von Wesen oder Dingen bezogen wird (vgl. 1185):

  Alle hoben *die rechte Hand* und drehten sofort *ihren Kopf.*

Der Singular und der Plural werden auf verschiedene Weise deutlich gemacht:

– durch verschiedene Formen des Substantivs (vgl. 378 ff.):

  Tisch – Tische; Auto – Autos; Mann – Männer.

– durch hinzutretende Wörter:

  der Lehrer – *die* Lehrer; *schöner* Wagen – *schöne* Wagen; *ein* Mädchen – *beide* Mädchen; *ein* Segel – *viele* Segel.

Durch hinzugesetzte Wörter wie *fünf, sechs, beide, wenige, viele, einige* kann die allgemeine Pluralangabe präzisiert werden. Auch durch Fügungen wie *Mann für Mann, Schritt für Schritt, Minute um Minute* und durch Kollektiva wie *Vieh, Schreibzeug, Gebirge, Beamtenschaft, Material* kann eine pluralische Vorstellung ausgedrückt werden.

Zu einer grammatischen Kategorie wird der Numerus durch die Kongruenz (vgl. 1158), der alle flektierbaren Satzglieder unterliegen.

3.4.1 Der Singular

Zu den Wörtern, die auf Grund ihrer Bedeutung nur im Singular oder nur unter bestimmten Voraussetzungen im Plural gebraucht werden können, gehören:

---

[1] H. Vater: Das System der Artikelformen im gegenwärtigen Deutsch. Tübingen 1963, S. 51.

Eigennamen

363

Von Eigennamen kann in der Regel kein Plural gebildet werden, weil mit ihnen etwas Einmaliges bezeichnet wird (vgl. 327):

> Hanna, Johann Wolfgang von Goethe, Berlin, England, der Brocken, die Weser, der Kurfürstendamm; (entsprechend für den Monotheisten:) Gott, Christus (vgl. 356).

Von Personennamen und geographischen Namen wird nur dann ein Plural gebildet, wenn sie zu Gattungsbezeichnungen geworden sind (vgl. 328, 412):

> Die *Goethes* (= Menschen wie Goethe) sind selten. Die beiden sind keine *Krösusse.* Drei *Zeppeline* wurden gebaut. Diese *Havannas* sind ausgezeichnet.

Mit dem Plural von Personennamen werden ferner sämtliche Mitglieder einer Familie, eines Geschlechtes oder verschiedene Träger des gleichen Namens bezeichnet (vgl. 412):

> die Barrings, Buddenbrooks; [die] Meyers, Müllers; die Ottonen; die Heinriche, die Gretchen.

Ländernamen werden gelegentlich im Plural gebraucht, um verschiedene politische Gebilde innerhalb der Einheit, die der Name ausdrückt, zu kennzeichnen (vgl. 424):

> die politische Geschichte beider Amerika, die zwei Deutschland[s], das Königreich beider Sizilien.

Gattungsbezeichnungen

364

Von vielen Gattungsbezeichnungen kann ohne weiteres ein Plural gebildet werden *(der Mann/die Männer, die Frau/die Frauen, das Haus/die Häuser)*, doch gibt es Substantive dieser Gruppe, die nur selten im Plural gebraucht werden:

> Bräutigam, Aas, Ausguß.

Dazu gehören auch Bezeichnungen für bestimmte Körperorgane oder -teile:

> Antlitz, Leber, Milz, Galle, Nabel, Mund, Kinn, Stirn.

Völkernamen sind nur als Gattungsbezeichnungen zu werten, wenn sie eine Anzahl von Angehörigen des betreffenden Volkes bezeichnen *(drei Finnen, zwanzig Japaner;* vgl. 327, 426).

Sammelbezeichnungen (Kollektiva)

365

Bei diesen Wörtern, mit deren Singular mehrere Wesen oder Dinge, Gruppen von Lebewesen oder Dingen bezeichnet werden, wird eine Vielheit sprachlich durch eine Einheit ausgedrückt:

> Getreide, Obst, Wald, Laub, Vieh, Herde, Flotte, Gebirge, Adel, Geistlichkeit, Polizei, Beamtenschaft, Publikum, Anzahl, Haufen, Dutzend, Schock, Tausend.

Von diesen Wörtern kann nur dann ein Plural gebildet werden, wenn mehrere solcher Gruppen gezählt und voneinander abgegrenzt werden können:

> Wälder, Herden, Flotten, Gebirge, Dutzende, Tausende; (aber nicht:) Viehe u. ä.

Es gibt Wörter, die im Singular sowohl Gattungsbezeichnung wie Sammelbezeichnung sind und von denen dann nur in ihrer Bedeutung als Gattungsbezeichnung ein Plural gebildet werden kann:

> *das Spielzeug:* 1. ‚Gesamtheit der zum Spielen verwendeten Gegenstände‘ (= Sammelbezeichnung ohne Plural); 2. ‚einzelner Gegenstand zum Spielen‘ (= Gattungsbezeichnung; Plural: *die Spielzeuge*). (Ebenso:) Werkzeug, Unkraut usw.

366 | **Stoffbezeichnungen**

Stoffbezeichnungen werden im Singular gebraucht, wenn mit ihnen ganz allgemein der Stoff, die Masse, das Material bezeichnet wird:

Milch, Gold, Fleisch, Leder, Butter, Glas, Holz, Wolle.

Werden sie zur Unterscheidung von Arten und Sorten im Plural gebraucht (einteilender Plural), dann sind sie Gattungsbezeichnungen:

edle Hölzer, rheinische Weine, feste Garne.

Die vor allem aus dem Unterscheidungsbedürfnis der Kaufleute und Techniker gebildeten Pluralformen sind heute in den Fachsprachen sehr zahlreich:

die Bleie, die Eisen, die Salze, die Zemente, die Milche[n], die Leinwände, die Stähle.

Oft werden neben oder statt der Pluralform Zusammensetzungen mit *-arten* und *-sorten* gebraucht:

Fleischsorten, Butterarten, Wollarten/Wollen, Mehlarten/Mehle, Tonsorten/Tone.

In vielen Fällen werden durch den Plural (vervielfältigender Plural) Einzeldinge, Einzelstücke benannt, die aus dem betreffenden „Stoff" bestehen oder gefertigt sind:

die Gläser, die Papiere, die Gräser. *Das Brot* ist teuer (das Brot ganz allgemein). (Aber:) Wieviel kostet *das Brot* (der Laib Brot)? Wieviel kosten *die Brote?*

Wenn kein Plural gebildet werden kann, werden mitunter Umschreibungen gebraucht:

Regen/Regenfälle, -güsse; Schnee/Schneemassen, -fälle; Rauch/Rauchschwaden.

Ohne nähere Erklärung oder bei gleicher Form der Plurale entsteht manchmal Mehrdeutigkeit:

Ich habe *Kohlen* bekommen (= Kohlenstücke der gleichen Art; Gattungsbezeichnung, Plural vervielfältigend). Ich habe *Kohlen* bekommen (= verschiedene Kohlensorten; Stoffbezeichnung, Plural einteilend).

Manchmal werden zur Unterscheidung verschiedene Pluralformen gebraucht:

die Wasser (Plural vervielfältigend), die Wässer (Plural einteilend); die Tuche (Plural einteilend), die Tücher (Plural vervielfältigend).

Die Bezeichnungen der Edelsteine (*Diamant, Rubin, Topas, Smaragd* usw.) sind Gattungsbezeichnungen, keine Stoffbezeichnungen. Mit ihrer Pluralform werden wie mit ihrer Singularform Stücke bezeichnet und keine Arten.

367 | **Abstrakta**

Sie stehen im allgemeinen nur im Singular:

Freiheit, Kälte, Hitze, Kindheit, Jugend, Ruhe, Grausamkeit, Leid, Schutz, Schönheit, Treue, Musik, Geheul, Nähe, das Blau, das Schöne, das Stehen, das Schreiben.

Ein Plural kann nur dann gebildet werden, wenn mit den betreffenden Substantiven eine zählbare, umrissene Einzelerscheinung bezeichnet wird, wenn in konkretisierendem Gebrauch etwas Vorübergehendes, Wiederholbares, wenn – im äußersten Fall – eine Person oder Sache benannt wird[1]:

das/die Leiden (= Krankheiten); die Grausamkeit(en) (= grausame Handlungen); eine Schönheit (= eine Person)/die Schönheiten (auch: die Schönheiten einer Landschaft); die Tugenden (= die verschiedenen Arten der Tugend); nationale Egoismen; Goethes

[1] Vgl. H. Kolb: Pluralisierung des Abstraktums. In: Zeitschrift für deutsche Sprache 25 (1969), H. 1/2, S. 21–36.

vier Ehrfurchten (Zimmermann); Jahrmarkt der Eitel- und Zweideutigkeiten (Boda-
mer); mit volkstümlichen Humoren (Werfel); ... seine unglücklichen Lieben (Kiau-
lehn); ... in welche Zwänge ein Richter einen Beschuldigten durch die Auswahl eines
Anwalts bringen kann. (Der Spiegel) Neben erhöhtem Drehmoment ... sind vor allem
die neuen Verbräuche interessant. (ADAC motorwelt) (Früher übliche, heute erstarrte
Plurale sind:) mit Schanden, zu Gunsten, in Gnaden, in Ehren.

Bestimmte Wörter können mehrere Bedeutungen haben, je nachdem, ob sie als
Abstraktum oder Konkretum verwendet werden. Der Plural ist dann entweder
einteilend oder vervielfältigend:

Das sind große *Talente* (verschiedene Arten von Talenten; Abstraktum, Plural einteilend). Das sind große *Talente* (Menschen mit Talent; Konkretum, Plural vervielfältigend).

Auch Abstrakta, mit denen Tätigkeiten bezeichnet werden, haben vielfach einen
Plural:

die Bemühung/die Bemühungen, der Wurf/die Würfe, der Tanz/die Tänze, der Ge-
sang/die Gesänge, der Absturz/die Abstürze.

Mit dem Plural wird dann die Mehrheit der einzelnen Tätigkeiten oder der Übergang zur Sachbedeutung bezeichnet *(die Malerei/die Malereien)*.

Ohne Plural werden im allgemeinen Farbenbezeichnungen und substantivierte
Adjektive (Partizipien) gebraucht, letztere, soweit mit ihnen keine Person benannt
wird:

das Blau, das Grüne, das Gute, das Vollendete.

Werden Farbenbezeichnungen im Plural gebraucht, dann werden mit ihnen Arten, Sorten bezeichnet:

Die *zwei Grün* sind ganz verschieden. Das schattige Gesicht voll *kranker Blaus*. (Rilke)

Durch den substantivierten Infinitiv wird ein Vorgang als unbegrenzt gekennzeichnet *(das Schlafen);* von ihm kann daher kein Plural gebildet werden (aber mit
Bedeutungsunterschied: *das Schreiben* ‚schriftliche Mitteilung' – *die Schreiben*
‚mehrere Schriftstücke').

Auch bei den Abstrakta können Umschreibungen zu Hilfe genommen werden:

Streit/Streitigkeiten, Rat/Ratschläge, Alter/Altersstufen, Kälte/Grade der Kälte,
Scham/Regungen der Scham, Haß/Haßgefühle.

In der Literatur finden sich mitunter von Abstrakta Pluralformen, die allgemein
nicht üblich sind:

Einsamkeiten (= verlassene Gegenstände), Wirklichkeiten (= verschiedene Arten der
Wirklichkeit), Unendlichkeiten.

Maß-, Mengen- und Münzbezeichnungen [1]

Faß, Glas, Grad, Pfennig, Tasse, Tonne, Krone

| 368 |

Mit Substantiven wie *das Faß, der Fuß, das Glas* wird ein bestimmter Gegenstand
o. ä. bezeichnet; der Benennung mehrerer Exemplare davon dient die übliche
Pluralform:

Viele leere *Fässer* lagen im Hof. Der Mensch hat 2 *Füße*. Auf dem Tisch standen 5 *Gläser* mit Saft. Auf der Tanzfläche tanzten 8 *Paare*. Sie ging einige *Schritte* nach links. Sie
schnitt das Fleisch in kleine *Stücke*.

Mit diesen Wörtern kann aber auch ein bestimmtes Maß, eine bestimmte Menge

[1] Vgl. I. Ljungerud: Zur Nominalflexion in der deutschen Literatursprache nach 1900. Lund 1955, S.
107 ff.

bezeichnet werden, so daß man sie zu den Maß-, Mengen- und Münzbezeichnungen zählt, für die eine besondere Pluralregelung gilt.
Wenn Maskulina oder Neutra als Maß-, Mengen- oder Münzbezeichnung hinter Zahlen stehen, die größer als 1 sind, dann wird die unveränderte Nominativ-Singular-Form gebraucht:

> 2 *Dutzend* (nicht: Dutzende) Eier, 7 *Faß* (nicht: Fässer) Bier, die Mauer war 6 *Fuß* (nicht: Füße) hoch. (Entsprechend:) einige *Glas* Saft, eine Wärme von 20 *Grad,* ein Gewicht von 50 *Gramm,* 50 *Paar* Strümpfe, mit 160 *Pfund* Gewicht, mehrere *Sack* Mehl, 10 *Schritt* neben dem Feld, 15 *Stück* Seife, 3 *Zoll* ist das Brett dick, 10 *Schilling,* 3 *Karton* Seife, 3 *Satz* Schüsseln, 30 *Schuß* Munition, das kostet 20 *Pfennig,* es meldeten sich 6 *Mann.*

Die Beugung tritt immer dann ein, wenn das betreffende Substantiv den vollen Begriff enthält, d. h. den konkreten, einzeln gezählten Gegenstand u. ä. bezeichnet. Das ist besonders dann der Fall, wenn ein attributives Adjektiv usw. bei der Maß-, Mengen- und Münzbezeichnung steht:

> Er besaß nur noch einige *Pfennige.* Zehn leere *Fässer* lagen im Hof. Er zertrümmerte zwei *Gläser. Dutzende* von Büchern türmten sich auf dem Schreibtisch. ... ich ... mußte dreißig *Pfennige* nachbezahlen (G. Grass). Der Raum war ... etwa sechs *Schritte* breit und acht *Schritte* lang. (Jahnn) Als ... einige *Schüsse* in den Mais fielen. (Brecht)

In manchen Fällen ist es möglich, ein Wort sowohl als Maßangabe als auch als vollen Begriff zu verwenden:

> Er trank noch zwei *Gläser* Grog. – Niemals hatte er bemerkt, daß Brüne mehr als drei *Glas* Wein auf einen Sitz trank. (Löns) Brabanter Spitze für fünf *Schillinge* die Elle. (Schaeffer) ... mit Hilfe von ein paar *Schilling.* (Flake)

In der gesprochenen (Umgangs)sprache steht oft nur das Gemessene mit der Zahl davor, während die Maßangabe selbst weggelassen wird:

> drei *Kaffee[s],* zwei *Kognak[s],* drei *Eis,* vier *Bier.*

Wohl in Analogie hierzu haben sich fachsprachliche Zählungen wie *zwei bis drei Eigelb, zwei Eiweiß* u. a. herausgebildet, die bereits fest geworden sind. In der gesprochenen (Umgangs)sprache wird heute auch oft nur die Zahl genannt, wenn die Maßangabe aus der Sprechsituation hervorgeht:

> Mein Sohn ist *fünfzehn.*

Zeitangaben in Verbindung mit Zahlen werden stets im Plural gebraucht:

> null *Sekunden,* fünf *Minuten,* drei *Tage,* vier *Monate;* sie ist zehn *Jahre* alt; nach zwei *Jahrhunderten.*

Im Gegensatz zu den Maskulina und Neutra werden Feminina auf -*e* und viele fremde Maß- und Münzbezeichnungen immer gebeugt:

> zwanzig schwedische *Kronen,* mehrere *Flaschen* Wein, drei *Tassen* Kaffee, drei *Tonnen,* drei *Dosen* Corned beef, 5 *Ellen,* 2 *Kannen* Wasser;
> 5 *Peseten* (Singular: Peseta), 100 *Lei* (Singular: Leu), 10 *Lire* (Singular: Lira), hundert *Centesimi* (Singular: Centesimo).
> (Schwankend:) 5 *Yard[s],* 10 *Inch[es],* 20 *Bushel[s],* 30 gute englische *Pfunde* (auch: *Pfund*).

Zur Beugung des der Maßangabe folgenden Gemessenen oder Gezählten vgl. 1079; zur Beugung des den Zahlsubstantiven *Hundert, Tausend, Million* usw. folgenden Gezählten vgl. 459; zur Beugung eines Substantivs nach den Zahlwörtern 101, 1001 usw. vgl. 457, 2.

369 | **Kilometer, Liter, Fünftel**

Wie die folgende Tabelle zeigt, wird die Pluralform von Substantiven wie *Liter, Zentner* usw. bis auf den Dativ immer ohne Endung gebildet. Dasselbe gilt für Substantive auf -*el* wie *Fünftel:*

	Singular	Plural
Nom.	der Zentner	die Zentner
Gen.	des Zentner-s	der Zentner
Dat.	dem Zentner	den Zentner-n
Akk.	den Zentner	die Zentner

5 *Liter* Milch, 20 *Meter* Höhe, viele *Zentner* Weizen; vier *Fünftel.*

Wenn solche Substantive in Verbindung mit einer Zahl, die größer als 1 ist, einer Präposition mit Dativ (*mit, von* usw.) folgen, wird als Pluralform im allgemeinen die Form mit *-n* gebraucht:

> mit 3 *Litern,* eine Länge von 5 bis 6 *Metern,* ein Gewicht von 10 *Zentnern;* (mit Artikel:) von den 3 *Litern* Milch usw. (Ohne Zahlwort:) Die Zuteilung erfolgt in *Hektolitern.* Man mißt heute nach *Metern.*

Wenn die Maßabgabe (z. B. *Zentner*) ohne Artikel steht und die Bezeichnung für das Gemessene (z. B. *Gewicht*) folgt, dann wird im allgemeinen als Pluralform die Form ohne *-n* gebraucht:

> ein Schwein von 4 *Zentner* Gewicht, in 100 *Meter* Höhe, ein Stab von 7 *Zentimeter* Länge, mit drei *Liter* Milch, mit vier *Fünftel* des Gewichts.

Substantive, die noch nicht ganz feste Maßangaben sind, werden gebeugt:

> mit einigen *Eßlöffeln* saurem Rahm.

3.4.2 Der Plural

Es gibt Substantive, die nur oder zumeist in der Pluralform gebraucht werden[1]: | 370 |

Aktiva (Aktiven)	Fasten (Fasttage)	Honoratioren
Alimente	*Faxen	*Hosenträger
Allüren (Benehmen)	Ferien	Iden
Altwaren	Finanzen (Einkünfte)	Immobilien
Annalen	Fisimatenten	Imponderabilien
Annaten	*Flausen	*Importen
*Äonen	Flitterwochen	*Ingredienzien
Auslagen (Unkosten)	Formalien	Insignien
*Auspizien	*Fossilien	*Jura (studieren)
Blattern	*Frieseln	*Kaldaunen
Briefschaften	Gebrüder	*(olle) Kamellen
*Brosamen	Genitalien	*Katakomben
*Chemikalien	Gerätschaften	Kinkerlitzchen
Dehors	*Geschwister	Kollektaneen
Diäten (Tagegelder)	*Gewissensbisse	Konsorten
Dubiosen	*Gliedmaßen	Kosten
Effekten (Wertpapiere)	*Graupeln	Koteletten (Backenbart)
*Eingeweide	*Graupen	Kurzwaren
Einkünfte	*Habseligkeiten	*Kutteln
*Eltern	*Hämorrhoiden	Ländereien
Exequien	Honneurs	*Lebensmittel

---

[1] Ein solches Substantiv nennt man Pluraletantum (Plural: Pluraliatantum). Die Wörter in der obigen Liste, die gelegentlich im Singular gebraucht werden, sind mit einem * gekennzeichnet. Gelegentlich tritt Bedeutungsdifferenzierung auf:
Allüre ‚Gangart [des Pferdes]‘ (auch Plural); Auslage ‚ausgelegte Ware‘ (auch Plural); Diät ‚Schonkost‘ (in dieser Bedeutung selten pluralisch); Finanz ‚Geldwesen, Geldgeschäft, Geldleute‘; Note ‚Einzelnote‘; Personal ‚Gesamtheit der Angestellten‘; Pocke ‚einzelne Puste‘; Umtrieb ‚Zeit von der Begründung eines Baumbestandes bis zum Fällen‘.

Leute	Pretiosen	*Subsidien
*Machenschaften	Quisquilien	Thermen
*Machinationen	*Ränke	Treber
Manen	Rauchwaren	Trester
Masern	Realien	Tropen
Memoiren	(die) Rechte (studieren)	Trümmer
*Mißhelligkeiten	*Repressalien	*Umtriebe
*Möbel	Röteln	Unkosten
Mobilien	*Sämereien	Utensilien
Molesten	Saturnalien	Varia
Moneten	Schraffen	Vegetabilien
Mores	Shorts	*Vergnügungen
Musikalien	*Spanten	Viktualien
Nachwehen	Sperenzien (Sperenzchen)	*Vorfahren
Naturalien	Spesen	*Wanten
Odds	Spikes	*Wehen (Geburtswehen)
Pandekten	Spiritualien	Wirkwaren
Paramente	Spirituosen	Wirren
Passiva (Passiven)	*Sporen	*Zeitläuf[t]e
Penaten	*Sporteln	*Zerealien
Personalien	*Stoppeln	*Zinsen
Pocken (Krankheit)	Streitigkeiten	*Zutaten
*Präliminarien	*Streusel	*Zwillinge

Manche ursprüngliche Pluralformen werden heute als Singular gebraucht:

die Bibel (= lat. biblia = die Bücher); die Brille (= mhd. die b[e]rille = die Berylle = Pl. von *der Beryll* [Edelstein]; der Keks (= engl. cakes = die Kuchen); *die Allotria* (Pl.) wird heute zu *das Allotria*. Die Länderbezeichnungen *Bayern, Franken, Sachsen* usw. waren früher Dative im Plural (*[bei den] Bayern* usw.); heute sind sie singularisch.

371 Die Festbezeichnungen[1] *Ostern, Pfingsten, Weihnachten* werden heute standardsprachlich im allgemeinen als Singularform (Neutrum) behandelt und dabei vorwiegend ohne Artikel gebraucht:

Hast du ein schönes Ostern gehabt? Ostern ist längst vorbei. Pfingsten liegt sehr spät. Weihnachten fällt in diesem Jahr auf einen Mittwoch.

Als Feminina sind sie heute kaum noch gebräuchlich. Dagegen werden sie in Norddeutschland, besonders in adverbialen Bestimmungen, gelegentlich auch noch als Maskulina gebraucht *(letzten Ostern, nächsten Pfingsten).* Im landschaftlichen Sprachgebrauch werden sie noch verschiedentlich, in Österreich[2] und in der Schweiz zumeist, als Plural aufgefaßt und dann im allgemeinen mit bestimmtem Artikel oder mit einem Pronomen, als adverbiale Bestimmung auch ohne Artikel, gebraucht:

nach den Ostern, Pfingsten. Ich werden diese Weihnachten in Berlin verleben. Nächste Ostern werde ich nicht zu Hause bleiben (dafür üblicher: nächstes Jahr Ostern oder zu Ostern).

Vor allem in Wunschformeln ist der Plural jedoch allgemeinsprachlich und nicht landschaftlich begrenzt:

fröhliche Ostern!, frohe Pfingsten!, gesegnete Weihnachten!

Auch bestimmte geographische Namen treten in der Pluralform auf, besonders Namen von Inseln und Gebirgen:

die Niederlande, die USA; die Azoren, die Bermudas, die Kanaren, die Hebriden, die Kurilen, die Zykladen; die Alpen, die Anden, die Kordilleren, die Rocky Mountains, die Cevennen, die Vogesen, die Karpaten, die Pyrenäen.

---

[1] Vgl. A. Pettersson: Weihnachten – Ostern – Pfingsten. In: Muttersprache 73 (1963), S. 259–271; 74 (1964), S. 63 f.; 75 (1965), S. 287 f.
[2] H. Rizzo-Baur: Die Besonderheiten der deutschen Schriftsprache in Österreich und in Südtirol. Mannheim 1962, S. 102.

Bezeichnungen für Tier- und Pflanzenarten stehen meist im Plural:

Amphibien, Reptilien, Protozoen, Weichtiere, Stachelhäuter.

Zu den verschiedenen Pluralformen bei deutschen Wörtern vgl. 383; zum Plural bei Fremdwörtern vgl. 399; zum Plural bei Maß-, Mengen- und Münzbezeichnungen vgl. 368 f.

3.5 Die Deklination des Substantivs [1]

3.5.1 Das Kasussystem im Deutschen | 372 |

Das Substantiv begegnet im Satz in verschiedenen Formen, die Kasus[2] (Fälle) genannt werden und von denen man im Deutschen – sowohl im Singular als auch im Plural – vier unterscheidet[3]:

- Nominativ
- Genitiv
- Dativ
- Akkusativ[4]

Durch diese Kasus werden die verschiedenen syntaktischen Rollen des Substantivs im Satz gekennzeichnet: Als Subjekt steht es im Nominativ, als Objekt im Akkusativ, Dativ oder Genitiv usw. Dabei ist die Kasuswahl des Substantivs oft festgelegt durch das Wort, von dem es abhängt, durch dessen sog. Rektion. Allgemein versteht man darunter die Tatsache, daß bei bestimmten Wörtern festgelegt ist, in welchen Kasus ein von ihnen abhängendes Wort gesetzt werden muß. Dies ist der Fall bei Verben, Adjektiven und Präpositionen:

	Verb	Adjektiv	Präposition
Akk.	*jemanden* rufen		auf *den Tisch* legen
Dat.	*jemandem* begegnen	*jemandem* behilflich sein	auf *dem Tisch* liegen
Gen.	*jemandes* gedenken	*seines Lebens* froh sein	abseits *des Dorfes* wohnen

Man sagt auch, daß Verben, Adjektive und Präpositionen den Genitiv, Dativ oder Akkusativ „regieren".

Man kann zwischen dem reinen (unmittelbaren, direkten) oder Flexionskasus und dem durch eine Präposition veranlaßten (mittelbaren, indirekten) Präpositionalkasus im Präpositionalgefüge unterscheiden[5]:

---

[1] Die Darstellung der Deklination (einschließlich der Deklination der Fremdwörter) stützt sich im wesentlichen auf folgende Arbeiten: G. Augst: Zum Pluralsystem. In: G. Augst: Untersuchungen zum Morpheminventar der deutschen Gegenwartssprache. Tübingen 1975, S. 5–70; H.-J. Bettelhäuser: Studien zur Substantivflexion der deutschen Gegenwartssprache. Heidelberg 1976; J. Mugdan: Flexionsmorphologie und Psycholinguistik. Tübingen 1977; W. Rettich: Sprachsystem und Sprachnorm in der deutschen Substantivflexion. Tübingen 1972.
[2] Singular: *der Kasus* (mit kurzem *u*), Plural: *die Kasus* (mit langem *u*).
[3] Die Anzahl der Kasus ist in verschiedenen Sprachen unterschiedlich. Das Indogermanische hatte acht Fälle, aber bereits hier waren nicht mehr alle formal geschieden. Schon in jener frühen Zeit bahnte sich also ein Verminderung der Kasuszahl an. Das Finnische hat heute noch mehr Fälle, als das Indogermanische einst hatte; das Lateinische und das Russische haben sechs.
[4] Genitiv, Dativ und Akkusativ werden Casus obliqui (Singular: C. obliquus) genannt, im Unterschied zum Nominativ, dem Casus rectus.
[5] In der Frühzeit der deutschen Sprachgeschichte war der reine Kasus weitaus verbreiteter als heute, wo der Präpositionalkasus immer häufiger gebraucht wird, vor allem in der Alltags- und Umgangssprache. So ist z. B. der Objektsgenitiv fast völlig ausgestorben, und auch statt des Dativs und neben dem Akkusativ wird oft schon ein Präpositionalgefüge gebraucht (vgl. 1096 ff.).

(reiner) Flexionskasus	Präpositionalkasus
Ich erinnere mich *des Vorgangs.*	Ich erinnere mich *an den Vorgang.*
Goethes Gedichte	die Gedichte *von Goethe*
Sie ist *des langen Wartens* müde.	Sie ist müde *von dem langen Warten.*
Peter schreibt *seinem Vetter.*	Peter schreibt *an seinen Vetter.*
Wir bauten *ein Haus.*	Wir bauten lange *an dem Haus.*

373 | Der Nominativ

> Ich weiß, daß *mein Onkel* gestern gekommen ist.
> Ich weiß, *wer oder was* gestern gekommen ist.
> *Wer oder was* ist gestern gekommen?
>
> Ich weiß, daß gestern *ein Unfall* passiert ist.
> Ich weiß, *wer oder was* gestern passiert ist.
> *Wer oder was* ist gestern passiert?

Der Nominativ wird auch 1. Fall oder Werfall genannt.
Ein Substantiv wird in den Nominativ gesetzt, wenn es als Subjekt (vgl. 1031f.),
als Gleichsetzungsnominativ (vgl. 1033), als Anrede oder als absoluter Nominativ
(vgl. 1044) gebraucht wird (zur Apposition usw. vgl. 377):

> *Die Arbeiter streiken* seit drei Wochen. *Susanne* wird in dieser Stadt *Lehrerin.* Hallo
> *Karl!* Peter will nun doch auswandern, *ein schwerer Entschluß.*

374 | Der Genitiv

> Ich weiß, daß er *des Mordes* angeklagt ist.
> Ich weiß, *wessen* er angeklagt ist.
> *Wessen* ist er angeklagt?

Der Genitiv wird auch als 2. Fall oder Wesfall bezeichnet.
Ein Substantiv wird in den Genitiv gesetzt, wenn es als Genitivobjekt (vgl. 1037),
als Adverbialgenitiv (vgl. 1042) oder als Attribut gebraucht wird (zur Apposition
usw. und zum Genitiv nach Präpositionen vgl. 377):

> Peter nimmt sich *seines kleinen Bruders* an. *Meines Erachtens* lebt sie hier. Ich trage den
> Koffer *des Vaters* zum Bahnhof.

375 | Der Dativ

> Ich weiß, daß du *deinem Bruder* das Buch gegeben hast.
> Ich weiß, *wem* du das Buch gegeben hast.
> *Wem* hast du das Buch gegeben?

Der Dativ wird auch als 3. Fall oder Wemfall bezeichnet.
Ein Substantiv wird in den Dativ gesetzt, wenn es als Dativobjekt bzw. Pertinenzdativ (vgl. 1036, 1061) oder als freier Dativ (vgl. 1084) gebraucht wird (zur Apposition usw. und zum Dativ nach Präpositionen vgl. 377):

> Petra begegnet *ihrem Lehrer.* Peter ist *der Mutter* behilflich. Ich klopfe *meinem Freund*
> auf die Schulter. Er singt *uns* ein Lied.

376 | Der Akkusativ

> Ich weiß, daß du *meinen Bruder* gestern gesehen hast.
> Ich weiß, *wen oder was* du gestern gesehen hast.
> *Wen oder was* hast du gestern gesehen?

Ich weiß, daß du *diese Zeitung* gelesen hast.
Ich weiß, *wen oder was* du gelesen hast.
Wen oder was hast du gelesen?

Der Akkusativ wird auch als 4. Fall oder Wenfall bezeichnet.
Ein Substantiv wird in den Akkusativ gesetzt, wenn es als Akkusativobjekt (vgl.
1035), als Gleichsetzungsakkusativ (vgl. 1034), als Pertinenzakkusativ (vgl. 1133),
als Adverbialakkusativ (vgl. 1041) oder als absoluter Akkusativ (vgl. 1044) gebraucht wird (zur Apposition usw. und zum Akkusativ nach Präpositionen vgl.
377):

> Petra lobt *ihren Bruder.* Ich nenne ihn *einen Schurken.* Sie trat *ihn* auf den Fuß. Die Be-
> ratung dauerte *vier Stunden. Den Hut* im Nacken, wirkte er sehr jovial.

Anmerkungen:

1. In der Apposition und in einem (adverbialen) Gefüge aus *als/wie* + Substantiv
wird das Substantiv in der Regel in denselben Fall wie das Bezugswort gesetzt:

> Das Auto, *ein Fiat,* fuhr schnell über den Weg. Petra ist Herrn Müller, *ihrem Klassen-
> lehrer,* begegnet. Dr. Meier *als Arzt* ...
> Sie ist größer *als ihr Bruder.* Er gilt als *der beste Spieler* der Stadt. Ich betrachte ihn *als
> einen Feigling.* Er benimmt sich *wie ein Witzbold.*

2. In einem Präpositionalgefüge hängt der Fall des Substantivs von der Präposition ab. Möglich sind Substantive im Genitiv, Dativ und Akkusativ:

> Peter lobte ihn *wegen des guten Aufsatzes.* Sie beginnen *mit dem Werk.* Ihr Interesse *für
> diesen Roman* war groß.

3. Während der Numerusunterschied, d. h. die Bezeichnung des Plurals, größtenteils sehr klar mit Hilfe von Endungen und in einigen Fällen auch durch Umlaut
kenntlich gemacht ist (vgl. 384), weisen eigene Formen (Endungen), die den Kasus anzeigen, nur Genitiv/Dativ Singular und Dativ Plural auf. Trotz dieses weit-
gehenden Fehlens eindeutiger Kasusanzeiger am Substantiv selbst lassen sich im
Satz die einzelnen Kasus dennoch gewöhnlich unzweifelhaft an Hand der Kasus-
merkmale des das Substantiv begleitenden Artikels, Pronomens oder Adjektivs
erkennen, in einzelnen Fällen auch an der Wortstellung. So kann zum Beispiel die
Form *Wald* außer Nominativ auch noch Dativ und Akkusativ sein, wenn sie jedoch von einem Artikel und/oder Adjektiv begleitet wird, ist sie eindeutig entweder als Nominativ *(der grüne Wald),* als Dativ *(dem grünen Wald)* oder als Akkusativ *(den grünen Wald)* zu verstehen.

Zu einer inhaltlichen Deutung der Kasus vgl. 1058.

377

3.5.2 Die Deklinationstypen

Die Formveränderung, die mit der Kasusunterscheidung verbunden ist, heißt D e -
k l i n a t i o n (Beugung). Es sind, getrennt nach Singular und Plural, mehrere Deklinationstypen zu unterscheiden.

Die Deklination im Singular

Im Singular werden drei Deklinationstypen unterschieden:

378

	S 1: *(e)s*-Singular	S 2: *(e)n*-Singular	S 3: ∅ -Singular[1]
Nom.	der Tag/das Jahr	der Mensch	die Frau
Gen.	des Tag-[e]s/des Jahr-[e]s	des Mensch-en	der Frau
Dat.	dem Tag[-e]/dem Jahr[-e]	dem Mensch-en	der Frau
Akk.	den Tag/das Jahr	den Mensch-en	die Frau

Die Kennzeichen der Singulartypen

Der Typ S 1 ist dadurch gekennzeichnet, daß der Genitiv die Endung *-(e)s* aufweist (und der Dativ die Endung *-e*).

379

Zur Genitivendung

Der Genitiv begegnet in zwei Formen, *-es* und *-s*.

1. Die volle Form *-es* steht
- immer bei Substantiven auf *-s*[2]*, -ß, -x, -z:*
    des Verständnisses, des Glases, des Überflusses, des Straußes, des Reflexes, des Gewürzes;

- vorwiegend bei Substantiven auf *-sch, -tsch* und *-st:*
    des Busches, des Kitsches, des Zwistes;

- immer, soweit möglich (vgl. 2), bei Voranstellung des Genitivattributs:
    des Tages Hitze, dieses Mannes Ehre, Gottes Güte;

- häufig, soweit möglich (vgl. 2), um das Nebeneinander von drei oder mehr Konsonanten zu vermeiden:
    des Feldes, des Hemdes, des Freundes, des Kopfes, des Kampfes; (aber): des Lärms, des Quarks, des Ulks;

- häufig bei einsilbigen Substantiven und solchen, die auf der Endsilbe betont werden:
    des Tages, des Giftes, des Mannes, des Jahres, des Leibes; des Erfolges, des Gemütes, der Ertrages.

2. Die kürzere Form *-s* steht

- bei Substantiven, die auf eine unbetonte Silbe, insbesondere auf *-e, -ler, -ner, -le, -en, -sel, -tel, -chen, -el, -er, -lein* und *-ling,* enden:
    des Abends, des Urteils, des Vortrags, des Königs, des Dornstrauchs, des Alltags; des Gelübdes, des Turners, des Wagens, des Träumens, des Schnipsels, des Gürtels, des Mädchens, des Vogels, des Erkers, des Bächleins, des Lehrlings;

- bei Substantivierungen von Farbadjektiven:
    des Grüns, des Rots;

- meist bei Substantiven, die auf Vokal (Diphthong) oder Vokal+*h* enden:
    des Mais (Monat), des Baus, des Sofas, des Opas, des Kinos, des Flohs, des Schuhs.

(Formen mit *-es* kommen hier sehr selten und nur bei Substantiven auf Diphthong oder Vokal+*h* vor: *des Maies, des Baues, des Flohes*).

---

[1] Nullsingular oder endungsloser Singular.

[2] Das *-s* des Suffixes *-nis* wird – auch nach einem e-Dativ und im Plural – verdoppelt *(das Bildnis – des Bildnisses – dem Bildnisse – die Bildnisse).*

Zur Dativendung [1]

Für die Dativendung *-e* gelten folgende Bedingungen:

1. Die Endung *-e* steht nicht
- bei Substantiven (auch Zusammensetzungen), die auf die schwachtonigen oder unbetonten Silben *-el, -em, -en, -er, -chen, -lein* ausgehen:

    dem Engel, dem Garten, dem Laufen, dem Arbeiter, dem Atem, dem Mädchen, dem Knäblein, dem Lebewesen, dem Zeitalter;

- bei Substantiven auf einfachen Vokal oder Doppelvokal:

    dem Ende, dem Schnee, dem Ei, dem Schuh, im Nu, dem Papa;

- bei Fremdwörtern (vgl. 395):

    dem Autor, dem General;

- bei Substantivierungen von Farbadjektiven und Bezeichnungen von Sprachen:

    im frischen Grün, von tiefem Rot, in gutem Deutsch, in gebrochenem Italienisch;

- bei Eigennamen (vgl. 411):

    mit dem Peter, auf dem Neckar, in Mannheim, auf dem Alexanderplatz;

- bei Substantiven ohne Artikel mit vorangehender Präposition:

    aus Holz, in Hof und Stall, von Haß getrieben, von Kopf bis Fuß;

- bei den kürzeren Formen der Himmelsrichtungen und den danach benannten Winden:

    aus Ost und West; mit dem Nord;

2. In der Regel ohne die Dativendung *-e* stehen auch
- nicht endbetonte mehrsilbige Substantive (einschließlich Zusammensetzungen):

    dem Lehrling, dem Teppich, dem König, dem Zeugnis, dem Schicksal, dem Gehorsam, dem Witwentum, im Vorteil, am Eingang, im Zeitpunkt;

- Substantive, die auf Diphthong oder Vokal + *h* enden:

    dem Bau, im Heu, aus dem Ei, von dem Schuh.

3. In allen übrigen Fällen ist das Dativ-*e* möglich und wird auch aus rhythmischen Gründen oder um stilistischer Wirkungen willen gelegentlich gesetzt:

    dem *Stoff*/dem *Stoffe;* dem *Mann*/dem *Manne;* im *Gras*/im *Grase* liegen; mit dem *Tod*/mit dem *Tode* ringen; im *Schutz*/im *Schutze* der Nacht; dem *Wohl*/dem *Wohle* des Volkes dienen; ... auf seinem väterlichen *Gute.* (Gaiser) ... außer dem *Gut,* das sie verlassen mußten. (Hildesheimer) ... die majestätische Figur, die er auf dem *Totenbett* machte. (Jens) ... wenn ich ... in meinem *Bette* lag. (Th. Mann)

In bestimmten formelhaften Verbindungen ist die Form sowohl mit als auch ohne *-e* möglich:

    im *Fall*/im *Falle,* daß ...; im *Sinn*/im *Sinne* von; im *Lauf*/im *Laufe* des Tages; ... bei *Hof* eingeführt ... suchte er ... (Musil) Es gelingt Camoes, Zutritt *bei Hofe* zu erlangen. (R. Schneider) ... *von Haus aus* Feuerwerker. (Winckler) *Von Hause aus* heißt er einfach Guha. (Th. Mann) Deine Mutter sitzt nun längst wieder *zu Haus.* (Fallada) Die Witwe Amsel ... war *zu Hause* geblieben. (Grass)

4. In einigen formelhaften Verbindungen und Wendungen (Idiomatisierungen) ist die Dativendung *-e* fest:

    im Grunde genommen; zu Felde ziehen; zu Kreuze kriechen; zu Leibe rücken; zu Rate ziehen; zu Werke gehen; im Zuge sein.

[1] Vgl. J. A. Pfeffer/R. D. Janda: Die Bildung des Dativs mit oder ohne *-e.* In: Zielsprache Deutsch 2 (1979), S. 34–39.

Generell gilt die Regel: Das *-e* wird zur Kennzeichnung des Dativs in der Gegenwartssprache nicht mehr gefordert.

Der Typ S 2 hat im Genitiv, Dativ und Akkusativ die Endung *-(e)n*.[1] Der Typ S 3 ist in allen Kasus endungslos. Da sich S 1, S 2 und S 3 damit nur im Genitiv eindeutig voneinander unterscheiden, wird die Genitivendung allein zur Bezeichnung der einzelnen Typen herangezogen.

---

381 **Die Zuordnung von Singulartyp und Substantivklasse**

Nach dem Muster der drei Typen S 1, S 2 und S 3 werden alle (deutschen) Substantive im Singular dekliniert. Welche Substantivklassen den einzelnen Typen zugeordnet sind, zeigt das folgende Schema:

S 1: *(e)s*-Singular	S 2: *(e)n*-Singular	S 3: Ø-Singular
Alle Neutra[2] und alle Maskulina, soweit sie nicht zu S 2 gehören.	Diejenigen Maskulina, die im Plural nach Typ P 3 (vgl. 383) dekliniert werden und dabei ein Lebewesen[4] bezeichnen.	Alle Feminina.
der Baum, der Durst, der Hut, der Mann, der Maurer, der Regen, der Tod, der Wagen; *das Buch, das Gras, das Leben, das Mädchen, das Schicksal.*[3]	*der Bär, der Christ, der Fürst, der Held, der Mensch, der Narr, der Prinz, der Zar, der Affe, der Bote, der Bulle, der Däne, der Erbe, der Falke, der Franzose, der Hase, der Insasse, der Junge, der Kunde, der Laie, der Löwe, der Nachkomme, der Neffe, der Rabe, der Schöffe, der Sklave, der Zeuge.*	*die Frau, die Mutter, die Gabe, die Quelle, die Lehrerin, die Eigenschaft, die Hoffnung, die Trübsal.*[5]

---

382 **Sonderfälle**

1. Doppelformen im Nominativ Singular weisen die folgenden maskulinen Substantive auf, die den Genitiv Singular mit *-(n)s* und alle übrigen Kasus mit *-(e)n* bilden. Die älteren Bildungen ohne *-n* im Nominativ Singular gehören heute meist der gehobenen Sprache an, nur bei einigen ist die Form mit *-n* weniger gebräuchlich:

---

[1] Die Kurzform *-n* erhalten nur die Substantive auf *-e (des Kunde-n)* und das Substantiv *Herr (des Herr-n;* Plural: *Herren).*

[2] Einzige Ausnahme ist *das Herz,* bei dem aber mit dem Genitiv *des Herzens* die Form *des Herzes* zu konkurrieren beginnt; Dativ: *dem Herzen,* Akkusativ: *das Herz.*

[3] Einige Substantive, die heute nach S 1 dekliniert werden, wurden früher nach S 2 dekliniert, z. B. *Schelm, Schwan, Storch, Star.* Reste dieser Deklination sind in der Literatur und in Namen bewahrt:
... weil er einen ehrlichen Teufel ... *zum Schelmen* verhört hatte. (Goethe) Wirtshaus *Zum Schwanen,* Gasthof *Zum Storchen.*

[4] Unbelebte Ausnahme: *der Fels – des Felsen* (vgl. 382,1).

[5] Reste früherer Deklination sind in der Literatur, in Namen und festen Verbindungen bewahrt:
Röslein *auf der Heiden.* (Goethe) Festgemauert *in der Erden.* (Schiller) Das höchste Glück *auf Erden* ...; Kirche *Zu Unserer Lieben Frauen; von seiten.*

heute gebräuchlich	gehoben, meist seltener
der Frieden	der Friede
der Funke	der Funken
der Gedanke	der Gedanken
der Glaube	der Glauben
der Haufen	der Haufe
der Name	der Namen
der Samen	der Same
der Wille	der Willen

Der Genitiv von *der Buchstabe* wird heute meist mit *-ns* gebildet, in den Nominativ ist jedoch das *-n* der obliquen Kasus bisher nicht eingedrungen.
der Drache – des Drachen ,Fabeltier' und *der Drache – des Drachens* ,Kinderspielzeug; zanksüchtige Person' sind in der Bedeutung differenziert. Ein leichter Unterschied besteht auch zwischen *das Gehaben – des Gehabens* ,Benehmen im allgemeinen' und *das Gehabe – des Gehabes* ,Ziererei'. Doppelformen wie

Fleck/Flecken, Gelüst[e]/Gelüsten, Nutz (veralt.)/Nutzen, Pfropf/Pfropfen, Zapf/Zapfen

sind ähnlich zu erklären. Zuweilen liegen Doppelformen mit einer starken Bedeutungsdifferenzierung vor:

der Fels ,[hartes] Gestein' – der Felsen ,vegetationslose Stelle, schroffe Gesteinsbildung';
der Lump ,schlechter Mensch' – der Lumpen ,Lappen, Kleidungsstück';
der Nord ,Wind aus Norden' – der Norden ,Himmelsrichtung';
der Reif ,Ring, Spielzeug' (landsch.) – der Reifen ,größ. Ring, Faßband; Teil des Fahrzeugrades';
der Schreck ,plötzliche, kurze seel. Erschütterung' – der Schrecken ,andauerndes lähmendes Entsetzen' (landsch. auch für *Schreck*);
der Tropf ,einfältiger Mensch' – der Tropfen ,kleine Flüssigkeitsmenge'.

Doppelformen im Nominativ entstehen auch durch *e*-Tilgung, wobei viele der endungslosen Formen umgangssprachlich oder mundartlich sind[1] (manche Doppelformen unterscheiden sich auch in der Bedeutung):

Bursch/Bursche; Scheck ,Bankanweisung'/Schecke ,scheckiges Pferd/Rind'; Bub (oberd. für *Junge*)/Bube ,Schurke; Spielkarte'; Gesell ,Bursche, Kerl'/Geselle ,Bursche, Kerl'; ,Handwerksgeselle'. (Abwertend:) Böhm, Jud, Franzos; (statt:) Böhme, Jude, Franzose.

Besonders häufig fällt das *-e* bei den mit dem Präfix *Ge-* gebildeten Substantiven weg *(Gebalg[e], Geläut[e], Geleise/Gleis)*. Oft bezeichnet – im Gegensatz zur endungslosen Form – die Form mit *-e* ein fortgesetztes unangenehmes Tun, das getadelt wird (vgl. 846):

das Geschreie/Geschrei, das Geheule/Geheul, das Gerausche/Geräusch.

Ein Bedeutungsunterschied besteht auch zwischen der endungslosen und der auf *-e* endenden Form bei substantivierten Sprachenbezeichnungen: Mit *das Deutsche* wird die Sprache ganz allgemein bezeichnet, mit *das Deutsch* dagegen eine besondere Art oder Form, die durch irgendeinen Zusatz näher bestimmt wird:

Das *Deutsche* gehört zu den indogermanischen Sprachen. (Aber:) Sein *Deutsch* ist schlecht. Das jetzige *Deutsch*, Heines *Deutsch*, das Kaufmanns*deutsch*.

(Über die Substantive mit verschiedener Endung im Nominativ und verschiedenem Genus *[die Backe/der Backen]* vgl. 350.)

---

[1] Umgekehrt ist es mit *Türe, Bette, Herze, Hemde* u. a., die im Unterschied zu den endungslosen Formen heute nicht mehr als standardsprachlich gelten.

2. Einige Substantive schwanken hinsichtlich ihrer Zugehörigkeit zu einem der singularischen Deklinationstypen:

der Ahn – des Ahn[e]s/des Ahnen
der Bär – des Bären (fachspr.: des Bärs)
der Bauer ‚Landmann' – des Bauern (seltener: des Bauers)[1]
der Fex – des Fexes (seltener: des Fexen)
der Fratz – des Fratzes (veraltet, noch österr.: des Fratzen)
der Gevatter – des Gevatters (veraltet: des Gevattern)
der Greif – des Greif[e]s/des Greifen
der Hahn – des Hahn[e]s (schweiz., fachspr. für ‚Absperrvorrichtung': des Hahnen)
der Hanswurst – des Hanswurst[e]s (veraltet: des Hanswursten)
der Lump – des Lumpen (veraltet: des Lumps)
der Mai – des Mai[e]s/Mai (veraltet, noch dicht.: des Maien)
der März – des Märzes/März (veraltet, noch dicht.: des Märzen)
der Nachbar – des Nachbarn (weniger gebräuchlich: des Nachbars)
der Oberst – des Obersten/des Obersts
der Pfau – des Pfau[e]s (landsch., bes. österr.: des Pfauen)
der Prahlhans – des Prahlhanses (veraltet: des Prahlhansen)
der Protz – des Protzes/des Protzen
der Spatz – des Spatzen/des Spatzes
der Truchseß – des Truchsesses (weniger gebräuchlich: des Truchsessen)
der Untertan – des Untertans (weniger gebräuchlich: des Untertanen)

Gelegentlich kommen auch noch andere Schwankungen vor. Im allgemeinen läßt sich aber sagen, daß sich in der heutigen Standardsprache eine starke Neigung zum Ausgleich und zur Vereinheitlichung bemerkbar macht. Immer mehr „Ausnahmen" werden von den großen Gruppen aufgesogen, sofern die verschiedenen Formen nicht zu Bedeutungsdifferenzierungen verwendet werden.

| 383 | ## Die Deklination im Plural

Im Plural werden fünf Deklinationstypen unterschieden:

	P 1: *e*-Plural	P 2: ∅-Plural[2]	P 3: *(e)n*-Plural	P 4: *er*-Plural	P 5: *s*-Plural
Nom.	die Tage-e	die Segel	die Mensch-en	die Bild-er	die Oma-s
Gen.	der Tag-e	der Segel	der Mensch-en	der Bild-er	der Oma-s
Dat.	den Tag-en	den Segel-n	den Mensch-en	den Bild-ern	den Oma-s
Akk.	die Tag-e	die Segel	die Mensch-en	die Bild-er	die Oma-s
	mit Umlaut:			mit Umlaut:	
Nom.	die Bäch-e	die Äpfel		die Wäld-er	
Gen.	der Bäch-e	der Äpfel		der Wäld-er	
Dat.	den Bäch-en	den Äpfel-n		den Wäld-ern	
Akk.	die Bäch-e	die Äpfel		die Wäld-er	

| 384 | ## Die Kennzeichen der Pluraltypen

Außer dem Typ P 2, der endungslos ist, stellen die Pluraltypen den Kontrast zum Singular durch Endungen her: P 1 fügt die Endung -*e* an, P 3 die Endung -*(e)n*, P 4 die Endung -*er* und P 5 die Endung -*s*. (Die Bezeichnung der einzelnen Typen bezieht sich auf diese Endungen.) Bei den Typen P 1, P 2 und P 4 kann sich die Endung mit Umlaut des Stammvokals bzw. der Ableitungssilbe -*tum* (P 4, z. B. *Reichtümer*) als Pluralanzeiger verbinden.

---

[1] Aber: *der Vogelbauer – des Vogelbauers.*
[2] Nullplural oder endungsloser Plural.

Bei P 3 ist die volle Endung *-en* zu wählen, wenn das Wort auf einen Konsonanten (außer *-el* und *-er*) auslautet; die Kurzform *-n* steht nach Vokal (außer *-au* und *-ei*) und nach *-el* und *-er*.

Bei den Typen P 1, P 2 und P 4 stimmen jeweils die Kasus Nominativ, Genitiv und Akkusativ überein; lediglich der Dativ wird durch angefügtes *-n* (außer nach *-n* und *-s*) kenntlich gemacht. Bei den Typen P 3 und P 5 unterscheiden sich die vier Kasus nicht voneinander.

Die Zuordnung von Pluraltyp und Substantivklasse

385

Die Erfassung der den einzelnen Pluraltypen zugeordneten Substantivklassen ist schwierig. Lediglich für Substantive mit einem charakteristischen Wortausgang läßt sich der zugeordnete Pluraltyp mit (einiger) Sicherheit angeben. Für Substantive ohne charakteristischen Wortausgang (sog. Kernwörter) können demgegenüber nur Tendenzen angegeben werden, die es lediglich gestatten, die Pluralendung eines Kernwortes mit hoher Wahrscheinlichkeit richtig vorauszusagen. Letzte Sicherheit ist aber nicht gegeben, so daß in diesem Bereich (ca. 2000 meistens einsilbige Kernwörter) auf die Pluralangaben des Wörterbuchs nicht verzichtet werden kann.

Die folgende Übersicht trägt dieser Tatsache Rechnung, indem sie zwischen sicheren Zuordnungen und Tendenzen unterscheidet. Sie berücksichtigt auch den Umlaut, für den Ähnliches gilt.

	sichere Zuordnungen Substantive mit charakteristischem Wortausgang	Tendenzen[1] Substantive ohne charakteristischen Wortausgang (Kernwörter)	Umlaut sofern umlautfähig
P 1: *e*-Plural	Alle Substantive (Maskulina, Feminina, Neutra) auf *-bold (Trunkenbold-e)* *-ig (König-e)* *-ich (Teppich-e)* *-ling (Findling-e)* *-(e)rich (Gänserich-e)* *-ian/-jan (Grobian-e, Dummerjan-e)* *-nis[2] (Kenntniss-e)* *-sal (Schicksal-e)* *-icht (Kehricht-e)*	Maskulina (ca. 89%): *Bärt-e, Brief-e, Hund-e, Söhn-e, Schlot-e, Stein-e, Tisch-e* usw. Neutra (ca. 74%): *Bein-e, Besteck-e, Brot-e, Schaf-e, Stück-e* usw. Feminina (ca. 25%): *Händ-e, Küh-e, Kräft-e, Wänd-e* usw.	Immer bei Feminina: *Gänse, Künste, Mäuse, Nächte, Schnüre, Städte* usw.; nur ausnahmsweise bei Neutra *(Flöße)*; oft bei Maskulina: *Bäche, Bälle, Bärte, Füchse, Söhne* usw.
P 2: Ø-Plural	Alle Substantive (Maskulina, Neutra) auf *-ler (die Tischler)* *-ner (die Kürschner)* *-le (die Kasperle)* *-en (die Wagen)* *-sel (die Schnipsel)* *-tel (die Gürtel)* *-chen (die Mädchen)* *-lein (die Blümlein)* *-erl (die Hascherl)* Maskulina und Neutra auf *-el (die Vögel;* Ausnahmen:		*Böden, Gräben, Väter* usw.

---

[1] Es werden nur Anteile berücksichtigt, die größer als 1% sind.
[2] Mit Verdopplung des Endkonsonanten *(-nisse* bzw. *-innen).*

	sichere Zuordnungen Substantive mit charakteristischem Wortausgang	Tendenzen[1] Substantive ohne charakteristischen Wortausgang (Kernwörter)	Umlaut sofern umlautfähig
P 2: Ø-Plural	*Muskel-n, Pantoffel-n, Stachel-n)* *-er (die Lager, die Splitter;* Ausnahmen: *Bauer-n, Gevatter-n, Vetter-n)* Neutra (Kollektiva) der Form *Ge-...-e (die Gebirge, die Gewebe)*		
P 3: *(e)n*-Plural	Alle Substantive (Feminina) auf *-rei/-lei (Metzgerei-en)* *-in²* (*Lehrerinn-en)* *-heit (Eigenheit-en)* *-keit (Eitelkeit-en)* *-schaft (Errungenschaft-en)* *-ung (Ernennung-en)* Feminina auf *-el (Achsel-n, Schachtel-n)* *-er (Feder-n;* Ausnahmen: *Mütter, Töchter)* Maskulina und Feminina auf *-e (Bote-n, Straße-n;* Ausnahme: *die Käse)* Außerdem einige Neutra: *Auge-n, Ende-n, Interesse-n*	Maskulina (ca. 9%): *Bär-en, Christ-en, Fürst-en, Held-en, Hirt-en, Mensch-en, Narr-en, Prinz-en, Staat-en, Zar-en* usw. Neutra (ca. 4%): *Bett-en, Hemd-en, Herz-en, Leid-en, Ohr-en* usw. Feminina (ca. 73%): *Art-en, Bahn-en, Frau-en, Schrift-en* usw.	kein Umlaut
P 4: *er*-Plural	Neutrale Ableitungen auf *-tum (Herzogtüm-er);* dazu zwei Maskulina: *Irrtümer, Reichtümer*	Maskulina (ca. 2%): *Geist-er, Gött-er, Leib-er, Männ-er, Sträuch-er, Wäld-er* usw. Neutra (ca. 21%): *Bäd-er, Brett-er, Büch-er, Feld-er, Häus-er, Hühn-er, Kälb-er, Kind-er, Löch-er, Rind-er* usw.	immer Umlaut
P 5: *s*-Plural	Sonderbedingungen (vgl. auch 391): Substantive, die in der unbetonten Nebensilbe auf klingenden Vokal oder Diphthong enden: *Náckedei-s, Ópa-s;* (aber:) *Papagei-en* Substantive, die aus dem Englischen, Französischen oder Niederdeutschen stammen (vgl. 404): *Deck-s, Haff-s, Knick-s (,Hecken'), Park-s, Pier-s, Wrack-s* Bei Personennamen *(die Grimm-s);* bei Abkürzungs- und Kurzwörtern *(die PKWs, die Sozis);* bei einigen Zusammenrückungen: *die Lebewohl-s, die Schlagetot-s, die Stelldichein-s;* (aber:) *die Gernegroße, die Habenichtse, die Möchtegerne, die Springinsfelde, die Störenfriede, die Taugenichtse, die Tunichtgute, die Vergißmeinnicht[e];* bei einigen Fachwörtern: *die Hoch-s, die Tief-s* (Wetterk.)		kein Umlaut

Das zentrale Pluralsystem[1]

386

Aus der vorstehenden Übersicht läßt sich der Kern eines verhältnismäßig einfachen Pluralsystems herausschälen, das nur drei Regeln umfaßt.

Regel 1

Maskulina und Neutra bilden den Plural auf *-e* oder sind endungslos (gemäß der *e*-Tilgungsregel, vgl. Regel 3).

Regel 2

Maskulina, die auf *-e* enden, und Feminina bilden den Plural auf *-en* bzw. auf *-n* (gemäß *e*-Tilgungsregel, vgl. Regel 3).

Regel 3

Bei „*e*-haltigem" Wortausgang (*-e* oder *-e* + Konsonant) und beim Suffix *-lein* wird die Endung *-e* getilgt und die Endung *-en* zu *-n* gekürzt.

Mit diesen drei Regeln lassen sich die Pluralendungen von etwa 85% aller Substantive im Grundwortschatz richtig voraussagen. Dieser Prozentsatz erhöht sich noch etwas, wenn man folgende Zusatzregel beachtet:

Regel 4

Kernwörter, die auf klingenden Vollvokal enden, bilden den Plural mit *-s*.

Hilfreich bei der Bestimmung der Pluralendungen ist auch die folgende Regel:

Regel 5

Die Endung *-er* ist nicht möglich bei Substantiven, die auf *-e* oder *-e* + Konsonant enden.

Schwankungen und Doppelformen

387

Eine Reihe von Substantiven zeigt bei der Pluralbildung gewisse Schwankungen mit dem Ergebnis, daß Doppel-, manchmal sogar Dreifachformen nebeneinanderstehen. Die Schwankungen betreffen sowohl die Endung als auch den Umlaut. In den meisten Fällen gilt nur eine bestimmte Variante als standardsprachlich, während die andere(n) als mundartliche, umgangssprachliche, nur regional verbreitete, selten oder mit besonderer Stilwirkung gebrauchte Varianten gekennzeichnet werden können.

Einige (standardsprachliche) Doppelformen verbinden sich auch mit verschiedenen Bedeutungen, wobei noch einmal zu unterscheiden ist zwischen solchen Formen, die im Singular gleiches, und solchen Formen, die im Singular unterschiedliches Genus aufweisen.

Die folgende Aufstellung bringt einige Beispiele für Doppelformen, ohne vollständig zu sein.

---

[1] Nach G. Augst: Neuere Forschungen zur Substantivflexion. In: Zeitschrift für Germanistische Linguistik 7 (1979), S. 220–232; J. Mugdan: Flexionsmorphologie und Psycholinguistik. Tübingen 1977, S. 87 ff.

388 | **Varianten ohne Bedeutungsunterschied**

standardsprachliche Form		mundartliche, umgangssprachliche, nur regional verbreitete, selten oder mit besonderer Stilwirkung gebrauchte Form
auf -e:		*auf -er:*
der (das) Balg	die Bälg-e	die Bälg-er („unartiges Kind')
das Brot	die Brot-e	die Bröt-er
das Ding	die Ding-e	die Ding-er[1]
der Geschmack	die Geschmäck-e (selten)	die Geschmäck-er (scherzhaft)
der Klotz	die Klötz-e	die Klötz-er
der Rest	die Rest-e	die Rest-en (schweiz.)
das Roß	die Ross-e	die Röss-er
das Scheit	die Scheit-e	die Scheit-er (bes. österr., schweiz.)
das Scheusal	die Scheusal-e	die Scheusäl-er
das Stift	die Stift-e	die Stift-er
das Stück	die Stück-e	die Stück-er
		auf -en:
der Fex (vgl. 382,2)	die Fex-e	die Fex-en
der Greif	die Greif-e	die Greif-en
der Protz	die Protz-e	die Protz-en
		auf -s:
der Kerl	die Kerl-e	die Kerl-s
der Knick	die Knick-e	die Knick-s
das Besteck	die Besteck-e	die Besteck-s
endungslos:		*auf -n:*
der Brösel	die Brösel	die Brösel-n
das Brettel	die Brettel	die Brettel-n
das Gössel	die Gössel	die Gössel-n
das Hascherl	die Hascherl	die Hascherl-n
das Hendl	die Hendl	die Hendl-n
das Mädel	die Mädel	die Mädel-n
das Mandl	die Mandl	die Mandl-n
der Stiefel	die Stiefel	die Stiefel-n
der Stummel	die Stummel	die Stummel-n
der Ziegel	die Ziegel	die Ziegel-n
das Zuckerl	die Zuckerl	die Zuckerl-n
		auf -s:
der Bengel	die Bengel	die Bengel-s
das Fräulein	die Fräulein	die Fräulein-s
der Kumpel	die Kumpel	die Kumpel-s
das Mädchen	die Mädchen	die Mädchen-s
das Mädel	die Mädel	die Mädel-s
der Schlingel	die Schlingel	die Schlingel-s
		auf -er:
die Mark	die Mark	die Märk-er (scherzhaft)
auf -(e)n:		*auf -e:*
das Bett	die Bett-en	die (Fluß)bett-e
der Lump	die Lump-en	die Lump-e (veraltet)

[1] Das Substantiv *die Dinger* bedeutet neben (ugs.) ‚Sachen' auch (ugs.) ‚junge Mädchen'.

standardsprachliche Form		mundartliche, umgangssprachliche, nur regional verbreitete, selten oder mit besonderer Stilwirkung gebrauchte Form
der Mast	die Mast-en	die Mast-e
der Oberst	die Oberst-en	die Oberst-e
		endungslos:
die Kartoffel	die Kartoffel-n	die Kartoffel
der Muskel	die Muskel-n	die Muskel
der Pantoffel	die Pantoffel-n	die Pantoffel
die Semmel	die Semmel-n	die Semmel
		auf -er:
der Dorn	die Dorn-en	die Dörn-er
		auf -s:
der Fatzke	die Fatzke-n	die Fatzke-s
der Junge	die Junge-n	die Jung-s/Junge-ns

auf -er:		*auf -e:*
der Bösewicht	die Bösewicht-er	die Bösewicht-e (österr. nur so)
der Mund	die Münd-er	die Mund-e/Münd-e

auf -s:		*auf -e:*
das Deck	die Deck-s	die Deck-e
das Haff	die Haffs	die Haff-e
der Stau	die Stau-s	die Stau-e
das Wrack	die Wrack-s	die Wrack-e

ohne/mit Umlaut:		*ohne/mit Umlaut:*
die Armbrust	die Armbruste/Armbrüste	—
der Boden	die Böden	die Boden (selten)
der Bogen	die Bogen	die Bögen (bes. südd.)
der Erlaß	die Erlasse	die Erlässe (österr.)
der Hammel	die Hammel/Hämmel	
der Kasten	die Kästen	die Kasten (seltener)
der Knust	die Knuste/Knüste	
der Kragen	die Kragen	die Krägen (südd., österr., schweiz.)
der Kran	die Kräne	die Krane (fachspr.)
der Laden	die Läden	die Laden (selten)
das Lager	die Lager	die Läger (bes. südd u. kaufm.)
der Magen	die Mägen	die Magen (seltener)
der Nachlaß	die Nachlasse/Nachlässe	—
der Pfropf	die Pfropfe	die Pfröpfe (österr.)
der Schlamm	die Schlamme/Schlämme (beide selten)	
der Schlot	die Schlote	die Schlöte (seltener)
der Schluck	die Schlucke	die Schlücke (seltener)
der Spat	die Spate/Späte	
der Stahl	die Stähle (techn.)	die Stahle (seltener)
der Staub	die Staube/Stäube (techn.)	
der Wagen	die Wagen	die Wägen (südd.)
der Zwieback	die Zwiebacke/Zwiebäcke	—

Varianten mit Bedeutungsunterschied

Ohne Genusunterscheidung im Singular

389

die Bank – die Bänke (‚Sitzmöbel')/die Banken (‚Geldinstitut')

der Bär – die Bären (‚Tier')/(auch:) die Bäre (‚Maschinenhammer')

der Bau – die Baue (‚Tierhöhle')/die Bauten[1] (‚Gebäude')

der Block – die Blöcke (‚klotzförmiger, kompakter Gegenstand')/die Blocks (‚zusammengeheftete, geschichtete Papiere'; auch schon in *die Häuserblocks*)

der Dorn – die Dornen (‚Pflanzenspitze'; vgl. 388)/die Dorne (‚techn. Werkzeug')

der Druck – die Drucke (‚Druckerzeugnis'; zu *drucken*)/Drücke (‚Kraft'; zu *drücken*)

der Hahn – die Hähne (‚Tier')/die Hahnen (‚Absperrvorrichtung')

das Kleinod – die Kleinode (‚Kostbarkeit')/die Kleinodien (‚Schmuckstück')

das Land – die Lande (‚eine Region als Ganzes')/die Länder (‚Einzelregionen')

der Mann – die Männer[2]/die Mannen (‚Lehns-/Gefolgsleute')

die Mutter – die Mütter (‚Verwandschaftsgrad')/die Muttern (‚Schraubenteil')

der Spund – die Spünde (‚Faßverschluß')/die Spunde (‚junger Kerl')

der Strauß – die Sträuße (‚gebundene Blumen')/die Strauße (‚Laufvogel')

das Tuch – die Tücher (‚einzelnes, gewebtes Stück')/die Tuche (‚noch unverarbeitetes Erzeugnis der Webindustrie')

das Wasser – die Wasser (‚Wassermasse')/die Wässer (‚bestimmte Wassersorte')

das Wort – die Worte (‚zusammenhängende Rede')/die Wörter (‚Einzelwörter')

Mit Genusunterscheidung im Singular

390

der Band – die Bände (‚Buch')

das Band – die Bande (‚Fesseln, Bindung, Verbindung')/die Bänder (‚zum Binden und Schnüren geeigneter Gegenstand')

der Bauer – die Bauern (‚Landwirte')

der/das Bauer – die Bauer (‚Käfig')

der Bund – die Bünde₁ (‚Bündnis')/die Bünde₂ (‚oberer fester Rand an Röcken und Hosen')

das Bund – die Bunde (‚Gebinde, Bündel')

der Flur – die Flure (‚Gang')

die Flur – die Fluren (‚Feld und Wiese')

der Kiefer – die Kiefer (‚Schädelknochen')

die Kiefer – die Kiefern (‚Nadelbaum')

die Koppel – die Koppeln (‚Viehweide')

das Koppel – die Koppel (‚Gürtel')

der Leiter – die Leiter (‚Vorgesetzte, Anführer')

die Leiter – die Leitern (‚Gerät')

der Mangel – die Mängel (‚Fehler')

die Mangel – die Mangeln (‚Wäscherolle')

der Ort – die Orte (‚Ortschaft')/die Örter (seemannsspr.: ‚Ortschaft, Örtlichkeit'; math.: ‚geometrischer Punkt')

das Ort – die Örter (‚Ende der Strecke')

der Schild – die Schilde (‚Schutzwaffe')

das Schild – die Schilder (‚Hinweistafel')

die Steuer – die Steuern (‚Abgabe')

das Steuer – die Steuer (‚Vorrichtung zum Lenken')

der Tor – die Toren (‚einfältiger, dummer Mensch')

das Tor – die Tore (‚Eingang, Tür')

---

[1] *Bauten* weist einen Sonderplural auf!

[2] Lediglich in der Wendung *Alle Mann an Deck!* ist *Mann* auch pluralisch zu verstehen. Bei Zusammensetzungen wechseln die Plural *-männer* und *-leute*: Während *-leute* bei Berufen, Ständen, Menschengruppen u. ä. (kollektiv) ohne Geschlechtsbezug verwendet wird *(Bauersleute, Eheleute, Fachleute, Gewährsleute)*, betont das vervielfältigende *-männer* (stärker) das Geschlecht *(Lebemänner, Ehemänner, Fachmänner, Gewährsmänner)*. Bildungen wie *Obst-, Milch-, Gemüsemann* werden fast ausschließlich im Singular verwendet.

Nicht standardsprachlicher Gebrauch des *s*-Plurals

Die Umgangssprache hängt oft an Wörter, deren Plural mit dem Singular gleich lautet, ein *s* an, um den Plural besonders zu verdeutlichen:

> die Fräulein*s* (für: die Fräulein), die Mädel*s* (für: die Mädel); (entsprechend:) die Mädchen*s*, die Schlingel*s*, die Kumpel*s*, die Bengel*s*.

Das Plural-*s* wird aber auch im Wechsel mit an sich deutlichen Pluralformen gebraucht; etwa *die Jungens* als Mischform aus standardspr. *die Jungen* und niederd. bzw. ugs. *die Jungs:*

> Er spürte gleich allen *Jungens* ... den Stoff heraus ... (Seghers) ... wenn die *Kerls* (statt: *Kerle*) so Sprünge machen ... (Th. Mann) ... trugen einige *Fatzkes* (statt: *Fatzken*) lächerliche Fliegen. (G. Grass) Ähnlich: *die Bestecks* statt: *die Bestecke*.

In Analogie zu Eigennamen werden in der Umgangssprache Plurale von Titeln und Berufsbezeichnungen auf -*s* zu Familienbezeichnungen *(Apothekers, Bürgermeisters, Pastors).*

Bei einfachen Buchstaben, substantivierten Konjunktionen und Interjektionen, die nicht auf einen Vokal enden (vgl. 432), steht besser kein Plural-*s:*

> die A, die B; die Wenn und Aber, die Entweder-Oder, die vielen Ach[s] und Weh[s].

Über das Plural-*s* bei Eigennamen vgl. 412, bei Fremdwörtern vgl. 399.

Der Zusammenhang zwischen Singular- und Pluraltypen

Bezeichnend für die Struktur der Substantivdeklination ist, daß sich nicht jeder Singulartyp mit jedem Pluraltyp verknüpft. Von den fünfzehn möglichen Kombinationen kommen nur die folgenden vor:

Deklina-tionstyp	Sing./Plur.-Kombination	Charakteristik (Gen. Sing./ Nom. Plur)	Beispiel	Häufigkeit[1] im	
				Wortschatz	Text
I	S 1/P 1	-(e)s/-e	des Jahres – die Jahre	**22,6%**	**29,9%**
II	S 1/P 2	-(e)s/-Ø	des Musters – die Muster	**13,1%**	**9,3%**
III	S 1/P 3	-(e)s/-(e)n	des Staates – die Staaten	0,8%	4,9%
IV	S 1/P 4	-(e)s/-er	des Bildes – die Bilder	2,3%	3,1%
V	S 1/P 5	-s/-s	des Uhus – die Uhus	2,4%	0,9%
VI	S 2/P 3	-(e)n/-(e)n	des Menschen – die Menschen	3,7%	1,6%
VII	S 3/P 1	-Ø/-e	der Kraft – die Kräfte	1,3%	1,3%
VIII	S 3/P 2	-Ø/-Ø	der Mutter – die Mütter	0,2%	0,2%
IX	S 3/P 3	-Ø/-(e)n	der Frau – die Frauen	**52,0%**	**48,5%**
X	S 3/P 5	-Ø/-s	der Oma – die Omas	0,2%	0,02%
Sonderfälle		-ns/-n	des Namens – die Namen	0,2%	0,2%
		Sonstige		1,1%	0,8%
				100,0%	100,0%

---

[1] Nach J. Mugdan: Flexionsmorphologie und Psycholinguistik. Tübingen 1977, S. 97.

Die Übersicht läßt auf der einen Seite eine strukturelle Parallelität erkennen: Nur S 1 und S 3 verknüpfen sich mit P 1 – P 5 zu einem Deklinationstyp (Ausnahme: S 3 verknüpft sich nicht mit P 4). Auf der anderen Seite tritt die Sonderstellung des Singulartyps S 2 dadurch hervor, daß er sich nur mit dem Pluraltyp P 3 verbindet.

Zu jedem der Deklinationstypen I–X gehört eine bestimmte Klasse von Substantiven, die gemäß diesem Typ dekliniert werden. Wie aus den beigefügten Prozentzahlen hervorgeht, unterscheiden sich die Klassen stark hinsichtlich ihrer Häufigkeit im Wortschatz und im laufenden Text. Danach sind die wichtigsten Deklinationstypen bei den Maskulina und Neutra Deklinationstyp I (22,6% bzw. 29,9%) und II (13,1% bzw. 9,3%) und bei den Feminina Deklinationstyp IX (52,0% bzw. 48,5%); alle anderen spielen nur eine Randrolle. Zu beachten ist jedoch, daß Deklinationstyp III im Text wesentlich häufiger anzutreffen ist als – nach Ausweis des Wörterbuchs – die Zahl der zu ihm gehörenden Substantive erwarten läßt. Auch bei anderen Deklinationstypen zeigen sich Unterschiede, die aber nicht ganz so stark ausgeprägt sind.

Es folgt eine tabellarische Übersicht über die zehn aus den verschiedenen Singular- und Pluraltypen sich ergebenden Deklinationstypen des Substantivs.[1]

393

		Deklinationstyp I S 1/P 1 (stark)		**Deklinationstyp II** S 1/P 2 (stark)	
		Maskulinum	Neutrum	Maskulinum	Neutrum
Singular	Nom.	der Tag	das Jahr	der Apfel	das Segel
	Gen.	des Tag-[e]s	des Jahr-[e]s	des Apfel-s	des Segel-s
	Dat.	dem Tag[-e]	dem Jahr[-e]	dem Apfel	dem Segel
	Akk.	den Tag	das Jahr	den Apfel	das Segel
Plural	Nom.	die Tag-e	die Jahr-e	die Äpfel	die Segel
	Gen.	der Tag-e	der Jahr-e	der Äpfel	der Segel
	Dat.	den Tag-en	den Jahr-en	den Äpfel-n	den Segel-n
	Akk.	die Tag-e	die Jahr-e	die Äpfel	die Segel

		Deklinationstyp III S 1/P 3 (gemischt)		**Deklinationstyp IV** S 1/P 4 (stark)	
		Maskulinum	Neutrum	Maskulinum	Neutrum
Singular	Nom.	der Staat	das Auge	der Wald	das Bild
	Gen.	des Staat-[e]s	des Auge-s	des Wald-[e]s	des Bild-[e]s
	Dat.	dem Staat[-e]	dem Auge	dem Wald[-e]	dem Bild[-e]
	Akk.	den Staat	das Auge	den Wald	das Bild
Plural	Nom.	die Staat-en	die Auge-n	die Wäld-er	die Bild-er
	Gen.	der Staat-en	der Auge-n	der Wäld-er	der Bild-er
	Dat.	den Staat-en	den Auge-n	den Wäld-ern	den Bild-ern
	Akk.	die Staat-en	die Auge-n	die Wäld-er	die Bild-er

[1] Die auf J. Grimm zurückgehenden Termini „starke" (ohne -[e]n-Endung) und „schwache" (mit -[e]n-Endung) bzw. „gemischte" (mit -[e]s-Endung im Gen. Sing. und -[e]n-Endung im Plural) Deklination sind wenig hilfreich und werden deshalb nur noch in Klammern gesetzt.

		Deklinationstyp V S 1/P 5 (stark)		**Deklinationstyp VI** S 2/P 3 (schwach)
		Maskulinum	Neutrum	Maskulinum
Singular	Nom.	der Opa	das Deck	der Mensch
	Gen.	des Opa-s	des Deck-s	des Mensch-en
	Dat.	dem Opa	dem Deck	dem Mensch-en
	Akk.	den Opa	das Deck	den Mensch-en
Plural	Nom.	die Opa-s	die Deck-s	die Mensch-en
	Gen.	der Opa-s	der Deck-s	der Mensch-en
	Dat.	den Opa-s	den Deck-s	den Mensch-en
	Akk.	die Opa-s	die Deck-s	die Mensch-en

		Deklinationstyp VII S 3/P 1 (stark)	**Deklinationstyp VIII** S 3/P 2 (stark)	**Deklinationstyp IX** S 3/P 3 (schwach)	**Deklinationstyp X** S 3/P 5 (stark)
Singular	Nom.	die Kraft	die Mutter	die Frau	die Oma
	Gen.	der Kraft	der Mutter	der Frau	der Oma
	Dat.	der Kraft	der Mutter	der Frau	der Oma
	Akk.	die Kraft	die Mutter	die Frau	die Oma
Plural	Nom.	die Kräft-e	die Mütter	die Frau-en	die Oma-s
	Gen.	der Kräft-e	der Mütter	der Frau-en	der Oma-s
	Dat.	den Kräft-en	den Mütter-n	den Frau-en	den Oma-s
	Akk.	die Kräft-e	die Mütter	die Frau-en	die Oma-s

Feminina

3.5.3 Die Deklination der Fremdwörter

394

Die Fremdwörter werden zum großen Teil nach den gleichen Grundsätzen dekliniert wie die deutschen Substantive (vgl. 378 ff.).

Die Deklination im Singular[1]

Genitiv auf *-(e)s*

395

Maskulina (außer den unter 396 und 397 genannten) und Neutra bilden den Genitiv auf *-(e)s;* Dativ[2] und Akkusativ weisen keine besonderen Endungen auf (vgl. S 1 unter 378 f.):

	Maskulinum	Neutrum
Nom.	der Friseur	das Auto
Gen.	des Friseur-s	des Auto-s
Dat.	dem Friseur	dem Auto
Akk.	den Friseur	das Auto

---

[1] Vgl. 378.
[2] Das Dativ-*e* (vgl. 380) kommt bei den Fremdwörtern nicht vor.

396 **Genitiv auf -(e)n**

Eine Gruppe von Maskulina bildet den Genitiv – wie auch den Dativ und den Akkusativ – mit -(e)n (vgl. S 2 unter 378). Die Gruppe stimmt mit derjenigen überein, die auch den Plural mit -(e)n bildet (vgl. 383). Eine Ausnahme stellen lediglich die Maskulina auf -or dar, die zwar den Plural auf -en, den Genitiv (Singular) aber auf -s bilden (vgl. *der Doktor – des Doktor-s/die Doktoren*):

Nom.	der Pädagoge	der Musikant
Gen.	des Pädagoge-n	des Musikant-en
Dat.	dem Pädagoge-n	dem Musikant-en
Akk.	den Pädagoge-n	den Musikant-en

397 **Genitiv ohne Endung**

Feminina sind im Genitiv endungslos, ebenso im Dativ und Akkusativ (vgl. S 3 unter 378):

Nom.	die Kritik
Gen.	der Kritik
Dat.	der Kritik
Akk.	die Kritik

Endungslos sind in der Regel auch die Maskulina und Neutra auf -us bzw. -os *(der/des Typus, das/des Epos)*. Einige bilden aber auch schon den Genitiv auf -es[1]:

> der Fidibus – des Fidibus[s-es], der Globus – des Globus[s-es], der Omnibus – des Omnibus[s-es], das Rhinozeros – des Rhinozeros[s-es].

Selten ist dieser Genitiv bei Substantiven auf -ismus *(voll packenden Realismusses* [Meyrink]).

398 **Doppelformen**

Bei Fremdwörtern auf -s, -ß, -x oder -st wird der Genitiv nur bei Eindeutschung auf -es gebildet *(des Dispens-es, des Komplex-es, des Prozess-es)*. Doppelformen weisen auf:

> des Atlas/Atlass-es, des Index/Index-es; des Augur-s/Augur-en, des Chrysolith-s/ Chrysolith-en, des Elektrolyt-s/Elektrolyt-en (überwiegend), des Kakerlak-s/Kakerlak-en, des Magnet-s/Magnet-en, des Papagei-s/Papagei-en, des Partisan-s/Partisan-en, des Satyr-s/Satyr-n, des Tribun-s/Tribun-en, des Triumvir-s/Triumvir-n.

399 # Die Deklination im Plural

Bei der Pluraldeklination der Fremdwörter sind drei Gruppen zu unterscheiden:

- In der ersten Gruppe wird der Plural wie bei den deutschen Wörtern gebildet, d. h. mittels angefügter Endungen *(-e, -en, -er, -s)* und gegebenenfalls Umlaut.
- In der zweiten Gruppe wird der Plural zwar auch mit Hilfe einer deutschen Endung *(-[e]n)* gebildet. Sie tritt jedoch nicht – wie in der ersten Gruppe – an den Auslaut des Nominativs Singular, sondern ersetzt ganz oder teilweise die fremde Pluralendung.
- In der dritten Gruppe behalten die Substantive ihre fremde Endung bei.

---

[1] Mit Verdopplung des auslautenden -s.

Fremdwörter mit deutschen Endungen

400

Bei den Fremdwörtern, die den Plural durch Hinzufügung einer deutschen Endung bilden, ergibt sich eine ähnliche Tendenz wie bei den deutschen Substantiven. Die Maskulina und Neutra bilden nämlich den Plural zur Hauptsache auf *-e,* die Feminina auf *-(e)n.* Eine kleinere Gruppe von Maskulina nebst einigen Neutra weist ebenfalls den *en*-Plural auf. Der ∅-Plural kommt bei den Fremdwörtern nicht vor,[1] der *er*-Plural so gut wie nicht, und der *s*-Plural ist etwas stärker vertreten als bei deutschen Wörtern.

e-Plural

401

Maskulina und Neutra bilden, von Ausnahmen abgesehen (vgl. 402 ff.), den Plural auf *-e,* in einigen Fällen zusätzlich durch Umlaut.[2] Sie gehören damit zum Pluraltyp P 1 (vgl. 383). Es handelt sich hier vor allem um Substantive mit bestimmten Wortausgängen, z. B.:

-al:	Admiräl-e[3], Choräl-e, Generäl-e[3], Kanäl-e, Kapital-e, Kardinäl-e, Korporäl-e[3], Lineal-e, Lokal-e, Opal-e, Oval-e, Pokal-e, Plural-e;
-an:	Caravan-e, Dekan-e, Kaplän-e, Ozean-e; Organ-e;
-ar:	Altär-e, Antiquar-e, Kommissar-e, Notar-e, Talar-e, Vikar-e; Exemplar-e, Formular-e, Honorar-e, Inventar-e;
-är:	Emissär-e, Funktionär-e, Revolutionär-e, Sekretär-e, Volontär-e;
-at:	Aggregat-e, Attentat-e, Fabrikat-e, Format-e, Inserat-e, Referat-e, Testat-e, Zitat-e;
-ell:	Kartell-e; Pedell-e;
-ett:	Ballett-e, Quartett-e, Skelett-e;[4]
-eur/(-ör):	Amateur-e, Friseur-e, Ingenieur-e, Konstrukteur-e, Regisseur-e, Likör-e;
-(i)at:	Konsulat-e, Notariat-e, Noviziat-e;
-ier [...i:ɐ̯][5]:	Furnier-e, Juwelier-e, Kanonier-e, Klavier-e, Turnier-e;
-il:	Exil-e, Konzil-e, Ventil-e;
-in [...i:n][6]:	Harlekin-e, Magazin-e, Protein-e, Termin-e, Vitamin-e;
-iv:	Dativ-e, Detektiv-e, Imperativ-e, Adjektiv-e, Archiv-e, Korrektiv-e, Motiv-e;
-(m)ent [...mɛnt][7]:	Argument-e, Kompliment-e, Kontingent-e, Medikament-e, Prozent-e, Sediment-e, Talent-e, Temperament-e;
-on [...o:n][8]:	Baron-e, Hormon-e, Mikrophon-e, Spion-e, Telefon-e.

---

[1] Außer bei solchen Fremdwörtern, die einen den ∅-Plural bedingenden charakteristischen Wortausgang haben (vgl. 385; *der Analytiker/die Analytiker, der Manager/die Manager*).
[2] Außer den im folgenden genannten Fremd- bzw. Lehnwörtern haben noch Umlaut: *der Abt – die Äbte, der Baß – die Bässe, der Bischof – die Bischöfe, der Chor – die Chöre, der Morast – die Moräste* (auch: *die Moraste*), *der Palast – die Paläste, der Papst – die Päpste, der Propst – die Pröpste, der Tenor – die Tenöre.*
[3] Auch ohne Umlaut: *Admirale, Generale, Korporale.*
[4] Bei *die Brikett-s, die Kabarett-s, die Klosett-s, die Kotelett-s* (neben selt. *Kotelett-en* ‚Backenbart' – mit Bedeutungsunterscheidung!) ist heute allerdings der *s*-Plural häufiger. Weitere Ausnahmen: *die Etikett-en* (auch *Etikett-s*), *Kadett-en.*
[5] Man beachte aber: Substantive auf *-arier* sind im Plural endungslos *(die Parlamentarier, die Vegetarier);* Substantive auf *-ier* [...je:] bilden den Plural mit *-s (die Bankier-s, die Portier-s).*
[6] Man beachte aber, daß Substantive auf *-in* [...ɛ̃] den Plural mit *-s* bilden *(die Bulletin-s, die Gobelin-s).*
[7] Man beachte aber: Substantive auf *-ment* [...mã:] bilden den Plural mit *-s (die Engagement-s, die Ressentiment-s);* Maskulina, die Menschen als Rollenträger bezeichnen, enden im Plural auf *-en (Student-en;* vgl. 402,2).
[8] Man beachte aber: Substantive auf (unbetont) *-on* [...ɔn] bilden den Plural mit *-en* (bei gleichzeitiger Betonung und Längung des *o (die Dämon-en, die Neutron-en);* Substantive auf *-on* [...õ] bilden den Plural auf *-s (die Bonbon-s, die Medaillon-s).*

(e)n-Plural[1]

1. Den Plural auf -(e)n bilden fast alle Feminina,[2] beispielsweise die auf

-anz:	Allianz-en, Alternanz-en, Instanz-en, Vakanz-en;
-ät:	Diät-en, Qualität-en;
-e (unbetont):	Kanonade-n, Garage-n, Medaille-n, Chance-n, Fontäne-n, Zitadelle-n, Tablette-n, Friseuse-n, Familie-n, Bonbonniere-n, Pastille-n, Gelatine-n, Hornisse-n, Lokomotive-n, Apotheose-n, Malaise-n, Maniküre-n;
-enz:	Frequenz-en, Valenz-en;
-ie [i:]:	Harmonie-n, Theorie-n;
-ik:	Kritik-en, Plastik-en;
-(i)tät:	Qualität-en, Universität-en;
-(i)on:	Explosion-en, Nation-en, Person-en;
-ur:	Figur-en, Fraktur-en, Frisur-en, Kur-en, Miniatur-en, Zensur-en.

2. Auf -(e)n bilden auch bestimmte Maskulina den Plural. Sie bezeichnen in der Regel Menschen als Rollenträger[3] und haben wie die entsprechenden deutschen Substantive das – etwas weiter gefaßte – Merkmal ‚belebt'. Unter diesen Maskulina befinden sich z. B. diejenigen, die ausgehen auf

-and:	Doktorand-en, Habilitand-en, Konfirmand-en;
-ant:	Demonstrant-en, Fabrikant-en, Musikant-en, Praktikant-en;
-(k)at:	Demokrat-en, Kandidat-en, Soldat-en;
-ent:	Absolvent-en, Delinquent-en, Student-en;
-et:	Athlet-en, Poet-en, Prophet-en;
-ist:	Artist-en, Faschist-en, Jurist-en, Kommunist-en;
-oge:	Geolog-en, Pädagog-en;
-nom:	Agronom-en, Astronom-en;
-or[4]:	Doktor-en, Organisator-en, Professor-en, Rektor-en, Traktor-en;
-soph:	Anthroposoph-en, Philosoph-en.

Feminina und Maskulina mit en-Plural werden nach P 3 (vgl. 383) dekliniert.

3. Eine kleine Gruppe von Neutra bildet den Plural auf -ien:

Fossil-ien, Indiz-ien, Ingredienz-ien, Material-ien, Präzendenz-ien, Prinzip-ien.

er-Plural

Den er-Plural haben nur vier Substantive. Sie werden nach P 4 (vgl. 383) dekliniert:

Hospitäl-er, Regiment-er, Ski-er (selten: die Ski), Spitäl-er.

s-Plural

Mit -s bilden den Plural Fremdwörter auf klingenden Vokal (Boa-s, Hazienda-s, Kamera-s, Metro-s, Safari-s) sowie Fremdwörter aus dem Englischen (Baby-s, City-s, Fan-s, Hobby-s, Pony-s, Song-s, Story-s, Team-s) und Französischen (Abonnement-s, Feuilleton-s, Gourmet-s, Hotel-s, Trikot-s). Sie werden nach P 5 (vgl. 383) dekliniert.
Bei einigen englischen Substantiven auf -y ist neben der Form -ys auch die Form -ies gebräuchlich (Ladys/Ladies, Lobbys/Lobbies, Partys/Parties).

---

[1] Vgl. 383.
[2] Eine Ausnahme ist etwa die Kamera-s (vgl. 404).
[3] Ausnahmen sind z. B. der Reflektor, der Traktor, der Transformator.
[4] Man beachte aber, daß endbetonte Substantive auf -or den Plural mit -e bilden (der Majór – die Majór-e, der Meteór – die Meteor-e, der Tenór – die Tenór-e [mit Umlaut]; dazu: der Kórridor – die Korridor-e).

Fremdwörter mit Ersatzendungen

Eine Reihe von substantivischen Fremdwörtern, die aus dem Lateinischen, Griechischen und Italienischen übernommen sind, bildet den Plural, indem sie die fremde Pluralendung ganz oder teilweise durch die deutsche Endung *-(e)n* ersetzt.[1] Die Deklination richtet sich in diesen Fällen nach dem *(e)n*-Plural (P 3; vgl. 383), d. h., die Pluralkasus unterscheiden sich nicht:

Album – Alben, Anachronismus – Anachronismen, Atlas – Atlanten (neben: Atlasse), Basis – Basen, Bronchitis – Bronchitiden, Datum – Daten, Distichon – Distichen, Dogma – Dogmen, Drama – Dramen, Epos – Epen, Firma – Firmen, Gremium – Gremien, Gymnasium – Gymnasien, Konto – Konten, Mechanismus – Mechanismen, Museum – Museen, Organismus – Organismen, Praxis – Praxen, Radius – Radien, Rhythmus – Rhythmen, Spektrum – Spektren, Spirans – Spiranten, Stipendium – Stipendien, Thema – Themen, Tripus – Tripoden, Typus – Typen, Villa – Villen, Virus – Viren, Zyklus – Zyklen u. a.

Fremdwörter mit fremden Endungen

Einige substantivische Fremdwörter aus dem Griechischen, Lateinischen und Italienischen werden auch im neueren Deutsch noch mit ihrer eigenen, dem deutschen Deklinationssystem nicht angepaßten Pluralform gebraucht. Sie gehören jedoch in der Regel nicht der Allgemeinsprache an, sondern einzelnen Fachsprachen (z. B. der Musik, Medizin, Jurisprudenz, Linguistik). Sie sind in allen Pluralkasus unveränderlich:

Abstraktum – Abstrakta, Appendix – Appendizes, Cello – Celli, Examen – Examina (neben: die Examen), Frater – Fratres, Genus – Genera, Gondoliere – Gondolieri, Index – Indizes (neben: die Indexe), Karabiniere – Karabinieri, Kasus – Kasus, Kodex – Kodizes (neben: die Kodexe), Konto – Konti, Lexikon – Lexika (auch: Lexiken), Matrix – Matrizes (auch: Matrizen), Minimum – Minima, Numerus – Numeri, Passus – Passus, Porto – Porti (neben: die Portos), Solo – Soli (neben: die Solos), Tempus – Tempora u. a.

Doppelformen

Nicht selten treten auch bei der Pluraldeklination der Fremdwörter Doppelformen auf (vgl. 387). In den meisten Fällen sind dafür zwei einander widerstrebende Kräfte verantwortlich, nämlich einerseits ein Beharrungswille, der an den fremden Endungen festhalten möchte, und andererseits ein Streben nach Einheitlichkeit und Ausgleich, das darauf abzielt, auch die Fremdwörter dem deutschen Deklinationssystem anzupassen. Folgende Typen von Doppelformen kommen vor:

– Ersatzendung *-en* oder *s*-Endung:

Alben/Albums (ugs.), Aulen/Aulas, Faktoten/Faktotums, Konten/Kontos/(auch: Konti), Risiken/Risikos.

– Ersatzendung *-en* oder *e*-Plural:

Atlanten/Atlasse, Disken/Diskusse, Globen/Globusse, Kakteen/Kaktusse (ugs.), Konen/Konusse.

– Fremde Endung oder *e-, s-, Ø*-Plural:

Balkons/Balkone, Ballons/Ballone, Bambini/Bambinos, Crescendi/Crescendos, Docks/Docke (selten), Examina/Examen (falsch: Examinas), Famuli/Famulusse, Filii/Filiusse, Indizes/Indexe, Kartons/Kartone (selten), Klimas/Klimate (falsch: Klimatas), Kommata/Kommas (falsch: Kommatas), Porti/Portos (falsch: Portis), Pronomina/Pronomen (falsch: Pronominas), Schemata/Schemas (auch Schemen), Semikola/Semikolons (falsch: Semikolas), Sforzati/Sforzatos, Signore/Signoras, Signorine (selten)/Signorinas, Soli/Solos (falsch: Solis), Tempi/Tempos (falsch: Tempis).

---

[1] Lediglich im Falle von *die Klimate* findet Ersetzung durch *-e* statt.

–Fremde Endung oder Ersatzendung *-en:*

Fora/Foren/Forums, Lexika/Lexiken, Sera/Seren, Themata/Themen, Verba/Verben.

– *(i)en-* oder *e-*Plural:

Chrysolithen/Chrysolithe, Elektrolyten/Elektrolyte (überwiegend), Fasanen/Fasane, Konzilien/Konzile, Magneten/Magnete, Mineralien/Minerale, Mótor/Motóren neben Motór/Motóre, Papageien/Papageie (selten), Pástor/Pastóren neben Pastór/Pastóre (Pastóre ist nordd.), Prinzipien/Prinzipe (selten), Reptilien/Reptile, Tribunen/Tribune (selten); (mit Bedeutungsunterscheidung:) Effekten („Sachen, Wertpapiere')/Effekte („Wirkungen'), Juwelen („Edelsteine')/Juwele („etw. Wertvolles'; auch von Personen).

– *s-* oder *e-*Plural:

Karussells/Karusselle, Klosetts/Klosette, Kollektivs/Kollektive, Leutnants/Leutnante, Lifts/Lifte, Parks/Parke, Schecks/Schecke (selten), Schocks/Schocke (selten), Streiks/Streike (selten).

– *en-* oder *s-*Plural:

Aromen/Aromas (ält.: Aromata), Mamsellen/Mamsells.

---

408 **Zusatz: Lateinische Fachausdrücke**

In sprachwissenschaftlichen Abhandlungen werden heute noch gelegentlich Fachausdrücke wie im Lateinischen dekliniert:

Nominativus Singularis, Accusativus cum Infinitivo, Indikativus Praesentis Activi; (heute üblicher:) Nominativ Singular, Akkusativ mit Infinitiv, Indikativ Präsens Aktiv.

Dabei werden lateinische Nominative des Plurals auch in den anderen Kasus gebraucht (*den Pronomina, der Kasus* [Gen. Plur., mit langem *u*], *den Feminina*). Nicht nur auf Fachsprachen beschränkt sind Ausdrücke wie

Anno Domini, Corpus delicti, Nervus rerum.

---

409 **Der Zusammenhang zwischen Singular- und Pluraltypen**

Der Zusammenhang zwischen Singular- und Pluraltypen ist bei den Fremdwörtern im wesentlichen so beschaffen wie bei den deutschen Wörtern (vgl. 392f.). Die folgende Übersicht verdeutlicht dies:

Deklinationstyp	Sing.-/Plur.-Kombination	Charakteristik (Gen. Sing./ Nom. Plur.)	Beispiel
I	S 1/P 1	-(e)s/-e	des Funktionärs – die Funktionäre
III	S 1/P 3	-(e)s/-(e)n	des Doktors – die Doktoren
IV	S 1/P 4	-(e)s/-er	des Regiment[e]s – die Regimenter
V	S 1/P 5	-s/-s	des Teams – die Teams
VI	S 2/P 2	-(e)n/-(e)n	des Studenten – die Studenten
VII	S 3/P 1	-∅/-e	des Rhinozeros – die Rhinozerosse
IX	S 3/P 3	-∅/-(e)n	der Allianz – die Allianzen
X	S 3/P 5	-∅/-s	der Kamera – die Kameras

Auch hier sind die Deklinationstypen I und IX zahlenmäßig am stärksten vertreten, während die anderen – vor allem IV und VII – vergleichsweise schwach belegt sind.

3.5.4 Die Deklination der Eigennamen

Familien-, Personen- und Vornamen

Ohne Bestimmungswort

Singular

1. Familien-, Personen- und Vornamen im Singular erhalten, wenn sie ohne Artikel (Pronomen u. ä.) gebraucht werden, nur im Genitiv die Endung -s, sonst sind sie endungslos:

> Goethes Gedichte, der Geburtsort Schillers, Cäsars Ermordung, die Niederlage Hannibals, Peters Heft, Sophias/Sophies Kleid.
> Man ehrte Goethe wie einen Fürsten. Ich besuchte Karl. Die Bürger Karthagos dankten Hannibal für seinen Sieg. Ich widersprach Fritz.

Die Endung -(e)n ist veraltet:

> Mit Gellerten stand er nicht im besten Vernehmen. (Goethe) Börnes Zorn loderte am grimmigsten gegen Menzeln. (Heine) Mit des alten Fritzen eigenhändigem Krückstock. (Fontane) So ging es Stankon mit mir. (Th. Mann)

In landschaftlicher Umgangssprache, insbesondere im Norddeutschen, werden manche Gattungsbezeichnungen aus dem Bereich der Familie (besonders Vater und Mutter) wie Eigennamen behandelt. Sie werden dann ohne Artikel gebraucht; der Genitiv wird auf -s, der Dativ und Akkusativ auf -n gebildet:

> Vaters/Mutters Ermahnungen; Tantes Kleid. ... Leibbindenindustrie mit Blasenwärmer für Vatern. (Benn) ... im Frühling, wenn ich bei Muttern auf Urlaub bin und Kuchen esse. (Frisch)

2. Mit Artikel (oder Pronomen u. ä.) bleiben die Namen heute meist ungebeugt, weil der Kasus durch diese Begleitwörter deutlich wird (zum Gebrauch des Artikels bei Eigennamen vgl. 356):

> die Verehrung des heiligen Joseph, die Werke des jungen Dürer, die Rolle des Lohengrin, die Erkrankung unseres Lothar, die Taten des grausamen Nero. (Aber:) ... Technik des ... angesehenen Bismarcks. (Musil)

Bei Voranstellung des Genitivs, die nur in der gewählten Sprache üblich ist, ist das Genitiv-s noch ziemlich fest:

> meines Peters Zeugnisse; des armen Joachims Augen (Th. Mann).

Ist ein Personenname zu einer Gattungsbezeichnung geworden, dann muß er wie ein gewöhnliches Substantiv die Genitivendung -s erhalten:

> des Dobermanns, des Zeppelins, des Nestors, des Nimrod[e]s.

Schwankungen entstehen, wenn sowohl die Auffassung, daß (noch) ein Name, als auch die Auffassung, daß (schon) eine Sachbezeichnung vorliegt, vertreten werden kann:

> des Diesel[s], des Duden[s], des Ampere[s], des Ohm[s], des Baedeker[s], des Volt/Volt[e]s.

3. Gehen die Namen auf s, ß, x, z, tz aus, dann gibt es fünf Möglichkeiten, den Genitiv zu bilden oder zu ersetzen (von Namen auf -sch wird der Genitiv normal gebildet):

– durch Apostroph bei vorangehendem Namen. Dies ist die besonders beim Schreiben gewählte Form:

> Fritz' Hut, Demosthenes' Reden, Paracelsus' Schriften, Perikles' Tod, Horaz' Satiren, Onassis' Jacht.

Beim Sprechen sind die folgenden Möglichkeiten deutlicher:

- durch *von* + Name (beim Sprechen die übliche Form):

  der Hut *von* Fritz, die Operetten *von* Strauß, die Schriften *von* Paracelsus.

- durch Artikel (Pronomen) mit oder ohne Gattungsbezeichnung (dies gilt jedoch nicht für Familien- und Vornamen, die standardsprachlich ohne Artikel stehen, vgl. 356):

  des Horaz Satiren, die Reden des Demosthenes, der Tod des Perikles, des [Arztes] Paracelsus Schriften.

- seltener durch die altertümliche Endung *-ens,* einer Mischung aus *-s* und *-(e)n*:

  Vossens „Luise", Marxens Werk (Börsenblatt), Horazens Satiren, trotz Hansens Widerstreben (Kafka).

- bei antiken Personennamen durch Weglassen der Endung und darauffolgende normale Beugung:

  Achill(es)/(Gen.:) Achill*s*; Priam(us)/(Gen.:) Priam*s*.

4. Fremdsprachige Deklination von Eigennamen ist nur noch innerhalb des religiösen Bereichs üblich:

  (Gen.:) Jesu Christ*i*, (Akk.:) Jesu*m* Christu*m*; im Jahre 30 nach Christ*i* Geburt (*Jesus Christus* bleibt außer im Genitiv jedoch oft schon ungebeugt). Mari*ä* Himmelfahrt, das Evangelium Johanni*s*.

412 **Plural**

Von Familien-, Personen- und Vornamen wird nur dann ein Plural gebildet, wenn sie Gattungsbezeichnungen geworden sind (vgl. 327, 363). Mit ihnen werden dann entweder die reine Gattung (*Krösus* = ein reicher Mann) oder Personen, die mit dem ursprünglichen Namenträger verglichen werden (Männer/Frauen wie ...) oder sämtliche Mitglieder einer Familie, eines Geschlechtes oder aber verschiedene Träger des gleichen Namens bezeichnet. Der Nominativ Plural wird mit den Endungen *-e, -(n)en, -s* gebildet oder ist endungslos. Umlaut oder Plural auf *-er* wird niemals gebraucht, höchstens scherzhaft (*die Wolfgänge, Liebermänner* u. ä.) oder in Gattungsbezeichnungen (*Prahlhänse, Faselhänse*).

1. Personen- und Vornamen:
a) Männliche Personen- und Vornamen, die auf einen Konsonanten enden, erhalten die Endung *-e:*

  die Heinrich*e*, die Rudolf*e*, die Krösuss*e*.

Verkleinerungsformen auf *-chen* und *-el* sowie Namen auf *-er* und *-en* (vgl. 2) stehen ohne Endung:

  die Hänschen, die Fränzchen; die Hansel; die Peter; die Jürgen; (ugs.:) die Heinrich*s*, die Rudolf*s*.

Mit *-s* wird meist der Plural von Personen- und Vornamen gebildet, die auf Vokal enden:

  die Alba*s*, die Plato*s*, die Otto*s*, die Hugo*s*.

Die Endung *-(n)en* erhalten männliche Personen- und Vornamen auf *-o,* wenn Herrschergeschlechter oder verschiedene berühmte Träger des gleichen Namens bezeichnet werden:

  die Otto*nen* (die sächsischen Kaiser Otto I., II. und III.); die Scipio*nen.*

b) Weibliche Personen- und Vornamen auf *-e* erhalten die Endung *-n:*

  die Mariann*en*, die Gret*en*, die Ing*en*, die Ulrik*en*.

Enden sie auf einen Konsonanten (außer S-Lauten), dann wird der Plural mit *-en* (ugs. *-s*) gebildet:

> die Diethild*en*, die Adelheid*en*, die Gertrud*en*; (ugs.:) die Diethild*s*, die Adelheid*s* usw.

Namen auf S-Laut, *-chen* oder *-lein* bleiben ungebeugt:

> die beiden Agnes; die deutschen Gretchen (aber ugs.: Gretchen*s*), die beiden Gretel (ugs.: Gretel*s*).

Von Namen auf *-a, -o* und *-i (-y)* wird der Plural mit *-s* gebildet:

> die Anna*s*, die Maria*s*, die Sappho*s*, die Uschi*s*, die Kitty*s*.

Wenn für das *a* ein *e* eintreten kann, steht auch die Endung *-n*:

> die Ann*en*, die Sophi*en*, die Mari*en*.

2. Familiennamen:
Familiennamen bekannter Personen und Geschlechter erhalten im Plural meist *-s*:

> die Rothschild*s*, Buddenbrook*s* (Th. Mann), die Barring*s* (Simpson), die Stoltenkamp*s* und ihre Frauen (Herzog), das Antiquariat der Mecklenburg*s* (= der Familie Mecklenburg; Börsenblatt); (ugs.:) Meier*s* besuchen Müller*s*.

Gelegentlich stehen sie ohne Endung, so besonders die auf *-en, -er, -el* endenden Namen:

> die Goethe, die [Brüder] Grimm, die Confalonieri (R. Huch), die beiden Schlegel, die Dürer; die Münchhausen sterben nicht aus.

Die Endung *-en* ist seltener, die Endung *-e* im allgemeinen veraltet:

> die Manz*en* (G. Keller); wir Stilling*e* (J. H. Jung-Stilling), die Gottsched*e* (Lessing), die Stolberg*e* (Goethe).

Geht der Familienname auf Zischlaut aus, dann steht die Endung *-ens*:

> Schulz*ens*, Laux*ens*, Klotz*ens*.

Mit Bestimmungswort

Bei der Deklination der Familien-, Personen- und Vornamen, die bei einem Bestimmungswort stehen, gilt heute im allgemeinen die Regel, daß im Genitiv (die anderen Kasus des Singulars werden bei den Namen nicht gekennzeichnet) entweder nur der Name oder nur das Bestimmungswort dekliniert wird. Doppelsetzung des Genitiv-*s* wird vermieden. Es besteht die Tendenz, das Genitiv-*s* bei den Namen dieser Gruppe wegzulassen, wenn durch Artikel, Pronomen u. ä. der Kasus deutlich wird.

Vorname + Vorname/Familienname

| 413 |

Von mehreren Namen wird nur der letzte (Vor- oder Familienname) dekliniert:

> Anna *Marias* Erfolge, Klaus *Peters* Geburtstag, Gotthold Ephraim *Lessings* Werke, die Werke Rainer Maria *Rilkes*, in der Dichtung Ricarda *Huchs*.

Wenn vor dem Familiennamen eine Präposition *(von, zu, van, de, ten)* steht, dann wird heute gewöhnlich der Familienname gebeugt:

> die Stifterfigur Uta von *Meißens*, Wolfgang von *Goethes* Balladen, Heinrich von *Kleists* Werke, die Bilder Anton van *Dycks*, der Sieg Hein ten *Hoffs*.

Ist der Familienname jedoch noch deutlich als Ortsname zu erkennen, dann wird der Vorname gebeugt:

> die Lieder *Walthers* von der Vogelweide, der „Parzival" *Wolframs* von Eschenbach, die

Geschichte *Gottfriedens* von Berlichingen (Goethe), die Erfindungen *Leonardos* da Vinci, die Predigten *Abrahams* a San[c]ta Clara, die Regierung *Katharinas I.* von Rußland.

Wo Zweifel bestehen, neigt man zur Beugung des Ortsnamens:

die Erfindungen Leonardo da *Vincis* usw.

Steht jedoch der Ortsname unmittelbar vor dem dazugehörenden Substantiv, dann wird immer häufiger der Ortsname gebeugt:

Wolfram von *Eschenbachs* „Parzival" (auch noch: *Wolframs* von Eschenbach Gedichte); Roswitha von *Gandersheims* Dichtung (auch noch: *Roswithas* von Gandersheim Dichtung).

Die einfache Regel, daß dasjenige Wort gebeugt wird, das neben dem regierenden Wort steht, hat sich nicht durchsetzen können:

die Gedichte *Friedrichs* von Schiller – Friedrich von *Schillers* Gedichte; Wolfram von *Eschenbachs* Parzival – der Parzival *Wolframs* von Eschenbach.

| 414 | **Artikelloses Substantiv + Name** |

Bei dieser Verbindung wird nur der Name dekliniert, weil die ganze Fügung als Einheit aufgefaßt wird (Ausnahmen: *Herr,* Substantive auf -*e* und substantivierte Partizipien):

Tante *Inges* Kollegin, die Günstlinge Königin *Christines* von Schweden, der Sieg Kaiser *Karls*, Onkel *Pauls* Hut, Vetter *Fritz' (Fritzens)* Frau, die Mätresse König *Ludwigs* [des Vierzehnten], Professor *Lehmanns* Sprechstunde, Architekt *Müllers* Einwand; Wiederwahl Bundespräsident *Lübkes* (Die Zeit); er sprach mit Graf *Holstein* (Dativ); das Vertrauen in Präsidentin *Holler* (Akkusativ).

Selbst Verbindungen, die keinen Namen im strengen Sinne enthalten, werden gelegentlich als Einheit aufgefaßt:

Im Dienst Frau *Modes* (statt: der Frau Mode [Zeitungsnotiz]).

Aber (Ausnahme):

Herrn Müllers Einladung. Das müssen Sie *Herrn Müller* melden. Rufen Sie bitte *Herrn Müller*!

Bei den auf -*e* endenden Maskulina wird heute meist nicht gebeugt:

An *Kollege* (auch noch: *Kollegen*) Schulze liegt es nun ... *Genosse* (auch noch: *Genossen*) Meyers Austritt aus der Partei bedauern wir sehr.

Substantivierte Partizipien sind, wenn man sie überhaupt verwendet (man ersetzt sie besser durch die Fügung Artikel + Substantiv + Name), zu beugen:

Abgeordneter Petra Mayers Zwischenrufe, *Vorsitzenden* Schmidts Ausführungen. (Besser: die Zwischenrufe der Abgeordneten Petra Mayer.)

Eine Apposition nach dem Namen steht im gleichen Kasus:

am Hofe Kaiser *Karls des Großen,* König *Ludwigs des Vierzehnten* Mätresse, der Wahlspruch Kaiser *Karls des Fünften.*

Geht der Name auf einen Zischlaut aus, dann muß man sich entweder mit dem Apostroph behelfen *(ein Dekret Papst Innozenz' III. [des Dritten]),* oder man wählt den Artikel *(ein Dekret des Papstes Innozenz III. [des Dritten]).*

| 415 | **Artikel (Pronomen) [+ Adjektiv] + Substantiv + Name** |

Bei diesen Fügungen wird das bestimmende Substantiv (der Titel, Rang usw.) dekliniert, während der Name ungebeugt bleibt:

die Reformen des [mächtigen] *Kaisers* Karl oder des [mächtigen] *Kaisers* Karl Reformen, des *Königs* Ludwig, des *Vetters* Fritz, unseres [lustigen] *Onkels* Paul, der Fleiß meines *Sohnes* Peters, jenes [berühmten] *Geologen* Schardt, des *Architekten* Müller Einwand.

In der Verbindung *Herr* + Name wird der Name nicht gebeugt:

des *Herrn Meyer,* des *Herrn Müller.* (Aber in Verbindung mit Verwandschaftsbezeichnungen:) Zum Tode Ihres *Herrn Vaters* ... Über den Besuch Ihres *Herrn Sohnes* haben wir uns sehr gefreut.

Wird an Stelle des bestimmenden Substantivs ein Wortpaar gebraucht, das mit *und* verbunden ist, dann werden beide Glieder gebeugt:

der Klient des *Rechtsanwaltes und Notars* Meier.

Eine Apposition steht im gleichen Fall wie das bestimmende Substantiv (vgl. 1066):

im Dienst des *Königs* Philipp *des Zweiten.*

Die Unterlassung der Deklination ist n i c h t korrekt:

das Schloß des *Fürst* Blücher, die Tochter des *Baron* Holbach, die Briefe des *Apostel* Paulus, die Beförderung des *Regierungsassistent* Georg Müller. Die Abgründe des *Direktor* Bernotat ... (Quick)

Der Titel *Doktor (Dr.)* als Teil des Namens sowie *Fräulein* wird nicht gebeugt:

die Ausführungen unseres *Doktor* Meyer, der Platz Ihres *Fräulein* Meyer.

Zwei oder mehr artikellose Substantive + Name

416

In diesen Fällen wird nur der Name gebeugt:

Regierungsrat Professor *Pfeifers* Rede, Oberärztin Dr. *Hahns* Visite, Privatdozent Dr. *Schmidts* Abhandlung.

Herr wird jedoch immer gebeugt (vgl. 414):

Herrn Regierungsrat Professor *Pfeifers* Rede, *Herrn* Professor Dr. *Lehmanns* Sprechstunde, *Herrn* Architekt *Müllers* Einwand.

In Anschriften (die den Dativ oder Akkusativ erfordern) wird außer *Herr* auch der folgende Titel gebeugt, er kann aber auch ungebeugt bleiben:

Herrn Regierungspräsidenten Weltin (auch: *Herrn Regierungspräsident Weltin*).

Bei substantivierten Partizipien und Appositionen wird gebeugt:

Herrn Abgeordneten Meyer. Die Rede des *Rektors, Herrn* Professor *Meyers* ... Die Einführung des neuen *Leiters, Herrn* Regierungsrat *Müllers* ...

Artikel (Pronomen) [+ Adjektiv] + zwei oder mehr Substantive + Name

417

Hier erhält nur das erste Substantiv (Titel, Rang usw.) die Genitivendung, während das zweite und die folgenden als enger zum Namen gehörend ungebeugt bleiben:

die Rede der [Ersten] *Vorsitzenden* Studienrätin Dr. Sander, die Aussage des [verhafteten] *Stadtrats* Bankier Dr. Schulze.

Ist *Herr* das erste Substantiv, dann wird der folgende Titel in der Regel gebeugt. Bei substantivierten Partizipien muß immer gebeugt werden:

die Bemerkungen des *Herrn Generaldirektors* Meyer, die Ausführungen des *Herrn Studienrats* Schönberg, die Abhandlung des *Herrn Privatdozenten* Dr. Schmidt (auch: des Herrn *Privatdozent* Dr. Schmidt), die Rede des *Herrn Ministers* [Dr.] Müller (auch: des Herrn *Minister* [Dr.] Müller). (Aber nur:) die Rede des *Herrn Abgeordneten* Müller.

In Anschriften (die den Dativ oder Akkusativ erfordern):

An den *Herrn Regierungspräsidenten* Weltin; dem *Herrn Regierungspräsidenten* Weltin (aber auch: An den Herrn *Regierungspräsident* Weltin; dem Herrn *Regierungspräsident* Weltin). (Aber nur:) An den *Herrn Abgeordneten* E. Müller.

Doktor (Dr.) wird als Teil des Namens auch hier nicht gebeugt (vgl. 415):

der Vortrag des Herrn *Dr. (= Doktor)* Meyer.

<table><tr><td>418</td></tr></table> **Name + Apposition (Artikel + Substantiv [oder substantiviertes Adjektiv])**

Beide Bestandteile werden dekliniert:

das Leben *Katharinas der Großen,* ein Enkel *Ludwigs des Deutschen,* die Regierung *Karls des Großen.*

Es gilt als n i c h t k o r r e k t, in diesen Fällen nicht den Namen, sondern nur die Apposition zu beugen:

die einzige Tochter *Karl* des Kühnen, das fuchsrote Haar *Wilhelm* des Eroberers (Bruckner), seit Widukinds und *Karl* des Großen Zeiten (W. Schäfer).

Geographische Namen

Die meisten geographischen Namen kommen, wenn sie nicht von vornherein pluralisch sind (vgl. 371), nur im Singular vor (vgl. 363; über den gelegentlich auftretenden Plural von Ländernamen vgl. 424).

<table><tr><td>419</td></tr></table> **Ohne Artikel**

Die ohne Artikel gebrauchten Länder- und Ortsnamen erhalten, soweit sie Neutra sind, im Genitiv die Endung *-s,* sonst sind sie endungslos:

Preußens Niederlage, die Stämme *Ugandas,* die Verfassung *Deutschlands.* Ich wohne in *Hessen.* Er reiste nach *Bayern.*

Auch nach ortsgebundenen Präpositionen mit Genitiv steht der Orts- oder Ländername mit Beugungs-*s:*

oberhalb *Heidelbergs* (nicht korrekt: oberhalb *Heidelberg*), innerhalb *Deutschlands* (nicht korrekt: innerhalb *Deutschland*), unterhalb *Gießens* (nicht korrekt: unterhalb *Gießen*), unweit *Prags* (nicht korrekt: unweit *Prag*).

Geht der Länder- oder Ortsname auf einen Zischlaut *(s, ß, z, tz, x)* aus, gibt es vier Möglichkeiten, den Genitiv zu bilden oder zu ersetzen:

– durch Apostroph bei vorangehendem Namen (selten):

Wales' höchste Erhebung, in Liegnitz' altem Stadtkern, Florenz' Geschichte.

Beim Sprechen sind diese Formen undeutlich.

– durch *von* + Name (häufig):

die höchste Erhebung *von* Wales, die Fabriken *von* Kattowitz, die Theater *von* Paris.

– durch Setzung der Gattungsbezeichnung vor den Namen (häufig):

die höchste Erhebung *der Halbinsel* Wales, die Fabriken *der Stadt* Kattowitz, die Theater *der Hauptstadt* Paris.

– mit der veralteten Genitivendung *-ens* (selten):

Grazens Umgebung, *Kattowitzens* Fabriken, *Florenzens* Krone.

Mit Artikel 420

Die mit Artikel gebrauchten maskulinen und neutralen geographischen Namen erhalten zumeist ein Genitiv-*s*:

des Balkans, des Iraks, des Engadins, des Rhein[e]s, des Brockens, des Atlantiks.

Die Genitivendung wird jedoch, besonders bei fremden Namen, häufig schon weggelassen:

des Inn[s], des Rigi[s], des Ätna[s], des Himalaja[s], des Nil[s], des Kongo[s].

Gehen die Namen auf Zischlaut aus, dann werden sie entweder unter Anhängung von -*es* oder gar nicht gebeugt, manche schwanken:

des Elsaß oder Elsasses, des Harzes, des Rieses, des Taunus, des Peloponnes oder Peloponneses, des Chersones, des Hedschas.

Zusammensetzungen mit -*fluß, -strom, -bach, -berg, -gebirge, -wald* usw. müssen immer gebeugt werden.

Artikel (Pronomen) + Adjektiv + geographischer Name 421

In diesen Verbindungen kann man das Genitiv-*s* setzen oder die endungslose Form gebrauchen:

der Gipfel des sagenumwobenen *Brockens*/des sagenumwobenen *Brocken*; unseres schönen *Siziliens* (Th. Mann), unseres gräßlich zugerichteten *München* (Th. Mann), des berühmten *Frankfurts* (Th. Mann), des mächtigen *Frankreich* (Werfel), eines ... vereinigten *Europas* (Werfel), eines deutschen *Europa* (Th. Mann), Neutralisierung eines wiedervereinigten *Deutschlands* (Augstein).

Artikelloses Substantiv + Länder- oder Ortsname 422

Wie bei den Familien- und Personennamen (vgl. 414) wird nur der Name gebeugt. An die Stelle des Genitivs tritt häufig *von* + Name:

die Küsten Sankt *Helenas* (= von Sankt Helena), die Quellen Bad *Orbs* (= von Bad Orb), die Spitze Kap *Skagens* (= von Kap Skagen).

Artikel [+ Adjektiv] + Substantiv + geographischer Name 423

Wie bei den Familien- und Personennamen (vgl. 415) wird bei diesen Fügungen das bestimmende Substantiv dekliniert, während der Name ungebeugt bleibt:

das Gebiet *des Landes* Frankreich, der Lauf *des Baches* Kidron, die Ufer *des* [tiefen] *Flusses* Itz, auf dem Gipfel *des Berges* Zion.

Der Plural von Ländernamen 424

Der Plural von Ländernamen wird gelegentlich gebraucht, um verschiedene (politische) Gebilde oder Gruppen innerhalb eines Landes oder Gebietes zu bezeichnen. Er wird mit oder ohne -*s* gebildet:

die politische Geschichte beider *Amerika[s]*, die zwei *Deutschland[s]*, die beiden *China[s]*, das Königreich beider *Sizilien*.

Die Namen von Straßen, Gebäuden, Firmen u. a. 425

Die Beugung der Namen von Straßen, Gebäuden, Firmen, Organisationen, Regierungssitzen, Schiffen, Büchern, Zeitungen, Zeitschriften, Theaterstücken, Opern, Gedichten, Kunstwerken u. a. ist auch dann notwendig, wenn sie in Anführungszeichen stehen:

Ich wohne in der Lange*n* Gasse (nicht: in der Lange Gasse), im „Europäische*n* Hof" (nicht: im „Europäischer Hof"). Die Bilder des Louvre*s* (nicht: des Louvre), die Aktien des Badische*n* Zementwerk*s* AG (nicht: des Badisches Zementwerk AG); des Kreml*s*, des Vatikan*s*, des Quirinal*s*; die Seetüchtigkeit des „Pfeil*s*" (nicht: „Pfeil"); Zitate aus Büchmanns „Geflügelte*n* Worte*n*" (nicht: „Geflügelte Worte"); das Titelbild der „Frankfurter Illustrierte*n*" (nicht: „Frankfurter Illustrierte"); die neuen Beiträge des „Monat*s*" (nicht: des „Monat"); in Schillers „Räuber*n*" (nicht: „Räuber"); die Wirkung des „Zauberlehrling*s*" (nicht: des „Zauberlehrling"); Hauptthema des „Weiße*n* Tänzers" (Jens).

Stehen *Aktiengesellschaft, Gesellschaft mbH (AG, GmbH)* u. a. nicht als Apposition, sondern als Grundwort eines Firmennamens, dann richtet sich das adjektivische Attribut nach diesem Grundwort:

Die Aktien der *Badischen* Glaswolle-*Aktiengesellschaft*.

Soll der Name unverändert wiedergegeben werden, dann kann mit einem entsprechenden Substantiv umschrieben werden:

Im *Hotel* „Europäischer Hof", aus der *Gaststätte* „Schwarzer Adler", die Aktien der *Firma* Badische Anilin- & Soda-Fabrik AG, das Titelbild der *Zeitschrift* „Frankfurter Illustrierte".

Einfache (eingliedrige) Namen, Titel usw. ohne nähere Bestimmungen stehen oft schon ohne Genitiv-*s*, besonders dann, wenn sie Eigennamen oder Fremdwörter sind:

die Kursänderung des *Kreml* (Dönhoff); die Besatzung des *„Kormoran"*; die Manuskripte des *„Goldmund"* (Hesse); der Dichter des *Götz*, des *Faust*.

---

426 ## 3.5.5 Die Deklination der Völkernamen

Die Völkernamen werden wie Gattungsbezeichnungen dekliniert und dabei mit und ohne Artikel gebraucht:

(Singular:) Der *Franzose* kam jeden Morgen. Er ist [ein] *Deutscher*. Sie ist [eine] *Engländerin*.
(Plural:) Die *Franzosen* gelten als charmant. New York ist von *Holländern* gegründet worden.

Die meisten Völkernamen werden nach dem Deklinationstyp VI dekliniert:

des/die Franzose*n*; des/die Sachse*n*; des/die Schwabe*n*; des/die Tscheche*n*; des/die Ungar*n*; des/die Tatare*n*.

Die meisten auf die Ableitungssilbe -*er* ausgehenden Völkernamen sowie die von Ortsnamen gebildeten Einwohnernamen auf -*er* werden nach dem Deklinationstyp II dekliniert:

des Engländer*s* – die Engländer; des Italiener*s* – die Italiener; des Spanier*s* – die Spanier; des Berliner*s* – die Berliner; des Wiener*s* – die Wiener. (Auch:) des Negers – die Neger; des Berber*s* – die Berber.

Völkernamen, bei denen das -*er* zum Stamm gehört, werden dagegen nach dem Deklinationstyp VI dekliniert:

des/die Bayer*n*; des/die Pommer*n*; des/die Kaffer*n*.

Zum Deklinationstyp III gehört:

Zimber (des Zimber*s* – die Zimber*n*).

Fremde Völker- und Stammesnamen, die auf Vokal enden, können im Genitiv Singular und im Plural ein -*s* erhalten (Deklinationstyp V):

des Eskimo[*s*]; des Papua[*s*]; des Duala[*s*] – die Duala[*s*]; des Zulu[*s*]; des Israeli[*s*] – die Israeli[*s*].

3.5.6 Die Deklination der Abkürzungs- und Kurzwörter   427

1. Abkürzungswörter, die buchstabiert, also nicht im vollen Wortlaut gesprochen werden (Buchstabenwörter), werden häufig nicht gebeugt; sie bleiben vor allem dann ungebeugt, wenn der Kasus durch den Artikel oder den Satzzusammenhang deutlich wird:

> der Pkw (auch: PKW) – des Pkw – die Pkw; die GmbH – der GmbH – die GmbH; die AG – der AG – die AG; das EKG – des EKG – die EKG.

Im Plural erscheint häufiger die Deklinationsendung -s[1] (vgl. 385), und zwar besonders bei Feminina, weil bei ihnen der Artikel im Singular und im Plural nicht unterschieden ist. Auch im Genitiv Singular tritt gelegentlich das -s auf:

> des Pkws (auch: PKWs) – die Pkws; der GmbH – die GmbHs; die KZs; der AG – die AGs; der TH – die THs.

2. Silben- und Kurzwörter werden im allgemeinen gebeugt:

> der Schupo – des Schupos – die Schupos; der Zoo – des Zoos – die Zoos; der Toto – des Totos – die Totos; die Lok – der Lok – die Loks; der Akku – des Akkus – die Akkus; der Bus – des Busses – die Busse; der Profi – des Profi – die Profis.

3.5.7 Die Unterlassung der Deklination bei Gattungsbezeichnungen[2]   428

Es ist zu unterscheiden zwischen standardsprachlich anerkannter und nicht anerkannter Unterlassung der Deklination. Die nicht gebeugte Form entspricht stets dem Nominativ.

Anerkannte Unterlassung der Deklination

Bei Wortpaaren   429

Bei Wortpaaren im Singular, die mit *und* verbunden sind, gibt es zwei Arten der Nichtbeugung. Im ersten Fall wird nur das erste Glied nicht gebeugt, im zweiten beide nicht:

1. Nichtbeugung des ersten Gliedes. Das Wortpaar wird als formelhafte Einheit empfunden:

> ein Stück eigenen *Grund* und Bodens, trotz *Sturm* und Regen*s*, die Dichter des *Sturm* und Drang*s*, Verleumdung seines *Fleisch* und Blutes.

Seltener und auffallender in poetischer (veralteter) Sprache bei nicht formelhaft empfundenen Verbindungen. Hier wird die Pluralendung des ersten Gliedes aus rhythmischen Gründen erspart:

> ... an *Tier* und Vögel*n* fehlt es nicht. (Goethe) Seid vergessen *tag* und nächte! (George)

2. Nichtbeugung beider Glieder, besonders im Dativ und Akkusativ Singular, wenn weder durch Artikel noch Adjektiv die Substantive näher bestimmt sind und zudem bei Beugung nach dem Deklinationstyp VI Verwechslung mit dem Plural eintreten kann:

---

[1] In der gesprochenen Umgangssprache kommen mitunter auch *-e (die Lkwe)* und *-en (die AGen)* vor.
[2] Über die Unterlassung der Deklination bei Eigennamen vgl. 410, 425; bei Maß-, Mengen- und Münzbezeichnungen vgl. 368 f., bei Abkürzungs- und Kurzwörtern vgl. 427.

Ich sag' es *Fürst* und *Edelmann* (Münchhausen); ganz von *Geist* und *Wille* geformt (Hesse); das Verhältnis zwischen *Patient* und *Arzt*; die Grenze zwischen *Affe* und *Mensch*.

Bei Beugung eines Substantivs nach dem Deklinationstyp VI weiß man nicht, ob der Dativ/Akkusativ Singular oder der Plural gemeint ist. Sie wird deshalb oft vermieden:

Die Kluft zwischen *Fürsten* und Volk; die Beziehungen zwischen *Produzenten* und *Konsumenten*; der Unterschied zwischen *Affen* und *Menschen*. (Ohne Beugung auch außerhalb von Wortpaaren:) Am Wortende nach *Konsonant* spricht man ... Eine Herde ohne *Hirt* ... Das Land war ohne *Fürst*.

Ist keine Verwechslung möglich, dann ist es üblich zu beugen:

Nun setze dich dahin zwischen *Herr* (üblich: *Herrn*) und Frau Dörr. (Fontane)

| 430 |

Bei Substantiven nach der Präposition *von*

Ein der Präposition *von* folgendes alleinstehendes Substantiv im Singular, das in appositionellem Verhältnis zu einem vorausgehenden Substantiv im Nominativ steht, zeigt ebenfalls Nominativform:

ein armer Teufel von *Philologe*; eine Seele von *Mensch*; eine Art von *Sachverständiger*.

Hat das Substantiv einen unbestimmten Artikel oder ein attributives Adjektiv bei sich, dann wird es immer gebeugt:

dieser hübsche Ausbund von *einem Hirtenjungen* (G. Hauptmann); du pflichtvergessener Lump von *einem Feldwebel* (Remarque); eine falsche Art von *schlechtem Gewissen* (Frisch); eine Art von *altem Menschen* (Werfel).

Steht das vor der Präposition *von* stehende Substantiv im Genitiv, Dativ oder Akkusativ, dann wird das folgende Substantiv überwiegend gebeugt:

Zuhörer, welche eine Art (= Akk.) von *Propheten* in ihm vermutet hatten (Hesse); diesen Hohlkopf (= Akk.) von *Prinzen* (Th. Mann); deinem dummen Teufel (= Dat.) von *Neffen* (I. Kurz).

Im Plural steht standardsprachlich in der Regel der Dativ:

ein Kleeblatt von *Schmarotzern* (Remarque); Wrackstücke von *Mannsbildern* (Luserke); die Halunken von *Kriegsleuten* (Löns).

| 431 |

Bei nur angeführten Substantiven

Sie stehen stets in der Nominativform und vielfach in Anführungszeichen:

die Beugung von „Dirigent"; „Baum" ist der Singular zu „Bäume"; was man so *Idealist* nennt. Sie nannte den Fremden *Graf*. Ich habe *Drogist* gelernt. (Kreuder)

| 432 |

Bei Substantivierungen

Viele Substantivierungen (Ausnahme: substantivierte Infinitive) können ungebeugt stehen, weil sie keine ursprünglichen Substantive sind. Oft wird jedoch schon dekliniert:

meines geliebten *Deutsch[s]*, des modernen *Deutsch* (Porzig), das Gesicht meines *Gegenüber* (Hesse), eines gewissen *Jemand[s]*, diese *Niemand* (Kafka), des *Schwarz[es]*, des *Weiß[es]*; (aber:) des *Blaus*, des *Rots*; die Maßlosigkeit ... seines anderen *Ich* (Th. Mann), der Schein des *Ists* (FAZ), diese „*Irgendjemands*" (Quick). *Nichtse* insgesamt, denen zum tätigen Geist beides fehlt. (Bloch)

Meist ohne Beugung stehen Einzelbuchstaben:

> das/des *A* usw.; Verwandlung des *A* ... in *O* (Flake); anstatt des *o* (H. Mann); *Saal* wird mit zwei *a* geschrieben

und Substantivierungen wie

> viele *Wenn* und *Aber*, die Unbedingtheit dieses *Entweder-Oder*, die Philosophie des *Als-ob*.

Bei Substantiven nach Maß- und Mengenangaben   ┌─────┐
                                                                        │ 433 │
                                                                        └─────┘

Folgt ein maskulines oder neutrales Substantiv der Deklinationstypen I–V ohne ein den Kasus anzeigendes Begleitwort einer Maß- oder Mengenangabe desselben Deklinationstyps, so bleibt im Genitiv Singular jeweils eines der beiden Wörter ungebeugt. Ein doppelter Genitiv auf *-(e)s* wird dadurch vermieden.

> (Nicht:) eines *Pfundes* Fleisches, eines *Tropfens* Öls, eines *Hektoliters* Weins.

> (Sondern:) eines *Glas* Wassers, eines *Pfund* Fleisch[e]s, eines *Tropfen* Öls, um ein *Stück* Brotes willen (Plievier), das typische Gelb eines oft benutzten *Stück* Papieres (Borchert).

> (Oder aber:) der Preis eines Pfundes *Fleisch*, eines Stück[e]s *Brot*, eines Zentners *Weizen*, eines Tropfens *Öl*.

> (Nicht korrekt ist die Nichtbeugung beider Glieder:) der Preis eines *Pfund Fleisch*.

Geht dem Gezählten oder Gemessenen ein Adjektiv voran, dann werden in der Regel sowohl die Angabe als auch das Gezählte (Gemessene) in den Genitiv gesetzt:

> der Preis eines *Pfundes gekochten Schinkens*.

In allen übrigen Kasus wird gewöhnlich das appositionelle Verhältnis und daher Kasuskongruenz gewählt, wenn nicht der partitive Genitiv gebraucht wird (vgl. 1079):

> mit einem Tropfen [warmem] *Öl*; von einem Sack [schlechten] *Nüssen*. Er konnte ein halbes Dutzend Gläser starken *Punsch* trinken. (Jahnn)

Die Bezeichnungen der Monate und Wochentage   ┌─────┐
                                                                        │ 434 │
                                                                        └─────┘

1. Die Bezeichnungen der Monate:

Die Bezeichnungen der Monate werden wie Wörter der Deklinationstypen I–V gebeugt, das Dativ-*e* tritt nicht auf:

> in den ersten Tagen des Septembers; im Januar.

Sie können aber in Analogie zu den Familien- und Personennamen ohne die Genitivendung *-(e)s* gebraucht werden. Diese unflektierten Formen überwiegen heute bereits. Nur die Monatsbezeichnungen, die auf *-er* enden, stehen häufiger mit Genitiv-*s*:

> des Januar[s], des März[es], des Mai/des Mai[e]s, des Juni[s], des November[s]; des 6. Juni (Th. Mann), des dreizehnten August (Werfel), des 24. Dezembers (Th. Mann). Die Formen *des Märzen* (noch in den Zusammensetzungen *Märzenbier, Märzenschnee* erhalten) und *des Maien* (noch in den dichterischen Zusammensetzungen *Maienkönigin, Maiennacht* u. a. erhalten) sind veraltet.

Die ungebeugte artikellose Form steht vor allem dann, wenn ein Substantiv vorangeht:

> Anfang Mai, Mitte Juli, Ende Oktober.

Die auf *-er* endenden Monatsbezeichnungen *(September, Oktober, November, Dezember)* sind im Plural endungslos, die auf *-ar (Januar, Februar)* enden mit *-e (die*

Januare, Februare; [ebenso:] *die Märze, Aprile, Maie, Auguste), Juni* und *Juli* enden auf *-s (die Junis, Julis).*

Stehen die Monatsbezeichnungen in einem appositionellen Verhältnis zu dem Gattungsbegriff *Monat,* dann bleiben sie ungebeugt:

des Monats *Januar,* im Monat *April.*

2. Die Bezeichnungen der Wochentage:

Die Bezeichnungen der Wochentage werden ebenfalls wie Wörter der Deklinationstypen I–V gebeugt. Der Genitiv erhält in der Regel ein *-s;* selten *-es;* das Dativ-*e* wird selten gesetzt:

am Abend des Mittwoch*s,* am folgenden Sonntag.

In Analogie zu den Monatsnamen wird die Genitivendung mitunter weggelassen, was aber **nicht** als korrekt gilt:

am Morgen des folgenden *Mittwoch* (statt standardspr.: *Mittwochs*), mit Ausnahme des *Montag* (statt standardspr.: *Montags*); am Abend des *Gründonnerstag* (statt standardspr.: *Gründonnerstags*).

---

435 **Die Bezeichnungen der Kunststile**

Gewissermaßen als Namen aufgefaßt werden auch die Bezeichnungen der Kunststile bzw. -epochen. Sie werden häufig – im kunstgeschichtlichen Schrifttum fast durchgehend – ohne Genitiv-*s* gebraucht:

des Barock[s]; des Biedermeier[s]; des Empire[s]; des Rokoko[s].

Nicht anerkannte Unterlassung der Deklination

436 **Bei Maskulina des Deklinationstyps VI**

Es besteht eine starke Neigung, bei Maskulina des Deklinationstyps VI im Dativ und Akkusativ Singular die Deklinationsendung *-(e)n* wegzulassen:

Die Mütze gehört diesem *Bub* (statt standardspr.: *diesem Buben*). Ich nenne ihn einen *Held* (statt standardspr.: *einen Helden*). Sie sprach mit dem *Steinmetz* (statt standardspr.: mit dem *Steinmetzen*). In der Ferne konnte man einen *Fink* (statt standardspr.: einen *Finken*) schlagen hören.

Im Genitiv Singular wird statt der Endung *-(e)n* häufig ein *-s* gesetzt. Es handelt sich hier also nicht nur um eine Unterlassung der Deklination, sondern um einen Wechsel der Deklinationsklasse; der aber fast ausschließlich den Singular betrifft: Im Plural werden diese Substantive – mit wenigen fachsprachlichen Ausnahmen (z. B. *Rammbär;* vgl. 382,2; 389) – nach dem Deklinationstyp VI dekliniert, also durchgehend auf *-en.* An Substantiven, die von diesem Deklinationswechsel betroffen sind, lassen sich u. a. nennen:

Bär, Bub, Bursche, Elefant, Fink, Fürst, Geck, Graf, Held, Hirt, Kamerad, Mensch, Mohr, Narr, Ochse, Pfaffe, Prinz, Soldat, Spatz, Steinmetz, Tor (‚törichter Mensch‘), Vorfahr; (viele Fremdwörter v. a. auf *-ant, -at, -ent, -ist:*) Automat, Barbar, Diplomat, Dirigent, Dramaturg, Exponent, Fabrikant, Gendarm, Gnom, Jurist, Komet, Kommandant, Konkurrent, Lakai, Leopard, Obelisk, Paragraph, Passant, Patient, Philanthrop, Präsident, Regent, Therapeut, Vagabund, Zar.[1]

---

[1] Der Deklinationswechsel läßt sich bis in die Literatur hinein verfolgen:
Da lauerte einst der wilde Urgermane auf dem zottigen *Bär.* (Raabe) ... den *Kurfürst* (W. Schäfer); einen ausgemachten *Geck* (Hofmannsthal); den *Gendarm* (Fallada); seinen schweren *Obelisk* (Gertrud v. le Fort).
Zusammengesetzte Substantive werden leichter von dem Deklinationswechsel erfaßt als einfache: einen Teddybär; des Schmutzfinks; des Blutfinks (Zuckmayer); mit des Markgrafs Weib (G. Hauptmann).

Bei Fremdwörtern und deutschen Wörtern mit Genitiv-*s* im Singular |437|

Mitunter wird das Genitiv-*s* bei Fremdwörtern (und deutschen Wörtern) weggelassen:

> die Endung des *Dativ* (statt richtig: *Dativs*); die Wirkungsweise eines *Dynamo* (statt richtig: *Dynamos*); die Besucher des *Festival* (statt richtig: *Festivals*); die Güte eines *Gulasch* (statt richtig: *Gulaschs*); die Richtigkeit des *Indiz* (statt richtig: *Indizes*); die Heilkraft des *Salbei* (statt richtig: *Salbeis*).[1]

Bei Substantiven mit -*(e)n* im Dativ Plural |438|

Mitunter wird bei Substantiven, wenn sie unmittelbar (d. h. ohne Artikel, Pronomen, adjektivisches Attribut) der regierenden Präposition folgen, das -*(e)n* im Dativ Plural weggelassen:

> Schälkur bei *Krähenfüße* (statt richtig: Krähenfüßen) (Zeitungsanzeige); Tabletts mit *Friesenhäuser* (statt richtig: Friesenhäusern) (Werbung); Montage von *Büromöbel* (statt richtig: Büromöbeln).

Die Dativendung kann aber weggelassen werden bei Substantiven, die den Plural auf -*er* bilden, wenn sie von der regierenden Präposition durch einen Einschub (Genitivattribut) getrennt stehen:

> wenn sie so in der Leute *Mäuler* wäre (Fallada); (schon erstarrt:) aus aller Herren *Länder* (veraltet: *Ländern*).

4 Das Adjektiv |439|

Wörter wie die folgenden nennt man A d j e k t i v e (Singular: das Adjektiv)[2]:

> einsam, flott, schön, häßlich, schlecht, gut, krank, gesund, schnell, langsam, rot, blau, einwandfrei, ungeschickt, fleißig, faul, traurig, froh, jung, alt, laut, liebevoll.

Adjektive können – allgemein gesprochen – gebraucht werden als[3]

– Attribut beim Substantiv (meist flektiert; vgl. 442):

> Sie hat das *blaue* Kleid an. Dort fährt ein *rotes* Auto. Sie hat meinen *neuen* Bleistift.

– Attribut beim Adjektiv oder Adverb (unflektiert; vgl. 447):

> Es wehte ein *abscheulich* kalter Wind. Er sitzt *weit* oben.

– selbständiges Satzglied (prädikatives bzw. adverbiales Satzadjektiv, unflektiert; vgl. 445 f.):

> Das Auto ist *rot*. Er ist *fleißig*. Die Mutter macht das Essen *warm*. Man nennt Paul *feige*. Sie singt *laut*. Er beträgt sich *gut*. Man hat ihn *freundlich* behandelt.

Zum Gebrauch als Gleichsetzungsglied vgl. 452, zum substantivierten Adjektiv 501.

Ganz allgemein kann man sagen: Mit den Adjektiven werden Eigenschaften, Merkmale u. a. bezeichnet; der Sprecher/Schreiber gibt mit ihnen an, wie jemand oder etwas ist, wie etwas vor sich geht oder geschieht u. a. (vgl. auch 441).

---

[1] Die Weglassung des Genitiv-*s* läßt sich bis in die Literatur hinein verfolgen:
... im Korridor des *Parterre*. (Grass) Die Erfindung des *Radar*. (Menzel)
Vereinzelt – v. a. bei Substantiven, die gewissermaßen als Namen aufgefaßt werden – wird auch bei deutschen Wörtern die Beugung unterlassen:
des *Barsch* (statt richtig: *Barsches*); des *Holunder* (statt richtig: *Holunders*); des *Heilig Abend* (statt richtig: *Heilig Abends*).
[2] Man nennt sie auch *Artwörter, Beiwörter, Eigenschaftswörter, Wiewörter* oder *Qualitative*.
[3] Zum Folgenden vgl. H. Glinz: Der deutsche Satz. Düsseldorf [6]1970, S. 116 ff.; ders.: Die innere Form des Deutschen. Bern, München [5]1968, S. 207 ff.; ders.: Deutsche Grammatik II. Wiesbaden [4]1975, S. 151 ff., S. 208 ff.; H. Brinkmann: Die deutsche Sprache. Düsseldorf [2]1971, S. 85 ff., 249 f., 581 ff.; L. Weisgerber: Die sprachliche Gestaltung der Welt. Düsseldorf [3]1962, S. 300 ff.; W. Motsch: Syntax des deutschen Adjektivs. Studia Grammatica III. Berlin 1966.

Das Adjektiv kann – wie das Substantiv – dekliniert werden (vgl. 473):

das schöne Kleid, ein schönes Kleid, die schönen Kleider, schöne Kleider.

Von den meisten Adjektiven kann man Vergleichsformen bilden (vgl. 507):

Tobias fährt *schnell,* Leo fährt *schneller,* Thilo fährt *am schnellsten.* Peter ist so *groß* wie Frank, aber *größer* als Klaus.

440

Bestimmte Adjektive stehen heute im Auslaut mit oder ohne -*e*:

blöd – blöde; irr – irre; trüb – trübe; feig – feige; zäh – zähe; mild – milde; dünn – dünne; dick – dicke.

Bei manchen dieser Adjektive ist die Form mit dem auslautenden -*e* üblich *(leise, trübe, feige).* Die Form ohne -*e* enthält oft eine leichte stilistische Nuance; sie kann die persönliche Anteilnahme des Sprechers mit ausdrücken oder in der Bedeutung differenziert sein. Mitunter wirkt sie auch gewählter:

Das Kind ist *blöde.* ... ich bin ja nicht *blöd.* (Frisch) Er sah *irre* aus. Leicht *irr* stehst du im Zimmer. (Tucholsky) Es ist heute *trüb* draußen. ... der König sagte von Zeit zu Zeit mühsam und *trübe* das Unverständliche. (Rilke) Herr Belfontaine bebte *feige* zurück. (Langgässer) ... dazu war er zu *feig.* (Apitz) ... daß erfolgreiche Gelehrte in der Beurteilung ihrer Prüflinge nicht selten ganz besonders *milde* sind. (Hofstätter) ... versetzte Herr Mösinger *mild.* (Langgässer)

Daneben gibt es Adjektive, bei denen die Form ohne -*e* üblich ist *(dünn, dick).* Die Form mit -*e* wird oft als derber oder emotional gefärbt angesehen und ist oft in der Bedeutung differenziert bzw. Bestandteil einer Idiomatisierung (festen Wendung):

Die Schnur ist'n bißchen *dünn.* (Ott) Laufkundschaft ... macht sich *dünne.* (Langgässer) ... Brot, *dick* mit Butter bestrichen. (Frank) Dieses 3:2 war schon *dicke* verdient. (Bildzeitung)

---

441 ## 4.1. Zum Gebrauch des Adjektivs

4.1.1 Attributiver, prädikativer und adverbialer Gebrauch

Der attributive und prädikative Gebrauch beim Substantiv

Durch den attributiven und prädikativen Gebrauch des Adjektivs kann der Sprecher/Schreiber die mit Substantiven genannten Wesen, Dinge, Begriffe u. ä. charakterisieren, und zwar im Hinblick auf Merkmale und Eigenschaften, Art und Beschaffenheit, Verfassung und Zustand u. ä.

---

442 #### Der attributive Gebrauch beim Substantiv

Das attributiv bei einem Substantiv gebrauchte Adjektiv ist zumeist flektiert:

Dort fährt ein *rotes* Auto. Ein *schönes* Mädchen stand vor der Tür. Ein *entsetzliches* Geschrei ertönte. Dies ist ein *langweiliges* Buch. Es gab eine *warme* Suppe. Der *feige* Kerl machte nicht mit.

Besonderheiten

---

443 #### Das bei einem Substantiv stehende unflektierte Adjektiv

Unflektierte attributive Adjektive bilden Ausnahmen, die meist als Reste alten Sprachgebrauchs zu deuten sind. Die unflektierte Form kennzeichnet entweder

eine altertümliche oder eine volkstümliche Redeweise und wird meist aus rhythmischen Gründen angewendet:

1. In poetischer und volkstümlicher Sprache steht ein unflektiertes Adjektiv besonders v o r neutralen Substantiven im Nominativ und Akkusativ:

> Wir wollen sein ein *einzig* Volk von Brüdern. (Schiller) Ein *garstig* Lied! Pfui! Ein *poli-
> tisch* Lied! Ein *leidig* Lied! (Goethe) Abendrot, *gut* Wetter droht. (Sprw.) ... von einem
> *steinalt, lieb* Mütterlein. (Fallada)
> (Komparativ:) Kein *schöner* Land ... (Volkslied)
> (Seltener vor maskulinen Substantiven:) ... ein *tätig höflich* Mann. (Goethe) War einst
> ein Riese Goliath, gar ein *gefährlich* Mann. (M. Claudius)

Aber auch die Stellung n a c h Substantiven kommt vor (eine [archaisierende] dichterische Fügungsweise, die seit der Sturm-und-Drang-Zeit wieder aufgenommen
wurde, aber auch heute noch vorkommt, meist im Nominativ):

> O Täler *weit*, o Höhen (Eichendorff); bei einem Wirte *wundermild* (Uhland); Röslein
> *rot* (Goethe); Hänschen *klein* (Volksweise); Erdspinnchen *grau* (Carossa).[1]

2. In der Sprache der Werbung und in Fachsprachen steht das unflektierte Adjektiv häufiger nach dem Substantiv:

> Schauma *mild*; Henkell *trocken*; Whisky *pur*; Aal *blau*; 70 Nadelfeilen *rund* nach DIN
> 8342; 5 Werkzeugschränke *grün* RAL 6011; 200 Schriftzeichen *russisch*.

Dieser Gebrauch wird vor allem in der Presse nachgeahmt:

> Das war Leben *pur*. (Hör zu) Abfallbörse *international*. (Der Spiegel) Sport *total* im
> Fernsehen. (Mannheimer Morgen) Über Fußball *brutal* reden alle. (Hör zu)

3. In formelhaften Verbindungen, festen Wendungen und Sprichwörtern steht
das unflektierte Adjektiv besonders v o r dem (meist neutralen) Substantiv:

> auf *gut* Glück, ein *halb* Dutzend, *ruhig* Blut, ein *gut* Teil, ein *gehörig* Stück, *gut* Freund,
> *lieb* Kind. *Gut* Ding will Weile haben. (Sprw.) Ein *gut* Gewissen ist ein sanftes Ruhekis-
> sen. (Sprw.) In Kapitel A, I, 1, b (gelesen: *groß* A, *römisch* Eins, *arabisch* Eins, *klein*
> Be); *alt* Bundesrat (schweiz.).

Häufiger sind unflektierte Adjektive auf -isch von Länder- und Ortsnamen, die
vor neutralen Farb-, Stoff- und anderen Bezeichnungen stehen. Sie werden vielfach schon zusammengeschrieben:

> Unterschied von *böhmisch* und *bayrisch* Bier ... (Musil) *Kölnisch* Wasser (auch: *Köl-
> nisch*wasser), *holländisch* Bütten; *Englisch*leder, *Preußisch*blau, *Indisch*rot.

Die Stellung n a c h dem Substantiv ist weitgehend veraltet:

> mein Mann *selig*, fünf Gulden *rheinisch* (Wassermann), tausend Mark *bar*. (Noch üb-
> lich bei *junior* und *senior*:) mit Max Schulze *jun.*, bei Friedrich Schmidt *sen.*

4. Auch im Zusammenhang mit Namen kommen unflektierte attributive Adjektive vor:

> *Schön* Suschen (Goethe), *Schön* Rohtraut (Mörike), *Jung* Siegfried (Uhland), *Klein*
> Erna.

Bei den folgenden Ortsnamen und geographischen Bezeichnungen vollzieht sich
durch Bindestrich- bzw. Zusammenschreibung der Übergang zur (substantivischen) Zusammensetzung:

> in *ganz* England, von *halb* Deutschland; *Klein*-Ostheim, *Alt*-Wien, *Groß*-Berlin, *Hanno-
> versch*-Münden, *Neuruppin.*

---

[1] Unflektiert bleibt das Adjektiv natürlich, wenn es als nachgetragene nähere Bestimmung in Kommas eingeschlossen ist:
> Er war ein Mann, eisenhart. ... ein Mädchen, schön und wunderbar. (Schiller) Fräulein Levi, dünn
> und elfenbeinfarben (Th. Mann) ... der Stier, schwarz, schwer, mächtig. (Th. Mann) Gewehrku-
> geln, groß wie Taubeneier und klein wie Bienen. (Brecht) ... die ausgeruhte Arbeitsstätte, mor-
> gendlich ernüchtert, neuer Besitzergreifung gewärtig. (Th. Mann)

5. Bestimmte Farbadjektive, die meist aus Substantiven hervorgegangen sind, bleiben in der Regel ungebeugt:

diese *beige* und *lila* Schinkenbeutel (Fallada), ein *rosa* Landhaus (Luserke), die *orange* Farbe (Mannheimer Morgen); (ebenso:) bleu, chamois, creme, oliv.

In der Umgangssprache wird aber oft flektiert, wobei manchmal ein *n* zwischen die Vokale geschoben wird:

ein *rosaes/rosanes* Band, die *lilanen* Hüte, ein *beiges* Kleid.

In der Standardsprache hilft man sich durch Zusammensetzung mit *-farben, -farbig* u. ä. oder durch ein Präpositionalgefüge, wenn man die unflektierten Formen vermeiden will:

in *rosafarbigem* Kleid, eine *cremefarbene* Tasche, ein *olivgrüner* Rock, ein Kleid in *Rosa*.

6. Ursprünglich ein Substantiv (eigentlich ein Genitiv Plural des betreffenden Einwohnernamens als vorangestelltes Genitivattribut) ist auch die von einem Orts- oder Ländernamen abgeleitete Form auf *-er*, die heute als attributives flexionsloses Adjektiv aufgefaßt wird:

einen guten Krug *Merseburger* Bieres (Th. Mann), ähnlich den Zeichnungen *Baseler* Frauen des jüngeren Holbein (G. Hauptmann), eines *Frankfurter* Würstchens, den *Wiesbadener* Finanzämtern, dieser *Schweizer* Käse.

Im Genitiv Plural wird die Ableitungssilbe *-er* oft auch als Kasusendung verstanden; vgl. z. B. *Meldungen Berliner Zeitungen,* wo der Genitiv des Substantivs *Zeitungen* nicht deutlich erkennbar ist und *Berliner* so gebraucht wird wie etwa *deutscher,* d. h. wie ein Adjektiv im Genitiv Plural.

Zu *all, manch, solch, viel, welch* und *wenig* vgl. 470; 565. Zur Beugung der Zahladjektive *ein, zwei, drei* usw. vgl. 457 ff.

| 444 | **Der Bezug des attributiven Adjektivs auf das Bestimmungswort einer substantivischen Zusammensetzung**[1] |

Steht das attributive Adjektiv vor einer substantivischen Zusammensetzung, dann bezieht es sich inhaltlich auf die ganze Zusammensetzung. Man sollte deshalb eine Zusammensetzung nicht so attribuieren, daß sich das Adjektiv nur auf das Bestimmungswort bezieht.

Also nicht: kleines Kindergeschrei, sondern: das Geschrei kleiner Kinder; nicht: die entgrätete Fischkonserve, sondern: die Konserve mit entgräteten Fischen; nicht: verregnete Feriengefahr, sondern: die Gefahr verregneter Ferien.

Die Komik, die in solchen Fügungen liegt, hat immer wieder zu absichtlichen Erfindungen gereizt:

der chemische Fabrikbesitzer, in der sauren Gurkenzeit, der vierstöckige Hausbesitzer, der geräucherte Fischladen, der siebenköpfige Familienvater, eisernes Hochzeitspaar, die künstliche Eisfabrik.

Die falsche Beziehung in bestimmten attributiven Fügungen wird durch die falsche Schreibung noch verstärkt:

die arme Sünderglocke, die rote Kreuzschwester, die schwarze Meerflotte, die höhere Schulreform, im alten Weibersommer, der alte Herrenverband.

Korrekt werden diese Verbindungen nur, wenn sie durch Zusammenschreibung oder durch Setzung von Bindestrichen zusammengerückt werden (vgl. 823). Dabei tritt das Adjektiv unflektiert und flektiert auf:

---

[1] Vgl. R. Bergmann: Verregnete Feriengefahr und Deutsche Sprachwissenschaft. Zum Verhältnis von Substantivkompositum und Adjektivattribut. In: Sprachwissenschaft 5 (1980), H. 3, S. 234–265.

*Klein*kinderspielzeug, *Alt*frauengesicht (Borchert), unter diesem *Alt*-Damen-Erröten (Th. Mann), um einen *Klein*-Mädchen-Wildfang (ders.), die *Arm*sünderglocke, die *Rot*kreuzschwester.
(Mit der erstarrten flektierten Form auf *-e*:) ein Armeleuteschloß (Wassermann), Gelberübenbrei (Heimeran), die Tracht der Rote-Kreuz-Schwestern (Plievier), die Vorteile einer Loseblattausgabe, Grundzüge einer Geschichte der Hoheliedauslegung (Ohly), ein Bauer mit der Rote-Kreuz-Binde (Zuckmayer), für meine ... Böse-Buben-Streiche (Quick), ein Dumme*jungenstreich, der Saure*gurkenzeit, der Arme*sünderglocke.
(In Kongruenz mit dem Grundwort:) eine *Dumme*-August-*Fratze* (Wassermann), der *Gute*-Wetter-*Wind* (Boree), ein *Dummer*jungen*streich, Armer*sünder*weg* (Straßenname), in dieser *Sauren*gurken*zeit, einen *Armen*sünder*gang* (Barlach), nach *Altendamenspeisen* (Kluge), Ausbilder der *Ersten*-Hilfe-*Grundausbildung* (Börsenblatt), der *Roten*-Kreuz-*Schwester*, der *Losen*blatt*ausgabe*, der *Armen*sünder*glocke*.

Bestimmte Fügungen dieser Art haben sich jedoch durchgesetzt und sind sprachüblich geworden. Es handelt sich hier um Fälle, in denen das Adjektiv inhaltlich zwar eigentlich zum ersten Bestandteil der Zusammensetzung gehört, dabei aber auch zum zusammengesetzten Wort paßt, das nur noch als Einheit empfunden und als Ganzes attribuiert wird:

atlantischer Störungsausläufer, kirchlicher Funktionsträger, evangelisches Pfarrhaus, die deutsche Sprachwissenschaft, das Bürgerliche Gesetzbuch, keltisches Fürstengrab, medizinische Buchhandlung, das geheime Wahlrecht.

Hier anzuführen sind auch bestimmte Straßennamen u. ä.:

Braune Hirschstraße, Fette Hennengasse, Hoher Heckenweg.

Der prädikative Gebrauch beim Substantiv

445

Das prädikativ bei einem Substantiv gebrauchte Adjektiv (prädikatives Satzadjektiv; vgl. 1045) ist unflektiert und steht in Verbindung mit Verben wie *sein, werden, bleiben, wirken, finden* usw. Es kann subjektbezogen und objektbezogen gebraucht werden:

(Subjektbezug:) Das Auto ist *rot*. Das Gemälde ist *schön*. Das Geschrei der Kinder war *entsetzlich*. Der Vater wurde *krank*. Das Buch ist *langweilig*/kommt mir *langweilig* vor/ erscheint mir *langweilig*/wirkt *langweilig*/gilt als *langweilig*. Das Essen ist *warm*/bleibt in der Schüssel *warm*. Der Kerl ist *feige*.
(Objektbezug:) Die Mutter macht das Essen *warm*. Der Mann streicht die Wand *rot*. Ich finde das Buch *langweilig*. Ich betrachte dieses Vergehen als *skandalös*/halte es für *skandalös*. Man nennt den Kerl *feige*. Der Arzt schreibt den Vater *krank*.

In diesen Sätzen wird durch die Verbindung der Adjektive mit bestimmten Verben eine Eigenschaft, ein Merkmal als charakteristisch für das im Subjekt oder Objekt Genannte registriert; es wird jemand oder etwas in Hinblick auf einen bestehenden oder eintretenden Zustand charakterisiert, oft in Form einer Stellungnahme, eines Urteils. Dabei kann in vielen Fällen das prädikativ gebrauchte Adjektiv auch als Attribut zum Bezugssubstantiv gebraucht werden (sog. Attributsprobe):

Ich finde das Buch *langweilig*. – das *langweilige* Buch.

Der adverbiale Gebrauch beim Verb

446

Durch diesen Gebrauch des unflektierten Adjektivs (adverbiales Satzadjektiv; vgl. 1045) kann der Sprecher/Schreiber ein mit Verben genanntes Geschehen oder Sein näher charakterisieren (Zustände, Vorgänge, Tätigkeiten, Handlungen):

Die Kinder schrien *entsetzlich*. Er singt *laut*. Peter beträgt sich *gut*. Man hat Susanne *freundlich* behandelt. Er läuft *schnell*.

In vielen Fällen kann dabei das adverbial gebrauchte Adjektiv auch als Attribut (sog. Attributsprobe[1]) oder prädikatives Satzadjektiv zu einem dem Verb entsprechenden Substantiv (Nomen actionis oder agentis) gebraucht werden:

> Die Kinder schrien *entsetzlich*. – Ein *entsetzliches* Geschrei. – Das Geschrei war *entsetzlich*.
> Peter beträgt sich *gut*. – Sein *gutes* Betragen. – Sein Betragen ist *gut*.
> Er läuft *schnell*. – Ein *schneller* Läufer/ein *schneller* Lauf. – Der Lauf/Der Läufer ist sehr *schnell*.

Es ist in der Regel inkorrekt, wenn ein (auf ein Verb zu beziehendes) adverbiales Satzadjektiv einem Substantiv attribuiert wird (die Konstruktionsverschiebung tritt häufig bei festen Verbindungen wie *sich Mühe geben, Schaden nehmen, Stellung nehmen, Hilfe leisten* auf):

> Ich wäre deshalb dankbar, wenn hierzu eine *verbindliche* Stellung genommen würde. (Statt:) ... *verbindlich* Stellung genommen würde. Obschon er sich *höfliche* Mühe gab ... (Frisch; statt:) Obschon er sich *höflich* Mühe gab ...

Gelegentlich sind beide Konstruktionen möglich. Zu beachten ist der Bedeutungsunterschied:

> Mein Gewissen gab mir *eindeutig* Antwort (verbal bezogen: das eindeutige [Antwort]geben). – Mein Gewissen gab mir *eindeutige* Antwort (Attribut zu *Antwort*).
> Das hieße *wirklich* (= verbal bezogen) Selbstmord begehen. – Das hieße *wirklichen* Selbstmord begehen (= Attribut zu *Selbstmord*).

447 Der attributive Gebrauch beim Adjektiv oder Adverb

Durch den attributiven Gebrauch des unflektierten Adjektivs kann der Sprecher/Schreiber Eigenschaften und Umstände charakterisieren, die mit Adjektiven oder Adverbien genannt sind, und zwar im Hinblick auf Art und Grad u. ä.:

> Er ist *schön* dumm. Es wehte ein *entsetzlich/abscheulich* kalter Wind. Das Dorf liegt *tief* unten. Sie sitzt *weit* oben. Dies ist *typisch* niederdeutsch. Er ist *einfach* blöd. Sie ist *äußerst* erregt.

Gelegentliche Beugungen gehören der Umgangssprache an:

> Ich habe *schöne* warme Hände (statt: *schön* warme Hände).

Gelegentlich besteht ein inhaltlicher Unterschied zwischen der gebeugten und der ungebeugten Formulierung:

> in einer *ähnlich* schwierigen Lage – in einer *ähnlichen* schwierigen Lage.

Im ersten Fall ist *ähnlich* Attribut zu *schwierig*; im zweiten Fall ist es wie *schwierig* Attribut zu *Lage*; ähnlich:

> Er ist ein *abschreckend* häßlicher Mensch. – Er ist ein *abschreckender*, häßlicher Mensch. (Aber nur:) Er ist ein *ausgesprochen* sympathischer Mensch.

Adjektive mit eingeschränktem Gebrauch

Nicht alle Adjektive können in der vorstehend beschriebenen Weise sowohl attributiv als auch prädikativ bzw. adverbial gebraucht werden. Bestimmte Gruppen von Adjektiven oder Adjektive in bestimmten Verbindungen sind in ihrer Verwendung eingeschränkt (sog. defektive Adjektive oder Defektiva).

448 Nur attributiv gebrauchte Adjektive

Nur attributiv bei einem Substantiv werden bestimmte Adjektive gebraucht, mit denen der Sprecher/Schreiber jemanden oder etwas charakterisiert, und zwar

---

[1] Sie ist bei Adverbien nicht möglich: *Er läuft gern* läßt sich ni cht in *der gerne Lauf* o. ä. umformen.

1. im Hinblick auf die räumliche oder zeitliche Lage:

> der *obere* Rand; (entsprechend:) untere, vordere, mittlere, hintere, äußere, innere, linke, rechte, obige; das *hiesige* Theater, der *dortige* Bürgermeister; der *damalige* Sprecher, die *heutige* Veranstaltung, der *gestrige* Tag; (entsprechend:) einstige, morgige, diesjährige, abendliche, morgendliche, nächtliche u. a.

Mit den diesen Adjektiven entsprechenden Adverbien wie *oben, unten* usw. (vgl. 583) und *einst, heute, gestern* usw. (vgl. 588) wird der prädikative und adverbiale Bereich *(Die Versammlung ist heute/findet heute statt. Sie versammeln sich heute)* abgedeckt. Viele können auch als Attribut *(der Rand oben, die Versammlung heute)* gebraucht werden.

2. im Hinblick auf Besitz, Herkunft, Bereich, Gebiet oder Stoff:

> das *väterliche* Haus (= das Haus des Vaters), die *ärztliche* Praxis (= die Praxis des Arztes); ein *Goethisches* Gedicht (= ein Gedicht von Goethe), die *Drakonische* Gesetzgebung (= die Gesetze Drakons/von Drakon);
> ein *französischer* Wein (= ein Wein aus Frankreich), das *bayrische* Bier (= das Bier aus Bayern), *orientalische* Teppiche (= Teppiche aus dem Orient), *tierische* (= vom Tier stammende) Fette;[1]
> der *städtische* Beamte (= Beamter der Stadt);
> die *steuerlichen* Vorteile (= Vorteile auf dem Gebiet oder im Bereich der Steuer), *rechtschreibliche* Schwierigkeiten (= Schwierigkeiten im Bereich der Rechtschreibung), *schulische* Probleme (= Probleme im Bereich der Schule), die *wirtschaftliche* Sicherheit (= Sicherheit im Bereich der Wirtschaft);[2]
> ein *silbernes* Besteck (= ein Besteck aus Silber), ein *hölzerner* Griff (= ein Griff aus Holz).

In anderer Bedeutung können viele dieser Adjektive auch prädikativ oder adverbial gebraucht werden:

> Er ist sehr *väterlich* (= wie ein Vater). Er wurde *ärztlich* (= vom Arzt) betreut. Dieses Gesetz ist *drakonisch* (= sehr streng). Seine Bewegungen waren *hölzern* (= linkisch).

Über ihre Verwendung als Gleichsetzungsglied vgl. 452.

3. im Hinblick auf die Quantität, auf eine bestimmte Zahl oder ein bestimmtes Jahr, auf die Rangordnung oder Reihenfolge u. ä. (Zahladjektive; vgl. 454):

> die *gesamte/ganze* Bevölkerung, der *ganze* Besitz; eine *achtziger/sechziger/hunderter* Birne, ein *achtziger* Wein, in den *siebziger* Jahren; der *erste/zweite/dritte/...* letzte Besucher, (entsprechend:) erstere, mittlere, letztere, sonstige, andere.

Zur Stellung der vorstehenden drei Gruppen von Adjektiven vgl. 1276,2.

4. Schließlich gibt es noch Partizipien, die in Verbindung mit bestimmten Substantiven nur attributiv gebraucht werden. Es sind dies:

– erste Partizipien, mit denen ein Verhalten angegeben wird, das mit dem im Substantiv Genannten verbunden ist, aber nicht von diesem ausgeübt wird:

> die *sitzende* Lebensweise (= die Lebensweise des Sitzens; nicht: die Lebensweise sitzt/ ist sitzend) gegenüber: der *sitzende* Mann (= der Mann sitzt/verbringt den Tag am Schreibtisch sitzend). (Entsprechend:) die *liegende* Stellung (= die Stellung des Liegens); mit *spielender* Leichtigkeit (= Leichtigkeit des Spielens); in *schwindelnder* Höhe (= Höhe, die schwindeln macht).

---

[1] Wenn mit Adjektiven wie *französisch, bayrisch, englisch* usw. der Besitz oder die Zugehörigkeit oder eine bestimmte Art gekennzeichnet wird (und nicht die Herkunft wie oben), dann können sie auch prädikativ und adverbial gebraucht werden:
Seit 1890 ist Helgoland *deutsch* (= gehört es zu Deutschland). Das ist typisch *englisch*. Er wirkt sehr *amerikanisch* in seinem Auftreten. Sie denkt/fühlt *europäisch*.

[2] Adjektive, mit denen ein Bereich angesprochen wird, können auch mit *betreffend* oder *bezüglich auf* umgesetzt werden (*rechtschreibliche Schwierigkeiten/Schwierigkeiten, die Rechtschreibung betreffend* usw.); R. Hotzenköcherle: Gegenwartsprobleme im deutschen Adjektivsystem. In: Neuphilologische Mitteilungen 69 (1968), S. 1–28, nennt sie Bezugsadjektive (S. 15ff.).

– (isolierte) zweite Partizipien (vgl. 322), mit denen entweder die Ursache genannt wird, die zu der im Substantiv genannten Verhaltensweise führt, oder aber ein Verhalten angegeben wird, das mit dem im Substantiv Genannten verbunden ist:

die *verliebte* Nachstellung (= Nachstellung aus Verliebtheit; nicht: die Nachstellung ist verliebt); in *betrunkenem* Zustand (= Zustand des Betrunkenseins; nicht: der Zustand ist betrunken).

<table>
<tr><td>449</td></tr>
</table>

Nur prädikativ gebrauchte Adjektive

Ausschließlich oder vorwiegend prädikativ (als Satzadjektiv vor allem in Verbindung mit *sein, werden* und *machen*) werden folgende unflektierten Adjektive gebraucht, bei denen es sich teils um Fremdwörter, teils um umgangssprachliche Wörter, teils um feststehende Wortpaare, teils um Adjektive handelt, die nur noch in der genannten Verbindung vorkommen:

Er ist *fit* (Sportspr.)/*meschugge* (ugs.)/*plemplem* (ugs.)/*o.k.* (ugs.). Wir sind *quitt.* Das ist *futsch* (ugs.). Das ist *klipp und klar/null und nichtig/recht und billig.* Er ist *fix und fertig.* Sie ist mir *gram/untertan/zugetan.* Ich bin dieser Sache *eingedenk/teilhaftig.* Sie macht sich *anheischig* ... Er wurde *vorstellig/handgemein.* Er wird dieser Sache *gewahr/habhaft.* Ich bin dazu nicht *gewillt.* Sie machte ihm seine Kunden *abspenstig.* Ich machte seinen Wohnort *ausfindig.* Ich bin es *leid.*
(Ursprüngliche Substantive:) Mir ist *angst.* Er ist *schuld.* Ihm tut es *not.* (Ebenso:) fehl [am Ort], freund, fein, schade, barfuß, pleite (ugs.), wett, schnuppe (ugs.).
(Vorwiegend prädikativ gebraucht:) jmdm./einer Sache *abhold* sein (selten: eine dem Protzigen *abholde* Gesinnung). Ich bin *getrost* (selten: in *getroster* Trauer [Schaper]). Sie sind in München *ansässig* (selten: die [hier] *ansässige* Bevölkerung). Ich bin dieser Sache *gewärtig* (seltener: der des Angriffs *gewärtige* Wächter). Das ist *gang und gäbe* (vereinzelt: ... *gang und gäber* Schwärmerei [Th. Mann]) u. a.

Die umgangssprachlichen Adjektive *tipptopp* und *kaputt* werden häufig auch attributiv gebraucht, *tipptopp* auch adverbial. Man beachte auch den Gebrauch folgender Adjektive bei Bezug auf Personen:

Es ist mir *kalt*/mir ist *kalt.* Ich fühle mich *wohl.* (Entsprechend:) warm, übel, wohl, schlecht, schwindlig, unpäßlich u. a.

<table>
<tr><td>450</td></tr>
</table>

Attributiv und prädikativ – nicht adverbial – gebrauchte Adjektive

Nicht wenige Adjektive werden attributiv bei einem Substantiv und prädikativ gebraucht, nicht aber adverbial, weil sie nur auf Personen, Dinge usw., nicht aber auf ein Geschehen oder Sein bezogen werden können. Mit Adjektiven dieser Art wird etwa charakterisiert

– die Wetterlage:

Es war ein *nebliger* Tag (= attributiv). Der Tag war *neblig* (= prädikativ). (Entsprechend:) windig, stürmisch, zugig, [naß]kalt, naß (= regnerisch), regnerisch; stickig, diesig, dunstig, schwül, sonnig, heiter u. a.

– etwas im Hinblick auf seine Form, Beschaffenheit, auf bestimmte stoffliche Eigenschaften, auf Farbe u. ä.:

Da lag ein *viereckiger* Klotz. Der Klotz war *viereckig.* (Entsprechend:) zylindrisch, quadratisch, rundlich, wulstig, stumpf, spitz, schwammig; porös, durchlässig, dicht; rissig, schartig, zackig, struppig, stachlig; glatt, schlüpfig; zerbrechlich, zart; schlammig, steinig, rußig; grün, weiß, rot, rosé, orange, violett, scheckig u. a.; einmalig („nur einmal vorkommend'), erstmalig.

– jemand oder etwas im Hinblick auf die Gestalt (den Bau), jemand im Hinblick auf seinen körperlichen oder seelischen Zustand, auf bestimmte geistige, körperliche u. ä. Eigenschaften u. a.:

Er ist ein *schmächtiges* Kerlchen. Er ist *schmächtig.* (Entsprechend:) sehnig, stämmig, schlank, breit, schmal, untersetzt, gedrungen; kränklich, schwächlich, gebrechlich, krank, gesund; ohnmächtig, besinnungslos, bewußtlos; blind, taub, stumm; potent, impotent, steril, trächtig, schwanger; tauglich, untauglich, tüchtig; launenhaft, wetterwendisch, zänkisch u. a.

Attributiv und adverbial – nicht prädikativ – gebrauchte Adjektive

| 451 |

Bestimmte Adjektive werden attributiv bei einem Substantiv und adverbial gebraucht, nicht aber prädikativ. Bei attributivem Gebrauch stehen sie im allgemeinen bei Substantiven, die zu den Verben gebildet sind, bei denen die Adjektive adverbial stehen können.

Dieser Gebrauch findet sich bei Adjektiven, mit denen ausgedrückt wird, daß sich etwas in bestimmtem zeitlichem Abstand wiederholt:

> Diese Zeitung erscheint *wöchentlich/*das *wöchentliche* Erscheinen. Er berichtet *täglich* über die neuen Vorfälle/sein *täglicher* Bericht. Sie kamen *monatlich* einmal zusammen/ ihre *monatliche* Zusammenkunft. (Entsprechend:) jährlich, stündlich, ständig u. a.

Ähnlich eingeschränkt im Gebrauch sind bestimmte Adjektive in bestimmten Verbindungen. Bei attributiver Verwendung charakterisiert das Adjektiv das mit dem Bezugssubstantiv genannte Verhalten, die Tätigkeit:

> Karl ist ein *starker* Raucher (= Er raucht stark. [Aber nicht:] Der Raucher ist stark). Er ist ein *scharfer* Kritiker (= Er kritisiert scharf). Sie ist eine *gute* Rednerin (= Sie redet gut). Er ist ein *schlechter* Esser (= Er ißt schlecht).

Auch *ungefähr, gänzlich, völlig* und *unverzüglich* können nicht prädikativ gebraucht werden:

> Er ließ ihm *völlige* Freiheit. Das schließt sie *völlig* aus. Er konnte den Betrag nur *ungefähr* angeben. Er machte nur *ungefähre* Angaben über diesen Fall. Er antwortete *unverzüglich/*gab eine *unverzügliche* Antwort.

4.1.2 Das Adjektiv als Gleichsetzungsglied

| 452 |

Adjektive (und bestimmte Pronomen) können auch als Gleichsetzungsglied gebraucht werden; sie werden dann wie ein attributives Adjektiv gebeugt.
1. Adjektive, mit denen klassifiziert, d. h. eine Art oder Sorte nachdrücklich von einer anderen unterschieden werden soll, werden als Gleichsetzungsglied gebeugt. Dabei kann die Art, von der sie sich unterscheiden, genannt sein. Die Aussage wird durch die Flexion des Adjektivs betont und die so herausgehobene Art anderen Arten gegenübergestellt:

> Diese Weise zu leben ist die *rechte* für dich. Dieses Problem ist ein *öffentliches* (kein privates). Die ganze Frage scheint mir keine *politische,* sondern eine *pädagogische* zu sein. Diese Linie ist eine *gerade,* jene eine *gekrümmte.*

Klassifizierend stehen immer aussagend angehäufte Adjektive, die sich auf Besitz, Herkunft, Bereich oder Stoff beziehen und als solche sonst nur attributiv verwendet werden (vgl. 448,2):

> Der Wein ist ein *spanischer,* der andere ein *italienischer.* Dieser Teppich ist ein *orientalischer,* jener ein *chinesischer.*

Die Betonung der attributiv stehenden Adjektive erfüllt oft den gleichen Zweck:

> Das ist ein öffentliches (kein privates) Problem. Dies ist ein *spánischer* (kein italienischer) Wein.

Das flektierte Adjektiv wird auch dort gelegentlich als klassifizierendes Gleichsetzungsglied gebraucht, wo ein Verbalsubstantiv, vor allem eine Ableitung auf *-ung,* als Subjekt steht:

Die *Beurteilung* des Falles war eine *sachliche.*

Diese Ausdrucksweise ist jedoch stilistisch unschön. Man sollte besser das dem betreffenden Substantiv zugrundeliegende Verb gebrauchen:

Der Fall wurde *sachlich beurteilt.*

In den folgenden – vorwiegend im Süden des deutschen Sprachgebiets, aber auch in der Literatur vorkommenden – Beispielen werden Adjektive unnötigerweise als klassifizierendes Gleichsetzungsglied flektiert gebraucht, wo das (ungebeugte) subjekt- oder objektbezogene Satzadjektiv stehen muß (vgl. 445).

Deine Meinungen nenne ich *weibische* (statt: *weibisch*; G. Hauptmann). (Er) braucht nur noch den Stempel des Amtes, das aber ... ein *verständnisvolles* (statt: *verständnisvoll*) sein soll. (Frisch) Die Macht einer ... Schriftstellervereinigung wird ... eine sehr *geringe* (statt: *sehr gering*) sein. (Hesse)

2. Hierher gehören auch klassifizierende Superlative, Komparative und Ordnungszahlen (vgl. 464):

Diese Schülerin ist die *beste/bessere.* Seine Auffassung vom Eheleben war die *strengste.* (H. Mann) Fritz ist der *erste/dritte.*

3. Auch bestimmte Adjektive (und Pronomen) mit demonstrativer Bedeutung u. ä. können (flektiert) als Gleichsetzungsglied gebraucht werden:

Es ist immer *dasselbe!* Seine Absicht war *diese:* ... Mein Plan ist *folgender:* ... Ihre Worte waren ganz *andere.* Der einzige mögliche Weg ist der *genannte.* Der Erfolg war ein *doppelter.*

453 | 4.1.3 Adjektive mit und ohne Ergänzung[1]

Manche Adjektive werden im Satz ohne, andere mit Ergänzungen gebraucht. Wir nennen sie im Unterschied zu denen des Verbs Ergänzungen 2. Grades (vgl. 1086) und unterscheiden drei Hauptklassen:

Adjektive ohne Ergänzungen

Viele Adjektive werden im Satz ohne Ergänzungen gebraucht (zu den entsprechenden Satzbauplänen vgl. 1104):

schön, faul, fleißig, blau, rot, töricht, dumm, klug usw.

Adjektiv mit einer Ergänzung

Manche Adjektive werden im Satz mit einer Ergänzung gebraucht (zu den entsprechenden Satzbauplänen vgl. 1122 ff.). Dabei kann man nach der Art der Ergänzung bestimmte Unterklassen unterscheiden:

(Adjektive mit Dativobjekt:) jmdm. behilflich, bekömmlich, ähnlich, bekannt, gleichgültig, fremd sein.
(Adjektive mit Genitivobjekt:) einer Sache schuldig, bewußt, eingedenk, gewiß sein.
(Adjektive mit Akkusativobjekt:) eine Sache wert sein.
(Adjektive mit Präpositionalobjekt:) auf etw. angewiesen, gespannt sein; bei jmdm. beliebt sein; für jmdn. nachteilig, schmerzlich sein.
(Adjektive mit Raumergänzung:) irgendwo wohnhaft, beheimatet, ansässig, tätig sein.

---

[1] Vgl. dazu K.-E. Sommerfeldt/H. Schreiber: Wörterbuch zur Valenz und Distribution deutscher Adjektive. Leipzig [2]1977.

Adjektive mit zwei Ergänzungen

Nur einige Adjektive werden im Satz mit zwei Ergänzungen gebraucht, und zwar mit einem Dativobjekt 2. Grades und einem Präpositionalobjekt 2. Grades (zu dem entsprechenden Satzbauplan vgl. 1127):

jmdm. in etw. überlegen/ebenbürtig sein; jmdm. in etw. ähnlich/gleich sein.

Analog zu den Verben (vgl. 166) kann man die Adjektive ohne Ergänzung absolute Adjektive, die Adjektive mit einer Ergänzung oder zwei Ergänzungen relative Adjektive nennen.

4.1.4 Gebrauch und Bildung der Zahladjektive u. ä.

454

Adjektive, die attributiv bei einem Substantiv gebraucht werden, stehen im allgemeinen (vgl. aber 443) zwischen dem Begleiter (Artikel u. ä.; vgl. 351; 531) und dem Substantiv, sofern dieses nicht überhaupt ohne Artikel u. ä. gebraucht wird:

seine *neuen* Bleistifte, das *blaue* Kleid, die *roten* Autos, diese *alten* Bücher, die *schönen* Häuser. (Ohne Artikel:) Das erfordert *großen* Mut.

In der Position des attributiven Adjektivs können auch Wörter gebraucht werden wie

zwei, drei, vierte, fünfte, zahlreich, einzeln, zahllos, gesamt, ganz, viel, wenig

mit denen Zahlvorstellungen ausgedrückt werden:

seine *drei* Bleistifte, das *vierte* Kleid, die *zahlreichen* Autos, diese *wenigen* Bücher, die *vielen* Häuser.

Man vergleiche auch:

Zum Dorf gehörten nur zwei Gruppen von Häusern. Die *kleinere* Gruppe bestand aus *verfallenen,* die *größere* aus *gepflegten* Häusern. Die *verfallenen* Häuser waren leer, nur die *gepflegten* waren bewohnt.

Zum Dorf gehörten nur zwei Gruppen von Häusern. Die *erste* Gruppe bestand aus *fünf,* die *zweite* aus *acht* Häusern. Die *fünf* Häuser waren leer, nur die *acht* waren bewohnt.

Wir rechnen auch diese Wörter zu den Adjektiven und nennen sie Zahladjektive. Zu ihrer Stellung vgl. 1276,2.

Die Kardinalzahlen (Grundzahlen)

455

Null Fehler im Aufsatz haben. *Eine* Schwalbe macht noch keinen Sommer. (Sprw.) Der Tag hat *vierundzwanzig* Stunden, die Stunde *sechzig* Minuten, die Minute *sechzig* Sekunden. Die Kirche ist schon ein paar *hundert* Jahre alt. Der Anhänger hatte *zwei* Achsen; *eine* davon war gebrochen. Wir zählten *dreißig* [Leute]. Gedulden Sie sich *eine* Woche oder *zwei*! Aller guten Dinge sind *drei.* (Sprw.)

Mit Wörtern wie *null, zwei, dreißig* wird angegeben, wieviel Lebewesen, Dinge u. ä. vorhanden sind; mit ihnen wird eine Menge bezeichnet, die in einer geordneten, abzählbaren Reihe einen festen Platz hat, eine Menge, die einem gegebenen Zählplatz entspricht.[1] Man nennt diese Wörter Kardinalzahlen oder Grundzahlen.

[1] Vgl. L. Hammerich: Zahlwörter und Zahlbegriff. Mannheim 1966, S. 17.

Die Bildung der Kardinalzahlen

Die Grundzahlwörter von 0 bis 10 heißen:

null, eins, zwei, drei, vier, fünf, sechs, sieben, acht, neun, zehn (0, 1, 2, 3, 4, 5, 6, 7, 8, 9, 10).

Die Zahlwörter *elf* und *zwölf* weichen in der Bildung von den Zahlwörtern *drei-zehn* bis *neunzehn* ab, die aus der Verbindung von *drei* bis *neun* mit *-zehn* beste-hen:

dreizehn, vierzehn, fünfzehn, sechzehn (nicht: sechszehn), siebzehn (veraltet: sieben-zehn), achtzehn, neunzehn.

Die Bezeichnungen für die Zehnerzahlen von 20 bis 90 sind mit der Nachsilbe *-zig* gebildet:

zwanzig (ahd.: zweinzug), dreißig (nicht: dreizig), vierzig, fünfzig, sechzig (nicht: sechs-zig), siebzig (siebenzig ist veraltet), achtzig, neunzig.

Die Zahlen zwischen den Zehnern werden dadurch gebildet, daß die Einerzahl durch *und* mit der Zehnerzahl verbunden wird:

einundzwanzig, zweiundzwanzig, dreiunddreißig, vierundvierzig, sechsundsechzig, sie-benundsiebzig, neunundneunzig.

Die Hunterterzahlen werden durch Verbindung der Einerzahlen mit *hundert* ge-bildet, die Tausenderzahlen entsprechend mit *tausend*:

[ein]hundert (hundert[und]eins, hunderteinundzwanzig), zweihundert, dreihundert usw., neunhundert;
[ein]tausend (tausend[und]eins, tausendeinundzwanzig), zweitausend, dreitausend usw., neuntausend, zehntausend, zwanzigtausend usw., neunzigtausend, [ein]hunderttausend, zweihunderttausend usw., neunhunderttausend.

Die folgenden Zahlwörter sind feminine Substantive, die der Vollständigkeit der Reihe wegen hier aufgeführt werden:

eine Million (= 1000 mal 1000); zwei, zehn, hundert, neunhundert Millionen;
eine Milliarde (= 1000 Millionen); zehn, hundert, neunhundert Milliarden;
eine Billion (= 1000 Milliarden); hundert Billionen;
eine Billiarde (= 1000 Billionen); hundert Billiarden;
eine Trillion (= 1000 Billiarden); hundert, neunhundert Trillionen;
eine Trilliarde (= 1000 Trillionen); hundert Trilliarden;
eine Quadrillion (= 1000 Trilliarden);
eine Quinquillion oder Quintillion (= 1 Million Quadrillionen);
eine Sextillion (= 1 Million Quintillionen);
eine Septillion (= 1 Million Sextillionen);
eine Oktillion (= 1 Million Septillionen) usw.

Zur Beugung von Maß-, Mengen- und Münzbezeichnungen nach Kardinalzahlen vgl. 368 f.

Die Deklination und der Gebrauch der Kardinalzahlen [1]

ein [2]

Das Zahlwort *ein* ist immer stark betont. Ohne Artikel u. ä. wird es wie *kein* (vgl. 477), nach dem bestimmten Artikel u. ä. wie ein anderes Adjektiv dekliniert (vgl. 476):

---

[1] Die Deklination der Zahladjektive wird wegen der Besonderheiten in diesem Kapitel mit behandelt. Zur Deklination der Adjektive allgemein vgl. 473 und I. Ljungerud: Zur Nominalflexion in der deutschen Literatursprache nach 1900. Lund 1955.
[2] Zu unterscheiden ist *ein* als Artikel, das immer in Verbindung mit einem Substantiv gebraucht wird (vgl. 351), und *einer (eine, ein[e]s)* als Indefinitpronomen (vgl. 567).

... *eines* Buches. Ich habe jetzt zwei Freunde statt *eines*. Mit *einem* Worte. Die beiden Länder hatten *eine* Königin. ... des *einen* Buches, dieses *einen* Umstandes, meines *einen* Sohnes. Es gibt nur die *eine* Straße an dem linken Ufer. Der Wagen, dessen *eines* Rad sich nicht drehte. Mein *eines* Auge; *ein* Schüler. Auch nicht *einer* der Burschen rührte sich. Nur *einer* kann den Vorsitz führen.

·1. Neben der gehobeneren Vollform *eines* wird im Nominativ und Akkusativ Neutrum auch *eins* gebraucht:

> *Eins* tut not. Auf *eins* muß ich noch aufmerksam machen. Zwei Augen sehen mehr als *eins*. (Sprw.)

Die Form *eins* wird auch beim Rechnen und Zählen gebraucht:

> Ein mal *eins* ist *eins*. *Eins*, zwei drei! Die Uhr schlug *eins*. 2,1 (gelesen: zwei Komma *eins*); 1,5 (gelesen: *eins* Komma fünf).
> (Wenn *hundert, tausend* usw. vorausgeht:) hundert[und]*eins*, tausend[und]*eins*.

Nur wenn die größere Zahl folgt, wird unflektiertes *ein* gebraucht:

> *ein*undzwanzig; [*ein*]hundert; [*ein*]tausend; [*ein*]tausendeinhundertdreiundachtzig.

Man beachte auch feste Wendungen wie

> etwas ist jemandem *eins* (= gleichgültig; ugs), mit jemandem *eins* werden/sein (= [handels]einig werden/sein), *eins* sein (= ein und dasselbe sein; sich gleichzeitig ereignen).

2. Wenn *und* eine größere Zahl (*hundert, tausend* usw.) vorausgehen, wird das attributive *ein* wie sonst auch flektiert. Das folgende Substantiv steht im Singular:

> hundertund*ein* Salutschuß; hundertund*eine* Seite, mit tausendund*einem* Weizenkorn; die Geschichten von Tausendund*einer* Nacht.

Es kann aber auch der Plural des Substantivs stehen; dann bleibt *ein* endungslos, und das *und* fällt häufig weg:

> mit hundert[und]*ein* Salutschüssen, mit tausend[und]*ein* Weizenkörnern.

3. Endungslos bleibt *ein* auch als Zähler von Bruchzahlen und vor dem Substantiv *Uhr*:

> Ein Sechstel multipliziert mit *ein* Viertel. Wir treffen uns nach *ein* Uhr.

4. Endungsloses *ein* steht gewöhnlich auch, wenn es etwa durch *oder/bis* an *zwei* gekoppelt ist:

> Gedulden Sie sich noch *ein* bis *zwei* Tage. Du mußt noch *ein* oder *zwei* Wochen warten. (In Verbindung mit *all*:) Der Hund ist mein *ein* und [mein] *alles*. Meinem *ein* und alles kann ich doch nichts abschlagen.

5. Formen mit und ohne Endung sind möglich in der Verbindung mit *and[e]re, mehrere* und *derselbe*.

> (In Verbindung mit *and[e]re*:) *einer* und/oder der *and[e]re* (auch: *ein* und/oder der *and[e]re*), der *eine* und/oder der *andere* (auch: der *ein* und [der] *and[e]re*); *ein* oder der *andere* Blick (Th. Mann). Die schönen Sommertage gingen *einer* um den *anderen* hin. (Hesse) ... selbst wenn ich *ein* oder das *andere* Buch auslasse. (Musil) ... *eines* oder das *andere* seiner älteren Werke zu verfilmen. (Musil) (Auch pluralisch:) Die *einen* schikanieren die *anderen*.
> (In Verbindung mit *mehrere* meist flektiert:) mit *einer* oder *mehreren* Nuten versehen; für *einen* oder *mehrere* Betriebe; Ausfall *eines* oder *mehrerer* folgender Konsonanten (Newald).
> (In Verbindung mit *derselbe*; die gebeugte Form wirkt intensiver:) Sie wohnen in *ein[er]* und derselben Straße. Es ist *ein[e]* und dieselbe Größe. Sie schneiden mit *ein[em]* und demselben Messer. ... beide für *eins* und dasselbe zu halten. (Th. Mann; auch: ... für *ein* und dasselbe ...)

458 | **zwei (beide), drei usw.**

1. Von den weiteren Kardinalzahlen können im Genitiv nur *zwei* und *drei* gebeugt werden, und zwar dann, wenn der Kasus nicht bereits durch den bestimmten Artikel u. a. kenntlich gemacht ist:

> ... mit Ausnahme *zweier* Berliner (FAZ). ... der Puls *dreier* kräftiger Männer. (Handel-Mazzetti; zur Deklination des folgenden Adjektivs vgl. 480) (Aber:) Nach der Aussage *der zwei* Zeugen stimmt das nicht. Das Schicksal *dieser drei* ist unbekannt.

2. Dagegen können im Dativ (bei substantivischem Gebrauch) die Zahlwörter von *zwei* bis *zwölf* gebeugt werden:

> Der Tag zu *zweien* ... Was *zweien* zu weit, ist *dreien* zu eng. (Sprw.) ... auf allen *vieren* in die Schule krabbeln. (Penzoldt) ... falls es bei *fünfen* sein Bewenden haben würde (Th. Mann); er fährt mit *achten* (acht Pferden). Ich sage dir ja, daß sie zu *zehnen* sind und nicht zu *elfen*. (Th. Mann)

Neben den Formen auf *-en* in *zu zweien* usw. werden auch Formen auf *-t* gebraucht (*zu zweit, zu dritt* usw.). Dabei unterscheidet man bereits vielfach *zu zweien* ‚paarweise' (*zu zweien über die Straße gehen*) von *zu zweit* ‚gerade zwei Personen betreffend' (*zu zweit in den Wald gehen*).
Beugung bei attributivem Gebrauch ist veraltet und kommt heute nur ganz selten im Dativ vor:

> Und *zweien* Knechten winket er. (Schiller) Nach *dreien* Tagen ... (Th. Mann)

3. Die auf *-zehn* und *-zig* endenden Kardinalzahlen werden im allgemeinen weder im Genitiv noch im Dativ gebeugt. Ausnahmen kommen beim Dativ vor:

> ... einer von *zehnen* oder *zwanzigen*. (Lernet-Holenia)
> (Substantivierung:) Das Frauenzimmer mochte noch in den *Siebzigern* sein. (Meyrink)

4. Die substantivisch gebrauchten Formen auf *-e*, die bei den Zahlwörtern *zwei* bis *zwölf* möglich sind, finden sich nur noch in alter oder in volkstümlicher Sprache. Sie werden für den Nominativ, Genitiv und Akkusativ verwandt:

> *Zweie* kehrten zurück. ... vielleicht gelinge es einmal, alle *neune* einzufangen. (Carossa) Es schlägt *zwölfe*. Ringel, Ringel, Reihe! Sind der Kinder *dreie*. (Des Knaben Wunderhorn) Keines der *viere* steckt in dem Tiere. (Goethe)

Fest gewordene volkstümliche Redewendungen sind: *alle viere von sich strecken, alle neune werfen* (beim Kegeln).

5. Mit *-er* gebildete Formen wie *zweier, achter, fünfzehner* werden attributiv gebraucht (*eine fünfzehner Birne*); *-ziger* kann dabei die Dekade ausdrücken:

> Das ist ein *achtziger* Jahrgang (aus dem Jahre 80 eines Jahrhunderts). Es geschah in den *achtziger* Jahren des vorigen Jahrhunderts (d. h. zwischen 1880 und 1890). ... in den *zwanziger* Tagen des Septembers. (Th. Mann)
> (Substantiviert: Er war hoch in den *Siebzigern*.)

6. Häufig, so etwa im Fernsprechverkehr, wird *zwo* statt *zwei*[1] gesagt, um Verwechslungen mit *drei* zu vermeiden. Danach sagt man auch schon *zwote,* obwohl *zweite* mit *dritte* gar nicht verwechselt werden kann.

---

[1] Die Form *zwei,* die wir heute (seit Ende des 18. Jahrhunderts) verwenden, stand ursprünglich nur vor neutralen Substantiven. Für Maskulina und Feminina gab es abweichende Formen:

> (mhd. Mask.:) *zwene* man; (Fem.:) *zwo* frouwen; (Neutr.:) *zwei* kint.

Verfasser historischer Romane u. a. verwenden gelegentlich noch die alten Formen, teils richtig, teils falsch:

> *Zwo* mächt'ge Feien nahten dem schönen Fürstenkind. (Uhland) Ein Hifthorn hing ihm um die Schulter, *zween* Messer an der Seite. (Alexis) Drum sandten wir *zwo* Späher auf dem Fuß ihm nach. (Scheffel)

7. Für *zwei* kann auch *beide* gebraucht werden, wenn zwei bereits bekannte Wesen, Dinge u. ä. gemeint sind und zusammengefaßt werden sollen.[1] Dabei wird *beide* im allgemeinen wie andere Adjektive gebeugt (vgl. 474ff.):

> ... die *beiden* Mädchen, diese *beiden* Räume. *Beide,* der blinde Klaus und sein Freund Robert, kommen aus der Gefangenschaft. (Jens) Die Pfarrer *beider* Bekenntnisse haben morgens ... zelebriert. (Remarque) Menschen aus ... den *beiden* Amerikas. (Koeppen)

Nach *wir* wird *beide* zumeist nach Typ I (stark), nach *ihr* häufiger nach Typ II (schwach) gebeugt, zwischen *wir* oder *ihr* und Substantiv nach Typ II (zur Adjektivdeklination vgl. 475ff.):

> Wir *beide* zusammen stellen Berlin auf den Kopf. (H. Mann) (Selten:) Wir *beiden* schwiegen natürlich über die Gründe. (Andres)
> Ihr *beiden* geht mir zu schnell. (I. Kurz) Ihr seid große Klasse, ihr *beiden!* (Hausmann) (Seltener:) Ihr *beide* solltet miteinander nicht verkehren. (Werfel) ... wir *beiden* Brüder, ihr ... *beiden* Kinder (Fallada), wir *beiden* Spieler (Hesse).

Nach *sie, unser, euer, ihrer* (vgl. 539), *uns* (Akk.), *euch* (Akk.), nach dem Neutr. Sing. *dies[es]* und *alles* sowie nach *alle* wird *beide* nach Typ I (stark) dekliniert:

> sie *beide* allein (I. Seidel), mit unser *beider* gemeinsamer Schuld (Barlach), euer *beider* leben (George), durch ihrer *beider* Erhöhung (Th. Mann), für uns *beide* (Bonsels), euch *beide* hübschen Schätzchen (Fallada); dies[es] *beides,* alles *beides,* alle *beide*; es braucht ... aller *beider* (Bergengruen).

Zur Deklination des folgenden Adjektivs vgl. 484.

Daß es ein betontes, vereinzelndes und ein unbetontes, zusammenfassendes *beide* gibt, können die folgenden Beispiele zeigen:

> a) *Beide Brüder* sind gefangen (nicht bloß der eine).
> b) *Die beiden Brüder* sind gefangen (und nicht – zum Beispiel – gefallen).

Die Stellung des betonten, vereinzelnden *beide* ist verhältnismäßig frei (wie bei *alle*); es kann auch n a c h der Personalform des Verbs stehen:

> Die Ehefrauen ... waren damals bereits *beide* tot. (Raabe)

In Verbindung mit einem Pronomen steht es allerdings immer nach diesem:

> Da *wir beide* keine redseligen Menschen sind ... (Fallada) *Wir* sind doch *beide* ein bißchen verrückt. (Langgässer) Es gibt tatsächlich nur *diese beiden* Möglichkeiten. (Th. Mann)

Der neutrale Singular *beides* ist zur nachdrücklichen Betonung der kollektiven Einheit noch üblich, allerdings nicht in bezug auf Personen:

> *Beides* ist möglich. In *beidem* bewandert sein. Hut und Regenschirm, *beides* hatte er im Abteil liegenlassen.

Werden dagegen die betreffenden Dinge für sich und einzeln gesehen, dann gebraucht man *beide:*

> Das Werk und die Aufführung, *beide* gaben den Kritikern Rätsel auf.

8. Der heute veraltete neutrale Singular *dreies* faßt – wie *beides* – zusammen:

> Das Theaterstück fordert alles *dreies* zusammen. (Goethe) ... alles *dreies* auf einmal. (Lessing) Und ich bin eigentlich alles *drei's.* ([= Kind, Narr, Poet] Fontane)

---

[1] Die tautologische Kopplung *die zwei beiden* oder *wir zwei beide[n]* ist mundartlich und umgangssprachlich, besonders in Nord- und Mitteldeutschland.

Hundert, Tausend, Million usw.

Die Zahlwörter *hundert* und *tausend* werden auch als Substantive gebraucht. *Million, Milliarde* usw. sind Substantive, ebenso *Dutzend, Schock, Mandel, Gros* usw. (Kollektiva; vgl. 329). Sie werden hier mitaufgeführt, um die Reihe der Kardinalzahlen nicht auseinanderzureißen.

1. das Hundert, das Tausend:

ein halbes *Hundert*; vier vom *Hundert*; *Hunderte* und aber *Hunderte*. Es geht in die *Hunderte*. Die Zustimmung vieler *Tausende* ist gewiß. Die Menschen verhungerten zu *Hunderten* und *Tausenden*.

Als Substantive werden *Hundert* und *Tausend* und auch *Dutzend* im Nominativ und Akkusativ Plural – allerdings seltener – auch unflektiert gebraucht, wenn der Fall durch ein Begleitwort deutlich wird:

Viele *Hundert[e]*/Mehrere *Tausend[e]* umsäumten die Straßen. Viele *Dutzend[e]* kamen ums Leben.

Das Gezählte kann angeschlossen werden

– als Genitiv, wenn es mit einem (adjektivischen) Attribut verbunden ist (Genitivus partitivus; vgl. 1079). Diese Konstruktion ist von den folgenden die seltenste:

das Gekreisch von Tausenden *aufgeschreckter Möwen*; die Mannschaft der Hunderte *kleiner und großer Kähne* (Fr. Wolf); ein Dutzend *junger Damen* (Der Spiegel); viele Hunderttausend *englischer Blumenfreunde* (FAZ).

– als Präpositionalgefüge mit *von* (mit oder ohne Attribut):

alle diese Hunderte und Tausende *von* durchnäßten Soldaten. (Inglin) ... trotz Hunderttausender *von* Armen. (Thieß)

– als Apposition im gleichen Kasus wie das Zahlsubstantiv (mit oder ohne Attribut):

auf den nackten Körpern von Hunderten *schwitzenden und lachenden Trägern* (Vicki Baum); Hunderte *ausländische Studenten;* das Leben Tausender *deutscher Soldaten* (Leonhard); Dutzende *weiß-rote, weiß-gelbe Wimpelchen* (Winckler).

Wenn *Hundert, Tausend* und *Dutzend* im Genitiv stehen und dieser Fall durch kein anderes Wort deutlich wird, nehmen sie adjektivische Flexion an:

trotz der Tapferkeit *Tausender* (Franck; gegenüber:) die Tapferkeit *einiger Tausend*. Unter dem Heulen *Dutzender* von Schiffssirenen ... (Wiesbadener Kurier)

2. Million, Milliarde usw.:

Die Zahlsubstantive *Million, Milliarde* usw. werden immer dekliniert:

einer halben *Million*, eine dreiviertel *Million*, mit 0,8 *Millionen* DM, mit 2,1 (gelesen: zwei Komma eins) *Millionen* DM, vier *Millionen* Menschen, eine Summe von zehn *Millionen* DM; mit hundert *Milliarden* Dollar.

Steht der bestimmte Artikel u. ä. vor *Million*, dann richtet sich die Beugung des folgenden substantivierten Adjektivs nach ihm (bei *Hundert* und *Tausend* wird diese Konstruktion vermieden):

der einstigen sechzig Millionen *Deutschen* (H. Mann); *die* Millionen *Toten* (Werfel); *unsere* fünf Millionen *Arbeitslosen* (Kästner).

je + **Kardinalzahl**

Durch ein der Kardinalzahl vorangestelltes *je* wird eine zahlenmäßig gleiche Verteilung ausgedrückt:

Je zwei von ihnen wurden hereingeführt. Die beiden Bettler erhielten von ihm *je fünf* Mark. ... und wie heute morgen sagte er *je dreimal* „so, so so" ... (Th. Mann)

Die Kardinalzahl bei Jahreszahlen   461

Bei Angabe von Jahreszahlen sagt man statt z. B. *[ein]tausendneunhundertsechzig* gewöhnlich *neunzehnhundertsechzig.* Die Jahreszahl wird an die Tag- und Monatsangaben unmittelbar angeschlossen:

Am 24. Mai 1949 konstituierte sich die Bundesrepublik Deutschland.

Die Angabe *das Jahr* oder *im Jahre* wird vielfach weggelassen:

Wir schreiben jetzt 1950. Die UNO wurde 1945 gegründet.

Die Verbindung der Präposition *in* mit der bloßen Jahreszahl *(in 1948 [in neunzehnhundertachtundvierzig])* ist Nachahmung des Englischen. Standardsprachlich korrekt ist: *im Jahre 1948.*

Die Kardinalzahl bei der Uhrzeit   462

Zur Angabe der Uhrzeit werden die flexionslosen Kardinalzahlen *(eins* bis *zwölf)* mit oder ohne *Uhr* gebraucht. Die Formen auf *-e* sind veraltet oder volkstümlich (vgl. 458,4) und stehen immer ohne *Uhr:*

Es ist *eins.* (Aber:) Es ist *ein* Uhr. Um *fünf* (volkst.: um *fünfe)* [Uhr] aufstehen. (Veralt.:) Er geht vor *zwölfe* schlafen. (Platen) Der Zug fährt Punkt *zwölf* [Uhr] ab. Es ist jetzt halb *elf* [Uhr]. Es schlägt [ein] Viertel vor *sechs.* Es ist [ein] Viertel nach *sieben.* Es ist fünf Minuten vor drei Viertel (dreiviertel) *acht.* Es ist [ein] Viertel [auf] *neun* (bes. mitteld. für: ein Viertel nach acht).

Für die zweite Tageshälfte gebraucht man adverbiale Angaben, wenn Verwechslungen mit der ersten möglich sind und umgekehrt:

Der Zug fährt um halb acht [Uhr] *abends.* Ich wartete bis zwei Uhr *nachmittags.* Um fünf Uhr *morgens.*

Die Zahlen 0 bis 24 werden amtlich viel gebraucht, dringen aber in die Alltagssprache nur schwer ein; sie stehen mit *Uhr:*

Der Zug fährt 17^{15} Uhr von Köln ab (gesprochen: siebzehn Uhr fünfzehn [Minuten]). Ich komme um *20 Uhr* zu dir.

Die Einheiten *Minute* und *Sekunde* werden auch nach Zahlen gebeugt (vgl. 368):

fünf *Minuten* vor zwölf, zehn *Sekunden* vor halb fünf.

Ausdruck der Unbestimmtheit   463

Mit einigen bestimmten Zahlen kann der Sprecher auch eine unbestimmte Menge angeben. Von dem genauen Zahlenwert ist dabei abgesehen:

(Eine große Zahl:) Viel *hundert* (= hundert und noch viel mehr) weiße Lilien im Klostergarten blühn. (H. Löns) Ich habe es Dir schon *hundertmal* gesagt. Es grüßt und küßt Dich *tausendmal* Deine Gretel; zu *Dutzenden; Millionen* Sterne.
(Eine geringe Zahl:) Das dauerte nicht länger als *zwei* Minuten. Das kannst du mit *zwei, drei* Stichen festnähen. Das kann ich dir mit *drei* Worten sagen. Sie müssen noch *fünf* Minuten warten. Er besitzt ein *Dutzend* Bücher.

Als unbestimmte Angabe wird umgangssprachlich die Endung *-zig* (in *zwanzig* usw.) auch als selbständiges Wort *zig* in der Bedeutung ‚sehr viel‘ gebraucht:

mit *-zig* Sachen in die Kurve gehen; jmdn. schon *zig* Jahre kennen; *zig* Leute kennen. (Beachte auch:) *zigmal, zigfach, zigtausend.*

Über *einige* + Zahl vgl. 568, über *halb* vgl. 466. Zur Kennzeichnung der Unbestimmtheit durch Adverbien vgl. 591.

| 464 | **Die Ordinalzahlen (Ordnungszahlen)** |

> Immerhin schien er doch angesichts dreier Strolche etwas zuviel gedacht zu haben. Denn als ihn nun der *erste* ansprang, flog er zwar zurück ..., aber der *zweite* ... wurde von der Faust nur noch gestreift. (Musil)

Mit Wörtern wie *(der/die/das) erste, zweite, dritte* wird ein bestimmter Punkt, eine bestimmte Stelle in einer geordneten, abzählbaren Reihe angegeben; mit ihnen wird ein Zählplatz bezeichnet, der einer gegebenen Menge entspricht.[1] Man nennt diese Wörter Ordinalzahlen oder Ordnungszahlen.

Die Ordinalzahlen 1 bis 19 werden aus der betreffenden Kardinalzahl + *t* gebildet:

> der zweite, der vierte, der neunzehnte Februar.

Abweichende Bildungen sind:

> der erste (nicht: einte; eigentlich ein Superlativ), der dritte (nicht: dreitte), der siebente/siebte, der achte (nicht: achtte).
> Statt *hundertunderste* wird landsch. (besonders nordd.) auch *hundertundeinte* oder *hundertundeinste* gebraucht.

Von 20 an wird *-st* an die Kardinalzahlen gehängt (vgl. die Bildung des Superlativs 518):

> der zwanzigste, der dreißigste usw., der hundertste, der tausendste, der millionste Besucher.

Die analoge Bildung *der wievielste,* häufig Ausdruck einer unbestimmt großen Menge oder Anzahl, ist heute standardsprachlich weitgehend durch *der wievielte* abgelöst:

> Der Mann auf dem Rucksack rauchte seine *wievielte* Pfeife. (Der Spiegel)

Bei der Nennung des Datums wird die Angabe *Tag* nicht gesetzt; der Monatsname kann zur Erläuterung stehen:

> Morgen ist *der Zwanzigste* (= der zwanzigste Tag des Monats). *Am Achten* [des Monats] ist eine Feier. Am *ersten April* (= am ersten Tag des Aprils).

Die Ordinalzahlen werden wie andere Adjektive dekliniert (vgl. 475 ff.):

> Heinrich *der Achte* – Heinrichs *des Achten*; *am Achten, zum dritten* Mal[e]; Heiko ist *erster.* *Siebzigste* Geburtstage von Gelehrten pflegt man mit Festschriften zu feiern. Heute ist *Erster* Mai.

Wie die Superlative (vgl. 519) können sie nicht flexionslos gebraucht werden, auch nicht, wenn sie aussagend verwendet werden:

> der *erste* Schüler – der Schüler ist der *erste.* Fritz ist der *Erste/Erster* in der Klasse.

Die Zusammensetzungen der Ordinalzahlen mit *selb-* sind veraltet:

> selbdritt (= ich [er/sie] selbst als dritter), selbviert, selbander (= selbzweit; vgl. W. Schmid: Selbander zum Kilimandscharo. 1959) usw.
> Eine feste Verbindung ist *Anna selbdritt* als Bezeichnung eines Bildtyps in der Kunstwissenschaft (= die heilige Anna mit Maria und Jesus).

Zur Kennzeichnung einer zahlenmäßig gleichen Verteilung wird *jeder* + Ordinalzahl[2] gebraucht *(jeder zehnte Bürger, jedes zweite Kind).*
Zu *erstens, zweitens, drittens* usw. vgl. 588; zum gelegentlichen Ersatz der Ordinalzahl durch die Kardinalzahl vgl. 1277,3.

---

[1] L. Hammerich: Zahlwörter und Zahlbegriff. Mannheim 1966, S. 17.
[2] Die Verbindung mit *je* ist veraltet:
  In dieser Not beschloß die Landsgemeinde, daß *je* der zehnte Bürger nach dem Los der Väter Land verlasse. (Schiller)

Die Bruchzahlen

mit einem *achtel* Kilo, eine *drittel* Elle, ein *viertel* Zentner; ein *halbes* Pfund, auf *halbem* Weg.

Mit Wörtern wie *achtel, viertel* werden Teile, Bruchstücke eines Ganzen angegeben. Man nennt diese Wörter **Bruchzahlen**. Sie werden gebildet aus der Ordinalzahl + *-el* (*dritt-* + *-el* usw.).

In Verbindung mit Maß- und Gewichtsangaben sind diese Zahlwörter indeklinable, attributiv gebrauchte Adjektive. Im sonstigen Gebrauch sind es neutrale Substantive, die aus Gründen des Zusammenhangs hier mit behandelt werden.[1] Das Gezählte kann als Genitiv, als Präpositionalgefüge mit *von* oder als Apposition folgen:

ein Drittel, drei Viertel, vier Fünftel, sechs Sieb[en]tel, neun Zehntel, ein Zwanzigstel, ein Hundertstel, Tausendstel, Millionstel.
Der Mond ist im letzten *Viertel*. Ich brauchte nur ein *Fünftel* der Menge. Ein *Drittel* von der Masse ist genug. Er war mit einem *Viertel* Huhn zufrieden.

Statt *Zweitel* sagt man allgemein *Hälfte,* statt *zweitel* *halb*; anders allerdings in der Fachsprache der Mathematik:

zwei Hundert*eintel* ($\frac{2}{101}$), drei Hundert*zweitel* ($\frac{3}{102}$).

In häufig gebrauchten Verbindungen mit bestimmten Substantiven wird die substantivische Bruchzahl zum Bestimmungswort einer Zusammensetzung, die dann zum Maßbegriff wird:

Vierteljahr, Viertelpfund, Viertelstunde, Viertelliter, Achtelliter, Achtelzentner, Zehntelpackung, Sechzehntelnote usw.

Besonders häufig gebrauchte Bezeichnungen wie *Pfund* und *Liter* können dabei weggelassen werden, so daß die Bruchzahl allein vor dem Gemessenen steht:

Ein *Viertel* Leberwurst, bitte! (= ein Viertelpfund). Ich möchte ein *Achtel* sauren Rahm (= einen Achtelliter). Wie teuer ist ein *Viertel* Rotwein (= ein Viertelliter)?

Die Wortgruppe *drei + Viertel* wird als Einheit aufgefaßt und sowohl als Substantiv als auch als Adjektiv zusammengeschrieben:

(als Substantiv:) in *Dreiviertel* der Länge, mit *Dreiviertel* der Masse; (als Adjektiv, hinter dem das Substantiv dann im Singular steht:) Aus *drei Vierteljahre* wird *dreiviertel Jahr*; aus *in drei Viertelstunden* wird *in [einer] dreiviertel Stunde*; eine und eine *dreiviertel* Million Menschen; (aber:) *ein[und]dreiviertel* Millionen Menschen.

Die Form *dreiviertel* kann wiederum als Bestimmungswort einer Zusammensetzung auftreten:

vor einem Dreivierteljahr; eine Dreiviertelstunde; dreiviertelfett (Buchdruck).

Die Bruchzahl *halb* wird wie ein anderes Adjektiv dekliniert (zu seiner Deklination nach *alle* vgl. 482):

Wir trafen uns auf *halbem* Wege. Ich bin nur noch ein *halber* Mensch.

Steht es nach der Zahl *ein,* dann wird es, analog *ein,* entweder gebeugt oder nicht gebeugt (vgl. 457):

Zwei und eine *halbe* Stunde; zwei und ein *halbes* Jahr; vor zwei und einer *halben* Stunde, eine und eine *halbe* Million; zehn mit ein *halb* multipliziert, drei[und]ein*halb* Seiten, vor zwei[und]ein*halb* Stunden, ein[und]ein*halb* Millionen.

---

[1] Zu *Fünftel* usw. als Maßbezeichnung vgl. 369.

Für *ein[und]einhalb*[1] wird auch *anderthalb* gesagt, das selten flektiert wird:

anderthalb Stunden, *anderthalb* Jahre lang, *anderthalb* Minuten. ... statt der üblichen Quote von einer Monatsheuer verlangte er *anderthalbe*. (Plievier)

Unbestimmte Zahlangabe wird *halb* in den folgenden Beispielen:

Die *halbe* Stadt strömte auf dem Platze zusammen. *Halb* Paris war auf den Beinen. Frisch gewagt ist *halb* gewonnen. (Sprw.)

Zum flexionslosen Gebrauch von *halb* vgl. 443,3.

---

467 ### Die Vervielfältigungszahlwörter

Die Vervielfältigungszahlwörter werden mit der Nachsilbe *-fach* (veralt.: *-fältig, -faltig*) gebildet. Mit ihnen wird angegeben, wie oft, in welcher Anzahl etwas vorhanden ist:

(bestimmt:) einfach (*einfältig* hat abweichende Bedeutung!), zweifach, dreifach, hundertfach, hundertfältig, tausendfach, millionenfach usw. ... ein *einfacher* Pfiff besagte: Der Ball ist tot. (G. Grass) Wolkenstein schließt mit einem *dreifachen* Hurra. (Remarque)
(unbestimmt:) mehrfach, vielfach (vielfältig), mannigfach (mannigfaltig).

Neben *zweifach* wird auch *doppelt* gebraucht. Man unterscheidet – aber nicht durchgehend – so, daß sich *zweifach* (veralt.: *zwiefach*) auf etwas bezieht, das zwei unterschiedliche Sachverhalte einschließt, die hervorgehoben werden sollen, während mit *doppelt* ausgedrückt wird, daß dasselbe noch einmal erscheint:

Das ist ein *zweifaches* Verbrechen (Mord und Raub). ... die Zigeunergeschichte berauschte mich *zweifach*: als von mir ersonnene Geschichte und als von mir verrichtete Tat. (Bergengruen)
Geteilte Freude, *doppelte* Freude. (Sprw.) *Doppelt* genäht hält besser. (Sprw.) Ein Koffer mit *doppeltem* Boden.

---

468 ### Die Gattungszahlwörter

Die Gattungszahlwörter werden aus den Kardinalzahlen+*-er*+*-lei* gebildet (*acht*+*er*+*lei* usw.) und sind indeklinable Adjektive. Mit ihnen wird die Zahl der Gattungen, der Arten, aus denen etwas besteht, bezeichnet:

(bestimmt:) Das ist nicht *einerlei*, o nein. (Frisch) Unter welchen Umständen werden die Zwillinge für uns *zweierlei* ... sein? (Musil) (Er) tut *zehnerlei* gleichzeitig. (Spoerl) ... mit Speck und *siebenerlei* Gewürzen (R. Schaumann); *neunerlei* Kräuter (A. Miegel).
(unbestimmt:) Namen ... von *allerlei* fremdem Klang, *keinerlei* Veranlassung, *mancherlei* persönliche Ziele (Th. Mann.); aus *mehrerlei* Gründen. Der Knabe fragte *vielerlei*. (Zillich) ... mit *hunderterlei* solcher Vorsätze. (Hauptmann) ... seine *tausenderlei* Dummheiten und Narreteien. (Carossa)

Inhaltlich gehören auch die Wörter *allerart* und *welcherart* hierher.

---

469 ### Die unbestimmten (indefiniten) Zahladjektive

Zu den Zahladjektiven gehören auch Wörter, mit denen eine unbestimmte Menge, ein unbestimmtes Maß, mit denen Lebewesen, Dinge u. ä. allgemein und unbestimmt angegeben werden:

---

[1] Auch *zweitehalb* (,das zweite [andere] nur halb'); ähnlich: *dritt[e]halb, viert[e]halb* usw. Diese Bildungen sind veraltet:
Das sind schon *dritthalb* Jahre (Hebbel); um *dritthalb* Jahre (Fontane). In *neunthalben* Stunden verlor er Land und Leut'. (Uhland)

einzeln, übrig, verschieden, vereinzelt, gewiß, zahlreich, zahllos, weitere, gesamt, ganz, wenig, ungezählt, viel, andere, sonstige u. a.

Man kann sie unbestimmte oder indefinite Zahladjektive nennen.[1]

viel, wenig u. ä.

470

1. Mit Wörtern wie *viel, zahlreich, zahllos, ungezählt* wird eine mehr oder weniger große Menge oder Fülle ausgedrückt, mit *gesamt* und *ganz* die Gesamtheit und mit *wenig, verschieden, gering, einzeln* und *vereinzelt* eine mehr oder weniger kleine Menge oder Fülle. Sie werden wie Adjektive dekliniert (vgl. 475 ff.)[2]:

(Mit vorangehendem Artikel u. ä.:) Das *viele/wenige/ganze/gesamte* schöne Geld war verloren. Sie hat die *vielen/einzelnen/gesamten/verschiedenen* alten Bücher verkauft. Mein *vieles/ganzes* inständiges Bitten war umsonst. Das *wenige* Gute und das *viele* Schlechte in seinem Leben wurde alles wieder lebendig. (Kluge) ... (er) starrte die *wenigen* kurzen Zeilen an, in denen sein Name durch Sperrdruck hervorgehoben war. (Bergengruen)
(Ohne vorangehenden Artikel u. ä.:) *Vielen* Dank! Das hat mich *viele/wenige/geringe* Mühe gekostet. *Viele/Zahlreiche/Einige/Wenige* Menschen waren unterwegs. *Wenige* Gute gleichen *viele* Schlechte aus. (Sprw.) Der alte Mensch bedarf nur *wenigen* Schlafes. ... dem sanften, fettigen Glänzen *vielen* Brokates. (Doderer)
(Alleinstehend mit Artikel u. ä.:) etwas *Verschiedenes/Vereinzeltes*; nichts *Geringes*; Die *wenigsten/einzelnen/meisten* wissen das.
(Alleinstehend ohne Artikel u. ä.:) Denn *vieles/verschiedenes/weniges/einzelnes* blieb unklar. Ich habe *einzelne/verschiedene/viele/wenige* gesprochen.

2. Ohne vorangehenden Artikel u. ä. werden *viel* und *wenig* häufig flexionslos gebraucht.[3] Im Singular gilt folgendes:

(Im Nom. Mask. nur ohne Endung:) Wo viel Licht ist, da ist *viel* Schatten. (Sprw.) Dazu gehört *wenig* Mut.
(Im Akk. Mask. meist flexionslos:) Ich habe *viel/wenig* Kummer in meinem Leben gehabt. (Aber nur:) *Vielen* Dank!
(Im Nom./Akk. Fem. und Neutr. überwiegend flexionslos:) *Viel* Geschrei und *wenig* Wolle. (Sprw.) Ich habe *wenig* Hoffnung. Er hat *viel* Gutes getan. *Viel* Vergnügen! Ich habe nur noch *wenig* Geld. (Seltener:) Das hat mich *wenige* Mühe gekostet. ... sie hatte sehr *viele* Zeit zum Nachdenken. (Th. Mann) Ich meine nicht *vieles* (= vieles einzelne), sondern *viel* (= ein Gesamtes). (Lessing) *Vieles* Rauchen schadet.
(Im Dat. Mask. und Neutr. erscheint die flektierte Form ziemlich häufig neben der unflektierten:) Mit *vielem* hält man haus, mit *wenig* kommt man aus. (Sprw.) Mit *viel[em]* Fleiß kannst du es erreichen.
(Im Dat. Fem. überwiegend flexionslos:) Ich habe es mit *viel/wenig* Mühe erreicht (*mit weniger Mühe* könnte mißverständlich sein). (Aber auch:) Mit *vieler* Anstrengung erreichten wir unser Ziel.
(Im Genitiv überwiegend mit Endung:) Der Kranke bedarf *vielen* Schlafes. Sie erfreut sich *vieler* Gunst. Er erfreut sich leider immer nur *wenigen* Beifalls.
(Vor substantivierten Adjektiven im Neutr. Sing. mit *-es*:) ... trotz *vieles* Guten.

Im Plural überwiegen dagegen die flektierten Formen (im Genitiv stehen sie sogar ausschließlich); *viel* ist hier oft zusammenfassend, *viele* vereinzelnd:

Viele Hunde sind des Hasen Tod. (Sprw.) Sie machte sich nicht *viel* Gedanken darüber. (Musil) Die Kleidung *vieler/weniger* Menschen ist dürftig. Das wissen nur *wenige*. Er gab mir einige *wenige* Ratschläge. (Hesse) (Aber auch:) Im Grunde interessieren mich ja so furchtbar *wenig* Dinge außer meiner eigenen Arbeit. (E. Langgässer) ... mit ganz *wenig* Ausnahmen.

---

[1] Mit Wörtern wie *all, einige, mancher, mehrere, sämtliche* werden ähnliche Inhalte ausgedrückt. Von der Wortart her sind dies jedoch Indefinitpronomen, die als Begleiter eines Substantivs (Artikelwort) und als Vertreter eines Substantivs (+ Artikel) gebraucht werden (vgl. 530 und besonders 564).
[2] Zur Beugung des folgenden Adjektivs vgl. 481, nach *viel* vgl. 494, nach *wenig* 496.
[3] Zu den Mißverständnissen, die durch die flexionslosen Formen entstehen können, vgl. 494; zur Steigerung von *viel* und *wenig* vgl. 527; zu der festen Verbindung *ein wenig* vgl. 566.

471 | **andere, sonstige u. ä.**

1. Mit Wörtern wie *andere, sonstige, weitere, übrige* wird ausgedrückt, daß ein Wesen, Ding u. a. nicht dasselbe ist wie das, dem es gegenübergestellt wird, daß jemand oder etwas sonst noch, zusätzlich zu anderem, vorhanden ist, als Rest verbleibt. Sie werden wie Adjektive dekliniert (vgl. 475 ff.)[1]:

> Ich habe einen *anderen* Mann gesehen. Heute sind *andere* Zeiten. Bist du *andern*[2] Sinns geworden? (O. Ernst). Jede *andere/weitere/sonstige/übrige* Überlegung ist unsinnig. (Alleinstehend:) Mit etwas *anderem* kann ich nicht dienen. Wir *anderen/übrigen* waren nicht gefragt. Ein *anderes/übriges* bleibt noch zu tun.

2. Bei *andere* fällt vor *-n* und *-m* häufig entweder das Endungs-*e* oder das *e* der Ableitungssilbe weg:

> des/dem/den/die *ander[e]n* Jungen/(auch:) die *and[e]ren* Jungen; in *ander[e]m* Sinne/ (auch:) in *and[e]rem* Sinne.

Sonst ist es das *e* der Ableitungssilbe, das wegfällt:

> in *and[e]rer* Weise, kein *and[e]rer*, keine *and[e]re, and[e]rer* Menschen.

Das Neutrum heißt heute meist nur *and[e]res (ein/etwas/nichts and[e]res)*, im Unterschied zu *anders*, das als Adverb („sonst") besonders in Verbindung mit *wer, jemand* und *niemand* gebraucht wird:

> jemand *anders*, niemanden *anders*, mit niemand[em] *anders*, jemandem *anders*, für niemand *anders*; ... da es jetzt einzig und allein darum geht, niemand *anders* zu sein als der Mensch, der ich ... bin. (Frisch) (Aber auch noch:) jemand *anderes* (Benrath), niemand *anderes* (Hauptmann). Wem *anders* als Ihnen ... (Th. Mann); wo *anders*, wer *anders*.

Vor allem im Süden des deutschen Sprachgebiets wird dagegen bei *jemand* und *niemand* die maskuline Form *anderer* gebraucht, und zwar seltener im Nominativ, häufiger in den andern Kasus:

> ... jemand/wer *anderer* (Schnitzler). Der Herr ist niemand *anderer* als ... (Quick). Jemand *anderm* (Werfel), jemand *anderen* (Hesse), jemanden *anderen* (Kafka).

Im Dativ wird doppelte Flexion auf *-m (mit niemandem anderem)* vermieden, *ander* wird hier – wenn überhaupt – mit *-n* gebildet:

> mit niemandem *ander[e]n*; jemandem *andern* (Kafka, Werfel).

Über *ein + ander* vgl. 457,5.

472 | **Die demonstrativen Adjektive *solch* und *derartig***

1. Mit *solch* und *derartig* („so beschaffen/geartet'; „so groß" u. a.) weist der Sprecher/Schreiber ganz allgemein auf die Beschaffenheit (Qualität), oft auch auf den Grad (die Intensität) hin. Diese Wörter haben demonstrative Bedeutung und berühren sich darin mit Demonstrativpronomen wie *dieser* und *jener* (vgl. 548).[3] Sie werden in der Regel wie Adjektive dekliniert[4]:

> Das Auto fuhr mit einer *solchen/derartigen* (= so großen) Geschwindigkeit gegen den Baum, daß es schrottreif war. Ich habe [einen] *solchen/*[einen] *derartigen* (= so großen) Hunger! [Ein] *solches/derartiges* Wetter habe ich noch nicht erlebt. ... Hohlheit all solchen[5] Plänemachens. (Bergengruen) Kein *derartiger* Unsinn ist mir sonst begegnet. Je-

---

[1] Zur Beugung des folgenden Adjektivs vgl. 481, nach *andere* vgl. 483.
[2] Veraltet und heute selten:
> ... wenn der Kaiser etwa gar *anderes* Sinnes würde. (Ric. Huch)
[3] Dies gilt etwa auch für Adjektive wie *obig, vorstehend, folgend, nachstehend.*
[4] Zur Deklination des Adjektivs nach *derartig* vgl. 481, nach *solch* vgl. 493.
[5] (Seltener, älter oder veraltend:) das Ende *solches* Säumens (R. A. Schröder), die Zerstörung *solches* Friedenstages (Goethe), eine ... Wirkung *solches* Sachverhalts (Th. Mann). Vor Substantiven des Typs S 2 (mit *-en* im Genitiv) wird von *solch-* der Genitiv mit *-es* gebildet *(Die Taten solches Helden).* Meist tritt dafür jedoch *eines solchen* ein.

der solche Transport … (V. Baum) … alle *derartigen* Punkte. (*solch* nach *all-* wie *dies-*:) … alle *solche* Anweisungen. (Barlach)
(Alleinstehend:) Etwas *Derartiges* (= Ähnliches) ist mir noch nicht begegnet! Unter den vielen Telegrammen war auch ein *solches* (= eines) aus London.

2. Die flexionslose (nicht ganz so stark betonte) Form *solch* steht nur in bestimmten Fällen:

(vor dem unbestimmten Artikel als Variante von *solcher*:) *solch* ein (= solches) Wetter habe ich noch nicht erlebt; *solch* ein prominenter Stern (Werfel); mit *solch* einem (= solchem) Freunde.
(vor einem attributiven oder substantivierten Adjektiv; *ein* kann davorstehen:) *solch* herrliches Wetter; mehr *solch* alten Gewispers (Leip); eines *solch* außerordentlichen Kindes Pflegerin (Mampell); *solch* Schönes.
(vor einem attributiven meist neutralen, seltener maskulinen Substantiv im Nom. oder Akk. Sing.:) (Nom. Neutr.:) *Solch* Wetter ist wirklich schwer zu ertragen. (Nom. Mask.:) … *solch* Theaternarr (Löns); (Akk. Neutr.:) *solch* Ding (Leip); ein *solch* Gefühl (Raabe); (Akk. Mask.:) *solch* Leckerbissen (Leip).

In der gesprochenen Umgangssprache und ihren schriftlichen Nachahmungsformen tritt häufig das Adverb *so* (+ *ein* o. ä.) ein, vor allem die Zusammenziehung *son(e)* aus *so* + *ein(e)*

So was (statt: *solches*) ist doch nicht zu glauben! *So* einer ist das! Das sind *so* Sachen. *Son* Zeug kann ich nicht essen. Ich kann *sone* Leute nicht leiden.

4.2 Die Deklination des Adjektivs[1]

473

Adjektive werden in der Regel ihrer Form nach verändert, dekliniert, wenn sie

- attributiv bei einem Substantiv stehen (vgl. 474; vgl. aber 443):
  der *heftige* Krawall, ein *wichtiges* Gespräch;

- als Gleichsetzungsglied gebraucht werden (vgl. 452):
  Dieses Problem ist ein *öffentliches.* Die ganze Frage scheint mir keine *politische,* sondern eine *pädagogische* zu sein.

- substantiviert sind (vgl. 501; 506):
  das Schwarze, der Abgeordnete, die Beauftragte.

Sie bleiben aber ungebeugt, wenn sie

- als Satzadjektiv (vgl. 445 f.):
  (prädikativ:) Sie ist *tüchtig.* Das nenne ich *verlogen.*
  (adverbial:) Er schläft *gut.* Sie arbeitet *schwer.*

- als Attribut bei einem Adjektiv oder Adverb (vgl. 447) gebraucht werden[2]:
  Ein *abscheulich* kalter Wind bläst heute. Die Burg liegt *hoch* oben.

4.2.1 Die Deklination des attributiven Adjektivs[3]

474

Die Form des attributiven Adjektivs hängt einmal von dem Substantiv ab, bei dem es steht, und zwar

---

[1] Vgl. hierzu besonders I. Ljungerud: Zur Nominalflexion in der deutschen Literatursprache nach 1900. Lund 1955.
[2] Wir rechnen die ungebeugten Formen ebenso zur Wortart Adjektiv wie die gebeugten und nicht zur Wortart Adverb, wie die ältere Grammatik. Vgl. hierzu H. Glinz: Der deutsche Satz. Düsseldorf [6]1970, S. 33.
[3] Zu diesem und dem folgenden Kapitel vgl. K. Wälterlin: Die Flexion des Adjektivs hinter Formwörtern in der neueren deutschsprachigen Presse. Zürich 1941.

– vom Genus des Substantivs (vgl. 331):

Maskulinum:	ein *schneller* Wagen
Femininum:	eine *schnelle* Läuferin
Neutrum:	ein *schnelles* Auto

– vom Numerus des Substantivs (vgl. 362):

Singular:	der *schnelle* Wagen
Plural:	die *schnellen* Wagen

– vom Kasus des Substantivs (vgl. 372):

Nominativ:	der *schnelle* Wagen
Dativ:	dem *schnellen* Wagen

(Man sagt auch, daß zwischen Substantiv und attributivem Adjektiv grammatische Kongruenz in bezug auf Genus, Numerus und Kasus besteht; vgl. 1176.)
Die Form des attributiven Adjektivs hängt zum anderen davon ab, ob es hinter *der, die, das* o. ä., hinter *kein, keine, kein* o. ä. oder ob es ganz ohne Artikel o. ä. vor dem Substantiv steht:

der *schnelle* Wagen – kein *schneller* Wagen – dies Auto gilt als *schneller* Wagen.

Die folgenden Angaben über die Endungen gelten nicht für die wenigen Adjektive, die auch auf *-e* ausgehen können (*blöde, trübe* usw.; vgl. 440). In ihrem Fall wird die jeweilige Endung ohne *-e (ein trübe-r Tag)* angehängt.

Die Deklinationstypen

475 | **Typ I: Das Adjektiv ohne Artikel u. a. (stark)**

		Maskulinum	Femininum	Neutrum
Singular	Nom.	weich-er Stoff	warm-e Speise	hart-es Metall
	Gen.	(statt) weich-en Stoff[e]s	(statt) warm-er Speise	(statt) hart-en Metalls
	Dat.	(aus) weich-em Stoff	(mit) warm-er Speise	(aus) hart-em Metall
	Akk.	(für) weich-en Stoff	(für) warm-e Speise	(für) hart-es Metall
Plural	Nom.	weich-e Stoffe	warm-e Speisen	hart-e Metalle
	Gen.	(statt) weich-er Stoffe	(statt) warm-er Speisen	(statt) hart-er Metalle
	Dat.	(aus) weich-en Stoffen	(mit) warm-en Speisen	(aus) hart-en Metallen
	Akk.	(für) weich-e Stoffe	(für) warm-e Speisen	(für) hart-e Metalle

Da die Endungen des Adjektivs ohne Artikel u. a. weitgehend die gleichen sind wie die des Pronomens *dieser, diese, diese* (vgl. 551), spricht man hier von pronominaler oder determinierender Deklination des Adjektivs. Hier noch einmal die Endungen im Überblick:

		Maskulinum	Femininum	Neutrum
Singular	Nom.	-er	-e	-es
	Gen.	-en	-er	-en
	Dat.	-em	-er	-em
	Akk.	-en	-e	-es
Plural	Nom.		-e	
	Gen.		-er	
	Dat.		-en	
	Akk.		-e	

Nur im Genitiv Singular vor Maskulina und Neutra wird bei den Adjektiven im Unterschied zu *dieser, diese, dieses* die Endung *-en* gebraucht[1]:

statt *weich-en* (aber: *dieses*) Stoff[e]s, statt *hart-en* (aber: *dieses*) Metalls; *froh-en* (aber: *dieses*) Herzens, *gut-en* (aber: *dieses*) Mut[e]s.

Nach dem Typ I wird das Adjektiv auch dann dekliniert, wenn es endungslosen Zahladjektiven, den endungslosen Formen *manch, solch, viel, welch, wenig* sowie den Wörtern *etwas* und *mehr* folgt:

drei neu-e Fahrräder, manch klein-er Junge, bei solch ausgezeichnet-em Arzt, wenig gut-es Essen, etwas warm-e Speise, mehr neu-e Bücher.

Vgl. im übrigen unter 482 ff. die Liste von Zahladjektiven und Pronomen, nach denen die Deklination des folgenden Adjektivs schwankt.

Typ II: Das Adjektiv nach dem bestimmten Artikel u. a. (schwach)

476

		Maskulinum	Femininum	Neutrum
Singular	Nom.	der schnell-e Wagen	die schnell-e Läuferin	das schnell-e Auto
	Gen.	des schnell-en Wagens	der schnell-en Läuferin	des schnell-en Autos
	Dat.	dem schnell-en Wagen	der schnell-en Läuferin	dem schnell-en Auto
	Akk.	den schnell-en Wagen	die schnell-e Läuferin	das schnell-e Auto
Plural	Nom.	die		
	Gen.	der ⎫		
	Dat.	den ⎬ schnell-en Wagen	schnell-en Läuferinnen	schnell-en Autos
	Akk.	die ⎭		

Bei Adjektiven nach dem bestimmten Artikel *der, die, das* (vgl. 352), der selbst schon die sog. pronominale (determinierende) Deklination aufweist, werden nur zwei Endungen gebraucht: *-e* (Nom. Sing. und Akk. Sing. außer vor Maskulina) und *-en* (in allen übrigen Formen): Man spricht hier von n o m i n a l e r oder a t t r i b u i e r e n d e r Deklination des Adjektivs:

		Maskulinum	Femininum	Neutrum
Singular	Nom.	-e	-e	-e
	Gen.	-en	-en	-en
	Dat.	-en	-en	-en
	Akk.	-en	-e	-e
Plural	Nom.			
	Gen.		-en	
	Dat.			
	Akk.			

Im Genitiv Sing. Mask. und Neutr., im Akkusativ Sing. Mask., im Nominativ und Akkusativ Sing. Fem. und im Dativ Plur. stimmen die Endungen der Typen I und II überein.

Wie nach dem bestimmten Artikel wird das Adjektiv auch nach *derselb-* und *derjenig-, dies-, jed-, jedwed-, jeglich-* und *jen-* dekliniert:

desselben neu-en Autos, diese alt-en Männer, jedes neu-e Überlegen, jener alt-e Mann.

Vgl. im übrigen unter 482 ff. die Liste von Zahladjektiven und Pronomen, nach denen die Deklination des folgenden Adjektivs schwankt.

---

[1] Erhalten ist die frühere Deklination mit *-es* nur noch in einigen fest gewordenen Fügungen und Zusammensetzungen (*reines Herzens* [neben: *reinen Herzens*], *geradeswegs* [neben: *gerade[n]wegs*]); ferner vor Substantiven des Typs VI und vor substantivierten Adjektiven zur Kennzeichnung des Kasus ([selten, veralt.:] *Genanntes Fürsten Macht war groß; reines Menschen Wollen ...; beim Vergessen empfangenes Guten* [Goethe]).

477 | **Typ III: Das Adjektiv nach *kein, keine, kein* u. a. (gemischt)**

		Maskulinum	Femininum	Neutrum
Singular	Nom.	kein schnell-er Wagen	keine schnell-e Läuferin	kein schnell-es Auto
	Gen.	keines schnell-en Wagens	keiner schnell-en Läuferin	keines schnell-en Autos
	Dat.	keinem schnell-en Wagen	keiner schnell-en Läuferin	keinem schnell-en Auto
	Akk.	keinen schnell-en Wagen	keine schnell-e Läuferin	kein schnell-es Auto
Plural	Nom.	keine ⎫		
	Gen.	keiner ⎪ schnell-en Wagen	schnell-en Läuferinnen	schnell-en Autos
	Dat.	keinen ⎬		
	Akk.	keine ⎭		

Die Deklination des Adjektivs nach *kein, keine, kein* (vgl. 572) ist eine Mischung aus dem Typ I (vgl. 475) und dem Typ II (vgl. 476). Der Grund dafür ist, daß *kein, keine, kein* u. a. teils pronominale Endungen hat (*kein-em* wie *dies-em* usw.), teils nicht (*kein*, aber: *dies-er* usw.). Man kann hier von gemischter Deklination des Adjektivs sprechen:

		Maskulinum	Femininum	Neutrum
Singular	Nom.	-er	-e	-es
	Gen.	-en	-en	-en
	Dat.	-en	-en	-en
	Akk.	-en	-e	-es
Plural	Nom.			
	Gen.		-en	
	Dat.			
	Akk.			

Ein Vergleich des Deklinationstyps III mit den beiden anderen zeigt, daß seine Endungen im Nominativ und Akkusativ Singular mit den Endungen des Typs I, im Genitiv und Dativ Singular sowie im Plural mit denen des Typs II übereinstimmen.

Wie nach *kein, keine, kein* wird das Adjektiv auch nach dem unbestimmten Artikel *ein, eine, ein* (vgl. 352) und dem Possessivpronomen *mein, dein, sein* usw. (vgl. 544) dekliniert:

> ein schnell-er Läufer, von einer schnell-en Läuferin, der Preis eines schnell-en Autos; meine neu-en Bücher, unser klein-er Bruder, eurem klein-en Bruder, Euer von allen unterschrieben-er Brief, Ihr an das Amt gerichtet-es Schreiben.

Besonderheiten bei der Deklination des attributiven Adjektivs

Das Deklinationssystem des Adjektivs ist nicht ohne zahlreiche Besonderheiten, die im Folgenden dargestellt werden.

478 | **Lautliche Veränderungen in den Deklinationsformen bestimmter Adjektive**

1. Bei Adjektiven auf *-el, -abel* und *-ibel* wird in attributiver Stellung wie auch im Komparativ (vgl. 513) das unbetonte *e* der Endsilbe getilgt:

> ein *dunkler* (nicht: dunkeler) Wald, einen *noblen* Herrn, ein *eitles* Beginnen, eine *respektable* Leistung, diese *penible* Affäre. (Früher häufig ohne Endungs-*e*:) im *dunkeln* Hain (Lenau).

2. Bei Adjektiven auf *-er* und *-en* bleibt das *e* der Endsilbe gewöhnlich erhalten *(ein finsteres Gesicht, ein ebenes Gelände).* In poetischer Sprache wird es gelegentlich ausgelassen; bei fremden Adjektiven muß es getilgt werden:

> mit *finstren* Zügen, die *lautre* Seligkeit, ein *ebnes* Land; ein *integrer* Beamter, *makabre* Vorgänge, eine *illustre* Gesellschaft.

Früher wurde bei den Adjektiven auf *-er* (wie bei denen auf *-el*) statt des Endsilben-*e* häufig das Endungs-*e* ausgeworfen *(mit finstern Zügen)*.
Häufig ohne *e* stehen auch Adjektive mit Diphthong vor der Endsilbe *-er* (vgl. 513; *die teuren Kleider, die ungeheure Geschichte, die sauren Gurken*).
3. Bei den deklinierten 2. Partizipien auf *-en* fällt aus metrischen Gründen oder zur Erleichterung des Sprechens das *e* der Endung *-en* gelegentlich weg:

> *gefrornes* (statt: *gefrorenes*) Wasser, eine *zerbrochne* (statt: *zerbrochene*) Ampulle, eine *gezogne* (statt: *gezogene*) Linie.

4. Bei *hoch* wird bei der Deklination (auch im Komparativ) der auslautende Konsonant verändert:

> Das Haus ist *hoch*. (Aber:) das *hohe* Haus, die *hohen* Häuser, ein *höheres* Haus.

Das Adjektiv nach Personalpronomen

479

Nach den Personalpronomen wird heute das in der Apposition ohne *als*[1] folgende attributive Adjektiv regelmäßig nach Typ I (stark) gebeugt, weil diese Pronomen keine pronominalen Endungen wie etwa *dieser, diese, dieses* aufweisen (*ich altes Kamel, du armer Junge*). Im Dativ Singular aller drei Genera und im Nominativ Plural treten jedoch Schwankungen auf. Regelmäßig sind folgende Beispiele:

> mir *jungem* Kerl, mir *närrischem* Ding (Th. Mann), von dir *jungem* Spund.

Abweichend davon findet sich die Beugung nach Typ II (schwach), also wie nach *diesem* bzw. *dieser*, vor allem nach *mir* und besonders bei dem Adjektiv *arm*:

> mir *fremden* Menschen (Frenssen), mir *armen* Idioten (Hesse); mir *alten* erfahrenen Frau (G. Hauptmann), dir *alten* Tante.

Besonders im Dativ Fem. wird die Deklination nach Typ II weithin vorgezogen, weil dadurch der zweimalige gleiche Wortausgang auf *-r* vermieden wird (seltener noch: *mir alter Person* [I. Seidel]).
Im Nom. Plur. wird heute das Adjektiv im allgemeinen nach Typ II, also wie nach *diese*, gebeugt, bei *ihr* noch häufiger als bei *wir*:

> wir *erbärmlichen* Wichte, wir *älteren* Leute (Carossa), ihr *motorisierten* Narren (Kästner).

Nach dem Possessivpronomen *Ihr* wird jedoch das folgende Adjektiv nur nach Typ I gebeugt:

> Ihr an das Finanzamt *gerichtetes* Schreiben ...

Das Adjektiv nach den Zahlwörtern *zwei* und *drei*

480

Bei den wenigen Zahlwörtern, die im Genitiv eine Beugungsendung haben können (*zwei, drei*; vgl. 458), wird das Adjektiv im Genitiv Plural nach der Endung *-er* heute meist nach Typ I (stark) mit *-er* gebeugt:

> in der Betreuung zweier *weiblicher* Wesen (Th. Mann), dreier *achtbarer* Einwohner (Kluge).

Die Deklination nach Typ II (schwach) mit *-en* ist selten:

> zweier liebend *erhobenen* Arme (Wiechert), Wirkungen zweier *mitgestaltenden* Kräfte (Weisgerber).

---

[1] Über die Beugung des Adjektivs in der Apposition mit *als* nach Personalpronomen vgl. 499.

9*

481 | **Das Adjektiv nach unbestimmten Zahladjektiven u. ä. und Pronomen**

Besonders zahlreich sind die Schwankungen in der Deklination der Adjektive und Partizipien nach einer Reihe von Wörtern wie *all-, ander-, mehrere, viel-, wenig-* ohne Artikel u. ä., die – von der Wortart her – entweder unbestimmte Zahladjektive (vgl. 469), demonstrative Adjektive (vgl. 472) oder Indefinitpronomen (vgl. 564) sind.

Die Besonderheit dieser Wörter liegt darin, daß sie wie z. B. das Pronomen *dieser, diese, dieses* in bestimmten Formen die Deklination eines folgenden Adjektivs bestimmen, so daß es nach dem Typ II (schwach; vgl. 476) dekliniert werden muß *(alle guten Kinder* wie *diese guten Kinder),* daß sie jedoch in anderen Formen wie ein Adjektiv diesen Einfluß nicht ausüben, so daß das folgende Adjektiv die gleiche Endung erhält, d. h., daß beide Wörter parallel gebeugt werden, und zwar nach Typ I (stark; vgl. 475; *einige aufmerksame Mädchen* wie *kleine aufmerksame Mädchen,* aber: *diese aufmerksamen Mädchen).*

Bei

> einzeln, gewiß, verschieden, übrige, derartig, letztere, obig, selbig, sonstig, etwaig, ähnlich, besagt, sogenannt, gedacht, ungezählt, unzählbar, unzählig, zahllos, zahlreich, weitere

ohne Artikel u. a. wird das folgende (substantivierte) Adjektiv oder Partizip wie nach einem Adjektiv, also parallel gebeugt (gleiche Endungen)[1]:

> obiges zu unseren Gunsten *ausgestelltes* Akkreditiv, derartige *häßliche* Vorkommnisse, ähnliche *andere* Ansprüche (Seidel), einzelne *vorstehende* Haare (Böll), gewisse ... *junge* Leute (Seidel), trotz gewisser *sozialistischer* Komponenten ... (Die Zeit), gewisser *Kranker,* einzelne *Geistliche,* zahlreiche *höhere Beamte* (Kasack).

Veraltet und heute nur selten vorkommend:

> verschiedene zu *grellen* Züge (Seume), gewisser *eintretenden* Umstände halber (Musäus), letzteres *harmlose* Vergnügen (Raabe), ein Balkenkreuz und sonstiges *treibende* Gut (Hausmann), zahlreiche *Bundeswehrangehörigen* (Mannheimer Morgen).

Besonders im Dativ Mask. und Neutr. Sing. (vgl. 499) und im Genitiv Plur. wird nach diesen Adjektiven oder Partizipien aber noch gelegentlich das folgende Adjektiv wie nach *diesem* und *dieser* (Typ II) dekliniert:

> in selbigem *hessischen* Dorf (H. Frank), verschiedener ... *wachsenden* Pflanzen (Mannheimer Morgen), gewisser *allegorischen* Darstellungen (Scheffler).

Alphabetische Zusammenstellung der wichtigsten unbestimmten Zahladjektive und Pronomen, nach denen die Deklination schwankt

482 | **all-**

Nach *all-* (vgl. auch 565) wird das folgende Adjektiv oder Partizip überwiegend wie nach *dies-* gemäß dem Typ II (schwach) dekliniert, im Singular wie im Plural:

> aller ... *erzeugte* Respekt (Fallada), alles *irdische* Glück (Carossa), bei allem *bösen* Gewissen (Hesse), fern von aller *spöttischen* Überlegenheit (I. Seidel), alle *möglichen* Gegenstände (Strittmatter). Aller *guten* Dinge sind drei. (Sprw.)

Diese Deklination nach *all-* wird mitunter fälschlicherweise auch auf die Formen des Demonstrativ- und des Possessivpronomens ausgedehnt:

> alle *jenen* (statt: *jene)* unzufriedenen Elemente, mit allem *deinen* (statt: *deinem)* Gelde (Dahn).

---

[1] Vgl. T. Hansen: Zur Flexion der Adjektive nach Pronominaladjektiven in der deutschen Literatursprache nach 1945. In: Deutschunterricht für Ausländer 13 (1963), S. 129–137.

Die parallele Beugung (gleiche Endungen) wie nach einem Adjektiv kommt heute nur noch selten vor:

> aller *inflationärer* Pomp (Th. Mann), aller *interessierter* Kreise (Wirkendes Wort). Alle nach dem Süden *reisende,* botanisch *interessierte* Urlauber. (Börsenblatt)
> (Aber noch bei *halb* und *solch*:) alle *halbe* Jahre, alle *halbe* Stunde[n] (daneben: alle *halben* Jahre/Stunden), alle *solche* Anweisungen (Barlach).

ander-

483

Nach *ander-* (vgl. auch 471) wird das folgende Adjektiv oder Partizip überwiegend wie nach einem Adjektiv parallel gebeugt (gleiche Endungen):

> anderes *gedrucktes* Material, bei anderer *seelischer* Verfassung, andere *mitlebende* Dichter (Carossa), in Gestalt anderer *alter* Damen (Seidel).

Im Dativ Sing. Mask. und Neutr. wird jedoch überwiegend wie nach *diesem* gemäß dem Typ II (schwach) gebeugt:

> unter anderem *kleinen* Privatbesitz (Th. Mann), anderm *harmlosen* Getier (Fallada).

Sonst ist die Deklination nach Typ II veraltet und heute selten:

> anderes *überholte* Gerümpel (Carossa), anderer *trockenen* Plätze (Wüst).

beide

484

Nach *beide* (vgl. auch 458) wird das folgende Adjektiv oder Partizip überwiegend wie nach *dies-* gemäß dem Typ II (schwach) gebeugt:

> beide *abgezehrten* Hände, beider *jungen* Menschen.

Die parallele Beugung wie nach einem Adjektiv (gleiche Endungen) gilt als veraltend:

> beide *geschlossene* Augen (Hesse), beider *sozialistischer* Parteien (H. Mann).

einig-

485

Nach *einig-* (vgl. auch 568) schwanken im Singular, der seltener gebraucht wird, die Formen mehr; im Nominativ Mask. und Genitiv/Dativ Fem. wird das Adjektiv oder Partizip wie nach einem Adjektiv parallel gebeugt (gleiche Endungen):

> einiger *jugendlicher* Unverstand, nach ... einiger *erfolgreicher* Zuwehrsetzung (Leip).

Im Nominativ und Akkusativ Neutr. wird überwiegend wie nach *dieses,* also Typ II (schwach), dekliniert, doch kommt die parallele Beugung (gleiche Endungen) wie nach einem Adjektiv auch vor:

> einiges *milde* Nachsehen (Th. Mann), einiges *geborgenes* Mobiliar (Wiesbadener Kurier)

Der Genitiv Mask. und Neutr. wird bei *einig-* selbst schon vorwiegend mit *-en* gebildet (vgl. 568), so daß es heißt:

> einigen *jugendlichen* Unverstandes (selten: *einiges jugendlichen* Unverstandes).

Im Dativ Mask. und Neutr. wird weitgehend wie nach *diesem,* also Typ II (schwach), gebeugt:

> bei einigem *guten* Willen (Th. Mann).

Im Plural wird nach *einige* wie nach einem Adjektiv parallel gebeugt (gleiche Endungen):

> einige *übernationale* Aspekte (Die Zeit), die Machtentfaltung einiger *wichtiger* Staaten (Die Zeit).

Im Genitiv Plural wird noch gelegentlich wie nach *dieser,* also Typ II (schwach), gebeugt, doch gilt das als veraltend:

die Spitzen einiger *großen* Radnägel (Immermann).

486 etlich-

Nach *etlich-* (vgl. auch 568) wird das folgende Adjektiv oder Partizip überwiegend wie nach einem Adjektiv parallel gebeugt (gleiche Endungen):

etliche *schöne getriebene* Becher.

487 etwelch-

Nach dem veralteten *etwelch-* ‚einige‘ (vgl. auch 579) wird das folgende Adjektiv oder Partizip wie nach einem Adjektiv parallel gebeugt (gleiche Endungen):

etwelches *ökonomisches* Interesse (Th. Mann), etwelche *verrückte* Eingebungen. (Veraltet:) etwelches *kleine* Geschenk (H. Hoffmann).

488 folgend-

Im Singular wird nach *folgend-* (vgl. auch 472) das folgende Adjektiv oder Partizip im allgemeinen wie nach *dies-* gemäß dem Typ II (schwach) gebeugt:

folgender *überraschende* Anblick (Werfel), folgendes *schauderhafte* Geschehnis (Penzoldt), nach folgendem ... *wirksamen* Prinzip (Kirst), folgender *kleinen* Begebenheit (Rilke).

Im Plural überwiegt die parallele Beugung wie nach einem Adjektiv (gleiche Endungen):

folgende *auffallende* Fakten (Bergengruen).

Doch kommt die Beugung nach Typ II (wie nach *dies-*) noch vor, zumal im Genitiv:

folgende *interessanten* Sätze (Kesten), wegen folgender *wichtigen* Ereignisse.

489 irgendwelch-

Nach *irgendwelch-* (vgl. auch 579) wird das folgende Adjektiv oder Partizip entweder parallel wie nach einem Adjektiv (gleiche Endungen) oder aber wie nach *dies-,* also Typ II (schwach), gebeugt:

irgendwelches *dummes* Zeug, irgendwelches *aufgelesene* Zeug (Plievier); mit irgendwelchem *altem/alten* Plunder; von irgendwelcher *tierischer* Herkunft; aus irgendwelcher *inneren* Tasche, irgendwelche *sinnlosen* Schüsse (Th. Mann); irgendwelche *neue* Arbeiten (Hesse); die Meinung irgendwelcher *klugen* Leute, um irgendwelcher *erzieherischer* Gesichtspunkte willen (Th. Mann).

490 manch-

Im Singular wird nach *manch-* (vgl. auch 574) das folgende Adjektiv oder Partizip wie nach *dies-* gemäß dem Typ II (schwach) gebeugt:

mancher *heimliche* Pfad, manches *umfangreiche wissenschaftliche* Werk (Wassermann), manches *jugendlichen* Schäfers Auge (Münchhausen), mit manchem *zärtlichen* Seufzer (P. Ernst), in mancher *heißen* Stunde (Blunck). (Veraltet:) manches *poetisches* Fahrzeug (Herder).

Im Plural wird sowohl nach Typ I (stark) als auch Typ II (schwach) gebeugt:

... manche *alten* Weiber (Kluge). Manche *deutsche* Gegner Hitlers dachten ähnlich. (Der Spiegel) ... in den Augen mancher *deutscher* und *spanischer* Altsozialisten. (Die Zeit) ... trotz mancher bereits *ausgesprochenen lieblosen* Bemerkungen. (Fallada)

Nach *manch* (ohne Endung) wird das folgende Adjektiv immer nach Typ I gebeugt:

> manch *liberaler* Politiker; manch *veraltetes* Wort.

mehrere

491

Nach *mehrere* (vgl. auch 575) wird das folgende Adjektiv oder Partizip wie nach einem Adjektiv parallel gebeugt (gleiche Endungen):

> mehrere *dunkle* Kleider.

Im Genitiv Plural wird daneben auch wie nach *dieser,* also Typ II (schwach), gebeugt:

> In Begleitung mehrerer *bewaffneter* Helfershelfer ... (H. Mann) (Aber auch:) Im Inneren mehrerer von der Decke *herabhängenden* Totenschädel ... (Ric. Huch)

sämtlich-

492

Im Singular wird nach *sämtlich-* (vgl. auch 578) das folgende Adjektiv oder Partizip wie nach *dies-* gemäß dem Typ II (schwach) gebeugt:

> sämtlicher *aufgehäufte* Mist, sämtliches *gedruckte* Material (Wassermann), mit sämtlichem *gedruckten* Material, mit sämtlicher *vorhandenen* Energie.

Dies gilt vorwiegend auch für den Plural:

> sämtliche *alten* Räume (Zuckmayer), sämtlicher *westdeutschen* Parteien (Der Spiegel).

Seltener ist parallele Beugung (gleiche Endungen) wie nach einem Adjektiv im Nominativ und Akkusativ, häufiger dagegen im Genitiv:

> sämtliche *schwedische* Offiziere (Ric. Huch), sämtliche *kleine* ... Rollfelder (Akk.; Quick); meine exakte Beherrschung sämtlicher bei Karl May *vorkommender indianischer* und *arabischer* Eigennamen (Zuckmayer), in der Psychologie sämtlicher *anderer* Tiere (Lorenz).

solch-

493

Im Singular wird nach *solch-* (vgl. auch 472) das folgende Adjektiv oder Partizip wie nach *dies-* gemäß dem Typ II (schwach) gebeugt:

> solcher *weiche* Stoff (selten parallel: solcher *junger* Mensch [Schädlich], all solcher *abergläubischer* Spuk [Luserke]), solches *herrliche* Wetter, in solchem *grauen* Giebelhause (Th. Mann), aus solcher *übelwollenden* Stimmung heraus (H. Mann).

Im Genitiv Fem. und im Dativ wird gelegentlich wie nach einem Adjektiv parallel gebeugt (gleiche Endungen):

> solcher *erziehender* Beeinflussung (Hesse), zu solcher *unterschiedlicher* Einstellung (Mannheimer Morgen); in solchem *natürlichem* Wachstum (Muttersprache).

Im Plural wird überwiegend wie nach *dies-,* also Typ II (schwach), dekliniert:

> solche *zahmen* Versuche (Barlach), solche *unchristlichen* Reden (P. Ernst), solcher *geglückten* Symbole (Langgässer).

Aber auch die parallele Beugung (gleiche Endungen) wie nach einem Adjektiv tritt ziemlich häufig auf:

> solche *prachtvolle* Attacken (Hesse), die Ausnutzung solcher *vereinzelter* Fälle (Hör zu), das Ergebnis solcher *komplizierter* Umformungen (Sprachpflege).

Nach *solch* (ohne Endung) wird das folgende Adjektiv immer nach Typ I (stark) gebeugt:

> solch *harmonischer* Ausklang; solch *unerhörtes* Vorgehen.

494 | **viel-**

Nach *viel-* (vgl. 470) schwanken im Singular die Formen sehr stark; im Nominativ Mask., der seltener gebraucht wird, wird nach *vieler* das folgende Adjektiv oder Partizip wie nach einem Adjektiv parallel gebeugt (gleiche Endungen):

> vieler *schöner* Putz.

Im Nominativ/Akkusativ Neutr. und im Dativ Mask. und Neutr. wird jedoch fast ausschließlich wie nach *dieses* und *diesem* gemäß dem Typ II (schwach) gebeugt:

> vieles *andere* Zeug (Tumler), mit vielem *kalten* Wasser (Fallada).

Im Genitiv und Dativ Fem. überwiegt die parallele Beugung wie nach einem Adjektiv (gleiche Endungen):

> so vieler *bisheriger* Philosophie (Morgenstern). (Veraltend auch:) … mit vieler *klassischen* Gelehrsamkeit. (Lessing)

Im Plural wird nach *viel-* das folgende Adjektiv oder Partizip wie nach einem Adjektiv parallel dekliniert (gleiche Endungen):

> viele *kleine* Kümmernisse (L. Rinser), viele *freundliche* Namen (Rilke), vieler *heimlicher* Witze (Alverdes). (Im Genitiv gelegentlich wie nach *dieser* [schwach]:) vieler *entzückten* Briefe (Schäfer).

Nach *viel* (ohne Endung) wird das folgende Adjektiv immer nach Typ I (stark) dekliniert:

> viel *unnötiger* Aufwand; viel *rohes* Gemüse.

Man achte jedoch auf die Beugung von *viel-*, da die endungslose Form den gemeinten Sinn völlig verändern kann:

> *viele ältere* Studenten (*viele* ist mit *ältere* koordiniert, gleichgeordnet) gegenüber: *viel ältere* Studenten (=*viel* bestimmt *ältere* näher)

495 | **welch-**

Nach *welch-* (vgl. auch 579) wird das folgende Adjektiv oder Partizip im allgemeinen wie nach *dies-* gemäß dem Typ II (schwach) gebeugt:

> welcher *andere* Text (Kafka), welches *reizende* Mädchen (Benrath); (selten parallel:) welcher *technischer* Redakteur [Börsenblatt]); welches *braven* Kindes, mit welchem *unerschütterlichen* Willen (A. Neumann), in welcher *aufregenden* Stunde (Gollwitzer), welche *herrlichen* Glieder (Th. Mann); (selten parallel: welche *verschiedene* Arten und Weisen [G. Hauptmann]); welcher *menschlichen* Gebete (Bergengruen).

Nach *welch* (ohne Endung) wird das folgende Adjektiv immer nach Typ I (stark) gebeugt:

> solch *bezaubernder* Anblick; welch *hartes* Los.

496 | **wenig-**

Im Singular und Plural wird nach *wenig-* (vgl. auch 470) das folgende Adjektiv oder Partizip wie nach einem Adjektiv parallel dekliniert (gleiche Endungen), mit Ausnahme des Dativs Sing. Mask. und Neutr.:

> weniger *schöner* Schmuck, weniges *gutes* Essen, mit weniger *geballter* Energie, wenige *wilde* Jahre (Luserke), weniger *hoher* Kerzen (Scholz).

Im Dativ Sing. Mask. und Neutr. wird nach *diesem* gemäß dem Typ II (schwach) dekliniert:

> mit wenigem *guten* Willen.

Nach *wenig* (ohne Endung) wird das folgende Adjektiv immer nach Typ I (stark) dekliniert:

  wenig *angenehmes* Wetter; wenig *gute* Freunde.

Man achte darauf, daß die endungslose Form gegenüber der gebeugten etwas anderes besagen kann:

  wenig gutes Essen (= *wenig* bestimmt *gut* näher) gegenüber *weniges gutes* Essen (*weniges* ist mit *gutes* koordiniert, gleichgeordnet).

Anmerkung | 497 |

Stehen *der, ein, kein, dieser, jener* oder das Possessivpronomen zusammen mit *ander-, solch-, viel-, wenig-* oder Zahlwörtern wie *zwei, drei* vor einem folgenden attributiven Adjektiv, dann werden sie für die Deklination des attributiven Adjektivs maßgebend, nicht *ander-* usw.:

  der andere *kleine* Junge, *ein* solcher *unerschöpflicher* Schwall (Hofmannsthal), *[k]ein* solches *wichtiges* Ereignis, *irgendein* anderer *hoher* Beamter (Carossa), *diese* beiden *treuen* Freunde, *kein* anderer *verborgener* Grund, der Verlust *meines* vielen *gesparten* Geldes, *unsere* drei *lieben* Kinder.

Tritt das Possessivpronomen hinter *all, dieser* oder *jener,* dann wird es für die Deklination des folgenden Adjektivs maßgebend:

  dieses *mein großes* Glück, dieser *unser liebster* Freund.

Das Adjektiv nach bestimmten Demonstrativ- und Relativpronomen | 498 |

Nach den Demonstrativ- und Relativpronomen *dessen* und *deren* wird das folgende attributive Adjektiv nach Typ I (stark) dekliniert, weil die Pronomen als attributive Genitive keinen Einfluß auf die Flexion der folgenden Wortgruppe ausüben:

  Der Künstler, dessen *tiefempfundenes* Spiel alle begeisterte, ... Bundesrichter Hengsberger, dessen *mündliche* (nicht: mündlichen) Äußerungen ... Raritätswert haben (Der Spiegel 1965); ... vor den Toren der Stadt ... betrachtete er deren *zahlreiche* (nicht: zahlreichen) Bauten. (FAZ)
  Der Künstler, von dessen/Die Künstlerin, von deren *tiefempfundenem* Spiel alle ergriffen waren ...

Ganz vereinzelt tritt im Dativ Sing. die Deklination nach Typ II (schwach) auf:

  Der Ausdruck ... wird dessen *eigentümlichen* Stellung ... vorzüglich gerecht. (Hesse)
  Sie (die Stadt) lag sogar in einer deutschen Sprachinsel, wenn auch auf deren *äußersten* Spitze. (Musil)

Zur falschen Beugung von *deren* und *dessen* (*derem* und *dessem*) vgl. 550,2 und 559 f.

Das Adjektiv in der Apposition | 499 |

Steht das artikellose attributive Adjektiv in einer Apposition (vgl. 1066), dann muß regelgemäß die Deklination nach Typ I (stark) eintreten (über das Adjektiv in der Apposition ohne *als* nach einem Personalpronomen vgl. auch 479):

  Frau Dr. Erika Schneider, *ordentliche* Professorin; ein Stück *brüchiges* Eisen; von Herrn Erich Müller, *ordentlichem* Professor; ... und seiner Ehefrau Wilhelmine, *geborener* Schmidt; ich/du/er als *ältester* Sohn; ihr/dir/mir als *ältester* Tochter; ihm/dir/mir als *ältestem* Sohn; für sie als *überzeugte* Pazifistin; wir als *treue* Freunde; mit einer Schiffsladung *kanadischem* Weizen.

Häufig wird aber im Dativ das attributive Adjektiv so sehr auf den Artikel (Pronomen) des Bezugswortes oder auf das Pronomen (als Bezugswort) bezogen, daß es nach Typ II (schwach) dekliniert wird:

> mit *seiner* Ehefrau Wilhelmine, *geborenen* Schmidt; in *der* kleinen Gertrud Hackendahl, *geborenen* Gudde (Fallada); mit *einer* Art *wilden* Ironie; mit *einem* Stück *brüchigen* Eisen; *ihm* als *jüngsten* Vertreter (Die Zeit); *ihr* als *jüngsten* Schwester.

Wenn die Apposition im Nominativ steht, dann gilt dies natürlich auch für das attributive Adjektiv:

> und seiner Ehefrau Wilhelmine, [die eine] *geborene* Schmidt [ist]... Also da liegt nun dieses mondbeschienene Land vor Frau Emma Pinneberg, *geborene* Mörschel. (Fallada)

---

500 ## Die Deklination mehrerer attributiver Adjektive

Wenn zwei oder mehrere gleichwertige (nebengeordnete) attributive Adjektive (Partizipien) nebeneinanderstehen, dann werden sie parallel gebeugt, d. h., sie erhalten alle die gleichen Endungen:

> ein breit*er*, tief*er* Graben; eines breit*en*, überaus tief*en* Grabens; von einer hübsch*en*, gepflegt*en* Erscheinung; nach lang*em*, außerordentlich schwer*em* Leiden; in dem breit*en*, tief*en* Graben; auf best*em*, holzfrei*em*, hochglänzend*em* Papier; in den breit*en*, tief*en* Graben; eine groß*e*, nervig*e* und ruhig*e* Hand.

Selbst wenn das unmittelbar vor dem Substantiv stehende Adjektiv mit dem Substantiv einen Gesamtbegriff bildet (sog. Einschließung), werden die Adjektive parallel gebeugt. Die frühere Regel, daß in diesem Falle beim Dativ Singular und Genitiv Plural das zweite der artikellosen Adjektive nach Typ II (schwach) gebeugt werden müsse, gilt nicht mehr:

> bei dunkl*em* bayerisch*em* Bier, der Genuß hoh*er* künstlerisch*er* Leistungen; (und n i c h t mehr wie früher:) bei dunkl*em* bayerisch*en* Bier, der Genuß hoh*er* künstlerisch*en* Leistungen.

Im Dativ Sing. Mask. und Neutr. wird allerdings das zweite Adjektiv auch noch nach Typ II gebeugt:

> auf schwarz*em* hölzern*en* Sockel (Carossa), an weiter*em* leicht*en* Gewichtsverlust (Th. Mann), in einem Kleid aus rot*em* duff*en* Stoff (Jahnn), in fremdartig*em* physikalisch*en* Zustand (Mannheimer Morgen), mit frisch*em* rot*en* Gesicht (Döblin).

Bei enger Verbindung von zwei oder mehreren attributiven Adjektiven oder Partizipien wird mitunter nur das letzte gebeugt. Diese Fügungsweise, bei der die Adjektive in getrennter Schreibung nebeneinander (mit oder ohne *und*) stehen, ist heute veraltet:

> ... in *mondlos stillen* Nächten (Uhland). *Ursprünglich eignen* Sinn laß dir nicht rauben! (Goethe) ... in *schwarz und weißer* Emaille. (Th. Mann) ... im Wechselspiel der *frisch und müden* Kräfte. (Hofmannsthal)
> (Ähnlich:) das *königlich preußische* Porzellan, ein *großherzoglich badischer* Grenzpfahl.

Heute werden solche Fügungen, soweit sie nicht durch *und* verbunden sind, meist zusammengeschrieben oder mit Bindestrich gekoppelt, weil mit ihnen eine bestimmte Gesamtvorstellung ausgedrückt wird:

> *naßkaltes* Wetter, ein *dummdreistes* Benehmen, mit seiner *feuchtfröhlichen* Meteorologie (Th. Mann), das *grünbleiche* Antlitz (Carossa), ein *trübkühler* ... Nachmittag (Zuckmayer), mit *schmalsteifer* Verbeugung (Broch), manch *naiv-eitle* Frau (Strehle), eine *schaurigschöne* Erzählung, seine *ruhig-ernste* Art.

Bei zwei oder mehreren attributiven Farbadjektiven werden Bedeutungsunterschiede durch Zusammenschreibung bzw. Bindestrichsetzung deutlich gemacht:

> ein *blau-rotes* Kleid (= die Farben Blau und Rot in beliebiger Verteilung selbständig
> nebeneinander, zwei Farben) gegenüber: eine *blaurote* Nase (= mit einer bläulichen
> Abschattung des Rots, eine Farbe).[1]

4.2.2 Die Deklination des substantivierten Adjektivs und Partizips

501

Substantivierte Adjektive (Partizipien) werden im allgemeinen wie attributive Adjektive dekliniert (vgl. 474):

Deklination nach Typ I (stark)

> ein Glücklich*er*, dein Vorgesetzt*er*, ein Blind*er*, ein Ertrinkend*er*, Lieb*er*!, mit Bedien-
> t*em* und Gepäck (I. Seidel); dies grundsonderbare Trio von Dichter, Freund und Ge-
> lieb*ter* (Th. Mann; Dat. Sing. Fem.; aber Hesse: Ich hatte aber mit des Grafen Ge-
> lieb*ten* eine Zusammenkunft); viel/wenig/etwas/nichts Gut*es*; sie sind Angestellt*e*,
> Delegiert*e*; unser Klein*er*, sein Inner*es*; mir völlig Ahnungslos*em* (Wiechert); (auch
> häufig schon:) mir Arm*en* (Th. Mann; vgl. 479).

Deklination nach Typ II (schwach)

> der Alt*e*, das Bezaubernd*e*, eines Angestellt*en*, Verlust der Vertikal*en* (Döblin), die Ab-
> geordnet*en*, in jedem Ganz*en*, dir Heilig*en* (Th. Mann; Dat. Sing. Fem.; nach 479), wir
> Deutsch*en* (nach 479; oft auch: wir Deutsch*e*); wir Liberal*en* (nach 479; auch: wir Li-
> beral*e*), wir Rothaarig*en* (nach 479; selten: wir Rothaarig*e*),[2] Ihr Hochmütig*en* (Caros-
> sa; nach 479; selten: Ihr Gelehr*te* [Hessel]); (abweichend, vgl. 480:) zweier Liebend*en*
> (P. Ernst), zweier Ober*n* (Hesse), (seltener auch stark:) dreier Enthaltsam*er*, ihres Inne-
> r*en* (Th. Mann).

Besonderheiten bei der Deklination des substantivierten Adjektivs und Partizips

Die Deklination nach unbestimmten Zahladjektiven u. ä. oder Pronomen

502

Nach den unter 482 ff. genannten Zahladjektiven u. ä. oder Pronomen wird das
substantivierte Adjektiv oder Partizip, von einigen Abweichungen abgesehen,
ebenso dekliniert wie das attributive Adjektiv:

all-

> alles Wichtig*e*, allem Ekelhaft*en*, alle Neugierig*en*, aller Arbeitend*en*; (selten:) alle An-
> wesend*e*.

ander-

> manch anderer Gelehr*ter*; mit anderem Neu*en*, andere Bekannt*e*; anderer Leidtragen-
> d*er*.

---

[1] Eine Ausnahme hiervon bilden die Bezeichnungen für wappenkundliche Farbverbindungen (z. B.
schwarzrotgoldne Fahne), die man – Mißverständnisse sind nicht möglich – zusammenschreibt, obwohl gar keine Farbmischung (Abschattung) vorliegt.
[2] Wenn die substantivierten Adjektive und Partizipien lexikalisiert sind und den Charakter eines Substantivs haben (z. B. *der Deutsche, der Liberale, der Grüne*), dann kommt die starke Beugung häufiger
vor. Bei den anderen Substantivierungen (z. B. *der Rothaarige, der Glückliche, der Furchtlose*) ist die
starke Beugung ganz ungewöhnlich.

beide

beide Angestellten, beider Reisenden (selten: beide Gelehrte).

einig-

einiges Private; einiges Schöne; mit einigem Neuen, einige besonders Fromme, einiger Gelehrter, (selten:) einiger Gefangenen.

etlich-

etliche Neugierige.

etwelch-

etwelche Verwandte, etwelcher Verwandter (Gen. Plur.).

folgend-

folgender Angestellte, folgendes Neue, mit folgendem Angestellten, mit folgender Vorsitzenden; (Plur.:) folgende Angestellte (auch noch: folgende Angestellten), folgender Angestellter (auch noch: folgender Angestellten).

irgendwelch-

irgendwelches Neues/Neue; irgendwelche Reisende/Reisenden; irgendwelcher Angestellter/Angestellten.

manch-

mancher Reisende, manches Neue, mit manchem Schönen, mit mancher Geliebten; manche Jugendliche/Jugendlichen; manche Intellektuelle/Intellektuellen; mancher Deutscher/Deutschen; manch Neues.

mehrere

mehrere Beamte, mehrerer Gelehrter (auch noch: Gelehrten).

sämtlich-

sämtliches Schöne, mit sämtlichem Neuen; sämtliche Gefangenen (selten auch: Gefangene); sämtlicher Eingeladenen (seltener auch: Eingeladener).

solch-

solches Schöne, mit solchem Schönen; solche Versicherten (selten auch: Versicherte); solche Jugendlichen (selten auch: Jugendliche); solcher Armen (seltener auch: Armer); solch Gutes.

viel-

vieles Seltsame, mit vielem Neuen, viele Fremde (seltener auch: Fremden); viele Angehörige (seltener auch: Angehörigen); vieler Untergebener (seltener auch: Untergebenen); viel Schönes.

welch-

welcher Reis*ende*, welches Schö*ne*, mit welchem Neu*en*, welche Mächtig*en*.

wenig-

weniges Gut*es*, mit wenigem Neu*en*, wenige Auserwählt*e*, weniger Reich*er*; wenig Gu*tes*.

Zur Deklination des substantivierten Adjektivs [Partizips] nach *einzeln, zahlreich, verschieden, gewiß* usw. vgl. 481.

Das substantivierte Adjektiv und Partizip in der Apposition | 503 |

Steht das artikellose substantivierte Adjektiv als Apposition, so muß nach 499 regelmäßig die Deklination nach Typ I (stark) eintreten (über das substantivierte Adjektiv nach einem Personalpronomen vgl. 501):

unser langjähriges Mitglied, *Verlagsangestellter* Ludwig Schmidt; ich als *Vierzehnjähriger*; du/er als *Ältester*; wir als *Älteste*, ihr als *Älteste*.

Im Dativ wird das substantivierte Adjektiv (Partizip) häufig so sehr auf den Artikel (das Pronomen) des Bezugswortes oder auf das Pronomen (als Bezugswort) bezogen, daß es nach Typ II (schwach) gebeugt wird:

mit unserem langjährigen Mitglied, *Verlagsangestellten* Ludwig Schmidt, ... (selten: *Verlagsangestelltem*); mir/dir/ihm als *Ältesten* (seltener: *Ältestem*); ihm als *Verliebten*, (seltener:) ihm als *Verliebtem* (Hesse); ihm als kaum *Dreißigjährigen* (Werfel); ihm als *Beamten*, dir als *Gesandten*, dir als *Gelehrten*.

Beim Dativ Sing. Fem. wird die starke Form auf *-er* im allgemeinen vermieden, weil sie mit dem Nominativ Mask. gleich lautet:

mit seiner Frau, *Vorsitzenden* (eigtl.: Vorsitzend*er*) des Vereins für alleinstehende Mütter; bei Frau Arndt, *Vorsitzenden* ...; ihr als Ältest*en* (eigtl.: ihr als Ältest*er*).

Manchmal ist bei Beugung nach Typ II (schwach) der Numerus des Wortes nicht klar:

Die Chancen in dem Kampf zwischen Richter und *Angeklagten* ... (Edschmid)

Angeklagten kann Dativ Sing. wie Dativ Plural sein. Wo Mißverständnisse entstehen können, empfiehlt sich daher eine andere Satzkonstruktion.

Das substantivierte Adjektiv und Partizip nach einem nach Typ I (stark) gebeugten attributiven Adjektiv | 504 |

Wenn ein substantiviertes Adjektiv einem nach Typ I (stark) gebeugten attributiven Adjektiv folgt, dann tritt die parallele Beugung (gleiche Endungen) heute im Nominativ Sing. Mask., im Nominativ und Akkusativ Plur. und überwiegend im Sing. Neutr. auf; im Dativ Sing. Mask., Fem. und Neutr. überwiegt die Beugung nach Typ II (schwach) wie nach *dies-*, im Genitiv Plur. tritt sie gelegentlich auf (vgl. 500).

Nominativ Singular Maskulinum:

unser reicher *Bekannter*, ein integrer *Beamter*, ein international anerkannter schwedischer *Gelehrter*.

Nominativ und Akkusativ Singular Neutrum:

einen Notersatz für fehlendes *Sinnliches* (Hesse); vergangenes *Unvergängliches* (Jatho).

Die Deklination wie nach *dieses,* also Typ II (schwach), tritt hier nur bei bestimmten substantivierten Adjektiven auf, besonders bei *Äußere, Innere, Ganze.* Sonst ist sie nicht üblich:

> ein anmutiges *Äußere* (Kluge), in mein eigenes *Innere* (Th. Mann). (Aber häufig auch parallel:) mein ganzes *Inneres* (Th. Mann); ein einheitliches *Ganzes* bilden, ein geniales *Ganzes* (Musil).

Dativ Singular Neutrum:

> Du ... hast deiner Magd noch von fernem *Zukünftigem* geredet. (Th. Mann) (Aber auch: ... ein volles Maß von eigenem *Menschlichen* (Morgenstern), nach genossenem *Guten.*

Im Dativ Sing. Mask. und Fem. wird im allgemeinen wie nach *diesem* bzw. *dieser,* also Typ II (schwach), dekliniert:

> (Dat. Sing. Mask.:) Eine Mischung zwischen weltfremdem *Gelehrten* und geschicktem Diplomaten. ... das ihn zu jedermann beliebtem *Bekannten* machte. (H. E. Busse)
> (Dat. Sing. Fem.:) ... mit spielender *Linken* ... mit spielender *Rechten* (Hesse); bei dem angeblichen Baron Perotti und dessen blatternarbiger *Geliebten* (Schnitzler); Bahn muß deutscher *Reisenden* Schadenersatz zahlen (Wiesbadener Kurier); aber gelegentlich: Herzoperation an junger *Deutscher* (ebd.).

Nominativ und Akkusativ Plural:

> drei männliche *Angestellte* (Th. Mann), ausscheidende *Bundestagsabgeordnete.* (Gelegentlich:) Wir haben alte und gelähmte *Kranken* (Die Welt).

Genitiv Plural:

> an den Sterbebetten naher *Angehöriger* (Th. Mann). (Aber auch:) Überwachung wichtiger *Kriminalbeamten* (FAZ).

Stehen das Adjektiv und das ihm folgende substantivierte Adjektiv (Partizip) nach der gemäß Typ I (stark) deklinierten Form eines der unter 482 ff. aufgeführten unbestimmten Zahladjektive und Pronomen, dann wird die ganze Wortgruppe heute meist parallel gebeugt, wenn nicht die dort genannten Ausnahmen eintreten:

> manche kaufmännische *Angestellte* (häufig auch: manche kaufmännischen *Angestellten,* aber ni ch t: manche kaufmännische *Angestellten*); nach der Meinung mancher kaufmännischer *Angestellter* (häufig auch: mancher kaufmännischen *Angestellten,* aber ni cht: mancher kaufmännischer *Angestellten*); einige mitleidige nahe *Verwandte,* durch die Hilfe einiger mitleidiger naher *Verwandter;* in Gesellschaft anderer gleichgültiger *Reisender* (Schnitzler).

Ebenso bei der Apposition (mit den unter 503 genannten Ausnahmen):

> ich als ältester *Angestellter,* wir als gute *Deutsche,* mir als technischem *Angestellten,* mir als ältester *Angestellten* (Dat. Fem.), ihm als bekanntem *Afrikareisenden* (Börsenblatt).

| 505 | **Schwankungen zwischen adjektivischer und substantivischer Deklination** |

Während die substantivierten Adjektive (Partizipien) im allgemeinen wie attributive Adjektive dekliniert werden, gibt es auch solche, die sich so sehr von ihrer ursprünglichen Wortart gelöst haben, daß sie wie ein Substantiv dekliniert werden (vgl. 393):

– wie ein Substantiv des Typs II *(der Lehrer):*

> *der Gläubiger* – des Gläubigers – die Gläubiger – zwei Gläubiger; die Forderungen aller Gläubiger. (Im Gegensatz zu:) *der Gläubige* – des Gläubigen – die Gläubigen; die Hoffnung der Gläubigen (adjektivisch, entsprechend zu: die Hoffnung der *gläubigen* Christen).

– wie ein Substantiv des Typs IX *(die Blondine):*

> *die Kokette* – der Kokette – die Koketten – zwei Koketten. (Im Gegensatz zu:) *die Blonde* – der Blonden – die Blonden – zwei Blonde (adjektivisch, entsprechend zu: zwei *blonde* Frauen).

– wie ein Substantiv des Typs VI *(der Mensch):*

> *der Invalide* – des Invaliden – die Invaliden – zwei Invaliden. (Entsprechend:) der Junge, der Falbe. (Im Gegensatz zum Adjektiv:) die *invaliden* Männer, zwei *invalide* Männer.

Nach Typ III oder VI wird *der Oberst* (vgl. 382,2) gebeugt.

Schwankungen treten bei substantivierten Adjektiven (Partizipien) auf, die z. T. adjektivisch, z. T. substantivisch dekliniert werden:

> (wie ein Adjektiv dekliniert:) *die Brünette* – mit der/einer Brünetten (wie: *brünetten* Frau) – die Brünetten – zwei Brünette; (häufiger wie ein Substantiv, etwa wie *die Blondine,* nach Typ IX [vgl. 393] gebeugt:) die Brünette – der Brünette – mit einer Brünette – zwei Brünetten;
> (überwiegend wie ein Substantiv dekliniert, im Singular endungslos, im Plural auf *-n* wie etwa *die Gabe;* vgl. 393:) *die Parallele* – der Parallele – die Parallelen; (ohne Artikel, z. B. mit einer Kardinalzahl, im Plural auch ohne *-n*:) *zwei Parallele* (entsprechend zu: zwei *parallele* Linien) neben *zwei Parallelen*; (entsprechend:) die Vertikale, die Horizontale;
> (mit Artikel wie ein Adjektiv gebeugt:) *die Elektrische* – der Elektrischen – die Elektrischen, (entsprechend zu: die *elektrischen* Bahnen); (ohne Artikel, z. B. mit einer Kardinalzahl, im Plural mit oder ohne *-n*:) *zwei Elektrische* (entsprechend zu: zwei *elektrische* Bahnen) neben *zwei Elektrischen*; (entsprechend:) die Gerade, die Senkrechte, die Waag[e]rechte;
> (ohne Artikel regelgemäß wie ein Adjektiv gebeugt:) *zwei Angestellte* (entsprechend zu: zwei *angestellte* Männer). Es waren lauter *Gelehrte* (entsprechend zu: Es waren lauter *gelehrte* Männer). (Fälschlich auch:) zwei Angestellten; es waren lauter Gelehrten. (Aber schon korrekt bei *Illustrierte:*) ... Menschen, die am Kiosk Zigaretten, Bier und *Illustrierten* kauften. (K. Korn) (Häufiger:) ... ein paar Bücher, Spielkarten, Romanheftchen, *Illustrierte* (entsprechend zu: *illustrierte* Blätter) und Zeitungen aus Deutschland. (Kuby)

Gelegentlich kann die Entwicklung von der adjektivischen zur substantivischen Deklination wieder umgekehrt werden, z. B. bei *die Rechte*:

> an ihrer stolzen *Rechte* (Lessing), bei dieser männlichen *Rechte* (Schiller); (heute nur:) an ihrer *Rechten* (entsprechend zu: an ihrer *rechten* Hand).

Substantivierte Adjektive und Partizipien ohne Deklinationsendung

506

Ohne Deklinationsendungen stehen formelhafte Substantivierungen; dies gilt besonders für Adjektive in Gegensatzpaaren:

> ohne *Arg*, Strafanzeige gegen *Unbekannt*, Unstimmigkeiten zwischen *Alt* und *Jung* (= zwischen Alten und Jungen), jenseits von *Gut* und *Böse*. (Hierher gehören auch Substantivierungen, die als feste Formeln oder Bestandteile von festen Verbindungen klein geschrieben werden:) *arm* und *reich* (= jedermann), *groß* und *klein* (= jedermann), *vornehm* und *gering*, von *klein* auf; von *fern* und *nah*, durch *dick* und *dünn*. (Verdopplung des Adjektivs:) *Gleich* und *gleich* gesellt sich gern.

Diese Wendungen sind zu unterscheiden von der bloßen Nennung von Eigenschaftswörtern:

> ... auf *schuldig* plädieren. *Ehrlich* währt am längsten. (Sprw.) Allzu *scharf* macht schartig. (Sprw.) Die Begriffe „*recht*" und „*unrecht*".

507 | # 4.3 Die Vergleichsformen (Steigerungsformen) des Adjektivs [1] (Komparation)

> Monika ist *groß*. Die Strecke a ist 3 cm *lang*.
> Monika ist *so groß wie* Lotti. Die Strecke b ist *so lang wie* die Strecke a.
> Monika ist *größer als* Lotti. Die Strecke c ist *länger als* die Strecke b.
> Monika ist *die größte* unter (von) den Schülern. Die Strecke c ist *die längste* von allen.
> Sie ist von allen *am längsten*.
> Der Betrieb arbeitet mit *modernsten* Maschinen.

Bei Vergleichen wie den vorstehenden werden bestimmte Formen des Adjektivs gebraucht. Man nennt sie Vergleichsformen. Mit ihnen werden verschiedene Grade einer Eigenschaft, eines Merkmals – der gleiche Grad, der ungleiche Grad oder der höchste Grad, ein sehr hoher Grad – gekennzeichnet. Man unterscheidet folgende Stufen und Formen:

- Positiv (Grundstufe, gleicher Grad):

  groß, schnell, so groß wie, so lang wie usw.

- Komparativ (Mehr-/Höherstufe, ungleicher Grad):

  größer als, länger als usw.

- Superlativ (Meist-/Höchststufe, höchster Grad):

  der größte, der längste, am längsten usw.

- Elativ (absoluter Superlativ, sehr hoher Grad):

  modernste, lauteste, größte usw.

508 | ## Der Positiv

Mit dem Positiv, der Grundstufe, der einfachen Form des Adjektivs, wird einmal eine Eigenschaft, ein Merkmal u. ä. (vgl. 439) bezeichnet:

> Die Strecke a ist 3 cm *lang*. Vera fährt *schnell*. Resopal ist *hart*. Michael ist *groß*.

Mit dem Positiv wird zum andern ausgedrückt, daß zwei oder mehr Wesen, Dinge u. a. in bezug auf ein Merkmal, auf eine Eigenschaft u. ä. gleich sind: gleicher Grad. Die Grundstufe des Adjektivs wird in der Regel zwischen *so* und *wie* gesetzt:

> Die Strecke b ist *so lang wie* die Strecke a. Leonie fährt *so schnell, wie* Caroline fährt.
> Fritz ist *so groß wie* Lotte. (Verneint:) Dieses Bild ist nicht *so schön wie* jenes.

In bestimmten Wendungen wird *als* neben *wie* gebraucht:

> sowohl – *als* [auch], (neben:) sowohl – *wie* [auch]; *so* wenig *als*, (neben:) *so* wenig *wie*;
> *so* bald [schnell/gut/viel/weit/lange usw.] *als* möglich, (häufiger:) ... *wie* möglich; ...
> *so* günstig ... *als* möglich (Th. Mann); ... ich füllte unsere Gläser *so* gerecht *als* möglich. (Frisch)

Die Vergleichspartikel *als wie* statt des bloßen *wie* ist veraltet:

> ... und bin so klug *als wie* zuvor (Goethe).

Durch Grad- und Zahlangaben kann *so* näher bestimmt werden:

> ebenso, genauso, geradeso, doppelt so, dreimal so ...

Nach *doppelt* oder *dreimal so (groß)* steht *wie* oder *als,* je nachdem, ob die (for-

---

[1] In den Beispielen ist nicht unterschieden, wie das Adjektiv syntaktisch gebraucht ist. Über die Vergleichsformen einiger Adverbien vgl. 605.

malgrammatische) Gleichheit *(so groß wie)* betont wird, was häufiger ist, oder
aber die (sachliche) Ungleichheit *(doppelt so groß [als])*:

> Die Ernte ist *doppelt so groß wie* (seltener: *als*) im vorigen Jahr.

Der gleiche Grad zweier Eigenschaften eines Wesens oder Dings wird ebenfalls
durch *so – wie* ausgedrückt:

> Er ist *so* dumm *wie* faul. Der Versuch ist *so* kostspielig *wie* nutzlos.

Bei formelhaft gewordenen Vergleichen kann *so* wegbleiben:

> Er ist [so] kalt *wie* Eis, [so] schlau *wie* ein Fuchs.

Umstellungen von der Art *wie Schnee so weiß* sind stilistisch auffällig.

Der Komparativ

509

Mit dem Komparativ, der Mehr- oder Höherstufe, wird ausgedrückt, daß zwei
oder mehr Wesen, Dinge u. a. in bezug auf ein Merkmal, eine Eigenschaft u. ä.
ungleich sind: ungleicher Grad. Dem Komparativ folgt in der Regel *als*:

> Die Strecke c ist *länger als* die Strecke b. Frauke fährt *schneller als* Leonie und Caroli-
> ne. Holz ist *härter als* Kork. Holz ist ein *härterer* Stoff *als* Kork. Fritz ist *größer als* Lot-
> te.

Die Vergleichspartikel

510

Die Vergleichspartikel beim Komparativ ist in der heutigen Standardsprache *als*.[1]
Sie steht auch nach *anders, niemand, keiner, nichts, umgekehrt, entgegengesetzt*
und nach *zu* + Positiv, die in Verbindung mit *als* zwei Wesen oder Dinge in vergleichende Beziehung setzen:

> Sie ist *anders als* ich. ... es ist die Erzstadt, Stadt von alters her und *nichts als* Stadt.
> (Koeppen) Die Sache ist *umgekehrt, als* man sie darstellt, ... *zu groß, als* daß ...

Die Vergleichspartikel *denn* ist veraltet. Sie findet sich noch in der formelhaften
Wendung *denn je* und manchmal dann, wenn zwei *als* nebeneinanderstünden,
sonst nur in gewählter Sprache:

> Sie war schöner *denn* je. Seit dem Freiheitsjahr ... erschien wohl der Mehrzahl der Ge-
> bildeten Politik eher als ein Atavismus *denn* als eine Hauptsache. (Musil) ... mehr aus
> Klugheit *denn* aus Überzeugung. (Th. Mann) Montan-Europa scheint uns eher ein Kar-
> tenhaus *denn* ein wachstumsfähiges Gebilde. (Augstein)

Die Vergleichspartikel *als wie* statt des bloßen *als* ist veraltet:

> ... geschwinder *als wie* der Wind. (Immermann) Es ist hier anders *als wie* zu Hause.
> (Th. Mann)

Verstärkung und Negation des Komparativs

511

Der Komparativ kann durch Gradangaben wie *[noch] viel, [noch] weit, bei weitem,
erheblich, bedeutend, entschieden, wesentlich, ungleich, noch, wenig, etwas* verstärkt
werden:

> Fritz ist *viel* größer als Lotte. Er ist *noch* fleißiger als Thomas. Sie ist *etwas* langsamer
> als Lilo.

Der negative (geringere) Grad wird mit *weniger* oder *minder* ausgedrückt:

> Dieses Bild ist *weniger/minder* schön als jenes. In dem nicht *minder* fesselnden zweiten
> Teil des Romans ...

Während die Fügung *nicht weniger als* zur umschreibenden Hervorhebung der
Ganzheit eines Begriffes dient *(Ich habe nicht weniger als* [= ganze, volle] *100 DM*

---

[1] Besonders in der gesprochenen Umgangssprache findet sich häufig *wie*.

dabei eingebüßt), verstärkt *nichts weniger als* eine Verneinung: Der negative (tadelnde) Inhalt des Satzes *Ich bin mit allem zufriedener als mit deinen Leistungen/ ... bin damit überhaupt nicht zufrieden* wird durch die doppelte Verneinung in *Ich bin mit nichts weniger zufrieden als mit deinen Leistungen* noch verstärkt (wobei *weniger zufrieden mit* auch durch *unzufriedener über* ausgedrückt werden könnte).

512 **Besondere Verwendung des Komparativs**

1. Die Komparativform wird auch dann gebraucht, wenn sich der Vergleich nicht auf die Grundstufe des betreffenden Adjektivs, sondern auf sein Gegenwort bezieht. Dieser Gebrauch ist aber nur üblich bei bestimmten Gegensatzpaaren (ebenso bei 2): Der Komparativ *besser* z. B. wird in diesem Fall nicht auf das Wort *gut,* sondern auf sein Gegenteil *nicht gut, schlecht* bezogen, jedoch in positivem Sinne:

> Gestern ging es dem Kranken gar *nicht gut,* heute geht es ihm aber schon wesentlich *besser* (aber immer noch schlechter, als wenn es ihm gutginge). (Entsprechend:) Es ist *wärmer* geworden (im Vergleich zu der früheren Kälte).

2. Ähnlich verhält es sich bei einem Beispiel wie *ein älterer Herr:* Man kann sagen *Es kam ein älterer Herr,* wenn man einen Herrn meint, der nicht mehr jung, der aber auch noch nicht alt ist (in diesem Fall geht die Blickrichtung von *jung* aus: *jung – älter – alt*). Ebenso kann man sagen: *Es kam ein jüngerer Herr,* wenn man einen Herrn meint, der noch nicht alt, aber auch nicht mehr jung ist (in diesem Fall geht die Blickrichtung von *alt* aus: *alt – jünger – jung*). In diesen und den folgenden Beispielen hat der Komparativ nicht steigernde, sondern abschwächende, mindernde, einschränkende Bedeutung:

> seit *längerer* Zeit, eine *größere* Zahl; das Buch ist schon *länger* vergriffen; diese Schreibungen treten *häufiger* auf.

3. Manchmal ist der Vergleichsgegenstand aus dem Zusammenhang zu ergänzen; dann nähert sich der Komparativ dem Elativ (vgl. 520) und steht nur noch als Attribut:

> Seine Ansprüche sind *größer* [als bisher]. Die *reicheren* Familien (= die reicher sind als andere Familien) wohnen in diesem Stadtviertel. ... schon damals hatte man *modernere* Vorstellungen von Sauberkeit und Krankenhygiene. (Sebastian)

4. Die Komparative *ersterer – letzterer,* die – wie *dieser – jener* oder *der eine – der andere* – auf näher- oder fernerliegende Wesen, Dinge u. a. hinweisen, werden wie Positive gebraucht:

> Hauptsächlich schien ihm, daß die Ehre bedeutende Vorteile für sich habe, aber die Schande nicht minder, ja daß die Vorteile der *letzteren* geradezu grenzenloser Art seien. (Th. Mann)

Zum Anschluß eines Relativsatzes mit *welch letzterer* vgl. 1209,1a.

5. Durch den Komparativ ist in den Beispielen bisher stets die Ungleichheit z w e i e r Wesen, Dinge u. a. in bezug auf ein Merkmal u. a. bezeichnet worden. Soll jedoch der ungleiche Grad zweier Eigenschaften e i n e s Wesens, Dinges u. a. gekennzeichnet werden, dann setzt man im allgemeinen die komparativischen Gradadverbien *mehr/eher* und *weniger* vor die Grundstufe des betreffenden Adjektivs:

> Ich war *mehr* tot als lebendig. Sie handelte *weniger leichtsinnig als* unüberlegt. ... eine *eher mütterliche als* girlhaftige Gestalt. (Koeppen)

Der mit *als* angeschlossene Vergleich kann fehlen:

> *mehr praktische* [als theoretische] Ziele verfolgen; ... mit dem Kopf eines Bullenbeißers, aber eines *eher hübschen* Bullenbeißers. (Remarque)

Die Eigenschaften können auch durch Substantive oder Verben ausgedrückt werden:

> Wir verbrannten Putzfäden, was mehr *Gestank* als *Wärme* ergibt. (Frisch) ... daß er ... eher *eine Störung* als *eine Bestätigung* darstellt. (Sieburg) Er *redet* mehr, als er *handelt*. ... stets *hatte* er mehr *erlebt* als *geschossen*. (Frisch)

Die Bildung und Beugung des Komparativs 513

Der Komparativ wird durch Anhängen von -er an die Grundstufe gebildet; bei bestimmten umlautfähigen Wörtern tritt Umlaut ein (ebenso beim Superlativ; vgl. 518,2):

> frei – freier; fleißig – fleißiger; alt – älter (– älteste); groß – größer (– größte); jung – jünger (– jüngste).

Bei Adjektiven, die auf -el ausgehen, wird im Komparativ das e der Endsilbe ausgelassen:

> ein *dunkler* (nicht: dunkeler) Wald; eines *edleren* Menschen.

Bei Adjektiven auf -er und -en kann das e der Endsilbe erhalten bleiben; oft wird es aber zur Vermeidung dreier unbetonter e ausgelassen:

> ein *heit[e]reres* Wetter; *finst[e]rere* Gesichter; ein *trock[e]neres* Handtuch.

Da in der nichtdeklinierten Form nur zwei e stehen, wird hier meist die volle Form gebraucht:

> Sie ist nicht *heiterer* als ich. Dieses Handtuch ist *trockener*.

Adjektive mit Diphthong vor der Silbe -er stehen immer ohne e (vgl. 478,2):

> Das Brot ist *teurer* geworden. Diese Gurken sind *saurer* als jene.

Das Endungs-e wird nur in besonderen Fällen, z. B. aus vers- und satzrhythmischen Gründen in der Literatur, ausgeworfen *(dem bessern Rat, den kürzern Weg)*. Auch das e der Komparativendung -er wird selten weggelassen *(beßre, größre, längre)*.
Die Komparative werden wie ein einfaches Adjektiv gebeugt:

> Es gibt kein *schöneres* Land. Du kannst es einem *ärmeren* Menschen schenken. Auch *reifere* Damen waren anwesend. (Als prädikatives Satzadjektiv ohne Endung:) Eva wird immer *reizender*. Er hält diesen Weg für *einfacher*.

Der Superlativ 514

Mit dem Superlativ, der Meist- oder Höchststufe, wird ausgedrückt, daß von mindestens drei Wesen, Dingen u. a. einem der höchste Grad einer Eigenschaft, eines Merkmals zukommt:

> Von allen vier Strecken ist die Strecke d *am längsten/die längste*. Thilo fährt von allen vieren *am schnellsten*, ist von allen vieren *der Schnellste*. Stahl ist von allen drei Stoffen *am härtesten/* ist der *härteste* Stoff. Uwe ist der *größte* von allen Schülern.

Zum Gebrauch des Superlativs 515

Der Superlativ ist nur dort sinnvoll, wo ein Wesen oder Ding mit mehreren anderen verglichen wird. Beim Vergleich von nur zwei Wesen, Dingen u. a. wird das Mehr oder Weniger durch den Komparativ deutlich.[1]

---

[1] Früher war man hier unbedenklicher (wie heute noch in der Umgangssprache):
> Wir wollen sehen, welcher Genius *der stärkste* (heute: *der stärkere*) ist, dein schwarzer oder mein weißer. (Goethe) Ein Vater hatte zwei Söhne, davon war *der älteste* (heute: *der ältere*) klug und gescheit. (Grimm)

Ist der Superlativ nicht Attribut zu einem Substantiv *(der schönste Tag)* oder Gleichsetzungsglied *(Dieser Tag war der schönste;* vgl. 452), dann wird ihm *am* vorangestellt:

> Dieser Schüler ist *am klügsten.* Das Kleid ist bei künstlichem Licht *am schönsten.* Dieses Buch ist *am wenigsten* schön. (Es ist) *am besten,* wir gehen, sagte Stefan. (Kuby) Die Verheirateten schimpften *am lautesten.* (Ott)

Die Superlative *äußerste, innerste, oberste, unterste, vorderste, hinterste* werden wie Positive gebraucht. Sie haben keinen Komparativ.

516 | Verstärkung und Negation des Superlativs

Noch verstärkt wird der Superlativ durch Vorsetzen von *aller[aller]-, weitaus, bei weitem, denkbar:*

> die *aller*schönste, der *aller*größte, das *alleraller*schönste, *weitaus* der beste, *bei weitem* der größte, in *denkbar* kürzester Frist.

Der geringste Grad wird mit *am wenigsten* oder *am mindesten* ausgedrückt:

> Dieses Bild ist *am wenigsten/am mindesten* schön.

517 | Andere sprachliche Mittel zum Ausdruck des höchsten Grades

Der höchste Grad kann auch durch andere sprachliche Mittel ausgedrückt werden, z. B. durch den hinweisenden, die Einmaligkeit hervorhebenden Gebrauch des Artikels oder durch den Genitiv der Steigerung:

> Persil ist *das* Waschmittel (= das beste Waschmittel). Das Buch *der Bücher* (= das bedeutendste Buch).

Über die Umschreibung des Superlativs bei Partizipien vgl. 529,7.

518 | Die Bildung des Superlativs

1. Der Superlativ wird durch Anhängen von *-st* oder *-est* an die Grundstufe gebildet:

> fleißig – fleißig*ste;* alt – ält*este;* frei – frei*[e]ste.*

Ob *-st* oder *-est* gebraucht wird, hängt vom Auslaut und von der Silbenzahl des Adjektivs ab:

– Die einsilbigen oder endbetonten mehrsilbigen Adjektive auf *-d, -s, -sch, -sk, -ß, -t, -x, -z* sowie die auf *-los* und *-haft* erhalten *-est:*

> hold – hold*este,* kraus – kraus*este,* rasch – rasch*este,* brüsk – brüsk*este,* süß – süß*este,* dreist – dreist*este,* bunt – bunt*este,* sanft – sanft*este,* lax – lax*este,* spitz – spitz*este,* schwarz – schwärz*este;* berühmt*este,* gespreizt*este,* verstört*este,* behend*este,* lieblos*este,* gewissenhaft*este.*

Die Adjektive auf *-d, -t* und *-sch* dieser Gruppe stehen gelegentlich auch ohne *e:*

> hold*ste,* (neben:) hold*este;* bunt*ste,* (neben:) bunt*este;* rasch*ste,* (neben:) rasch*este.* (Immer ohne *e:*) größte.

Von nicht endbetonten Zusammensetzungen und Bildungen mit einem Präfix zu den vorstehenden Wörtern wird der Superlativ wie vom einfachen Wort gebildet *(unsanft – in unsanftester Weise).*

– Adjektive, die auf Diphthong oder auf Vokal/Diphthong+*h* enden, haben überwiegend *-st,* bei besonderer Betonung des Superlativs jedoch auch *-est:*

> frei – frei*ste*/frei*este;* (entsprechend:) froh*ste*/froh*este,* rauh*ste*/rauh*este.*

Alle anderen – vor allem auch die mehrsilbigen, nicht auf der letzten Silbe betonten – Adjektive haben *-st*:

> klein – klein*ste*; (entsprechend:) läng*ste*, edel*ste*, verworren*ste*, gefürchtet*ste*, passend-
> *ste*, fleißig*ste*, komisch*ste*, erhaben*ste*, bitter*ste*, gebildet*ste*, gehoben*ste*.

2. Von bestimmten einsilbigen umlautfähigen Adjektiven werden der Komparativ und der Superlativ mit Umlaut[1] gebildet. Die standardsprachlich gebräuchlichen Adjektive sind:

> (Stammvokal *a*:) alt – älter – älteste; (entsprechend:) arg, arm, hart, kalt, krank, lang,
> nah, scharf, schwach, schwarz, stark, warm.
> (Stammvokal *o*:) grob – gröber – gröbste; (entsprechend:) groß, hoch.
> (Stammvokal *u*:) dumm – dümmer – dümmste; (entsprechend:) jung, klug, kurz.

Einige einsilbige Adjektive schwanken:

> bang – banger/bänger – bangste/bängste; (entsprechend:) blaß, fromm, glatt, karg,
> krumm, naß, rot, schmal.

In der Standardsprache werden hier allerdings immer mehr die nichtumgelaute-
ten Formen bevorzugt.
Alle anderen einsilbigen Adjektive (*blank, froh, bunt, schlau* usw.) sowie alle
mehrsilbigen Adjektive (*mager, lose, dunkel, sauber* usw.) mit Ausnahme von *gesund* (*gesünder – gesündeste*, seltener: *gesunder – gesundeste*) haben keinen Umlaut.

Die Beugung des Superlativs

| 519 |

Die Superlative werden wie einfache Adjektive gebeugt, haben aber im allgemeinen keine flexionslosen Formen (Ausnahme: *allerliebst*) und müssen, auch wenn
sie nicht attributiv verwendet werden, gebeugt werden:

> Die *kürzesten* Tage sind im Winter. Einige *kürzeste* Tage ... Dieser Tag ist *der kürzeste*.
> Die Tage sind im Winter *am kürzesten*. Es steht mit ihm nicht *zum besten*. (Aber:) Das
> Baby ist *allerliebst*.

Der Elativ

| 520 |

Der Elativ, der absolute Superlativ, stimmt in der Form mit dem Superlativ überein. Mit ihm wird außerhalb eines Vergleichs ein sehr hoher Grad bezeichnet:

> [Meine] *liebste* Mutter!, Ihr *ergebenster* ... in *tiefster* Trauer, nur *beste* Weine. Der Be-
> trieb arbeitet mit *modernsten* Maschinen.

Der Elativ steht besonders nach *ein, jeder* u. ä.:

> Es ist *ein tiefster* Zug der Unternehmungswirtschaft, einen endlos anwachsenden Markt
> für ihre Industrieerzeugnisse zu ersehen. (Lamprecht) *Jede leiseste* Anspielung ...

Absolute Bedeutung haben auch flektierte und unflektierte Superlativformen des
Adjektivs, die als adverbiale Bestimmungen stehen, oft mit *am* oder *aufs (auf
das)*:

> ... von der er fürchten müßte, *aufs empfindlichste* kompromittiert zu werden (J. Maass);
> ... weil hier jeder *auf das natürlichste* existentiell lebt (Koeppen); die *geringst* bezahlten
> Arbeitnehmer. (Ebenso:) *gehorsamst* (militär.), *ergebenst* (Briefschlußformel), *weitestge-
> hend*.

Dasselbe gilt für die Superlativformen von Ableitungen auf *-ig* und *-lich,* besonders in Ergebenheits- und Höflichkeitsfloskeln:

> gefälligst, gütigst, baldigst, billigst, herzlichst, freundlichst, höflichst, höchlichst, mög-
> lichst (vgl. 524), tunlichst.

---

[1] Vgl. hierzu A. E. Hammer: German Grammar and Usage, London 1971, S. 66; G. Augst: Über den
Umlaut bei der Steigerung. In: Wirkendes Wort 21 (1971), S. 424–431.

521 **Weitere sprachliche Mittel zum Ausdruck des sehr hohen Grades**

Der sehr hohe Grad wird auch ausgedrückt:

– durch *sehr, höchst, äußerst, überaus, ungemein, [ganz] besonders, außerordentlich, ungewöhnlich, wirklich, erstaunlich, wunder[s] wie* usw. + Positiv:

> ... die kleinen, *sehr* menschlichen, *sehr* sympathischen ... Landsitze (Koeppen); ... eine *äußerst* glückliche Ehe (Frisch); ... ein *überaus* schweres Dasein (Nigg); eine *höchst* ungesunde Luft.

Mehr alltags- und umgangssprachlich sind:

> *riesig/schrecklich* nett, *phantastisch* schön, *furchtbar* interessant, *kolossal* appetitlich, *enorm* aufschlußreich, *wahnsinnig* komisch, *irre* heiß.

– durch bestimmte Präfixe, Halbpräfixe und Zusammensetzungen:

> *ur*komisch, *gold*richtig, *erz*dumm, *stein*reich, *stein*hart, *feder*leicht, *zentner*schwer, *bettel*arm.

Umgangssprachlich sind:

> *super*modern, *knall*hart, *knochen*trocken, *stink*langweilig.

– durch die Wiederholung von Positivformen (vgl. 605):

> eine *lange, lange* Reihe. Aber *warm, warm* mußte er es haben in seinem Stübchen. (Th. Mann) ... dieser plötzliche und hitzige Wille, *rasch-rasch* gesund zu werden, hatte mich sofort stutzig gemacht. (St. Zweig) (Gelegentlich volkstümlich, poetisch oder kindersprachl. zusammengezogen:) Das Lied vom *rotroten* Mohn. (Löns). ... *lieb-liebste* Mutter (Th. Mann).

– durch entsprechende Wortwahl:

> eine *vollkommene* Harmonie, ein *winziges* Teilchen, ein *gewaltiger* Aufschwung.

Weitere Gradabschattungen

522 **Der zu hohe Grad**

Dieser Grad wird ausgedrückt

– durch *zu* oder *allzu* + Positiv:

> Er ist *zu* vorlaut. ... bei den *allzu* vernünftigen Christen seiner Zeit. (Nigg)

– durch den Komparativ eines Adjektivs, dessen Grundstufe oder Eigenschaftsträger als Vergleichsgegenstand genannt wird:

> Der ist *klüger* als klug. Er ist *päpstlicher* als der *Papst*.

– durch Verbindung von *über-* oder *hyper-* mit dem Positiv:

> *über*reif, *über*eifrig, *hyper*nervös, *hyper*modern.

523 **Der gesteigerte Grad**

Der gesteigerte Grad einer Eigenschaft wird auch durch *mehr als* + Positiv bezeichnet:

> Er ist *mehr als durchtrieben.* Das ist eine *mehr als leichtsinnige* Auffassung. ... es hätte *mehr als sonderbar* zugehen müssen. (Nigg)

Die Eigenschaft kann auch durch ein Substantiv ausgedrückt werden:

> Er ist mehr als ein kleiner Dieb. Sie ist mehr als (nur) Schwester.

524 **Ein möglichst hoher Grad**

Dieser Grad wird ausgedrückt durch *so* + Positiv + *wie/als möglich*, durch *möglichst* + Positiv oder durch eine Zusammensetzung:

so groß wie möglich, möglichst groß, größtmöglich, baldmöglichst (nicht: größtmöglichst; vgl. 528).

Die Zusammensetzungen *größtmöglich, bestmöglich* usw. lassen sich attributiv verwenden *(die größtmögliche Glätte).*

Statt einer aufwendigen Konstruktion wie *Suchen Sie die beste Lösung, die möglich ist* kann man kürzer sagen: *Suchen Sie die bestmögliche Lösung.* Andernfalls kann man sich mit den nicht zusammengesetzten Formen begnügen: *Kommen Sie möglichst bald.*

möglichst kann auch im Sinne von ‚nach Möglichkeit, wenn möglich' gebraucht werden *(Ich wollte mich möglichst zurückhalten).* Wenn durch *möglichst* + Adjektiv Mißverständnisse entstehen können, sollte man *wenn möglich* oder *nach Möglichkeit* gebrauchen:

> Wir suchen für diese Arbeit *nach Möglichkeit/wenn möglich* junge Leute. (Gegenüber:) Wir suchen für diese Arbeit *möglichst* junge Leute (= Leute, die so jung wie möglich sind).

Der beständig zunehmende Grad | 525 |

Der beständig zunehmende Grad einer Eigenschaft wird durch *immer* + Komparativ, durch die Verbindung von Positiv + Komparativ, durch Komparativ + Komparativ desselben Adjektivs oder durch *mehr und mehr* + Positiv ausgedrückt:

> ... die *immer unumschränkteren* Beherrscher. (Die Zeit) Und ihr Hals wir *lang* und *länger.* Ihr Gesang wird *bang* und *bänger.* (W. Busch) ... *tiefer* und *tiefer* in die Düne zu bohren. (Grass) Die Sache wird *mehr und mehr bedenklich.*

Der eingeschränkte Grad | 526 |

Dieser Grad wird durch *mäßig, ziemlich* u. ä. + Positiv ausgedrückt:

> Er ist *mäßig* groß. Sie ist *ziemlich* reich.

Besonderheiten bei der Bildung der Vergleichsformen | 527 |

Unregelmäßige Vergleichsformen einfacher Adjektive

Die Adjektive *gut, hoch* und *nahe* sowie die Zahladjektive *viel* und *wenig* haben unregelmäßige Vergleichsformen, d. h., Komparativ und Superlativ werden von anderen Wortstämmen oder durch Veränderungen eines Konsonanten gebildet:

> gut – besser – beste, viel – mehr – meiste, wenig – minder – mindeste (neben: weniger – wenigste); (Konsonantenveränderung:) hoch – höher – höchste, nahe – näher – nächste.

Vergleichsformen zusammengesetzter oder zusammengeschriebener Adjektive (Partizipien) | 528 |

Bei zusammengesetzten oder zusammengeschriebenen Adjektiven setzt man den ersten Bestandteil in die Vergleichsform, wenn jedes der beiden Glieder noch seinen eigenen Sinn bewahrt hat:

> ein *schwerverständlicher* Text – ein noch *schwerer verständlicher* Text – der *am schwersten verständliche* Text; der *vielbietende* – der *meistbietende* Käufer; eine *hochgestellte* – *höchstgestellte* Persönlichkeit. (Zu *größtmöglich* vgl. 524.)

Dagegen setzt man das Grundwort in die Vergleichsform, wenn die Zusammensetzung einen einheitlichen Begriff, zumal einen Begriff mit neuem, übertragenem Sinn, ergibt:

> in *altmodischster* Kleidung, die *weittragendsten* Entscheidungen, mit den *vielsagendsten* Gesichtern, *wohlfeilste* Waren, die *hochfliegendsten* Pläne, *zartfühlender* als du, die *vielversprechendsten* Begabungen.

Bei bestimmten Adjektiven schwankt der Gebrauch:

schwerer wiegende/schwerwiegendere Gründe, *weitestgehende/weitgehendste* Einschränkungen. Er ist *zarter besaitet/*oder *zartbesaiteter* als Inge.

Manchmal wird in der Bedeutung unterschieden:

höher fliegende Flugzeuge – *hochfliegendere* (= ehrgeizigere) Pläne.

Vergleichsformen bei beiden Bestandteilen sind unzulässig:

das nächstliegende (nicht: nächstliegendste) Problem, das meistgelesene (nicht: meistgelesenste) Buch, in größtmöglicher (nicht: größtmöglichster) Eile, weiterreichende (nicht: weiterreichendere) Befugnisse.

---

529 **Adjektive, bei denen Vergleichsformen nicht üblich sind**

Bei bestimmten Adjektiven ist es in der Regel nicht möglich, Vergleichsformen zu bilden, weil bei ihnen auf Grund ihrer Bedeutung in der Regel kein Vergleich und keine Gradabschattung möglich ist. Folgende Gruppen sind hier anzuführen:
1. Adjektive, mit denen bestimmte Verfahren oder Zustände ausgedrückt werden, die einen Vergleich verschiedener Grade ausschließen:

schriftlich, mündlich, wörtlich, ledig, sterblich, viereckig, rund, tot, lebendig, leblos, stumm, nackt usw.

Hierher gehören auch zusammengesetzte Adjektive, deren Bestimmungswort bereits eine Verstärkung bezeichnet:

schneeweiß, blutjung, steinreich, urkomisch, riesengroß, altklug usw.

Adjektive wie *maximal, minimal, total, absolut, erstklassig,* mit denen bereits ein höchster oder geringster Grad ausgedrückt wird, werden trotzdem gelegentlich (z. B. in der Werbesprache) gesteigert, um den Ausdruck des höchsten bzw. geringsten Grades möglichst noch zu verstärken *(minimalster Verschleiß, erstklassigste Ausführung).*

Möglich sind Vergleichsformen auch von Adjektiven, die an sich einen höchsten bzw. geringsten Grad ausdrücken, daneben aber auch in relativer Bedeutung verwendet werden können: Was *leer* ist, kann an sich nicht *leerer* sein, was *still* ist, nicht *am stillsten.* Gebraucht der Sprecher/Schreiber diese Adjektive aber nicht in ihrer absoluten, sondern in einer relativen Bedeutung, dann kann er auch vergleichen:

Das Kino ist heute *leerer* als gestern. In den *stillsten* Stunden der Nacht ... Geschichten müssen vergangen sein, und je *vergangener,* könnte man sagen, desto besser für sie. (Th. Mann) Hier aber zeigte sich Frau Stöhrs große Unbildung im *vollsten* Licht (ders.). ... es ist der *vollkommenste* Aufbau, den man sich denken kann. (Koeppen)

2. Adjektive, mit denen das im Stammwort Ausgedrückte verneint wird:

unrettbar, unüberhörbar, unverlierbar usw.

Verschiedentlich sind jedoch auch hier Vergleichsformen möglich:

Er ist noch *unordentlicher* als du. Selbst die *unempfindlichsten* Menschen ...

3. Adjektive, mit denen das Fehlen des im Stammwort Genannten ausgedrückt wird:

kinderlos, bargeldlos, obdachlos, fleischlos.

Vergleichsformen sind aber auch hier möglich bei solchen Adjektiven, die weniger konkreten Inhalt haben:

... die *fruchtloseste* Diskussion. Eine *zwanglosere* Zusammenkunft war nicht vorstellbar. *Lieblosere* Briefe gab es wohl nicht.

4. Zahladjektive (vgl. aber 511,4):

letzt, einzig[1], neunfach, ganz, halb usw.

5. Indeklinable Farbadjektive (vgl. 443,5):

oliv, rosa, lila.

6. Von Adjektiven, die nur attributiv (vgl. 448) oder nur prädikativ (vgl. 449) gebraucht werden, sind im allgemeinen Vergleichsformen unüblich, es sei denn – und das gilt auch für die unter 1–5 besprochenen Adjektive – sie werden in übertragener Bedeutung verwendet:

eine *lebendigere* Darstellung ... Die Straße ist *lebloser* als gestern. Er arbeitet mit *eisernstem* Fleiß.

Vergleichsformen werden auch gelegentlich dann gebildet, wenn Adjektive, mit denen an sich nur die Herkunft charakterisiert wird (vgl. 448,2), als Artadjektive gebraucht werden:

Er ist der *schwäbischste* unter diesen Dichtern. Gleich sah sie *französischer* aus. (Baum)

Bei Adjektiven, die ursprünglich Substantive gewesen sind (vgl. 449), können Gradunterschiede nur durch Umschreibungen ausgedrückt werden.

7. Von den Partizipien, die wie ein Adjektiv gebraucht werden (vgl. 320), werden vor allem dann Vergleichsformen gebildet, wenn sie innerhalb der Wortart Verb isoliert sind (vgl. 322):

(Nur:) das *schreiende* Kind, der *ausgesprochene* Tadel; (gegenüber [isoliert]:) das *reizendste* Geschenk, der *gelehrteste* Vortrag, in *schreiendsten* Farben. (Aber auch:) der *gefürchtetste* Meeresbewohner.

Bei den anderen Partizipien werden die Gradunterschiede zumeist durch Umschreibungen ausgedrückt, wenn die Bedeutung des Verbs dies zuläßt:

der mich *am meisten* verdrießende Umstand, der *mehr* bietende Käufer, das *am meisten* besprochene Problem, das *meist*gelesene Blatt.

5 Die Begleiter und Stellvertreter des Substantivs (der Artikel[2] und die Pronomen)

530

Zur Wortart Begleiter und Stellvertreter des Substantivs gehören Wörter wie

der (Wald), *die* (Tür), *das* (Buch); *ein* (Wald), *eine* (Tür), *ein* (Baum), *dieses* (Buch), *jenes* (Buch), *mein* (Auto); er, du, ich, man, wem?, was?, ihn, dich.

Die Wörter dieser Wortklasse werden in Verbindung mit einem Substantiv (*der* Vater) und/oder an der Stelle eines Substantivs (+ Artikel) gebraucht *(der Vater/ er)*. Syntaktisch sind sie entweder Satzglied:

Er muß arbeiten. *Wen* hast du getroffen?

oder Attribut:

Peter hat *die* Bücher gelesen. *Dieses* Buch gefällt ihm gut; *jenes* Buch findet er langweilig.

---

[1] In seiner Bedeutung ‚nur einmal (in seiner Art) vorhanden' kann *einzig* nicht gesteigert werden, also nicht *die einzigste Möglichkeit,* sondern *die einzige Möglichkeit,* nicht *die einzigsten (Gäste),* sondern *die einzigen (Gäste)* usw.

[2] Vgl. H. Vater: Das System der Artikelformen im gegenwärtigen Deutsch. Tübingen 1963; H.-J. Grimm: Der Artikel im modernen Deutsch. In: Sprachpflege 19 (1970), S. 5–11, 82–89, 137–145, 206–209; (1971), S. 14–24; ders.: Synonymische Beziehungen zwischen einigen Artikelwörtern der deutschen Sprache. In: Deutsch als Fremdsprache 8 (1971), S. 262–268.

5.1 Zum Gebrauch der Begleiter und Stellvertreter des Substantivs

531

5.1.1 Der Gebrauch als Begleiter des Substantivs

Ein Teil der Wörter dieser Gruppe kann in Verbindung mit Substantiven gebraucht werden, die dadurch in bestimmter Weise gekennzeichnet werden. An erster Stelle sind hier der bestimmte und der unbestimmte Artikel zu nennen:

der (Baum), *die* (Tür), *das* (Kind);
ein (Baum), *eine* (Tür), *ein* (Kind).

Als Begleiter steht der Artikel vor dem Substantiv (vgl. 1276,1).[1] In dieser Position kann er mit bestimmten Wörtern ausgetauscht werden:

Ich habe *den/diesen/jenen/keinen/deinen* Mann gesehen.

Als Begleiter des Substantivs („Artikelformen, -wörter"[2]) sind diese Wörter Attribute und können nur in Verbindung mit dem Substantiv, mit dem sie grammatisch kongruieren (vgl. 534), gebraucht und verschoben werden.

532

Grundsätzlich gilt, daß die Begleiter des Substantivs in der Regel nicht miteinander kombiniert werden: Die Position des Artikels wird im allgemeinen nur mit einem Begleiter (Artikelwort) besetzt, wenn man von der Koordinierung (vgl. etwa *dieses und jenes Buch*) absieht. Folgende Besonderheiten sind zu beachten:
1. Verbindungen wie *ein jeder, manch ein, welch ein* sind als freie Varianten von *jeder, mancher* und *welcher* anzusehen, mit denen sie austauschbar sind. (Vgl. im einzelnen 570, 574, 579; zu den festen Verbindungen *ein wenig, ein bißchen* und *ein paar* vgl. 566.)
2. Darüber hinaus können bestimmte mehr feste Verbindungen von zwei Begleitern gebraucht werden, die das folgende Substantiv näher bestimmen und die sich gegenseitig einschränken, präzisieren (sog. additive Kombinationsvarianten):

diese Bücher – *diese meine* Bücher (= zur Kennzeichnung des Besitzes) – *diese meine* Bücher (= zur demonstrativen Verdeutlichung) – *alle diese* Bücher (= zur Kennzeichnung der Gesamtheit).

Kennzeichnend ist, daß jeweils einer der beiden Bestandteile weglaßbar ist und die Artikelfunktion von dem jeweils anderen allein ausgeübt werden kann. Die Artikelposition bleibt besetzt:

alle meine Freunde – *alle* Freunde – *meine* Freunde; *alle jene* Länder – *alle* Länder – *jene* Länder.

3. Von diesen Kombinationsvarianten sind Konstruktionen aus Begleiter + attributives Adjektiv + Substantiv zu unterscheiden, in denen das Adjektiv eine eigene Position hat und nicht in der Artikelposition stehen kann:

Begleiterkombination		Begleiter + Adjektiv	
meine	sämtlichen Bücher	meine	gesamten Bücher
meine	Bücher	meine	Bücher
	sämtliche Bücher	(nicht: gesamte	Bücher)
mein	sämtliches Geld	mein	ganzes Geld
mein	Geld	mein	Geld
	sämtliches Geld	(nicht: ganzes	Geld)

---

[1] Nicht nachgestellte (vgl. 443,1) attributive Adjektive und Partizipien stehen zwischen dem Begleiter und dem Substantiv:
die *braune* Tür; ein *großer* Wald.
[2] So H. Vater bzw. H.-J. Grimm (vgl. S. 313, Anm. 2).

Während *mein* und *sämtliche* Begleiter sind, mit denen eine Kombinationsvariante gebildet werden kann, sind *gesamt* und *ganz* Adjektive, die nicht in der Artikelposition stehen können.

Position des Begleiters		des attributiven Adjektivs	des Substantivs
(Er hat)	das	–	Buch (verkauft)
	die	–	
	seine	zahlreichen	
	diese	schönen	
	diese seine	schönen	
	sämtliche	germanistischen	Bücher (verkauft)
	seine sämtlichen	alten	
	unsere	vielen	
	die	wenigen	

Zur Abgrenzung des Zahladjektivs vgl. 454.

5.1.2 Der Gebrauch als Stellvertreter des Substantivs | 533 |

Mit einem Teil dieser Wörter kann der Sprecher/Schreiber – ähnlich wie mit einem Substantiv (+ Artikel u. ä.) – an der Stelle eines Substantivs (+ Artikel u. ä.) Wesen, Dinge usw. bezeichnen (so in der 1. und 2. Person mit *ich, wir; du ihr*) und in allgemeiner und unbestimmter Weise eine Person mit *jemand* oder ein Sache mit *etwas* angeben. Auf diese Weise können ganze Textteile miteinander verknüpft werden, ohne daß immer wieder dasselbe Substantiv wiederholt werden müßte.
Ein solches Wort, das ähnlich wie bzw. für ein Substantiv (+ Artikel) in der syntaktischen Position eines Substantivs gebraucht wird, bezeichnen wir als Stellvertreter des Substantivs, seinen Gebrauch nennen wir pronominal:[1]

> *Der Vater/Er/Man* hat *den Mann/ihn/niemanden/keinen* gesehen.[1]

Es sind die Pronomen (Singular: das Pronomen) oder Fürwörter, die als Stellvertreter, also pronominal gebraucht werden (*man, er, ihm; kein, dieser* usw.). Einige von ihnen werden daneben auch als Begleiter des Substantivs, als „Artikelwort" (vgl. etwa *dieses Kind, keinen Mann*) verwendet, wie der Artikel, der ausschließlich diese Funktion hat.

5.1.3 Deklination und Kongruenz | 534 |

Die Begleiter und Stellvertreter des Substantivs sind zum großen Teil der Form nach veränderlich; sie werden – wie die Substantive und Adjektive (vgl. 378 ff., 474) – dekliniert.
Die Formen der Personalpronomen weichen völlig voneinander ab, sie bestehen aus ganz verschiedenen Stämmen:

> ich, meiner, mir, mich; du, deiner, dir, dich; er, seiner, ihm, ihn usw.

Andere Pronomen erhalten dieselben Endungen wie ein Adjektiv ohne Artikel u. ä. (Typ I, stark; vgl. 475):

> dies-er (wie: weich-er) Stoff, manch-e (wie: warm-e) Speisen, jen-es (wie: hart-es) Metall.

---

[1] Verbindungen wie *alle diese, diese alle, das alles, alles das* (vgl. 565,3) betrachten wir entsprechend zu 532,2 als additive Kombinationsvarianten in diesem Bereich.

Im Unterschied zum Adjektiv ohne Artikel u. ä. wird der Gen. Sing. Mask./Neutr. allerdings von manchen Pronomen mit *-es* gebildet:

statt dies-es (aber: statt weich-en) Stoffes, statt jen-es (aber: statt hart-en) Metalls. (Schwankend:) statt allen/alles Übels (vgl. 565,2), Funktionäre jeden/jedes Ranges usw.

Bestimmte Pronomen können ohne Endung gebraucht werden *(dies, manch, solch, welch, ein, kein, mein)* oder sind überhaupt indeklinabel *(etwas, nichts, man).*

Die Form des Artikels und der als Begleiter gebrauchten Pronomen hängt von dem Substantiv ab, bei dem sie stehen, und zwar vom

– Genus des Substantivs (vgl. 331):

der/dieser/kein Mann (Maskulinum), *die/diese/keine* Frau (Femininum), *das/dieses/ kein* Kind (Neutrum);

– Numerus des Substantivs (vgl. 362):

der/dieser/kein Mann (Singular), *die/diese/keine* Männer (Plural);

– Kasus des Substantivs (vgl. 372 ff.):

die/diese/keine Frau (Nominativ), *der/dieser/keiner* Frau (Dativ) usw.

Die als Stellvertreter gebrauchten Pronomen stimmen mit dem entsprechenden Substantiv (der damit gemeinten Person, Sache u. ä.) überein[1]

– im Numerus

Das Kind/Es kann nicht kommen (Singular).
Die Eltern/Sie können nicht kommen (Plural).

– oft im Genus:

Der Vater/Er muß arbeiten (Maskulinum).
Die Mutter/Sie muß arbeiten (Femininum).

– in bestimmten Fällen in der Person:

Ich komme morgen (Person, die von sich selbst spricht).
Du kommst morgen (angesprochene Person).

Der Kasus der Stellvertreter ist syntaktisch bestimmt.

535

5.2 Die Untergruppen der Begleiter und Stellvertreter des Substantivs

Im Folgenden werden die Begleiter und Stellvertreter des Substantivs, nach Untergruppen gegliedert, im einzelnen abgehandelt. Dabei wird jeweils angegeben, ob die betreffende Gruppe als Begleiter oder/und als Stellvertreter gebraucht wird. Auf eine Trennung unter diesem Gesichtspunkt ist aus Gründen der Übersicht verzichtet worden.

536

5.2.1 Der Artikel

Wörter wie *der (Vater), die (Mutter), das (Kind)* und *ein (Mann), eine (Frau), ein (Kind)* nennt man Artikel (Geschlechtswort).
Der Artikel ist Attribut (vgl. 351, 1065) und wird ausschließlich in Verbindung mit Substantiven, d. h. als Begleiter von Substantiven gebraucht, die durch ihn in bestimmter Weise gekennzeichnet werden (vgl. im einzelnen 351). Daß auch bestimmte Pronomen wie der Artikel als Begleiter gebraucht werden können, wurde bereits 533 festgestellt; vgl. auch die entsprechenden Bemerkungen in den folgenden Abschnitten.

---

[1] Vgl. zu dieser Art der grammatischen Kongruenz auch 1183 f.

5.2.2 Das Personalpronomen und das Reflexivpronomen

Das Personalpronomen

537

Maria: *Ich* fahre morgen mit dem Auto nach Frankfurt.
Frank: Fährst *du* allein? Oder fährt Bert mit?
Maria: Nein, *er* fährt nicht mit. *Er* muß arbeiten.

Mit Pronomen wie *ich*, *du* und *er* bezeichnet der Sprecher/Schreiber ähnlich wie sonst mit Substantiven und stellvertretend für sie[1] Personen, Dinge u. ä. Durch die verschiedenen Formen wird dabei ausgedrückt, von welcher Person, Sache u. ä. im Satz die Rede ist. Man nennt diese Wörter Personalpronomen (persönliches Fürwort) und unterscheidet im einzelnen eine
- 1. Person, die von sich selbst spricht *(ich, wir)*;
- 2. Person, die angesprochen wird *(du, ihr)*;
- 3. Person (oder Sache), von der gesprochen wird (*er, sie, es; sie* [Plural]).

<table>
<tr><th></th><th></th><th>1. Person
die von
sich selbst spricht</th><th colspan="2">2. Person
die angesprochen wird</th><th colspan="3">3. Person
(Sache), von der gesprochen wird</th></tr>
<tr><th></th><th></th><th></th><th>vertraulich
familiär</th><th>höflich
distanziert</th><th>Mask.</th><th>Fem.</th><th>Neutr.</th></tr>
<tr><td rowspan="4">Singular</td><td>Nom.</td><td>ich</td><td>du</td><td>Sie</td><td>er</td><td>sie</td><td>es</td></tr>
<tr><td>Gen.</td><td>meiner [mein][2]</td><td>deiner [dein][2]</td><td>Ihrer</td><td>seiner [sein][2]</td><td>ihrer</td><td>seiner [sein][2]</td></tr>
<tr><td>Dat.</td><td>mir</td><td>dir</td><td>Ihnen</td><td>ihm</td><td>ihr</td><td>ihm</td></tr>
<tr><td>Akk.</td><td>mich</td><td>dich</td><td>Sie</td><td>ihn</td><td>sie</td><td>es</td></tr>
<tr><td rowspan="4">Plural</td><td>Nom.</td><td>wir</td><td>ihr</td><td>Sie</td><td></td><td>sie</td><td></td></tr>
<tr><td>Gen.</td><td>unser</td><td>euer</td><td>Ihrer</td><td></td><td>ihrer [ihr][2]</td><td></td></tr>
<tr><td>Dat.</td><td>uns</td><td>euch</td><td>Ihnen</td><td></td><td>ihnen</td><td></td></tr>
<tr><td>Akk.</td><td>uns</td><td>euch</td><td>Sie</td><td></td><td>sie</td><td></td></tr>
</table>

Neben der grammatischen Person werden beim Personalpronomen Singular und Plural sowie – in der 3. Person Singular – auch das Genus unterschieden (vgl. 534).[3]

ich, du, wir, ihr[4]

538

1. Das Personalpronomen *du* ist als Bezeichnung für die angesprochene Person vor allem im vertraulich-familiären Bereich gebräuchlich: Man duzt sich in der Familie, zwischen Verwandten, Freunden, Jugendlichen; Erwachsene duzen Kinder.
Auch in Leichenreden verwendet man noch *du*, wenn man den Verstorbenen anredet, ebenso ist *du* die Anrede an heilige Personen, an Tiere, Dinge oder Abstrakta. Daneben wird *du,* vor allem in der Umgangssprache, in kollektiver Bedeutung (an Stelle von *man*) gebraucht:

---

[1] Wie das Personalpronomen können auch andere Pronomen als Stellvertreter von Substantiven (+ Artikel) gebraucht werden (vgl. 545 ff.):
    Man hat *den Mann/ihn/niemand/keinen* gesehen.
[2] Die Formen in eckigen Klammern sind veraltet; vgl. 539.
[3] Über den Gebrauch der Verbindungen (des Dativs und Akkusativs der) Personalpronomen + Präposition und der Pronominaladverbien vgl. 612; zur Verstärkung des Personalpronomens durch *selbst* vgl. 557; zur Deklination des folgenden Adjektivs vgl. 479; zur Stellung des Personalpronomens vgl. 1270.
[4] Zur Auslassung von *ich, du, wir* in der Subjektrolle vgl. 1142.

Was *du* nicht willst, daß man dir tu', das füg auch keinem andern zu. (Sprw.) Da kannst *du* dich prima amüsieren.

Über *du* beim Imperativ vgl. 292.

2. Mit *wir* wird gelegentlich in vertraulicher, mitunter auch herablassender Weise jemand angesprochen, der in einem Abhängigkeitsverhältnis zum Sprechenden steht („Krankenschwester-Wir"):

Wir tun das nicht wieder, nicht wahr, Fritz? Jetzt nehmen *wir* schön das Fieberthermometer und messen die Temperatur.

Weiterhin kann *wir* als Pluralis majestatis („Plural der Majestät") oder Pluralis modestiae („Plural der Bescheidenheit", auch „Autorenplural") auch von einer eigentlich nur von sich selbst sprechenden Person gebraucht werden:

Wir, Wilhelm, von Gottes Gnaden deutscher Kaiser ... *Wir* (=ich und Sie, die Zuhörer) kommen damit zu einer sehr wichtigen Frage, auf die *wir* etwas näher eingehen müssen.

3. Das Personalpronomen *ihr* wird wie *du* im vertrauten Kreise gebraucht, und zwar für mehrere Personen. Gelegentlich, vor allem in bestimmten Gegenden, wird es auch gegenüber Personen gebraucht, die man einzeln mit *Sie* anredet (etwa ein Geistlicher gegenüber seiner Gemeinde).

---

539 | **meiner, deiner, seiner, ihrer, unser, euer**

1. Die Formen *mein, dein, sein* und *ihr* sind veraltet; sie finden sich in der älteren Literatur und in fest gewordenen Ausdrücken. Heute üblich sind *meiner, deiner, seiner* und *ihrer*:

Mein selbst und der Welt vergessen ... (Lied) Ewig werde *dein* gedacht, Bruder, bei der Griechen Festen. (Schiller) *Sein* bedarf man, leider meiner nicht (Goethe); *ihr* beider Gefühl (Binding), *ihr* beider Ungestüm (W. Schäfer).
Sie erinnerten sich *meiner*. Herr, erbarme dich *unser*! Sie spotteten *seiner*. Wir waren unser fünf.[1]

2. Bei Verbindung mit *-wegen*, *-willen*, *-halben* wird der Ausspracheerleichterung wegen ein *-t-* oder *-et-* eingeschoben:

mei*net*wegen, um dei*net*willen, sei*net*halben, ih*ret*wegen, um uns*ert*willen, euer*t*halben, (auch:) eu*ret*wegen.

---

540 | **er, sie, es; sie (Plural)**

1. Mit den Formen der 3. Person *(er, sie, es; sie)* wird von Personen, Dingen u. ä. gesprochen. Dabei werden diese Formen vor allem gebraucht, um die unmittelbare Wiederholung von Substantiven in verschiedenen (Teil)sätzen zu vermeiden, um etwas vorher Genanntes identifizierend weiter zu benennen:

Ich habe deinen Vater gesehen. *Er* (statt: Dein Vater) hatte den Arm in Gips. Hatte *er* (statt: dein Vater) einen Unfall? – Peter hofft, daß *er* (=Peter) morgen kommen kann.

Man vermeide es, *er, sie, es* auf artikellos gebrauchte Substantive zu beziehen, deren konkrete Bedeutung verblaßt ist oder die in festen Wendungen stehen:

(Nicht:) Er traf sie nicht *zu Hause*. *Es* war verlassen. Gestern ist sie *Ski gelaufen*; *er* brach dabei entzwei.

2. Die Pluralform *sie* steht häufig ohne Beziehung auf ein voraufgehendes Sub-

---

[1] In die Formen *unser* und *euer* wird gelegentlich fälschlich das *-er-* aus der Deklination des attributiv gebrauchten Possessivpronomens übernommen: *Wir waren uns[e]rer* (statt richtig: *unser*) *fünf.*

stantiv für mehr oder weniger anonyme Personen, Organe, Institutionen o. ä. *(die Leute, man, der Staat, die Justiz* usw.):

> *Sie* können mir doch nicht einfach mein Land wegnehmen. Heute nacht haben *sie* wieder einmal bei uns eingebrochen.

Großgeschriebenes *Sie* ist, obwohl pluralisch, auch Anredepronomen für eine einzelne Person. Es ist die höflich distanzierte Anredeform zwischen Personen, die sich fernerstehen. Zu *er* und *sie* beim Imperativ vgl. 292.

3. Das Personalpronomen *es* kann sowohl auf ein einzelnes Wort als auch auf einen ganzen Satz bezogen werden. Auf ein einzelnes Wort:

> Lies das *Buch, es* wird dir bestimmt gefallen.
> Ist er *klug?* Ja, er ist *es.*

Im Gleichsetzungssatz (vgl. 1101) steht *es* auch für ein vorausgehendes nicht neutrales Substantiv oder für mehrere vorausgehende Substantive. Zudem bezieht es sich auch auf ein nicht neutrales Substantiv, das als Gleichsetzungsnominativ steht (vgl. 550,1 und 552):

> Seine *Mutter* lebt noch. *Es* (neben: Sie) ist eine tüchtige Frau. Ist hier jemand Berliner? Der Trainer ist *es.* Siehst du den *Jungen* und das *Mädchen* dort? *Es* sind meine Kinder. *Es* ist die *Liebe. Es* ist mein *Wagen.*

Auf einen ganzen Satz bezieht sich *es* in den folgenden Beispielen:

> *Dann wären wir Sklaven* und verdienten *es.*
> *Schenkst du den Kaffee ein?* Onkel Peter tut *es* schon.

Darüber hinaus ist *es* unbestimmter, ganz allgemeiner Objektsakkusativ *(Mit dir nehme ich es noch auf)* und hat sich schließlich noch in bestimmten Redewendungen erhalten[1]:

> Ich bin *es* zufrieden/satt/müde/los/überdrüssig. *Es* nimmt mich wunder. Er ist *es* würdig. Ich wär's imstande.

Zu *es* bei unpersönlichen oder unpersönlich gebrauchten Verben vgl. 181, 1004 und 1032, 1089; zu *es* nach Präpositionen vgl. 612,1.

Das Reflexivpronomen | 541

> *Ich* wasche *mich. Du* wäschst *dich. Wir* haben *uns* damit sehr geschadet. *Ihr* habt *euch* selbst geholfen.
> *Er* schämt *sich. Sie* eigneten *sich* dieses Buch *an.*

Das Reflexivpronomen stimmt im allgemeinen mit dem Subjekt des gleichen Satzes in Person und Numerus überein.[2] Während es bei den sog. echten reflexiven Verben (vgl. 172) als nicht weglaßbarer, aber inhaltlich leerer Bestandteil des Verbs (Prädikats) anzusehen ist *(sich schämen, sich wundern* usw.), stellt es bei den sog. unechten reflexiven Verben (vgl. 175) eine durch die Valenz des Verbs geforderte Ergänzung dar, die ausdrückt, daß sich das im Verb genannte Geschehen u. ä. nicht auf jemanden anders *(Ich wasche das Kind),* sondern auf die im Subjekt genannte Person, Sache usw. bezieht. Hier wird also – anders als bei den echten reflexiven Verben – durch das Reflexivpronomen tatsächlich ein Rückbezug zum Subjekt hergestellt *(Ich wasche mich),* weshalb man auch von einem „rückbezüglichen" Gebrauch des Reflexivpronomens sprechen kann.

---

[1] Historisch gesehen ist dieses *es* ein Genitiv. Da es jedoch heute als Nominativ oder als Akkusativ angesehen wird, kann man an seiner Stelle auch andere Wörter im Akkusativ gebrauchen:
Er war *das* zufrieden. *Das Geld* bin ich los. Ich bin *das Treiben* satt.

[2] In den folgenden Beispielen bezieht es sich auf ein Akkusativobjekt:
Die Bitte brachte *den Mann* außer *sich.* Wir überlassen *die beiden* am besten *sich selbst.* Den Quotienten multipliziere man mit *sich selbst.*

Das Reflexivpronomen stimmt in der 1. und 2. Person mit den Formen des Personalpronomens überein; in der 3. Person wird im Dativ und Akkusativ *sich* gebraucht, und im Nominativ kommt es gar nicht vor:

		1. Person	2. Person	3. Person
Singular	Nom.	–	–	–
	Gen.	meiner	deiner	seiner (Mask./Neutr.)/ihrer (Fem.)
	Dat.	mir	dir	sich
	Akk.	mich	dich	sich
Plural	Nom.	–	–	–
	Gen.	unser	euer	ihrer
	Dat.	uns	euch	sich
	Akk.	uns	euch	sich

Das Reflexivpronomen kann entweder im Akkusativ, im Dativ, im Genitiv oder
in einem Präpositionalkasus stehen:

> (im Akkusativ:) *Ich* wasche *mich. Du* hast *dich* verletzt. *Er/Sie/Es* hat *sich* geweigert.
> *Wir* waschen *uns. Ihr* habt *euch* verletzt. *Sie* haben *sich* geweigert.
> (im Dativ:) *Ich* diene *mir* damit am besten. *Du* gefällst *dir* [selbst] nicht. *Er/Sie/Es* hat
> *sich* nur geschadet. *Wir* haben *uns* allein geholfen. *Ihr* huldigt damit nur *euch* [selbst].
> *Sie* gefielen *sich* gar nicht in dieser Rolle.
> (im Genitiv:) *Ich* spotte *meiner* doch nicht selbst! *Du* spottest *deiner. Er/Es* war *seiner*
> [selbst] nicht mächtig. *Sie* spottet *ihrer* selbst. *Wir* spotten *unser. Ihr* spottet *euer. Sie*
> spotten *ihrer* [selbst].
> (in einem Präpositionalkasus:) *Ich* habe etwas *bei mir. Du* denkst zu sehr *an dich*
> [selbst]. *Er/Sie/Es* zweifelte *an sich. Wir* vertrauten *auf uns. Ihr* lacht *über euch. Sie*
> lachten *über sich* [selbst].[1]

542 | Reflexivpronomen oder Personalpronomen?

1. Bei einer Gruppe von Verben, die ein Akkusativobjekt mit einem Infinitiv fordern (*Ich lasse/sehe/höre sie arbeiten*; vgl. 1138,2), wird als Pronomen, das sich
auf das Akkusativobjekt bezieht, üblicherweise das Reflexivpronomen gewählt:

> *Sie* sah *den Fremden sich* entfernen (= Sie sah *den Fremden. Der Fremde* entfernte
> *sich.*).

Bei Beziehung auf das Subjekt wird dagegen das Personalpronomen gebraucht,
allerdings nur ohne Präposition:

> *Er* sah seine Frau *ihm* noch einmal zuwinken (= *Er* sah seine Frau. Sie winkte *ihm* noch
> einmal zu.). *Sie* hörte den Schaffner *ihr* etwas zurufen.

Steht dagegen ein Pronomen, dann wird das Reflexivpronomen gewählt:

> *Sie* hörte jemanden die Treppe zu *sich* heraufsteigen. *Er* sah die Frau auf *sich* zustür-
> zen.

Bisweilen entstehen auf diese Weise mehrdeutige Sätze. Man vergleiche etwa das
folgende Beispiel:

> *Der Bauer* ließ den Knecht *für sich* arbeiten.

Hier kann sich *für sich* sowohl auf das Subjekt *(der Bauer)* als auch auf das Akkusativobjekt *(den Knecht)* beziehen.

2. Bei nachgestellten präpositionalen Attributen steht gewöhnlich das Personalpronomen, gelegentlich aber auch das Reflexivpronomen:

> *Björn* traf seine Freunde im Gespräch *über ihn* (= Björn traf seine Freunde, die über
> *ihn* sprachen.). *Der Erzähler* hatte die ganze Gesellschaft *um sich* her vergessen.

---

[1] Zur Verstärkung des Reflexivpronomens durch *selbst* vgl. 175,3; 557.

3. Bei partizipialen Attributen steht das Reflexivpronomen immer dann, wenn es auch im entsprechenden Relativsatz vorkommt:

> Wir sehen den *sich* nähernden Zug (= Wir sehen den Zug, der *sich* nähert.). (Aber:) Petra sieht einen *ihr* zuwinkenden Mann (= Petra sieht einen Mann, der *ihr* zuwinkt.).

4. Bei einem erweiterten Infinitiv ist es nützlich, diesen auf einen Satz zurückzuführen, um die Bezüge zu verdeutlichen:

> Karl hat sich gegenüber Peter bereit erklärt, *sich* zu entschuldigen (= Karl will sich entschuldigen.). Karl hat sich gegenüber Peter bereit erklärt, *ihn* zu entschuldigen (= Karl will Peter [oder einen dritten] entschuldigen.).
> Karl bat Peter, *sich* zu entschuldigen (= Peter soll sich entschuldigen.). Karl bat Peter, *ihn* zu entschuldigen (= Peter soll Karl [oder einen dritten] entschuldigen.).
> Karl versprach Peter, *sich* zu entschuldigen (= Karl will sich entschuldigen.). Karl versprach Peter, *ihn* zu entschuldigen (= Karl will Peter [oder einen dritten] entschuldigen.).

Über den Gebrauch von *sich* im Passiv ohne Beziehungswort *(Jetzt wird sich gewaschen!)* vgl. 293, 303; über die Stellung des Reflexivpronomens vgl. 1270,3.

Das Reflexivpronomen bei den reziproken Verben [1]

543

Wenn mit dem Subjekt zwei oder mehr Personen, Dinge usw. gemeint sind, dann kann durch die entsprechenden Formen des Reflexivpronomens oder durch *einander* [2] eine gegenseitige Bezüglichkeit, eine Wechselbezüglichkeit ausgedrückt werden. Zur Vermeidung etwaiger Mehrdeutigkeit kann dem Reflexivpronomen *gegenseitig* angefügt werden:

> *Man* treibt das Vieh in die Weide. (E. Jünger) *Sie* begegneten *sich*/(geh.:) *einander* vor dem Gericht. *Sie* küßten *sich*/(geh.:) *einander*. *Sie* rauften *sich* die Haare aus. (= mehrdeutig; dagegen eindeutig:) *Sie* rauften *sich gegenseitig*/(geh.) *einander* die Haare aus. *Verwaltung und Gäste* unterstützten *einander* (geh.) in diesem Bestreben. (Th. Mann) *Die Botschafter* geben *sich gegenseitig* die Türklinke in die Hand. (Quick)

In Verbindung mit Präpositionen gebraucht man zumeist *einander*, das dann mit der Präposition zusammengeschrieben wird:

> Die Kinder standen *nebeneinander*. Sie lagen *durcheinander*. Die Geschwister dachten *aneinander*/achteten *aufeinander*.

Bestimmte reflexive Verben wie *sich vertragen, sich verloben* können zudem reziprok gebraucht werden (vgl. 179):

> Sie verlobten sich *miteinander*. Sie vertrugen sich nicht *miteinander*.

Pleonasmen (vgl. 608) sind dagegen *sich einander* und *einander gegenseitig*:

> (Nicht:) Männer vertrauen *sich einander* oft ganz komische Sachen an. (Quick) (Nicht:) Sie schadeten *einander gegenseitig*.

Auch singularische Kollektiva gestatten den reziproken Gebrauch des Reflexivpronomens:

> *Pack* schlägt *sich*, *Pack* verträgt *sich*.

5.2.3 Das Possessivpronomen

544

> Dort liegt *mein* Buch. Dort steht *ihr* Fahrrad. Peter hat *sein* Heft vergessen.

Durch die Pronomen *mein* und *unser, dein* und *euer, sein* und *ihr* wird ein Besitzverhältnis oder ganz allgemein eine Zugehörigkeit, Zuordnung, Verbundenheit

---

[1] Vgl. zu den reziproken Verben im einzelnen 176.
[2] Der Gebrauch von *einander* gehört im allgemeinen der gehobenen Sprache an.

oder Zusammengehörigkeit ausgedrückt. Diese Pronomen nennt man Posses-sivpronomen (besitzanzeigende Fürwörter):

Das ist *mein* Haus (=es gehört mir, ist mein Eigentum). Das ist *mein* Haus (=in dem ich wohne). *Mein* Betrieb (=in dem ich arbeite) schließt um 17 Uhr. Ich muß gehen, *mein* Zug (=mit dem ich fahren muß) fährt pünktlich. Der Apparat kostet *seine* 1000 Mark. Was taten da *meine* Spitzbuben (=die Spitzbuben, von denen ich gerade rede)? (Mit Einbezug des Lesers oder Hörers:) Was tun nun *unsere* Helden? (In der Werbe-sprache zum Ausdruck einer suggerierten Zugehörigkeit:) Das neue Auto – *Ihr* Auto! (In der Anrede und in Ausrufen:) Guten Tag, *meine* Herren! *Mein* lieber Junge! *Mein* Gott!

Verschiedene Formen des Possessivpronomens sowie Possessivpronomen und vorangestelltes Genitivattribut können durch *und* verbunden werden:

Meine und *deine* Wohnung, *unsere* und *euere* Einnahmen, *meine* und *meines Mannes* gute Wünsche. Er sprach von *seinem* und *des Landes* Leid. (Immermann)

---

545 | **Die Kongruenz des Possessivpronomens mit dem Substantiv (Pronomen), für das es gebraucht wird**

Ob *mein, dein, sein* usw. gebraucht wird, hängt von der Person oder Sache ab, die gemeint ist, d. h. von der Person, dem Numerus und – in der 3. Person Singular – von dem Genus[1] des Substantivs (Pronomens), für das das Possessivpronomen gebraucht wird (vgl. 534):

1. Person Singular:	*Ich* habe ein Buch.	–	*mein* Buch
2. Person Singular:	*Du* hast ein Buch.	–	*dein* Buch
3. Pers. Sing. Mask.:	*Er* hat ein Buch.	–	*sein* Buch
3. Pers. Sing. Fem.:	*Sie* hat ein Buch.	–	*ihr* Buch
1. Person Plural:	*Wir* haben ein Buch.	–	*unser* Buch

	1. Person die von sich selbst spricht	2. Person die angesprochen wird		3. Person (Sache), von der gesprochen wird		
		vertraulich familiär	höflich distanziert	Mask.	Fem.	Neutr.
Singular	mein	dein	Ihr	sein	ihr	sein
Plural	unser	euer		ihr	ihr	ihr

Den Formen *du* und *ihr* des Personalpronomens entsprechen die Formen des Pos-sessivpronomens *dein* und *euer*; sie werden in Briefen u. ä. groß geschrieben. Die Höflichkeitsform des Possessivpronomens *Ihr* wird immer groß geschrieben.

---

546 | **Die Kongruenz des Possessivpronomens mit dem Substantiv, bei dem es attributiv steht**

Die Deklinationsform des Possessivpronomens hängt – wie die anderer Begleiter des Substantivs – von dem Substantiv ab, bei dem es als Begleiter attributiv steht, d. h. von dessen Numerus, Genus und Kasus (vgl. 534):

mein Rücken, wegen meines Rückens; meine Mütze, auf meiner Mütze; mein Buch, in meinem Buch; unsere Hoffnungen, mit unseren Hoffnungen.

Folgende Endungen werden gebraucht (sie stimmen mit denen von *kein* überein; vgl. 477):

---

[1] Das gilt auch für feste Wendungen wie *seine Reize/seine Richtigkeit haben*:

Das hat *seine* Richtigkeit. Die Sache hat *ihre* Richtigkeit. Eine Reise in die Schweiz hat *ihre* Reize. Diese Angebote haben *ihre* Reize. (Aber formelhaft und unveränderlich:) Frau Müller war *seiner-zeit* („damals") ein sehr hübsches Mädchen.

Das neue Universalwerk für alle, die mit unserer Sprache leben und arbeiten.

DUDEN

Das große Wörterbuch der deutschen Sprache

IN 6 BÄNDEN

Über 500 000 Stichwörter und Definitionen. Mehr als 1 Million Angaben zu Aussprache, Herkunft, Grammatik, Stilschichten und Fachsprachen. Über 2 Millionen Beispiele und Zitate aus der Literatur der Gegenwart.

Su–Z Q–St Ju–P G–Kr Ci–F A–Ci

In 6 Bänden unser ganzer Wortschatz.

Alles, was für die Verständigung mit Sprache und für das Verständnis von Sprache wichtig ist: authentisch, umfassend, zeitgemäß.

Ein brauchbares Wörterbuch zu schaffen – und zwar nicht nur für wenige Fachleute, sondern für alle, die heute mit unserer Sprache leben und arbeiten –, das war eines der großen Ziele der Dudenredaktion, als sie dieses epochale Werk in Angriff nahm.

Sprachwissenschaftliche Qualität – direkt verwertbar in vielen Berufen, in allen Situationen, wo Fragen gestellt werden und Kenntnisse notwendig sind – das ist der entscheidende und unserer Zeit gemäße Vorzug dieses großen deutschen »Wortschatzes«.

Karl Korn schrieb in der »Frankfurter Allgemeinen Zeitung«:

»Nicht nur das modernste, sondern auch im weitesten Sinne brauchbarste Wörterbuch der deutschen Sprache«.

Lernen Sie dieses grundlegende Nachschlagewerk zur deutschen Gegenwartssprache kennen. Senden Sie uns nur die anhängende Bestellkarte ein, und Sie erhalten völlig kostenlos und unverbindlich unser ausführliches Informationspaket zugesandt.

Bibliographisches Institut
Mannheim/Wien/Zürich

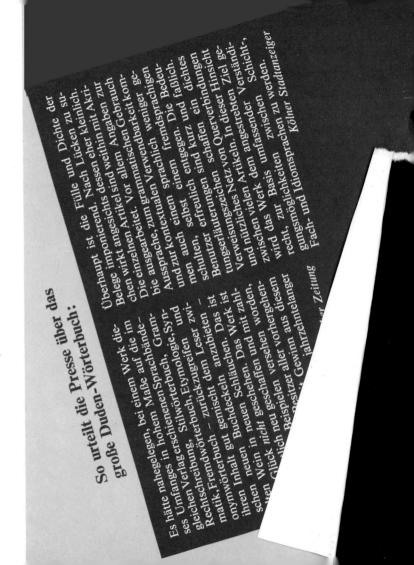

So urteilt die Presse über das große Duden-Wörterbuch:

| | Singular | | | Plural |
	Maskulinum	Femininum	Neutrum	für alle drei Genera
Nom.	–	-e	–	-e
Gen.	-es	-er	-es	-er
Dat.	-em	-er	-em	-en
Akk.	-en	-e	–	-e

Wenn an *unser* oder *euer* die Endung *-e, -es* oder *-er* angehängt wird, dann kann das *-e-* des Stammes ausgelassen werden *(uns[e]re Eltern, das Haus uns[e]res Nachbarn, uns[e]rer Eltern)*; bei der Endung *-em* oder *-en* dagegen kann entweder das *-e-* des Stammes oder das der Endung getilgt werden *(uns[e]rem/unserm Vater, uns[e]ren/unsern Vater).*[1]

Wenn *all[er], dieser, jener* mit dem attributiven Possessivpronomen verbunden sind (vgl. 532,2), dann beeinflussen sie dessen Beugung nicht:

> *all meines* Besitzes, mit *aller meiner* Kunst (Waggerl), *diesem ihrem* eigentlichen Leben (G. v. le Fort), *diese seine* Worte.

Das nachgestellte attributive Possessivpronomen ist in bestimmten Fällen (in der Bibelsprache und in der Poesie, besonders im Anruf) endungslos:

> Vater *unser,* der du bist im Himmel ... (Gebet) Nimm auf meine Seel' in die Hände *dein* ... (Uhland) Schöne Schwester *mein* ... (Penzoldt)

Das Possessivpronomen außerhalb des attributiven Gebrauchs

| 547 |

Wenn das Possessivpronomen nicht als Attribut bei einem Substantiv steht (etwa bei substantiviertem Gebrauch), dann erhält es, wenn es ohne Artikel u. ä. gebraucht wird, zusätzlich im Nom. Mask. Sing. ein *-er,* im Nom. und Akk. Neutr. Sing. ein *-[e]s*:

> Ich sorge schon für mein Kind, sorgen Sie nur für *Ihres!* Nach einer Weile schob er seinen Arm unter *meinen.* (W. Flex) Ich stellte ihren Mann *meinem* vor. Alle Computer können rechnen. *Unserer* kann auch zeichnen.
> (Entsprechend:) Das Buch(? Es) ist *mein[e]s.* Der Bleistift(? Es) ist *meiner.* Diese Jakke(? Das) ist *meine.*

Nach Artikel u. a. wird es wie ein Adjektiv nach Artikel u. a. (Typ II [schwach], vgl. 476) dekliniert:

> Herr Schrimm erklärte ihr, was ein Bizeps sei, und fügte hinzu, gestern hätte er *den seinen* garantiert noch gehabt. (Beheim-Schwarzbach) Er liebt *die Seinen.* Ewig *der Deine!* Tun Sie *das Ihre.* (Entsprechend:) Das Buch(? Das) ist *das meine.* Der Bleistift(? Das) ist *der meine.* Diese Jacke(? Das) ist *die meine.*

Häufiger stehen dafür die entsprechenden adjektivischen Ableitungen auf *-ig* mit Artikel:

> Mische dich nicht in fremde Dinge, aber *die deinigen* tue mit Fleiß. (Sprw.) Die Bäume im Nachbargarten blühen schon, *die unsrigen* sind noch nicht so weit. Das Buch ist *das meinige.*

Diese *-ig*-Ableitungen werden von süddeutschen Schriftstellern allerdings auch attributiv gebraucht:

> ein *unsriger* Sprachbildner (Carossa), ein *Ihriger* Brief (Rilke). Hierum liegen lauter *meinige* Verwandte. (Hofmannsthal)

---

[1] Andere Auswerfungen kommen gegenüber diesen seltener vor, so etwa bei historischen Titeln in der Anrede:

> *Euer* (neben: *Eure*) Exzellenz haben ... (= Nominativ). Ich bitte *Euer* (neben: *Eure*) Exzellenz/ Magnifizenz ... (= Akkusativ). Ich möchte *Euer* (neben: *Eurer*) Exzellenz anheimstellen ... (= Dativ). Mit *Euer* (neben: *Eurer*) Majestät Regierung ... (= Genitiv).

Als eher veraltet oder gehoben ist der endungslose Gebrauch des Possessivpronomens in Verbindung mit dem Verb *sein* u. ä. einzuschätzen:

> Aber der Stoff ist doch *mein*. (W. Schäfer) Du bist *unser*. (Schiller)

Dasselbe gilt für das endungslose durch *und* verbundene substantivisch gebrauchte Possessivpronomen:

> *mein und dein* verwechseln/nicht unterscheiden können (ugs. für ‚stehlen‘).

Zur Deklination des dem Possessivpronomen folgenden Adjektivs vgl. 477; zum Gebrauch des Genitivs und eines Substantivs im Dativ (auch Genitiv) mit folgendem Possessivpronomen *[meinem Vater sein Hut]* vgl. 1076.

| 548 |

5.2.4 Das Demonstrativpronomen

> Vater hat *diesen* Mann auch gesehen, aber nicht erkannt. Ich habe *dem* doch nichts gesagt! *Dasselbe/Das* habe ich auch festgestellt. *Dieses* Buch hat sie gelesen, *jenes* nicht. *Derjenige*, der das getan hat, soll sich melden.

Mit *dieser, diese, dieses, der, die, das, jener, jene, jenes* u. a., die nur Pronomen der 3. Person sind, weist der Sprecher/Schreiber in besonderer Weise auf eine Person, Sache usw. hin; er deutet sozusagen „mit dem Zeigefinger" auf jemanden oder etwas hin, das bereits bekannt oder näher zu kennzeichnen ist. Man nennt diese Pronomen Demonstrativpronomen (hinweisende Fürwörter). Die Demonstrativpronomen werden als Begleiter eines Substantivs *(diese Person)* und/oder – ähnlich wie die Personalpronomen der 3. Person – als Stellvertreter eines Substantivs (+ Artikel) gebraucht:

> Das Buch? *Das* habe ich auch gelesen.

Sie sind – im Unterschied zum Personalpronomen – generell demonstrativ. Die neutralen Formen können (wie auch *es*; vgl. 540,3) auf einen ganzen Satz bezogen werden:

> Kommt sie morgen? *Das* weiß ich nicht.

Stilistisch unschön ist es, wenn in einem Satz das Demonstrativpronomen als Subjekt und das dazugehörige Substantiv als abhängiges Attribut erscheint:

> Bei der Abreise des Vaters sah *dieser/derselbe* sehr vergnügt drein. (Statt: Der Vater sah bei der Abreise sehr vergnügt drein.)

Über den Gebrauch der Verbindungen des Dativs und Akkusativs der Demonstrativpronomen *der, dieser, derselbe* + Präposition und der Pronominaladverbien *(das Schneefeld und darauf/auf diesem das Flugzeug)* vgl. 612.

| 549 | **der, die, das**

> Kommt er morgen? Ich weiß *es* nicht. – Kommt er morgen? *Das* weiß ich nicht.
> Frau Meier? Ich habe *ihr* nichts gesagt. – Frau Meier? *Der* habe ich nichts gesagt.
> Herr Müller? Sie erinnerte sich *seiner* nicht mehr. – Herr Müller? *Dessen* erinnerte sie sich nicht mehr.
> Kennst du diese Bücher? Nein, ich habe *sie* nie gesehen. – Kennst du diese Bücher? Nein, *die* habe ich nie gesehen.

Das Pronomen *der, die, das*[1] wird – ähnlich wie die 3. Person des Personalpronomens *er, sie, es* – als Stellvertreter eines Substantivs (+ Artikel) gebraucht; es ist generell demonstrativ (zur Kongruenz vgl. 534):

---

[1] Aus diesem Demonstrativpronomen sind – historisch gesehen – der bestimmte Artikel (vgl. 351), der immer in Verbindung mit einem Substantiv gebraucht wird, und das Relativpronomen (vgl. 559), mit dem Teilsätze eingeleitet werden, entstanden.

| | Singular | | | Plural |
	Maskulinum	Femininum	Neutrum	für alle drei Genera
Nom.	der	die	das	die
Gen.	dessen	deren (veralt.:	dessen	deren (vgl. 550,2);
	(veralt.: des)	der; unübl.:	(veralt.: des)	derer (veralt.: der)
		derer, vgl. 550,2)		
Dat.	dem	der	dem	denen
Akk.	den	die	das	die

Die alten kurzen Formen finden sich noch in der Dichtung, vor einem attributiven Genitiv oder Präpositionalgefüge mit *von* und in Zusammensetzungen:

> *Des* freut sich das entmenschte Paar. (Schiller) Wes Brot ich ess', *des* Lied ich sing'.
> (Sprw.) Die Karosserie meines Wagens und *des* meines Bruders. Auf Grund der Ein-
> gabe von Böll und *der* von vielen anderen Schriftstellern. (In Zusammensetzungen:)
> *des*wegen, *des*halb, *des*gleichen, in*des[sen]*, unter*des[sen]*.

Zum Gebrauch der Demonstrativpronomen *der, die, das* gilt folgendes: | 550 |

1. Mit *der, die, das* wird identifizierend auf etwas voraus- oder zurückgewiesen,
ohne daß über die Lage in bezug auf den Sprecher/Schreiber (sei es Nähe, sei es
Ferne) etwas ausgesagt wird; sie sind lagemäßig neutral. Dabei wird bei der Vorausweisung das im Demonstrativpronomen genannte Wesen, Ding u. a. durch einen folgenden Relativsatz genauer bestimmt:

> Nicht *der* trägt die Schuld, *dessen PKW im Halteverbot steht, sondern der auf den PKW
> auffährt.*

Bei Rückweisung ist der Bezug auf ein einzelnes Wort, bei *das* auch der auf einen
ganzen Satz möglich. Im ersteren Fall steht das Pronomen oft vor einem Genitiv
oder einem Präpositionalgefüge:

> *Dieser Kerl* ... Gebt euch mit *dem* nicht ab! *Die Erinnerung* an ihn ist für mich immer
> mit *der* an seine Mutter verknüpft. ... *der Stoff* der Ärmel war dünner als *der* der Bluse.
> (Th. Mann)
> Und sie erzählte ihm die Geschichte mit dem Alten im Krankensaal ... „Eine schöne
> Geschichte, *das,* und noch dazu vor dem General!" wandte Walter ... ein. (Musil)
> (Erstarrt:) *Dem* ist (nicht) so.

Im Gleichsetzungssatz (vgl. 1101) steht *das* (wie *es*, vgl. 540,3) auch für ein vorausgehendes nicht neutrales Substantiv oder für mehrere vorausgehende Substantive und kann sich zudem auf einen nicht neutralen Gleichsetzungsnominativ beziehen (vgl. 552):

> Siehst du *diese Frau* dort? *Das* ist meine Chefin. Siehst du *den Jungen* und *das Mäd-
> chen* dort? *Das* sind meine Kinder.
> *Das* ist *die Liebe. Das* ist *der Wagen.*

Weiterhin steht *das* bei unpersönlichen oder unpersönlich gebrauchten Verben
(vgl. 181):

> Wie *das* blitzt und donnert!

Die Rückweisung im Nominativ, Dativ oder Akkusativ Singular und Plural durch
der usw. statt durch das Personalpronomen wird oft als umgangssprachlich bezeichnet. Sie erscheint in dieser stilistischen Funktion z. B. auch in der Literatur:

> ... auch *der* hatte jetzt keine Zeit mehr. (H. Hesse) Ich habe *dem* das Buch neulich ge-
> geben. *Den* habe ich in Berlin getroffen. „So ist es also mit *der* [Frau]", sagte Hans Ca-
> storp. (Th. Mann)

Die Demonstrativpronomen *der, die, das* können auch durch Adverbien (*da, hier, eben* usw.) verstärkt werden (vgl. auch 553, 555):

> Der *da* hat es getan. *Die hier* war es. *Ebendas* meine ich. Ob es *der dort* sei, fragte Hans Castorp ... und deutete auf einen Herrn ... (Th. Mann)

Mit den folgenden durch *und* verbundenen Paaren von Demonstrativpronomen wird etwas Unbestimmtes genannt:

> Ich bin *der und der*. Ich habe *die und die* getroffen. Wir haben *das und das* gehört. Sie sprach von *dem und jenem*.

2. Die Formen *derer, deren* und *dessen* werden folgendermaßen gebraucht: Die Form *derer* steht bei Vorausweisung im Genitiv Plural aller drei Genera; sie hat meistens die Funktion eines nachgestellten Attributs:

> ... wo er ihn sogleich hätte auf die Liste *derer* setzen lassen, die an die Wand zu stellen waren. (Fries) ... auf Kosten *derer* ..., die an der Spitze der Gesellschaftspyramide stehen. (Fraenkel-Bracher) Sie erinnerte sich *derer* nicht mehr, die ihr früher so nahegestanden hatten.

Weil dieses vorausweisende *derer* allgemein als Pluralform verstanden wird, vermeidet man es heute im allgemeinen, diese Form auch noch als Genitiv Sing. Fem. zu gebrauchen. Man ersetzt in diesen Fällen *derer* besser durch ein entsprechendes Substantiv (+ Artikel):

> (Statt:) Das Schicksal *derer,* die diesen Namen trug ... (besser:) Das Schicksal *der Frau,* die diesen Namen trug ... Er erinnerte sich *der Frau* (statt: *derer*) nicht mehr, die ihn angesprochen hatte.

Die Form *deren* (Genitiv Sing. Fem. und Genitiv Plur. aller drei Genera) steht bei der Rückweisung, meist als vorangestelltes Attribut bei einem Substantiv:

> Sie begrüßte ihre Freunde und *deren* Kinder. Er untersuchte Lähmungserscheinungen und *deren* therapeutische Beeinflußbarkeit. Die gesetzgebende Versammlung erläßt Gesetze und überwacht *deren* Ausführung.

Selten kommt sie dagegen alleinstehend vor:

> Diese drei Schulkameraden hatten ihm früher einmal nahegestanden, aber er erinnerte sich *deren* nicht mehr. Ein kleines Pferd, das nicht wie die Zebras nur eine Zehe, sondern *deren* drei hatte. (Grzimek)

Voraus- und rückweisend wird *dessen* gebraucht:

> Dreiviertel *dessen,* was hier geredet wird, ist sowieso überflüssig. (Bieler) ... daß das Volk die Nachteile des Grundgesetzes für größer hält als *dessen* Vorteile. (Dönhoff)

Bei alleinstehendem Gebrauch kann an Stelle von *deren* und *dessen* auch das entsprechende Personalpronomen gebraucht werden:

> Diese drei Schulkameraden hatten ihm früher einmal nahegestanden, aber er erinnerte sich *ihrer* (statt: *deren*) nicht mehr. ... daß das Volk die Nachteile des Grundgesetzes für größer hält als *seine* (statt: *dessen*) Vorteile.

Bei attributivem Gebrauch, bei dem ein Besitzverhältnis u. ä. gekennzeichnet wird, kann an Stelle von *deren* und *dessen* das entsprechende Possessivpronomen gebraucht werden:

> Peter begrüßte seine Schwester und *deren/ihren* Mann. Susanne verabschiedete sich von Paul und *dessen* größerem/*seinem* größeren Bruder. Vom Hubschrauber aus betrachtete er die Stadt und *deren* zahlreiche/*ihre* zahlreichen Hochhäuser.

Das Demonstrativpronomen ist vorzuziehen, wenn beim Possessivpronomen mehrere Bezüge möglich sind:

> Grete verabschiedete sich von Regine und *deren* Mann (*ihrem Mann* kann sowohl Gre-

tes wie Regines Mann bedeuten). Er traf ihn mit seinem Freund und *dessen* Sohn (*seinem* Sohn kann sowohl den Sohn des Freundes als auch den eigenen meinen).

Die Formen *dessen* und *deren* sind unveränderlich (vgl. 560):

Ich sprach mit Klaus und *dessen* (nicht: dessem) neuem Freund. Ich sprach mit Margot und *deren* (nicht: derem) kleinen Kind.

Bei Verbindungen mit -*wegen*, -*willen*, -*halben* wird zur Erleichterung der Aussprache ein -*t*- eingeschoben *(dessentwegen, um derentwillen, derenthalben)*.
Zur Deklination der folgenden Adjektive vgl. 498.

dieser, diese, dieses; jener, jene, jenes | 551 |

Peter hat sich zwei Bücher gekauft. *Dieses* Buch hat er schon gelesen, *jenes* noch nicht. Ob sie kommt? Ob sie das Auto mitbringt? *Dies* ist ungewiß, *jenes* jedoch sicher. *Diesen* Mann habe ich nie gesehen.

Die Pronomen *dieser* und *jener* – sie weisen dieselben Endungen auf – werden als Begleiter und als Stellvertreter eines Substantivs (+ Artikel) gebraucht (zur Kongruenz vgl. 534):

		Singular		Plural
	Maskulinum	Femininum	Neutrum	für alle drei Genera
Nom.	dieser	diese	dies[es][2]	diese
Gen.	dieses[1]	dieser	dieses	dieser
Dat.	diesem	dieser	diesem	diesen
Akk.	diesen	diese	dies[es][2]	diese

Auch nach *all[er]* werden *dieser* und *jener* wie in der Tabelle gebeugt (vgl. auch 532,2):

all *diesem*; allem *diesem* (Wiechert); in Übertreibung alles *dieses* (Barlach); aller *dieser* Kinder (Carossa); all *jenem* Neuen stand er aufgeschlossen gegenüber.

Zur Deklination des folgenden Adjektivs vgl. 476.

Mit *dieser* weist der Sprecher/Schreiber identifizierend auf eine Person, Sache | 552 |
u. ä. hin, die ihm räumlich oder zeitlich näher ist bzw. im Text zuletzt genannt
worden ist. Mit *jener* wird eine Person, Sache u. ä. oft als entfernter gekennzeichnet und identifiziert:

diese irdische Welt – *jene* himmlische Welt. Die Aussicht von *dieser* Bank ist schöner als von *jener*. *Dieses* Erlebnis beschäftigte sie noch lange. ... die Anschauungen *jener* finsteren, gequälten Zeiten (= Mittelalter) ... (Th. Mann)

Oft ist es aber auch ohne Belang, ob eine Person, Sache u. ä. „näher" oder „entfernter" ist:

Jener Menschen Anliegen, den Frieden zu sichern, ist auch das meinige. (Auch wenn erst vorher von ihnen die Rede war.)

Wenn von zwei Wesen, Dingen u. ä. im Satz die Rede ist, bezieht man sich mit *dieser* – *jener* oft in der Weise darauf zurück, daß das zuletzt Genannte mit *dieser*, das zuerst Genannte mit *jener* bezeichnet wird:

Sie wundern sich über *die Veränderung* meines Aufenthalts und beklagen sich über *mein Stillschweigen*. Der Grund von *diesem* liegt in *jener*, der Grund von *jener* aber in hundert kleinen Zufällen. (Goethe)

---

[1] Gelegentlich schon mit -*en* wie ein Adjektiv (*Man verzeichnet gern, daß dank* diesen *Besuches die Atmosphäre sich aufgehellt hat.* [FAZ 1967; vgl. 534]).
[2] Im Nom./Akk. Sing. Neutr. wird neben *dieses* auch *dies* gebraucht; besonders dann, wenn es allein steht.

Wo durch *dieser – jener* die Bezüge nicht recht klar werden, gebraucht man auch *ersterer – letzterer* (vgl. 512,4).

Das Neutrum *dies[es]* und *jenes* kann auch auf einen ganzen Satz bezogen werden:

> Ob sie kommt? Ob sie das Auto mitbringt? *Dies* ist ungewiß, *jenes* jedoch sicher.

553 Im Gleichsetzungssatz (vgl. 1101) stehen neutrales *dies[es]* und *jenes* (wie *es* [vgl. 540,3] und *das* [vgl. 550,1]) auch für ein vorausgehendes nicht neutrales Substantiv oder für mehrere vorausgehende Substantive. Zudem beziehen sie sich auch auf einen nicht neutralen Gleichsetzungsnominativ:

> *Der Junge* und *das Mädchen – dies* sind meine Kinder. Siehst du *die Perle? Dies* ist mein Reichtum. *Dies* hier ist *der Stall, jenes* dort *die Scheune.*

Wie *der, die, das* (vgl. 550,1) können *dieser und jener* durch Adverbien verstärkt werden:

> Gib mir *dies* Buch *da*! An *ebendieser* Stelle.

Mit den folgenden durch *und* verbundenen Paaren von Demonstrativpronomen wird etwas Unbestimmtes bezeichnet:

> Er begrüßte *diesen und jenen* (= einige); in *dem und jenem* Hotel. Sie blieb eine gute Weile im Wasser, um *dies und jenes* abzubekommen. (Th. Mann)

554 **derjenige, diejenige, dasjenige**

> *Derjenige* Schüler, der das getan hat, soll sich melden. *Diejenige,* die das getan hat, kenne ich.

Dieses Pronomen wird als Begleiter und Stellvertreter eines Substantivs (+ Artikel) gebraucht. Der erste Bestandteil ist der bestimmte Artikel (vgl. 351), der zweite wird auch dekliniert, und zwar wie ein Adjektiv nach dem bestimmten Artikel (vgl. 476; zur Kongruenz vgl. 534):

	Singular			Plural
	Maskulinum	Femininum	Neutrum	für alle drei Genera
Nom.	derjenige	diejenige	dasjenige	diejenigen
Gen.	desjenigen	derjenigen	desjenigen	derjenigen
Dat.	demjenigen	derjenigen	demjenigen	denjenigen
Akk.	denjenigen	diejenige	dasjenige	diejenigen

Mit *derjenige* wird identifizierend ein Wesen, Ding u. a. ausgewählt und bezeichnet, das in einem folgenden Relativsatz oder Attribut näher bestimmt wird. Es ist nachdrücklicher, wenn auch etwas schwerfälliger als das einfache *der* (wodurch es – neben *wer* – ersetzt werden kann), ist aber zur Vermeidung gleichlautender Pronominalformen (*derjenige, der* statt: *der, der*) nützlich und zur Verdeutlichung gelegentlich nicht zu entbehren. Wenn man schreibt:

> Der Antiquar verkaufte *die* Bücher, die beschädigt waren, um die Hälfte ihres Wertes.

dann geht aus dem bloßen Artikel *die* nicht hervor, ob es sich um beschädigte Bücher aus einer größeren Anzahl handelt oder nicht. Die Verwendung von *diejenigen* schafft hier Klarheit.

Das überaus schwerfällige *derjenige, welcher* wird heute nur noch elliptisch (in der Umgangssprache) gebraucht:

> Ah, du bist *derjenige, welcher* (= derjenige, der das getan hat)!

derselbe, dieselbe, dasselbe

555

Susanne hat heute *dasselbe* Kleid an wie gestern. Welches Kleid hatte Susanne an? *Dasselbe* wie gestern. Es ist immer *dasselbe*.

Dieses Pronomen wird als Begleiter und Stellvertreter eines Substantivs (+Artikel) gebraucht. Der erste Bestandteil ist der bestimmte Artikel (vgl. 351)[1], der zweite wird auch dekliniert, und zwar wie ein Adjektiv nach dem bestimmten Artikel (vgl. 476; zur Kongruenz vgl. 534):

	Singular			Plural
	Maskulinum	Femininum	Neutrum	für alle drei Genera
Nom.	derselbe	dieselbe	dasselbe	dieselben
Gen.	desselben	derselben	desselben	derselben
Dat.	demselben	derselben	demselben	denselben
Akk.	denselben	dieselbe	dasselbe	dieselben

Mit dem Demonstrativpronomen *derselbe, dieselbe, dasselbe* kennzeichnet der Sprecher wie mit *der gleiche, die gleiche, das gleiche* Identität. Dabei ist zu beachten, daß sich Identität auf ein Individuum (Einzelwesen oder Einzelding) oder auf eine Klasse beziehen kann[2]:

Er war *derselbe,* der Gimpf aus dem Todesloch herausgezogen hatte. (Plievier) ... eine Äußerung, die *der gleiche* Verfasser schrieb. (Nigg)
(Dies) fiel diesen Adels- und Honoratiorenparteien um so leichter, als sie sich aus *denselben* Oberschichten rekrutierten ... (Fraenkel). ... alle Köpfe trugen *den gleichen* Hut. (Fries)

Im allgemeinen ergibt sich aus dem Kontext, welche Identität (individuelle oder klassenmäßige) gemeint ist. Wenn Mißverständnisse entstehen können, ist zu beachten, daß *der gleiche* besser zur Kennzeichnung der Klassenidentität geeignet ist, weil mit *derselbe* stärker die Identität eines Einzelwesens oder Einzeldings betont wird:

(Mißverständlich:) Mutter und Tochter benutzen *dasselbe* Parfüm. (Eindeutiger:) Mutter und Tochter benutzen *das gleiche* Parfüm.

Verstärkt wird *derselbe* durch *eben* (*ebenderselbe*; vgl. 550,1).

Statt *derselbe* kann auch *ein und derselbe* gebraucht werden, wenn ein pluralischer Ausdruck (*Michael und Karin, sie alle, die Familie* usw.) Bezugsgröße ist und kein Vergleich mit *wie* vorliegt[3]:

556

Michael und Karin/Sie wohnen in *demselben/ein und demselben* Haus. (Aber:) Michael wohnt in *demselben* Haus (wie Fritz).

Mit unbetontem *derselbe* kann wie mit unbetontem *er, der, dieser* und *sein* (Possessivpronomen) ein vorher genanntes Substantiv direkt wieder aufgenommen werden. Manchmal wird auf diese Weise die Wiederholung gleichlautender Pronomen vermieden:

Sie brachte sie (die Brieftasche) ihm unter die Augen, und erst nachdem er an den Anblick des Gegenstandes gewöhnt schien, legte sie *sie (dieselbe/diese)* am Rande des Schreibtisches nieder. (H. Mann) Das höchste Bauwerk von Paris ist der Eiffelturm. Die Höhe *desselben/Dessen* Höhe/*Seine* Höhe beträgt 321 m.

---

[1] Wenn dieser Artikel mit einer Präposition verschmolzen wird, wird *selber* abgetrennt: zur *selben* (=zu derselben) Zeit, ins *selbe* (=in dasselbe) Dorf, vom *selben* (=von demselben) Verlag.
[2] Vgl. R. Harweg: „Derselbe" oder „der gleiche"? In: Linguistische Berichte 7 (1970), S. 1–12.
[3] Vgl. R. Harweg: Obligatorisches und nicht obligatorisches *ein und derselbe*. In: Zeitschrift für vergleichende Sprachwissenschaft 83 (1969), S. 162 ff.

Der Gebrauch von *derselbe* wirkt in diesen Fällen schwerfällig. Es ist aber notwendig als pronominales Genitivattribut, das von einem Substantiv mit unbestimmtem Artikel u. ä. abhängt, oder als Genitivus obiectivus, der von einem Infinitiv abhängt[1]:

> Namen wie Nävius, Pacuvius, Attius usw. schießen weit über das Ziel des Gymnasiums hinaus und brauchen nicht *in einem Lehrbuch desselben* zu stehen. (Zeitschrift für das Gymnasialwesen, XI, p. 623)
> Eigener Herd ist Goldes wert. Nur erfolglose Menschen bedienen sich beim *Reparieren desselben* fremder Hilfe. (Quick)

Die erweiterte Form *derselbige* ist veraltet und wirkt heute altertümlich-komisch; dasselbe gilt für *selbig*:

> Wir saßen um *dasselbige* Tischchen. (Goethe) *Selbiger* Fall trug sich zu unserem Kummer nicht mit Herrn Schulze zu, sondern mit Herrn Baumann.

557 **selbst, selber**

Diese Pronomen sind undeklinierbar und werden wie eine Apposition gebraucht, und zwar bei einem Substantiv oder einem anderen Pronomen (Personal-, Reflexivpronomen). Mit ihnen wird ausgedrückt, daß kein anderes Wesen oder Ding gemeint ist als das mit dem Bezugswort genannte; ein anderes wird mit ihnen nachdrücklich ausgeschlossen. Sie stehen immer nach ihrem Bezugswort, wenn auch nicht immer unmittelbar dahinter, und tragen dann immer den Ton:

> *Fritz selbst* hat es gesagt. *Fritz* hat es *selbst* gesagt. Hilf *dir selbst,* dann hilft dir Gott. (Sprw.) Jeder ist *sich selbst* der Nächste. (Sprw.)

Erstarrt ist *von selbst* (= von sich selbst):

> Dies versteht sich *von selbst.* Das wird schon *von selbst* kommen.

Von den beiden Formen gehört *selbst* mehr der Standard-, *selber* mehr der Alltagssprache an:

> (Standardspr.:) Sie hat *sich selbst* dafür eingesetzt. (Alltagsspr.:) Das glaubst *du* doch *selber* nicht!

Das Bezugswort kann gelegentlich fehlen, wenn kein bestimmtes Wesen oder Ding gemeint ist *(Selber essen macht fett).* Veraltet wirken die mit Adverbien verbundenen Formen von *selbst (daselbst, hierselbst, woselbst).*
Von dem Pronomen ist das Adverb *selbst* ‚sogar‘ zu unterscheiden; bei letzterem trägt das folgende (seltener davorstehende) Bezugswort den Hauptton (vgl. 594):

> *Selbst* in der Schúle haben wir immer bloß „Tapferkeit" gesagt, wenn „virtus" im Buche stand. (Th. Mann)

558 ## 5.2.5 Das Relativ- und Interrogativpronomen

Mit dem Pronomen *der, die, das,* gelegentlich auch mit *welcher, welche, welches* und *wer* und *was* werden Relativsätze (vgl. 1198 ff.) eingeleitet. Man nennt sie in diesem Gebrauch Relativpronomen (bezügliche Fürwörter).
Daneben werden *welcher, welche, welches* und *wer* und *was* auch interrogativ, d. h. in Fragesätzen gebraucht (vgl. 1011); man nennt sie dann Interrogativpronomen (Fragepronomen, -fürwörter). Beide werden im allgemeinen als Stellvertreter eines Substantivs (+ Artikel) gebraucht[2]:

---

[1] Vgl. R. Harweg: Bemerkungen zum sogenannten Identitätspronomen *derselbe.* In: Zeitschrift für Dialektologie und Linguistik 3 (1969), S. 301 f.
[2] Zu *welcher* als Begleiter eines Substantivs vgl. 560,2; zur Kongruenz vgl. 534; zu Relativ- und Interrogativadverbien vgl. 609.

(Relativ:) Der Postbote, *der* das Telegramm gebracht hatte, fuhr rasch wieder weg. Weh dem, *der* lügt. Die Frau, *welche* das gesagt hat, sollte sich schämen. *Wer* das tut, [der] hat die Folgen zu tragen. Glücklich ist, *wer* so denkt. Glücklich ist der, *der* so denkt. Das ist alles, *was* wir besitzen. Dem Mann, *dessen* Telegramm wir heute erhielten, ... Die Frau, *der* dies zugemutet wurde ... Alle Fabriken, *deren* Besitzer enteignet wurden ... Dazu bedarf es genauerer Planung und [alles dessen,] *was* dazugehört.
(Interrogativ:) *Welches* Kleid hast du gekauft? Er fragte: „*Was* hast du gesagt?" *Wen* hast du getroffen? *Wer* hat das getan?

der, die, das [1]

559

Das häufigste Relativpronomen *der, die, das* wird als Stellvertreter eines Substantivs (+ Artikel) gebraucht (zur Kongruenz vgl. 534):

| | Singular | | | Plural |
	Maskulinum	Femininum	Neutrum	für alle drei Genera
Nom.	der	die	das	die
Gen.	dessen (veralt.: des)	deren	dessen (veralt.: des)	deren (ugs.: der)
Dat.	dem	der	dem	denen
Akk.	den	die	das	die

Die alten kurzen Formen im Genitiv Sing. Mask./Neutr. kommen noch in der älteren Literatur vor; in der Umgangssprache wird gelegentlich noch im Genitiv Plural die Form *der* verwendet:

Wo bist du, Faust, *des* Stimme mir erklang? (Goethe) Er machte häufig Pausen, während *der* (standardspr.: *deren*) er sich den Schweiß von der Stirn wischte.

Die Formen des Genitivs Singular Femininum und des Genitivs Plural aller drei Genera lauten *deren*:

(Alleinstehend:) ... in der intimen Anrede, *deren* er sich selten bedient. (Hochhuth) Nach einiger Zeit – so gestand er uns – werde die Einsamkeit, *deren* er noch bedürfe, ihm völlig unerträglich. (K. Mann) ... Schranken, innerhalb *deren* sich Staat und Gemeinden frei bewegen können. (Fraenkel-Bracher) Sätze ..., aufgrund *deren* sie weitreichende Entscheidungen trifft. (Wiedemann)
(Attributiv:) Der Betrachter sieht sich einer ... Wolke von einzelnen Informationen gegenüber, *deren* innere Struktur nicht leicht auszumachen ist. (Enzensberger) Das System liefert eine ausgesprochene Defensivstreitmacht, *deren* Funktionsfähigkeit in hohem Maße von freiwilliger Mitarbeit des einzelnen abhängig ist. (Fraenkel-Bracher) Die beiden Zeichner, *deren* Arbeit er prüft, merken ihm nichts an. (Frisch)

Während *deren* in der Rolle eines vorangestellten Attributs völlig fest ist, wird bei alleinstehendem Gebrauch an Stelle des standardsprachlichen *deren* häufiger fälschlich *derer* verwendet [2]:

560

... was von den Mitteilungen abweicht, aufgrund *derer* der Krach seinen Ausgang genommen hatte. (Südd. Zeitung) Die Straße, oberhalb *derer* er wohnte ... (Johnsohn) Damit ist auch die ungewöhnliche Autorität zu erklären, *derer* sich die katholischen Bischöfe in Polen erfreuen. (Der Spiegel)

---

[1] *der, die, das* ist das älteste Relativpronomen. Es ist – historisch gesehen – aus dem Demonstrativpronomen entstanden und bringt ursprünglich nebengeordnete Sätze in Abhängigkeit voneinander und verbindet sie:
(Nebenordnung: zwei Hauptsätze, demonstrativ:) Du sprichst von *Zeiten. Die* sind vergangen.
(Unterordnung: Hauptsatz und Gliedsatz, relativ:) Du sprichst von *Zeiten, die* vergangen sind.
[2] Diese Verwendung durchkreuzt die alte Unterscheidung nach Vorausweisung und Rückweisung (*derer* = Vorausweisung, *deren* = Rückweisung), die beim Demonstrativpronomen voll in Geltung ist. Zur Unterscheidung der Formen des Relativpronomens nach attributivem und alleinstehendem Gebrauch (*derer* = alleinstehend, *deren* = attributiv) vgl. H. Eggers: *Derer* oder *deren*? Zur Normenproblematik im Deutschen. In: Moderna Språk 74 (1980), S. 133–138.

Die Formen *dessen* und *deren* sind, wenn sie attributiv gebraucht werden, unveränderlich, d. h., sie werden nicht dekliniert (vgl. 550,2):

> Die Künstlerin, von *deren* (nicht: derem) tiefempfundenem Spiel ...; der Autor, mit *dessen* (nicht: dessem) vollem Einverständnis ...

Bei der Verbindung mit *-wegen, -willen, -halben* wird zur Erleichterung der Aussprache ein *-t-* eingeschoben *(dessentwegen, um derentwillen, derenthalben)*. Zur Deklination des folgenden Adjektivs vgl. 498; zum Personalpronomen beim Relativpronomen vgl. 1162.

561 welcher, welche, welches

1.

> Das ist der Kerl, *welcher* uns noch Geld schuldet. Er hob das Blatt auf, *welches* das Kind verloren hatte. Die, *welche* die falschen Banknoten in Umlauf gebracht hatten, wurden auch bestraft.

Auch *welcher, welche, welches* kann – wie *der, die, das* – relativisch gebraucht werden, gilt jedoch als schwerfällig und stilistisch unschön und wird allenfalls gebraucht, um bei einer Häufung von Relativsätzen zu variieren oder um das Zusammentreffen des Relativpronomens *der, die, das* mit dem Artikel zu vermeiden (zur Kongruenz vgl. 534):

	Singular			Plural
	Maskulinum	Femininum	Neutrum	für alle drei Genera
Nom.	welcher	welche	welches	welche
Gen.	dessen	deren	dessen	deren
Dat.	welchem	welcher	welchem	welchen
Akk.	welchen	welche	welches	welche

Die Genitivformen stimmen mit denen von *der, die, das* überein (vgl. 559).

2. Als Begleiter eines Substantivs wird *welcher* usw. mitunter bei Abstrakta gebraucht, mit denen der Inhalt oder ein Teilinhalt des übergeordneten Satzes wiederaufgenommen wird (zur Kongruenz vgl. 534):

> Sie möchte ihr Haar färben lassen, mit *welcher Absicht* ich gar nicht einverstanden bin. Es sagte „Guten Abend", *welchen Gruß* sie mit einem Nicken erwiderte.

3. Das Pronomen *welcher, welche, welches* kann auch interrogativ gebraucht werden (vgl. auch 4). Es hat vor allem aussondernde, auswählende Bedeutung. Der Sprecher/Schreiber fragt damit nach einem ganz bestimmten Einzelwesen, -ding u. a. aus einer jeweiligen Klasse, Art und Gattung. Hierbei wird *welcher* als Begleiter oder Stellvertreter eines Substantivs gebraucht:

> „*Welchen* Pullover soll ich nur nehmen?" – „Den blauen." „Ich habe mir einen Rechtsanwalt genommen." – „*Welchen* denn?" Wir suchten einen Feind und wußten nicht, *welchen*. (J. Stinde)

Im Genitiv lauten die Formen (vgl. 534):

> *Welches/Welchen* Mannes Kind (bei Maskulina und Neutra des Typs II oder III [vgl. 393])? *Welches* Zeugen (bei Maskulina des Typs VI)? *Welcher* Frau/Frauen (bei Feminina und Pluralformen)?

Die neutrale Form *welches* kann auf Substantive mit jedem Genus bezogen werden, auch im Plural:

> *Welches* ist der größte Tisch? *Welches* (aber auch: *Welche*) ist die schönste [Frau]? *Welches* ist das jüngste [Kind]? *Welches* (aber auch: *Welche*) sind die schönsten Bilder?

4. Das Pronomen *welcher, welche, welches* kann auch in Ausrufen gebraucht werden *(Welche Ehre!)*. Hier besonders tritt auch – vor *ein* und attributiven Adjektiven – die ungebeugte Form *welch* auf; *welch ein* ist dabei als formelhafter Ausdruck, als Einheit und als Variante von *welcher* anzusehen:

> Wir erkundigten uns, *welch ein* Mann/*welch* brutaler Mann (=*welcher* brutale Mann) dies getan hatte. Sehet, *welch ein* Mensch! (Joh. 19, 6) *Welch* düstere Stimmung.

Zu *welcher* als Indefinitpronomen vgl. 579; zur Deklination des folgenden Adjektivs vgl. 476f.

was für ein

562

1. Mit dem formelhaften Ausdruck *was für ein* fragt der Sprecher nach der Beschaffenheit, nach der Eigenschaft, nach dem Merkmal eines Wesens, Dinges u. a. Der Ausdruck ist in dieser Funktion Begleiter eines Substantivs:

> *Was für ein* Auto fährst du? Mit *was für einer* Mine schreibst du?

In der Umgangssprache wird gelegentlich *was für ein* auch im aussondernden Sinne gebraucht; dann auch als Stellvertreter eines Substantivs:

> „*Was für ein* (standardspr.: *Welches*) Kleid ziehst du an?" – „Das rote." „Ich vermisse ein Buch." – „*Was für eines* (standardspr.: *Welches*) denn?"

Umgekehrt wird auch *welcher* gelegentlich im Sinne von *was für ein* gebraucht:

> „*Welche* (standardspr.: *Was für eine*) Katze ist das?" – „Eine Siamkatze."

Bei *was für ein* fällt im Plural und meist auch vor Stoffbezeichnungen *ein* weg:

> *Was für* Autos parken denn dort? *Was für* Möglichkeiten ergeben sich hier? *Was für* Papier willst du? *Was für* Wein trinkt er am liebsten?

Die Trennung des *für* von *was* ist umgangssprachlich:

> *Was* hat er *für* Bücher gelesen? *Was* hat er denn *für* Bemerkungen gemacht?

Dekliniert wird nur *ein,* und zwar vor einem Substantiv wie der unbestimmte Artikel:

> *Was für ein* Mensch ist er? Von *was für einer* Art Philosophie? Mit *was für einem* Auto?

alleinstehend wie ein Adjektiv ohne Artikel u. a. (nach Typ I, stark, vgl. 475):

> Was für *einer?*/*eine?*/*eines?*

In Norddeutschland wird oft anstatt des *ein* oder des Substantivs auch *welcher* gesetzt (im Singular im allgemeinen nur mit Bezug auf Stoffbezeichnungen):

> „Wir haben ausgezeichneten Wein getrunken." – „Was für *welchen*/(statt standardspr.:) *einen?*" „In diesem Park stehen viele schöne Bäume." – „Was für *welche*/(statt standardspr.:) *Bäume?*

2. Wie *welcher* kann *was für ein* auch in Ausrufen gebraucht werden:

> *Was für eine* herrliche Aussicht! (Im Plural ohne *ein*:) *Was für* Nerven mich das schon gekostet hat!

wer, was

563

> *Wer* wagt, gewinnt. *Wer* wagt es? *Was* du sagst, [das] stimmt. *Was* sagst du? *Wem* das passiert, der ist selber schuld. *Wem* passiert das schon? *Wen* wir schicken, ist gleichgültig. *Wen* schicken wir denn? Glücklich ist, *wer* so denkt!

Die Pronomen *wer* und *was* können relativisch und interrogativ gebraucht werden, und zwar als Stellvertreter eines Substantivs (zur Kongruenz vgl. 534)[1]:

---

[1] Zur Kennzeichnung der Konzessivität werden sie mit *[auch]* immer verbunden. Daneben kommen *wer* und *was* auch in Ausrufen vor *(Wer könnte das auseinanderhalten! Was du nicht sagst!)*.

	Maskulinum/Femininum	Neutrum
Nominativ	wer	was
Genitiv	wessen (veraltet: wes)	wessen (veraltet: wes)
Dativ	wem	–
Akkusativ	wen	was

Die kurze Form *wes* im Genitiv ist veraltet. Sie findet sich nur noch in Sprichwörtern, Redensarten usw. und in Zusammensetzungen:

> *Wes* das Herz voll ist, des gehet der Mund über. (Luther) *Wes* Brot ich ess', des Lied ich sing'. (Sprw.) *Wes* Geistes Kind sind Sie eigentlich? *Wes* Namens, Standes, Wohnorts seid Ihr? (Kleist) *Weshalb/Weswegen* hast du das getan?

Üblich ist heute *wessen*, mit dem bei attributivem Gebrauch vor einem Substantiv ein possessives Verhältnis gekennzeichnet wird:

> *Wessen* ich mich erinnere, ist im Augenblick gleichgültig. *Wessen* erinnerst du dich? *Wessen* Buch ich mitgenommen habe, ist meine Sache. *Wessen* Buch hast du denn mitgenommen?

Im Genus wird nicht nach maskulinen und femininen Formen unterschieden, ebenso nicht nach Singular und Plural. Das Pronomen *wer* usw. wird auf Personen, *was* mehr auf Sachen, Verhalten u. a. bezogen:

> *Wer* das war, ob Ilse oder Michael, spielt jetzt keine Rolle. *Wer* war das? (Ilse oder Michael?) *Wer* von euch will mitfahren? (Inge? Inge und Gisela?) *Wessen* Buch ist das? *Wem* gehört das Buch? *Wen* können wir schicken? *Was* ist das? (Ein Hammer/Eine Blume/Ein Buch!) *Was* hast du getan? (Ich habe das Geschirr gespült/geschlafen.)

Im Dativ Neutrum wird in der älteren Literatur und heute noch in der Umgangssprache die Form *was* gebraucht:

> An *was*, ihr Herrn, gebricht's? (Schwab) Zu *was* die Posse? (Goethe) Wie willst du sonst leben? Von *was*? (Brecht)

In der Standardsprache werden statt der Verbindung aus Präposition + *was* (Dativ/Akkusativ) die Pronominaladverbien verwendet (vgl. 613):

> Das ist es, *wozu* ich dich auffordern wollte. *Woran* fehlt es? *Worüber* lachst du? *Wovon* willst du leben? *Wozu* die Posse?

Durch eine Kombination von *wer* oder *was* mit der erstarrten Form *alles* wird eine Mehrzahl von Personen oder Sachen angedeutet. In der Stellung ist *alles* dabei unfest:

> *Wer alles* wird denn kommen? *Was* gibt es denn dort *alles* zu sehen?

In der Alltagssprache wird *was* auch als Frageadverb im Sinne von ‚warum‘ oder ‚wozu‘ gebraucht:

> *Was* hinkt er denn so? (Th. Mann) *Was* bleibst du denn sitzen?

Zu *wer* als Indefinitpronomen vgl. 580.

564

5.2.6 Das Indefinitpronomen

> Er wollte unbedingt *jemanden* kennenlernen. Hat sie *etwas* verlauten lassen? *Alle* klatschten begeistert. Mir kann *keiner* helfen. *Man* sagt, du wärst krank gewesen. *Sämtliche* Anwesende standen auf, als der Präsident den Saal betrat. Er hat *nichts/niemanden* gesehen.

Pronomen wie *jemand, etwas, alle, kein, man, sämtlich, nichts, niemand* haben eine allgemeine und unbestimmte Bedeutung. Der Sprecher/Schreiber gebraucht

sie, wenn er ein Lebewesen, ein Ding usw. nicht näher bezeichnen will oder kann,
wenn er ganze Gruppen von Lebewesen, Dingen u. a. allgemein bezeichnen (und
ausschließen) will, wenn er eine begrenzte Menge, ein begrenztes Maß unbestimmt ausdrücken will u. ä. Sie werden als Stellvertreter und z. T. auch als Begleiter von Substantiven (+ Artikel) gebraucht. Man nennt sie Indefinitpronomen (unbestimmte Fürwörter, unbestimmte Für- und Zahlwörter).[1]

all   565

1. Mit *all* wird zusammenfassend eine Menge von Wesen, Dingen u. ä., eine Gesamtheit bezeichnet, die im Singular – etwa bei Stoffbezeichnungen und Abstrakta – ungegliedert ist *(alles Geld)* und die im Plural alle Exemplare einer gegliederten Menge ohne notwendigen Bezug auf jedes einzelne Exemplar erfaßt
(alle Bäume). Dabei nähert sich *all* im Singular der Bedeutung von *ganz*[2], *gesamt,*
im Plural der Bedeutung des nachdrücklichen *sämtlich*:

> *Alles* oder nichts. Er bekam *alles,* was er haben wollte. Er hat *alles* (das ganze/gesamte)
> Geld verloren. Bei *aller* Bewunderung blieb sie skeptisch. *Aller* Fleiß war umsonst. Mit
> *aller* (= der ganzen) Kraft. Es bedurfte *allen* (= des ganzen) Mutes. (Vergleiche:) *alle*
> Welt (= jedermann), die *ganze* Welt (= das Universum). *Alle* Bäume waren morsch. *Alle*
> sind dagegen. *Alle,* die eingeladen waren, sind gekommen. *Alle* Kirchenglocken läute-
> ten.

Verstärkend wird *all* mit *ein* und *jeder* in formelhaften Wendungen verbunden:

> Er ist mein *ein und [mein] alles*; *all und jeder*; *all[es] und jedes*; ein Mensch ohne *all und
> jede* Bildung. (Th. Mann)

Der sinngemäße zusammenfassende Plural zu dem vereinzelnden *jeder* ist *all (jedes Buch – alle Bücher)*. Berührung mit *jeder* findet sich besonders beim Singular
von Abstrakta und im Plural vor allem zur Kennzeichnung der Wiederholung vor
Zeit- und Maßangaben:

> Dinge *aller* (= jeder) Art. Er schlug das Kind ohne *allen* Grund. *Aller* (= jeder) Anfang
> ist schwer. (Sprw.) *Alle* beide (= jeder von beiden) haben recht. *Alle* zehn Schritte blieb
> er stehen.
> (Landschaftlich findet sich auch der Genitiv *aller* statt des standardsprachlichen Akku-
> sativs *alle*:) *aller* zehn Schritte; ... so daß das Bad ... auf einen Abend *aller* zwei Wo-
> chen beschränkt werden konnte. (Musil)

Die Form *alles* kann umgangssprachlich in der Bedeutung ‚alle, alle Anwesenden'
gebraucht werden:

> *Alles* [mal] herhören! *Alles* hört auf mein Kommando! *Alles* wartet jetzt auf die Mara-
> thonläufer.

2. Wie die angeführten Beispiele deutlich machen, kann *all* als Begleiter oder als
Stellvertreter eines Substantivs (+ Artikel) gebraucht werden. Es wird dabei in
der Regel wie *dieser* dekliniert (vgl. 551; zur Kongruenz vgl. 534). Im Genitiv Singular des Maskulinums und Neutrums wird die Form von *all* vor Substantiven
des Typs II oder III (vgl. 393) meist mit *-en* wie bei einem Adjektiv *(statt harten
Metalls)* gebildet:

---

[1] Mit Wörtern wie

> einzeln, einzig, übrig, verschieden, gewiß, gesamt, ganz, halb, wenig, viel, zahlreich, zahllos, unge-
> zählt

werden auch unbestimmte Zahl- und Maßvorstellungen ausgedrückt. Vom Gebrauch her sind es jedoch Adjektive, die wie die Kardinal- und Ordinalzahlen zu den Zahladjektiven gehören (vgl. 454,
469).
[2] Der Gebrauch von *ganze* an Stelle von *alle* vor Substantiven in der Mehrzahl kommt in der gesprochenen Umgangssprache recht häufig vor. Er gilt standardsprachlich nicht als korrekt: Die *ganzen*
(statt: *alle) Bewohner des Hauses stürzten auf die Straße.

Hebel *allen* Unheils, Ratgeber *allen* Übels (Feuchtwanger). Die unerbittliche Ablehnung *allen* Unernstes. (Jatho) (Fest:) *allen* Ernstes, *allenfalls*. (Selten:) die Grenzen *alles*
Übersetzens. (Glinz) Geiz ist die Wurzel *alles* Übels. (Sprw.) (Mit Adjektiv:) das span-
nungserfüllte Bild *allen* geistigen Lebens (H. Moser). Feinde *allen* echten und werden-
den Christentums.[1] (Selten:) *alles* erforderlichen Materials. (Aber vor einem substantivierten Adjektiv:) Urheber *alles* Schlechten (Feuchtwanger).

3. Mit dem bestimmten Artikel, mit den Demonstrativpronomen *dieser* und *jener*
und dem Possessivpronomen *mein* usw. kann *all* eine festere Verbindung eingehen. Im Singular bei Maskulina und Neutra ist heute die ungebeugte Form in allen Fällen üblich:

All der Fleiß war vergebens. *All* mein Zureden half nichts. Es bedurfte *all* seines Mutes.
Selbst gute Köche ... verlieren in kurzer Zeit *all* ihr Können. Allein die Gotteshäuser
bieten ... ein wenig Schutz vor *all* dem Lärm ... mit *all* seinem Zauber ... (Koeppen)
(Nicht mehr gebräuchlich:) Wozu *alles* dieses Geschwätz? (Lessing) ... mit *allem* seinem Eifer. (Mechow)

Bei den Feminina sind im Nominativ und Akkusativ beide Möglichkeiten gegeben (*all/alle meine Arbeit*; *all/alle die Mühe*), während im Genitiv und Dativ die
ungebeugten Formen vorherrschen:

All dieser Arbeit war er überdrüssig. Als ich in *all* meiner Unschuld und Unwissenheit
deklamierte ... (Bergengruen)

Im Nominativ und Akkusativ Plural aller drei Genera sind beide Formen möglich, während im Dativ und Genitiv die ungebeugte Form üblicher ist:

alle die Menschen der Schwedenküste (Luserke), Picasso und *all* seine Jünger (Koeppen). Ein Glück, daß er *alle* diese Gedichte wußte. (Rilke) ... *all* der Kinder nackte
Schenkel. (Koeppen) ... die Gesichter *all* der anderen Schlafenden. (Strittmatter) ... mit
all den Aufsätzen, mit *allen* den Feuilletons. (Hesse)

Maßgeblich für die Wahl der einen oder anderen Form kann zum einen der Satz-
rhythmus sein, zum andern die Einstellung des Sprechers/Schreibers. Die
gebeugte Form dient gewöhnlich der rein sachlichen Aussage, während die ungebeugte Form oft die emotionale Anteilnahme des Sprechers/Schreibers zum Ausdruck bringt:

Alle meine Anstrengungen waren vergeblich./*All* meine Anstrengungen waren vergeblich.

In Verbindung mit einem Personalpronomen steht *all* hinter diesem:

sie *alle*, uns *alle*, wir andern *alle*, unser *aller* Leben. (Aber hervorhebend:) *Alle* tragen
wir die Schuld.

Die Nachstellung ist (neben der Voranstellung) auch möglich im Nominativ und
Akkusativ Plural in Verbindung mit *diese* wie auch im Neutrum in Verbindung
mit *das, dies[es]* und seinen Deklinationsformen:

(Nachstellung:) das *alles*, dies[es] *alles*, bei dem *allem*, mit diesem *allem*, diese *alle*.
(Voranstellung:) *alles* das, *alles* dies, *alles* dieses, bei *allem* dem, mit *allem* diesem, *alle*
diese. (Bei Voranstellung auch flexionslose Formen:) *all* das, *all* dies, mit *all* diesem, *all*
diese. (Zusammenschreibung:) bei *alldem*.

Bei den Verbindungen *dem allem* und *diesem allem* ist heute die Beugung *dem allen* bereits häufiger als *dem allem*, die Beugung *diesem allen* etwa ebenso häufig
wie *diesem allem*; der Genitiv wird, wenn er vorkommt, mit *-en* gebildet:

des *allen* völlig unbewußt (Frenssen); ... als habe sie sich dieses *allen* bedient. (Wiechert)

---

[1] Vgl. K. Wälterlin: Die Flexion des Adjektivs hinter Formwörtern in der neueren deutschsprachigen
Presse. Zürich 1941.

Das Pronomen *all* kann auch flektiert hinter das Substantiv oder hinter die Personalform des Verbs treten (im Singular besteht diese Möglichkeit nur umgangssprachlich beim Neutrum und Femininum):

> Wir tragen *alle* die Schuld. (Ugs.:) Das Geld ist *alles* verloren. Sie hat die Milch *alle*
> verschüttet.

Die voranstehende erstarrte Form *alle* ist – abgesehen von Zusammenschreibun-
gen wie *bei/trotz alledem* – heute unüblich:

> Auf *alle* den Ruhm verzichte ich gern. Laut wehklagte der Wirt mit *alle* den Seinen. (P.
> Heyse) Bei *alle* den deutlichen Worten … (Löns)

Zu den vorstehenden Verbindungen vgl. auch 532,2 und 533.

4. Eine erstarrte Form liegt vor in dem am Oberrhein, am Main, an der Mosel
und in Hessen viel gebrauchten mundartlichen *alls* (meist *als* geschrieben), das in
der Standardsprache nur zur Verdeutlichung mundartlichen Sprachgebrauchs
verwendet wird. Es hat die Bedeutung ‚immer[fort]‘ oder auch ‚manchmal‘:

> Er hat *al[l]s* getanzt.

Ebenfalls erstarrt ist heute *alle* in der ugs. Bedeutung ‚zu Ende, erschöpft‘. Dieser
Gebrauch ist besonders nord- und mitteldeutsch:

> Mein Geld ist *alle*. Die Dummen werden nicht *alle*. (Sprw.)

Über die Deklination des folgenden Adjektivs vgl. 482. Über die Deklination von
solch- nach *all-* vgl. 472.

ein bißchen, ein wenig, ein paar

566

Diese festen Verbindungen können attributiv (vor allem bei Substantiven) und alleinstehend gebraucht werden. Die Bestandteile *paar* und *bißchen* bleiben immer
ungebeugt; *wenig* kann alleinstehend, *ein* nur in der Verbindung *ein bißchen* gebeugt werden.
1. Die Verbindungen *ein bißchen* und *ein wenig* haben die Bedeutung ‚etwas‘:

> Ich habe nur noch *ein bißchen* Geld. Mit *ein[em] bißchen* Glück wird es gelingen. Das
> ist *ein bißchen* viel verlangt. Nur *ein* [klein/kleines] *bißchen* Geduld! Er möchte *ein biß-
> chen* schlafen.
> Es schien, als hätten wir uns *ein wenig* entfremdet. (Leip) Mit *ein wenig* Geduld; *ein we-
> nig* mehr Freundlichkeit (W. v. Scholz). (Verstärkt:) ein *ganz klein* wenig. (Alleinste-
> hend auch gebeugt:) Meine Aufzeichnungen sollen dazu *ein weniges* beitragen. (Hes-
> se)

Statt mit *ein* kann *bißchen* auch mit dem bestimmten Artikel *(das bißchen Geld?)*,
mit *kein (Es schmerzt kein bißchen* [= gar nicht]) und mit dem Possessivpronomen
(Er hat sein bißchen Geld verspielt) verbunden werden.
2. Die Verbindung *ein paar*[1] hat die Bedeutung ‚einige wenige, etliche‘:

> *ein paar* Regentropfen. (In Verbindung mit Zahlwörtern:) *Ein paar* tausend Mark wür-
> den genügen. *Ein paar* Dutzend Häuser … (Quick).

Das großgeschriebene *Paar* ist dagegen ein deklinierbares Substantiv und bezeichnet die Zweiheit, zwei gleiche oder entsprechende, einander ergänzende
oder zwei zusammengehörende Wesen oder Dinge. Der bestimmte oder unbestimmte Artikel davor wird stets dekliniert:

> mit einem/zwei *Paar* schwarzen Schuhen (oder: schwarzer Schuhe).

In der Verbindung *die/diese paar,* mit der bestimmte, zahlenmäßig geringe Ein-
zelgrößen, oft in herabsetzendem oder verächtlichem Sinn, zusammengefaßt werden, wird der bestimmte Artikel stets gebeugt:

---

[1] Landsch. gelegentlich auch nur *paar*.

Ich soll ja mitmachen *die paar* Wochen. (Th. Mann) In *den/diesen paar* Tagen habe ich viel erlebt. Mit *den paar* Mark soll ich auskommen?

567 einer, eine, eines

Mit dem im allgemeinen unbetonten und als Stellvertreter eines Substantivs (+ Artikel u. a.) gebrauchten *einer*[1] bezeichnet der Sprecher/Schreiber unbestimmt eine andere Person, eine Sache u. ä. in der Bedeutung von ‚man, jemand; etwas' oder aber die eigene Person im Sinne des Personalpronomens. Es wird nur im Singular gebraucht und hat dieselben Endungen wie *dies*- (vgl. 551):

Was soll *einer* (=ich, man, jemand) dazu schon sagen! Wenn sich *einer* im Haus versteckt, wo wird man ihn suchen? (Kreuder) Das ist *einer*! Nach den Aussagen *eines* (=jemandes), der dabei war ... Er tut *einem* (=mir) wirklich leid.

Oft steht *einer* vor dem Genitiv Plural eines Substantivs (oder Pronomens) oder vor einem Präpositionalgefüge:

einer dieser Burschen, *ein[e]s* von uns Kindern. Der Wagen gehört *einem* unserer Nachbarn. (C. Roß)

Häufig findet sich im Genitiv Singular Maskulinum und Neutrum statt der Form *eines* die falsche Form *einer,* die wohl in Anlehnung an die Form des Genitivs Plural des im Rede- oder Textzusammenhang folgenden Artikels oder Pronomens gebildet ist:

Wir erwarten den Besuch *einer* (richtig: *eines*) Ihrer Herren. In eine wässerige Lösung *einer* (richtig: *eines*) der folgenden genannten Farbstoffe wird ... eingehängt. (Foto-Magazin) Ein neuer Bestseller steht auf dem Programm *einer* (richtig: *eines*) der erfolgreichsten Verleger der Welt. (Die Zeit)

In der älteren Literatur und vereinzelt noch in altertümelnder Ausdrucksweise steht *einer* auch nach dem Genitiv Plural:

Ist es der Winzerinnen *eine,* die sich loslöste aus dem Chor? (Jatho) Wenn ihrer *einer* über den Gutshof ging ... (Münchhausen)

Allgemein gebräuchlich ist die Verbindung *unsereiner* (= einer von uns):

Daß auch *unsereiner* die Vernunft zu respektieren weiß, versteht sich von selbst. (O. Dibelius) ... jenen Rest von Freiheit ..., der *unsereinem* übrigbleibt. (Th. Mann)

Im Nominativ und Akkusativ Neutrum steht die kurze Form *eins* gleichberechtigt neben *eines*:

„Kennen Sie ein Mittel dagegen?" – „Ich kenne *ein[e]s*".

Umgangssprachlich und mundartlich wird *eins* in der Bedeutung ‚irgend jemand' gebraucht:

Nun sag mir *eins,* man soll kein Wunder glauben! (Goethe) ... wenn *eins* hier oben in dem armen Lande mit sieben Kindern sitzt. (E. v. Wolzogen)

Auch im Sinne von ‚etwas' ist *eins* gebräuchlich:

Eins noch, du Verächter der freien Künste und des Wortes ... (Kolbenheyer) *Eins* jedoch fehlt mir nicht: die Sonntagsseele. (G. Gock)

Ferner steht *einer* umgangssprachlich für einen aus der Redesituation leicht zu ergänzenden Begriff:

Nach sechs kriecht Reinhold raus, pusselt am Auto, dann gießt er *einen* hinter die Binde, zieht ab. (Döblin) Hau ihm *eine* (=eine Ohrfeige)! (Quick)

---

[1] Zu unterscheiden ist *ein* als Artikel, der immer in Verbindung mit einem Substantiv gebraucht wird (vgl. 351), und *ein* als Zahlwort (Kardinalzahl; vgl. 457), das zwischen Artikel u. ä. und Substantiv stehen kann.

Das Neutrum *eins* drückt oft ganz allgemein etwas Unbestimmtes aus, ohne sich auf ein Neutrum beziehen zu müssen:

> Der ganze Katalog von Forderungen ... wurde ... von den Chinesen hervorgeholt, ... um den Sowjets *eins* auszuwischen. (Die Zeit)

Zur Verstärkung der Unbestimmtheit dient *irgendeiner*.

einige, etliche

568

Die beiden Indefinitpronomen *einige* und *etliche* werden in gleicher Weise gebraucht; *etliche* ist gegenüber *einige* jedoch wenig gebräuchlich.[1]
Mit dem Plural *einige* in der Bedeutung ‚mehrere, ein paar‘ wird eine unbestimmte, nicht große, gegliederte Anzahl gekennzeichnet: mehr als zwei bis drei, aber nicht viele. Der Singular bedeutet in Verbindung mit ungegliederten Begriffen (Stoffbezeichnungen, Abstrakta) ‚etwas, ein wenig‘.
Die Pronomen werden als Begleiter eines Substantivs – im Singular zumeist bei Abstrakta – und als Stellvertreter eines Substantivs (+ Artikel) gebraucht[2] und dabei wie ein Adjektiv dekliniert, das allein vor einem Substantiv steht (Typ I, stark, vgl. 475; zur Kongruenz vgl. 534):

> Dort drüben, in *einiger* Höhe, lag der ... Friedhof. (Th. Mann) *Einiges* Geld konnte ich ja dort verdienen. (W. Langewiesche) Das machte *einigen* Eindruck; *einige* meiner Freunde; *einiges* Gute; doch schien mir *einiges* davon geeignet (Carossa); *etliche* Bücher, *etliches* sammeln; *einigen* Verständnisses gewiß sein (Bergengruen). Das boshafte Wort ... entbehrte nicht *einigen* Grundes. (Wassermann) (Im Gen. Sing. Mask./Neutr. selten auf *-es*; vgl. 534:) ... daß er *einiges* Behagens bedurfte. (Th. Mann)

Die Pronomen werden auch im Sinne von ‚beträchtlich, ziemlich groß, ziemlich viel‘ verwendet:

> Das wird *einigen* Ärger kosten! Es gehört schon *einiger* Humor dazu, um das ertragen zu können! Das wird *einige* Überlegungen fordern. Wir hatten noch *etliche* Kilometer zu gehen.

In Verbindung mit Zahlen, die wie *hundert* und *tausend* als Zähleinheiten geläufig sind, hat *einige/etliche* die Bedeutung ‚mehrere‘ *(einige/etliche tausend)*. Sonst wird durch *einige/etliche* vor einer Zahl eine ungefähre Angabe gekennzeichnet *(Es waren so einige/etliche zwanzig* [= zwanzig und noch einige]).
Zur Deklination des folgenden Adjektivs vgl. 485.

etwas

569

Das Pronomen *etwas* ist ein indeklinables Neutrum. Es wird attributiv (vor allem bei einem Substantiv) oder allein gebraucht.
1. Mit *etwas* wird einmal eine nicht näher bestimmte Sache u. ä. bezeichnet:

> Da klappert doch *etwas*. Es lief *etwas* über den Weg. Hat er *etwas* gesagt? Ich habe *etwas* Schönes gesehen. Das ist *etwas* anderes. Er glaubt an *etwas*. (Erstarrt:) Er ist *so etwas wie* ein Dichter.
> (Die nicht näher bestimmte Sache u. ä. erscheint bedeutsam:) Das ist doch wenigstens *etwas*. Sie wird es noch zu *etwas* bringen. Sein Wort gilt *etwas*. Das will schon *etwas* heißen.

Dieses *etwas* wird umgangssprachlich oft zu *was* verkürzt:

> Da klappert doch *was*. Du kannst gleich *was* erleben! Nun zu *was* anderem.

---

[1] Die veraltete Form *etzlich* wird nur noch altertümelnd oder scherzhaft-ironisch gebraucht.
[2] Der Gebrauch zwischen Artikel und Substantiv *(die einigen 100 Exemplare, die etlichen Schriftsteller)* ist heute nicht üblich.

Die Unbestimmtheit kann durch *irgend-* verstärkt werden:

Irgend etwas/Irgendwas war doch los!

Die entsprechende Verneinung ist im allgemeinen *nichts*:

Da klappert *nichts. Nichts* war los.

Das folgende (substantivierte) Adjektiv wird nach Typ I (stark, vgl. 475) dekliniert *(etwas Schönes, mit etwas Schönem).*

2. Zum anderen wird *etwas* im Sinne von ,ein bißchen, ein wenig' gebraucht:

Er nahm *etwas* Salz. Ich brauche *etwas* Geld. Er spricht *etwas* Englisch. Du warst *etwas* ungeschickt. Kann ich *etwas* davon haben. Sie will *etwas* lesen.

In diesem Gebrauch ist die entsprechende Verneinung *kein* (vor Substantiven: *Er nahm kein Salz*) oder *nicht (Das kommt mir nicht überraschend).*

---

570 | **jeder, jedermann, jedweder, jeglicher**

Mit *jeder, jedermann, jedweder* und *jeglicher* werden alle Wesen, Dinge usw. einer bestimmten Menge bezeichnet, jedoch nicht zusammenfassend in ihrer Gesamtheit wie mit *all,* sondern vereinzelnd, als einzelne. Sie werden im allgemeinen nur im Singular gebraucht. Die entsprechenden Verneinungen sind *keiner* oder *niemand.*

1. Die Pronomen *jeder, jedweder* und *jeglicher* werden als Begleiter und Stellvertreter eines Substantivs (+ Artikel) gebraucht (zur Kongruenz vgl. 534). Sie werden dabei in der Regel wie *dieser* dekliniert (vgl. 551).

Von den drei Pronomen ist *jeder* das übliche. Es kann verstärkt werden durch *einzelne (jeder einzelne).* Die Pronomen *jedweder* und *jeglicher* sind nachdrücklich, jedoch gehoben und weitgehend veraltet:

Jeder kehre vor seiner Tür! (Sprw.) *Jedem* das Seine. *Jeder* von uns hat schuld. *Jeder* Angestellte bekam Urlaubsgeld. (Geh.:) *Jedweder* war aufgerufen zu erscheinen. Jetzt, da *jeglicher* liest (Goethe); von allem und *jeglichem* das Höchste (Immermann).

Der Sprecher/Schreiber kann die als Stellvertreter eines Substantivs gebrauchte maskuline Form *jeder* (in veraltetem Sprachgebrauch auch die neutrale Form *jedes*) auf Substantive mit beliebigem Genus beziehen:

Jeder hebe nun sein Glas! ... obwohl sich *jedes* (= Vater und Mutter) nach seiner Art bemühte. (H. Stehr)

Die endungslose Form *jed* ist nur noch aus der älteren Literatur bekannt:

Jed Blatt schaut noch zum Himmel hinauf. (Dauthendey)

Im Genitiv Singular bei Maskulina oder Neutra des Typs II oder III (vgl. 393) wird die Form von *jed-* mit *-es* (wie *dieses Metalls*) oder – von *jedwed-* und *jeglich-* nur – mit *-en* (wie bei einem Adjektiv: *statt harten Metalls*) gebildet (vgl. 534), sonst im allgemeinen mit *-es*:

Korrektur *jedes* Staatsabsolutismus (Th. Mann), Leiden *jedes* Grades (Vicki Baum), die Aufgabe *jedes* einzelnen. Stetiger Wandel gehört zum Wesen *jeden* Kulturgutes. (H. Moser) Blumen *jeden* Aussehens (Vicki Baum), Funktionäre *jeden* Ranges (Der Spiegel). (Fest:) jedenfalls.

Von den Geheimnissen *jedweden* Mannes ... (Brecht) ... Inhaber *jeglichen* politischen Willens. (Sieburg)

Die feste Verbindung mit *ein (ein jeder/jeglicher)* ist als Variante von *jeder/jeglicher* anzusehen. Die Deklination ist dabei von *ein* abhängig:

Ein jeder (= jeder) Mann muß mithelfen. Die Mithilfe *eines jeden* einzelnen (= jedes einzelnen) von euch ist notwendig.

Zur Deklination des folgenden Adjektivs vgl. 476 f.; zur Verbindung mit *all* und zum Gebrauch an Stelle von *all* vgl. 565,1.

2. Das Pronomen *jedermann*[1] ist gehoben und wird als Stellvertreter eines Substantivs (+ Artikel) gebraucht. Der Genitiv lautet *jedermanns (in jedermanns Händen)*, Dativ und Akkusativ stimmen mit dem Nominativ überein:

> Es war deutlich, daß *jedermann* sich befliß, den Sonntag zu ehren. (Th. Mann)

jemand, niemand

571

Mit *jemand* wird eine beliebige, nicht näher bestimmte Person gleich welchen Genus bezeichnet. Die Unbestimmtheit kann durch *irgend* verstärkt werden, die entsprechende Verneinung ist *niemand*. Beide Indefinitpronomen werden als Stellvertreter eines Substantivs (+ Artikel) gebraucht, und zwar nur im Singular:

> Es hat *jemand* geklingelt, aber es steht *niemand* vor der Tür. Das kann *jemand* von euch machen.

Der Genitiv wird mit *-[e]s* gebildet *(jemand[e]s)*. Im Dativ und Akkusativ kann ein *-em* bzw. ein *-en* angehängt werden *(jemand[em], niemand[en])*; allerdings wird im Akkusativ oft die endungslose Form vorgezogen, ebenso vor *anders* oder einem flektierten Adjektiv:

> Es fiel ihr schwer, *jemand/jemandem* zu widersprechen. Ich ... tue, als winke ich *jemand* auf der Straße zu. (Remarque) ... von *niemand* so glühend beneidet. (Quick) Ich habe *niemand/niemanden* gesehen.

Die Fügungen *jemand/niemand anders* und *jemand/niemand* + substantiviertes neutrales Adjektiv *(jemand Fremdes)* können in allen Kasus stehen:

> Bürgermeister kann auch *jemand anders* werden. (FAZ) Ich bin von *jemand anders* gesehen worden. Der Brief muß von *jemand Fremdes* sein. Sie schenkte *niemand Fremdes* ihr Vertrauen.

Die Beugung des Adjektivs ist jedoch üblicher:

> Das war *jemandes anderen* Werk. Ich habe mit *jemand Fremdem* gesprochen; mit *jemand Unsichtbarem* (Glaéser); *jemand Fremden* (Stefan Zweig). Sie schenkte *niemand Fremdem* ihr Vertrauen.

Zu *jemand anders* vgl. auch 332, Anm. 1; 471.

kein

572

Das Pronomen *kein* wird als Begleiter eines Substantivs im Sinne von ‚nicht ein‘ und als Stellvertreter eines Substantivs (+ Artikel) im Sinne von ‚niemand, nichts‘ gebraucht (zur Kongruenz vgl. 534, zu den Formen 477). Als Stellvertreter eines Substantivs erhält *kein* wie *mein* usw. (vgl. 547) zusätzlich im Nominativ Sing. Mask. ein *-er* und im Nominativ und Akkusativ Sing. Neutr. ein *-[e]s*:

> Mir kann *keiner* helfen. Er hatte auch noch *kein* Zimmer. *Keine* Reisegesellschaft, die ihn nicht besichtigt, *keine* Stadtrundfahrt ... (Koeppen) *Kein* Mond stand hinter den Wolken. (Jahnn) *Keiner* weiß, daß ich hier bin. *Keine* schlechte Architektur. Er kannte *keins* der Kinder. Es ist noch *keine* fünf Minuten her.

Zur Verstärkung wird *kein* mit *einziger* verbunden *(Kein einziger ist dageblieben)*. Das Neutrum *kein[e]s* kann in veraltetem Sprachgebrauch auf Substantive mit beliebigem Genus bezogen werden (vgl. 570 und 567):

> *Keines* wagte, das Licht anzuzünden. (H. Stehr) Was jedoch daraus werden sollte, wußte ... *keines* von beiden zu sagen (Raabe) ... und *keines* will das andere verlassen. (Frisch)

---

[1] Es ist im 14. Jahrhundert aus *jeder Mann* gebildet worden.

573 **man** [1]

Mit *man* bezieht sich der Sprecher/Schreiber auf nicht näher bestimmte Personen. Es ist indeklinabel, kommt nur im Nominativ Singular vor und steht nur als Stellvertreter eines Substantivs (+ Artikel). Der Dativ wird durch *einem*, der Akkusativ durch *einen* ersetzt:

> Je älter *man* wird, um so rätselhafter wird *einem* das Leben. (G. Schröer)

Das Indefinitpronomen *man* umfaßt singularische und pluralische Vorstellungen und reicht von der Vertretung des eigenen Ich bis zu der der gesamten Menschheit:

> „Darf *man* eintreten?" fragte mein Vater. (Th. Mann) Bei diesem ewigen Gekneter wachte *man* ja alle fünf Minuten auf. (Hausmann) *Man* bittet, die feine Symbolik seiner Kleidung zu beachten. (Th. Mann) *Man* braucht hier keine (Uhr). *Man* bleibt, wo *man* mag, und geht weg, wenn *man* mag. (Binding)

574 **manch**

Mit *manch* usw. wird eine unbestimmte Anzahl von Wesen, Dingen u. ä. bezeichnet, und zwar nicht als geschlossene Gruppe, sondern als vereinzelte Exemplare: der eine und der andere unter vielen.
Es wird als Begleiter und Vertreter eines Substantivs (+ Artikel) gebraucht und dabei in der Regel wie ein Adjektiv dekliniert, das allein vor einem Substantiv steht (Typ I, stark, vgl. 475; zur Kongruenz vgl. 534):

> Das hat schon *mancher* vor ihm gesagt. Frauen waren für ihn ein begrifflicher Plural ... *Manche* kriegt man, *manche* kriegt man nicht. (Spoerl) *Mancher* der Anwesenden/*Mancher* von den Anwesenden fühlte sich persönlich angesprochen. Er war schon *manches* Mal gescheitert. Er hatte dort *manchen* Bekannten getroffen. Die Straße ist an *manchen* Stellen beschädigt.

Durch *gar, so* und *wie* kann *mancher* verstärkt werden. Dabei sind *gar/wie mancher* eher veraltet:

> So *mancher* hat das schon gewollt, aber nie erreicht. Gar *mancher* steht lebendig hier. (Goethe)

Im Genitiv Singular des Maskulinums und Neutrums wird die Form von *manch* überwiegend wie beim Adjektiv mit *-en*, mitunter aber auch – vor Substantiven des Typs VI (vgl. 393) und vor substantivierten Adjektiven immer – wie bei *dies-* mit *-es* gebildet (vgl. 534):

> ... auf Grund *manchen* Einverständnisses. Sie entäußerte sich auch *manches* Möbelstücks. (Th. Mann) Er erinnerte sich so *manches* Schönen/*manches* Menschen.

Als formelhafter Ausdruck, als Einheit und als Variante von *mancher* ist *manch ein* anzusehen:

> *manch ein* Bewohner der Stadt/*Manch einer* (= mancher) bekam Bedenken.

Endungsloses *manch* wird gelegentlich noch im Nominativ oder Akkusativ Singular Neutrum (selten Maskulinum) und vor Adjektiv + Substantiv gebraucht:

> Es weiß Homer von seinen Helden *manch* Abenteuer zu vermelden. (E. Roth) *Manch* anderer/*Manch* andere hätte daran teilgenommen. Wir haben *manch* schönes Gespräch geführt. Sie haben *manch* harten Sturm erlebt.

Zur Deklination des folgenden Adjektivs vgl. 490.

---

[1] Das Pronomen *man* ist der zum unbestimmten Pronomen der 3. Person gewordene Nominativ Singular des Substantivs *Mann*, bedeutet also ursprünglich ‚irgendein Mensch'.

mehrere

Das Pronomen *mehrere* hat die Bedeutung ‚einige, ein paar, nicht viele; verschiedene'. Es wird als Begleiter und Stellvertreter eines Substantivs (+ Artikel) gebraucht[1] und dabei wie ein Adjektiv dekliniert, das allein vor einem Substantiv steht (Typ I, stark, vgl. 475; zur Kongruenz vgl. 534):

> *Mehrere* Stunden war ich dort. Sie wurde auf *mehreren* Reisen mitgenommen. *Mehrere* kamen herbeigelaufen. Ihr fehlten *mehrere* ihrer Stücke. Es kamen *mehrere* von seinen Freunden.

Das zusammenfassende Neutrum im Singular ist veraltet:

> ... bemerkten wir alles dieses und noch *mehreres*. (Immermann)

Zur Deklination des folgenden Adjektivs vgl. 491.

meinesgleichen

	1. Person	2. Person		3. Person	
		vertraulich	höflich	Mask. Neutr.	Fem.
Singular	meinesgleichen	deinesgleichen	Ihresgleichen	seinesgleichen	ihresgleichen
Plural	unseresgleichen	euresgleichen		ihresgleichen	

Diese unveränderlichen Formen werden als Stellvertreter eines Substantivs (+ Artikel) gebraucht. Sie haben die Bedeutung ‚jemand, ein Mensch, Menschen wie ich usw.':

> *Meinesgleichen* handelt nicht so. *Deinesgleichen* haben wir nicht wiedergesehen. *Euresgleichen* brauchen wir hier nicht.

nichts

Das Pronomen *nichts* wird im Sinne von ‚kein Ding, keine Sache, nicht etwas, nicht das mindeste' gebraucht und ist wie *etwas* ein indeklinables Neutrum. Es wird allein oder attributiv im Nominativ, Akkusativ und nach Präpositionen gebraucht. Das folgende substantivierte Adjektiv wird nach Typ I (stark; vgl. 475) dekliniert:

> Ich glaube *nichts,* was ich nicht mit eigenen Augen sah. (G. Binding) Der prophezeite dem armen Bengel handgreiflich *nichts* Gutes für seine Seefahrt. (H. Leip) Aus *nichts* wird *nichts* (Sprw.) Sie glaubt an *nichts.*

Die Form *nix* ist in der gesprochenen Umgangssprache allgemein gebräuchlich *(Das ist nix für mich).* Die Form *nischt* begegnet mitteldeutsch, besonders berlinisch *(Er hat nischt gesehen).*
Verstärkend werden *gar, ganz und gar* oder *rein gar nichts* gebraucht:

> Der Jung ist faul, zu *gar nichts* hat er Lust. Sie hatten sich in Berlin ernstlich Sorge um ihn gemacht, als sie *rein gar nichts* von ihm hörten. (Spoerl)

Zu *niemand* vgl. 571, zu *paar* vgl. 566.

sämtlich

Das Pronomen wird im Sinne von ‚ganz, vollständig, gesamt' gebraucht; im Plural ist es ein nachdrücklicheres *alle* (vgl. 565) und faßt, wie dieses, zusammen. Es

---

[1] Der Gebrauch zwischen Artikel und Substantiv ist heute nicht üblich:
   die *mehreren* (= die Mehrzahl der) Fälle (Schiller); einer der *mehreren* Schlüssel (Barlach).

steht im allgemeinen als Begleiter, selten als Vertreter eines Substantivs (+ Artikel) und wird wie ein Adjektiv dekliniert[1]:

> *sämtlicher* Abfall; eine Versammlung fast *sämtlichen* in Frankreich zur Zeit aufbringbaren Geistes (Bartsch); dazu bimmelten *sämtliche* Kirchenglocken (Gaudy); mit *sämtlichen* (z. B. Bewohnern) stehe ich auf gutem Fuße.

Häufig steht ein Possessivpronomen voran[1] (*meine sämtlichen* Freunde; vgl. 532,2). Zur Deklination des folgenden Adjektivs vgl. 492.

---

579 | **welch**

Als Indefinitpronomen ist *welch* umgangssprachlich. Es bedeutet ‚einige, manche; einiges, etwas‘, wird für ein vorher genanntes Substantiv gebraucht und dabei wie ein Adjektiv dekliniert, das allein vor einem Substantiv steht (Typ I [stark], vgl. 475). Der Genitiv Singular wird vermieden:

> Manchmal waren gar keine Zigaretten im Haus ... Albert mußte am Automaten *welche* ziehen. (H. Böll) Raison annehmen kann niemand, der nicht schon *welche* hat. (Ebner-Eschenbach)[2]

Die Verstärkung *irgendwelcher* wird auch attributiv gebraucht:

> *irgendwelches* aufgelesene Zeug (Plievier); aus *irgendwelcher* inneren Tasche (Th. Mann); um *irgendwelcher* erzieherischen Gesichtspunkte willen (Th. Mann).

Im Genitiv Singular Maskulinum und Neutrum wird, wenn er überhaupt gebraucht wird, überwiegend die Endung *-en* wie beim Adjektiv, gelegentlich aber auch die Endung *-es* wie bei *dies-* gebraucht (vgl. 534):

> mangels *irgendwelches* zuverlässigen Kompasses (Barlach).

Die Form *etwelch*[3] ist veraltet und kommt nur noch altertümelnd in der gehobenen Sprache vor:

> *etwelches* ökonomische Interesse (Th. Mann); (Überlegenheit,) die nicht einmal durch *etwelche* Verliebtheit seinerseits auszugleichen war (Ric. Huch); *etwelche* hunderttausend Jahre (Th. Mann); *etwelche* Bundesstraßen (Der Spiegel).

Zur Deklination des folgenden Adjektivs vgl. 495. Zu *wenig* vgl. 566.

---

580 | **wer**

Als Indefinitpronomen ist *wer* umgangssprachlich und hat die Bedeutung ‚jemand, einer‘ (vgl. 563). Es steht fast nur allein. Der Genitiv wird nicht gebraucht:

> Da vorn ist jetzt *wer* ins Wasser gesprungen. (Billinger) An einer unserer Boxen hämmert *wer*. (Quick) Schließlich sind wir doch heute *wer*, nicht wahr? Ich hab's *wem* gegeben. Oft trifft man *wen*, der Bilder malt, viel seltner *wen*, der sie bezahlt. (W. Busch) (Selten:) *wer* anderer (Lernet-Holenia), *wer* Bekannter (Schnitzler), *wen* anderen (Hausmann).

Verstärkend wird *irgend* vor die Formen von *wer* gesetzt:

> *Irgendwer* wird schon kommen. *Irgendwen* wird er ja schicken.

Zum Gebrauch von *[irgend]was* vgl. 569.

---

[1] Der Gebrauch zwischen Artikel und Substantiv ist heute selten (üblicher ist Artikel + *gesamt* + Substantiv).
[2] Im Süddeutschen wird das Indefinitpronomen gelegentlich ausgelassen:
> Dort standen allerlei Schächtelchen mit guten Hustenbonbons ... „Nimm dir *[welche]*", sagte sie. (Ebner-Eschenbach) Jetzt hast du Ohrringe. Wart einmal, ich hänge mir auch *[welche]* an. (Anna Schieber)
[3] Schweizerisch mit bestimmtem oder unbestimmtem Artikel, d. h. wie ein Adjektiv:
> Wegen der *etwelchen* Unsicherheit, in welcher die Männer die Welt halten ... Hierauf trat eine *etwelche* Besserung ein. (Keller)

6 Die Partikeln

581

Nachmittags gingen Peter und Frank in das Stadion. Borussia Mönchengladbach spielte *gegen* Schalke. *Aus* allen Richtungen strömten die Menschen *zum* Sportplatz; *überall* flatterten bunte Fähnchen der beiden Vereine. *Als* Peter *und* Frank *in* das Stadion kamen, war es *fast bis auf* den letzten Platz besetzt. Sie drängten sich *durch* die Menge *zu* ihrem Stehplatz.

Wenn man aus dem vorstehenden Text die Wörter herausstreicht, die zu den Wortarten gehören, die bereits behandelt sind, also die Verben, die Substantive, die Adjektive, den Artikel und die Pronomen, dann bleiben Wörter übrig wie

nachmittags, und, in, gegen, aus, zu, überall, als, fast, bis, auf, durch.

Diese Wörter sind weder konjugierbar noch deklinierbar. Man kann sie als Partikeln (Singular: die Partikel) in eine „Rest- und Sammelklasse"[1] zusammenfassen und dabei drei Untergruppen unterscheiden:

- Adverbien (vgl. 582):

   nachmittags, überall, fast, nebenbei.

- Präpositionen (vgl. 614):

   in das Stadion gehen, *gegen* Schalke, *aus* allen Richtungen.

- Konjunktionen (vgl. 653):

   Als Peter *und* Frank ...

Die Wörter der ersten Untergruppe, die Adverbien, sind in der Regel Satzglied oder Attribut; sie dienen vor allem dazu, die Umstände eines Geschehens, einen Sachverhalt näher zu kennzeichnen. Die Wörter der zweiten Untergruppe, die Präpositionen, sind weder Satzglied noch Attribut, sondern werden in Verbindung mit einem Substantiv u. ä. gebraucht, dessen Kasus sie bestimmen. Sie haben die Aufgabe, die Art eines Verhältnisses, einer Beziehung anzugeben. Die Wörter der dritten Untergruppe schließlich, die Konjunktionen, sind weder Satzglied noch Attribut, noch bestimmen sie den Fall des folgenden Wortes: sie haben nur verbindende Funktion. Da Präpositionen und Konjunktionen dazu dienen, sprachliche Elemente zu verknüpfen, können die Wörter dieser beiden Untergruppen auch als Fügewörter zusammengefaßt werden.

6.1 Das Adverb

582

Die Adverbien (Singular: das Adverb) oder Umstandswörter sind ihrer Form nach unveränderlich. Sie können gebraucht werden

- als adverbiale Bestimmung (Umstandsbestimmung) in Verbindung mit einem Verb (vgl. 1053):

   Dort liegt ein Buch. Der Ausflug war *gestern*. Er hat sich *sehr* über diesen Vorfall geärgert. Er legte das Buch *darauf* (= auf den Tisch).

- als Attribut beim Substantiv (vgl. 1065), beim Adjektiv oder beim Adverb (vgl. 1067):

   Das Buch *dort* gefällt mir gut. *Dort* das Haus gehört Peters Eltern. Der Ausflug *gestern* war schön. Sie ist *fast* 10 Jahre in Amerika gewesen. Das Auto fuhr *sehr* schnell über den Weg bis vor das Haus. Karl singt *besonders* gern. Sie besucht uns *sehr* oft.

---

[1] H. Glinz: Deutsche Grammatik II. Wiesbaden ²1975, S. 230 ff.

Bestimmte Adverbien, die Pronominaladverbien (vgl. 610ff.), die mit Präpositionalgefügen austauschbar sind, können wie diese auch Präpositionalobjekt sein (vgl. 1039,2):

Er freute sich *über den Besuch/darüber.* Sie überredete ihn *dazu, an diesem Fest teilzunehmen/zur Teilnahme an diesem Fest.*

Von einigen Adverbien kann auf Grund ihrer Valenz ein Satzglied 2. Grades abhängen (zu den entsprechenden Satzbauplänen vgl. 1122ff.):

Er ist mir *in der Musik voraus.* Wir steigen *den Berg hinauf.*

Mit den Adverbien werden – allgemein gesagt – die verschiedensten Umstände bezeichnet. Folgende Untergruppen lassen sich aufstellen:

lokal (Raum, Ort)	temporal (Zeit)	modal (Art und Weise usw.)	kausal (Begründung i. w. S.)
dort	bald	gerne	darum
da	gestern	eilends	warum?
wo?	nachmittags	sehr	deshalb
dorthin	vorher	wie?	weshalb?
wohin?	nachher	außerdem	trotzdem
dorther	danach	dagegen	dennoch
woher?	wann?	hingegen	sonst
usw.	usw.	usw.	usw.

583 6.1.1 Die Lokaladverbien (Adverbien des Ortes, des Raumes)

Mit den Lokal- oder Ortsadverbien werden Umstände des Ortes, des Raumes bezeichnet, und zwar gemäß den Raumvorstellungen, die der Sprecher/Schreiber und der Hörer/Leser in der jeweiligen Kommunikationssituation aufbauen (lokale Deixis)[1]:

das Haus *da/dort oben* am Weg; *hier* ist der richtige Weg; *wo* ist er?; sie kommt gerade auch *daher/dorther; woher* kommt er?; es ist nicht mehr weit bis *dahin/dorthin; wohin* ist sie gegangen?; stell die Tasche *hierher/hierhin* auf den Tisch;
auf dem Schrank *oben, unten* im Regal; da *droben* auf dem Berg, dort *drunten* im Tal; *links/rechts* vom Fluß, *drüben* am anderen Ufer/*abseits* vom Dorf wohnen; eine Vase nach *vorn[e]/hinten/beiseite* stellen; am Tisch *obenan* sitzen, das Buch liegt *obenauf,* das Haus *nebenan;*
ein Gebäude *außen/innen* renovieren; *drinnen* (in der Wohnung)/*draußen* (auf dem Balkon); den Tisch *mitten* ins Zimmer/*darein* stellen; *mittendrin/darin* stand ein Tisch; der Ort ist *rings[herum]* von Bergen umgeben;
er ist den Weg *abwärts* gegangen, der Weg führt *aufwärts, auswärts* wohnen, den Schrank *seitwärts* schieben usw.;
sie war *allseits/überall/allenthalben* beliebt; *überallher* kamen die Ameisen und krochen *überallhin;*
irgendwo habe ich ihn schon einmal gesehen; er hat sie *nirgends/nirgendwo* gefunden; *irgendwohin* werden sie schon gegangen sein; *irgendwoher* muß er das Geld ja bekommen haben.

Es folgen Anmerkungen zu einzelnen Lokaladverbien (zu Adjektiven wie *obere, untere, linke, rechte* vgl. 448,1):

---

[1] Vgl. W. Klein: Wo ist hier? Präliminarien zu einer Untersuchung der lokalen Deixis. In: Linguistische Berichte 58 (1978), S. 18–40.

darein/darin, worein/worin

Mit *darin* und *worin* wird die Lage bezeichnet. Sie können nicht zur Angabe der Richtung verwendet werden, wie früher und z. T. noch heute in gehobener Sprache *darein* und *worein*:

> Sie nahm die Zeitung und vertiefte sich *darin* (standardspr.: *in sie*/geh.: *darein*). Er fand die Zeitung, worin (standardspr.: *in die*/geh.: *worein*) ich das Geld gewickelt hatte.

her/hin

Im allgemeinen wird mit *her* die Richtung auf den Standpunkt des Sprechers zu, mit *hin* die Richtung vom Standpunkt des Sprechers weg ausgedrückt:

> *her* mit dem Geld!, von Westen *her*; bis zur Mauer *hin*, nach Norden *hin*, über den Fluß *hin*. (In Verbindung mit Verben:) Komm *her*! Sie sollen das Gepäck *her*bringen. Wir werden nicht *hin*gehen. Bring ihr das Geld *hin*.

Dies gilt nicht bei übertragenem Gebrauch der Verben:

> Sie *zogen* über ihn *her* (= redeten über ihn). Das wird schon *hinhauen* (= einen guten Ausgang haben).

Bei den mit *ab, aus, unter* usw. zusammengesetzten Adverbien wird an der Unterscheidung der Richtung häufig nicht festgehalten, weil die Bedeutung des zweiten Bestandteiles dominiert. Oft ist gar nicht zu unterscheiden, ob die Richtung auf den Sprecher zu oder vom Sprecher weg gemeint ist. Im übertragenen Gebrauch kommt fast nur *her-* vor:

> Er versuchte ihn *herauszudrängen/hinauszudrängen*. Sie stieg von der Leiter *herab/hinab*. Er würgte die Tablette ohne Wasser *herunter/hinunter*. Sein Haar floß die Schultern *herab/hinab*; etwas frei *heraus*sagen; sich zu jemandem *herab*lassen; er ist ganz *herunter*gekommen; ein Buch *heraus*geben; jemanden *herab*setzen.

In der norddeutschen Umgangssprache werden nur die verkürzten Formen von *her* gebraucht:

> Trag die Sachen in das Zimmer *rein* (statt: *hinein*)! Gehen Sie *rüber* (statt: *hinüber*)! Reich ihm den Hammer *rauf* (statt: *hinauf*)!

In der süddeutschen Umgangssprache wird dagegen an der Unterscheidung von *her* und *hin* auch bei den verkürzten Formen weitgehend festgehalten.

herum/umher

Das Adverb *herum* bedeutet ‚in kreis- oder bogenförmiger Richtung, im Kreis, ringsum' *(um die Stadt herumlaufen)*, *umher* bedeutet ‚kreuz und quer, dahin und dorthin, nach dieser und jener Richtung' *(in der Stadt umherlaufen)*. In der Alltagssprache wird an dieser Unterscheidung nicht festgehalten:

> Sie tollten auf der Wiese *herum*. Er ging ruhelos im Zimmer *herum*.

Selbst in der Standardsprache findet sich schon häufig *herum* statt *umher*, zumal dann, wenn die Richtung einer Bewegung u. ä. nicht klar ist:

> In Paris irrt ... ein ehrlicher, leidenschaftlicher Republikaner *herum*. (St. Zweig) Unsere neapolitanischen Jungen sind daran gewöhnt, viele Stunden mit leerem Magen *herumzulaufen*. (Thieß) ... den er im Haus *herumführen* mußte. (Plievier) Die Ziegel da lagen alle auf dem Boden *herum*. (Gaiser)

Wenn es sich um eine erfolglose oder unnütze, aber anhaltende Beschäftigung handelt, wird *herum* gebraucht:

> Er fuchtelte vor ihrem Gesicht *herum*. Finstere Gestalten lungerten unter den Brücken *herum*. Er fingerte eine Zeitlang an mir *herum*. (Bergengruen) Vergeblich kramte er in seiner Brieftasche *herum*. (Ott) ... wenn er in seinen Akten *herum*wühlte. (Gaiser)

587

fort/weg

In der Bedeutung ‚von einer Stelle weg und auf ein Ziel zu' kann *fort* gewöhnlich mit *weg* ausgetauscht werden; *fort* klingt in den meisten Fällen gewählter:

Wir müssen schnell *weg/fort*. Ich muß noch die Post *weg*bringen/*fort*bringen. Er ist aus Angst *weg*gelaufen/*fort*gelaufen. Das Hochwasser riß die Brücke *weg/fort*. Sie schickte die anderen *weg/fort*. Die Männer räumten die Hindernisse *weg/fort*. Er warf achtlos den Stummel *weg/fort*. Sie wischte die Zeichnung wieder *weg/fort*.

Auch wenn das Entferntsein, die Abwesenheit ausgedrückt werden soll, können *fort* und *weg* gleichermaßen verwendet werden:

Er ist schon drei Tage *weg/fort*. Sie war lange *weg*geblieben/*fort*geblieben.

In den Bedeutungen ‚vorwärts, voran' und ‚weiter, auch in Zukunft' ist *fort* nicht mit *weg* austauschbar:

Er ist im Beruf nicht *fort*gekommen. Die Bauarbeiten schreiten zügig *fort*. Er hat das Werk der Mutter *fort*geführt usw.

588

6.1.2 Die Temporaladverbien (Adverbien der Zeit)

Mit den Temporal- oder Zeitadverbien werden Umstände der Zeit bezeichnet:

Er kommt Dienstag *abend*/*heute morgen*/*übermorgen [vor]mittag*; *wann* ist sie da?; von *morgens* bis *abends*; *mittags* [um] 12 Uhr, 12 Uhr *mittags*; er kommt immer *nachmittags/vormittags*; er arbeitet *nachts/nachtsüber/tagsüber*; *montags/dienstags* usw. arbeitet er in der Fabrik; *alltags/werktags* steht er früh auf; *sonntags/feiertags* schläft er sich aus;

heute ist Dienstag; *wann* ist Weihnachten?; *gestern* am Vormittag; *vorgestern* [um] 12 Uhr; der Besuch *morgen*; *übermorgen abend*;

die Mode von *heute*; *heutigentags/heutzutage* arbeitet man viel mit Computern; *jetzt* habe ich Zeit; *nun* kann sie kommen; sie tritt *eben/soeben/gerade* ein; sie hat *derzeit/ zur Zeit* nichts vorrätig;

die Mode von *gestern*; er ist *eben/soeben/gerade/vorhin* hinausgegangen; *kürzlich/neulich/unlängst/letztens* war er noch bei uns; *einst/einstmals/ehemals/ehedem* stand hier ein Denkmal; er ist *längst* gekommen; *damals/derzeit/seinerzeit* war er der beste Läufer;

seither/seitdem haben wir nichts mehr von ihr gehört; *seit wann* vertritt sie diesen Standpunkt?; *bisher/bislang* war sie ganz zufrieden;

der Stil von *morgen*; *demnächst* wird er uns besuchen; du wirst es *einmal/einst/dereinst* bereuen; *bald* habe ich Urlaub, *dann* werde ich an die See fahren; er wird *nächstens/ fortan* besser aufpassen; bis *morgen* wird er fertig; bis *wann* hat er es geschafft?;

sie kommt *frühestens/spätestens/erst* um 8 Uhr; sie war *schon/bereits* da, als wir kamen; sie werden *sofort/[so]gleich* kommen; sie griffen beide *zugleich/auf einmal* zu; *beizeiten* trafen sie ein; sie konnte nicht *eher* kommen; diese Arbeit machen wir *ein andermal*;

einstweilen/indes/indessen/inzwischen/unterdessen/zwischendurch/vorerst/zunächst arbeitet er in der Fabrik; *anfangs* war er von unserem Plan begeistert, *hernach/nachher* aber bekam er Bedenken; ich komme *nachher* vorbei, *vorher/zuvor* muß ich noch zur Post und *danach/hinterher/darauf/hierauf* zur Bank; *[zu]erst* kam der Vater, *dann* [kam] die Mutter und *zuletzt/endlich/schließlich* [kam] das Kind; *bald* ist sie in Hamburg, *bald* in Bremen;

er kommt *stets/immer/jedesmal* zu spät; er redete *immerzu*; er war *zeitlebens* krank; er ist *jederzeit* bereit, dir zu helfen; er kommt *jeweils* am ersten Tag des Monats; er hat *meistens/[zu]meist* wenig Zeit; das Wetter war *durchweg* schön; er wird das *nie[mals]/ nimmermehr* tun;

sie kam *oft* zu uns; wie *oft* kam sie?; ich treffe ihn *öfter[s]/manchmal/ab und zu/bisweilen/mitunter/zuweilen/dann und wann/hin und wieder* auf der Straße; *zeitweise* war das Ufer überschwemmt; sie hat mich *abermals/nochmals/wieder[um]/mehrmals* besucht; habe ich ihn *je[mals]* belästigt?; sie war in dieser Woche *einmal/zweimal/dreimal* im Kino.

Vor allem mit den Adverbien *zuerst* und *zuletzt* kann auch einfach die Reihenfolge bezeichnet werden („als erster/letzter'); darin berühren sie sich mit den Zahladverbien *erstens, zweitens* usw. (vgl. 592). Die mit *-mal* zusammengesetzten Adverbien (*einmal, manchmal, x-mal* usw.) werden auch Wiederholungszahlwörter genannt.[1] Die Wiederholung kann auch durch eine Fügung aus einer Ordinalzahl oder einem unbestimmten Zahladjektiv oder Pronomen mit *Mal* ausgedrückt werden:

> das zweite Mal/zweitemal, zum zweiten Mal[e]/zweitenmal usw.; viele Male, mehrere Male. (Mit der Adverbendung *-s:*) vielmals, mehrmals, erstmals.

Zu Adjektiven wie *heutig, gestrig, morgig, nächtlich* vgl. 448,1.

6.1.3 Die Modaladverbien[2]

Die Modaladverbien lassen sich in verschiedene Gruppen unterteilen.

Modaladverbien zur Kennzeichnung der Art und Weise (Qualität)

589

> *gern[e]* helfen; *anstandslos/blindlings* gehorchen; jemanden *hinterrücks* überfallen, *insgeheim* beneiden; *eilends/kurzerhand/unversehens/flugs* (veralt.) in Urlaub fahren; *kopfüber* ins Wasser springen, *geradeaus* fahren, *rücklings* die Treppe hinunterfallen; eine Bitte *rundheraus/rundweg/glattweg* ablehnen; eine Arbeit *obenhin/nebenher* tun; etwas *unterderhand* erfahren; sich *vergebens* bemühen, *umsonst* warten; *unverrichteterdinge* umkehren. *Irgendwie* wird es schon gehen. *Wie* hast du das gemacht? Peter hat es *so* gemacht, ich mache es *genauso*. Sie sind *so/ebenso/genauso* klug wie die anderen.

Modaladverbien zur Kennzeichnung des Grades, Maßes (Quantität, Intensität)

Die Adverbien dieser Gruppe werden häufig attributiv gebraucht.

Kennzeichnung des hohen Grades, des hohen Maßes

590

> Sie ist *[all]zu/[gar] zu* beschäftigt. Er arbeitet *genug*. *Wieviel* arbeitet er? *Besonders/Namentlich/Vornehmlich* ärgert sie sein dauernder Widerspruch. Die Straße wird *zumal/besonders* abends viel befahren. Sie hat es schwer, *besonders/zumal* da sie krank ist (vgl. 668). Sie singt *weitaus* am besten, *weitaus* besser als die anderen. Er kann nicht kommen, weil er so erkältet ist. Sie war *zutiefst* erschüttert. Ich danke *sehr/vielmals*. Er war *derart/dergestalt* erregt, daß er die Beherrschung verlor. Er ist *sehr/überaus* erkältet. Er ist *mehr* erkältet, als du glaubst. Die Mannschaft war *vollends* entmutigt. Das ist *sattsam* bekannt. Es war ihr *schlechterdings/nachgerade/geradezu* unmöglich, früher zu kommen. Er war frech, ja *schlechthin* unverschämt. Er hat *überhaupt/gar* nichts gesehen.

Kennzeichnung des begrenzten Maßes, der Beschränkung, Annäherung, Unbestimmtheit

591

> *Beinahe* hätte er es vergessen. *Fast* jeder hatte ein Auto. Sie ist mit der Arbeit *nahezu/größtenteils* fertig. Das ist *etwa/ziemlich* gleich. Die Arbeit ist ihm *teilweise/einigermaßen/halbwegs* gut gelungen. *Teils* waren die Früchte verfault, *teils* waren sie wurmstichig.
> (In Verbindung mit Zahlen:) Sie war *bald/rund* 10 Jahre in Amerika. Sie warteten *nahezu/beinahe/zirka/fast* 3 Stunden. Er kommt *etwa/schätzungsweise* um 3 Uhr. Er will *höchstens/mindestens/wenigstens* 4 Tage bleiben.

---

[1] Attributiv verwendbare Ableitungen sind *einmalig, dreimalig, erstmalig* usw. (vgl. 450).
[2] Vgl. auch G. Kolde: Zur Funktion der sogenannten Modaladverbien in der deutschen Sprache der Gegenwart. In: Wirkendes Wort 20 (1970), S. 116–125.

Er hatte *an [die]/um [die]* 40 Mark verloren. *Bis [zu]* 10 Schüler können teilnehmen. *Gegen* 1000 Menschen waren im Saal. Es ist *über* ein halber Meter Schnee gefallen. Gemeinden von *über* 10000 Einwohnern, Kinder von *unter* 10 Jahren.
(Bei *bis zu* die Rektion aus:) Kinder *bis zu* 10 Jahren, Gemeinden *bis zu* 100000 Einwohnern (vgl. 634).

Die Partikeln *an, bis, gegen, über, um, unter* können auch als Präposition gebraucht werden *(Er dachte an seinen Bruder).* Aber nur als Adverbien können sie weggelassen, mit anderen Adverbien ausgetauscht und im Subjekt gebraucht werden *([An/Etwa] vierzig Mark war der Preis für dieses Buch).*
Durch *bis* wird einmal ein unbestimmter Zwischenwert zwischen zwei Zahlen ausgedrückt:

in drei *bis* vier Wochen, im Alter von sechs *bis* sieben Jahren. Drei *bis* vier Jahre waren als Zeitraum genannt worden.

In Verbindung mit bestimmten Präpositionen gibt *bis* eine Grenze:

Sie blieben *bis zum* Abend. Sie tanzten *bis in* die Nacht hinein. Er wanderte *bis an* den Fluß/*bis in* den Wald/*bis zum* Fuß des Berges.

Modaladverbien zur Kennzeichnung der Erweiterung, der Einschränkung, des Gegensatzes

| 592 | **Kennzeichnung der Erweiterung** |

Der Wind wehte stark; es schneite *außerdem/zudem/überdies* recht heftig. Haben Sie *sonst/außerdem* noch Fragen? Was willst du *sonst/anders* machen? Nichts *mehr/sonst.* Fred kann gut schwimmen, *auch* spielt er gut Tennis. Fred und *auch* Bernd hat ein neues Fahrrad bekommen. Monika verreist gleich am ersten Ferientag, *ferner/desgleichen/weiterhin/gleichfalls/ebenfalls* Kirsten.
(Auch zur Bezeichnung der Reihenfolge; vgl. 588:) erstens, zweitens, drittens usw.

| 593 | **Kennzeichnung der Einschränkung (restriktiv), des Gegensatzes (adversativ)** |

Das Auto fährt zwar sehr schnell und ist *insofern/[in] soweit* sehr zu empfehlen; *allerdings/freilich/nur/doch/jedoch* (vgl. 658) ist der Motor dabei sehr laut. Sein Aufsatz ist zwar nicht besonders gut. Aber er hat sich *zumindest/wenigstens/immerhin* dabei Mühe gegeben. (Ausschluß mehrerer Möglichkeiten:) *Weder* ist er faul, *noch* [ist er] dumm. (Gehoben:) *Nicht* dich, Hans, *noch* dich, blonde Inge! (Th. Mann) (Veraltet:) Bin *weder* Fräulein, *weder* schön ... (Goethe) *Noch* Krankheit kannten sie, *noch* Furcht, *noch* Klage. (A. W. Schlegel)
Sie fährt gerne Auto; *indessen/indes/dagegen/hingegen/hinwiederum/[je]doch* fliegt sie nur höchst ungern im Flugzeug. Er ist nicht dumm, *eher/vielmehr* ist er faul.

| 594 | **Modaladverbien zur Kennzeichnung der Hervorhebung** |

Mit diesen häufig attributiv verwendeten Modaladverbien werden Satzglieder hervorgehoben:

Ausgerechnet ihm mußte das passieren. *Eben/Gerade/Genau* das wollte ich sagen. *Auch/Selbst* die kleinste Spende hilft (zu *selbst* als Pronomen vgl. 557). *Allein/Nur* (vgl. 658) er ist schuld. *Sogar* wochentags findet man dort einen Parkplatz. Sie ist *schon/bereits*[1] morgen/*erst* übermorgen damit fertig. *Besonders/Insbesondere/Zumal* von ihm hätte ich das nicht erwartet.

---

[1] Zum Verhältnis von *schon* und *bereits* vgl. H. Gelhaus: Zur Lexikographie von *schon* und *bereits*. In: Sonderheft der Zeitschrift für deutsche Philologie 96 (1977), S. 133–156.

Modaladverbien zur Kennzeichnung der Einschätzung, der Beurteilung[1]

Mit diesen Modaladverbien drückt der Sprecher/Schreiber aus, wie er eine Aussage einschätzt, in welchem Grade eine Aussage nach seiner Meinung gilt, zutrifft. Im allgemeinen werden diese Partikeln auf die ganze Aussage bezogen (zur Stellung vgl. 1271):

> Er kommt *vielleicht/möglicherweise/womöglich/wohl* zu Besuch. Sie werden *kaum/ schwerlich* Zeit haben. Du hast *sicher/bestimmt/gewiß/sicherlich/durchaus* recht, aber wir können es doch trotzdem noch einmal überprüfen. *Zweifellos/Zweifelsohne* wäre es das beste gewesen, gleich abzureisen. *Unglücklicherweise/Leider* war niemand zu Hause, als der Besuch kam. *Glücklicherweise* wurde er nur leicht verletzt. *Hoffentlich* geht es ihm gut. Das ist *keinesfalls/keineswegs/nie[mals]/nicht* der Fall.

Diese Sätze lassen sich häufig zu einer ausdrücklichen Stellungnahme umformulieren:

> Es ist möglich, daß er zu Besuch kommt. Es besteht kein Zweifel, daß du recht hast.

Während sich Adverbien, sofern sie als selbständiges Satzglied gebraucht werden, in der Regel mit einer Ergänzungsfrage (vgl. 1011) erfragen lassen:

> Sie wohnt *dort.* – *Wo* wohnt sie? Er kommt *morgen.* – *Wann* kommt er? Er gehorcht *blindlings.* – *Wie* gehorcht er?

können die einschätzenden, beurteilenden Modaladverbien als Antwort auf eine Entscheidungsfrage (vgl. 1011) verwendet werden, so daß zwischen *ja (jawohl)* und *nein* eine breite Skala von modifizierten Antworten besteht:

> Kommt er zu Besuch? – Ja/Jawohl/Zweifellos/Sicherlich/Bestimmt/Sicher/Vielleicht/Möglicherweise/Kaum/Nein.

Wörter wie *sicher, gewiß, bestimmt* u. a., die in den oben angeführten Beispielen Adverbien sind, sind in anderen Verwendungen Adjektive:

> (Adjektiv:) Sie wählten einen *sicheren* (=gefahrlosen) Weg. Diese Nachrichten sind nicht *sicher* (=zuverlässig, verbürgt). Er fährt schon sehr *sicher* (=gut) mit dem Auto.
> (Das Negationswort *nicht* wird vorangestellt:) Er fährt *nicht sicher* mit dem Auto.
> (Adverb:) Er fährt *sicher* (=sicherlich) mit dem Auto (es ist sicher, daß er mit dem Auto fährt). (Das Negationswort *nicht* wird nachgestellt:) Er fährt *sicher nicht.*

Mit dem Adverb *nicht* wird eine Aussage verneint. Im Unterschied etwa zu den Negationspartikeln *keinesfalls, niemals, keineswegs* kann es für sich nicht als Antwort gebraucht werden (vgl. 1149 ff.):

> Kommt sie? – *Keineswegs.*/Sie kommt *nicht.*

Abtönungspartikeln[2]

Bestimmte Adverbien werden – vor allem in der gesprochenen Sprache – verwendet, um eine Aussage zu färben und abzutönen; der Sprecher/Schreiber drückt mit ihnen seine Verwunderung, seine Verärgerung, seinen Zweifel, seine Resignation u. ä. aus (zur Stellung vgl. 1266,7):

---

[1] W. Admoni: Der deutsche Sprachbau. München [4]1982, S. 203 ff.; G. Helbig: Sind Negationswörter, Modalwörter und Partikeln im Deutschen besondere Wortklassen? In: Deutsch als Fremdsprache 7 (1970), S. 393–401; A. T. Krivonosov: Die modalen Partikeln in der deutschen Gegenwartssprache. (Diss. Berlin 1963). Göppingen 1977.
[2] Zu diesen von der Sprachpflege oft auch „Würzwörter" oder „Füllwörter" genannten Partikeln vgl. H. G. Adler: Füllwörter. In: Muttersprache 74 (1964), S. 52–55; R. Thiel: Würzwörter. In: Sprachpflege 11 (1962), S. 71–73; H. Weydt: Abtönungspartikel. Bad Homburg v. d. H., Berlin, Zürich 1969; ders. (Hg.): Aspekte der Modalpartikeln. Tübingen 1977; ders. (Hg.): Die Partikeln der deutschen Sprache. Berlin, New York, 1979; ders. (Hg.): Partikeln und Deutschunterricht. Heidelberg 1981.

Du bist groß geworden.
Kommst du? Ja.
Warum bis du zu spät gekommen?
Ist das so wichtig?
Geht jetzt bitte!
So geht es nicht!
Will er mitkommen?
Ich habe es gleich gewußt.
Kommst du jetzt her!
Wo bleibt sie?
Es ist gut.
Das war komisch.
Bist du jetzt still!

Du bist *aber* groß geworden.
Kommst du? *Aber* ja.
Warum bist du *auch* zu spät gekommen?
Ist das *denn* so wichtig?
Geht *doch* jetzt bitte!
So geht es *eben/halt* nicht.
Will er *etwa* mitkommen?
Ich habe es *ja* gleich gewußt.
Kommst du jetzt *mal* her!
Wo bleibt sie *nur*?
Es ist *schon*[1] gut.
Das war *vielleicht* komisch.
Bist du jetzt *wohl* still!

6.1.4 Die Kausaladverbien

Mit den Kausaladverbien werden Umstände des Grundes, kausale Umstände im weitesten Sinne, bezeichnet.

| 597 |

Kausaladverbien zur Kennzeichnung der Begründung und konsekutive Adverbien zur Kennzeichnung der Folge

Du mußt ihn *anstandshalber* (= weil es der Anstand gebietet) fragen. *Warum/Weshalb/Weswegen* muß ich ihn fragen? Sie hatte sich *wohlweislich* gehütet, ihn zu fragen. *Meinetwegen/Seinetwegen* brauchst du dir keine Mühe zu geben. Er kommt sehr früh an, er fährt *nämlich* mit dem ersten Zug. Ich kann nicht lange fernsehen, strengt es *doch* meine Augen so an. Wir sind zur Zeit in Urlaub und können sie *daher/darum/deswegen/infolgedessen* erst später besuchen. Wir sind zur Zeit in Urlaub. *Deshalb* können wir sie erst später besuchen. Er hat ihm *deshalb* geholfen, weil er sein Freund ist.
Sie hatte den Unfall nicht gesehen und konnte *also/demnach/folglich/mithin/somit/demzufolge/sonach* nicht als Zeugin vernommen werden. Es regnete, *folglich* mußten wir zu Hause bleiben. Er war nicht gekommen, und *so* konnte ich ihn nicht fragen.

| 598 |

Instrumentale Adverbien zur Kennzeichnung des Mittels

Sie reichte ihm die Medizin und sagte: „*Dadurch/Hierdurch* wirst du wieder gesund." *Wodurch* wird er wieder gesund? Er hat uns *dadurch/damit* sehr geholfen, daß er uns sein Auto geliehen hat. *Hiermit* (mit dem Hammer) kannst du den Nagel einschlagen. *Irgendwomit* wird man schon helfen können. *Womit* aber?

| 599 |

Konditionale Adverbien zur Kennzeichnung der Bedingung, des möglichen Grundes

Genaugenommen (= wenn man es genau nimmt)/*Strenggenommen* hat sie recht. *Notfalls/Nötigenfalls* bleiben wir. *Schlimmstenfalls* muß er bezahlen. Peter sagte: „Ihr wollt um 5 Uhr losfahren? *Dann* kann ich nicht mitkommen." Sie bat mich, ihr zu helfen, weil sie *andernfalls/sonst* zu spät komme. *Gegebenenfalls* muß auch der Chef informiert werden. Du mußt ihr helfen. *Sonst* kommt sie zu spät (= wenn du ihr nicht hilfst, kommt sie zu spät).

| 600 |

Konzessive Adverbien zur Kennzeichnung der Einräumung, des Gegengrundes ohne Einfluß

Ich bin nicht verreist gewesen, *gleichwohl/trotzdem/dennoch/nichtsdestoweniger/dessenungeachtet* habe ich mich erholt. Er fühlt sich nicht gesund, [und] *doch* machte er die Reise mit.

---

[1] Vgl. H. Gornik-Gerhardt: Zu den Funktionen der Modalpartikel „schon" und einiger ihrer Substituentia. Tübingen 1981.

Finale Adverbien zur Kennzeichnung des Zweckes, der Absicht

> Wir wollen uns erholen. *Dazu/Darum/Hierzu/Hierfür* fahren wir an die See. *Warum* fahrt ihr an die See? *Wozu* macht ihr das?

6.1.5 Anmerkungen zu Form und Gebrauch bestimmter Adverbien

Zur Form

Die Adverbien weisen im Deutschen keine einheitliche Form auf. Es gibt aber Gruppen, die mit einem bestimmten Suffix gebildet sind (vgl. 941), z. B. mit *-s* (*abends, dienstags, eingangs* usw.), mit *-weise* (*auszugsweise, probeweise, schritt-weise* usw.) oder mit *-wärts* (*seewärts, himmelwärts, talwärts* usw.).

Die alte Adverbendung *-e* (ahd. *-o*, mhd. *-e*) hat sich in Resten erhalten. Sie ist meist literarisch oder umgangssprachlich:

> ... dem Genuß, der sich ihm ... von *ferne* zeigte. (Th. Mann) Heute ist sie zum Greifen *nahe*. (Werfel) Das soll er mal *alleine* machen!

Früher wurde die Endung auch bei adverbial gebrauchten Adjektiven angefügt:

> Guter Mond, du gehst so *stille* ... Hu, wie pfiff der Wind so *kalte* ... (Scheffel) (Gele-gentlich auch heute noch:) ... während in Großbürgerhäusern das Zeremoniell von Messer und Gabel *strenge* gewahrt wurde. (Musil)

woher, wohin, daher, dahin **gegenüber** *her-, hin-* **+ Bewegungsverb**

Neben der Verbindung *wohin/woher/daher/dahin* + Bewegungsverb wird v. a. in der Umgangssprache auch *wo/da* in Verbindung mit einem mit *hin-* oder *her-* zu-sammengesetzten Bewegungsverb gebraucht:

> Ich weiß nicht, *wohin* er *gefahren* ist. – Ich weiß nicht, *wo* er *hingefahren* ist. *Woher* kommst du? – *Wo* kommst du *her? Daher* weht also der Wind! – *Da* weht also der Wind *her*!

Sonst ist heute standardsprachlich der Gebrauch zusammengesetzter Adverbien üblich. Getrennte Formen kommen v. a. in der norddeutschen Umgangssprache vor:

> *Da* steckt was Schlechtes *hinter*. (Standardspr.: *Dahinter* steckt etwas Schlechtes.) *Da* kann ich nichts *für*. (Standardspr.: *Dafür* kann ich nichts.) *Da* weiß ich kein Mittel *ge-gen*. (Standardspr.: *Dagegen* weiß ich kein Mittel.) Er sagte, *da* habe er nichts *von* ge-hört. (Standardspr.: Er sagte, *davon* habe er nichts gehört.)

Kurzformen zusammengesetzter Adverbien

Die Kurzformen der mit *dar-* gebildeten Adverbien gelten im allgemeinen als um-gangssprachlich:

> dran (= daran), drauf (= darauf), draus (= daraus), drein (= darein), drin (= darin), drob (= darob), drüber (= darüber), drum (= darum), drunter (= darunter).

Die Formen mit anlautendem *n-* sind süddeutsch. Sie fungieren wirklich als Kür-zungen von Adverbien, die mit *hin* zusammengesetzt sind, und werden daher auch mit Apostroph geschrieben:

> 'nauf (= hinauf), 'naus (= hinaus), 'nein (= hinein), 'nüber (= hinüber), 'nunter (= hin-unter).

Die Formen mit anlautendem *r-* sind allgemein in der Umgangssprache gebräuchlich. Sie sind zwar als Kurzformen aus Adverbien, die mit *her* zusammengesetzt sind, hervorgegangen, werden heute aber gebraucht, gleichgültig ob die Richtung auf den Sprecher zu oder vom Sprecher weg gemeint ist. Sie stellen selbständige Formen dar und werden daher auch ohne Apostroph geschrieben:

> ran (= heran), rauf (= herauf), raus (= heraus), rein (= herein), rüber (= herüber), rum (= herum), runter (= herunter).

605 **Die Vergleichsformen**

Nur von wenigen Adverbien können Vergleichsformen gebildet werden, so etwa von *oft*, mit dem die Häufigkeit in ganz unbestimmter Weise ausgedrückt wird:

> oft – öfter – am öftesten.
> Heute gehen Kirche und Gewerkschaft immer *öfter* Arm in Arm. (Der Spiegel) Aber sein Name war es, der *am öftesten* erklang. (Th. Mann)

Unregelmäßige Vergleichsformen haben die Adverbien *wohl* („gut, angenehm‘), *sehr, gern, bald*:

> wohl – besser – am besten (vgl. bestens; aber auch: wohl – wohler – am wohlsten);
> sehr – mehr – am meisten (vgl. meist, meistens);
> gern[e] – lieber – am liebsten;
> bald – eher – am ehesten (vgl. ehestens, baldigst).

Von *bald* und *gern[e]* werden die regelmäßigen Vergleichsformen mitunter in der älteren Literatur und in landschaftlicher Umgangssprache noch gebraucht:

> je *bälder*, je lieber; aufs *baldeste* (Musäus). Man hat sie mit jedem Tage *gerner*. (Stinde) Hab Euch immer am *gernsten* gehabt. (Schiller) (Entsprechend:) ... die Verwandte hatten, schieden am *ungernsten*. (A. Schaeffer)

Im Komparativ werden in bestimmten Fällen adverbiale Genitive in Verbindung mit *des* gebildet:

> Wir werden dich in Zukunft *des öfteren* (= öfter) besuchen. Wir wollen diese Frage heute nicht *des näheren* (= näher) erörtern.

Die Adverbialendung *-s* findet sich zusätzlich bei *öfters, ferners, weiters* (auch bei *durchgehends, durchwegs* u. a.). Diese Wörter gehören mehr der Umgangssprache an oder sind landschaftlich:

> ... die Frauen sprachen *öfters* von ihr ... (H. Kolb) ... obwohl man *durchwegs* eine trockene und lichtdurchglänzte Luft atmet. (Musil) *Weiters* bekämen sie einen richtigen Trainer. (Torberg)

Zuweilen wird im Superlativ ein adverbialer Genitiv auf *-ens* gebildet. Dies ist vorzugsweise bei (im Positiv) einsilbigen Adverbien zu beobachten:

> Wir danken Ihnen *bestens* für Ihren freundlichen Hinweis. Er besucht uns *nächstens*. Ich komme *spätestens* um 8 Uhr. Sie fährt *frühestens* übermorgen. (Ebenso:) mindestens, wenigstens, schönstens, längstens, meistens, höchstens, erstens usw.

Der Superlativ zusammengesetzter Adverbien ist flexionslos:

> zuerst, zuletzt, zunächst, zuunterst, zuoberst, zuvorderst, zumeist, zutiefst, zumindest.

Gradunterschiede bei Adverbien ohne Vergleichsformen können mit *mehr, weiter*, mit *am meisten, am weitesten* oder durch Verdopplung (vgl. 521) ausgedrückt werden:

> Das Verantwortungsgefühl der Menschen geht *mehr* zurück, als man gemeinhin glaubt. Der Rucksack liegt *weiter* oben. Er marschiert *am weitesten* vorn. Ich habe mich *sehr, sehr* gefreut.

Zum Gebrauch bestimmter Adverbien

Adverbien als Bestandteile von Verben und bestimmten Fügungen

606

Häufig wird das Adverb mit dem Verb, bei dem es steht, in bestimmten Formen zusammengeschrieben. Man spricht dann von trennbaren (verbalen) Partikelkomposita (vgl. 730 ff.) bzw. Verben mit trennbarem Halbpräfix (Verbzusatz; vgl. 751 ff.):

> *empor*steigen/steigt *empor*; *ab*binden/bindet *ab*, *an*knüpfen, *auf*heben, *aus*graben; *nach*blicken/blickt *nach*.

Auch in folgenden Fügungen liegen Adverbien vor:

> Hut *ab*!, Licht *an*!, *auf* zur Stadt!, *auf* und *ab*, *hin* und *her* laufen, es geht ihm *durch* und *durch* u. a.

Zur attributiven Verwendung bestimmter Adverbien

607

Da Adverbien – anders als Adjektive – im allgemeinen nicht als Attribut einem Substantiv vorangestellt werden können, gelten attributive Verwendungen deklinierter Adverbien in der Regel standardsprachlich als **nicht** korrekt:

> die *bislangen* Lehren, die *neuliche* Regierungserklärung, die *zutiefste* Empörung, die *sogleiche* Anmeldung, die *zuhandenen* Bilder, *zuwidere* Menschen, der *aufe* Laden, die *zu[n]e* Flasche, der *abe* Knopf, ein *extraes* Geschenk, der nicht lang *genuge* Rock.

Eine Ausnahme bilden die Adverbien, die aus einem Substantiv und *-weise* gebildet sind (vgl. 941). Sie können auch standardsprachlich einem Substantiv als Attribut vorangestellt werden, wenn dieses Substantiv ein Geschehen, eine Tätigkeit bezeichnet, d. h. ein Verbalsubstantiv (Nomen actionis) ist:

> Der Betriebsrat sprach sich für die *probeweise* Einführung der Gleitzeit aus. Dieser Beschluß … erklärt einen *schrittweisen* Verzicht auf die Kernenergie vor allem aus Sicherheitsgründen für notwendig. (Saarbrücker Zeitung)

Die pleonastische Verwendung von Adverbien

608

Es ist vielfach überflüssig (pleonastisch), Adverbien im Zusammenhang mit bedeutungsähnlichen oder -gleichen Wörtern (z. B. Verben, Adjektiven, Adverbien, Konjunktionen) zu gebrauchen:

> Wir haben *bereits schon* erkärt, daß wir mit dieser Sache nichts zu tun haben wollen. (Hinreichend:) Wir haben *bereits* (oder: *schon*) erklärt … Zu allem kommt *noch hinzu*, daß … (Hinreichend:) Zu allem kommt *hinzu*, daß … (Weitere Pleonasmen:) ausschließlich nur, wieder von neuem, nachdem danach, einander gegenseitig, überdies noch, darüber hinaus noch, oder ferner, notwendigerweise müssen, gern hoffen, zuerst anfangen, zuletzt schließen.

Nicht um Pleonasmen, sondern um verstärkende Fügungen handelt es sich dagegen in den folgenden Fällen:

> *durch* und *durch*, *nie* und *nimmer*; sich *an* etwas *an*schließen, *auf* den Baum *hinauf*klettern, *aus* etwas *aus*treten, *in* etwas *hinein*geraten, sich *durch* etwas *hindurch*winden, sich *um* etwas *herum*drücken.

Relativ-, Interrogativ- und Indefinitadverbien

609

Mit Adverbien wie

> wo, wohin, woher; wann; wie, wieso, warum, weshalb, weswegen, womit

wird entweder ein Fragesatz (vgl. 1011) oder ein Relativsatz eingeleitet (vgl. 1198 ff.). Man nennt sie entsprechend **Interrogativ-** bzw. **Relativadverbien:**

Wo bist du gewesen? *Wohin* gehst du? *Wann* kommst du? *Wie* macht er das? *Weshalb* hat sie sich so flegelig benommen?
Er fragte ihn, *wann* er denn komme und *wohin* er dann gehe. Sie ist dorthin gefahren, *wohin* sie fahren sollte. Den genauen Zeitpunkt, *wann* er kommt, weiß ich nicht. Der Grund, *weshalb* er so zornig war, ist nicht bekannt. Das ist das, *worüber* wir gesprochen haben.

Veraltet ist der Gebrauch der Adverbien in folgenden Beispielen:

... in Regionen, *dahin* (= in die) ich ihr nicht folgen kann. (Immermann) ... im Meer, *da* es am tiefsten ist. (Matth. 18, 6) *Von wannen* kommt dir diese Wissenschaft? (Schiller) In schönen Sommertagen, *wann* (= an denen) lau die Lüfte wehn ... (Uhland) Im Herbste, *wann* (= in dem) die Trauben glühn. (Geibel) (Selten:) Die Arbeitsbienen ernähren bestimmte Larven mit einer besonderen Kost, *woher* es dann kommt, daß ... Das war der Gewaltige, ... der aber den Zauber einer bezwingenden persönlichen Liebenswürdigkeit besaß, *daher* er in der Familie ebenso geliebt wie anderwärts gehaßt ... war (I. Kurz)

In den folgenden Beispielen werden die Adverbien indefinit gebraucht:

Wang klopfte wieder *wo* (ugs.) an und wird eingelassen. (Brecht) ... die Frau machte sich *irgendwo* draußen zu schaffen. (Kolb) Die beiden wollten nie getrennt *irgendwohin* (ugs.: *wohin*) gehen. Er muß es *irgendwoher* (ugs.: *woher*) nehmen. *Irgendwann* wirst du dich doch entscheiden müssen. Ich muß dem *irgendwie* ausweichen. Sie wird das Heft schon *irgendwozu* brauchen. Es wird schon *irgendwodurch* erreicht werden. *Irgendwomit* wird man schon helfen können.

Die Pronominaladverbien [1]

610 | Eine besondere Gruppe unter den Adverbien stellen die Pronominaladverbien dar. Sie sind wie die Adverbien indeklinabel, treten (weitgehend) in denselben syntaktischen Rollen auf wie diese und lassen sich nach denselben Bezugsbereichen einteilen (lokal, temporal usw.).
Gebildet werden die Pronominaladverbien aus den Adverbien *da, hier* und *wo* und den Präpositionen *an, auf* usw. Beginnt eine dieser Präpositionen mit einem Vokal, wird *dar-* statt *da-* und *wor-* statt *wo-* gebraucht; neben *danach* und *daneben* gibt es auch die Formen *darnach* und *darneben*:

$$\left.\begin{matrix} da(r)\text{-}[2] \\ hier\text{-}[3] \\ wo(r)\text{-} \end{matrix}\right\} + \left\{\begin{matrix} \text{-an} \\ \text{-auf} \\ \text{-aus} \\ \text{-bei} \\ \text{-durch} \\ \text{-für} \\ \text{-gegen} \\ \text{-hinter} \\ \text{usw.} \end{matrix}\right\} \rightarrow$$

daran, darauf, daraus, dabei, dadurch, dafür, dagegen, dahinter, darin, damit, da[r]nach, da[r]neben, darüber, darum, darunter, davon, davor, dazu, dazwischen;
hieran, hierauf, hieraus, hierbei, hierdurch, hierfür, hiergegen, hierin, hiermit, hiernach, hierunter, hierüber, hiervon, hierzu;
woran, worauf, woraus, wobei, wodurch, wofür, wogegen, wohinter, worin, womit, wonach, woneben, worüber, worum, worunter, wovon, wovor, wozu, wozwischen.

Das Pronominaladverb kann in der Regel mit einem Präpositionalgefüge ausgetauscht werden:

Die Äpfel liegen *auf dem Tisch/darauf*. Heike kümmert sich *um die Arbeit/darum*.

Das Pronominaladverb kann sich einmal auf ein einzelnes Substantiv (als Satzglied oder Gliedteil) beziehen:

Er rückte den Schrank zur Seite. Die Geheimtür *dahinter* (= hinter ihm/dem) war verschlossen. ... eine Ansprache, *worin* (= in der/welcher) er seinen Sohn ... anredete. (Th. Mann)

[1] Vgl. I. Holmlander: Zur Distribution und Leistung des Pronominaladverbs. Das Pronominaladverb als Bezugselement eines das Verb ergänzenden Nebensatzes/Infinitivs. Uppsala 1979.
[2] Vgl. K. Dončeva: Zu einigen funktionalen Wesenszügen der rückweisenden *d*-Pronominaladverbien im System des heutigen Deutsch. In: Deutsch als Fremdsprache 4 (1980), S. 239–244.
[3] Vgl. J. Marx-Moyse: Die Pronominaladverbien *hier* + Präposition. In: Sprachwissenschaft 4 (1979), S. 206–230.

Darüber hinaus ist auch der Bezug auf einen Satz oder einen (satzwertigen) Infinitiv möglich:

> Ich lächle zu Gerda hinunter ... *Dabei* beobachte ich Erna. (Remarque) Sein bloßes Dasein ist eine machtvolle Erinnerung *daran,* daß alles irdische Leben nur vorläufigen Charakter hat. (Nigg) ... sich ... *damit* begnügt, gegen die Hohlheit ... einige ironische Bemerkungen zu machen. (Nigg)

Ein Pronominaladverb sollte nicht stehen, wenn ein relativischer Attributsatz folgt:

> (Nicht:) Du darfst *darüber,* was ich dir anvertraut habe, nicht sprechen. (Sondern:) Du darfst *über das,* was ich dir anvertraut habe, nicht sprechen.

Zum Gebrauch von Pronominaladverb oder Präposition + Pronomen

Bei Bezug auf einen Satz oder einen (satzwertigen) Infinitiv (vgl. 610) wird das Pronominaladverb gebraucht. Die Verbindung Präposition + Pronomen findet sich heute nur noch in erstarrten Fügungen wie | 611 |

> Es ist nicht *an dem,* daß er das gesagt hat.

Bei Bezug auf ein einzelnes Substantiv (vgl. 610) wird das Pronominaladverb vornehmlich dann gebraucht, wenn mit dem Bezugssubstantiv eine Sache oder ein Begriff genannt wird. Die Fügung Präposition + Pronomen steht dagegen besonders dann, wenn sich das Bezugssubstantiv auf eine Person bezieht.

Pronominaladverb oder Präposition + (Personal)pronomen | 612 |

1. Wird mit dem Bezugssubstantiv eine Sache oder ein Begriff genannt, dann steht im allgemeinen ein Pronominaladverb:

> ... da liegt auch mein Brief, ungeöffnet, und *daneben* (weniger gut: *neben ihm*) ein Zettel. (Remarque) ... der weiße Zivil-Stehkragen ... und *darauf* (weniger gut: *auf ihm/ dem*) ruhte sein feiner ... Kopf. (Th. Mann) ... und das Schneefeld und *darauf* (weniger gut: *auf ihm/dem*) der Vogel mit den Propellern. (Plievier) Ungarisch war eine sehr schwere Sprache, es gab nicht einmal das Wort Tabak *darin* (weniger gut: *in ihr*). (Böll)

Gelegentlich wird (in älterer Literatursprache) auch die Fügung Präposition + Pronomen auf ein Substantiv bezogen, das eine Sache nennt. Sie sollte in der Standardsprache besser vermieden werden, weil sie allgemein als personenbezogen verstanden wird:

> Der Mensch hat doch nichts Besseres als dieses schmerzliche Streben nach oben ... *in ihm* (= darin) ... richtet er sich auf. (W. Raabe) Neben dem Zaun aber, in gleicher Linie *mit ihm* (= damit), stand eine grüngestrichene Bank. (Fontane)

Sogar das unbetonte *es* wird manchmal in Verbindung mit einer Präposition gebraucht, obwohl es dabei in ungewöhnlicher Weise hervorgehoben wird:

> Das Gleichgewicht in diesem heutigen Sinn ist eine politische Voraussetzung. Die sich *auf es* (besser: *darauf*) stützen, müssen ... (FAZ) Deshalb glaubt der Verfasser an eine Zukunft des Märchens trotz des Maschinenzeitalters und der *durch es* (besser: *dadurch*) geformten Menschen. (Muttersprache)

2. Wird mit dem Bezugssubstantiv eine Person genannt, dann steht im allgemeinen die Fügung Präposition + Pronomen:

> Und der eine *unter ihnen* ging hin ... und brachte sich ... eine ... Schnittwunde bei. (Jahnn) Der Dittmar, der Junge, war gleich aus dem Bett und *auf ihn* los. (Sebastian)

Das Pronominaladverb ist nur dann möglich, wenn der Sprecher/Schreiber weniger eine Person als eine ganze Szene im Auge hat:

Ich sehe mich um. Hinter mir steht Georg in seinem purpurnen Pyjama, *dahinter* die alte Frau Kroll ohne Zähne, in einem blauen Schlafrock mit Lockenwicklern im Haar, *dahinter* Heinrich. (Remarque)

| 613 | **Pronominaladverb oder Präposition + (Interrogativ-/Relativ)pronomen** |

Hier ist die Verbindung Präposition + *was* stark umgangssprachlich gefärbt. In der Standardsprache wird im allgemeinen das Pronominaladverb gebraucht:

> *Zu was* (standardspr.: *Wozu*) machst du das? *In was* (standardspr.: *Worin*) besteht der Unterschied? *Mit was* (standardspr.: *Womit*) soll das Brett befestigt werden? Das ist es, *zu was* (standardspr.: *wozu*) ich euch auffordere. *Auf was* (standardspr.: *Worauf*) er seinen Optimismus gründet, ist nicht ersichtlich.

Wird mit dem Bezugssubstantiv eine Person genannt, dann steht die Fügung Präposition + Pronomen:

> *Zu wem* gehst du? *An wen* denkst du? Ich weiß, *an wen* du denkst.

Zum weiteren Gebrauch vgl. 1198 und 1211.

| 614 | ## 6.2 Die Präposition |

Die Präpositionen oder Verhältniswörter sind ihrer Form nach unveränderlich. Sie sind weder Satzglied noch Attribut, sondern werden immer in Verbindung mit einem anderen Wort gebraucht, dessen Kasus in der Regel von ihnen bestimmt wird (Rektion; vgl. 372, 628). Die Gefüge mit einer Präposition, die man **Präpositionalgefüge** nennt, können sein
- adverbiale Bestimmung (Umstandsbestimmung; vgl. 1040, 1053):
  > Das Buch liegt *auf dem Tisch*.

- Attribut (vgl. 1065):
  > Das Buch *auf dem Tisch* gehört mir.

- Präpositionalobjekt (vgl. 1038):
  > Der Fahrer achtete *auf die Fußgänger*.

Die Präposition steht im allgemeinen am Anfang des Präpositionalgefüges (vgl. 1279).:
- Präposition + Substantiv:
  > *an* die Wand (lehnen), *aus* dem Zimmer (gehen), *bei* seinen Eltern (wohnen);

- Präposition + Pronomen:
  > *auf* etwas (achten), *bei* ihnen (wohnen), *für* jemanden (sorgen);

- Präposition + Adjektiv:
  > *bei* weitem, *für* gut (halten), (etwas) *auf* deutsch (sagen);

- Präposition + Adverb:
  > *bis* heute, *nach* unten (gehen), *von* oben (kommen).

Durch die Präposition wird das Wort, das im Präpositionalgefüge steht, in der Regel an ein anderes Wort angeknüpft, und zwar
- an ein Verb:
  > Er *freut* sich über *diese Entscheidung*.

- an ein Substantiv:
  > seine *Freude* über *diese Entscheidung*.

- an ein Adjektiv:
  > Er ist *froh* über *diese Entscheidung*.

Durch die Präposition wird also eine Beziehung hergestellt zwischen dem Wort, an das sie angefügt wird *(Freude [über])*, und dem Wort, das im Präpositionalgefüge steht *([über] die Entscheidung)*. Die Präposition kennzeichnet das Verhältnis zwischen diesen beiden Wörtern, genauer: zwischen dem, was mit den beiden Wörtern bezeichnet wird. Zur Verschmelzung von Artikel und Präposition *(am Tage)* vgl. 358 ff.

Zur Herkunft der Präpositionen

Die meisten Präpositionen sind aus Lokaladverbien entstanden, mit denen früher das im allgemeinen bereits durch den Kasus des Substantivs bestimmte Raumverhältnis genauer gekennzeichnet wurde. Zu diesen Präpositionen gehören u. a.

> an, auf, aus, bei, durch, hinter, mit, nach, über, um, unter, von, vor, wider, zu.

615

Bestimmte ursprüngliche Adverbien sind heute nur noch als Präposition gebräuchlich; andere werden vornehmlich als Präposition und nur noch beschränkt als Adverb gebraucht (z. B. *an, bis, über*); wieder andere werden nur gelegentlich auch als Präposition verwendet:

> *links* des Hauses (Stifter; für: *links* vom Hause), *rechts* und *links* der Isar (für: *rechts* und *links* von der Isar), *seitab* des Weges (Raabe; für: *seitab* vom Wege).

Auch aus Adjektiven und Partizipien sind Präpositionen hervorgegangen:

> *gelegentlich* seines Besuches; *gleich* seinem Vater; *während* der Pause; *ungeachtet* der Schmerzen; *frei* deutsche Grenze (kaufm.); *fob* (= free on board) deutschen Ausfuhrhafen (kaufm.).

Andere Adjektive und Partizipien sind auf dem Wege, Präpositionen zu werden. So werden heute *betreffend* und *entsprechend* häufig schon als Präposition gebraucht. Kennzeichnend dafür ist die Voranstellung und die Weglassung der Kommas, die bei einer erweiterten Partizipalgruppe gesetzt werden müssen:

> *betreffend* den Bruch des Vertrages (statt: den Bruch des Vertrages *betreffend*); *entsprechend* meinem Vorschlag (statt: meinem Vorschlag *entsprechend*). Ich habe *entsprechend* seinen Anordnungen gehandelt (statt: Ich habe, seinen Anordnungen *entsprechend*, gehandelt).

An die Adjektive *südlich, westlich, östlich, nördlich* kann heute ein Substantiv im Genitiv oder mit *von* angeschlossen werden. Dieser Gebrauch in der Rolle einer Präposition mit einem Substantiv im Genitiv ist bereits dort häufiger oder fest geworden, wo dem Substantiv (dem geographischen Namen) ein Artikel oder ein Pronomen vorangeht:

> *nördlich* dieser Stadt, *östlich* des Peloponneses, *südlich* der Donau, *westlich* des Flusses.

Der Anschluß mit *von* wird dort bevorzugt, wo ein artikelloser (geographischer) Name steht:

> *südlich* von München (selten: *südlich* Münchens), *westlich* von Schleswig-Holstein (selten: *westlich* Schleswig-Holsteins).

Die Nichtbeugung des Substantivs ist inkorrekt:

> nicht: *südlich* München, *westlich* des Main; sondern: *südlich* Münchens, *westlich* des Mains.

Auch aus Substantiven und Gefügen aus Präposition + Substantiv sind Präpositionen hervorgegangen:

> *dank* ihrer Hilfe; *kraft* meines Amtes; *trotz* heftiger Schmerzen; *anstatt* des Geldes; *infolge* ständiger Überbelastung.

Diese Entwicklung ist noch nicht abgeschlossen:

> *auf Grund*/(häufig auch schon:) *aufgrund* seines Einspruchs; *an Stelle*/(häufig auch schon:) *anstelle* des Präsidenten.

| 616 | **6.2.1 Die durch die Präpositionen gekennzeichneten Verhältnisse** |

Durch die Präpositionen werden sehr unterschiedliche Beziehungen und Verhältnisse gekennzeichnet.[1] Dabei treten dieselben Begriffe und Kategorien auf wie bei den Adverbien und bei den Konjunktionen, nämlich lokal, temporal, modal und kausal.

| 617 | **Lokale Präpositionen zur Kennzeichnung des Raumes, des Ortes** |

ab, abseits, an, auf, aus, außer, außerhalb, bei, bis, diesseits, durch, entlang, fern, gegen, gegenüber, gen (veralt.), hinter, in, inmitten, innerhalb, jenseits, längs, nach, nächst, nahe, neben, nördlich, ob (veralt.), oberhalb, östlich, seitlich, südlich, über, um, unfern, unter, unterhalb, unweit, vis-à-vis (veralt.), von, vor, westlich, zu, zunächst, zwischen.

Das Buch liegt *auf* dem Regal. Er nahm das Buch *aus* dem Regal. Er schläft *unter* freiem Himmel. (Übertragen:) Sie beharrt *auf* ihrer Meinung. Ich befinde mich *in* einer schlimmen Lage.

Anmerkungen zu bestimmten lokalen Präpositionen:

| 618 | **an, auf, in**[2] |

Zur Kennzeichnung einer Lage werden diese Präpositionen unterschiedlich verwendet. Mit *an* wird eine Lage außerhalb, aber in der Nähe von etwas angegeben und der Kontakt zu dem Genannten bezeichnet:

Die Tankstelle liegt *an* der Bundesstraße 49. Da waren sie auch schon *am* Wagen. (H. Kolb)

Mit *in* wird das Darinsein in einem anderen ausgedrückt. Dies gilt auch bei Straßennamen mit *-straße, -gasse* und *-allee,* bei Städte- und Ländernamen:

in der Hand; ... ich habe einen Schirm *im* Fond liegen. (Gaiser) Sie wohnen *in* der Bahnhofstraße. Er lebte lange *in* Paris, *in* Frankreich.

Bei Straßennamen mit *-markt* und *-platz* steht *an,* bei solchen mit *-damm* ebenfalls, seltener auch *auf*; auch bei Inselnamen steht *auf*:

Ich wohne *am* Altmarkt/Herderplatz. Sie wohnen *am*/(seltener:) *auf* dem Kurfürstendamm. Wir waren *auf* Mallorca. Die Ferien verbrachten sie *auf* Sylt.

Mit *auf* wird die Berührung von oben, das Verhältnis von etwas zu einem anderen als Basis ausgedrückt:

Das Auto stand *auf* der Straße. *Auf* den flachen Ufern grüne Büsche und weiße Birken. (Koeppen)

Mittelhochdeutsches und frühneuhochdeutsche *an,* das in der Bedeutung von *auf* verwendet wurde, hat sich in bestimmten Resten erhalten:

an der Erde, *an* dem rechten Platz, *am* Lager (kaufm.), *an* Bord.

Weitergehender Gebrauch von *an* für *auf* ist landschaftlich üblich, besonders in der Schweiz und in Österreich:

... *am* Grunde seines Wesens. (Musil) Die Veilchen standen *am* Tisch und duftеten ein wenig müde. (Baum) ... während sie nackt auf einem Bett *am* Rücken lag. (Musil) ... die Blumen bleiben *am* Boden zurück. (Frisch)

---

[1] Zu dem Umstand, daß eine einzige Präposition verschiedene Beziehungen und Verhältnisse kennzeichnen kann, vgl. 631.
[2] Vgl. H. Brinkmann: Die deutsche Sprache. Gestalt und Leistung. Düsseldorf ²1971, S. 152 ff.

Im heutigen Sprachgebrauch wird *auf* (mit Dativ) statt *in* (mit Dativ) im allgemeinen nur dann verwendet, wenn der Aufenthalt in einer öffentlichen Institution oder einem Gebäude, in einer Räumlichkeit angegeben werden soll:

> ... *auf* der Post, *auf* dem Standesamt. Der Mann *auf* dem Reisebüro in München warnte. (Koeppen) Den gab's schon bei uns *auf* der Penne. (Grass)

in, nach, zu, bei [1]   619

Diese Präpositionen werden zur Angabe einer Richtung unterschiedlich gebraucht. Die Präposition *in* bedeutet ‚in etwas hinein' und steht vor Substantiven (und geographischen Namen) mit Artikel:

> *in* den Wald gehen, *in* die Stadt fahren, *in* die Schweiz reisen. Wir wachten auf, wenn er *in* die Tür kam. (Jens)

Vor artikellosen Orts- und Ländernamen steht *nach* in der Bedeutung ‚in eine bestimmte Richtung hin' (eigtl. ‚in die Nähe von'), weil *in* in diesen Fällen die Lage, den Ort (Frage *wo*?) bezeichnet:

> *nach* Frankfurt fahren, *nach* Italien reisen. (Nicht möglich als Richtungsangabe:) *in* Frankfurt fahren.

Auch sonst steht bei Ortsangaben ohne Artikel *nach*:

> *nach* oben gehen; mit ... all seiner Tüchtigkeit, die schon immer mehr *nach* Westen, *nach* Amerika, als *nach* Osten, *nach* Indien gerichtet war. (Koeppen)

Die Präposition *zu* bedeutet ‚auf ein bestimmtes Ziel zu' und steht zur Kennzeichnung einer Hinwendung vor allem bei Personennamen und -bezeichnungen:

> *zum* Arzt/Bäcker gehen. Die Straßenbahn fährt *zum* Zoo. Michael geht *zu* seinem Freund Peter. Darf ich noch mal *zu* ihr?

Häufig findet sich *zu* in festen Formeln, die zumeist ohne Artikel stehen. In diesen Fällen ist zunächst zwar ein räumliches Verhältnis gemeint, doch verbindet sich damit vor allem in übertragenem Gebrauch zugleich ein bestimmtes menschliches Verhalten:

> *zum* Theater gehen (= Schauspieler werden), *zu* Tisch gehen (= essen gehen), *zur* Schule gehen (= unterrichtet werden), *zu* Füßen fallen (= niederknien), *zugrunde* gehen (= sterben), *zu* Felde ziehen gegen (= bekämpfen). (Entsprechend:) *zu* Herzen gehen, *zu* Kopfe steigen, *zu* Markte tragen.

Eine alte Wendung ist *zu Hause*, mit der ursprünglich eine Richtung bezeichnet wurde. Heute kennzeichnet man mit *zu Hause* die Ruhelage, mit *nach Hause* die Richtung. In Mundart und Umgangssprache hat sich *zu Hause* in der alten Bedeutung gehalten. Auch die Klassiker kennen diesen Gebrauch:

> Man bringe die Königin *zu Hause*. (Schiller) ... als wir *zu Hause* gingen. (Hebbel)

Landschaftlich (vor allem in Norddeutschland) findet sich *nach*, wo heute standardsprachlich bei Personenbezeichnungen *zu*, sonst *zu*, *in* u. ä. zu erwarten wären:

> *nach* dem Garten, *nach* dem Fleischer gehen. Er hat sich *nach* seiner Schwester in Rendsburg ... begeben. (Niebuhr) ... als wir in der Finsternis *nach* der Bahn gingen. (Gaiser) Er soll bei Alarm ... *nach* dem Revier kommen. (Apitz)

Die Präposition *nach* steht vor Personenbezeichnungen nur dann, wenn die genannte Person getroffen, erreicht, geholt werden soll:

> Hans schlägt *nach* dem Kind. Sie streckte die Hand *nach* ihm aus. Er schickte *nach* dem Arzt.

---

[1] Vgl. H. Brinkmann: Die deutsche Sprache. Gestalt und Leistung. Düsseldorf [2]1971, S. 161ff.

In salopper Umgangssprache kommt landschaftlich in bezug auf Personen auch *bei* statt *zu* vor:

Die Kinder sind *bei* Tante Else gegangen.

---

620 **Temporale Präpositionen zur Kennzeichnung der Zeit**

ab, an, auf, aus, außerhalb, bei, binnen, bis, für, gegen, in, innerhalb, mit, nach, seit über, um, unter, von, vor, während, zeit, zu, zwischen.

Er fährt *gegen* Abend. Sie kommt *in* drei Tagen. Wir werden *vor* Einbruch der Dunkelheit eintreffen. Die Feier beginnt *um* 20 Uhr. Sie bleibt *von* Ostern bis Pfingsten.

Anmerkungen zu bestimmten temporalen Präpositionen:

---

621 **ab, von – an**

Mit *von – an* und (umgangssprachlich) mit *ab* wird ein zeitlich fortdauerndes Geschehen gekennzeichnet:

von morgen *an*; *von* der vierten Unterrichtsstunde *an*; *von* Ostern *an*; ... muß ich jetzt bekennen, daß *vom* Herbst des Jahres 1943 *an* nicht mehr von einem Lehrer und einem Schüler ... gesprochen werden konnte. (Jens) *Ab* morgen; *ab* der vierten Unterrichtsstunde; *ab* Ostern; *ab* kommendem/kommenden Montag.

Sowohl *von – an* als auch *ab* können nicht in Verbindung mit Verben gebraucht werden, mit denen ein Augenblicksgeschehen ausgedrückt wird:

(Nicht:) Wir eröffnen unser Geschäft *ab* Mai, *von* Mai *an*.

Die Zusammenziehung von *von – an* und *ab* zu *von – ab* ist umgangssprachlich *(von morgen ab)*.

---

622 **bis**

Die Präposition *bis* hat im allgemeinen einschließende Bedeutung:

Wenn die Ferien vom 22. Juli *bis* [zum] 31. August dauern, dann ist der 31. August der letzte Ferientag. Wenn die Gemäldegalerie von Montag *bis* Freitag geöffnet ist, dann ist sie auch noch am Freitag offen. (In festen Redewendungen:) Sie hat ihre Schulden *bis auf* den letzten Pfennig (= vollständig) bezahlt. (Mißverständlich:) Das Gedicht ist *bis auf* die letzte Strophe ausgefeilt. (Außer oder einschließlich der letzten Strophe? Eindeutig dagegen:) Das Gedicht ist mit Ausnahme der letzten Strophe/von der ersten bis zur letzten Strophe ausgefeilt.

Die Verwendung von *bis* bei einer Zeitangabe auf die Frage *wann?* (statt zum Ausdruck einer Erstreckung: *wie lange?*) ist umgangssprachlich:

Sie hoffte, daß *bis* Dienstag über acht Tage die Trauung sein könnte. Auch den Kuchen aßen die Kinder auf, weil sie meinten, *bis zu* (= bei) unserer Rückkehr wäre er nicht mehr zu genießen. (E. Förster)

Die umgangssprachlich oft gebrauchten Abschiedsgrüße *Bis Sonntag!, Bis gleich!, Bis nächste Woche!* sind wohl elliptisch zu erklären:

Bis zum Wiedersehen am Sonntag! Alles Gute *bis* nächste Woche.

---

623 **in**

Die Präposition *in* wird nach englischem Vorbild – vor allem in der Journalistensprache – öfter mit einer Jahreszahl gebraucht:

In 1946 kehrte er aus dem Exil zurück.

Standardsprachlich ist die Jahreszahl ohne Präposition oder die Fügung *im Jahre* + Jahreszahl:

1946/Im Jahre 1946 kehrte er aus dem Exil zurück.

seit

Mit *seit* wird der Zeitpunkt angegeben, zu dem ein Zustand oder ein anhaltender Vorgang begonnen hat. Die Präposition sollte deshalb nur in Verbindung mit Verben stehen, mit denen ein andauerndes Geschehen bezeichnet wird (imperfektive Verben [vgl. 121] wie *arbeiten, sein*), nicht aber in Verbindung mit Verben, mit denen ein einmaliges, in sich abgeschlossenes Geschehen ausgedrückt wird (perfektive Verben [vgl. 120] *beginnen, sterben*):

Er arbeitet seit dem 1. August bei uns. Sie ist seit drei Jahren tot.
(Nicht:) *Er begann seine Arbeit seit* (statt: *am*) *1. August/ist seit* (statt: *vor*) *drei Jahren gestorben. Unser seit* (statt: *vor*) *3 Tagen eröffnetes Schuhgeschäft.*

während

Mit *während* wird ein Zeitraum bezeichnet, in dem etwas geschieht *(wann?),* oder die Gleichzeitigkeit zweier Ereignisse ausgedrückt, nicht aber die Zeitdauer *(wie lange?)*:

Während der Veranstaltung darf geraucht werden. Ich habe das während meiner Amtszeit gelernt. (Nicht:) *Das Schneetreiben dauerte während fünf Tagen.*

Modale Präpositionen zur Kennzeichnung der Art und Weise u. ä.

abzüglich, auf, aus, ausschließlich, außer, bei, bis an, bis auf, bis zu, einschließlich, entgegen, exklusive, für, gegen, gegenüber, in, inklusive, mit, mitsamt, nebst, ohne, samt, sonder (veralt.), [an]statt, unter, von, wider, zu, zuwider, zuzüglich.

(Art und Weise, Eigenschaft, Zustand:) Er spricht *in* Rätseln/war *in* Eile. Sie sagte es *auf* deutsch/ist *außer* Fassung. Er ist nicht *bei* Verstand/ist ein Mann *von* Charakter.
(Grad, Maß:) Er lobte ihn *in* hohem Maße. Das war *über* alle Erwartungen schön. Das ist *unter* aller Kritik.
(Stoffliche Beschaffenheit:) Das Kleid ist *aus* Seide. Der Ring ist *aus* Gold. 20 Mark *in* Gold.
(Erweiterung:) Der Preis *zuzüglich* der Kosten für Verpackung beträgt 30 DM.
(Gegensatz:) *Gegenüber* den vergangenen Jahren hatten wir diesmal viel Schnee.
(Fehlendes oder Stellvertretendes:) Sie läuft diese Strecke *ohne* Ermüdung. Er kaufte *statt* einer Schallplatte ein Buch.

Kausale (begründende) Präpositionen im weitesten Sinne

angesichts, anläßlich, auf, aus, behufs, bei, betreffs, bezüglich, dank, durch, für, gemäß, halber, infolge, kraft, laut, mangels, mit, mittels[t], nach, ob (veralt.), seitens, trotz, über, um, um – willen, unbeschadet, ungeachtet, unter, vermittels[t], vermöge, von, vor, wegen, zu, zufolge, zwecks.

(Kausal im engeren Sinne oder konsekutiv:) Sie konnten *wegen* des Regens nicht gehen. Er ist *zum* Weinen glücklich.
(Instrumental:) Das Haus wurde *durch* Feuer zerstört.
(Konditional:) *Unter* diesen Umständen kann ich an dem Ausflug nicht teilnehmen.
(Konzessiv:) *Trotz* des Regens gingen sie spazieren.
(Final:) Sie fuhren *zur* Erholung an die See.

Präpositionen wie *anläßlich, behufs, betreffs, bezüglich, mangels, mittels[t], seitens, vermittels[t], zwecks* gelten als Papierdeutsch.

Anmerkungen zu bestimmten kausalen Präpositionen:

628 **auf Grund, durch, infolge, mit, von, vor, wegen, zufolge**

Mit *auf Grund (aufgrund)* wird der bewegende Grund, aus dem etwas gefolgert wird, eine Motivierung gekennzeichnet:

> Ein übermütiger Jüngling hatte ihm ... *auf Grund* einer Wette ... die Kopfbedeckung abgerissen. (Bergengruen)

Es sollte daher weder einen Sachgrund noch die Quelle für eine Angabe kennzeichnen; also ni c ht

> *Auf Grund* des Blitzschlages wurde das Haus zerstört. (Richtig: *Durch* den Blitzschlag ...). *Auf Grund* amtlicher Erhebungen fuhr sie zur fraglichen Zeit 100 km in der Stunde. (Richtig: *Gemäß* amtlichen Erhebungen/*Laut* amtlicher Erhebungen ...).

Die Präposition *durch* kennzeichnet u. a. den Vermittler, das Mittel, Werkzeug oder die Ursache:

> *durch* Gründe überzeugen, jemanden *durch* einen Boten benachrichtigen. Das Haus wurde *durch* Feuer zerstört. *Durch* bloßen Willen ... vermag er sich tiefer und tiefer in die Düne zu bohren. (Grass) (Nicht:) Diese Anthologie, herausgegeben *durch* Hans Meyer, hat ... (Richtig: ... herausgegeben *von* ...). (Nicht:) *Durch* den Kälteeinbruch ... zögert die Saison im Augenblick noch (Südd. Rundfunk; richtig: *Wegen/Infolge* des Kälteeinbruchs ...).

Die Präposition *infolge* weist mittelbar auf den zurückliegenden Grund. Das von ihr abhängende Substantiv sollte nur ein Geschehen, aber keine Sache oder Person bezeichnen:

> ... wenn man bedachte ..., daß der Schauspieler *infolge* seiner Selbstüberschätzung ... nicht eben als idealer Gewährsmann bezeichnet werden konnte. (Jens) (Nicht:) *Infolge* des genossenen Weines schwankte er hin und her. *Infolge* des Vaters kam ich gut vorwärts.

Die Präposition *mit* nennt u. a. das Mittel, das Instrument, das Werkzeug:

> Ich habe mir *mit* Geld einen Tabakladen gekauft. (Brecht) ... Aufgabe der Kripo, *mit* den Mitteln modernster Chemie und Physik den Mörder der Justiz ausliefern. (Quick)

Die Präposition *von* kennzeichnet im allgemeinen die bewirkende Ursache, den Urheber, den Täter (vgl. 301) einer Handlung oder eines Geschehens:

> Sie wurde *von* ihrem Mann begleitet. Die Brücke ist *von* Pionieren gesprengt worden.

Mit *vor* wird der Beweggrund für Zustände und Gemütslagen gekennzeichnet:

> ... ich würde *vor* Sorge nicht in den Schlaf finden. (Maass) ... das junge Volk, das ... sich nicht kennt *vor* Geschrei. (Gaiser)

Bei den Verben des Schützens, Schirmens, Bewahrens steht zumeist *vor,* nicht *von:*

> Mademoiselle grollte mir, weil ich ... sie nicht *vor* den Widrigkeiten ... *beschützt* hatte. (Maass) Wir müssen sie *bewahren vor* üblen Elementen. (Kirst) ... ich habe ihn nur *vor* dem Galgen *gerettet.* (Rinser) ... mit dem Zweck, sich *vor* der Feindschaft zu *drücken* ... (neben:) ... sich *vom* Kommiß zu *drücken.* (Ott)

Bei *erretten* wird *von* gebraucht:

> ... damit sie Diederich *von* seinen Feinden *erretten.* (H. Mann) Siebenmal *vom* Tode *errettet.* (Jahnn)

Die Präposition *wegen* kennzeichnet den Sachgrund ganz allgemein, ohne Rücksicht auf zeitliche Verknüpfung:

Er wurde *wegen* Unterschlagung entlassen. Nach dem fünften Stück Kuchen sagten sie Dankeschön, ihrer Figur *wegen*. (Ott) Im alten Rußland, das man seiner Gläubigkeit *wegen* das heilige Mütterchen nannte ... (Nigg)

Die Präposition *zufolge* weist – wie *infolge* – mittelbar auf eine Veranlassung hin, gibt an, daß etwas die Folge von etwas ist:

Seinem Wunsch *zufolge* wurde die Feier verschoben.

Sie sollte deshalb nicht bei Bezeichnungen für Personen oder Dinge stehen, die gar nicht die Ursache sind; also nicht:

Unserer Korrespondentin *zufolge* richtete das Unwetter erheblichen Schaden an. (Richtig:) *Laut/Gemäß/Nach* dem Bericht unserer Korrespondentin ...

dank

629

Die Präposition *dank* kann – außer in der Ironie – nicht mit Substantiven verbunden werden, mit denen etwas Negatives oder Mißliches bezeichnet wird; sie sollte auch nicht zur Begründung von etwas Negativem, Mißlichem gebraucht werden:

Dank ihres Fleißes erreichte sie das große Ziel. (Nicht:) *Dank* seiner Nachlässigkeit mißglückte das Unternehmen. (Ironisch:) *Dank* deiner Abwesenheit haben wir das Fußballspiel gewonnen. *Dank* deines Mitspiels haben wir das Spiel verloren.

laut

630

Die Präposition *laut* kann nur mit Substantiven verbunden werden, mit denen etwas Gesprochenes oder Geschriebenes bezeichnet wird:

laut seines Berichtes, *laut* ihrer Mitteilungen, *laut* Briefen. (Nicht:) *laut* Muster, (sondern:) *gemäß/nach* dem Muster.

Anmerkung:

Viele Präpositionen sind nicht auf die Kennzeichnung eines einzigen Verhältnisses festgelegt, sie können mehrere Verhältnisse kennzeichnen:

631

etwas *aus* dem Schrank nehmen (lokal), ein Kleid *aus* Seide (modal), etwas *aus* Angst tun (kausal);
vor dem Kino warten (lokal), *vor* acht Uhr eintreffen (temporal), *vor* Freude heulen können (kausal).

Oft läßt sich der Gebrauch einer Präposition auch nicht auf die vier Gruppen lokal, temporal, modal und kausal – auch nicht als Übertragung – zurückführen. Die Präpositionen kennzeichnen also nicht nur diese vier Grundverhältnisse, sondern auch noch andere Verhältnisse und Beziehungen.

Bei vielen Verben, Substantiven und Adjektiven ist die Verbindung mit einer bestimmten Präposition fest:

auf das Wohl der Gäste; *bei* herabgesetzter Körpertemperatur; *unter* starker Anteilnahme der Bevölkerung; *an* etwas denken; *in* etwas einwilligen; sich *vor* etwas schützen.

6.2.2 Die Rektion der Präpositionen

632

Eine Präposition wird immer in Verbindung mit einem anderen Wort gebraucht (vgl. 614):

für (Akk.:) den Bruder/ihn
aus (Dat.:) dem Regal
außerhalb (Gen.:) des Dorfes

Wie diese Beispiele zeigen, hängt es dabei von der Präposition ab, in welchen Kasus das folgende Substantiv oder Pronomen gesetzt wird: nach *für* steht das Substantiv (Pronomen) im Akkusativ, nach *aus* im Dativ und nach *außerhalb* im Genitiv. Diese grammatische Erscheinung nennt man Rektion (vgl. 372).
Nicht selten kann man an der Form des Substantivs nicht erkennen, welcher Kasus vorliegt. In der Fügung *außerhalb der Stadt* z. B. kann *der Stadt* Genitiv oder Dativ sein. In solchen Fällen ist eine Ersatzprobe mit einem Maskulinum im Singular mit dem Artikel oder mit einem Adjektiv vorzunehmen, damit der Kasus ersichtlich wird *(außerhalb der Stadt/außerhalb des Waldes; mit Behagen/mit großem Behagen).*
In bestimmten formelhaften Wendungen und in Verbindung mit Adjektiven und Adverbien läßt sich der von der Präposition geforderte Kasus allerdings nicht erkennen:

zu Fuß; von Mensch zu Mensch; für gut halten; nach oben gehen.

Einige Präpositionen regieren nur einen Kasus, andere zwei, und die Präpositionen *außer* und *entlang* können sogar mit dem Genitiv, Dativ und Akkusativ verbunden werden.
Auffällig ist, daß mehrere Präpositionen in der Rektion schwanken[1]:

ab erstem Mai/*ab* ersten Mai; *laut* ärztlichem Gutachten/*laut* ärztlichen Gutachtens; *wegen* des Geldes (standardspr.)/*wegen* dem Geld (ugs.).

633	**Präpositionen mit dem Akkusativ**

bis nächsten Oktober (vgl. 622, 634), *durch* den Wald gehen (vgl. 628), *per* ersten Januar, *pro* männlichen Angestellten;
(entsprechend:) betreffend, für, gegen, gen (veralt.), je (vgl. 635), ohne (vgl. 636), sonder (veralt.), um, wider.

Es folgen einige Anmerkungen zu einzelnen Präpositionen.

634	**bis**

Die Präposition *bis* steht mit einem Substantiv u. ä. im Akkusativ. Sie tritt daneben häufig in Verbindung mit anderen Präpositionen auf und ist dann Adverb. Der Kasus des folgenden Wortes wird von der Präposition bestimmt:

bis nächsten Oktober, *bis* fünfzehnten Januar, *bis* kommenden Sonntag, *bis* vorige Ostern; (heute wenig üblich:) *bis* diesen Tag (Schiller); *bis an* die Elbe, *bis zum* Berge, *bis über* die Mauer, *bis unter* die Haut.

Der Akkusativ wird nur deutlich, wenn zu einem substantivischen Zeitbegriff wie *Woche, Monat, Jahr* oder zu Bezeichnungen der Feste, Wochentage oder Monate ein Attribut tritt. Drückt *bis* ein Raumverhältnis aus, wird es nur mit unflektierten Ortsnamen verbunden:

bis *München,* bis *Coesfeld.*

Bei Zeitangaben steht die nachgetragene Apposition im Akkusativ:

bis Dienstag, *den 3. September.*

---

[1] Schwankungen finden sich vereinzelt auch bei Präpositionen, deren Rektion standardsprachlich allgemein als fest gilt:
je (vgl. 635) betreutem Jugendlichen; *pro* (vgl. 633) geleistetem Arbeitsjahr (Frankfurter Rundschau); *pro* beschäftigtem Arbeitnehmer (Mannheimer Morgen).

Bei Orts- und Länderangaben kann strenggenommen eine nähere Bestimmung nur dann angeschlossen werden, wenn eine weitere Präposition wie *[bis] zu, nach* diese Bestimmung einleitet:

Ich fahre *bis* Frankfurt, *[bis] zu* der alten Messestadt.

Trotzdem wird in diesen Fällen meist unmittelbar wie bei einer Apposition angeschlossen, und zwar im Dativ, weil das einfache *bis* wie *bis nach/zu* aufgefaßt wird. Dies gilt in bestimmten Fällen auch für präpositionale Zeitbestimmungen:

... gelangt aber vorderhand nur *bis* (eigentlich: *bis nach*) Landquart, *einer kleinen Alpenstation.* (Th. Mann) *Bis* heute, *dem 29. September 1950.* (Kantorowicz) *Bis* 1954, *dem Jahr* des Todes. ... *bis* Kilpisjärvi, *dem Schnittpunkt* ... (Mannheimer Morgen)

Über *bis [zu]* als Adverb vgl. auch 591.

je   `635`

je kann wie *pro* Präposition sein:

je/pro beschäftigten Arbeiter, *je/pro* angefangenen Monat.

Es kann aber auch Adverb sein und keine Rektion ausüben:

je beschäftigter Arbeiter, *je* angefangener Monat.

ohne   `636`

Der Dativ und der Genitiv des Substantivs nach *ohne* sind veraltet. Fest sind *ohnedem* und *zweifelsohne.*

Präpositionen mit dem Dativ   `637`

ein Buch *aus* dem Regal nehmen, *bei* den Eltern wohnen (vgl. 619, 638), *vis-à-vis* (veralt.) dem Bahnhof;
(entsprechend:) binnen (vgl. 639), entsprechend, entgegen, fern, gegenüber, gemäß, mit (vgl. 628), mitsamt, nach (vgl. 619), nächst, nahe, nebst, samt, seit (vgl. 624), von (vgl. 628), zu (vgl. 619), zunächst, zuwider u. a.

Es folgen einige Anmerkungen zu einzelnen Präpositionen.

bei   `638`

Der Akkusativ des Substantivs zur Kennzeichnung der Richtung ist veraltet und kommt nur noch in der landschaftlichen Umgangssprache vor; er gilt standardsprachlich als f a l s c h :

Komm *bei mich,* Vati (ugs.)! Die Katze legte sich auf den Herd *bei die warme Asche.* (Grimm) Die Fliegen gehn *bei die Wurst* (nordd. ugs.).

binnen   `639`

Nach *binnen* steht das Substantiv überwiegend im Dativ, gelegentlich auch im Genitiv:

binnen kurzem; *binnen* wenigen Augenblicken (Th. Mann); *binnen* drei Jahren (Die Welt).
(Genitiv:) *binnen* eines Monats; *binnen* knapper zwei Wochen (Th. Mann).

Präpositionen mit dem Dativ oder Akkusativ   `640`

an (vgl. 618), auf (vgl. 618), hinter, in (vgl. 618 f.), neben, über, unter, vor (vgl. 628), zwischen.

Nach den vorstehenden Präpositionen steht bei lokalem Gebrauch das Substantiv im Dativ oder im Akkusativ. Der Dativ wird gebraucht, wenn das Verbleiben in einem Raum, das Beharren an einem Ort, wenn die Lage gekennzeichnet wird. Der Akkusativ wird gebraucht, wenn eine Raum- oder Ortsveränderung, eine Bewegung, Erstreckung oder Richtung gekennzeichnet wird:

Lage (*wo*?) – Dativ	Richtung (*wohin*?) – Akkusativ
Das Fahrrad stand *an der Mauer*.	Sie stellte das Fahrrad *an die Mauer*.
Das Buch lag *auf dem Tisch*.	Er legte das Buch *auf den Tisch*.
Sie stand *hinter der Tür*.	Sie stellte sich *hinter die Tür*.
Die Tasse stand *in dem Schrank*.	Er stellte die Tasse *in den Schrank*.

In vielen Fällen sind beide Sehweisen und damit beide Kasus möglich. Die Verbindung mit dem Dativ ist dabei meist etwas lockerer als die mit dem Akkusativ:

Wir haben die Montage *in unser/unserem Angebot* eingeschlossen.
(Entsprechend:) vergraben in (der/die Erde), [sich] einschließen in (das/dem Zimmer), verpacken in (den/dem Koffer), sich niederlassen auf (dem/das Sofa), eintragen in (ein/einem Heft).

In den folgenden Beispielen hat sich einer der beiden Kasus bereits stärker oder ganz durchgesetzt:

Wir kehrten *in einem* (selten: *ein*) *Gasthaus* ein. Der Osterhase versteckte die Eier *hinter dem* (selten: *den*) *Baum*. Er verstaute alles *in einer* (selten: *eine*) *Tüte*. Sie wurde sofort *in das* (seltener: *im* [= in dem]) Krankenhaus aufgenommen. Sie brachte die Lampe *an der* (selten: *die*) *Decke* an. Die Männer bauten *an die* (selten: *der*) *Mauer* ein Glashaus an. Die Verletzten wurden *in ein* Krankenhaus eingeliefert.

Auf folgende Besonderheiten sei noch hingewiesen:

1. Auch beim Zustands- oder *sein*-Passiv (vgl. 305) bleibt im allgemeinen die Rektion der aktiven Fügung erhalten:

Sie ist *in die Sache* nicht eingeweiht (jmdn. *in eine Sache* einweihen). (Nicht:) Sie ist *in der Sache* nicht eingeweiht (wie es der ruhende Zustand erwarten lassen könnte). (Aber:) *auf einer Sache* gegründet sein (trotz: etw. *auf eine Sache* gründen).

Bei den Verben, nach denen der Akkusativ oder der Dativ stehen kann, steht im Zustandspassiv, bei dem die Vorstellung der Lage überwiegt, nur der Dativ:

Sie ist *im Keller* eingeschlossen. Das Bild ist *in der Kiste* verpackt.

2. Manchmal kommt es auch auf den Standpunkt des Sprechers an, ob der Dativ oder Akkusativ zu wählen ist. Wenn die präpositionale Ortsangabe gleichzeitig den Standpunkt des Sprechers bezeichnet, wird die Lageangabe (Dativ) bevorzugt. So sagt der Sprecher, wenn er v o r der Garage steht:

Ich stelle meinen Wagen jetzt in d i e Garage ein.

Wenn er sich aber schon in der Garage befindet, sagt er gewöhnlich:

Ich stelle meinen Wagen gerade in d e r Garage ein.[1]

3. Bei nichtlokaler Verwendung, bei völligem Schwund der Raumvorstellung, steht das Substantiv nach *an, in, neben, unter, vor* und *zwischen* im Dativ, nach *auf* und *über* im Akkusativ:

---

[1] Vgl. J. Schröder: Zum Zusammenhang von Lokativität und Direktionalität bei einigen wichtigen deutschen Präpositionen. In: Deutsch als Fremdsprache 1 (1978), S. 9–15; ders.: Bemerkungen zu einer Semantik deutscher Präpositionen im lokalen Bereich. In: Deutsch als Fremdsprache 6 (1976), S. 336–341.

(Dativ:) Ich erkenne ihn *an* seinem Bart. Sie tat es *in* meinem Namen. Das geht *unter* keinen Umständen. Kinder *unter* zehn Jahren. Das sollte sie *vor* Gefahr schützen. Es war kein großer Unterschied *zwischen* den Schwestern.
(Akkusativ:) Er versuchte es *auf* jede Weise. *Auf* dieses Verbrechen steht Zuchthaus. Kinder *über* zehn Jahre dürfen teilnehmen. Sie rümpfte die Nase *über* seine Grobheit. Er liebte sie *über* alle Maßen.

4. Nach *ab* (vgl. 621, 632) stehen Ortsangaben im Dativ, Zeitangaben, Mengenangaben u. ä. im Dativ oder im Akkusativ:

> *ab* unserem Werk; (aber:) *ab* erstem/*ab* ersten April, jugendfrei *ab* vierzehn Jahren/*ab* vierzehn Jahre.

Präpositionen mit dem Genitiv | 641 |

> *abseits* des Dorfes wohnen, *abzüglich* der Unkosten (s. u.), *punkto* gottloser Reden (C. F. Meyer);
> (entsprechend:) anfangs (ugs.), angesichts, anhand, anläßlich, [an]statt[1] (s. u.), an Stelle (häufig auch schon:) anstelle, antwortlich (selten), auf Grund (aufgrund; vgl. 628), ausgangs, ausschließlich (s. u.), außerhalb (s. u.), behufs, beiderseits, betreffs, bezüglich, diesseits (s. u.), eingangs, einschließlich (s. u.), exklusive (s. u.), halber, hinsichtlich, infolge (vgl. 628), inklusive (s. u.), inmitten, innerhalb (s. u.), jenseits (s. u.), kraft, längsseits, laut (s. u.), mangels (s. u.), minus, mittels[t] (s. u.), oberhalb (s. u.), plus, rücksichtlich, seitens, seitlich, seitwärts, statt[1] (s. u.), trotz (s. u.), um – willen, unbeschadet, unerachtet (veralt.), unfern (s. u.), ungeachtet, unterhalb (s. u.), unweit (s. u.), [ver]mittels[t] (s. u.), vermöge, vorbehaltlich, während (s. u.; 625), wegen (s. u., 628), von – wegen, zeit, zuzüglich, zwecks u. a.

1. Der Dativ nach *unfern* und *unweit* ist veraltet oder umgangssprachlich.
2. Bei Substantiven etwa des Typs I (vgl. 393) wie z. B. *Monat* stimmt die Form des Genitivs Plural mit den Formen des Nominativs und Akkusativs Plural überein *(Monate)*; nur der Dativ ist eindeutig *(Monaten)*. Geht einem solchen Substantiv der bestimmte Artikel oder ein gebeugtes Attribut voraus, so wird durch dessen Endung der Genitiv deutlich *(wegen der Geschäfte; innerhalb weniger Monate)*. Ist dies nicht der Fall, dann wird nach Präpositionen wie

> abzüglich, [an]statt, ausschließlich, einschließlich, exkluxive, inklusive, außerhalb, innerhalb, laut, mangels, [ver]mittels[t], trotz, während, wegen

an Stelle des Genitivs der Dativ gewählt[2]:

> abzüglich Getränken, ausschließlich/exklusive Gläsern, einschließlich/inklusive Abfällen, innerhalb 5 Monaten, laut Briefen, mangels Beweisen, [ver]mittels[t] Drähten, [an]statt Hüten, trotz Atomkraftwerken, während zehn Jahren, wegen Geschäften.

3. Der Dativ wird statt des Genitivs auch dann gewählt, wenn der Genitiv des singularischen Substantivs, das von der Präposition abhängt, mit *-(e)s* gebildet wird (vgl. 393) und ihm ein Substantiv vorausgeht oder folgt, das ebenfalls im Genitiv Singular steht und ein *-(e)s* hat:

> *laut gestrigem Bericht* des Oberbürgermeisters, *laut* Meiers *grundlegendem* Werk; *[an]statt dem Hut* des Mannes, *[an]statt* Mutters *gutem Plan. Trotz* Clausens *zeitweiligem Widerstreben* (Kafka), *trotz des Rauschens*/(seltener:) *trotz dem Rauschen* des Meeres, *innerhalb* Veras *schönem Haus, [ver]mittels[t]* Vaters *neuem Rasierapparat, während* meines Freundes *Hiersein, wegen* Ludwigs *Tod.*

---

[1] Die Präposition *[an]statt* kann auch als Konjunktion gebraucht werden. Der Kasus des angeschlossenen Substantivs wird dann vom Verb bestimmt:
Sie nahm ihre Freundin (Konjunktion:) *[an]statt ihn*/(Präposition:) *[an]statt seiner* mit.
[2] Über die Rektion der Präpositionen *trotz, während* und *wegen* unterrichtet genauer H. Gelhaus (und Mitarbeiter): Vorstudien zu einer kontrastiven Beschreibung der schweizerdeutschen Schriftsprache der Gegenwart. Die Rektion der Präpositionen *trotz, während* und *wegen.* Bern, Frankfurt/M. 1972.

4. Abgesehen von den in 2 und 3 genannten Fällen gilt der Dativ nach *[an]statt, während, wegen* als veraltet, umgangssprachlich oder – bei *wegen* – auch als landschaftlich:

> ... statt einem solchen Steine (Lessing). Sie trug ein Kopftuch statt einem Hut, während dem Schießen, wegen dem Kinde.

Nach *laut* und *trotz* ist der Dativ standardsprachlich seltener *(laut ärztlichem Gutachten, trotz dichtem Nebel).*

5. Ein alleinstehendes singularisches Substantiv, dessen Genitiv mit *-(e)s* gebildet wird (vgl. 393), bleibt nach Präpositionen wie

> abzüglich, ausschließlich, einschließlich, exklusive, inklusive, laut, punkto, trotz[1], (alltagsspr. auch:) [ver]mittels[t], wegen[1]

im allgemeinen ohne Flexionszeichen:

> abzüglich Rabatt, ausschließlich Porto, inklusive Material, laut Vertrag, punkto Geld, trotz Regen; (alltagsspr.:) mittelst Draht, wegen Umbau.

6. Man beachte noch bei *trotz, während* und *wegen*:

> trotzdem, trotz allem, trotz alledem; währenddem; ein Fest, während welchem ...; wegen etwas anderem, wegen manchem, wegen beidem, wegen Vergangenem und Zukünftigem.

Statt *wegen* + Personalpronomen werden in der Standardsprache die Zusammensetzungen *meinetwegen, unsertwegen* usw. gebraucht; *wegen mir/uns* usw. ist allgemein umgangssprachlich, *wegen meiner* usw. veraltet oder landschaftlich (Bayern, Schwaben, Niederrhein).

7. Partikeln wie *außerhalb, beiderseits, diesseits, innerhalb, jenseits, oberhalb, unterhalb* werden als Präposition mit einem Substantiv im Genitiv *(außerhalb Frankfurts)* oder als Adverb *(außerhalb von Frankfurt)* gebraucht.

Präpositionen mit dem Genitiv, Dativ oder Akkusativ

| 642 | **außer**[2] |

Nach *außer* steht das Substantiv gewöhnlich im Dativ, bei Verben der Bewegung im Akkusativ, in festen Verbindungen im Genitiv:

> (Dativ:) Nichts verbindet sie *außer dem gemeinsamen Haß.* (Sieburg) ... die Blindheit in ihm oder die Dunkelheit *außer ihm* ... (Jahnn) Ich bin *außer mir.*
> (Akkusativ:) *außer Kurs, außer Tätigkeit, außer allen Zweifel* setzen, *außer Zusammenhang* stellen. (Bei *geraten* steht der Dativ noch mit dem Akkusativ in Konkurrenz:) ich geriet *außer mich/mir* vor Wut.
> (Genitiv:) *außer Landes* gehen, *außer Hauses*/(neben:) *Haus[e]* sein.

| 643 | **dank** |

Nach *dank* steht ein singularisches Substantiv im Dativ oder im Genitiv, ein pluralisches gewöhnlich im Genitiv:

> dank *seinem großen Fleiß/seines großen Fleißes,* dank *ihrer großen Erfahrungen.*

---

[1] Vgl. W. Hackel: Präpositionen mit Substantiven ohne erkennbaren Kasus. In: Deutsch als Fremdsprache 5 (1969), S. 325 ff.; H. Gelhaus: „Trotz Rechts" oder „trotz Recht"? In: Muttersprache 79 (1969), S. 355–369.
[2] Wenn das Bezugswort im Nominativ, Genitiv oder Akkusativ steht, ist es möglich, das *außer* folgende Substantiv in den gleichen Kasus zu setzen; *außer* ist dann Konjunktion:
Niemand kann es herausbekommen, *außer* ich selbst.

entlang   `644`

Wenn *entlang* dem Substantiv folgt, wird dieses in den Akkusativ, gelegentlich in den Dativ gesetzt; geht *entlang* aber dem Substantiv voraus, dann wird es in der Regel in den Dativ, gelegentlich in den Genitiv gesetzt. Der Akkusativ ist veraltet:

> (Nachstellung:) *Den Fluß entlang* standen Bäume. ... ging er *den Balkon entlang* weiter. (Th. Mann) (Gelegentlich Dativ:) ... die *dem blitzenden Strom- und Meerufer entlang* aus der Hauptstadt hinausführte nach Belem. (R. Schneider) (Voranstellung:) *entlang dem Wall. Entlang den Hecken* standen Neugierige. (Gelegentlich Genitiv:) Als er ... durch ein dünnes Glimmerfensterchen *entlang des Rohres* Alphateilchen hindurchschoß. (Menzel) ... *entlang des Stacheldrahts.* (Mannheimer Morgen) (Veraltet der Akkusativ:) *entlang den Wald, entlang das Brückengeländer.*

Adverb ist *entlang* in Fügungen wie *am Ufer entlang.*

längs   `645`

Nach *längs* wird das folgende Substantiv in den Genitiv, seltener in den Dativ gesetzt. Der Dativ wird dann vorgezogen, wenn dem singularischen Substantiv, dessen Genitiv mit *-(e)s* gebildet wird, ein weiteres singularisches Substantiv mit *-(e)s*-Genitiv folgt oder vorausgeht (vgl. 641,3):

> *längs des Kornfeldes, längs der Fronten* der Paläste (Jelusich); die Wälder *längs der Straße* (Flex; Genitiv oder Dativ); *längs dem Doppelzaun* (Grass), *längs den Boulevards* (Binding); *längs dem Simse* des Palastes; *längs Mannheims [schönem] Rheinufer.*

zufolge, zu(un)gunsten   `646`

Wenn das bei *zufolge* (vgl. 628), *zugunsten* und *zuungunsten* stehende Substantiv oder Pronomen der Präposition folgt, steht es im Genitiv; wenn es der Präposition vorausgeht, steht es im Dativ:

> *Zufolge seines Wunsches/Seinem Wunsche zufolge* fuhren wir einen Tag später.

6.2.3 Zum Gebrauch der Präpositionen   `647`

Im Gebrauch der Präpositionen gibt es immer wieder Unsicherheiten; sie springen vor allem bei den Präpositionalattributen ins Auge:

> zweiteiliger Film *um* (statt standardspr.: *über*) ein junges Ehepaar (Hörzu); die Anhänglichkeit *für* (statt standardspr.: *an*) den Betrieb (Chotjewitz); ... indem man *zur* (statt standardspr.: *in der*) Sexualfrage wesentlich großzügiger würde (Fichte).

Mehrere Präpositionen nebeneinander   `648`

Es erschwert oft das Verständnis, wenn Präpositionalgefüge so ineinandergeschachtelt werden, daß die Präpositionen nebeneinander stehen:

> *mit vor* Zorn funkelnden Augen, *für im* vergangenen Jahr geleistete Arbeit, *von unter* der Erde befindlichen Anlagen, *in mit* allem Luxus ausgestatteten Wohnräumen, *mit über* jedes Lob erhabenem Pflichteifer, *von aus* dem Mund hervorquellendem Blut, *infolge von durch* das Finanzamt erlassenen Verordnungen.

In den meisten Fällen kann man dies durch das Einfügen eines Artikels oder durch einen Relativsatz vermeiden:

> *für* die *im* vergangenen Jahr geleistete Arbeit/*für* die Arbeit, die *im* vergangenen Jahr geleistet worden ist.

Die Verbindung einer Präposition mit einem Präpositionalgefüge wird im allgemeinen als umgangssprachlich oder mundartlich angesehen:

eine Brille *für in* die Nähe. Haste noch Beton *für untern* Sockel? (Grass) ... die Zeitung stammte noch *von vor* dem Krieg (H. Kolb)

In Beispielen wie *eine Summe von über tausend Mark* ist *über* Adverb und keine Präposition (vgl. 591).

---

649 **Zwei oder mehrere Präpositionen vor einem Substantiv**

Zwei oder mehrere Präpositionen können vor einem Substantiv oder Pronomen stehen,

– wenn die Präpositionen die gleiche Rektion haben:

Die Kinder spielten *vor, neben* und *hinter* dem Haus.

– wenn bei verschiedener Rektion der Präpositionen die Flexionsform des Substantivs oder Pronomens gleich ist:

mit und *ohne* Gott, *mit* oder *ohne* Aufbegehren, *in* und *um* sich.

Ist bei verschiedener Rektion der Präpositionen die Form des Substantivs oder Pronomens verschieden, dann kann – in schwerfälliger Konstruktion – das Substantiv wiederholt oder durch ein Pronomen ersetzt werden:

mit Büchern und *ohne* Bücher; *mit* Büchern und *ohne* sie/diese.

Im allgemeinen wird jedoch die Form des Substantivs gebraucht, die die zunächst stehende Präposition verlangt:

mit oder *ohne Kinder,* ohne oder *mit Kindern,* mit oder *gegen Ihren Willen* (H. Seidel), Literatur aus und *über andere Länder.*

---

650 **Präpositionen bei mehrteiligen Konjunktionen oder korrespondierenden Adverbien**

Bei Substantiven (Pronomen), die durch mehrteilige Konjunktionen oder korrespondierende Adverbien verbunden sind, sollte die Präposition besser zweimal gesetzt werden:

teils *mit* List, teils *mit* Gewalt. Das ist sowohl *für* dich wie *für* mich eine Belastung. Sie hat es entweder *von* ihm oder *von* seiner Schwester erfahren.

---

651 **Wiederholung der Präposition bei aufgezählten Substantiven**

Werden Substantive ohne Verbindung durch eine Konjunktion von derselben Präposition abhängig gemacht, dann wird diese gelegentlich wiederholt; das einzelne Präpositionalgefüge erhält dadurch mehr Eigengewicht und Nachdruck:

Er war grau *in* seinem Haar, *in* seinem Gesicht, grau *in* seiner Kleidung. (Koeppen) *durch* die Wälder, *durch* die Auen („Freischütz"). (Ohne Wiederholung:) Lag es *an* der Beschaffenheit ..., der richtigen Neigung ..., der passenden Höhe ... oder auch nur der zweckmäßigen Konsistenz der Nackenrolle ... (Th. Mann)

---

652 **Verstärkung durch Adverbien**

Adverbien, die in Verbindung mit einem Präpositionalgefüge gebraucht werden, können vor oder nach dem Gefüge stehen:

oben auf dem Berg, *bis an* die Grenze, *mitten/quer durch* das Feld, *draußen vor* dem Tor, *rings um* die Stadt;
auf dem Berg *oben, aus* dem Loch *heraus, durch* das Rohr *hindurch, um* die Stadt *herum, vom* Berge *her, von* Jugend *auf, von* Kind *an, zur* Schweiz *hin.*

6.3 Die Konjunktion[1]

Auch die dritte Untergruppe der Partikeln, die Konjunktionen oder Bindewörter, sind ihrer Form nach unveränderlich. Sie sind weder Satzglied noch Attribut, sondern dienen dazu, Wörter, Wortgruppen oder Sätze miteinander zu verbinden. Nach der Funktion kann man vier verschiedene Gruppen von Konjunktionen unterscheiden:
- nebenordnende Konjunktionen (vgl. 654):

  Peter *und* Frauke, Vater *oder* Mutter.

- Satzteilkonjunktionen (vgl. 660):

  Er benimmt sich *wie* ein Flegel.

- Infinitivkonjunktionen (vgl. 661):

  Wir fahren an die See, *um* uns *zu* erholen.

- unterordnende Konjunktionen (vgl. 662):

  Wie fuhren nach Frankfurt, *weil* wir zum Flughafen wollten.

Nach der Form unterscheidet man eingliedrige oder einfache *(und, auch)* und mehrgliedrige oder gepaarte Konjunktionen *(sowohl – als auch, entweder – oder).* Von den (mehrgliedrigen) Konjunktionen sind Fügungen wie

angenommen, daß; vorausgesetzt, daß; gesetzt den Fall, daß

zu trennen.

6.3.1 Nebenordnende Konjunktionen

Konjunktionen wie *und, oder, denn* werden gebraucht,
- um Wörter oder Wortgruppen einer Wortreihe miteinander zu verbinden:

  Peter *und* Frauke gehen ins Schwimmbad. Er wohnt in Hamburg *oder* in Lübeck.

- um Teilsätze einer Satzverbindung miteinander zu verbinden (vgl. 1187f.):

  Klaus liest ein Buch, *und* Wilma malt ein Bild. Wenn er das wirklich tut *und* wenn er sich nicht umstimmen läßt, dann müssen wir auf seine Mitarbeit verzichten.

Gelegentlich werden durch *und* und *oder* auch ein Substantiv und ein Teilsatz als gleichberechtigte Teile miteinander verbunden:

Herr Meier *und* wer sonst noch da war interessieren mich nicht.

Diese Konjunktionen nennt man n e b e n o r d n e n d e (koordinierende) Konjunktionen; ihre Zahl ist klein:

kopulativ	disjunktiv	restriktiv	kausal
und [so]wie sowohl – als/wie [auch]	oder entweder – oder	aber allein nur sondern [je]doch	denn

---

[1] Vgl. U. Engel: Subjunktion. In: Mélanges pour Jean Fourquet. München, Paris 1969, S. 85–100; H. Glinz: Der deutsche Satz. Düsseldorf ⁶1970, S. 138ff.; ders.: Die innere Form des Deutschen. Bern, München ⁴1965, S. 254ff.

---

655 | **Adverb oder nebenordnende Konjunktion?**

Die nebenordnenden Konjunktionen haben nur verbindende Funktion. Wenn Teilsätze einer Satzverbindung mit ihnen verknüpft werden, ändert sich die Stellung der Satzglieder nicht:

> Klaus liest ein Buch. Anke malt ein Bild.
> Klaus liest ein Buch, *und* Anke malt ein Bild.
> Peter studiert Medizin. Er will Arzt werden.
> Peter studiert Medizin, *denn* er will Arzt werden.

Demgegenüber sind Adverbien entweder Satzglied oder Attribut. Mit ihnen werden Teilsätze inhaltlich aufeinander bezogen:

> Klaus liest ein Buch. Anke malt *inzwischen* ein Bild.
> Peter will Arzt werden. Er studiert *deshalb* Medizin.

Wenn ein Adverb als Satzglied an den Anfang des Aussagesatzes (ins Vorfeld; vgl. 1266) gestellt wird, muß die Stellung der übrigen Satzglieder geändert werden, da nur eines vor dem Finitum stehen kann:

> Klaus liest ein Buch. Anke malt *inzwischen* ein Bild.
> Klaus liest ein Buch. *Inzwischen* malt Anke ein Bild.
> Peter will Arzt werden. Er studiert *deshalb* Medizin.
> Peter will Arzt werden. *Deshalb* studiert er Medizin.

Die nebenordnenden Konjunktionen können zur Präzisierung mit Adverbien wie *auch, dennoch, trotzdem* verbunden werden:

> und auch, und zudem, und dazu, und dann, und da, und so, und doch, und dennoch, und darum, und deshalb, und deswegen, und daher, und zwar, und somit;
> aber auch, aber doch, aber dennoch, aber freilich, aber trotzdem; oder auch, oder vielmehr, denn auch, denn doch.

Mit Ausnahme von *oder aber* können die nebenordnenden Konjunktionen nicht miteinander verbunden werden.

---

656 | **Kopulative (anreihende) Konjunktionen**

Mit *und* werden Wörter (Wortgruppen) und Sätze aneinandergereiht:

> Er war wieder gesund, *und* er konnte wieder arbeiten. Sie sagte, daß sie alles wisse *und* daß ihr der Vorgang völlig klar sei. Peter *und* Frank gingen zum Sportplatz.

Zwei Verben oder Substantive (Pronomen) werden gewöhnlich durch *und*[1] miteinander verbunden:

> lesen *und* rechnen, Eichen *und* Buchen, er *oder* sie.

Demgegenüber werden zwei attributive Adjektive oft ohne *und* aneinandergereiht:

> Er ist ein *aufmerksamer, fleißiger* Schüler.

Bei der Aufzählung von mehr als zwei Teilen einer Wortreihe steht *und* gewöhnlich nur einmal, und zwar vor dem letzten Teil:

> mit feiner, geweckter *und* kritischer Miene; Wachheit, Geist *und* Kostbarkeit (Th. Mann); ... eine große, nervige, feingegliederte ... *und* ruhige Hand. (Wassermann)

Bei Hervorhebung kann *und* vor jedem Teil stehen:

> ... *und* läuft *und* läuft *und* läuft. (Werbespruch von VW) ... Stunden *und* Tage *und* Wochen ... (Th. Mann) Er (der Arm) war zugleich zart *und* voll *und* kühl. (Th. Mann)

Bei straffer Zusammenfassung kann man auf eine Bindung durch die Konjunk-

---

[1] Das Folgende gilt auch für das ausschließende *oder*.

tion *und* verzichten und die Teile, nur durch Kommas getrennt, einfach nebenein-
anderstellen:

> es (das Opiat der Musik) schafft Dumpfsinn, Beharrung, Untätigkeit, knechtischen
> Stillstand. ... die kleine, muntere, alte russische Dame. (Th. Mann)

Es gibt auch eine paarweise Bindung von Teilen einer Wortreihe durch *und* oder
oder:

> alte *und* junge, schöne *und* häßliche, reiche *und* arme Menschen. Sehr viel mehr urtei-
> len *und* handeln die Menschen nach Liebe *und* Haß, Gier *oder* Jähzorn, Schmerz *oder*
> Freude, Furcht *oder* Hoffnung, auch in Ärger *und* Gemütsaufregung als nach der
> Wahrheit *oder* nach den Regeln ... des Lebens (nach Cicero).

Zur alleinigen Besetzung des Vorfelds mit *und* vgl. 1266,2.

Das aneinanderreihende *[so]wie* (,und auch') kann zwischen zwei Wörter (Wortgruppen) gesetzt werden, wenn der Sprecher/Schreiber etwas nachtragen oder ergänzen will oder wenn er vermeiden will, daß mehrere *und* aufeinanderfolgen:

> Die Eltern *sowie* (= und auch) die Kinder fahren in Urlaub. Er kaufte für Karneval
> Lampen und Lampions und Fahnen *sowie* Feuerwerkskörper.

Die mehrgliedrigen Konjunktionen *sowohl – als auch (sowohl – wie auch, sowohl –
als, sowohl – wie), nicht nur – sondern auch* (zu *sondern* vgl. 658) und *weder – noch,*
die im allgemeinen Wörter (Wortgruppen) aneinanderreihen, sind nachdrücklicher als das einfache *und:*

> Sie spricht *sowohl* Englisch *als auch* Französisch. ... *sowohl* die Bedingtheit *als* die
> Herrlichkeit (Nigg). ... *sowohl* meiner Lebensform *wie auch* meiner wissenschaftlichen
> Einstellung nach. (Jens) ... seine Eltern *sowohl wie* der Großvater. (Th. Mann) Er ist
> *nicht nur* dumm, *sondern* er ist *auch* faul. Er ist *weder* schön *noch* geistreich.

Disjunktive (ausschließende) Konjunktionen

657

Mit *oder* wird ausgedrückt, daß von zwei oder mehr Möglichkeiten nur eine in
Betracht kommt:

> Frauke kommt morgen *oder* übermorgen. Er liest ein Buch, er schreibt einen Brief, *oder*
> er klebt Briefmarken ein.

Dem *oder* kann ein *entweder* vorausgehen. Die Verbindung *entweder – oder* ist
nachdrücklicher als das einfache *oder:*

> Frauke kommt *entweder* morgen *oder* übermorgen. Er liest *entweder* ein Buch, *oder* er
> schreibt einen Brief. *Entweder* er liest ein Buch, *oder* er schreibt einen Brief.

Mit *oder* und *entweder – oder* werden Wörter (Wortgruppen) und Sätze verbunden. Dabei kann, wie die Beispiele zeigen, bei der Verbindung von Sätzen *entweder* sowohl im Inneren als auch am Anfang des Satzes stehen. Da im letzteren
Fall eine Umstellung der übrigen Satzglieder möglich ist, aber auch unterbleiben
kann, muß man *entweder* sowohl den Adverbien als auch den Konjunktionen zu-
rechen (vgl. 655):

> Er liest ein Buch, *oder* er schreibt einen Brief.
> *Entweder* er liest ein Buch, *oder* er schreibt einen Brief.
> *Entweder* liest er ein Buch, *oder* er schreibt einen Brief.

Zu *oder* vgl. auch 656.

Restriktive (einschränkende) und
adversative (entgegensetzende) Konjunktionen

658

Mit *aber, allein, [je]doch, nur* und *sondern* wird eine Einschränkung, ein Gegensatz ausgedrückt. Sie stehen zwischen Sätzen und – mit Ausnahme von *allein* und
nur – zwischen Wörtern (Wortgruppen):

Peter wollte ins Schwimmbad gehen, *aber/doch/jedoch/allein* Frauke hatte keine Lust.
Er ist zwar streng, *aber* gerecht. Er kommt nicht heute, *sondern* er kommt morgen. Sie
ist fleißig, *nur/aber/doch/allein* sie müßte sorgfältiger sein.

Der Konjunktion *aber* geht oft das Adverb *zwar* voraus, der Konjunktion *sondern*
immer ein Negationswort (vgl. 1148 ff.).

Wenn die Partikeln *doch, jedoch* und *nur* am Anfang des Satzes stehen, kann die
Wortstellung verändert werden, sie kann aber auch unverändert bleiben. Man
muß diese Partikeln also sowohl den Adverbien *(Er fährt gern Auto,* doch *fliegt er
höchst ungern mit dem Flugzeug)* als auch den Konjunktionen *(Er fährt gern Auto,*
doch *er fliegt höchst ungern im Flugzeug)* zuordnen (vgl. 655).

Zu den mehrgliedrigen Konjunktionen *nicht nur – sondern auch* und *weder – noch*
vgl. 656.

659 **Kausale (begründende) Konjunktionen**

Mit der Konjunktion *denn*[2], die nur zwischen Sätzen steht, wird eine Begründung
ausgedrückt (rein kausal):

Wir gingen wieder ins Haus, *denn* es war draußen sehr kühl geworden.

Mit *weil* wird eine Begründung (rein kausal), mit *wenn auch* eine Einräumung
(konzessiv) ausgedrückt. Sie werden zwischen zwei Adjektive gesetzt:

Das schlechte, *weil* fehlerhafte Buch. Das Buch ist schlecht, *weil* fehlerhaft. Der gute,
wenn auch langsame Arbeiter ... Er arbeitet gut, *wenn auch* langsam.

660 ## 6.3.2 Satzteilkonjunktionen

Mit einigen Konjunktionen werden Satzteile (Satzglieder oder Attribute) in den
Satz eingebaut und angeschlossen. Man kann sie deshalb Satzteilkonjunktionen nennen.

1. Mit *wie* und *als* wird entweder eine adverbiale Bestimmung oder ein Attribut
angeschlossen. Häufig liegt ein Vergleich vor:

Marion gilt *als* zuverlässig. Er benimmt sich *wie* ein Flegel. Er wurde *wie* ein Verbre-
cher abgeführt. Ihr *als* der Leiterin dieser Schule war so etwas noch nicht begegnet.
(Nach dem Positiv oder Komparativ eines Adjektivs:) Peter ist so groß *wie* Frank, aber
größer *als* Klaus. (Veraltet:) Sie war größer *denn* ihre Schwester. Ich bin so klug *als wie*
zuvor. Es ist hier anders *als wie* zu Hause.

2. Die Satzteilkonjunktionen *desto* und *um so* werden in Verbindung mit einem
Komparativ gebraucht. Da sie der Kennzeichnung eines gleichbleibenden Verhältnisses dienen, werden sie proportionale Konjunktionen genannt:

Wir fahren schon früher zurück, *um so* eher sind wir dann zu Hause. Je mehr wir uns
anstrengen, *desto/um so* schneller sind wir mit der Arbeit fertig. Je eher, *desto* besser.

661 ## 6.3.3 Infinitivkonjunktionen

Mit den Konjunktionen *zu, [an]statt – zu, ohne – zu, um – zu* werden Infinitive angeschlossen; man nennt sie deshalb Infinitivkonjunktionen.
1. Der Infinitiv kann mit einfachem *zu* angeschlossen werden:

---

[1] Das Negationswort muß im heutigen Standarddeutsch immer gesetzt werden und darf nicht nur
dem Sinne nach vorhanden sein, wie es früher als korrekt galt:
    Man sah mich *selten* auf öffentlichen Promenaden, *sondern* ich lag in irgendeinem Dickicht. (Seume)
    Sie *enthielt* sich jedoch, alle die Orte, die ihr teuer waren, aufzusuchen, *sondern* eilte ... (G. Keller)
[2] Die kausale Konjunktion *denn* und das temporale Adverb *dann* sind voneinander zu unterscheiden
(*Na,* dann *geht es eben nicht.* [Nicht:] *Na,* denn *geht es eben nicht* [nordd.]).

Ihm wurde befohlen, sofort *zu* kommen. Sie versuchte, durch den Fluß *zu* schwimmen. Der Versuch, durch den Fluß *zu* schwimmen, scheiterte. Die Fähigkeit, schnell *zu* schwimmen ... Er ist fähig, dieses Verbrechen *zu* begehen. Er braucht keine Angst mehr *zu* haben.[1]

Der Gebrauch der Infinitivkonjunktion *zu* bei den Verben *liegen, stehen, wohnen* u. a., die mit dem Hilfsverb *haben* verbunden werden, findet sich in landschaftlicher Umgangssprache (vor allem in Berlin und Niedersachsen); standardsprachlich gilt er als **falsch**:

Er hat ein Faß Wein im Keller *zu* liegen. Ich möchte ... über Ulm fahren ... Da habe ich eine Braut *zu* stehen. (Tucholsky) Wir haben unsere Mutter bei uns *zu* wohnen. Er hat die Hände in den Taschen *zu* stecken.

Über die syntaktische Rolle des Infinitivs als Subjekt, Akkusativobjekt usw. vgl. im einzelnen 1031 ff., 1222.

2. Die Konjunktion *um – zu* wird final zur Kennzeichnung des Zweckes, der Absicht oder aber konsekutiv zur Kennzeichnung der Folge gebraucht (im einzelnen vgl. 1236, 1252):

Peter ging in das Kaufhaus, *um* einen Anzug *zu* kaufen. Sie arbeitet zu schnell, *um* genau *zu* sein.

3. Durch die Infinitivkonjunktion *[an]statt – zu* wird gekennzeichnet, daß etwas für etwas anderes stellvertretend eintritt (stellvertretender Umstand), durch *ohne – zu,* daß etwas Erwartetes nicht eintritt, sondern fehlt (fehlender Umstand; im einzelnen vgl. 1253,4; 1254,2):

[An]statt zu arbeiten, geht er ins Schwimmbad. Er verließ die Gaststätte, *ohne zu* bezahlen.

6.3.4 Unterordnende Konjunktionen   ⟨662⟩

Konjunktionen, mit denen man Nebensätze (Konjunktionalsätze; vgl. 1192) einleitet, nennt man unterordnende (subordinierende) Konjunktionen oder auch Teilsatzkonjunktionen.

Man unterscheidet verschiedene Gruppen:

temporal	modal	kausal	ohne eigene Bedeutung
während	als	weil	daß
als	wie	da	ob
nachdem	als ob	so daß	wie
seitdem	insofern	wenn	
bis	insoweit	obwohl	
ehe	u. a.	u. a.	
u. a.			

Während Frank einen Brief schrieb, las Monika die Zeitung. Am Sonntag fuhren wir nach Frankfurt, *weil* wir zum Flughafen wollten.

Von diesen unterordnenden Konjunktionen sind Pronomen (vgl. 558) und Adverbien (vgl. 609) als Einleitewörter von Relativsätzen (vgl. 1198 ff.) zu unterscheiden.

---

[1] In der Standardsprache wird *brauchen* überwiegend mit *zu* konstruiert; aus Gründen des Wohlklangs *(... zu tun haben* statt *zu tun zu haben)* und in der Emphase *(Wundern braucht man sich nicht!)* wird *brauchen* auch standardsprachlich ohne *zu* vorgezogen. Vgl. H. Gelhaus: Statistik und Strukturanalyse. Über den Widerstreit zweier Kriterien. In: Wirkendes Wort 19 (1969), S. 310–324.

663 **Temporale Konjunktionen**[1]

1. Gleichzeitigkeit bezeichnende Konjunktionen:

während, indem, indes[sen], solange, sobald, sowie, sooft, als (veraltet oder dichterisch: da), wie, wenn, nun.

Über dies Wort mußte Hans Castorp lachen, *während* er ... sich zurückfallen ließ. (Th. Mann) *Indem* sie Kopf und Oberkörper leicht nach vorn schob, fragte sie den Fremden nach seinem Begehr. (H. Kasack) Trees L. hat nur gelacht, *als* sie die Geschichte ... hörte. (Schnabel) (Veralt. od. dicht.:) ... *da* (= als) sie ihre Nägel wieder in Ulrichs Arm eingrub, tat sie es vielleicht zu stark. (Musil)

2. Vorzeitigkeit bezeichnende Konjunktionen:

nachdem, als, wenn, sobald, sowie, seit[dem]

Nachdem er eine Weile gewartet hatte, ging die Türe auf. (Walser)

3. Nachzeitigkeit bezeichnende Konjunktionen:

bis, bevor, ehe, (selten:) als, wenn.

Bevor ich einen kleinen Hügelstein anheben könnte, hätte Watzek mir längst die Kehle durchgeschnitten. (Remarque) Das ... Reich ... entschwand ..., *ehe* es gekommen war. (Nigg) *Als* ich nach Hause kam, hatte meine Frau diesen Herrn bereits überzeugt.

Zu den entsprechenden Sätzen und zum Konkurrieren von *wie* mit *als* vgl. 1243.

Modale Konjunktionen

Die modalen Konjunktionen lassen sich in verschiedene Gruppen unterteilen (zu den entsprechenden Sätzen vgl. 1253):

664 **Modale Konjunktionen im engeren Sinne zur Kennzeichnung des Begleitumstands, des Mittels**

indem

Er trat zurück, *indem* er erblaßte. Sie vernichteten die Akten, *indem* sie Benzin darüber gossen und sie ansteckten.

665 **Konjunktionen zur Kennzeichnung des fehlenden oder stellvertretenden Umstands**

ohne daß, [an]statt daß

Sie hat uns geholfen, *ohne daß* sie es weiß. Er redete, *[an]statt* daß er handelte.

666 **Restriktive und adversative Konjunktionen zur Kennzeichnung der Einschränkung und des Gegensatzes**

[in]sofern, [in]soweit, soviel, während, wohingegen

Sie wird daran arbeiten, *[in]soweit/sofern* sie dafür Zeit hat. *Soviel* ich mich erinnere, ist er in Hamburg geboren. Frank fuhr mit dem Fahrrad, *während/wohingegen* Petra mit dem Zug fuhr.

667 **Konjunktionen zur Kennzeichnung eines Vergleichs**

wie, als, als ob, als wenn, wie wenn

Er verhält sich [so], *wie* sich auch sein Bruder in solchen Situationen verhalten hat. Peter ist so groß *wie* sein Vater; er ist größer, *als* seine Mutter ist. Es war ihm, *als ob/als wenn* er etwas gehört hätte. Es war ihm, *als* hätte er etwas gehört. Sie ist insofern für diese Arbeit unentbehrlich, *als* sie besondere Kenntnisse auf diesem Gebiet hat.

---

[1] Eine differenzierte Beschreibung der inhaltlichen Beziehungen zwischen den temporalen Konjunktionen findet sich bei H. Gelhaus: Untersuchungen zur Consecutio temporum im Deutschen. In: H. Gelhaus/S. Latzel: Studien zum Tempusgebrauch im Deutschen. Tübingen 1974, S. 55ff.

Kausale Konjunktionen

Mit einer Gruppe von Konjunktionen werden kausale Beziehungen im weitesten Sinne gekennzeichnet (zu den entsprechenden Sätzen vgl. 1235).

Kausale (begründende) Konjunktionen im engeren Sinne

`668`

weil, da, zumal, nun; daß („weil')

Sie mußten sich melden, *weil* sie ... in Acht und Bann geworfen waren. (Jens) *Da* es sehr anstrengend ist, zugleich zu steigen und zu singen, so wurde ihm bald der Atem knapp. (Th. Mann) *Nun* alles geschehen ist, bleibt nur zu wünschen, daß ... (FAZ) Ich kann ihm seinen Wunsch nicht abschlagen, *zumal* er immer so gefällig ist. Das kommt daher, *daß* du nicht aufgepaßt hast.

In Verbindung mit *da* sind *zumal* und *nun* Adverbien (vgl. 590):

... nicht auf diese Weise diskreditieren, *zumal da* der Bundesminister ... keine Einwände erhoben hat (FAZ). *Nun da* die Reise beschlossen war, fuhren wir trotz des Regens.

Konsekutive Konjunktionen zur Kennzeichnung der Folge

`669`

so daß, als daß, daß

Sie sangen, *daß* sie heiser wurden. ... er hatte schon so viel gewagt, *daß* er nicht mehr ablassen wollte. (Musil) Die Sonne blendete ihn, *so daß* er nichts sah. Die Sonne blendete ihn zu sehr, *als daß* er das Bild hätte erkennen können.

Konditionale Konjunktionen zur Kennzeichnung der Bedingung

`670`

wenn, falls, im Falle, sofern, soweit, (veralt.:) so

Wenn das wahr ist, dann müssen wir uns beeilen. *Falls* die Haustür geschlossen ist, gehe über den Hof. Wir werden kommen, *wenn/sofern* es euch paßt. ... *soweit* ich hierbleibe, muß ich jedenfalls aus Paris verschwinden. (Th. Mann) Wir sehen uns wieder, *so* es das Schicksal will.

Proportionale Konjunktionen zur Kennzeichnung des gleichbleibenden Verhältnisses

`671`

je (Korrelate: desto/um so/[veralt.:] je)

Je länger der Rausch anhielt, desto leuchtender ... schienen ihm die Farben zu werden. (Jens) *Je* aufmerksamer der Betrachter diese Bettlerfigur ansah, um so stärker brachte sie ihn auf den Gedanken ... (Nigg)

Konzessive Konjunktionen zur Kennzeichnung der Einräumung, des Gegengrundes ohne Einfluß

`672`

obgleich, obwohl (selten:) ob, obschon, obzwar, wenngleich, wenn auch, wennschon, wiewohl, ungeachtet, gleichwohl[1]

---

[1] Auch *trotzdem* wird gelegentlich als Konjunktion (zum Adverb vgl. 600) gebraucht. Hier handelt es sich um eine Entwicklung, die bei anderen Partikeln bereits abgeschlossen ist, nämlich um den Übertritt aus dem Hauptsatz in den Gliedsatz, wobei die eigentliche Konjunktion *(daß)* wegfällt:
Seit dem, daß ich ihn kenne, ist er mein Freund. = *Seitdem* ich ihn kenne, ist er mein Freund. *In dem, daß* ich dies schreibe, bezieht sich der Himmel. = *Indem* ich dies schreibe, bezieht sich der Himmel. *Trotz dem, daß* ich gehen wollte, horchte ich doch wieder auf seine Worte hin. (A. Stifter) *Trotzdem daß* man nicht weiß, ob man sich mehr ärgern, lachen oder weinen soll. (Raabe) Hatte der Ökonomierat recht, so hielt die Baronin, *trotzdem* er auch in Hof, Feld und Wald gesehen wurde, doch unmerklich die Zügel. (Hauptmann)
Die Verwendung von *trotzdem* als konzessive Konjunktion wird in der Standardsprache weitgehend vermieden. Vgl. H. Gelhaus: Statistik und Strukturanalyse. Über den Widerstreit zweier Kriterien. In: Wirkendes Wort 19 (1969), S. 310 ff.

Obwohl/Obschon/Obgleich sie nur wenig Zeit hatte, kam sie sofort. *Wenngleich/Wiewohl* Frank stark erkältet war, nahm er an dem Sportfest teil. Er war geschoren worden, *ungeachtet* seine Verurteilung noch nicht rechtskräftig war. (Musil)

---

673 | **Finale Konjunktionen zur Kennzeichnung des Zweckes, der Absicht**

damit, daß, (veralt.:) auf daß

Er beeilte sich, *daß* er pünktlich war. ... unsere Zärtlichkeit ... auszustellen, *damit* die Herzen der Gäste schwöllen. (Th. Mann) (Veralt.:) Ehre Vater und Mutter ..., *auf daß* dir's wohl gehe. (Ephes. 6, 2–3)

---

674 | **Die Konjunktionen *daß, ob, wie***

Die Konjunktionen *daß, ob* und *wie* kennzeichnen in vielen Fällen keine bestimmten inhaltlichen Beziehungen. Zu ihrem Verknüpfungswert und zu den entsprechenden Sätzen vgl. 1213.

Er wußte, *daß* er blaß wurde. (Böll) *Ob* man ihm etwas anmerkte, hätte er gerne gewußt. Ich fühlte, *wie* er mich schärfer ansah. (Seghers)

6.4 Anmerkungen zum Gebrauch der Partikeln

675 | **Adverb, Konjunktion oder Präposition?**

Adverb oder Konjunktion

Als Adverb oder als Konjunktion werden z. B. folgende Partikeln gebraucht:

| da
seitdem
usw. | Adverb: | *Da* (= dort) liegt ein Buch. Vor drei Jahren ist Peter nach Köln gezogen. *Seitdem* haben wir nichts mehr von ihm gehört. |
| | Konjunktion: | *Da* (= weil) sie keine Zeit hatte, konnte sie nicht kommen. *Seitdem* Peter nach Köln gezogen ist, haben wir nichts mehr von ihm gehört. |

Adverb oder Präposition

Als Adverb oder als Präposition werden z. B. folgende Partikel gebraucht:

| abseits
entlang
über
usw. | Adverb: | *abseits* vom Dorf, am Ufer *entlang,* Kinder von *über* 10 Jahren. |
| | Präposition: | *abseits* des Dorfes, *entlang* dem Ufer, *über* das Meer fahren. |

Konjunktion oder Präposition

Als Konjunktion oder als Präposition werden z. B. folgende Partikeln gebraucht:

| bis
seit
während
usw. | Präposition: | *bis* nächsten Oktober, *seit* voriger Woche, *während* des Vortrags. |
| | Konjunktion: | *Bis* sie kommt, haben wir noch Zeit. *Seit* Peter umgezogen ist, haben wir nichts mehr von ihm gehört. *Während* Peter sein Fahrrad putzt, mähte Monika den Rasen. |

---

676 | **Inhaltliche Gruppen**

In dem vorstehenden Kapitel über die Partikeln ist deutlich geworden, daß bestimmte inhaltliche Bezüge wie lokal, temporal, modal und kausal mit Adverbien, Konjunktionen und Präpositionen gleichermaßen ausgedrückt werden können:

lokal	Adverb:	Das Buch liegt *dort*.
	Präposition:	Das Buch liegt *auf* dem Tisch.

temporal	Adverb:	Peter ist nach Köln verzogen. *Seitdem* haben wir nichts mehr von ihm gehört.
	Konjunktion:	*Seit[dem]* Peter verzogen ist, haben wir nichts mehr von ihm gehört.
	Präposition:	*Seit* Peters Umzug haben wir nichts mehr von ihm gehört.

modal	Adverb:	Sie fährt gerne Auto, *dagegen* fliegt sie nur ungern mit dem Flugzeug.
	Konjunktion:	Sie fährt gern Auto; *aber* sie fliegt nur ungern mit dem Flugzeug.

kausal	Adverb:	Es regnete. *Deswegen* blieben wir zu Hause.
	Konjunktion:	*Weil* es regnete, blieben wir zu Hause.
	Präposition:	*Wegen* des Regens blieben wir zu Hause.

7 Die Interjektion | 677 |

Wörter wie *au, oh, ach, pfui, heda, wau, muh* nennt man Interjektionen (Singular: die Interjektion), Ausrufewörter, Ausdruckswörter oder Empfindungswörter. Es sind Laut- und Schallgebilde, mit denen Empfindungen und Aufforderungen (Anrufe) ausgedrückt oder Laute nachgeahmt werden, ohne daß eine eigene begriffliche Prägung vorliegt, d. h., „ohne daß ein bestimmter Inhalt dabei formuliert zu werden braucht".[1]
Interjektionen sind ihrer Form nach völlig uneinheitlich und nicht veränderlich. Auch sind sie im allgemeinen nicht als Satzglied oder als Attribut in den Satz eingebaut, sondern syntaktisch isoliert (vgl. aber 682), selbst wenn sie in Verbindung mit einem anderen Satz gebraucht werden (vgl. 681). Deshalb können sie auch als selbständige Äußerung, als Satz angesehen werden.
Die Interjektionen spielen im Gespräch eine wichtige Rolle, wo sie nicht nur zum Ausdruck von Gefühlen dienen, sondern auch Gliederungs- und Steuerungsaufgaben übernehmen. So geben gewisse Interjektionen dem Gesprächsteilnehmer die Möglichkeit, in aller Kürze eine Äußerung zu kommentieren und gleichzeitig die eigene Stellungnahme einzuleiten.[2]
Zur Bildung von Kommentarwörtern wie *ächz, würg, heul, bibber-bibber* in der Jugendsprache vgl. 699.

7.1 Bedeutungsgruppen

7.1.1 Ausdruck körperlicher und seelischer | 678 |
      Empfindungen u. ä.

Mit einer Gruppe von Interjektionen drückt der Sprecher bestimmte körperliche und seelische Empfindungen aus:
– körperlicher Schmerz:
   au, autsch, auweh, oh.
   „*Au, au!*" schrie Sophie, „die heiße Kirchenbank hat mich verbrannt." (Strittmatter)
   Autsch! Wie tut der Fuß so weh! (Busch)

---

[1] H. Brinkmann: Die deutsche Sprache. Gestalt und Leistung. Düsseldorf [2]1971, S. 766.
[2] Vgl. A. Angermeyer: Die Interjektion. In: Linguistik und Didaktik 37 (1979), S. 39–50; H. Weydt (Hg.): Die Partikeln der deutschen Sprache. Berlin, New York 1979.

- Kältegefühl:

  hu, huhu.

  Hu! Wie kalt das ist!

- Wohlbehagen:

  ah

  Ah, wie ich mich hier wohl fühle!

- Ekel, Sichschütteln:

  burr, brr, bäh, pfui, pfui äks, fi, ih, igitt[e], äh, puh.

  Pfui Teufel! *Pfui* Teufel, sage ich, über all diese Halunken in Gott. (Frisch) Prost! *Burr,* Donnerwetter, der hats in sich! (Tucholsky)

- Freude:

  ah, oh, ach, ei, hei, heisa, juchhe, juhu, juchhei, juchheisa, juchheirassa, juchheirassassa; heidi, heida; hurra, holdrio.

  Ah – darauf freue ich mich. Aber dem wirds gegeben! *Hei!* Zu den Mädchen – *hurra!* (Tucholsky)

- Liebkosung, Zärtlichkeit:

  ei, eia, eiapopeia.

  Sie wiegte das Kind, *eia popeia!* im Arm.

- Schmerz, Kummer, Klage, Bedauern:

  ach, oh, o weh, weh[e], oje, ojemine, herrje, herrjemine

  Ach, ... wäre ich doch bei dem Auto geblieben! *O weh* – was habe ich da zu hören bekommen. (Tucholsky)

- Sehnsucht:

  ach, o[h].

  Sie alle waren beseligt, einmal, *ach* nur ein einziges Mal, auf einen anderen heruntersehen zu können. (Tucholsky) *Oh,* wie ich deinesgleichen beneide. (Frisch)

- Verwunderung, Erstaunen, Überraschung:

  uff, ah, ach, aha, oh, oha, oho, oje, hoho, au, ei, hoppla, nanu, o la la, [h]ui, ih, ha.

  Jetter: *Ah!* Vansen: Wollt ihr eure Rippen für ihn wagen? Soest: *Eh!* Vansen (sie nachäffend): *Ih! Oh! Uh!* Verwundert euch durchs ganze Alphabet! (Goethe) „*Aha!* Der Philosoph!" (Remarque) *O,* du Spitz, du Ungetüm ... „*Ei!*" – denkt Helene – „Schläft er noch?" (W. Busch)

- Entrüstung, Ärger, Unwillen:

  ha, hach, oho, oha, hoho, ih, na, i wo.

  Hach! Das geht zu weit. – *na,* das ist doch ...! (Tucholsky)

- Spott:

  ätsch, hehehe.

  Ätsch! Da hast du's!

- Verachtung, Geringschätzung:

  ach, ah bah (pah), p[ö], bäh, papperlapapp; lirum, larum.

  Die Herren machen mit gedämpfter Stimme Vorschläge. „*Ah bah!*" – er verwirft sie alle. *Ach,* der Kerl, der ... *P!* Wir!! Uns kann keiner, und uns können sie alle –! (Tucholsky)

- Furcht, Schauder:

  uh, hu, huhu.

  Hu! draußen welch ein schrecklich Grausen! (Busch)

- Abweisung, Ablehnung:

  ach [was], na, ah.

  Ach, laß mich. ... *ah,* klopf mir nicht auf die Schulter! *Na,* so ein Zimt. (Tucholsky)

- Beifall, Zustimmung, Befriedigung, Genugtuung, Bestätigung:

  aha, hm, topp.

  Und wenn Sie zahlen: *topp.* (Frisch)

- bei der Verwirklichung von etwas Erwartetem oder Nichterwartetem (Erstaunen, Überraschung)[1]:

  ah, aha, na (also).

  Ah, hier ist die Chaussee. Jetzt weiß ich weiter. (Tucholsky) *Aha!* Meine Arznei wirkt!

- Nachdenken, Zweifel:

  hm/(älter) hum; hm, hm; na, na.

  Hm! Was will ich denn?

- Beschwichtigung:

  na, na.

  Na, na, so schlimm wird es schon nicht sein!

7.1.2 Ausdruck eines Anrufs, einer Aufforderung | 679 |

Mit bestimmten Interjektionen kann der Sprecher auch jemanden direkt anrufen, wenn er dessen Aufmerksamkeit erregen will oder wenn er ihn zu etwas auffordern will:

- Erregung der Aufmerksamkeit durch Anruf:

  he, heda, holla, hallo, ahoi, hoppla, na.

  ... hörten sie hinter den Schiebetüren einen Schuß fallen. *He?!* rief Bernhard. (Kuby) *Heda?* Wo geht er hin? Was soll das denn heißen? *Heda!* Wohin mit der Gitarre? ... *Heda?* (Frisch) *Hallo?* Nein! fünnef! *Hoppla,* Kurve! Achtung. *Na,* wollen wir mal? (Tucholsky)

- Aufforderung zum Ruhigsein:

  pst, pss, pscht, st, sch.

  Pss, sei leise, duck dich! (Kuby) *Sssst!* Was die Leute bloß immer reden, wenn sie im Kino sind! (Tucholsky)

- Aufforderung, sich zu entfernen, zu kommen u. ä.:

  sch, ksch; husch, husch; dalli (ugs.); (bei Tieren:) put, put; hü, hottehü (kinderspr. für *vorwärts!*); har, wist (=links); hott (=rechts); huf (=zurück).

  Der fremde Mann lockte den Hans, wie man eine Henne lockt: *putt putt,* und hielt ihm eine Brezel hin. (Freytag) *Hü,* Schimmel, *hü!* (Volkslied)

- Aufforderung zum Takthalten bei der Arbeit:

  hau ruck, ho ruck.

7.1.3 Nachahmung von Lauten | 680 |

Mit einer dritten Gruppe von Interjektionen werden die verschiedensten Laute nachgeahmt und zwar menschliche, tierische und andere Laute:

---

[1] P. Kühn: Aha! Pragmatik einer Interjektion. In: Deutsche Sprache 7 (1979), S. 289–297.

- menschliche Laute:

  äh, eh (Zögersignal beim Sprechen), bäää (weinen), haha[ha], hähä[hä], hehe[he], hachhachach, hihi (lachen, kichern), hatschi/hatzi (niesen), hick (aufstoßen), uff (schnaufen), pfui (ausspeien), [h]uah (gähnen), h[e]m (räuspern), hopp, hops, hoppla, hopsa (springen, hüpfen, stolpern), trallala (trällern).

  Vielleicht ruft sie an? ... Ist gar nicht für mich ... *äh*. Das ist ... *eh* – wie soll ich das erklären. Dann schreit einer, *bäää* – wie ein kleines unartiges Kind. Hohngelächter ... *„Haha! Hahaha!* ... das ist eine ulkige Erklärung." Vor Kälte! *Hähä!* (Tucholsky) *„Hachhachach!"* Marschner lachte über den guten Spaß. (Strittmatter) *Hehe!* – lacht der böse Schlich. (Busch) *Hm* ... wo bleibt denn der mit dem Kaffee? *Huah* – bin ich müde. (Tucholsky)

- tierische Laute:

  muh (Rind), mäh (Schaf), meck (Ziege), wau (Hund), iah (Esel), miau (Katze), kikeriki (Hahn), gack (Huhn), quiek (Ferkel), quak (Frosch), piep (Vogel, Maus), summ (Biene), tirili (Lerche), kuckuck (Kuckuck), krah (Rabe, Krähe), tschilp (Sperling).

  Da schrie's plötzlich aus einer Ecke: „Au, *miau*, was uns friert!" (Märchen) *Summ, summ, summ,* Bienchen, summ, herum! (Kinderlied)

- andere Laute:

  ticktack (Uhr), bum, bum (Pauke), trara, tätärätätä, schnedderengteng[teng] (Trompete), dideldum, dideldumdei (Musik), piff, paff, tack, tack, tack; peng, peng (Schießen), bim, bam (Läuten), klingelingeling, kling, klang, bing (helles Klingen), tsch-tsch-tsch, tsch-tsch-tsch (Dampflokomotive), tatü, tatü, tatütata (Feuerwehr, Polizei), ruo-ruo-ruo, blubb-blubb, tuck-tuck-tuck (Motor); ritze, ratze (Säge), krach, wumm[s], rums, bum[s], puff (Lärmen, Explodieren), husch, hui, schnapp, schwupp[diwupp], schwups, wupp, hopphopphopp (Geschwindigkeit); bauz, boing, plumps, pardauz, bum[s], holterdiepolter, p[l]atsch, schwapp, klack[s] (Fallen, Aufprall), flupp (Entkorken der Flasche), rips, raps; ritsch[e], ratsch[e] (Zerreißen), klapp ([metallisches] Auf- oder Zusammenschlagen), knack[s], klirr (Brechen spröder Körper), schnipp, schnapp, schnips (Schneiden), tapp, tapp, trapp, trapp (Gehen, Laufen).

  ... *blubb-blubb* macht Dicks Motor ... der Sprit ist alle! (Quick) Max und Moritz ... sägen ... *ritzeratze* ... in die Brücke eine Lücke. (Busch) *Knacks!* – Da bricht der Stuhl entzwei ... (Busch) Nur selten macht die Berliner Polizei von der durchdingenden *„Tatüüü-Tataaa"*-Fanfare Gebrauch. Ein Schlepper ... zog vorbei. Wir hörten das *Tucktucktuck* seiner Maschine. (Quick) ... wir entkorkten mit einem weithin hörbaren *Flupp* den Whisky. ... so stößt er mit seinen ungeschickten dicken Händen mal an die Klingel, mal an sein Glas; *bing*, macht das dann, *diiiiing* – ganz lange. *Klapp* – die Tür war zu. *Rrrumms*, an die Wand. „Auf Wiedersehn!" *Wupp*. Jetzt ist sie weg. (Tucholsky)

7.2 Der Gebrauch der Interjektionen

681 | 7.2.1 Die isolierte Interjektion außerhalb des Satzes

Im allgemeinen sind die Interjektionen weder als Satzglied noch als Attribut in einen Satz eingebaut, sondern syntaktisch isoliert, selbst wenn sie in Verbindung mit einem anderen Satz gebraucht werden. Sie sind in diesem Gebrauch als selbständige Sätze zu werten (Interjektions-, Interjektionalsätze).

1. Die Interjektionen können allein gebraucht werden:

   Oh! (Dadurch kann in entsprechender Situation ausgedrückt werden: „Darüber bin ich sehr erstaunt!"). *Au!* („Du hast mir weh getan!" o. ä.). *Ah!* („Wie schön!" o. ä.). *Pah!* („Das halte ich nicht für wichtig!" o. ä.). *Sssst!* („Sei doch leise!" o. ä.).

Zur Abschattung oder Verstärkung werden sie gelegentlich nebeneinandergestellt oder verdoppelt *(Ah bah! Na na!)*.

2. Als syntaktisch isolierte Einheiten können die Interjektionen auch in Verbindung etwa mit einem Imperativ *(Ach, laß mich!)*, einem Wunschsatz *(Ach, wäre ich doch dort geblieben!)*, einem Fragesatz *(Hm! Was will ich denn?)* und einem Aussa-

ge- bzw. Ausrufesatz *(Ah, hier ist die Chaussee!)* gebraucht werden. Dann wird die Interjektion häufig vor den anderen Satz gestellt. Da sie kein Satzglied ist, ändert sich dabei auch beim Hauptsatz die Wortstellung nicht.

3. Mit der Interjektion als Laut- und Schallgebilde drückt der Sprecher eine auf eine bestimmte (Gesprächs)situation zielende Stellungnahme, Reaktion, Kennzeichnung aus, ohne damit einen bestimmten Inhalt ausdrücklich zu formulieren. Das, was gemeint ist, wird – vor allem beim alleinigen Gebrauch der Interjektion (vgl. 1) – oft erst durch die Situation (den weiteren Kontext) oder aber durch den Satz bestimmt und deutlich, mit dem die Interjektion verbunden ist (vgl. 2). Vielfach ist dieser Satz die ausdrückliche Formulierung dessen, was mit der Interjektion – mehr aus dem Affekt heraus – ausgedrückt werden soll. (Dem entspricht, daß bestimmte Interjektionen oft zum Ausdruck verschiedener, oft entgegengesetzter Empfindungen usw. gebraucht werden können; vgl. 678 ff.)

7.2.2 Die Interjektion als Bestandteil des Satzes

682

Nur gelegentlich werden Interjektionen in einen Satz eingebaut.

1. Als Satzglied kann einmal eine substantivierte, mit einem Attribut verbundene Interjektion gebraucht werden:

> ... *das erste „Bää!"* des kleinen Gunnar klingt in ein schwedisches Telefon. ... sie kriechen *mit schwerem Huch!* unter die rosa Bettdecke. (Tucholsky)

Satzglied ist auch die vor allem innerhalb der direkten Rede wie andere Äußerungen zitierte Interjektion:

> ... da stupst die Frau den Wanderer in die Seite und sagt: *„Na ..."* *„Oha!"* sagt der Briefträger, „persönlich soll es sein, persönlich!" (Tucholsky) ... und wünschen der deutschen Mannschaft *„toi toi toi"* (Der Spiegel)

Mitunter werden Interjektionen auch als adverbiale Bestimmung in den Satz eingebaut:

> ... und daher sagen sie die Sätze mitunter sehr rasch, schleifend, *hopphopphopp.* (Tucholsky) Dies schien noch nicht zu genügen, er verlangte offenbar etwas ganz besonderes: und so fiel Gusti *plump* auf die Knie. (H. Mann) *Schwups* packt Hansi sie am Kripslein, und schon hält er das Brot in die Höhe. (Muschg)

Wenn die Interjektion in diesem Gebrauch als Satzglied an den Anfang eines Aussagesatzes gestellt wird (letztes Beispiel), dann ist mit ihr das Vorfeld besetzt.

2. In bestimmten Fällen bilden Interjektionen mit inhaltlich verblaßten Verben (vor allem *machen*) eine feste Verbindung, die – allerdings unter Verlust ihrer expressiven Ausdruckskraft – wie ein Funktionsverbgefüge (vgl. 182, 991) oft mit einem einfachen Verb wiedergegeben werden kann:

> miau machen – miauen. ... *blubb-blubb macht* (= blubbert) Dicks Motor. (Quick) Der Ast *machte knack* (= knackte) und brach ab. Das Blut hätte im Grabe nicht *tropf-tropf machen* (= tropfen) können, wenn das Herz nicht weiter gegangen wäre. (Der Spiegel) (Zur Verstärkung des im Verb genannten optischen oder akustischen Eindrucks:) Nur die alte Uhr *tickt tick, tack, tick tack.* ... warum ... wirst du beklommen und *duckst dich, duck, duck* ... (Döblin)

Die Verbindung einer Interjektion mit dem Anredenominativ (vgl. 1044) ist als Einheit aufzufassen, die als Anruf dient:

> Mein Jugendlicher, *o Ludolf,* mein Sohn. Laß endlich schweigen, *o Republik,* Militärmusik! Militärmusik –! (Tucholsky)

Als feste Verbindung sind Ausdrücke wie

> o ja, na ja, o doch, ach was, ach so, ach freilich, ach nein

aufzufassen, die – etwa in ihrem Gebrauch als Antwort – als Sätze anzusehen sind. Zur Stellung der Interjektion vgl. 1273.

Die Wortbildung

1 Allgemeines

683 Wenn man von einem Kind sagt, daß es spricht, meint man damit, daß es Wörter hervorbringt.[1] Wenn Kinder „sprechen gelernt haben", mit anderthalb bis drei Jahren, verfügen sie im Durchschnitt über einen Wortschatz von 300 bis 400 Wörtern. Für die Bedürfnisse des Alltags kommen Erwachsene, wenn sie sich ihrer (Orts)mundart bedienen, mit fünf- bis siebentausend Wörtern aus. Das Wortinventar der Schriftsprache ist viel größer. Es erreicht bei Schülern mit dem Abschluß einer höheren Schulausbildung die Größenordnung von 20000 Wörtern. Für die Prosa von Schriftstellern wie Theodor Storm oder Thomas Mann werden weitaus höhere Zahlenwerte ermittelt. Der gesamte Wortschatz der deutschen Sprache mit ihren Teilbereichen wird im allgemeinen zwischen 300000 und 500000 Wörtern angesetzt.[2] Die Frage bleibt bei diesen Zahlenangaben immer, in welchem Umfang die Fachsprachen einbezogen werden (allein der gesamte Fachwortschatz der Medizin wird z.B. auf 170000 Wörter geschätzt).

684 Als „Wörter" werden in all diesen Fällen Lautkomplexe gezählt, die eine Zeichenfunktion haben, satzfähig und als kleinste Einheiten im Satz verschiebbar sind und zusammengeschrieben werden. Diese Wörter sind zum größten Teil Wortbildungen, also nicht Simplizia, einfache Wörter wie *groß* und *klein*, sondern abgeleitete und zusammengesetzte Wörter wie *Größe, Großbetrieb, riesengroß, vergrößern; Kleinheit, Kleinbetrieb, haarklein, verkleinern.* Die Wortfamilien, die sich so um die einzelnen Simplizia bilden, können bis 500 und mehr Wörter umfassen; bei dem Verb *arbeiten* z.B. Adjektive von *arbeitsam* über *arbeitverwendungsfähig* bis zu *arbeiterrentenversicherungspflichtig,* Substantive von *Arbeit* über *Arbeiter* bis zu *Arbeitsförderungsgesetz* und *Arbeitslosenversicherungsanstalt,* Verben von *bearbeiten* bis zu *sich hinaufarbeiten.*

Aus wenigen tausend Simplizia entsteht durch Zusammensetzung oder durch Verbindung mit den über 200 Wortbildungsmitteln, die unselbständige Morpheme wie *be-, un-, -er, -heit* sind, die Gesamtheit der Wortbildungen. Diese Möglichkeit des Sprachausbaus erlaubt es, den Wortschatz rasch und zweckmäßig den vielen lexikalischen Anforderungen anzupassen, die mit dem Wechsel der Situationen und Zeiten an ihn gestellt werden. Worterfindungen (wie *Gas,* angeregt durch das griech. Wort *cháos*), schallnachahmende Wortschöpfungen (wie *Kuckuck*) und andere als die hier beschriebenen Wortbildungsweisen kommen demgegenüber nur selten ins Spiel.

685 Aufgabe einer synchronen Wortbildungslehre ist es, die Wortbildungsmuster einer Sprache in ihrem Zusammenhang darzustellen. Im einzelnen lassen sich p r o d u k t i v e und a k t i v e Wortbildungsmittel unterscheiden. Muster wie die Substantivbildung mit *Miß-* (*Mißerfolg, Mißheirat* usw.) etwa sind noch aktiv, d.h., sie werden als Wortbildungen behandelt und gegebenenfalls entsprechend aufgelöst *(Mißerfolg – kein Erfolg);* sie sind aber nicht mehr produktiv (wie *-heit, -ung* usw.) und regen in der Gegenwartssprache nicht mehr zur Neubildung von Wörtern an.

Die Produktivität unserer Sprache ist ungewöhnlich groß, kommt aber in den Wörterbüchern, die keine Augenblicksbildungen, sondern nur feste Bestandteile des Wortschatzes registrieren, nur schlecht zum Ausdruck: Rund ein Drittel der z.B. in einem durchschnittlichen Zeitungstext vorkommenden Wortbildungen ist nicht in Wörterbüchern verzeichnet. Dabei spielen Augenblicksbildungen nicht

---

[1] E. Leisi: Der Wortinhalt. Seine Struktur im Deutschen und Englischen. Heidelberg [4]1971, S. 9.
[2] Vgl. W. Mentrup: Korpora und Belegsammlungen. In: H. Henne/W. Mentrup/D. Möhn/H. Weinrich (Hg.): Interdisziplinäres deutsches Wörterbuch in der Diskussion. Düsseldorf 1978, S. 195–232.

nur im Sprachgebrauch des Deutschen eine große Rolle, sondern belegen einen „kreativen' Aspekt", der „eine allen Sprachen gemeinsame Eigenschaft"[1] ist: Der Mensch lernt nicht eigentlich eine Sprache, sondern er lernt, „in einer Sprache schöpferisch tätig zu werden", d.h., er erfährt die „in ihr bestimmenden Normen, die Anweisungen, die Wegweiser des Systems sowie die Elemente ..., welche das System uns als Grundmuster für unseren dann ganz neuen Ausdruck jeweils bereitstellt"[2]. Erst durch eine genaue Analyse der vielfältigen Bildungen und die Ermittlung ihrer Elemente, ihrer produktiven Muster und ihrer Gebrauchsregularitäten können diese Bereiche der Sprache überschaubar werden.

1.1 Die Analyse von Wortbildungen

Es kommt darauf an, einen Weg zu finden, der es erlaubt, die jeweils ermittelten Ergebnisse nachzuprüfen.

1.1.1 Formanalyse

Der erste Schritt dahin ist eine Analyse der Bestandteile (Konstituentenstrukturanalyse). Es wird angestrebt, die vorgegebene Wortbildung zunächst in zwei Hauptbestandteile zu zerlegen. Mindestens ein Bestandteil, eine Konstituente, muß eine selbständige lexikalische Einheit des Wortschatzes, ein L e x e m sein. | 686 |

Zerlegt wird die Wortbildung so in ihre Bestandteile, daß mit ihnen die Bedeutung der Bildung angemessen umschrieben (paraphrasiert) werden kann (vgl. *Eisentür – Tür aus Eisen/eine Tür, die aus Eisen besteht* o.ä., wo die Zerlegung zwei Lexeme als Ausgangselemente ergibt; vgl. 707). Das Verfahren besteht dabei darin,[3] durch Weglaß- und Ersatzproben Minimalpaare des Wortschatzes zu bilden *(Eisentür – Holztür, Eisentür – Tür, Eisen – Holz)*; wobei die Analyse oft nicht bei Lexemen des Wortschatzes wie *Eisen* stehenbleibt, sondern zu kleineren Einheiten führt. Bei einer komplexen Bildung wie *Unerklärlichkeit* gewinnt man z.B. als kleinste morphologische Elemente:

Minimalpaare		morphologische Elemente
Unerklärlichkeit	– unerklärlich	-keit
unerklärlich	– erklärlich	un-
erklärlich	– erklären	-lich
erklären	– klären	er-
klären	– klar	(+ Umlaut) -en

Welche Arten von Wortbildungsbestandteilen (Konstituenten) gibt es?

1. Selbständige Wörter bzw. Wortstämme als Einheiten des Lexikons (Lexeme[4], freie Morpheme[5]). | 687 |

In der morphologischen Analyse werden diese freien, eine lexikalische Bedeutung tragenden Elemente (z.B. *klar*) von

2. ihren unselbständigen Teilen (z.B. *er-*) gelöst, die als Morphe (kleinste Einheiten der sprachlichen Formenbildung) an sie gebunden sind. In dem Satz

---

[1] N. Chomsky: Aspekte der Syntax-Theorie. Frankfurt/M. 1969, S. 16.
[2] E. Coseriu: Sprachtheorie und allgemeine Sprachwissenschaft. München 1975, S. 89f.
[3] Vgl. E. A. Nida: Morphology. The Descriptive Analysis of Words. Ann Arbor [2]1949, S. 6ff.
[4] Zu den Lexemen werden hinsichtlich ihrer Bedeutung auch feststehende Wendungen wie *ins Gras beißen* für ‚sterben' (Mehrwortbezeichnungen, Wortgruppenlexeme) gerechnet, wenn keines der beteiligten Wörter gegen ein anderes ausgewechselt werden kann.
[5] L. Bloomfield: Language. New York 1933, S. 209f.

Unser Spielleiter erwartete die Kinder, ihre Mütter und Väter nach der – etwas hölzernen – Siegerehrung zu einer größeren Feier, für die er Hühnerbraten und Nürnberger Lebkuchen eingekauft hatte.

begegnen viele *-er*-Morphe mit sehr unterschiedlichen Funktionen. Davon sind diejenigen *-er*-Verbindungen zu unterscheiden, die keine Morphe sind, d. h. sich nicht ablösen lassen, sondern fest zum Wortstamm gehören wie *-er* in den Wörtern *Mütter, Väter, Feier,* oder die fester Bestandteil eines Affixes sind wie *-er-* in dem Suffix *-ern* (vgl. *hölz-ern-en*).

Durch solche Satz- und Wortanalysen wird ermittelt, welchen Stellenwert die Morphe eines Textes haben und welchen Mustern und Formklassen (Paradigmen) des Sprachbaus sie dementsprechend angehören. Danach gliedern sich etwa die *-er*-Morphe aus unserem Beispielsatz in folgende Morpheme:

Morpheme	Funktionen
das Suffix *-er,* das eine Satzabhängigkeit signalisiert, in *einer*:	Kasusbildung
die eine kategoriale Bedeutung der Grammatik signalisierenden Suffixe *-er* in *Kinder*: *größer*:	Pluralbildung Komparativbildung
das „entgrammatikalisierte", funktionslose Fugenzeichen *-er-* in *Hühnerbraten*:	Variante des Bestimmungswortes in Wortzusammensetzungen
das Suffix *-er* in Herkunftsbezeichnungen wie *Nürnberger*[1]:	Ableitung adjektivartiger Wörter
das Substantivsuffix *-er* in *(Spiel)leiter* und *Sieger(ehrung)*:	Substantivableitung
das Präfix *er-* in *erwartete*:	Verbbildung mit semantischer und z.T. auch syntaktischer (Valenz)abwandlung des Ausgangsverbs *(auf jmdn./etw. warten)*

688 Insgesamt werden auf Grund der morphologischen Analyse neben den Lexemen folgende kleinste Bestandteile der Wortbildung (Formationsmorpheme, gebundene Morpheme[2]) ermittelt:

– Präfixe *(er-* in *erwarten)* und Halbpräfixe (vgl. 711);
– Suffixe als angefügte („additive") Morpheme[3] *(-er* in *Sieger)* und Halbsuffixe (vgl. 713 f.).

---

[1] Die Großschreibung täuscht hier über den adjektivischen Charakter dieser Wörter hinweg (der auch durch die Austauschbarkeit mit Adjektiven auf *-isch [nürnbergisch]* deutlich wird).

[2] L. Bloomfield: Language. New York 1933, S. 161.

[3] E. A. Nida: Morphology. The Descriptive Analysis of Words. Ann Arbor [2]1949, S. 69. Ein Sonderfall ist die Nullendung (-ableitung); vgl. H. Marchand: The Categories and Types of Present-Day English Word-Formation. A Synchronic-Diachronic Approach. München [2]1969, S. 359 ff. Davon spricht man auch, wo – ohne eigenes Suffix – ein Wortartwechsel erfolgt (auch „implizite Ableitung"; z.B. *schlagen – Schlag;* bei *werfen – Wurf* in Verbindung mit einem Stammvokalwechsel, der sich hier historisch als Ablaut beschreiben läßt).
Ein anderer Sonderfall ist die Suffixtilgung (Minussuffix, Rückbildung) in Fällen wie *Freimut* aus *freimütig* (vgl. 693), die nur durch eine historische Betrachtung sicher festzustellen ist.

Treten beide kombiniert auf, spricht man auch von
- Doppelmorphemen (in „kombinierten Präfixableitungen"). Sie bestehen aus Präfixen (Halbpräfixen) und Suffixen (Halbsuffixen) wie *ver-*+*ig(en)* in *etw. verunreinigen* oder *be-*+*ig(en)* in *etw. bescheinigen.*

Von Infixen der Wortbildung kann man im Deutschen kaum sprechen. Es gibt nur einzelne Fälle von einfachem Stammvokalwechsel *(liegen – legen)*. Fugenzeichen wie das *-er-* in *Hühnerbraten* werden nicht als Infixe gewertet, weil sie keine Bedeutung haben. Sie sind primär durch die Bestimmungswörter vorgezeichnet und können – strukturalistisch betrachtet – als Bestandteile von ihnen angesehen werden (vgl. 811).

Von den Wortbildungsmorphemen unterscheiden sich als Relationsmorpheme die
- Flexionsmorpheme am Wortende, die syntaktische Beziehungen der Wörter (Wortbildungen) im Satzzusammenhang verdeutlichen (z. B. *-er* in *einer*; vgl. das Kapitel „Die Wortarten").

1.1.2 Inhaltsanalyse | 689 |

Der erste Schritt, um die Bedeutungsbeziehungen zwischen den Bestandteilen von Wortbildungen zu bestimmen, besteht darin, sie in syntaktische Konstruktionen umzuformen (zu transformieren), die annähernd das Gleiche aussagen:

Hertha BSC ist   ... ist Gewinnerin des Pokals.
Pokalgewinnerin.   ... ist diejenige, die den Pokal gewinnt (gewonnen hat).
             ... gewinnt den Pokal (hat den Pokal gewonnen).

Wort- und Satzkonstruktionen werden hier einander zugeordnet, aufeinander abgestimmt. Der Wortbildung *Pokalgewinnerin* entsprechen die Nominalgruppe *die Gewinnerin des Pokals* und die syntaktische Fügung *diejenige, die den Pokal gewinnt/gewonnen hat.*

Der nächste Schritt besteht darin, das logische Verhältnis zwischen den Bestandteilen (Konstituenten) zu ermitteln. Die Wortbildungsanalyse zeigt z. B. als erstes, daß in den verglichenen Konstruktionen immer ein Bestandteil den anderen näher bestimmt (Grundbeziehung der Determination); mit dem Unterschied, daß das Bestimmungselement in der Wortbildung vorn steht, in der Attributgruppe aber – wie auch in der Fügung mit Attributsatz – gewöhnlich dem Bezugswort folgt.

Danach sind die syntaktischen Beziehungen zwischen den Bestandteilen zu prüfen. Es stellt sich die Frage, welche Bildungen durch syntaktisch übereinstimmende Umformungen (Paraphrasen) wiedergegeben werden können und ob durch diese dieselben Bedeutungsbeziehungen wie durch jene ausgedrückt werden. Für die Umschreibung der Bildung *Pokalgewinnerin* braucht man z. B. eine Fügung mit dem Prädikat *gewinnen* und dem (Akkusativ)objekt *Pokal*, ähnlich wie für *Preisgewinnerin* eine entsprechende Fügung mit dem (Akkusativ)objekt *Preis* oder für *Autoverkäufer* eine Konstruktion aus dem Prädikat *verkaufen* und dem (Akkusativ)objekt *Auto* (bzw. *Autos*):

Subjekt	(Akkusativ)objekt	Prädikat
jemand, der	den Pokal/den Preis	gewinnt/gewonnen hat.
jemand, der	ein Auto/Autos	verkauft/verkauft hat.

Insofern die syntaktischen Formen, mit welchen die Charakterisierungsleistung von *Pokal-/Preisgewinnerin* und *Autoverkäufer* umschrieben wird, übereinstimmen, gehören diese Bildungen dem gleichen Wortbildungstyp (Paradigma, Funk-

tionsstand) an.[1] (Syntaktische Gegensätze wie die zwischen Singular und Plural *[Auto/Autos]* und Präsens und Perfekt sind hier aufgehoben.)
Daß es jeweils eine Person ist, die hier nach einer Tätigkeit (als Nomen agentis; vgl. 863 ff.) näher bestimmt wird, ergibt sich dabei nicht aus den syntaktischen Beziehungen zwischen den Bestandteilen, sondern aus ihren semantischen, ihren „wesenhaften Bedeutungsbeziehungen": Die Verben *gewinnen* und *verkaufen* verlangen eine Person als Subjekt. Das Suffix *-in* fügt im Falle von *Pokal-/ Preisgewinnerin* auf Grund seiner Geltung im Deutschen gewöhnlich das Merkmal ‚weiblich‘ hinzu (vgl. auch *Lehrerin, Ministerin* usw.).

Nach der Bedeutungsstruktur einer Bildung muß ihre Umgebung, d. h. ihr Text- und Situationszusammenhang (Kontext und Kotext), betrachtet werden, woraus sich ihre Bezeichnungsfunktion herleiten läßt.
Im Falle von *Pokalgewinnerin* z. B. zeigt sich ein Unterschied zwischen der ermittelten Bedeutung und der Bezeichnungsfunktion der Wortbildung. Der Kontext weist bei der Sportmeldung *„Hertha BSC ist Pokalgewinnerin"* aus, daß es sich um eine Fußballmannschaft handelt; das Suffix *-in* signalisiert hier also nur ‚Substantiv mit femininem Genus‘ und nicht ‚weiblich‘ (im Unterschied zu der Bildung *Preisgewinnerin* im Kontext *„Die Preisgewinnerin wurde auf die Bühne gebeten"*).
Neben den angedeuteten morphologischen, semantischen und syntaktischen Aspekten, die für die verschiedenen Typen und Muster der Wortbildung eine ganz unterschiedliche Bedeutung haben und entsprechend zu gewichten sind, kommen z. T. auch noch Gesichtspunkte der Textbildung und Sprachpragmatik ins Spiel (vgl. 722).

690 ### 1.1.3 Grenzen der Analyse

Die Grenzen der Analyse liegen dort, wo die Bedeutungen der Bildungsbestandteile nicht mehr oder nur zum Teil bestimmend sind für den Gebrauch der Bildungen insgesamt.
1. Das letzte Stadium der Entwicklung ist hier bei Bildungen wie *Gugelhupf* oder *Nuckelpinne* erreicht, von denen kein Teil mehr durch ein anderes Wort oder einen anderen Wortteil motiviert[2] erscheint. Nur auf Grund der Lautung und Silbenzahl kann man annehmen, daß es einmal Zusammensetzungen waren.
2. Als teilmotiviert gelten dagegen die vielen „verblaßten" Bildungen, die ebenfalls von einer Darstellung der Wortbildung ausgespart bleiben; ihr Gebrauch ist primär durch einen festen Platz in lexikalischen Feldern oder Grammatikmustern bestimmt. Zu ihnen gehören:
a) Grammatikalisierte Bildungen wie *-fälle* in *Regen-, Schnee-, Unglücksfälle* mit der Funktion eines Pluralzeichens (vgl. 722, 4 c).
b) Die Zusammensetzungen mit Wortelementen wie *Auer-, Brom-, Butzen-, Dam-, Fleder-, Hage-, Hift-, Him-, Paus-, Pluder-, Schorn-* in den Zusammensetzungen *Auerhahn, Brombeere, Butzenscheibe, Damhirsch, Fledermaus, Hagestolz, Hifthorn, Himbeere, Pausbacken, Pluderhose, Schornstein*, deren erster Bestandteil unikal ist, d. h. nicht mehr als selbständiges Wort, sondern nur noch in den genannten Bildungen vorkommt. (Im übrigen kann auch das Zweitglied das unikale sein; vgl. z. B. *Bergfried, Bräutigam, Buchecker, Hundsfott, Nachtigall*.)

---

[1] Vom Wortbildungstyp, z. B. dem der Nomina agentis, sind seine verschiedenen Wortbildungsmuster zu unterscheiden; im Falle der Nomina agentis z. B. die Ableitungen mit *-er (Demonstrierer), -ant (Demonstrant), -ator (Demonstrator)* usw.
[2] Zur Motivation von Zusammensetzungen vgl. O. Käge: Motivation. Probleme des persuasiven Sprachgebrauchs, der Metapher und des Wortspiels. Göppingen 1980.

c) Die Bildungen, deren Bedeutung sich geändert hat, wie z. B. *Jungfrau, Jungge-selle, Felleisen, Brustwehr, Landsknecht* (vgl. 709 f.). Hier sind vielfache Abstufungen zu beobachten: *Jungfrau* ist ganz nur durch das Substantiv, aber nicht mehr durch das Adjektiv motiviert, *Junggeselle* weder durch das Adjektiv noch durch das Substantiv, gleichwohl aber noch nicht ganz undurchsichtig. Solche Zusammensetzungen, deren Ausgangswörter im Wörterbuch vorkommen, deren Inhalt aber nicht mehr mit ihnen wiederzugeben ist, gibt es in großer Zahl. Noch einen Schritt weiter auf dem Weg von der Zusammensetzung zum einfachen Wort ist die Bildung *Jungfer,* wo heute gar nicht mehr zu erkennen ist, daß es sich um eine alte Zusammensetzung handelt.[1]

1.2 Die Arten der Wortbildung

691

Auf welche Weise werden Wörter „gebildet"? Gewöhnlich wird ein schon vorhandenes Wort der Hauptwortarten (Substantiv, Adjektiv oder Verb) erweitert, gekürzt oder umgebildet.[2]

Erweitert wird es gewöhnlich in der Weise, daß es mit einem anderen Wort oder mit einem Wortbildungselement (Affix) zu einem neuen Wort vereinigt wird. Das Affix wird dabei entweder als Präfix oder als Suffix an das Ausgangswort gefügt; auch die gleichzeitige (kombinierte, auch: diskontinuierliche) Verbindung mit (Halb)suffix und (Halb)präfix kommt vor (vgl. 712).

Andererseits können Wörter auch durch Kürzung gebildet werden, aus Wortgruppen, Zusammensetzungen oder langen einfachen Wörtern, wie z. B. *Bus* aus *Omnibus, Uni* aus *Universität, LKW* aus *Lastkraftwagen, BGB* aus *Bürgerliches Gesetzbuch* (692). Bei diesen Kürzungen liegt aber insofern ein Sonderfall vor, als gewöhnlich die Ausgangsbildung und die Kurzform die gleiche Wortinhalt aufweisen, während bei den Erweiterungsbildungen ein neuer Wortinhalt entsteht.

Im Grenzbereich zwischen Wortbildung und grammatischer Formenbildung (Morphologie) liegen Spielarten der Umsetzung (Konversion), die, wie die Substantivierung *(laufen – das Laufen),* in erster Linie dem Wortartwechsel dient.

Die Verfahrensweisen, die zur Bildung von Wörtern führen,[3] lassen sich in formaler Hinsicht etwa so gliedern:

---

[1] Teilmotivierte Bildungen sind zuweilen Gegenstand einer Umdeutung (Volksetymologie), durch die der unbekannt gewordene Teil eine neue Bedeutung bekommt (vgl. *Friedhof* aus *vrit-hof* ,umzäunter Platz' zu ahd. *vriten* ,hegen').

[2] P. v. Polenz: Wortbildung. In: Lexikon der Germanistischen Linguistik. Hg. von H. P. Althaus/H. Henne/H. E. Wiegand. Tübingen [2]1980, S. 169–180.

[3] Für die einzelnen Wortbildungsmuster, ihre Verteilung, Frequenz und Produktivität in der deutschen Gegenwartssprache stützt sich diese Darstellung vor allem auf die Handbücher, auf die in detaillierteren und weiterführenden Fragen generell zu verweisen ist, insbesondere auf W. Fleischer: Wortbildung der deutschen Gegenwartssprache. Leipzig [4]1975. – J. Erben: Einführung in die deutsche Wortbildungslehre. Berlin [2]1983. – Deutsche Wortbildung. Typen und Tendenzen in der Gegenwartssprache. Bd. 1 v. I. Kühnhold, H. Wellmann: Das Verb. Düsseldorf 1973; Bd. 2 v. H. Wellmann: Das Substantiv. Düsseldorf 1975; Bd. 3 v. I. Kühnhold, O. Putzer, H. Wellmann u.a.: Das Adjektiv. Düsseldorf 1978. Für die Zusammensetzungen des Deutschen sind neben einigen Modellstudien wie der von W. Kürschner (Zur syntaktischen Beschreibung deutscher Nominalkomposita. Tübingen 1974.) und Stichprobenuntersuchungen wie der von G. Thiel (Die semantischen Beziehungen der Substantivkomposita der deutschen Gegenwartssprache. In: Muttersprache 83, [1973], S. 377 ff.) die Dissertation von A. Fahrmaier (Wortstrukturen mit Verbalstamm als Bestimmungsglied in der deutschen Sprache. Innsbruck 1978.) und die laufenden Arbeiten am Bd. 4 der Deutschen Wortbildung in Innsbruck zu nennen. In diesem Zusammenhang ist L. Ortner, E. Müller-Bollhagen und M. Mader-Pümpel besonders dafür zu danken, daß sie so großzügig Einsicht in ihre Materialien gewährt haben.

1.2.1 Die Ausdruckskürzung: Abkürzungs- und Kurzwörter

Durch einfache Kürzung eines Zeichenkomplexes werden eigentlich keine neuen Wörter gebildet. Die Formseite des Zeichenkomplexes wird zwar vereinfacht oder gar auf ein Minimum reduziert, seine Inhaltsseite hingegen verändert sich nicht (vgl. *Akku – Akkumulator*). Insofern kann man nur bedingt von „neuen Wörtern" sprechen (s. u.).

Die Verkürzung der sprachlichen Ausdrucksformen ist nicht erst eine Erscheinung der Gegenwartssprache. Sie hat aber erst im 20. Jahrhundert größere Bedeutung gewonnen, insbesondere unter dem Einfluß militärischen Sprachgebrauchs (seit dem 1. Weltkrieg), der Sprache der Wissenschaft, Technik, Wirtschaft und Verwaltung, ferner durch Einwirkung des Englischen (nach dem 2. Weltkrieg) namentlich in der Wirtschaftswerbung und industriellen Produktion.

Es handelt sich vor allem darum, daß Wörter um einzelne Laute oder Silben zu Kurzwörtern reduziert werden (694) und daß neue Wörter aus Abkürzungen entstehen (Abkürzungen und Abkürzungswörter; 697 ff.).

Die Suffixtilgung

Es kommt nur vereinzelt vor, daß Wortbildungen durch Weglassen eines Suffixes gekürzt werden (vgl. *Blutgier* aus *Blutgierigkeit*). Diese Erleichterungsrückbildungen gehören oft derselben Wortklasse an wie das Ausgangswort.

Eine Ausdruckskürzung, die zu neuen Ableitungen anderer Wortklassen führt, liegt bei einer ganzen Anzahl von Rückbildungen vor, die durch Tilgung des Suffixes (vgl. S. 388, Anm. 3) aus Adjektiven auf *-ig* entstanden sind: *Demut* aus *demütig, Freimut* aus *freimütig, Sanftmut* aus *sanftmütig*. Inhaltlich schließen sie sich den Abstraktbildungen aus Adjektiven (mit *-heit, -ität* usw.) an, mit denen sie auch konkurrieren (*Freimut* hat z. B. die ältere Form Freimütigkeit verdrängt); sie werden deshalb dort behandelt (vgl. 860). Als Rückbildungen sind sie nur in historischer Betrachtung sicher zu erkennen.

Die Reduktion zusammengesetzter oder langer Wörter zu Kurzwörtern

Diese Verkürzung erfolgt gewöhnlich aus Gründen der Wortbildung, der Textbildung oder der Sprachökonomie:

1. Häufig gebrauchte Zusammensetzungen und präfixhafte Bildungen können zu Kopfformen (auf ihr Vorderglied) verkürzt werden. Sie behalten dabei gewöhnlich das Genus des Ausgangswortes:

> das Kilo (aus: das Kilogramm), das Tele (aus: das Teleobjektiv), der Vize (aus: der Vizepräsident), das Super (aus: das Superbenzin).

Diese Kürzung setzt voraus, daß sich der Schwerpunkt der Bedeutung auf das Vorderglied verlagert hat. Das gilt auch für Bildungen wie *Vollernter* aus *Vollerntemaschine, Laster* aus *Lastwagen, Mähdrescher* aus *Mähdreschmaschine,* deren zweiter Teil nicht ausgefallen, sondern durch ein Suffix ersetzt ist.

Gekürzt werden[1] vor allem in gesprochener Sprache zunehmend auch drei- und mehrsilbige Fremdwörter. Einige Verkürzungen sind in die Schriftsprache eingegangen, so *das Labor* (aus *das Laboratorium), das Foto* (aus *die Fotografie;* mit Genusveränderung), *die Uni* (aus *die Universität).* Die meisten aber bleiben im wesentlichen auf den mündlichen Sprachgebrauch beschränkt, so *das Abi* (aus *das Abitur), die Demo* (aus *die Demonstration), die Limo* (aus *die Limonade).* Diese Verkürzungsweise, die oft zu Formen mit auslautendem *-i, -o, -u* führt, ist heute in der gesprochenen Umgangssprache recht produktiv; vgl. weiter *der Krimi(nalroman), der Tacho(meter), der Akku(mulator).* Kurzwörter dieser Art werden oft selbst wieder Bestandteil von Zusammensetzungen (*Uni-Betrieb, Foto-Stelle* usw.), kaum dagegen von Ableitungen.

Anders gebildet sind Zusammensetzungen wie *Bioladen, Biorhythmus, Euromarkt,* bei denen die attributiven Adjektive *(biologisch, europäisch)* gekürzt in die Wortbildung eingehen, ohne daß die Kurzformen als selbständige Einheiten existieren. *Bio-* und *Euro-* haben insofern ebenso wie *Polit- (Politbüro, -arbeit)* u.a. Präfixcharakter. Diese Bildungen gehören größtenteils der Zeitungssprache an.

Um Kürzungen aus Wortgruppen, deren einer Teil ganz entfällt, handelt es sich etwa bei *Frankfurter (Würstchen), Emmentaler (Käse), Zoo (Zoologischer Garten).*

2. Im Gegensatz zu Kopfformen spricht man von Schwanzformen (Endwörtern), wenn von der Zusammensetzung nur der zweite Teil (das Grundwort) gebraucht wird. Zu Kürzungen dieser Art kommt es gewöhnlich entweder aus textsyntaktischen Gründen oder weil das Bestimmungswort aus der Situation bzw. dem Sachzusammenhang bereits bekannt ist:

> Ring – Fingerring, Bahn – Eisenbahn, Scheidung – Ehescheidung usw.

Hier liegt in den meisten Fällen keine Wortkürzung im Dienste der Wortbildung vor, vielmehr wird eine allgemeine Bezeichnung auf die häufigste bzw. im Augenblick wichtigste Erscheinungsform einer Gattung angewandt, oder ein Kompositum wird einfach durch das Grundwort wieder aufgenommen. Wenn im vorhergehenden Satz z.B. vom *Rentenanpassungsgesetz* die Rede war, genügt es, im Folgesatz etwa von *d(ies)em Gesetz* zu sprechen. Manche Kurzwörter dieser Art sind als feste Prägungen in den allgemeinen Sprachgebrauch eingegangen, z.B. *Schirm* für *Regenschirm* (im Unterschied zum *Sonnenschirm), Bus* für *Omnibus, Pille* für *Antibabypille, Platte* für *Schallplatte.*

3. Bei dreigliedrigen Zusammensetzungen wird manchmal zur Sprecherleichterung ein Mittelglied weggelassen.[2] Es heißt dann etwa

> Fernamt statt Fern(sprech)amt, Hustenmischung statt Husten(bonbon)mischung, Ölzweig statt Öl(baum)zweig, Lochverstärker statt Loch(rand)verstärker.

Dieses Mittelglied kann ein Affix sein (vgl. *-be-* in *Leichen[be]schau, -ung[s]-* etwa in *Wohn[ungs]bau;* vgl. 707), meistens ist es jedoch der zweite Teil eines komple-

---

[1] Vgl. G. Bellmann: Zur Variation im Lexikon: Kurzwort und Original. In: Wirkendes Wort 30 (1980), S. 369ff.

[2] Die Klammerbildung aus Nichtkomposita ist eine Ausnahme (vgl. österr. *Dion* aus *Direktion).*

xen Bestimmungswortes, der ausfällt (vgl. *Gleiskolonne* aus *Gleisbaukolonne*). Die beiden Außenstücke bleiben gewissermaßen als Klammern der Wortbildung zurück (Klammerbildungen, auch „elliptische" Bildungen).

Nur selten kommt der Fall vor, daß bei der Einsparung eines gleichlautenden Grundwortes das *und* ausfällt:

> Haus- und Hofmeister – Haushofmeister; Rot- und Grünblindheit – Rotgrünblindheit.

695 **Übersicht der Kurzwörter:**

Arten	Beispiele	gebildet aus	Bemerkungen
Kopf-formen	*Foto*	*Fotografie*	Überwiegend zweisilbig; Kurzwörter zu Fremdwörtern oft mit den „bunten" Endsilbenvokalen *i, o, u.*
Schwanz-formen	*Rad*	*Fahrrad*	Besonders im laufenden Text und in Dialogen der gesprochen Sprache, wo das Grundwort dann den Inhalt der Zusammensetzung aufnimmt. Diese Kurzformen können usuell werden, d.h. regelmäßig für das ganze Wort stehen.
Klammer-formen	*Fernamt* *Lohnbuchhalter* *Pfeffernüsse* *Biergaul*	*Fernsprechamt* *Lohnbuch-Buchhalter* *Pfefferkuchennüsse* *Bierwagengaul*	Sowohl in gesprochener als auch geschriebener Sprache.

696 ## Die Wortkreuzung

Unter Wortkreuzung (Kontamination) versteht man die Verschmelzung von zwei Wörtern, die gleichzeitig in der Vorstellung des Sprechenden auftauchen, zu einem neuen. Sie erfolgt in der Weise, daß von jedem der Ausgangswörter ein Teil ausfällt. Insofern ist auch ihre Bildung mit einer Ausdruckskürzung verbunden Zum Beispiel ist *vorwiegend* aus *vorherrschend* und *überwiegend* entstanden, *angeheitert* aus *angetrunken* und *aufgeheitert*. Im allgemeinen finden sich hier fast nur Gelegenheitsbildungen, die manchmal, wie *Gebäulichkeiten* aus *Gebäude* und *Baulichkeiten*, als Versehen gebildet wurden. In mundartlichen Übergangsgebieten entstehen sie vereinzelt durch Verschmelzung zweier Mundartsynonyme *(Heideweizen* aus *Heidekorn* und *Buchweizen)*.

Daneben gibt es die bewußte Wortkreuzung, durch die zwei Wortstämme zu einem neuen Wort verbunden werden:

> Stagflation aus Stagnation und Inflation, Snobiety aus Snob und Society, Grusical aus gruseln und Musical, Kurlaub aus Kur und Urlaub, jein aus ja und nein.

Manchmal werden die Wortkreuzungen in scherzhafter oder satirischer Absicht geschaffen. Sie bleiben dann – von umgangsprachlichen Fällen wie *im Gegentum* oder *fürchterbar* abgesehen – gewöhnlich „Eintagsfliegen". Beispiele von Bildungen dieser Art, die der Sprache eines Autors oder dem Stil einer Zeitschrift[1] und nicht dem allgemeinen Schreibgebrauch angehören, sind

> Pubertätlichkeiten, Kompromißgeburt, Medizyniker, Modeschauerliches; (ugs.) akadämlich usw.

---

[1] Vgl. B. Carstensen: Spiegel-Wörter, Spiegel-Worte. Zur Sprache eines deutschen Nachrichtenmagazins. München 1971.

Die Bildung von Abkürzungen und Abkürzungswörtern aus Buchstaben und Teilen von Wörtern

Der Gebrauch von Abkürzungen, die gewöhnlich in der geschriebenen Sprache entstehen, nimmt in der Gegenwartssprache immer mehr zu. Es lassen sich unterscheiden: Kürzel, insbesondere Schreibsymbole wie § (Paragraph) oder % (Prozent); konventionelle Siglen für Münz-, Maß- und Gewichtsbezeichnungen (*m, kg, ha, km/h;* auch in den Fachsprachen: *S* = Schwefel, *Au* = Gold usw.); (textabhängige) Abkürzungen wie *Bd. (Band), dt. (deutsch), trans. (transitiv),* die nur Schreibbesonderheiten darstellen, aber (meist) im vollen Wortlaut ausgesprochen werden, nicht als eigene Wörter (da ohne Wortartmerkmale) und mithin nicht als Wortbildungen sui generis angesehen werden können; schließlich Abkürzungswörter wie *LKW* (aus *Lastkraftwagen*), *UKW* (aus *Ultrakurzwelle*), *APO* (auch *Apo*; aus *außerparlamentarische Opposition*) oder *EDV* (aus *elektronische Datenverarbeitung*), die eher etwas von einem eigenen Wort haben: Sie zeigen eine eigene Aussprache. Sie werden entweder buchstabiert und haben Endbetonung ([u:ka:'ve:]), oder man spricht sie silbisch mit der im Deutschen vorherrschenden Anfangsbetonung aus (['a:po]). Sie werden flektiert. Ihr grammatisches Geschlecht richtet sich im allgemeinen nach dem des Grundwortes (bei *APO* nach *Opposition,* bei *LKW* nach *Wagen;* aber nicht *die UKW* nach *Welle*). Ihr Plural wird, wo erforderlich, mit *-s* gebildet. Den Übergang zu den Kurzwörtern (694) bilden Silbenwörter wie *Kripo* aus *Kriminalpolizei, Mofa* aus *Motorfahrrad, Juso* aus *Jungsozialist,* bei denen an Stelle der Initialen die Erstsilben (Silbenteile) der Ausgangswörter miteinander verbunden werden.

Die eigentlichen Abkürzungswörter (s. u. 2), die in der Regel aus substantivischen Zusammensetzungen oder Wortgruppen entstanden sind, können selbst wieder in Wortbildungen eingehen *(LKW-Anhänger, D-Zug-Zuschlag, AStA-Sitzung)* und unterscheiden sich der Bildungsweise nach nicht von ihnen (vgl. 794 ff.).

Viele der Verkürzungen, die uns in einem Durchschnittstext begegnen, sind Schreibsymbole, Siglen und Abkürzungen (s. u. 1); einen sehr großen Anteil haben daneben die Buchstabenwörter (s. u. 2a). Vereinzelt sind Übergänge zwischen diesen Typen zu beobachten: So wird die nach Typ 2a gebildete Initialabkürzung *TÜV* heute gewöhnlich nach Typ 2b ausgesprochen ([tüf]), die Initialabkürzung *DM* häufig dem Typ 2c entsprechend als *D-Mark.* Einzelne Siglen wie etwa *km/h* spricht man auch schon wie Initialabkürzungen (2a) aus ([ka:em'ha:]).

In jüngster Zeit begegnen auch Mischformen aus Initial- und Silbenwortbildung wie *Azubi (**Au**szubi**l**dender)* und Abkürzungen, die genau wie einfache Lexeme lauten und sich deshalb leicht einprägen *(**Erna** – **E**lektronische **r**echnergesteuerte **Na**chrichtenvermittlungsanlage).*

Um Reduktionsformen ganz anderer Art handelt es sich bei

klirr, heul, krächz, zisch, schlaf, würg, ächz usw.

die – meist durch englische Vorbilder angeregt – vor allem in den Sprechblasen von Comics auftreten und von dort aus Eingang in die Jugendsprache gefunden haben. Gebildet werden sie oft durch die Kürzung der entsprechenden Verben *(klirren, heulen, krächzen* usw.) auf ihren Stamm. Sie stehen für einfache finite Verbformen der 1. oder 3. Person *(es klirrt, ich heule, sie schläft* usw.), stellen prägnante Verhaltenskommentare dar und veranschaulichen durch ihren meist lautmalenden (onomatopoetischen) Charakter Geräusche o. ä. nach der Art gewisser Interjektionen (vgl. 677). Einige von ihnen werden zur Intensivierung wiederholt *(bibber-bibber, mampf-mampf),* andere entstehen auch durch Wortkreuzung (vgl. 696), etwa *kracks* aus *krachen + knacks.*

Übersicht der Abkürzungen und Abkürzungswörter:

Arten	Beispiele	gebildet aus
1. Schreibsymbole, Siglen, Abkürzungen	*Bd.* *trans.*	**Band** **trans**itiv
2. Buchstabenwörter a) Initialabkürzungen, die mit dem Buchstabennamen ausgesprochen werden	*LKW* *UdSSR* *Geha*	**L**ast**k**raft**w**agen **U**nion **d**er **S**ozialistischen **S**owjet-**r**epubliken **Ge**org **H**übner
b) Initialwörter, deren Einzelbuchstaben mit ihrem Lautwert ausgesprochen werden (phonetisch gebundene Aussprache)	*Ufo*	**U**nbekanntes **F**lug**o**bjekt
c) Wörter, deren 1. Teil zur Initiale gekürzt wird	*U-Bahn* *U-Boot* *S-Bahn* *R-Gespräch*	**U**ntergrund**bahn** **U**ntersee**boot** **S**chnell**bahn** **R**ück**gespräch**
3. Silbenwörter (Anfangssilbenzusammenziehungen)	*Schupo* *Kripo* *Gestapo* *Persil* *Indanthren* *Lavamat*	**Schu**tz**po**lizei **Kri**minal**po**lizei **Ge**heime **Sta**ats**po**lizei **Per**borat + **Sil**ikat **Ind**igo + **Anthr**azen lat. **lava**re ‚waschen' + **Auto**mat
4. Bildungen, deren 1. Teil auf die Anfangssilben gekürzt wird		
a) aus Komposita	*Dispo-Kredit* *Homobewegung* *Eurodollar* *Abopreis* *Schokosoße* *Dekostoff*	**Dispo**sitions**kredit** **Homo**sexuellen**bewegung** **Euro**pa**dollar** **Abo**nnement**preis** **Schoko**laden**soße** **Deko**rations**stoff**
b) aus Wortgruppen (mit attributivem Adjektiv)	*Biorhythmus* *Psychoanalyse* *Ökosystem*	**bio**logischer **Rhythmus** **psycho**logische **Analyse** **öko**logisches **System**

Die Entscheidung darüber, wann und wo sich die Verwendung von Abkürzungen empfiehlt, kann an den Richtlinien geprüft werden, die man für Zeitungen formuliert hat: „Abkürzungen sollen da nicht verwendet werden, wo sie den Lesevorgang stören, den Sinnablauf unterbrechen, nicht zum Sachthema gehören, nicht ständig wiederkehren und nicht allgemein bekannt sind"[1]. Es kommt also auf die Kommunikationssituation an und darauf, daß für die jeweils in Betracht kom-

Bemerkungen
Groß- und Kleinschreibung richten sich meistens nach den Ausgangswörtern (nicht mehr bei Siglen wie *kg, m, ha, a* usw.); das erleichtert ihre Auflösung beim Lesen. Bei den Kraftfahrzeugkennzeichen (*A = Augsburg/Austria*), Symbolen der chemischen Elemente (*Au = Aurum* ‚Gold‘), Instrumental- und Vortragsbezeichnungen der Musik (*fl = Flöte, p = piano, f = forte*) fallen die Abkürzungspunkte regelmäßig weg.
Gebildet aus den Initialen von Substantiven *(AG, BGB;* auch Staatsnamen wie *USA, ČSSR, DDR)*. Erforderlich sind mindestens zwei Initialen (aber: *Z* für *Zuchthaus*). Gebildet aus Initialen von Substantiven und anderen Wortarten, daher z. T. auch mit Kleinschreibung; meistens ohne Abkürzungspunkt. In diesen (seltenen) Bildungen werden die Buchstabennamen auch graphisch wiedergegeben. Ohne Abkürzungspunkte.
Die hier verwendeten Initialen, die (mit dieser Bedeutung) nicht existieren, werden im allgemeinen ohne Abkürzungspunkt geschrieben und buchstabierend ausgesprochen.
Reihenhafte Entwicklung nach dem Muster *Schupo. Persil, Indanthren* usw. sind Kunstwörter aus fremdsprachigen Stoffbezeichnungen. Erforderlich sind Ausgangswörter mit mindestens zwei Silben.
Die Abkürzung betrifft fast nur Fremdwörter. Die Silben enden vokalisch (meist auf *-o*).

menden Leser/Hörer die Eindeutigkeit des Gemeinten gesichert bleibt. Das gilt insbesondere für viele fachsprachliche Kurzformen, die im nichtfachlichen Zusammenhang ihre ursprünglich gesprächsentlastende Funktion oft verlieren und die Verständigung erheblich behindern können.

---

[1] H. Heyd: Abkürzungen müssen sein – aber wann und wie wendet man sie an? In: Der Druckspiegel 27 (1972), S. 39ff.

1.2.2 Die grammatische Umsetzung (Konversion)

| 700 | **Die Substantivierung von Verben, Adjektiven u. a.**

Die Substantivierung von Verben

Die einfachste Möglichkeit, Substantive aus Verben entstehen zu lassen, besteht darin, die Infinitivform des Verbs ohne weitere Veränderungen zu substantivieren. Diese Substantivierungen haben immer neutrales Genus. Substantiviert werden gleichermaßen ein- und mehrwertige Verben, deren meistens in Genitivattribute überführte Ergänzungen in entsprechenden Kontexten oft weglaßbar sind:

> Die Kinder lachen. – das Lachen (der Kinder)/Kinderlachen
> Die Kinder lesen Märchen. – das Lesen (der Märchen)/Märchenlesen

Präpositionalgruppen im Zusammenhang mit mehrwertigen Verben erscheinen bei deren Substantivierung als Attribute mit der gleichen Präposition:

> Man wartet *auf* den Beginn des Spiels. – das Warten *auf* den Beginn des Spiels
> Sie feilschen *um* einen günstigen Preis. – das Feilschen *um* einen günstigen Preis
> Sie lagern *auf/neben* dem Rasen. – das Lagern *auf/neben* dem Rasen

Die Endung *-en,* die beim Verb infinite und auch einige finite Formen (1. und 3. Person Plural) kennzeichnet, hat in Substantivierungen eine ganz andere Aufgabe: Sie dient dazu, Abstrakta zu kennzeichnen. Als Substantivsuffix steht sie dann in einer Reihe mit *-ung, -(er)ei, -e* u. a. Im Unterschied zu diesen Ableitungen gibt es für die Substantivierung auf *-en* aber weniger Einschränkungen, verursacht dadurch, daß im allgemeinen Sprachgebrauch andere Verbalabstrakta (z. B. mit *Ge-* oder *-ung*) vorgezogen werden.[1] Statt *das Bellen des Hundes* heißt es z. B. auch *das Gebell des Hundes,* statt *das Eröffnen/Abbrechen der Verhandlung* gewöhnlich *die Eröffnung/der Abbruch der Verhandlung.*

Die Vorgangsbedeutung der substantivierten Infinitive deckt sich weitgehend mit derjenigen von *-ung*-Ableitungen, aber nicht mit der (Wiederholungs)bedeutung vergleichbarer Substantive, die mit *Ge-* und *-(er)ei* gebildet sind:

> das Laufen gegenüber das Gelaufe und die Lauferei
> das Tanzen gegenüber das Getanze und die Tanzerei
> das Plaudern gegenüber das Geplauder und die Plauderei
> das Prahlen gegenüber das Geprahle und die Prahlerei

Auf der anderen Seite sind inhaltliche Unterschiede zu Ableitungen ohne Suffix (Nullableitungen) wie *der Lauf* oder *der Tanz* zu beobachten; mit ihnen werden – wo sie neben anderen Verbalabstrakta stehen – vor allem einzelne abgeschlossene Vorgänge bezeichnet. Diese Unterschiede treten deutlich in Parallelformen wie den folgenden zutage:

> das Schreien – der Schrei (vgl. das Geschrei, die Schreierei)
> das Schlagen – der Schlag (vgl. die Schlägerei)

Ähnliche Bedeutungsunterschiede bestehen auch zu manchen Verbableitungen auf *-e (das Fragen – die Frage – das Gefrage; die Fragerei;* vgl. 841 ff.).

Darüber hinaus sind Bedeutungsunterschiede anderer Art zwischen Substantivierungen und den übrigen Abstrakta zu beobachten: Während die substantivierten Infinitive gewöhnlich nur das Geschehen selbst bezeichnen, können viele der anderen Abstrakta auch „konkret" gebraucht werden, als Bezeichnungen für eine an

---

[1] Mit E. Coseriu (Probleme der strukturellen Semantik. Tübingen 1973, S. 44 ff.) kann man diese Einschränkungen als „norm"bedingt (nicht systembedingt) bezeichnen.

dem Geschehen beteiligte Größe. Sie kommt von dem Verbbegriff aus in den
Blick. Insbesondere handelt es sich um
– das Ergebnis eines Geschehens, z. B. bei *das Gemisch, die Mischung* (Austauschprobe mit dem substantivierten 2. Partizip *das Gemischte*) gegenüber *das
Mischen;*
– den Träger/Ausgangspunkt (Agens) eines Geschehens, z. B. bei *Regierung* (,die
Regierenden') gegenüber *das Regieren* (Austauschprobe mit dem substantivierten 1. Partizip);
– das Mittel/Material usw., z. B. bei *Bescheinigung* (,das, womit etwas bescheinigt
wird') gegenüber *das Bescheinigen;*
– den Ort des Geschehens, z. B. bei *Mündung* (,Stelle, an der ein Fluß mün-
det').
Finite Verbformen kommen nur selten als Substantivierungen vor *(das Muß, das
Soll).*

Zusammensetzungen, die bei der Substantivierung von Verben entstehen   701

Die mit Verben verbundenen Ergänzungen und Umstandsbestimmungen können
bei der Substantivierung jener als Bestimmungswörter auftreten. Gewöhnlich
wird dabei die betreffende Fügung in einem Zug substantiviert *(Die Kinder lachen. – das Kinderlachen).* Das Erstglied ist meistens ein Substantiv, seltener ein
Adjektiv *(Die Blätter werden gelb. – das Gelbwerden der Blätter).*
Solche Bildungen entstehen vor allem dort, wo verbale Aussagen zum Thema für
neue werden. Aber auch zur Begriffsbildung wird die Substantivierung zuweilen
genutzt, etwa in Fachsprachen für die Bezeichnung technischer Verfahrensweisen
*(das Keilwellenfräsen, das Flachschrägwalzen, das Diamantdrehen, das Gewinde-,
Schnell-, Innenschleifen, das Oberflächenhärten* usw.) oder in der Sprache des
Sports *(das Brustschwimmen, das Kugelstoßen, das Hammerwerfen* usw.).[1]
Das substantivische Erstglied ist vereinzelt mit einer Präposition (am ehesten mit
in) verbunden, namentlich dann, wenn es mit dieser zusammen eine feste Verbindung bildet:

Das Gesetz tritt in Kraft. – das Inkrafttreten des Gesetzes
Sie setzt die Maschine in Betrieb. – das Inbetriebsetzen der Maschine

Auch Konstruktionen mit Präpositionalgefügen, die nicht idiomatisch sind, werden manchmal auf diese Weise in „durchgekoppelte" Substantivierungen überführt:

Er liegt in der Sonne. – das Liegen in der Sonne – das In-der-Sonne-Liegen

Bei den – vergleichsweise seltenen – Bildungen aus reflexiven Verben erscheint
nach der Substantivierung, anders als bei den übrigen Ableitungen, auch das *sich*
vor dem Bestimmungsglied *(das Sichbeugen, das Sichausweinen* usw.).
Bildungen aus mehr als zwei Wörtern werden gewöhnlich mit Durchkopplungs-
bindestrich geschrieben:

Herr S. erweist sich als dankbar. – sein Sich-dankbar-Erweisen
Manche neigen dazu, sich als Held zu fühlen. – ihr Sich-als-Held-Fühlen

Bei diesen Kopplungen handelt es sich größtenteils um Augenblicksbildungen,
die gewöhnlich nicht in den allgemeinen Sprachgebrauch eingehen.
Von den bisher behandelten Zusammensetzungen unterscheiden sich Bildungen
wie *das Eislaufen* und *das Radfahren,* bei denen schon das Ausgangsverb ein
Kompositum bildet (zu ihnen vgl. 727).

---

[1] Anderer Art ist die Zusammensetzung mit vielgebrauchten substantivierten Infinitiven wie *das Essen, Leben, Leiden.* Hier hat das Bestimmungswort primär eine bedeutungsdifferenzierende Aufgabe
(vgl. z. B. *Mittag-, Abendessen; Einsiedler-, Dorf-, Stadtleben; Magen-, Nieren-, Leberleiden* usw.).

702 | **Die Substantivierung von Adjektiven und Partizipien**

Nicht nur Verben, auch Adjektive (und Partizipien) können substantiviert werden. Im Unterschied zu den substantivierten Infinitiven, die immer Neutra sind, haben sie aber kein festes grammatisches Geschlecht; es richtet sich vielmehr danach, worauf sich die Substantivierung im Text bezieht. Ihre Deklination entspricht der der attributiven Adjektive.

Dabei sind folgende Verwendungsweisen zu beobachten: Die Neutra, die nicht in den Plural gesetzt werden können, dienen als gesamthafte Sachbezeichnungen (vgl. *das Gehörte [niederschreiben], das Gesagte [wiederholen], [an] das Gute [glauben]*). Manche Bildungen sind fester geworden, etwa in der psychologischen Fachsprache *das Unbewußte,* in der geographischen *das Rotliegende* (‚ältere Abteilung des Perm'). Maskulina werden gewöhnlich zur Personenbezeichnung verwendet, desgleichen viele Feminina. Beide sind pluralfähig *(der/die Alte[n], der/die Dicke[n], der/die Gläubige[n]),* werden gern im Plural gebraucht *(die Fremden, Intellektuellen, Industriellen, Jugendlichen, Sachverständigen, Außenstehenden, Delegierten)* und sind so als gruppierende Bezeichnungen gebräuchlich. Aus Adjektiven mit Suffixen *(-ig, -lich, -ell* usw.) und Partizipien läßt sich überhaupt nur auf diese Weise eine Personenbezeichnung ableiten, im Unterschied zu Simplizia wie *fremd (der Fremde* neben *der Fremdling).* Manche von ihnen sind zu festen Prägungen geworden, etwa

> der/die Halbwüchsige, Werktätige, Vorsitzende, Abgeordnete, Angestellte, Geschworene, Hinterbliebene, der Reisende (‚Handelsvertreter').

Manche adjektivischen Maskulina, Feminina und Neutra, die Kürzungen aus Wortgruppen mit einem Adjektivattribut darstellen, werden daneben auch als Sachbezeichnungen gebraucht:

> der Klare (Schnaps), der kleine/große Braune (Kaffee; österr.), die Elektrische (Bahn), die Diagonale, die Gerade, das Helle (Bier), das kleine Schwarze (Kleid).

Einige der substantivierten Adjektive werden nicht mehr wie Adjektive, sondern wie Substantive dekliniert. Sie können dann zum größten Teil auch in den Plural gesetzt werden. Die meisten von ihnen sind Neutra:

> das Gut (des Gutes; *nicht* des Guten), die Güter; das Fett, die Fette; das Recht, die Rechte; das Hoch, die Hochs.

Nur im Singular gebraucht werden die Sprachbezeichnungen wie *das Deutsch, das Französisch* (in näherer Bestimmung durch ein Attribut: *ein gutes Französisch sprechen;* sonst mit adjektivischer Flexion: *im Französischen gut sein),* ferner einzelne Maskulina wie *der Stolz.*
Ohne bestimmten Artikel stehen einige Substantivierungen in Zwillingsformeln wie *Alt und Jung, Reich und Arm (waren erschienen); (jenseits von) Gut und Böse.*

703 | **Die Substantivierung von Wörtern anderer Wortarten**

Der Anteil von Substantivierungen aus anderen Wortarten ist noch weitaus geringer. Sie beruhen
- auf Pronomen: *das Ich, das Du, das Es;*
- auf Zahlwörtern: *die Eins, die Zwei* usw.;
- auf Adverbien, Präpositionen und Konjunktionen: *das Für und Wider, das Wenn und Aber, (die Philosophie) des Als-ob, das Diesseits, das Jenseits, mein Gegenüber.*

Auf Interjektionen gehen z. B. *das Hurra, das Ach und Oh, der Plumps* zurück; auf (Verb)partikeln *das Auf und Ab, das Hin und Her,* auf einzelne Buchstaben *das A und O, jemandem ein X für ein U vormachen.*

Die Adjektivierung

704

Verben lassen sich in die Satzrollen, die von Adjektiven eingenommen werden, durch die Partizipialbildung (vgl. 316 f.) überführen:

> das pünktlich *liefernde* (zu *liefern*) Unternehmen; *geschlagene* (zu *schlagen*) Frauen; *geborgtes* (zu *borgen*) Geld; *belieferte* (aus *beliefern*) Firmen.

Die Umsetzung von Substantiven in die Wortart Adjektiv kommt dagegen nur selten vor. Auf diesem Wege sind etwa die Adjektive *ernst, schade, freund, feind, angst, schuld* entstanden, neuerdings auch *(das ist) spitze, klasse* (ugs.), ferner in der Sprache der Mode einzelne neue (Farb)adjektive wie *jade, malve, reseda.* Sie werden in der Regel nur unflektiert gebraucht.

Die Verbalisierung

705

In formaler Hinsicht kann die Umsetzung von Substantiven und Adjektiven in Verben, *(Pfeffer – pfeffern, weit – weiten),* die ohne besondere Suffixe, nur durch die Verbendungen erfolgt, als Verbalisierung aufgefaßt werden.
Im Gegensatz zu Substantivierungen und Adjektivierungen sind die Verbalisierungen inhaltlich weit aufgefächert in Ornativa, Faktitiva usw.; in genau der gleichen Weise wie die anderen Verbableitungen, mit denen sie systematisch zusammenspielen. Aus diesem Grund werden sie als Nullableitungen mit ihnen zusammen unter 774 behandelt.

1.2.3 Die Ausdruckserweiterung

706

Im Unterschied zur Kürzung ändert sich bei der Erweiterung des sprachlichen Ausdrucks auch sein Inhalt. Diese Erweiterung erfolgt durch Zusammensetzung (707), Präfigierung (711), Suffigierung (713) oder eine Kombination aus beiden (kombinierte Präfixableitung; 712). Die beiden letzten Möglichkeiten werden unter dem Begriff der Ableitung zusammengefaßt, weil hier Suffixe (in Verbindung mit Präfixen) die Ausgangswörter in eine bestimmte Wortart und -klasse überführen (Transposition).

Die Wortzusammensetzung (Komposition)

707

Unter Zusammensetzungen (Komposita) verstehen wir Wörter, die ohne Ableitungsmittel aus zwei oder mehreren selbständig vorkommenden Wörtern gebildet sind. Dabei stellt der segmentierbare erste Bestandteil – von den wenigen Kopulativkomposita (vgl. 792) und Einzelfällen wie *Himmelskuppel* (‚Himmel, der sich wie eine Kuppel wölbt') abgesehen – das Bestimmungswort dar, der zweite das Grundwort, das die Wortart der ganzen Zusammensetzung festlegt:

Wohnungs|bau

(Bestimmungswort)|(Grundwort)

Dieser Sachverhalt ist gemeint, wenn man sagt, daß Zusammensetzungen eine binäre (= zweigliedrige) Struktur haben. Auch komplexe, umfangreichere Komposita lassen sich fast immer auf diese beiden Teile zurückführen.[1] Wo die Grenze zwischen ihnen liegt, zeigt sich bei der Umformung in vergleichbare Wortgruppen oder Satzkonstruktionen:

> Wohnungsbauförderung – Förderung des Wohnungsbaus
> Landeswohnungsbauförderung – Wohnungsbauförderung des Landes/durch das Land
> Wohnungsbauförderungsgesetz – Gesetz zur Wohnungsbauförderung

---

[1] Das trifft nur auf einzelne (additive) Wortzusammenziehungen wie *rot-weiß-rot* und Kopulativkomposita nicht zu.

Nach diesem Muster lassen sich komplexe Komposita weiter aufgliedern, bis sie in ihre einfachsten Bildungsteile zerlegt sind[1]:

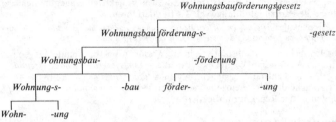

(Dazu gibt es die durch Klammerbildung [vgl. 694] entstandene Kürzung *Wohnbauförderungsgesetz.*)

708 Das Bestimmungswort ist häufiger mehrgliedrig als das Grundwort. Das erklärt sich daraus, daß es – vor allem in Verwaltungs- und Wissenschaftstexten – in ganz besonderem Maße zur begrifflichen Differenzierung dient. Mehrgliedrige Grundwörter finden sich vor allen Dingen in Zusammensetzungen, deren Zweitglieder vielgebrauchte Komposita sind:

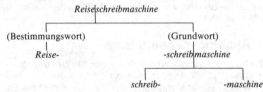

In den germanischen Sprachen, die dem flektierenden Sprachtyp folgen, bestehen Zusammensetzungen prinzipiell aus einer „Gruppe von zwei Wörtern, von denen nur das zweite flektiert wird"[2]. Im Deutschen werden sie im Unterschied etwa zum Englischen durchgehend zusammengeschrieben.[3]

Verbindungselemente wie das *-s-* zwischen *Wohnungsbauförderung-* und *-gesetz,* die an Flexionsendungen erinnern, haben deren syntaktische Beziehungsfunktion nicht, sondern kennzeichnen nur die Grenze (Fuge) zwischen den Kompositionsteilen (vgl. 811).

709 Auf welche Konstruktionen die komplexen Zusammensetzungen im einzelnen zurückzuführen und mit welchen sie am besten zu vergleichen sind, ist in der Fachliteratur umstritten. Zwar steht fest, daß (die durchsichtigen) Zusammensetzungen sowohl auf Wortgruppen als auch auf Satzfügungen bezogen und durch sie umschreibend (paraphrasierend) wiedergegeben werden können;[4] umstritten ist aber, wie die Beziehungen zwischen diesen Elementen dann am besten definiert werden.

---

[1] Manchmal ist die Aufgliederung nicht eindeutig (vgl. *Groß-Bauvorhaben* und *Großbau-Vorhaben*). Verschiedene Bedeutung haben z. B. *Sommer-Abendkleid* und *Sommerabend-Kleid* auf Grund des gliedernden Bindestrichs bekommen (vgl. H. Ortner: Wortschatz der Mode. Düsseldorf 1981, S. 256).

[2] A. Meillet-Printz: Einführung in die vergleichende Grammatik der indogermanischen Sprachen. Leipzig, Berlin 1909, S. 173.

[3] Normabweichungen betreffen vor allem Aufschriften *(Herren Salon),* Firmen- und Produktnamen *(Schwann Verlag, Aral Langzeitbatterien);* sonst fast nur einzelne englisch beeinflußte Texte mit Schreibweisen wie *Hollywood Film* und *Import Rarität.* Von den zuletzt genannten Beispielen abgesehen, wird die Einheit des Wortes oft durch die graphische Gestaltung (Drucktypen) oder Umgebung (bei der Aufschrift) signalisiert.

[4] Vollständige Gleichheit kann indes nicht zwischen Wortbildungen und ihren Umschreibungen bestehen, weil bei diesen syntaktische Kennzeichen wie Tempus und Modus hinzukommen, die in der Wortbildung aufgegeben sind (vgl. 690).

Zum Beispiel entsprechen sich Konstruktionen wie

> Das ist eine Tür. Sie besteht aus Eisen.
> Die(se) Tür besteht/ist hergestellt aus Eisen.
> eine Tür, die aus Eisen besteht
> eine Tür aus Eisen
> eine eiserne Tür
> eine Eisentür

In diesem Fall sind die Bedeutungen (und Formen) der selbständigen Ausgangswörter unverändert in die Inhaltsstruktur der Zusammensetzung eingegangen. Kommt eine Bildung aber in allgemeineren Gebrauch, dann wird vielfach ihr Inhalt spezieller, als es der Inhalt der entsprechenden syntaktischen Fügung (Paraphrase) ist. Die Zusammensetzung hat dann auf dem Wege der Einbürgerung in den allgemeinen Sprachgebrauch zusätzliche Inhaltskomponenten aufgenommen. Anders gesagt: Die Bedeutung der Umschreibung ist weiter als die Bedeutung der Zusammensetzung:

> Jedes *Lesebuch* ist ein *Buch, in dem man liest,* aber nicht jedes *Buch, in dem man liest,* ist ein *Lesebuch.* Jede *Kartoffelsuppe* ist eine *Suppe, in der Kartoffeln sind,* aber nicht jede *Suppe, in der Kartoffeln sind,* ist eine *Kartoffelsuppe.*

Es gibt ferner viele Zusammensetzungen, die sich gegenüber der Ausgangskonstruktion so weit verselbständigt haben, daß sie sich aus ihr synchron nicht mehr erklären lassen (etwa *Junggeselle, Jungfrau;* vgl. 690). Diese Bildungen werden als lexikalisiert, d. h. als feste, unauflösbare Bestandteile des Wortschatzes angesehen. 710

Die durchsichtigen Zusammensetzungen werden in der Regel beschrieben
- nach dem Grundwort, das grammatisch die Wortart der ganzen Bildung bestimmt und semantisch die Bezeichnungsklasse angibt; meistens ist es ein Substantiv;
- nach dem Bestimmungswort, das ein unterscheidendes Zuordnungsmerkmal zu dieser Bezeichnungsklasse nennt; bei Substantivbildungen ist das Bestimmungswort zu über 80% wieder ein Substantiv, zu ca. 8% ein Verb und zu ca. 5% ein Adjektiv, den Rest teilen sich Wortgruppen, Adverbien und Präpositionen u. a.;
- gegebenenfalls nach dem Verbindungselement (Fugenzeichen);
- nach dem (semantischen oder logischen) Verhältnis der beiden Ausgangswörter zueinander.

Der Zusatz von Präfixen und Halbpräfixen (Präfixoiden) 711

Bei der (einfachen) Präfigierung ändert sich – im Unterschied zur kombinierten Präfixableitung (vgl. 712) – weder Wortart noch Flexion des Ausgangslexems:

> Athlet – *Super*athlet, modern – *hoch-/super*modern, blühen – *er-/auf*blühen.

Darin stimmen diese hier Zusatzbildungen genannten Wörter mit Zusammensetzungen (707) überein (weshalb man auch gelegentlich von Präfixkomposita spricht). Die Unterschiede liegen darin, daß Präfixe gar nicht selbständig vorkommen und die Halbpräfixe nicht mit der („blasseren", merkmalsärmeren) Bedeutung, die sie in die Wortbildung einbringen. So kommt es, daß oft mehrere Präfixe oder Halbpräfixe in der gleichen Funktion zusammenlaufen (konvergieren) und sich zu Wortbildungstypen (Paradigmen, „Funktionsständen") vereinen, die den Inhalt des Ausgangswortes modifizieren, d. h. abstufen und differenzieren. Insofern gelten sie als Modifikationsbildungen.
Die Präfigierung wirkt sich bei den einzelnen Wortarten sehr unterschiedlich aus: Bestimmt sie bei den Verben (außer der Valenz [vgl. 735]) vor allem räumliche und zeitliche Bedeutungskomponenten (vgl. 740), bei Substantiven Sprecherein

schätzungen wie ‚besonders', ‚groß', ‚wichtig', ‚falsch' (827 ff.), so trägt sie bei den Adjektiven namentlich zur Bildung von Gegenwörtern (Antonymen), zur vergleichenden Hervorhebung und auch zur (räumlichen, zeitlichen) Einordnung bei (895 ff.).

712 | ## Die kombinierte Präfix- und Halbpräfixableitung

In Fällen wie

> etw. beaufsichtigen, verunreinigen, bejahen, verneinen; jmdn. ermuntern, aufmuntern

erfolgt die Wortbildung durch das Zusammenwirken von Präfixen wie *be-, ver-, er-* bzw. Halbpräfixen wie *auf-* mit Suffixen wie *-ig(en)* oder einfach *-(e)n*, also durch Doppelmorpheme. Diese Bildungen schließen sich den Ableitungen an, die allein mit Suffixen gebildet sind, und gehören auch systematisch zu ihnen (vgl. 774). Die kombinierte Präfixableitung trägt vor allem zum Ausbau der Wortart Verb bei. An der Substantivbildung *(Ge-tös-e)* und Adjektivbildung *(un-wieder-bring-lich)* dagegen ist sie nur mit je einem Muster reihenhaft beteiligt.

Die Ableitung durch Suffixe und Halbsuffixe (Suffixoide)

713 | Die Suffixe legen die Wortart und die Flexionsklasse des abgeleiteten Wortes fest. Zur Bildung von (ausnahmslos schwachen) Verben tragen nur einzelne Suffixe bei. Bei Substantiven legt das Suffix die Flexionsklasse durch das grammatische Geschlecht fest: Maskulines Geschlecht haben z.B. *-ant/-ent, -eur, -ist, -ler, -ling* (also hauptsächlich die Suffixe zur Bildung von Personenbezeichnungen), feminines Geschlecht *-e, -(er)ei, -anz/-enz, -heit, -ität, -(at)ion, -schaft, -ung* (also in erster Linie Abstraktsuffixe) und neutrales Geschlecht u.a. *-tum*, die Diminutivsuffixe *-chen* und *-lein* und kollektive Halbsuffixe wie *-werk, -zeug, -gut, -we-sen*.

In den meisten Fällen verändert das Ableitungssuffix die Wortart des Ausgangswortes. Wo das nicht der Fall ist, bestimmt es zumindest die Flexionsklasse *(der Baum – das Bäumchen, der Pate – die Patin, der Vater – die Vaterschaft)*. Wo das Genus des Ausgangswortes und der Ableitung übereinstimmen, kann das Suffix das Ausgangssubstantiv in eine andere Bezeichnungsklasse überführen, z.B. ein Konkretum in ein Abstraktum (vgl. *die Mutter – die Mutterschaft)*, oder nur den Grundwortinhalt modifizieren *(das Haus – das Häuschen)*. Auf eine Modifikation in diesem Sinne ist die Suffixableitung – im Adjektivbereich – nur bei einer kleinen Gruppe von Bildungen beschränkt (mit *-lich: gelb – gelblich)*, sonst erfolgt hier gewöhnlich Umwandlung (Transposition) in eine andere Wortart.

714 | Zu den Ableitungen werden neben den Suffixbildungen und kombinierten Präfixableitungen gewöhnlich auch Bildungen wie *geigen* aus *Geige, gleichen* aus *gleich* gerechnet, bei denen Umsetzung in eine andere Wortart und Flexionsklasse erfolgt (vgl. 774). Da hierdurch (wie sonst durch Suffixe) vielfältige Bedeutungsmerkmale hinzugefügt werden, rechnet man diese Fälle gewöhnlich nicht zu den grammatischen Umsetzungen (vgl. 700 ff.), sondern stuft sie als Ableitungen ohne Suffix (Nullableitungen, auch implizite Ableitungen) ein. Analog dazu kann man – strukturell gesehen – Rückbildungen (retrograde Bildungen), die durch eine Suffixtilgung (693; 860) entstehen (z.B. *Hochmut* aus *hochmütig)*, als Ableitungen beschreiben. Jedenfalls handelt es sich nicht um einfache Kürzungen, da neue Wörter einer anderen Wortart mit zusätzlichen Bedeutungsmerkmalen entstehen.

Im Übergangsbereich zwischen Ableitungen und Zusammensetzungen sind die Bildungen mit Halbsuffixen (und -präfixen) angesiedelt, die vom Erscheinungsbild her als Zusammensetzungen wirken *(Laubwerk)*, inhaltlich aber nicht mehr als Verbindungen aus zwei selbständigen Wörtern erklärt werden können.

Lautung und Form der häufigsten Affixe

Die Wortbildungsmittel, die nicht selbständig vorkommen, heißen Affixe. Sie setzen sich aus einer kleinen Anzahl von Lauten (Phonemen) zusammen, die nach bestimmten Regularitäten miteinander verbunden sind. Im Unterschied zu den Flexionsendungen, die aus einem oder zwei Lauten bestehen (dem unbetonten Vokal *e* und meistens den Konsonanten *n, r, s*), ist ihr Lautbild bunter und vielfältiger.

Affixe, die aus einem einzigen Laut bestehen, sind selten und kaum produktiv (vgl. das Suffix *-e* in Ableitungen des Typs *Breite,* das Präfix *a-* in *anormal*). Eine Änderung der Silbenzahl tritt jedoch auch in diesen Fällen ein, das Wort bekommt – gegebenenfalls durch Verschiebung der Silbengrenze wie in *Breite* – eine Silbe mehr.

Suffixe aus zwei Lauten sind häufiger (z. B. *-ig, -isch, -ar, -al, -en, -iv* in der Adjektivableitung und *-ik, -in, -er* bei den Substantiven[1]). Sie enden in der Regel auf Konsonant (vgl. aber *-lei*). Suffixe, die aus mehr Lauten bestehen, haben überwiegend die Lautstruktur Konsonant + Vokal + Konsonant (vgl. *-tum, -heit, -ler, -chen, -lich, -bar* usw.). Ihr Umfang reicht bis zu fünf Lauten und zwei Silben *(-igkeit* in Fällen wie *dreist – Dreistigkeit).* Bei den Präfixen, die aus zwei Lauten bestehen, dominiert ebenfalls der Typ Vokal + Konsonant *(un-, ur-, in-, er-),* bei denjenigen aus drei Lauten Konsonant + Vokal + Konsonant *(ver-, zer-, miß-, dis-).*

Auch bei den Halbpräfixen ist diese Lautstruktur am häufigsten. Die Abfolge Vokal + Konsonant zeigen etwa *ab-, an-, um-* und – wenn man den Diphthong als einen Sprachlaut wertet – auch *auf-, aus-, ein-;* die Struktur Konsonant + Vokal + Konsonant z. B. *nach-* und *vor-.* Die nominalen Halbpräfixe bestehen aus bis zu fünf *(brand-, extra-)* und vereinzelt sechs Sprachlauten *(spitzen-)* und überwiegend aus einer, manchmal aus zwei Silben *(infra-, unter-, wider-* usw.).

Zusammenfassend läßt sich feststellen, daß der Bau der Wortbildungsaffixe deutliche Übereinstimmungen mit dem der selbständigen Wörter (Simplizia) aufweist:

– Am häufigsten (weitaus häufiger als in den meisten anderen Sprachen) ist die Silbe mit der Struktur Konsonant + Vokal + Konsonant.

– Bei den Wörtern und Affixen die aus nur zwei Lauten bestehen, sind diejenigen mit der Folge Vokal + Konsonant die häufigeren.

– Die einsilbigen Wortstämme der Simplizia weisen ebenso wie die genannten Präfixe und Halbpräfixe im allgemeinen nicht mehr als fünf, höchstens sechs Sprachlaute (mit bis zu fünf Konsonanten) auf.

Die hier feststellbaren Unterschiede gegenüber der Silbenstruktur der romanischen Sprachen (sie zeigen z. B. eine weit geringere Konsonantenhäufung) mögen ein Grund dafür sein, daß von den vielen aus ihnen entlehnten Suffixen und Präfixen nur wenige im Deutschen produktiv geworden sind.

Die Zusammenbildung

Als Zusammenbildungen werden die Zusammensetzungen und Ableitungen bezeichnet, deren einer Teil nicht als Wort, sondern nur als Wortgruppe existiert. Wenn der andere Teil ein Suffix ist, entstehen Ableitungen wie

– die Substantive *Gesetzgeber* (aus *jmdm. Gesetze geben*) und *Viersitzer* (aus *vier Sitze*),

– die Adjektive *rotwangig* (aus *rote Wangen*) und *vielgliedrig* (aus *viele Glieder*),

– das Verb *übernachten* (aus *über Nacht*).

Wenn der andere Teil dagegen ein selbständiges Wort ist, kommt es zu Zusam-

---

[1] Bei den Verbsuffixen wird der flektierende Teil eingeklammert; vgl. *-ig(en).*

mensetzungen wie *Einfamilienhaus* (aus *eine Familie), Fünfganggetriebe* (aus *fünf Gänge), Viehhalteplan* (aus *Vieh halten;* vgl. dazu 808).[1] Sie werden bei den Typen der Ableitung bzw. Zusammensetzung mitbehandelt, zu denen sie inhaltlich passen.

<table>
<tr><td>717</td></tr>
</table>

Wortbildung durch Verdopplung

Silben- und Wortverdopplung (Reduplikation) sind in manchen Sprachen produktive Wortbildungsweisen und dienen u.a. der Verstärkung des nominalen Ausdrucks, der Bildung von Verbalformen und selbst der Mehrzahlbildung. Im Deutschen finden sich sie am ehesten in der Kindersprache (*Popo, Wauwau* usw.) und in der Umgangssprache *(Töfftöff, jaja, soso);* gelegentlich auch in expressiven Augenblicksbildungen *(Theater-Theater).* Ihnen zur Seite lassen sich Bildungen stellen wie *tagtäglich* und *wortwörtlich,* die besonders in gesprochener Erzählsprache gebräuchlich sind.

Auch „lautmalende" Bildungen mit Ablaut (partielle Reduplikation) gehören hierher. Meistens wechseln dabei Vokale nach dem Muster der Formenbildung starker Verben, und zwar insbesondere *i* und *a:*

Singsang, Klingklang, Wirrwarr, Mischmasch; piffpaff, ticktack usw.

Einige Wörter sind auch nach Art des Endreims durch Wortteilwiederholung gebildet *(Hokuspokus, Klimbim, Schorlemorle).* Von Fällen dieser Art abgesehen, gilt für das Deutsche die Regel, daß nur ungleiche Morpheme und Wörter kombiniert werden können.

<table>
<tr><td>718</td></tr>
</table>

1.3 Die Verteilung der Wortbildungen auf die verschiedenen Wortarten

Die Wortbildung ist weitgehend auf die drei Hauptwortarten Substantiv, Adjektiv und Verb beschränkt (vgl. aber 940), zu deren Ausbau sie in sehr unterschiedlichem Maße beiträgt.

Die Verteilung hängt u.a. von folgenden Faktoren ab:

- Vom Anteil, den die Hauptwortarten am Grundwortschatz der Ausgangswörter haben (bei den Adjektiven werden z.B. nur einige hundert Simplizia gezählt) (vgl. 890);
- von der Produktivität der Suffixe (bei -*bar* ist sie z.B. sehr groß, bei -*sam* gering; 911ff.) und dem Beitrag der sie ergänzenden Halbsuffixe (neben *verwendbar* auch *verwendungsfähig* usw.), ähnlich dem der Präfixe und Halbpräfixe;
- von der Neigung, Lexeme der Hauptwortarten zu einem Wort zu verbinden; sie ist bei den Substantiven sehr groß, dagegen bei den Adjektiven nur mäßig und den Verben kaum vorhanden;
- von dem Bedarf an Bildungen, der sich z.B. in den Fachsprachen in erster Linie auf den Ausbau des substantivischen Wortschatzes richtet, besonders im Hinblick auf die vielen benötigten Gegenstandsbenennungen und Begriffe, die – wie die Determinativkomposita (vgl. 722) – eine Definition in sich enthalten;

---

[1] Die Übergänge zwischen Zusammensetzung und Zusammenbildung sind oft fließend. Viele Bildungen, die formal Zusammensetzungen darstellen, können auch Zusammenbildungen (im weiteren Sinne) sein; *Zeitungsleser* ist z.B. formal ein Kompositum aus *Zeitung + Leser,* kann aber auch als Zusammenbildung aus der Fügung *Zeitung lesen* und dem Suffix -*er,* d.h. als Ableitung verstanden werden.

– von Rahmenbedingungen des allgemeinen Sprachgebrauchs, wie der Neigung im heutigen Deutsch zum Aufbau umfangreicher Nominalgruppen *(die verwaltungsmäßige Verzögerung der Ausstellung von Ausnahmebewilligungen);*
– von sozialen und geistigen Rahmenbedingungen vieler Art, wie sie z. B. die Bereitschaft zur Übernahme von Fremdwörtern oder zu ihrer Umbildung (auch Übersetzung) ins Deutsche bestimmen (vgl. *Heroentum* neben *Heroismus;* im 19. Jh. *Volkstum* statt *Nationalität*);
– von Bedingungen der Kommunikationsmedien, die etwa zur Wortverdichtung in den Schlagzeilen der Presse führen usw.

1. Die **Ableitung** von Wörtern der drei Hauptwortarten:

719

aus \\ werden	Substantive	Adjektive	Verben
Substantiven	+ +[1]	+ + +	+ +
Adjektiven	+ +	+ +	+
Verben	+ + +	+ +	( )[1]

Danach dient die Ableitung in erster Linie dazu, Wörter aus einer Wortart in eine andere zu überführen, und zwar insbesondere Substantive in Adjektive *(Form* in *förmlich, formal, unförmig),* Verben in Substantive *(schreiben* in *Schreibung, Geschreibsel, Schreiber),* Adjektive in Substantive *(schön* in *Schönheit, Schönling)* und schließlich Verben in Adjektive *(lesen* in *lesbar, unleserlich).*
Der Anteil der Bildungen, bei denen kein Wortartwechsel durch das Suffix erfolgt, bleibt auffällig gering: Von den Verben, die durch Ableitung gebildet sind, geht nur etwa 1% auf ein Verb zurück; von den Adjektiven nur etwa 2% auf ein Adjektiv. Größer ist der Anteil bei den Substantiven: 10% von ihnen sind aus Substantiven abgeleitet.
Die kombinierte Präfixableitung tritt in allen Fällen gegenüber der einfachen Suffixableitung zurück. Die größte Rolle spielt sie bei der Verbableitung (z. B. *jmdn. be-vormund-en* aus *Vormund*), eine geringe bei der Substantivableitung (z. B. *Getös-e* aus *tos-en*) und Adjektivableitung (z. B. *un-wiederbring-lich* aus *wiederbring-en*).
Insgesamt entstehen durch Ableitung etwa in gleich großem Umfang Substantive und Adjektive, dagegen nur zu einem zehnmal geringeren Anteil Verben.

2. Die **Zusammensetzung** von Wörtern der drei Hauptwortarten:

720

Bestimmungswort \\ Grundwort	Substantiv	Adjektiv	Verb
Substantiv	+ + +[1]	+ +	( )[1]
Adjektiv	+ +	+	( )
Verb	+ +	+ +	( )

Danach wird der verbale Wortschatz durch Zusammensetzung mit Wörtern der drei Hauptwortarten kaum ausgebaut, der adjektivische Wortschatz mäßig, der

---

[1] Die Klammer ( ) kennzeichnet geringe (10–50 Fälle), das einfache Pluszeichen + mäßige (unter 500 Fälle), + + starke (bis 5000) und + + + sehr starke (über 5000) Nutzung der Verfahrensweise.

substantivische dagegen in sehr großem Umfang, und zwar vor allem durch die
Verbindung mit substantivischen, daneben aber auch mit verbalen und adjektivischen Bestimmungswörtern.

721 | 3. Die **Präfigierung** von Wörtern der drei Hauptwortarten:

Ausgangswort	Anteil der Bildungen (bei gleichbleibender Wortart)
Substantiv	+ +[1]
Adjektiv	+ +
Verb	+ + +

Am meisten trägt diese Bildungsweise zum Ausbau des verbalen Wortschatzes
bei. Den Ausgangsverben werden neben Präfixen wie *be-, ent-, ver-* usw. vielerlei
Halbpräfixe hinzugefügt, die aus Präpositionen (z. B. *auf, über*) und Adverbien
(z. B. *hin, los*) hervorgegangen sind (über die Produktivität dieser sprachlichen
Mittel vgl. 751 ff.). Im nominalen Bereich ist der Zusatz von Präfixen und Halbpräfixen bei Adjektiven etwa doppelt so häufig wie bei Substantiven. Dies geht darauf
zurück, daß der Aufbau polarer Gegenwörter durch Negationspräfixe (*schön –
unschön*) einen Grundzug der Wortart Adjektiv darstellt und entsprechend häufig
vorkommt. In den meisten Substantivbildungen dient der Zusatz eines Präfixes
oder Halbpräfixes der ausdrücklichen Hervorhebung und semantischen Modifikation des Grundwortinhalts (vgl. 824).
Berücksichtigt man den Anteil der drei Hauptwortarten am Gesamtwortschatz
(ca. 60% Substantive, 25% Verben, 15% Adjektive), dann kann zusammenfassend
zu ihrem Ausbau durch die verschiedenen Wortbildungsweisen gesagt werden,
daß der adjektivische Bereich stärker durch Ableitung ausgebaut ist als der substantivische und verbale; demgegenüber wird die Wortart Substantiv relativ am
weitesten durch Zusammensetzung und die Wortart Verb durch den Zusatz von
Präfixen und Halbpräfixen entfaltet.

722 | ## 1.4 Faktoren, die die Wortbildung bestimmen

1. Die Art einer Substantivzusammensetzung wird gewöhnlich durch das bestimmt, was sie ausdrücken, was sie bezeichnen soll. Handelt es sich dabei etwa
um ein neues Produkt (z. B. ein Schiff, das aus Beton gegossen wurde), so wird
vielfach das übliche Gattungswort *(Schiff)* zur Grundlage (zum Grundwort) der
Wortbildung gewählt und das sinnwichtigste oder präziseste Wort aus den Zusammenhängen, in denen das neue Produkt beschrieben wird *(Beton)*, zur näheren Bestimmung (als Bestimmungswort) davorgesetzt *(Betonschiff)*; wobei die
Komposition oft dem Vorbild anderer Zusammensetzungen mit dem gleichen
Grundwort folgt (vgl. *Holzschiff).* Solche – besonders fachsprachlich häufigen –
Zusammensetzungen haben definierenden Charakter und dienen zum Aufbau
von Terminologien: Das Gemeinte wird durch einen im Grundwort genannten
Oberbegriff (Genus proximum) umrissen *(Schiff)* und mit Hilfe des Bestimmungswortes nach Art eines unterscheidenden Merkmals (Differentia specifica) festge-
legt *(Beton)*. Dabei ist der die Gattung *(Schiff)* angebende Oberbegriff als letztes

---

[1] Die Klammer ( ) kennzeichnet geringe (10–50 Fälle), das einfache Pluszeichen + mäßige (unter 500
Fälle), + + starke (bis 5000) und + + + sehr starke (über 5000) Nutzung der Verfahrensweise.

Glied der Zusammensetzung zugleich auch grammatisch entscheidend (seine Flexionsendung gibt u. a. darüber Auskunft, in welcher Satzbeziehung die Zusammensetzung steht).

2. Geht es demgegenüber um eine Bezeichnung, die eine schon vorhandene ersetzen soll, wird die Neuprägung viel weniger nach einem sachlogischen als einem psychologischen Gesichtspunkt ausgewählt. Es kommt dann etwa darauf an, daß die neue Bildung leicht merkbar ist, sich an landläufige Gebrauchsmuster anlehnt oder aus Wörtern mit (wertenden) Begleitmerkmalen (Konnotationen) besteht, die bestimmte Assoziationen auslösen sollen. Beispiele aus dem Sprachgebrauch der letzten Jahrzehnte sind etwa

Raumpflegerin für Putzfrau, Haushaltshilfe für Dienstmädchen, Gastarbeiter für Fremdarbeiter, Verkaufsrepräsentant für Vertreter, Greifvögel für Raubvögel.

Bezeichnet wird hier jeweils dasselbe, aber die Bewertung ist eine andere.

3. Auch das Vorbild einer Fremdsprache kann die Wortbildung bestimmen. Die dabei zu berücksichtigenden Lehnbildungen gliedern sich in eng am fremdsprachigen Original orientierte Lehnübersetzungen *(Fußball* aus engl. *football),* freiere Lehnübertragungen *(Vaterland* aus lat. *patria, Wolkenkratzer* aus engl. *skyscraper)* und formal unabhängige Lehnschöpfungen wie *Umwelt* nach franz. *milieu.*

4. Die Art einer Wortbildung ist ferner durch innersprachliche Bedingungen bestimmt:

a) So wird z. B. der Zusammenhang zwischen bedeutungsverwandten Wörtern einer Sprache dort am sinnfälligsten, wo sie bedeutungtragende Teile gemeinsam haben, seien es Wortstämme (Lexeme) wie bei den Mitgliedern einer Wortfamilie (z. B. *les-en, les-bar, Les-er, Les-bar-keit, un-les-er-lich, zer-les-en* usw.), seien es Wortbildungsmittel wie etwa *-bar* (mit einer potentiell-passivischen Komponente) in *les-bar, hör-bar, beschreib-bar.*

b) Primär semantische Gründe hat die Bildung von Zusammensetzungen z. B. bei Homonymen (gleichlautenden Wörtern) wie *Bank* (1. ‚Geldinstitut‘, 2. ‚Sitzgelegenheit‘), die – über den Zusammenhang hinaus – durch ein Bestimmungswort vereindeutigt werden können *(Hypothekenbank, Gartenbank;* vgl. auch *Vogelbauer* aus *Bauer* [‚Käfig‘], wo das Grundwort *Bauer* gewöhnlich im Sinne von *Landwirt* gebraucht wird).[1]

Semantisch bedingt sind darüber hinaus viele Zusammensetzungen mit polysemen (vieldeutigen) Grundwörtern, die erst durch das Bestimmungswort eindeutig werden (vgl. *Stoff* in *Lese-, Kleider-, Bau-, Treib-, Farbstoff).* Innerhalb von Fachsprachen werden oft weitere Differenzierungen durch zusätzliche Bestimmungswörter vorgenommen *(Benzylfarbstoff, Naphtalinfarbstoff* usw.).

c) Auch der grammatische Formenbau (die Morphologie) kann für die Entstehung von Wortbildungen bestimmend sein. So gibt es etwa zu manchen Substantiven, die keinen Plural haben *(Regen, Unglück),* zusammengesetzte Ersatzformen *(Regen-* bzw. *Unglücksfälle;* vgl. 690, 2 a); Entsprechendes gilt für Pluralwörter (Pluraliatantum) mit zusammengesetzten Ersatzformen für den Singular *(Unkosten – Unkostenbeitrag, Eltern – Elternteil).*

d) Häufig ist eine Wortbildung auch syntaktisch begründet. So werden etwa mehrfach wiederkehrende attributive Wortgruppen vielfach zu Zusammensetzungen „zusammengezogen" *(Schlechtwetter* für *schlechtes Wetter, Naßschnee* für *nasser Schnee),* weil diese leichter verschoben, in wechselnde Satzpositionen gebracht und durch neue Attribute erweitert werden können; oft wird dabei auch auf Wortelemente verzichtet, die im jeweiligen Zusammenhang entbehrlich sind:

---

[1] Auch die Erweiterung eines Wortes durch ein Folgeglied gibt es, vgl. etwa das verdeutlichende *Monsunwind* für *Monsun.*

Erforschung des Kämpfens – Kampf[er]forschung
Beginn der Arbeit[szeit] – Arbeits[zeit]beginn
Statistik, welche den Verlauf der Kriminalität aufzeichnet – Kriminal[itäts]statistik
auf Glas aufgedampfte Antimonschicht – Aufdampfschicht usw.

Von einer Tilgung des Prädikats ist bei vielen Bildungen mit Konkreta wie *Honig-biene* (aus *Biene, die Honig saugt*) und *Bienenhonig* (aus *Honig, den Bienen erzeu-gen*) auszugehen (vgl. 802). Und die Zusammenziehung aus Prädikat und Ergän-zung o. ä. ist in den folgenden Fällen zu beobachten:

(Man) liest die Zeitung. – das Zeitunglesen
(Sie) schüttelten sich die Hände. – das Händeschütteln (vgl. 700)
Ich wünsche mir etwas, weil ich Geburtstag habe. – mein Geburtstagswunsch

e) Die letzten Beispiele weisen bereits auf einen weiteren Grund für die Wortbil-dung (Wortzusammensetzung) hin, den Textzusammenhang nämlich. Komposita mit Prädikatsbegriffen wie *Händeschütteln* und *Geburtstagswunsch* entspringen oft dem Bemühen, eine komplexe verbale Aussage zum Thema für eine neue Aus-sage zu machen. Hier steht die Zusammensetzung also im Dienst der Themabil-dung (Topikalisierung) im Rahmen des Textaufbaus. Dabei entstehen Themazu-sammensetzungen dieser Art nicht nur dort, wo eine „Satzaussage" in einem neuen Satz als „Satzgegenstand" begrifflich aufgenommen werden soll, sondern z. B. auch dort, wo einer Geschichte oder Nachricht ein passender Themabegriff zugeordnet wird. Das Kompositum *Zimmerbrand* etwa ist als Überschrift zu einer Zeitungsmeldung denkbar, die darüber informiert, daß ein Zimmer einer Woh-nung *aus*- und die Einrichtung eines weiteren teilweise *verbrannte,* ehe die Feuer-wehr den Brand schließlich löschen konnte.

f) Schließlich kann die Art einer Wortbildung durch den gesamten Handlungs-rahmen im gesellschaftlichen Umfeld bestimmt sein. Zum Beispiel läßt sich die Zusammensetzung *Schießbefehl* zwar in erster Annäherung auf die Konstruktion *jemand gibt den Befehl zu schießen* zurückführen, der bezeichnete komplexe Sach-verhalt ist damit aber nur mitnichten erfaßt. Das gilt auch für die Erweiterung *x gibt y den Befehl, auf z zu schießen, wenn diese[r] die Grenze verletzt:* Was dabei fehlt, sind neben einer Angabe darüber, um welche Grenze es sich handelt und wer *x* und *y* sind, Informationen, von wem und aus welcher Perspektive das Wort gebil-det ist.[1]

In diesen Zusammenhang gehören auch solche Wortbildungen, die – insbeson-dere als Neuprägungen und Augenblicksbildungen – unmittelbar auf den Erwar-tungshorizont des Lesers/Hörers abgestimmt sind, Aufmerksamkeit erregen und das Interesse auf einen bestimmten Punkt lenken *(Garantiehose, Gratiskaffee),* be-sonders wenn sie gegen die Regularitäten der vorhandenen Muster verstoßen *(Günstig-Preis-Aktion).*

g) Oft ist es auch weniger die Art einer Wortbildung als vielmehr ihre Verwen-dung, die durch soziologische Gesichtspunkte bestimmt ist. So werden Wortprä-gungen der Gruppenzugehörigkeit und -unterscheidung wie *Kleinbürgertum, Großbürgertum* gewöhnlich nur „für andere" gebraucht. Ferner gibt es viele Bil-dungen, die nur von Mitgliedern einer bestimmten Gruppe verwendet werden und Außenstehenden deshalb geradezu als „Gruppenabzeichen"[2] erscheinen, etwa *Volksgenosse* oder *Bankjude* in der Sprache der Nationalsozialisten oder *Schweißfährte* (‚Blutspur') in der Sprache der Jäger.

Wortbildungen dieser Art sind vielfach nur im Bezugs- und Kenntnisfeld ihrer fach- und sachbezogenen Prägung eindeutig (vgl. *Kellerabzug, Kellerabfüllung* in

---

[1] Vgl. O. Käge: Motivation. Probleme des persuasiven Sprachgebrauchs, der Metapher und des Wort-spiels. Göppingen 1980, S. 62ff.
[2] H. Bausinger: Deutsch für Deutsche. Dialekte, Sprachbarrieren, Sondersprachen. Frankfurt/M. 1972, S. 118ff.

der Sprache der Winzer), weshalb der Außenstehende oft die Verdeutlichung
durch ein Attribut oder ein (weiteres) Bestimmungswort braucht *(Weinkellerab-
zug, -abfüllung)*.

1.5 Wortbildung und Fachsprachen   `723`

Daß sich in der Wortbildung mit der kommunikativen Funktion der Sprache oft
und in vielfältiger Weise eine kognitive (Erkenntnis)funktion verbindet, wird in
den Fachsprachen besonders deutlich. Durchsichtige Wortbildungen sind hierzu
besser geeignet als andere lexikalische Mittel. Die Speicherung der häufigsten
Prä- und Suffixe von Fremdwörtern z. B. erleichtert es, neue, vorher nicht bekannte Ausdrücke der Fachsprachen zu erschließen, zu behalten und wiederzugeben. Deutlich zeigt sich das bei den Suffixen der Adjektiv- und Substantivbildungen in den technischen Fachsprachen, wo es häufiger als in der Gemeinsprache
vorkommt, daß Suffixe eine einzige Bedeutung haben (vgl. med. *-itis* ‚Entzündung‘, sprachw. *-em* ‚Einheit des Sprachsystems‘; vgl. 889).
In noch höherem Maße tritt die genannte Leistung von Wortbildungen bei den
Zusammensetzungen zutage. Mit der Grundstruktur der Determination (Bestimmungswort – Grundwort; vgl. 707) stellen sie geradezu den strukturellen Idealfall
eines fachsprachlichen Begriffs dar, enthalten sie doch eine generalisierende,
auch für den Laien erkennbare Definition in sich. Auf diese Weise ist es möglich,
begriffliche Teilsysteme aufzubauen, die, obgleich hochspezialisiert, auf Grund
ihrer Durchsichtigkeit doch (weitgehend) verständlich sind:

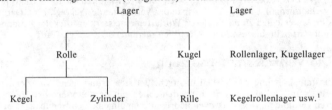

1.6 Wortbildung und literarischer Sprachgebrauch   `724`

In literarischen Texten wird die Wortbildung über die bisher genannten Zwecke
hinaus zur Stilisierung genutzt. Besonders auffällig ist dies dort, wo sie dazu
dient, literarische Figuren von ihrer (Rollen)sprache her zu charakterisieren:

> Als Felix Krull in Thomas Manns gleichnamigem Roman um die Tochter des Lissabo-
> ner Professors Kuckuck wirbt, antwortet diese: „Der Mensch, wie schön er sei, wie
> schmuck und blank, ist innen doch Gekrös nur und Gestank“. Worauf sie von Felix
> Krull mit den Worten zurechtgewiesen wird: „Ihr geistliches Versehen ist sündhafter
> als sündlichste Fleischeslust, denn es ist spielverderberisch, und dem Leben das Spiel
> zu verderben, das ist nicht bloß sündlich, es ist rund und nett teuflisch.“ Etwas von
> dem, was Felix Krull alias Marquis de Venosta „das Schwebende seiner Existenz“
> nennt, spiegelt sich hier in der Art, wie er – den Zentralbegriff *sündig* vermeidend – mit
> analogen Bildungen wie *sündlich* und *sündhaft* das Gemeinte unverbindlich spielerisch
> umkreist.

Ein anderes Beispiel literarischer Stilisierung mit den Mitteln der Wortbildung
bietet der Titel von Bert Brechts Drama „Der aufhaltsame Aufstieg des Arturo

---

[1] Vgl. H.-R. Fluck: Fachsprachen. München 1976, S. 48.

Ui", wo die ungewöhnliche adjektivische Neubildung *aufhaltsam* allein durch den Kontrast zu der geläufigen Negationsbildung *unaufhaltsam* auf die prägnanteste Weise eine politische Einschätzung zum Ausdruck bringt.

725 ## 2 Das Verb

Die Wortbildung der Verben unterscheidet sich von der der Substantive und Adjektive. Den weitaus größten Anteil an der Verbbildung haben Präfixe und Halbpräfixe. Meistens werden sie an ein schon existierendes Verb gefügt, um den verbalen Inhalt zu modifizieren; und zwar insbesondere in bezug auf Umstände des bezeichneten Verlaufs, also Beginn *(er-blühen)*, Ende *(ver-blühen)*, Richtung *(auf-, ab-steigen)* und Ziel *(be-steigen)*. Dadurch ändert sich auch die Valenz des Ausgangsverbs. Das Grundverb *steigen* z.B. fordert neben dem Subjekt ein Präpositionalobjekt *(auf/in etw. steigen)*, für die Präfixverben *(etw.) be-, ersteigen* und *(einer Sache) entsteigen* dagegen ist ein Akkusativ- bzw. ein Dativobjekt obligatorisch.

Während es im Substantiv- und Adjektivbereich nur feste, untrennbare Bildungen gibt, sind beim Verb zwar die Bildungen mit (unbetontem) Präfix untrennbar, der größte Teil der Bildungen mit (betontem) Halbpräfix dagegen trennbar (vgl. *Sie steigt zu/aus/ein*). Sie werden deshalb als Distanzkomposita bezeichnet. Auch in der Ableitung besteht ein grundlegender Unterschied: Neben der Suffixableitung wird in etwa gleichem Ausmaß die kombinierte Präfixableitung wichtig (vgl. 774). Die Zusammensetzung des Ausgangswortes mit Substantiven *(maschineschreiben)*, Adjektiven *(schwarzfahren)* oder Verben *(klopfsaugen)* trägt dagegen verhältnismäßig wenig zum Ausbau des Verbbestandes bei (vgl. 726). Dafür gibt es im Unterschied zu den anderen Wortarten eine stark entwickelte Komposition mit Partikeln, insbesondere Adverbien *(heruntersteigen;* vgl. 730ff.).

726 ## 2.1 Die Verbzusammensetzung

Die Zusammensetzung der Verben unterscheidet sich grundlegend von der der Substantive und Adjektive. Verben werden selten mit den Wörtern der Hauptwortarten verbunden, sind stets zweigliedrig und im allgemeinen trennbar (zu anderen Fällen vgl. 758ff.); nur im Infinitiv, in der Partizipialform und bei Endstellung im Nebensatz erscheinen sie nicht getrennt (vgl. *Sie spricht ihn frei* und *ihn freisprechen; ihn freisprechend; daß man ihn freisprach*). Hinzu kommt, daß von den (insgesamt relativ wenigen) Verbzusammensetzungen ein Teil auch von Substantiven ausgeht,[1] also aus verbalen Pseudokomposita besteht: Was zunächst als Verbzusammensetzung erscheint, erweist sich historisch meistens als Ableitung aus einer Nominalform. Zum Beispiel ist entstanden:

> maßregeln aus Maßregel, wehklagen aus Wehklage, wetteifern aus Wetteifer, kurpfuschen aus Kurpfuscher, staubsaugen aus Staubsauger, notlanden aus Notlandung, schutzimpfen aus Schutzimpfung, gewährleisten aus Gewährleistung, bausparen aus Bausparen, wettrennen aus Wettrennen.

Diese verbalen Pseudokomposita tragen – wie die unfest zusammengesetzten Verben – den Ton auf dem ersten Glied. Im Unterschied zu Fügungen wie *Auto fahren, Ball/Geige spielen* können sie im allgemeinen nicht mit dem Artikel konstruiert werden. Ihrer grammatischen Verwendung nach unterscheiden sie sich wie folgt[2]:

---

[1] Einzelne Bildungen gehen auch auf Zusammensetzungen des 2. Partizips mit einem Substantiv zurück, so *maßschneidern* auf *maßgeschneidert, dienstverpflichten* auf *dienstverpflichtet*.

[2] Nach P. Eisenberg: Substantiv oder Eigenname? Über die Prinzipien unserer Regeln zur Groß- und Kleinschreibung. In: Linguistische Berichte 72 (1981), S. 77ff.

1. Bildungen, deren substantivischer Bestandteil in allen Stellungen fest mit dem
Ausgangsverb verbunden bleibt:

> maßregeln (ich maßreg[e]le/maßregelte/habe gemaßregelt; jmdn. zu maßregeln),
> schlaf-, nachtwandeln, gewährleisten, schlußfolgern, handhaben, wetterleuchten, wett-
> eifern.

2. Zweigliedrige Bildungen, deren erster – meist substantivischer – Bestandteil
unfest konstruiert ist, obwohl auch sie überwiegend durch Ableitung aus zusammengesetzten Substantiven entstanden sind (vgl. *haushalten* aus *Haushalt, probe-
laufen* aus *Probelauf*). Das Partizippräfix *ge-* steht hier – wie bei den Verbbildungen mit Halbpräfixen – gewöhnlich zwischen dem Erst- und Zweitglied (vgl. *not-
landen – notgelandet; notschlachten, schutzimpfen* usw.).
Entsprechende Bildungen mit adjektivischem Erstglied sind seltener *(blindfliegen*
aus *Blindflug; kurzarbeiten, [etw.] kurzschließen).*

2.1.1 Substantiv + Verb

727

Neben den Bildungen *maßregeln, bausparen* usw. (vgl. 726), die dem Erscheinungsbild nach Zusammensetzungen, von ihrer Entstehung her aber Ableitungen
sind, gibt es vereinzelt auch echte Verbindungen aus Substantiv und Verb. Sie
entstehen besonders dann, wenn sich ein Substantiv als Akkusativobjekt *(danksa-
gen – [jmdm.] seinen Dank sagen)* oder als adverbiale Bestimmung auf ein Verb
bezieht *(maschineschreiben – auf der Maschine schreiben)*. Die besonderen Merkmale des Substantivs (Artikel, Deklination, Großschreibung, Pluralfähigkeit) werden am ehesten aufgegeben, wenn die Verbindung einen Vorgang als Ganzes bezeichnet. In den meisten Fällen handelt es sich um Konstruktionen, deren substantivischer Teil nur unfest mit dem Verb verbunden ist[1]:

> achtgeben, haltmachen, standhalten, stattfinden, teilnehmen usw.

Der Bedarf an solchen Verben für Tätigkeiten, die durch ein substantivisches Bestimmungswort inhaltlich präzisiert werden, ist in den technischen Fachsprachen
noch am größten; aber auch hier sind nur wenige zusammengesetzte Verben entstanden:

> punktschweißen ‚an einzelnen Punkten schweißen‘, topfglühen ‚ein Werkstück im Topf
> glühen‘, feuerverzinken, sandstrahlen u.a.

Daneben trägt die Werbung einige Bildungen bei (z.B. *foliengrillen, hobby-
basteln*). Auch sie entwickeln sich gewöhnlich über die Zwischenstufe von Nomi-
nalformen, insbesondere der entsprechenden substantivierten Infinitive.

2.1.2 Adjektiv + Verb

728

Größer ist der Anteil vergleichbarer Verbzusammensetzungen mit Adjektiven. Sie
haben besonders in den letzten hundert Jahren zugenommen. Von ihnen, die im
Satz als trennbare Verbindungen behandelt werden, gibt es folgende Typen:

1. stillsitzen, übrigbleiben, jmdm. nahe-, näherstehen usw.

Das Vorderglied steht hier zum Grundwort in dem gleichen Verhältnis wie ein
subjektbezogenes Satzadjektiv zum Prädikat *sein* usw. (vgl. etwa zu *stillsitzen still
sein)*: Es nennt den Zustand, in dem sich etwas befindet. Diese Bildungen sind
selten.

2. blindschreiben, falschspielen, schieflaufen usw.

---

[1] Zu den wenigen untrennbaren Zusammensetzungen gehören etwa *hohnlachen, lobpreisen.*

Hier bestimmt das Erstglied das Grundverb nach Art eines Adverbs. Auch Komposita dieses Typs kommen nur vereinzelt vor.

3. blankbohnern, breittreten, fertigstellen, festdrehen, freischaufeln, hochstellen, niederlegen, richtigstellen, schönfärben, sicherstellen, totbeißen, trockenlegen, volltanken, gutschreiben, näherbringen.

Diese Bildungsweise ist die häufigste. Dabei verhält sich das Erstglied zum Grundwort wie ein objektbezogenes Satzadjektiv zum verbalen Prädikat. Das Adjektiv gibt einen Zustand an, der durch die im verbalen Zweitglied bezeichnete Tätigkeit herbeigeführt wird (Ersatzprobe mit *etw. machen;* vgl. *etw. fertigstellen* und *etw. fertig machen*).

729 ## 2.1.3 Verb + Verb

Die sonst so häufige Zusammensetzung von Wörtern der gleichen Wortart ist bei Verben höchst ungewöhnlich. Noch am ehesten sind Bildungen dieser Art in der (expressionistischen) Dichtung *(grinsheucheln* ‚grinsen und heucheln', *schnaufwittern* [A. Holz]) und den Fachsprachen *(trennschleifen, preßschweißen, streckwalzen, streckziehen, spritzlöten, mähdreschen, drehbohren)* zu finden.

Die technischen Ausdrücke sind gewöhnlich über die Zwischenstufe nominaler Bildungen, insbesondere substantivierter Infinitive, entstanden *(mähdreschen* aus *Mähdrescher)* und bezeichnen die mit dem Grundwort genannten Vorgänge nach Art von Komposita, die sowohl determinativ *(preßschweißen* ‚unter Druck schweißen') als auch kopulativ (‚pressen und schweißen') interpretiert werden können. Sie werden im allgemeinen nur im Infinitiv gebraucht.

Die Ausgangswörter von *kennenlernen, spazierengehen* usw. wurden dagegen zusammengesetzt, weil sie häufig im Satz nebeneinander stehen. Andere werden zusammengeschrieben, weil sich ein neuer Begriff mit ihnen verbindet, z. B. *sitzenbleiben* ‚nicht versetzt werden'. Im Unterschied zu den oben genannten Bildungen sind sie trennbar *(Ich lernte sie kennen/blieb sitzen).*

730 ## 2.1.4 Partikel + Verb

Mit Partikeln, d. h. Wörtern der nichtflektierenden Wortarten, werden die Verben im Gegensatz zu Adjektiven und Substantiven häufig verbunden. Diese Bildungselemente sind im wesentlichen aus (Pronominal)adverbien und Präpositionen hervorgegangen und sind größtenteils unfest mit den Verben verbunden.
Unfeste Verbzusammensetzungen werden vor allem gebildet mit

ab- (abdrehen), an- (andrehen), auf- (aufdrehen), aus-, bei-, da(r)-, ein-, her-, hin-, mit-, nach-, vor-, zu-, dabei-, daher-, dahin-, daran-, darauf-, darein-, davor-, dazu-; entgegen-, einher-; herab-, heran-, herauf-, heraus-, herbei-, herein-, herüber-, herunter-, herum-, hervor-, herzu-; umher-; hinab-, hinan-, hinauf-, hinaus-, hinein-, hinzu-; voran-, voraus-, vorbei-, vorher-; abwärts-, aufwärts-; zusammen-, zurück- usw.

Daß es sich bei den Partikeln, die daneben auch noch als Präpositionen begegnen, eigentlich um Halbpräfixe handelt, geht aus ihrer Bedeutung hervor, die sich in den Verbbildungen nicht mehr ganz mit der beziehungsstiftenden Funktion deckt, die sie sonst im Satz haben (vgl. 614). Die Verbindungen mit Adverbien können ihrer Bedeutung nach dagegen oft als echte Zusammensetzungen gelten.

Feste und unfeste Verbzusammensetzungen werden gebildet mit *durch-, über-, um-, unter-, wider-, hinter-:*

dúrchlaufen – durchláufen (Der Saft *läuft* nicht *durch.* – Man *durchläuft* die Karriere); überlaufen – jmdn. überláufen (Er *lief* zum Feind *über.* – Sie *überlief* die gegnerische Abwehr); úmfahren – umfáhren (Er *fuhr* den Fußgänger *um.* – Sie *umfúhr* die Verkehrsinsel). (Vgl. 758 ff.)

In besonders großem Umfang werden Verben mit den Adverbien *hin, her, da* und ihren Komposita (*hinein* usw.) verbunden, die nicht die semantischen, syntaktischen und Wortbildungseigenschaften der Halbpräfixe *ab-, an-, auf-* usw. (753 ff.) und *durch-, um-, über-* usw. (758 ff.) aufweisen und sich auch von den Verbzusätzen *vor-, nach-, zu-* usw. (765) unterscheiden, die schon einige präfixartige Züge angenommen haben (s. u.). Insbesondere bestehen bei den Partikelkomposita mit *hin, her, da* und ihren Verbindungen keine Bedeutungsunterschiede zwischen ihrer freien und ihrer verbgebundenen Verwendung. Darüber hinaus können sie – anders als die Halbpräfixe – den Stellenwert von Satzgliedern haben, was ihre Verwendung im Kontext belegt:

> Sie fuhr nach Paris. – Sie fuhr *hin*.
> Sie stieg auf den Eiffelturm. – Sie stieg *hinauf*.
> Er ging nicht *hinunter*, er fuhr *hinunter*.
> Sie stieg *hinan/hinab*; fuhr *hinweg/hinaus/hinein/hinzu/her/herab/heran/heraus/herbei/herüber/herunter/herzu/hierher*.
> Ein Kätzchen lag *da/daneben/darunter* usw.

731

Zur Bedeutungsdifferenzierung der Grundverben und damit zur Ergänzung der Präfixe und Halbpräfixe tragen diese Erstglieder vor allem in folgender Weise bei: Sie kennzeichnen

a) eine Aufwärtsbewegung (*hinauf-, hinan-, herauf-*; vgl. 741,1);
b) eine Abwärtsbewegung (*hinunter-, herab-, hinab-, herunter-*; vgl. 741,3);
c) ein Entfernen (*hin-, hinweg-, davon-*; vgl. 741,10);
d) eine Annäherung (*hinzu-, her-, heran-, herbei-, herzu-, herüber-, hierher-*; vgl. 741,11);
e) eine Bewegung in etwas hinein *(hinein-, dazwischen-)*;
f) eine Bewegung aus etwas heraus *(heraus-, hervor-, hinaus-)*;
g) eine Bewegung durch etwas hindurch *(hindurch-)*.

732

Die Adverbien verändern im Unterschied zu den Präfixen und Halbpräfixen die Verbvalenz selten und nur in Anlehnung an ein ähnlich gebildetes anderes Verb (z. B. *etw. herstottern* nach *etw. hersagen*).

Von den Verbkomposita mit adjektivischem Erstglied (vgl. 728) konkurrieren mit den Partikelkomposita aus den Gruppen a und b besonders Bildungen mit *hoch-* (vgl. *hinauf-* und *hochstellen*) und *nieder-* (vgl. *hinunter-, hinab-* und *niedersteigen*).

733

Andere Bildungen konkurrieren mit Zusammensetzungen der Gruppe c; sie sind vor allem mit *fort-* und *weg-* verbunden (vgl. *hinweg-* und *davongehen* mit *fort-* und *weggehen*). Auch mit *empor-, voran-, voraus-* und *zurück-* werden reihenhaft Verbzusammensetzungen gebildet (insbesondere mit *gehen, reisen, fliegen* usw.), die zu den einzelnen Gruppen der oben angeführten Partikelkomposita in Konkurrenz treten.

Die Adverbien, die ursprünglich aus Präpositionalgefügen hervorgegangen sind und reihenhaft mit Verben vorkommen (insbesondere diejenigen mit *zu,* etwa *zugrunde, zuleide, zunutze*), werden mit diesen gewöhnlich nicht zusammengeschrieben (mit Ausnahme von *zurecht [etw. zurechtlegen]*, das schon als Halbpräfix gelten kann (vgl. 773), und *zufrieden [jmdn. zufriedenstellen]*).

2.2 Der Zusatz von Präfixen und Halbpräfixen

734

2.2.1 Die Funktionen der Präfixe und Halbpräfixe

Meistens werden die vielgebrauchten Präfixe *ver-, er-* usw. vor ein schon vorhandenes Verb gesetzt. Da die Wortart dadurch nicht verändert wird, tragen sie so „nur" zum Ausbau des vorgegebenen Bestandes an Grundverben bei, die grammatisch (vgl. 735 f.) und/oder semantisch (vgl. 737 ff.) bzw. stilistisch-pragmatisch (vgl. 743) abgewandelt (modifiziert) werden. Dieselbe Funktion haben in Verbindung mit Verben die Partikeln *ab-, auf-, aus-* usw., die als Wortbildungsbestandteile nur noch lautlich (ausdrucksseitig) mit den gleichlautenden Adverbien bzw. Präpositionen *ab, auf, aus* usw. übereinstimmen, semantisch (inhaltsseitig) aber – wenigstens zum Teil – eher mit den Präfixen *ver-, er-* usw. (vgl. *ab-* und *verblühen, auf-* und *erblühen, ab-/aus-* und *verklingen*). Deshalb werden sie als Halbpräfixe eingestuft und den Präfixen an die Seite gestellt.[1]

Die grammatische Abwandlung (Modifikation)

Mit der inhaltlichen Abwandlung der Verben (737ff.) sind oft vielfältige quantitative und qualitative Verschiebungen in ihrer Valenz verbunden.

735 | **Quantitative Änderungen:**

1. In der Mehrzahl der Fälle ändert sich die Zahl der nominalen Ergänzungen, die von einem Verb abhängen (können), durch die Präfigierung nicht:

> Die Blume blüht/erblüht/blüht auf/verblüht. Der Schriftsteller reiste/verreiste in die Toskana; bereiste/durchreiste die Toskana.

2. Zu einer Verringerung der Valenz kommt es vor allem dort, wo die Präfigierung dazu beiträgt, umständlichere Präpositionalgruppen einzusparen. Fügungen aus Verb + Präpositionalgruppe werden dann zu Bildungen aus Halbpräfix + Verb:

> fließen/laufen/kochen über etw. – überfließen/überlaufen/überkochen (Die Milch fließt über den Rand [des Topfes]. – Die Milch fließt über); etw. an etw. schmieden/löten/nieten/montieren usw. – etw. anschmieden/anlöten/annieten/anmontieren usw. (Er schmiedet den Winkel an den Träger. – Er schmiedet den Winkel an).

Mit dieser Reduktion ist kein Informationsverlust verbunden, wenn der Bezugspunkt (hier *Rand* bzw. *Träger*) durch den Kontext gegeben oder aus dem Vorwissen bekannt ist.
Ferner verringert sich die Valenz auch, wenn das Verb mit einem nicht ersetzbaren, nicht pronominal gebrauchten Reflexivum *sich* verbunden ist, was z.B. bei Verbbildungen mit dem Präfix *ver-* vorkommt:

> in die falsche Richtung fahren – sich verfahren; etw. falsch hören – sich verhören.

3. Eine Erhöhung der Valenz ist vor allem bei der Präfigierung einwertiger, seltener zweiwertiger Verben zu beobachten:

> Der Schüler trödelt. – Der Schüler vertrödelt seine Zeit.
> Sie hilft ihrem Neffen. – Sie verhilft ihrem Neffen zu einem Job.

736 | **Qualitative Änderungen:**

Die Art der Kasusbeziehung zwischen dem Verb und seinen Ergänzungen ändert sich durch den Zusatz eines Präfixes bzw. Halbpräfixes in sehr unterschiedlichem Umfang. Die Veränderung betrifft
– nur ausnahmsweise Nominative:

> Er fror. – Ihm erfroren die Zehen. – Ihm fror das Ohr ab.

– häufiger Dativanschlüsse:

> jemandem dienen – jemanden bedienen; jemandem etwas liefern – jemanden mit etwas beliefern.

---

[1] Gegenüber dieser einfachen Präfigierung ohne Wortartänderung dient die mit Suffixen kombinierte Präfix- und Halbpräfixbildung zur Ableitung neuer Verben aus Nomen (*jmdn. er-/aufheiter-n*), die Gegenstand von Kapitel 2.3 ist; dennoch werden der Einfachheit halber bereits im folgenden Abschnitt unter 2.2.2 neben den Angaben zu den (Halb)präfixen allein auch solche zu den mit Suffixen kombinierten (Halb)präfixableitungen gemacht.

– oft Akkusativ- und Präpositionalanschlüsse:

jemanden lieben – sich in jemanden verlieben; auf jemanden warten – jemanden erwarten; staunen über etwas – etwas an-/bestaunen.

Diese Veränderungen der qualitativen Valenz bewegen sich vor allem in Richtung
auf

– (häufig) die Akkusativierung, die u. a. dazu dient, ein Verb passivfähig zu machen:

jemandem drohen – jemanden bedrohen; über jemanden lachen – jemanden ausla-
chen.

– (häufig) die Präpositionalisierung:

jemanden sprechen – bei jemandem vorsprechen; jemandem schmeicheln – sich bei jemandem einschmeicheln.

– (seltener) die Dativierung, durch die vor allem der Bezug der im Subjekt genannten Person zu einer anderen betont wird:

zu jemandem/gegen jemanden sprechen – jemandem zusprechen/widersprechen.

Die semantische Abwandlung (Modifikation)

Sie ist das wichtigste Motiv für die Präfigierung von Verben.

Die Unterschiede der präfigierten gegenüber den Ausgangsverben zeigen sich besonders beim Vergleich der Bedeutungsklassen der jeweils anschließbaren Substantive: *nehmen* wird z. B. mit dem Dativ der Person und dem Akkusativ der
Sache konstruiert *(jemandem den Schmuck nehmen), entnehmen* mit dem Dativ
der Sache und dem Akkusativ der Sache *(den Schmuck der Kassette entnehmen).*

Diese Kombinationsverschiebungen, zu denen die Präfigierung führt, sind oft reihenhaft entwickelt. So steht das Verb *jmdn. ehren* in einer Reihe mit ornativen
(vgl. 780) Bildungen wie *jmdn. adeln* und analytischen Fügungen wie *jmdm. eine
Ehre erweisen; jmdn. ent-ehren* dagegen in einer Reihe mit privativen (vgl. 781)
Verben wie *jmdn. ent-erben* und Fügungen wie *jmdm. die Ehre nehmen/abschnei-
den.*

Die Prägung der Bedeutung einer Wortbildung durch die Reihe, in der sie steht
(z. B. die Reihe der Verben mit *ent-*), wechselt von Präfix zu Präfix. Daß dabei
eine Eins-zu-eins-Beziehung zwischen dem (Halb)präfix und seiner Bedeutung
besteht – wie annähernd bei *re-* und *wieder-* (,erneut') mit ihren kleinen Bildungs-
reihen *(etwas reaktivieren/wiederaufbauen* usw.) – ist bei den Verben der Ausnahmefall; im allgemeinen herrscht Mehrdeutigkeit (Polysemie). Manche Verbpräfixe zeigen sogar ein ausgesprochen weitgestreutes Bedeutungsspektrum, so z. B.
er- und *ab-* (vgl. 748, 753).

Verbpräfixe und Halbpräfixe decken sich zum Teil in ihren Bedeutungskomponenten, obwohl sie eine ganz verschiedene Herkunft und Ausgangsbedeutung haben. Auf diese Weise können, wenn sich die Bildungsweisen überschneiden, bedeutungsgleiche (synonyme) oder bedeutungsähnliche Wortpaare entstehen.
Überschneidungen dieser Art bestehen etwa zwischen *ent-* und *aus-* mit der privativen Bedeutung ,weg(nehmen)' in *jmdn. ent-/auskleiden* und *etw. ent-/
ausleihen.* Bei vielen anderen Grundverben dagegen ergänzen sich *ent-* und *aus-*
so, daß in dem einen Falle dieses, im anderen jenes steht (z. B. heißt es *jmdn. entlarven* [nicht *auslarven*], aber *etw. ausborgen* [nicht *entborgen*]); andere Präfixe
und Halbpräfixe kommen unterstützend hinzu, so z. B. *ab-* in Bildungen wie *etw.
abhauen, abpflücken, abtragen.* Berücksichtigt man nun noch die reihenbildende
Funktion von z. B. *be-* und *ver-* im Zusammenhang mit dem Entstehen von Ge-

737

738

genwörtern (Antonymen) (*jmdn. entkleiden – jmdn. bekleiden, etw. entlüften – etw. belüften, etw. enthüllen – etw. verhüllen* usw.), dann lassen sich in dem angesprochenen (Halb)präfixbereich etwa folgende mehr oder weniger systemhafte Teilbereiche unterscheiden:

Die Verwendung des Präfixes		überschneidet sich mit der von	stellt einen Gegensatz dar zu
ver-	be-:	*etw. verdecken/etw. bedecken*	
	er-:	*verlöschen/erlöschen*	er-: *verblühen – erblühen*
	zer-:	*verfallen/zerfallen*	
		etw. verkratzen/etw. zerkratzen	
	miß-:	*jmdn. verachten/jmdn. mißachten*	miß-: *jmdm. vertrauen –*
			jmdm. mißtrauen
			ent-: *etw. verhüllen –*
	ab-:	*etw. verändern/etw. abändern*	*etw. enthüllen*
	auf-:	*etw. verschieben/etw. aufschieben*	auf-: *etw. verschließen –*
			etw. aufschließen
	aus-:	*verklingen/ausklingen*	
		etw. versenden/etw. aussenden	
	zu-:	*etw. verbauen/etw. zubauen*	
	ein-:	*vertrocknen/eintrocknen*	
	durch-:	*etw. verschwitzen/etw. durchschwitzen*	
be-	ver-:	s. o.	ent-: *etw. belüften –*
	er-:	*etw. besteigen/etw. ersteigen*	*etw. entlüften*
	aus-:	*etw. beflaggen/etw. ausflaggen*	aus-: *jmdn. bekleiden –*
			jmdn. auskleiden
	an-:	*etw. berühren/etw. anrühren*	
	über-:	*etw. bedachen/etw. überdachen*	
er-	ver-:	s. o.	ver-: s. o.
	be-:	s. o.	
	auf-:	*erwachen/aufwachen*	
		jmdn. erregen/jmdn. aufregen	
	ab-:	*erfrieren/abfrieren*	
	aus-:	*etw. errechnen/etw. ausrechnen*	
ent-	an-:	*etw. entzünden/etw. anzünden*	ver-: s. o.
			be-: s. o.
	ab-:	*etw. (jmdm.) entreißen/abreißen*	
		jmdm. etw. entlocken/jmdm. etw. ablocken	
	aus-:	*entströmen/ausströmen*	
		etw. entleihen/etw. ausleihen	
zer-	ver-:	s. o.	
	ab-:	*sich zerquälen/sich abquälen*	
	durch-:	*etw. zerbeißen/etw. durchbeißen*	

Die Inhalte der in der Mittelspalte angeführten Wortpaare decken sich zwar nicht vollständig (z. B. kann *etw. verdecken* gegenüber *etw. bedecken* das weitergehende Zudecken bezeichnen), aber weitgehend. Auch der Bedeutungsgegensatz zwischen den Paaren der rechten Spalte ist nur ein annähernder (konträre Bedeutung), nicht unbedingt ein vollständiger (kontradiktorische Bedeutung der Gegenwörter).

739 Auch die Halbpräfixe bilden untereinander Zonen der Überschneidung aus. Sie bestehen besonders bei *ab-* und *aus- (abheilen/ausheilen)*, *ab-* und *los- (etw. abreißen/etw. losreißen)*, *an-* und *ein- (etw. anschalten/etw. einschalten)*.

Auch Gegenwortreihen entstehen auf diese Weise, zum Teil sogar deutlicher ausgeprägt als die zwischen Präfixen und Halbpräfixen. Sie finden sich namentlich
bei *ab-* und *auf-* *(absteigen – aufsteigen), ab-* und *an- (etw. ablegen – etw. anlegen),
ab-* und *ein- (etw. abschalten – etw. einschalten), aus-* und *ein- (ausatmen – einat-
men), nach-* und *vor- (etw. nachmachen – etw. vormachen), über-* und *unter- (etw.
übertreiben – etw. untertreiben), auf-* und *zu- (etw. aufdrehen – etw. zudrehen).*
Die Bedeutung einer kombinierten Präfixableitung wie *ver-steppe-n* zeigt dagegen
eine ganz andere Struktur; sie ist durch einfache syntaktische Beziehungen vorge-
prägt (*Das Gebiet versteppt. – Das Gebiet wird zur Steppe.* [vgl. 777]).

Zeitliche Differenzierungen

740

Reihenhaft tragen Präfixe und Halbpräfixe besonders zur Abstufung und Differenzierung der Aktionsart von Verben bei, die angibt, wie ein Vorgang in seinem
Verlauf dargestellt wird. Durch Präfigierung kann dabei hervorgehoben werden:
1. der Beginn (inchoativ), zum Teil mit besonderem Augenmerk auf den Augenblick des Beginns (punktuell);
2. das Ende (perfektiv), manchmal mit Blick auf das Ergebnis des Vorgangs (resultativ);
3. der Verlauf selbst (kursiv) und besonders seine (unbestimmte) Dauer (durativ),
   zuweilen aber auch mit Augenmerk auf ein Wiederholungsmoment (iterativ).
Zu 1: Der Beginn wird besonders hervorgehoben bei Inchoativa wie *erblühen* gegenüber *blühen, anfahren* gegenüber *fahren* usw. Das punktuelle (plötzliche) Einsetzen kommt z. B. in *aufleuchten, aufblühen* gegenüber *leuchten, blühen* zum Ausdruck; die zeitliche Ausdehnung des Beginns in *ein Auto einfahren* gegenüber *fahren, sich einarbeiten* gegenüber *arbeiten.*
Zu 2: Das Ende eines Vorgangs signalisiert etwa *ver-* in *verblühen* und *verheilen*
gegenüber *blühen* und *heilen* (perfektiv). Die vollständige Durchführung einer
Handlung kommt besonders bei *auf-, ab-, aus-* und *durch-* in den Blick:

  etw. essen – etw. aufessen; blühen – abblühen; sprechen mit jmdm. – sich aussprechen
  mit jmdm., arbeiten an etw. – etw. durcharbeiten.

Primär um das Ergebnis der Handlung geht es, wenn *er-* und *aus-* mit Verben wie
arbeiten und *lernen* zu *etw. erarbeiten/ausarbeiten* und *etw. erlernen/auslernen*
verbunden werden (resultativ).
Zu 3: Die Dauer wird dagegen fast nur in syntaktischen Konstruktionen mit Zeitadverbien wie *lange, unentwegt (arbeiten)* oder Verlaufsformen wie *am Arbeiten
sein* (vgl. 124) ausgedrückt. Präfixe und Halbpräfixe eignen sich im Deutschen für
diese Aufgabe kaum. Bei den Bildungen, die anzuführen sind (z. B. *andauern*),
liegt die durative Bedeutung entweder schon im Grundverb oder der Akzent noch
auf etwas anderem (bei *jmdm. zuhören* und *etw. anhören* geht es z. B. auch darum,
die Aufmerksamkeit der betreffenden Person hervorzuheben).
Auch zum Ausdruck des wiederholten Geschehens, der Iteration, kann die Präfigierung in der Regel nicht herangezogen werden (allenfalls das Suffix *-[e]l[n]* trägt
ansatzweise dazu bei [vgl. *spotten – spötteln*]). Nur das erneute Tun, die einmalige
Wiederholung, wird durch verschiedene Halbpräfixe hervorgehoben, insbesondere durch *auf-* *(etw. aufwärmen, aufbacken), wieder-* *(wiederkommen), nach-* *(etw.
nachfordern)* und *re-* *(etw. reproduzieren).*
Zu diesen Spielarten der Modifikation existieren vielerlei Einschränkungen und
Bedeutungsabstufungen. So gibt es zwar z. B. zu *wachsen* wie zu *blühen* Präfixbildungen mit *er-* und *ver-,* aber mit ganz anderer Bedeutung. Und zu *singen* läßt
sich kein *ersingen* für 'zu singen beginnen' und *versingen* für 'zu singen aufhören'
bilden, sondern nur ein *sich etw. ersingen* für 'etw. durch Singen erreichen' und
ein *sich versingen* für 'an einer Stelle falsch singen'.

Eine temporale Abstufung im Sinne von ‚vorher' und ‚nachher' wird schließlich durch *vor-* und *nach-* vermittelt *(etw. vor-/nachbereiten, vor-/nacharbeiten).*

741 **Räumliche Differenzierungen**

Der zweite wichtige Bedeutungsfächer, der bei den Verben durch die Präfigierung entsteht, betrifft räumliche, besonders richtungsbezogene Bedingungen der bezeichneten Vorgänge und Handlungen. In erster Linie sind es die aus Präpositionen hervorgegangenen Halbpräfixe, die dazu – vor allem in Verbindung mit Bewegungsverben – herangezogen werden.

1. ‚aufwärts': *auf-* und *er-* in *aufsteigen, etw. aufrichten, etw. ersteigen, etw. errichten* (ergänzend Komposita wie *empor-, hoch-, hinauf-, heraufsteigen/-richten* usw.; vgl. 730 ff.).

2. ‚über ... hinweg, darüber': *über-* in *überfließen, etw. übersteigen, überstülpen.*

3. ‚abwärts': *ab-* in *absteigen, abspringen; unter-* in *untertauchen; etw. unterschieben; um-* in *umknicken; etw. umstoßen* (ergänzend Komposita wie *herab-, hinab-, herunter-, hinunter-, niedersteigen/-springen* usw.; vgl. 730 ff.).

4. ‚nach vorn, davor': *vor-* in *vorreiten, vorlaufen, etw. vorbinden.*

5. ‚hinterher': *nach-* in *jmdm. nachreiten, nachlaufen; jmdm. etw. nachbringen.*

6. ‚an einen anderen Ort, in eine andere Richtung': *um-* in *úmsteigen, úmschwenken; etw. úmladen, úmleiten; ab-* in *jmdn. ablenken.*

7. ‚in die Gegenrichtung': Komposita mit *zurück-* in *zurückfahren, -gehen.*

8. ‚hinein': *ein-* in *einmarschieren, einwandern; etw. einbauen.*

9. ‚hindurch': *durch-* in *durchfahren, durchkommen, etw. durcheilen.*

10. ‚davon, weg, hinaus': *ent-* in *enteilen, entströmen; ab-* in *abfahren, -reisen, sich abwenden; ver-* in *verreisen, etw. verjagen; aus-* in *ausfahren, ausreisen, jmdn. ausschicken* (ergänzend Komposita wie *davon-/fort-/[hin]weg-/losfahren, -eilen, -gehen* usw.; vgl. 730 ff.).

11. ‚heran': *an-* in *anreisen, ankommen, etw. anbringen; auf-* in *aufprallen, aufklatschen; zu-* in *auf jmdn. zugehen, zukriechen; bei-* in *beidrehen* (ergänzend Komposita der Bewegungsverben *kommen, fahren* usw. mit *her[an]-, hinzu-, herbei-, herzu-, hierher-, entgegen-, näher-, nahe-;* vgl. 730 ff.).

12. ‚das Ankommen, Festmachen an einem Ort': *an-* in *anlangen, etw. annähen, anleimen; auf-* in *aufsetzen* (Flugzeug), *etw. aufspulen* usw.

Andere räumliche Aspekte einer Bewegung werden demgegenüber selten durch die Präfigierung ausgedrückt:

13. ‚öffnen': *auf-* in *etw. aufschließen, aufklappen;* (in Einzelfällen:) *er-* in *etw. erschließen.*

14. ‚auseinander (in viele Teile)': *zer-* in *zersplittern, etw. zerschneiden.*

15. ‚verschließen': *zu-* in *etw. zuschließen, zudrehen, zuklappen; ver-* in *etw. verschließen, verdecken, verkleben.*

742 **Andere Differenzierungen**

Daß Handlungen reversibel sind und rückgängig gemacht werden können, wird mit den Präfixen *ent-, de-* und *ab-* ausgedrückt:

(das Gewehr) sichern – entsichern; etw. chiffrieren – etw. dechiffrieren; jmdn. maskieren – jmdn. demaskieren; etw. bestellen – etw. abbestellen, jmdn. berufen – jmdn. abberufen.

Zur taxierenden Bewertung durch den Sprecher werden die Verbpräfixe im Vergleich zu den Substantiv- und Adjektivpräfixen weniger gebraucht. Reihenhaft ausgebildet ist diese Funktion nur bei *miß-* ‚falsch' *(etw. mißdeuten, mißbrauchen), ver-* ‚verkehrt' *(etw. verformen, verkennen, sich verlesen)*, *fehl-* ‚falsch' *(fehlgehen, etw. fehlleiten)*, *über-* ‚zu sehr' *(etw. überschätzen, überbewerten)* und *unter-* ‚zu wenig' *(etw. unterschätzen, unterbewerten)*.

Die stilistisch-pragmatische Abwandlung (Modifikation)

743

Gegenüber der grammatischen und semantischen Modifikation (vgl. 735 f. bzw. 737 ff.) weist die stilistisch-pragmatische keine Reihenbildung, also keine systematische Tendenz auf, jede Wortbildung steht für sich. Für die hierher gehörenden Präfixbildungen wie

> (an einem Ort) *verbleiben* (statt *bleiben*), jmdm. *vertrauen* (statt *trauen*), etw. *verspüren* (statt *spüren*), sich *verneigen* (statt *neigen*), sich *behelfen* (statt *helfen*)

ist es charakteristisch, daß sie sich von ihren Ausgangsverben zwar weder durch syntaktische Eigenschaften noch durch Bedeutungsmerkmale, dafür aber durch besonderen Gebrauch und den stilistisch-pragmatischen Horizont abheben. Die Unterschiede liegen hier, wo die Ersatzprobe mit dem Grundverb möglich ist, also nicht im denotativen, begrifflichen, sondern im konnotativen Bereich, d. h. bei den Begleitvorstellungen.
In vielen Fällen scheint die Geltung dieser Bildungen darauf zu beruhen, daß bei ihnen zwei Wörter nach Art einer Wortkreuzung (Kontamination; vgl. 696) aufeinanderwirken, bei *verbleiben* z. B. das Präfixverb *verharren* und das Verb *bleiben*, bei *etw. abschätzen* das Präfixverb *etw. abwägen* und das Verb *etw. schätzen* usw.
Aus der Tatsache, daß in solchen Bildungen nicht eine Präfixbedeutung und eine Verbbedeutung, sondern zwei Verbbedeutungen zusammenlaufen, ergibt sich ihr in der Literatur bisweilen als „intensivierend" beschriebener Charakter.[1]

2.2.2 Die Präfixe und Halbpräfixe im einzelnen

744

Die Präfixe

Die Präfixe sind unbetont und untrennbar mit dem Verb verbunden. Im einzelnen sind sie an der Verbbildung wie folgt beteiligt:
- *ver-* (vgl. 745) zu ca. 45%
- *be-* (vgl. 746) zu ca. 25%
- *ent-* (vgl. 747) zu ca. 15%
- *er-* (vgl. 748) zu ca. 10%
- *zer-* (vgl. 749) und Restgruppen (vgl. 750) zu ca. 5%

ver-

745

Mit diesem Präfix werden besonders viele Verben gebildet, die ein Verarbeiten und Verbrauchen, ein Verschwinden und Verderben, ein Verschließen oder einen Zeitvertreib bezeichnen.
1. Meistens tritt *ver-* als modifizierender Zusatz vor einfache Verben *(etw. verschweigen)* sowie vor Ableitungen aus Substantiven *(etw. verträumen)* und Adjektiven *(etw. verkürzen)*. Es kann mit transitiven und intransitiven Verben verbunden werden und wird wie *be-* (vgl. 746) zur reinen Änderung der Valenz genutzt, wobei meistens Präpositionalgefüge in Akkusativobjekte überführt werden:

> für jmdn. sorgen – jmdn. versorgen, über jmdn. spotten – jmdn. verspotten, mit etw. zögern – etw. verzögern.

---

[1] M. Brandt/I. Rosengren: Tysk Ordbildning för högskolebruk. Lund 1976, S. 100.

Bei aller Unterschiedlichkeit haben im heutigen Deutsch die meisten Präfixverben mit *ver-* das Merkmal gemeinsam, das Ende eines zeitlichen Ablaufs anzugeben, und zwar in der Weise, daß etwas in einen bestimmten Zustand gelangt (intransitiv) oder gebracht wird (transitiv). Im einzelnen drückt *ver-* vor allem aus:

a) ,weg, woandershin': *verreisen, etw. verdrängen, verjagen;*

b) ,bis zum Abschluß, zu Ende' (perfektiv): *verblühen, verklingen;* ,ganz, vollständig': *versinken, etw. verbrauchen;* ,zu (etw. verschließend)': *etw. vergraben, verschnüren;* ,so, daß die ganze Zeit damit verbracht ist': *etw. verbummeln, verdösen;*

c) ,zu sehr': *etw. versalzen, verpfeffern;*

d) ,falsch, verkehrt': *sich verhören, etw. verlegen.*

2. Das Präfix dient darüber hinaus zur kombinierten Ableitung von Verben aus einfachen, abgeleiteten und präfigierten Substantiven *(ver-unglück-en, etw. ver-gitter-n, ver-gesellschaft-en),* aus einfachen Adjektiven in ihrer Grund- oder Vergleichsform *(etw. ver-eng-en, ver-breiter-n)* und aus abgeleiteten Adjektiven *(etw. ver-nachlässig-en).* Die inhaltliche Gruppierung der Bildungen, die entstehen, ist weit gefächert; sie bezeichnen

a) eine Zustandsänderung (ingressiv), sind dann intransitiv und aus Substantiven *(ver-sumpf-en – zum Sumpf werden;* vgl. 777) sowie Adjektiven abgeleitet *(ver-arm-en – arm werden;* vgl. 785);

b) eine bewirkte Zustandsänderung (faktitiv), sind dann transitiv und werden aus Substantiven *(jmdn. ver-sklave-n – zum Sklaven machen;* vgl. 778) und Adjektiven *(etw. ver-deutlich-en – etw. deutlich machen;* vgl. 786) abgeleitet;

c) ein Hinzufügen, Versehen, Ausrüsten, Ausstatten (ornativ) und sind transitiv *(etw. ver-glas-en – etw. mit Glas versehen;* vgl. 780; *jmdn. ver-wunde-n – jmdm. eine Wunde beibringen;* vgl. 780,2);

d) ein Benutzen, ein Bearbeiten mit etwas (instrumentativ) und sind transitiv *(etw. ver-riegel-n – etw. durch einen Riegel sichern).*[1]

| 746 | **be-**

1. Das Präfix wird überwiegend vor einfache Verben *(etw. beschreiben)* und vor Ableitungen aus Substantiven und Adjektiven *(etw. befürchten, befestigen)* gesetzt. Noch häufiger als *ver-* dient es der Änderung der Valenz, vor allem (in über zwei Dritteln der Fälle) der Akkusativierung intransitiver Verben mit Präpositionalobjekt bzw. -gefüge *(in einer Villa wohnen – eine Villa bewohnen)* oder Dativobjekt *(jmdm. dienen – jmdn. bedienen).*

Mit der ursprünglichen Bedeutung von *be-,* das einmal eine Nebenform von *bei-* war, mag es zusammenhängen, daß es im heutigen Deutsch oft eine Hinwendung, einen Zugriff oder einen Kontakt angibt. Darin konkurriert es mit *an- (etw. behauchen/anhauchen; etw. berühren/anrühren; beschmiert/angeschmiert sein).*

Die Funktion, das Zielgerichtete eines Vorgangs auszudrücken, wird vor allem durch die Transitivierung ermöglicht *(schreiten – etw. beschreiten).* Dazu paßt, daß das Präfix bei Verben, die schon ein Akkusativobjekt haben, oft zum Tausch der Objektklassen führt *(Erdbeeren pflanzen – das Beet mit Erdbeeren bepflanzen)* oder daß der Objektbezug konkreter wird *(etw. fürchten* und *etw. befürchten, etw. messen* und *etw. bemessen).*

2. Häufiger als die anderen Präfixe dient *be-* daneben zur kombinierten Ableitung von Verben aus Substantiven *(etw. be-bilder-n)* und Adjektiven *(jmdn. be-freien).* Durch Ableitungen aus *-ig-*Adjektiven angeregt, kommt es dabei neben der

---

[1] Ansatzweise trägt *ver-* auch zur Ableitung von transitiven lokativen Verben *(jmdn. ver-haft-en – jmdn. in Haft nehmen;* vgl. 783) und von transitiven Verben des verglichenen Tuns bei *(jmdn. ver-arzt-en – als Arzt jmdn. behandeln;* vgl. 776,1).

üblichen Kombination aus *be-* und der Verbalisierungsendung *-(e)n* zur Verbindung mit *-igen (jmdn. be-sänft-igen, etw. be-rücksicht-igen).* Die Bildungen sind transitiv.

Bei der Ableitung aus Substantiven entstehen neben einzelnen Verben für ein zielgerichtetes vergliches Tun *(jmdn. be-mutter-n;* vgl. 776,1) und eine mittelbestimmte Tätigkeit (Instrumentativa wie *etw. be-urkunde-n, etw. be-eid-igen;* vgl. 782) fast immer (ornative) Verben des Versehens oder Ausstattens wie *etw. be-dach-en, be-fracht-en* (vgl. 780,1), *jmdn. be-sold-en, be-gnad-igen* (vgl. 780,2). Die Ableitungen aus Adjektiven haben – von Einzelfällen wie *(sich einer Sache) be-flei-ßig-en* abgesehen – durchgehend bewirkenden (faktitiven) Charakter *(jmdn. be-fä-hig-en, etw. be-grad-igen;* vgl. 786).

ent-   747

1. Es tritt in zwei Dritteln aller Fälle vor einfachen Verben *(entlaufen)* und Ableitungen aus Nomen auf *(etw. entfärben).* Die Valenz des Ausgangsverbs wird durch das Präfix vor allem in Richtung auf eine Dativierung (vgl. 736) geändert. Sie erfolgt entweder in der Weise, daß aus einem Präpositionalobjekt bzw. -gefüge ein Dativobjekt wird *(aus dem Ei schlüpfen – dem Ei entschlüpfen; etw. aus dem Kasten nehmen – etw. dem Kasten entnehmen),* oder so, daß durch ein zusätzliches Dativobjekt die von einem Vorgang betroffene Person genannt wird *(jmdm. etw. entlocken, entreißen; die Decke entgleitet ihm).*
In über 90% der Fälle gibt *ent-* ein Entfernen (‚weg‘ in *enteilen, entschweben)* an und konkurriert dann vereinzelt mit *aus- (etw. entleihen/ausleihen; entströmen/ ausströmen)* und *ab- (jmdm. etw. entlocken/ablocken;* vgl. 737 f.). Wo *ent-* seiner Hauptbedeutung entsprechend mit Verben verbunden wird, die selbst schon eine Bewegung des Entfernens ausdrücken, hebt das Präfix diese noch stärker ins Bewußtsein *(jmdm. entfliehen, entgleiten).*
Manchmal drückt *ent-* aber auch in Übereinstimmung mit seiner ursprünglichen Bedeutung (‚entgegen‘) aus, daß die im Grundverb genannte Tätigkeit rückgängig gemacht oder aufgehoben wird *(etw. laden – entladen, jmdn. hemmen – enthem-men).* In einer kleinen Gruppe vermittelt es ferner die (inchoative) Aktionsart des Beginns *(entbrennen, etw. entzünden).*
2. Aus zahlreichen Substantiven und einer Reihe von Adjektiven werden – gewöhnlich transitive – Verben wie *etw. ent-kern-en, jmdn. ent-larv-en, etw. ent-fern-en* abgeleitet. Das Präfix gibt dann fast immer die Beseitigung, Entfernung der im Grundwort genannten Dinge an. Diese Privativa stehen manchmal im genauen Gegensatz zu den Ornativa mit *be- (etw. ent-lüft-en – etw. be-lüft-en;* vgl. 737 f.). In einigen intransitiven Ableitungen signalisiert *ent-* die Änderung einer Bewegungsrichtung *(ent-gleis-en;* vgl. 783).

er-   748

Das Präfix ist weit weniger produktiv als *ver-.* Gleichwohl wird es in ähnlicher Vielfalt gebraucht.
1. Es wird vor einfache Verben *(etw. erstreben)* und vor Verbableitungen aus Adjektiven gesetzt *(erröten).* Soweit sich dabei deren Valenz ändert, tritt meistens eine Akkusativierung von Präpositionalanschlüssen ein:

> leiden an etw. – etw. erleiden, steigen auf etw. – etw. ersteigen, sich nach etw. sehnen – etw. ersehnen.

Vor Verben gibt das Präfix an:
a) in einigen Fällen das Einsetzen des im Grundverb genannten Vorgangs oder den Eintritt eines Zustands (inchoativ; *erfrieren, erbeben, ertönen);*

b) meistens die perfektive Aktionsart, besonders (resultativ) das Anstreben bzw. Erreichen eines Zwecks oder einer Wirkung durch die im Grundwort genannte Tätigkeit, vor allem bei transitiven Bezeichnungen für Gewaltanwendung *(jmdn. erstechen, erschießen, erschlagen),* bei Verben der Gemütsbewegung *(etw. ertrotzen, jmdn. erzürnen),* des Bittens *(etw. erbitten, erflehen, erbeten)* und anderen Verbbezeichnungen für Grundtätigkeiten des Menschen *(etw. erdenken, erarbeiten, erwirtschaften, errechnen);*

c) vereinzelt – entsprechend seiner ursprünglichen Bedeutung – noch die lokale Komponente ‚empor' *(etw. erheben, erbauen)* – in Verbindung mit einer resultativen.

2. er- wird zur Ableitung von transitiven und intransitiven Verben der Zustandsänderung aus Adjektiven gebraucht. So entstehen Ingressiva wie *er-blind-en, er-bleich-en* (vgl. 785) und Faktitiva wie *jmdn. er-frisch-en, etw. er-möglich-en* (vgl. 786), ferner vereinzelt reflexive Verhaltensverben *(sich er-kühn-en zu etw.; sich er-dreist-en zu etw.;* vgl. 787).

---

749 **zer-**

1. Das Präfix wird vor einfache Verben *(zerplatzen)* und vor Ableitungen aus Substantiven *(zersplittern)* gesetzt. Es sind häufig transitive und intransitive Bezeichnungen für Vorgänge oder Tätigkeiten des Trennens und des Zerkleinerns wie *zerbersten, etw. zerschneiden, zerbrechen.* Aber auch in Verbindung mit anderen Verben tritt diese Bedeutung des Präfixes deutlich hervor (vgl. *etw. zerschlagen, etw. zerbomben).* In solchen Fällen kommt es auch zu einer Änderung der Valenz – gewöhnlich Akkusativierung *(hämmern auf etw. – etw. zerhämmern) –,* was sonst bei *zer-* selten zu beobachten ist.

2. Durch Ableitung aus Substantiven und Adjektiven entstehen *zer-*Bildungen wie *etw. zer-trümmern-n* und *etw. zer-mürbe-n.* Die kleine Gruppe dieser transitiven Verben hat die resultative Bedeutung ‚auseinander, entzwei' *(etw. zer-stäuben, zer-stück-eln, zer-kleiner-n* usw.).

---

750 **Restgruppen:**

miß-

tritt ohne Änderung der Valenz vor transitive Verben wie *etw. brauchen, deuten* und verleiht ihnen die negative Bewertung ‚falsch, verfehlt'; ferner als Ausdruck der Negation vor transitive Verben wie *etw. achten, billigen* und vor intransitive Verben mit Dativobjekt wie *glücken, gefallen* (hier fällt das *ge*-Präfix aus: *mißfallen).*

fehl-

tritt wie *miß-* nur vor wenigen Verben auf und steht dann gleichfalls für ‚verfehlt, daneben' *(fehlgreifen, fehlschießen, fehlschlagen).*

re-

kommt nur in einzelnen transitiven Fremdwörtern wie *etwas rekonstruieren, reproduzieren, remilitarisieren, reokkupieren* vor. Es drückt eine Wiederholung oder Erneuerung (vgl. lat. *re-* ‚zurück') aus und berührt sich darin mit *wieder-.*

de-

steht als Ausdruck des Entfernens oder Wegnehmens bei einzelnen transitiven fremdwörtlichen Verben wie *jmdn. demaskieren* (vgl. *entlarven), delogieren, etw. dechiffrieren* (vgl. *entschlüsseln), dezentralisieren;* es trifft sich in dieser Funktion mit *ent-.*

in-

steht als kombiniertes Präfix mit primär räumlicher Bedeutung in transitiven Verben wie *jmdn. inhaftieren, etw. inszenieren* (vgl. 783).

ge-

ist nicht mehr produktiv und kommt heute auch nicht mehr in Bedeutungsreihen vor. Die wenigen Verben, deren Zusammengehörigkeit noch erkennbar ist, unterscheiden sich meist durch stilistische Merkmale (vgl. 743):

> jmdn. leiten – jmdn. geleiten, etw. brauchen – etw. gebrauchen, jmdn. mahnen – jmdn. gemahnen, an jmdn. denken – jmds. gedenken, rinnen – gerinnen.

Sonst ist das Grundwort entweder verlorengegangen (vgl. *gewinnen, gebären, gelingen*) oder semantisch ganz von der *ge*-Bildung isoliert (vgl. *bieten* und *gebieten, hören* und *gehören*).

Die Halbpräfixe

Ebenso wie die Präfixe bilden auch die Halbpräfixe mit den Verben zusammen e i n Satzglied (das Prädikat). Sie können auch den Ablauf eines Vorgangs oder einer Handlung ganz analog modifizieren: | 751 |

> ab-, auf-, aus-, durch-, ein-, um-, zusteigen (neben be-, ent-, er-, versteigen usw.).

aus-, auf- usw. werden hier nicht mehr ganz mit der gleichen Bedeutung wie die gleichlautenden Partikeln gebraucht. (Zum systemhaften Zusammenspiel der Präfixe und Halbpräfixe vgl. die Übersicht unter 738.)
Zu den semantischen Parallelen gesellen sich syntaktische: Die Valenz der Verben kann nach dem Zusatz der Halbpräfixe gleichbleiben oder ähnlich verändert werden wie bei dem Zusatz von Präfixen. Zu dem Verb *jmdn. etw. sagen* mit Dativ der Person und Akkusativ der Sache z. B. gibt es einerseits die gleichwertigen Bildungen *jmdn. etw. versagen, einsagen, nachsagen, vorsagen, zusagen,* andererseits die ungleichwertigen Verben *etw. besagen, aufsagen, aussagen, durchsagen* mit Akkusativ der Sache, *e. S. entsagen* mit Dativobjekt und reflexives *sich lossagen von etw.* usw. mit Präpositionalobjekt.
Auch von der Wortableitung her sind viele Halbpräfixe den Präfixen gleichwertig. Sie werden nicht nur als modifizierende Elemente vor Verben gesetzt, sondern in ähnlicher Weise zur kombinierten Ableitung hinzugezogen, bei Adjektiven z. B. in *jmdn. auf-heiter-n* (neben *jmdn. er-heiter-n*) und *etw. über-fremd-en* (neben *etw. ver-fremd-en*).
Von den Präfixen unterscheiden sich die Halbpräfixe nicht nur dadurch, daß sie auch selbständig vorkommen,[1] sondern außerdem durch die sog. Tmesis: In finiter Verwendung stehen die meisten vom Verb getrennt (vgl. *jmdn. anfahren – sie fährt ihn an*).[2] Dabei folgt ihre Stellung den Regularitäten des Rahmenbaus mit Satzklammer und Ausklammerung (z. B. *Er fuhr ihn am Samstag auf der Bundesstraße 17 bei einer Kreuzung an;* vgl. 1263, 1267). | 752 |

---

[1] Manchmal können sie bei Aussparung des Verbs auch allein, als Restformen, stehen *(Das Fenster ist zu/auf [-gemacht]. Das Licht ist an/aus [-geschaltet]).*
[2] Bei einigen mit *an-* verbundenen Verben, die ihrerseits bereits präfigiert sind, besteht – besonders in prägnanter Ausdrucksweise – die Neigung, das Halbpräfix in den finiten Formen n i c h t durch Nachstellung vom Verb zu trennen: *Wir anberaumen einen neuen Termin. Sie anempfahl ihm, einen Arzt aufzusuchen. Die Indios ... anerkannten Herbert sofort als ihren nächsten Herrn.* (Frisch) *Er anerkannte damit ihr Vorhaben.* (Musil) *Sie anvertraute ihr ihr Geheimnis.* (Statt üblicherweise): *Wir beraumen einen neuen Termin an.* usw. In einzelnen (literarischen) Texten mit rhythmisch beeinflußter Wortstellung werden auch einige andere Verben mit unfesten Zusätzen nach dem Muster der festen konstruiert, ohne daß sich die Bedeutung ändert: *... seine Stimme überschnappte.* (H. Kurz) *... der fordernde Ton widerhallte ihm im Herzen.* (N. Wölfe) *... die Herreneigenschaft vor nichts zurückschreckenden Mutes überging später auf seine Bücher und Überzeugungen.* (Musil)

Nach diesen Merkmalen gliedern sich die Halbpräfixe in folgende Untergruppen:
1. Trennbare, vielgebrauchte Halbpräfixe mit hoher Produktivität, mehreren Bedeutungen und reihenhaft ausgeprägter Verbableitung (vgl. 753 ff.).
2. Halbpräfixe mit den unter 1 genannten Merkmalen, die auch als feste, unabtrennbare Verbbestandteile gebraucht werden (vgl. 758 ff.).
3. Verbzusätze (mit meist räumlicher Bedeutung), die nur einige Merkmale von Halbpräfixen aufweisen (vgl. 765 ff.).
Von ihnen heben sich die Zusammensetzungen mit selbständigen Wörtern ab, insbesondere mit Partikeln wie *empor, hinauf, fort* usw., ansatzweise auch mit Substantiven, Adjektiven und Verben, deren Bedeutung sich im wesentlichen aus ihren Bestandteilen ergibt. Sie tragen auch nicht zur kombinierten Ableitung von Verben aus Nomen bei (vgl. 730 ff.).

Die wichtigsten trennbaren, betonten Halbpräfixe

Die meistgenutzten Halbpräfixe sind – in der Reihenfolge ihrer Häufigkeit – *ab-, an-, auf-, aus-* und *ein-*. Die Zahl ihrer Bildungen ist größer als die des zweitwichtigsten Präfixes *be-*. Sie wird nur von *ver-* übertroffen.

| 753 | **ab-** |

Als Halbpräfix hat *ab-* meistens räumliche Bedeutung, gibt die Bewegung von etwas weg, die Fortbewegung an (*abfliegen, abreisen; abführen, abschießen*); es steht oft in genauem Gegensatz zu *an-* (*anreisen*). Ferner drückt *ab-* die Loslösung, Trennung, Entfernung, Beseitigung aus (*abgehen; abfaulen; etw. abreißen, abschlagen; etw. abbürsten, abwischen*), außerdem die Unterbrechung, die Außerbetriebsetzung (*etw. abdrehen, abschalten*).
Als Gegenstück zu *auf-* kann *ab-* bei Bewegungsverben die Richtung ‚abwärts‘ kennzeichnen *(abspringen, absteigen);* damit ist zum Teil eine Verringerung der Valenz verbunden *(Sie springt aus dem Flugzeug. – Sie springt ab).*
Andere Verben mit *ab-* bezeichnen die Nachahmung eines Vorbildes *(etw. abschreiben, abmalen).* Weiter kann *ab-* – ähnlich wie *ent-* – auch eine aufhebende Wirkung, ein Rückgängigmachen ausdrücken *(etw. bestellen – etw. abbestellen, jmdn. berufen – jmdn. abberufen).*
In zahlreichen Verben kennzeichnet das Halbpräfix dagegen mehr die Aktionsart, und zwar die perfektive (*abheilen* ‚vollständig heilen‘, *etw. abbüßen* usw.), zum Teil in Konkurrenz mit *ver-* (*verheilen, etw. verbüßen*). Bei der Transitivierung von Handlungsverben liegt der Akzent daneben auch auf der Durchführungsart (*jmdm. etw. abtrotzen* ‚durch Trotzen erreichen‘; *jmdm. etw. ablauschen* ‚durch Lauschen erfahren‘). Demgegenüber dient das Halbpräfix bei einer ganzen Reihe von Verben nur der Verdeutlichung oder Intensivierung des Verbinhalts *(jmdn. abfrottieren; jmdn. abkonterfeien; jmdn. absichern).*
Als Ableitungsmittel trägt *ab-* vor allem zur Bildung privativer Verben aus Substantiven bei *(etw. ab-sahne-n, ab-kette-n;* vgl. 781). Aus Adjektiven werden daneben einzelne Verben der Zustandsveränderung (*ab-mager-n,* vgl. 785; *etw. abschräg-en,* vgl. 786) gebildet.

| 754 | **aus-** |

In Verbindung mit Verben kennzeichnet *aus-* meistens die Richtung nach außen, gibt die Bewegung aus einem Bereich heraus, die Hinausbeförderung, das Entfernen an *(aussteigen, ausschlüpfen; ausladen; ausschütteln; ausschrauben).* Es steht dann oft im Gegensatz zu *ein-* (*einreisen, etw. einschrauben*). Mit der Präfigierung

ist teilweise eine Verringerung der Valenz verbunden (vgl. *aus einem Land reisen –
ausreisen, eine Birne aus der Fassung schrauben – eine Birne ausschrauben*).
Bei einer Reihe von Verben gibt *aus-* auch die Beseitigung, Tilgung an *(etw. aus-
ixen, ausradieren)*, ferner die Außerbetriebsetzung *(etw. ausknipsen, ausschalten)*.
Außerdem kann *aus-* eine Aktionsart kennzeichnen, und zwar (perfektiv) die vollständige Durchführung, den Abschluß einer Handlung, das Ende eines Vorgangs
(etw. ausdiskutieren, auslesen; ausklingen, ausglühen), zum Teil in Konkurrenz mit
ver- (verklingen, verglühen).
Zu manchen Substantiven werden mit *aus-* Ableitungen mit privativer (*den Fisch
aus-gräte-n, Obst aus-stein-en*; vgl. 781), vereinzelt auch mit instrumentativer Bedeutung *(etw. aus-flagge-n*; vgl. 780) gebildet; und zu Adjektiven entstehen auf
diese Weise Verben mit faktitiver Bedeutung *(etw. aus-tief-en, jmdn. aus-nüchtern;
vgl. 786)*.

an- | 755 |

In Verbindung mit intransitiven Verben der Bewegung kennzeichnet das Halbpräfix *an-* vor allem die Annäherung an ein Ziel *(anfliegen, ankommen)* im Gegensatz
zu *ab- (abfliegen)*, zum Teil mit der Zusatzbedeutung, daß ein Widerstand über-
wunden wird *(anreiten/anstürmen gegen jmdn.)*; mit transitiven Verben die Richtung auf jemanden, auf etwas zu, besonders die Hinwendung zu jemandem *(anpir-
schen; jmdn. antippen; jmdn. anblicken; jmdn. anhusten, anlachen)*. Ferner gibt *an-*
den Kontakt, die Verbindung zweier Größen bzw. ein Befestigen an *(sich an-
schmiegen; etw. annähen, anbinden)* im Gegensatz zum Lösen *(etw. ab-, losbin-
den)*. Wie *ein-* gibt auch *an-* die Inbetriebnahme an *(etw. andrehen, anknüpfen, an-
schalten)*. In einer Reihe von Verben drückt es die Bewegung nach oben, die Zu-
nahme aus *(ansteigen, anschwellen; anschimmeln)*. Bei vielen Bildungen verringert
sich die Valenz *(den Henkel an den Topf löten – den Henkel anlöten)*.
Als Mittel zur Kennzeichnung von Aktionsarten signalisiert *an-* den Beginn eines
Vorgangs bzw. einer Tätigkeit in (inchoativen) Bildungen *(anbrennen, anstauben;
[Fleisch] anbraten, [ein Spiel] anpfeifen)*. Die Fortdauer eines Zustands gibt *an-*
dagegen nur in einzelnen (ansatzweise lexikalisierten) Bildungen wie *andauern,
anstehen* an.
Zur Ableitung aus Substantiven trägt *an-* mit lokativen und instrumentativen Bildungen (vgl. 782 f.) bei *(jmdn. an-seil-en, [den Hund] an-leine-n; etw. an-nadel-n)*,
zur Ableitung aus Adjektiven mit einigen transitiven Bewirkungsverben *(etw. an-
rauh-en, an-fertig-en*; vgl. 786)*.

ein- | 756 |

In Verbindung mit Verben gibt das Halbpräfix *ein-* vor allem die Richtung nach
innen, die Bewegung oder Beförderung in etwas hinein an *(einsteigen, einreisen;
etw. einladen; etw. einschrauben; etw. einheften; etw. einfassen; einpacken)*, wobei
sich die Valenz verringert (vgl. *Der Zug fährt in den Bahnhof. – Der Zug fährt ein.
Das Wasser sickert in den Boden. – Das Wasser sickert ein)*. Bei einer Reihe von
Verben signalisiert *ein-* die Haltbarmachung *(etw. einlegen, einsalzen, einfrieren)*.
Vor transitiven Verben kennzeichnet *ein-* vor allem Handlungen, durch die etwas
erfaßt wird *(etw. einbeziehen)*, ferner Handlungen, durch die etwas in den eigenen
Besitz übergeht *(sich etw. einhandeln, etw. einkassieren)*. Außerdem gibt das Halbpräfix die Gewöhnung an *(sich einleben, sich einarbeiten)* und drückt Zerstörung
aus *(etw. einschlagen, eintreten, einwerfen)*.
Mit den richtungsbezogenen Bedeutungskomponenten von *ein-* verbindet sich in
manchen Fällen eine Modifikation der Verbbedeutung im Sinne der der Aktionsart. Dann signalisiert *ein-* insbesondere den Beginn eines Zustands *(einschlafen)*;
nur in Einzelfällen dagegen die Wiederholung *(auf jmdn. einschlagen)*.

Daneben dient *ein-* in beträchtlichem Umfang zur Ableitung lokativer Verben aus Substantiven wie *etw. ein-keller-n* und *jmdn. ein-kerker-n,* die besagen, daß etwas oder jemand an den im Substantiv genannten Ort gebracht wird (vgl. 783).

757 **auf-**

Das Halbpräfix *auf-* stuft den Inhalt des Ausgangsverbs auf sehr unterschiedliche Weise ab. Es kennzeichnet u.a. die aufsteigende Bewegungsrichtung, die Aufwärtsbewegung *(aufsteigen, aufschwellen; etw. aufbauen, aufwirbeln),* manchmal mit der Vorstellung des Ansammelns *(etw. aufstauen)* und der Volumenerweiterung, des Prallmachens *(etw. aufblasen).* Ferner kennzeichnet *auf-* das Zustandekommen oder Herstellen eines Kontaktes *(sich auf etw. auflehnen; aufprallen; etw. aufkleben; etw. jmdm. aufdrängen),* zum Teil mit Verringerung der Valenz gegenüber dem Ausgangswort (vgl. *auf die Mauer prallen – aufprallen, etw. auf den Stoff kleben – etw. aufkleben).*
Bei einer Reihe von Verben drückt *auf-* ein Auseinandergehen, Sichöffnen oder Öffnen aus *(aufgehen, aufplatzen; etw. aufbeißen, aufbrechen; etw. aufscheuern; aufklappen; aufdrehen).*
Darüber hinaus kennzeichnet das Halbpräfix alle wichtigen Aktionsarten: die inchoative des – insbesondere einmaligen, plötzlichen – Beginns *(auflachen, aufflammen; aufblühen, aufhorchen),* die resultative des Abschlusses *(etw. aufessen, aufbrauchen)* und die iterative der – meist einmaligen – Wiederholung *(etw. aufwärmen, aufpolieren),* insbesondere mit dem Zusatzmerkmal, daß etwas nach einer Abnützung erneut in einen angemessenen Zustand gebracht wird (vgl. *etw. aufbügeln, aufpolstern* usw.).
Zur Verbableitung trägt *auf-* nur in geringem Maße bei: Aus Substantiven sind lokative Verben wie *jmdn. auf-bahre-n, etw. auf-tisch-en* gebildet (vgl. 783), aus Adjektiven faktitive wie *jmdn. auf-heiter-n, auf-munter-n* (vgl. 786).

758 **Sowohl feste als auch unfeste Halbpräfixe**

Einige Halbpräfixe – *durch-, um-, über-, unter-, wider-* und *hinter-* – kommen auch als feste, auch bei finiter Verwendung untrennbare Verbbestandteile vor, werden also wie Präfixe behandelt; die Betonung liegt dann auf dem Stammvokal:

> etwas überárbeiten – ... überárbeitet das Handbuch; etwas überfáhren – ... überfáhrt die Haltelinie; widerfáhren – ... widerfáhrt Unheil; etwas unterságen – ... unterságt jeden Widerspruch usw.

Bei manchen Verben unterscheiden Akzent und Trennbarkeit zwei ganz verschiedene Inhalte:

> etw. úmfahren – Sie fuhr den Pflock um. Etw. umfáhren – Sie umfúhr die Verkehrsinsel.

Die Halbpräfixe im einzelnen:

759 **durch-**

In gut einem Drittel aller Fälle ist *durch-* unbetont und fest wie ein Präfix. Es gibt meistens die Bewegungsrichtung in etwas hinein und wieder hinaus, durch etwas hindurch an *(etw. durchschreiten, durchwándern; dúrchschlüpfen),* oft speziell durch etwas Trennendes oder Umhüllendes *(dúrchsickern, dúrchregnen, dúrchfetten).* Ferner drückt *durch-* ein Öffnen *(etw. durchbohren, dúrchstemmen; dúrchscheuern)* oder Trennen *(etw. dúrchfeilen, dúrchnagen, dúrchbrechen)* aus und signalisiert die Überwindung von Hindernissen oder Schwierigkeiten *(sich dúrchkämpfen, dúrchboxen; etw. dúrchbringen).*
Neben der Angabe der Richtung hat *durch-* auch eine perfektive Komponente ('bis zum Ziel, vollständig'), die von den Aktionsarten, die das Halbpräfix kenn-

zeichnen kann, überhaupt die dominierende ist (vgl. *etw. dúrchkneten, dúrchdiskutieren; dúrchrosten, dúrchfaulen).* Bei manchen Verben verstärkt *durch-* die durative Komponente im Sinne von ‚die ganze Zeit, ohne Unterbrechung' *(dúrchtanzen, dúrcharbeiten, dúrchschlafen, dúrchzechen).*

um-

760

Das Halbpräfix *um-* ist in der Hälfte aller Bildungen unbetont und fest. Feste wie unfeste Bildungen dienen vor allem dazu, die Richtung einer kreis- oder bogenförmigen Bewegung um etwas herum zu kennzeichnen *(etw. umkreísen, umflíeßen; etw. umgéhen, umschíffen),* daran anknüpfend die Vorstellung ‚von allen Seiten' *(jmdn. umríngen, umstéllen)* und ‚nach allen Seiten' *(sich úmblicken, sich úmsehen).* Außerdem drückt *um-* die Bewegung in eine andere, meist in die entgegengesetzte Richtung aus *(etw. úmknicken; etw. úmbiegen; úmdrehen, úmkehren),* ferner das Wenden auf die andere Seite *(etw. úmblättern, úmschlagen)* oder von innen nach außen *(etw. úmwenden, úmkrempeln)* und schließlich das Wenden von der Vertikalen in die Horizontale, die auf den Boden gerichtete Bewegung *(etw. úmhauen; úmfallen).*
Bei einer Reihe von Verben gibt *um-* die Ortsveränderung an *(etw. úmfüllen, úmladen; úmsteigen, úmziehen)* und weiter die Veränderung eines Zustands, die Umwandlung, den Wechsel *(etw. úmbauen, úmfunktionieren; úmdenken, úmlernen).*

über-

761

In drei Vierteln aller Fälle ist *über-* fest und unbetont wie ein Präfix. Es tritt fast nur zu transitiven Verben und kennzeichnet meistens die Bewegungsrichtung über etwas bzw. jemanden hin *(etw. überflíegen, überquéren; jmdn. überfáhren, überróllen),* daran anknüpfend das Bedecken von etwas *(etw. überstreífen, überzíehen; etw. übermálen, übertünchen; überríeseln. überkrústen),* ferner die Bewegung von einem Ort zum anderen *(etw. überführen; übersíedeln; übergreífen).*
Bei einer Reihe von Verben gibt *über-* die Richtung nach oben, vor allem über eine Begrenzung hinaus an *(etw. überrágen; überflíeßen),* daran anknüpfend das Hinausgehen über jemanden oder etwas, das Übertreffen *(etw. überbíeten; jmdn. überwínden, überhólen),* besonders das Hinausgehen über ein angenommenes Maß im Sinne von ‚zu sehr' *(etw. überdéhnen; jmdn. überfördern; sich überárbeiten).* Vereinzelt wird *über-* auch zum Ausdruck der Negation *(etw. überhören, überséhen)* gebraucht.
In manchen Fällen modifiziert *über-* die Verbbedeutung im Sinne der Aktionsarten und signalisiert die (einmalige) Wiederholung *(etw. überprüfen, überárbeiten)* oder die Dauer über eine Zeitspanne hinweg *(etw. überdáuern; überlében).*
Die Ableitungen mit *über-* gehen auch von Substantiven aus und folgen – zum Teil in Konkurrenz mit *be-* – dem instrumentativen Typ *(jmdn. über-trúmpf-en, über-líst-en – jmdn. durch einen Trumpf/eine List überwinden;* vgl. 782).

unter-

762

In gut der Hälfte der fast nur transitiven oder reflexiven Verben ist *unter-* unbetont und fest. Meistens hat es räumliche Bedeutung und gibt wie die Präposition *unter* die Lokalisierung unterhalb von etwas anderem an, insbesondere die Richtung einer Bewegung von unten her *(etw. unterháken, untermáuern, unterbáuen; etw. unterspülen)* oder von oben her *(etw. únterlegen, únterkleben; etw. únterpflügen, úntergraben; jmdn. úntertauchen; úntersinken),* mit der Vorstellung des gewaltsamen Niederdrückens und Niederhaltens *(jmdn. unterdrücken, unterwérfen);* in einigen Verben nimmt *unter-* auf die Lokalisierung unter einem Text, Schrift-

stück Bezug *(etw. unterschreiben, unterzeichnen)*. Ferner kann *unter-* auch die Bedeutung ‚[da]zwischen' ausdrücken *(etw. úntermischen; etw. unterteilen)*.
In einer Reihe von Verben bezeichnet *unter-* das Unterschreiten eines angenommenen Maßes im Sinne von ‚zu wenig' *(etw. unterbíeten, unterschätzen, únterbelichten)*, oft im Gegensatz zu den entsprechenden Bildungen mit *über-*.
Die wenigen kombinierten Ableitungen mit *unter-* gehen auf Substantive zurück, folgen dem ornativen Typ und sind untrennbar *(etw. unter-kéller-n, unter-túnnel-n, unter-min-íeren;* vgl. 780).

<table>
<tr><td>763</td></tr>
</table>

wider-

Das Halbpräfix *wider-* ist nicht mehr produktiv und auf eine kleine Gruppe von meistens trennbaren Verben beschränkt. Es gibt die Richtung zurück an *(wíderhallen, wíderklingen, etw. wíderspiegeln)*.
In einer kleinen Gruppe untrennbarer, schon lexikalisierter Bildungen drückt *wider-* ein Entgegenwirken aus *(jmdm. widerspréchen, etw. widerrúfen)*.

<table>
<tr><td>764</td></tr>
</table>

hinter-

Dieses Halbpräfix kommt nur in wenigen lexikalisierten Bildungen wie *jmdn. hintergéhen, etw. hintertréiben, hinterlégen* vor; außerdem in trennbaren Bildungen umgangssprachlich-landschaftlicher Art wie *etw. híntergießen, hínterschlingen* (‚hinunter') und *etw. hínterbringen, híntertragen* (‚nach hinten').

<table>
<tr><td>765</td></tr>
</table>

Verbzusätze zwischen Halbpräfix und Kompositionsglied

Verbzusätze, die schon einige (halb)präfixartige Züge haben, mit ihrer einheitlicheren, vorherrschend räumlichen Bedeutung aber den Zusammensetzungen (vgl. 730 ff.) noch näherstehen, sind *nach-, bei-, vor-, zu-, los-, wieder-, entgegen-, zurecht-*. Am produktivsten sind von ihnen *vor-, nach-* und *zu-*.

<table>
<tr><td>766</td></tr>
</table>

vor-

In Übereinstimmung mit der Präposition *vor* kennzeichnet der Verbzusatz *vor-* meistens räumliche Beziehungen, vor allem die Bewegung vor jemanden, vor etwas hin *(etw. vorhängen, vorlegen)*, nach vorn, vorwärts *(vorlaufen, vortreten; sich vorbeugen)* und aus oder zwischen etwas heraus *(vorgucken, vorquellen)*.
Die Verbindung mit *vor-* hat zum Teil eine Veränderung der Kasusrektion zur Folge *(etw. vor jmdn. legen – jmdm. etw. vorlegen; etw. vor jmdn. halten – jmdm. etw. vorhalten)*. Bei einigen Verben verringert sich die Valenz des Verbs *(den Riegel vor das Tor schieben – den Riegel vorschieben)*, bei anderen erhöht sie sich. Das ist besonders bei den Bildungen der Fall, die kennzeichnen, wie jemand anderen etwas vormacht *(schwindeln – jmdm. etw. vorschwindeln; jmdm. etw. vorlügen, vormachen)*. Hier schließt eine Reihe von Verben mit zum Teil fakultativen Ergänzungen an, die zur Bezeichnung vorbildhafter Tätigkeiten dienen *([jmdm.] [etw.] vortanzen, vorsingen, vorspielen)*.
In einer kleineren Gruppe von Verben hat *vor-* temporale Bedeutung, kennzeichnet eine Handlung, die der eigentlichen vorangeht *(etw. vorformen, vorkochen, vorheizen)*, drückt aus, daß eine künftige Handlung vorweggenommen wird *(etw. vorarbeiten, vorbestellen)*, und bezeichnet schließlich die Vorverlagerung einer Handlung *(etw. vordatieren, vorziehen)*. *vor-* steht dann, soweit die Bedeutung des Grundwortes eine Gegenbildung zuläßt, in Gegensatz zu Verben mit *nach-* *(etw. nachbestellen, nachdatieren;* vgl. 767).

nach-

767

Als Verbzusatz gibt *nach-* vor allem die Tätigkeit oder Bewegung an, die einem sich fortbewegenden, meist im Dativ genannten Ziel folgt *(jmdm. nacheilen, nachspringen, nachblicken)*, manchmal in Verbindung mit einem zusätzlichen Akkusativobjekt *(jmdm. etw. nachwerfen, nachbrüllen)*. Ferner kennzeichnet es (intensivierend) die Zielgerichtetheit einer Tätigkeit *(nachgraben, nachspionieren, nachgrübeln)*. In einer Reihe von Verben gibt *nach-* die Wiederholung oder die Fortdauer eines bereits abgeschlossenen Vorgangs an *(etw. nachbestellen; etw. nachgießen; nachbluten, nachklingen)*, zum Teil mit der Vorstellung des Überprüfens *(etw. nachmessen, nachzählen)* oder der Vorstellung des Verbesserns *(etw. nachfeilen, nachbohren)*; außerdem gibt es das Nachahmen einer vorbildhaften Tätigkeit an *(etw. nachsprechen, nachbauen)*.
Nur in Ausnahmefällen wird mit *nach-* eine Ableitung gebildet *(etw. nach-äffe-n)*.

zu-

768

Der betonte, trennbare Verbzusatz *zu-* gibt die Bewegung in Richtung auf ein Ziel an, das durch eine mit der Präposition *auf-* angeschlossene Ergänzung genannt wird *(auf jmdn./etw. zueilen, zufahren)*. Ohne eine derartige Ergänzung nennt es einen Bereich als Endpunkt einer Bewegung *(zuwandern, zureisen)* oder den Zugriff auf eine Sache *(zufassen, zupacken)*. Wenn mit *zu-* eine Dativierung des Grundverbs verbunden ist, gibt es die Hinwendung zu jemandem an *(jmdm. zunicken, zublinzeln)*, zum Teil mit Betonung der Dauer *(jmdm. zusehen, zuhören)*; wenn darüber hinaus ein Akkusativobjekt genannt wird, geht es vor allem um die Absicht, jemandem etwas zukommen zu lassen *(jmdm. etw. zuflüstern, zuspielen, zumessen)*. In einer Reihe von Verben drückt *zu-* eine Hinzufügung, einen Zusatz aus *(etw. zukaufen, zuzahlen)*. Gleichfalls reihenhaft gibt der Verbzusatz ein Schließen, Verschließen an *(etw. zudrehen, zubinden)* – oft im Gegensatz zu *auf-* (vgl. 757), ferner das Ausfüllen einer Öffnung *(etw. zuschütten, zubauen)* und ein Bedecken *(zudecken, zuschmieren)*. In einigen Verben wird mit *zu-* auch signalisiert, daß etwas eine vorgesehene Form erhält *(etw. zuschneiden, zufeilen)*.

bei-

769

Als Verbzusatz ist *bei-* kaum produktiv. Es drückt vor allem ein Hinzufügen aus *(etw. beimengen, beifügen)*, in einigen Bildungen auch eine Unterstützung *(jmdm. beispringen, beistehen)* und ein Dabeisein *(jmdm. beiwohnen; beiliegen)*.

wieder-

770

Mit Ausnahme des lexikalisierten Verbs *etw. wiederholen* wird *wieder-* immer als trennbarer Verbzusatz gebraucht. Es ist auch stets betont, es sei denn, es wird mit einem Verb wie *aufnehmen* verbunden, das schon mit einem betonten Halbpräfix verknüpft ist *(wiederáufnehmen, wiedereinführen)*. Der Verbzusatz drückt aus, daß etwas nach einer Unterbrechung erneut, von neuem vor sich geht *(etw. wiedereröffnen, wiederherstellen)*. Bei manchen Bildungen steht die Bedeutung des Rückgewinnens im Vordergrund *(etw. wiederfinden, wiedererlangen, wiederbeleben)*, bei anderen die des Erwiderns *(jmdn. wiedergrüßen, wiederlieben)*. Die Valenz des Grundverbs ändert sich durch den Zusatz von *wieder-* gewöhnlich nicht.

los-

771

Als Verbzusatz steht *los-* zum Teil in Konkurrenz mit *ab-* und im Gegensatz zu *an-* (vgl. *etw. anbinden – etw. ab-/losbinden; etw. ankuppeln – etw. ab-/loskuppeln)*. In diesen Bildungen (vgl. ferner *loskoppeln, losschrauben* usw.) gibt *los-* ein Ablösen an, in Bildungen wie *jmdn. loskaufen, losbitten* ein Auslösen. Daran schließt die

Bedeutung der räumlichen Bewegung (,weg') auf ein unbestimmtes Ziel hin an *(losfahren, loslaufen)*. In den meisten Fällen kennzeichnet *los-* aber die (inchoative) Aktionsart und gibt den (plötzlichen) Beginn einer Tätigkeit an *(loslachen, loskichern, losschimpfen)*.

---

772 **entgegen-**

Der Verbzusatz *entgegen-* kennzeichnet die Richtung auf jemanden/etwas zu. Die damit gebildeten Verben sind mindestens zweiwertig und fordern eine Dativergänzung *(jmdm. entgegenkommen, -fahren, -gehen* usw.).

---

773 **zurecht-**

In den Bildungen mit *zurecht-* hat der Verbzusatz nicht mehr die Bedeutung ,zu Recht', sondern ,richtig' in bezug auf eine bestimmte Form, Zusammensetzung oder Lage *(etw. zurechtbiegen, -schneiden; etw. zurechtkneten, -rühren; etw. zurechtlegen, -rücken)*.

---

774 ## 2.3 Die Verbableitung

Während sich die einfachen Verbableitungen mit Suffixen alle der schwachen Konjugation anschließen (von der Ausnahme *preisen* aus afrz. *preisier* abgesehen), geht die kombinierte Präfixableitung sowohl von starken als auch von schwachen Verben aus.

Die Verbableitung basiert fast nur auf Nomen (meist auf Substantiven, auf Adjektiven nur zu etwa einem Fünftel); entsprechende Bildungen aus Verben sind selten (unter 2%). Dabei werden die einfachen Ableitungen (z. B. *pilger-n*) durch zahlreiche kombinierte Ableitungen mit Präfixen (z. B. *jmdn. be-vormund-en*) etwa im Verhältnis 4:3 ergänzt. Meistens sind es Simplizia, bei der Ableitung aus Substantiven häufiger auch Zusammensetzungen und Ableitungen, von denen die Verbneubildung ausgeht, und zwar in erster Linie Personenbezeichnungen und Abstraktbegriffe (vgl. *schriftsteller-n, handlanger-n; jmdn. schulmeister-n, langweile-n; wehklage-n)*. Daß es sich in diesen Fällen um Ableitungen und nicht etwa um Verbzusammensetzungen handelt, erkennt man daran, daß die Bildungen sich nicht entsprechend zerlegen lassen und daß das Verb durch die Zusammensetzung insgesamt und nicht durch ihre Teile motiviert ist.

Zur Ableitung wird meistens die einfachste Möglichkeit der Verbbildung durch Anfügen von *-(en)* genutzt. Ergänzend kommen die Suffixe *-ig(en)* und *-(e)l(n)*, bei Verben fremdsprachiger Herkunft *-ier(en)* (bzw. die Suffixerweiterung *-isier[en])* hinzu.

Generell kann man zur Verbableitung sagen, daß sie syntaktische Fügungen aus Verben und nominalen Satzgliedern (Satzgliedteilen) zu neuen Wörtern verdichtet (vgl. *Blitze zucken – blitzen)*. Die syntaktischen Fügungen bestimmen wegen ihres Mustercharakters auch die Gliederung dieses Abschnitts: Die Verbableitungen werden jeweils in die entsprechenden Satzstrukturen umgeformt, wobei für die Bestimmung des Ableitungsmusters vor allem das nominale Glied (Ausgangswort) wichtig ist, das der Verbableitung als Basis(wort) dient (z. B. für *blitzen* das Subjekt *Blitze* aus der entsprechenden syntaktischen Fügung *Blitze zucken)*.

2.3.1 Verben werden aus Substantiven abgeleitet

---

775 **Ereignisverben**

Die Ereignisverben, die den Eintritt von Witterungserscheinungen, vereinzelt auch Tages- und Jahreszeiten bezeichnen, werden in der Regel durch einfache

Ableitung mit *-(en)* gebildet. In entsprechenden Sätzen steht das Basiswort dieser formal ein-, inhaltlich jedoch nullwertigen Verben als Subjekt:

(Der) Hagel fällt. – Es hagelt.
blitz-en, donner-n; regn-en, stürm-en, tau-en; herbst-en, tag-en, weihnacht-en.

Vergleichsverben

776

Den folgenden Bildungen entsprechen Konstruktionen, in denen das Ausgangs-substantiv als subjektbezogenes Vergleichsglied (mit *als, wie* angeschlossen) dient:

Er ist als Kellner tätig. – Er kellnert.

1. Verben des verglichenen Tuns, des Nachahmens und der Nebentätigkeit ent-stehen vor allem aus Substantiven, die eine Person ihrer Herkunft *(berliner-n)*, ih-rem Beruf *(gärtner-n)*, einer Rolle oder Handlungsweise *(strolch-en)* oder dem Na-men nach *(moser-n)* bezeichnen. Sie sind überwiegend durch einfache Ableitung mit *-(en)*, vereinzelt auch mit dem Suffix *-ier(en)* gebildet:

„Er war ein Arzt, aber er arztete wohl nur in seinen Mußestunden." (Tucholsky); bild-hauer-n, beckmesser-n, diener-n usw.

Die Intransitiva zeigen verschiedentlich Valenzerweiterungen:

Er zieht als Pilger durch das Land. – Er pilgert durch das Land.
(durch eine Gegend) zigeuner-n, sich (auf etw.) flegel-n, lümmel-n, (nach etw.) spion-ieren usw.

Entsprechende transitive Verben werden dagegen überwiegend durch eine kombi-nierte Ableitung mit dem Präfix *be-*, vereinzelt auch mit *ver-* gewonnen:

jmdn. be-vormund-en, be-mutter-n, be-spitzel-n, ver-arzt-en (= sich als Vormund/Mut-ter/Spitzel/Arzt betätigen).

2. Die kleine Gruppe der Nachahmungsverben aus Tierbezeichnungen wird durch einfache Ableitung mit *-(en)* gebildet:

Er arbeitet wie ein Büffel. – Er büffelt.
(Zum Teil mit Valenzerweiterung:) hecht-en (in/über etw.), luchs-en (nach etw.), robbe-n (durch etw.), krebs-en (über etw.).

3. Verben, die eine Bewegung durch einen Vergleich mit Sachbezeichnungen cha-rakterisieren, werden ebenfalls nur durch einfache Ableitung mit *-(en)* gebildet:

Die Räder bewegen sich wie Eier. – Die Räder eiern.
feder-n, schaukel-n, perle-n, woge-n.

Übergangsverben

777

Dem Basiswort dieser Verben liegt in den entsprechenden syntaktischen Kon-struktionen ein nominales Satzglied zugrunde, das den Übergang der als Subjekt genannten Größe in einen anderen Zustand bezeichnet. Sie werden durch einfa-che Ableitung mit *-(en)*, vereinzelt mit *-ier(en)*, häufiger aber kombiniert mit dem Präfix *ver-* gebildet:

Das Glas zerfällt in Splitter. – Das Glas splittert.
krümel-n, bröckel-n, moder-n, (sich) kristall-isieren, ver-stepp-en, ver-sumpf-en, ver-holz-en; (mit Personenbezeichnungen:) ver-bauer-n, ver-trottel-n.

Effizierende Verben

778

Die Bildung von effizierenden Verben geht von Substantiven aus, die in den Ent-sprechungssätzen als effizierte Objekte[1] erscheinen.

---

[1] Objekte, die das Resultat eines Geschehens, einer Tätigkeit oder Handlung bezeichnen.

1. Die Ableitung transitiver effizierender Verben erfolgt durch *-(en)* und *-(is)ier(en)*, häufiger aber durch kombinierte Ableitung mit den Präfixen *ver-* und *zer-:*

> Er windet die Kleider zum Bündel. – Er bündelt die Kleider.
> etw. falte-n, glieder-n, runzel-n, zer-trümmer-n.

Die Ableitung geht u. a. von Teilbezeichnungen *(etw. drittel-n, achtel-n)* und Substantiven aus, die etwas von der Gestalt her charakterisieren *(etw. ball-en, häcksel-n, häufen, ver-schrott-en)*, aber – besonders mit *-isier(en)* – auch von Bezeichnungen für abstraktere Vorstellungen *(etw. atom-isieren, tabu-isieren, ideal-isieren)*. Entsprechende Ableitungen aus Personenbezeichnungen sind selten *(jmdn. narren, knecht-en, hero-isieren, ver-sklave-n)*.

Anschließen lassen sich hier vergleichbare Bildungen etwas anderer Art wie *jmdn. porträt-ieren, parodie-ren (= ein Porträt von jmdm. machen/eine Parodie auf jmdn. machen)*.

2. Intransitiven effizierenden Verben entsprechen Sätze mit einem (Akkusativ)objekt, das ein Produkt, etwas Herzustellendes oder Hervorzubringendes bezeichnet:

a) Intransitiva mit einer Personenbezeichnung als Subjekt:

> Sie stellen Most her. – Sie mosten.
> butter-n, wurst-en, film-en, text-en, leitartikel-n.

b) Intransitiva mit einer Tierbezeichnung als Subjekt:

> Die Sau ferkelt; fohlen, lamm-en.

c) Intransitiva mit einer Pflanzen- oder Sachbezeichnung als Subjekt:

> Die Pflanze bringt Keime/Knospen hervor. – Die Pflanze keimt/knospt.
> faser-n, schimmel-n, dampf-en, qualm-en, ruß-en.

Die Bildung mit der einfachen Verbalisierungsendung *-(en)* wird in einigen Fällen durch eine kombinierte Ableitung mit dem Präfix *ver-* ergänzt. Dann tritt aber ein (terminales) Zusatzmerkmal hinzu, das besagt, daß der bezeichnete Vorgang vollständig zu Ende geht *(ver-knorpel-n, ver-harsch-en)*.

<blockquote>779</blockquote> **Abstraktionsverben**

Für die hier zu nennende große Gruppe von Verben gilt, daß sie Konstruktionen mit einem abstrakten Akkusativ- oder Präpositionalobjekt als Ausgangswort entsprechen, wodurch das „innere Objekt" des beteiligten Verbs genannt wird (wobei keineswegs immer das Verb aus dem Abstraktum abgeleitet sein muß; auch das Umgekehrte ist möglich). Es handelt sich im wesentlichen um Intransitiva:

1. Intransitive Zustandsbezeichnungen (umformbar in Konstruktionen mit *sein, bleiben, haben* + Abstraktum):

> Er hat Angst vor der Zukunft. – Er ängstigt sich vor der Zukunft.
> trauer-n (um), zweifel-n (an), träum-en (von), lauer-n (auf); sich fürcht-en (vor).

Bildungen mit *-ig(en)* wie *sich ängst-igen* sind selten, ebenso diejenigen auf *-ier(en)* *(sich interess-ieren für)*.

2. Intransitive Vorgangs- und Handlungsbezeichnungen (umformbar in Konstruktionen mit *machen, tun, begehen* + Abstraktum):

> Sie begeht einen Frevel gegen das Gesetz. – Sie frevelt gegen das Gesetz.
> fluch-en (über), rast-en (bei), scherz-en (mit), wallfahrt-en (nach); (mit *-[is]ier[en]:*) protest-ieren (gegen), patrouill-ieren (in) usw.

Kombinierte Ableitungen mit Präfixen finden sich in dieser Gruppe nicht.

Ornative Verben

Die größte Gruppe der Ableitungen aus Substantiven folgt dem ornativen Typ *(etw. polster-n)*. Alle diese Bildungen bezeichnen Handlungen, an denen drei (substantivische) Größen beteiligt sind. Sie drücken entweder aus, daß eine Sache (= Akkusativobjekt) von einem an der Subjektstelle Genannten mit etwas (= Ausgangssubstantiv) versehen, ausgestattet, oder daß einer Person etwas gegeben, zugefügt wird. Anders ausgedrückt: Das Substantiv, das in einem Satz *X versieht Y mit Z* die Stelle von *Z* einnimmt, tritt in der Verbableitung an die Stelle der Basis, wodurch das dreiwertige transitive Ausgangsverb durch ein zweiwertiges transitives ausgetauscht wird.
1. Eine erste Gruppe besteht aus Verben, die angeben, daß die als Objekt genannte Sache mit etwas versehen, ausgerüstet, ausgestattet wird. Sie entstehen einmal durch Verbindung von Substantiven mit *-(en)* und *-ier(en)*, zu einem weit größeren Teil aber durch kombinierte Ableitung mit den Präfixen *be-* und *ver-:*

> Sie versehen die Wand mit Fliesen/Kacheln/Tünche. – Sie fliesen/kacheln/tünchen die Wand.
>
> etw. emaill-ieren, bronz-ieren; ver-zink-en, ver-gold-en, ver-chrom-en, ver-kupfer-n, ver-gitter-n, ver-glas-en; be-dach-en, be-fleck-en, be-schrift-en, unter-keller-n.

In attributiven und prädikativen Konstruktionen mit dem zweiten Partizip dieser Verben (z. B. *der gepolsterte Stuhl – der Stuhl ist gepolstert)* tritt besonders hervor, daß das Ausgangswort *(Polster)* und das Bezugswort *(Stuhl)* in dem Verhältnis eines Teils zum Ganzen stehen.
2. Eine zweite Gruppe setzt sich aus Bildungen zusammen, die ausdrücken, daß jemand einer (als Objekt genannten) Person etwas zufügt, zuwendet, gibt *(jmdn. lob-en, respekt-ieren, verdächt-igen)*. Ihnen entsprechen besonders Fügungen mit Abstrakta im Akkusativ und dem Dativ der Person:

> Er versetzt ihm einen Schlag. – Er schlägt ihn.
>
> jmdn. stoß-en, schütz-en, quäl-en, schock-en, pein-igen, schäd-igen.

Kombinierte Ableitungen mit Präfixen zeigen ähnliche Entsprechungen:

> jmdn. be-sold-en, be-glück-en; jmdn. be-gnad-igen, be-nachricht-igen, be-nachteil-igen; jmdn. ver-unehre-n, ver-wunde-n.

Privative Verben

Das Gegenstück zu den ornativen Verben sind die privativen. Durch sie werden Handlungen mit drei substantivischen Größen wiedergegeben, wobei jemand (= Subjekt) von einer Sache (= Objekt) etwas (= Ausgangssubstantiv) wegnimmt, entfernt. Sie sind zweiwertig und transitiv:

> Sie zieht dem Hasen die Haut ab. – Sie häutet den Hasen.
> (einen Fisch) schuppe-n, (Kartoffeln) pelle-n usw.

Diese unproduktiv gewordene Bildungsweise wird heute ganz durch die kombinierte Ableitung mit dem Präfix *ent-* und den Halbpräfixen *ab-, aus-* verdrängt:

> etw. ent-rahm-en, ent-kalk-en, ent-kern-en, ent-stein-en; etw. aus-stein-en, aus-kern-en, aus-mist-en; etw. ab-sahne-n, ab-stiel-en, ab-blätter-n.

Kombinierte Ableitungen mit anderen Präfixen bleiben die Ausnahme *(jmdn. demask-ieren, des-illusion-ieren)*.

Instrumentative Verben

Die neben den Ornativa zweite große Gruppe der Verbableitungen aus Substantiven bilden die instrumentativen Verben. Sie geben ebenfalls Handlungen mit drei substantivischen Größen wieder. Bezeichnet wird, daß jemand (= Subjekt) etwas

(=Objekt) mit einem im Ausgangssubstantiv genannten Gegenstand, meistens einem Gerät, tut, es zur Ausführung einer Handlung verwendet. Die dabei entstehenden transitiven Verben entsprechen Sätzen mit einem Akkusativobjekt und einem adverbialen Gefüge:

> Er läßt Tee durch einen Filter laufen. – Er filtert/filtriert den Tee.
> Sie wirft den Stein mit einer Schleuder. – Sie schleudert den Stein.

Verben dieser Art werden meistens mit *-(en)* gebildet, manchmal auch mit *-ier(en)* (etw. *filtr-ieren, zentrifug-ieren, harpun-ieren).*
Zu etwa einem Viertel sind auch kombinierte Ableitungen mit einem Präfix *(be-, ver-)* oder Halbpräfix *(an-, auf-)* beteiligt:

> etw. be-urkunde-n; etw. ver-brief-en, ver-gift-en; jmdn. ab-seil-en; etw. an-nadel-n; etw. auf-schlüssel-n; jmdn. über-list-en.

Anschließen kann man hier die kleine Gruppe der intransitiven Verben, die eine Beschäftigung mit einem im Basissubstantiv genannten Instrument, Gerät bezeichnen:

> Sie spielt [auf der] Geige. – Sie geigt.
> flöte-n, trommel-n usw.; gondel-n, ruder-n, kutsch-ieren.

783 Lokative Verben

Die Ableitung lokativer Verben aus Substantiven entspricht syntaktisch der Bildung der instrumentativen Verben (vgl. 782). Ihrer Basis liegt in der entsprechenden syntaktischen Konstruktion als Ausgangswort eine Orts- oder richtungsbezogene Angabe zugrunde.
Es ist nur eine kleine Gruppe, die mit *-(en)* oder mit *-ier(en)* gebildet wird:

> Sie nimmt etw. auf die Schulter. – Sie schultert etw.
> etw. speicher-n; jmdn. kasern-ieren, kanon-isieren.

Die weitaus meisten lokativen Verben werden durch kombinierte Ableitung mit Hilfe von Halbpräfixen hauptsächlich räumlicher Bedeutung gewonnen, einzelne auch mit Präfixen:

> etw. ein-keller-n, jmdn. ein-kerker-n; etw. auf-tisch-en, jmdn. auf-bahr-en; etw. an-leine-n, jmdn. an-seil-en; jmdn. ver-haft-en, in-haft-ieren, be-seit-igen, be-erd-igen.

Vergleichbare Intransitiva gibt es nur wenige (vgl. *land-en, wasser-n, strand-en, ent-gleis-en).*

2.3.2 Verben werden aus Adjektiven abgeleitet

An der Bildung dieser Verben sind zu etwa gleichen Teilen die einfache Ableitung durch *-(en)* bzw. *-ier(en)* und die kombinierte Präfixableitung beteiligt. Insgesamt entfällt ein Siebtel bis ein Fünftel aller Verbableitungen aus Nomen (Substantiven und Adjektiven) auf diese beiden Bildungsweisen.

784 Zustandsverben (Durativa)

Die Ableitung dieser kleinen Gruppe ein- oder zweiwertiger intransitiver Verben erfolgt durch einfache Verbalisierung von zustandsbeschreibenden Adjektiven wie *wach, krank, gleich* oder durch Anfügen des Verbsuffixes *-(e)l(n)*, das der verbalen Grundbedeutung das Merkmal ‚leicht, etwas' hinzufügt. Ihnen entsprechen Konstruktionen mit einem subjektbezogenen Satzadjektiv als Ausgangswort, dessen Valenz Auswirkungen auf die des abgeleiteten Verbs hat:

> Sie ist wach. – Sie wacht.
> Er ist leicht/etwas krank. – Er kränkelt.

Mit präpositionaler Ergänzung:

Ihm ist um sie bange. – Er bangt um sie.

Mit Dativergänzung:

Dieses Dreieck ist jenem gleich. – Dieses Dreieck gleicht jenem.

Verben des Zustandseintritts (Ingressiva)

Die Zahl dieser Verben ist weitaus größer als die der reinen Zustandsverben. Syntaktisch sind sie als einwertige Intransitiva sehr einheitlich geprägt und entsprechen einer einfachen Fügung mit subjektbezogenem Satzadjektiv, das den Eintritt eines bestimmten Zustands angibt *(Das Laub wird welk. – Das Laub welkt).* Zu ihrer Ableitung tragen sehr unterschiedliche Muster bei: Gebildet werden sie entweder durch einfache Verbalisierung *(reif – reif-en)* oder – doppelt so häufig – durch die Kombination mit einem Präfix oder Halbpräfix. An Präfixen sind *er-* und *ver-* beteiligt, an Halbpräfixen *ab-* und *aus-:*

welk-en; er-blind-en, er-grau-en, er-kalt-en; ver-arm-en, ver-dumm-en, ver-einsam-en; ab-mager-n, ab-flau-en, aus-aper-n.

Bei einer ganzen Reihe von Verben ist das Hinzufügen eines Reflexivpronomens erforderlich *(flüchtig – sich ver-flüchtig-en, finster – sich ver-finster-n).*[1]

Bewirkungsverben (Faktitiva)

Diese Bildungsweise ist bei den Ableitungen aus Adjektiven die produktivste *(kurz – etw. kürz-en).* Bewirkungsverben sind Transitiva und semantisch das Gegenstück zu den ingressiven Intransitiva (vgl. 785):

transitive Faktitiva	intransitive Ingressiva
Man *trocknet* die Wäsche.	Die Wäsche *trocknet.*
Man *weitet* den Schuh.	Der Schuh *weitet sich.*

Dem Basiswort der Faktitiva entspricht in einer syntaktischen Fügung ein objektbezogenes Satzadjektiv; es gibt an, in welchen Zustand jemand (= Subjekt) ein genanntes Objekt durch seine Tätigkeit bringt. Diese Tätigkeit bezeichnet das Bewirkungsverb:

Man macht den Stahl hart. – Man härtet den Stahl.

Zur Ableitung dieser Verben tragen vor allem bei:

-(en): etw. schärf-en, härt-en, schwärz-en;
-(is)ier(en): etw. halb-ieren, blond-ieren; (bei Adjektiven auf *-isch* mit Tilgung der Endung): etw. amerikan-isieren, mytholog-isieren, jmdn. fanat-isieren;
-ig(en): etw. rein-igen, fest-igen, jmdn. sätt-igen.

Die kombinierte Ableitung mit Präfixen und Halbpräfixen ist an der Bildungsweise etwa doppelt so stark beteiligt. Hier kommen fast alle Präfixe vor; in abnehmender Häufigkeit sind es:

ver-: etw. ver-deutlich-en, ver-edel-n;
be-: jmdn. be-frei-en, be-fähig-en;
er-: jmdn. er-niedrig-en, etw. er-möglich-en;
ent-: jmdn. ent-eign-en, etw. ent-fern-en;
zer-: etw. zer-kleiner-n.

---

[1] Der Ausbau der reflexiven Variante führt dazu, daß eine Reihe von ingressiven Gegenstücken zu faktitiven (vgl. 786) Transitiva in Gebrauch kommt: *(sich änder-n – etw. änder-n, sich glätt-en – etw. glätt-en, sich leer-en – etw. leer-en* usw.). Eine Opposition dieser Art besteht nur dort nicht, wo ein Präfixverb oder eine Bildung mit einem anderen Suffix die entsprechende Systemstelle einnimmt (vgl. *sich kraus-en – etw. kräus-eln).*

Von den Halbpräfixen sind – in geringerem Umfang – vor allem *aus-, an-, auf-, ab-, ein-* beteiligt:

> jmdn. aus-nüchtern; etw. an-rauh-en; jmdn. auf-heiter-n, ab-stumpf-en, ein-schüchtern.

787 | Verhaltenscharakterisierende Verben

Bei diesen Verben charakterisiert das dem Basiswort entsprechende Ausgangsadjektiv der syntaktischen Fügung ein Verhalten nach Art eines Adverbs:

> Er blickt starr auf das Bild. – Er starrt auf das Bild.

Nach diesem Muster werden nur wenige und relativ uneinheitlich geprägte Verben gebildet. Die einfache Verbalisierung *(starr – starr-en)* wird durch einige Bildungen mit *-(is)ier(en)* und *-(e)l(n)* ergänzt:

> brüsk – jmdn. brüsk-ieren, stolz – stolz-ieren; (bei Adjektiven auf *-isch:*) moralisch – moral-isieren, ironisch – etw. iron-isieren; fromm – frömm-eln, blöd – blöd-eln.

788 | Überblick[1]:

Die Verben bezeichnen	Umschreibung mit	häufigste Ableitungsmittel
einen Zustand (vgl. 784)	*sein*	-(en): *krank-en*
einen Zustandseintritt (vgl. 785)	*werden*	-(en): *reif-en* ver- + -(en): *ver-arm-en* er- + -(en): *er-kalt-en*
eine bewirkte Zustandsänderung (vgl. 786)	*machen*	-(en): *jmdn. demütig-en* -ier(en): *etw. halb-ieren* ver- + -(en): *etw. ver-deutlich-en* be- + -(en): *jmdn. be-fähig-en* er- + -(en): *etw. er-möglich-en*
eine Verhaltenscharakterisierung (vgl. 787)	*sich verhalten*	-(en): *toll-en* -(is)ier(en): *jmdn. brüskieren*

2.3.3 Verben werden aus Verben abgeleitet

789 | Veranlassungsverben (Kausativa)

Diese sich der schwachen Konjugation anschließende Ableitung erfolgt selten und nur nach dem Muster *fallen – fällen:*

> Ich bringe den Baum zum Fallen. – Ich fälle den Baum.

Das kausative Merkmal, daß der (im Ausgangsverb) bezeichnete Vorgang von jemandem veranlaßt wird, ist nur noch in Einzelfällen deutlich, z. B. bei:

> saugen – säugen, trinken – tränken, liegen – legen, sitzen – setzen, sinken – senken.

Nur noch sprachgeschichtlich gehört *tropfen* zu *triefen, führen* zu *fahren, schwemmen* zu *schwimmen.*

Die Aufgabe, das Veranlassen von Vorgängen oder Handlungen zu bezeichnen, wird heute in der Regel von Funktionsverbgefügen wie *jmdn. zum Trinken veranlassen, etw. zum Sinken bringen, jmdn. zu Fall bringen* (statt *jmdn. tränken, etw. senken, jmdn. fällen*) übernommen (vgl. 182; 991).

---

[1] Nicht alle Verben, die von Adjektiven abgeleitet sind, werden durch die hier genannten Ableitungsmuster erfaßt. Das gilt insbesondere für bereits lexikalisierte Bildungen. So gehört beispielsweise *etw. versichern* zu *sicher;* man kann aber vom gegenwärtigen Standpunkt aus nicht *etw. sicher machen* als Entsprechung zu *etw. versichern* ansetzen.

Wiederholungsverben (Iterativa)

Zu einer Reihe von Verben gibt es mit Hilfe des Suffixes *-(e)l(n)* Erweiterungsbildungen wie

> liebeln zu lieben, spötteln zu spotten, tröpfeln zu tropfen, brummeln zu brummen, hüsteln zu husten, zischeln zu zischen.

Die so entstandenen Verben haben gewöhnlich die gleiche Valenz wie die Ausgangsverben (aber: *etw. deuten – an etw. deuteln*) und unterscheiden sich von diesen in erster Linie durch die Inhaltsmerkmale ,ein wenig, etwas, wiederholt'. Kombinierte Ableitungen mit einem Präfix gibt es nicht.

3 Das Substantiv

3.1 Die Substantivzusammensetzung

Substantivzusammensetzungen gliedern sich in zwei leicht erkennbare lexikalische Wortbildungseinheiten mit einem Haupt- und einem Nebenakzent, in das Bestimmungswort und in das Grundwort. Die grammatische Funktion und semantische Kategorie der Zusammensetzungen wird durch das Grundwort festgelegt. Die Bedeutungsbeziehung, in der das Bestimmungswort zum Grundwort steht, läßt sich durch Auflösung in eine Satzfügung verdeutlichen, in der beide Teile – im Gegensatz zur Ableitung – als selbständige Lexeme vorkommen. Diese Lexeme sind zum kleineren Teil einfache Wörter (Simplizia), zum größeren Teil komplex, d. h. ihrerseits wieder Wortbildungen (vgl. 707) oder Wortgruppen (bei „Zusammenbildungen"; vgl. 716). Die beiden Bestandteile der Zusammensetzung können einerseits gleichgeordnet verbunden sein (Kopulativzusammensetzungen; vgl. 792), andererseits kann der erste Bestandteil dem zweiten untergeordnet sein (Determinativzusammensetzungen; vgl. 793).

3.1.1 Kopulativzusammensetzungen

Als Kopulativbildungen werden im Deutschen Zusammensetzungen wie *Strichpunkt, Strumpfhose, Ofenkamin* und *Dichterkomponist* bezeichnet. Die Bildungsweise ist in ihrer Produktivität eingeschränkt, sie findet sich am ehesten noch in Berufs- und Fachsprachen, etwa der Mode, in der es für sie einen besonderen Sachgrund bei den Bezeichnungen für Kleidungsstücke gibt, die auf zweierlei Art verwendet werden können *(Schürzenkleid, Hosenrock, Kostümkleid, Westenpullover)*.[1] Von Kopulativkomposita spricht man,
- wenn beide Glieder der Zusammensetzung der gleichen Bezeichnungsklasse angehören und einander gleichgeordnet sind (wie in einer Konstruktion mit der kopulativen Konjunktion *und*), was etwa für *Hemdbluse (Hemd und Bluse)* gilt;
- wenn ihre Reihenfolge theoretisch vertauschbar ist; das kommt gelegentlich in Ausdrücken der Mode und Wirtschaftswerbung vor *(Hosenrock/Rockhose, Blusenjacke/Jackenbluse, Pulloverweste/Westenpullover, Westenmantel/Mantelweste, Uhrenradio/Radiouhr, Ofenkamin/Kaminofen)*.

In manchen Kopulativzusammensetzungen kann der zweite Bestandteil nicht die ganze Bildung ersetzen (z. B. ist der *Strichpunkt* kein *Punkt*, die *Strumpfhose* keine *Hose*), in anderen dagegen schon: das *Schürzenkleid* ist – auch – ein *Kleid*, der *Dichterkomponist* – auch – ein *Komponist*.

---

[1] Vgl. H. P. Ortner: Wortschatz der Mode. Düsseldorf 1981, S. 69.

Diese Bildungen ebenso zu erklären wie die Determinativkomposita,[1] d. h. nach dem Schema Bestimmungswort – determiniertes Grundwort, ist also bei einigen von ihnen möglich *(Dichterkomponist= Komponist, der Dichter ist)*, bei anderen nicht (der *Strichpunkt* ist nicht ein *Punkt, der ein Strich ist).*

Die Möglichkeit, Kopulativkomposita zu bilden, die von der Syntax mit ihren vielen Kopulativkonstruktionen her eigentlich sehr naheliegt, wird im Deutschen wenig genutzt; die Bildungen sind größtenteils das Ergebnis einer sehr bewußten Sprachprägung einzelner. In der Gemeinsprache herrscht eindeutig die Zusammensetzung vom Typ des Determinativkompositums.

793 ## 3.1.2 Determinativzusammensetzungen

Im Unterschied zu den Kopulativkomposita, die aus zwei Lexemen zusammengesetzt sind, können bei den Determinativkomposita auch Zusammensetzungen als Grund- oder Bestimmungswort auftreten. Folgende Strukturtypen, deren erster am häufigsten begegnet, lassen sich unterscheiden:
- Linksverzweigung:

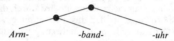

Arm- -band- -uhr

- Rechtsverzweigung:

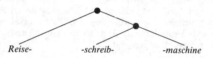

Reise- -schreib- -maschine

- Links-Rechts-Verzweigung:

Druck- -luft- -brems- -zylinder

Zu überlangen Bildungen, in denen noch mehr Wörter miteinander verbunden sind, neigen besonders Autoren von Fachtexten der Wissenschaft, Technik und Verwaltung[2]:

Rund/sicht//wind/schutz/scheibe,
Landes/spar/kassen//zweig/anstalt,
Super/nutz/stich//frei/arm/näh/maschine,
Atom/kraft/werk//stand/ort/sicherungs/programm.

Neuerdings begegnen als (saloppe) Gelegenheitsbildungen sogar vielgliedrige Komposita, die durch die Zusammensetzung von Satzfügungen entstehen *(der Ab – und – zu – muß – man – es – wieder – einmal – probieren – Einsatz).*

Schließlich noch eine Bemerkung zu einer verbreiteten Unterscheidung im Bereich der Determinativkomposita: Exozentrische Zusammensetzungen wie

---

[1] Das erwägt H. Marchand: The Categories and Types of Present-Day English Word-Formation. A Synchronic-Diachronic Approach. München ²1969, S. 41ff.

[2] Zu dem Fall, daß in mehrgliedrigen Zusammensetzungen das Mittelstück ausgespart wird, wodurch Klammerformen entstehen *(Fernamt* aus *Fernsprechamt)*, vgl. 694,3.

Dickkopf oder *Milchgesicht* weisen zwar dieselbe (determinative) Bedeutungsbeziehung zwischen den Bestandteilen auf wie die (weitaus häufigeren) e n d o z e n -
t r i s c h e n Zusammensetzungen (*Dickdarm, Milchkanne* usw.), unterscheiden sich
von diesen aber in der Bezeichnungsweise[1], da sie sich nicht auf die im Grundwort genannte Größe beziehen, sondern insgesamt charakterisierend auf eine un-
genannte: Während die endozentrische Zusammensetzung *Milchkanne* eine
Kanne bezeichnet, bezieht sich die exozentrische Zusammensetzung *Milchgesicht*
(in einer Äußerung wie *Er ist ein überhaupt nicht ernst zu nehmendes Milchgesicht!*)
nicht auf ein Gesicht, sondern eine Person. Die meisten exozentrischen Bildungen sind lexikalisiert.

Substantiv + Substantiv

Parallelen zwischen Zusammensetzungen und Wortgruppen

Zwischen den Bildungen des Typs Substantiv + Substantiv, deren Inhalt durch
die Ausgangswörter im Lexikon vorgezeichnet ist, und aus Substantiven gebildeten Wortgruppen bestehen Entsprechungen der folgenden Art:
1. Die Zusammensetzungen entsprechen Wortgruppen mit einem Genitivattribut:
Nicht alle Genitivattribute bestimmen das Substantiv, auf das sie sich beziehen,
in der gleichen Weise. Dasselbe gilt für die entsprechenden Zusammensetzungen:

Zusammensetzung	entsprechende Wortgruppe	traditionelle Attributs- bezeichnung
(a) *Kindergeschrei*	*Geschrei der Kinder*	Subjektsgenitiv
(b) *Kinderbetreuung*	*Betreuung der Kinder*	Objektsgenitiv
(c) *Kinderschuhe*	*Schuhe der Kinder*	possessiver Genitiv
(d) *Kinderschar*	*Schar der Kinder*	explikativer Genitiv

Die unter a und b genannten Genitivattribute signalisieren eine rein grammatische Beziehung: Die Bezeichnungen *Subjektsgenitiv* und *Objektsgenitiv* sind aus
der Satzgliedrolle abgeleitet, die diesen Substantiven in einem entsprechenden
Aussagesatz zukommt:

   Kindergeschrei – Geschrei der Kinder – Kinder schreien.
   Kinderbetreuung – Betreuung der Kinder – jemand betreut die Kinder.

Die unter c und d genannten Genitive signalisieren neben der grammatischen Beziehung auch eine semantische, die sich aus dem Prädikat ergibt, mit dessen Hilfe
man aus den Ausgangswörtern einen entsprechenden Satz bildet:

   Kinderschuhe – Schuhe der Kinder – Kinder haben/tragen diese Schuhe.
   Kinderschar – Schar der Kinder – Kinder sind/bilden eine Schar.

Das im ersten Fall ergänzte Prädikat *haben* hat Attributen dieser Art die Bezeichnung p o s s e s s i v eingebracht, das ergänzte Prädikat *sein/bestehen aus* die Bezeichnung e x p l i k a t i v.
2. Die Zusammensetzungen entsprechen Wortgruppen mit einem Präpositionalattribut:

794

795

---

[1] Zum Unterschied zwischen Bedeutungsstruktur und Bezeichnungsfunktion von Wortbildungen vgl.
neben 689 besonders E. Coseriu: Inhaltliche Wortbildungslehre (am Beispiel des Typs „coupe-pa-
pier"). In: H. E. Brekle/D. Kastovsky (Hg.): Perspektiven der Wortbildungsforschung. Beiträge zum
Wuppertaler Wortbildungskolloquium vom 9.–10. Juli 1976. Bonn 1977, S. 48–61.

Die Beziehungsbedeutung, die hier zwischen den Teilen der Zusammensetzung (vor)herrscht, läßt sich in den meisten Fällen annäherungsweise aus der Bedeutung der Präposition im entsprechenden Präpositionalattribut erschließen. Dabei sind zwei Arten zu unterscheiden:

a) Die Präposition ist fest an das entsprechende Ausgangswort gebunden, nicht austauschbar und (da ohne Minimalopposition) ohne eigene Bedeutung:

Zukunftshoffnung	Hoffnung *auf* die Zukunft	hoffen *auf* etwas
Berufsstolz	Stolz *auf* den Beruf	stolz sein *auf* etwas

Die Präposition *auf* ist hier durch das Ausgangswort (*hoffen* bzw. *stolz sein*) geboten und nicht durch eine andere Präposition ersetzbar; das präpositionale Attribut steht in der rein grammatischen Beziehung eines Objekts zum Grundwort, es geht auf ein Präpositionalobjekt zurück.

b) In allen anderen Fällen signalisiert die Präposition (und auch die Vergleichspartikel *wie*) der entsprechenden Attribute eine eigene Bedeutungsbeziehung zwischen Grund- und Bestimmungswort. Die Präpositionalattribute gehen dann auf die verschiedensten adverbialen Bestimmungen mit einer Präposition (bzw. Vergleichspartikel) zurück. In größerer Häufigkeit kommen insbesondere die folgenden Entsprechungen vor:

Zusammensetzung	entsprechende Wortgruppe	präpositionale Bedeutungsbeziehung
Seidenkleid	*Kleid aus Seide*	Stoff
Randglosse	*Glosse am Rand*	Ort
Gartentor	*Tor zum Garten*	Richtung: Zielpunkt
Ceylonreiher	*Reiher aus Ceylon*	Richtung: Herkunft
Julitag	*Tag im Juli*	Zeit
Freudentränen	*Tränen aus Freude*	Grund, Ursache
Weinglas,	*Glas für den Wein,*	Zweck, Motiv
Hustenbonbon	*Bonbon gegen Husten*	
Schußwunde	*Wunde von/durch einen Schuß*	Instrument
Puder-, Staubzucker	*Zucker wie Puder/Staub*	Art, Beschaffenheit
Rechtsstandpunkt	*Standpunkt in bezug auf das Recht*	Bezugsrahmen
Indianerbuch	*Buch über Indianer*	Thema
Kirschkuchen	*Kuchen mit Kirschen*	Bestandteile
Goethevers	*Vers von Goethe*	Urheber

Die Präposition (und auch die Vergleichspartikel) ist in allen diesen Fällen nicht durch eines der Ausgangswörter geboten und gibt meistens annähernd darüber Aufschluß, welche Beziehung zwischen ihnen besteht. Allerdings sind verschiedene Präpositionen (z. B. *aus, mit, in*) mehrdeutig (vgl. etwa *Ceylonreiher – Reiher aus Ceylon* und *Seidenkleid – Kleid aus Seide*) und bedürfen einer Präzisierung durch den Kontext, insbesondere durch ein Prädikat (vgl. 797 ff.).

796

3. Die Zusammensetzungen entsprechen Fügungen mit Adjektivattributen:
In der Gegenwartssprache ist die Tendenz zu beobachten, Zusammensetzungen der unter 795 besprochenen Art so in (zweigliedrige) Konstruktionen aufzulösen, daß ihr Bestimmungswort einem abgeleiteten attributiven Adjektiv entspricht, also etwa

Adventsstunde – adventliche Stunde, Abendkonzert – abendliches Konzert, Kriegseinwirkungen – kriegerische Einwirkungen.

Fügungen dieser Art können gespreizt wirken, wo die entsprechende Zusammensetzung allgemein üblich ist. Mitunter meinen sie aber nicht ganz dasselbe:

a) Die attributive Fügung kann auch eine besondere Perspektive enthalten. Wer z. B. statt *Gewebeveränderung* die Fügung *gewebliche Veränderung* oder statt *Winterlandschaft* die Fügung *winterliche Landschaft* gebraucht, lenkt die Aufmerksamkeit stärker auf das Grundsubstantiv *(Veränderung, Landschaft);* während das Bestimmungswort in der Zusammensetzung den Wortinhalt entscheidend prägt und integrierender Bestandteil ist, dient das Adjektivattribut in der Wortgruppe eher dazu, eine nur zusätzliche Charakterisierung zu geben.

b) Es bestehen inhaltliche Unterschiede zwischen dem Kompositum und der attributiven Fügung. Eine *winterliche Landschaft* braucht keine *Winterlandschaft* zu sein, sondern nur den Anschein des Winterlichen *(wie im Winter)* zu haben, und eine *abendliche Stimmung* kann – im Unterschied zur *Abendstimmung* – auch schon vor Einbruch des Abends zu beobachten sein; noch größer sind die Unterschiede zwischen *schulischen Aufgaben* und *Schulaufgaben, häuslicher Ordnung* und *Hausordnung, menschlichem Alter* und *Menschenalter.*

Die Adjektivattribute, die vor Zusammensetzungen stehen, beziehen sich gewöhnlich auf die Bedeutung der gesamten Bildung *(exotisches Kunsthandwerk)* oder des Grundwortes *(schneller Ortswechsel – schneller Wechsel des Ortes).* Zu den Konstruktionen, in denen sich das Attribut primär auf die Bedeutung des Bestimmungswortes bezieht *(kirchlicher Funktionsträger – Träger einer kirchlichen Funktion)* und die oft Gegenstand der Sprach- und Stilkritik sind, obwohl sie sich in Fach- und Verwaltungstexten heute sehr ausbreiten *(atlantischer Störungsausläufer – Ausläufer einer atlantischen Störung, tropische Waldtiere – Tiere des tropischen Waldes),* vgl. 444.

Parallelen zwischen Zusammensetzungen und syntaktischen Fügungen

797

Komposita können auch umfangreicheren syntaktischen Konstruktionen, etwa einem Satz oder einem Substantivkern mit Attributen, entsprechen. Das Grundwort der Zusammensetzung steht dann für den Satz oder Substantivkern und nennt einen Themabereich (engl. *topic).* Insofern nun sowohl das Prädikat als auch das Subjekt, die Objekte und adverbialen Bestimmungen zum Thema (topikalisiert) werden[1] können, vermag das Grundwort vier Themabereiche anzugeben, über die vom Bestimmungswort her etwas gesagt wird. (Diese Leistung kann auch ein Attributsatz erfüllen.)

Ist das Bestimmungswort ein Substantiv, so kommt es darauf an, welche Funktion es in entsprechenden (parallelen) Sätzen erfüllt. Dafür sind vor allem Bezeichnungskriterien entscheidend, insbesondere die Frage, ob es sich um eine Teilbezeichnung, Stoffbezeichnung, Abstraktbezeichnung, Ortsbezeichnung, Zeitbezeichnung, Instrumentbezeichnung o. dgl. handelt. Die folgende Gliederung ist durch syntaktische Beziehungen bestimmt, sich bei der Umformung in Sätze zeigen, durch entsprechende Bedeutungsbeziehungen zwischen den Bestandteilen der Wörter und ihren Bezeichnungsfunktionen.

1. Am besten sind diese Verhältnisse bei substantivischen Zusammensetzungen zu überblicken, deren Zweitglied wie in *Kindergeschrei* und *Kinderbetreuung* ein Verbalabstraktum ist, d. h. auf eine Verbprädikation zurückgeht. Von daher lassen sich folgende Fälle unterscheiden:

798

– Bestimmungswort und Grundwort sind in derselben Weise aufeinander bezogen wie im entsprechenden Satz Subjekt bzw. Objekt und Prädikat:

---

[1] Vgl. H. E. Brekle: Generative Satzsemantik und transformationelle Syntax im System der englischen Nominalkomposition. München [2]1976.

(1a)	Subjekt + Prädikat:	*Kindergeschrei – Die Kinder schreien.*
(1b)	Akkusativobjekt + Prädikat:	*Kinderbetreuung – Man betreut die Kinder.*
	Dativobjekt + Prädikat:	*Altenhilfe – Man hilft den Alten.*
	Genitivobjekt + Prädikat:	*Schlafbedürfnis – Man bedarf des Schlafes.*
	Präpositionalobjekt + Prädikat:	*Zahlungserinnerung – Man erinnert jemanden an die Zahlung.*

– Bestimmungswort und Grundwort sind in derselben Weise aufeinander bezogen wie im entsprechenden Satz Adverbialbestimmung und Prädikat. Für die Zusammensetzungen mit *Reise* ergeben sich daraus folgende Arten:

(2a)	*Österreichreise*	– *Man reist durch/in/nach Österreich* (lokal: Ort o. Richtung).
(2b)	*Osterreise*	– *Man reist zu Ostern* (temporal: Zeitpunkt).
	Tagesreise	– *Man reist einen Tag lang* (temporal: Dauer).
(2c)	*Schiffsreise*	– *Man reist mit dem Schiff* (instrumental).
(2d)	*Vergnügungsreise*	– *Man reist zum Vergnügen* (final).

799 2. Wenn das Erstglied ein Verbalabstraktum, d. h. aus einer Verbprädikation abgeleitet ist, folgen die Zusammensetzungen gewöhnlich den gleichen Mustern wie die Komposita mit einem Verbstamm als Erstglied (vgl. 807 ff.). Doppelformen wie *Werbeanzeige* neben *Werbungsanzeige* kommen allerdings nicht oft vor. Ob der Verbstamm oder die Verbableitung als Bestimmungswort erscheint, richtet sich besonders danach, an welches Muster sich die betreffende Zusammensetzung im Einzelfall anlehnt. Komposita mit dem substantivierten Infinitiv *Vergnügen* als Erstglied werden z. B. nicht gebildet, es heißt vielmehr *Vergnügungsreise, -fahrt, -lokal* usw., nach dem Vorbild von Komposita mit dem früher allgemein gebräuchlichen Substantiv *Vergnügung* (heute üblich im Plural).

800 3. Ist das substantivische Grundwort ein Adjektivabstraktum, d. h. aus einer adjektivischen Prädikation abgeleitet, so kommt es im wesentlichen zu folgenden zwei Arten von Zusammensetzungen: Bestimmungswort und Grundwort sind in der Weise aufeinander bezogen, wie im entsprechenden Satz

(3)	Subjekt + Prädikat:	*Meeresbläue – Das Meer ist blau.*
(4)	Adverbialbestimmung + Prädikat:	*Polarkälte – Es ist kalt am Pol.*

801 4. Wenn das substantivische Bestimmungswort ein Adjektivabstraktum, d. h. aus einer adjektivischen Prädikation abgeleitet ist *(Freiheitsideal, Schönheitswettbewerb),* folgen die Zusammensetzungen meist den gleichen Mustern wie die unter 5 besprochenen mit anderen Substantiven.

802 5. Sonst lassen sich die Zusammensetzungen nur in der Weise mit entsprechenden Sätzen vergleichen, daß in diesen sinngemäß eine Prädikation ergänzt wird. Näher bestimmt wird das Grundwort dann durch die Verbindung aus dieser Prädikation und dem Bestimmungswort. Nach der Bedeutungkategorie der ergänzten Verbprädikation lassen sich folgende Inhaltstypen voneinander abheben:

(5a)	Die possessiven Zusammensetzungen mit einer *haben*-Prädikation:	*Anwaltsbüro – Das Büro, das ein Anwalt hat/besitzt.*
(5b)	Die partitiven Zusammensetzungen mit einer Prädikation, die ein Teil-Ganzes-Verhältnis wiedergibt:	*Dornenhecke – Hecke, die Dornen aufweist/enthält.*
		Stacheldraht – Draht, der Stacheln aufweist/mit Stacheln versehen ist.
(5c)	Die materialen Zusammensetzungen, die eine Prädikation für das Verhältnis Stoff – Form voraussetzen:	*Ledertasche – Tasche, die aus Leder besteht/hergestellt ist.*
(5d)	Die explikativen Zusammensetzungen, die eine *sein*-Prädikation ausdrücken:	*Verlustgeschäft – Geschäft, das ein Verlust ist.*
(5e)	Die Vergleichszusammensetzungen, die eine *sein*-Prädikation mit *wie* voraussetzen:	*Puderzucker – Zucker, der (fein) wie Puder ist.*

(5 f) Die effizierenden Zusammensetzungen, die eine *tun*-Prädikation mit her-
vorbringender Bedeutung voraussetzen:

Honigbiene – Biene, die Honig erzeugt.

Weiter sind hier die zuordnenden Zusammensetzungen zu nennen, die eine *sein*-
oder eine *tun*-Prädikation mit einer Angabe des Ortes, der Zeit, des Zwecks, des
Mittels, des Grundes, des Bezugrahmens o. dgl. voraussetzen[1]:

(5 g) *Gartenlaube*   – *Laube, die im Garten ist/steht* (lokal).
      Nordwind   – *Wind, der von Norden weht* (direktional).
(5 h) *Osterferien*   – *Ferien, die um Ostern sind* (temporal).
(5 i) *Fischmesser*   – *Messer, mit dem man Fisch ißt* (instrumental).
(5 k) *Notbremse*   – *Bremse, die man im Notfall zieht* (konditional).
(5 l) *Transportgebühr*   – *Gebühr, die man für den Transport bezahlt* (final).
(5 m) *Gesellschaftspolitik* – *Politik, die sich auf die Gesellschaft bezieht/die Gesellschaft
                            zum Thema hat* (themaangebend).
(5 n) *Stadtplan*   – *Plan, der (den Grundriß) einer Stadt wiedergibt* (eine Entspre-
                            chung angebend).

Zu den Komposita, die umfangreicheren syntaktischen Konstruktionen entsprechen, gehören neben denen mit einem Substantiv als Bestimmungswort auch solche mit einem Namen in dieser Position; wir unterscheiden:
– Namenkomposita, die primär als Gattungsbegriffe dienen:

| 803 |

Beethovensonate – Sonate, die von Beethoven stammt/geschaffen wurde.
Hölderlinstudie – Studie, die Hölderlin gilt.

Mit Zusammensetzungen dieser Art werden Gattungen o. ä., die das Grundwort
bezeichnet, dem im Bestimmungswort genannten Namensträger zugeordnet. Ähnlich gebildet sind Prägungen der Zeitungssprache wie *Wehner-Tochter, Thatcher-
Entscheidung.*
– Namenkomposita, die sich auf ein Einzelwesen oder -ding beziehen:

Marshallplan, Köchelverzeichnis, Schillertheater, Lessingstraße.

Diese Zusammensetzungen werden selbst als Namen gebraucht. Ihr Bestimmungswort dient dazu, aus der durch das Grundwort bezeichneten Gattung ein
einziges Exemplar durch Namenprägung abzuheben und eigens zu kennzeichnen.
– Namenkomposita, die primär zur Verdichtung syntaktischer Fügungen dienen:

Brandtbesuch – Besuch, den Brandt macht/gemacht hat.
Berlinabkommen – Abkommen, das über/für Berlin getroffen worden ist.
Rummenigge-Tore – Tore, die Rummenigge schießt/geschossen hat.

In neuerer Zeit, vornehmlich in der nach Kürze drängenden Pressesprache, besteht – etwa bei Überschriften – die Neigung, Zusammensetzungen mit einem Namen als Bestimmungswort auch dann zu bilden, wenn es nicht um eine Klassifizierung oder eine Namengebung geht. Nach diesem Muster entstehen größtenteils Augenblickskomposita; auch vergleichbare Zusammensetzungen mit Abkürzungen kommen vor *(EG-Gipfeltreffen).*
Was in der Zeitungssprache oft zweckmäßig ist, fällt in anderen Kontexten vielfach so aus dem Erwartungsrahmen, daß es als stilistisch abweichend auffällt.
Generell sollten Bildungen dieser Art dort vermieden werden, wo sie mißverständlich sind oder irreführende Eindrücke vermitteln können.

---

[1] In der neueren Forschungsliteratur werden sehr verschiedene Vorschläge zur Einteilung dieser Zusammensetzungen gemacht. Unterschiedlich interpretiert werden vor allem das grammatische Verhältnis zwischen Grundwort und Bestimmungswort in parallelen Satzfügungen (nach abweichenden Satz-
bautheorien) und Status und Bedeutung der ergänzten/ergänzbaren Präpositionen und verbalen Prädikationen.

Wenn nicht das Bestimmungs-, sondern das Grundwort ein Name ist, behält auch die Zusammensetzung dessen identifizierende Funktion; so in Bildungen wie *Tränen-Maria* oder *Ochsensepp,* die als Übernamen fungieren.

Adjektiv (Partizip) + Substantiv

804

Der Anteil dieser Bildungen an den Substantivzusammensetzungen liegt unter 10%. Das Bestimmungswort wird im allgemeinen ohne Fugenzeichen (vgl. 822 f.) mit dem Substantiv verbunden und steht gewöhnlich in der Grundform (im Positiv; vgl. *Rotlicht, Kleinkind, Heißluft).* Neuerdings kommen – besonders aus der Sprache des Sports, der Technik und der Werbung – einige Zusammensetzungen mit Superlativform hinzu, die vor allem dazu bestimmt sind, einen Bewunderungs- oder Kaufeffekt auszulösen:

Best-/Höchstleistung; Höchst-, Tiefstpreis, Billigsttarifangebot, Kleinstgerät.

In den wenigen Fällen, in denen das Erstglied als ein Komparativ erscheint, handelt es sich gewöhnlich um Ableitungen aus Wortgruppen oder Verbkomposita, etwa bei *Besserwisser* (aus *alles besser wissen*), *Höherstufung* (aus *jemanden höher [ein]stufen*), Weiterbildung (aus *sich weiterbilden*).
Neben Adjektiven treten vereinzelt auch 2. Partizipien als Bestimmungselemente auf *(Gebrauchtwagen, Gemischtwaren);* ein 1. Partizip aber nur im Ausnahmefall *(Lebendgewicht; Liegendkranke).*
Die Zusammensetzung mit Kardinal- und Ordinalzahlwörtern ist heute reihenhaft entwickelt:

Erst-, Zweitwagen; Zwei-, Fünf-, Zehnkampf.

Über die Hälfte der Bestimmungswörter sind einsilbige Adjektive, mehr als ein Drittel zweisilbige. Unter diesen finden sich in erster Linie alte Adjektivbildungen mit dem Präfix *ge- (Geheimbund, Gemeinsprache),* ferner – neuerdings (überwiegend in Fach- und Sondersprachen) zunehmend – alte Adjektivbildungen mit dem Suffix *-ig (Fertiggericht, Billigangebot, Niedrigwasser),* Zusammensetzungen mit dem Bestimmungswort *allein- (Alleinherrschaft)* und vor allem auch entlehnte mehrsilbige Adjektive, insbesondere auf *-al* und *-iv (Normalbenzin, Massivbau* usw.); nur ausnahmsweise begegnen dagegen Adjektivzusammensetzungen *(Schwarzweißbild).*
Längere Bestimmungswörter machen höchstens 5% aus. Von Einzelfällen wie *allgemein-* abgesehen, sind sie entlehnt (vgl. *spezial-, sozial-, disziplinar-, repräsentativ-).*

805

Etwas mehr als die Hälfte der Bildungen entsprechen attributiven Konstruktionen mit einem Adjektiv, Partizip oder Zahlwort:

Kleinkind = kleines Kind, Kleinempfänger = kleiner Empfänger, Gebrauchtwagen = gebrauchter Wagen.

Bei einer ganzen Reihe von Bildungen des Typs funktioniert diese Gleichsetzungsprobe jedoch nicht. Sie sind
– zum größten Teil lexikalisiert *(der Schöngeist* ist kein *schöner Geist;* ebenso *Junggeselle* usw.);
– vereinzelt Bildungen mit Halbpräfixen *(Hochglanz, -betrieb; Vollsalz, -ziegel; Edelganove, -rocker);*
– exozentrisch gebildet (vgl. 793); z.B. *Blondschopf (jmd., der einen blonden Schopf hat), Bleichgesicht, Dickkopf, Rotkehlchen* usw.;[1]
– einer adverbialen Beziehung zu dem im Grundwort enthaltenen Verbbegriff äquivalent *(Schnellstraße – Straße, auf der man schnell fährt);*

---

[1] Diese exozentrischen Komposita haben die gleiche Binnenstruktur wie die oben genannten Adjektiv + Substantiv-Zusammensetzungen, aber eine andere Bezeichnungsfunktion (vgl. S. 441, Anm. 1).

– attributiven Konstruktionen mit ausgesparten Substantiven äquivalent, vgl.
z. B. die elliptischen Bildungen *Feinbäckerei – Bäckerei, in der man feines Gebäck herstellt, Weißnäherei – Näherei, in der weißes Tuch genäht wird;*
– Konstruktionen äquivalent, in denen das Adjektiv eine Bedingung für die Geltung des Grundwortes angibt *(Leergewicht – Gewicht, das etw. hat, wenn es leer
ist;* ebenso *Trockengewicht).* Hier lassen sich Restgruppen von Bildungen anschließen, für die *Rotstift (Stift, mit dem man rot schreibt;* das Adjektiv gibt hier
eine Wirkung an) als Beispiel stehen mag.

In dreigliedrigen Zusammensetzungen mit adjektivischem Erstglied bezieht sich
dieses überwiegend auf das unmittelbar folgende zweite Kompositionsglied:

| 806 |

> Breitschwanzschaf – Schaf, das einen breiten Schwanz hat.
> Linksparteienliste – Liste, auf der die linken Parteien stehen.

Bezug auf das zweite und dritte Glied zusammen zeigt etwa *Gebrauchtlastwa-
gen.*
Dreigliedrige Bildungen mit zwei Adjektiven sind die Ausnahme. Wo sie vorkommen, stehen die Adjektive in einem (kopulativen) *und*-Verhältnis zueinander
(Schwarzweißmalerei, Schwarzweißfernseher).

Verb + Substantiv

| 807 |

Ursprünglich gab es nur Zusammensetzungen mit einem Substantiv als Erstglied.
In Fällen wie *Schlafzimmer, Baustein, Trauerkleid, Reisegeld* ist der erste Teil aber
nicht von einem Verb zu unterscheiden. Das hat zu der heute großen Gruppe von
Zusammensetzungen geführt, deren erstes Glied wirklich ein Verb ist. Ein be-
trächtlicher Teil dieser Bildungen bezieht sich allerdings zugleich auf ein substantivisches Verbalabstraktum, ist also gewissermaßen doppelt motiviert. Insgesamt
beträgt der Anteil der durch einen Verbalstamm motivierten Bildungen an den
Substantivkomposita überhaupt – je nach Textart – 5–10%.

Das Bestimmungswort erscheint in Form des reinen Verbstamms (d. h. ohne die
Infinitivendung -*en*) oder mit einer -*e*-Fuge (vgl. 814) und besteht entweder aus ei-
nem einfachen Verb *(Schreib-, Spülmaschine)* oder aus einem mit einem Präfix,
Halbpräfix oder einem anderen abtrennbaren Bestandteil zusammengesetzten
Verb *(Versteck-spiel, Abzähl-reim, Durchlauf-erhitzer).*

| 808 |

Bildungen mit einfachen Verben nehmen öfter ein adjektivisches Bestimmungselement zu sich *(Tiefgefrierfach, Fernmeldesatellit, Breitwalzverfahren, Langlauf-
ski).* Adjektiv und Verbelement stehen in diesen Fällen in einer engeren lexikalischen Verbindung, sie sind ihrerseits zum Teil schon als Zusammensetzungen im
Gebrauch (vgl. *etwas tiefgefrieren* und *Tiefgefrierkost).*
Dreigliedrige Zusammensetzungen entstehen gewöhnlich in der Weise, daß an
eine gebräuchliche Zusammensetzung aus Verbalstamm + Substantiv ein neues
Substantiv als Bestimmungselement tritt *(Schuh-putzzeug, Haar-färbemittel, Schei-
ben-waschanlage* usw.). Das Erweiterungsglied nennt hier das Patiens zum Verb;
dies ist der häufigste Fall. Gelegentlich bezeichnet es aber auch das Agens *(Bus-
haltestelle)* und kann daneben eine lokale *(Hallen-schwimmbad),* temporale *(Win-
ter-fahrplan),* instrumentale *(Funk-sprechgerät),* materiale *(Holz-bauelement)* oder
finale *(Reise-schreibmaschine)* Bestimmung angeben.
Nur selten werden Zusammensetzungen des Typs Verb + Substantiv ihrerseits
durch einen Verbalstamm erweitert, am ehesten noch in Fachsprachen (vgl.
Schluck-impfstoff, Warn-blinkanlage, Schwimm-lehrbecken, Bau-sparkasse). Hier
(und in der Verwaltungssprache) sticht auch das Muster hervor, in dem das Verb
mit einem objektangebenden *(Geschirrspülmaschine, Panzerabwehrkanone)* oder
umstandsangebenden Substantiv *(Reise-, Büroschreibmaschine)* verbunden ist

(s. o.). Schließlich kommt es auch vor, daß das Erweiterungsglied zusammen mit dem Verbalstamm vor das Grundwort tritt (z. B. bei *Viehhalte-plan;* vgl. 716).

| 809 | Für die semantischen Beziehungen in den Zusammensetzungen vom Typ Verb + Substantiv gilt allgemein, daß das Bestimmungswort einen Vorgang oder eine Handlung angibt, wodurch der im Grundwort genannte Gegenstand oder Begriff (seltener eine Person) näher charakterisiert wird (vgl. *Wohn-, Bade-, Eß-, Schlafzimmer*). Daneben gibt es auch den Fall, daß das Bestimmungsverb ein bereits im Grundwort enthaltenes Merkmal noch einmal explizit hervorhebt (vgl. etwa *Trag-bahre,* wo *Bahre* allein bereits die Bedeutung des Tragens mitenthält).

Nach der Art der Beziehung zwischen Bestimmungswort und Grundwort verteilen sich die Verb + Substantiv-Zusammensetzungen auf rund zehn Bedeutungstypen, in denen sich vor allem charakteristische Satzrollen des substantivischen Grundwortes in bezug auf das Verbprädikat im Bestimmungswort spiegeln. Solche Satzrollen sind etwa[1] (1) Subjektgröße (Agens), (2) Objektgröße (Patiens) und Angaben mit (3) instrumentaler, (4) lokaler, (5) temporaler, (6) effizierender oder (7) kausaler Bedeutung; schließlich erscheint das substantivische Grundwort auch als prädikative Bestimmung des (8 a) Bezugrahmens und (8 b) des umfassenderen Begriffs, mit dem die Verbbedeutung präzisierend verbunden wird:

Typ	Beispiele	häufige Grundwörter
(1) Agens	*Lebewesen – Wesen, das lebt.* *Begleitumstand – Umstand, der etw. begleitet.* (Ersatzprobe mit dem 1. Partizip + Substantiv)	Personen-, Tier-, Pflanzenbez. *(-frau, -vogel* usw.), Körperteilbez., Bez. für Geräte, Kleidungsstücke, Fahrzeuge, Stoffe, abstrakte Größen *(-motiv, -gedanke* usw.).
(2) Patiens	*Sendbote – Bote, den jmd. sendet.* *Mischgetränk – Getränk, das man mischt.* (Ersatzprobe mit dem 2. Partizip + Substantiv)	Bez. für Nahrungsmittel, Speisen *(-fleisch, -obst* usw.), Sachteile *(-bild, -gewebe* usw.), Möbel, Spielzeug, Fahrzeuge, geistige Gegenstände *(-wort, -gedanke),* seltener für Personen *(-bote, -kind).*
(3) instrumental	*Rasierapparat – Apparat, mit dem man sich rasiert.* *Kühlanlage – Anlage, mit der man etw. kühlt.*	Bez. für Geräte *(-anlage, -apparat, -einrichtung, -gerät, -maschine, -vorrichtung)* und Stoffe *(-masse, -mittel, -stoff).*
(4) lokal/direktional	*Sendebereich – Bereich, in dem man etw. sendet.* *Landebahn – Bahn, auf der etw. landet.* *Ladefläche – Fläche, auf die man etw. lädt.*	*-anstalt, -ecke, -halle, -haus, -platz, -raum, -saal, -station, -statt, -stätte, -stelle, -stube, -zimmer* usw.
(5) temporal	*Waschtag – Tag, an dem man wäscht.*	Zeitbez. wie *-alter, -dauer, -pause, -phase, -stunde, -tag, -termin, -zeit.*
(6) effizierend	*Lachreiz – Reiz, der das Lachen auslöst.* *Niespulver – Pulver, das Niesen bewirkt.*	Stoffbez. wie *-pulver, -stoff,* Abstraktbez. wie *-reiz,* Gegenstandsbez. wie *-klappe, -korb.*

---

[1] Weitgehend nach A. Fahrmaier: Wortstrukturen mit Verbalstamm als Bestimmungsglied in der deutschen Sprache. Innsbruck 1978.

Typ	Beispiele	häufige Grundwörter
(7) kausal	*Lachfalten – Falten, die durch La-* *chen entstehen.* *Schleuderunfall – Unfall, der* *durch Schleu-* *dern entsteht.*	*Bez.* für Sinneseindrücke *(-ge-* *räusch, -geruch, -ton),* Krankhei- ten und Wunden *(-fieber,* *-infektion),* Kosten *(-geld, -preis* usw.), technische oder handwerk- liche Produkte *(-blech, -faser,* *-korb, -waren* usw.).
(8 a) Themabezug	*Erzähltalent – Talent, das das Er-* *zählen betrifft.* *Backrezept – Rezept, nach dem* *man backt.*	Abstraktbez. wie *-fähigkeit,* *-kunst, -pflicht, -sucht, -technik,* *-verbot, -vermögen.*
(8 b) explikativ	*Bastelarbeit – Arbeit, die darin be-* *steht, daß jmd. ba-* *stelt.* *Anlegemanöver – Manöver, das* *darin besteht,* *daß jmd. (ir-* *gendwo) anlegt.*	*-arbeit, -kunst, -manöver, -spiel,* *-sport, -übung* usw.

Ein Drittel aller Komposita mit verbalem Bestimmungsglied folgt dem instrumentalen Typ (3); ein weiteres Drittel verteilt sich auf Typ (1), (2) und (4); bei den
restlichen Komposita ist Typ (8 a) der häufigste.

Partikel + Substantiv

810

Von den flexionslosen Wortarten werden bestimmte Gruppen wie Konjunktionen
(ob, wenn usw.), Gesprächspartikeln und Modaladverbien *(hm, ja, nein, wohl, viel-*
leicht usw.; Einzelfälle sind Bildungen wie *Sofortprogramm, Beinahezusammen-*
stoß) kaum zur Zusammensetzung herangezogen.
Systematisch ausgebaut ist dagegen der Typ Präposition + Substantiv:

a) Nachsommer – der Sommer nach dem Sommer
    Vorstadt – die Stadt vor der Stadt

In diesen Fällen lauten das Bezugssubstantiv *(Sommer, Stadt)* und der Kern des
präpositionalen Attributs gleich; so rückt die Präposition in die Position des Bestimmungswortes.

b) Zwischeneiszeit – die Zeit zwischen den Eiszeiten
    Vormittag – die Zeit vor dem Mittag

In diesen Fällen ist das mit den Zusammensetzungen Bezeichnete nicht in dem
Begriff des Grundworts enthalten; sie geben einen Zeitraum außerhalb des durch
das Grundwort Bezeichneten an.

Die verschiedenen Muster erlauben hauptsächlich eine räumliche und zeitliche
Ein- oder Zuordnung des im Grundwort Genannten:

vor: *Vorort, Vorstadt, Vorzeit* usw.[1]
unter: *Unterabteilung, Untergeschoß, Unterrock* usw.
über: *Überrock, Überstunde, Überweg* usw.
hinter: *Hinterhaus, Hinterrad, Hintertür* usw. (gewöhnlich nur mit räuml. Bedeutung)
nach: *Nachsaison, Nachbehandlung* usw. (meistens nur mit zeitl. Bedeutung; vgl. aber
    z.B. *Nachname)*

---

[1] Nicht hierher gehören lexikalisierte Bildungen wie *Vorhut* (heute nicht *vor + Hut)* und Ableitungen
aus Verbalkomposita, z.B. *Vorschrift* (nicht aus *vor + Schrift,* sondern aus *etw. vorschreiben), Vortäu-*
schung (aus *etw. vortäuschen).*

neben: *Nebenzimmer, Nebenhöhle, Nebensaison* usw.

zwischen: *Zwischenraum, Zwischendeck, Zwischenmahlzeit* usw.

Darüber hinaus dienen diese Bildungen häufiger auch zur abstrakteren Einordnung des Grundwortinhalts:

> *Über-/Unter*angebot, *Unter*bezirk, -gruppe; *Neben*bedeutung, -beruf, -interesse; *Zwischen*handel, -produkt usw.

Abstraktere Beziehungen drücken auch die Zusammensetzungen aus, in denen die Präpositionen *mit* und *gegen* Erstglieder sind:

> Mitschüler, -direktor; Gegenvorwurf, -vorschlag usw.

811 Fugenzeichen[1]

Zum größeren Teil setzen sich die Komposita aus zwei Wörtern zusammen. Diese können einmal unmittelbar aneinandergefügt sein, nahtlos, ohne irgendein Verbindungsstück[2]:

> Maurerkelle, Rasenstück, Bobrennen, Autofahrer, Säuregehalt; wasserscheu, lauwarm.

Häufig (und zunehmend) werden die Wörter aber auch durch ein Verbindungselement (Fugenzeichen) zusammengefügt:

> Rinder-/Rinds-/, Schweine-/Schweins-, Kalbsbraten, Kälberfutter; (aber: Rind-, Kalbfleisch usw.).

Manchmal wird die Nahtstelle zwischen den zusammengesetzten Wörtern – zur Verdeutlichung – mit einem Bindestrich gekennzeichnet; dies insbesondere bei ungewöhnlichen *(Sichel-Sehnsucht,* P. Celan) und unübersichtlichen (vielgliedrigen) Bildungen *(Ich-Roman, Braunkohlen-Tagebau),* bisweilen bei geläufigen Zusammensetzungen, deren Teile dem Leser ganz besonders ins Bewußtsein gehoben werden sollen (z. B. *Wórt-Aŕt* statt *Wórtàrt, Hóch-Zeit* statt *Hóchzeit),* und häufig bei Zusammensetzungen mit einem Namen *(Lessing-Ausstellung, Wohmann-Lesung, Möbel-Müller).* Obligatorisch (verbindlich) ist der Bindestrich dagegen bei Komposita mit Abkürzungen *(Kfz-Papiere, UKW-Sender).*

812 Fugenzeichen und Flexionsendung

Obwohl die Fugenzeichen ursprünglich den Inventaren der Flexion entnommen wurden (vgl. *Lebensfreude – die Freude des Lebens),* haben sie heute nicht mehr deren syntaktische Funktion (also etwa in dem genannten Beispiel die Aufgabe, ein Genitivattribut zu kennzeichnen) und sind allenfalls als „erstarrte" Flexionsendungen anzusehen (vgl. die veralteten Genitive [vgl. 381, Anm. 2,4] in *Storchennest – Nest des Storchen, Erdenrund – Rund der Erden).*

Im übrigen entsprechen die Fugenelemente in vielen Fällen gar nicht den Flexionsendungen des Bestimmungswortes in den entsprechenden syntaktischen Fügungen, sondern sind in Analogie zu anderen festen Kompositionsmustern gebildet. So ist z. B. die -*en*-Fuge aus Bildungen mit der Pluralform des Bestimmungswortes *(Strahlenkranz, Dornenkrone)* oft auch in solche Zusammensetzungen übernommen worden, deren Erstglied nur singularisch zu verstehen ist:

> Pfeifenspitze (– Spitze einer/der Pfeife), Schwellenwert, Spinnennetz, Kirchenschiff, Tortenstück, Raketenstufe, Rentenbetrag usw.

---

[1] Obwohl im Folgenden die Determinativkomposita im Mittelpunkt stehen, werden auch andere Wortbildungstypen angesprochen, bei denen Fragen der Wortfuge eine Rolle spielen, etwa Substantiv- und Adjektivableitungen *(Patenschaft, greisenhaft).*

[2] Bei femininen Bestimmungswörtern auf -*e* fällt dieses manchmal aus, vgl. *Mühlrad, Rebstock; hilfreich.*

Ebenso wird umgekehrt auch das singularische Genitiv-*s* als Verbindungselement in Zusammensetzungen übernommen, die eine Pluralbedeutung des Bestimmungswortes voraussetzen (vgl. *Bischofskonferenz [– Konferenz mehrerer Bischöfe]* zu *Bischofsmütze* oder *Freundeskreis* zu *Freundesdienst*).

Schließlich gibt es noch den Fall, daß eine Endung als Fugenzeichen verwendet wird, die gar nicht zur Flexion des Bestimmungswortes (im Singular oder Plural) gehört, sondern ganz anderen Deklinationsmustern entnommen ist. Am häufigsten kommt dies bei der *-s*-Fuge nach femininen Substantiven vor *(Liebe-s-brief, Arbeit-s-lohn, Wohnung-s-not, Gleichheit-s-prinzip)*.

Die Fugenzeichen dürften also keine grammatische Funktion haben; die ehemaligen syntaktischen Beziehungen zwischen den Wörtern einer Zusammensetzung sind aufgehoben.

Die Fugenzeichen im einzelnen

813

Die Fugenzeichen *-(e)s-, -e-, -(e)n-, -er-* usw. treten überwiegend bei Zusammensetzungen mit einem Substantiv als Bestimmungswort, seltener auch bei Zusammensetzungen mit einem Verb (hier kann nur *-e-* vorkommen: *Les-e-buch* usw.) als Bestimmungswort auf; ferner vor Halbsuffixen *(gewohnheit-s-mäßig)* und einigen Suffixen (*-haft [greis-en-haft], -schaft [Pate-n-schaft], -tum [Christ-en-tum], -heit, -ität, -ion, -en, -ling* [vgl. 820]), wobei sich die Fugensetzung in gleicher Weise wie bei den Zusammensetzungen nach Bedingungen des Erstgliedes richtet. Nach Adjektiven stehen in Substantivbildungen nie Fugenzeichen (ausgenommen sind einige Namen: *Altenburg, Neuenkirchen, Grünenwalde*).

Ob ein Fugenzeichen in einer Zusammensetzung steht und welche Form es gegebenenfalls hat, hängt weitgehend von der Beschaffenheit des Erstgliedes ab (Erstgliedregel): 1. insbesondere von der Wortart des Bestimmungswortes, 2. von seiner morphologischen Grundausstattung (Flexionsklasse), 3. von seiner Lautstruktur (Umfang, Silbenzahl, Auslaut), 4. von seiner Wortbildungsstruktur (davon, ob es sich um ein Simplex, eine Ableitung oder eine Zusammensetzung handelt), 5. zum Teil auch davon, ob das Kompositum nur eine oder mehrere der im Bestimmungswort bezeichneten Personen oder Sachen voraussetzt, und 6. von regionalen Bedingungen (letzteres besonders im Hinblick auf Österreich und die Schweiz).

Nach den Eigenschaften des Zweitgliedes richtet sich die Wahl der Fuge dagegen nur in wenigen Einzelfällen. Da sich diese wenigen Zweitgliedregularitäten auf die Adjektivbildung (und Adverbialbildung) beschränken,[1] sind damit zugleich auch alle Unterschiede zwischen den Fugen der Substantiv- und Adjektivbildungen genannt. Sie betreffen nur Suffixe und Halbsuffixe:

-er- steht regelmäßig als Fugenzeichen vor

-lei *(zwei-er-lei)*, -dings *(neu-er-dings)*, -maßen *(erwiesen-er-maßen)*, -seits *(väterlich-er-seits;* außer in den lexikalisierten Wörtern *dies-, jenseits)*, -weise (und zwar – ähnlich wie bei *-seits* – nach adjektivischem Erstglied *[verständlich-er-weise]*; mit Verben und Substantiven verbindet sich *-weise* dagegen nahtlos *[leih-, fall-weise]*), -hand *(kurz-er-hand)* und – allerdings nur vereinzelt – -lich *(neu-er-lich)*, -isch *(halsbrech-er-isch)*, -ig *(kleb-r-ig)*.

---

[1] Eine Ausnahme bei der Substantivbildung stellen einige der z. T. veraltenden Personenbezeichnungen mit den Zweitgliedern *-mann, -frau, -leute* dar, vor denen *-s-* steht: *Reiter-s-mann, Bäcker-s-frau, Bauer-s-leute.* Andererseits fehlt das *-s-* abweichend von der Erstgliedregel, wonach nach Feminina auf *-ung* und nach *Arbeit-* immer die *-s-*Fuge steht (s. o.), manchmal in Scheinkomposita wie *Stellung-, Fühlungnahme, Arbeitnehmer.* Bei diesen Wörtern handelt es sich um Ableitungen aus Wortgruppen mit dem Verb *nehmen (Stellung nehmen* usw.), nicht um Zusammensetzungen mit *-nahme, -nehmer;* vgl. ferner *Auftrag-, Gesetzgeber, Handhabe.* Das gleiche gilt – ohne feste Regel – für einige Partizipien; hier findet sich *richtungweisend* neben *richtungsweisend, aufsichtführend* neben *aufsichtsführend* (sonst gilt für *Aufsicht* die Erstgliedregel, nach der immer *-s-* steht).

-ens- steht regelmäßig als Fugenzeichen vor *-wert* nach Verbstämmen (*seh-ens-wert, empfehl-ens-wert*); bei eindeutig substantivischem Erstglied fehlt es (*preis-wert*).

-en- steht als Fugenzeichen meistens vor *-falls* (in Übereinstimmung mit der Adjektivflexion: *nötig-en-falls, gegeben-en-falls;* Ausnahmen: *gleich-, eben-, keines-, notfalls*).

Fugenlosigkeit findet sich in Adjektiv-/Adverbzusammensetzungen insbesondere vor *-ab, -an, -auf -aus* und *-ein (bergab, -an, -auf, tagaus, -ein)*.

814 **Nach einem Verb**

In den meisten Fällen (80–90%) erfolgt die Zusammensetzung nahtlos, die Infinitivendung entfällt *(Schreibmaschine; schreibfaul);*[1] sonst steht der Vokal *-e- (Les-e-buch; les-e-begierig)*.

Ohne *-e-*Fugenzeichen stehen regelmäßig viele mehrsilbige Verbalstämme, insbesondere alle Verben auf *-(e)l(n), -(e)r(n),* und *-ier(en) (Pendelverkehr, Wanderweg, Rangierbahnhof)* und diejenigen mit unbetontem Präfix (Ausnahmen: *verschieben [Verschieb-e-probe], verladen [Verlad-e-rampe]*).

Bei den anderen Verben – also denjenigen mit einsilbigem Stamm und ihren Verbindungen mit betontem Präfix bzw. Halbpräfix – richtet sich das Fugenzeichen gewöhnlich nach dem Stammauslaut. So ist das *-e-*Fugenzeichen z. B. nach Verschluß- und Reibelauten zu beobachten, insbesondere nach den stimmhaften Verschlußlauten: Nach [d] und [g] steht es meistens *(Send-e-zeit, Anleg-e-platz)* und nach [b] etwa in der Hälfte aller Fälle *(Reib-e-laut,* aber *Reibfläche)*. Darüber hinaus steht das *-e-*Fugenzeichen noch sehr häufig (in etwa der Hälfte der Fälle) nach [z] *(Blas-e-balg* gegenüber *Blasrohr)*, ferner (zu rund einem Drittel) nach [t] und [ŋ] (vgl. *Wart-e-raum* neben *Reitstunde; Häng-e-lampe* neben *Schlingpflanze*).

Manchmal spielt neben dem Auslaut des Erstgliedes auch noch der Anlaut des Zweitgliedes eine Rolle: So steht nach Verbalstämmen auf [d] dann ein *-e-*Fugenzeichen, wenn ein Vokal *(Send-e-anlage,* aber *Sendbote)*, ein *[m] (Bind-e-mittel,* aber *Bindfaden)* oder ein [r] *(Send-e-reihe)* folgt, ferner vor den stimmlosen Verschlußlauten [p], [t], [k] *(Sied-e-punkt, Sied-e-temperatur, Umkleid-e-kabine);* nach Verbstämmen auf [t] steht ein *-e-,* wenn das Zweitglied mit [t] oder [z] anlautet *(Hinhalt-e-taktik, Wart-e-saal)*.

Regionale Unterschiede sind nicht häufig, aber auffällig: So tendiert z. B. das Schweizerdeutsche eher zu einer Fugung ohne *-e-*: *Badanstalt, Wartsaal* (sonst steht im Deutschen nach *baden* und *warten* regelmäßig das *-e-*Fugenzeichen), *Ruhbett, Siedfleisch, Zeigfinger.* (Im Österreichischen zeigen sich hierzu nur wenige Ansätze; vgl. *Löskaffee, Ablösrechner, Ausrufzeichen*.)

815 **Nach einem Substantiv**

Hier kommen verschiedene Fugenzeichen vor. Während in zwei Dritteln der Fälle die Verbindung nahtlos erfolgt, steht in je 10–20% ein *-(e)s-* oder ein *-(e)n-*Fugenzeichen; viel seltener (1–2%) sind *-er-* und *-e-* als Verbindungselemente.

816 **-e-**

Es steht nur nach einer kleinen Zahl von Substantiven, deren Plural mit *-e* gebildet wird *(Hund-e-hütte).* Wo dieses Plural-*e* mit einem Umlaut des Stammvokals

---

[1] Nach dem Verb *rechnen* fällt in der Zusammensetzung der stammschließende Nasal *n* aus, und die Infinitivendung bleibt dafür formal erhalten *(Rechenbuch, -automat)*. Ähnlich ist es bei *zeichnen* und *trocknen (Zeichengerät, Trockenhaube),* wo sich die Wortbildung lautlich den entsprechenden Nomen angleicht.

verbunden ist, erscheint er auch in der Zusammensetzung (*Gäns-e-leber, Läus-e-pulver;* Ausnahme: *Maus* in *Mauseloch, -falle*). Nach einigen Bestimmungswörtern tritt *-e-* immer auf, insbesondere nach *Hund, Gans, Pferd, Getränk, Gerät;* nach *Tag, Maus, Schwein* findet es sich oft (*Tag-e-blatt* neben *Tagblatt, Maus-e-falle, Schwein-e-fett* usw.). Wenn sich die Bedeutung der Zusammensetzung auf eine Mehrzahl des im Bestimmungswort Genannten bezieht, steht das Fugenzeichen *-e-* darüber hinaus auch im allgemeinen bei den Maskulina *Gast, Arzt, Weg, Hof* und nach den Feminina *Laus, Macht, Kraft, Hand, Stadt* (*Gäst-e-buch, Ärzt-e-kammer, Weg-e-bau* usw.).

Im süddeutschen und österreichischen Sprachgebrauch fehlt das Fugenzeichen vor allem bei Bildungen mit *Gans* (*Gansbraten*) und *Tag* (*Tagblatt*). Andererseits kommt es in der österreichischen Sportsprache auch nach *Punkt* vor (*Punkt-e-gewinn, -sieg*).

-er- | 817 |

Dieses Fugenzeichen kommt ebenfalls nur bei Wörtern vor, deren Plural mit der gleichlautenden Endung gebildet wird. Es sind in der Regel neutrale Simplizia (*Kind-er-spiel; kind-er-lieb*), vereinzelt auch Maskulina (*Geist-er-erscheinung*). Wo der Plural Umlaut aufweist, erscheint dieser auch in der Zusammensetzung (*Länd-er-name*), wobei das Bestimmungswort aber keineswegs immer Mehrzahlbedeutung hat (vgl. 812; *Hühn-er-ei, Hühn-er-keule, Kind-er-hemd* usw.). Nach einigen Wortstämmen (den Neutra *Huhn, Kleid, Gespenst*) steht das Fugenzeichen *-er-* immer. Häufiger ist es auch nach den Neutra *Bild, Buch, Ei, Kalb, Kind, Land, Rind* (*Bild-er-rahmen* usw.) und den Maskulina *Geist, Mann*. Andere Substantive dieser Flexionsklasse werden dagegen gewöhnlich ohne *-er-*Fugenzeichen gebildet, wie die Maskulina *Rand, Strauch* und die Neutra *Loch, Haupt, Gehalt* (*Lochstreifen* usw.). Bei den übrigen Neutra und Maskulina ist für *-er-* gewöhnlich eine Wortbedeutung bestimmend, die einen Mehrzahlbezug des Bestimmungswortes voraussetzt; vgl. besonders die Neutra

> Blatt, Feld, Brett, Geschlecht, Glas, Glied, Grab, Haus, Horn, Korn, Kraut, Lied, Rad, Schild, Volk, Weib, Wort in Blätt-er-dach, Brett-er-wand, Gräb-er-feld, Lied-er-abend usw. gegenüber Blattfläche, Brettspiel, Grabstein, Liedform usw.

-(e)n- | 818 |

Wenn das Bestimmungswort auf *-e* ausgeht, lautet das Fugenzeichen *-n-*, sonst *-en-*.
1. Dieses Fugenzeichen kann einerseits vom Plural herrühren (*Narbe-n-gesicht*), andererseits auch vom Singular (*Hase-n-braten*). Bei den Maskulina, deren Flexionsendung im Genitiv, Dativ und Akkusativ Singular *-(e)n* ist, steht das Fugenzeichen *-(e)n-* regelmäßig (*Zeuge-n-aussage; rabe-n-schwarz* usw.). Dasselbe gilt für substantivierte Adjektive (*Kranke-n-haus, Sieche-n-heim*).
2. Maskulina mit *-s* im Genitiv Singular und *-en* im Plural, die ohnehin selten sind, haben zum größten Teil kein *-(e)n-* als Fugenzeichen. Regelmäßig – also auch bei singularischem Verständnis (*Professor-en-hut*) – steht es nur nach den Lehnwörtern *Professor, Nerv, Typ* und der alten Personenbezeichnung *Vetter*. Nach den anderen Maskulina dieser Deklinationsklasse dagegen wird das Fugenzeichen *-(e)n-* nur vereinzelt gesetzt, und zwar dann, wenn die Bedeutung der Zusammensetzung eine Mehrzahl beim Bestimmungswort voraussetzt (*Staat-en-bund, Strahl-en-bündel, Mast-en-wald, Dorn-en-hecke*).
3. Nach einigen Neutra mit der Flexionsendung *-s* im Genitiv Singular und *-(e)n* im Plural steht das Fugenzeichen *-(e)n-* regelmäßig, so nach *Auge* (Ausnahme: *Augapfel*) und einigen Fremdwörtern wie *Elektron, Interesse, Juwel* (*Elektron-en-gehirn, Interesse-n-lage* usw.). Sonst findet es sich nur bei bewußtem Bezug des

Bestimmungswortes auf eine Vielheit (*Bett-en-zahl* gegenüber *Bettdecke*); bei Fremdwörtern auf *-um (Datum, Faktum, Studium, Ministerium)* wird dann wie bei der Pluralbildung diese Endung gegen *-en* ausgetauscht (*Dat-en-schutz* usw.).

4. Nach den zahlreichen Feminina mit *-en* im Plural, deren Flexion im Singular keine Abwandlung zeigt, steht in der Zusammensetzung vor allem dann das Fugenzeichen *-(e)n-*, wenn sie im Singular vokalisch (auf [e]) auslauten, und zwar unabhängig davon, ob sich die Bedeutung auf ein Einzelding oder -wesen bezieht oder nicht:

> Linde-n-blatt, Mücke-n-stich, Sonne-n-schein, Rente-n-bescheid, Rakete-n-stufe, Kirche-n-besuch, Torte-n-stück.

Dies besonders häufig bei Bestimmungswörtern, die aus Adjektiven abgeleitet sind *(Länge-n-grad, Tiefe-n-psychologie)*, seltener bei Ableitungen aus Verben *(Fragezeichen, Probeschuß, Klagelied* usw.; aber auch: *Lüge-n-gewebe)*. Dagegen weisen die wenigen (10%) konsonantisch auslautenden Feminina gewöhnlich nur da *-(e)n-* auf, wo sie als Bestimmungswörter Mehrzahlbedeutung voraussetzen *(Nachricht-en-agentur, Tat-en-drang)*.
Ausnahmslos gesetzt wird *-(e)n-* nach den Tierbezeichnungen *Auster, Natter, Kreuzotter*, ferner nach *Jungfer, Moritat, Anschrift* u.a.:

> Auster-n-schale, Natter-n-, Kreuzotter-n-biß; Jungfer-n-fahrt, Moritat-en-geschichte, Anschrift-en-änderung.

5. Auch nach einigen Maskulina und Neutra, bei denen weder im Singular noch im Plural die Flexionsendung *-en* vorkommt, steht das Fugenzeichen *-(e)n-*, und zwar bei den Maskulina durchgehend nach den Personenbezeichnungen *Greis* und *Schelm*, meistens nach den Tierbezeichnungen *Hahn, Schwan, Star, Storch, Strauß*, manchmal nach den Gestirnbezeichnungen *Mond* und *Stern* und nach den Wörtern *Zwerg* und *Sinn*. Bei den Neutra weisen lediglich die mehrsilbigen – Fremdwörter mit dem Akzent auf der letzten Silbe – *-(e)n-* auf, allerdings nur bei Mehrzahlbedeutung *(Prädikat-en-logik, Zitat-en-schatz, Dokument-en-mappe* usw.); wenn Bezug auf ein Einzelding oder -wesen vorliegt, kann – im Unterschied zu den Maskulina – das Fugenzeichen nicht stehen.

Zu den Punkten 1-4 sind einige regionale Besonderheiten nachzutragen: Die deutsche Schriftsprache in der Schweiz kennt das Fugenzeichen *-(e)n-* auch nach anderen als den oben genannten Feminina auf *-e* (vgl. *Farbe-n-film, Wolle-n-jacke, Hüfte-n-gürtel)*; für Österreich ist u.a. die Variante *Pappe-n-deckel* bezeugt.
Nach Feminina auf Konsonanten finden sich in der schweizerdeutschen Schriftsprache *Schrift-en-wechsel, Uhr-en-macher* (gegenüber binnendeutsch *Schriftwechsel, Uhrmacher)*, in Österreich *Fracht-en-bahn-hof, Bank-en-krach*. Häufiger ist aber, daß die Fuge bei Zusammensetzungen mit Feminina auf *-e* im Gegensatz zum Binnendeutschen nicht gekennzeichnet wird, so in der Schweiz bei *Fragekreis, Wirbelsäulefraktur, (Vieh)herdetrennung*, in Österreich bei *Toilettespiegel, -tisch*. Das *-e* fehlt in der Schweiz z.B. auch bei *Baustellbesichtigung, Kirchgemeinde, Patrontasche, Sittlehrer, Pfründinhaber, Tannast, Auglid*, in Österreich z.B. bei *Kirschknödel, Maschinschreibkurs, Klarinettbläser* (gegenüber binnendeutscher Markierung der Fuge); für beide Gebiete bezeugt sind Bildungen wie *Adreßänderung, Wiesland, -baum* usw.
Regionale Besonderheiten zu 5: In der österreichischen Schriftsprache findet sich noch bei einigen anderen als den oben beschriebenen Fremdwörtern das *-(e)n-*Fugenzeichen, vgl. etwa *Ornament-en-stil*.

---

819 | **-(e)ns-**

In Übereinstimmung mit der Flexionsendung des Genitivs Singular kommt bei Bildungen mit dem Neutrum *Herz* in der Zusammensetzung *-ens-* vor, vgl. *Herz-*

ens-angelegenheit, -bildung, herz-ens-gut (neben *Herz-e-leid* und den Bildungen ohne Fugenzeichen wie *Herzbeklemmung, Herzblut* und *Herzschlag*). Etwas Ähnliches ist bei einigen Maskulina zu beobachten: *Name-ns-zug, -vetter* (anders bei Pluralbezug: *Namenliste, -buch* usw.), *Wille-ns-bildung, -ausdruck, wille-ns-schwach* (aber: *wille-n-los*). Bei *Glaubensbekenntnis, -artikel* und *Friedensvertrag, -apostel* sind die beiden Nominativformen im Singular *Glaube/Glauben* und *Friede/Frieden* (vgl. 382) für diese Form der Fuge bestimmend.

-(e)s-

820

1. Das Fugenzeichen *-(e)s-* tritt nach Maskulina und Neutra mit der Flexionsendung *-(e)s* im Genitiv Singular auf; auch ob es *-es-* oder *-s-* lautet, richtet sich dabei weitgehend nach dieser Genitivform.
Regelmäßig steht das Fugenzeichen nach den Suffixen *-ling* und *-tum (Säugling-s-pflege, Altertum-s-forschung)* und dem *-en* substantivierter Infinitive *(Schlafen-s-zeit)*, ferner nach einigen auffälligen Stammendungen, insbesondere den maskulinen und neutralen Institutionsbezeichnungen auf *-at (Magistrat-s-beamter)* und nach Neutra auf *-um (Museum-s-leiterin)*, soweit nicht ein besonderer Mehrzahlbezug des Bestimmungswortes hervorgehoben werden soll (vgl. 816ff.); stammabhängig ist es ferner nach *Bahnhof, Bischof, Friedhof, Leumund, Maulwurf (Bahnhof-s-halle, Bischof-s-mütze* usw.), die sprachgeschichtlich Zusammensetzungen sind, und nach vielen Bildungen mit dem Präfix *Ge-* wie

> Gebiet, Gebirge, Gebot, Gebrauch, Gefecht, Gefolge, Gesicht, Gespräch, Gewicht, Geschäft, Gestein.

Regelmäßig fehlt die Kennzeichnung der Fuge dagegen nach Ableitungen auf *-er (Bäckerladen, Maurerlehre;* ausgenommen altertümliche Bildungen wie *Reiter-s-mann* [s. o.] und Zusammensetzungen mit *Henker, Freier, Müller: Henker-s-knecht, Freier-s-füße, Müller-s-knecht* usw.), einigen Bildungen mit *Ge- (Geflügel, Gedicht, Gehirn, Gelände)* und – aus Gründen des Wohlklangs – auch oft nach Zischlauten bzw. Affrikaten wie [ʃ] *(Fleisch-gericht;* aber *Fleisch-es-lust)*, [ts] *(Platzkarte)*, [s] *(Preisliste, Flußbett).* Der Anlaut des Grundwortes spielt dagegen keine Rolle.
2. Nach femininen Bestimmungswörtern tritt unter bestimmten Bau- und Auslautbedingungen als Fugenzeichen *-s-* auf[1]:
– Es erscheint nie nach einsilbigen, sondern nur nach mehrsilbigen Bestimmungswörtern (Ausnahmen kommen z.T. bei *Hilfe* und *Miete* vor, wo das auslautende *-e* in der Zusammensetzung ausfällt und das Bestimmungswort einsilbig wird: *Hilf-s-fond, hilf-s-bereit, Miet-s-kaserne, Miet-s-haus;* aber: *Hilfestellung).*
– Es steht regelmäßig nach den zahlreichen Ableitungen auf *-heit/-keit, -schaft, -ung, -ion, -ität (Gesundheit-s-amt, Gesellschaft-s-politik).* Damit sind 90% aller Bildungen mit *-s*-Fugenzeichen bei den Feminina erfaßt.
– Es erscheint ferner nach femininen Wortstämmen, die auf *-at* oder *-ut* ausgehen *(Heirat-s-gut, Armut-s-zeugnis),* dagegen nie nach Feminina auf *-ur* und *-ik (Kulturfilm, Kritikfreude).*
– Es steht stammabhängig auch nach Zusammensetzungen mit den Grundwörtern *-zucht, -sicht, -nacht, -sucht, -macht, -furcht, -flucht, -fahrt (Aufzucht-s-futter,*

---

[1] Dies, obwohl in der Flexion bei den Feminina keine Endung *-s* vorkommt. Daß dennoch häufig ein *-s*-Fugenzeichen gesetzt wird, hat folgenden Grund: Als sich die Nachstellung des attributiven Genitivs durchsetzte, wurde das *-s-* vorangestellter Substantivattribute zum Fugenzeichen verallgemeinert und auch auf feminine Bestimmungswörter, vor allem Abstrakta, übertragen *(Liebe-s-dienst, Scheidung-s-grund, Armut-s-zeugnis).* Es sollte bei Zusammensetzungen dieser Art u. a. dazu dienen, die Grenze zwischen Bestimmungswort und Grundwort zu markieren. Daneben mag mitgespielt haben, daß das eingeschobene *-s-* manchmal die Aussprache erleichtert, etwa wenn zwei gleichlautende Konsonanten aufeinander stoßen *(Geburt-s-tag).*

Ansicht-s-karte usw.), ferner nach *Gegenwart-, Unschuld-, Geduld-, Einfalt-, Sorgfalt-, Anstalt-, Bibliothek-, Herberg(e)-, Geschicht(e)-* („[Wissenschaft von der] Vergangenheit').

821

Besonderheiten:

Durch behördliche Sprachregelung ist das Fugen-*s* machmal beseitigt, manchmal erst eingeführt worden (vgl. im BGB *Vermögensteuer, Versicherungsteuer; Schadensersatz*).
Besonders in Österreich ist das Fugen-*s* in stärkerem Maße üblich, z.T. in Übereinstimmung mit süddeutschen Schreibgewohnheiten. Insbesondere sind folgende Varianten zu beobachten: Nach Maskulina und Neutra folgt das Fugen-*s* reihenhaft den Bestimmungswörtern *Gelenk-, Gepäck-, Gesang-, Magazin-, Rayon-, Rind-, Schwein-, Spital-, Unfall-, Zug-* (*Gelenk-s-entzündung, Gepäck-s-aufbewahrung* usw.); ferner in Einzelfällen wie *Abbruch-s-arbeit, Auslaut-s-bezeichnung, Bahnhof-s-restaurateur, Beleg-s-sammlung, Beschlag-s-schlosser, Bestand-s-vertrag* usw. Hinzu kommt die spezielle Zweitgliedregel, daß vor dem Grundwort *Witwe* in Österreich regelmäßig ein Fugen-*s* steht: *Goldschmied-s-witwe, Major-s-witwe* usw. (Dagegen fehlt das Fugenzeichen entgegen sonstigem Gebrauch bei österr. *Tagsatzung.*)
Auch nach Feminina weicht der Schreibgebrauch in Österreich, manchmal in Übereinstimmung mit Süddeutschland, von der sonst geltenden Gebrauchsnorm ab. So steht nach Bestimmungswörtern mit *-nahm(e)* bei Tilgung des auslautenden *-e* immer das Fugen-*s*, das hier sonst nur in wenigen Adjektivbildungen *(ausnahm-s-los, -weise; teilnahm-s-voll, -los)* vorkommt: *Aufnahm-s-prüfung* (statt *Aufnahmeprüfung*), *Einnahm-s-quelle, Übernahm-s-stelle* usw. Nach *Fabrik* und *Werk* lautet die Kompositionsfuge immer *-s- (Fabrik-s-arbeiter, Werk-s-angehöriger)*. Darüber hinaus sind Einzelbildungen wie *Person-s-beschreibung, Heimat-s-pflege, Nationalbank-s-präsident* zu nennen.
In der DDR ist von der Verwaltung die Form *Fünfjahrplan* eingeführt worden (sonst: *Fünfjahresplan*).
In der Schweiz schreibt man ohne das binnendeutsch übliche Fugen-*s* etwa *Auslandmission, Beileidtelegramm, Bahnhofbuffet; Geduldfaden, Abfahrtzeit.*

822

Nach einem Adjektiv

In der Regel steht kein Fugenzeichen. Folgende Sonderfälle sind zu beachten: Wo entgegen den Regularitäten des Sprachgebrauchs, für den die Zusammensetzung zwischen einem Adjektiv auf *-isch* und einem substantivischen Grundwort nur als Ausnahme (z.B. *Kölnischwasser*) existiert, eine Zusammensetzung gewagt wird (mit *chemisch, elektrisch, mechanisch, galvanisch*), fällt die Endung *-isch* aus, und das Fugenzeichen *-o-* tritt an seine Stelle (*Chem-o-therapie, Elektr-o-technik, Galvan-o-, Mechan-o-chemie* usw.); Einzelfälle wie *Optoelektronik, Technostruktur, Italowestern* schließen sich an.
Hier werden auf dem Umweg über Fachsprachen fremdsprachige (insbesondere griechische und lateinische) Wortbildungsmuster wirksam. Im übrigen tritt das Verbindungselement *-o-* vereinzelt auch bei adjektivischen Erstgliedern auf, die nicht mit *-isch* enden (*Brutalowestern*).

823

Zusammensetzungen ohne Fugenzeichen; Doppelformen und Besonderheiten

Das ausführliche Eingehen auf die verschiedenen Fugenzeichen unter 811–822 darf nicht darüber hinwegtäuschen, daß die einfache, nahtlose Verbindung weitaus häufiger ist: Sie findet sich in zwei Dritteln aller Zusammensetzungen; nach

Verben in 88% aller Fälle und nach Adjektiven nahezu ausnahmslos. Da die Fugung mithin kompliziert nur nach Substantiven ist, seien hier die im Hinblick auf ihre nahtlose Verbindung bestimmenden Faktoren zusammengestellt:

1. Von der Beschaffenheit des Grundwortes hängt die nahtlose Verbindung in Wortbildungen mit einem Adjektiv bzw. Adverb bei *-ab, -an, -auf, -aus, -ein, -wärts, -mals* und *-fach* ab (vgl. 813).

2. Häufig wird das Bestimmungswort entscheidend, und zwar
a) durch seine Herkunft: Fremdwörter, die kein erkennbares Suffix haben, nehmen selten ein Fugenelement zu sich *(Tenorstimme, Dialektdichter, Akzentverschiebung).*
b) durch seine Lautgestalt, besonders den (konsonantischen) Auslaut: Ohne Fugenzeichen stehen z. B. viele Bestimmungswörter, die auf [ʃ], [s], [ts] und [st] ausgehen *(Gefäßsystem, Geräuschkulisse, Krebsgang, Platznachbar, Lastwagen* usw.). Gegenbeispiele finden sich besonders dann, wenn die Bedeutung der Zusammensetzung ein pluralisches Verständnis des mit dem Bestimmungswort Gemeinten nahelegt *(Zins-en-berechnung, Mast-en-wald, Instanz-en-weg).*
c) durch seine Silbenstruktur: Einsilbige Feminina gehen gewöhnlich nahtlose Verbindungen ein; die Fugenzeichen *-e-* bzw. *-en-* stehen fast ausschließlich bei Zusammensetzungen, deren Bedeutung einen Bezug auf die Mehrzahl des im Bestimmungswort Genannten voraussetzt. Obwohl bei einsilbigen Maskulina und Neutra keine entsprechende Regularität zu beobachten ist, besteht immerhin auch bei ihnen eine Tendenz zur nahtlosen Verbindung.
d) durch seine Formenbildung:
– Nach Adjektiven und Partikeln steht kein Fugenzeichen *(Gegenbeispiel, Vorwort, Außenminister, Nichtangriffspakt).*
– Wo – bei Substantiven – keine Pluralform in Gebrauch ist, wo sie mit *-s* gebildet wird oder wo Singular und Plural übereinstimmen, erfolgt die Zusammensetzung gewöhnlich nahtlos.[1]
– Wenn – bei Substantiven – der Genitiv Singular keine Flexionsendung aufweist, wird dadurch die nahtlose Verbindung mit dem Grundwort gefördert. (Zur Bedeutung der Flexionsklasse für die Fugenwahl vgl. allgemein 812.)
e) durch seine Bedeutung: Hier spielt vor allem die unter b und c genannte Bedingung eine Rolle, daß die Bedeutung der Zusammensetzung einen Bezug auf die Mehrzahl des im Bestimmungswort Genannten voraussetzt.

Doppelformen sind vor allem landschaftlich bedingt: So kennt z. B. das Österreichische (z. T. auch das Süddeutsche) etwa *Schweins-, Rindsbraten, Kindsmutter* und *Toiletteartikel, -raum* neben binnendeutschem *Schweinebraten, Rinderbraten, Kindesmutter* und *Toilettenartikel, -raum* (vgl. 815 ff.).

Für Doppelformen dieser Art lassen sich – bis auf wenige Ausnahmen – keine grammatischen Regeln formulieren; hier kann in jedem einzelnen Fall nur das Wörterbuch Auskunft geben.

Nur ausnahmsweise entspricht fugenbedingten Doppelformen ein Bedeutungsunterschied, wie es etwa bei *Storchschnabel* (‚Zeichengerät‘) – *Storchenschnabel* (‚Schnabel des Storchs‘) der Fall ist.

Stilistische Differenzierungen kommen dagegen bei Doppelformen häufiger vor; vgl. *Mondschein – Mondenschein, Mainacht – Maiennacht,* wo die Bildungen mit *-en-* stärker rhythmisiert sind. Dasselbe gilt für manche Zusammensetzungen mit *-(e)s*-Fuge:

> Fest-es-freude, -jubel, -stimmung gegenüber Festfreude usw.; Eis-es-kälte, Berg-es-gipfel, -höhe, -zinne, Mond-es-glanz, -licht, Kreuz-es-tod, -zeichen.

---

[1] Abweichungen mit Fugen-*s*- sind hier manche Bestimmungswörter auf *-el (Teufel-, Handel-, Adel-), -en (Examen-, Frieden-, Segen-, Schrecken-, Orden-* sowie alle substantivierten Infinitive; vgl. 820) und *-er (Henker-, Freier-, Müller-).*

Gegenüber den Regularitäten, nach denen ein Fugenzeichen in zweigliedrigen Zusammensetzungen Bestimmungs- und Grundwort trennt, ist bei mehrgliedrigen Zusammensetzungen nur die Abweichung zu verzeichnen, daß hier manchmal ein Fugen-*s* steht, wo es bei den zweigliedrigen Bildungen fehlt (vgl. *Bahnhofsbeamter – Hofbeamter, Mitternachtsstunde – Nachtstunde, Jahrmarktsbude – Marktbude*). Diese Verwendung der -*s*-Fuge ist auch bei einer Reihe von Präfixkomposita zu beobachten (vgl. *Sichtfeld – Gesichtsfeld, Steinbrocken – Gesteinsbrocken, Zugkraft – Anzugskraft, Triebkraft – Antriebskraft, Druckstelle – Eindrucksstelle*).[1] Vereinzelt gibt es bei der Fugensetzung auch den Fall, daß sich das Fugenzeichen nach Art einer Flexionsendung ändert. Adjektivische Bestimmungswörter werden dabei so flektiert, als ob sie in einer Satzkonstruktion stünden:

> der Hohepriester – die Hohenpriester – ein Hoherpriester; das Hohelied – des Hohenliedes – ein Hoheslied; der Dummejungenstreich, des Dummenjungenstreiches, ein Dummerjungenstreich; „Fortführung des Schnellen-Brüter-Projekts" (Tiroler Tageszeitung).

---

824 | 3.2 Der Zusatz von Präfixen und Halbpräfixen

Wie bei der Verbbildung dient auch die einfache Präfigierung von Substantiven nur der – gewöhnlich – reihenhaft geprägten Bedeutungsabwandlung (semantischen Modifikation), während grammatischer Stellenwert (Wortart und -klasse) und Bezeichnungskategorie (z. B. Personen-, Tier-, Sach-, Abstraktbezeichnung) der substantivischen Grundwörter in der Regel unverändert bleiben:

> (Präfixe:) Ex-/Vizebürgermeister, Miß-/Fehlgriff, Unsumme; (Halbpräfixe:) Altkanzler, Riesensumme, -spaß, Heidenlärm, -angst, Höllenqualen, Mordsglück.

Dabei zeigen umgangssprachliche Bildungen wie *Mordsglück* usw., daß mit der Präfigierung bisweilen nicht allein eine semantische, sondern auch eine stilistische Modifikation verbunden ist.

---

825 | 3.3 Die Substantivableitung

Neben der einfachen Ableitung mit Suffixen wie -*ung*, -*(er)ei* und Halbsuffixen wie -*werk*, -*zeug* ist die kombinierte Präfixableitung nur mit einem einzigen Muster an der Substantivbildung beteiligt: Das Präfix *Ge*- kann als Bestandteil des alten Ableitungsmusters Präfix + -*e*-Suffix an der Umwandlung (Transposition) von Verben in Substantive (vgl. *tosen – Ge-tös-e*) mitwirken. Umlaut ist dabei heute nur noch bei 10% der (Abstrakt)bildungen vorhanden, und zwar fast nur bei denen ohne -*e*-Suffix (vgl. *Ge-spött, Ge-zänk* gegenüber *Ge-frag-e, Ge-lauf-e*). Dieses Suffix fehlt zum Teil aus lautlichen Gründen (manchmal nach Verschlußlaut, durchgehend nach [r] und [l]: *Ge-zappel, Ge-wieher*), zum Teil aus semantischen (vgl. 846).[2] Zu den einfachen Suffix- und kombinierten Präfixableitungen gesellen sich bei der Substantivbildung zahlreiche Ableitungen ohne Suffix, die sogenannten im-

---

[1] Weitere Beispiele bei S. Žepić: Morphologie und Semantik der deutschen Nominalkomposita. Zagreb 1970, S. 53 f. Eine feste Fugungsregel („Zweimorphemregel") läßt sich aus diesen Befunden allerdings nicht ableiten, nur eine Formtendenz.

[2] Von den vergleichbaren Kollektivbildungen aus Substantiven weisen im heutigen Deutsch nur noch wenige das -*e*-Suffix auf (z. B. *Ge-länd-e*); dagegen steht der Umlaut noch fast regelmäßig (z. B. *Gesträuch*).

pliziten oder Nullableitungen (vgl. 844). So entstehen z. B. durch die Bildung von *Lauf* aus *laufen* oder *Erwerb* aus *erwerben* in gleicher Weise Substantive aus Verben wie durch die Anfügung des Suffixes *-(er)ei (Lauf-erei)* oder *-ung (Erwerbung)*. Bei Ausgangsverben, deren Zeitformen mit Ablaut gebildet werden (vgl. 207), erscheint dieser z. T. auch in den entsprechenden Kurzformen *(werfen/Wurf, finden/Fund)*. Den Nullableitungen gehören nicht nur Maskulina an, sondern auch Feminina *(heiraten/Heirat, rasten/Rast)* und einige Neutra *(baden/Bad, leiden/Leid)*; sie konkurrieren mit den entsprechenden substantivierten Infinitiven (z. B. *das Laufen/der Lauf, das Werfen/der Wurf)*.

Berücksichtigt man neben dem bisher zur Substantivableitung Gesagten die einleitenden allgemeinen Ausführungen zur Wortbildung mit Suffixen und Halbsuffixen (vgl. 713 f.), wonach die Ableitung entweder der semantischen Abwandlung (Modifikation; *Kind – Kindchen;* vgl. 826 ff.) oder auch der (grammatischen) Umwandlung (Transposition) in eine andere Wortart *(reisen – Reise;* vgl. 836 f.) oder Wortklasse (mit Festlegung von Genus, Flexionsklasse und Pluralfähigkeit: z. B. *das Kind – die Kindheit;* vgl. 838) dient,[1] dann läßt sich folgende Übersicht aufstellen:

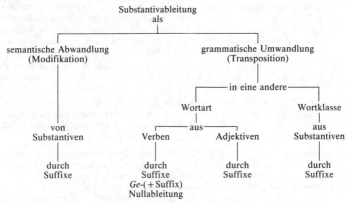

3.4 Die Funktionen der Präfix- und Suffixbildungen   826

3.4.1 Die semantische Abwandlung (Modifikation)

Die (Halb)suffixe und (Halb)präfixe der semantischen Abwandlung (Modifikation) tragen zur Bildung folgender Substantivgruppen bei:

Diminutivbildungen (Verkleinerungsbildungen)   827

Bei dieser Gruppe von Substantiven geht es nicht nur um eine Bedeutungsabstufung im Sinne von ‚klein‘, die der Begriff *diminutiv* nahelegt, sondern zugleich um

---

[1] Dabei tragen zur Transposition Suffix-, kombinierte Präfix- und Nullableitung bei, zur Modifikation dagegen im allgemeinen nur die Suffixableitung.

den Ausdruck einer Einstellung, persönlichen Beziehung oder Einschätzung als ‚bekannt', ‚vertraut' o. ä., wodurch viele Bildungen eine emotionale Bewertung erfahren.

Die am häufigsten gebrauchte Diminutivendung ist heute *-chen*[1]:

> Häuschen, Bübchen, Töchterchen, Städtchen, Pferdchen.

Demgegenüber ist das Suffix *-lein* ursprünglich oberdeutsch[2] und heute nur in einzelnen Textarten (z. B. Märchen, Lyrik, geistliche Prosa) allgemeiner verbreitet:

> Lämmlein, Kindlein, Mücklein.

Sonst wird nach Wörtern, die auf *-g* oder *-ch* ausgehen, eher *-lein (Zwerglein, Bächlein)*, nach solchen auf *-l* eher *-chen (Spielchen)* verwendet.

Daneben gibt es, besonders in der nord- und mitteldeutschen Umgangssprache, das Doppelmorphem *-el-chen,* das in Analogie zu Bildungen wie *Beutelchen* (wo *-el* zum Stamm gehört) zu Ableitungen wie

> Bächelchen, Tüchelchen, Sächelchen, Ringelchen

führt.[3]

Schließlich ist hier auch das Suffix *-i* anzuführen, das – abgesehen vom mundartlichen Bereich (vgl. *Weibi, Käppi, Äugi)* – besonders bei der Bildung hypokoristischer (zärtlicher) Anredeformen aus Vornamen *(Fritzi)* und Gattungsbezeichnungen *(Schatzi)* und im gruppensprachlichen Bereich produktiv ist, meistens in Verbindung mit einer Kürzung des Ausgangswortes:

> Rudi aus Rudolf, Mutti aus Mutter, Vati aus Vater; Harti aus Reinhard, Gitti aus Brigitte; Ami aus Amerikaner, Knacki aus Knacker, Molli aus Molotowcocktail, Wessi (DDR) aus Westdeutsche(r).

Diminutivbildungen mit dem Suffix *-ette (Stiefelette, Sandalette),* dem Präfix *Mini- (Minipreis, Ministaubsauger, Minibus)* und dem Bestimmungsglied *Liliput- (Liliputformat)* kommen ergänzend hinzu, allerdings weitgehend ohne die bei den anderen Verkleinerungsformen übliche emotionale Bewertung.

In semantischer Hinsicht ist bemerkenswert, daß im allgemeinen nur Personen- und Sachbezeichnungen verkleinert werden, Abstrakta dagegen nur vereinzelt in Redewendungen *(sein Mütchen kühlen, ein Schläfchen halten).*

Morphologisch ist auf folgende Besonderheiten hinzuweisen:

Zunächst einmal zeigen Beispiele wie *Jüng-ling* und *Bot-in,* daß bereits vorhandene Ableitungsmorpheme die Anfügung eines Diminutivsuffixes verhindern können. Daß dieses im allgemeinen[4] einen Umlaut im Grundwort zur Folge hat, belegen

> Mäuerchen, Stübchen, Lämmlein usw.

Während die Endung *-e* vor einem Diminutivsuffix ausgestoßen wird *(Hase/Häschen, Summe/Sümmchen),* bleibt *-er,* soweit es schon zum Singular gehört, erhalten *(Reiter/Reiterlein)*; als Pluralendung steht es dagegen nur in einzelnen affektiven Bildungen *(Kinderchen/-lein, Dingerchen).* Wieder anders verhält sich *-el,* das nur vor *-chen* erhalten bleibt *(Beutelchen, Kügelchen),* vor *-lein* aber im allgemeinen ausgestoßen *(Spieglein)* oder doch verkürzt *(Eselein)* wird.

---

[1] Niederd. *-(s)ken,* z. B. *Stücksken.*

[2] Vgl. schwäb. *-le,* schweiz. *-li,* bayr.-österr. *-el, -erl,* thüring.-sächs. *-el,* schles. *-la, -le (Vögele, Müsli, Hunderl* usw.).

[3] Als alleiniges Mittel der Diminutivbildung kommt *-el* in der Schriftsprache nur vereinzelt und weitgehend lexikalisiert vor (vgl. *Knöchel* zu *Knochen).* Diese Lexikalisierung zeigen auch Bildungen wie *Kaninchen, Mädchen, Fräulein, bißchen,* die entweder den Bezug zu ihren Ausgangswörtern verloren oder eine spezielle Bedeutung angenommen haben.

[4] Eine Ausnahme machen nur manche Wörter auf *-er* wie *Talerchen* und *Luderchen.*

Die Endung *-en* schließlich wird bei der Verkleinerungsbildung meist getilgt *(Garten/Gärtchen, Faden/Fädlein)* oder in *-el* verwandelt *(Wagen/Wägelchen)*.

Augmentativbildungen (Vergrößerungsbildungen)

Wie bei den Diminutiva sind mit der Größeneinstufung durch Augmentativa oft zusätzlich bewertende und die Anteilnahme des Sprechers/Schreibers weckende Komponenten verbunden. Sie dienen daher oft primär dem kommunikativen Zweck, etwas dem Hörer/Leser als besonders beeindruckend oder wichtig vor Augen zu führen. Im Deutschen sind es (im Unterschied zu den verschiedenen Augmentativsuffixen in den romanischen Sprachen) vereinzelt Präfixe, im wesentlichen aber Halbpräfixe, die diese Aufgabe erfüllen:

Un- ‚unzählbar, unübersehbar': nur in *Unmenge, -summe, -zahl.*

Super- ‚überragend, sehr groß, wichtig': *Superathlet, Superleistung, Superfilm, Supermacht;* manche Bildungen sind direkt aus dem Englischen übernommen *(Supermann).*

Über- ‚zu groß, hoch': besonders in Verbindung mit Abstrakta in *Überfülle, -angebot, -eifer* (im Unterschied zu der räumlichen Bedeutung in *Überrock, -kleid).*

Erz- ‚groß, unverbesserlich': neben neutralen Rangbezeichnungen wie *Erzherzog, Erzbischof* in Verbindung mit Personenbezeichnungen meist negativ bewertend *(Erzgauner, -heuchler).*

Riesen- ‚sehr groß, riesig': insbesondere mit Tier-, Pflanzen-, Sach- und Abstraktbezeichnungen aller Art *(Riesenhirsch, -tanne, -kran, -erfolg* usw.). Neben den zum Teil umgangssprachlichen Bildungen, die eine (meist positive) Sprecherwertung vermitteln, gibt es in Disziplinen wie Zoologie, Botanik, Astronomie und Sport auch hierhergehörende neutrale Fachausdrücke wie *Riesenschlange, Riesenbovist, Riesentorlauf, Riesenstern.*

Spitzen- ‚größt-, höchst-, ausgezeichnet, sehr groß': besonders mit Abstrakt-, Sach- und Personenbezeichnungen *(Spitzengeschwindigkeit, -leistung, -film, -gehalt, -sportler, -mannschaft* usw.).

Deutlich emotional verstärkend wirken auch die folgenden, teilweise umgangssprachlichen Halbpräfixe:

Bombengehalt, *-geschäft, -erfolg, -besetzung;*
Heidenlärm, *-respekt, -arbeit, -spaß;*
Höllenlärm, *-angst, -tempo, -durst;*
Mordsangst, *-arbeit, -freude, -ärger, -appetit;*
Affenschande, *-tempo, -hitze;*
Pfundskerl, *-idee, -stimmung.*

Ansätze zu vergleichbarer Reihenbildung zeigen sich auch bei
Mammutbetrieb, *-konzern;*
Marathonrede, *-sitzung;*
Biereifer, *-ernst.*

Entlehnt sind bei vergleichbarer Bedeutung die Morpheme
Monsterprogramm, *-prozeß;*
Toplage, *-ausstattung.*

Anschließen lassen sich hier einige Bildungen, deren augmentative Bewertung mit einer speziellen Bedeutung verbunden ist, wie etwa *Blitz-* mit ‚überaus schnell' *(Blitzaktion, -gespräch, -krieg)* und *Ur-* mit ‚ganz ursprünglich, urzeitlich' *(Urzeit, Urform, Urgestein, Urbeginn). Haupt-* (‚hauptsächlich, wichtig') und *Neben-* (‚untergeordnet, schwächer') heben Wichtiges und weniger Wichtiges voneinander ab *(Haupt-/Nebenmotiv, -beruf, -anschluß, -altar), Grund-* fügt einer Bildung das Merkmal ‚zugrunde liegend' hinzu *(Grundprinzip, -bedeutung, -haltung, -tendenz).*

---

829 **Movierungen (Motionsbildungen)**

Zur Bildung femininer Substantive zu maskulinen, oft als „generisch" (gattungs- und nicht geschlechtsbezogen) bezeichneten Personenbezeichnungen (auch Tier- bezeichnungen)[1] wird heute fast nur das (in den meisten Fällen Umlaut auslösen- de) Suffix *-in* verwendet[2]:

> Ärztin, Linguistin, Bäuerin, Arbeiterin, Göttin, Störchin; (ohne Umlaut:) Botin, Gattin, Genossin, Malerin, Mohrin, Patin, Russin usw.

Zu fremdwörtlichen (maskulinen) Berufsbezeichnungen auf *-eur* gibt es daneben einige Feminina auf *-euse (Masseuse, Friseuse, Kommandeuse)*. Die Suffixe *-ine (Heroine)* und *-ice (Direktrice)* kommen nur in einzelnen Wörtern vor.[3]
Daneben ist im heutigen Deutsch verstärkt die Tendenz zu beobachten, für die Bedürfnisse der modernen Arbeitswelt geschlechtsneutrale Berufsbezeichnungen zu bilden. Dazu dienen vor allem das Halbsuffix *-kraft (Kassenkraft* neben *Kas- sierer/Kassiererin, Hilfskraft* neben *Helfer/Helferin)* und Abstrakta in konkreter Verwendung *(Hilfe* für *Helfer/Helferin* und *Bedienung* für eine bedienende Per- son beiderlei Geschlechts).

---

830 **Kollektivbildungen**

Als Modifikationsbildungen lassen sich die Kollektiva insoweit ansehen, als eine Ersatzprobe mit der Pluralform des Ausgangssubstantivs möglich ist (vgl. *Lehrer- schaft/die Lehrer).*
Zahlreiche Ableitungen bezeichnen Personengruppen. Gebildet sind sie oft mit *-schaft (Beamten-, Bürgerschaft), -tum (Bürger-, Christentum)* und *-heit (Mensch-, Christenheit);* umgangssprachlich auch mit *-leute (Nachbarsleute)* und *-volk (Wei- ber-, Männervolk).*
Kollektive Sachbezeichnungen werden in erster Linie mit *Ge-(+-e) (Geäst, Ge- wölk, Gelände;* vgl. 846) und *-werk (Ast-, Busch-, Wurzel-, Regelwerk)* gebildet, umgangssprachlich manchmal mit *-zeug (Lumpenzeug)* und fachsprachlich zuwei- len mit *-gut (Namengut ‚die Namen', Ideengut* usw.) und *-material (Zahlen-, Fak- tenmaterial).*
Die Bildungen mit *-wesen* dienen demgegenüber zur umfassenden Bereichsbe- zeichnung, insbesondere in der modernen Verwaltungssprache *(Zoll-, Vermes- sungs-, Planungs-, Bauwesen).* Sie stehen ganz für sich.

---

831 **Soziativbildungen**

Bildungen dieser Art, die eine Person als Partner von jemandem charakterisieren, kommen nur ganz vereinzelt vor. Sie sind mit *Ko- (Koautor, -pilot)* oder *Mit- (Mit- bürger, -mensch)* gebildet.

---

[1] Movierte Maskulina gibt es kaum; vgl. Tierbezeichnungen auf *-erich (Enterich, Gänserich, Mäuse- rich).*
[2] Früher wurde *-in* zur Bezeichnung weiblicher Personen häufig auch an Familiennamen angehängt *(Luise Millerin* [Schiller], *die Karschin, die Neuberin).* Heute begegnen solche Bindungen nur noch in der (scherzhaften) Umgangssprache *(die Müllerin, die Preußin),* vielfach lautlich abgeschwächt *(die Schul- zen, die Schmidt[e]n, die Rödern).*
[3] Mundart und Umgangssprache kennen noch andere, teilweise abwertende Endungen wie *-sche (die Krügersche), -se (die Tippse).*

Negationsbildungen

Abstrakta werden manchmal durch die Präfixe *Un- (Unlust, -ordnung, -glück, -kenntnis)* und – teilweise damit konkurrierend – *Miß- (Mißbehagen* neben *Unbehagen, Mißgunst, -achtung, -vergnügen)* oder *In- (Inhomogenität, Intoleranz)* negiert. Bei den entsprechenden Bildungen mit *Nicht- (Nichtachtung, -wissen)* gibt es auch einige Personenbezeichnungen *(Nichtchrist, -fachmann, -mitglied);* sie sind teilweise aus Wortgruppen abgeleitet (z. B. *Nichtraucher* aus *nicht rauchen, Nichtstuer* aus *nichts tun).*

Taxative Bildungen

Nicht der Negation, sondern einer taxierenden Bewertung im Sinne von ‚falsch, verkehrt, schlecht, schlimm' dienen *Un-* und *Miß-* in Bildungen wie *Unsitte* und *Untat, Mißwirtschaft* und *Mißstimmung; Fehl-* erfüllt in *Fehlentscheidung, -zündung, -schluß* eine ähnliche Funktion. *Mist- (Mistwetter, -stück), Malefiz- (Malefizkerl, -lump), Lause- (Lausebengel)* und *Allerwelts- (Allerweltsthema)* gehören der Umgangssprache an.
Einschätzungen lobender Art vermitteln dagegen Erstglieder wie *Parade- (Paradestück, -beispiel), Traum- (Traumberuf, -paar), Fabel- (Fabelpreise)* und *Lieblings- (Lieblingsmelodie, -speise).*

Rollenbezeichnungen

Präfixe und Halbpräfixe wie *Alt-, Ex-, Vize-* können in Verbindung mit Berufsbezeichnungen o. ä. auch zur genaueren Positions- und Rollenbestimmung herangezogen werden:

Altbürgermeister, -präsidentin; Exgattin, -general; Vizemeisterin, -konsul.

Fachsprachliche Bildungen mit spezifischer Bedeutung

In den Fachsprachen sind es besonders folgende (Halb)präfixe, die reihenhaft semantisch modifizierend verwendet werden[1]:

(Halb)präfix	Bedeutung	Beispiele
Allo-	‚anders, verschieden'	*Allophon, Allomorph*
Anti-	‚gegen'	*Antizyklone, Antikörper, Antiklopfmittel*
Auto-	‚selbst, ohne fremde Wirkung'	*Autokinese, Autoxydation, Autokatalyse*
Epi-	‚auf, darüber, darauf (örtl. u. zeitl.), bei, (da)neben'	*Epizentrum, Epigenese*
Gegen-	‚entgegengesetzt, gegenüber'	*Gegendruck, Gegenpol*
Hyper-	‚über, über … hinaus, übermäßig'	*Hyperphosphat, Hypermetamorphose*

---

[1] Ausführlicher in: Deutsche Fachsprache der Technik. Ein Ratgeber für die Sprachpraxis. Hg. v. einem Autorenkollektiv. Leipzig 1975, S. 100ff.

(Halb)präfix	Bedeutung	Beispiele
Hypo-	‚(dar)unter, unterhalb des Normalen‘	*Hypochlorit, Hypozentrum*
Infra-	‚unter(halb)‘	*Infratest, Infraschall*
Iso-	‚gleich‘	*Isobare, Isoamplitude*
Makro-	‚groß‘	*Makrogefüge, Makromolekül*
Mega-	‚sehr groß‘; vor (physik.) Maßeinheiten ‚eine Million mal (so groß)‘	*Megahertz, Megawatt*
Meta-	‚jenseits, später‘	*Metasprache, Metakritik*
Mikro-	‚sehr klein‘; vor (physik.) Maßeinheiten ‚ein Millionstel der betreffenden Einheit‘	*Mikrowellen, Mikrosekunde*
Neo-	‚neu, erneuert‘	*Neodarwinismus, Neoklassizismus*
Per-	‚durch, über-, höher‘	*Perchlorat, Perborat*
Poly-	‚viel, mehrere‘	*Polyvalenz, Polyfunktion*
Pseudo-	‚scheinbar, unecht‘	*Pseudolegierung, Pseudoarthrose*
Rück-	‚zurück‘	*Rückfracht, Rückfahrt*
Semi-	‚teilweise, halb‘	*Semivokal, Semifinale*
Sub-	‚unter(halb von)‘	*Subtangente, Subkultur*
Über-	‚über das Normale hinaus‘	*Überproduktion, Überdruck*
Ultra-	‚über … hinaus, äußerst‘	*Ultraschall, Ultrakurzwellen*
Unter-	‚unterhalb des Normalen‘	*Unterdruck, Untergewicht*

836

3.4.2 Die grammatische Umwandlung (Transposition)

Die Transposition, durch die ein Wort grammatisch (und semantisch) umgewandelt, in eine andere Wortart *(schreiben – Schreib-er)* bzw. -klasse *(der Nachbar – die Nachbar-schaft)* überführt wird, trägt in viel größerem Umfang zur Substantivableitung bei als die (semantische) Modifikation *(Schreiber – Schreiber-ling;* vgl. 827 ff.). Sie erfolgt in erster Linie durch Suffigierung (vgl. neben *Schreib-er* auch *Schreib-ung, Schreib-erei, Schreib-e),* aber auch durch Nullableitung (z. T. mit Ablaut: *schreiben – der Schrieb)* und kombinierte Präfixableitung mit Ge-(+-e) *(Geschreibe).*

Der Anteil der drei Hauptwortarten an der Bildung von Substantivableitungen im Sinne der Transposition ist verschieden: Meistens ist (wie bei *schreiben)* ein Verb das Ausgangswort, oft auch ein Adjektiv, dagegen nur bei wenigen Gruppen ein Substantiv (wobei das Suffix nicht die Wortart, sondern die Wortklasse des Ausgangswortes verändert).

Die auf der Transposition beruhenden Substantivableitungen lassen sich durch Satzkonstruktionen erklären und von daher in zwei Gruppen einteilen: Abstrakta, die (1) Prädikatsinhalte,[1] und Konkreta, die verschiedene (2) Satzgliedinhalte[2] thematisch verdichten. Im einzelnen erfüllen sie folgende Bezeichnungsaufgaben:

---

[1] Vgl. *K. prüft P. – Die Prüfung von P. durch K. …*
[2] Vgl. *K. prüft P. – Prüfer K.* (=Subjektinhalt)/*Prüfling P.* (=Objektinhalt).

	Substantivableitungen für	wie	bezeichnen vor allem
Abstrakta	(1) Prädikatsinhalte	*Prüf-ung* *Klug-heit*	Vorgänge, Handlungen (Nomina actionis), Eigenschaften, Zustände, Verhalten und Verhältnisse (Nomina qualitatis)
Konkreta	(2a) Subjektinhalte	*Prüf-er* *Leucht-er*	Lebewesen, insbesondere Personen, vereinzelt auch Sachen (Nomina agentis)
	(2b) Objektinhalte	*Prüf-ling* *Erzeug-nis*	vereinzelt Personen (Nomina patientis), sonst Gegenstände (Produkte) und Stoffe (Nomina facti)[1]
	(2c) instrumentale Adverbialinhalte	*Bohr-er* *Ge-hör*	Gegenstände (Geräte, Materialien), Organe (Nomina instrumenti)
	(2d) lokale Adverbialinhalte	*Näh-erei* *Sultan-at*	Arbeitsstätten (Nomina loci), Zuständigkeitsbereiche[2]

Bei der Ableitung aus Verben können Substantive (Verbalsubstantive) aller fünf Bezeichnungsklassen entstehen, allerdings nie alle zu dem gleichen Ausgangswort:

837

Ausgangs-verben	Substantivableitungen für				
	Prädikats-inhalte (1)	Subjekt-inhalte (2a)	Objekt-inhalte (2b)	instrumentale Adverbial-inhalte (2c)	lokale Adverbial-inhalte (2d)
etw. lesen	Lesung	Leser			
etw. schreiben	Schreibung Geschreibe Schreiberei	Schreiber	Geschreibsel	(Kugel)schreiber	
etw. hören		Hörer		Gehör	
jmdn. prüfen	Prüfung	Prüfer	Prüfling		
etw. backen	Backerei	Bäcker	Gebäck		Bäckerei
etw. isolieren	Isolation Isolierung	Isolierer		Isolator	
etw. lehren	Lehre	Lehrer	Lehrling		
jmdn./etw. senden	Sendung	Sender	Sendling		

Lücken werden auf dreierlei Weise geschlossen:
Bei den ersten drei Bezeichnungsklassen durch Substantivierung, und zwar bei (1) durch substantivierte Infinitive (vgl. 700), die einen Vorgang bezeichnen (z. B. *das Hören*); bei (2a) durch substantivierte 1. Partizipien, die einen Urheber (Agens) bezeichnen (z. B. *der/die Isolierende*); bei (2b) durch neutrale substantivierte 2. Partizipien, die das Ergebnis der im Verb genannten Tätigkeit bezeichnen (z. B. *das Gelesene*), und durch personenbezeichnende substantivierte Maskulina und Feminina (z. B. *der/die Erhörte;* vgl. 702).
Lücken der Spalten (2a)–(2d) können ferner durch eine Bezeichnungsverschiebung bei den schon abgeleiteten Wörtern ausgefüllt werden: So wird in Fachspra-

---

[1] Auch Nomina acti genannt. Zu diesen Ausdrücken aus der lateinischen Schulgrammatik vgl. G. Kramer: Zur Abgrenzung von Zusammensetzung und Ableitung. In: Beiträge zur Geschichte der deutschen Sprache und Literatur (Halle) 84 (1962), S. 406–438.
[2] Auch Nomina muneris genannt.

chen *Leser* (2a) auch für ein Instrument ([2c], ‚Lesegerät') gebraucht, *Geschreibe* (1) umgangssprachlich auch für ‚das Geschriebene' (2b), *Isolierung* (1) auch für ‚Isoliermaterial' (2c), *Sendung* (1) auch für ‚das Gesendete' (2b) und *Sender* (2a) auch für ein Sendegerät (2c) und den Sendeort (2d). Durch solche Verschiebung entstehen „sekundäre" Bildungen mit Subjekt-, Objekt-, Mittel- und Ortscharakterisierung.

Schließlich dienen zur Ergänzung fehlender Bildungen – hauptsächlich in den Spalten (2b)–(2d) – auch Zusammensetzungen mit dem jeweiligen Ausgangsverb als Bestimmungswort und einem Substantiv von allgemeiner, weiterer Bedeutung als Grundwort; vgl. zu *lesen* etwa *Lesestoff* (2b), *Lesegerät* (2c), *Lesesaal* (2d), zu *schreiben* etwa *Schreibgerät* (2c) und *Schreibstube* (2d), zu *senden Sendeanlage* (2c) und *Sendestation* (2d).

838 Die Ableitungen aus Substantiven verteilen sich auf folgende Bezeichnungsklassen:

Ausgangssubstantive	Substantivableitungen für		
	Prädikatsinhalte (1)	Subjektinhalte (2a)	lokale Adverbial-inhalte (2d)
Kind	Kindheit		
Freund	Freundschaft		
Nachbar	Nachbarschaft		
Herzog			Herzogtum
Käse			Käserei
Ziegel			Ziegelei
Gitarre		Gitarrist	
Schlagzeug		Schlagzeuger	
Harfe		Harfner	

Eine Möglichkeit, die Lücken ähnlich wie bei den Ableitungen aus Verben durch grammatische Mittel zu ergänzen, gibt es nicht. Auch Bezeichnungsverschiebungen zu „sekundären" Subjekt- oder Orts- bzw. Raumbezeichnungen kommen selten vor. So wird etwa *Nachbarschaft* zuweilen auch als Bezeichnung für den Bereich, in dem Nachbarn wohnen, gebraucht (*In meiner Nachbarschaft* [= *im Nachbargebiet*] *wird gebaut*; [2d]), *Herzogtum* manchmal auch abstrakt für die Funktion, die Rolle eines Herzogs (1). Zusammensetzungen ergänzen Spalte (1) nur ausnahmsweise *(das Kindsein)*, die Spalten (2a) und (2d) dagegen reihenhaft (*Gitarren-/Schlagzeug-/Harfenspieler, Käse-/Ziegelfabrik* usw.).

839 Die Substantivableitungen aus Adjektiven verteilen sich auf nur zwei Bezeichnungsklassen:

Ausgangsadjektive	Substantivableitungen für	
	Prädikatsinhalte (1)	Subjektinhalte (2a)
frech	Frechheit	Frechling
schwach	Schwachheit, Schwäche	Schwächling
fanatisch	Fanatismus	Fanatiker
neu	Neuheit	Neuling
grob	Grobheit	Grobian
eng	Enge	

Ergänzt werden diese Ableitungen bei (2 a) systematisch durch die Substantivierung von Adjektiven (*der/die Freche, Schwache;* vgl. 702); oft durch (konkretisierende) Bezeichnungsverschiebung (etwa von *Frechheit* im Sinne von ‚freches Benehmen, Frechsein' zu ‚freche Äußerung, Handlung' in Verbindungen wie *Frechheiten sagen/tun*)[1]; und manchmal durch Zusammensetzungen des Typs (Ausgangs)adjektiv + Substantiv (vgl. *Neuschöpfung* neben *Neuheit, Engstelle* neben *Enge;* vgl. 804 ff.).

Abstrakta

840

Syntaktisch besteht die Gemeinsamkeit hierhergehörender Substantivableitungen wie *Breite, Freiheit, Verbreiterung* und *Befreiung* darin, daß sie alle Prädikatsinhalte verdichten *(... ist breit/frei, ... wird verbreitert/befreit);* da sie sich inhaltlich auf Nichtgegenständliches, Abstraktes beziehen, werden sie Abstrakta genannt.

Verbalabstrakta

Vorgangs- und Handlungsbezeichnungen aus Verben

841

An der Ableitung dieser auch Nomina actionis genannten Handlungs-, Vorgangs- und Ereignisbezeichnungen sind heute neben den Suffixen *-e (Such-e)* und *-er (Seufz-er)* vor allem die Suffixe *-ung* und *-(er)ei* sowie die kombinierte Präfixableitung *Ge-* (in Verbindung mit dem Suffix *-e*) produktiv beteiligt:

> Grabung, Graberei, Lauferei, Gelaufe usw.

Sie ergänzen den vorhandenen Bestand an Abstrakta, zu denen neben Ableitungen mit den genannten Suffixen vor allem die reihenhaften Nullableitungen gehören:

> (mask.:) Erwerb, Lauf, Wurf (zu werfen), Ritt (zu reiten); (fem.:) Rast, Trauer; (neutr.:) Lob.

Hinzu kommen ferner einzelne Bildungen mit *-nis (Empfängnis)* und Lehnsuffixen *(Manipulation, Reparatur, Massage, Bombardement).* Sie alle haben substantivierte Neutra neben sich (vgl. *das Graben* neben *Grabung* und *Graberei).*
Rein zahlenmäßig sind die meisten Verbalabstrakta mit dem Suffix *-ung* gebildet; in abnehmender Häufigkeit folgen die substantivierten Infinitive (vgl. 700), die maskulinen Nullableitungen *(Sprung* usw.), die Ableitungen mit „frequentativem" (eine Wiederholung, ein Andauern beinhaltendem) Aspekt nach dem Muster *Springerei* und *Gespringe* und schließlich die Bildungen der Muster *Manipulation* und *Pflege.* Alle anderen Bildungsweisen bleiben im Durchschnitt unter einem Prozent. Dabei richtet sich die Häufigkeit auch danach, mit welchen Verbgruppen die Suffixe gewöhnlich verbunden werden und mit welchen nicht. So ergibt sich für die Frage, ob und wie aus Verben, die bereits Wortbildungen darstellen, Abstrakta abgeleitet werden können, etwa folgender Befund[2]:

---

[1] Manche der hierhergehörenden Substantivableitungen werden überhaupt nur (noch) in dieser „sekundären" Weise konkret gebraucht (vgl. *Neuigkeit, Flüssigkeit);* häufiger Pluralgebrauch fördert diese Konkretisierung (vgl. *Süßigkeiten, Sehenswürdigkeiten).*
[2] Berücksichtigt sind nur die meistgebrauchten Ableitungsmittel.

mit den Ableitungsmitteln \\ Verbalabstrakta aus Verben	die Ableitungen ohne Präfixe sind	mit unbetonten Präfixen	mit betonten Präfixen
-ung	Reinigung	Belieferung	Anlieferung
-(e)n	(das) Reinigen	(das) Beliefern	(das) Anliefern
-∅[2]	—	Erhalt	Abbau
-(er)ei	Träumerei	—	Anstreicherei
Ge-(+ -e)	Gehämmer	—	—
-(at)ion	—	—	—
-e	—	—	Anzeige

842 Vor einer Darstellung der einzelnen Ableitungsgruppen, denen die Vorgangs- und Handlungsbezeichnungen aus Verben angehören, noch eine Bemerkung zu deren syntaktischem Verständnis: Bei der Überführung des Prädikatsinhalts eines Satzes wie *Der Sieger sprang 7,80 m weit* in ein Abstraktum kann das Subjekt mitgenannt werden, entweder in der Form eines substantivischen Attributs *(der Sprung des Siegers),* eines Kompositionsglieds *(Siegersprung)* oder eines Pronomens *(sein Sprung).* Die obligatorischen Ergänzungen des Ausgangsverbs werden dabei zu fakultativen *(der [7,80 m weite] Sprung [des Siegers]).* Hier zeigen die einzelnen Ableitungsmuster auffällige Unterschiede: So haben etwa die mit *Ge-(+ -e)* und *-(er)ei* gebildeten „frequentativen" Abstrakta nur selten ein auf ein Objekt zurückgehendes Attribut bei sich (aus *Die Gangster plünderten die Geschäfte* also kaum *Die Plünderei der Geschäfte ...)* und die Abstrakta auf *-(at)ion* kaum eines, dem im zugrundeliegenden Satz das Subjekt entspricht (aus *Der Buchhalter manipulierte die Bilanz* also kaum *Die Manupulation des Buchhalters ...,* sondern eher *Die Manipulation der Bilanz ...).*

Es folgt eine Darstellung der einzelnen Ableitungsgruppen, denen die substantivischen Vorgangs- und Handlungsbezeichnungen aus Verben angehören.

843 **-ung**

Dieses zahlenmäßig an erster Stelle zu nennende Suffix tritt vor allem bei Verben auf, die durch Präfixe und Halbpräfixe erweitert sind:

Vera *wirkt* bei der Vorbereitung des Festes *mit. –* Die *Mitwirkung* Veras bei der Vorbereitung des Festes ...

Viele Verbalsubstantive auf *-ung* bezeichnen nicht nur (als Nomina actionis) den Geschehensablauf, sondern (als Nomina acti) auf Grund von Bedeutungsverschiebungen auch den Abschluß oder das Ergebnis eines Geschehens; oder sie sind zu Sach-, Raum- oder Personenbezeichnungen geworden:

Ordnung, Zeichnung, Kleidung; Wohnung, Siedlung; Bedienung.

Bei der Ableitung von Geschehensbezeichnungen können starke Verkürzungen eintreten:

---

[2] Zeichen für Nullableitung.

Die Regierung *befragt* das Volk über die Ausrüstung der Streitkräfte mit Atomwaffen. → Die *Befragung* des Volkes (durch die Regierung) über die Ausrüstung der Streitkräfte mit Atomwaffen ... → *Atombefragung.*

(Zur Umsetzung von Verben in substantivierte Infinitive, die mit den -*ung*-Ablei-
tungen besonders häufig konkurrieren, vgl. 700 und 841.)

Nullableitung

Es gibt seit alters maskuline Vorgangs- und Handlungsbezeichnungen, die durch
die Kürzung von starken Verben (zum Teil mit Ablaut) oder -*ung*-Ableitungen
entstanden sind:

> Ruf, Wuchs, Sprung; Beweis (aus: Beweisung).

Diese älteren Ableitungen „blockieren" oft eine neue Ableitung mit -*ung* zum
gleichen Verb. So kann die Umsetzung des Satzes *Sie hat nicht gehört, daß ich gerufen habe* nicht *Sie hat meine Rufung nicht gehört* lauten, sondern *Sie hat meinen
Ruf/mein Rufen nicht gehört.* Ebensowenig kann der Satz *Es ist verboten, in diesem Gebiet Campingplätze anzulegen* umgesetzt werden in *Die Anlegung von Cam-
pingplätzen ...*; möglich ist hier nur: *Die Anlage/Das Anlegen von Campingplät-
zen ...*

Während als Konkurrenzformen zu Nullableitungen regelmäßig substantivierte
Infinitive begegnen *(der Ruf = das Rufen, der Wurf = das Werfen),* weisen andere Abstrakta gewöhnlich Bedeutungsunterschiede auf: *Verstoß* bedeutet etwas
anderes als *Verstoßung,* und *Übertretung* ist keine Konkurrenzform zu *Übertritt.*

Die Neigung, suffixlose Geschehensbezeichnungen zu bilden, besteht heute noch
im Süden, namentlich in der Schweiz:

> Der Unterbruch (statt: die Unterbrechung) der Arbeiten, der Untersuch (statt: die Un-
> tersuchung) des Verbrechens, der Verlad (statt: die Verladung) von Fässern.

Auch in den Fachsprachen entstehen aus dem Wunsch nach Kürze gelegentlich
noch (ablautende) Nullableitungen wie *Abrieb* (‚Verschleiß von Reifen') *zu abrei-
ben.*

Neben den maskulinen Nullableitungen gibt es auch feminine, die als Abstrakta
aber nur auf schwachen Verben basieren[1]:

> Antwort, Dauer, Feier, Heirat, Abkehr, Umkehr, Rast.

-(er)ei

Dieses Suffix verbindet sich hauptsächlich (zu 90%) mit intransitiven Verben und
erfüllt in der Regel die Aufgabe, den Abstraktbezeichnungen eine (frequentative)
Inhaltskomponente des wiederholten oder andauernden Tuns zu geben, oft verbunden mit der Bewertung ‚das dauert länger als erwünscht (oder erwartet)'. Dabei lautet die Suffixform bei Verben auf -*eln* und -*ern* -*ei (Bummelei, Meckerei),*
sonst -*erei (Sucherei, Ruferei).*

Ge-(+ -e)

Auch die Abstrakta dieses Bildungstyps (kombinierte Präfixableitung) enthalten
eine (frequentative) Komponente des wiederholten oder andauernden Tuns, weshalb es zahlreiche Konkurrenzformen zu den Ableitungen auf -*(er)ei* gibt *(Gefra-
ge/Fragerei, Gelaufe/Lauferei).*[2]

844

845

846

---

[1] Wobei deren Umlaut fehlen kann; vgl. *Brut* zu *brüten, Furcht* zu *fürchten, Qual* zu *quälen.*
[2] Ohne -*e*-Suffix stehen besonders die Bildungen zu Verben auf -*eln* und -*ern (Gezappel, Gestöber).* Bei
Wahlmöglichkeit zwischen Formen mit und ohne -*e*-Suffix kann dieses zusätzlich eine Bewertung des
Überdrusses vermitteln (vgl. *Gebrüll/Gebrülle, Geschrei/Geschreie).*

Die Wahl zwischen den beiden Ableitungsweisen wird dabei nicht nur durch die Bauform des Ausgangsverbs (vgl. 841) bestimmt, sondern auch durch seine Bedeutung: So wird die kombinierte Präfixableitung mit *Ge-(+-e)* z. B. bevorzugt, wenn das zugrundeliegende Verb ein pluralisches, tierisches oder sachliches Subjekt voraussetzt *(Gewühl, Gewimmel; Gewieher, Gequieke; Geratter, Geholper);* dasselbe gilt für Ausgangsverben mit einem starken Gefühlselement *(seufzen – Geseufze, jammern – Gejammer, weinen – Geweine).*[1]

In grammatischer Hinsicht ist bemerkenswert, daß die kombinierten Präfixableitungen mit *Ge-(+ -e)* – anders als die Suffixableitungen mit *-(er)ei* – nicht pluralfähig sind.

---

847 **-(at)ion**

Verbalabstrakta mit diesem Suffix entsprechen Verben auf *-ieren (operieren/Operation* usw.)[2] und konkurrieren in erster Line mit Abstrakta auf *-ung* (vgl. *Inspektion/Inspizierung, Klassifikation/Klassifizierung)* bzw. schränken sie ein (etwa im Falle von *Interpretation, Kapitulation, Organisation, Demonstration).*

---

848 **-e**

Mit diesem Suffix sind – synchron gesehen – z. B.

Anklage, Auslese, Ernte, Folge, Pflege, Reise, Suche; Analyse, Katalyse, Revolte

gebildet. Die Ableitung ist nur noch ansatzweise in der saloppen Umgangssprache (Jugendsprache) produktiv (vgl. *Sause* ‚Feier, Zechtour‘ und *Aufmache* ‚Aufmachung‘).

Die folgenden Ableitungsgruppen sind an der Bildung von Vorgangs- und Handlungsbezeichnungen aus Verben nur am Rande beteiligt:

---

849 **-er**

Mit diesem Suffix sind maskuline Bezeichnungen für eine einmalige Verhaltensäußerung oder Bewegung (bzw. deren Ergebnis) gebildet:

Hopser, Seufzer, Schnarcher, Rülpser, Ausrutscher.

---

850 **-(at)ur, -ement, -age**

Mit diesen Suffixen werden kleine Ableitungsgruppen gebildet, die auf *-ieren*-Verben basieren:

Reparatur, Approbatur, Dressur, Gravur;
Amüsement, Arrangement, Bombardement;
Blamage, Kolportage, Massage, Montage, Sabotage.

---

851 **Zustandsbezeichnungen aus Verben**

Zu diesen Abstrakta, die nicht eine Handlung oder einen Vorgang, sondern einen erreichten Zustand bezeichnen, gehören neben Zusammensetzungen aus 2. Partizip + *-sein (Erregtsein, Emanzipiertsein)* zahlreiche Verbalbildungen auf *-ung (Erregung* ‚das Erregtsein‘; *Erschütterung, Erstarrung, Verblüffung, Erbitterung* usw.) und *-(at)ion (Resignation* ‚Resigniertheit‘; *Degeneration, Emanzipation, Zivilisa-*

---

[1] Vgl. R. Kurth: Das Fragen, das Gefrage, die Fragerei, die Befragung. In: Muttersprache (1957), S. 188–192.
[2] Die kürzere Suffixform *-ion* findet sich in Einzelfällen wie *Adoption* und bei zusätzlichem, durch die lateinische Ausgangssprache vorgezeichnetem Konsonantenwechsel (*Inspektion* zu *inspizieren*).

tion usw.). Deren Zustandsbedeutung ist also das Ergebnis einer Beziehungs-
verschiebung von Vorgangsabstrakta.
Ergänzung erfahren sie nicht nur durch einige Zustandsbildungen mit *-nis* (*Ver-
derbnis* [neben *Verderbtheit*], *Bekümmernis, Betrübnis*), sondern reihenhaft durch
das sehr produktive Ableitungsmuster 2. Partizip + *-heit*. Den größten Anteil haben dabei Ableitungen, die auf ein Partizip transitiver Verben zurückgehen:

> Beseeltheit, Angepaßtheit, Begrenztheit, Verstörtheit (neben Verstörung), Verwirrtheit
> (neben Verwirrung).

Substantivabstrakta

852

Über 90% der Substantivabstrakta sind – gewöhnlich in kleineren Reihen – mit
den Suffixen *-schaft (Mutterschaft), -tum (Mönchtum), -(er)ei (Rüpelei)* und *-ismus
(Despotismus, Snobismus, Opportunismus)* gebildet, ergänzt um *-heit (Narrheit),
-erie (Clownerie)* und *-(i)at (Patronat, Vikariat).* Sie entstehen vor allem dort, wo
ein Gleichsetzungsnominativ Gegenstand einer neuen Aussage wird wie bei *Lehrer* – *Lehrertum* im folgenden Beispiel:

> Ich aber bin König und *Lehrer* … Auch ist zwischen Schonung und Wissen kein Wider-
> spruch, und nicht braucht *Lehrertum* das Wissen zu dämpfen. (Th. Mann)

-ismus

853

Die Ableitungen mit dem Suffix *-ismus* lassen sich sowohl auf ein Substantiv als
auch auf ein Adjektiv (vgl. 859; 861,3) beziehen:

> Sozialismus – Sozialist – sozialistisch, Heroismus – Heroe – heroisch, Dogmatismus –
> Dogmatiker – dogmatisch.

Mit einigen wenigen konkurrieren vergleichbare Bildungen auf *-tum (Heroismus/
Heroentum).*

-tum

854

Dieses Suffix wird gewöhnlich an Personenbezeichnungen gefügt, manchmal unter Einschaltung eines Fugenzeichens: So steht ein *-(e)s-* in *Mannestum, Offiziers-
tum, Volkstum* und ein *-(e)n-* in Übereinstimmung mit den Fugenregeln der Zusammensetzungen (vgl. 818) nach schwach flektierten Substantiven wie *Held-en-
tum* und *Epigone-n-tum.*

-schaft

855

Dieses Suffix wird ebenfalls nur mit Personenbezeichnungen (insbesondere auf
-er, -mann, -ent) kombiniert *(Kanzlerschaft, Regentschaft);* werden sie schwach
flektiert, folgt meistens eine *-(e)n*-Fuge *(Zeuge-n-schaft, Pate-n-schaft).*

-(er)ei

856

Das Suffix wird mit Personen-, vereinzelt auch mit Tierbezeichnungen verbunden. Nach Substantiven auf *-el* und *-er*, von denen die Bildungen meistens ausgehen, lautet das Suffix *-ei (Rüpelei, Ferkelei),* nach Wörtern auf *-e -rei (Hexerei)* und
sonst *-erei (Schweinerei;* vgl. 845). Die Ableitungen geben nicht nur einen Zustand
an, sondern kennzeichnen auch das Auftreten oder Verhalten der betreffenden
Person (vgl. *Sektiererei, Schurkerei*).

-heit, -erie, -(i)at

857

Die Reihen der mit diesen Suffixen gebildeten Substantivabstrakta sind klein:

> Kindheit, Narrheit; Clownerie, Scharlatanerie; Matriarchat, Vikariat.

14*

Adjektivabstrakta

858 Die Ableitung von Abstrakta aus Prädikationen mit Satzadjektiven *(Er ist dumm. – Seine Dummheit ...)* spielt im heutigen Deutsch eine große Rolle. An ihr sind insbesondere die Suffixe *-heit, -e, -enz, -ität, -ismus* und *-ik* beteiligt, in geringerem Maße auch *-ion, -nis, -schaft* und *-ie* bzw. *-erie*:

-heit

Dieses Suffix einschließlich seiner Formvarianten (Allomorphe) *-keit* und *-igkeit* ist am stärksten produktiv und hat den weitaus größten Anteil:

Freiheit, Schüchternheit, Schlauheit, Fröhlichkeit, Nachgiebigkeit, Dreistigkeit, Ahnungslosigkeit usw.

-e

Dieses Suffix ist in der Gegenwartssprache fast unproduktiv geworden, findet sich aber – wo möglich, mit Umlaut des Ausgangsadjektivs – noch in einer ganzen Anzahl meist alter Ableitungen wie *Schwäche* (neben *Schwachheit*), *Dicke, Dichte* und *Schläue* (neben *Schlauheit*).

-nis

Mit diesem heute unproduktiven Suffix werden nur vereinzelt Adjektivabstrakta gebildet:

Bitternis (neben Bitterkeit), Finsternis (neben Finsterkeit), Düsternis, Ödnis, Bängnis.

859 Die folgenden, nach ihrer Vorkommenshäufigkeit geordneten Suffixe leiten Abstrakta aus fremdwörtlichen Adjektiven ab:

-ismus

Liberalismus, Konservativismus, Aktivismus, Fanatismus, Optimismus.

-ität

Banalität, Virtuosität, Universalität, Explosivität.

-ik

Realistik (neben Realismus), Exzentrik (neben Exzentrizität), Dogmatik (neben Dogmatismus).

-(er)ie

Apathie, Lethargie, Anarchie; Galanterie, Bigotterie, Pikanterie.

-enz/-anz

Renitenz, Konsequenz, Militanz.

860 Die Verteilung (Distribution) dieser Ableitungsmittel richtet sich u.a. nach der Bauform der Ausgangsadjektive[1]:

---

[1] + bedeutet reihenhaftes, ( ) dagegen nur vereinzeltes Vorkommen.

Suffixe / Adjektive	-heit/-(ig)keit	-e	-ismus	-ität	-ik	-(er)ie	-enz/-anz
einsilbig, ohne besondere Endung	+	+	( )				
mit den Endungen -ig	+						
-bar, -lich, -haft, -los	+						
-(ist)isch	( )		+	+	+		
-iv, -al/-il, -ell, -är			+	+			
-abel/-ibel, -(i)os/-ös				+			
-ent/-ant							+

Ergänzt werden die Suffixbildungen durch einige wenige (historische) Rückbildungen wie *Demut* aus *demütig, Freimut* aus *freimütig, Sanftmut* aus *sanftmütig*[1] und einzelne Ableitungen auf *-nis*.

Anmerkungen

1. Das Suffix *-heit* hat nach einsilbigen Adjektiven gewöhnlich die gleiche Form wie nach Partizipien (vgl. 851), nach den wenigen zweisilbigen Simplizia auf Konsonant+*-er* daneben z.T. auch die Form *-keit (Hagerkeit, Tapferkeit)*. Während diese Formvariante darüber hinaus nach den Adjektivbildungen auf *-lich, -ig, -bar* und *-isch* steht, folgt auf *-haft* und *-los* regelmäßig die Erweiterungsform *-igkeit (Glaubhaftigkeit)*; dies auch nach einer Reihe von einsilbigen Simplizia *(dreist, feucht, hell, leicht, matt, nett, schnell, zäh)* und nach manchen Zweisilbern mit *ge-(genau, gerecht, geschwind)*.
2. Im Zusammenhang mit dem Suffix *-e* wird das Ausgangsadjektiv, soweit möglich, umgelautet *(schlau – Schläue)*.
3. Die meisten Bildungen mit dem Suffix *-ismus* gehören zu Adjektiven auf *-istisch* oder *-isch*, welche Endungen im Substantivabstraktum fehlen *(humanistisch – Humanismus, zynisch – Zynismus)*. Wo nicht schon ein entsprechendes Substantiv auf *-ik* (wie z.B. *Linguistik*) in Gebrauch ist, kann man zu Adjektiven auf *-istisch* generell ein Substantiv mit *-ismus* bilden. Dabei sind die Ableitungen auf *-ismus* nicht nur mit diesen Adjektiven bzw. solchen auf *-iv, -al* und *-ell (konservativ – Konservativismus, kolonial – Kolonialismus, provinziell – Provinzialismus)* verbunden, sondern daneben meistens noch mit der entsprechenden Personenbezeichnung (oft auf *-ist: kommunistisch – Kommunismus – Kommunist, strukturalistisch – Strukturalismus – Strukturalist)*.
4. Zu dem Suffix *-ität* gibt es im Zusammenhang mit Adjektiven auf *-isch* die regelhafte Variante *-izität (periodisch – Periodizität)*. *-ität* kommt hier als Ausnahme bei *musikalisch, moralisch, solidarisch* vor *(Musikalität, Moralität, Solidarität)*. Vor

861

---

[1] Das gleiche Bedeutungsverhältnis besteht zwischen *geizig* und *Geiz, mutig* und *Mut*, nur ist die Wortbildung hier den entgegengesetzten Weg gegangen; die Adjektive sind aus den Substantiven entstanden.

-*ität* ändert sich die Adjektivendung -*(i)ös* zu -*ios* (vgl. *nervös – Nervosität, religiös – Religiosität*), -*ell* zu -*al (sexuell – Sexualität)*, -*el* zu -*il (sensibel – Sensibilität)* und -*är* zu -*ar (regulär – Regularität)*.

5. Die mit -*ik* gebildeten Adjektivabstrakta beziehen sich durchgehend auf Adjektive mit der Endung -*isch (symbolisch – Symbolik, dynamisch – Dynamik, komisch – Komik)*.

6. Auch die Adjektivabstrakta auf -*(s)ie* gehören fast immer zu Adjektiven auf -*isch (apathisch – Apathie, aristokratisch – Aristokratie)* bzw. -*tisch (Epilepsie, Idiosynkrasie, Häresie, Poesie)*. Ausnahmen hiervon sind selten (vgl. etwa *autonom – Autonomie*).

7. Beziehen sich Bildungen auf Adjektive mit der Endung -*ent*, dann lautet das Abstraktsuffix -*enz (potent – Potenz)*, sonst -*anz (dominant – Dominanz)*.

---

862 | **Konkreta**

Im Unterschied zu den Prädikatsinhalte verdichtenden Abstrakta (vgl. 840) lassen sich die hier zu nennenden Substantivableitungen syntaktisch entweder Subjektinhalten *(Bäcker – jmd., der backt)*, Objektinhalten *(Erzählung – etw., das erzählt wird)* oder Adverbialinhalten *(Druckerei – der Ort, wo etw. gedruckt wird)* zuordnen; da mit ihnen hauptsächlich Wahrnehmungsobjekte (Personen und Sachen) bezeichnet werden, nennt man sie Konkreta.

Ableitungen, die eine Person oder Sache als Subjekt einer Aussage charakterisieren

863 | **Personenbezeichnungen aus Verben**

Die hierhergehörenden Bildungen, die den Träger eines Geschehens bezeichnen und deshalb auch Nomina agentis heißen, werden vor allem mit dem Suffix -*er (Reiter – jmd., der reitet, Fahrer)*, Halbsuffixen wie -*mann (Steuermann – jmd., der [etw.] steuert)* und neueren Lehnsuffixen wie -*ant* und -*ator (Lieferant – jmd., der jmdm. etw. liefert)* gebildet. Ihre subjektbezeichnende Funktion ist gegenüber der der Grundwörter in den vergleichbaren Zusammensetzungen des Typs Verb + Substantiv (vgl. -*gemeinschaft* in *Fahrgemeinschaft;* vgl. 807) unspezifischer und zudem in vielen Fällen sekundär, erst nachträglich im Zuge einer Konkretisierung von Abstrakta eingetreten (vgl. *Wache* und *Bewachung* im Sinne von ‚jmd., der [jmdn.] [be]wacht‘ oder *Regierung* im Sinne von ‚Regierende‘).

Obgleich mit dem substantivierten 1. Partizip durchgehend eine Form zur Bezeichnung von Personen nach ihrer Tätigkeit verfügbar ist (vgl. *der/die Lesende)*, bilden gerade die abgeleiteten Personenbezeichnungen den größten Teil der Nomina agentis. Sie zeigen eine größere Stabilität als die substantivierten 1. Partizipien, von denen nur wenige als feste Lexikalisierungen in Wörterbücher eingegangen sind (vgl. etwa *der Reisende)*, und eignen sich dementsprechend auch besser als Bezeichnungen für Berufe *(Lehrer)* und gewohnheitsmäßige Handlungsrollen *(Leser)*. Sie werden mit folgenden (Halb)suffixen gebildet:

864 | **-er**

Dieses Suffix ist sehr produktiv und leitet über zwei Drittel aller Nomina agentis ab *(Schwimmer, Lehrer, Sparer* usw.). Zu Verben auf -*ieren* stehen neben

Lackierer, Gravierer, Montierer, Kopierer

Konkurrenzformen wie *Monteur, Kopist, Graveur* (s. u.).

Zu Präfixverben vergleiche man *Bearbeiter, Verarbeiter* usw., zu Wortgruppen
  Geldgeber, Berichterstatter, Leisetreter, Heimlichtuer usw.

-ling, -bold | 865 |

Die Bildungen mit diesen Suffixen sind zahlenmäßig beschränkt:
  Eindringling, Ankömmling; Raufbold, Saufbold (ugs.).

-ant/-ent | 866 |

Mit diesem Suffix werden Nomina agentis zu Verben auf *-ieren* gebildet *(Demon-strant, Repräsentant, Informant, Kapitulant)*. Von den selteneren *-ent*-Bildungen
sind die wichtigsten:
  Abonnent, Absolvent, Assistent, Dirigent, Dozent, Inserent, Interessent, Konkurrent,
  Konsument, Korrespondent, Präsident, Produzent, Referent, Regent, Rezensent, Sub-
  skribent, Student.

-ator | 867 |

Dieses Suffix wird vor allem mit denjenigen Verben auf *-ieren* verbunden, zu de-nen es ein Abstraktum auf *-ation* gibt *(Organisator, Koordinator, Agitator, Kalku-lator* usw.).

-eur | 868 |

Die mit diesem Suffix gebildeten Ableitungen zu Verben auf *-ieren* bilden eine
kleine Gruppe *(Monteur, Kommandeur, Friseur, Deserteur* usw.). Vergleichbare
Feminina auf *-euse (Kommandeuse, Friseuse)* lassen sich einerseits auf das ent-sprechende Verb, andererseits als Movierungen (vgl. 829) auf die Maskulina mit
-eur beziehen.

-ist | 869 |

Ableitungen mit diesem Suffix bleiben auf Einzelfälle wie *Komponist, Kopist, Pu-blizist* beschränkt.

-mann usw. | 870 |

Von den Halbsuffixen trägt vor allem *-mann* zur Bildung von Nomina agentis
bei:
  Spielmann, Steuermann, Zimmermann usw.

An Bildungen mit Halbsuffixen, die auf Vor- und Familiennamen, Verwandt-schaftsbezeichnungen, Körperteil- und Tierbezeichnungen zurückgehen, ist be-sonders die Umgangssprache reich:
  Meckerfritze (neben Meckerer), Nörgelpeter (neben Nörgler), Prahlhans (neben Prah-
  ler); Heultrine, -suse; Drückeberger, Schwindelmeier (neben Schwindler); Saufbruder
  (neben Säufer), Klatschtante; Lästermaul, Quasselkopf, Schmierfink, Leseratte, Leit-
  hammel usw.

Sachbezeichnungen aus Verben | 871 |

Aus Verben abgeleitete Sachbezeichnungen, die dem Strukturtyp der Nomina
agentis (vgl. 863) folgen, sind selten. Zu ihnen gehören – von den Nomina instrumenti (vgl. 879) abgesehen – einzelne Ableitungen mit *-er (Leuchter, Schwimmer*
‚Schwimmkörper‘, *Alleskleber)*, mit *-nis (Hindernis, Hemmnis* ‚was etw. hindert,
hemmt‘), mit dem Halbsuffix *-gut (Treibgut, Sinkgut)* sowie Konkreta, die durch

Bezeichnungsverschiebung aus Abstrakta hervorgegangen sind (*Erhebung* ‚Hügel', *Abfall* ‚abfallender Überrest', *Geläut* ‚die läutenden Glocken').

872 Personenbezeichnungen aus Substantiven

Die aus Substantiven abgeleiteten Wörter dienen durchweg der Personenbezeichnung. Gebildet werden sie vor allem mit *-er* und *-ler*; zu geringeren Anteilen auch mit *-ner*, *-iker* und *-ist*; vereinzelt mit *-ier, -är* u. a. Daneben begegnen häufiger Ableitungen mit dem Halbsuffix *-mann* bzw. solchen umgangssprachlichen Halbsuffixen, die aus Personennamen (*-peter, -maxe* usw.), vielgebrauchten Gattungsbezeichnungen (*-muffel, -papst* usw.) und einigen übertragen gebrauchten Tier- und Sachbezeichnungen (z. B. *-fink, -ratte, -nudel*) entstanden sind.
Die Ableitungen mit den vergleichsweise produktivsten Suffixen *-er* und *-ler* untergliedern sich in drei Gruppen:

873 1. Bildungen, die Personen bevorzugt nach ihrem Tätigkeitsbereich bezeichnen (das Basiswort nennt das [Akkusativ]objekt zu einem „Tun" oder auch „Bekommen"):

-er

Fleischer, Handwerker, Mathematiker, Falschmünzer.

-ler

Sportler, Heimatkundler, Wissenschaftler (neben österr. Wissenschafter), Zivildienstler.

In kleinen Reihen schließen sich Ableitungen an mit

-ner

Rentner, Pförtner, Söldner, Zöllner.

-ling

Sträfling, Söldling.

-iker

Satiriker, Alkoholiker, Symphoniker (zugleich durch die Adjektive *satirisch, alkoholisch, symphonisch* motiviert).

-ist

Hornist, Karikaturist, Traktorist, Essayist.

-(at)or

Auktionator, Inquisitor (zu Inquisition), Editor (zu Edition), Agressor (zu Agression).

-mann, -nudel, -hai u. a.

Sportsmann (neben Sportler), Forstmann (neben Förster), Weltrekordmann (neben Weltrekordler); Betriebs-, Skandalnudel; Kredit-, Wirtschaftshai.

Vergleichbare Bildungen mit aus Namen hervorgegangenen umgangssprachlichen Halbsuffixen[1] sind

Papierfritze, Stoffhuber, Umstandsmeier usw.

---

[1] Ableitungen mit dem umgangssprachlichen Halbsuffix *-muffel* drücken ein „Nichttun" aus (vgl. *Gurt-, Hut-, Sportmuffel*).

2. Bildungen, deren Basiswort das (Akkusativ)objekt zu einem „Haben" nennt: | 874 |

-er

Dickhäuter, Vierbeiner; Spalthufer; Achttonner.

Sie sind meistens aus Wortgruppen abgeleitet, etwa Tier-, Pflanzen- und Sachbezeichnungen.

-ler

Korbblütler; Leicht-, Schwergewichtler.

Hier handelt es sich besonders um Pflanzen- und Tierbezeichnungen aus Substantiven, die einen Teil angeben; aber auch verschiedene Personenbezeichnungen kommen vor.

-är

Millionär, Aktionär, Konzessionär.

Die Gruppe der Bildungen mit diesem Suffix ist eng begrenzt.

3. Bildungen, die Personen nach einem (im Basiswort genannten) Zugehörigkeitsbereich bezeichnen: | 875 |

-(n)er

Berliner, Tiroler; (-ner bei Landesbezeichnungen auf -a:) Koreaner, Afrikaner, Andorraner.

-ler

Gewerkschaftler (neben österr. Gewerkschafter), Postler, Geheimdienstler, SDSler, Provinzler, Südstaatler.

-ist

Avantgardist, Reservist, Seminarist, Kavallerist.

-papst

Kultur-, Rock-, Skipapst.

Personen- und Sachbezeichnungen aus Adjektiven

| 876 |

Hier bezeichnen Suffixableitungen mit -ling und -iker Personen als Träger einer adjektivisch charakterisierten Eigenschaft:

Feigling, Fremdling, Rohling;
Fanatiker, Zyniker, Choleriker.

Andere Ableitungen, die insbesondere Sachen nach Eigenschaften bezeichnen, haben ihre konkrete Bedeutung erst durch eine Bezeichnungsverschiebung erhalten; sie gehen gewöhnlich auf gleichlautende Abstrakta zurück. Zum Teil ist die Konkretisierung auf den Pluralgebrauch zurückzuführen:

Die *Sehenswürdigkeit* (= Abstraktum) der Tempelanlage steht außer Frage. – *Sehenswürdigkeiten* (= Konkretum) besuchen.
(Ähnlich:) eine Berühmtheit/Schönheit sein.

877 | **Ableitungen, die eine Person oder Sache als Objekt einer Aussage charakterisieren**

Die hierhergehörenden Ableitungen gehen alle auf Verben zurück.

1. Die Substantive, die Personen als Zielobjekt eines Tuns bezeichnen und deshalb auch Nomina patientis heißen, werden mit den Suffixen *-ling* (vgl. *Anlernling – jmd., der angelernt wird; Findling, Prüfling, Impfling*) und *-and (Examinand, Konfirmand, Habilitand)* gebildet. Ihre Zahl ist gegenüber der der Nomina agentis (vgl. 863 ff.) klein.

878 | 2. Die Substantive, die Sachen als Zielobjekt eines Tuns bezeichnen, sind vor allem mit den Suffixen *-er (Aufkleber – etw., das aufgeklebt wird; Anhänger), -sel (Anhängsel, Mitbringsel)* und dem Halbsuffix *-gut (Back-/Bratgut – was gebakken/gebraten werden soll)* gebildet, aber nur in kleinen Reihen.

3. Die Substantive, die Sachen als Ergebnis eines Tuns bezeichnen und deshalb auch Nomina facti heißen, werden – ebenfalls nur in kleinen Reihen – mit den Suffixen *-schaft (Erbschaft – etw., das man erbt; Errungenschaft, Hinterlassenschaft), -at* (aus Verben auf *-ieren: destillieren – Destillat; Diktat, Filtrat*) und dem Halbsuffix *-werk (Backwerk* [neben *Gebäck*], *Bauwerk, Flechtwerk*) gebildet.

Nomina facti, deren konkreter Inhalt aus einer Bezeichnungsverschiebung vom Abstrakten zum Konkreten hervorgegangen ist, sind im gegebenen Kontext etwa

> Lieferung ‚das Gelieferte‘, Abmachung ‚das Abgemachte‘, Erlaß ‚das Erlassene‘, Ausgabe ‚das Ausgegebene‘, Gemisch ‚das Gemischte‘, Stickerei ‚das Gestickte‘, Erkenntnis ‚das Erkannte‘, Auswahl ‚das Ausgewählte‘.

879 | **Ableitungen, die etwas als Mittel einer Tätigkeit bezeichnen (Gerätebezeichnungen, Nomina instrumenti)**

Diese Bildungen sind ausnahmslos Sachbezeichnungen. Sie werden fast durchgehend aus transitiven Verben abgeleitet, und zwar mit den Suffixen *-er, -e* und – ansatzweise bei manchen Verben auf *-ieren – -ator*. Ergänzend kommen außerdem *-zeug* und Kompositionsglieder wie *-gerät, -anlage, -mittel, -maschine* ins Spiel.

880 | **-er**

Substantivableitungen mit diesem Suffix sind etwa

> Entsafter (‚Apparat, mit dem man entsaftet‘), Öffner, Ordner, Knipser, Regler.

Zu vielen dieser Gerätebezeichnungen gibt es gleichlautende Personenbezeichnungen. Ob ein Nomen instrumenti oder ein Nomen agentis vorliegt, geht im Zweifelsfall aus dem Zusammenhang hervor (vgl. *Brief-/Fernsehempfänger*). Ein Grund für dieses reihenhafte Nebeneinander ist, daß die transitiven Ausgangsverben *ordnen, regeln* usw. sowohl den semantischen Bezug auf das Subjekt als auch auf die instrumentale Adverbialbestimmung zulassen; ein anderer liegt in dem Bestreben, Geräte, die die Arbeitsgänge von Menschen übernommen haben, wortbildungsmäßig wie diese zu behandeln.

881 | **-e**

Die femininen Nomina instrumenti auf *-e* sind ganz wie die maskulinen auf *-er* gebildet, aber nur im Einzelfall aus dem gleichen Verb (*Schneide – [Glas]schneider*). Im allgemeinen ergänzen sie sich, wie bei Autoteilen etwa die Bezeichnungen *Hupe, Bremse* einerseits und *Wischer, Anlasser* andererseits.

Ob das Substantiv in diesen Fällen aus dem Verb abgeleitet ist oder eventuell umgekehrt das Verb aus dem Substantiv (vgl. auch *eggen* und *Egge, feilen* und *Feile, schließen* und *Schließe, hacken* und *Hacke*), ist – synchron betrachtet – nicht so entscheidend. Wichtig ist in diesem Zusammenhang allein, daß der Zusammenhang zwischen Nomen instrumenti und entsprechendem Verb deutlich und das Muster – wenn auch nur in der Umgangssprache – produktiv ist (ugs. *Puste* ,Pistole', *Halte* ,Gürtel').

-ator

882

Die hier zu nennenden Nomina instrumenti *(Stabilisator, Regulator)* gehören zu Verben mit der Endung *-ier(en)*. Die meisten finden sich in der Fachsprache der Technik (*Transformator, Katalysator, Simulator* usw.).

-zeug

883

Mit diesem Halbsuffix werden Substantive gebildet, die man im weiteren Sinne als Gerätebezeichnungen auffassen kann. Sie gehören zu Verben wie *flicken, nähen, putzen, heben, rasieren,* die Tätigkeiten des Alltags bezeichnen (*Flickzeug, Nähzeug, Rasierzeug* usw.).

Anmerkungen

884

1. Viele Gerätebezeichnungen, die durch ein Verb motiviert sind, haben ihre konkrete Bedeutung durch eine Bezeichnungsverschiebung von Abstrakta bekommen. Oft läßt erst der Kontext erkennen, daß es sich um Nomina instrumenti und nicht um Abstrakta handelt:

> Leitung (installieren), Befestigung (niederreißen), Bindung (reparieren).

Den instrumentalen Bezeichnungen für Autoteile mit *-er, -ator, -e* (vgl. 880 ff.) schließen sich mit *-ung* etwa *(defekte) Steuerung* und *(helle) Beleuchtung* an, als Nullableitungen (vgl. 844) z. B. *(Tank)verschluß, Verdeck, (Seil)zug,* als Ableitungen auf *-ation* etwa *(ausgebesserte) Isolation, (aufgebaute) Dekoration.*
2. Zusammensetzungen mit einem Verb als Bestimmungswort, die die Gerätebezeichnungen systematisch ergänzen, sind am häufigsten mit *-mittel (Heil-, Spülmittel), -gerät (Bohr-, Steuergerät), -anlage (Wasch-, Steueranlage)* und *-maschine (Bohr-, Nähmaschine)* gebildet (vgl. 807).

Ableitungen, die den Ort einer Tätigkeit bezeichnen (Raumbezeichnungen, Nomina loci)

-(er)ei

885

Mit diesem Suffix werden zu transitiven Verben insbesondere Bezeichnungen für die Stätte einer gewerblichen Arbeit gebildet:

> Näherei, Rösterei, Stanzerei, Brüterei, Spinnerei.

Eine Reihe dieser Bildungen ist außerdem durch eine substantivische Berufsbezeichnung motiviert, so *Bäckerei* durch *backen* und *Bäcker,* ähnlich *Druckerei, Färberei, Brauerei* usw.

-e

886

Auch mit dem femininen Suffix *-e* sind einige Bezeichnungen für den Ort gebildet, an dem etwas im Basiswort Angegebenes getan wird:

> Ausleihe, Ablage, Durchreiche, Schmiede, (ugs.) Absteige.

| 887 | **Anmerkungen** |

1. Die weitaus meisten Raumbezeichnungen (Nomina loci) werden nicht durch die genannten Ableitungen, sondern durch Zusammensetzungen des Typs Verb + Substantiv (vgl. 807) gebildet *(Leseraum, -zimmer, -ecke, -saal; Badezimmer, -haus, -stube, -anstalt)*.

2. Einige Raumbezeichnungen (Nomina loci) entstehen auch durch Bezeichnungsverschiebung aus Verbalabstrakta, und zwar fast nur aus Nullableitungen (vgl. *Abfluß [eines Beckens];* ähnlich: *Versteck, Durchschlupf).*

| 888 | **Die Bezeichnungstypen der Substantivableitung im Überblick[1]** |

	Bezeichnungstyp	Ableitungsmittel alt | entlehnt		Beispiele
Abstrakta	Vorgangs- und Handlungsbezeichnungen aus Verben	-ung -(e)n -∅ Ge-(+-e) -e -er[3]	 -(er)ei[2] -(at)ion -(at)ur -ement -age	*die Erwerbung, Stabilisierung* *das Erwerben, Suchen* *der Erwerb, Schrei* *die Schreierei, Sucherei* *das Geschrei, Gesuche* *die Stabilisation, Manipulation* *die Suche, Pflege* *der Seufzer, Ausrutscher* *die Reparatur, Dressur* *das Bombardement, Amüsement* *die Montage, Sabotage*
	Zustandsbezeichnungen aus Verben	-ung -nis -heit	 -(at)ion	*die Verzweiflung, Erregung* *die Resignation, Isolation* *die Betrübnis, Bedrängnis* *die Aufgeregtheit, Verliebtheit*
	Verhaltens- und Verhältnisbezeichnungen aus Substantiven	 -schaft -tum	-ismus -(er)ei -(i)at	*der Heroismus, Despotismus* *die Tyrannei, Sektiererei* *die Vaterschaft, Gegnerschaft* *das Sektierertum, Heroentum* *das Patriarchat, Vikariat*
	Eigenschaftsbezeichnungen aus Adjektiven	-heit/-(ig)keit -e	 -ität -(er)ie -ismus -ik	*die Schlauheit, Minderwertigkeit* *die Frivolität, Nervosität* *die Milde, Schläue* *die Apathie, Bigotterie* *der Optimismus, Zynismus* *die Exzentrik, Komik*
	Personenbezeichnungen – aus Verben	-er -ung	 -ant/ent -eur -ator	*der Spieler, Begleiter* *der Demonstrant, Dirigent* *die Bedienung, Regierung* *der Kommandeur, Monteur* *der Organisator, Multiplikator*

---

[1] Generell unberücksichtigt bleiben in der folgenden Aufstellung die Modifikationsbildungen (vgl. 827 ff.); von den Ableitungsmitteln werden nur die jeweils wichtigsten genannt.

[2] Das Suffix wurde bereits in mittelhochdeutscher Zeit aus dem Französischen entlehnt (Endbetonung).

[3] Ursprünglich unter lateinischem Einfluß entwickelt, aber schon in vordeutscher Zeit.

	Bezeichnungstyp	Ableitungsmittel alt	entlehnt	Beispiele
Konkreta	– aus Substantiven	*-er*		*der Handwerker, Mathematiker*
		-ler		*der Sportler, Völkerkundler*
			-iker	*der Epigrammatiker, Alkoholiker*
			-ist	*der Gitarrist, Essayist*
		-ner		*der Rentner, Bühnenbildner*
	– aus Adjektiven	*-ling*		*der Fremdling, Schwächling*
			-iker	*der Fanatiker, Zyniker*
	Sachbezeichnungen aus Verben	*-ung*		*die Erzählung, Dichtung*
		-Ø		*der Bericht, Beitrag*
		-e		*die Abgabe, Spende*
		Ge-		*das Gedicht, Gebäck*
		-werk		*das Dichtwerk, Backwerk*
	Gerätebezeichnungen aus Verben	*-er*		*der Anlasser, Regulierer*
		-ung		*die Einfried(ig)ung, Steuerung*
		-e		*die Schließe, Bremse*
			-ator	*der Regulator, Stabilisator*
		-zeug		*das Nähzeug, Rasierzeug*
	Raumbezeichnungen			
	– aus Verben		*-(er)ei*	*die Druckerei, Spinnerei*
	– aus Substantiven		*-(er)ei*	*die Käserei, Ziegelei*
	Bezeichnungen des Zuständigkeitsbereichs aus Substantiven	*-tum*		*das Scheichtum, Fürstentum*
			-at	*das Sultanat, Konsulat*

Anmerkung 889

Besonders in den Fachsprachen gibt es darüber hinaus reihenhaft wirksame Suffixe mit ganz spezifischen semantischen Funktionen.[1] So weisen etwa *-itis* und *-ose* in medizinischen Fachausdrücken auf eine entzündliche *(Bronchitis)*[2] bzw. nichtentzündliche *(Psychose)* Krankheit hin, *-at, -it* und *-id* in chemischen Termini auf das Salz einer sauerstoffreichen *(Bromat, Chlorat),* sauerstoffarmen *(Chlorit, Phosphit)* bzw. sauerstofffreien *(Chlorid, Bromid)* Säure und *-em* in sprachwissenschaftlichen Bezeichnungen wie *Phonem* oder *Morphem* auf eine Einheit des Sprachsystems.

4 Das Adjektiv 890

Die drittgrößte Wortart bilden die Adjektive. Ihr Anteil am Gesamtwortschatz beträgt zwischen 15 und 20%, was hauptsächlich auf das Konto der Wortbildungen geht: Während die Zahl der einfachen, d.h. weder abgeleiteten noch zusammengesetzten Adjektive nur bei einigen hundert liegt, beträgt die der abgeleiteten Adjektive ein Vielfaches davon.[3] Den weitaus größten Beitrag (knapp 40%) leisten

[1] Vgl. dazu ausführlich: Deutsche Fachsprache der Technik. Ein Ratgeber für die Sprachpraxis. Hg. v. einem Autorenkollektiv. Leipzig 1975, S. 137ff.

[2] Daran schließen sich umgangssprachliche Bildungen wie *Telefonitis* und *Substantivitis* an.

[3] Daß Substantive ohne besondere Wortbildungsmittel, durch einfachen Wortartwechsel (Konversion; vgl. 704), in Adjektive überführt werden *(Er hat Angst dabei. – Ihm ist angst dabei),* kommt kaum vor (vgl. in der Gegenwartssprache salopp *Das ist klasse/spitze!*). Die wenigen Bildungen dieser Art erwecken den Eindruck sprachlicher „Versteinerungen" und haben auch nicht alle Eigenschaften eines Adjektivs (sie können z.B. nicht gesteigert und größtenteils auch nicht attributiv oder adverbial gebraucht werden).

dabei die drei adjektivischen Hauptsuffixe *-ig, -isch* und *-lich,* deren Ableitungen in die Tausende gehen. Dagegen beträgt der Anteil der Ableitungen mit den anderen heimischen Suffixen nur etwa ein Zehntel, mit Fremdsuffixen (*-abel, -ös* usw.) insgesamt knapp ein Zehntel, mit Halbsuffixen wie *-fähig, -mäßig* usw. zwei Zehntel, mit den überkommenen Präfixen *un-, ur-* usw. ein Sechstel, mit Halb- und Fremdpräfixen zusammen noch einmal ein Zehntel. Hinzu kommen die Zusammensetzungen *(röstfrisch, parteischädigend, blondgelockt),* deren Anteil in den letzten Jahrzehnten zwar gewachsen, im Vergleich zu dem der Zusammensetzungen im Bereich der Substantivbildung jedoch immer noch klein zu nennen ist.

Die Ableitung mit Suffixen und Halbsuffixen (vgl. 909 ff.) ist fast durchweg (zu über 97%) mit der Umwandlung (Transposition) in eine andere. Wortart verbunden:

> glauben/Glaube – gläubig, [un]glaublich, glaubhaft;
> Bild/bilden – bildlich, bildhaft, bildbar, bildsam.

Sie dient besonders zur adjektivischen Qualitäts-, Merkmal- und Beziehungsbezeichnung.

Präfixe und Halbpräfixe bauen den adjektivischen Grundwortschatz vor allem in folgenden Bereichen aus:
– (polare) Gegenwörter (Antonyme; Negationswörter) durch *un-, in-, nicht-, anti-* usw.;
– steigernde (augmentative) Vergleichswörter durch *über-, super-* usw.;
– orientierende Zuordnungsbezeichnungen durch Halbpräfixe mit lokalem oder temporalem Bezug wie *inner-, vor-, außer-* usw.
(Zu den Zusammensetzungen vgl. 891 ff.)

891 | 4.1 Die Adjektivzusammensetzung

Wie beim Substantiv bilden auch beim Adjektiv die Determinativzusammensetzungen (vgl. 793) den Hauptanteil. Dabei ist die nähere inhaltliche Bestimmung des Zweitgliedes durch das Erstglied entweder mehr gradabstufend *(hellblau)* oder mehr erläuternd *(röst-/taufrisch).* Die Zahl der daneben auftretenden Kopulativzusammensetzungen *(naßkalt;* vgl. 792), die gleichrangigen, nebengeordneten Adjektivgruppen entsprechen *(naß und kalt),* ist größer als bei der Substantivbildung.

892 | 4.1.1 Verb + Adjektiv (Partizip)

In formaler Hinsicht besteht der Hauptunterschied zwischen Zusammensetzungen wie *sitzmüde* und solchen des vergleichbaren Typs Verb + Substantiv (*Sitzbank, Blasebalg;* vgl. 807) darin, daß bei den Adjektivzusammensetzungen das Verb immer nahtlos, nie durch ein Fugenzeichen mit dem Grundwort verbunden ist.

In semantischer Hinsicht fällt auf, daß den acht bzw. zehn Bedeutungstypen im Bereich der Substantivkomposition (vgl. 809) nur drei – zudem seltener vorkommende – beim Adjektiv gegenüberstehen: Der verbale Inhalt des Bestimmungswortes gibt im Hinblick auf den des adjektivischen Grundwortes an:

1. eine Ursache, einen Grund:
   röstfrisch – frisch, weil (gerade) geröstet; sitz-/fernsehmüde.

2. eine Folge, Wirkung:
   tropfnaß – so naß, daß es tropft; klapperdürr, bettelarm.

3. einen Geltungsbereich:

schreibgewandt – gewandt in bezug auf das Schreiben; treffsicher, lerneifrig, -freudig.[1]
Bei den meisten Bildungen dieser Art hat das Zweitglied allerdings nicht mehr die
Bedeutung, die ihm sonst im Sprachgebrauch zukommt; es ist auf dem Weg, suffix-
artigen Charakter anzunehmen. Die Bildung *lauffreudig* zum Beispiel wird durch
Fügungen mit *läuft gern* umschrieben und nicht durch eine Konstruktion mit *freu-
dig*. Das gleiche gilt für *kritisierfreudig, denkfreudig* u. a., wo der zweite Bestandteil die adverbiale Bedeutung ‚gern' angenommen hat. Diese Bildungsweise
kommt insbesondere durch die Werbesprache in Gebrauch, in der heute zunehmend Adjektive, die primär Eigenschaften von Menschen ausdrücken, als Zweitglieder von Wortbildungen auch auf Sachen übertragen werden *(rieselfreudiges
Salz – Salz, das leicht rieselt; hautfreundliche Wäsche, gebrauchstüchtige Anzüge)*
und auf diese Weise den Status von Halbsuffixen erhalten, deren Bedeutung
nicht mehr mit der der Ausgangsadjektive übereinstimmt.

4.1.2 Substantiv + Adjektiv (Partizip) | 893 |

Die Adjektivbildungen, die durch Zusammensetzung mit einem substantivischen
Bestimmungswort entstehen, lassen sich nach den zugrundeliegenden bzw. entsprechenden syntaktischen Fügungen folgendermaßen einordnen:

1. Die substantivischen Bestimmungswörter der Adjektivzusammensetzungen
entsprechen abhängigen[2] Genitiven (a), Dativen (b), Akkusativen (c) und Präpositionalgruppen (d)[3]. Besondere inhaltliche Gruppierungen liegen darüber hinaus
nicht vor:

Zusammensetzung	syntaktische Fügung
(1a) *hilfsbedürftig*	*(jmd. ist) der Hilfe bedürftig/bedarf der Hilfe*
(1b) *lebensfremd*	*(jmd. ist) dem Leben fremd (gegenüber)*
(1c) *meterlang*	*(etw. ist) (über) einen Meter lang*
(1d) *hilfsbereit*	*(jmd. ist) bereit zur Hilfe*

2. Die substantivischen Bestimmungswörter entsprechen Präpositionalgruppen,
deren Funktion darin besteht, die näheren Umstände für die Geltung der adjektivischen Grundwortinhalte anzugeben:

Zusammensetzung	syntaktische Fügung	Funktion
(2a) *stadt-, weltbekannt*	*(jmd. ist) in der Stadt/Welt bekannt*	lokal
(2b) *brusthoch, knielang*	*(etw. ist) bis zur Brust hoch/zum Knie lang*	maßan-gebend
(2c) *nachtblind, morgenmüde*	*(jmd. ist) am Morgen müde*	temporal
(2d) *arbeitsmüde, altersschwach*	*(jmd. ist) von der Arbeit müde*	kausal bzw. instrumental
(2e) *diensttauglich, hitzebeständig*	*(jmd. ist) tauglich zum Dienst*	final
(2f) *funktionsgleich, geschlechtsreif*	*(etw. ist) gleich in bezug auf die Funktion*[4]	relational

---

[1] Diese Bildungen basieren oft auf Verbindungen aus adverbial gebrauchtem Adjektiv und Verb wie
gewandt schreiben. sicher treffen. eifrig/freudia lernen.
[2] Die Abhängigkeit ist dabei durch die Valenz der Grundadjektive bedingt *(bedürftig* + Genitiv,
fremd + Dativ usw.).
[3] Die Präposition ist dabei durch das jeweilige Grundadjektiv geboten und hat – im Unterschied zu
den Fällen unter 2 – keine besondere bedeutungsstiftende Funktion.
[4] Viele Bildungen dieser Art entstehen durch eine Umstellung von attributiven Fügungen wie *die gleiche Funktion.*

3. Die substantivischen Bestimmungswörter entsprechen Vergleichsfügungen:

grasgrün – (etw. ist) grün wie Gras
butterweich – (etw. ist) weich wie Butter
wieselflink – (jmd. ist) flink wie ein Wiesel

Diese Vergleichskomposita haben den größten Anteil an den Adjektivzusammensetzungen mit substantivischem Bestimmungswort. Bei vielen ist dabei dieses Bestimmungswort nicht mehr echte Vergleichsgröße, sondern dient nur noch zur Verstärkung des Grundwortinhalts (*todunglücklich, brandgefährlich, nagelneu;* vgl. zu augmentativen Bildungen dieser Art auch 901).

Noch stärker syntaktisch geprägt als die Substantiv + Adjektiv-Bildungen sind diejenigen mit Partizipien als Grundwörtern. Zwei Drittel der mit 1. Partizipien gebildeten Zusammensetzungen[1] folgen dabei dem Muster (1 c) (*gefahrbringend – etw. ist Gefahr bringend; erdölproduzierend* usw.), nur einzelne wie *hilfeflehend* (1 d). Beispiele wie *postlagernd* und *wasserlebend* schließen sich dem Muster (2 a) an; *angstbebend, kopfnickend* (2 d); *sommerblühend* (2 c); *wintersportaufstrebend* (2 f). Nur wenige Bildungen weisen die Vergleichsstruktur von *grasgrün* usw. auf (*samtglänzend, perlschimmernd),* und in Zusammensetzungen wie *chromblitzend, harzduftend* usw. entspricht der Abfolge von Bestimmungs- und Grundwort syntaktisch eine (agentive) Subjekt-Prädikat-Konstruktion (*das Chrom blitzt, das Harz duftet).*
Häufiger als die Zusammensetzungen mit einem 1. Partizip als Grundwort sind die mit einem 2. Partizip. Dabei folgen Beispiele wie *wirklichkeitsverpflichtet* und *traditionsverhaftet* dem Muster (1 b), *gedankenversunken* (1 d); *hausgemacht* schließt sich (2 a) an, *herbstentlaubt* (2 c), *handgeschrieben* und *luftgekühlt* (2 d). Vorherrschend sind jedoch Zusammensetzungen, deren Bestimmungswort agentiven Charakter hat (*sturmzerfetzt, mondversilbert).* Als charakteristisch können darüber hinaus ornative (*raketenbestückt – mit Raketen ausgestattet; schmutzüberzogen* usw.) und – seltener – materiale Bildungen (*holzgeschnitzt – aus Holz geschnitzt; blechgestanzt* usw.) gelten.

894 ### 4.1.3 Adjektiv + Adjektiv (Partizip)

1. Zwei Adjektive werden meistens so zusammengesetzt, daß sie ihre Eigenbedeutungen bewahren. Ist die Verknüpfung darüber hinaus (additiv) nebenordnend, entsprechen den Zusammensetzungen also gleichrangige Adjektivverbindungen mit *und (feuchtwarm – feucht und warm),* dann liegen Kopulativzusammensetzungen vor (vgl. Substantiv):

dummdreist, taubstumm, taubblind, wissenschaftlich-technisch(er Fortschritt), französisch-deutsch(e Kontakte) usw.

Auch Farbbezeichnungen wie *schwarzrotgold* und die Zahlwörter *dreizehn neunzehn* usw. gehören hierher. Dagegen tritt in Bildungen wie

graugrün(er Farbton), freundschaftlich-kameradschaftlich(er Händedruck)

die additive Beziehung zwischen den Gliedern zugunsten einer eher „medialen", eine Zwischenstufe (‚bis') signalisierenden zurück.
2. Determinativzusammensetzungen (vgl. Substantiv), deren adjektivische Bestimmungswörter eine gradweise abstufende Bedeutung[2] haben, liegen in folgenden Fällen vor:

hellrot, dunkelrosa, blaßgelb, lauwarm, schwerkrank usw.

---

[1] E. Gassner-Koch: Untersuchungen zu einem Wortbildungstyp der deutschen Gegenwartssprache: Substantiv + Partizip Präsens. Hausarbeit Universität Innsbruck 1981.
[2] Zu den augmentativen Bildungen (*tiefblau* ‚sehr blau'), in denen das Erstglied wie ein Präfix wirkt und den adjektivischen Grundwortinhalt verstärkend hervorhebt, vgl. 901.

Ein determinatives Verhältnis besteht auch bei solchen Adjektivzusammensetzungen, deren untergeordnetes erstes Glied das zweite nach Art einer attributiven Adverbialbestimmung präzisiert:

> sowjetisch-kirgisisch (lokal), frühreif (temporal), schöpferisch-tätig (modal), hinfällig-pflegebedürftig (kausal).

Besonders deutlich tritt diese adverbiale Beziehung bei Zusammensetzungen mit dem 1. und 2. Partizip hervor:

> wildwachsend(e Erdbeeren), hart-/weichgekocht(e Eier).

4.2 Der Zusatz von Präfixen und Halbpräfixen

895

Diese Art der Adjektivbildung erfolgt vor allem mit alten, tradierten Präfixen wie *un-* und mit aus anderen Sprachen übernommenen Lehnpräfixen wie *super-*.[1] Daneben kommen in größerem Umfang Bildungselemente ins Spiel, die als Halbpräfixe aus Zusammensetzungen hervorgegangen sind bzw. in die hier besonders breite Übergangszone zwischen Zusammensetzung und Halbpräfixbildung gehören. Zum Beispiel geben viele der unter 901 genannten Bildungen zwar auch einen Vergleich wieder *(blitzschnell – so schnell wie der Blitz)*, in erster Linie dienen sie jedoch einfach wie andere Präfixe zur Ausdrucksverstärkung (‚sehr‘; vgl. auch *blitzgescheit)*.
Adjektive werden in ganz ähnlicher Weise wie Substantive mit Präfixen und Halbpräfixen verbunden. So dienen *un-, ur-, erz-, hoch-, super-, riesen-* zum Ausbau beider Wortarten, vor allen Dingen dort, wo es darum geht, den Grundwortinhalt hervorzuheben. Sie haben dabei freilich nicht immer genau die gleichen Bedeutungskomponenten (vgl. *Unmenge* und *unfroh, Urzeit* und *urkomisch, Hochverrat* und *hochintelligent)*. Insgesamt und besonders in den Fachsprachen tragen Präfixe und Halbpräfixe mehr zum Ausbau der adjektivischen Wortart bei als zu dem der substantivischen. Größere Vielfalt gewinnt die Adjektivbildung ferner durch einige kombinierte Ableitungen, insbesondere mit dem Präfix *un-* und den Suffixen *-lich (un-wiederbring-lich, un-aussteh-lich)* und *-bar (un-überseh-bar, unverkenn-bar)*, nur vereinzelt auch mit anderen Suffixen *(inter-diszplin-är)*.
Man kann folgende Bedeutungsgruppen unterscheiden:

1. Die Negationsbildung trägt insofern am meisten zum systematischen Ausbau der Wortart Adjektiv bei, als sie dazu dient, für den weithin gegensätzlich ausgebildeten adjektivischen Wortschatz (vgl. *breit – schmal, groß – klein, dick – dünn)* dort Gegen[satz]wörter (Antonyme) zu schaffen, wo sie der Grundwortschatz nicht bereithält, insbesondere bei Ableitungen und Entlehnungen.

un-

896

Dieses Präfix ist der Hauptträger der Negationsbildung. Es verbindet sich mit einer ganzen Reihe ein- und zweisilbiger Simplizia, zu denen es keine festen Gegenwörter gibt *(undicht, unedel, unsicher)*. Wo diese vorhanden sind, können die *un-* Bildungen der (wertenden) Differenzierung des Gegensatzes dienen *(richtig – falsch/unrichtig; gut – schlecht/ungut; schön – häßlich/unschön)*. Auch adjektivisch gebrauchte Partizipien *(unbeachtet, ungezwungen; unbefriedigend)* und aus Verben abgeleitete Adjektive *(unaufschiebbar, unerschwinglich)* werden häufig mit

---

[1] Im Vergleich zu den Lehnsuffixen (vgl. 925 ff.) lassen sich die Lehnpräfixe leichter mit sowohl heimischen als auch entlehnten adjektivischen Basen zu neuen Wörtern verbinden.

un- verbunden.[1] Von letzteren erscheinen manche – besonders die auf *-bar* und *-lich,* vereinzelt auch die auf *-sam* – in der Regel nur negiert:

> unübersetzbar, unverkennbar, unverzichtbar, unrettbar, unnahbar, unausrottbar, unwägbar; unausstehlich, unüberwindlich, unerforschlich, unumstößlich, unwiderruflich, unvergleichlich; unliebsam, unaufhaltsam.

Darüber hinaus kommen viele von Substantiven abgeleitete Bildungen auf *-ig,* *-isch* und *-lich* mit *un-*Präfix vor *(ungiftig, unbürgerlich, unsoldatisch).* Unnegiert bleiben dagegen die Stoffadjektive auf *-(e)n* bzw. *-ern* und *-ig* (also nicht *unseiden, unsandig*) und attributiv gebrauchte Adjektive vom Typ *dortig, heutig, abendlich* sowie Adjektivbildungen vom Typ *leistungsmäßig.*

Von den Fremdwörtern werden – soweit sich nicht schon die Bildung mit einem entsprechenden Lehnpräfix wie *in-* und *a-* eingebürgert hat (vgl. 897 f.) – besonders die häufig gebrauchten mit *un-* verbunden (vgl. *unfair, unreell, unrationell, unpopulär, unsolide).*

---

897 | **in-**

Negationsbildungen wie

> inaktiv, indiskret, informell, inhuman, intolerant usw.

sind aus anderen Sprachen übernommen[2] und werden vor allem in wissenschaftlichen Fachtexten gebraucht. Zu vielen gibt es gemeinsprachliche Entsprechungen mit einem *un-*Präfix:

> unbeweglich – immobil, unrechtmäßig – illegitim, unbestimmt – indeterminiert.

Morphologische Varianten zu *in-* sind *im-, ir-* und *-il-: im-* steht vor den Lippenverschlußlauten [b], [p] und dem Nasenlaut [m] *(impotent, immobil), ir-* und *il-* als Assimilationsformen vor [r] und [l] *(irreal, illegitim).*

---

898 | **a-**

Dieses Präfix ist weitaus seltener und wird vor allem in den Wissenschaftssprachen als wertungsneutrale Negation gebraucht. Die meisten Bildungen finden sich – wie zahlreiche Bildungen mit *in-* – auch als „Internationalismen" in den europäischen Nachbarsprachen:

> apolitisch, alogisch, areligiös, asozial, anormal, atypisch, atonal.

---

899 | **dis-, des-, non-**

Bildungen mit diesen Negationspräfixen kommen nur vereinzelt (in den Wissenschaftssprachen) vor:

> disharmonisch, diskontinuierlich, disproportional; (vor einigen Partizipien:) desinteressiert, desorientiert, desintegriert; nonkonformistisch, nonverbal.

---

900 | **schein-, pseudo-, quasi-, semi-**

Zu einer modifizierenden Negation im Sinne von ‚nicht, aber dem Anschein nach‘ dienen die Bildungen mit *schein-* *(scheintot, -fromm, -rechtlich)* und *pseudo-* *(pseudodemokratisch, -wissenschaftlich, -legal).* Die Abstufung ‚nicht, aber nahezu‘ signalisiert (in Fachsprachen) *quasi-* *(quasistationär, -stabil, -kristallin),* und für ‚nicht, aber zum Teil‘ steht *semi-* *(semiantik, -professionell),* das dem Kompositionsglied *halb-* *(halbfertig, -automatisch, -amtlich)* entspricht.

---

[1] Dagegen ist zu Farbbezeichnungen wegen ihrer abstufenden („skalaren") Bedeutung keine Negation üblich.
[2] Nur vereinzelt kommt es im Deutschen zu einer Nachbildung; vgl. *infundiert, inegal.*

2. Zur Ausdrucksverstärkung und („elativischen") Hervorhebung dienen besonders viele Präfixe, zum Teil alt *(ur-)*, zum Teil erst spät entlehnt *(hyper-)*; dazu
kommen Halbpräfixe aus Präpositionen *(über-)*, Adjektiven *(hoch-)*, Substantiven
(stock-) und Verben *(stink-)*:

901

ur- ‚sehr' (z. T. mit dem Zusatzmerkmal ‚ursprünglich, eigentümlich'):

   uralt, -deutsch, -gemütlich, -komisch.

erz- ‚sehr' (meist mit negativer Sprecherbewertung):

   erzkonservativ, -reaktionär, -katholisch, -dumm.

super- ‚sehr, besonders' (gewöhnlich in Verbindung mit einer positiven Sprecherwertung):

   superklug, -schnell, -breit, -elegant.

hyper- ‚zu sehr, übertrieben':

   hypermodern, -nervös, -sensibel, -mondän.

ultra- ‚extrem, zu sehr':

   ultrakonservativ, -reaktionär, -links; ultraschnell, -lang.

hoch- steht häufig als Ausdruck der vergleichenden Heraushebung (‚sehr')
vor adjektivisch gebrauchten 2. Partizipien *(hochgelehrt, -berühmt, -begabt,
-industrialisiert)* und fremdwörtlichen Adjektiven *(hochelegant, -abstrakt, -offi-
ziell, -aktuell, -aromatisch);* nur vereinzelt dagegen vor einfachen Adjektiven
(hochblond, -rot) und Ableitungen *(hochanständig, -empfindlich).*

tief- ‚sehr' findet sich in abstufenden Farbbezeichnungen *(tiefbraun, -rot)* und ge-
fühlsbetonten Prägungen wie *tiefernst, -religiös;* mit 2. Partizipien: *tiefgekränkt,
-empfunden.*

voll- ‚ganz, vollständig':

   vollautomatisch, -elektronisch, -synthetisch.

extra- ‚besonders':

   extragroß, -flach, -lang.

bitter- ‚sehr':

   bitterböse, -ernst, -kalt.

über- ‚(zu) sehr, allzu, überaus':

   überglücklich, -froh, -ängstlich, -reif, -nervös, -empfindlich usw.

grund- ‚sehr, von Grund auf' (meistens als Ausdruck einer positiven Bewertung):

   grundanständig, -ehrlich, -gescheit, -gut.

tod- ‚sehr, äußerst':

   todernst, -sicher, -müde, -schick, -unglücklich.

stock- ‚völlig':

   stocktaub, -steif, -konservativ, -betrunken.

kreuz- ‚sehr':

   kreuzfidel, -brav, -ehrlich.

blut- ‚sehr':

   blutarm, -jung, -wenig.

brand- ‚sehr, ganz':

   brandneu, -eilig, -aktuell.

Andere Muster haben ausschließlich umgangssprachliche Geltung:

*sau*dumm, -blöd, -kalt; *hunds*gemein, *hunde*elend; *scheiß*freundlich, -egal; *arsch*klar, -kahl; *stink*vornehm, -fein; *knall*hart, -rot.

902 3. Der Vergleich, den die „elativischen" Bildungen unter 901 nur indirekt voraussetzen, bestimmt deutlicher eine Reihe von „komparativischen" Adjektiven mit

über-, unter-

über-/unterdurchschnittlich, über-/untertariflich.

903 4. Andere Präfixe bzw. Halbpräfixe signalisieren das Ergebnis einer räumlich vorgestellten Zuordnung. Viele sind in den naturwissenschaftlich-technischen und medizinischen Fachsprachen beheimatet; manche dringen von dort aus in den allgemeinen Sprachgebrauch:

(Halb)präfixe	Bedeutung	Beispiele
inner-		*innerbetriebliche Mitbestimmung; innerparteilich, innerarabisch*
intra-	‚in, innerhalb von'	*intrapersonale Konflikte; intrakristallin, intrazellulär, intramolekular*
endo-		*endopsychische Erscheinungen; endoplasmatisch*
binnen-		*binnensoziologische Probleme; binnendeutsch*
außer-		*außergerichtlicher Vergleich; außerberuflich, außerparlamentarisch*
extra-	‚nicht in, außerhalb von'	*extralinguistische Variable; extrazellulär, extraterritorial*
über-		*übernatürliche Kräfte*
über-	‚übergreifend'	*überbetriebliche Mitbestimmung; überregional, überindividuell, überkonfessionell*
supra-		*supranationale Gruppe, suprasegmental*
inter-	‚zwischen'	*interdisziplinäre Zusammenarbeit; interkontinental, interplanetarisch, intermolekular*
trans-	‚durch'	*transsibirische Eisenbahn; transasiatisch, transkontinental*
sub-		*subalpine Vegetation; subarktisch*
hypo-	‚unterhalb von'	*hypokristalline Phase*
unter-		*unterseeische Sedimente*
supra-	‚oberhalb von'	*suprakrustale Ablagerungen*
epi-		*epikontinentale Meere; epituberkulös*
peri-	‚in der Umgebung von, neben'	*periarterielle Gefäße; perimagmatisch*
para-		*paranasale Entzündung; paravenös*

904 5. Einer zeitlichen Zuordnung dienen die Präfixe

prä-, vor-, post-, nach-

ein vor-/nachtechnisches Zeitalter, vor-/nachchristliches Jahrhundert; eine vor-/prä-/nach-/postrevolutionäre Lage, ein prä-/postembryonaler Zustand; das vor-/nach-/postindustrielle Zeitalter.

6. In einer Vorstellungswelt des „Pro und Kontra", in der Bestrebungen, Bewegungen, Absichten danach eingeordnet werden, wogegen sie gerichtet sind oder was sie fördern, dienen als einfache Orientierungshilfen die Lehnpräfixe $\boxed{905}$

anti-, pro-

> antidemokratische, -liberale, -sozialistische Tendenzen; die anti-/proarabische Bewegung; eine anti-/prowestliche, anti-/prosowjetische Politik.

7. Gleichartigkeit und Ähnlichkeit signalisieren in einzelnen naturwissenschaftlichen Fachsprachen die Fremdpräfixe $\boxed{906}$

homo-, homöo-, iso-

> homozentrisches Strahlenbündel – ein Bündel von Strahlen mit dem gleichen Zentrum, homosexuell, -erotisch; homöopolare Bindung – eine Bindung auf Grund einer gleichen polaren Ladung, homöostatisch; isostrukturelle/isozyklische Verbindungen – Verbindungen, die die gleiche Struktur/den gleichen Zyklus aufweisen.

Zum Ausdruck der Verschiedenheit dient

hetero-

> heteroplasmonische Zellen – Zellen, die verschiedene Plasmone enthalten; heterogametisch, -sexuell, -zyklisch.

8. Zahlenangebende Präfixe (in den Fachsprachen) sind $\boxed{907}$

mono-, bi-, poly-, multi-

> monokausal – auf nur eine Ursache zurückgehend, monogenetisch, -zyklisch; bipolar – zweipolig, bimolekular, -zentrisch; polyzentrisch – mehrere Zentren aufweisend, polyfunktional, -molekular; multilingual – vielsprachig, multiperspektivisch, -medial.

9. Vor Adjektiven, die sich auf politische Einheiten beziehen, steht gelegentlich das Präfix $\boxed{908}$

pan-

> panarabischer Sozialismus, panamerikanische Bewegung, panafrikanisches Symbol.

Es bezeichnet eine allesvereinigende Bestrebung, Tendenz.

4.3 Die Adjektivableitung $\boxed{909}$

4.3.1 Die semantische Abwandlung (Modifikation)

Reihenhaft erfolgt in der Standardsprache die semantische Abwandlung von Adjektiven nur mit dem Suffix *-lich* (fast regelmäßig mit Umlaut: *schwarz – schwärzlich*). Ausgangspunkt sind in erster Linie Farbbezeichnungen *(blau – bläulich),* dann auch einige vielgebrauchte Personeneigenschaftsbezeichnungen *(alt – ältlich; bänglich, dicklich, dümmlich* usw.). In einer Reihe weiterer Bildungen drückt die *-lich*-Ableitung annähernd dasselbe aus wie das adjektivische Grundwort (vgl. *ein karges/kärgliches Mahl; froh/fröhlich lachen),* allerdings ist ihre Verwendungsweise im Satz teilweise anders:

> jmdm. ist *ernst* mit etw. – etw. *ernstlich* in Zweifel ziehen; *grob* sein – etw. *gröblich* verletzen; *reich* sein – *reichlich* geben usw.

Andere Suffixe tragen nur am Rande zur Modifikationsbildung bei. Einzelfälle finden sich mit *-ig (dumpf – dumpfig, untertan – untertänig)* und *-sam (beredt – beredsam, unlieb – unliebsam).* Die wenigen Erweiterungsbildungen mit *-isch* wirken zum Teil archaisch *(antik – antikisch, genial – genialisch, sentimental – sentimentalisch);* diejenigen mit *-istisch* können eine Bewertung des Grundwortinhalts in dem Sinne ausdrücken, daß das Bezeichnete als überspitzt oder einseitig übersteigert abgelehnt wird (vgl. *formal – formalistisch, liberal – liberalistisch, objektiv – objektivistisch).* Vorbild dafür dürfte das Muster *sozial – sozialistisch* gewesen sein.

4.3.2 Die grammatische Umwandlung (Transposition)

Adjektive werden aus Verben abgeleitet

| 910 | **Adjektive mit passivisch-modaler Bedeutung** |

Adjektive mit passivisch-modaler Bedeutung nennt man auch Eignungsadjektive:

> eine *akzeptable/erträgliche/annehmbare* Lösung – eine Lösung, die man akzeptieren/ ertragen/annehmen kann; die sich annehmen läßt/die angenommen werden kann usw.

Sie geben an, wozu sich das im Bezugssubstantiv Genannte eignet, welcher Handlung gegenüber es offen ist, was man damit machen kann. Am häufigsten konkurrieren mit ihnen Formen des modalen Infinitivs *(erträglich/ist zu ertragen)* und des modalen *lassen*-Gefüges *(läßt sich ertragen;* vgl. *kann man ertragen),* die den Passivumschreibungen (vgl. 304) vergleichbar sind.

Diese Suffixableitungen aus Verben sind systematisch am weitesten entwickelt, und zwar vornehmlich mit den Suffixen *-bar, -lich* und *-abel;* andere Suffixe tragen nur zu einzelnen Bildungen bei.

| 911 | **-bar** |

Das Ableitungsmuster ist systematisch so weit ausgebaut, daß man zu fast jedem transitiven Verb – ob einfach, präfigiert oder zusammengesetzt – ein entsprechendes Adjektiv bilden kann, sowohl mit positiver als auch mit negativer Ausrichtung:

> heilbare – unheilbare Krankheit; berechenbare – unberechenbare Zufälle; vorsehbare – unvorhersehbare Faktoren; (mit fremdwörtlichen Verben:) manipulierbar, passierbar, reproduzierbar usw.

Die passivisch-modale Prägung ist für das Suffix so typisch, daß ihr über 93% seiner Ableitungen folgen. Während manche nur mit Negationspräfix üblich sind (z. B. *unleugbar, unverkennbar, unnahbar, unverzichtbar),* fehlt bei anderen das negative Gegenstück ganz (z. B. *achtbar, bemerkbar, ersetzbar* [aber *unersetzlich*], *vergleichbar* [aber *unvergleichlich*]).[1]

In den wenigen Fällen, wo – aus Gründen des Wohlklangs und der Aussprache vor allem bei abgeleiteten Verben wie *vereinigen* oder *verwirklichen* – die Ableitung mit *-bar* blockiert ist, springt das Halbsuffix *-fähig* ein.[2] Darüber hinaus be-

---

[1] Einzelne sprachübliche *-bar*-Ableitungen aus dem 19. oder aus früheren Jahrhunderten sind auch zu intransitiven Verben gebildet *(unverzichtbar, verfügbar),* teilweise mit aktivisch-modaler Bedeutung (vgl. *brennbares Material = Material, das brennen kann).* In der Gegenwartssprache ist – von fachsprachlichen Ausnahmen abgesehen – diese Bildungsweise weitgehend blockiert.
[2] Allerdings verbindet sich *-fähig* nicht wie *-bar* mit abgeleiteten Verben, sondern mit Verbalsubstantiven (auf *-ung: vereinigungs-, verwirklichungs-, besserungsfähig* usw.).

steht generell die Tendenz, die Bildungsweise mit *-fähig* in das Gefüge der passivisch-modalen Adjektive einzugliedern; das zeigen Konkurrenzformen wie *transportierbar/transportfähig* oder *verwendbar/verwendungsfähig*.

-lich

912

Der Anteil der passivisch-modalen Ableitungen mit *-lich* ist beträchtlich, obwohl das Suffix in dieser Funktion nicht mehr produktiv ist. Gleichwohl sind *-lich*-Adjektive als Wortbildungen größtenteils noch durchsichtig, d. h. auflösbar (vgl. *löblich – kann gelobt werden, erklärlich – kann erklärt werden*). Die meisten (über 70%) stammen aus Verben mit Präfix (*begreiflich, erdenklich, verletzlich* usw.). Bei ihnen kommt es besonders häufig vor, daß sie eine konkurrierende *-bar*-Ableitung neben sich haben (vgl. *erklärlich/erklärbar, unersetzlich/unersetzbar*). Manchmal besetzen aber auch *-lich*-Ableitungen die Stelle negierter *-bar*-Bildungen (*ersetzbar – unersetzlich;* vgl. 911). Neben dem vorherrschenden Ableitungsmuster aus transitiven Verben gibt es – wie bei *-bar* – auch einzelne Ableitungen aus Verben mit Dativ- oder Präpositionalobjekt (vgl. *unwiderstehlich – jmdm. widerstehen, unausweichlich; erinnerlich – sich an etw. erinnern, verläßlich – sich auf jmdn./etw. verlassen*).

Aus fremdwörtlichen Verben werden selten Adjektive mit *-lich* abgeleitet (vgl. etwa *despektierlich*). Dies geschieht gewöhnlich entweder mit *-bar* (vgl. 911) oder dem Lehnsuffix *-abel*.

-abel

913

Mit diesem Lehnsuffix (und seiner besonders fachsprachlichen Variante *-ibel*) werden passivisch-modale Adjektive zu fremdwörtlichen Verben auf *-ieren* gebildet:

respektabel, praktikabel usw.; disponibel, konvertibel usw.

Gelegentlich konkurrieren mit *-abel*-Bildungen solche auf *-bar* (vgl. *deklinierbar/deklinabel*).

-ig, -sam usw.

914

Bei diesen Suffixen gibt es nur Ansätze zur Ableitung passivisch-modaler Verbaladjektive; vgl. etwa

zulässig, doppeldeutig; bildsam, unaufhaltsam.

-fest, -echt usw.

915

Schließlich werden Verbaladjektive des passivisch-modalen Typs auch mit Halbsuffixen wie *-fest, -echt* usw. (vgl. 936) gebildet, die sich neuerdings unter dem Einfluß der Werbesprache als Mustern der Adjektivzusammensetzung herauszulösen beginnen. Dabei ist bei *-fest (kochfest), -echt (bügelecht)* und *-beständig (waschbeständig)* mit der passivisch-modalen Bedeutung ,kann ... werden' ein Merkmal wie ,ohne Schaden' verbunden, bei *-gerecht (lesegerecht)* und *-freundlich (spülfreundlich)* das Merkmal ,leicht' und bei *-fertig (kochfertig), -bereit (eßbereit)* und *-reif (verkaufsreif;* [analog auch aus Verbalabstrakta:] *abschlußreif, aufführungsreif)* das Merkmal ,sofort'.

Hier wurde mit Hilfe der Wortbildung für die Werbung eine Wertungsskala geschaffen, die vom *strapazierbaren* und *strapaz(ier)fähigen* über den *strapazierfesten* und *-starken* bis zum *strapazierfreudigen Teppich* reicht, vom *waschbaren* und *-fähigen* bis zum *waschechten, -festen* und *-sicheren Stoff*.

Adjektive mit aktivisch-modaler Bedeutung

Diese auch Verhaltensadjektive genannten Ableitungen mit aktivisch-modaler
Bedeutung sind nicht so systematisch ausgebaut wie die des passivisch-modalen
Typs (vgl. 910); sie sind auch weniger produktiv.
Die beteiligten Suffixe und Halbsuffixe werden vor allem mit intransitiven Ver-
ben verbunden und mit den transitiven, deren Akkusativobjekt leicht ausgelassen
wird:

> Der Tisch wackelt. – der *wackelige* (wackelnde) Tisch; das *wirksame* (wirkende) Mittel.
> Die Äußerung provoziert/ist *provokativ* (provozierend). Sie greift an/ist *angreiferisch*.
> Das amüsiert (blamiert) mich/ist *amüsant (blamabel)* für mich.

Entsprechende Ansätze finden sich auch bei reflexiven Verben:

> das *veränderliche* (sich verändernde) Wetter, der *fügsame* (sich fügende) Junge, eine *är-
> gerliche* (sich ärgernde) Frau.

Die aktivische Grundbedeutung dieser Bildungen (probeweise Ersetzung durch
das 1. Partizip, dessen „Gegenwartsbedeutung" allerdings fehlt, ist möglich) ist
oft in dem Sinne modifiziert, daß eine Fähigkeit oder Neigung zum jeweils genannten Verhalten angegeben wird. Zum Teil kommen durch die Suffixe (besonders -*sam* und -*haft*) auch Bedeutungsmerkmale aus dem Umkreis von ‚gern',
‚leicht', ‚gut' und ‚oft' hinzu.

-ig

Bei den Adjektiven mit aktivisch-modalem Inhalt ist das Bildungsmuster Verb + -*ig*
das meistgenutzte *(nörgeliger Mann, zittrige Hand, bröckelige Kohle)*. Ihm folgen auch Zusammenbildungen (vgl. 716) wie *luftdurchlässig* und *geringschätzig*,
wobei das substantivische Erstglied *(Luft)* ein Akkusativobjekt zum folgenden
Verbstamm *(durchlass-)*, das adjektivische Erstglied *(gering)* ein objektbezogenes
Satzadjektiv zum folgenden Verbstamm *(schätz-)* nennt.

-lich

Dieses Suffix dient vor allem zur Ableitung solcher aktivisch-modaler Verbaladj-
jektive, mit denen Abstrakta näher charakterisiert werden *(hinderlicher Zustand,
betrübliche Tatsache, gedeihliche Zusammenarbeit)*. Zu einigen Negationsbildungen dieses Musters wie *unermüdlich, unaufhörlich, unausbleiblich* gibt es keine positive Entsprechung.

-sam, -haft

Den genannten Ableitungen auf -*ig* und -*lich* sind einige auf -*sam* und -*haft* aktivisch-modalen Inhalts an die Seite zu stellen *(bedeutsam; schmeichel-, zaghaft)*.

-(er)isch

Unter den zahlreichen Ableitungen mit -*(er)isch* gibt es neben einigen verbal motivierten Bildungen aktivisch-modalen Inhalts wie *haushälterisch, mürrisch* und
neckisch eine Gruppe, die sowohl auf ein Substantiv (auf -*er*, z.T. mit negativer
Sprecherwertung) als auch auf ein Verb mit der Suffixvariante -*erisch* zurückzuführen ist *(angeberisch, betrügerisch, gebieterisch* usw.).

-ant/-ent, -(at)iv, -abel

Mit diesen Lehnsuffixen werden aktivisch-modale Adjektive zu fremdwörtlichen
Verben auf -*ieren* gebildet:

> frappant, mokant, kongruent; demonstrativ, repräsentativ, informativ, spekulativ, sug-
> gestiv; blamabel, repräsentabel, rentabel, spendabel.

-fähig

Einige Adjektive aktivisch-modalen Inhalts aus Verben (mit der „potentiellen"
Bedeutungskomponente ‚können') sind auch mit dem Halbsuffix *-fähig* gebildet
(*geh-, lern-, schwimmfähig*).

Adjektive werden aus Substantiven abgeleitet

Adjektivableitungen aus Verbalabstrakta

917

An die aus Verben abgeleiteten Adjektive mit aktivisch-modaler Bedeutung (Verhaltensadjektive; vgl. 916) schließen sich unmittelbar solche aus Verbalabstrakta
und den Halbsuffixen *-fähig* und *-tauglich* an (vgl. *lernfähig* und *anpassungsfähig,
fahrtauglich* und *flugtauglich*):

-fähig

Da *-fähig* hier besonders produktiv ist, ist die Zahl der damit abgeleiteten Adjektive aus Verbalabstrakta wesentlich größer als die der entsprechenden Adjektive
aus Verben (vgl. 916):

anpassungs-, aufnahme-, beschluß-, konkurrenz-, heirats-, urteils-, zahlungsfähig.

-tauglich

flugtauglich, diensttauglich; (ähnlich:) fahrtauglich.

Adjektive mit der passivisch-modalen Bedeutung der teils aufmunternden, teils
dringenden Empfehlung (‚soll[te], müßte') entstehen aus Verbalabstrakta (einschließlich substantivierter Infinitive) und folgenden Halbsuffixen:

-wert

lesens-, bewunderns-, begrüßens-, nachahmenswert.

-würdig

Neben Verbindungen mit Verbalabstrakta *(bewunderungs-, nachahmungswürdig)*
begegnen hier auch solche mit dem reinen Verbalstamm, entweder wahlweise *(för-
derwürdig* neben *förderungswürdig)* oder ausschließlich *(denk-, glaubwürdig)*.

-bedürftig

pflege-, hilfs-, renovierungs-, korrekturbedürftig.

Bei diesen passivisch-modalen Adjektivableitungen aus Verbalabstrakta verbindet sich mit der ‚sollen'-Komponente *(renovierungsbedürftig[es Haus] – [Haus,
das] renoviert werden sollte)* das Merkmal einer entschiedenen Stellungnahme,
wonach etwas als erforderlich angesehen wird.

-pflichtig

genehmigungspflichtig; (ähnlich:) impf-, registrierpflichtig.

Mit diesen passivisch-modalen Adjektivableitungen ist die Bedeutungsvariante
einer – z. B. behördlicherseits festgestellten – Notwendigkeit verbunden *(genehmigungspflichtig[e Anlage] – [Anlage, die] genehmigt werden muß)*.

918 **Adjektivableitungen aus anderen Substantiven**

In diesem Bereich zeigt die adjektivische Wortbildung ihre größte Vielfalt. Allein hier vorkommende Suffixe sind *-(e)(r)n, -esk, -al/-ell, -ar/-är* und *-ös/-os*, während *-ant/-ent, -(at)iv, -haft, -ig, -isch* und *-lich* zwar überwiegend, aber nicht ausschließlich mit substantivischen Basen verbunden werden; *-sam, -abel* und *-bar* begegnen dagegen nur selten. Für die „Allerweltsuffixe" *-ig, -isch* und *-lich* schließlich ist vielfältigste Verwendung in fast allen Bildungsmustern festzustellen; gleichwohl sind auch sie nicht beliebig anfügbar: *-ig,* das häufigste und auch produktivste Suffix, kann z. B. nicht zur agensbezogenen Ableitung (vgl. 919,1) herangezogen werden. Eingeschränkt ist die Kombinierbarkeit eines Suffixes etwa dadurch, daß es bereichsweise zur Aufgabenteilung mit anderen Suffixen kommt. Aber auch da, wo zwei Suffixe dieselbe Funktion erfüllen, verbinden sie sich oft mit verschiedenen Grundwörtern, z. B. bei der Bildung adjektivischer Zeitbestimmungen *-lich* bevorzugt mit Simplizia *(täglich, jährlich), -ig* mit Wortgruppen *(vierzehntägig, einjährig).* Darüber hinaus zeigen die Suffixe vielfach eine besondere Produktivität bei bestimmten Klassen von Ausgangswörtern, z. B. *-ig* bei attributiven Wortgruppen, *-lich* bei adjektivischen Simplizia *(grün-, gelblich)* und neutralen Personenbezeichnungen *(bürgerlich)* und *-isch* bei Eigennamen *(lutherisch),* negativ bewerteten Personenbezeichnungen *(diebisch)* und Fremdwörtern *(komparativistisch)* usw. Diese Aufgabenteilung führt dazu, daß die auffallend seltenen Parallelformen oft Verschiedenes bezeichnen; vgl. z. B. bei den Zeitbezeichnungen *zweistündig* („zwei Stunden dauernd') und *zweistündlich* („alle zwei Stunden'), bei den Personenbezeichnungen *weiblich* und *kindlich* gegenüber *weibisch* und *kindisch* (mit negativer Sprecherwertung) und reihenhaft bei den Ableitungen aus Stoffbezeichnungen *golden, seiden, gläsern* usw. („aus Gold/Seide/Glas') gegenüber *goldig, seidig, gläsern* usw. („wie aus Gold/Seide/Glas').

919 Die adjektivischen Ableitungen aus Substantiven kann man in vier Typen mit insgesamt 13 Mustern gliedern:

1. Ableitungen aus Bezeichnungen für einen Ausgangsbereich (Urheber, Agens, logisches Subjekt); ihr Suffix signalisiert a) eine *tun-,* b) eine *haben-*Prädikation.

2. Ableitungen aus Bezeichnungen für einen Zielbereich (Patiens, logisches Objekt); ihr Suffix signalisiert a) eine *tun-,* b) eine *haben-*Prädikation.

3. Ableitungen aus Bezeichnungen für a) eine Gleichsetzungsgröße, b) eine Vergleichsgröße.

4. Ableitungen aus Bezeichnungen für modale Bestimmungen mit a) räumlicher, b) zeitlicher, c) instrumentaler, d) materialer Bedeutung und mit e) Angabe einer Durchführungsart, f) eines Grundes, g) eines Betrachtungsaspektes oder einer thematischen Einordnung:

das Suffix signalisiert	Beispiele und syntaktische Entsprechungen
(1 a/agentiv) einen Urheber, ein Agens	*polizeilich(e Anordnung) – die Anordnung der Polizei/die Polizei ordnet an*
(1 b/possessiv, z. T. auch partitiv) einen Besitzer, Träger	*ärztlich(e Praxis) – die Praxis des Arztes/der Arzt hat/besitzt diese Praxis*
(2 a/zielangebend) ein Objekt, Patiens	*ärztlich(e Ausbildung) – die Ausbildung der Ärzte/man bildet Ärzte aus*
(2 b/partitiv, ornativ) einen Teil, ein Merkmal	*haarig(e Finger) – Finger mit Haaren/Finger haben Haare*

das Suffix signalisiert	Beispiele und syntaktische Entsprechungen
(3 a/identifizierend) etwas Gleiches	*trottelig(er Mensch) – ein Trottel von Mensch/ dieser Mensch ist ein Trottel*
(3 b/komparativisch) etwas Ähnliches, Entsprechendes, Vergleichbares	*bäuerlich(er Eigensinn) – Eigensinn wie ihn ein Bauer hat*
(4 a/lokal) eine Raumbestimmung	*römisch(e Wohnung) – Wohnung in Rom*
(4 b/temporal) eine Zeitbestimmung	*abendlich(e Zusammenkunft) – Zusammenkunft am Abend*
(4 c/instrumental) eine Mittelbestimmung	*mikroskopisch(e Untersuchung) – Untersuchung mit dem Mikroskop*
(4 d/material) eine Stoff-, Materialbestimmung	*sandig(er Boden) – Boden aus Sand/der Boden besteht aus/enthält viel Sand*
(4 e/figural) die Gestaltungsform	*symbolisch(es Denken) – Denken in Form von Symbolen*
(4 f/kausal) einen Grund, eine Absicht	*absichtlich(e Verzögerung) – Verzögerung aus/ mit Absicht*
(4 g/aspekthaft) eine thematische Zuordnung	*studentisch(e Fragen) – Fragen bezüglich der Studenten/diese Fragen betreffen Studenten*

Die beteiligten Suffixe

-ig

920

Dieses Suffix wird – von den Ableitungen aus Verben (*findig;* vgl. 916) und Adverbien (*dortig;* vgl. 939) abgesehen – in der Hauptsache (zu 83%) zur Ableitung von Adjektiven aus Substantiven gebraucht und ist hier auch weitaus am stärksten produktiv. Es erfüllt seine Hauptfunktion bei der partitiven (ornativen) Adjektivbildung (2 b) aus einfachen Substantiven *(haarig[e Brust]),* Zusammensetzungen *(rechtskräftig[er Beschluß])* und Wortgruppen *(schmallippig[er Mund]),* wofür *-ig* überhaupt das wichtigste Bildungsmittel ist. Daneben spielt es eine Rolle bei der Vergleichsbildung (3 b; *milchig[es Glas])* und Gleichsetzung (3 a; *trottelig[er Mensch]),* der Ableitung aus Raum- (4 a; *außerhäusig[e Tätigkeit]),* Zeit- (4 b; *zweijährig[e Praxis]),* Stoff- bzw. Material- (4 d; *seidig[er Stoff])* und Mittelbestimmungen (4 c; *eigenhändig[e Unterschrift])* und Objekt- bzw. Zielbezeichnungen (2 a; *verdächtig[es Benehmen]).*

-isch

921

Dieses Suffix wird im wesentlichen (zu 95%) zur Ableitung aus Substantiven gebraucht (zu der kleinen Gruppe, die aus Verben gebildet ist, vgl. 916). Seine Hauptfunktion (in ca. einem Viertel aller Fälle) besteht in der Ableitung possessiver Adjektive (1 b; *heidnisch[e Sitten]).* Die wichtigsten Nebenfunktionen sind wie bei *-ig* die Vergleichsbildung (3 b; annähernd 20%; *bäurisch[er Kerl])* und die Gleichsetzung (3 a; *diebisch[e Person]);* dann folgen die Ableitungen nach dem einen Betrachtungsaspekt nennenden Muster (4 g; *studentisch[e Fragen]),* dem agentiven (1 a; *fachmännisch[es Urteil]),* dem instrumentalen (4 c; *mikroskopisch[e Untersuchung])* und dem zielangebenden Muster (2 a; *kaufmännisch[e Ausbildung]).*

-lich

922

Dieses Suffix, das sich in der Adjektivableitung am meisten aufsplittert, weist die drittgrößte Zahl an Bildungen auf und ist doch nur streckenweise produktiv. Bei der Ableitung aus Substantiven[1] liegt seine Hauptfunktion bei den possessiven

---

[1] Zu *-lich*-Ableitungen aus Verben vgl. 912, aus Adjektiven 909.

Bildungen (1 b; *ärztlich[e Praxis]*). Nebenfunktionen erfüllt es – mit abnehmender Häufigkeit – bei den zielangebenden (2 a; *ärztlich[e Ausbildung]*), agentiven (1 a; *polizeilich[e Anordnung]*), vergleichenden (3 b; *mütterlich[e Freundin]*), identifizierenden (3 a; *freiherrlich[er Marschall]*) und temporalen (4 b; *abendlich[e Zusammenkunft]*) Ableitungen.

<table><tr><td>923</td></tr></table>

-haft

Dieses Suffix wird nahezu ausschließlich (zu 96%) zur Ableitung aus Substantiven genutzt. In fast der Hälfte aller Fälle tritt das Fugenzeichen *-(e)n-* an das Ausgangswort, insbesondere dann, wenn dessen Plural ebenfalls mit *-(e)n* gebildet wird. Der Ableitungsschwerpunkt liegt mit über 80% bei den Mustern der Vergleichs- (3 b; *feen-, hünenhaft[e Erscheinung]*) und Gleichsetzungsbildung (3 a; *beispiel-, dilettantenhaft[e Klavierspielerin]*). Sonst sind nur noch die zielangebenden (2 a; *ekelhaft[er Geruch]*) und partitiven (2 b; *fehlerhaft[e Arbeit]*) Ableitungen zu erwähnen.

<table><tr><td>924</td></tr></table>

-(e)(r)n

Mit diesem Suffix werden „Stoffadjektive" (4 d) abgeleitet. Dabei wechselt seine Form von *-n (seide-n, kupfer-n)* über *-en (metall-en)* bis zu *-ern* mit regelmäßigem Umlaut *(gläs-ern, hölz-ern)*.

Ableitungen mit betonten Suffixen sind aus anderen Sprachen übernommen. Zur Bildung neuer Wörter im Deutschen tragen die meisten dieser Lehnsuffixe allerdings nicht bei, auch wenn ganze Ableitungsreihen mit ihnen eingebürgert sind, die einheimische ergänzen.[1] Folgende Lehnsuffixe sind für die Adjektivableitung aus Substantiven am wichtigsten:

<table><tr><td>925</td></tr></table>

-al/-ell

Dieses fast ausschließlich mit substantivischen Basen verbundene Suffix dient besonders zur Ableitung verwaltungs- und fachsprachlicher Bildungen. 60% enden auf *-al* und – in Einzelfällen – seine Varianten *-ual (prozentual, prozessual)* und *-ial (äquatorial, tangential)*, die übrigen auf *-ell* bzw. *-iell (vektoriell, tendenziell;* besonders nach Substantiven auf *-enz/-anz)* und – selten – *-uell (graduell, intellektuell)*. In einem Drittel der Fälle entsprechen die Ableitungen Typ (3) mit seinen Mustern (3 a, *katastrophal[e Niederlage];* 3 b, *grippal[er Infekt]*); daneben begegnen das agentive (1 a; *ministeriell[er Beschluß]*), possessive (1 b; *kulturell[es Niveau]*) und partitive/ornative (2 b; *dreidimensional[er Körper];* vgl. *-ig)* Muster.

<table><tr><td>926</td></tr></table>

-iv

Dieses Lehnsuffix, das zu zwei Dritteln für die Adjektivableitung aus Substantiven verwendet wird, ist das zweithäufigste im Adjektivbereich. Seine wichtigste Funktion erfüllt es im Bereich der identifizierenden Ableitungen (3 a; *attributiv[es Adjektiv]*). Häufiger finden sich daneben noch die – meist fremdsprachlich vorgeprägten – Bildungen mit Basen, die das Ziel (Objekt, Patiens) einer Handlung (2 a; *normativ[e Grammatik]*) oder ihren Urheber (Agens) bezeichnen (1 a; *eruptiv[es Gestein]*), die eine *haben*-Aussage (1 b; *depressiv[e Person]*), ein Mittel (4 c; *operativ[er Eingriff]*) oder auch einen Grund (4 f; *instinktiv[es Handeln]*) vermitteln.

---

[1] So werden z. B. possessive Ableitungen (1 b) auf *-ig (schwermütig, traurig)* und *-isch (melancholisch)* ergänzt durch solche mit dem Lehnsuffix *-iv (depressiv)*.

-ar/-är

927

Das nur mit Substantiven verbundene Suffix -ar/-är ist auf viele Muster verteilt. Vergleichsweise am häufigsten begegnet es beim identifizierenden (3 a; *illusio-närře Pläne]*), komparativischen (3 b; *linearře Abfolge]*), zielangebenden (2 a; *muskulärře Massage]*) und partitiven (2 b; *doktrinärřer Sozialismus]*) Muster, aber auch bei den Raum- (4 a; *stationärře Behandlung]*) und Mittelbestimmungen (4 c; *autoritärře Erziehung]*). Von den beiden Suffixvarianten ist -är die häufigere (sie steht vor allem unter französischem Einfluß, -ar unter lateinischem). Regelmäßig wird sie gewählt bei substantivischen Basen auf *-ität (Autorität – autoritär)* und *-ion (Inflation – inflationär);* demgegenüber zeigen die Ableitungen aus Bezeichnungen für kleinste Teilchen fast immer die Suffixform *-ar (atomar).*

-ös/-os

928

Das ebenfalls nur nach Substantiven stehende Suffix -ös (die Variante -os erscheint – von Ausnahmen wie *nebulos* abgesehen – nur in fachsprachlichen Bildungen wie *lepros, humos)* findet sich im partitiven (2 b; *ambitiösřer Sportler]*), komparativischen (3 b; *philiströsře Pedanterie]*) und identifizierenden (3 a; *schikanösřes Verbot]*) Muster.

-ant/-ent

929

Während sich die Suffixvariante -ant an Substantive auf *-anz* anschließt, verbindet sich -ent mit solchen auf *-enz.* Zwei Drittel der Ableitungen gehören zum possessiven Muster (1 b; *arrogantře Person]*, *intelligent*).

-oid/-esk

930

Diese und andere Lehnsuffixe sind an der Adjektivableitung aus Substantiven nur selten beteiligt. Beispiele wie *faschistoid* und *balladesk* sind Vergleichsbildungen (3 b).

Die beteiligten Halbsuffixe und entsprechenden Kompositionsglieder

Manche der Beziehungen, die Suffixe bei der Adjektivableitung aus Substantiven ausdrücken (vgl. 919), geben auch Halbsuffixe wieder. Nur sind sie nicht so „bedeutungsarm" wie jene, sondern vermitteln zusätzliche semantische Merkmale.

Semantisch am weitesten aufgefächert ist dabei das Muster (2 b), das eine (partitive bzw. ornative) *haben*-Prädikation signalisiert (vgl. 912). Das Suffix *-ig* wird darin vor allem von folgenden Halbsuffixen ergänzt:

-haltig

931

Das Halbsuffix gibt an, daß das im substantivischen Grundwort Genannte in etwas anderem enthalten ist *(kupferhaltigřes Erz]*, *ozonhaltig, bromhaltig).*

-reich, -voll, -stark, -schwer, -selig/
-arm, -schwach, -los, -frei, -leer

932

Diese teilweise miteinander konkurrierenden Halbsuffixe signalisieren, daß (besonders) viel von dem im Grundwort Genannten vorhanden ist:

    -reich: baumreichře Gegend], abwechslungsreich;
    -voll: demutsvollře Gebärde], liebevoll, neidvoll;
    -stark: ausdrucksstarkřer Tanz], charakterstark;
    -schwer: folgenschwerřer Entschluß], erinnerungsschwer;
    -selig („zu viel'): vertrauensseligře Haltung], gefühlsselig.

Ihnen stehen ein geringes Vorhandensein oder ein Nichtvorhandensein signalisierende Halbsuffixe gegenüber, die ebenfalls teilweise miteinander konkurrieren:

-arm: baumarm[e Gegend], kalorienarm;
-schwach: charakterschwach[er Mensch], verkehrsschwach;
-los: hilflos[es Wesen], freudlos;
-frei: risikofrei[er Kauf], niederschlagsfrei;
-leer: menschenleer[e Gegend], gedankenleer.

Die Suffixe, die eine Gleichsetzung oder einen Vergleich (3 a/b; vgl. 919) ausdrücken *(-ig, -haft, -isch, -lich, -ern),* werden vor allem durch folgende Halbsuffixe ergänzt:

---

933 | **-mäßig**

Vergleichsfunktion im engeren Sinne (‚in der Art von, wie') erfüllt das Halbsuffix *-mäßig* in Ableitungen wie *berufsmäßig(e Freundlichkeit), robotermäßig (arbeiten)* usw. Darüber hinaus signalisiert es in Bildungen wie *fahrplanmäßig (verkehren), vorschriftsmäßig (handeln)* oder *verfassungsmäßig(e Entscheidung)* geradezu eine Verpflichtung gegenüber dem im Grundwort Genannten (‚wie es ... verlangt, [genau] entsprechend').[1]

---

934 | **-gemäß, -gerecht**

Beide Halbsuffixe haben die Bedeutung ‚wie ... verlangt, (genau) entsprechend' *(standesgemäß[e Heirat], programmgemäß[er Ablauf]; mediengerecht[e Verfilmung], jugendgerecht [präsentieren]);* sie konkurrieren teilweise nicht nur untereinander *(kindgemäß/-gerecht),* sondern auch mit *-mäßig,* soweit es keine Vergleichsfunktion im engeren Sinne (vgl. 933) erfüllt *(planmäßig/-gemäß/-gerecht, opernmäßig/-gemäß/-gerecht).*

---

935 | **-getreu, -gleich, -förmig, -ähnlich, -artig, (-widrig)**

Auch diese reihenbildenden Halbsuffixe haben im Hinblick auf den substantivischen Grundwortinhalt Gleichsetzungs- bzw. Vergleichsfunktion:

original-, wirklichkeitsgetreu; schlangengleich; halbkreisförmig; menschenähnlich; dünenartig.

Das Gegenteil von diesen identifizierenden bzw. komparativischen Halbsuffixen drücken Adjektivableitungen mit *-widrig* aus:

planwidrig gegenüber planmäßig, wahrheitswidrig gegenüber wahrheitsgemäß, formwidrig gegenüber formgerecht.

---

936 | Andere Kompositionsglieder, deren Bedeutung nicht mehr mit der des Ausgangswortes übereinstimmt, dienen zum Ausbau von Mustern, für die es keine Suffixableitungen gibt. Manche sind durch die Fach- und Werbesprache in allgemeinen

---

[1] In dieser Funktion tritt es teilweise in Konkurrenz zu *-gemäß,* d. h., es werden Bildungen mit *-mäßig* an Stelle der lexikalisierten Bildungen mit *-gemäß* gebraucht: *Ich habe das ordnungsmäßig* (statt richtig: *ordnungsgemäß) erledigt. Die pflichtmäßige* (statt richtig: *pflichtgemäße) Benachrichtigung blieb aus. Der nächste Lehrgang findet turnusmäßig* (statt richtig: *turnusgemäß) am 22. 2. statt.*
Am häufigsten kommt heute das Halbsuffix *-mäßig* mit der Bedeutungsvariante ‚in bezug auf, hinsichtlich, was ... betrifft' vor *(arbeitsmäßig, gehaltsmäßig, wohnungsmäßig* usw.). Diese Bildungen, die häufig aus Bequemlichkeit gebraucht werden, weil man auf diese Weise das, was man meint, nicht präzis zu formulieren braucht, wirken meistens stilistisch unschön. Das ist besonders der Fall, wenn sie an Stelle einer Zusammensetzung, eines Genitivs oder einer knappen präpositionalen Fügung gebraucht werden: *Die farbenmäßige Zusammenstellung* (statt: *Farbzusammenstellung) gefällt mir nicht. Übersetzungsmäßige Probleme* (statt: *Probleme der Übersetzung) treten besonders in lyrischer Dichtung auf. Sie ist ihm intelligenzmäßig* (statt: *an Intelligenz) überlegen.* Vgl. W. Seibicke: Wörter auf *-mäßig.* Sprachkritik und Sprachbetrachtung. In: Muttersprache (1963), S. 33–47 und S. 73–78.

Gebrauch gekommen; dazu gehören diejenigen, die ausdrücken, daß etwas gegen das im Ausgangswort Genannte geschützt oder gesichert ist (Protektiva):

-fest: frostfest[e Getreidesorten], hitzefest, maschenfest, säurefest;
-sicher: kugelsicher[es Glas], mottensicher, frostsicher;
-beständig: frostbeständig[e Pflanzen], hitzebeständig, säurebeständig;
-echt: kußecht[er Lippenstift], säureecht;
-dicht: wasserdicht[e Uhr], staubdicht, schalldicht.

Das Gegenteil kann etwa durch Zusammensetzungen mit *-empfindlich (frostempfindlich[e Pflanzen], stoßempfindlich, druckempfindlich)* ausgedrückt werden.

Die Adjektivsuffixe mit ihren Beziehungsbedeutungen werden also durch eine ganze Reihe von Halbsuffixen ergänzt, die auch noch als freie Lexeme in Gebrauch sind. Besonders weit geht die dabei erreichbare semantische Abstufung bei den aus Verben abgeleiteten modal geprägten Adjektiven auf *-bar, -abel, -lich,* wo zum Ausdruck der potentiellen Bedeutung ,kann ... werden' auch *-fähig* und – mit ergänzenden Nuancen wie ,sofort', ,ohne Schaden' – *-fest, -bereit* und *-beständig* verwendet werden können. Weiter erlauben es Halbsuffixe wie *-wert* und *-würdig,* auch die Modalität zu variieren, und zwar in Richtung auf den Ausdruck des Sollens *(nachahmenswerte, -würdige Tat)* bzw. Wollens *(heiratswillige, -lustige Person).* Auch bei den aus Substantiven abgeleiteten partitiven (ornativen) Adjektiven (2 b; vgl. 919) sind die Bildungen mit bedeutungsabstufenden Halbsuffixen sehr zahlreich (vgl. neben *kalkig* etwa *kalkhaltig* und *kalkreich*); ihre Skala reicht von *-fähig* und *-mäßig* mit deutlichem Suffixcharakter bis zu *-beständig* mit den Eigenschaften eines Kompositionsglieds. Ihre Produktivität erklärt sich aus der Tatsache, daß die Adjektivbildung mit ihnen nicht so strengen Einschränkungen unterliegt wie die mit manchen Suffixen.

| 937 |

Adjektive aus Scheinpartizipien

| 938 |

Bei Bildungen wie *gestreift, geblümt, gemustert* handelt es sich insofern nur um adjektivische Scheinpartizipien, als sie zwar formal in Adjektive umgesetzten Partizipien wie *geborgt(es Geld)* gleichen (vgl. 704), tatsächlich aber nicht auf Verben, sondern auf Substantiven basieren (vgl. *gestreift* und *Streifen, geblümt* und *Blume[n]).* Sie lassen sich in *haben*-Sätze[1] auflösen *(gestreifter Rock – der Rock hat Streifen),* gehören also zum Muster der partitiven (ornativen) Adjektivableitungen aus Substantiven (2 b; vgl. 919) und konkurrieren am ehesten mit den entsprechenden *-ig*-Ableitungen (vgl. *moosig[es]/bemoost[es Dach]).* Am produktivsten sind

ge-+-t: geharnischt[er Reiter], gestreift, geblümt, gezackt, geädert; flach-ge-giebel-t (zu: flacher Giebel);
be-+-t: bebrillt[er Herr], bemoost; gummi-be-reif-t (zu: Gummireifen).

Seltener genutzt werden

ver-+-t (mit negativer Bewertung): verrunzelt[e Person], verkatert;
-(is)iert: talentiert[er Schauspieler], alkoholisiert, routiniert;
zer-+-t: zerfurcht[es Gesicht], zernarbt.

Adjektive werden aus Adverbien abgeleitet

| 939 |

Durch die Bildung von Adjektiven aus Adverbien wird die Zahl attributiv verwendbarer Wörter vermehrt, was insbesondere für die Nominalisierung verbaler Fügungen von Bedeutung ist (vgl. *Inge reist morgen ab. – Ihre morgige Ab-*

---

[1] Vgl. H. Brinkmann: Die deutsche Sprache. Gestalt und Leistung. Düsseldorf ²1971, S. 125.

reise ...). Einziges Ableitungsmittel für diese Art der grammatischen Umwandlung (Transposition) ist das Suffix *-ig.* Ohne inhaltliche Veränderungen überführt es im wesentlichen Lokaladverbien *(dort – dortig, abseitig, jenseitig)* und Temporaladverbien *(heute – heutig, einstig, ehemalig)* in Adjektive, andere Adverbien (wie *sonst, etwa, allein*) nur vereinzelt.

5 Das Adverb

940 5.1 Die Bildung von Adverbien durch Zusammensetzung (Zusammenrückung)

Zusammengesetzte Adverbien sind im allgemeinen zweigliedrig. Zwischen den beiden Bestandteilen besteht aber nicht das determinative Verhältnis, das gewöhnlich bei den Substantivzusammensetzungen die Beziehung zwischen Bestimmungswort und Grundwort prägt, sondern eine Art kopulativer Bedeutungsverbindung (vgl. 792). Auch gibt das Zweitglied – entgegen der allgemeinen Regel – nicht immer die Wortart der gesamten Bildung an.[1]

An erster Stelle sind hier die Pronominaladverbien (vgl. 610) aus den drei Lokaladverbien *da, hier, wo* und Präpositionen wie *an, auf, für, gegen* usw. zu nennen[2]:

Lokaladverb	Präposition	Pronominaladverb
da/hier/wo +	an, auf, aus, bei, durch, für, gegen, hinter usw. →	daran, darauf, dafür usw.; hierauf, hierfür, hiergegen usw.; woran, wodurch, wohinter usw.

Daneben ist die reihenhafte Zusammensetzung von Lokal- und Temporaladverbien mit *her* und *hin* als Zweitglied und Lokaladverbien *(daher, hierher; dorthin, wohin)*, Präpositionen *(nebenher/-hin, vorher/-hin, hinterher, umher)* und Adjektiven *(künftighin, fernerhin, weiterhin)* als Erstglied anzuführen; neben Komposita aus Substantiv + Adverb wie *bergan, flußauf, kopfüber; tagein – tagaus.* Schließlich entstehen Adverbien auch aus der Verbindung von Präpositionen wie *außer, während, ohne* und Demonstrativpronomen wie *dem (außerdem), dessen (währenddessen)* und *dies (ohnedies).*

Diesen weitgehend reihenhaften und durchsichtigen Adverbbildungen steht eine Gruppe gegenüber, die als lexikalisiert[3] gelten muß:

vorderhand, insgemein, beinahe, schlechtweg, gemeinhin, kurzum, keineswegs, jederzeit, kurzerhand, heutigentags, allemal usw.

---

[1] Vgl. etwa *dabei, daran, hierauf,* die trotz ihres präpositionalen Zweitgliedes (Pronominal)adverbien darstellen. Bildungen dieser Art werden dieses besonderen Charakters wegen und zur Unterscheidung von den Zusammensetzungen im engeren Sinne auch als Zusammenrückungen bezeichnet.

[2] Vor vokalisch anlautenden Präpositionen werden *da* und *wo* zu *dar-* bzw. *wor-* erweitert.

[3] Ebenfalls weitgehend lexikalisiert sind folgende Zusammenrückungen von Wortgruppen:
  a) infolge, anstatt, zufolge;
  b) obgleich, gleichwohl, derweil.

Sie ergänzen den Bestand an überlieferten a) Präpositionen bzw. b) Konjunktionen.

5.2 Die Adverbableitung   941

1. Die Ableitung von Adverbien geschieht einmal durch das Suffix -*s*, und zwar hauptsächlich aus Zeitbezeichnungen *(morgens, mittags, abends, nachts)*; aus anderen Substantiven *(anfangs, eingangs)*, Wortgruppen *(beider-, allerseits, allerorts)*, 1. Partizipien *(eilends, zusehends)* und Superlativformen von Adjektiven *(schnellstens, bestens, frühestens)* dagegen nur vereinzelt.

2. Auf Einzelfälle beschränkt bleiben auch die Bildungen mit -*dings (neuerdings)* und -*lings (jählings)*.

3. Mit -*wärts* werden Richtungsadverbien abgeleitet *(see-, talwärts, nord-, westwärts)*.

4. Sehr produktiv ist die Bildung von Adverbien insbesondere modaler Bedeutung mit -*weise*. Verbunden wird das Halbsuffix
a) mit Adjektiven – über eine -*er*-Fuge – zu Satzadverbien wie *seltsamer-, lächerlicher-, erklärlicherweise;*
b) mit Substantiven zu verbbezogenen[1] Adverbien mit der Bedeutung ‚in Form von', ‚Stück für Stück':

> etw. stufenweise, schrittweise ändern; massenweise auswandern;
> etw. fässerweise liefern; scharenweise erscheinen; quartalsweise zahlen.

5. Bei der Bildung von Satzadverbien aus 2. Partizipien ist – ebenfalls über eine -*er*-Fuge – besonders -*maßen* produktiv *(bekannter-, zugegebener-, nachgewiesenermaßen)*.

6. Mit dem Suffix -*lei* schließlich werden bestimmte und unbestimmte Gattungszahlwörter gebildet *(einerlei, hunderterlei, mancherlei, keinerlei)*; auch hier mit Hilfe des Fugenzeichens -*er*-.

6 Wortbildungsmuster und Sprachbesitz   942

Fragt man sich, inwieweit die vorstehend behandelten Muster vom Sprecher/ Schreiber bewußt oder unbewußt gebraucht werden, dann läßt sich eine eindeutige Antwort kaum geben. Am ehesten müßte man diese Frage bei Wortbildungsmustern bejahen, die stark reihenbildenden Charakter haben. Hierzu gehört z. B. die Ableitung der Eignungsadjektive (vgl. 910), wo das Suffix -*bar* ein festes „Programm" mit passivisch-modaler Bedeutung (,kann getan werden') entstehen läßt *(abwaschbar, dehnbar, zerlegbar)*. Weitere Wortbildungsmittel dieser Art sind etwa -*chen* und -*lein (Häubchen, Kärtchen; Dörflein, Gäßlein)* oder -*mäßig (arbeits-, gehalts-, wohnungsmäßig)*. Bewußt ist dem Sprecher/Schreiber zweifellos oft auch die Bildung mit besonders auffälligen Suffixen (vgl. -*esk* in *balladesk, clownesk)*. Bei anderen Wortbildungsmustern dürfte dagegen sicher sein, daß sich der Sprecher/Schreiber der reihenbildenden Wirkung – sieht man von besonderen Sprech- und Schreibsituationen wie Sprachkommentar, -spielerei und Wortwitz ab – nicht bewußt ist, etwa bei Konstruktionen mit dem Suffix -*ig (holzig, läufig, mutig)* oder dem Präfix *be- (bedrücken, beliefern, bezähmen)*. Man kann also davon ausgehen, daß der Sprecher/Schreiber nicht nur viele Bildungen als bereits „fertige" Wörter lernt und speichert, sondern auch über manche Wortbildungsmuster verfügt und in der Lage ist, Wörter nach internalisierten „Programmen" zu bilden.

---

[1] Im Rahmen einer zunehmenden Nominalisierung in der deutschen Gegenwartssprache erscheinen diese Adverbien auch in attributiver Stellung vor Verbalsubstantiven *(eine stufenweise/schrittweise Änderung;* vgl. auch 607).

Der Inhalt des Wortes und die Gliederung der Sprache

943 In diesem Kapitel geht es um das Wort als sprachliches Zeichen und als Grundgröße der Sprache und um die semantische Gliederung des Wortschatzes und deren Auswirkungen für die Angehörigen der Sprachgemeinschaft. Dargestellt wird die traditionelle Bedeutungsforschung mit ihren Hauptrichtungen Semasiologie und Onomasiologie, aber auch die neuere Forschung auf dem weiten Feld der sprachwissenschaftlichen Semantik. Die Entwicklung der neueren Forschungsrichtungen schreitet ständig voran. Auch die Diskussion um die Zeichennatur der Sprache ist noch lange nicht abgeschlossen. Die neue Wissenschaft von den Zeichen, die Semiotik, reicht weit über den Bereich sprachlicher Zeichen hinaus und schließt außersprachliche Kommunikationsmittel des Menschen und auch tierische Verständigungsformen mit ein. Dabei ist auch die alte Frage nach den entscheidenden Unterschieden zwischen Mensch und Tier in den Brennpunkt der Auseinandersetzung geraten und hat zu einer schärferen Bestimmung der Eigentümlichkeit und Leistung der sprachlichen Phänomene geführt.

Die inhaltbezogene Sprachforschung hat den Blick auf die Eigenart der einzelsprachlichen Wortinhalte und auf die inhaltliche Gliederung des Wortschatzes in Felder gelenkt. Hier wurde auch der Humboldtsche Gedanke der sprachlichen Weltansicht bzw. des sprachlichen Weltbildes (L. Weisgerber) ausgewertet, der darauf aufmerksam macht, daß die von den Sprachgemeinschaften erfahrene und gedachte Welt in jeweils eigentümlicher Weise in Sprache überführt und „auf den Begriff gebracht" worden ist und ständig weiter sprachlich anverwandelt wird.

In der neueren Linguistik, die sich nach einer längeren, wissenschaftstheoretisch begründeten Zurückhaltung auf dem Gebiet der Semantik wieder stärker den Bedeutungsfragen zugewandt hat, sind vor allem formalisierende Beschreibungsverfahren in den Vordergrund gerückt. Besonders sind hier verschiedene Verfahren der semantischen Merkmalanalyse entwickelt worden, die sich teilweise bewährt haben, teilweise jedoch noch verbessert werden müssen. Durch zu starke Konzentration auf die Analyse einzelner Wörter und isolierter Sätze tauchten unnötige Schwierigkeiten auf, die bei stärkerer Berücksichtigung aller beteiligten Faktoren und Umstände überwindbar sind. So ist behauptet worden, daß alle Wörter einer Sprache vieldeutig seien und erst im Kontext Eindeutigkeit gewännen. Die Überwindung der Mehrdeutigkeit (Ambiguität, Polysemie) durch kontextualistische Eingrenzung (Disambiguierung) wurde zu einem beliebten Forschungsbereich, der sich bei Berücksichtigung der inhaltlichen Stützen der Wortschatzgliederungen, der Intentionen der Sprecher und der Sprechsituationen auf ein der Sprachwirklichkeit angemessenes Maß reduzieren läßt.

Einige der hier angedeuteten Probleme und Schwierigkeiten sollen im Folgenden so weit verdeutlicht werden, daß auch der nicht sprachwissenschaftlich vorgebildete Benutzer dieser Grammatik sich ein Bild davon machen kann, wie vielgestaltig dieses Gebiet ist.

1 Der Laut und die Frage seiner Bedeutsamkeit

944 Es gibt in der deutschen Sprache eine Reihe von Wörtern, deren Lautung uns Hinweise auf das gibt, was mit ihnen gemeint ist[1]: *kikeriki* und *kuckuck, wau, wau*

---

[1] Vgl. dazu auch W. Porzig: Das Wunder der Sprache. Probleme, Methoden und Ergebnisse der modernen Sprachwissenschaft. München [5]1971, S. 20–30.

und *mäh, mäh* ahmen bestimmte Tierstimmen nach, es sind lautmalende (onomatopoetische) Bildungen. Allerdings lehrt uns genauere Beobachtung, daß kein Hahn *kikeriki* kräht und kein Hund *wau, wau* bellt. Diese Wörter zeigen nur eine oberflächliche Verwandtschaft mit den Tierstimmen, es sind keine einfachen Imitationen, sondern Wörter mit den gewohnten Lautmitteln und dem üblichen Silbenbau unserer Sprache. Im Französischen schreit der Hahn *coquerico,* im Englischen *cock-a-doodle-doo* usw. Diese Wörter sind von den deutschen Entsprechungen nicht deshalb verschieden, weil in Frankreich oder Großbritannien andere Tierlaute erschallen, sondern weil in jeder Sprache die Tierlaute in die Hörweise ihrer Sprecher umgesetzt und mit ihren lautlichen Möglichkeiten ausgedrückt werden. Dennoch ist der Inhalt dieser Wörter durchaus von den Tierlauten her zu verstehen, die an unser Ohr dringen.

Etwas anders ist es schon, wenn wir Tierstimmen als

bellen, blöken, brummen, brüllen, gackern, grunzen, gurren, krächzen, krähen, quaken, summen, zwitschern usw.

wiedergeben. Auch hier scheint uns, wenn auch in verschiedener Stärke, eine Verwandschaft zum Tierlaut spürbar, aber die Entfernung der Wörter zu den tatsächlichen Tierstimmen hat sich doch erheblich vergrößert.[1] Manchen Tieren wird ein eigenes Verb für ihre Stimme zugebilligt, mehrere andere müssen sich in ein Verb teilen: Nur das Pferd wiehert, nur der Hahn kräht, nur die Taube gurrt. Dagegen zwitschern viele Vögel, summen und brummen alle Bienen, Hummeln, Wespen und Käfer, obwohl sie gar keine Stimmen haben, sondern das Geräusch mit den Flügeln erzeugen (auch der Bär brummt). Und während so verschiedene Tierstimmen wie die des Rindes und des Löwen mit dem gleichen Verb *brüllen* gefaßt werden, erscheinen ähnliche Stimmen wie die der Frösche und der Krähen deutlich unterschieden als *krächzen* und *quaken.* Die Zuordnung von Tier und Verb ist also keineswegs rein sachlich zu begründen, sondern es spielt offenbar der Zufall eine Rolle, zumindest lassen sich keine greifbaren Motive erkennen. Uns sind die heute geltenden Zuordnungen so vertraut, daß wir sie als fest und unabänderlich betrachten. Aber *krächzen* konnte z. B. im 16. Jahrhundert auch von Schweinen gesagt werden, und der Dichter Freidank (13. Jahrhundert) ließ sogar einen Esel gurren!

Ähnliche Beziehungen von Laut und Sinn liegen auch vor, wenn wir vom Surren der Nähmaschine, vom Zischen des Wasserkessels und vom Klappern der Topfdeckel sprechen. Selbst Wörter wie *spitz* und *Blitz, Gruft* und *Höhle* scheinen uns lautlich recht angemessen: Wir hören das Spitze, das Blitzartige, das Dunkle und Geheimnisvolle der Gruft und Höhle aus den hellen und dunklen Vokalen und den Konsonantenverbindungen heraus. Aber es wird bedenklich, wenn wir solche Beziehungen zwischen Laut und Sinn in allen Sprachmitteln zu entdecken hoffen (vgl. den hellen Vokal in *tief*). Und wenn wir wieder aufs Französische und Englische blicken, dann zeigt sich, daß dort ganz andere Lautungen als angemessen empfunden werden, nämlich *pointu* bzw. *sharp* für dt. *spitz* und *éclair* bzw. *lightning* für dt. *Blitz.* Wir hören also offenbar mehr in die eigene Sprache hinein oder aus ihr heraus, als in ihr steckt oder ein Ausländer in ihr entdecken würde, wenn er die Wörter zu beurteilen hätte.

Alle Versuche, einzelnen Lauten eine Eigenbedeutung zuzuerkennen, müssen also, aufs Sprachganze gesehen, zum Scheitern verurteilt bleiben. Wohl ist es möglich, einigen Lauten eine Disposition zum sinnlichen Ausdruck bestimmter Gefühlswerte zuzuerkennen (die „dunklen" Vokale *a, o* und *u* z. B. mögen gewissen Ge-

---

[1] Vgl. L. Weisgerber: Grundzüge der inhaltbezogenen Grammatik. Düsseldorf ³1962, S. 159–162, 173 f.

fühlslagen günstiger sein als die „hellen" Vokale *e* und *i*). Das spürt man in manchen lyrischen Gedichten sehr deutlich. Entsprechend können auch die Konsonanten bestimmte Gefühlsakzente unterstreichen. Aber man kann hier höchstens von Möglichkeiten sprechen, nie von Notwendigkeiten. Die Zeichenhaftigkeit der Sprache (vgl. 945 ff.) bringt es mit sich, daß die Laut-Sinn-Bezüge am Rande bleiben müssen.

2 Das Wort als sprachliches Zeichen[1]

945

Es ist heute in der Sprachwissenschaft üblich, die Wörter einer Sprache als sprachliche Zeichen anzusehen und eine ganze Sprache als ein System solcher Zeichen. Dies kann aber nur mit der Einschränkung gelten, daß es sich um Zeichen ganz besonderer Art handelt und nicht um ein System im strengen Sinne, also nicht um ein durch und durch determiniertes Beziehungsgefüge.

Wenn im normalen Sprachgebrauch von Zeichen geredet wird, meint man in der Regel etwas sinnlich Wahrnehmbares, das in einem bestimmten Sinne auf etwas außer ihm Liegendes hinweist und sozusagen für dieses steht. Das gilt für die uns wohlvertraute große Klasse der Verkehrszeichen, die Warnungen, Gebote und Verbote ankündigen, und für die zahllosen Hinweisschilder, die wir im täglichen Leben zu beachten haben. Solchen Zeichen ist gemeinsam, daß ein materieller Zeichenkörper oder Zeichenträger vorhanden ist, der entweder schon auf Grund seiner äußeren Form oder aber auf Grund anderer Hinweise auf etwas außerhalb seiner selbst Liegendes aufmerksam macht und verweist.

Zeichen sein heißt stets, Zeichen für etwas sein. Zugleich heißt es aber auch, daß ein Zeichen für jemanden gilt, der es beachten oder dem es dienen soll. Und schließlich muß jemand nachweisbar sein, der es gesetzt oder aufgestellt hat.

Darf man nun die Wörter einer Sprache als Zeichen in diesem Sinne auffassen? Manches spricht auf den ersten Blick dafür, manches auch dagegen. Steht nicht das Wort *Sonne* für die tatsächlich existierende Sonne, das Wort *Mond* für den uns vertrauten Mond und der Plural des Wortes *Stern* für die Fülle der vorhandenen Sterne, die nachts am Himmel strahlen?

Im Falle von *Sonne* und *Mond* scheint der Bezug zwischen Wort und Sache eindeutig zu sein, besonders wenn wir an unsere Sonne und an unseren Mond denken. Denn hier verweist e i n Wort unverwechselbar auf e i n e Sache. Aber wir wissen auch, daß es im Weltall Himmelskörper gibt, die auf Grund ihrer Eigenschaften mit unserer Sonne und unserem Mond vergleichbar sind und deshalb mit den entsprechenden Wörtern erfaßt werden können. Sie fallen in diesem Gebrauch aus der Klasse der Himmelskörper, die wir als *Sterne* bezeichnen, heraus.

Wörter erweisen sich so als Zeichen, die für viele gleiche oder ähnliche Gegenstände stehen können. Aber was ist dies nun genau, was da für etwas steht bzw. auf etwas verweist? Die Lautung, d. h. der sinnlich faßbare Zeichenkörper, allein kann es nicht sein, denn als bloßer Schall sagt er uns gar nichts und als solcher kann er deshalb auch gar keine Zeichenfunktion erfüllen. Es muß etwas dazukommen. Um Wort einer Sprache zu sein, muß die artikulierte Lautung mit etwas Bedeutsamem, mit einem Inhalt, verknüpft sein, und über diesen Inhalt müssen die, die sich verständigen wollen, verfügen. Das heißt in unserem Falle konkret: Sie müssen Deutsch gelernt haben.

946

Ein sprachliches Zeichen ist also stets eine Verknüpfung von Lautung und Inhalt, die an eine bestimmte Sprache gebunden ist. Der Inhalt ist eine geistige Größe

---

[1] Vgl. dazu H. Gipper: Sprachwissenschaftliche Grundbegriffe und Forschungsrichtungen. München 1978.

und nicht die bezeichnete Sache selbst. Wörter wie *Sonne* und *Mond* sind keine Etiketten, die wir den Himmelskörpern ankleben, vielmehr machen sie die vorher anonymen Gegenstände allererst ansprech- und nennbar und rücken sie zugleich in eine ganz bestimmte Sicht. Wer „Sonne" sagt, verweist nicht nur auf etwas Bestimmtes, das wir am Tageshimmel sehen können. Er spricht vielmehr von einem Gegenstand, dem in unserer Sprache eine Vielzahl von Wirkungen, ja Aktivitäten, zugesprochen wird. Wir sagen, daß die Sonne „leuchtet, strahlt, scheint, blendet, wärmt, bräunt, Sonnenbrand verursacht, Energie spendet" und „irdisches Leben erst möglich macht". Dies alles sind Versuche, mit Hilfe der Sprache die Erfahrungen zu erfassen, die wir mit diesem Himmelskörper machen können. Da wir in täglicher Lebenspraxis Deutsch gelernt haben, sind uns diese Urteile und Sehweisen so vertraut geworden, daß wir gar nicht mehr bemerken, daß sie uns sprachlich, genauer: in einer bestimmten Sprache, vermittelt sind.

Fassen wir zunächst noch weitere Gegenstände ins Auge, die uns in der Natur begegnen: Wörter wie *Baum* und *Strauch*, wofür stehen sie, auf was verweisen sie? Dazu müßte man wissen, was ein Baum oder ein Strauch als real existierender Gegenstand ist. Was uns aber in der Wirklichkeit begegnet, sind Pflanzen, die wir als Eichen und Erlen, als Brombeer- und Himbeersträucher ansprechen, aber was ein Baum oder ein Strauch schlechthin ist, bleibt schwer zu sagen. Offenbar verweisen diese Wörter nicht auf einzelne konkrete Gegenstände, sondern fassen pflanzliche Gebilde verschiedener Art und Größe in einer Weise zusammen, die gar nicht leicht zu beschreiben ist. Suchen wir nach „Merkmalen" für beide Inhalte, so sehen wir uns wieder auf weitere Wörter der deutschen Sprache verwiesen, die wir intuitiv verstanden haben müssen, bevor wir sie überhaupt als Merkmale begreifen können. Wir stoßen dabei auf Wörter wie *Holz, Stamm, Ast, Zweig, Blatt*, müssen deren materielle Beschaffenheit, Gestalt und Größe berücksichtigen und erkennen bei näherer Prüfung, daß auch diese Ausdrücke für recht Verschiedenes stehen können, das in ihrem Wortinhalt einbeschlossen ist. Den Wortinhalt aber verdanken wir dem Prozeß der Spracherlernung im Umgang mit kompetenten Sprechern und den entsprechenden Erfahrungstatsachen.

Die erfahrbaren und erfahrenen Gegenstände sind uns nicht nur durch die Sinne gegeben, sondern auch durch die Sprache vermittelt, d. h. in einer bestimmten Perspektive und Sicht. Auch die Bezeichnungen *Eiche* und *Erle* beziehen sich auf allgemeine sprachliche Inhalte. Es sind Gattungsbezeichnungen (Nomina appellativa), mit denen alle Vertreter der entsprechenden Pflanzenart erfaßt werden, und keine Eigennamen (Nomina propria), die wir an die Gegenstände herantragen. (Letzteres ist der Fall, wenn z. B. einer bestimmten Eiche der Name *Bismarck-Eiche* gegeben wird.)

Wenn wir nun aber zu wissen glauben, daß eine Pflanze, um als Baum angesprochen werden zu können, bestimmte Merkmale – z. B. einen Holzstamm von bestimmter Mindestgröße – haben muß, dann bleibt damit immer noch unerklärt, weshalb so verschiedene mit Stämmen und weiteren Baummerkmalen versehene Pflanzen wie Eichen, Birken und Tannen in derselben Weise Bäume sein sollen. Offenbar reicht eine Merkmalsammlung, die unvermeidbar selbst wieder aus erklärungsbedürftigen Wortinhalten besteht, noch nicht aus, um den Sprachinhalt in seiner Eigenart zu bestimmen. Dieser Inhalt ist etwas anderes, und zwar mehr als die Summe der anführbaren Merkmale, und die zur Beschreibung herangezogenen Merkmalswörter werfen, da sie wieder sprachspezifisch sind, ihrerseits Bestimmungsprobleme auf.

Die eigentümliche Bindung der Wortinhalte an die Einzelsprache und die in ihr ausgeprägte begriffliche Gliederung tritt noch deutlicher hervor, wenn man bedenkt, daß es Sprachen gibt, die zwar über Bezeichnungen einzelner Baumarten verfügen, nicht aber über einen Oberbegriff *Baum*, der sie alle zusammenzufassen gestattet, oder Sprachen, in denen Laubbäume und Nadelbäume begrifflich getrennt und durch keinen Oberbegriff zusammengefaßt werden. Hier wird deutlich, daß unsere Ordnung nicht die einzig mögliche ist. Die Natur zwingt die Menschen nicht zu einer einzigen Antwort. Von den Gegenständen allein ist sie auch nicht zu rechtfertigen.

947 Wollen wir im Deutschen den Unterschied von *Baum* und *Strauch* bestimmen, stoßen wir auf Nachbarbegriffe wie *Busch, Gebüsch* usw. und merken, daß hier eine sprachliche Gliederung vorliegt, in der jedem Inhalt innerhalb des ganzen Gefüges ein bestimmter Stellenwert zukommt, der nur im Vergleich mit den benachbarten Inhalten faßbar wird. Eine solche Gliederung nennt man ein s p r a c h l i c h e s Feld, in diesem Falle genauer: ein Wortfeld (vgl., 996 ff.).
Die Wörter stehen also nicht wie einfache Zeichen für bestimmte Gegenstände, sondern in und mit ihnen werden geistige Gegenstände überhaupt erst geschaffen, mit denen Außersprachliches so erfaßt wird, daß die Sprachteilhaber darüber reden können.
Noch komplexer wird die Kennzeichnung der Aufgabe und Leistung der Sprache und der Wörter aber im Bereich abstrakter Begriffe, die überhaupt nicht auf Gegenständliches im Sinne eines „material" Existierenden hinweisen (vgl. 997 und besonders 1002). Wo sind die „Gegenstände", die wir mit Wörtern wie *Freiheit* und *Würde, Geist, Verstand* und *Vernunft, Gott* und *Seele* ansprechen? Nur wer die Existenz außersprachlicher Begriffe anzuerkennen bereit ist, könnte diese Wörter als Zeichen dafür gelten lassen. Wo aber bleiben die sogenannten außersprachlichen Begriffe, wenn man die Sprache streicht? Bei nüchterner Prüfung dieser Zusammenhänge wird man zu der Einsicht gedrängt, daß Begriffe erst in und m i t der Sprache Gestalt gewinnen und damit zu geistigen Gegenständen werden. Vorher mögen viele außersprachliche Umstände gegeben sein, die unser Fühlen und Denken dazu drängen, entsprechende Ausdrücke hervorzubringen, die uns fortan als abstrakte Begriffe zur Verfügung stehen. Was auch immer vorher als auslösendes Moment vorhanden gewesen sein mag, es war noch nicht das, was man einen Begriff nennen dürfte.
Die Sprache schafft also geistige Gegenstände, die wir dann so behandeln, als seien sie außersprachlich gegebene Gegenstände, so wie diejenigen der Natur und Sachkultur. Sie zeigt hier ihre gegenstandskonstitutive Kraft, die weit über das hinausgeht, was mit normalen Zeichen zu leisten wäre. Da das, worauf hier verwiesen wird, letztlich im Zeichen selbst liegt, werden dem Denken große Möglichkeiten eröffnet, denn nun kann auch über Gegenstände gesprochen werden, die so vorher gar nicht verfügbar waren.
Wenn schon die Wörter einer Sprache als Zeichen aufgefaßt werden sollen, dann besteht Anlaß, in manchen Fällen von einem überzeichenmäßigen Charakter der Wörter zu sprechen. Dies will besagen, daß sie mit der gewöhnlichen Zeichenperspektive nicht ausreichend charakterisiert werden können. Schon Wilhelm von Humboldt hat dies deutlich erkannt, wenn er schreibt (Gesammelte Schriften V, S. 428):

> Insofern es [das Wort] den Begriff durch seinen Laut hervorruft, erfüllt es allerdings den Zweck eines Zeichens, aber es geht dadurch gänzlich aus der Classe der Zeichen heraus, dass das Bezeichnete ein von seinem Zeichen unabhängiges Daseyn hat, der Begriff aber erst selbst seine Vollendung durch das Wort erhält, und beide nicht voneinander getrennt werden können. Dies zu verkennen, und die Wörter als blosse Zeichen anzusehen, ist der Grundirrthum, der alle Sprachwissenschaft und alle richtige Würdigung der Sprache zerstört.

948 Mustert man den Wortschatz eines beliebigen Textes durch, so zeigen sich noch weitere Eigenheiten der dort auftretenden Wörter. Kann man bei vielen Vertretern der Hauptwortarten Substantiv, Adjektiv und Verb direkte oder indirekte Bezüge zur außersprachlichen Gegenständlichkeit nachweisen, so wird dies ungleich schwieriger bei den zahlreichen Sprachmitteln, die diese Wörter im Satz verbinden und als syntaktische Fügemittel erst sinnvolle Rede ermöglichen. Solche Hilfs- oder Funktionswörter weisen primär in die Sprache hinein und nicht aus ihr heraus. Man hat deshalb zwei große Klassen von Wörtern zu unterscheiden: solche, die eine bestimmte Eigenbedeutung haben und auf eine außersprachliche Gegenständlichkeit verweisen: die A u t o s e m a n t i k a, und solche, die inhaltliche Beziehungen im Satz stiften, die S y n s e m a n t i k a. Wofür sollen diese Wörter dann aber Zeichen sein? Greifen wir einige Beispiele heraus: Wie steht es etwa mit den Wörtern *und* und *weil*? Wir nennen *und* eine Konjunktion, weil es im Satz verschiedene Wörter, aber auch ganze Sätze verbindet. Diese Verbindung zweier Wortinhalte oder zweier Aussagen ist zunächst einmal eine gedankliche; ob ihr außersprachlich eine Verbindung von real existierenden Gegenständen entspricht, bleibt erst noch zu erweisen. Auch bei der Konjunktion *weil,* mit der wir die kausale Abhängigkeit einer Aussage im Nebensatz von einer Aussage im Hauptsatz ausdrücken, ist das Verhältnis zunächst einmal nur gedanklich, Ausdruck unserer Beurteilung eines Zusammenhanges, der außersprachlich zutreffen kann, aber nicht zuzutreffen braucht. Zunächst wird mit *weil* in den Satz verwiesen, ein gleichzeitiger Verweis auf Außersprachliches braucht damit nicht gegeben zu sein.

Nun könnte man bei solchen Wörtern, wo kein (direkter) Bezug zu Außersprachlichem vorliegt, von „Zeichen für innersprachliche Beziehungen" sprechen und damit den Zeichencharakter weiterhin vertreten. Doch muß dabei berücksichtigt werden, daß derartige Beziehungen oft erst im Wortinhalt selbst gestiftet werden und nicht etwa unabhängig davon anzutreffen sind, so daß die klassische Zeichenbestimmung „etwas steht für etwas" (aliquid stat pro aliquo) hier nicht anwendbar ist.

Mustern wir auf diese Weise die Vertreter der beiden Wortklassen Präposition und Konjunktion durch, so merken wir bald, wie vielfältig die Verweisverhältnisse sind, die bei der Analyse der einzelnen Wortinhalte in Sätzen und Texten anzutreffen sind. Manchmal ist der Bezug zu Außersprachlichem leicht nachweisbar, etwa bei den temporalen Konjunktionen *nachdem* und *bevor* oder bei lokalen Präpositionen wie *über* und *unter*; das gleiche gilt für entsprechende Adverbien wie *oben* und *unten* usw. Bei anderen Wörtern sind höchstens indirekte Verweise auf Außersprachliches anzunehmen, so bei Konjunktionen wie *obwohl, wenn* und *damit.*

Bedenken wir weiter, daß man mit Sprache über Sprache selbst reden, also von der Sprache einen metasprachlichen Gebrauch machen kann, dann kommen noch weitere Verweismöglichkeiten hinzu. In dem Satz *Die Katze ist ein Säugetier* verweist das Wort *Katze* auf die betreffende Tierart; in dem Satz *Katze ist ein Substantiv* ist dagegen die entsprechende Wortklasse gemeint, und in dem Satz *Katze ist ein Wort mit fünf Buchstaben* wird auf die (sekundäre) Schreibung Bezug genommen. In den beiden letzten Sätzen liegt metasprachlicher Gebrauch vor, der Wortinhalt tritt dabei in den Hintergrund. Auf diese Weise können die Wörter, auf verschiedenen Ebenen gebraucht, auch auf sich selbst verweisen, und bei diesem Selbstbezug (Reflexivität) ist zeichentheoretisch mit noch verwickelteren Beziehungen zu rechnen. Mit anderen Worten: Die einfache Zeichenperspektive reicht häufig zur Beschreibung der Tatbestände nicht aus. Die Wörter eines Satzes können sowohl aus der Sprache hinaus auf außersprachliche Gegenständlichkeit als auch in die Sprache hinein verweisen und syntaktische Bezüge stiften; sie können auto- und/oder synsemantische Funktionen erfüllen. Was jeweils vorliegt, ist im Einzelfall zu prüfen.

	949

Blicken wir auf das Gesagte zurück, dann läßt sich feststellen, daß die meisten Wörter als eine Verbindung von Lautung und Inhalt anzuerkennen sind, so wie es auch der Schweizer Sprachwissenschaftler Ferdinand de Saussure ausgeführt

	950

hat.[1] Nur waren seine Termini „signifiant" (‚Bezeichnendes') für die Lautung und „signifié" (‚Bezeichnetes') für den Inhalt insofern irreführend, als nicht innerhalb einer Zeicheneinheit die eine Seite die andere Seite bezeichnen kann, wie es die Ausdrücke im strengen Wortsinn nahelegen. Vielmehr kann nur das ganze Zeichen („signe linguistique") auf etwas außerhalb Liegendes verweisen. Diesen außersprachlichen Bezugspunkt bezeichnet man vielfach als D e n o t a t bzw. D e n o - t a t i o n und spricht allgemein von einem Denotatbereich, wobei es sich um Ge- genständlichkeit in einem weiten, nicht auf Einzelgegenstände beschränkten Sinne handelt. Von der Denotation sind die K o n n o t a t i o n e n zu unterscheiden, die mit einem Zeichen oder Wort verbunden sein können bzw. im Sprecher und Hörer durch sie ausgelöst werden. Es handelt sich hier um den „Nebensinn", die gedanklichen Nebenbezüge, die ein Wortinhalt anregt und wachruft. Allerdings kommen hier nur jene Gedankenverbindungen in Betracht, die als sprachbedingt und deshalb auch bei allen Sprachangehörigen als naheliegend und wahrschein- lich angenommen werden können, nicht aber jene kaum wissenschaftlich erfaß- baren Bezüge, die rein individuellen Umständen zuzuschreiben sind. So kann das Wort *Mutter* Konnotationen wie Liebe, Zuneigung, Fürsorge, Geborgenheit usw. auslösen; diese sind als sprachliche Bezüge identifizierbar. Hat ein Mensch je- doch eine unglückliche Mutterbeziehung, so wird er für sich negative Assoziati- onen entwickeln, die in der Regel aus der semantischen Analyse auszuschließen sind.

| 951 | Die Art der Verbindung von Lautung und Inhalt beim sprachlichen Zeichen ist willkürlich (beliebig). Damit soll zum Ausdruck gebracht werden, daß die Laute selbst nichts Inhaltliches aussagen, daß es also keine Laut-Sinn-Beziehungen gibt, sieht man von den lautmalenden Wörtern oder Onomatopoetika ab, die aber eine ganz untergeordnete Rolle spielen (vgl. 944). In zahlreichen Fällen reicht aber das Zeichenmodell trotz unbestreitbarer Vorzüge nicht aus. Es gibt nämlich viele Wörter, die „wörtlich" etwas anderes aussagen als tatsächlich inhaltlich gemeint ist. Dies gilt besonders für Zusammensetzungen (vgl. 690): Ein Handschuh ist kein Schuh für die Hand, ein Junggeselle kein junger Geselle und eine Jungfrau durchaus nicht immer eine junge Frau, wie es der genaue Wortsinn besagt. In die- sen Fällen darf das Wort eben nicht wörtlich verstanden werden, sondern es kommt darauf an, den tatsächlich geltenden Inhalt, also in unseren Beispielen ‚Schutz für die Hand gegen Kälte', ‚unverheirateter Mann' und ‚unberührtes Mädchen' zu erfassen. Der Wortsinn kann dabei manchmal durchaus einen be- stimmten Aufschlußwert haben: Ähnlich wie man einen Schuh über den Fuß zieht, um ihn zu schützen, so zieht man den Handschuh über Hand und Finger. Bei *Junggeselle* und *Jungfrau* ist der Aufschlußwert sehr viel geringer: Wohl er- kennt man, daß es sich um einen – in der Regel – jungen männlichen und weibli- chen Menschen handelt, das Besondere des geltenden Inhalts wird aber gerade nicht ersichtlich. Wir stellen also fest, daß oft zwischen Lautung und geltendem Inhalt noch eine Zwischenschicht zu berücksichtigen ist, die sich zwar sprachhi- storisch erklären läßt, die aber schon beim Spracherwerb neutralisiert und fortan kaum noch bemerkt wird. Bei diesem Zwischenwert, gelegentlich Trägerwert oder Aufschlußwert genannt, handelt es sich um das, was „wortwörtlich" gemeint ist. Wir sprechen hier einfach vom W o r t s i n n. |

| 952 | Von wem werden nun die sprachlichen Zeichen gesetzt, und wer entscheidet über ihre Geltung? Dazu ist zu sagen, daß diese Frage generell kaum zu beantworten ist. Nur in seltenen Fällen läßt sich ein bestimmter Sprachangehöriger als Schöp- |

---

[1] Vgl. F. de Saussure: Cours de linguistique générale. Lausanne, Paris [1]1916; dt. Übers. von H. Lom- mel: Grundfragen der allgemeinen Sprachwissenschaft. Berlin [2]1967.

fer eines neuen Wortes oder einer neuen Redewendung nachweisen. Dies gilt besonders für die ältere Zeit. In der Gegenwart mag dies auf Grund der besseren
Möglichkeiten der Registrierung und Dokumentierung gesprochener Sprache
leichter sein. Noch schwieriger, ja wahrscheinlich unmöglich ist es, Urheber
grammatischer Neuerungen nachzuweisen. Und trotzdem ist anzunehmen, daß es
stets individuelle Anstöße waren, die die Sprache erweitert, verändert und somit
zu ihrer geschichtlichen Entwicklung beigetragen haben. In jedem Falle ist aber
nicht entscheidend, was von einzelnen Sprechern an Neuem vorgeschlagen wurde, sondern das, was von der Sprachgemeinschaft akzeptiert worden ist. Sie ist es
also letztlich, die über die Annahme und Geltung der Wörter und ihrer Gliederungen in unserer Sprache entscheidet.

Die Analyse der sprachlichen Zeichen wäre unvollständig, wenn nicht wenigstens
die nächsten Nachbarbegriffe einbezogen würden, die auch in der Zeichendiskus-
sion auftauchen. Es sind dies die Ausdrücke *Anzeichen, Signal* und *Symbol*. | 953 |

Während wir unter Zeichen von Menschen für Menschen gesetzte, konventionell
gewordene Hinweise verstehen, werden als An z e i c h e n solche Hinweise verstanden, die nicht gesetzt und allgemein vereinbart worden sind, sondern die sich aus
den besonderen Umständen, unter denen den Menschen in ihrer Lebenserfahrung etwas begegnet, aufdrängen. So gilt uns die aufziehende Front dunkler Wol-
ken als ein Anzeichen für kommenden Regen, die Verfärbung der Blätter als Anzeichen für den nahenden Winter usw.

Anders steht es mit den S i g n a l e n. Im täglichen Leben und im normalen Sprachgebrauch ist uns dieser Ausdruck vertraut im Zusammenhang mit Sicherheitsvor-
richtungen verschiedener Art. Man denke an die Fahrtsignale bei der Eisenbahn,
Verkehrsampeln, an Blaulicht und Martinshorn von Polizei und Feuerwehr und
an die Sirenen, die Alarm auslösen. Als Signale bezeichnet man auch die Leucht-
feuer der Leuchttürme auf See und die Flaggenzeichen bei der Marine. Es handelt sich hier um eine besondere Zeichenart, die auf Lebenswichtiges oder Ge-
fährliches hinweist und ganz besondere Beachtung verlangt. Dies wird durch Farbe, Ton und Bewegung der Signalquelle unterstrichen. In der Sprache kommen
die Ausrufe bzw. Interjektionen (vgl. 677) den Signalen manchmal nahe. Warn-
und Hilferufe haben ebenfalls solchen Signalcharakter.

Was ist nun demgegenüber ein S y m b o l? Wir verstehen hier unter einem Symbol
ein Zeichen besonderer Art, und zwar eines, das kraft seiner Gestalt auf etwas außer ihm Liegendes hinweist, also über sich hinausweist. Echte Symbole begegnen z. B. in der Religion (das Kreuz als Symbol für Christi Tod und das Christentum überhaupt) und in der Jurisprudenz (Frau Justitia mit verbundenen Augen und einem Richtschwert oder einer Waage in der Hand als Sinnbild für objektive Rechtsprechung ohne Ansehen der Person). Da auch Wörter häufig als
Symbole bezeichnet werden, ist zu fragen, ob und wie sich dies mit dem hier vor-
geschlagenen Symbolbegriff verträgt. Weisen Wörter kraft ihrer Lautgestalt über
sich hinaus? Die meisten sicher nicht. Höchstens die onomatopoetischen Wörter
wie *kikeriki, wau wau* usw. (vgl. 944), deren Lautkörper auf Grund rhythmischer
oder klanglicher Ähnlichkeit (die nicht mit direkter Nachahmung zu verwechseln
ist) auf das Gemeinte hinweist. Wollte man die Wörter einer Sprache aber generell als Symbole bezeichnen, so würde eine Einsicht in ihren Sondercharakter
eher verschleiert als erhellt. In künstlichen Zeichensystemen wie denen der Mathematik und der formalen Logik spricht man auch von Symbolen. In manchen
Fällen haben diese Zeichen tatsächlich Symbolcharakter im obenerwähnten Sinn,
in anderen sind sie jedoch beliebig.

Wir sind damit bereits in den Bereich der allgemeinen Zeichenlehre oder S e m i o-
t i k gelangt, die es sich zur Aufgabe gemacht hat, alle Zeichensysteme, die es in
der Welt des Lebendigen gibt, zu erfassen, zu beschreiben und zu klassifizieren. | 954 |

Dabei ist es sehr wichtig, wie die Sprache eingeschätzt und beurteilt wird. Da sie in den meisten Darstellungen aus semiotischer Sicht als bloßer Einzelfall von Zeichen erscheint, besteht hier die Gefahr, daß ihr Sondercharakter verkannt oder übersehen wird. Sieht man einmal von den tierischen Zeichensystemen ab, die sich eindeutig von Sprachen abheben lassen, so bleibt für den Bereich des Menschen folgendes festzuhalten: Alle Zeichensysteme, die wir neben der Sprache vorfinden (Verkehrszeichen und Signale, logische Zeichensysteme, Zeichensprache der Gehörlosen, Nachrichtenkodes usw.) sind aus Sprache abgeleitet und ohne Sprache nicht denkbar. Für sie alle gilt: Sprache ist kein Sonderfall solcher Zeichensysteme, sondern diese sind sämtlich Sonderfälle von Sprache.[1]

Schließlich ist noch zu prüfen, wie die besonderen „Zeichensituationen", in denen die Wörter einer Sprache gebraucht werden, in angemessener Weise veranschaulicht werden können. Hier wird meist auf Modelle zurückgegriffen, die in der Informationstheorie entwickelt worden sind und einen besonderen technisch-wissenschaftlichen Aufschlußwert haben sollen. Man spricht von „Sender" und „Empfänger", „Zeichenspeicher" und „Übertragungskanal", die Sprache selbst wird als „Code" bezeichnet, sprechen als „encodieren" und verstehen als „decodieren". Dabei übersieht man, daß es sich hier eher um sekundäre Sachverhalte der Nachrichtentechnik und Informationstheorie und nicht um die tatsächliche Lage miteinander redender Gesprächspartner handelt. Diesen wird ein Modell besser gerecht (vgl. 957), das von einem Sprecher und einem Hörer als austauschbaren Grundgrößen ausgeht, die beide dieselbe Sprache erlernt haben, also weitgehend über dieselbe Wortschatzgliederung, denselben Bestand an Formen und dieselben syntaktischen Regeln verfügen und sich infolgedessen über etwas verständigen können. Dabei haben beide an dem unbegrenzten Potential ihrer Muttersprache in dem Maße Anteil, wie sie diese Sprache erlernt haben.

| 955 | Immer bietet das Sprachsystem weit mehr Möglichkeiten als von den Sprechern genutzt werden. Wer die phonologischen und morphologischen Regelsysteme der deutschen Sprache zu handhaben weiß, kann viele neue Wörter und Wortverbindungen bilden, die durchaus sinnvolle Denkinhalte ausdrücken können. Entscheidend ist aber, was tatsächlich gebraucht und zugleich als brauchbar anerkannt wird: Das Sprachübliche gewinnt den Vorrang vor dem Sprachmöglichen. Sprachüblich ist im Deutschen z. B. die Begrüßungsformel *Wie geht es Ihnen?*, während der Franzose *Comment allez-vous?* und der Engländer *How do you do?* sagt. Das deutsche Sprachsystem schlösse die wortwörtlichen Entsprechungen *Wie gehen Sie?* oder *Wie tust du tun?* nicht aus, aber dies entspricht nicht unserem Sprachgebrauch.

Was aber gilt, wirkt sich zugleich maßgebend und normierend aus, so daß man im Hinblick auf das, was allgemeiner Gebrauch innerhalb einer Sprachgemeinschaft ist, von einer geltenden Norm[2] sprechen kann, wobei der Zusatz „geltend" nicht etwa wiederholt, was bereits im Begriff der Norm selbst steckt. Diese geltende Norm ist abzuheben von einer anderen Norm, wie sie etwa in normativen [Schul]grammatiken als maßgebend vorgeschrieben wird. Präskriptiv-normativ war z. B. auch die deutsche Bühnenaussprache (vgl. 21); zur geltenden Norm hat sie aber nie werden können.

Die geltende Norm – man kann sie auch Gebrauchsnorm nennen – ist wichtig. Der individuelle Sprecher wird normalerweise auch über sie nicht völlig verfügen, er bleibt in seiner Sprachpraxis selbst hinter dem, was akzeptiert und üblich ist, zurück. Trotzdem versetzt ihn normalerweise der Anteil, den er an Norm und System hat, in die Lage, ungewohnte und ungewöhnliche Wortwendungen (bei-

---

[1] Vgl. B. Liebrucks: Sprache und Bewußtsein I. Frankfurt/M. 1964, S. 30.

[2] Vgl. E. Coseriu: System, Norm und Rede. In: E. Coseriu: Sprache. Strukturen und Funktionen. Freiburg ²1971, S. 53–72.

spielsweise in der Dichtung) richtig zu verstehen und zu beurteilen: Wer als
Deutschsprachiger zum ersten Mal in Goethes „Faust" die Worte des Mephisto-
pheles (Z. 2038 f.) liest:

> Grau, teurer Freund, ist alle Theorie,
> Und grün des Lebens goldner Baum

der kann diesen Text verstehen, obwohl er ungewöhnlich ist und sicher nicht normalem Sprachgebrauch entspricht: Eine Theorie kann nicht „grau" sein, und der
„Baum des Lebens" ist kein tatsächlich existierender Baum. Wenn dieser gedachte Baum als „goldener" vorgestellt werden soll, kann er nicht gleichzeitig
„grün" sein. Diese Abweichungen von der Norm deuten auf metaphorischen
(bildlichen, übertragenen) Gebrauch. Wir kennen Redewendungen, in denen *grau*
einen negativen Gefühlswert hat *(der graue Alltag, eine graue Zukunft, das graue
Elend)*. Eine „graue" Theorie kann um so leichter als eine langweilige, fade,
farblose, lebensferne Angelegenheit verstanden werden, als sie in Opposition zum
Grün des goldenen Lebensbaums, also der praktischen Lebenswirklichkeit, gestellt ist. Ein Baum kann grün sein, d. h. grüne Blätter tragen, wenn aber der gedachte „Baum des Lebens" als golder vorgestellt wird, der zugleich grün sein
soll, so können die Adjektive *golden* und *grün* ebenfalls nur metaphorisch, und
zwar – im Gegensatz zu *grau* – mit positivem Gefühlswert (positiven Konnotationen) gemeint sein. Dieser Gefühlswert ist insofern mit *golden* bzw. *grün* fest verknüpft, als es nicht im Belieben des Sprechers liegt, wie diese Wörter zu verstehen
sind. Sie haben vielmehr nach geltender Norm positive Wertung, und darauf beruht die Möglichkeit des Dichters, sie in einer ganz bestimmten Absicht einzusetzen. Welche der negativen Komponenten der Leser bei *grau* und welche positiven
er bei *grün* und *golden* aktualisieren mag, ist nicht entscheidend. Zum rechten
Verständnis der Zeilen genügt die Opposition der negativ gedeuteten Theorie und
des positiv gedeuteten Lebens, und diese ist dem Text auf Grund der geltenden
Spielregeln, zu denen auch metaphorischer Wortgebrauch gehört, eindeutig zu
entnehmen.

Mit diesen Bemerkungen ist das Thema noch keineswegs erschöpft. Neben dem, | 956 |
was als Standardsprache oder Hochsprache und deren geltende Norm bezeichnet
werden kann und Gegenstand dieser Grammatik ist, gibt es zahlreiche Varianten
oder Varietäten des Deutschen, angefangen von den Regionalsprachen einzelner
Landschaften bis zu den Mundarten oder Dialekten in Stadt und Land und den
gebundenen Sprachformen bzw. Soziolekten. Fach- und Sondersprachen, grup-
pengebundene Ausdrucksformen usw. machen das Bild noch bunter. Oft handelt es sich dabei eher um spezifische Wortschätze und Verwendungsweisen als
um gesonderte Sprachsysteme, die Kennzeichnung „Sprache" ist also eher
fehlleitend. Diese ganze Vielfalt von horizontal-regional und vertikal-sozial ge-
schichteten Sprachformen kann jedoch die in Schrifttum und Medien akzeptierte
Geltung der „deutschen Sprache" nicht gefährden, die Gegenstand einer allgemeinen Grammatik bleiben muß.

Für jede erfolgreiche Kommunikation zwischen zwei Gesprächspartnern gilt: Der | 957 |
individuelle Sprachbesitz des Sprechers muß sich mit dem seines Gesprächspart-
ners weitgehend decken, wenn Verständigung und Verstehen möglich sein sollen.
Wenn sie miteinander über etwas sprechen, fügen sie Wörter mit sprachbeding-
tem Inhalt nach syntaktischen Regeln zu Sätzen und Texten zusammen, und zwar
so, daß der in der jeweiligen Sprechsituation beabsichtigte Sinn zum Ausdruck
kommt. Indem beide über etwas sprechen, das sich ihnen als Gegenstand oder
Sachverhalt darbietet, überführen sie es in die bestimmte Sehweise, die die kombinierten sprachlichen Inhalte eröffnen. So wird der grammatische Satz zur Aussage über einen außersprachlichen Sachverhalt, über einen gegebenen oder ge-

dachten Weltausschnitt, wobei verschiedene Sprachfunktionen genutzt werden können, z. B. Appell, Ausdruck und Darstellung.[1] Wichtig ist: Die Sprecher haben nie einen direkten Bezug zu den „Sachen", über die sie reden, sondern diese sind stets sprachlich, d. h. geistig, vermittelt.[2] Die bisher beschriebenen Verhältnisse lassen sich im Modell wie auf Seite 513 veranschaulichen.

958 Wenn man die in diesem Modell veranschaulichten Zusammenhänge dem Gesagten entsprechend interpretiert, lassen sich manche alten Streitfragen leichter beantworten. Zum Beispiel die Frage, ob angesichts der Verschiedenheit der sozialen und individuellen Voraussetzungen der Sprecher überhaupt von der Annahme eines vorgegebenen, verbindlichen Sprachsystems ausgegangen werden darf, ja, ob es so etwas wie „die deutsche Sprache" überhaupt gibt oder ob dies nicht nur eine leere Abstraktion, ein Deckname für ein in Wirklichkeit sehr vielschichtiges, heterogenes Gebilde ist.

Wer die Verbindlichkeit einer vorgegebenen sprachlichen Ordnung, d. h. einer vorgegebenen Geltung von Wörtern und syntaktischen Verknüpfungsregeln, leugnet, müßte konsequenterweise auch die Möglichkeit jeglicher Verständigung leugnen. Das, was wir die deutsche (französische, englische usw.) Sprache nennen, mag noch so vielschichtig sein, es gibt darin geltende Ordnungen, die die Voraussetzung für Übereinstimmung und Verständigung sind. Die standardsprachliche Norm des Deutschen ist eine solche verbindliche Ordnung, auch wenn es gewisse Spielräume erlaubter oder geduldeter Abweichungen geben mag. Regionalsprachen, Mundarten, Gruppensprachen und andere Varietäten haben ebenfalls ihre Ordnungen, ohne daß sie funktionsuntüchtig wären. Ob man hier von Subsystemen spricht oder andere Bezeichnungen bevorzugt: Verständigung und Verstehen zwischen Gesprächspartnern ist nur möglich, wenn sie an demselben geltenden Sprachganzen zwar keinen identischen, aber einen hinreichend gemeinsamen Anteil haben.[3] Die auch dann noch möglichen Verständigungsschwierigkeiten sind weit öfter sprecher- als sprachbedingt und außerdem durch Rückfragen und Erläuterungen zu überwinden.

959 Auch die vieldiskutierte Frage nach der Ein- oder Mehrdeutigkeit der Wörter und deren Abhängigkeit von Redesituation und Kontext findet bei sinngemäßer Interpretation des obigen Modells eine Antwort: Ohne vorgegebene Ordnung im Bereich der Wortinhalte bzw. Bedeutungen und der Syntax ist keine sinnvolle Rede möglich, wobei Ordnung aber nicht strenge Determination bedeutet. Schon die tatsächliche Verschiedenheit der individuellen Teilhabe am vorgegebenen Sprachpotential wäre mit einer solchen Annahme unverträglich. Jede Sprache hat Bereiche (z. B. Morphologie und Syntax), in denen der Bewegungsspielraum des einzelnen gering ist, und sie hat andere Bereiche, in denen die Freiheit des Sprechers größer ist (z. B. die Auswahl der Wörter für eine bestimmte Redeabsicht). Schließlich gibt es Bereiche fast unbegrenzter Freiheit (z. B. in der Metaphorik), wo allerdings auch die Grenze der Verstehbarkeit erreicht wird. In Redesituation und Kontext kann von den vorgegebenen Mitteln unbegrenzt Gebrauch gemacht werden; dabei werden auch die Inhalte bzw. Bedeutungen der Wörter und die Sinngehalte der Sätze variiert und modifiziert. Da aber Sprache stets Ver-

---

[1] Vgl. Karl Bühler. Sprachtheorie. Jena 1934.
[2] Vgl. W. v. Humboldt (Ges. Schriften VII, S. 176): „Wenn in der Seele wahrhaft das Gefühl erwacht, dass die Sprache nicht bloss ein Austauschungsmittel zu gegenseitigem Verständnis, sondern eine wahre Welt ist, welche der Geist zwischen sich und die Gegenstände durch die innere Arbeit seiner Kraft setzen muss, so ist sie auf dem wahren Wege, immer mehr in ihr zu finden und in sie zu legen." An Humboldt anknüpfend, hat L. Weisgerber den Begriff „sprachliche Zwischenwelt" geprägt. Es handelt sich dabei um eine idealistische Spekulation, sondern um die einfache Tatsache, daß ohne die Vermittlung der Sprache die Gegenstände, die wir geistig zu erfassen suchen, nicht zu haben sind.
[3] Vgl. hierzu K. Nabrings: Sprachliche Varietäten. Tübingen 1981.

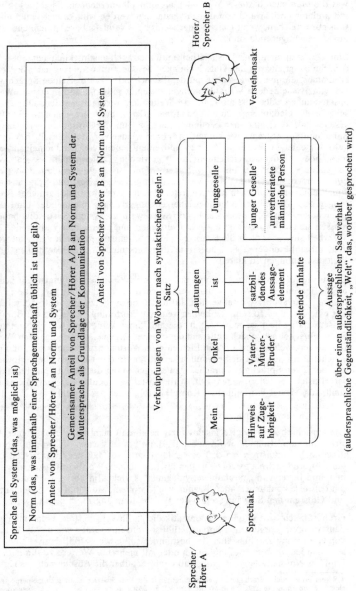

Modell der sprachlichen Kommunikation

Sprache als System (das, was möglich ist)

Norm (das, was innerhalb einer Sprachgemeinschaft üblich ist und gilt)

Anteil von Sprecher/Hörer A an Norm und System

Gemeinsamer Anteil von Sprecher/Hörer A/B an Norm und System der
Muttersprache als Grundlage der Kommunikation

Anteil von Sprecher/Hörer B an Norm und System

Verknüpfungen von Wörtern nach syntaktischen Regeln:
Satz

Mein	Onkel	ist	Junggeselle
		Lautungen	
Hinweis auf Zugehörigkeit	,Vater-/ Mutter-Bruder'	satzbildendes Aussageelement	,junger Geselle' / ,unverheiratete männliche Person'
		geltende Inhalte	

Aussage
über einen außersprachlichen Sachverhalt
(außersprachliche Gegenständlichkeit, „Welt", das, worüber gesprochen wird)

Sprachfunktion: Darstellung

Hörer/Sprecher B

Verstehensakt

Sprechakt

Sprecher/Hörer A

mittlung ist zwischen Welt und Mensch, bleibt diese Freiheit gebunden an das, was die Menschen in dieser Welt noch als sinnvoll anerkennen. Es gilt also: Wer mit anderen spricht und von diesen verstanden werden will, kann Kommunikation nur erreichen, wenn gleiche oder wenigstens vergleichbare sprachliche Voraussetzungen gegeben sind.

960 Eine Quelle sprachlicher Unsicherheit muß hier noch ausdrücklich genannt werden. Sie hängt eng mit der Vielschichtigkeit des Gesamtkomplexes jeder Sprache zusammen, darüber hinaus aber mit der Tatsache, daß mit denselben Sprachmitteln ganz verschiedene Weltauffassungen, seien es religiöse und politische Weltanschauungen oder wissenschaftliche Weltbilder, vertreten werden. Diese verschiedenen Gedankengebäude und Ideologien haben ihre eigenen Begriffssysteme mit systeminternen Stellenwerten. Da nun der Vorrat an verfügbaren Sprachmitteln begrenzt ist, kommt es immer wieder vor, daß dieselben Wörter ganz verschieden verwendet werden und einen neuen, von der Gemeinsprache mehr oder minder abweichenden Inhalt gewinnen. Daher kommt es, daß verschiedene Sprecher z. B. unter *Kraft* oder *Trägheit, Freiheit, Demokratie* oder *Pazifismus* nicht immer das gleiche verstehen. Im jeweiligen Text und System ist ihr Inhalt eindeutig, sprechen aber Vertreter verschiedener wissenschaftlicher Richtungen oder Disziplinen oder aber Überzeugungsgruppen miteinander, ohne daß sie sich über den Stellenwert der Begriffe im jeweiligen System verständigt haben, müssen sie sich fast zwangsläufig mißverstehen und aneinander vorbeireden. In Wahrheit sind aber nicht die Begriffe vieldeutig, sondern es ist nur versäumt worden, ihren besonderen Stellenwert in den verschiedenen Denksystemen oder Weltanschauungen zu klären.

961 Den bisherigen Ausführungen über das sprachliche Zeichen lag unausgesprochen die Auffassung vom Wort als einer sprachlichen Elementargröße zugrunde[1]: Daß unsere Sprache über Wörter verfügt, aus denen sie die Satzgefüge aufbaut, scheint uns eine Tatsache zu sein, die keiner weiteren Erörterung bedarf. In der Sprachwissenschaft selbst ist man sich in diesem Punkt keineswegs einig. Namhafte Sprachforscher sehen sich außerstande, in einer allgemein befriedigenden Weise festzulegen, welche sprachlichen Elemente als Wörter anzuerkennen sind und mit welchen Kriterien man sie bestimmen kann. Der Grad der Unsicherheit schwankt allerdings von Sprache zu Sprache. Daß es auch in der deutschen Sprache in dieser Hinsicht Schwierigkeiten gibt, wird einsichtig, sobald man sich die Frage stellt, aus wieviel Worteinheiten Komplexe folgender Art bestehen:

> trotz/dem, in/sonderheit, in/bezug/auf, nichts/desto/trotz; rad/fahren, ich/fahre/
> Rad, ich/bin/rad/gefahren usw.

Die Unsicherheit in der Rechtschreibung zeigt, daß man hier verschiedener Ansicht sein kann. In anderen Sprachen (z. B. im Französischen) liegen die Verhältnisse noch ungünstiger, so daß es verständlich wird, daß der französische Linguist André Martinet es vorzieht, den überkommenen Wortbegriff ganz aufzugeben, und lieber von „autonomen Syntagmen" spricht. Im übrigen versucht man mit teilweise konkurrierenden Termini wie Morphem, Monem, Lexem, Semantem und Glossem den Schwierigkeiten der Wortbestimmung zu entgehen.

Grundsätzlich wird in dieser Grammatik die Auffassung vertreten, daß man eine dem unvoreingenommenen Sprachgefühl so vertraute Größe wie das Wort nicht von Grenz- und Zweifelsfällen her bestimmen sollte, wo es freilich zweifelhaft erscheinen kann, ob man es mit einem oder mit mehreren Wörtern zu tun hat. Die Zahl der Normalfälle ist so groß, daß demgegenüber die Ausnahmen das Gefühl

---

[1] Wobei jedoch nicht verschwiegen werden darf, daß in der Sprachwissenschaft auch kleinere Sprachelemente wie Phoneme (vgl. 4) und Morpheme (vgl. 5, 686ff.) als Zeichen oder Unterklassen von Zeichen behandelt werden.

des Sprachteilhabers für die geltenden Worteinheiten kaum ernsthaft gefährden.

Im übrigen können sich bei der Beurteilung von Streitfällen folgende Kriterien als nützlich erweisen[1]:

1. Das semantische Kriterium: Es kann für die besprochenen Auto- und Synsemantika (vgl. 948) in Anspruch genommen werden.

2. Das Kriterium der Trennbarkeit, Ersetzbarkeit und Umstellbarkeit: Hier handelt es sich um Erprobungsverfahren, bei denen festgestellt wird, ob dem untersuchten Sprachmittel eine bestimmte Eigenständigkeit zukommt, die für seinen Wortcharakter spricht.

3. Das Kriterium der Isolierbarkeit: Dabei geht es z. B. um die isolierte Nennbarkeit eines zu prüfenden Redeteils.

4. Das Kriterium der phonetischen bzw. akustischen Einheit: Hier wird die Lautgestalt als wortkonstituierendes Element gewertet.

5. Das Kriterium der Undurchlässigkeit (Kohäsion): Hierbei ist zu fragen nach dem Grad des Zusammenhalts und der Unantastbarkeit von Redeelementen (die keineswegs in allen Sprachen gleich sind).

6. Das psychologische Kriterium: Hier wird das Urteil des Sprechers, sein Sprachgefühl für das, was zusammengehört und als Wort gelten kann, einbezogen.

3 Die Einheit des Wortes und das Problem der Polysemie

Immer wieder wird behauptet, die Bedeutung eines Wortes ergebe sich erst aus dem Zusammenhang der Rede oder des Textes. Diese Ansicht hängt eng zusammen mit der oft erörterten Mehrdeutigkeit der Wörter, ja sie ergibt sich zwangsläufig aus ihr. Wenn aber ein Wort als eine untrennbare Einheit von Laut und Inhalt aufgefaßt wird, wenn ferner der Wortinhalt aus der Einbettung in einen muttersprachlichen Sinnbezirk zu verstehen ist und damit jeder konkreten Sprechsituation und jedem formulierten Satz vorausliegt, dann gemahnt dieser Sachverhalt zur Vorsicht bei der Beurteilung angeblich mehrdeutiger Wörter.

| 962 |

Bevor wir auf die Frage nach der Mehrdeutigkeit (Polysemie) eingehen, muß etwas zur Einheit des Wortes gesagt werden. Die Entscheidung, ob ein oder mehrere Wörter vorliegen, ist nicht immer leicht zu treffen. Maßgebend ist der im heutigen Sprachbewußtsein gespürte inhaltliche Zusammenhang. Es gibt verschiedene Grade sachlich begründeter und heute noch empfundener Verwandtschaft zwischen gleichlautenden Wörtern. In Zweifelsfällen kommt man der Sprachwirklichkeit aber näher, wenn man eher zuviel als zuwenig verschiedene Wörter ansetzt, zumal dann, wenn die Sinnbezirke, in die sie weisen, weit auseinanderliegen.[2]

Die eingangs angeführte Behauptung ist auch deshalb nicht unbedenklich, weil sie zu dem Irrtum verleitet, bereits die Lautung eines Wortes als Wort aufzufassen und den jeweiligen Inhalt dann erst im formulierten Satz hinzutreten zu lassen. Vorgegebene Wortinhalte könnte es nach einer solchen Auffassung gar nicht geben.

Es soll nun hier nicht gesagt werden, die Sprechsituation und der Zusammenhang seien für das richtige Verständnis eines Wortes unwichtig. Jeder, der schon ein-

---

[1] Vgl. J. Krámský: The word as a linguistic unit. The Hague/Paris, 1969; H. Gipper: Sprachwissenschaftliche Grundbegriffe und Forschungsrichtungen. München 1978.
[2] Vgl. hierzu W. Porzig: Die Einheit des Wortes. In: Sprache – Schlüssel zur Welt. Festschrift für L. Weisgerber. Düsseldorf 1959, S. 158–167.

mal aus fremden Sprachen übersetzt hat oder isolierte Textstellen deuten sollte, weiß, wie absurd eine solche Behauptung wäre. Aber wenn der Zusammenhang häufig zum vollen Verständnis unentbehrlich ist, dann nicht etwa deshalb, weil er den Wortinhalt sozusagen erst schafft, sondern weil er das gemeinte Wort erkennen und identifizieren hilft. Verdeutlichen wir das an einem Beispiel.

Wer den Satzanfang hört: *Ich habe das Schloß ...,* kann noch nicht wissen, welches Schloß gemeint ist. Und selbst bei der Fortführung des Satzes mit *besichtigt* bzw. *repariert* besteht noch keine völlige Klarheit; könnte sich doch auch ein Kunsthistoriker oder Schlosser für ein bestimmtes historisch wertvolles Türschloß interessieren und sagen: *Ich habe das Schloß besichtigt.* Und auch ein Waffenmeister, der einem Kunden das Gewehr zurückgibt könnte sagen: *Ich habe das Schloß repariert.*

Der Kontext ist also durchaus wichtig und unentbehrlich, ganz besonders für den Leser oder Hörer. Aber er „macht" die Lautung *Schloß* nicht erst zum Gebäude, Türverschluß oder Gewehrteil, sondern er hilft, das jeweils gemeinte der – synchronisch betrachtet – gleichlautenden, aber verschiedenen Wörter *Schloß*₁ ‚Gebäude', *Schloß*₂ ‚Türverschluß' und *Schloß*₃ ‚Gewehrteil' zu identifizieren. Derjenige, der den Satz mit *Schloß* formuliert, weiß bereits vorher, welches *Schloß* er meint, und meist ist er sich überhaupt nicht bewußt, daß es auch noch andere „Schlösser" gibt. Auch der Hörer identifiziert in der Regel sofort richtig, weil die Sinnbezirke, in die die Wörter gehören, heute so weit auseinanderliegen, daß sie in einem bestimmten Kontext kaum je in Konkurrenz zueinander treten.

963 Nehmen wir noch ein Beispiel aus dem Verbalbereich. Kann man ohne Kontext oder Sinnzusammenhang sagen, was *aufheben* heißt? Kein Deutschsprachiger wird diese Frage auf Anhieb beantworten können, sondern erst ausprobieren müssen, in welchen Sätzen er das Wort verwenden kann. Dabei mag er Beispielsätze folgender Art bilden:

> Er *hob* den Stein *auf.*
> Er *hob* die Briefe *auf.*
> Er *hob* die Verordnung *auf.*

Hier werden schon inhaltliche Unterschiede sichtbar, aber ganz eindeutig sind diese Sätze auch nicht. Erst bei weiterer Ergänzung tritt die Verschiedenheit deutlich hervor:

> Der Junge *hob* den Stein vom Wege *auf.*
> Der Vater *hob* die Briefe seines gefallenen Sohnes *auf.*
> Der Polizeipräsident *hob* die Verordnung *auf.*

Nun dürfte klar sein, daß es sich um drei verschiedene, nicht austauschbare Inhalte bzw. Bedeutungen handelt, und zwar *aufheben*₁ ‚emporheben', *aufheben*₂ ‚aufbewahren' und *aufheben*₃ ‚beseitigen'. Zweifellos ist diese Einsicht dem Zusammenhang zu verdanken. Aber darf man daraus folgern, daß der Kontext ein an sich mehrdeutiges Wort jeweils eindeutig gemacht hat? Bevor man sich vom äußeren Anschein verleiten läßt, die Frage zu bejahen, darf folgendes nicht außer acht gelassen werden.

Die Beispielsätze kommen in der Sprachwirklichkeit nie isoliert vor, sondern nur in bestimmten Lebenslagen, in konkreten Situationen, in denen Sprecher und Hörer sie als eindeutig und der Lage völlig angemessen empfinden. Wer in einem bestimmten Situationszusammenhang davon spricht, daß ein Kind einen Stein vom Wege *aufgehoben* hat, der denkt dabei nur an *aufheben*₁, verwendet also ein Wort, das er im sprachlichen Umgang mit Gegenständen erworben hat, die man legen, setzen, stellen, hinlegen, aufheben und fallen lassen kann. In diesem Sinnbezirk ist *aufheben*₁ ‚emporheben' so geläufig, daß es hier sogar aus der Verbindung seiner Bauelemente *auf-* und *-heben* wortwörtlich verstanden werden kann. Es ist also in diesem Sinne motivierter (vgl. 690) als die beiden anderen *aufheben,* deren Inhalt nicht aus den Bestandteilen abzuleiten ist. Hinzu kommt, daß für Sprecher und Hörer diese beiden *aufheben* völlig ausgeschaltet sind, ja sie werden sich gar nicht dessen bewußt sein, daß es *aufheben*$_{2/3}$ überhaupt gibt. Ähnlich verhält es sich mit den beiden anderen Sätzen. Wenn davon die Rede ist, daß ein Vater die Briefe seines Sohnes *aufhebt*, dann bewegt man sich im Felde der Wörter des „Aufbewahrens", in dem *aufheben* neben *verwahren, zurücklegen, konservieren, reservieren, sammeln* u. ä. steht. Wiederum bleiben die beiden anderen *aufheben* abgeblendet. Ist endlich vom *Aufheben* einer aus bestimmten Gründen vorher erlassenen Polizeiverordnung die Rede, dann gehört dieses *aufheben* zu *beseitigen, tilgen, außer Kraft setzen, annullieren* u. ä.

Man kann also annehmen, daß es sich um drei verschiedene, in verschiedenen Sinnbereichen beheimatete Wörter handelt, die normalerweise nicht in Konkurrenz treten und gerade deshalb ungestört nebeneinander in der Sprache existieren können. Nur im Wörterbuch oder in Ausnahmefällen stoßen sie zusammen. Die schon von Aristoteles bemerkte Tatsache, daß jede Sprache über weit weniger Zeichen verfügt, als es zu bezeichnende Dinge gibt, wird durch diese Darstellung nicht entwertet. Vielmehr wird man diesem Befund eher gerecht, wenn man öfter als bisher mit gleichlautenden Wörtern (Homonymen) rechnet, die in verschiedenen Feldern beheimatet und inhaltlich gesichert sind, anstatt die Mehrdeutigkeit zum durchgängigen Kennzeichen der Wörter zu erklären.

964

Der Wortinhalt ist also auf keinen Fall ein Produkt des Zusammenhangs. Abgesehen davon ist natürlich durchaus zuzugeben, daß der vorgegebene muttersprachliche Inhalt eines Wortes zusätzlich durch die spezielle Situation wie auch durch persönliche Erlebnisse und Assoziationen vielfältig nuanciert und modifiziert werden kann. Solche Nuancierungen und Modifizierungen pflegen einzelne Wortinhalte besonders in den Denksystemen einzelner Forscher zu erfahren, ja sie können hier durch neue Begriffsnachbarschaften eine inhaltliche Verschiebung erleiden, die sie in Konkurrenz und Spannung zum muttersprachlichen Ausgangswert bringt. Wenn ein Wortinhalt auf diese Weise in verschiedene Begriffssysteme gerät, wird er in der Tat vieldeutig, genauer: vieldeutbar. Es ist dies gerade das Schicksal zahlreicher wissenschaftlicher Grundbegriffe, auf solche Weise derart belastet zu werden, daß sie mehr Verwirrung als Nutzen stiften. Man denke nur an den Begriff „Bedeutung" selbst, der so oft neu bestimmt wurde, daß er praktisch unbrauchbar geworden ist. Um diese besondere Art inhaltlicher Schwankungen dürfte es sich nicht selten handeln, wenn von der Vieldeutigkeit der Wörter die Rede ist. Freilich ist damit das Problem der Polysemie nicht gelöst. Wir werden es gleich nochmals aufgreifen.

Mit den bisher erörterten Beispielen und Hinweisen sollte vor einer starken Neigung in der modernen Bedeutungsforschung (Semantik) gewarnt werden, grundsätzlich von einer Mehrdeutigkeit der sprachlichen Ausdrücke auszugehen. Als Folge davon wird dann die Hauptaufgabe der Sprachwissenschaft oft darin gesehen, die Kontextbedingungen zu prüfen, durch welche diese Vieldeutigkeit beseitigt werden kann. Disambiguierung lautet der Fachausdruck für die entsprechenden Verfahren. Meist werden sie an isolierten Wörtern und Sätzen demonstriert, die – losgelöst von jedem Sinnzusammenhang – in der Tat häufig als mehrdeutig bzw. mehrdeutbar anzusprechen sind. Aber das Funktionieren einer Sprache kann nicht an derartigen „Flaschenpost-Beispielen" angemessen dargestellt werden. Sprache vollzieht sich eben nicht in isolierten Textbruchstücken, sondern in Situationskontexten, in Sinnzusammenhängen, die Sprecher, Hörer oder Leser in einen gemeinsamen Erwartungshorizont stellen. Ein geschriebener Text muß diese Voraussetzungen ebenfalls erfüllen, also den nötigen Zusammenhang, sofern er noch unbekannt ist, sprachlich erst erzeugen, damit das vom Autor Gemeinte auch in seinem Sinne verstanden werden kann. Ist dieser Wirklichkeitsbezug gegeben oder hergestellt, dann verschwindet in aller Regel die Mehr-

965

deutigkeit, von der so oft die Rede ist, und man hat es mit eindeutigen Sinnzusammenhängen zu tun. Allerdings gibt es auch Fälle, wo Vieldeutigkeit ausdrücklich gewollt ist – man denke nur an die zahlreichen Wortspiele und Wortwitze –, aber von diesen Sonderfällen her ist natürlich keine Sprachtheorie ausreichend zu begründen.

Wenden wir uns nun aber Beispielen zu, wo mit größerem Recht von Polysemie gesprochen werden darf. Wie steht es mit den Fällen, wo nicht – wie bei den erläuterten Beispielen *Schloß* und *aufheben* – von verschiedenen Wörtern gleicher Lautung (Homonymen) gesprochen werden darf, sondern wo es sich tatsächlich um e i n Wort handelt, das dennoch verschiedene Bedeutungen hat, also als mehrdeutig (polysem) zu bezeichnen ist?

966 Worum es dabei geht, kann man sich gut an den verschiedenen Bedeutungen des oft gebrauchten deutschen Verbs *schreiben* deutlich machen. Betrachtet man die syntaktischen Verwendungsweisen dieses Verbs, dann stellt man fest, daß *schreiben* feste Gebrauchsweisen kennt, das heißt, in festen Sinnkopplungen (vgl. 1003) mit anderen Wörtern steht, die den jeweiligen Sinn bestimmen. Den Gesamtbereich dieser Sinnkopplungen kann man metaphorisch den „Worthof"[1] nennen. Jeder kompetente Sprecher des Deutschen weiß, daß in dem Satz *Das Kind sitzt am Tisch und schreibt* das Verb *schreiben* etwas anderes bedeutet als in dem Satz *Ein Journalist muß schreiben können.* Im ersten Fall handelt es sich um das vermutlich übende Ausführen der Schreibtätigkeit, im zweiten um die Fähigkeit des Pressemanns, ein Ereignis schriftlich gestalten zu können. Stellt man alle gängigen Gebrauchsweisen von *schreiben* zusammen, dann kommt man dabei auf mehr als vierzig Varianten. Das Verb *schreiben* läßt sich in den einzelnen Fällen durch verschiedene andere Verben umschreiben, ersetzen oder präzisieren, z. B. durch *schriftlich gestalten, verfassen, Nachricht geben, sich schriftlich melden, korrespondieren, etwas abfassen, formulieren, Stellung nehmen* usw. Es handelt sich demnach um ein ausgesprochen mehrdeutiges Verb, das aber gleichwohl in den Kontexten, in denen es auftaucht, in einem bestimmten Sinne richtig verstanden wird, also eindeutig ist. Wie ist das möglich, woran liegt es, daß praktisch auch hier keine Verwirrung entsteht? Sind es nur die festen Gebrauchsweisen, die die gebräuchlichen Sinnkopplungen, die die jeweils gemeinte Bedeutung steuern, oder spielen weitere Faktoren dabei eine Rolle?

Zunächst muß hervorgehoben werden, daß sich *schreiben* in allen möglichen Verwendungsweisen direkt oder indirekt auf die Verschriftung von Sprache bezieht, wobei es unwichtig ist, ob dies durch die menschliche Hand geschieht, die ein Schreibinstrument führt, mit einer Schreibmaschine (die ja eigentlich nicht „schreibt", sondern Druckbuchstaben über Farbband auf Papier überträgt) oder mit Hilfe anderer Druckgeräte. Insofern darf also von einem gemeinsamen Bedeutungskern, einem gemeinsamen inhaltlichen Nenner, gesprochen werden, was für die Einheit des Wortes spricht. Sofern es sich um handschriftliches Schreiben handelt, kann dieses je nach Güte der Ausführung als ordentlich, sauber, leserlich usw. bewertet werden. Für eine besonders normgerechte Leistung gibt es sogar das feste Kompositum *schönschreiben.* Abweichungen von der (in der Schule angestrebten) Norm können mit abwertenden (pejorativen) Ausdrücken wie *kritzeln, krakeln, schmieren* oder landschaftlich auch *sudeln, schmotzen* usw. gekennzeichnet werden. *Schreiben* selbst steht in Opposition zu *lesen, entziffern* usw. und ist ferner abzuheben von anderen Handfertigkeiten wie *malen, zeichnen, pinseln,* obwohl die Schrift auch mit breitem Pinselstrich gemalt werden kann. Wir sehen also, daß *schreiben* in diesem primär manuellen Sinne in einem Feld sinnverwandter Ausdrücke steht und dort seinen Stellenwert hat.

---

[1] Vgl. dazu P. Grebe: Der Worthof von „schreiben". In: U. Engel/P. Grebe (Hg.): Neue Beiträge zur deutschen Grammatik. H. Moser zum 60. Geburtstag gewidmet. Mannheim 1969, S. 63–77.

Will man die Sinnvarianten eines Wortes ermitteln, so ist es zweckmäßig, die sprachlichen Umgebungen zu erforschen. Wir fragen deshalb, w e r als schreibend gedacht werden kann, wer also als grammatisches Subjekt bei diesem Verb in Frage kommt, und sehen, daß es sich strenggenommen nur um Menschen handeln kann, die des Schreibens kundig sind oder im Begriff sind, es zu lernen. Die Tätigkeit des Schreibers dient in der Regel auch einem bestimmten Zweck, sei es, daß der Schreiber einen Gedanken für sich selbst fixieren oder daß er ihn anderen mitteilen will. Wir müssen daher weiter nach der Art, dem Thema oder Inhalt des Textes und nach dem möglichen Adressaten fragen, ferner nach dem Schreibmaterial und dem Zweck des Schreibens. Der Inhalt von *schreiben* muß von den genannten Umständen beeinflußt werden. Bei der Prüfung jeder Bedeutungsvariante ist also zu beachten, was, wie, womit, worauf, wohin, an/für/ gegen wen? Halten wir diese Faktoren in einer Übersicht fest, so läßt sich unschwer herausfinden, inwiefern der Inhalt von *schreiben* durch sie variiert wird.

Überblickt man die erweiterungsfähige Tabelle auf S. 520, so wird ohne weiteres verständlich, inwiefern das Schreiben des Kindes nicht gleich dem Schreiben des Schriftstellers ist. Es leuchtet auch ein, daß der Satz *Thomas Mann schrieb zahlreiche Romane* sich nicht auf die selbstverständliche Fähigkeit bezieht, Schrift zu produzieren, sondern auf eine besondere schriftstellerische Aktivität. Auch wenn man etwa in einer Gesellschaft einen Anwesenden fragt: „Schreiben Sie?", so kann damit eigentlich nur eine derartige schriftstellerische Tätigkeit gemeint sein.

Nun braucht aber jemand, der Deutsch gelernt hat, nicht bei jedem Auftauchen einer Form des Verbs *schreiben* unsere W-Fragen zu stellen oder sich eine entsprechende Tabelle vorzustellen, um die richtige Bedeutungsvariante zu treffen. Vielmehr hat er im Prozeß des Spracherwerbs – und das heißt: im Prozeß seiner Wirklichkeitserfahrungen – die verschiedenen Umstände, Situationen und Gelegenheiten kennengelernt, in denen man *schreiben* verwendet. Dabei hat sich dieses Verb gleichsam von selbst in den verschiedenen Verbindungen mit dem jeweils besonderen Inhalt gefüllt. Er erfährt daher auch, wenn von jemandem in einem entsprechenden Zusammenhang berichtet wird, daß er „schreibt". Die verschiedenen Bedeutungsvarianten schließen sich für den, der in der Sprachgemeinschaft aufwächst, nahtlos und ohne jede Schwierigkeit an das primäre *schreiben* ‚mit der Hand mittels eines Schreibinstruments Schrift produzieren' an. Die Verbindungen, in denen die Bedeutungsvarianten vorkommen, schafft der Spracherlernende nicht selbst, sondern findet sie im geltenden Sprachgebrauch bereits vor. Vielfach sind sie feste Bestandteile des Sprachsystems geworden. Von diesem vorgegebenen System her betrachtet, handelt es sich um durchaus verschiedene, wenn auch benachbarte Bedeutungen. Derjenige, der die deutsche Sprache als Fremdsprache lernt, tut gut daran, die festen Gebrauchsweisen, die Sinnkopplungen zu lernen und nicht darauf zu hoffen, daß sich auch bei ihm die zutreffenden Bedeutungsvarianten „von selbst" einstellen. Er muß sogar so verfahren, wenn er nicht Gefahr laufen will, daß er einzelne Bedeutungsnuancen ganz verfehlt. Dies kann z. B. dann geschehen, wenn seine eigene Muttersprache den entsprechenden Sinnbereich anders gliedert, also etwa verschiedene Arten des Schreibens mit verschiedenen Verben streng auseinanderhält.

Die Analyse, die hier durchgeführt wurde, ist mit einer Merkmalanalyse (vgl. 973 f.) vergleichbar, bei der nach den beim Gebrauch beteiligten Faktoren gefragt wird. Dabei zeigen sich bestimmte verträgliche und unverträgliche Kombinationen. Man spricht bei der Ermittlung derartiger Verträglichkeiten auch von K o l - l o k a t i o n e n und bei den entsprechenden Erprobungen von K o l l o k a t i o n s - t e s t s. Dabei geht es stets darum herauszufinden, welche Inhalte miteinander ver-

967

wer	schreibt	was?	wie?	womit?	worauf?	an wen?	wohin?
Ein Kind, das schreiben lernt,	übt sich im Schreiben:	Buchstaben, Wörter, Sätze	ordentlich, sauber, (un)leserlich, (un)deutlich usw.	Schreib-instrument: Griffel, Bleistift, Federhalter usw. Schreibmaterial: Kreide, Tinte usw. ausführendes Organ: Hand	Tafel, Papier usw.	–	Heft, Kladde usw.
Einer, der schreiben gelernt hat,	verfaßt, formuliert:	Briefe, Karten, Nachrichten usw.	Schreibweise: s. o.; Stil: verständlich, klar usw.	irrelevant	irrelevant	Adressat	–
Ein Schrift-steller, Dichter, Journalist, Wissenschaftler usw.	ist schrift-stellerisch/journalistisch/wissenschaftlich tätig:	Romane, Gedichte, Theaterstücke, Artikel, Berichte, Aufsätze, Abhandlungen usw.	Schreibweise irrelevant; Stil wichtig: spannend, interessant, überzeugend usw.	irrelevant	irrelevant	für (gegen) ein Publikum, die Fachwelt o. ä.	–

knüpft werden dürfen. So pflegt man im Deutschen zu sagen, daß z. B. Wett-
kämpfe und Spiele in der Regel *veranstaltet* werden, Tagungen und Versammlun-
gen werden *abgehalten*, Gottesdienste, Prozessionen u. ä. werden nur *gehalten*,
Fahrten und Reisen *unternommen* oder schlicht *gemacht*. Daß bei diesen sprach-
üblichen Verbindungen auch inhaltliche Nuancen im Spiel sind, „spürt" der
kompetente Sprecher intuitiv, wenn ihm andere Verbindungen, die durchaus vorkommen können, begegnen. Solche Kollokationstests können besonders für den
Ausländer, der Deutsch lernt und den kein Sprachgefühl leitet, äußerst hilfreich
sein.

Lehrreich für einzelsprachliche Eigentümlichkeiten ist auch das Beispiel *spielen*,
das im Deutschen sehr unterschiedliche menschliche Aktivitäten umfaßt, während z. B. das heutige Schwedisch deutlich zwischen *lek* und *spel* bzw. zwischen
den beiden Verben *leka* und *spela* unterscheidet[1]: *lek* umfaßt vor allem das freie,
ungeregelte Spiel von Kindern, im archaischen Gebrauch auch Saitenspiel und
sportliche Waffenübungen, während *spel* sich mehr auf Regelspiele wie Karten-
und Würfelspiel, Schach und sportliche Spiele wie Tennis, Fußball usw., aber
auch auf das Spiel auf der Bühne und auf Instrumenten bezieht. Daß sich aus
diesen einzelsprachlichen Befunden bestimmte Verstehensschwierigkeiten, etwa
bei der Übersetzung aus der einen in die andere Sprache, ergeben können, hat
u. a. die skeptische Aufnahme des bekannten Buches „Homo ludens" (Der spielende Mensch) von Johan Huizinga in Schweden gezeigt. Während im Niederlän-
dischen die sprachliche Gliederung der des Deutschen entspricht, war der schwe-
dische Übersetzer gezwungen, sich für eine der beiden Möglichkeiten seiner
Sprache zu entscheiden, und geriet dabei in Konflikte, die sich auch für die Leser
auf das Verstehen des Textes auswirkten.

Nach diesen Hinweisen dürfen wir festhalten, daß fast stets bestimmte sinnsteuernde Faktoren vorliegen, die das prinzipiell offene System einer Sprache in die
Lage versetzen, die mitzuteilenden Sinngehalte so einzugrenzen, wie es den Erfor-
dernissen sinnvoller Verständigung unter den Angehörigen einer Sprachgemeinschaft entspricht. Werden diese sinnsteuernden Faktoren, die bereits in der Gliederung des Wortschatzes wirksam sind, bei der sprachwissenschaftlichen Beschreibung außer acht gelassen, dann gelangt man zu Fehldeutungen der Sprachwirklichkeit, die sich für die Sprachtheorie negativ auswirken müssen.

4 Richtungen und Grundbegriffe der Bedeutungsforschung

4.1 Semasiologie

Die Semasiologie[2] ist jene Wissenschaft, die sich seit ihrer Begründung durch den
Altphilologen Chr. K. Reisig (in dem Jahrzehnt zwischen 1820 und 1830) mit der
Bedeutung der Einzelwörter beschäftigt, und zwar vornehmlich mit den Bedeutungen von Wörtern der Hauptwortarten Verb, Substantiv und Adjektiv. Im Bereich der „Vollwörter" liegt ihr eigentliches Schwergewicht.

| 968 |

In der Regel wird von der Lautung eines Wortes ausgegangen und nach ihrer Bedeutung gefragt, d. h. danach, was mit ihr gemeint ist oder woran man denkt,
wenn man sie gebraucht. In diesem unauffälligen Nachsatz stecken bereits recht

---

[1] Vgl. Suzanne Öhman: Der Sinnbezirk von „Spiel" im Deutschen und im Schwedischen an Hand
von Huizingas *Homo ludens*. In: Sprache – Schlüssel zur Welt. Festschrift für L. Weisgerber. Düsseldorf 1959, S. 332–353.
[2] Griech. *semasía* ‚das Bezeichnen; die Bedeutung'.

verschiedene Auffassungen vom Wesen der Bedeutung, die sprachtheoretisch nicht unbedenklich sind. Wer behauptet, die Bedeutung liege im gemeinten Gegenstand, verlegt sie in die Sachwelt hinein und damit aus der Sprache heraus. Wer hingegen glaubt, sie liege im sprachbesitzenden Menschen, verlegt sie in die Psyche des Individuums, was zwar nicht falsch, aber doch noch unzureichend ist.

Die erstgenannte Ansicht findet ihren klassischen Ausdruck in dem Satz Gottlob Freges (dem sich auch der Philosoph Ludwig Wittgenstein in seinem Frühwerk „Tractatus logico-philosophicus" anschloß): „Die Bedeutung ist der Gegenstand"[1]. Wenn das aber stimmen sollte, dann kann man es den Linguisten der streng strukturalistischen Richtung nicht verargen, wenn sie die Sprachwissenschaft als nicht zuständig für die Erforschung der Bedeutungen erklärten. Der zweiten Auffassung neigten – einer Tendenz des ausgehenden 19. und des beginnenden 20. Jahrhunderts folgend – mehrere Sprachwissenschaftler zu, die die Bedeutung als Verknüpfung von Lautung und Vorstellung im Sprecher/Hörer verstanden.

Beide Sehweisen führen zu schnell aus der Sprache heraus: Die erste macht voreilig die Sachwelt zum Maßstab der Bedeutungen; die zweite liefert sie zu sehr dem einzelnen Sprachangehörigen aus, von dessen persönlichen Bedingungen sie nicht abhängig gemacht werden dürfen. Beide Ansichten verstellen dadurch den Blick auf die tatsächlichen Zusammenhänge und machen es schwer, die spracheigentümliche Besonderheit der Wortbedeutungen und deren überindividuelle, intersubjektive Geltung und Verbindlichkeit innerhalb der Sprachgemeinschaft zu erklären. Erst seitdem der Schweizer Sprachforscher Ferdinand de Saussure das sprachliche Zeichen als eine Einheit aus Lautung und Inhalt zu begreifen lehrte (vgl. 950 f.), setzte sich mehr und mehr die Einsicht durch, daß die Bedeutungen zur Sprache selbst gehören, in deren System sie neben ihrem Eigenwert einen von den Nachbarwerten mitbestimmten Stellenwert besitzen. Mit der Spracherlernung baut jeder Angehörige der Sprachgemeinschaft diese geistige Ordnung in sich auf und eignet sich so die geltenden Wortbedeutungen an.

Solange man allerdings an dem vielfach belasteten Ausdruck „Bedeutung" festhielt, wurden die Bestrebungen nach einer angemesseneren sprachtheoretischen Grundlegung der Semasiologie immer wieder durch Mißverständnisse durchkreuzt. Selbst wenn man das Wort als Einheit von Lautung und Inhalt versteht, verführt die Rede von der „Bedeutung eines Wortes" weiterhin dazu, die Bedeutung außerhalb des Wortes zu suchen. Will man dieser Gefahr aber dadurch entgehen, daß man von der „Bedeutung einer Lautung" spricht, so gerät man unversehens in die mißliche Lage, der reinen Lautung eine Bedeutsamkeit zuzutrauen, die sie selbst bei ausgesprochen lautmalenden Wörtern nicht haben kann. In der Terminologie liegen also bereits theoretische Fallstricke. Deshalb lehnt z. B. die inhaltbezogene Sprachwissenschaft den Ausdruck „Bedeutung" ab und spricht statt dessen vom „Inhalt" des Wortes, um dadurch sicherzustellen, daß das Bedeutsame, auf das es hier ankommt, im Worte selbst, also in der Sprache und nicht außerhalb zu suchen ist.[2]

969 Ihren obengenannten Prämissen folgend, beschäftigte sich die Semasiologie lange Zeit hauptsächlich mit den Bedingungen des sogenannten Bedeutungswandels, der auf Grund außersprachlichen Sachwandels oder von einzelnen Individuen

---

[1] G. Frege: Über Sinn und Bedeutung. In: Zeitschrift für Philosophie und Philosophische Kritik. N. F. 100 (1892), S. 26–50.
[2] Eine zusammenfassende Darstellung der Semasiologie bietet H. Kronasser: Handbuch der Semasiologie. Kurze Einführung in die Geschichte, Problematik und Terminologie der Bedeutungslehre. Heidelberg 1952; ferner ist zu empfehlen St. Ullmann: Semantics. An Introduction to the Science of Meaning. Oxford 1962; ders.: Grundzüge der Semantik. Die Bedeutung in sprachwissenschaftlicher Sicht. Berlin 1967; J. Lyons: Semantik. 2 Bde. München 1980 u. 1983; R. Schmitt (Hg.): Etymologie. Darmstadt 1977.

ausgehenden Vorstellungswandels eintreten kann. So war es üblich, die Frage nach der Bedeutung eines Wortes mit der weiteren Frage zu verbinden, wie das Wort zu dieser Bedeutung gelangt ist. Die Blickrichtung war damit rückwärts gewandt. Sie führte in die Sprachgeschichte hinein und zielte folgerichtig auch auf die Erschließung der ursprünglichen oder „eigentlichen" Bedeutungen. Dabei berührte sie sich in vielem mit der Etymologie, jener Forschungsrichtung also, die nach langen Phasen dilettantischen Spekulierens mit den Mitteln einer ausgereiften Methode die lautliche Grundform zu finden oder zu erschließen suchte und dann erst nach deren Bedeutung fragte.

Zwar gelangten sowohl die Semasiologie als auch die Etymologie im Laufe der Zeit zu präziseren Zielsetzungen, aber die Bindung an die Lautgestalt des Einzelwortes und die damit verbundene Isolierung der Wortbedeutung führte doch nicht selten an der Sprachwirklichkeit vorbei. In der neueren Zeit weiteten sich Etymologie und Semasiologie zur Wortgeschichte, die auch benachbarte Wörter mit einbezieht, den gesellschaftlichen Bedingungen Rechnung trägt und die Beziehungen zur Kultur- und Geistesgeschichte herstellt.

Durch eine enge Verknüpfung von Sach- und Wortforschung konnte der wahre Ursprung vieler Wörter geklärt werden. So zeigte sich z. B., daß das deutsche Wort *Wand* nicht etwa mit *wenden* zusammenhängt (weil man sich vor dem Hindernis einer Wand [um]wenden muß), sondern ursprünglich zu *winden* gehört und eigentlich ‚das Gewundene' bedeutet, nämlich das Flechtwerk, aus dem in früherer Zeit die Hauswände hergestellt wurden. Vom Fachwerkbau kennen wir das heute noch. Die Methoden des Hausbaus haben sich geändert, das Wort *Wand* aber ist geblieben.

Zugleich wurde deutlich, daß sich bei vielen Wörtern im Laufe der Zeit Bedeutungsänderungen vollzogen haben. Diese Entdeckung schien so wichtig, daß man, dem Vorbild der Altphilologie folgend, die auf diesem Gebiet richtungsweisend war, lange Zeit unter Bedeutungslehre die Lehre vom sogenannten Bedeutungswandel verstand. Betrachtet man die Wörter unter diesem Gesichtspunkt, ergeben sich verschiedene Möglichkeiten: Die Bedeutung eines Wortes kann sich erweitern oder verengen, verbessern oder verschlechtern, von einem Gegenstand auf den anderen übertragen werden usw. Entsprechend ist in der Semasiologie eine Fachterminologie aufgebaut worden, die je nach dem Standpunkt der einzelnen Forscher Modifizierungen aufweisen kann (vgl. 975 ff.).

Eine ihrer Hauptaufgaben mußte die Semasiologie darin erblicken, Gründe für den festgestellten Bedeutungswandel aufzuzeigen. Dazu war schwierige Einzelforschung nötig. Man mußte sich mit Tatsachen verschiedenster Art vertraut machen, kulturhistorische wie psychologische Begleitumstände prüfen und viel Scharfsinn aufwenden, um manchen Bedeutungswandel zu begründen. Als Antriebskräfte des Bedeutungswandels wurden im Laufe der Zeit verschiedene Ursachen genannt: logische Gesichtspunkte, Wirkungen des Affekts, Kultur- und Sachwandel.

Die Semasiologie hat viele und wichtige Einsichten gebracht. Sie ist voll von aufschlußreichen Überlegungen und verrät oft geradezu kriminalistischen Spürsinn, aber natürlich fehlt es dabei auch nicht an Spekulationen, die über das Ziel hinausschießen. Die Mängel hängen mit den geschilderten Ausgangspositionen zusammen (Bedeutung verstanden als außersprachlicher Gegenstand oder als Verknüpfung von Laut und Vorstellung im Individuum), wobei die eigentümliche Natur des Wortes als Glied einer überpersönlichen Ordnung, von der die Bedeutung mitbestimmt ist, übersehen wird. Zugleich wird die Geltung eines Wortes in bedenklicher Weise dem einzelnen Individuum ausgeliefert. Außerdem wird angenommen, daß sich die mit einer Lautung verbundene Bedeutung – aus welchen Gründen auch immer – sehr erheblich wandeln könne, ohne doch aufzuhören, das gleiche Wort darzustellen.

970 **4.2 Onomasiologie**

Im Unterschied zur Semasiologie geht die Bezeichnungslehre oder Onomasiologie[1], als deren Begründer die Romanisten Friedrich Diez, Ernst Tappolet und Adolf Zauner zu nennen sind, von der Frage aus, wie gegebene Erscheinungen, Wesen und Dinge sprachlich bezeichnet werden. Dabei wurde angenommen, daß die Wörter den Gegenständen, zu deren Bezeichnung sie dienen, unmittelbar zugeordnet seien wie die Eigennamen einzelnen Menschen. Zugleich wurde vorausgesetzt, daß man nicht nur in dieser Weise die Bezeichnungen für konkret greifbare Gegenstände ermitteln, sondern ebenso bei abstrakt geistigen Begriffen verfahren könne, so als seien Ehre, Treue, Geiz und Habsucht unabhängig von jeder Einzelsprache vorgegebene Größen, die in jeder Sprache lediglich verschieden bezeichnet würden.[2] Dagegen lassen sich schwerwiegende Einwände vorbringen. Die neuere Onomasiologie konnte sich der Einsicht nicht verschließen, daß alle Begriffe als sprachbedingt anzusehen sind und daß man infolgedessen auch und gerade im Bereich abstrakter Begriffe das Saussuresche Wortmodell (Wort als Einheit von Lautung und Inhalt) nicht außer acht lassen darf. Um der Eigengesetzlichkeit der sprachlichen Bezeichnungen gerecht zu werden und nicht in eine sprachferne Sachabhängigkeit zu geraten, suchten deshalb die Onomasiologen die sprachtheoretische Ausgangsposition ihrer Disziplin dadurch zu verbessern, daß sie nicht mehr von den Sachen selbst, sondern von den Begriffen, also den Sprachinhalten, ausgehen und nach deren Bezeichnung fragen wollten. Dadurch waren die Schwierigkeiten aber noch nicht ausgeräumt. Von Begriffen als geistigen Größen kann man nur ausgehen, wenn man sie greifen kann; außerhalb der Sprache sind Begriffe jedoch schwerlich faßbar. Erkennt man aber den sprachlichen Charakter der Begriffe an, so muß man zugleich zugeben, daß sie nur über die zugehörigen Lautungen zu erreichen sind. Damit ist man bei den Einzelwörtern einer bestimmten Sprache, und es wird problematisch, deren Inhalte einer onomasiologischen Fragestellung zu unterwerfen: Was soll es für einen Sinn haben, nach den Bezeichnungen für den Inhalt eines deutschen Wortes wie *Haß* zu fragen? Außerdem führt diese Änderung der theoretischen Ausgangsposition dazu, daß die Lautungen als Bezeichnungen der Inhalte aufgefaßt werden. Wiederum würde damit der Lautung mehr zugemutet, als sie von sich aus zu leisten vermag. Die Lautung allein kann noch gar keine Bezeichnungskraft in diesem Sinne haben. Erst in Verbindung mit dem Inhalt, als sinntragende Worteinheit also, vermag sie einen außersprachlichen Gegenstand zu bezeichnen. Wobei der Ausdruck „Bezeichnung" eigentlich nur in den relativ wenigen Fällen berechtigt wäre, in denen tatsächlich ein festumrissener vorgegebener Gegenstand, z. B. ein Gerät der Sachkultur, zu bezeichnen ist.

Die moderne Onomasiologie ist vorwiegend eine Frucht romanistischer Forschungen; sie nahm ihren Aufschwung im Zusammenhang mit wortgeographischen Untersuchungen, die hauptsächlich in Frankreich, Spanien und Italien durchgeführt wurden. Um der Sprachwirklichkeit möglichst nahe zu kommen und das Leben der Mundarten mit einzufangen, verfolgte man die Bezeichnungen für einzelne Gegenstände und Begriffe in ihrer geographischen Verteilung über ganze Sprachgebiete und konnte so eine große Mannigfaltigkeit der Ausdrucksmittel nachweisen. Um diese Untersuchungen auf gesicherte Grundlagen zu stellen, ging man mit Vorliebe von bestimmten Gegenständen aus (Pflug oder Schlitten, Biene oder Mücke) und fragte nun, wie die Bewohner der einzelnen Landstri-

---

[1] Griech. *ónoma* ,Name, Wort'.
[2] Hierüber unterrichtet B. Quadri: Aufgaben und Methoden der onomasiologischen Forschung. Bern 1952.

che diese Gegenstände nennen. Da es sich um das Feststellen der Beziehungen zwischen Gegenständen und ihren Bezeichnungen handelt, ergeben sich auch Verbindungen zu der von R. Meringer begründeten Forschungsrichtung „Wörter und Sachen"[1], die Bedeutungsprobleme durch Prüfung der Sachzusammenhänge zu lösen sucht.

4.3 Die inhaltbezogene Betrachtung

971

Gegenüber den Auffassungen der Semasiologie und der Onomasiologie wandte die inhaltbezogene Sprachwissenschaft folgendes ein: Ein Wort ist weder ein Name, der einem Gegenstand unmittelbar zugeordnet ist wie der Name *Franz Müller* einem bestimmten Menschen, noch eine Lautung, die bestimmte Vorstellungen erwecken soll. Vielmehr erfüllt es eine eigenartige Leistung, indem es eine ganze Fülle gleicher oder ähnlicher Erscheinungen zusammenzufassen gestattet. Es steht für eine ganze Klasse von Erscheinungen, wobei das, was als Erscheinung im Wort herausgehoben wird, spracheigentümlich ist.

Das deutsche Wort *Tisch* z. B. ist kein Name für ein bestimmtes Möbelstück, sondern ein Wort der deutschen Sprache, das eine ganze Vielzahl von Gegenständen umfaßt, die gleichen menschlichen Zwecken dienen, auch wenn im konkreten Sprechakt ein bestimmter Gegenstand gemeint ist. Will man feststellen, was dieses Wort *Tisch* in unserer Sprache bedeutet, so genügt es nicht, auf einen konkreten Tisch hinzuweisen; auch mit einer Definition (die übrigens schwer genug zu finden ist) ist es nicht getan. Vielmehr gilt es herauszufinden, wo die Grenzen der Anwendbarkeit des Wortes liegen, was allein von den Sachen her gar nicht auszumachen ist. Man wird dabei feststellen, daß es Fälle gibt, in denen das Wort *Tisch* in Konkurrenz tritt zu *Theke, Pult, Regal* usw., aber womöglich auch zu *Bank, Schemel* und *Hocker*, sofern nicht ganz deutlich wird, daß diese Gegenstände zum Sitzen dienen. Denn nicht nur die Funktion des Gegenstandes, bestimmten Zwecken zu dienen, sondern auch die gedankliche Gliederung, die unsere Sprache wie ein Netz über die Gegenstände ausgebreitet hat (J. Trier), kommt dabei ins Spiel.

Unter dem Aspekt des Spracherwerbs läßt sich das auch so beschreiben: Wer in die deutsche Sprachgemeinschaft hineinwächst, lernt in täglicher Praxis, welche Gegenstände als *Tisch* angesprochen werden dürfen, und hat mit dem erlernten Wort zugleich ein sprachliches Mittel verfügbar, mit dem alle noch begegnenden Tische erfaßt werden können. Dies ist möglich, weil der Wortinhalt stets etwas Allgemeines ist; gerade dieser Umstand macht ihn dazu tauglich, auf jedes entsprechende konkret Einzelne angewandt werden zu können.

Bei geistigen Begriffen ist die Sprachabhängigkeit noch größer, denn erst in und mit der Sprache werden die Werte, die sie verkörpern sollen, gedanklich greifbar, und nur aus der Einbettung in das Sinngefüge der Sprache wird der Einzelwert bestimmbar. Diese Inhalte, die man sich untrennbar mit den Lautungen verknüpft denken muß – beides zusammen, Laut und Inhalt, machen erst das Wort aus –, sind also keineswegs dem Individuum überlassen, sondern sie empfangen ihre Geltung vom überindividuellen Sinngefüge der Sprache her, das der Angehörige der Sprachgemeinschaft durch den Prozeß der Spracherlernung in sich aufgenommen hat (vgl. hierzu 993 ff.).

Der Inhalt des Wortes *Weib*

972

Das nachfolgende Beispiel soll zeigen, wie die vorgenannten Gesichtspunkte bei der Bestimmung einer Wortbedeutung angewendet werden können und wie sie

---

[1] Auch Titel einer Zeitschrift von R. Meringer.

sich dabei bewähren. Das Beispiel ist so gewählt, daß jeder, der Deutsch gelernt hat, die Überlegungen nachvollziehen und aus seiner eigenen Erfahrung heraus ergänzen kann.

Wenn uns heute ein Ausländer nach der Bedeutung oder dem Inhalt des Wortes *Weib* fragt, so können wir ihm ohne lange Überlegung antworten, es bedeute ‚Frau‘, in der Hoffnung, daß er dieses weit häufigere Wort kennt. Er wird sich dann vielleicht darüber wundern, daß es *das Weib* heißt, mit sächlichem Geschlecht. In diesem Fall könnten wir ihn darauf verweisen, daß man auch *das Fräulein* und *das Mädchen* sagt, ohne daran Anstoß zu nehmen.

Die Grundbedeutung von *Weib* ist nicht sicher geklärt.[1] Möglicherweise handelte es sich ursprünglich um eine Bezeichnung der verhüllten Braut, vielleicht war auch ‚die sich hin und her bewegende, geschäftige [Haus]frau‘ der Ausgangspunkt (zu idg. *μei-b-, *μei-p ‚drehen, umwinden, umhüllen; sich drehen, schwingend bewegen‘). Das sächliche Geschlecht bei *Fräulein* und *Mädchen* kann man von den Verkleinerungsendungen *-lein* und *-chen* her verstehen: *Fräulein* geht auf *frouwe-lin* zurück, *Mädchen* auf *mägd-chen* (*Magd* im Sinne von ‚Jungfrau‘). Die neutralen Formen sind also sprachgeschichtlich begründet. Der heutige Sprecher übernimmt sie, ohne etwas Auffälliges dabei zu finden. Neben *das Fräulein* war zeitweise auch *die Fräulein* gebräuchlich. In manchen Gegenden ist *die Fräulein*, besonders im Kindermund, gleichbedeutend mit Lehrerin.

Grammatisches und natürliches Geschlecht können also durchaus in Widerstreit geraten (vgl. 331). Diese Tatsache ist uns ein erster Hinweis darauf, daß man nicht von der Lautform ohne weiteres auf den Inhalt schließen darf. Es ist daher besser, statt „Geschlecht" den Fachterminus *Genus* zu gebrauchen. Man begünstigt dann nicht den Fehlschluß, das grammatische Genus müsse etwas mit dem natürlichen Geschlecht zu tun haben.

Es genügt aber nicht zu sagen, *Weib* bedeute soviel wie *Frau*, wenn man vermeiden will, daß unser Frager das Wort falsch verwendet und unter Umständen sogar in peinliche Lagen gerät. Zunächst dies: *Weib* ist in der heutigen Sprache nur noch wenig gebräuchlich, und häufig haftet ihm ein abwertender (pejorativer) Sinn an. Während man früher ohne weiteres *Hinter dem Künstlernamen George Sand verbirgt sich ein Weib* hätte sagen können, empfände das heute leicht als abwertendes Urteil über die französische Schriftstellerin. Allenfalls in stehenden Wendungen wie *Mann und Weib, mit Weib und Kind* u.ä. ist uns das Wort heute noch mit neutralem Sinn vertraut. Aber auch sie fließen nicht so leicht in die Alltagssprache, und wer sie verwendet, möchte meist eine besondere Wirkung damit erzielen. Manche Männer mögen auch Wendungen wie *ein tolles Weib* im positiven Sinn verstehen, während bei *Prachtweib* andere Eigenschaften mitgemeint sein können. Deutlich wird der abwertende Klang in Zusammensetzungen wie *Marktweib* und *Waschweib*, besonders wenn man sie mit *Marktfrau* und *Waschfrau* vergleicht.

Dagegen ist allgemein bekannt, daß das Wort *Weib* einen biblischen Klang hat. In der Bibelübersetzung Luthers heißt es meist *Weib*, nur sehr selten *Frau*. In den vier Evangelien kommt *Frau* gar nicht vor; auch Christus sagt zu seiner Mutter Maria auf der Hochzeit zu Kana: „*Weib*, was habe ich mit dir zu schaffen?" (Joh. 2, 4)

Allerdings täuschen die nach der Übersetzung Luthers bearbeiteten Bibelausgaben an vielen Stellen, denn Luthers eigene Fassung ist oft noch altertümlicher, auch hinsichtlich der Wörter, auf die es hier ankommt. So hat man zwar in der Schöpfungsgeschichte die schöne Stelle belassen, wo Luther übersetzt: „Man

---

[1] Vgl. F. Kluge: Etymologisches Wörterbuch der deutschen Sprache. Berlin, New York ²¹1975; Duden 7, Etymologie. Herkunftswörterbuch der deutschen Sprache. Mannheim, Wien, Zürich 1963.

wird sie *Mennin (Männin)* heißen, darum daß sie vom *Manne* genommen ist." (I. Mose 2, 23), denn im hebräischen Urtext steht das Wort *ischa*, eine weibliche Ableitung zu *isch* ‚der Mann'. Aber andere Stellen sind später geändert worden. So lesen wir I. Mose 1, 27: „Er schuf sie *einen Mann* und *ein Weib* ...", wo es bei Luther noch heißt: „Er schuff sie *eyn menlin (Männ-lein)* und *frewlin (Frau-lein)*". Die entsprechenden hebräischen Wörter können für Mensch und Tier gebraucht werden. Auch bei der Ankündigung der Sintflut, wo Gott zu Noah sagt: „Und du sollst in den Kasten tun allerlei Tiere von allem Fleisch, je ein Paar, *Männlein* und *Weiblein*.", heißt es bei Luther *das menlin und seyn frewlin*. Wir müßten heute sagen *Männchen und Weibchen*, was nur bei Tieren möglich ist.

Im übrigen ist aber auch bei Luther *Weib* das weitaus gebräuchlichste Wort. In den zehn Geboten ist vom *Weib des Nächsten* im Sinne von Ehefrau die Rede, es kann aber auch die unverheiratete Frau bezeichnen; das ist sogar häufiger der Fall. Dagegen hat *Frau* nur an einigen wenigen Stellen deutlich den Sinn von *Herrin*, was seiner ursprünglichen Bedeutung entspricht: „Und er (Salomo) hatte sieben hundert *Weiber* zu *Frawen*". (I. Könige 11,3) Luther will hier mit *Frauen* nicht nur sagen, daß es Ehefrauen, sondern – dem hebräischen Urtext entsprechend – daß es vornehme fürstliche Frauen waren.

Im ganzen gesehen ist aber auch Luthers Sprachgebrauch nicht konsequent; ebensowenig wie der von neueren Übersetzern die zwar häufig *Frau* für *Weib* einsetzen, aber andererseits auch *Weib* an Stellen stehenlassen, wo wir heute *Frau* erwarten. Es lassen sich auch keine festen Zuordnungen zu den verschiedenen Wörtern der lateinischen und griechischen Vorlage feststellen, was wohl damit zusammenhängt, daß auch dort der Sprachgebrauch nicht immer eindeutig ist.

Auf jeden Fall muß zur Zeit von Luthers Bibelübersetzung *Weib* das gebräuchlichste Wort für eine Frau gewesen sein; es hat also, wie die Semasiologie sagt, einen Bedeutungswandel erfahren.

Zur Erfassung des Bedeutungswandels von *Weib* befragen wir zunächst Friedrich Nietzsche, dem eine sehr kritische Einstellung zu den Frauen nachgesagt wird. Dabei zeigt es sich, daß bei ihm *Weib* seinen guten Klang noch bewahren konnte. Besonders fällt auf, daß die Stellen, wo er *Frau* verwendet, keinen inhaltlichen Unterschied zwischen beiden Wörtern erkennen lassen. Das ist überraschend bei einem Stilisten und Meister der deutschen Sprache vom Range Nietzsches. Man vergleiche dazu folgende Sätze:

> Ich habe eine höhere und tiefere Auffassung des *Weibes* ... Man kann nicht hoch genug von den *Frauen* denken ... Wenig versteht sich das *Weib* auf Ehre ... In Sachen der Ehre sind die *Frauen* schwerfällig.

Wohl fällt hier auf, daß Nietzsche den Singular *Weib*, aber den Plural *Frauen* gebraucht, wenn er die ganze Gattung bezeichnen will. Es gibt aber auch Gegenbeispiele. Selbst der Plural *Weiber*, der uns besonders pejorativ vorkommt, kann bei Nietzsche positiv gebraucht sein. Bei einer genaueren Untersuchung mag man noch auf manche Nuance aufmerksam werden, aber das ändert nichts an der Tatsache, daß Nietzsche *Weib* und *Frau* gleichwertig gebrauchen kann.

Von besonderem Interesse ist in diesem Zusammenhang das bekannte Nietzsche-Zitat: „Du gehst zum *Weibe*? Vergiß die Peitsche nicht!" oder auch: „Wenn du zum *Weibe* gehst, vergiß die Peitsche nicht!" Hier ist eine Stelle, wo der Bedeutungswandel schlagartig sichtbar wird, denn das Wort *Weib* scheint uns an dieser Stelle am Platze, schwingt doch in diesem Ausspruch deutlich eine negative Auffassung der Frau mit. Wer aber das Zitat in „Also sprach Zarathustra" nachprüft, wird erstaunt sein zu finden, daß es dort in Wirklichkeit heißt: „Du gehst zu *Frauen*? Vergiß die Peitsche nicht!" Die übliche Version des Zitats stellt gleichsam eine Übersetzung in die heutige Sprache mit ihrer negativen Begleitvorstellung von *Weib* dar.

Auf zweierlei machen unsere bisherigen Beobachtungen aufmerksam: Ein Wandel in der Geltung des Wortes *Weib* muß sich vollzogen haben, aber er kann noch nicht alt sein, wenigstens noch nicht in der Sprache der Literatur. Ferner zeigt sich, daß das Wort *Frau* immer wieder als Konkurrenzwort auftaucht. So drängt alles dazu, die isolierte, vornehmlich semasiologische Betrachtung des Wortes *Weib* ganz aufzugeben, wenn wir den Wandel erklären wollen. Wir müssen dazu die sinnverwandten Wörter heranziehen.

Wer in den neueren nach Sach- bzw. Begriffsgruppen geordneten Wörterbüchern[1] nachschlägt, findet dort unter den Stichwörtern *Ehe, Frau, Verlobung, Weib* usw. eine Fülle von Wörtern für den weiblichen Menschen. Ausscheiden können wir dabei Wörter wie *Pussel* und *Schickse*, weil sie nicht zur Standardsprache gehören, ferner die heute veralteten oder ungebräuchlichen *Frauensperson, Frauenzimmer, Weibsbild, Weibsmensch, Weibsperson, Weibsstück* u. ä. Diese Wörter sind vielfach zu Schimpfwörtern geworden. *Dirne,* das früher die Bedeutung ‚junge Frau, Mädchen' und einen guten Klang hatte (vgl. noch *Dirndlkleid),* wird heute im Sinne von ‚Prostituierte' verwendet. *Mägdelein* und *Maid, Magd, Herrin* und *Eheweib* sind veraltet oder stehen im Begriff zu veralten, *Jungfrau* wird zunehmend medizinisch verstanden, *Jungfer* ist umgangssprachlich nur in Verbindung mit *alt* zu verwenden und *Weibchen* ist heute vornehmlich bei Tieren üblich. Umschreibungen wie *bessere Hälfte, Evastochter* usw. können beiseite bleiben, ebenso die zahlreichen Verwandtschaftswörter wie *Mutter, Tochter, Schwester, Tante* usw. Auch *Freundin* und *Geliebte* sind in Gefahr, abwertend gebraucht zu werden. Es verbleiben in alphabetischer Reihenfolge:

Backfisch, Braut, Dame, Ehefrau, Ehegattin, Frau, Fräulein, Gattin, Gemahlin, Hausfrau, Mädchen, Mädel, Verlobte, Weib, Witwe.

Versuchen wir diese Wörter zu ordnen, so heben sich zwei inhaltbestimmende Gesichtspunkte heraus: einmal die Unterscheidung ‚jugendlich/erwachsen', zweitens die Unterscheidung ‚verheiratet/unverheiratet', mit den Zwischenstufen ‚noch nicht verheiratet' und ‚nicht mehr verheiratet'. Ferner zeigen sich bei einigen Wörtern soziologische Wertakzente. Für eine unverheiratete, heranwachsende weibliche Person haben wir *Mädchen* (oder *Mädel*) und *Backfisch* (heute durch *Teen[ager]* bzw. *Teenie* verdrängt); erwachsen, aber unverheiratet: *Fräulein;* verlobt: *Verlobte, Braut* (bis zur Hochzeit); verheiratet: *Ehefrau, Ehegattin, Frau, Gattin, Gemahlin, Hausfrau, Weib* (mit besitzanzeigendem Fürwort); die Frau, die den Mann durch Tod verloren hat, heißt *Witwe,* und einer gehobenen Sprachschicht gehören an: *Dame, Gattin, Gemahlin. Ehefrau* ist hauptsächlich in Urkunden und Fragebogen gebräuchlich, *Hausfrau* ist zu einer Berufsbezeichnung geworden. *Dame, Frau* und *Weib* können für Verheiratete und Unverheiratete gebraucht werden. *Frau* ist unser gebräuchlichstes Wort für die Verheiratete, besonders wenn es mit dem besitzanzeigenden Fürwort verbunden ist; es wird aber auch in wachsendem Maß für Unverheiratete gebraucht: Ledige, die früher Wert auf die Anrede *Fräulein* legten, möchten heute mit *Frau* angeredet werden, ja sie haben sogar einen rechtlichen Anspruch auf diese Anrede. So dehnt sich die Geltung des Wortes *Frau* auch noch auf Kosten von *Fräulein* ständig aus. Die gebräuchlichsten Wörter sind heute wohl *Mädchen, Fräulein* und *Frau.* Unwichtig ist auch nicht, die männlichen Gegenwörter *Mann, Ehemann, Gatte, Gemahl* usw. mit zu beachten.

---

[1] F. Dornseiff: Der deutsche Wortschatz nach Sachgruppen. Berlin ⁷1970; Duden 8, Sinn- und sachverwandte Wörter und Wendungen. Mannheim, Wien, Zürich 1972; Schülerduden 10, Die richtige Wortwahl, Ein vergleichendes Wörterbuch sinnverwandter Ausdrücke. Mannheim, Wien, Zürich 1977; H. Wehrle/H. Eggers: Deutscher Wortschatz. Ein Wegweiser zum treffenden Ausdruck. Stuttgart ¹²1961.

Zur Anrede eignen sich besonders *Fräulein* und *Frau*, gegebenenfalls mit Ergänzungen (*liebe, sehr geehrte, verehrte, gnädige* usw.), deren Gebrauch vom Verhältnis des Sprechers zur Angeredeten und von ihrer gesellschaftlichen Stellung abhängt. Der Nachteil, daß man die Anrede *Frau* nicht gebrauchen kann, wenn man den Namen der Angeredeten nicht kennt (*gnädige Frau* ist nicht immer ersatzweise möglich), führt bisweilen zu Notlösungen wie *die Dame* oder *meine Dame*, aber die Eleganz und Leichtigkeit des französischen *Madame* ist damit nicht zu erreichen. Zudem ist *Dame* ein Wort mit soziologischem Wertakzent, wie aus den Wendungen *eine wahre Dame, eine Dame der Gesellschaft* usw. hervorgeht. Herkunft und Stand, aber auch Erziehung und Umgangsformen können dabei eine Rolle spielen.

Kommen wir auf unser Wort *Weib* zurück und vergleichen die Wendungen *Mann und Frau* und *Mann und Weib*, so empfinden wir einen Unterschied: Bei *Mann und Frau* denkt man eher an Ehegatten, bei *Mann und Weib* an die Polarität der Geschlechter. Das wird noch deutlicher, wenn wir die Wortwahl in den folgenden Buchtiteln heranziehen:

> Ploss/Bartels: *Das Weib* in der Natur- und Völkerkunde. Berlin [11]1927; Margaret Mead: *Mann* und *Weib*. Das Verhältnis der Geschlechter in einer sich wandelnden Welt. Hamburg 1958,

wo *Weib* noch als Gattungsbezeichnung gebraucht wird. Aber selbst in diesen Zusammenhängen geht die Verwendung des Wortes zurück, wie etwa die Übersetzung des Buches von A. Kinsey, „Sexual Behavior in the Human Female", zeigt: „Das sexuelle Verhalten *der Frau*" – und nicht *des Weibes*. (Daß der Übersetzer des Meadschen Werkes *Mann* und *Weib* verwenden konnte, mag damit zusammenhängen, daß es sich hauptsächlich um Untersuchungen bei Naturvölkern handelt, wo man eher als in unserem Kulturbereich geneigt ist, das Wort *Weib* zu dulden. Neuere Arbeiten bevorzugen einwandfrei das Wort *Frau* (vgl. auch die Zusammensetzungen *Frauenarzt, Frauenheilkunde, Frauenbewegung* usw.).

Der Unterschied von *Frau* und *Weib* wird auch durch die zugehörigen Adjektive *fraulich* und *weiblich* unterstrichen: Während sich *fraulich* auf Eigenschaften bezieht, die man in einer Gesellschaft typischerweise mit dem Bild der Frau verbindet, meint *weiblich* vielfach einfach die Geschlechtsmerkmale. *Weibisch* hat dagegen deutlich pejorativen Gehalt und gilt als Beschimpfung für einen unmännlichen Mann.

Frau ist heute das maßgebende Wort für erwachsene verheiratete und unverheiratete weibliche Personen und baut seine Vorrangstellung besonders gegenüber dem Feldnachbarn *Fräulein* aus. Das hängt u. a. mit der rechtlichen Stellung der unverheirateten berufstätigen Frau zusammen, die – weitgehend unabhängig von ihrem Alter – ein Anrecht auf die Anrede *Frau* hat. (Gelegentliche Versuche, *Frau* durch *Dame* zu ersetzen, sind demgegenüber wenig erfolgversprechend; zumal dadurch die Anrede ohne Namennennung nicht erleichtert und die Bequemlichkeit der französischen Anrede *Madame* nicht erreicht wird.)

Innerhalb des Sinnbezirks *Frau* hat sich also offenbar eine Umgliederung vollzogen. *Frau* ist in die Mitte vorgerückt, *Weib* in eine Randstellung gedrängt worden. Zur Zeit Luthers muß der Sinnbezirk noch anders gegliedert gewesen sein: Es ist bekannt, daß *Frau (frouwe)* in der mittelalterlichen Ritterkultur ‚Herrin' bedeutete (die männliche Entsprechung *frô* ist schon in althochdeutscher Zeit geschwunden und nur noch in *Fronleichnam, Frondienst* usw. erhalten); das Wort ist allmählich in bürgerliche Kreise eingedrungen und hat unter Verblassung dieser Bedeutung das Wort *Weib* im Laufe der Jahrhunderte mehr und mehr zurückgedrängt.

Will man sich über diese Entwicklung näher orientieren, so kann man im großen Grimmschen Wörterbuch oder auch in Trübners Deutschem Wörterbuch nachschlagen. Zwar behandeln diese alphabetischen Wörterbücher die einzelnen Wörter getrennt, aber im Vergleich der Artikel *Frau, Weib* usw. und unter Berücksichtigung der Kommentare ergibt sich doch ein aufschlußreicher Überblick: In beiden Wörterbüchern ist der Artikel *Weib* wesentlich länger als der Artikel *Frau*. Grimm bietet allein auf 47 engbedruckten Spalten Belege für *Weib* aus allen Sprachepochen mit Kommentar. Zwar heißt es bei Trübner: „Weib bezeichnet im Deutschen zu allen Zeiten das erwachsene, zur Mutterschaft befähigte menschliche Wesen." (häufig im Gegensatz zu *Mädchen* und *Jungfrau* und ohne Rücksicht auf Alter und Stand), aber die Geltung des Wortes muß auch schon vor Luther erheblich geschwankt haben, was sicher in Zusammenhang mit der wechselnden kulturhistorischen Stellung der Frau steht. Seit dem 12. Jahrhundert ist das Wort schon einmal stark gesunken und geradezu zum Schimpfwort geworden. Erst die ritterliche Minnedichtung, die das unhöfische Wort *Weib* zunächst meidet, führt zu Beginn des 13. Jahrhunderts durch die größten Dichter dieser Zeit (Walther von der Vogelweide, Wolfram von Eschenbach u. a.) wieder eine erste Ehrenrettung herbei. Doch trotz diesem Lobpreis des Weibes, in welchem der Wert des weiblichen Menschen unabhängig von Stand und Herkunft zum Ausdruck kommen sollte, sinkt das Wort wieder zu sozialer Geringschätzung herab. In der Bibelübersetzung Luthers dann kommt es zu erneuter Geltung, die bis in die Gegenwart nachwirkt, besonders im Sprachgebrauch der Dichtung und in wissenschaftlichen Texten. Zwei Zitate (nach Trübner, Bd. 8, S. 74 f.) sind kennzeichnend für diese Entwicklung. Walther von der Vogelweide schrieb:

> Wīp muoz iemer sīn der wībe hōhste name und tiuret baz den frouwe als ichz erkenne [und ist mehr wert als Frau, so dünkt mich].

Dagegen zürnt Schopenhauer (19. Jahrhundert) über den

> immer allgemeiner werdenden Gebrauch des Wortes Frauen statt Weiber, wodurch abermals die Sprache verarmt, denn *Frau* heißt *uxor* [lateinisches Wort für *Ehefrau*] und *Weib mulier* [das allgemeinere lateinische Wort für *Frau*, das allerdings auch für *Ehefrau* vorkommt] ... Die Weiber wollen nicht mehr *Weiber* heißen.

Welche Folgerungen lassen sich aus diesen Beobachtungen ziehen? Es bestätigt sich, daß die Sprache keine Ansammlung isolierter Teile oder Namen ist, sondern ein gegliedertes Sinngefüge, in dem jedem Wort ein Stellenwert zukommt. Dieses Sinngefüge ist nicht starr und ein für allemal festgelegt, sondern es wandelt sich gemäß den kulturhistorischen Entwicklungen und den sich ändernden Ansichten der Menschen von den Dingen. Die Ausdrücke „Bedeutung" und „Bedeutungswandel" verleiten dazu, wesentliche Zusammenhänge zu übersehen. Der Inhalt des Wortes *Weib* kann weder durch den Hinweis auf eine bestimmte Frau noch durch den Hinweis auf die Vorstellungen, die das Hören der Lautung im Individuum aufruft, ausgeschöpft werden. Es ist kein Name wie *Anna Müller* und auch kein nur psychisches Phänomen. Es ist nicht möglich, die äußere Erscheinung einer Frau oder auch ihren Charakter gerade so auszumalen, daß dafür notwendig das Wort *Weib* und kein anderes gefordert wäre; dessen spezifischer Inhalt kann nicht verständlich gemacht werden. Auch die Suche nach einem vorgegebenen außersprachlichen Begriff, für den die Lautung *Weib* eine Bezeichnung wäre, ist aussichtslos.

Das Wort *Weib* – die untrennbare Verbindung von Lautung und Inhalt – wird also in keiner Weise von der Natur der Dinge verlangt, sondern ist ein Glied unserer deutschen Sprachwelt, dessen Inhalt wahrscheinlich in keiner anderen Sprache in genau der gleichen Weise vorkommt. Erst das Hören und Lesen ungezählter Verwendungsweisen des Wortes, der eigene Gebrauch, die Korrekturen daran aus der Reaktion der Gesprächspartner, die unbewußte Mitwirkung des benachbarten Sprachguts, kurz: der ganze Prozeß der Spracherlernung und die eigene Lebenserfahrung haben den Sinnbezirk *Frau* gedanklich in uns aufgebaut und uns den Inhalt des Wortes *Weib* vermittelt. Diese Geltung hängt sicher nicht von uns persönlich ab, auch wenn wir zusätzliche persönliche Gefühle und Erfahrungen mit dem Wort verbinden. Sie wird vielmehr entscheidend vom überindividuellen Sinngefüge der Muttersprache mitbestimmt. Freilich können wir dem Fremden, der das Wort nicht kennt, einige grobe Gebrauchshinweise geben, aber völlig sicher in der Verwendung des Wortes wird er erst werden, wenn er sich ebenfalls das ganze Sinngefüge mit den dazugehörigen Verwendungsweisen zu eigen gemacht hat. Dabei muß allerdings zugegeben werden, daß wir alle im sprachlichen Alltag die Wörter keineswegs immer mit Bedacht wählen und sicher auch das Wort *Weib*, wenn wir es überhaupt gebrauchen, nicht in jedem Fall dem hier beschriebenen Gehalt entsprechend einsetzen. Das ändert aber nichts daran, daß die vorgegebene Sprachordnung für die Geltung der Wörter als bestimmend angesehen werden muß.

4.4 Die semantische Faktorenanalyse

In den sechziger Jahren sind besonders in der amerikanischen Linguistik für das Englische semantische Analyseverfahren entwickelt worden, die auch auf die deutsche Sprache angewendet worden sind. Hier sei wenigstens ein charakteristisches Verfahren der strukturalen Semantik, und zwar das der Amerikaner J. J. Katz und J. A. Fodor,[1] kurz erläutert. Es geht diesen Linguisten vor allem darum, die generative Transformationsgrammatik des amerikanischen Linguisten Noam Chomsky, die sich mit einer formalen Beschreibung der syntaktischen Strukturen einer Sprache befaßt, um die fehlende semantische Komponente zu ergänzen. Wir übergehen dabei die wichtige Frage, ob sich Semantik und Syntax überhaupt theoretisch und praktisch so getrennt behandeln lassen, wie dort angenommen wird. Analog zu Chomskys Absichten sucht man nach einer Erklärung dafür, daß der kompetente Sprecher einer Sprache in der Lage ist, semantische Anomalien, d. h. ungewöhnliche oder falsche Verwendungsweisen von Wortbedeutungen, zu erkennen, bestimmte Bedeutungen durch ähnliche zu umschreiben und gegebene Sätze inhaltlich zu interpretieren. Es soll die Fähigkeit des Sprechers erklärt werden, nichtsyntaktische, d. h. auf den Wortbedeutungen selbst beruhende Regelwidrigkeiten bzw. Mehrdeutigkeiten zu erkennen. Diese Anomalien werden immer an isolierten Wort- und Satzbeispielen demonstriert, die obendrein meist konstruiert sind, also kaum je wirklich vorkommen. Die Beispielsätze werden zunächst nach dem in der generativen Transformationsgrammatik üblichen Verfahren in sogenannte Stemmata (stammbaumartige Ableitungen) analysiert, wobei man vom Ganzen zu den Teilen, also von „oben" nach „unten", vorgeht und bei den tatsächlichen Wortformen endet, aus denen sich die Äußerungen zusammensetzen. Die sich dabei als mehrdeutig erweisenden Wörter müssen dann gesondert analysiert werden, es sei denn, ihre Analyse wurde bereits bei einer vorausgehenden Aufarbeitung des Lexikons oder Wörterbuchs der betreffenden Sprache durchgeführt (wohlgemerkt: des Lexikons oder wie immer man die Summe der Wörter einer Sprache nennen möchte – und nicht etwa des gegliederten Wortschatzes, der zugrunde zu legen wäre). Dieser Ansatz beim Lexikon oder Wörterbuch der Sprache ist für das ganze Verfahren symptomatisch und bietet besonderen Anlaß zur Kritik.

973

---

[1] J. J. Katz/J. A. Fodor: The Structure of a Semantic Theory. In: Language 39 (1963), S. 170–210; dt. Übers. in H. Steger (Hg.): Vorschläge für eine strukturale Grammatik. Darmstadt 1970, S. 202–268.

Schlägt man Wörterbücher auf, so findet man bekanntlich hinter vielen Stichwörtern (Lemmata) mehrere Bedeutungsangaben, also bei *Schloß* etwa die Angaben ‚Gebäude', ‚Türverschluß' und ‚Gewehrteil' o. ä. Die struktural-semantische Analyse besteht nun darin, für *Schloß* ein Stemma anzulegen, bei dem man von den gemeinsamen grammatischen Kategorialbestimmungen schrittweise zu den für die Einzelbedeutungen spezifischen semantischen Merkmalen gelangt, die jeweils an den Knoten der Verzweigungen notiert werden. Auf diese Weise werden schließlich jene Merkmalsgruppen ermittelt, die die einzelnen Bedeutungen von *Schloß* unterscheiden. Das Verfahren ähnelt dem logischen Klassifikationsverfahren nach Gattung und Art (Genus proximum und Differentia specifica) mit dem entscheidenden Unterschied, daß sich die Äste in unabhängige Stränge aufspalten.

Bei *Schloß* würde also mit der Feststellung begonnen, daß es sich um ein Substantiv mit dem Zusatz ‚konkret' handelt, weil es sich auf „konkrete" außersprachliche Gegenstände bezieht, ausgestattet mit dem grammatischen Genus Neutrum. Ferner, daß es sich um eine Bezeichnung für reale physikalische Objekte handelt, die nicht menschlich bzw. nicht belebt und zählbar sind. Im einzelnen geht es um ein großes Gebäude prunkhafter Bauart, das als Wohnsitz kirchlicher und weltlicher Würdenträger und Adliger dient, um bestimmte mechanische Verschlüsse an Türen, verschließbaren Gegenständen und Vorrichtungen, um einen mechanischen Verschluß bestimmter Handfeuerwaffen und schließlich um spezielle Vorrichtungen an Maschinen. Welche grammatischen und semantischen Merkmale theoretisch vorherzusehen und praktisch anzuwenden sind, bleibt umstritten, auch ist nicht zu entscheiden, wann eine Merkmalsumme als ausreichend oder vollständig gelten darf. Es wird auch nicht erklärt, wo diese Kategorien herstammen und wie sie sprachtheoretisch zu begründen sind. Schaut man genauer hin, so handelt es sich zum Teil um Kategorien der traditionellen Grammatik, die ungeprüft übernommen werden, dann um Kategorien aus der formalen Logik und schließlich um Merkmale, die einer allgemeinen Weltvorstellung entnommen sind, die dem entspricht, was man als „common sense ontology" (gesunden Menschenverstand) bezeichnen könnte. Sie sind also weit entfernt von dem, was in einer rein formalen Beschreibung zu fordern wäre. Kategorien wie ‚belebt', ‚menschlich' usw. dürfte es hier eigentlich gar nicht geben. Immerhin könnte man derartige Kennzeichnungen dann akzeptieren, wenn sie schärfer nach Herkunft und Anspruch geprüft und geordnet würden: Das rein Grammatische, Innersprachliche, wäre vom Logischen und Außersprachlich-Sachlichen abzuheben, Überschneidungen wären ebenso zu vermeiden wie Vermischungen und Diskrepanzen zwischen den einzelnen kategorialen Ebenen. So müßte z. B. das grammatische Genus deutscher Substantive (Maskulinum, Femininum, Neutrum) scharf getrennt werden von der biologischen Unterscheidung von männlich und weiblich, auch wenn sich beides sprachlich treffen kann. Ferner wären die grammatischen Kategorien Singular und Plural abzuheben von der Frage der Zählbarkeit (Mengenausdrücke können grammatisch im Singular erscheinen, grammatisch pluralisch gefaßte Ausdrücke Vereinzeltes bezeichnen usw.). Katz und Fodor bemerken mit Recht, daß es zwischen den einzelnen Merkmalen Vereinbarkeiten (Solidaritäten) und Unvereinbarkeiten gibt, die zu einer gewissen Reduzierung der statthaften Kombinationen führen (so sind zwar alle belebten „Gegenstände" zugleich physikalische Objekte, aber nicht umgekehrt), aber mit einer solchen Beobachtung ist noch keine systematische Ordnung der möglichen Unterscheidungen geleistet.

Doch ließe sich dies verbessern. Die Merkmalbestimmung könnte als ein vertretbarer Weg anerkannt werden, mit der Einschränkung allerdings, daß auch die raffinierteste Analyse und ausgetüftelteste Merkmalhäufung keine Garantie dafür bietet, daß ein sprachlicher Inhalt als ausreichend beschrieben und in seiner unverwechselbaren Eigenheit erfaßt gelten darf.

Dies zeigt auch der ausführliche Verbesserungsversuch des genannten Verfahrens durch den amerikanischen Linguisten Uriel Weinreich.[1] Sieht man sich etwa an, welche Merkmale er dem englischen Wort *car* ,Wagen, Auto' zuordnet, so wird deutlich, daß die theoretischen Mängel auf diesem Wege kaum zu beseitigen sind. Die Merkmale für *car*, die durch ein Pluszeichen als vorhanden, durch ein Minuszeichen als fehlend gekennzeichnet werden, lauten: + Nomen, +zählbar, +konkret, −belebt, +allgemein, +zum Fahren, +Motorantrieb ... Erstens zeigt sich auch hier, daß inner- und außersprachliche, grammatische, logische und sachliche Gesichtspunkte bunt gemischt sind, zweitens wird klar, daß man auch durch Hinzufügen weiterer Merkmale kaum zu einer wirklich befriedigenden Kennzeichnung von *car* gelangen würde. Was hier unbefriedigend bleibt, ist der Ansatz beim Einzelwort, wodurch die sinnsteuernde sprachliche Umgebung, das Feld benachbarter Ausdrücke, ausgeblendet bleibt und die Struktur des Wortschatzes, um die es doch in einer strukturalen Semantik gehen sollte, gar nicht ins Blickfeld rückt. Es fragt sich auch, ob die verwendete binäre (zweigliedrige) Merkmalbestimmung ausreicht. Außerdem bleibt unklar, weshalb bestimmte „Pole" wie ,zählbar', ,konkret', ,belebt', ,menschlich' und ,männlich' aufgezeichnet und gegebenenfalls mit „ + " gekennzeichnet werden, während der „Gegenpol" ungenannt bleibt oder durch ein Minuszeichen ausgedrückt wird. Zwar mögen derartige Entscheidungen letzten Endes unumgänglich sein, und es mag auch für die Theorie unerheblich sein, ob z. B. das Merkmal ,weiblich' nur als ,−männlich' erscheint, aber von einer Theorie, die formaler und expliziter sein soll als die bisherigen Ansätze, wären ausführlichere Begründungen schon zu erwarten.
Weiter darf bei allen Merkmalanalysen nicht übersehen werden, daß die Merkmale, die zur Analyse intuitiv verstandener Wörter der „Objektsprache" dienen sollen, selbst dieser Objektsprache entnommen sind und daher ihrerseits einer Faktorenanalyse unterzogen werden müßten, bevor sie als Aufschlußmittel anerkannt werden könnten.
Schließlich ist auch der Ausgang von der Wortlautung anfechtbar: Wenn man der reinen Lautung verschiedene „Bedeutungen" kommentarlos zuordnet, verfehlt man nämlich die lautlich-inhaltlichen Worteinheiten, die ja manchmal in ganz verschiedene Sinnbereiche gehören. Wenn man schon die Merkmalanalyse beibehalten will, dann müßte die Feld- und Sinnbereichszugehörigkeit durch entsprechende Kennzeichnungen einbezogen werden, so daß auch formal sichtbar würde, wohin ein Wort gehört und wo sich die Inhalte berühren oder überschneiden. Dazu wäre freilich eine Ermittlung der gesamten Wortschatzgliederung der Sprache nötig, eine Nachzeichnung dessen, was man die Weltansicht einer Sprache nennen darf.

Nicht unerwähnt bleiben sollte, daß innerhalb der strukturalen Sprachwissenschaft auch andere Ansätze zur Bedeutungsbeschreibung entwickelt worden sind. So versuchte z. B. der französische Linguist A. J. Greimas[2] bei seiner semantischen Analyse dem strikten Merkmal-Binarismus zu entgehen und führte zu diesem Zweck zusätzlich Zwischenwerte wie ,neutral' und ,komplex' ein. Er unterscheidet auch schärfer die Beobachtungsebenen, auf denen sich das Analyseverfahren in den einzelnen Stadien bewegt, und fordert eine Deskriptionssprache mit wohldefinierten Begriffen. Aber trotz aller wissenschaftstheoretischen und logischen Verbesserungen bleiben auch hier die oben erwähnten grundsätzlichen Bedenken bestehen.

974

---

[1] Vgl. U. Weinreich: Erkundungen zur Theorie der Semantik. Tübingen 1970.
[2] A. J. Greimas: Sémantique structurale. Recherche de méthode. Paris 1966 (dt. Übs.: Strukturale Semantik. Braunschweig 1971).

Andere Linguisten diskutieren die zeichentheoretischen Voraussetzungen der semantischen Faktorenanalyse, wobei meist das semantische Dreiecksmodell von Ch. K. Ogden und I. A. Richards mit den drei Bezugspunkten „symbol", „thought" („reference") und „referent" den Ausgangspunkt bildet. Aber trotz vielfältiger Interpretation und Umdeutung z.T. im Saussureschen Sinne (symbol = signifiant, thought = signifié, referent = chose réelle) ist damit keine unanfechtbare Deutung der tatsächlichen sprachlichen Gegebenheiten erzielt worden. Auch die Erweiterung des Dreieckmodells zu komplizierteren geometrischen Modellen, die der Sprachwirklichkeit näher kommen sollen, ist umstritten. Im übrigen sind dabei durch den Einsatz formaler Beschreibungsmittel und die zusätzliche Einführung neuer Fachtermini die Verhältnisse derart kompliziert worden, daß sich teilweise nur noch Spezialisten zurechtfinden.[1]

Für die semantischen Merkmale ist der Ausdruck S e m (analog zu Phonem und Morphem) üblich geworden, während die dazugehörigen Ganzheiten je nach „Schule" unterschiedlich als L e x e m , S e m e m , S e m a n t e m , M o n e m u.ä. bezeichnet werden.

Zusammenfassend muß festgestellt werden, daß das Ziel einer streng formalen, eindeutigen und zugleich einfachen Semantiktheorie auf struktularer bzw. generativer Grundlage noch nicht erreicht worden ist.

4.5 Grundbegriffe der Bedeutungsforschung

| 975 | **Bedeutungserweiterung** |

Das Verb *machen* bedeutete ursprünglich ‚kneten, streichen, schmieren' und war ein Wort des Lehmbaues. Heute kann eine Vielzahl von Tätigkeiten damit bezeichnet werden.

Caesar, der Eigenname des römischen Feldherrn und Staatsmannes, wird als *Kaiser* zur Bezeichnung für ein monarchisches Staatsoberhaupt.

| 976 | **Bedeutungsverengung** |

Hochzeit, ursprünglich ein Wort, das hohe kirchliche und weltliche Feste bezeichnete, besonders jene Kirchenfeste, die länger als einen Tag dauern wie Weihnachten, Ostern, Pfingsten, wird auf die Eheschließung eingeschränkt. Dieser Wandel hängt einmal mit dem Vordringen des Lehnwortes *Fest* (lat. *festum*) im 13. Jh. zusammen, zum anderen damit, daß das Wort *Brautlauf (brūtlouf)* und vor allem das dazugehörige Verbum *briuten* einen ausgesprochen anstößigen Sinn annahmen.

Schirm, eigentlich ‚Schutz, Schild, schützender Gegenstand,' wird speziell auf den Regenschirm eingeschränkt. Spricht man nur von *Schirm,* dann ist in der Regel ein Regenschirm gemeint; sonst gebraucht man Zusammensetzungen wie *Sonnen-, Lampen-, Ofenschirm* usw.

| 977 | **Bedeutungsverbesserung** |

Marschall, einst die Bezeichnung für einen Pferdeknecht (mhd. *marschalc,* worin nhd. *Mähre* und *Schalk* ‚Knecht' stecken), wird zur Bezeichnung eines Feldherrn. Eingewirkt hat das altfranzösische *mareschal.* Der Bedeutungsübergang ist vermittelt durch den Aufseher des fürstlichen Gesindes auf Reisen und Heerzügen.

---

[1] Vgl. H. Henne/H. E. Wiegand: Geometrische Modelle und das Problem der Bedeutung. In: Zeitschrift für Dialektologie und Linguistik 2 (1969), S. 129–173.

Bedeutungsverschlechterung

Dienstmann, einst ein angesehenes Wort für Diener und Vasallen hoher Herren, wird zur Bezeichnung für den Gepäckträger.
Dirne, einst ein ehrendes Wort (,Mädchen, Jungfrau'), das auch von der Gottesmutter Maria gebraucht werden konnte, sinkt zu der heutigen Bedeutung ,Prostituierte' herab, weil es wahrscheinlich zunächst als beschönigendes Deck- oder Hüllwort (vgl. 681) gebraucht wurde. (Beschönigende Wörter für anstößige Dinge sinken erfahrungsgemäß häufig zu der Bedeutung herab, die sie verhüllen sollen, und müssen durch neue Deckwörter ersetzt werden.)

Bedeutungsübertragung (Metapher)

Darunter versteht man die Verwendung eines Wortes außerhalb seines eigentlichen Bereichs mit dem Bewußtsein, daß und woher es übertragen ist (geht dieses Bewußtsein verloren, hat man es mit „verblaßten" oder „toten" Metaphern zu tun):

> *lahme* Entschuldigung, *beißender* Schmerz; *König der Tiere* für Löwe, *Frühling des Lebens* für Jugend usw.

Die Möglichkeit, neue Metaphern bilden zu können, eröffnet jedem Sprecher eine große geistige Bewegungsfreiheit und stellt ein wichtiges schöpferisches Prinzip der Sprache dar.

Bezeichnungsvertauschung (Metonymie)

Es handelt sich dabei um den übertragenen Gebrauch eines Wortes für einen verwandten Begriff:

> *Klinge* für *Schwert, Zunge* für *Sprache, Kiel* für *Schiff, einen Bissen zu sich nehmen* für *etwas essen, Doderer lesen* für *Doderers Werke lesen.*

Bedeutungsverhüllung (Euphemismus)

Die Verhüllung dient dazu, eine als anstößig oder unangenehm empfundene direkte Aussage zu vermeiden oder zu umschreiben oder einen unerfreulichen Sachverhalt zu beschönigen (z. B. *vollschlank* für *dick, entschlafen* für *sterben* oder *geistige Umnachtung* für *Wahnsinn).* Eine Sonderform der Verhüllung ist das sogenannte Tabu, bei dem bestimmte Dinge aus Aberglauben nicht genannt werden dürfen, etwa um böse Einflüsse abzuwenden (so wird der Teufel nicht beim Namen genannt, sondern als *Gottseibeiuns* angesprochen).

Volksetymologie

Die irrige Deutung eines Wortes auf Grund seiner aktuellen Lautform (vgl. 690c). So wird z. B. der Maulwurf als ein Tier verstanden, das mit dem Maul Erde aufwirft. Abgesehen davon, daß der Maulwurf das nicht mit dem Maul, sondern mit den Beinen macht, ist diese Deutung etymologisch in doppelter Hinsicht falsch: Zugrunde liegt ein ahd. *mūwerf (-wurf),* wobei dies *mū-* aengl. *mūha/mūwa,* engl. *mow* ,Haufe' entspricht. Es handelte sich also zutreffend um einen „Haufenwerfer". Bereits in spätahd. Zeit wurde *mū-,* das als selbständiges Wort nicht mehr vorkam, mißverstanden und volksetymologisch umgedeutet, und zwar nach ahd. *molta,* mhd. *molt[e]* ,Erde, Staub'. Das Tier wurde also zum „Erd[auf]werfer". Dieses ebenfalls außer Gebrauch kommende *molt[e]* erfuhr eine zweite volksetymologische Umdeutung, diesmal in unser nhd. *Maul.*
Auch das Maultier ist kein Tier mit einem besonders auffälligen Maul. Der Bestandteil *Maul* geht auf das lateinische Wort *mulus* für dieses Saumtier zurück.

983 Mehrdeutige Wörter (Polyseme)

Isoliert betrachtet, sind viele Wörter mehrdeutig; innerhalb der Wortschatzgliederung und im Kontext sind sie hingegen weitgehend eindeutig. So kann das Wort *Pferd* ein Tier, ein Turngerät und eine Schachfigur bezeichnen und gilt deshalb als mehrdeutig. Die Kommunikation wird im allgemeinen dadurch nicht beeinträchtigt, da die Mehrdeutigkeit durch den Kontext aufgelöst wird (vgl. 962 ff.).

984 Sinngleiche Wörter (Synonyme)[1]

Es gibt verschiedene Arten von Synonymen: bedeutungsgleiche und bedeutungsähnliche, ferner stilistische und landschaftliche. Bedeutungsgleiche Wörter sind selten (vgl. etwa temporales *schon/bereits*). Meist handelt es sich bei ihnen um eine Konkurrenz von fremdsprachlichem und deutschem Wort, um das Nebeneinander von gemeinsprachlichem und fach- bzw. sondersprachlichem Ausdruck oder um verschieden motivierte Wörter (*Grazie/Anmut, Telefon/Fernsprecher* oder *Raumpflegerin/Putzfrau/Putzhilfe*). Nicht selten haben diese Synonyme verschiedene Nebenvorstellungen (Konnotationen; vgl. 950). Die bedeutungsähnlichen Synonyme unterscheiden sich inhaltlich durch sekundäre Bedeutungsmerkmale (vgl. *sehen/gaffen* oder *schreiben/kritzeln*), die stilistischen gehören verschiedenen Sprachschichten an, z.B. *Gesicht, Antlitz, Visage, Fresse*. Neben den inhaltlichen und stilistischen gibt es noch die landschaftlichen Synonyme, die nicht im gesamten Sprachraum, sondern höchstens in Überschneidungsbereichen auftreten, im übrigen aber Heteronyme sind, d.h. Wörter, die zwar in der deutschen Sprache vorkommen, aber getrennt voneinander in verschiedenen Gebieten (vgl. *Sonnabend/Samstag* oder *Fleischer/Metzger/Schlächter/Fleischhauer*).
Eine besondere Art von Synonymie findet sich noch in den Verhältnissen von Oberbegriff und Unterbegriff, in den sogenannten Hyponymierelationen. Die Wörter *Medikament, Tablette, Kapsel, Dragée, Pille, Tropfen, Zäpfchen* stehen beispielsweise in einem synonymischen Zusammenhang, wobei *Medikament* das Hyperonym (Oberbegriff) ist, während *Tablette, Kapsel, Dragée, Pille, Tropfen, Zäpfchen* usw. Hyponyme (Unterbegriffe) sind. Hyponyme sind merkmalhaltiger, haben speziellere Inhalte als Hyperonyme. Gleichrangige Wörter in dieser Reihung nennt man Syn- oder auch Kohyperonyme bzw. -hyponyme. Dementsprechend sind *Tablette, Kapsel, Dragée, Pille, Tropfen, Zäpfchen* Syn- oder Kohyponyme, *Arznei[mittel]* oder *Präparat* dagegen Syn- oder Kohyperonyme zu *Medikament*. Solche Synonymgruppen haben eine hierarchische Struktur; das bedeutet in der praktischen Anwendung, daß man für die inhaltlich spezialisierten Synonyme *Tablette, Kapsel, Pille* usw. zwar die allgemeinen Oberbegriffe *Medikament, Arznei[mittel]* oder *Präparat* ohne weiteres wählen kann, daß aber die umgekehrte Handhabung des Austauschs nur sehr begrenzt ist.
Ein Synonym ist also ein bedeutungsähnliches, selten ein bedeutungsgleiches Wort, das für einen anderen Ausdruck unter bestimmten Voraussetzungen und mit entsprechenden Einschränkungen und Modifikationen verwendet werden kann, sofern sein Inhalt denselben begrifflichen Kern einschließt wie der ersetzte Ausdruck. Da die meisten Wörter jedoch einen komplexen Inhalt haben, sind sie in der Regel nicht als Ganzes synonym mit anderen Ausdrücken, sondern jeweils nur in bestimmter Hinsicht. Ein Wort kann folglich in verschiedenen Synonymreihen vorkommen. Das Kriterium für Synonymie ist dabei immer die Austauschbarkeit der fraglichen Wörter unter Beibehaltung des gleichen Begriffskerns im Kontext.

---

[1] Vgl. Duden 8, Sinn- und sachverwandte Wörter und Wendungen. Mannheim, Wien, Zürich 1972; Schülerduden 10, Die richtige Wortwahl. Ein vergleichendes Wörterbuch sinnverwandter Ausdrücke. Mannheim, Wien, Zürich 1977.

Gleichlautende Wörter (Homonyme)

985

In diachronischer Sicht (in bezug auf die geschichtliche Entwicklung) sind Homonyme Wörter, die in der Lautung übereinstimmen, also den gleichen Wortkörper haben, aber verschiedenen Ursprungs sind, z. B. *kosten* ‚schmecken' (aus ahd. *kostōn*) und *kosten* ‚wert sein, einen bestimmten Preis haben' (aus afrz. *coster*). In synchronischer Sicht (in bezug auf den gegenwärtigen Sprachgebrauch) dagegen sind Homonyme Wörter, die in der Lautung übereinstimmen, also den gleichen Wortkörper haben, aber auf Grund ihrer stark voneinander abweichenden Bedeutungen, ihrer bewußtseinsmäßig nicht verbundenen Inhalte und/oder auf Grund grammatischer Kriterien (vom Sprachgefühl) als verschiedene Wörter aufgefaßt werden, z. B. *Flügel* ‚Körperteil des Vogels' und *Flügel* ‚Klavierart'; *sieben* (=Zahlwort) und *sieben* (=Verb); *der Schild/die Schilde* und *das Schild/die Schilder*.

Man kann weiterhin unterscheiden Homographe, d. h. Wörter, die gleich geschrieben, aber verschieden ausgesprochen werden (*modern* ‚faulen' und *modern* ‚neuzeitlich'), und Homophone, d. h. Wörter, die gleich ausgesprochen, aber verschieden geschrieben werden (*Moor* und *Mohr*). Bei den Homonymen fallen Homographie und Homophonie zusammen, d. h., sie werden gleich geschrieben und gleich ausgesprochen.

Gegenwörter (Antonyme)

986

Die Gegenwörter bzw. semantischen Oppositionen erfassen teilweise außersprachliche Polaritäten *(Tag – Nacht, Leben – Tod)*, teilweise drücken sie menschliche Wertungen aus *(schön – häßlich, gut – böse)*. Die in den Antonymen zum Ausdruck kommende Polarität kann wie die Metaphorik als ein sprachliches Grundprinzip betrachtet werden.

Entlehnungen

987

Bei der Entlehnung ist zwischen äußerer Entlehnung (z. B. *Garage* oder *Jazz*) und innerer Entlehnung (z. B. *Dampfer* nach engl. *steamer* oder *feuern* ‚hinauswerfen, entlassen' nach engl. *to fire*) zu unterscheiden. Das innere Lehngut kann man einteilen in: 1. Lehnübersetzungen, d. h. Glied für Glied wiedergebende Übersetzungen von Wörtern einer fremden Sprache (z. B. *Halbwelt* für frz. *demi-monde* oder *schneller Brüter* nach engl. *fast breeder*); 2. Lehnübertragungen, d. h. Teilübersetzungen, freiere Übertragungen von Wörtern einer fremden Sprache (z. B. *Halbinsel* nach lat. *paeninsula* [=Fast-insel] oder *Vaterland* von lat. *patria*); 3. Lehnschöpfungen, d. h. formal unabhängige Bildungen, die dazu dienen sollen, fremde Wörter abzulösen oder zu ersetzen (z. B. *Kraftwagen* für *Automobil* oder *Niet[en]hosen* für *Bluejeans*); 4. Lehnbedeutungen, d. h. die Entlehnung der Bedeutungen laut- oder bedeutungsähnlicher Wörter aus einer fremden Sprache (z. B. die Bedeutung ‚einsehen, begreifen' von *realisieren* nach engl. *to realize*); 5. Lehnwendungen, d. h. Wendungen, die eine fremde Wendung oder Redensart übersetzen (z. B. *jemandem die Schau stehlen* von engl. *to steal somebody the show*).[1]

Stehende Redewendungen

988

Unsere Sprache kennt eine Fülle von stehenden Redewendungen, angefangen von kurzen Fügungen aus nur zwei Wörtern bis zu ganzen Sätzen. Ihre Herkunft ist vielfältig: Viele stammen aus der Bibel *(sein Licht nicht unter den Scheffel stel-*

---

[1] Nach W. Betz: Deutsch und Lateinisch. Die Lehnbildungen der althochdeutschen Benediktinerregel. Bonn [2]1965.

len), manche aus der Seefahrt *(jemandem den Wind aus den Segeln nehmen)* oder dem Kriegswesen *(übers Ziel hinausschießen),* aus der Ritterzeit *(jemandem den Fehdehandschuh hinwerfen),* dem Handwerk *(den Nagel auf den Kopf treffen)* oder aus dem Sport *(von der Rolle kommen; im Abseits stehen).*

Das Bemerkenswerte, ja Erstaunliche an den stehenden Redewendungen ist dabei, daß zwar ihre Herkunft und ihre ursprüngliche Bedeutung häufig nicht mehr durchschaut werden, dafür aber der gleichnis- oder beispielhafte Sinn, der in ihnen ausgedrückt werden soll, erhalten geblieben ist. Das läßt sich nur so erklären, daß sich dieser Sinn trotz des Wandels der kulturhistorischen Verhältnisse durch den ständigen (situationsgebundenen) Gebrauch vererbt hat; wir verstehen Redewendungen als Gesamtkomplex und nicht (mehr) aus ihren Einzelbestandteilen.[1]

Es gibt verschiedene Ansätze, die einzelnen Arten von Redewendungen voneinander abzugrenzen. Dem Versuch, eine primär syntaktisch orientierte Klassifikation vorzunehmen, steht das Prinzip einer Mischklassifikation gegenüber, die sich auf syntaktische und semantische Kriterien stützt.[2] Im Folgenden wird ein vereinfachter Überblick über die wichtigsten Arten von Wendungen gegeben.

989 Zitate

Als erste Gruppe können wir Zitate berühmter Dichter und Denker nennen, mit denen wir unsere Rede schmücken. Freilich geschieht das bisweilen nicht ohne den Hintergedanken, uns dadurch zugleich als Kenner der Literatur zu erweisen:

> Denn was man schwarz auf weiß besitzt, kann man getrost nach Hause tragen. (Goethe) Etwas ist faul im Staate Dänemark. (Shakespeare)

Wenn solche Zitate derart in Umlauf sind, daß der Sprachgebrauch ihre Form abschleift und ihre Herkunft verwischt, kann man von geflügelten Worten sprechen.[3]

990 Sprichwörter und Redensarten

Eine zweite große Gruppe bilden Sprichwörter. Sie bewahren alte Volksweisheit, ihre Schöpfer sind unbekannt. Hier werden mit Vorliebe beispiel- und gleichnishafte Lebenserfahrungen in anschaulicher, bilderreicher Sprache auf eine knappe Formel gebracht und Ratschläge oder Lehren erteilt:

> Früh übt sich, was ein Meister werden will. Was du nicht willst, daß man dir tu', das füg auch keinem andern zu.

Ebenso wie Zitate und Sprichwörter bestehen Redensarten aus selbständigen Sätzen. Im Gegensatz zu jenen fehlt ihnen häufig das belehrende Element, sie sind stärker auf eine konkrete Situation bezogen und dienen oft der emotionalen Verstärkung:

> Ich denk', mich tritt ein Pferd! Das kannst du deiner Großmutter erzählen! Von nichts kommt nichts.

---

[1] So versteht jeder *Das geht mir über die Hutschnur!* als Ausdruck dafür, daß einer die Geduld verliert und seine Erregung nicht mehr zügeln kann. Daß aber ursprünglich eine Hutschnur tatsächlich als Maß benutzt wurde (z.B. für Wasserleitungen) und somit etwas über dieses offenbar normale Maß hinausgehen konnte, weiß heute kaum noch jemand. *Mit Kind und Kegel* kennt jeder als eine die ganze Familie mitsamt dem Hausrat bezeichnende Wendung. Daß dabei *Kegel* ursprünglich ,uneheliches Kind' bedeutete, weiß man zwar nicht mehr, aber das tut der Wendung keinen Abbruch. Denn wenn man *Kegel* im Sinne der hölzernen Spielfigur stellvertretend für das letzte Stück des Hausrats einsetzt, wird der Sinn zwar geweitet, aber keineswegs irreführend.

[2] Vgl. K. D. Pilz: Phraseologie. Göppingen 1978; H. Burger/A. Buhofer/A. Sialm: Handbuch der Phraseologie. Berlin, New York 1982; W. Fleischer: Phraseologie der deutschen Gegenwartssprache. Leipzig 1982.

[3] Vgl. G. Büchmann: Geflügelte Worte. [33]1981.

Feste (idiomatische) Wendungen

Feste Wendungen sind in der Regel keine selbständigen Sätze. Sie bestehen aus mehr als einem Wort, stellen aber eine semantische Einheit dar, die nicht aus der Summe der einzelnen Wortbedeutungen zu erschließen ist. So kann man z. B. die Wendung *unter dem Pantoffel stehen* nicht verstehen, wenn man nur die Bedeutungen der einzelnen Wörter kennt, die sie außerhalb der Wendung haben.

Hier lassen sich folgende Untergruppen unterscheiden:

- Wendungen und Fügungen mit bildhaftem Charakter:

  den Kopf in den Sand stecken, zwei Fliegen mit einer Klappe schlagen, schwarz auf weiß, grüne Witwe.

- Wendungen mit Funktionsverben:

  eine Anordnung treffen, zur Durchführung kommen, eine Entscheidung fällen, etwas zur Verteilung bringen.

- Paarformeln:

  Geld und Gut, mit Mann und Maus, durch dick und dünn, mit Kind und Kegel, bei Nacht und Nebel.

- Feste Vergleiche:

  sich freuen wie ein Schneekönig, frieren wie ein Schneider, schwarz wie die Nacht, dumm wie Bohnenstroh.

Besonders die Wendungen mit Funktionsverben scheinen in der heutigen Sprache stark zuzunehmen. Sprachpfleger sprechen in diesem Zusammenhang gelegentlich vom „Schwellcharakter der deutschen Sprache", von einem „Hang zur Nominalisierung" und treten für die rein verbale Ausdrucksweise ein. Inzwischen haben jedoch eingehende Untersuchungen[1] gezeigt, daß man mit einem derart summarischen Urteil der Erscheinung nicht gerecht wird.

Abgesehen davon, daß diese Verbgefüge mit nominalem Bestandteil der stilistischen Variation dienen können, lassen sie sich auch noch unter einem anderen Gesichtspunkt betrachten: Eine ganze Reihe der hier verwendeten Verben erfüllt nämlich die Aufgabe, Geschehensinhalte der mit ihnen verknüpften Substantive näher zu bestimmen. Häufig besteht diese Einwirkung darin, daß das Geschehen bzw. der Vorgang in seinem Verlauf näher charakterisiert wird.[2] Man kann z. B. von jemandem, der wütend wird, sagen, daß er *in Wut gerät,* man kann ihn auch *in Wut versetzen, in Wut bringen,* und womöglich kann man ihn *in Wut halten,* wenn man den Anlaß entsprechend nährt. Es läßt sich also das Bewirken oder Herbeiführen des angesprochenen Vorgangs sprachlich mit Hilfe der Verben *geraten, bringen, versetzen* ausdrücken, und ähnlich kann auch die Dauer oder der Abschluß eines Geschehens mit Funktionsverben gekennzeichnet werden. Dadurch gewinnt das Sprachsystem zusätzliche Aussagemöglichkeiten, wobei obendrein zu beachten ist, daß die Funktionsverben in ihrer Verbindung mit nominalen Elementen zugleich die Forderung des deutschen Satzes nach einem finiten Verb, d. h. einer konjugierten Verbform im Prädikat, erfüllen. Auf diese Weise machen sie viele Inhalte prädikatfähig, die nicht der Verbklasse angehören.

Es bleibt also festzuhalten, daß neben überflüssigen Funktionsverbgefügen, die lediglich substantivische Aufschwellungen darstellen (*eine Maschine zur Aufstellung bringen, in Wegfall kommen* usw.), durchaus solche stehen, die die Aussage-

---

[1] Vgl. neben 182 K. Daniels: Substantivierungstendenzen in der deutschen Gegenwartssprache. Nominaler Ausbau des verbalen Denkkreises. Düsseldorf 1963; P. v. Polenz: Funktionsverben im heutigen Deutsch. Sprache in der rationalisierten Welt. Düsseldorf 1963.
[2] Derartige Modifizierungen der Vorgangsart, die auf die nähere Bestimmung des sprecherunabhängigen Geschehens hinzielen, pflegt man in der Sprachwissenschaft mit dem Ausdruck Aktionsarten zu bezeichnen; vgl. 119.

möglichkeiten vergrößern und das reibungslose Funktionieren der Sprache dann erleichtern, wenn über neue Phänomene und Vorkommnisse gesprochen werden soll, wo passende Vollverben (noch) fehlen.

992 Gemeinplätze (Topoi)

Abschließend könnte man nun die Fülle der Gemeinplätze (Topoi) anführen, die ebenfalls von ganzen Sätzen bis zu kurzen Wortverbindungen reichen. Sie gehen zum Teil auf antike Vorbilder zurück, wo sie ein festes System von Redefloskeln bildeten. Es waren bestimmte Muster zum Ausdruck eigener Bescheidenheit, der Anteilnahme, des Lobes usw. Ihre Formel- und Phrasenhaftigkeit ließ sie teilweise bis zur Bedeutungslosigkeit verblassen[1]:

> Alle Menschen müssen sterben. Mir fehlen die Worte, um ...; meiner unmaßgeblichen Meinung nach; zu meinem größten Bedauern; es ist mir eine besondere Ehre ...

993 5 Die Gliederung des Wortschatzes

Die Wörter unseres Wortschatzes stehen nicht als Einzelwörter beziehungslos nebeneinander, sondern sie sind immer Glieder von Gefügen, von denen ihr Inhalt mitbestimmt wird. So kann der Inhalt eines Wortes mitbestimmt sein vom Ableitungstyp (Wortstand; vgl. 994), von einem Grundwort, von dem es abgeleitet ist (Wortfamilie und Fächerung; vgl. 995), von der Einbettung in einen Bezirk sinnverwandter Wörter (sprachliches Feld; vgl. 996), von einem zugehörigen Gegenwort (Antonym; vgl. 986) und von Wörtern, mit denen es in besonders enger, inhaltlich bedingter syntaktischer Verbindung steht (Sinnkopplungen vgl. 1003).

994 5.1 Wortstände

Um deutlich zu machen, was man unter einem Wortstand zu verstehen hat, wählen wir als Beispiel die Berufsbezeichnungen und gehen von der Endung -er aus, die bei zahlreichen Substantiven Berufe anzeigt (vgl. 863f., 872f.): Zu *backen* gehört der *Bäcker*, zu *lehren* der *Lehrer*, zu *schneiden* der *Schneider* usw. Aber es wäre falsch anzunehmen, alle Berufsbezeichnungen müßten so gewonnen werden; ebenso falsch ist die Annahme, die Substantivendung -er könnte nur Berufsbezeichnungen liefern (vgl. 888). Zu den Wörtern auf -er gehören zunächst die Varianten auf -ler und -ner (*Drechsler, Künstler, Gärtner, Klempner* usw.; vgl. 872f.); dann gibt es stammhafte Berufswörter wie *Hirte, Koch, Schmied, Wirt* usw.; ferner Zusammensetzungen mit -mann (vgl. 870, 872f.) wie *Hauptmann, Kaufmann, Seemann* und *Feuerwehrmann* (wobei im Plural -männer und -leute in Konkurrenz treten können; vgl. 389, Anm. 2); schließlich eine Fülle von Berufswörtern, die aus fremden Sprachen, besonders dem Griechischen und Lateinischen, aber auch aus dem Französischen, entweder entlehnt oder aber später erst künstlich nach vorhandenen Vorbildern neu gebildet worden sind[2]:

---

[1] Vgl. H. Lausberg: Handbuch der literarischen Rhetorik. Eine Grundlegung der Literaturwissenschaft. 2 Bde. München 1960.
[2] Vgl. 863ff., 872ff. Über die Herkunft dieser Wörter unterrichten Duden 5, Fremdwörterbuch. Mannheim, Wien, Zürich ⁴1982; Duden 7, Etymologie. Herkunftswörterbuch der deutschen Sprache. Mannheim, Wien, Zürich 1963.

Geologe, Graphologe, Philologe, Psychologe; Archivar, Bibliothekar; Astronom, Öko-
nom; Direktor, Doktor, Professor; Veterinär, Funktionär; Dentist, Jurist; Chauffeur,
Friseur, Ingenieur, Monteur; Sergeant, Fabrikant; Kapitän, Pilot.[1]

Diese kurze Übersicht ergibt, daß Berufe im Deutschen auf unterschiedliche
Weise formal angezeigt werden können: Verschiedene Endungen oder endungs-
artige Elemente wirken zusammen, um hier den Bedarf zu decken. Man nennt
Teilgruppen wie z. B. die auf -er (semantische) Nischen[2]; die inhaltlich zusammengehörigen Obergruppen aber – in unserem Falle die Berufsbezeichnungen –
werden Wortstände genannt.[3]
Wichtig ist, daß hier ein bedeutsames Aufbauprinzip des Wortschatzes erfaßt ist,
das erkennen läßt, wie größere Sinneinheiten vornehmlich durch das Zusammenwirken verschiedener Ableitungsmittel aufgebaut werden. Man sieht daran erneut, daß man nicht vom Lautlichen ohne weiteres aufs Inhaltliche schließen
darf, denn ein einziges Ableitungsmittel kann recht verschiedene Inhalte tragen
(vgl. *Säug-ling, Pfiffer-ling, Früh-ling* usw.; man könnte fast sagen, es handele sich
hier um verschiedene, nur gleichlautende [homonyme] Endungen). Dagegen tragen lautlich verschiedene Endungen – wie bei unseren Berufsbezeichnungen –
den gleichen oder ähnlichen Inhalt.
Bei näherem Hinsehen zeigen sich allerdings auch innerhalb der Wortstände inhaltliche Nuancierungen, so daß es voreilig wäre, einen Wortstand einfach als
Summe gleichbedeutender Nischen zu definieren. Selbst bei den Berufsbezeichnungen, die auf den ersten Blick völlig gleichwertig erscheinen, können sich
Schattierungen zeigen.
Einige empfinden z. B. manche Berufsbezeichnungen auf *-ler* als leicht abwertend, was mit dem Anklang an Bildungen wie *Vernünftler, Eigenbrötler* usw. zusammenhängen mag. Sie möchten deshalb lieber *Wissenschafter* statt *Wissenschaftler, Gewerkschafter* statt *Gewerkschaftler* sagen (dagegen denkt niemand
daran, den *Künstler* zum *Künster* zu machen). Ein nicht leicht zu fassender Unterschied besteht zwischen Pluralbildungen wie *Seemänner* und *Seeleute* usw. Bei
Seemänner scheinen viele mehr an die einzelnen zur See fahrenden Männer zu
denken, bei *Seeleute* mehr an den ganzen Berufsstand. Schließlich besteht zwischen *Hirt* und *Schäfer* ein Unterschied, der sich nicht darin erschöpft, daß *Hirt*
der weitere Begriff ist (*Kuhhirt, Ziegenhirt* usw.). Obwohl in der Bibel, wenn vom
guten Hirten die Rede ist, der seine Schafe oder Lämmer weidet, stets der *Schäfer*
gemeint ist und diese Hauptbedeutung auch dem griechischen *poimén* und dem
lateinischen *pastor* zukommt, kann man doch nicht sagen: *Er ist ein guter Schäfer
seiner Gemeinde.* Hier überschneiden sich allerdings schon Wortstand- und Feld-
bezüge.
Solche – hier nur andeutungsweise spürbaren – Schattierungen können in anderen Wortständen wesentlich ausgeprägter und möglicherweise einzelnen oder
mehreren Nischen zugeordnet sein.
Selbstverständlich sind Wortstände nicht auf Substantive beschänkt. Bei den verbalen Wortständen können auch die Präfixe eine nischenbildende Rolle spielen.[4]

---

[1] Zu beachten ist, daß die weibliche Berufsvertreterin in manchen Fällen die zusätzliche Endung *-in*
erhält (*Ärztin, Lehrerin, Stenotypistin* usw.), in anderen Fällen aber auch die männliche Form diesen
Dienst mit versieht (Frau *Doktor,* Frau *Professor* usw.); vgl. 829 und 332, 2.
[2] K. Baldinger: Kollektivsuffixe und Kollektivbegriff. Ein Beitrag zur Bedeutungslehre im Französischen mit Berücksichtigung der Mundarten. Berlin 1950.
[3] L. A. Stoltenberg gebraucht *Wortstand* allerdings in anderem Sinne, wie aus seinem Beitrag „Der
Wortstand auf *-tum*" (Wissenschaftliche Beihefte des deutschen Sprachvereins 50 [1938], S. 116) hervorgeht.
[4] L. Weisgerber hat weitere substantivische und verbale Wortstände in den „Grundzügen der inhaltbezogenen Grammatik" ([3]1962), S. 222–231, ferner in „Die sprachliche Gestaltung der Welt" ([3]1962),
S. 174–191 und in „Verschiebungen in der sprachlichen Einschätzung von Menschen und Sachen"
(1958) behandelt.

| 995 | ## 5.2 Wortfamilie und Fächerung |

Bekannt sind im allgemeinen die inhaltlichen Beziehungen, die zwischen einem Stammwort und seinen verschiedenen Ableitungen bestehen: Wer *rauben* kennt, kann ohne weiteres *Räuber* gedanklich daran anschließen, aber auch *Raub, Räuberei, räuberisch* usw. Es ist dabei für den Sprecher ganz unwesentlich zu wissen, in welcher Reihenfolge diese Wörter entstanden sind, ob also das Verb vorangeht und von ihm die anderen Formen abgeleitet wurden oder ob ein Substantiv am Anfang stand. Wichtig ist nur, daß die inhaltliche Zusammengehörigkeit der Wortgruppen empfunden wird.

Für solche inhaltlich zusammenhängenden Ableitungsgruppen wäre an sich der Ausdruck „Wortfamilie" recht gut geeignet, wenn er sich nicht im Sinne der lautlich begründeten Abhängigkeit, d. h. der etymologischen Verwandtschaft, eingebürgert hätte. Diese Verwandtschaft garantiert aber keineswegs eine inhaltliche Zusammengehörigkeit in der Gegenwartssprache. Denn die Lautform ist auch hier kein sicherer Wegweiser zum Inhalt. Viel öfter, als man erwarten sollte, ist das inhaltliche Band zwischen etymologisch zusammengehörigen Ableitungen gerissen.

So bringen wir zwar noch *Hof, Höfling* und *höfisch* in Verbindung, wobei wir aus Kenntnis der geschichtlichen Zusammenhänge an den Königs- und Fürstenhof und nicht an den Bauernhof denken; aber *höflich*, das auch dort beheimatet ist, wird schon nicht mehr als zugehörig empfunden. Und wer eine Sache *häßlich* findet, braucht deshalb ihr gegenüber keinen *Haß* zu empfinden, also *häßlich* nicht an *Haß* anzuschließen, von dem es herkommt. Hier würde man aber auch von Wortfamilien sprechen.

Deshalb wählen wir für die inhaltlich zusammengehörige Ableitungsgruppe den Ausdruck Fächerung und erläutern ihn in Zusammenhang mit dem sprachlichen Feld der Farbwörter, auf das wir unter 1000 noch näher eingehen.[1]

Die einzelnen Farbwörter, deren Inhalt von der Gesamtordnung der Farbwörter mitbestimmt ist, falten sich gedanklich wie ein Fächer in mehrere Ableitungen auf: Neben *rot* haben wir *rötlich, das Rot, die Röte, die Rötung,* ferner *röten, sich röten* und *erröten.* Diese Ableitungen ermöglichen es uns, das Farbige unter verschiedenen Gesichtspunkten zu sehen und zu beurteilen: Die *-lich*-Ableitung deutet eine Ähnlichkeit oder Annäherung eines Farbwertes zum Stammwort an. Die Substantivierung *das Rot* erlaubt uns, den Farbeindruck zum Gegenstand einer Aussage zu machen *(Das Rot dieser Rose...),* aber auch im allgemeinen Sinne über Roterscheinungen oder das Wesen dieser Farbe zu sprechen. Ähnliche Dienste leistet das seltenere *die Röte* (vgl. *das Morgenrot* und *die Morgenröte*). Das Verb *röten* ist im Sinne von ,rot machen' oder ,rot färben' zu verstehen, *sich röten* kann man von Gegenständen sagen, die rot werden. Vorgang wie Ergebnis des Rotwerdens lassen sich als *Rötung* bezeichnen, allerdings ist dieses Verbalabstraktum meist für die krankhafte Entzündung der Haut u. ä. gebräuchlich. *Erröten* läßt sich nur von einem Menschen sagen, dem aus irgendeiner inneren Erregung, Scham, Verlegenheit oder Überraschung das Blut zu Kopf steigt. Bei den letztgenannten Wörtern ist zwar die inhaltliche Beziehung zum Farbwort noch gewahrt, aber es fragt sich dennoch, ob man diese Glieder noch zum Rotfächer rechnen soll, denn sie gehören zugleich in andere Sinnbezirke, *Rötung* etwa in einen Sinnbezirk der Krankheits- und Entzündungserscheinungen (wie auch die Kinderkrankheit *Röteln*), *erröten* neben *erbleichen* u. ä. in einen Sinnbezirk

---

[1] Vgl. L. Weisgerber: Grundzüge der inhaltbezogenen Grammatik. Düsseldorf ³1962, S. 255–260. Erwähnt sei noch, daß Weisgerber die Fächerung im Zusammenhang mit der Entfaltung der sprachlichen Felder sieht und Wert auf die Feststellung legt, daß sich für die Wortinhalte die feldmäßigen Bindungen gegenüber allen etymologischen und ableitungsmäßigen Zusammenhängen als vorrangig erweisen.

menschlicher Verhaltensweisen. Auffällig ist weiter, daß nicht von allen Farbwörtern alle Ableitungen möglich sind; eine Beobachtung, die man auch sonst häufig machen kann.

5.3 Sprachliche Felder

Eine wichtige Methode, den Inhalt eines Wortes aus seiner Einbettung in einen Bezirk sinnverwandter Wörter zu bestimmen, ist unter dem Begriff des **sprachlichen Feldes** bekanntgeworden. Sofern es sich nur um die Bestimmung von Wortinhalten handelt, kann man auch von **Wortfeldern** sprechen. Das Prinzip läßt sich aber auch auf größere sprachliche Einheiten anwenden, und deshalb ist der weiter gefaßte Gedanke des sprachlichen Feldes oft vorzuziehen. „Feld" ist dabei allerdings nicht als Bild für zweidimensionale Gebilde, etwa im Sinne von Wortmosaiken zu verstehen, sondern eher im Sinne von Kraftfeld, womit zum Ausdruck gebracht werden soll, daß Wörter nicht isoliert stehen, sondern daß zwischen ihnen Wechselbeziehungen wirksam sind.

Allerdings hat Jost Trier, dem vor allem die Entwicklung des Feldgedankens zu verdanken ist, nach seinem eigenen Zeugnis an etwas ganz anderes gedacht: Ihm schwebte das Feld beim Pferderennen vor, d.h. die Schar der im Rennen liegenden Pferde, welche die geforderte Distanz in einer bestimmten Zeit durchmessen und dabei ihre Positionen ständig ändern. Damit ist zugleich angezeigt, daß es J. Trier nicht in erster Linie um die jeweilige Konstellation zu einem bestimmten (synchronischen) Zeitpunkt ging, sondern um den (diachronischen) Wandel des Feldes in der Zeit, d.h. um den Wandel der Begriffsstrukturen im Verlaufe der Sprachgeschichte. Dieser Wandel ist aber nur ausreichend zu erfassen, wenn man möglichst viele Querschnitte legt, diese dann miteinander vergleicht und so die Verschiebungen sichtbar macht. Der Gedanke des Feldes stützt sich auf die Grundvorstellung, daß sich aus dem Gesamtgefüge des deutschen Wortschatzes einzelne Sinnbezirke ausgliedern und aus diesen Wortfelder im eigentlichen Sinne, denen die Einzelwörter angehören. Ihr Inhalt ist von den Feldnachbarn mitbestimmt, sie haben innerhalb des Feldes Stellenwert.

Diese Theorie hat sich als sehr fruchtbar erwiesen, sofern man sie nicht zu streng formuliert. Behauptet man aber, daß der Inhalt eines Wortes nur dann ganz zu erfassen sei, wenn man über das gesamte Feld verfügt, und läßt man ferner nur das Prinzip gegenseitiger Abgrenzung gelten und duldet keine Überschneidungen und Überlagerungen, dann werden ernste Einwände möglich. Denn einmal hat es sich als geradezu unmöglich erwiesen auszumachen, wo genau die Grenzen eines Feldes liegen und ob man alle zugehörigen Wörter erfaßt hat. Zweitens muß das Feld – wie die ganze Sprache – in steter Bewegung und Entwicklung gesehen werden. Ständig können neue Wörter hinzutreten und andere ausscheiden. Wenn sich aber der Inhalt des Einzelwortes automatisch mit jeder Veränderung im Gesamtfeld veränderte, würde er nie genau zu erfassen sein. Schließlich verfügt jeder Angehörige der Sprachgemeinschaft nur über einen mehr oder minder großen Ausschnitt seiner Muttersprache – niemand kann behaupten, er besitze sie vollständig –, so daß er praktisch auch über keinen Inhalt voll verfügen könnte. So weit braucht man aber sicher nicht zu gehen. Auch wenn die Diskussion um den Feldbegriff heute noch nicht abgeschlossen ist, darf man sagen, daß er, mit Maß und Ziel angewandt, wertvolle Aufschlüsse verschaffen kann, die auf keine andere Weise zu erlangen sind.[1]

---

[1] Vgl. hierzu die Beiträge von H. Schwarz und G. Kandler in der von H. Gipper herausgegebenen Festschrift für L. Weisgerber: Sprache – Schlüssel zur Welt. Düsseldorf 1959; den von H. Schwarz bearbeiteten Teil der Einleitung zu: Bibliographisches Handbuch zur Sprachinhaltsforschung. Köln, Opladen 1965; R. Hoberg: Die Lehre vom sprachlichen Feld. Düsseldorf 1970; H. Geckeler: Strukturelle Semantik und Wortfeldtheorie. München 1971.

Im Folgenden sollen diese allgemeinen Bemerkungen durch die beispielhafte Darstellung einiger sprachlicher Felder veranschaulicht werden.

997

Zensurenskalen

Zur Darstellung der Feldbetrachtung eignen sich gut die verschiedenen Zensurenskalen, die in den vergangenen Jahrzehnten an den deutschen Schulen nacheinander gebräuchlich waren[1]:

sehr gut – gut – genügend – mangelhaft;
sehr gut – gut – genügend – mangelhaft – ungenügend;
sehr gut – gut – befriedigend – ausreichend – mangelhaft – ungenügend.

Der Feldgedanke besagt nun, daß die einzelnen Werte nicht dieselben bleiben, wenn sie von einer Vierer- in eine Fünfer- oder Sechserreihe überwechseln. *Gut* behält zwar stets die zweite Stelle, aber sein Wert steigert sich, wenn dahinter statt drei noch vier oder fünf Prädikate folgen. Mehr noch: J. Trier fügt mit Recht hinzu, daß die einzelnen Wörter erst in dieser Bewertungsskala ihren spezifischen Prädikatswert erlangen: Verstünde z. B. ein Schüler die Note *mangelhaft* unter einer Klassenarbeit nur dem reinen Wortsinn nach (= ‚Mängel aufweisend‘), hätte er sie mißverstanden, denn Mängel weisen auch die Leistungen eines guten Schülers auf. In Wirklichkeit jedoch steht *mangelhaft* in einer Prädikatenreihe und bekommt dadurch eine inhaltliche Geltung, einen Stellenwert, demzufolge entsprechend beurteilte Leistungen den untersten noch positiven Wert *genügend* nicht erreichen, also negativ zu beurteilen sind. Hier wird der Wortinhalt also in der Tat durch das Feld bestimmt. Selbst *sehr gut* wird betroffen, wenn noch *mit Auszeichnung (summa cum laude)* hinzutritt. Allerdings zeigt sich daran auch, daß man den Feldgedanken nicht zu schematisch auslegen darf. Denn es handelt sich in der Sprache um geistige Beziehungen, die z. B. nicht mit der Verteilung von Gasdruck in verbundenen Behältern oder von Flüssigkeiten in kommunizierenden Röhren verglichen werden dürfen. Hinzu kommt gerade im genannten Beispiel der Schulzensuren die Möglichkeit individueller Auslegung, wie sie in der Bemerkung eines Lehrers zum Ausdruck kommt, der nicht gerne ein „Gut" gab: „Gut ist zu gut, genügend genügt, genügend ist auch gut."

998

Normierte Felder

Die Zensurenskala ist unter dem Gesichtspunkt des Feldprinzips kein Einzelfall: Wir treffen manche Wörter unserer Sprache in festen Kleinsystemen an, in denen sie einen bestimmten neuen Stellenwert gewinnen. Als Beispiele seien das Schachspiel und das Fußballspiel genannt.

Im Schachspiel kommen die deutschen Wörter *König, Dame, Pferd, Läufer, Turm* und *Bauer* in einem ganz bestimmten Sinne vor, der sich aus der Geschichte des königlichen Spiels erklärt und von der sonstigen Geltung dieser Wörter mehr oder minder abweicht. Greifen wir den Läufer heraus, so zeigt sich, daß die allgemeinsprachliche Bedeutung hier nicht mehr gilt, wohl aber ein neuer Stellenwert im Regelsystem des Spiels. Daß die Bezeichnung hier beliebig ist, wird daran deutlich, daß die Schachfigur im Englischen als *bishop* ‚Bischof‘ und im Französischen als *évêque* ‚Bischof‘ bzw. *fou* ‚Narr‘ bezeichnet wird. Darüber hinaus begegnet *Läufer* aber auch im Fußball für eine bestimmte Spielerstellung und -funktion. Doch gibt es hier heute auch andere Ausdrücke. Im „klassischen" Fußball sprach man von einer *Läuferreihe,* die aus dem *linken Läufer,* dem *Mittelläufer* und dem *rechten Läufer* besteht. Der Ausdruck *Läufer* ist hier im Grunde befremdlich, erweckt er doch den Eindruck, als brauchten die anderen Spieler nicht

---

[1] Das Beispiel stammt von J. Trier und wurde wiederholt von L. Weisgerber (z. B. in: Grundzüge der inhaltbezogenen Grammatik. Düsseldorf [3]1962, S. 99) aufgegriffen.

zu laufen. Man kann im Schachspiel wie hier sagen: Der allgemeinsprachliche Inhalt von *laufen*, der seinen feldbestimmten Stellenwert in der Abgrenzung zu *gehen, rasen, rennen* usw. gewinnt, ist hier neutralisiert, und der neue Stellenwert ergibt sich aus dem System des Schach- bzw. Fußballspiels.

Daß der Stellenwert im System oft entscheidend wichtig ist und sogar in ausgesprochenen Gegensatz zum eigentlichen Wortsinn geraten kann, ist sehr schön am Beispiel unserer Monatsbezeichnungen zu sehen. Hier sind die letzten vier Namen von lateinischen Zahlwörtern abgeleitet: *September* von *septem* ,sieben', *Oktober* von *octo* ,acht', *November* von *novem* ,neun' und *Dezember* von *decem* ,zehn'. Bekanntlich ist aber der September der neunte, der Oktober der zehnte, der November der elfte und der Dezember der zwölfte Monat. Die Verschiebung hat historische Gründe: Die Römer hatten zunächst ein altes Mondjahr von zehn Monaten *(Martius* bis *December)*, das der sagenhafte König Numa Pompilius nach griechischem Vorbild durch ein Jahr mit zwölf Monaten ersetzte. Die neu hinzugekommenen Monate *Januarius* und *Februarius* stellte er an den Anfang bzw. an das Ende des alten Jahres, das nunmehr mit dem Frühling am 1. März begann, an dem auch die beiden römischen Konsuln ihr Amt antraten. Aus einem bestimmten politischen Anlaß wurde dann im Jahre 154 v. Chr. der 1. Januar zum Jahresanfang erklärt. Schließlich ließ Caesar eine Neuordnung vornehmen: Ihm zu Ehren wurde sein Geburtsmonat *Quintilis* (der fünfte) in *Julius* umbenannt. Augustus verfuhr ähnlich: Der *Sextilis* (der sechste) wurde in *Augustus* umbenannt. Durch diese Neu- und Umordnungen wurden die letzten vier Monate verschoben, behielten aber ihre nunmehr nicht mehr zutreffenden Bezeichnungen bei. Das Auffällige und Bemerkenswerte ist, daß daran offenbar niemand ernsthaft Anstoß nahm. Auch in den romanischen Sprachen, wo der Anklang an die alten Zahlwörter für die meisten Sprecher noch spürbar ist, hat sich die „falsche" Bezeichnungsweise genauso wie im Deutschen und im Englischen erhalten.

Auch hier erweist sich das Feldprinzip (Stellenwert geht vor Eigenwert und kann diesen völlig löschen) als ein wichtiges Charakteristikum sprachlicher Gliederung.

Verwandtschaftswörter

999

Die Eigenart sprachlicher Gliederung zeigt sich auch bei den Verwandtschaftswörtern deutlich.[1] In unserer monogamen Gesellschaftsordnung kann sich jeder Mensch als Mittelpunkt eines gleichstrukturierten Netzes von Verwandtschaftsbeziehungen betrachten. Er hat Vater und Mutter, diese haben ihrerseits Vater und Mutter und so fort. Es können Geschwister da sein, ebenso können die Eltern Geschwister haben. Jedes Glied der Familie kann verheiratet sein und Kinder haben.

Es wäre nun denkbar, daß es für jedes Glied der Familie eine besondere Verwandtschaftsbezeichnung gibt. Das würde aber viel zu weit führen und ist in keiner Sprache der Fall. Vielmehr werden bestimmte Verwandtschaftsverhältnisse unter einem Begriff zusammengefaßt, so daß sich eine sprachliche Gliederung ergibt, die nicht von den Verhältnissen selbst gefordert wird, sondern von den Auffassungen und Bedürfnissen der Sprachgemeinschaft. So werden bei uns alle Brüder des Vaters und der Mutter als *Onkel* zusammengefaßt, alle Schwestern der Eltern als *Tanten* usw. Demgegenüber schied das Mittelhochdeutsche noch den Vaterbruder *vetere* vom Mutterbruder *oheim* und die Vaterschwester *base* von der Mutterschwester *muome*. Diese Unterscheidungen müssen offenbar nicht mehr als nötig empfunden worden sein, so daß sich die französischen Lehnwörter *Onkel* (frz. *oncle*) und *Tante* (frz. *tante*) im 17. Jh. durchsetzen konnten. Auch unter den

---

[1] Vgl. L. Weisgerber: Grundzüge der inhaltbezogenen Grammatik. Düsseldorf ³1962, S. 64–70.

Begriffen *Schwager* und *Schwägerin* werden mehrere Verwandtschaftsbeziehungen zusammengefaßt: *Schwager* kann ein Bruder der Frau oder des Mannes sein, ferner der Mann der Schwester usw. (die lateinische Sprache unterschied hier noch schärfer). Schließlich die Großeltern: Der Mensch hat zwei Großelternpaare, und es fällt dem Kind zunächst nicht leicht, zu zwei Männern *Opa* und zu zwei Frauen *Oma* sagen zu müssen. Auch die Schwiegereltern redet man mit *Vater* und *Mutter* an, weshalb diese zu Umschreibungen greifen müssen, wenn sie von den Eltern des Schwiegersohnes oder der Schwiegertochter sprechen wollen. Die Sprache hat hier begriffliche Lücken, weil offenbar das Bedürfnis nach Ausfüllung nicht groß genug ist, um entsprechende Wörter hervorzubringen.

Die deutsche Sprache breitet also ein bestimmtes Beziehungsnetz über die genealogischen Verhältnisse, dessen Dichte unseren Bedürfnissen entspricht. Andere Sprachen verfahren anders. Kulturen, die keine Ehe kennen, ja die Beziehung von Zeugung und Geburt ignorieren (wie die Aranda in Australien), gliedern und benennen ihre Gesellschaftsordnung nach jeweils eigenen Gesichtspunkten.

Auch hier ist eine Ordnung also muttersprachlich mitbestimmt, wenn auch so, daß die Geltung der einzelnen Wörter genau definierbar ist, man also zur Bestimmung des Inhalts nicht die benachbarten Wörter heranzuziehen braucht, wie es der strenge Feldgedanke anfänglich forderte.

| 1000 | ## Farbwörter |

Die Mitwirkung des Feldgedankens bei der Bestimmung von Wortinhalten kann auch im Sinnbezirk der Farbwörter verdeutlicht werden.[1] Versuchen wir zunächst einen Überblick über das Wortmaterial zu gewinnen, welches unsere Sprache hier zur Verfügung stellt.

Wir pflegen die Farbempfindungen heute vornehmlich adjektivisch auszudrücken (*rot, gelb, grün* usw.). Das ist nicht selbstverständlich. Früher herrschte im Deutschen die verbale Auffassung stärker vor, also Wörter vom Typ *grünen, blauen*. Unsere Farbadjektive sind zumeist abstrakt verwendbar, d. h., ihr Gebrauch ist nicht auf bestimmte Gegenstände beschränkt. Auch das ist nicht notwendig so: Im Griechischen und Lateinischen waren viele Farbwörter gebrauchsbeschränkt, sie durften nur von bestimmten Gegenständen gebraucht werden. Reste solcher Verwendungsweisen haben wir noch in *blond* (für Haare, mancherorts auch für Semmeln und Bier) und *falb* (als Fellfarbe oder vom Laub). Neben den sogenannten Grundfarbwörtern wie *blau* und *grün* haben wir eine Fülle von Farbwörtern, die von einem Farbträger gewonnen *(erdbeer-* und *himbeerfarben)* oder mit einem Grundfarbwort gekoppelt sind *(kornblumen-* und *himmelblau).* Der große Bereich der Malerfarben kann hier am Rande bleiben. Dort gibt es Bezeichnungen, die den chemischen Grundstoff anzeigen (*Ocker, Zinnober* usw.) oder für die sich bestimmte Bezeichnungen eingebürgert haben (*preußisch-, marineblau* usw.). Es gibt ferner Modefarbwörter wie *tizian* und *cognac,* die kaum festzulegen sind, und reine Phantasiebezeichnungen wie *Miami* oder *Florida.*

Am wichtigsten sind für uns die altererbten abstrakten Grundfarbwörter *rot, gelb, grün* und *blau,* ergänzt um die neueren Farbwörter *orange* und *violett,* sowie Wörter für Mischfarben wie *rosa, lila, braun* usw., ferner auch die sog. „unbunte" Reihe *schwarz, grau, weiß.* (Auf die Ableitungen und ihre besonderen Verwendungsweisen wurde schon bei der Fächerung hingewiesen; vgl. 995.)

Nach Auffassung der heutigen Fachwissenschaft vermögen alle normalsichtigen Menschen den gleichen begrenzten Bereich physikalisch meßbarer Lichtstrahlen als Farbempfindungen wahrzunehmen und auch die gleiche Vielzahl von Farbtö-

[1] Vgl. L. Weisgerber: Grundzüge der inhaltbezogenen Grammatik. Düsseldorf ³1962, S. 170–176; H. Gipper: Über Aufgabe und Leistung der Sprache beim Umgang mit Farben. In: Die Farbe 6 (1957), S. 23–48.

nen zu unterscheiden. Dieses menschliche Farbsehvermögen hängt wesentlich ab von der Struktur unserer Sehorgane, des Auges und der mit ihm verbundenen Hirnzentren. Demnach könnte man erwarten, daß in allen Sprachen auch die gleiche Vielfalt von Farbwörtern ausgebildet wäre. Aber der Sprachvergleich zeigt, daß davon keine Rede sein kann: Das Farbband des Sonnenspektrums (das allerdings nur einen Bruchteil der sichtbaren Farben umfaßt) wird in den Sprachen nicht in gleicher Weise aufgegliedert. Anzahl und Geltung der zur Verfügung stehenden Farbwörter sind verschieden (wenn auch in den europäischen Sprachen ein weitgehender Ausgleich eingetreten sein mag).

Die Geltung der Farbwörter läßt sich also nicht allein von äußeren Bedingungen ableiten. Wohl mögen wichtige Farbträger wie das Blut, der wolkenlose Himmel und die Blätter der Pflanzen sowie besonders die Struktur der für das Farbsehen wichtigen Netzhaut die Ausprägung bestimmter Grundwerte begünstigt haben. Aber ähnlich wie schon das Wahrnehmen eines bestimmten Farbwertes nicht ohne Mitwirkung aller übrigen Werte zu denken ist (die Farbe des Blutes kann sich nur aus einer andersfarbigen Umgebung als Eigenwert herausheben, und alle Netzhautschichten müssen mitwirken, um diesen bestimmten Farbwert entstehen zu lassen), so ist auch die Geltung eines Farbwortes nicht unabhängig von der Geltung der übrigen Farbwörter: Die Reichweite von *rot* geht so weit, bis *orange, gelb* usw. mit ihm in Konkurrenz treten. Die Grenzen zwischen den einzelnen Wörtern sind sicher nicht mit dem Lineal zu ziehen, sie schwanken auch von Sprecher zu Sprecher, aber der Feldgedanke erweist sich doch als mitbestimmender Faktor. Dafür ein Beispiel:

Es gibt Angehörige unserer Sprachgemeinschaft, z. B. ältere Leute auf dem Lande, die nie modernere Farbwörter wie *orange* und *violett* gelernt haben. Wie können sie nun einen Farbton zwischen *rot* und *gelb*, für den man *orange* gebraucht, und einen Farbton zwischen *blau* und *rot*, der *violett* genannt werden kann, bezeichnen? Sie mögen sich mit Zusammensetzungen wie *rotgelb* und *blaurot* (auch mit umgekehrter Gliederfolge) behelfen, wie es auch Goethe anfangs in seiner Farbenlehre tat; sie mögen von *rötlich* und *bläulich*, von *möhrenfarbig* und *veilchenfarbig* sprechen und damit auf einen ihnen bekannten Farbträger hinweisen – wem aber eine solche Ausweichmöglichkeit nicht liegt, dem bleibt nichts anderes übrig, als einfach von *rot* oder *blau* oder *gelb* zu sprechen, d. h., er muß die Zwischentöne mit in das bekanntere Farbwort einbeziehen.

Der Besitz differenzierender Farbwörter wie *orange* und *violett* (nicht zu verwechseln mit dem viel helleren, weißhaltigen *lila*) erlaubt also, auf einfachste Weise eine genauere Gliederung vorzunehmen, wobei allerdings *orange* offenbar wegen gewisser Ausspracheschwierigkeiten bei uns nicht recht heimisch werden will (W. Ostwald schlug *kreß* vor, aber auch das hat sich nicht eingebürgert).

Die Folgerungen sind nicht unwichtig: Maler, Modefachleute und andere Berufszweige, die mit einer Fülle von genaueren Farbbezeichnungen vertraut sind, werden sich kaum klar darüber, daß sie ihr feineres Unterscheidungsvermögen nicht nur dem täglichen Umgang mit Farben verdanken, sondern auch der Wirkung der differenzierenden sprachlichen Begriffe, die auf feinere Nuancen aufmerksam machen.

Bei den Zensurenskalen, den Beispielen des Schach- und Fußballspiels und den Monatsbezeichnungen (vgl. 997 f.) handelte es sich um eine künstliche Setzung, und die muttersprachliche Geltung der Verwandtschaftswörter (vgl. 999) ließ sich fest auf vorgegebene außersprachliche Verhältnisse beziehen. Bei den Farbwörtern ist zwar der außersprachliche Wahrnehmungsbereich, den sie aufgliedern, auf Grund der Struktur der menschlichen Sehorgane ebenfalls abgrenzbar, und er weist auch eine mit Schwerpunkten ausgestattete Eigengliederung auf, aber bei der sprachlichen Aufgliederung zeigen sich doch schon stärker spracheigene Einflüsse. Je weniger Anhaltspunkte für die Gliederung der Umwelt entnommen werden können, desto stärker wird die geistige Setzung deutlich, d. h. desto ausgeprägter ist der sprachliche Einschlag. Das zeigt sich noch eindrucksvoller in einem anderen Bereich sinnlicher Wahrnehmung, dem der Wärmeempfindungen.

| 1001 | **Temperaturwörter**

Für Wärme- und Kälteempfindungen stellt unsere Muttersprache eine ganze Reihe von Wörtern zur Verfügung. Mustern wir sie durch, so fällt auf, daß ihr Anwendungsbereich und ihre Geltung schwanken, genauer gesagt: abhängig davon sind, wo oder woran die Temperatur festgestellt wird.

Temperaturwörter brauchen wir vornehmlich für die Beurteilung des Wetters und der Luft sowie von Flüssigkeiten, Speisen und Gegenständen. Dabei kann man in manchen Bereichen mit den beiden Grundwörtern *kalt* und *warm* auskommen, und so finden sich an vielen Geräten, Heizungen und Wasserleitungen nur diese beiden Pole bezeichnet. Anderswo braucht man zusätzlich den Steigerungsgrad *heiß.* Mit dieser Dreierreihe kommt man im allgemeinen überall aus, zumal man noch mit Zusätzen wie *sehr, ziemlich* usw. differenzieren kann. Wie aber steht es mit weiteren Zwischenstufen und Zusammensetzungen wie

eisig/bitter kalt, kühl, mild, lind, lau, lauwarm, schwül, drückend (warm), brüllend/kochend/sengend/siedend heiß usw.?

Zunächst machen diese Bezeichnungen darauf aufmerksam, daß offenbar ein Bedürfnis nach einer Aufgliederung des Bereiches zwischen *kalt* und *warm* besteht. Allerdings sind die entsprechenden Wörter nicht allgemein verwendbar: Manche lassen z. B. *kühle Stirn, kühle Hände* u. ä. gelten, andere halten *kühl* nur beim Wetter, der Luft, Flüssigkeiten, besonders Getränken, für möglich, abgesehen von den übertragenen Verwendungen *(kühler Empfang).* Auch *lau* oder *lauwarm* beschränken die einen auf Wetter, Luft, Flüssigkeiten und Speisen, andere finden es auch normal, von einem *lauwarmen Ofen* oder einer *lauwarmen Heizung* zu sprechen. *Mild, schwül, drückend* oder *drückend warm,* aber auch *brüllend heiß* werden meist nur vom Wetter oder von der Luft gesagt, *lind* kann man von der Luft und vom Regen sagen (es wirkt leicht poetisch), *siedend heiß* nur von Flüssigkeiten, *kochend heiß* von Flüssigkeiten und Speisen.

Die Temperaturwörter sind also nicht unabhängig. *Heiß* ist offenbar nicht der gleiche, in Celsius meßbare Wärmegrad, wenn man es vom Wetter, von Händen, vom Badewasser, von einer Tasse Kaffee oder einem Teller Suppe, einem Bügeleisen oder einem Ofen sagt: Einmal zeigt es einen Wärmegrad an, der über das normale oder zu erwartende Maß hinausgeht (so beim Wetter oder bei Händen, deren Hitze eine Krankheit erkennen lassen). Weiter kann *heiß* (wie bei Speisen und Getränken) einen erwünschten und auch für den Körper erträglichen Wärmegrad bezeichnen. Bei Geräten schließlich weist es auf einen für bestimmte Zwecke notwendigen Wärmegrad hin, der Verbrennungen verursachen würde, käme der Mensch unmittelbar damit in Berührung: Heiße Hände sind, in Wärmegraden gemessen, sicher wesentlich kälter als heißer Kaffee, und dieser ist wiederum wesentlich kälter als ein heißes Bügeleisen, kurz: Wäre das Bügeleisen nur so heiß wie der heiße Kaffee, dann wäre es zum Bügeln zu kalt.

heiß ist also ein relativer Wert, der an bestimmte Tauglichkeits- und Erwartungsnormen[1] gebunden ist. Dabei sind auch Kontrastwirkungen wichtig: Wer aus Eis und Schnee in eine wohlgeheizte Stube tritt, wird sie ausgesprochen heiß finden, während sie dem, der sich schon länger dort aufgehalten hat, normal warm vorkommt.

---

[1] Vgl. dazu E. Leisi: Der Wortinhalt. Seine Struktur im Deutschen und Englischen. Heidelberg ⁴1971, S. 103.

Daß die sprachliche Ordnung auch auf physiologische Voraussetzungen aufmerksam machen kann, ist für den, der die innige Verwobenheit von Sprache, Mensch und Umwelt kennt, nicht weiter verwunderlich: Wenn wir eine mit den Händen gemessene Wassertemperatur warm nennen, die gleiche Temperatur aber z. B. am Ellbogen als heiß beurteilen (eine Erfahrung, welche die Mutter nutzt, wenn sie die Temperatur des Badewassers für das Kind prüft), dann zeigt sich daran, daß die Hand nicht so wärmeempfindlich ist wie der Arm. Wenn wir heißen Kaffee oder eiskalte Getränke mit Behagen schlürfen, so weist das darauf hin, daß die Mundhöhle relativ wärmeunempfindlich ist. Weit weniger unempfindlich sind Zungenspitze und Zähne, denen wir deshalb die Berührung mit extremen Temperaturen zu ersparen suchen.[1]

Die Mehrschichtigkeit des muttersprachlichen Sinngefüges der Temperaturwörter ist also nicht unbegründet. Anderseits kann man nicht sagen, es müßte gerade so sein, denn es wären auch andere Gliederungen denkbar.[2] Zum Beispiel könnte steter übertreibender Gebrauch des Wortes *heiß* dazu führen, daß es auf die Stufe von *warm* herabsinkt (beim Wetter sind Anzeichen dafür vorhanden); an die Spitze müßten dann Ersatzwörter treten (vgl. ugs. *Affen-* und *Bullenhitze*), und damit würde eine Umstrukturierung des ganzen Sinnbezirks eintreten.[3]

Der Sinnbezirk *klug* und *dumm*

1002

Am stärksten werden die muttersprachlichen Sehweisen spürbar in geistigen Sinnbezirken, die gar keine Orientierung an dinglich greifbaren oder körperlich meßbaren Gegebenheiten gestatten. Ein Beispiel dafür liefern die Wörter für Verstandsqualitäten und Intelligenzgrade. Gewiß liegen auch hier objektiv feststellbare äußere Anlässe vor, die solche Urteile hervorlocken, aber die Gesichtspunkte, nach denen geurteilt wird, und die Kategorien, in denen das geschieht, sind doch rein geistiger Natur und werden erst in und mit der Sprache faßbar.

Versucht man, die zum Sinnbezirk *klug* und *dumm* gehörenden Wörter zu sammeln und eine verbindliche Ordnung zu ermitteln, so zeigen sich viele Schwierigkeiten.[4] Lediglich zwei große Gruppen lassen sich leicht unterscheiden, die positiven und die negativen Bewertungen:

(positiv:) aufgeweckt, befähigt, begabt, gebildet, geistreich, geistvoll, genial, gescheit, intelligent, klug, scharfsinnig, schlagfertig, schlau, talentiert, tiefsinnig, vernünftig, verständig, weise usw.
(negativ:) beschränkt, blöde, dämlich, dumm, einfältig, geistesarm, geistesschwach, geistlos, töricht, unbegabt, ungebildet, untalentiert usw.[5]

Wie aber soll man nun weiter verfahren? Es empfiehlt sich, zusätzlich möglichst viele übliche und typische Verwendungsweisen dieser Wörter in stehenden Wendungen, Redensarten und Zitaten zu sammeln, denn nur aus der Gesamtübersicht läßt sich die muttersprachliche Gliederung und der Wert des Einzelwortes erschließen. Hier können nur Ansätze dazu geboten werden.

---

[1] Die Sinnenphysiologie bestätigt, daß die Wärmeempfindungsorgane am menschlichen Körper verschieden dicht verteilt sind; vgl. F. Brock: Bau und Leistung unserer Sinnesorgane I. Bern, München 1956.
[2] Eine besonders auffällige Setzung zeigt sich in der Physik, wo man auf den Begriff *Kälte* ganz verzichtet hat und die Wärmeskala bei −273° beginnen läßt.
[3] Vgl. auch *kalt/Kälte* und *warm/Wärme* in Duden 8, Sinn- und sachverwandte Wörter und Wendungen. Mannheim, Wien, Zürich 1972 und Schülerduden 10, Die richtige Wortwahl. Mannheim, Wien, Zürich 1977.
[4] Für die früheren Verhältnisse und die eingetretenen Umgliederungen vgl. J. Trier: Der deutsche Wortschatz im Sinnbezirk des Verstandes. Heidelberg 1931.
[5] Die zahlreichen umgangssprachlichen Varianten sind kaum zu überschauen (*behämmert, bekloppt, doof, saudumm, strohdumm* usw.).

Der Stilduden kann uns bei der Materialsammlung helfen. Es finden sich da Verwendungsweisen, Redensarten und Sprichwörter in großer Zahl:

> Durch Schaden wird man *klug*. Er hat *weise* gehandelt. Ein *kluger* Kopf, ein *schlauer* Fuchs, ein *gerissener* Betrüger usw.

Wichtig ist auch zu beachten, aus welcher Sprach- und Stilschicht die gefundenen Wörter stammen: Auf der Straße steht z. B. von Kinderhand „Grete ist *doof*", *dämlich* klingt salopp, und *töricht* gehört einer gehobenen Sprachschicht und der Bibelsprache an. Ferner ist zu fragen, von wem man solche Wörter gebrauchen darf. Zum Beispiel können Lebenserfahrung und Alter eine Rolle spielen: Nur ein alter und lebenserfahrener Mensch kann *weise* sein (in der Bibel heißt es, daß allein Gott weise ist); *aufgeweckt* wird man vornehmlich von Kindern sagen, *genial* nur von wirklichen Ausnahmemenschen.

Auf diese Weise ergeben sich schon eine ganze Reihe von Gesichtspunkten, und einzelne Wörter lassen sich jetzt etwas näher bestimmen:

> *klug* ist mehr als *schlau*, *gebildet* mehr als *intelligent*, *vernüftig* mehr als *verständig*, *genial* mehr als *begabt*, *weise* mehr als *geistreich*.

Nützlich ist es auch, eine Ordnung nach Gegensatzpaaren (Antonymen) zu versuchen, wenn auch die Zuordnungen nicht immer zwingend erscheinen:

> dumm – klug, töricht – weise, unbegabt – begabt, geistvoll – geistlos.

Freilich bleibt dann zu prüfen, ob der erste Eindruck weiteren Überlegungen standhält. Vergleicht man *klug* mit *schlau* und fragt, worin denn der Vorrang von *klug* begründet ist, so scheint *klug* mit geistigen Qualitäten gepaart zu sein, die wir als **Besonnenheit** und **Überlegtheit** bezeichnen können, während *schlau* vielleicht schon egoistische Momente wie Berechnung und Einsatz der geistigen Fähigkeiten zum eigenen Vorteil anklingen läßt. Es gerät damit in die Nähe von *gerissen,* wo die negative Komponente eindeutig überwiegt. In neuerer Zeit hat sich an dieser Stelle des Feldes das englische *clever* eingeschoben. Mit *clever* wird eine aktive Wendigkeit und Anpassungsfähigkeit betont, die nicht negativ beurteilt zu werden braucht. Vielmehr erweist sich ein *cleveres Verhalten* als häufige Vorbedingung eines angestrebten Erfolges, es kann aber auch als die Fähigkeit eines Menschen umschrieben werden, in allen Lebenslagen seine Möglichkeiten optimal zu nutzen.

Sind *gebildet* und *intelligent* vergleichbar? Bei weiterem Nachdenken wird zweifelhaft, ob diese beiden Qualitäten überhaupt auf derselben Ebene liegen. *intelligent* bezieht sich – beeinflußt durch die vielerörterten Intelligenztests – mehr auf geistige Fähigkeiten im Bereich des logisch-abstraktiven Denkvermögens, während *gebildet* das Verfügen über ein gediegenes Allgemeinwissen sowie die Fähigkeit zu einem kritischen Urteil einschließt.

vernünftig darf ein Verhalten dann genannt werden, wenn es einer realen Einschätzung einer Lage gemäß den Geboten der Vernunft entspricht. Dagegen dürfte *verständig* eher als Hinweis auf ein reif werdendes Urteilsvermögen verstanden werden, wie es sich beim Eintritt in das Erwachsenenalter zeigen mag. Deshalb eignet sich *verständig* eher für die Beurteilung jüngerer als älterer Menschen.

genial sollte der außergewöhnlichen Begabung vorbehalten bleiben, während *begabt* auf das Vorhandensein entwicklungsfähiger Anlagen auf den verschiedensten Gebieten beschränkt bleiben darf. *Weise* setzt Lebenserfahrung und Reife voraus, *geistreich* deutet auf die Fähigkeit, von einem vorhandenen Wissen in jeder Lage wirkungsvoll Gebrauch zu machen. Allerdings mag diese erste Eingrenzung bereits zu negativ sein. Positiver gewendet wäre an eine schöpferische Geistesqualität zu denken, für die das Französische das unübersetzbare Wort *esprit* bereithält.

Zu beachten sind ferner bestimmte Sprachgewohnheiten. So wird gerade bei Aussagen über die geistigen Fähigkeiten der Mitmenschen oft übertreibend geurteilt: Man spricht von einem *genialen Burschen,* der nur das Prädikat *begabt* verdiente, und man nennt einen Kerl *blöde,* der durchaus normal ist, über den wir uns aber geärgert haben. Ein Kind wird man nicht so leicht *blöde* nennen, denn hier könnte dieses Wort als *geisteskrank* verstanden werden. Daß *blöde* bei Goethe und auch heute noch in manchen Gegenden nur *schüchtern* besagt, sei nur am Rande vermerkt. Ebenso ist *dumm* auch im Sinne von *benommen, verwirrt* zu verstehen in Wendungen wie *Mir ist ganz dumm im Kopf* usw. Mehrere Wörter, die an sich positive Verstandesqualitäten anzeigen, sind doch negativ zu bewerten, weil sie darauf hinweisen, daß die Verstandesgaben zu niederen Zwecken mißbraucht werden wie *gerissen, gerieben* und *raffiniert.* Der umgekehrte Fall ist selten. Vielleicht kann *einfältig* positiv verstanden werden, wenn man damit einen kindlich-naiven Menschen kennzeichnen will, der das Böse dieser Welt nicht sieht, wie etwa Parzival.

Die Sprache hebt also ganz verschiedene Gesichtspunkte heraus: einmal den reinen Verstand, dann die Kräfte des Gemüts und schließlich mehr künstlerische Veranlagungen und allgemein menschliche Qualitäten. Wenn man nur genügend Geduld aufwendet, wird eine muttersprachliche Gliederung sichtbar, die sich gewiß in kein Kästchensystem einordnen, aber doch eine überraschende Fülle von Gesichtspunkten erkennen läßt, von deren Existenz man kaum etwas ahnt. Daß dabei die negativen Eigenschaften sprachlich reicher differenziert werden als die postiven, scheint mit allgemein menschlichen Wesenszügen zusammenzuhängen.[1]

Es ist in diesem Zusammenhang erwähnenswert, daß der Philosoph Immanuel Kant bereits 1798 ähnliche Abgrenzungen der Verstandesqualitäten versuchte. Ein kurzer Ausschnitt zeigt schon, daß er ebenfalls innerhalb des ihm verfügbaren Feldes operierte, manchmal mit Hinweisen auf lateinische Begriffe. Außerdem wird deutlich, daß sich der Stellenwert der Wörter in der Zwischenzeit zum Teil gewandelt hat[2]:

> Der Mangel an Urteilskraft ohne Witz ist *Dummheit* (stupiditas). Derselbe Mangel aber mit Witz ist *Albernheit.* – Wer Urteilskraft in Geschäften zeigt, ist *gescheut.* Hat er dabei zugleich Witz, so heißt er *klug.* – Der, welcher eine dieser Eigenschaften bloß affektiert, der *Witzling* sowohl als der *Klügling,* ist ein ekelhaftes Subjekt. – Durch Schaden wird man *gewitzigt;* wer es aber in dieser Schule so weit gebracht hat, daß er andere durch ihren Schaden klug machen kann, ist *abgewitzt* …

So schwierig aber die Abgrenzungen und so zahlreich die Überschneidungen auch damals wie heute sein mögen, es herrscht keine Willkür, sondern es gibt überindividuell und intersubjektiv geltende Wertigkeiten, die in einer umfassenden und besonnenen semantischen Analyse unter Einbeziehung möglichst vieler Texte ermittelt werden können. Es darf daher durchaus von einem sprachlichen Feldzusammenhang gesprochen werden. Zugleich wird verständlich, daß wir von der Möglichkeit einer formalisierten Darstellung dieser semantischen Strukturen noch weit entfernt sind.

Lenken wir den Blick noch einmal auf die verschiedenen angeführten Felder zurück, so wird deutlich, daß ihr Aufbau und die inhaltliche Sicherung ihrer Glieder von verschiedenen Faktoren abhängen können. Man muß sich an dieser

---

[1] Vgl. hierzu *klug, schlau* und *dumm* in Duden 8, Sinn- und sachverwandte Wörter und Wendungen. Mannheim, Wien, Zürich 1972 oder in Schülerduden 10, Die richtige Wortwahl. Mannheim, Wien, Zürich 1977. Eine ganze Reihe weiterer Felder hat L. Weisgerber untersucht; vgl.: Von den Kräften der deutschen Sprache. Düsseldorf ³1962 (besonders die Bände 1 und 2).

[2] I. Kant: Anthropologie in pragmatischer Hinsicht. In: Werke in zehn Bänden. Hg. von W. Weischedel. Darmstadt 1968, Bd. 10, S. 516; vgl. auch H. Meier: Die Onomasiologie der Dummheit. Romanische Etymologien. Heidelberg 1972.

Stelle klarmachen, daß der Mensch, der sich die Welt sprachlich erobern will, ein sinnengebundenes Wesen ist, das die vorhandene Gegenstandswelt nur von der Grundlage seiner körperlich-sinnlichen Ausstattung her zu erleben und geistig zu verarbeiten vermag. Was und wie er sieht, hört, schmeckt, fühlt, wahrnimmt und empfindet, das hängt einerseits von der Struktur seiner Sinnesorgane und der zugehörigen Hirnzonen ab, andererseits aber auch von der Struktur der außermenschlichen Welt der Gegenstände und Erscheinungen, an deren Eigengesetzlichkeit kein Zweifel bestehen kann. Beim heutigen Stand der Naturwissenschaften ist es nicht mehr zu kühn zu behaupten, daß die außermenschliche Wirklichkeit kein Chaos ist, in das der Menschengeist erst Ordnung bringen müßte, sondern daß die Natur selbst eine großartige Ordnung darstellt. Sie enthält eigene Strukturen, die den Menschen beim Aufbau seiner geistigen Ordnungen anregen und leiten und ihm auch beim Erdenken und Schaffen eigener Systeme Hilfestellung leisten.

Will man den sprachlichen Ordnungen gerecht werden, dann muß man prüfen, inwieweit sinnliche, sprachliche und gegenständliche Voraussetzungen an ihrem Aufbau beteiligt sind. Eine ganzheitliche Sprachbetrachtung muß also die Sprache als isolierten Forschungsgegenstand aufgeben und statt dessen den Wirkungszusammenhang von Mensch, Sprache und Welt in den Blick nehmen. Dabei darf als Arbeitshypothese gelten: Je ausgeprägter die Eigenstruktur des zu wortenden Gegenstandsbereiches ist oder je merkmalreicher die Gegenstände dem Menschen erscheinen, desto mehr Anknüpfungspunkte bieten sie für die sprachliche Erfassung und desto mehr Stützung können die Wortinhalte infolgedessen von den Sachen her erfahren, desto selbstgenügsamer kann also ihr Eigenwert sein. Und umgekehrt: Je weniger Anhaltspunkte der zu wortende Gegenstandsbereich dem zugreifenden Menschengeist bietet, desto eigenmächtiger kann die sprachliche Setzung werden, desto wichtiger wird auch die Stützung des Wortinhalts von den Feldnachbarn her. Mit anderen Worten: die Sprachbedingtheit nimmt zu. So wird verständlich, daß das Feldprinzip im Bereich abstrakter geistiger Begriffe eine besondere Wirksamkeit entfaltet, denn gerade hier erweist die Sprache ihre begriffstiftende Kraft und schafft Inhalte, die verstärkt der Stützung durch die Feldnachbarn bedürfen. Zwar sind auch hier außersprachliche Anstöße mit im Spiel, aber die konstituierende Eigenmächtigkeit der Sprache tritt in diesen Setzungen deutlicher hervor. Damit wird zugleich die Stellenwertabhängigkeit größer.

So ist das Feld der Verwandtschaftswörter fest auf die außersprachlich vorgegebene Verwandtschaftsordnung beziehbar, wodurch jeder Begriff trotz seiner Spracheigentümlichkeit feste Koordinaten gewinnt; bei den Farbwörtern schafft das menschliche Sehvermögen in Wechselwirkung mit den physikalischen Anstößen von außen bestimmte strukturelle Voraussetzungen für den Aufbau möglicher Farbwortordnungen; bei den Temperaturwörtern wird die Bewertung vom menschlichen Empfindungsvermögen mitgelenkt; bei der Bewertung von Verstandesqualitäten ist hingegen der Beurteilungsmaßstab in weit geringerem Maße aus den außersprachlichen Gegebenheiten herzuleiten. Hier verdankt die inhaltliche Ordnung ihr Dasein verstärkt der geistig-sprachlichen Setzung, welche ihrerseits von historischen und kulturellen Voraussetzungen abhängig ist.

Noch eine Frage bleibt zu beantworten: Wie steht es mit der Wirksamkeit des Feldes, wenn die ihm zuzurechnenden Wörter verschiedenen Sprach- bzw. Stilschichten angehören, wie etwa umgangssprachlich *behämmert, bekloppt, doof* gegenüber standardsprachlich *beschränkt, töricht, unbegabt* usw.? Ist innerhalb der einzelnen Schichten mit gesonderten Kleinfeldern zu rechnen, die ihre interne Ordnung haben, oder bestehen auch zwischen den verschiedenen Schichten Feldzusammenhänge? Die Antwort wird lauten müssen: sowohl als auch! Innerhalb der einzelnen Sprachschicht kann es eigene Rangordnungen geben, aber zugleich stehen alle Schichten, sofern alle oder doch die meisten Sprecher an ihnen Anteil haben, in einem übergreifenden Feldzusammenhang, denn auch die Schichten weisen sich wechselseitig ihren Platz an. Um dies zu veranschaulichen, kann man die Sprache mit einer Orgel vergleichen, die über verschiedene Register verfügt. Jedes hat seine eigene Tastatur, aber erst alle zusammen ergeben das Gesamtklangpotential des Instruments. Man kann auf jedem Register einzeln spielen, aber man kann auch gleichzeitig mehrere ziehen, also z. B. durch den Einsatz eines vulgären Wortes in standardsprachlicher Rede eine besondere Stilwirkung erzielen und umgekehrt. So kann, um ein Beispiel aus dem Feld der Wörter für *sterben* heranzuziehen, das drastische Wort *verrecken* u. U. standardsprachlich gebraucht werden, um das furchtbare Sterben von Menschen in Krieg und Elend besonders eindringlich zu schildern.

Wenn man dies alles gebührend berücksichtigt, entfallen eine ganze Reihe von Einwänden, die gegen den Feldgedanken erhoben worden sind.

5.4 Feste Sinnkopplungen

1003

Eine weitere Möglichkeit der inhaltlichen Bestimmbarkeit von Wörtern ergibt sich aus dem Umstand, daß bestimmte Wörter stets mit anderen gekoppelt zu denken sind, sei es auf Grund sachlicher Beziehungen, sei es auf Grund muttersprachlicher Sehweisen. W. Porzig spricht in solchen Fällen von wesenhaften Bedeutungsbeziehungen, dann aber auch von syntaktischen Feldern,[1] da diese Bezüge zugleich syntaktisch wichtig sind. Vielleicht sollte man aber den Begriff des syntaktischen Feldes dem feldartigen Zusammenwirken verschiedener benachbarter syntaktischer Möglichkeiten (etwa den verschiedenen Ausdrucksmöglichkeiten für eine Aufforderung, vom strikten imperativischen Befehl bis zur freundlichen Bitte) vorbehalten. Unverfänglicher ist es, hier von festen Sinnkopplungen zu sprechen, die der Forderung nach semantischer Kongruenz (Leisi) entsprechen.

So setzt das Verb *beißen* das Vorhandensein von Zähnen voraus, die eben zum Beißen nötig sind. Wenn dagegen davon die Rede ist, daß Säure, Schmerz und Spott „beißen" können, so spüren wir, daß es sich um eine übertragene Verwendungsweise handelt.

Zu *lecken* gehört *Zunge,* zu *bellen Hund,* zu *fällen Baum,* zu *blond Haar;* ferner gehört zu *reiten* jede Art von Reittier, zu *fahren* gehören bestimmte Fahrzeugarten usw. Dieses Prinzip läßt sich nun beliebig ausweiten: Man könnte sagen, zu *Schnee* gehört *weiß* und *kalt,* zu *Laub grün, welk* usw., zu *backen Bäcker* oder *Bäckerin,* aber auch *Teig, Form, Backofen, Brot, Kuchen.* Eine solche Ausweitung könnte allerdings zu der sehr allgemeinen und darum für die Bestimmung einzelner Wortinhalte unergiebigen Feststellung führen, daß in der Sprache letztlich alles mit allem zusammenhängt. Dennoch scheint es möglich und nützlich zu sein, ein Inventar vorgeprägter Sinnkopplungen nachzuweisen und so zu zeigen, wie sehr der Wortschatz schon auf bestimmte syntaktische Verwendungsweisen hin angelegt ist.

Entscheidend ist bei diesen Bedeutungsbeziehungen, daß man den sprachlichen Charakter erkennt und nicht naiv meint, hier würden einfach sachliche Beziehungen benannt. Es mag uns selbstverständlich scheinen, daß *beißen* und *Zähne* zusammengehören, aber diese Sicherheit gerät bereits ins Wanken, wenn wir fragen, ob nicht auch ein zahnloses Geschöpf beißen kann, etwa mit scharfen Kiefern

---

[1] W. Porzig: Wesenhafte Bedeutungsbeziehungen. In: Beiträge zur Geschichte der deutschen Sprache und Literatur 58 (1934), S. 70ff.; ders.: Das Wunder der Sprache. Probleme, Methoden und Ergebnisse der modernen Sprachwissenschaft. München [5]1971, S. 120; vgl. dazu E. Coseriu: Lexikalische Solidaritäten. In: Poetica, 1 (1967), S. 293–303.

oder ähnlichem. Auch ist nicht einzusehen, weshalb es für eine bestimmte Tätigkeit der Zunge ein besonderes Verb *lecken,* für den Laut des Hundes ein besonderes Verb *bellen,* für das Schlagen der Bäume ein besonderes Verb *fällen* geben muß. In jedem Fall könnten auch allgemeinere Verben ausreichen. Zwar trifft die Sprache mit ihren Spezialverben sachliche Verhältnisse, aber es ist doch nicht so, daß diese Beziehungen nur auf diese Weise und nicht anders gefaßt werden könnten. Die sprachlichen Setzungen sind, wie wir schon wiederholt sahen, weder von den Dingen unausweichlich gefordert, noch ist vorauszusehen, was die Sprache hervorhebt und wie sie es tut.

Auch die deutschen Verben der Bewegung machen darauf aufmerksam, daß bei jedem bestimmten Momente mitgesetzt sind, die seinen Inhalt mitbestimmen.[1] Oder anders ausgedrückt: Diese Verben dürfen nur dann gebraucht werden, wenn bestimmte Voraussetzungen gegeben sind. (Man kann hier auch von Präsuppositionen sprechen.) So kennen wir z. B. für schnelle Bewegungsarten des Menschen die Verben *laufen, eilen, rennen, rasen, flitzen* usw., wobei umgangssprachlich *laufen* und *rennen* in manchen Gegenden auch für das normale Gehen eintreten kann. Die Steigerung führt von *laufen* zu *rennen* und *rasen,* während das lautmalende *flitzen* wohl mehr in den Kindermund gehört. Damit so etwas möglich ist, müssen natürlich gesunde Gehwerkzeuge vorhanden sein. Aber auch die Unterlage, der Weg, muß geeignet sein; eine schlammige Straße erlaubt keine schnelle Bewegung. Das scheint nun sehr banal, ist aber doch nicht unwichtig. Denn wir werden so auf eine ganze Reihe von Bedingungen aufmerksam, denen der Gebrauch bestimmter Verben unterliegt.

Liegt eine subjektive Gehbehinderung vor, eine Beinverletzung oder ähnliches, so kann man von *hinken* oder *humpeln* sprechen. Liegt eine objektive Gehbehinderung vor, also eine Behinderung durch den Gehweg, so kann die Gangart zu *stapfen* oder *stampfen* (in hohem Schnee), zu *waten* (in knietiefem Wasser) usw. werden. Bequem und lässig oder nichtstuerisch ist *schlendern, bummeln, flanieren.* Lautlos und heimlich ist *schleichen;* mühsam, unter Umständen auf allen vieren und in vertikaler Richtung, ist *klettern;* am Boden muß man *kriechen.* Zügig und womöglich im Gleichschritt einer Kolonne *marschiert* man, zum Zwecke der Erholung *wandert* man durch Wald und Feld; ein eingebildeter Mensch *stolziert* wie ein Hahn oder Pfau; eine steife Gangart kann man *stelzen* nennen.

Folgende Faktoren können also eine Rolle spielen: die Befindlichkeit dessen, der sich bewegt, sowie die Beschaffenheit des Weges oder des Untergrundes, auf dem er sich bewegt; ferner die Richtung, in der die Bewegung erfolgt. Davon ist wiederum abhängig die Art, wie die Bewegung abläuft. Schließlich kann auch der Zweck, ja die Einstellung dessen, der geht, zu seiner Tätigkeit mit berücksichtigt sein. Und zum guten Schluß kann der Geher selbst in seinem Charakter beurteilt werden.

Daß die deutsche Sprache eine solche Vielfalt von Gesichtspunkten in die Verbinhalte mit aufgenommen hat, ist wiederum nicht selbstverständlich, sondern spracheigentümlich. Gut sichtbar wird dies auch bei einem Verb wie *schwimmen,* das wir im Deutschen sowohl von Menschen und Tieren wie auch von Gegenständen sagen können. Der Franzose unterscheidet hingegen *nager,* eine Fortbewegung im Wasser mit eigenen Schwimmbewegungen, und *flotter,* ein Treiben auf der Wasseroberfläche (wie ein Stück Holz). Die Fortbewegung eines Schiffes, die mit der Kraft des Windes oder durch Motoren erfolgen kann, würde er als *aller* oder auch als *marcher* bezeichnen; wir sprechen in diesem Fall von *segeln* oder *fahren.* (Was für die Bewegungsarten des Menschen gilt, trifft natürlich in gleicher Weise für die Bewegungsarten von Tieren zu und wäre gesondert zu untersuchen.)

---

[1] Das Beispiel der Bewegungsverben stammt von W. Porzig, ist aber unveröffentlicht. Die Methode entspricht der von E. Leisi.

Die hier angesprochenen Beziehungen zwischen einzelnen Wörtern sind z.T. inhaltlicher, z.T. auch formaler Art. Der Charakter dieser Verbindungen ist wiederholt bemerkt und kommentiert worden. Im syntaktischen Bereich ist hervorgehoben worden, daß besonders die Verben bestimmte „Leerstellen" eröffnen, die durch entsprechende sprachliche Ergänzungen gefüllt werden können oder sogar müssen. Von dem französischen Sprachwissenschaftler L. Tesnière ist hierfür der Terminus Valenz vorgeschlagen worden, der dem Umkreis der Chemie entstammt. So wie dort bestimmte Elemente mit anderen Verbindungen eingehen können, je nachdem ob sie „gesättigt" sind oder Leerstellen haben, so verlangen auch bestimmte Verben nach Ergänzungen, um zu syntaktisch „gesättigten" Gefügen zu werden. So fordert *schlagen* in transitiver Verwendung neben dem Subjekt eine Ergänzung im Akkusativ, aber es können auch noch weitere Bestimmungen hinzutreten *(Sie schlägt den Nagel mit dem Hammer in die Wand.)*; demgegenüber wird *geben* (neben dem Subjekt im Nominativ) mit Dativ und Akkusativ ergänzt *(jmdm. etw. geben).* Durch die Einbeziehung der Subjektstelle läßt sich der Valenzgedanke auf das ganze Satzgefüge ausdehnen, hat aber darüber hinaus auch für die übrigen Hauptwortarten und ihre Ergänzungsmöglichkeiten an Bedeutung gewonnen (vgl. 166 f. und 1082).

Unpersönliche Verben (Impersonalia) und unpersönlich gebrauchte Verben

1004

Unter 1003 sahen wir, daß eine ganze Reihe von Verben auf bestimmte Subjekte beschänkt ist *(wiehern–Pferd, bellen–Hund* usw.). Als einen Extremfall in bezug auf die Subjektsbeschränkung kann man diejenigen Vorgangsverben ansehen, die gewöhnlich als unpersönliche Verben (auch Impersonalia) in den Grammatiken behandelt werden (vgl. 181), also kein persönliches Subjekt haben, sondern nur mit unpersönlichem *es* konstruiert werden.

Unpersönliche Wendungen mit *es* als unbestimmter Ursache eines Geschehens

1005

Sobald man die unpersönlichen Wendungen unter dem Gesichtspunkt der Subjektsbeschränkung sieht, stellt sich die Frage, ob das *es* überhaupt als echtes Subjekt anerkannt werden kann und, wenn ja, welcher inhaltliche Wert ihm zukommt. Damit gerät man unversehens in eins der umstrittensten Kapitel der Sprachwissenschaft. Während manche Forscher dem *es* gar keinen inhaltlichen Wert zuerkennen und es als reines Formwort oder Scheinsubjekt bezeichnen, erblicken andere in ihm den sprachlichen Ausdruck für das Wirken unpersönlicher, irrationaler oder mythischer Kräfte. Aber auch wer mythologischen Deutungen gegenüber skeptisch ist, dürfte doch für nachstehende Wendungen die Ansicht zulassen, daß mit dem *es* eine nicht näher zu bestimmende Ursache des Geschehens angezeigt wird.

Witterungsimpersonalia:

Die Witterungsimpersonalia sind in der Regel nur mit *es* möglich:

> *es* regnet, *es* nieselt, *es* hagelt, *es* schneit u. a.

Nur einige dieser Verben können mit wenigen anderen, zu ihrem Inhalt passenden Subjekten verbunden werden:

> *Eis* und *Schnee tauen; der Morgen* und *der Abend dämmert; Mensch* und *Tier* können *frieren*, wobei allerdings der Verbinhalt schon ein anderer geworden ist.

Im übertragenen Sinn sind natürlich, abhängig vom jeweiligen Verbinhalt, auch andere Subjekte möglich. So wird es z. B. weniger Fälle geben, in denen man von *regnen, hageln* oder *schneien* sprechen kann als von *blitzen* und *donnern:* Schläge können hageln, Daunenfedern schneien (vgl. das Märchen von der Frau Holle), Konfetti kann [herab]regnen. Blitzen kann hingegen alles, was Licht entsprechend zu reflektieren vermag, also alle polierten Gegenstände, Waffen, Schmuck, Edelsteine usw. Aber auch das Auge kann im Zorn blitzen und das Meer in der Sonne. Donnern können in unserer lärmerfüllten Zeit viele Dinge: Maschinen, Züge (etwa über Brücken), Geschütze, Raketen usw. Neuerdings scheint es bei den „Geräuschemachern" in Theater, Fernsehen und Film auch nicht ungewöhnlich zu sein, daß man Redewendungen wie *Ich donnere/regne* usw. gebraucht. Das *es* bei den Witterungsverben kann heute noch als Hinweis auf eine unbekannte Ursache empfunden werden.

Andere Verben im unpersönlichen Gebrauch:

Bei den Verben, die unpersönlich gebraucht werden können, wenn die Ursache des Geschehens ungewiß ist, heben sich folgende Gruppen heraus:

1. Wachstumsverben:

   es grünt und blüht; *es* wächst und gedeiht (auf Pflanzen und Lebewesen beschränkt).

2. Geräuschverben:

   es raschelt, knistert, klopft, pocht, poltert, spukt u. a.

Da diese Gehöreindrücke leicht in den Bereich des Geheimnisvollen, ja Unheimlichen weisen, wird eine entsprechende Deutung des *es* begünstigt. Bei *es spukt*, wo man eigentlich nur an Geister denken kann, wird das besonders deutlich.

3. Verben körperlicher und seelischer Empfindung:

Fremder, unpersönlicher Einfluß auf den Menschen kann ferner bei einer Reihe unpersönlicher Wendungen verspürt werden, die in den Bereich körperlicher und seelischer Empfindungen weisen. Dabei tritt die betroffene Person in den Akkusativ, der – sofern er die Satzspitze einnimmt – *es* vielfach überflüssig macht:

   es friert mich – mich friert; *es* dürstet mich – mich dürstet; *es* hungert mich – mich hungert u. a.

Während manche dieser Wendungen in sich geschlossen sind, verlangen andere noch eine Ergänzung:

   es verlangt mich nach dir – mich verlangt nach dir; *es* gelüstet ihn nach Geld – ihn gelüstet nach Geld.

Die meisten dieser Ausdrücke wirken heute veraltet. Sie haben zum Teil biblischen oder poetischen Klang. Wir bevorzugen persönliche Wendungen wie

   Ich habe Hunger/bin hungrig.

die früher gar nicht möglich waren. Man darf annehmen, daß das Vordringen der persönlichen Wendungen gegenüber dem unpersönlichen, auf fremden Einfluß weisenden *es* mit der veränderten, selbstbewußteren Einstellung des Menschen der Natur gegenüber zusammenhängt.

4. Besonderer unpersönlicher Gebrauch eines Verbs:

Durch diesen Verbgebrauch werden im Deutschen Aussagen ermöglicht, die in anderen Sprachen nicht mit dieser Leichtigkeit zu bilden sind. So kann z. B. ein Verb jederzeit unpersönlich verwendet werden, wenn ausgedrückt werden soll, daß es sich um ein Geschehen handelt, das dem menschlichen Willen weithin entzogen ist. Man kann also ohne weiteres sagen:

Eigentlich atme nicht *ich*, sondern: *es* atmet in mir.

Dabei kann das *es* als bedeutsam empfunden werden, weil es darauf hinweist, daß hier eine unerklärliche, nicht von unserem Willen abhängende Kraft wirksam ist. Gerade Schriftsteller haben solche Möglichkeiten genutzt:

Ich schrie auch nicht selbst, *es* schrie, es war eine heilige Ekstase der Schmerzen. (Th. Mann)

Es ist also auch heute jederzeit möglich, das *es* in einer Weise einzusetzen, die weit über das hinausgeht, was ein bloßes Scheinsubjekt leisten könnte. Daher bleibt es vertretbar, auch diese Wendungen unter dem Gesichtspunkt der Subjektsbeschränkung zu sehen.

5. Darstellung eines Geschehens an sich:

Auch bei der Darstellung eines Geschehens an sich, bei dem der Mensch, der es verursacht, zurücktreten soll, sind von vielen Verben unpersönliche Konstruktionen (hier im Passiv; vgl. 297 ff.) mit *es* möglich:

Es wurde gegessen und getrunken, getanzt und gesungen.

Hier kann allerdings auch ein weiterer Subjektsnominativ hinzutreten und den Charakter des *es* ändern oder ganz überflüssig machen:

Es wurde *ein Walzer* getanzt – Ein Walzer wurde getanzt.

Damit sind wir bereits bei den Fällen, deren *es* sich von dem der echten unpersönlichen Wendungen völlig unterscheidet:

Unpersönliche Wendungen mit *es* als bloßem Einleitewort oder als Vorläufer (Platzhalter) eines Satzgliedes   1006

Das *es* in nachstehenden Wendungen kann man einmal als präludierendes, erzählungseinleitendes Wort ansprechen, zum anderen als Vorläufer (Platzhalter) eines Satzgliedes: eines Subjektsnominativs, eines Infinitivs oder Gliedsatzes in der Rolle eines Subjekts oder Akkusativobjekts:

Es stand in alten Zeiten *ein Schloß* so hoch und hehr. (Uhland) Ich verschmähe *es*, *solche Mittel zu gebrauchen*. Ich erwarte *es* nicht, *daß er kommt*.

Sofern diese Verwendungen formelhaft geworden sind, behält das *es* seinen festen Platz. Sonst ist häufig auch die Voranstellung des Ausdrucks möglich, den es vertritt. In diesen Fällen fällt das *es* ganz weg (vgl. auch 1028).

Ereignisverben:

Eine Gruppe dieser unpersönlichen Wendungen bilden Ereignisverben wie *geschehen, gelingen, glücken, sich ereignen* u. a.:

Es geschah etwas Unerwartetes – etwas Unerwartetes *geschah*. *Es ereignete sich* ein Unglück – ein Unglück *ereignete sich*.

Einleitende formelhafte Wendungen:

Einleitende formelhafte Wendungen wie *Es war einmal...* lassen als Subjektsnominativ das folgen, worauf der Erzähler – oft erwartungssteigernd – hinzielt:

Es war einmal – eine stolze Gräfin ...

Solche einleitenden Wendungen können auch in der Dichtung aus rhythmischen oder metrischen Gründen angezeigt sein:

Es zogen drei Burschen wohl über den Rhein ... *Es* ging ein Jäger jagen ...

Als stehende Wendungen können auch folgende Fügungen angesehen werden, denen meist ein *daß*-Satz oder auch eine Infinitivkonstruktion folgt:

Es ist nötig/möglich/wahrscheinlich/natürlich/sicher u. a.

Hier ist fast immer die Deutung vertretbar, daß das *es* Vorläufer ist:

Es ist möglich, daß er kommt. – Daß er kommt, ist möglich.

Hierher gehören auch Wendungen wie

es freut micht, *es* überrascht mich [, dich zu sehen].

Besondere Urteile und Feststellungen

Wieder anderer Art sind Sätze wie

Es ist der Vater [mit seinem Kind] ...

die nicht selten als Antworten auf Fragen ein identifizierendes Urteil gestatten, während Sätze wie

Es ist Nacht. *Es* ist dunkel.

bestimmte Situationen feststellen.

Wendungen wie *es gibt* + Akkusativ eignen sich, sofern sie selbständig gebraucht werden, zu Existentialurteilen, die aussagen, daß das genannte Wesen oder Ding vorhanden ist:

Es gibt *einen Gott.*

Die unpersönlichen Wendungen sind, wie sich gezeigt hat, keineswegs gleichwertig. Während dem *es* als unbestimmter Ursache eines Geschehens in einer Reihe von Fällen der Charakter eines echten Subjekts durchaus zukommt, sieht man sich bei anderen Wendungen genötigt, es als bloßes Scheinsubjekt mit Vorläufer- bzw. Platzhalterfunktion einzustufen.

DER SATZ

1 Gegenstandsbereich, Grundbegriffe und Verfahren der Syntax

1.1 Der Gegenstandsbereich

Gegenstand der Satzlehre (Syntax) ist der Bau, die Struktur von Sätzen. Sätze sind sprachliche Einheiten, die relativ selbständig und abgeschlossen sind. Sie bauen sich aus kleineren sprachlichen Einheiten auf, die ihrerseits auch schon einen gewissen Selbständigkeitsgrad haben, Wörtern und gegliederten Wortgruppen; und sie erscheinen normalerweise in größeren selbständigen und abgeschlossenen sprachlichen Einheiten, in Texten. Von Texten spricht man sowohl bei schriftlicher wie bei mündlicher Sprachverwendung.

Relativ selbständig und abgeschlossen sind Sätze unter verschiedenen Gesichtspunkten:

1. Sie haben einen bestimmten grammatischen Bau; dieser ist hauptsächlich vom Verb (auch von mehreren Verben) bestimmt: Das Verb eröffnet um sich herum Stellen für weitere Elemente des Satzes.

2. Sie sind durch die Stimmführung als (relativ) abgeschlossen gekennzeichnet. In schriftlichen Texten übernehmen bestimmte Satzzeichen die Aufgabe der Stimmführung: Punkt, Ausrufezeichen, Fragezeichen.

3. Sie sind inhaltlich als relativ abgeschlossen gemeint und verstehbar.

In der Syntax steht der erste Gesichtspunkt im Vordergrund; die beiden anderen spielen hier eher am Rand eine Rolle.[1]

Sprachliche Einheiten werden unter den genannten Gesichtspunkten als Sätze betrachtet; an eine sprachliche Einheit wie z. B. *Ich komme morgen* wird die Frage gestellt: Wie ist sie aufgebaut?

Dies ist aber nicht die einzige Fragestellung, die man an sprachliche Einheiten herantragen kann. Man kann auch unter Gesichtspunkten wie den folgenden fragen:

– Wer ist es, der hier spricht oder schreibt?

– An wen wendet er sich?

– In welcher Situation befinden sich Sprecher/Schreiber und Hörer/Leser?

– Welche nichtsprachlichen Begleitumstände müssen gegeben sein, damit die angestrebte Verständigung gelingt?

---

[1] Diese Bestimmung versucht verschiedene Gesichtspunkte zu kombinieren, die in der Sprachwissenschaft zur Definition des Satzes herangezogen werden. Eine allgemein akzeptierte Satzdefinition gibt es nicht. Schon 1931 hat J. Ries in seinem Buch: Was ist ein Satz? Prag 1931, 141 Satzdefinitionen zusammengestellt; 1935 hat E. Seidel in: Geschichte und Kritik der wichtigsten Satzdefinitionen. Jena 1935, 83 weitere hinzugefügt. In der Zwischenzeit ist die Übereinstimmung nicht größer geworden. Die Schwierigkeit hängt im wesentlichen mit folgendem Umstand zusammen: Mit Satz bezeichnet man einmal eine in geschriebener Sprache durch Interpunktion und Großschreibung markierte Einheit, zum andern eine grammatische Einheit, die meist auf einem Verb beruht. Eine Einheit nach der ersten Unterscheidung kann nun durchaus mehrere nach der zweiten Unterscheidung enthalten (vgl. 1012). In anderen Sprachen wird hier oft genauer unterschieden. So spricht man im Englischen von „sentence", im Französischen von „phrase", wenn man die durch Interpunktion und Großschreibung markierte Einheit meint, hingegen von „clause" (engl.) bzw. „proposition" (franz.), wenn man die grammatische Einheit meint. Verschiedentlich liegt es nahe, auch für das Deutsche eine entsprechende Unterscheidung nahezulegen. So spricht z. B. H. Glinz (Textanalyse und Verstehenstheorie I. Frankfurt/M. 1973, S. 52–62) von Propositionen, wo die grammatische Einheit Satz gemeint ist.

– Was will der Sprecher/Schreiber überhaupt bewirken? Will er z. B. mit einer
Formulierung wie *Ich komme morgen* ein Versprechen, eine Drohung, eine
Warnung oder etwas anderes Bestimmtes aussprechen?

Derartige Fragen zielen nicht auf die sprachliche Struktur, sondern auf den weiteren Zusammenhang der menschlichen Verständigung mittels Sprache, eingeschlossen sprachliche Mittel, Sprecher/Schreiber und Hörer/Leser, Kontext, Erwartungen an die Situation, Absichten und Wirkungen, die erzeugt werden.
Wenn man sprachliche Einheiten unter letzterer Fragestellung betrachtet, bestimmt man sie als Äußerungen. Die linguistische Teilwissenschaft, die sich
mit sprachlichen Einheiten als Äußerungen beschäftigt, heißt Pragmatik (auch
Pragmalinguistik). Pragmatik auf der einen Seite, Syntax auf der anderen Seite
unterscheiden sich dadurch, daß sie sich äußerlich gleiche sprachliche Einheiten
in unterschiedlicher Weise zurechtlegen, einmal als Äußerung, einmal als Satz:
Die je unterschiedliche Fragestellung ist es also, die sich aus gleichem Material
unterschiedliche Gegenstände schafft.
Im Folgenden wird es um die syntaktische Fragestellung gehen.

1.2 Satzarten und Satzformen

1008 1.2.1 Satzarten

Sprachlichen Äußerungen liegen bestimmte Absichten zugrunde – man will etwas
feststellen, versprechen, bekennen, man will warnen oder drohen, man will fragen
oder seiner Verwunderung Ausdruck geben, man will Staunen äußern oder einen
Wunsch aussprechen u. a. m. Um eine systematische und vollständige Beschreibung solcher Möglichkeiten, die hier nur unsystematisch und unvollständig angedeutet sind, geht es dort, wo man Äußerungen zum Thema macht.
Durchaus mit Blick auf solche Unterscheidungen wird auch bei Sätzen unterschieden, allerdings gröber. Man geht meist von drei Grundformen menschlicher
Rede aus, Aussage, Aufforderung und Frage, und ordnet ihnen drei Satzarten zu,
Aussagesatz, Aufforderungssatz und Fragesatz. Formal werden diese Satzarten
teilweise durch die Stellung des Finitums (vgl. 183, 1258), teilweise durch charakteristische Wörter (z. B. Fragewörter), teilweise durch die Stimmführung charakterisiert. Im einzelnen sind zu unterscheiden:

1009 Der Aussagesatz

Es handelt sich hier um die neutrale, nicht speziell charakterisierte Satzart; sehr
oft wird ein Sachverhalt einfach behauptet oder mitgeteilt. Das Finitum steht hier
an zweiter Stelle:

> Heute scheint die Sonne. Der Himmel ist blau. Peter trägt den Koffer.

Im weiteren Sinn gehört hierher auch der Ausrufesatz. Hierbei geht es nicht
einfach um die Mitteilung eines Sachverhalts; es wird außerdem eine starke innere Bewegung – z. B. Erstaunen oder Bewunderung – ausgedrückt. Das Finitum
kann hier an zweiter, erster oder letzter Stelle stehen:

> Du hast aber lange Skier! Hast du aber lange Skier! Was du für lange Skier hast! Wie
> schön ist das alles! Wie schön das alles ist!

1010 Der Wunsch- und Aufforderungssatz

Der Inhalt des Satzes wird hier als etwas dargestellt, was vom Sprecher oder
Schreiber gewünscht oder erstrebt wird. Dabei muß sich der Wunsch nicht notwendig an einen Partner richten, wohl aber die Aufforderung.

Von einem Wunschsatz spricht man im folgenden Fall:

Könntet Ihr doch noch bleiben! Gott helfe ihm! Wenn sie doch zusagen würde!

Das Finitum kann hier an erster, zweiter oder letzter Stelle stehen.
Beispiele für Aufforderungssätze sind:

Folge ihr! Hilf ihm doch bitte! Fangen wir jetzt an!

Das Finitum steht hier an erster Stelle.

Der Fragesatz

Es handelt sich hier um eine Satzart, innerhalb deren ein Sachverhalt insgesamt oder unter einem bestimmten Gesichtspunkt in Frage gestellt wird. Man unterscheidet:

– Satzfragen oder Entscheidungsfragen: Ein Sachverhalt wird als Ganzes in Frage gestellt; das Finitum steht an erster Stelle:

Kommst du morgen? Hilft er mir?

– Wortfragen oder Ergänzungsfragen: Ein Sachverhalt wird unter einem bestimmten Gesichtspunkt in Frage gestellt; das Finitum steht an zweiter Stelle, vor ihm steht ein Fragewort:

Wann kommst du? Wer hilft mir?

(Zum Zusammenhang von Stellung des Finitums und Satzart vgl. ausführlicher 1258ff.)
Die Unterscheidung der Satzarten ist nicht unproblematisch, weil sie die oben getroffene Unterscheidung von Satz und Äußerung z.T. unterläuft: Satzarten werden teilweise über Charakteristika von Äußerungen bestimmt. Dabei gelangt man von den beiden verschiedenen Gesichtspunkten her nicht immer auf ein gleiches Ergebnis: Man kann nicht nur mit einem „Aufforderungssatz" auffordern, sondern auch mit einem „Aussagesatz" und einem „Fragesatz", also nicht nur:

Gib mir mal den Hammer!

sondern auch:

Ich brauche mal den Hammer.
Gibst du mir mal den Hammer?

Der „Aussagesatz" *Es zieht* kann – als Äußerung – eine Aufforderung sein (nämlich das Fenster zu schließen). Trotzdem ist die Unterscheidung nützlich und in der Syntax üblich. Wer sich ihrer bedient, muß sich nur die beschriebene Schwierigkeit bewußt halten.

1.2.2 Satzformen

Die Gliederung von Sätzen kann sich auch nach der Form unterscheiden. Wir nennen hier zunächst folgende Möglichkeiten:
1. Einem Satz liegt ein Verb zugrunde; von diesem Verb aus sind Stellen für weitere Elemente des Satzes aufgerufen, und diese Stellen sind im Satz besetzt. Man spricht hier von einem einfachen Satz. (Für eine genauere Bestimmung der Merkmale des einfachen Satzes vgl. 1020ff.)

Meine Familie ist verreist. Hol mir doch bitte die Gabel! Bringst du mir das Buch?

2. Vom einfachen Satz ist der zusammengesetzte Satz abzuheben. Hier sind zwei weitere Erscheinungsformen zu unterscheiden:
a) Ein Satz besteht aus mehreren einfachen Sätzen, die jeder für sich allein stehen könnten. Sie sind einander nebengeordnet, stehen in gleichem Rang und gereiht. Man spricht hier von einer Satzverbindung.

1011

1012

Frau Chauchat saß zusammengesunken und schlaff, ihr Rücken war rund, sie ließ die Schultern nach vorne hängen, und außerdem hielt sie auch noch den Kopf vorgeschoben. (Th. Mann)

In der Satzverbindung behalten also die Sätze eine relative formale Selbständigkeit, sie haben aber nur den Rang von Teilsätzen im Rahmen einer größeren Ganzheit. Um beide Gesichtspunkte zu berücksichtigen, nennen wir diese Sätze selbständige Teilsätze.

b) Von einem zusammengesetzten Satz spricht man auch, wo mehrere Teilsätze miteinander verbunden sind, von denen mindestens einer nicht für sich allein stehen könnte:

Ich stamme aus einer der allerbesten Familien des rechten Zürichseeufers, das man auch die Goldküste nennt. (F. Zorn)

Die Teilsätze sind hier nicht aneinandergereiht, sondern ineinander verfugt. Man spricht dann von einem Satzgefüge. Satzgefüge bestehen aus mindestens einem Hauptsatz und einem Nebensatz (vgl. dazu 1187).

Bei der Satzverbindung spricht man auch von Parataxe, beim Satzgefüge von Hypotaxe.[1]

In der Syntax des einfachen Satzes werden verschiedene Satzteile – wir werden sie Satzglieder nennen – unterschieden; ihre Beziehung zueinander und insbesondere zum regierenden Verb unterliegt einer bestimmten Ordnung, und diese Ordnung wird unter verschiedenen Gesichtspunkten beschrieben werden.

In der Syntax des zusammengesetzten Satzes werden Teilsätze unterschieden, deren Beziehung zueinander einer bestimmten Ordnung unterliegt. Auch diese Ordnung wird beschrieben werden.

Was für die Beschreibung des Baus des einfachen Satzes erarbeitet worden ist, gilt dann auch für die Teilsätze zusammengesetzter Sätze.

1013 ## 1.3 Operationale Verfahren in der Syntax

1.3.1 Die Verfahren im einzelnen

Für die Gewinnung und Begründung von Kategorien für die Analyse von Sätzen (z. B. für die Satzglieder) hat die Sprachwissenschaft bestimmte (operationale) Verfahren entwickelt. Wer mit ihnen arbeiten und sie selbständig auf neue Texte anwenden will, muß diese Verfahren zur Kenntnis nehmen. Aus diesem Grund werden im Folgenden die Verfahren, die für die Syntax allgemein wichtig sind und häufiger vorkommen, zusammengestellt. Weitere (speziellere) werden von Fall zu Fall eingeführt.

1014 ### Klangprobe

Bei der Klangprobe handelt es sich um die kontrollierte Umsetzung eines schriftlichen Textes in mündliche Form, also um das kontrollierte laute Lesen eines Textes; das Ziel ist dabei, für andere hörbar zu machen, wie der Leser den Text versteht.

Der Werbespruch „Contrex macht natürlich schlank" kann auf zweierlei Weise gelesen werden: mit Betonung entweder von *natürlich* oder von *schlank*. Je nachdem, wie ein Leser betont, gibt er dem *natürlich* eine andere Bedeutung, einmal im Sinne von *auf natürliche Weise*, das andere Mal im Sinne von *selbstverständlich*. Der Reiz des Spruchs als Werbespruch liegt in dem Spiel mit den beiden Möglichkeiten, in der Offenheit gegenüber dem Festlegen auf die eine oder andere. Diese Offenheit existiert freilich nur in der geschriebenen Sprache; Umsetzung in die gesprochene Sprache läßt sofort die eine oder die andere Möglichkeit deutlicher hervortreten.

---

[1] Griech. *parátaxis* ‚Beiordnung, Nebenordnung'; *hypótaxis* ‚Unterordnung'.

Im Grunde geht es bei der Klangprobe um eine Systematisierung dessen, was automatisch bei jedem (auch stillem) Lesen abläuft, nämlich Sinngebung durch den Leser. Damit sind zugleich auch die Grenzen der Klangprobe sichtbar gemacht: Sie führt nicht etwa auf das richtige Lesen, sie macht lediglich Lese- und Verstehensmöglichkeiten hörbar und zugänglich. Ihr Wert für die Grammatik liegt vor allem darin, daß man sich in kontrolliertem lautem Lesen der Satzauffassung des andern vergewissern kann.

Verschiebeprobe (Umstellprobe, Permutation) | 1015 |

Bei der Verschiebeprobe handelt es sich um die kontrollierte Veränderung der Abfolge einzelner Wörter und Wortgruppen im Satz. Dabei muß der Satz grammatisch korrekt bleiben, und die Information, die er enthält, darf nicht faßbar verändert werden; d. h., es dürfen durch die Verschiebung nur geringfügige Variationen der Information, Verlagerungen in der Gewichtung oder dergleichen, nicht aber wirkliche Veränderungen vorkommen.

Für den Satz *Die Mannschaft aus England trifft morgen hier ein* sind folgende Verschiebungen möglich, wenn man sich an die eingeführten Bedingungen hält:

1. Morgen trifft die Mannschaft aus England hier ein.
2. Hier trifft morgen die Mannschaft aus England ein.

Nicht möglich, weil nicht auf eine grammatisch korrekte Form führend, wäre z. B.

3. Morgen die Mannschaft aus England hier trifft ein.
4. Die Mannschaft aus England morgen hier trifft ein.

Ebenfalls nicht zulässig (obwohl grammatisch möglich) wäre:

5. Die Mannschaft trifft morgen aus England hier ein.

Gegenüber dem Ausgangssatz hat sich die Information verändert: Aus der *Mannschaft aus England* ist *irgendeine* Mannschaft geworden, die, aus England kommend, hier eintrifft.

Ein anderes Problem liegt im folgenden Fall vor:

6. Trifft die Mannschaft aus England morgen hier ein?

Zweifellos handelt es sich hier um einen grammatisch korrekten Satz, und es gibt auch keine Veränderung der Information in der Form wie unter 5. Gegenüber den anderen als korrekt zugelassenen Umformungsmöglichkeiten besteht aber ein entscheidender Unterschied: Der Satz hat die Form einer Frage erhalten. Man muß von Fall zu Fall entscheiden, ob man diese Möglichkeit zulassen will.

Verschiebeproben können auch an zusammengesetzten Sätzen vorgenommen werden. Dabei zeigen z. B. die folgenden Satzgefüge charakteristische Unterschiede in der Stellung des Finitums:

Er hat mich getäuscht, wenn er den Beleg nicht geschickt hat.
Er hat mich getäuscht, wenn du die Wahrheit wissen willst.

Eine Verschiebeprobe beim ersten Beispiel ergibt:

Wenn er den Beleg nicht geschickt hat, hat er mich getäuscht.

Beim zweiten Beispiel ist hingegen nur möglich:

Wenn du die Wahrheit wissen willst: Er hat mich getäuscht.

Mit der Verschiebeprobe kann man zunächst nur feststellen, daß Unterschiede zwischen Beispielen bestehen; welcher Art diese Unterschiede sind und wie sie zu erklären sind, müssen weitere Proben erweisen.

1016 | **Ersatzprobe** (Substitutionstest, Kommutation)

Bei der Ersatzprobe geht es darum, ein Wort oder eine Wortgruppe innerhalb eines gegebenen Satzes gezielt zu ersetzen.

Der Witz des Satzes *Ein Junggeselle ist ein Mann, dem zum Glück die Frau fehlt* beruht auf seiner Doppeldeutigkeit. Diese kann man dadurch aufheben, daß man den doppeldeutigen Teil in jeweils eindeutiger Weise ersetzt:
Ein Junggeselle ist ein Mann, dem *glücklicherweise* die Frau fehlt.
Ein Junggeselle ist ein Mann, dem – *um glücklich zu sein* – die Frau fehlt.

Eine Ersatzprobe wie diese nennt man eine sinngebundene Ersatzprobe; sie dient dazu, den möglichen Sinn eines Wortes oder einer Wortgruppe sichtbar zu machen. Weder die Wortform noch die Wortart, ja nicht einmal die Konstruktion der entsprechenden Stelle des Ausgangssatzes muß dabei erhalten werden. Auch hier ist es freilich wieder so, daß die Probe Möglichkeiten des Verstehens zeigt, nicht die „richtige Lösung". Um diese zu bestimmen, muß der Kontext herangezogen werden.

Entsprechend geht man vor, wenn eine Wortform nicht eindeutig ist und man diese bestimmen will. Ein solcher Fall liegt im folgenden Beispiel vor:

Das Schiff ereilte auf der Heimfahrt ein Unglück.

Wer ereilte hier wen? Die Möglichkeiten, die bestehen, kann man dadurch sichtbar machen, daß man an den nicht eindeutigen Stellen maskuline Personalpronomen einsetzt; an ihnen ist der Kasus am leichtesten ablesbar:

Ihn ereilte auf der Heimfahrt ein Unglück.
Das Schiff ereilte auf der Heimfahrt *er.*
Er ereilte auf der Heimfahrt ein Unglück.
Das Schiff ereilte auf der Heimfahrt *ihn.*

Auf dieser Grundlage läßt sich eine begründete Entscheidung fällen: Die erste Lösung ist die überzeugendste; *das Schiff* ist Akkusativ, *ein Unglück* dann Nominativ.

Eine solche Ersatzprobe, bei der es um die Bestimmung einer Form geht, ist eine formgebundene Ersatzprobe; sie muß die Formeigentümlichkeiten des Ausgangssatzes getreu abbilden.

1017 | **Umformungsprobe** (Transformation)

Bei der Umformungsprobe geht es um die Umsetzung größerer Konstruktionen oder ganzer Textstellen in andere; dabei muß die Bedeutung des Ausgangsbeispiels erhalten bleiben. Die Umformungsprobe ist gewissermaßen eine (quantitativ) erweiterte sinngebundene Ersatzprobe.

Eine Umformungsprobe liegt etwa vor, wenn ein ganzer Teilsatz in einen Satzteil umgesetzt wird:

Wenn Sie überholen, sollten Sie die linke Spur benutzen.
Beim Überholen sollten Sie die linke Spur benutzen.

Zur Umformungsprobe wird hier auch gerechnet, was man sonst als „sinnexplizierende Paraphrase" bezeichnet; es handelt sich dabei um eine Umschreibung, die den Sinn einer Textstelle sichtbar macht, der an der Ausgangsformulierung so deutlich nicht abzulesen ist.

Dafür ein Beispiel: In den folgenden beiden Satzgefügen bezeichnet *weil* jeweils ein anderes Verhältnis zwischen den Teilsätzen:

Weil der Motor kaputt war, brannte auch das Lämpchen nicht mehr.
Weil das Lämpchen nicht mehr brannte, war der Motor kaputt.

Die Unterschiede sind intuitiv wahrnehmbar; sichtbar gemacht werden können
sie durch eine „sinnexplizierende Paraphrase":

> Daß der Motor kaputt war, *war der Grund dafür,* daß auch das Lämpchen nicht mehr
> brannte. – Daß das Lämpchen nicht mehr brannte, *war ein Zeichen dafür,* daß der Mo-
> tor kaputt war.

Weglaßprobe (Abstrichprobe, Eliminierungstransformation) / Erweiterungsprobe (Augmentation)

1018

Bei der Weglaßprobe geht es um die gezielte Weglassung von Wörtern oder Wortgruppen innerhalb eines Satzes, bei der Erweiterungsprobe um die gezielte Anreicherung eines Satzes mit Wörtern oder Wortgruppen. Eine spezielle Fragestellung
kann dabei z. B. sein, welche Teile eines Satzes notwendig sind für seinen Bestand, ohne welche er also sprachlich falsch wird oder seinen Sinn ändert.

1. Ich fand ihn schnell heraus.
2. Ich fand ihn schnell.
3. Ich fand ihn.
4. Ich fand.

Geht man in diesem Beispiel von Stufe 1 zu Stufe 2, so wird ein vorher eindeutiger Satz plötzlich doppeldeutig: Es kann plötzlich auch gemeint sein, daß jemand
als schnell empfunden wird. Eine neue Eindeutigkeit ergibt sich auf Stufe 3. Der
Satz auf Stufe 4 ist nur noch in bestimmten Kontexten denkbar.

Bei der Erweiterungsprobe wird in umgekehrter Richtung erprobt, einen Satz mit
weiteren Elementen anzureichern.

Eine spezielle Form der Weglaß- und Erweiterungsprobe ist die Negationsprobe: Man tilgt eine Negation, wo sie steht, oder man setzt eine ein, wo sie nicht
steht, und prüft die Veränderung, die sich ergibt. Auch die Negationsprobe vermag (wie oben die Verschiebeprobe) unterschiedliche Verhältnisse in äußerlich
gleich scheinenden Satzgefügen offenzulegen:

> Er wird, wenn es stark regnet, zu Hause bleiben.
> Er wird, wenn ich das so sagen darf, ein Versager bleiben.

Unterzieht man die beiden Satzgefüge einer Negationsprobe, so ergibt sich:

> Er wird, wenn es nicht stark regnet, nicht zu Hause bleiben.
> (Nicht:) Er wird, wenn ich das nicht so sagen darf, nicht ein Versager bleiben.

Auch hier ist mittels weiterer Analysen der Unterschied zu erklären; die Negationsprobe erweist zunächst nur, daß ein Unterschied besteht.

1.3.2 Zum Status der operationalen Verfahren

1019

Die vorgeführten operationalen Verfahren sind Hilfsmittel, mit denen grammatische Einteilungen vorgenommen und nachvollzogen werden können. Dabei ist es
wichtig zu wissen, daß sie nie automatisch auf „richtige Lösungen" führen. Sie
setzen immer einen kompetenten Sprecher voraus, d. h. einen Sprecher, der die
betreffende Sprache sicher beherrscht. Dieser Sprecher muß z. B. eine Umschreibungsmöglichkeit nachvollziehen und als angemessen oder nicht angemessen bestimmen können; dafür muß er das sprachliche Beispiel, um das es geht, verstanden haben. Nur so kann er entscheiden, ob z. B. eine bestimmte Umschreibungsmöglichkeit im konkreten Fall auch zutrifft. Vorausgesetzt ist also – pointiert formuliert – ein Sprecher, der schon können muß, was er wissen will.

2 Der einfache Satz

2.1 Der einfache Satz als gegliederte Einheit

1020 Einfache Sätze sind Sätze, denen grundsätzlich ein Verb zugrunde liegt. Im Satz erscheint es in finiter Form:

Sie *bauen* schon ihr drittes Boot. Vor den Ferien *schreiben* wir keine Arbeit mehr.

Von einem zugrundeliegenden Verb kann man auch sprechen, wenn zusammengesetzte Verbformen vorkommen. Neben dem Finitum stehen dann eine oder mehrere infinite Verbformen:

Sie *werden* doch nicht schon wieder *schlafen!* Vor den Ferien *haben* wir noch eine Arbeit *geschrieben*. Das *wird* später *gesagt werden*.

Unter den einfachen Sätzen behandeln wir auch einige Sätze, in denen mehrere Verben vorkommen, nämlich:
1. Sätze mit Modalverb + Verb (im Infinitiv):

Sie *wollen* schon ihr drittes Boot *bauen*. Vor den Ferien *sollten* wir noch eine Arbeit *schreiben*.

Solche Sätze müssen allerdings auch in den Kapiteln über den zusammengesetzten Satz noch angesprochen werden, und zwar wegen ihrer Nähe zu bestimmten Konstruktionen mit *zu* + Infinitiv (vgl. dazu 1222).
2. Sätze mit finitem Verb + Verb (im Infinitiv):

Wir *sahen* ihn *kommen*. Ich *lasse* mir das nicht *nehmen*.

Auch auf solche Sätze muß in den Kapiteln über den zusammengesetzten Satz noch einmal eingegangen werden, und zwar wegen ihrer Nähe zu Konstruktionen wie *Wir sahen, daß er kam* und *Ich lasse nicht zu, daß mir das genommen wird* (vgl. dazu 1227).
3. Sätze mit finitem Verb + Partizip:

Lachend kam sie ins Zimmer. Er *gehört aufgehängt*.

Ebenfalls innerhalb der Syntax des einfachen Satzes werden wir Erscheinungen der Reihung von Finita behandeln, wenn sich aus dieser Reihung nicht selbständige Sätze oder Teilsätze ergeben:

Ich *kam, sah* und *siegte*. Er *läuft* und *läuft* und *läuft*.

1021 Der Bau einfacher Sätze erschließt sich am besten vom Verb her: Wir betrachten das Verb als das Element im Satz, das in besonderem Maße seine Struktur bestimmt. Das gilt in mehrfacher Hinsicht. Wir gehen von einem Beispiel aus:

Sie schenkt ihm ein Buch.

Wesentlich vom Verb hängt ab, wie viele und welche weiteren Elemente im Satz vorkommen können und oft auch müssen. So eröffnet ein Verb wie *schenken* z. B. eine Stelle für die Nennung dessen, der schenkt, dessen, dem etwas geschenkt wird, und dessen, was geschenkt wird (vgl. dazu 1081 ff.). Oft müssen die vom Verb aufgerufenen Stellen in einem Satz dann auch besetzt sein. Mit dem gewählten Verb hängt in hohem Maße auch die inhaltliche Bestimmung der Elemente zusammen: An der Stelle für die Bezeichnung dessen, der schenkt, kann im Grunde nur ein menschliches Wesen genannt werden, denn nur ein solches kann „schenken". Kein menschliches Wesen kann dagegen dort genannt werden, wo das zu Schenkende bezeichnet wird: In unserer Kultur können Menschen nicht „geschenkt" werden – jedenfalls nicht in dem Sinne, in dem ein Buch geschenkt werden kann. Um ein anderes „Schenken" handelt es sich danach in Sätzen wie *Sie schenkte ihm ein Kind*. An solchen Stellen greifen Syntax und Semantik ineinander.

Eine wichtige Rolle spielt das Verb auch für die Anordnung der Elemente im Satz, für die Wortstellung (vgl. 1257). Es kann gewissermaßen die Achse des Satzes sein, um die sich die anderen Elemente bewegen lassen: | 1022 |

> Sie *schenkt* ihm ein Buch.
> Ein Buch *schenkt* sie ihm.
> Ihm *schenkt* sie ein Buch.

Jedes der drei vom Verb aufgerufenen Elemente des Satzes kann in mehreren verschiedenen Stellungen stehen, allein das Finitum nicht. Es bleibt hier an zweiter Stelle.

Dabei bedeutet „zweite Stelle" nicht, daß es das zweite Wort im Satz sein muß. *Ein* und *Buch* z.B. sind als zusammengehörig anzusehen, die beiden Wörter lassen sich bei der Verschiebung nicht trennen und treten insgesamt vor das Finitum (vgl. zur Stellung des Finitums ausführlicher 1258 ff.).

Das Verb kann mit seinen verschiedenen Formen auch gewissermaßen den Rahmen bilden für die weiteren Elemente des Satzes:

> Sie *hat* ihm ein Buch *geschenkt*.
> Ein Buch *hat* sie ihm *geschenkt*.

Regulär ist in der deutschen Sprache, daß in solchen Fällen der finite Teil der zusammengesetzten Verbform an zweiter Stelle steht, der infinite an letzter (vgl. dazu ausführlicher 1024, 1258 ff.).

Das die Struktur das Satzes bestimmende Verb im einfachen Satz bezeichnen wir als Prädikat. Das Prädikat kann seiner Form nach einteilig oder mehrteilig sein. | 1023 |

Aufgerufen vom Prädikat und in ihrer Anordnung von ihm mit bestimmt stehen im Satz Satzglieder. Satzglieder sind die kleinsten in sich zusammengehörigen Elemente des Satzes (Wörter und Wortgruppen), die sich geschlossen verschieben lassen und zugleich insgesamt relativ frei ersetzbar sind.[1]

Neben dem Prädikat und den Satzgliedern kommen Verbindungsteile, Konjunktionen, vor; sie dienen der Verknüpfung von Sätzen, Wörtern und Wortgruppen. Auf sie werden wir insbesondere bei der Behandlung des zusammengesetzten Satzes stoßen. Im Folgenden geht es zunächst detaillierter um das Prädikat, dann um die Satzglieder.

2.2 Das Prädikat

| 1024 |

2.2.1 Allgemeines zum Prädikat

Das Prädikat ist fest mit der Wortart Verb verbunden. Es kann einteilig oder mehrteilig sein:

> Er *verdient* sein Geld als Maurer. Er *hat* sein Geld als Maurer *verdient*.

Von einem einteiligen Prädikat spricht man, wenn an der Prädikatstelle nur das Finitum steht, d.h. derjenige verbale Teil, der nach Person, Numerus, Tempus und Modus geprägt ist. Formal ist das Finitum immer nur durch ein Wort ersetzbar, und dieses Wort muß wieder ein Verb sein. Das Finitum steht regulär an zweiter, erster oder letzter Stelle im einfachen Satz (vgl. 1258 ff.).

> Die Hitze *stört* uns sehr. *Stört* dich die Hitze nicht? Wie die Hitze *stört*!

---

[1] Wir fassen hier das Prädikat – im Gegensatz zu einer lange geltenden Auffassung, die Subjekt und Prädikat als die zentralen Satzglieder betrachtet hat – nicht als ein Satzglied auf. In seiner Funktion als Achse oder Rahmen des Satzes ist das Prädikat vielmehr das strukturelle Zentrum, von dem aus Satzglieder aufgerufen werden. Wenn man gegen diese Auffassung das Prädikat weiterhin als Satzglied bezeichnen will, muß man sich bewußt sein, daß man damit Phänomene auf zwei verschiedenen Ebenen faßt.

Von einem mehrteiligen Prädikat spricht man dort, wo im Verbund mit dem Finitum noch weitere verbale Teile stehen. Als solche Teile kommen vor:
- die infiniten Formen
- der Verbzusatz

1025 ## 2.2.2 Die infiniten Formen

Als infinite Form bezeichnet man denjenigen verbalen Teil, der im Verbund mit dem Finitum steht, aber hinsichtlich Person, Numerus, Tempus und Modus nicht geprägt ist. Es handelt sich dabei um den Infinitiv, das 2. Partizip oder – seltener – das 1. Partizip:

> Er will als Maurer *arbeiten.*
> Er ist sein ganzes Leben lang Maurer *gewesen.*
> Das ist für sie *bestimmend.*

Die infinite Form bildet, wenn das Finitum den zweiten Platz besetzt hält, mit diesem zusammen eine Klammer, in die die Satzglieder eingeschlossen sind; ausgenommen ist dabei das Glied an erster Stelle:

> Er *wurde* in diesem Jahr zu einem Besuch in Polen *eingeladen.*

Ausführlicher zu dieser Satzklammer vgl. 1263.

Am häufigsten kommt diese Form der Gefügebildung in der Verbindung eines finiten Hilfsverbs (vgl. 218) mit einem Infinitiv oder 2. Partizip zur Tempus- und Genusbildung vor. Die hier entstehenden Formen können ohne Verletzung grammatischer Regeln auch drei- und vierteilig sein:

> Er *wird* deshalb *getadelt worden sein,* weil ...

Hier stehen neben einem Finitum drei infinite Formen. Stilistisch wirken solche Formen schwerfällig.

Den Rang eines Hilfsverbs erhält das umgangssprachliche *tun* in Verbindung mit dem Infinitiv:

> Ich *tu* das schon erledigen.

Standardsprachlich ist dieser Gebrauch nicht korrekt; annehmbar ist er allenfalls bei vorangestelltem Infinitiv, wo kein anderes verbales Element für die Besetzung der Stelle des Finitums zur Verfügung steht:

> Kennen *tu* ich sie nicht.

Gleichfalls sehr häufig ist die Verbindung von finiten Modalverben (vgl. 130, 216) mit dem Infinitiv. In die Reihe der Modalverben drängt sich in der Gegenwartssprache das Verb *brauchen,* das vor allem in mündlicher Rede häufig ohne *zu* verwendet wird.

> Sie *muß* das nicht *annehmen.* Sie *braucht* das nicht an[zu]nehmen.

Weniger häufig sind die Gefüge, die als „Passivvarianten" gelten (vgl. 304). Hier kommen z. B. vor:

> Er *bekam* viele Bücher *geschenkt.*
> Wer über dreißig ist, *gehört aufgehängt.* (K. Mann)
> Was *bringst* du da *geschleppt?*
> Das *ließ* sich nicht *vermeiden.*

1026 ## 2.2.3 Der Verbzusatz

Zum Prädikat rechnet auch die an sich nicht verbal geprägte trennbare Vorsilbe von Verben, die sich bei der Verwendung des Verbs im Satz von diesem ablösen kann:

Er schaut den Spielen der Kinder gern *zu*.
Wir kommen unter diesen Umständen sicher *mit*.
Mich werdet ihr so schnell nicht wieder *los*.

Dieser Verbzusatz verhält sich als Bestandteil des Verbs hinsichtlich der Wortstellung wie die infiniten Formen und steht an letzter Stelle im Satz, wenn er allein mit einem Finitum das Prädikatsgefüge bildet und dieses Zweitstellung hat.

2.3 Die Satzglieder im Deutschen

2.3.1 Allgemeines zu den Satzgliedern

1027

Zusammen mit dem Prädikat bilden Satzglieder den deutschen Satz. Satzglieder sind diejenigen Wörter oder kleinsten in sich zusammengehörigen Wortgruppen, die sich nur geschlossen verschieben und insgesamt ersetzen lassen.[1] An einem Beispiel gezeigt:

Die Studentin schreibt die Klausur am 10. Dezember.

Eine Verschiebeprobe ergibt hier:

Am 10. Dezember schreibt die Studentin die Klausur.
Die Klausur schreibt die Studentin am 10. Dezember.

Zum Nachweis der geschlossenen Ersetzbarkeit kann man eine Ersatzprobe ansetzen:

Die Studentin schreibt die Klausur am 10. Dezember
↓ ↓ ↓
Sie sie morgen

Mithin ergeben sich als Satzglieder *die Studentin – die Klausur – am 10. Dezember*.

Normalerweise reicht zur Abgrenzung von Satzgliedern das Kriterium der Verschiebbarkeit aus. Das zusätzliche Kriterium der geschlossenen Ersetzbarkeit ist zur Lösung bestimmter Problemfälle eingeführt, wie sie z. B. in folgendem Satz vorliegen:

Er hatte eigentlich keine Lust.

Eine Verschiebeprobe führt hier auf folgende Möglichkeiten:

Eigentlich hatte er keine Lust.
Lust hatte er eigentlich keine.

Damit sind durch Verschiebung die Elemente *eigentlich – er – keine – Lust* gewonnen. Nun haben wir aber ein Interesse daran, *keine* und *Lust* hier nicht zu trennen. Elemente wie *keine* (also z. B. begleitende Pronomen) lassen sich nämlich keineswegs immer von ihren Bezugswörtern trennen, und auch für das Wort *kein* selbst gilt, daß es nicht immer abtrennbar ist, so z. B. dann nicht, wenn es zusammen mit seinem Bezugswort im Dativ steht. Man kann nur sagen:

Er half keinem Menschen.

Nicht möglich hingegen wäre – verschoben –:

Menschen half er keinem.

---

[1] Mit dieser Fassung des Satzgliedbegriffs folgen wir H. Glinz, auf dessen Arbeiten (vgl. Literaturverzeichnis) auch hinsichtlich der wissenschaftlichen Begründung der Satzglieder im einzelnen zu verweisen ist. In jüngerer Zeit ist die Diskussion darüber, was als Satzglied zu gelten hat und wie es zu bestimmen ist, erneut in Gang gekommen. Vgl. dazu besonders G. Helbig (Hg.): Beiträge zu Problemen der Satzglieder. Leipzig 1978.

An derartigen Stellen hilft das Kriterium der geschlossenen Ersetzbarkeit: *keine Lust* und *keinem Menschen* sind nur gemeinsam ersetzbar (dabei ist das Verneinungselement im Satz gesondert zu behandeln):

> Eigentlich hatte er *sie* nicht.
> Er half *ihm* nicht.

1028 Das Kriterium der Ersetzbarkeit hilft auch Fälle wie den folgenden zu lösen:

> Es ritten drei Reiter zum Tor hinaus.

Das *es* vor dem Finitum ist nicht ersetzbar. Scheinbar möglicher (formgebundener) Ersatz durch Wörter wie *soeben* oder *plötzlich* scheidet hier deswegen aus, weil solche Ersatzstücke ebensogut n e b e n das *es* treten könnten:

> Es ritten plötzlich drei Reiter zum Tor hinaus.
> Es ritten soeben drei Reiter zum Tor hinaus.

Wo so etwas aber möglich ist, liegt kein Ersatz im strengen Sinne vor; *es* ist damit hier kein Satzglied. Das läßt sich auch durch eine Verschiebeprobe stützen: Das *es* fällt ersatzlos weg, wenn man die Glieder verschiebt:

> Drei Reiter ritten zum Tor hinaus.

Man bezeichnet dieses *es* als „Platzhalter". Es hat nur die Aufgabe, in einem Satz die freie erste Stelle vor dem Finitum an der zweiten Stelle zu besetzen. (Auf weitere Probleme mit *es* wird noch einzugehen sein; vgl. dazu 1032b.)

1029 Satzglieder sind Wörter oder Wortgruppen, die im Satz bestimmte Stellen in der Umgebung des Prädikats besetzen. Sie erfüllen dort besondere Aufgaben und haben oft eine bestimmte Form. Es sind diese beiden Gesichtspunkte, die man für ihre Bestimmung berücksichtigen muß.

Wir achten zunächst auf die Form der Wörter und Wortgruppen, die wir (zumal durch die Verschiebeprobe) gewonnen haben. Dabei fällt auf, daß diese Glieder, auch wenn man sich strikt auf den einfachen Satz bezieht, sehr unterschiedlich komplex sein können. Einwortige Glieder können an der gleichen Stelle stehen wie mehrwortige (und sie nehmen dort die gleichen Aufgaben wahr):

> *Sie* schenkte ihm ein Buch.
> *Eine von ihm außerordentlich beeindruckte junge Frau* schenkte ihm ein Buch.

Wenn wir den Gesichtspunkt der internen Komplexität vernachlässigen (er wird bei der Behandlung des Satzgliedinnenbaus [vgl. 1063 ff.] berücksichtigt werden), haben die beiden Glieder gemeinsam, daß sie im Nominativ stehen. Offenbar ist diese Prägung dafür entscheidend, daß sie an der gleichen Stelle stehen können.

Man beachte: Innerhalb des Gliedes *eine von ihm außerordentlich beeindruckte junge Frau* steht zwar neben dem Nominativ *eine ... junge Frau* auch ein von einer Präposition abhängiger Dativ *(von ihm).* Er ist aber nicht von Gewicht für die formale Prägung des Glieds. Wir stoßen hier auf das Problem, daß innerhalb eines Glieds verschiedene Kasus auftreten können, das Glied als Ganzes aber einen bestimmten formalen Gesamtwert hat. Man spricht hier von einem G e s a m t f a l l - w e r t. Er wird durch das Teilglied bestimmt, das im Satz erhalten bleiben muß, wenn man das ganze Glied einer Weglaßprobe unterwirft:

> Eine von ihm außerordentlich beeindruckte junge Frau schenkte ihm ein Buch.

Dem entspricht, daß ein Glied, obwohl es einen Kasus enthält, als Ganzes überhaupt keinen Fallwert haben muß:

> Ich finde das über die Maßen ungezogen.

Eine Weglaßprobe zeigt, daß hier *ungezogen* (wie oben *eine ... Frau*) den Kern des Gliedes bildet.

Sieht man von der immer gegebenen Möglichkeit eines inneren Ausbaus ab, so lassen sich die Glieder, die man im deutschen Satz antrifft, auf bestimmte Grundmuster zurückführen. Diese Grundmuster kann man danach ordnen, ob sie durch einen Kasus geprägt sind (und welchen) oder nicht. Bei den im Kasus bestimmten Gliedern unterscheiden wir weiter nach dem jeweiligen Kasus; für eine Untergliederung der Glieder, die im Kasus nicht bestimmt sind, bedienen wir uns der Wortartcharakteristik. (Auf die Beispiele, die wir nachstehend zur Verdeutlichung anführen, werden wir später z.T. wieder zurückkommen.)

Grundmuster formaler Prägung

1030

Glieder, die im Kasus bestimmt sind:

1. im Nominativ:	*Der Sturm* vernichtete den Wald.
	Dirk ist *mein Freund.*
	Peter will nun doch auswandern, *ein schwerer Entschluß.*
	Frau Meier, Sie haben die meisten Stimmen erhalten.
2. im Akkusativ:	Man hat *ihn* entlassen.
	Sie arbeitete *den ganzen Tag.*
	Ich nenne ihn *einen Lügner.*
3. im Dativ:	Ilse hilft *ihrem Vater.*
4. im Genitiv:	Er bedarf dringend *meiner Hilfe.*
	Dieser Tage traf ich ihn wieder.
5. mit Präposition + obliquem Kasus	Ich denke *an dich.*
	Ich stehe *zu dir.*
	Vera wohnt *auf dem Lande.*
	Wir fahren *in die Ferien.*
6. mit Satzteilkonjunktion:	Er lügt *wie eine Zeitung.*
	Ich betrachte ihn *als meinen Freund.*

Glieder, die im Kasus nicht bestimmt sind:

1. mit einem Adjektiv als Kern:	
a) ohne Zusatz:	Das Essen ist *gut.*
	Das Essen schmeckt *gut.*
b) mit Präposition:	Sie hat das *von klein auf* gelernt.
	Sag es mir *auf deutsch.*
c) mit Satzteilkonjunktion:	Er lügt *wie gedruckt.*
	Ich erachte das *als gut.*
2. mit einer Partikel als Kern:	
a) ohne Zusatz:	Wir sind *gestern* gekommen.
	Sie war *schon* da.
b) mit Präposition:	Wir sind *seit gestern* da.
	Er kommt *von oben.*
c) mit Satzteilkonjunktion:	Ich fühle mich hier *wie überall.*
	Es geht ihm jetzt schon besser *als neulich.*

Damit sind aber noch keine Satzglieder gewonnen. Für die Erarbeitung von Satzgliedbegriffen bedarf es noch der Berücksichtigung derjenigen Aufgaben, die diese Glieder im Satz wahrzunehmen haben. Wir gehen darauf im Folgenden detailliert ein.

2.3.2 Die Satzglieder im einzelnen

Im einzelnen unterscheiden wir im Deutschen folgende Satzglieder:

Subjekt

1031 Das Subjekt ist der formale Ansatzpunkt des verbalen Geschehens, das durch das Prädikat bezeichnet wird. Merkmal dafür ist die im deutschen Satz zwingend vorgeschriebene Kongruenz zwischen Subjekt und Finitum. Mit ihr hängt zusammen, daß die Subjektstelle in der Regel durch ein Glied im Nominativ besetzt ist; auch wo das nicht so ist, ist immer Ersatz durch ein Glied mit diesem Fallwert möglich.

Das Subjekt kann man mittels folgender Verfahren bestimmen:
1. Infinitivprobe (vgl. 125): Man löst das Prädikat aus dem Satz heraus und setzt es in den Infinitiv; ihm ordnet man die Glieder zu, die auch bei infinitivischer Formulierung innerhalb des Wortverbands bleiben, der durch das Verb organisiert wird. Man nennt diesen Wortverband die (verbale) Wortkette (vgl. 125):

> Das Architektenteam stellt das Haus innerhalb eines Jahres fertig.
> das Haus innerhalb eines Jahres *fertigstellen* ‖ das Architektenteam

Das Glied, das aus der verbalen Wortkette herausfällt, ist Subjekt.
2. Kongruenzprobe: Man ersetzt die Singularform des Finitums durch eine Pluralform (oder die Pluralform des Finitums durch eine Singularform). Das Glied, das notwendig seinen Numerus mit ändern muß, ist Subjekt:

> Das Architektenteam stellt das Haus innerhalb eines Jahres fertig.
> *Die Architektenteams stellen* das Haus innerhalb eines Jahres fertig.

3. Passivprobe (für Sätze, die im Aktiv stehen, mit passivfähigen Verben): Das Subjekt eines Satzes, in dem das Prädikat im Aktiv steht, wird zu einem präpositional eingeleiteten Glied mit *von* oder auch *durch,* wenn das Prädikat in das Passiv gesetzt wird:

> Das Architektenteam stellt das Haus innerhalb eines Jahres fertig.
> *Von dem/Durch das Architektenteam* wird das Haus innerhalb eines Jahres fertiggestellt.

Man kann hier bestimmen: Subjekt ist das Glied, das bei einer sinngebundenen Umformung des Aktivsatzes in einen Passivsatz die Form *von X* oder auch *durch X* erhält, nachdem es im aktivischen Ausgangssatz die Form *der/die/das X* gehabt hat.
4. Ist die Bestimmung des Subjekts vor allem deswegen ein Problem, weil eine Nominativform nicht eindeutig erkennbar ist, sind folgende Verfahren möglich:

– Ersatz der mehrdeutigen Form durch einen eindeutigen Nominativ (am deutlichsten ein maskulines Pronomen):

> | *Das Architektenteam* | stellt das Haus innerhalb eines Jahres fertig. |
> | *Der Architekt* | |
> | *Er* | |

– Nachfrage, in diesem Fall mit der Hilfsfrage „wer oder was?":

> Das Architektenteam stellt das Haus innerhalb eines Jahres fertig.
> *Wer oder was* stellt das Haus innerhalb eines Jahres fertig? *Das Architektenteam.*

1032 Schwierigkeiten bei der Bestimmung des Subjekts treten besonders in folgenden Fällen auf:
a) Ein Satz enthält mehrere Satzglieder im Nominativ:

Einsteins Ansatz ist doch *ein gewaltiger Fortschritt.* Oder ist *er das* etwa nicht? Natürlich ist *er das.*

In diesen Fällen führen Kongruenzprobe und Infinitivprobe am sichersten auf die Bestimmung des Subjekts:

Einsteins Ansätze sind doch ein gewaltiger Fortschritt. Oder sind *sie* das etwa nicht? Natürlich sind *sie* das.

ein gewaltiger Fortschritt *sein*‖Einsteins Ansätze
das *sein*‖sie

b) Vor dem Finitum steht ein *es,* das sich nicht auf ein neutrales Substantiv oder Pronomen zurückbezieht. Hier gibt es zwei Möglichkeiten:
- Das *es* ist nicht ersetzbar und fällt, wenn man eine Verschiebeprobe ansetzt, heraus. Es ist Platzhalter (vgl. 1028):

Es ging ein Jäger jagen.
Ein Jäger ging jagen.

Hier vermag überdies eine Kongruenzprobe deutlich zu erweisen, daß *es* nicht Subjekt sein kann:

Es ging ein Jäger jagen.
Es gingen zwei Jäger jagen.

Das *es* kongruiert nicht mit dem Finitum. Subjekt ist im Ausgangssatz *ein Jäger.*

- Das *es* ist mit sogenannten unpersönlichen Verben verbunden; bei einer Verschiebeprobe bleibt es erhalten. Hierher gehören Beispiele wie

Es regnet den ganzen Tag. – Den ganzen Tag regnet es.
Es blitzt draußen. – Draußen blitzt es.
Es grünt und blüht im Wald. – Im Wald grünt und blüht es.

Das *es* wird hier als Subjekt anerkannt, obwohl es nahezu inhaltsleer und auch nur begrenzt ersetzbar ist. (Immerhin ist es ersetzbar: *Der Regen, der regnet jeglichen Tag. Sein Auge blitzt. Die Wiese grünt und blüht.*) Es ist aber jedenfalls in einem formalen Sinn durchaus Ansatzpunkt des verbalen Geschehens.
c) Die Stelle des Subjekts ist nicht durch ein Satzglied im Nominativ besetzt; vielmehr kommen komplexere Konstruktionen vor, deren Fallwert erst noch zu erweisen ist. Schwierigkeiten können hier in folgenden Fällen auftreten:
- Die Subjektstelle ist durch einen Teilsatz besetzt:

Wer andern eine Grube gräbt, fällt selbst hinein.
Daß ihr mit in das Theater gehen wollt, freut mich.

Hier ist der Fallwert eines Teilsatzes zu bestimmen. Das geschieht am besten durch eine Infinitivprobe, durchgeführt am zusammengesetzten Satz, kombiniert mit einer Ersatzprobe, durchgeführt am Nebensatz:

selbst *hineinfallen*‖wer andern eine Grube gräbt
                      ↓
                  er
mich *freuen*‖daß ihr mit in das Theater gehen wollt
                  ↓
               es

- Die Subjektstelle ist durch einen Infinitiv besetzt:

Impfen schützt vor Kinderlähmung.
Dabeizusein ist alles.
Bachs Fugen zu spielen ist nicht leicht.

Fälle wie im ersten Beispiel sind nicht schwer zu entscheiden; es liegt ein substantivierter Infinitiv vor, der durch Ersatzprobe leicht als Glied mit Fallwert Nominativ erweisbar ist:

Impfen *Das Impfen* *Es*	schützt vor Kinderlähmung.

Etwas komplizierter liegen die anderen Fälle. Hier hilft eine Infinitivprobe, eine Ersatzprobe an der Infinitivstelle und die Frage „wer oder was?":

nicht leicht *sein*‖Bachs Fugen zu spielen
↓
es
wer oder was?

– Die Subjektstelle ist durch ein Partizip oder eine Partizipialgruppe besetzt:

> *Aufgeschoben* ist nicht aufgehoben.
> *Frisch gewagt* ist halb gewonnen.

Hier ist die Erweiterung unter ausdrücklicher Beibehaltung des Satzsinns eine sinnvolle Operation:

> *(Etwas) aufgeschoben (haben)* ist nicht (gleich) (etwas) aufgehoben (haben).
> *(Etwas) frisch gewagt (haben)* ist (gleich) (etwas) halb gewonnen (haben).

Die Erweiterungen sind dann wie Infinitive zu behandeln. Man kann solche Beispiele aber auch wie die folgenden auffassen:
– An der Subjektstelle stehen ganz unterschiedliche Glieder, z. B. unflektierte Adjektive, Partikeln oder präpositionale Fügungen:

> *Sauber* ist nicht rein.
> *Oben* ist nicht unten.
> *Auf dem Haus* ist nicht im Haus.

In solchen Fällen werden in der Regel Begriffe, Kategorien, Namen oder dergleichen zur Sprache gebracht; man kann dann erweitern:

> (Der Begriff) „sauber" ist nicht (gleich dem Begriff) „rein".

Über diese Erweiterung ist die Bestimmung leicht möglich.
– Nur in altertümlicher oder poetischer Verwendung kommen Genitive oder ihnen gleichwertige Formen (also z. B. solche mit der Präposition *von*) an Subjektstelle vor:

> … und *solcher Stellen* waren überall. (O. Ludwig)

1033 Gleichsetzungsnominativ

Nicht jedes Glied im Nominativ ist Subjekt. In dem Satz *Einsteins Ansatz ist doch ein gewaltiger Fortschritt* haben wir zwei Nominative. Mittels Kongruenzprobe und Infinitivprobe läßt sich *Einsteins Ansatz* als Subjekt bestimmen. Das andere Glied im Nominativ *(ein gewaltiger Fortschritt)* bleibt bei der Infinitivprobe Bestandteil der verbalen Wortkette, kann also nicht Subjekt sein.
Dieses Satzglied, das im Nominativ steht, nicht Subjekt ist und sich durch die Infinitivprobe als fester Bestandteil der verbalen Wortkette erweisen läßt, ist der Gleichsetzungsnominativ.
Der Name Gleichsetzungsnominativ darf dabei nicht so verstanden werden, als handle es sich in entsprechenden Sätzen immer um ein Verhältnis logischer Gleichsetzung. Viel häufiger gibt der Gleichsetzungsnominativ eine Gattung, eine allgemeine Klasse (von Gegenständen, Begriffen) an, in die das an Subjektstelle Genannte hineingehören soll (vgl. 1058).
Der Gleichsetzungsnominativ kommt nur in Verbindung mit einer begrenzten Reihe von (allerdings häufig verwendeten) Verben vor, so *sein, scheinen, bleiben, werden, heißen, sich dünken,* und beim Passiv einer Reihe von anderen Verben wie *nennen, schelten* u. a. (vgl. dazu 1034). Er hat eine besonders enge Beziehung zum Subjekt und steht in der Regel im gleichen Numerus wie dieses. Aus-

nahmen sind dort möglich, wo auf Grund der inhaltlichen Besetzung der Stelle des Gleichsetzungsnominativs deutlich eine Klasse bezeichnet wird, in die auch mehrere (in der Subjektstelle aufgeführte) Personen, Dinge, Sachverhalte usw. eingeordnet werden:

Wolfgang und Petra werden Arzt.

Zu weiteren diesbezüglichen Kongruenzproblemen vgl. 1170.

Wie die Subjektstelle ist die Stelle des Gleichsetzungsnominativs in der Regel durch ein Glied im Nominativ besetzt. Normalerweise gibt es in solchen Fällen keine schwierigen Identifikationsprobleme. Schwierigkeiten tauchen hingegen auf, wenn eine andere Besetzung vorliegt:

1. Die Stelle des Gleichsetzungsnominativs ist durch einen Teilsatz besetzt:

Werde, *der du bist!*

Daß es sich hierbei um eine Stelle für den Gleichsetzungsnominativ handelt, kann man durch Ersatzprobe und anschließende Infinitivprobe am Teilsatz erweisen:

Werde *ein guter Mensch!* – ein guter Mensch *werden.*

ein guter Mensch bleibt Bestandteil der verbalen Wortkette.

2. Die Stelle des Gleichsetzungsnominativs ist durch einen Infinitiv besetzt:

Verbannt werden heißt *sterben.*

Auch hier bietet sich eine Ersatzprobe, kombiniert mit einer Infinitivprobe, an.

3. Die Stelle des Gleichsetzungsnominativs ist durch ein flektiertes Adjektiv besetzt:

Diese Frage ist *keine wirtschaftliche, sondern eine politische.*

Solche Konstruktionen können als elliptisch betrachtet werden, die zu verstehen sind im Sinne von

Diese Frage ist keine wirtschaftliche (Frage), sondern eine politische (Frage).

Nicht hierher zählen wir alle die Fälle, wo das Adjektiv nicht flektiert ist, und zwar deswegen, weil dort kein fallbestimmtes Glied vorliegt (vgl. 1045).

4. Zu einem Problem können auch hier Fälle werden, wie wir sie bereits bei der Behandlung des Subjekts (vgl. 1031 f.) angetroffen haben:

Aufgeschoben ist nicht *aufgehoben.*
Frisch gewagt ist *halb gewonnen.*
Sauber ist nicht *rein.*

Man kann sie in der Weise, wie wir dort vorgegangen sind, erweitern und dann einen Gleichsetzungsnominativ ansetzen; man kann sie aber auch als Satzadjektive (vgl. 1045) behandeln.

Gleichsetzungsakkusativ

| 1034 |

Den Gleichsetzungsnominativ hatten wir als ein Satzglied im Nominativ charakterisiert, das in besonders enger Beziehung zum Subjekt steht; entsprechend gibt es ein Satzglied im Akkusativ, das in besonders enger Beziehung zum Akkusativobjekt (vgl. 1035) steht. Wir finden es fast ausschließlich nach den Verben *nennen, heißen* (transitiv), *schelten, schimpfen, schmähen:*

Ich nenne ihn *einen Lügner.*

Man nennt dieses Glied Gleichsetzungsakkusativ.
In der Regel ist die Stelle des Gleichsetzungsakkusativs durch ein Glied im Akkusativ besetzt. Daneben bestehen andere Möglichkeiten, die zu Identifikationsschwierigkeiten führen können:

1. Die Stelle des Gleichsetzungsakkusativs ist durch einen Teilsatz besetzt:

   Ich nenne ihn auch heute, *was ich ihn schon früher genannt habe,* nämlich einen Lügner.

2. Die Stelle des Gleichsetzungsakkusativs ist durch einen Infinitiv besetzt:

   Das nenne ich *arbeiten.*
   Das nenne ich *Wasser in den Rhein schütten.*

3. Die Stelle des Gleichsetzungsakkusativs ist durch ein flektiertes Adjektiv besetzt:

   Solche Konstruktionen nennt man *geometrische.*

Auch hier ist darauf hinzuweisen, daß das nicht flektierte Adjektiv, das in solchen Fällen im heutigen Deutsch in der Regel verwendet wird, nicht hierher, sondern zu den Satzadjektiven gehört (vgl. 1045).

Eindeutig dorthin gehören auch nach den hier vorkommenden Verben mögliche Partizipialkonstruktionen wie in den Beispielen

Das nenne ich *gekonnt.*
Das nenne ich *den Bock zum Gärtner gemacht.*

Sie lassen sich nicht, wie es beim Subjekt naheliegend (vgl. 1031 f.) und beim Gleichsetzungsnominativ noch möglich war (vgl. 1033), durch Erweiterungen verändern.

Die Identifikationsschwierigkeiten in diesen drei Fällen lassen sich in gleicher Weise lösen wie beim Gleichsetzungsnominativ (vgl. 1033).

1035 Akkusativobjekt

Wir hatten oben (vgl. 1031 f.) das Subjekt als den formalen Ansatzpunkt des verbalen Geschehens bestimmt; entsprechend lassen sich die Objekte als nach Art und Grad unterschiedliche Zielpunkte des verbalen Geschehens auffassen. Objekte sind Glieder, die in ihrem Kasus direkt durch das Prädikat oder – seltener – durch ein Satzadjektiv bestimmt sind. Nach ihrer Form unterscheidet man Genitivobjekt, Dativobjekt, Akkusativobjekt und Präpositionalobjekt. Die Stelle eines Objekts kann immer durch ein Pronomen besetzt sein.

Am häufigsten ist das Akkusativobjekt. Seine Stelle ist in der Regel durch ein Glied im Akkusativ besetzt. Der Kasus ist abzulesen an den Flexionsformen; wo das nicht möglich ist, kann er durch Ersatzprobe (am deutlichsten mit maskulinen Pronominalformen) erwiesen werden; hilfreich kann auch die Frage „wen oder was?" sein:

Ich werde *meinen Bruder* fragen.

Sie hat

| *das Schiff* |
| *den Dampfer* |
| *ihn* |
| *wen oder was?* |

nicht erreicht.

Die Stelle des Akkusativobjekts kann auch durch einen Teilsatz besetzt sein:

Sie lernt, *daß sie auf eigenen Füßen stehen muß.*
Ich weiß, *daß du tüchtig bist.*

Soweit die Bestimmung des Fallwerts hier Schwierigkeiten bereitet, kann man Ersatzproben einsetzen:

Ich weiß,

| *daß du tüchtig bist.* |
| *etwas/einen Sachverhalt.* |

Zu einem weiteren Identifikationsproblem vgl. 1041.

Dativobjekt

1036

Die Stelle des Dativobjekts ist regulär besetzt durch ein Glied im Dativ. Auch hier ist der Kasus an den Flexionsformen ablesbar oder durch Proben leicht zu bestimmen. Die Hilfsfrage lautet hier „wem?":

Sie hilft   *ihrem Vater.*

Das gehört | *der Lehrerin.* |
              | *dem Lehrer.* |
              | *ihm.* |
              | *wem?* |

An Stelle eines Satzgliedes im Dativ kann auch hier ein Teilsatz, und zwar ein Relativsatz (vgl. 1198 ff.), stehen:

Er hilft, *wem er helfen kann.*

Genitivobjekt

1037

Die Stelle des Genitivobjekts ist regulär besetzt durch ein Glied im Genitiv. Auch hier ist der Kasus an den Flexionsformen ablesbar oder durch Proben leicht zu bestimmen. Die Hilfsfrage lautet hier „wessen?":

Sie erinnert sich gern *ihrer Studentenzeit.*
Er bedarf dringend *meiner Hilfe.*

In der Gegenwartssprache kommt das Genitivobjekt verhältnismäßig selten vor. Zu einem Identifikationsproblem vgl. 1042.

Präpositionalobjekt

1038

Beim Präpositionalobjekt handelt es sich regulär um ein substantivisches oder pronominales Satzglied mit Präposition. Dabei ist die Präposition zwar Bestandteil des Satzgliedes, aber was für eine Präposition zu stehen hat, wird von dem Wort bestimmt, von dem das Präpositionalobjekt abhängig ist.

Wir hoffen *auf bessere Zeiten.*
Sie dachte *an sein Versprechen.*

Je nach dem Kasus, der durch die Präposition gefordert wird, kann man ein Präpositionalobjekt im Akkusativ und ein Präpositionalobjekt im Dativ unterscheiden:
– Präpositionalobjekt im Akkusativ:

Er pochte *auf sein Recht.* Sie klagen *auf Schadenersatz.*

– Präpositionalobjekt im Dativ:

Sie steht *zu ihrem Wort.* Sie begnügen sich *mit einem matten Protest.*

Ein Präpositionalobjekt im Genitiv kommt nicht vor.

Ob ein Präpositionalobjekt vorliegt, ist im Einzelfall nicht immer leicht zu entscheiden, da nicht alle Satzglieder mit Präposition auch Präpositionalobjekte sind. Wir müssen hier etwas weiter ausholen.
Satzglieder mit Präposition können formal in folgender Weise charakterisiert sein (vgl. dazu 1030)[1]:
– im Kasus bestimmt: Ich denke *an dich.*
– im Kasus nicht bestimmt mit einem Adjektiv als Kern: Er hat das *von klein auf* gelernt.
– im Kasus nicht bestimmt mit einer Partikel als Kern: Er kommt *von oben.*

---

[1] Außerdem ist zu berücksichtigen, daß bestimmte Partikeln als Wortbildungsbestandteil eine Präposition enthalten. Man nennt diese Partikeln Pronominaladverbien (vgl. 610 ff.).

1039 Unter Berücksichtigung ihrer Form nennt man Glieder, die durch eine Präposition bestimmt sind, Präpositionalgefüge. Die fallbestimmten Präpositionalgefüge nennt man auch Präpositionalkasus.

Als Satzglied kann ein Präpositionalgefüge Objekt sein, nämlich Präpositionalobjekt. Als solches ist es so fest in den Satz integriert wie die anderen Objekte. Präpositionalgefüge kommen aber auch in loserem Verbund mit dem Prädikat oder anderen Satzgliedern vor. Das ist z. B. in folgenden Sätzen der Fall:

> *An diesem Tage* zogen wir nicht weiter.
> *In Deutschland* ist die Todesstrafe abgeschafft.

Man bezeichnet solche Präpositionalgefüge als adverbiale Präpositionalgefüge (vgl. dazu 1040). Präpositionalobjekte und adverbiale Präpositionalgefüge sind nicht immer eindeutig voneinander zu trennen.[1] Generell kann man hier sagen:

1. Ein Präpositionalobjekt liegt dort vor, wo im Präpositionalgefüge vom Prädikat eine ganz bestimmte Präposition gefordert ist. Diese Präposition kann daher in der Regel auch nicht durch eine andere ersetzt werden; wenn sie ersetzt werden kann, so ergibt sich kein wesentlicher Bedeutungsunterschied. Die Präpositionen tragen in diesem Verhältnis zur Bedeutung des Präpositionalgefüges nicht viel bei. Ein Präpositionalobjekt liegt danach in Beispielen wie folgenden vor:

> Die Mannschaften warten *auf den Anpfiff*.
> Der Lehrer berichtet *über seine Reise/von seiner Reise*.

Im ersten Fall ist die Präposition nicht austauschbar, im zweiten Fall ist sie es beschränkt, doch führt der Austausch zu keinem faßbaren Bedeutungsunterschied.

Demgegenüber sind die Präpositionen in den adverbialen Präpositionalgefügen prinzipiell austauschbar, und mit dem Austausch sind zugleich Bedeutungsunterschiede verbunden. Um ein adverbiales Präpositionalgefüge handelt es sich danach in einem Beispiel wie

> Die Mannschaften warten *in der Kabine*.
> Die Mannschaften warten *neben der Kabine*.
> Die Mannschaften warten *an der Kabine*.

2. Präpositionalobjekte sind diejenigen Präpositionalgefüge, die bei Ersatz durch nicht im Kasus bestimmte Glieder nur Pronominaladverbien (vgl. 610 ff.) zulassen. Es handelt sich dabei immer um Pronominaladverbien auf der Grundlage derjenigen Präposition, die das Präpositionalobjekt bestimmt:

> Die Mannschaften warten *auf den Anpfiff/darauf*.
> Der Lehrer berichtet *über seine Reise/darüber – von seiner Reise/davon*.

Adverbiale Präpositionalgefüge können demgegenüber auch durch einfache Adverbien ersetzt werden:

> Die Mannschaften warten *in der Kabine/dort*.

3. Auf der gleichen Unterscheidungsgrundlage kann man auch unterschiedliche Hilfsfragen ansetzen: Das Präpositionalobjekt erfragt man mit einer Frage, deren notwendiger Bestandteil die Präposition ist, die im Präpositionalobjekt steht:

> *Auf wen/Auf was* warten die Mannschaften? – Die Mannschaften warten *auf den Anpfiff*.

---

[1] Manche Grammatiker haben daraus die Konsequenz gezogen, daß die Unterscheidung aufzugeben sei, so H. Glinz: Die innere Form des Deutschen. Eine neue deutsche Grammatik. Bern, München [6]1973; ders.: Der deutsche Satz. Wortarten und Satzglieder wissenschaftlich gefaßt und dichterisch gedeutet. Düsseldorf [5]1967; ebenso H. J. Heringer: Theorie der deutschen Syntax. München [2]1973. Eingehend diskutiert wird das Problem bei K. Brinker: Konstituentenstrukturgrammatik und operationale Satzgliedanalyse. Methodenkritische Untersuchungen zur Syntax des einfachen Satzes im Deutschen. Frankfurt/M. 1972.

Für das adverbiale Präpositionalgefüge gilt dies nicht; die Frage kann freier formuliert sein:

> *Wo* warten die Mannschaften? – Die Mannschaften warten *in der Kabine.*

Adverbiales Präpositionalgefüge

Adverbiale Präpositionalgefüge stehen in einem loseren Verhältnis zu den übrigen Elementen des Satzes als die Präpositionalobjekte. Für ihre Abgrenzung sei verwiesen auf 1039, für eine detailliertere Einteilung adverbialer Satzglieder auf 1053.

Auch bei den adverbialen Präpositionalgefügen kann man nach dem Kasus, der durch die gliedinterne Präposition gefordert ist, unterscheiden:

– Adverbiales Präpositionalgefüge im Akkusativ:

> Sie kam nur *für kurze Zeit.* Der Index ist *um fünf Punkte* gestiegen.

– Adverbiales Präpositionalgefüge im Dativ:

> *Seit dem Essen* sind vier Stunden vergangen. Diese Figur ist *aus Holz.*

– Adverbiales Präpositionalgefüge im Genitiv:

> Das Spiel fiel *wegen des schlechten Wetters* aus.

Adverbialakkusativ

Eine entsprechende Unterscheidung wie die zwischen Präpositionalobjekt und adverbialem Präpositionalgefüge ist noch an zwei weiteren Stellen bei den im Kasus bestimmten Gliedern zu treffen: Unter den Satzgliedern im Genitiv und im Akkusativ gibt es solche, die nicht den Objekten zugerechnet werden können, weil sie ein wichtiges Kriterium nicht erfüllen: Sie sind nicht pronominal ersetzbar. Wir erläutern das an einem Beispiel:

> Er hat den ganzen Haushalt den ganzen Sommer allein besorgt.

Dieser Satz enthält zwei völlig parallel gebaute Satzglieder im Akkusativ, *den ganzen Haushalt* und *den ganzen Sommer.* In der Probe auf pronominale Ersetzbarkeit reagieren sie aber unterschiedlich. Man kann wohl sagen:

> Er hat *ihn* den ganzen Sommer allein besorgt.

Aber nicht möglich ist:

> Er hat den ganzen Haushalt *ihn* allein besorgt.

Daß die beiden Glieder unterschiedlich sind, zeigt auch eine Passivprobe. Man kann wohl sagen:

> Der ganze Haushalt wurde von ihm den ganzen Sommer allein besorgt.

Man kann aber nicht sagen:

> Der ganze Sommer wurde von ihm den ganzen Haushalt allein besorgt.

Schließlich ist auffällig, daß bei sinnorientierter Ersetzung im ersten Fall nur im Kasus bestimmte Ersatzstücke möglich sind, im zweiten Fall dagegen auch nicht bestimmte:

Er hat	den ganzen Haushalt die ganze Küche die Wohnung	den	ganzen Sommer lange Zeit lange	allein besorgt.

An der Stelle des zweiten Akkusativs sind, berücksichtigt man den Sinn des Ausgangssatzes nicht zu streng, auch Glieder im Genitiv möglich:

> Er hat den ganzen Haushalt *eines Tages* allein besorgt.

Und solche Akkusative und Genitive kommen auch in der Umgebung von Verben vor, die gar keine Ergänzung im Akkusativ oder Genitiv verlangen:

Den ganzen Sommer schlief sie morgens bis 10 Uhr.
Eines Tages erwachte er als Millionär.

Es handelt sich hier eindeutig nicht um Objekte. Man spricht hier von Adverbialkasus und unterscheidet Adverbialakkusativ und Adverbialgenitiv.

Der Adverbialakkusativ ist das Satzglied, das im Akkusativ steht, jedoch (im Gegensatz zum Akkusativobjekt) nicht durch ein Pronomen (also z. B. durch *ihn, sie, es*) ersetzt werden kann. Sein Kasus ist nicht durch ein Element seiner Umgebung festgelegt, sei dies ein Satzglied oder das Prädikat; es handelt sich vielmehr um einen autonomen Akkusativ. Bei Umsetzung eines Aktivsatzes in einen Passivsatz kann der Adverbialakkusativ nicht (wie das Akkusativobjekt) in den Nominativ treten, sondern bleibt erhalten. Bei sinnorientierter Ersatzprobe sind auch Ersatzstücke möglich, die nicht im Kasus bestimmt sind:

Er kommt *jeden Tag*.
Wir haben *die ganze Zeit* geschlafen.

Adverbialgenitiv

Der Adverbialgenitiv[1] ist das Satzglied, das im Genitiv steht, jedoch (im Gegensatz zum Genitivobjekt) nicht pronominal (also z. B. durch *dessen* oder *seiner*) ersetzbar ist. Sein Kasus ist außerdem nicht durch ein Element seiner Umgebung festgelegt, sei dies das Prädikat oder ein Satzglied; es handelt sich vielmehr um einen autonomen Genitiv. Anders als das Genitivobjekt ist der Adverbialgenitiv auch durch Glieder ersetzbar, die nicht im Kasus bestimmt sind:

Eines Abends begegnete sie mir zum ersten Mal.
Dieser Tage traf ich sie wieder.
Meines Erachtens lebt sie hier.

Zugeordnete Glieder, die im Kasus bestimmt sind

Von anderer Art als die bisher behandelten Satzglieder sind die zugeordneten Glieder, die im Kasus bestimmt sind. Unter diesem Namen faßt man die im Kasus bestimmten Glieder zusammen, die durch Satzteilkonjunktionen (besonders *wie* und *als*) eingeleitet werden. Satzteilkonjunktionen unterscheiden sich von den Präpositionen, die ein Präpositionalgefüge einleiten, dadurch, daß sie keinen eigenen Fall fordern, sondern den Fall des Satzglieds unbeeinflußt lassen. Oft sind zugeordnete Glieder auf bestimmte Satzglieder des gleichen Satzes bezogen (ein solcher Bezug ist auf jedes Satzglied möglich); sie stehen dann im gleichen Fall wie diese:

Ich vertraue ihm *wie einem Freund*.
Ich schätze ihn *als einen alten Freund*.
Ich stehe zu ihm *wie zu einem Freund*.

Zugeordnete Glieder können aber auch ohne einen derartigen Bezug vorkommen; das ist besonders häufig der Fall, wenn es sich um (zugeordnete) Präpositionalgefüge handelt:

Das sind ja Zustände *wie im alten Rom*.

Die Besonderheit dieser Satzglieder liegt darin, daß ihre Zuordnung oft zu bereits besetzten Satzgliedstellen erfolgt und daß sie damit eine Erweiterung eines an sich schon vollständigen Satzes bewirken. Hier liegt auch der Grund dafür, daß man solche Glieder oft als verkürzte Nebensätze aufgefaßt hat.

---

[1] Zur prinzipiellen Unterscheidung des Adverbialgenitivs vom Genitivobjekt vgl. 1041.

Im Kasus bestimmte Glieder außerhalb des eigentlichen Satzverbandes

1044

In losem Bezug zum Satzverband stehen folgende Glieder:

Anredenominativ

Beim Anredenominativ handelt es sich um ein Satzglied im Nominativ, das völlig stellungsfrei ist und weggelassen werden kann. Es fällt damit in gewisser Hinsicht aus dem Rahmen des Satzes als eines Stellungsgefüges heraus. Ein Bezug auf andere nominativische Satzglieder ist nicht verlangt. Die Stelle kann nominal oder pronominal besetzt sein:

> *Frau Meier,* Sie haben die meisten Stimmen erhalten.
> *Du,* sie hat die meisten Stimmen erhalten.

Das Besondere am Anredenominativ ist, daß sich durch eine Verschiebung dieses Gliedes an der Stellung der übrigen Glieder nichts ändert:

> Sie, *Frau Meier,* haben die meisten Stimmen erhalten.
> Sie haben, *Frau Meier,* die meisten Stimmen erhalten.
> Sie haben die meisten Stimmen erhalten, *Frau Meier.*

Das Glied kann in jeder Stellung erscheinen. Dabei ist auffällig, daß es bei Erststellung nicht im strengen Sinne als erstes Satzglied wirkt: Es ist nicht möglich, unmittelbar hinter ihm das Finitum zu setzen.

Absoluter Nominativ

Von einem absoluten Nominativ spricht man bei Sätzen wie den folgenden:

> Peter will nun doch auswandern, *ein schwerer Entschluß.*
> Der Fürst fuhr durch das Schloßtor, *ein Reiter voraus.*

Glieder wie *ein schwerer Entschluß* und *ein Reiter voraus* stehen im Nominativ. Sie gehen aber weder mit dem Prädikat wie Subjekt und Gleichsetzungsnominativ zusammen, noch haben sie die Stellungsfreiheit des Anredenominativs. Am besten sind sie über Erweiterungsproben folgender Art zugänglich:

> Peter will nun doch auswandern; *das ist ein schwerer Entschluß.*
> Der Fürst fuhr durch das Schloßtor; *ein Reiter ritt voraus.*

Diese Erweiterung macht zugleich deutlich, daß wir uns hier am Übergang zum zusammengesetzten Satz befinden.

Absoluter Akkusativ

Analog zum absoluten Nominativ spricht man von einem absoluten Akkusativ; er liegt vor in Sätzen wie den folgenden:

> Neben ihm saß der dünnhaarige Pianist, *den Kopf* im Nacken, und lauschte …
> *Das Kneiferband* hinter dem Ohr, sprach sie nicht nur geziert, sondern geradezu gequält. (Th. Mann)

Auch in solchen Beispielen kann man Erscheinungsformen des Übergangs zum zusammengesetzten Satz sehen: Sie wirken wie unvollständige Teilsätze.

Satzadjektiv

1045

Mit dem Satzadjektiv kommen wir erstmals zu Satzgliedern, die nicht im Kasus bestimmt sind. Das Satzadjektiv ist ein im Kasus nicht bestimmtes Glied mit einem (unflektierten) Adjektiv im Gliedkern. An Stelle von Adjektiven kommen auch adjektivische Formen des Verbs vor, Partizipien also. Sie gehören hierher, soweit sie nicht verbal gebraucht sind, d.h. die infiniten Formen bilden. Satzadjektive liegen in folgenden Beispielen vor:

Er kam *froh* nach Hause.
Er kam *singend* nach Hause.
Er kam *erschöpft* nach Hause.

Und diese Glieder können auch erweitert auftreten:

Er kam – *über seinen Erfolg froh* – nach Hause.
Er kam – *eine Arie von Mozart singend* – nach Hause.
Er kam – *von der Wanderung erschöpft* – nach Hause.

Der Begriff Satzadjektiv meint ungeschieden das Vorkommen eines unflektierten Adjektivs oder Partizips neben einem „Vollverb" wie neben einem „Hilfsverb":

Das Essen ist *gut.*
Das Essen schmeckt *gut.*

Und er berücksichtigt zunächst nicht, daß unflektierte Adjektive als Satzglieder auf ganz unterschiedliche weitere Elemente des Satzes bezogen sein können, nämlich:

1. auf das Subjekt, z. B. bei den Verben *sein, bleiben, werden, scheinen, aussehen, schmecken* u. a.:

Sie ist *tüchtig/klug/geschickt.*
Sie werden *groß.*
Das sieht *gut* aus.

2. auf ein Objekt, vor allem bei den Verben, die ein Nennen, Wahrnehmen oder Urteilen bezeichnen:

Ich nenne ihn *verlogen.*
Ich finde sie *klug.*

3. auf das Prädikat, und zwar zu dessen näherer Bestimmung:

Er schläft *gut.*
Sie arbeitet *schwer.*

Anders als in anderen europäischen Sprachen (z. B. im Englischen, Französischen, Italienischen oder Lateinischen) ist nämlich der unterschiedliche Bezug des Adjektivs im Deutschen nicht an unterschiedlichen Formen ablesbar. Ungeschieden steht je ein endungsloses Adjektiv in den folgenden drei Sätzen, obwohl ein jeweils anderer Bezug vorliegt:

Der Beamte verlangte den Ausweis *zerstreut.*
Der Beamte verlangte den Ausweis *aufgeschlagen.*
Der Beamte verlangte den Ausweis *laut.*

Daß der Bezug ein jeweils anderer ist, vermag folgende Probe zu erweisen: Man formt das Satzadjektiv in ein attributives Adjektiv um (vgl. 1065) und prüft, was dann attribuiert wird: Im ersten Fall handelt es sich um einen *zerstreuten Beamten* (= Bezug auf das Subjekt), im zweiten um einen *aufgeschlagenen Ausweis* (= Bezug auf ein Objekt), im dritten um ein *lautes Verlangen* (= Bezug auf das Verb).

Das Problem ist nun, daß diese verschiedenen Bezüge in der deutschen Sprache auch durch operationale Verfahren nicht immer eindeutig nachweisbar sind. Man mag sich schon fragen, ob man im letzten Beispiel *lautes Verlangen* ansetzen muß; es könnte ja auch an einen *lauten Beamten* gedacht sein. Vollends unmöglich wird eine Entscheidung in Beispielen wie *Er liest ruhig seine Zeitung.* Manchmal kann unterschiedliche Zuordnung zu ganz verschiedenen Auffassungen eines Satzes führen: *Er hat es leicht gefunden* (= 1. ‚Er hat gefunden, daß es leicht ist.' 2. ‚Es machte ihm keine Schwierigkeit, es zu finden.'). Auf dieser Grundlage beruht ein bestimmter Typ von Wortwitzen: *Ich kenne sie nur flüchtig* (= ‚wenig gut' oder ‚als Fliehende').

Das Ganze hängt natürlich an der fehlenden Eindeutigkeit der Form. Um hier mit der jeweils angemessenen Genauigkeit vorgehen zu können, setzen wir zunächst ungeschieden die Kategorie Satzadjektiv an. In einem zweiten Schritt kann man dann zusätzliche Kennzeichnungen einführen: Wo der Bezug des Satzadjektivs auf ein bestimmtes Element des Satzes zweifelsfrei belegbar ist, notiert man dies entweder als Satzadjektiv zum Subjekt, zum Objekt oder zum Verb. (Wo ein mehrfacher Bezug möglich ist, ist auch dies zu notieren, z. B. „Satzadjektiv zum Subjekt und zum Prädikat".)

Die gleichen Unterscheidungen kann man auch für die anderen Satzglieder, die nicht im Kasus bestimmt sind, einführen. Ein eindeutiger Bezug auf ein bestimmtes Element des Satzes ist allerdings bei den Satzpartikeln (vgl. 1048) noch weniger herzustellen als hier.

Präpositionales Satzadjektiv

1046

Von einem präpositionalen Satzadjektiv sprechen wir bei im Kasus nicht bestimmten Satzgliedern mit einem Adjektiv im Kern, wenn sie durch eine Präposition eingeleitet sind:

> Sie hat das *von klein auf* gelernt.
> *Über kurz oder lang* muß er nachgeben.

Präpositionale Satzadjektive kommen selten vor.

Zugeordnetes Satzadjektiv

1047

Von einem zugeordneten Satzadjektiv sprechen wir bei im Kasus nicht bestimmten Satzgliedern mit einem Adjektiv als Kern, wenn sie durch eine Satzteilkonjunktion (vor allem *wie* und *als*) eingeleitet sind:

> Sie betrachteten das Problem *als gelöst.*
> Dann war alles wieder *wie neu.*

Satzpartikel

1048

Unter einer Satzpartikel verstehen wir ein im Kasus nicht bestimmtes Satzglied mit einer Partikel im Gliedkern:

> *Gestern* ist er angekommen.
> *Dort* haben sie elendes Wetter.

Für die unterschiedlichen Bezugsmöglichkeiten der Satzpartikel vgl. 1045; zum Spezialproblem der Negation vgl. 1148.

Präpositionale Satzpartikel

1049

Als präpositionale Satzpartikel bezeichnen wir ein im Kasus nicht bestimmtes Satzglied mit einer Partikel im Kern, wenn es durch eine Präposition eingeleitet wird:

> *Seit heute* haben wir einen Fernsehapparat.
> Der Hinweis kam *von oben.*

Zugeordnete Satzpartikel

1050

Von einer zugeordneten Satzpartikel sprechen wir bei im Kasus nicht bestimmten Satzgliedern mit einer Partikel im Kern, wenn sie durch eine Satzteilkonjunktion (vor allem *wie* und *als*) eingeleitet sind:

> Sie hat gestern den ganzen Tag gearbeitet *wie heute.*
> Einmal ist für mich *wie nie.*
> Ich empfinde das *als bald.*

2.3.3 Die Satzglieder im Überblick

1051

Verbale Teile und Satzglieder lassen sich nun in folgender Weise systematisch zusammenstellen:

Prädikat:

(Finitum, infinite Form, Verbzusatz)

Glieder, die im Kasus bestimmt sind:

Subjekt	Gleichsetzungsnominativ	
Akkusativobjekt	Gleichsetzungsakkusativ	Adverbialakkusativ
Dativobjekt		
Genitivobjekt		Adverbialgenitiv
Präpositionalobjekt		adverb. Präpositionalgefüge

Zu allen Gliedern sind möglich: zugeordnete Glieder, die im Kasus bestimmt sind.

Außerhalb des eigentlichen Satzverbandes stehen: Anredenominativ
absoluter Nominativ
absoluter Akkusativ

Glieder, die im Kasus nicht bestimmt sind:

| Satzadjektiv | Satzpartikel |
| präpositionales Satzadjektiv | präpositionale Satzpartikel |

Zu allen Gliedern sind möglich: zugeordnete Satzpartikeln und Satzadjektive.

Als reguläre Besetzungen der Stelle des Subjekts, der Objekte und der Gleichsetzungskasus finden sich Nomen oder Nominalgruppen, Pronomen oder Pronominalgruppen. Daneben kommen an diesen Stellen vor: flektierte Adjektive oder Partizipien und ganze Teilsätze, für das Präpositionalobjekt auch Präpositionalgefüge unterschiedlicher Form, eingeschlossen Pronominaladverbien. Subjekt und Objekte können nur nebeneinander, nicht füreinander stehen.

Die reguläre Besetzung von Stellen für im Kasus bestimmte adverbiale Satzglieder ist das Nomen oder die Nominalgruppe; daneben kommen Nebensätze vor.

Für die im Kasus nicht bestimmten Satzglieder gibt es keine alternative Besetzungsmöglichkeit; doch bestehen bei ihnen bestimmte Austauschmöglichkeiten mit Satzgliedern, die im Kasus bestimmt sind. So kann manchmal, wo ein Satzadjektiv steht, auch ein Gleichsetzungsnominativ stehen:

> Frank ist *katholisch.*
> Frank ist *Katholik.*

Möglich wäre hier auch ein Adverbialgenitiv oder ein adverbiales Präpositionalgefüge:

> Frank ist *katholischer Konfession.*
> Frank ist *von katholischer Konfession.*

Auch an der Stelle einer Satzpartikel kann ein adverbiales Präpositionalgefüge stehen:

> Vera arbeitet *dort.*
> Vera arbeitet *im Büro.*

Diese Austauschbarkeit hängt offensichtlich mit inhaltlichen Gesichtspunkten zusammen. Dies verweist auf eine weitere Möglichkeit der Ordnung von Satzgliedern, der wir uns im Folgenden zuwenden wollen.

2.3.4 Zum Problem einer inhaltlichen Interpretation der Satzglieder

Vorbemerkung

1052

Im vorangehenden Kapitel haben wir Satzglieder auf Grund ihrer formalen Prägung und der Aufgaben, die sie im Satz erfüllen, unterschieden. Dabei hat sich gezeigt, daß bestimmte Satzglieder gegeneinander austauschbar sind: Bei unterschiedlicher Form ist ihr inhaltlicher Beitrag zum Satz gleich. Einmal gilt das für das Satzadjektiv (zum Subjekt) und den Gleichsetzungsnominativ[1] (vgl. 1051), zum andern für die adverbialen Satzglieder (eingeschlossen Satzadjektiv und Satzpartikel zum Verb). Wir beschäftigen uns zunächst mit letzteren.

Betrachtet man die Satzglieder, die adverbial bestimmt und dabei gegenseitig austauschbar sind, unter inhaltlichen Gesichtspunkten, so lassen sich Kategorien benennen, die recht deutlich unterscheidbar sind. Man spricht von adverbialen Bestimmungen des Ortes oder des Raumes, der Zeit, der Art und Weise und des Grundes.

Wir haben uns dieser Möglichkeit einer inhaltlichen Ordnung von Satzgliedern bisher nicht bedient. Damit wäre nämlich eine völlig veränderte Perspektive in die Satzgliedbestimmung hereingekommen: Geht es bei Satzgliedern wie Subjekt oder Objekt gleichsam um eine formalgrammatische Betrachtungsweise, so läßt sich von einer Bestimmung des Raumes oder der Zeit, der Art und Weise oder des Grundes nur unter inhaltlichen Gesichtspunkten sprechen. Im Zusammenhang damit ist festzuhalten: Man kann wohl sagen, ein Prädikat „regiere" ein Objekt, ein adverbiales Präpositionalgefüge „gehöre" zu einem Prädikat; Aussagen dieser Art beziehen sich auf das Zusammenwirken von Satzgliedern im Satz. Man sollte aber nicht sagen, das Prädikat „vollziehe sich" an einem bestimmten Ort oder – etwa bei einem Passivsatz – das Subjekt „erleide eine Handlung". Mit anderen Worten: Unterscheidungen wie Subjekt, Objekt, adverbiales Präpositionalgefüge usw. beziehen sich auf eine Ebene, Unterscheidungen wie Ort, Zeit, Grund usw. auf eine andere. Auf der letzteren wird den Einheiten, die auf der ersten gewonnen worden sind, eine inhaltliche Interpretation zugeschrieben. Dabei können Abgrenzungen, die sich dort ergeben haben, hier unwichtig werden. Wichtig ist jedenfalls, die beiden Ebenen – die formal-funktionale und die inhaltliche Ebene – möglichst sauber auseinanderzuhalten. Darüber hinaus muß es Ziel grammatischer Forschung sein, in gleicher Weise wie den adverbial gebrauchten Satzgliedern auch den übrigen Elementen des Satzes eine inhaltliche Interpretation zuzuordnen. Einem solchen Programm stellen sich allerdings besondere Schwierigkeiten entgegen. So haben alle Arbeiten auf diesem Gebiet zu der Erkenntnis geführt, daß eine Eins-zu-eins-Entsprechung zwischen formalgrammatischen Einteilungen und inhaltlichen Einteilungen nicht herzustellen ist. Dazu kommt, daß sich die Forschung der Fragen, um die es hier geht, sehr unterschiedlich engagiert und auch von sehr verschiedenen Positionen her angenommen hat. Die Ergebnisse, die vorliegen, sind weder einheitlich noch vollständig. Hier ist noch viel zu tun (vgl. dazu auch die Überlegungen zur Satzbedeutung im Ausblick unter 1328 ff.).

Im Folgenden wird es nun zunächst darum gehen, den adverbial gebrauchten Satzgliedern eine deutlichere inhaltliche Interpretation zuzuordnen. Daran schließt sich eine Skizze der inhaltlichen Werte anderer Satzglieder in der allgemeinen Form an, die heute möglich ist.

---

[1] Damit hängt es zusammen, daß man beide Kategorien auch unter dem Terminus Prädikatsnomen zusammenfaßt. Vgl. J. M. Zemb: Was ist eigentlich (ein) Prädikatsnomen? In: Bolletino dell'istituto di lingue estere 11 (Genova 1978), S. 17–37.

1053 ## Zur inhaltlichen Interpretation adverbial gebrauchter Satzglieder

Adverbial gebrauchte Satzglieder beziehen sich nicht notwendig, wie man aus dem Namen ableiten könnte, ausschließlich auf das Verb. Wir müssen hier unterscheiden:

1. Adverbiale Bestimmungen können sich – gewissermaßen von außen – auf die Aussage als Ganzes beziehen. Die Aussage wird durch sie jeweils unterschiedlich situiert. Beispiele dafür sind:

> *Wahrscheinlich/Vielleicht/Sicher/Vermutlich* kommt sie.
> *Meines Erachtens/Nach meinem Empfinden/Für mein Gefühl/Nach meinem Eindruck* ist das falsch.

Die gleiche Leistung wie diese Satzglieder erbringen auch Teilsätze in Satzgefügen:

> Es ist *wahrscheinlich/sicher/zu vermuten,* daß er kommt.
> *Wie ich es empfinde,* ist das falsch.
> *Soviel ich weiß,* ist das falsch.
> Das ist, *um meinen Eindruck wiederzugeben,* falsch.

Es handelt sich dabei um Trägersätze zu Inhaltssätzen im Bereich der Inhaltsbeziehungen (vgl. 1213), um bestimmte Zuordnungsweisen im Bereich der Verhältnisbeziehungen (vgl. besonders 1235) sowie um das Verhältnis der Aussagenpräzisierung im Bereich der Verhältnisbeziehungen (vgl. 1255).

2. Adverbiale Bestimmungen können sich – gewissermaßen von innen – auf das Verb, aber auch auf den Satzinhalt insgesamt beziehen:

– auf das Verb: Sie trug das Paket *vorsichtig.*
– auf den Satzinhalt insgesamt: *Heute* brachte sie das Paket mit.

Nicht immer sind die beiden Möglichkeiten mit letzter Sicherheit auseinanderzuhalten (vgl. 1045).

Die adverbialen Bestimmungen der zweiten Gruppe kann man unter inhaltlichen Gesichtspunkten weiter untergliedern. Dabei ergeben sich vier Großgruppen, die in sich noch weiter unterteilt werden können. Im einzelnen kann man hier unterscheiden:

1054 ## Adverbiale Bestimmung des Raumes:

Adverbiale Bestimmungen des Raumes geben an:

1. *einen Ort* (Frage: „wo?")

> Karl arbeitet *in München.*
> Er arbeitet schon lange *dort.*

2. *eine Richtung* (Frage: „wohin?")

> Elisabeth geht *ins Theater.*
> Er schickt ein Paket *nach Mannheim.*
> Sie schreibt auch *dorthin.*

3. *eine Herkunft* (Frage: „woher?")

> Inge kommt *aus dem Schwimmbad.*
> *Von wo* kommt er?

4. *eine (räumliche) Erstreckung* (Frage: „wie weit?")

> Peter wirft den Ball *bis an den Fluß.*
> Er ist *den ganzen Weg* zu Fuß gegangen.

1055 ## Adverbiale Bestimmung der Zeit:

Adverbiale Bestimmungen der Zeit geben an:

1. *einen Zeitpunkt* (Frage: „wann?")

   Eines Tages sah ich ihn wieder.
   Am 11. September hat sie Geburtstag.

2. *eine (zeitliche) Wiederholung* (Frage: „wie oft?")

   Er läuft *jeden Tag* diese Strecke.

3. *eine (zeitliche) Erstreckung* (Frage: „wie lange?", „seit wann?", „bis wann?")

   Sie schreibt *einen ganzen Tag.*
   Er war *zehn Jahre* im Gefängnis.
   Sie blieb nur *für kurze Zeit.*
   Seit dem Essen sind vier Stunden vergangen.
   Bis zum Essen kannst du noch lesen.

Adverbiale Bestimmung der Art und Weise:

Adverbiale Bestimmungen der Art und Weise geben an:

1056

1. *eine Beschaffenheit, ein bestimmtes Sosein* (Frage: „wie?")

   Er rennt *sehenden Auges* ins Unglück.
   Sie gingen *unverrichteter Dinge* wieder weg.
   Sie arbeitet *vorbildlich.*
   Ohne erkennbare Erregung gingen sie hinaus.

2. *eine Quantität* (Frage: „wieviel?")

   Otto arbeitet *genug.*
   Michael schläft *zuwenig.*

3. *einen Grad, eine Intensität* (Frage: „wie sehr?")

   Er peinigt mich *bis aufs Blut.*
   Wir kämpften *auf Leben und Tod.*

4. *eine (graduelle) Differenz* (Frage: „um wieviel?")

   Der Index ist *um fünf Punkte* gestiegen.

5. *eine stoffliche Beschaffenheit* (Frage: „woraus?")

   Er schnitzt *aus Holz* eine Figur.

6. *ein Mittel oder Werkzeug* (Frage: „womit?", „wodurch?")

   Sie schlug den Nagel *mit dem Hammer* in die Wand.
   Er schneidet das Brot *mit dem Messer.*
   Sie besiegte ihn *durch ihr gutes Spezialwissen.*

7. *eine Begleitung* (und das Gegenteil; Frage: „mit wem?")

   Mein Freund fährt *mit seinen Eltern* nach Hamburg.

Adverbiale Bestimmung des Grundes:

Adverbiale Bestimmungen des Grundes geben an:

1057

1. *einen Grund oder eine Ursache im engeren Sinn* (Frage: „warum?")

   Das Verbrechen geschah *aus Eifersucht.*
   Er ist *Hungers* gestorben.
   Er schrie *vor Hunger.*
   Der Tenor konnte *wegen Heiserkeit* nicht singen.
   Für die Geschwindigkeitsübertretung wurde er mit einer Geldbuße belegt.

2. *eine Bedingung* (Frage: „in welchem Fall?", „unter welcher Bedingung?")

   Bei Regen fällt das Spiel aus.
   Im Wiederholungsfall wird er belangt.
   Unter diesen Umständen arbeite ich nicht mit.

3. *eine Folge* (Frage: „mit welcher Folge?", „mit welchem Ergebnis?")
   Es ist *zum Haareraufen.*

4. *eine Folgerung* (Frage: „auf Grund welcher Prämisse?")
   Angesichts seines Einkommens glaube ich ihm seine Armut nicht.
   Bei seinem Einkommen glaube ich ihm seine Armut nicht.
   Seinem Einkommen nach muß es ihm gut gehen.

5. *einen Zweck* (Frage: „wozu?", „in welcher Absicht?")
   Wir fuhren *zur Erholung* an die See.
   Zum Verdunkeln ließ sie die Rolläden herunter.

6. *einen (wirkungslosen) Gegengrund* (Frage: „mit welcher Einräumung?",
   „trotz welchen Umstands?")
   Trotz des Regens gingen sie spazieren.
   Ungeachtet seiner Begabung ist er doch nur mittelmäßig.
   Bei all seiner Begabung ist er doch nur mittelmäßig.

1058 ## Zur inhaltlichen Interpretation anderer Satzglieder

Eine inhaltliche Interpretation der anderen Satzglieder ist um so schwieriger, je
enger sie mit dem Prädikat zusammenhängen und je größer die Anzahl der Verben ist, in deren Umgebung sie vorkommen können: Zwischen dem Inhalt der
Verben und dem inhaltlichen Wert der mit ihnen zusammenspielenden Satzglieder besteht ein enger Zusammenhang.

Umgekehrt bedeutet das, daß z. B. Satzgliedern wie dem Anredenominativ sehr
eindeutig ein Inhalt zuzuordnen ist: Sein Zusammenhang mit dem Verb ist sehr
lose. Der Anredenominativ bezeichnet immer eine angesprochene oder angeru-
fene Größe:

   Karin, du mußt noch Klavier spielen!

Ein recht eindeutiger inhaltlicher Wert ist auch den Gleichsetzungskasus zuzuschreiben. Sie sind nur bei einer begrenzten Anzahl von Verben möglich und bezeichnen im wesentlichen einen identifizierenden Begriff, der in einer „Gleichsetzung" den in der Subjektstelle genannten Begriff definieren soll, oder aber einen
klassifizierenden Begriff, der das in der Subjektstelle Genannte in eine Klasse
einordnen soll. Mit dieser Klasseneinordnung kann auch eine Funktionszuwei-
sung verbunden sein:

   Bern ist *die Hauptstadt der Schweiz.*
   Bern ist *eine große Stadt.*
   Er nennt ihn *einen Lügner.*
   Er ist *Lehrer.*

In gleicher Eigenschaft kommt auch das Satzadjektiv vor (Bern ist *groß*). Dieser
Umstand begründet die bereits angesprochene teilweise Austauschbarkeit zwischen Satzadjektiv und Gleichsetzungskasus.

Sehr viel weniger eindeutig lassen sich dem Subjekt und den Objekten inhaltliche
Interpretationen zuordnen, und zwar offensichtlich wegen ihres engen Zusammenhangs mit dem Prädikat. Besonders schwierig ist es bei den Präpositional-
objekten, bei denen eine spezifische Präposition die Verbindung zwischen Prädikat
und Nominal- bzw. Pronominalgruppe herstellt (vgl. 1038). Wir begnügen uns hier
mit einer Zusammenstellung dessen, was durch eine längere grammatische Tradition als gesichert gelten kann.[1]

---

[1] Die folgende Darstellung stützt sich weitgehend auf die Untersuchungen von G. Helbig: Die Funktionen der substantivischen Kasus in der deutschen Gegenwartssprache. Halle/Saale 1973. Sie vereinfacht aber stark und übernimmt auch nicht deren sprachtheoretische Grundannahmen. Man vergleiche hier im übrigen auch W. Abraham (Hg.): Kasustheorie. Frankfurt/M. 1971.

a) Das **Subjekt** kann z. B. bezeichnen:

1. einen Täter, jemanden, der eine Tätigkeit oder Handlung vollzieht. Man spricht hier vom Agens[1].

> *Er* schlägt den Hund.
> *Der Fahrer* bremst.

Wir rechnen hierzu auch die Fälle, wo eine – gewissermaßen als tätig, aber nicht eigentlich personal gesehene – Kraft an Subjektstelle genannt wird:

> *Der Taifun* zerstörte die ganze Stadt.

In Passivsätzen wird das Agens in einem Präpositionalgefüge ausgedrückt:

> Der Hund wird *von ihm* geschlagen.

2. den Träger eines Vorgangs oder Zustands.

> *Das Laub* fällt.
> *Er* schläft ruhig.

3. das Resultat eines Geschehens, das durch das Prädikat angegeben wird. Man spricht hier von einem **effizierten Subjekt**[2]. Es kommt vorwiegend in Passivsätzen vor. In Aktivsätzen entspricht ihm das sogenannte **effizierte Objekt** (vgl. b 2).

> *Das Haus* wird gebaut.

4. das Geschehen selbst. Das ist dort der Fall, wo an der Prädikatsstelle ein bedeutungsarmes Verb steht:

> *Eine Veränderung* tritt ein.

5. eine Person (ein Lebewesen) oder eine Sache, die von einer Tätigkeit oder Handlung betroffen ist. Man spricht hier vom **Patiens**[3] (als Gegenbegriff zum Agens, vgl. a 1; man kann auch von einem **affizierten Subjekt**[4] sprechen, analog zum affizierten Objekt, vgl. b 1).

> *Der Hund* wird geschlagen.

6. den Träger einer Identifizierung oder Klassifizierung, einer Funktionszuschreibung oder einer Eigenschaftszuordnung. Dies ist anzusetzen in Sätzen mit einem Gleichsetzungsnominativ und solchen mit einem gleichwertigen Satzadjektiv.

> *Bern* ist die Hauptstadt der Schweiz.
> *Bern* ist eine große Stadt.
> *Er* ist Lehrer.
> *Bern* ist groß.

7. das Mittel einer Tätigkeit oder Handlung; man spricht hier von einem **Instrumental**[5].

> *Ein Lied* beendete die Feier.

Der Instrumental kann auch in einem Präpositionalgefüge ausgedrückt werden:

> Die Feier wurde (von den Teilnehmern) *mit einem Lied* beendet.

b) Das **Akkusativobjekt** kann z. B. bezeichnen:

1. eine Person (ein Lebewesen) oder eine Sache, die von einer Tätigkeit oder Handlung betroffen ist. Man spricht hier vom **affizierten Objekt** oder vom **Patiens** (vgl. auch a 5). Die Weise des Betroffenseins kann sehr unterschiedlich sein, je nachdem, welchen Charakter die Tätigkeit oder Handlung hat. Wichtig ist

| 1059 |

| 1060 |

---

[1] Lat. *agere* ‚handeln'.
[2] Lat. *efficere* ‚bewirken'.
[3] Lat. *pati* ‚erleiden, erdulden'.
[4] Lat. *afficere* ‚auf jemanden einwirken'.
[5] Lat. *instrumentum* ‚Mittel, Werkzeug'.

nur, daß das im Akkusativobjekt Genannte unabhängig von der Tätigkeit oder Handlung, die im Prädikat genannt wird, existiert; es wird nicht durch sie hervorgebracht (vgl. zum Unterschied b 2).

> Sie backt *den Fisch.*
> Er lobt *den Schüler.*
> Sie verrückt *den Tisch.*

2. das Resultat eines Geschehens, einer Tätigkeit oder einer Handlung, die durch das Prädikat angegeben wird; man spricht hier von einem **effizierten Objekt.**

> Sie backt *den Kuchen.*
> Sie bauen *ein Haus.*

3. ein Geschehen selbst, das durch das im Prädikat stehende Verb in seinem Verlauf charakterisiert wird.

> Er leistet *Hilfe.*
> Sie gibt *Unterricht.*

4. eine Person, der physische oder psychische Zustände zugesprochen werden.

> Es friert *mich.*
> Es drängt *mich.*

5. den Inhalt eines Verbalbegriffs, der dadurch in seiner Art gekennzeichnet wird. Dieses Objekt kommt bei intransitiven Verben vor.

> Er starb *einen leichten Tod.*

Man spricht hier von einem **inneren Objekt.**

6. eine Quantitätsbestimmung, oft eine Menge oder einen Preis.

> Das Faß enthält *100 Liter.*
> Das Buch kostet *20 Mark.*

7. den Besitz einer Person.

> Er besitzt *ein Auto.*
> Sie hat *eine Boutique.*

8. ein Befinden, eine Eigenschaft oder eine Funktion, die jemand „hat".

> Wir haben *Angst.*
> Er hat *einen kräftigen Griff.*
> Sie hatte *einen Beruf.*

9. den Träger einer Klassifizierung, die durch den Gleichsetzungsakkusativ vorgenommen wird.

> Er nennt *ihn* einen Feigling.

| 1061 | c) Das **Dativobjekt** gilt generell als sogenanntes **indirektes Objekt**, weil hier vorwiegend jemand oder etwas genannt wird, dem sich eine Tätigkeit oder Handlung eher mittelbar zuwendet. Im einzelnen kann es z. B. bezeichnen:

1. im allgemeinsten Sinn einen Bezugspunkt oder (häufig) eine Bezugsperson für ein Geschehen.

> Sie begegnet *ihm.*
> Es dient *meiner Gesundheit.*
> Das nützt *dem Staat.*

2. einen Besitzer (Eigentümer) oder auch Empfänger, aber auch eine Person, der ein Besitz (Eigentum) fehlt. Man spricht hier von einem **possessiven Dativ**[1].

> Das Buch gehört *mir.*
> Das Buch ist *mir* eigen.

---

[1] Lat. *possessivus* ‚einen Besitz anzeigend'.

3. eine Person, an deren Stelle und für die bzw. zu deren Vorteil oder Nachteil etwas geschieht. Man spricht von einem Dativus commodi und incommodi[1].

> Er trägt *ihr* den Koffer.
> Sie hat *mir* den Teller zerbrochen.

4. eine Person (ein Lebewesen) oder Sache, auf die – als Ganzheit – ein Teil bezogen wird. Man spricht hier vom Pertinenzdativ oder Zugehörigkeitsdativ.

> *Mir* schmerzt der Kopf.
> Ich putze *mir* die Schuhe.
> Er fuhr *dem PKW* in die Seite.

5. eine Person, die nur zusätzlich und gefühlsmäßig an einer Handlung beteiligt ist. Praktisch ist dieser Gebrauch auf die Personalpronomen der 1. und 2. Person beschränkt. Er steht bei Ausdrücken der Verwunderung, Aufforderung und Frage und bezeichnet emotionale Beteiligung. Man spricht vom Dativus ethicus[2].

> Daß du *mir* nicht zu spät kommst!

6. den Zweck; man spricht hier von einem finalen Dativ[3]. An seiner Stelle steht oft ein Präpositionalgefüge mit *für*.

> Er lebt nur *seiner Arbeit*.

d) Dem **Genitivobjekt** lassen sich zwar auch inhaltliche Interpretationen zuordnen, doch gelten sie – angesichts der geringen Anzahl von Verben mit Genitivobjekt – jeweils nur für ganz kleine Verbgruppen.[4] Von allgemeinerer Bedeutung ist lediglich die Bezeichnung des Inhalts bzw. Sachbetreffs der Beschuldigung in der Gerichtssprache. Man spricht hier von einem Genitivus criminis[5].

> Er wird *des Mordes* beschuldigt.

| 1062 |

2.4 Der Satzgliedinnenbau

2.4.1 Allgemeines zum Satzgliedinnenbau

| 1063 |

Bisher war es um Inhaber syntaktischer Stellen ersten Grades, d. h. Satzglieder, gegangen. Im Folgenden wenden wir uns den syntaktischen Stellen zweiten Grades zu. Man spricht hier von Attributen (Beifügungen). Sie ermöglichen es, das im Gliedkern Genannte zu charakterisieren, auszudeuten und genauer zu bestimmen.

Die Satzanalyse mittels Verschiebeprobe und Ersatzprobe hatte auf Satzglieder unterschiedlicher Komplexität geführt. Wir haben Satzglieder angetroffen, die aus einem einzigen Wort bestehen, aber auch solche, die mehrere Wörter umfassen. So ist etwa die Stelle des Subjekts in den folgenden beiden Beispielen höchst unterschiedlich komplex besetzt:

> *Picasso* ist gestern gestorben.
> *Der bedeutende spanische Maler Pablo Picasso* ist gestern gestorben.

Ein anderes Beispiel für ein besonders „beladenes" Satzglied bietet der folgende Satz aus einer Nachrichtensendung:

> *Seine überraschende Reise zur KSZE-Folgekonferenz in Madrid* hat der Außenminister zu einem Zwischenaufenthalt in Bonn unterbrochen.

---

[1] Lat. *commodum* ‚Vorteil', *incommodum* ‚Nachteil'.
[2] Griech. *ethikós* (im weitesten Sinne:) ‚innere Beteiligung anzeigend'.
[3] Lat. *finis* ‚Zweck, Ende'.
[4] Vgl. G. Helbig: Die Funktionen der substantivischen Kasus in der deutschen Gegenwartssprache. Halle/Saale 1973, S. 212f.
[5] Lat. *crimen* ‚Vorwurf, Anschuldigung'.

Alles, was in diesem Satz vor dem Finitum *hat* steht, ist ein Satzglied. Es ist kein Zufall, daß sich solche Beispiele gehäuft in Nachrichtentexten, aber z. B. auch in wissenschaftlichen Abhandlungen finden: Im Bestreben, möglichst viel an Information raum- und zeitsparend unterzubringen, wählt man oft nicht mehrere einfache Sätze, sondern bedient sich der grammatischen Möglichkeit der „Beladung" einzelner Satzglieder; ganze Sätze werden dabei gleichsam in Satzgliedern zusammengedrängt. Man kann darin geradezu eine Tendenz zumal der geschriebenen Gegenwartssprache sehen.

Für unser weiteres Vorgehen unterscheiden wir terminologisch zwischen den beiden vorgeführten Besetzungsformen: Wir sprechen von einem einfachen Satzglied, wo das Glied nur aus einem Wort besteht, von einem komplexen Satzglied, wo es aus mehreren Wörtern besteht. Im Folgenden soll es darum gehen, den Bau der komplexen Satzglieder zu beschreiben.

2.4.2 Die Attribute im einzelnen

Wie schon vorher unterscheiden wir komplexe im Kasus bestimmte und komplexe im Kasus nicht bestimmte Satzglieder. Attribuierung kann man nun auffassen als Anreicherung eines (prinzipiell als einwortig anzusehenden) Satzgliedkerns. Dieser Kern ist das Minimum des Satzglieds, auf das nicht verzichtet werden kann; er ist es auch, der den Gesamtwert des Satzglieds bestimmt (vgl. 1029). Attribute sind in diesem Verständnis Elemente, die sich nicht unmittelbar auf den Satz, sondern auf seine Gliedkerne beziehen (bzw. nur mittelbar über den Kern auf den Satz). In diesem Sinne sind sie syntaktisch auch nicht notwendig (das ist nur der Gliedkern). Wenn sie in konkreten Sätzen doch nicht immer weggelassen werden können, so kann das zwei verschiedene Gründe haben:

1. Eine Attribuierung ist notwendig, weil eine Formulierung ohne sie grammatisch unkorrekt wäre; also nur

> *Ein* Baum fiel auf die Straße.

und nicht

> Baum fiel auf die Straße.

2. Eine Attribuierung ist notwendig, weil eine Formulierung ohne sie inhaltlich unsinnig wäre; also nur

> *Bellende* Hunde beißen nicht.

und nicht

> Hunde beißen nicht.

1065 Attribute in Gliedern, die im Kasus bestimmt sind

Als Attribute kommen vor:

- Adjektive (oder Partizipien):

  > *Aufgebrachte Bürger* wandten sich gegen die Demonstranten.

- Artikel und Pronomen:

  > *Der* Polizist verlangte *meinen* Führerschein.

- Substantive im Genitiv:

  > Der Süden *Europas* gehört zu den weniger entwickelten Regionen.
  > *Europas* Süden gehört zu den weniger entwickelten Regionen.

- Substantive mit Satzteilkonjunktion:

  > Sein Ruf *als Mediziner* ist über jeden Zweifel erhaben.

- Präpositionalgefüge:

    Die Museen *in München* sind sehr interessant. Der Mensch *von heute* ist verunsichert.

- Partikeln:

    Die Museen *dort* sind großartig. *Nur* Möwen können auf dieser Insel leben.

- Partikeln mit Satzteilkonjunktion:

    Ein Spiel *wie gestern* sieht man nicht alle Tage.

Die Stelle eines Attributs können auch ganze Teilsätze sowie Infinitivkonstruktionen ausfüllen. Wir gehen auf diese Möglichkeit hier nicht ein; sie wird beim zusammengesetzten Satz angesprochen (vgl. 1192 ff.).

Eine besondere Form der Attribuierung ist die Apposition.[1] Appositionen sind substantivische Attribute, die einem Bezugswort nachgetragen sind, durch keine besonderen syntaktischen Mittel mit ihm verknüpft sind, aber wenigstens in der Regel damit kongruieren (im Kasus übereinstimmen). Man kann hier unterschiedlich enge Formen des Zusammenspiels beobachten:

|1066|

1. Appositionen im engeren Sinn sind Teilglieder, die einem anderen Teilglied nachgetragen sind, in der Regel damit kongruieren und hinsichtlich der Stimmführung unter einem eigenen Teilbogen stehen (vgl. 1314). In schriftlichen Texten sind sie gewöhnlich durch Kommas oder Gedankenstriche abgetrennt. Sie sind sowohl zum Gliedkern als auch zu einem Attribut möglich; zum Kern:

    Fritz, *mein Freund aus der Studienzeit,* hat meine Hilfe gern in Anspruch genommen. Er erinnerte sich Fritz Meiers, *seines Studienfreundes.* Er half Fritz Meier, *seinem Studienfreund,* nach Kräften. Eines bestimmten Abends, *eines Abends im Spätsommer,* traf ich ihn wieder.

Um Appositionen zu Attributen handelt es sich in folgenden Fällen[2]:

    Das Zusammentreffen mit Fritz, *meinem Studienfreund,* gestaltete sich erfreulich. Die Ankunft des D 735, *eines Nachtschnellzugs,* erfolgte verspätet.

2. Zu den Appositionen im weiteren Sinn rechnet man Attribuierungserscheinungen wie die folgenden (und zwar weil sie unter gleichen Kongruenzbedingungen stehen wie die Appositionen im engeren Sinn):

    a) Karl *der Große* residierte meist in Aachen.

Das Attribut entspricht strukturell ganz der Apposition im engeren Sinn, ist aber in der Stimmführung nicht abgesetzt.

    b) Ihr Status *als Expertin* ist unbestritten.
    Mit einem Mann *wie ihm* haben wir nichts zu befürchten.

Es handelt sich hier um mit *wie* und *als* zugeordnete Teilglieder.

3. Dem appositionellen Verhältnis ordnen wir auch stimmlich abgesetzte Attribute unterschiedlicher Form zu, die nicht mit ihrem Bezugswort kongruieren und oft elliptischen Charakter haben:

    Karl Müller, *Hamburg* (= wohnhaft in H.), berichtet ... Die Flaschen, *kontrolliert und verpackt,* können verschickt werden. Auf der A8, *sowohl in nördlicher als auch in südlicher Richtung,* stauen sich die Autos. Dort drüben, *unten,* kann man Rehe beobachten.

Attribute in Gliedern, die im Kasus nicht bestimmt sind

|1067|

Als Attribute kommen vor:

- Adjektive (oder Partizipien) unflektiert:

[1] Vgl. dazu H. Raabe: Apposition. Untersuchungen zu Begriff und Struktur. Tübingen 1979.
[2] Zur Kombination verschiedener Attribuierungsformen vgl. 1072.

Sie ist *gut* gelaunt. Er ist *hinreichend* gewarnt.

– Adjektive (oder Partizipien) mit Satzteilkonjunktion:

Er ist dümmer *als lang.*
Er ist dümmer *als erlaubt.*

– Partikeln:

Er besucht uns *sehr* fleißig.
Sie kommt *noch* heute.

– Partikeln mit Satzteilkonjunktion:

Sie blieb länger *als gestern.*

– Substantive mit Satzteilkonjunktion:

Er ist so groß *wie sein Bruder.*
Der Baum ist höher *als das Haus.*

– Präpositionalgefüge:

Rechts *von dieser Eiche* stand das Reh.
Dort *am Hang* blüht der Ginster.
Am weitesten hinten sitzt sie.
Am schönsten sichtbar ist das Tal von hier aus.
Am ehesten erträglich ist das Seeklima.

– (Adverbial)akkusative:

Den ganzen Nachmittag lang hat er Klavier gespielt.

(Hierher gehören schließlich auch die unter 1066,3 genannten Attribuierungsformen.)

1068 Zum Problem der Abgrenzung von Satzglied und Attribut

In manchen Fällen, zumal wenn Präpositionalgefüge beteiligt sind, ist nicht immer klar zu entscheiden, ob ein Attribut oder ein selbständiges Satzglied vorliegt:

Maria schrieb täglich einen liebevollen Gruß aus München an ihren Verlobten.

Eine Verschiebeprobe kann hier die zwei Möglichkeiten aufzeigen:

Aus München schrieb Maria täglich einen liebevollen Gruß an ihren Verlobten.
Einen liebevollen Gruß aus München schrieb Maria täglich an ihren Verlobten.

Die Schwierigkeit der Bestimmung hängt in solchen Fällen nicht an der Unschärfe der Kategorie, sondern am Verständnis des zugrundeliegenden Satzes. Sätze können oft sowohl unter Heranziehung der einen als auch der anderen Kategorie verstanden werden. In Zweifelsfällen muß man beide Möglichkeiten gelten lassen.

Mehrwortigkeit an verschiedenen Stellen des Satzglieds

Die Beispiele, die vorstehend für Attribuierungsmöglichkeiten angeführt worden sind, haben vorzugsweise mit einfacher Besetzung der Stelle des Attributs operiert. Nun kann eine solche Stelle aber auch mit mehreren Wörtern besetzt sein. Hier sind zwei Möglichkeiten zu unterscheiden; wir erläutern sie am Beispiel des attributiven Adjektivs:

1069

1. Die Stelle des Adjektivs (zwischen Pronominalteil und Kern) ist mit mehreren Wörtern besetzt; dabei besteht ein Verhältnis der Unterordnung:

Ich traf diesen *von mir sehr geschätzten* Mann öfter.

Man kann hier weiter untergliedern: Es liegt ein attributives Partizip vor, dem seinerseits eine Partikel und ein Präpositionalgefüge attribuiert sind.

2. Die Stelle des Adjektivs ist mit mehreren, einander nebengeordneten Wörtern besetzt. Man spricht hier von einer Wortreihe. Die Glieder einer Wortreihe können auf verschiedene Weise miteinander verknüpft sein:
– syndetisch (d. h. durch Konjunktionen):

> Das ist ein *zwar interessanter, aber gefährlicher* Vorschlag.
> Das ist ein *guter und neuer* Gedanke.

– asyndetisch (d. h. ohne Konjunktionen):

> Das ist ein *interessantes, lesenswertes, wichtiges* Buch.

– monosyndetisch (d. h., nur die letzten Glieder der Wortreihe sind durch eine Konjunktion verbunden):

> Das ist ein *läppischer, dummer und schädlicher* Einfall.

Hier ist es nicht sinnvoll, weiter zu analysieren. Wir sprechen hier von **mehrwortiger Besetzung** einer Stelle, die man gelegentlich auch bei begleitenden Pronomen trifft:

> Der *eine oder andere* Hörer wird diese Auffassung vertreten.
> Das geschieht in *seinem und deinem* Interesse.

Und sie kommt auch im Kern vor, wobei wir auch hier nicht weiter differenzieren: | 1070 |

1. Mehrwortigkeit im Gliedkern, der im Kasus bestimmt ist. Hierher gehören Beispiele der Wortreihung im Kern, syndetisch, asyndetisch oder monosyndetisch, also z. B.

> Er ist ein glänzender *Lehrer und Vorgesetzter und Freund.*
> Er ist ein glänzender *Lehrer, Vorgesetzter, Freund.*
> Er ist ein glänzender *Lehrer, Vorgesetzter und Freund.*

Solche Erscheinungen von Wortreihung sind grundsätzlich in jeder Position möglich.

2. Mehrwortigkeit im Gliedkern, der im Kasus nicht bestimmt ist. Hierher gehören Beispiele wie

> nach und nach, hin und wieder, dann und wann.

In eine Reihe mit diesen Erscheinungen der Mehrwortigkeit wollen wir auch bestimmte Attribuierungsfälle stellen,[1] für die man mit einem gewissen Recht auch ein appositionelles Verhältnis im weiteren Sinn reklamieren könnte: | 1071 |
– mehrgliedrige Eigennamen:

> Rainer Maria Rilke, Marie Luise Kaschnitz, Johannes Paul.

– Fügungen mit Titeln, Berufsbezeichnungen, verwandtschaftliche Bezeichnungen:

> Frau Dr. Meyer, Bäckermeister Pfister, Frau Regierungsrätin Weber, Onkel Fritz, Tante Lole.

– Gattungsbezeichnungen aller Art:

> die Stadt Bonn, der Kanton Zürich, das Kaufhaus Edeka.

– Fügungen mit Personalpronomen:

> wir Deutsche[n], ihr armen Schlucker.

---

[1] Wir plädieren für ein solches Vorgehen, weil eine Zuordnung der einzelnen Elemente eines komplexen Gliedes zu den Kategorien *Gliedkern* und *Attribut* im Einzelfall oft mit schwierigen Problemen verbunden ist. Dazu kommt, daß eine solche Bestimmung hier für die Interpretation einer Gliedstruktur nicht viel beiträgt. Allerdings muß man wissen, daß zwischen den Elementen solcher Glieder andere Beziehungen bestehen als die einer reinen Addition, wie man sie in der Wortreihe antrifft.

- Mengen- und Maßangaben:
  ein Glas Wein, ein Zentner Weizen.

- Zitationsangaben:
  die Oper Undine, die Novelle Michael Kohlhaas.

Schließlich gehören hierher Fügungen, die man als Verkürzung komplexerer Konstruktionen auffassen kann, wie sie in der Gegenwartssprache und hier z. B. in der Zeitungssprache häufig vorkommen. Sie zeigen keine Kongruenz im Kasus:

der Fall Dreyfus (= des Hauptmanns Dreyfus), Technische Hochschule Hannover (= in Hannover), Magistrat Berlin (= von Berlin), Orchester Max Greger (= von Max Greger), Antrag Müller (= des Herrn Müller), Streitsache Huber–Häberle (= von Huber gegen Häberle), der Kampf Clay–Frazier (= zwischen Clay und Frazier), die Besprechungen Tito–Nasser (= zwischen Tito und Nasser).

1072 **Zur Kombination unterschiedlicher Attribuierungsmöglichkeiten**

Die unterschiedlichen Attribuierungsmöglichkeiten können vielfältig miteinander kombiniert auftreten. Dabei sind es nicht primär grammatische Gesichtspunkte, die über die Grenzen der Kombinierbarkeit entscheiden: Grundsätzlich können Satzglieder beliebig komplex ausgestaltet werden, so daß außerordentlich umfangreiche und vielfach in sich gegliederte Gebilde möglich sind. Die Grenzen für diese Beliebigkeit setzt nicht die Grammatik, sondern der Atem des Sprechenden, das Stilgefühl des Schreibenden und die Verstehensfähigkeit des Lesenden oder Hörenden.
Die Möglichkeiten können mittels einer Erweiterungsprobe angedeutet werden (bei der Analyse des Satzgliedinnenbaus von gegebenen Sätzen bedient man sich umgekehrt der Weglaßprobe). Wir gehen von einem einfachen Satz aus und konzentrieren uns auf das Subjekt:

Ein berühmter Mann lebte in Jerusalem.

Schon dieses Beispiel enthält im Subjekt ein begleitendes Pronomen und ein adjektivisches Attribut. Man kann nun das Adjektiv erweitern, z. B. durch eine attributive Partikel *(damals),* durch ein attributives Präpositionalgefüge *(wegen seiner Weisheit)* und durch ein attributives Substantiv mit Satzteilkonjunktion *(als Ratgeber);* man fügt dann Attribute zum Attribut, d. h. solche zweiten Grades, ein:

Ein *damals wegen seiner Weisheit als Ratgeber* berühmter Mann ...

Der Kern kann z. B. erweitert werden durch ein attributives Substantiv im Genitiv *(jüdischer Religion)* und durch ein attributives Präpositionalgefüge *(ohne eigene Kinder);* fügt man diese ein, so ergibt sich:

Ein damals wegen seiner Weisheit als Ratgeber berühmter Mann *jüdischer Religion ohne eigene Kinder* ...

Abgesehen davon, daß zumal die Möglichkeit, im Kasus nicht bestimmte Teilglieder und Präpositionalgefüge einzusetzen, bei weitem noch nicht ausgeschöpft ist, sei nur darauf hingewiesen, daß natürlich auch die Erweiterungen ihrerseits wieder erweitert werden können:

... wegen seiner *alles in den Schatten stellenden und von allen anerkannten* Weisheit ...

2.4.3 Zum Problem einer inhaltlichen Interpretation der Teilglieder

1073 **Vorbemerkung**

Als Leistung des Attributs hatten wir oben (vgl. 1064) allgemein herausgestellt, daß es die Information, die im Kern des Satzglieds gegeben ist, charakterisiert, ausdeutet und genauer bestimmt. Ausschlaggebend dafür ist natürlich primär die Bedeutung der Einzelwörter, die an Attributsstelle stehen. Darüber hinaus (und im Zusammenhang mit der Wortbedeutung) trägt aber in verschiedenen Fällen auch Syntaktisches zur Leistung des Attributs bei. So kann man z. B. in Fällen, wo der Kern eines Satzglieds aus einem Verbalsubstantiv (vgl. 841 ff.) besteht, das Satzglied als Entsprechung zu einem Satz auffassen:

> Die Verteilung der Medikamente an die Notleidenden durch Helfer ...

Dem entspricht:

> Die Helfer verteilen Medikamente an die Notleidenden.

Die attributiven Glieder im Satzglied entsprechen dann selbständigen Satzgliedern in ganzen Sätzen; ihnen wären prinzipiell gleiche inhaltliche Interpretationen zuzuordnen wie diesen Satzgliedern (vgl. 2.3.4). So kann beispielsweise einem attributiven Präpositionalgefüge entsprechen:
– ein Subjekt:

> die Befreiung der Geiseln durch die Polizei – Die Polizei befreit die Geiseln.

– ein Akkusativobjekt:

> ihre Liebe zu ihrer Mutter – Sie liebt ihre Mutter.

– ein Dativobjekt:

> sein Dank an die Behörden – Er dankt den Behörden.

– ein Genitivobjekt:

> das Beschuldigen des Angeklagten wegen Mordes – Der Angeklagte wird des Mordes beschuldigt.

– ein Präpositionalobjekt:

> seine Wahl zum Vorsitzenden – Er wird zum Vorsitzenden gewählt.

– ein adverbiales Präpositionalgefüge:

> seine Arbeit im Garten – Er arbeitet im Garten.

Einem attributiven Substantiv im Genitiv oder einem Possessivpronomen kann entsprechen:
– ein Subjekt:

> Petras Ankunft/Petra kommt an. Ihre Ankunft/Sie kommt an.

– ein Akkusativobjekt:

> die Befreiung der Geiseln – Man befreit die Geiseln.

Einem attributiven Adjektiv kann ein Satzadjektiv oder eine Satzpartikel entsprechen:

> seine schnelle Fahrt – Er fährt schnell.
> ihre heutige Abreise – Sie reist heute ab.

Grundsätzlich gilt aber hier wie bei den entsprechenden Satzgliedern, daß wir von einheitlichen und vollständigen Interpretationsmöglichkeiten noch weit entfernt sind. Wir verfolgen daher diesen Ansatz hier nicht weiter.

Anders liegen die Dinge in zwei Bereichen, von denen der eine dem der adverbialen Bestimmungen bei den Satzgliedern entspricht; der andere betrifft die Attribuierung von Substantiven im Genitiv. Wir gehen auf diese Bereiche etwas genauer ein.

Attributive „adverbiale Bestimmungen" | 1074 |

Was wir bei den Satzgliedern inhaltlich an adverbialen Bestimmungen im einzelnen unterschieden haben, treffen wir ganz entsprechend auch im Satzgliedinnenbau wieder an. Zur Illustration dieser Entsprechung bedienen wir uns weitgehend gleicher oder ähnlicher Beispiele, wie wir sie dort gewählt haben (vgl. 1053 ff.); im einzelnen unterscheiden wir hier:

Attributive Bestimmungen des Raumes:

> Die Leute *auf dem Lande* leben ruhiger.
> Die Fahrt *nach Mannheim* war anstrengend.
> Die Mannschaft *aus England* belegte den zweiten Platz.
> Der Weg *zum Fluß* ist beschwerlich.

Attributive Bestimmungen der Zeit:

> Die Schule *heute* ist freier geworden.
> Die Zeit *bis zum Essen* verstrich im Fluge.
> Die Sitzungen *jeden Donnerstag* belasteten uns schwer.

Attributive Bestimmungen der Art und Weise:

> Ihr Auftritt *ohne jede Aufregung* hat mich sehr beeindruckt.
> Eine Arbeit *von 200 Seiten* ist für diesen Anlaß viel zu aufwendig.
> Der Kampf *auf Leben und Tod* war faszinierend anzuschauen.
> Eine Indexsteigerung *um fünf Punkte* war vorherzusehen.
> Die Figur *aus Holz* ist sehr kostbar.
> Der Schlag *mit dem Hammer* ging daneben.
> Seine Reise *mit seinen Eltern* dauerte drei Wochen.
> Ein Buch *für 50 Mark* kann ich mir nicht leisten.

Attributive Bestimmungen des Grundes (im weiteren Sinne):

> Er ist Wanderer *aus Leidenschaft.*
> Eine Arbeit *unter diesen Umständen* ist sinnlos.
> Sie war *zum Weinen* glücklich.
> Seine Lebensführung *bei diesem Einkommen* ist zu aufwendig.
> Eine Reise *nur zur Erholung* wird dir guttun.
> Ein Spaziergang *trotz des Regens* ist dringend anzuraten.

| 1075 | ## Zur inhaltlichen Interpretation des attributiven Genitivs |

Dem attributiven Genitiv lassen sich verschiedene und recht unterschiedliche inhaltliche Interpretationen zuordnen. Im einzelnen kann man unterscheiden:

1. Der Genitiv drückt eine Zugehörigkeit im weitesten Sinne aus, d. h., dem Verhältnis zwischen Kern und Attribut entspricht ein „Haben" oder „Zugehören":

> Die Mutter *meines Freundes* ...
> Das Zimmer *des Chefs* ...

Als Spezialfall dieses Verhältnisses kann man die Besitzbeziehung betrachten. Man spricht dann von einem Genitivus possessivus[1]:

> Das Auto *der Tante* ...

2. Das Genitivattribut eines komplexen Satzglieds entspricht dem Subjekt eines äquivalenten (gleichwertigen) Satzes. Es ist dann z. B. Agens der Tätigkeit/Handlung oder Träger des Geschehens/Zustands im Gliedkern. Man spricht hier von einem Genitivus subiectivus:

> Die Behauptung *des Angeklagten* ...
> Das Wirken *dieses Mannes* ...

Als Spezialfall dieses Verhältnisses kann man die Angabe eines Herstellers auffassen. Der Attribuierung liegt dann ein Verhältnis des „Schaffens" zugrunde.

---

[1] Lat. *possessivus* ‚einen Besitz anzeigend'.

Man spricht hier von einem Genitivus auctoris[1]:

> Die Werke *des Komponisten* ...
> Die Gedichte *der Lyrikerin* ...

3. Das Genitivattribut eines komplexen Satzglieds kann auch dem Objekt eines äquivalenten Satzes entsprechen. Es ist dann Ziel der Handlung oder des Geschehens, das im Gliedkern bezeichnet wird. Man spricht hier von einem Genitivus obiectivus:

> Die Befreiung *der Geiseln* ...
> Die Verteilung *der Medikamente* ...

Als Spezialfall innerhalb dieses Genitivs kann man – analog zum Genitivus auctoris – das Verhältnis betrachten, wo durch den Genitiv das Geschaffene ausgedrückt wird:

> Der Komponist *dieser Symphonie* ...
> Die Verfasserin *der Judenbuche* ...

Man spricht hier von einem Genitiv des Produkts.

4. Der Genitiv bezeichnet eine Eigenschaft oder Beschaffenheit:

> Ein Mann *mittleren Alters* ...
> Ein Mensch *guten Willens* ...

Man spricht hier von einem Genitivus qualitatis[2]. Der Genitivus qualitatis wird hauptsächlich in gehobener Sprache verwendet; außerhalb dieser Stilschicht ist sein Vorkommen an feste Wendungen gebunden.

5. Der Genitiv bezeichnet ein Ganzes, von dem im Bezugswort ein Teil angegeben wird:

> Die Hälfte *meines Vermögens* ...
> Eine große Anzahl *Industrieller* ...

Man spricht hier von einem Genitivus partitivus[3] oder vom Genitiv des geteilten Ganzen.

6. Der Genitiv kann einem allgemeineren Begriff (der im Bezugswort genannt ist) eine speziellere, nähere Bestimmung beifügen. Es liegt gleichsam ein „Bedeuten-Verhältnis" vor:

> Das Verdienst *der Befreiung* ...
> Das Laster *der Trunksucht* ...

Man spricht hier von einem Genitivus explicativus[4].

Einzelbemerkungen zur Verwendung von substantivischen Attributen im Genitiv

Bei der Verwendung von Attributen stellen sich nicht selten Probleme, die mit Fragen der Sprachnorm verknüpft sind. Wir gehen auf einige wichtige Punkte in diesem Zusammenhang etwas näher ein.

Zum Genitivus possessivus

Der Genitivus possessivus steht in Konkurrenz mit verschiedenen anderen Konstruktionen:

1076

---

[1] Lat. *auctor* ‚Urheber‘.
[2] Lat. *qualitas* ‚Beschaffenheit, Eigenschaft‘.
[3] Lat. *pars* ‚Teil‘.
[4] Lat. *explicare* ‚entfalten, erläutern‘.

1. mit einem Dativ:

> Er trägt den Koffer *des Freundes* zum Bahnhof. (Auch:) Er trägt *dem Freund* den Koffer zum Bahnhof.

Ein Dativ kann aber nur dann stehen, wenn zwischen der im Dativ genannten Person und der im Akkusativ genannten Sache ein Besitzverhältnis besteht.

2. mit der Konstruktion Dativ + Possessivpronomen:

> der Hut *meines Vaters* – *meinem Vater sein* Hut

Diese Ersetzung des Genitivus possessivus gilt allerdings im höchsten Maße als umgangssprachlich.

3. mit einem Präpositionalgefüge mit *von:*

> das Haus *meines Vaters* – das Haus *von meinen Vater;* das Gefieder *der Vögel* – das Gefieder *von den Vögeln.*

Vor allem in der Umgangssprache ist diese Konstruktion sehr beliebt. Man sollte sie aber vermeiden, wenn der Genitiv eindeutig und üblich ist.
Notwendig ist die Konstruktion mit *von* hingegen, wenn vor dem attributiven Substantiv ein unflektiertes Zahlwort ohne Artikel u. ä. steht:

> der Vater *von fünf Söhnen,* (aber:) der Vater *fünf zuverlässiger Söhne,* (auch:) *von fünf zuverlässigen Söhnen.*

Häufig ist sie auch bei geographischen Namen:

> die Königin *von England,* (auch:) *Englands* Königin (oder:) die Königin *Englands;* die Museen *von München,* (auch:) *Münchens* Museen (oder:) die Museen *Münchens.*

Sie ist häufig, um das Nebeneinander mehrerer voneinander abhängender Genitive zu vermeiden:

> das Jahr *von Wilhelms Tod;* die Niederlage *von Drusus und seinen Soldaten.*

Gelegentlich wird dabei auch nur ein Genitiv ersetzt und der andere bleibt erhalten:

> ... wegen des Fehlens *von Kontexten* und anderer Voraussetzungen. (A. Scherer)

Die Konstruktion tritt auch dann ein, wenn das attributive Substantiv von seinem Bezugswort getrennt ist:

> Sie hat mir die Wohnung gezeigt *von ihrem Freund.*

In geschriebenem gutem Deutsch sind freilich solche Formulierungen zu meiden.
Sie ist fest in stehenden Redewendungen:

> Das ist das Ende *vom Lied.*

4. mit anderen Präpositionalgefügen:

> die Museen *Münchens* – die Museen *in München;* die Brücken *des Rheins* – die Brücken *über den Rhein.*

| 1077 | *Zum Genitivus subiectivus und obiectivus* |

Genitivus subiectivus und Genitivus obiectivus können teilweise bei gleichen Wörtern im Kern vorkommen. So erlauben z. B. Wörter wie *Beschreibung* oder *Befragung* den Anschluß beider Genitive: *Die Beschreibung des Polizisten...* kann sowohl meinen, daß der Polizist (etwas) beschreibt, als auch, daß der Polizist beschrieben wird. Zur Vereindeutigung solcher Fälle empfiehlt sich, namentlich beim Genitivus subiectivus, ein Ausweichen auf entsprechende Präpositionalkasus, z. B. *Die Beschreibung durch den Polizisten...*
Es kommt auch vor, daß Dativobjekte in die Rolle eines Genitivattributs gebracht werden. Dies gilt als nicht korrekt:

Jeder Politik wird entsagt. – (Nicht:) Die Entsagung *jeder Politik* ...
Dem Unfug wird gesteuert. – (Nicht:) Die Steuerung *des Unfugs* ...

In bestimmten Fällen dient der Ersatz des Genitivus obiectivus durch ein präpositionales Gefüge mit *von* dazu, das im Attribut Genannte allgemein einzuführen:

der Kauf *von Kleidern* (gegenüber:) der Kauf *eines Kleides;* die Aufführung *von Dramen* (gegenüber:) die Aufführung *des Dramas.*

Zum Genitivus qualitatis

1078

Mit dem Genitivus qualitatis konkurriert ein Präpositionalgefüge:

ein Mann *mittleren Alters* – ein Mann *von mittlerem Alter.*

Das Präpositionalgefüge muß stehen, wenn das attributive Substantiv ohne nähere Bestimmung oder Artikel steht:

ein Mann *von Geist.*

Wenn der Genitivus qualitatis den Stoff nennt, aus dem die im Gliedkern genannte Sache besteht, dann wird fast nur noch das Präpositionalgefüge mit *aus* gewählt:

ein Becher *edlen Goldes* – ein Becher *aus edlem Gold.*

Zum Genitivus partitivus

1079

Der Genitivus partitivus wird heute häufig durch ein Präpositionalgefüge mit *von* und *unter* ersetzt:

die Hälfte *meines Vermögens* – die Hälfte *von meinem Vermögen;*
die älteste *meiner Schwestern* – die älteste *unter meinen Schwestern.*

Der Schwund dieses Genitivs ist bei den Maß-, Mengen- und Gewichtsbezeichnungen, die früher ganz hierher gehörten, am weitesten fortgeschritten. Man kann in der gewählten Sprache zwar noch hören:

ein Glas *[edlen] Wein[e]s;* mit einer Schar *[fröhlicher] Kinder;* eine Welle *Bluts* (Th. Mann).

Im allgemeinen aber steht an Stelle einer Genitivkonstruktion heute

1. ein Präpositionalgefüge:

    eine Schar *von [fröhlichen] Kindern;* ein Glas *mit [edlem] Wein.*

2. einfache Nebenstellung im gleichen Kasus wie der Gliedkern:

    ein Glas *Wein* (für:) *Wein[e]s;* ein Zentner *Weizen* (für:) *Weizens* (vgl. 433). (Mit einem Adjektiv vor dem Substantiv, das das Gemessene oder Gezählte bezeichnet:) ein Glas *guter Wein* (gehoben:) *guten Wein[e]s;* eine Tasse *duftender Kaffee* (gehoben:) *duftenden Kaffees;* eine Art *wohltuenden Werks* (Musil; vgl. 433).

Steht das Substantiv, das das Gemessene oder Gezählte bezeichnet, im Plural, dann wird nach Mengen- und Maßangaben, die häufig mit Zahlen gebraucht und als feste Mengen- und Maßangaben angesehen werden, das appositionelle Verhältnis gewählt:

ein Dutzend *frische Eier* (für:) *frischer Eier;* vier Zentner *neue Kartoffeln* (für:) *neuer Kartoffeln.*

Sonst wird der Genitiv bevorzugt:

ein Strauß *duftender Rosen* (seltener:) ein Strauß *duftende Rosen;* eine Schar *spielender Kinder* (seltener:) eine Schar *spielende Kinder.*

Substantivierte Adjektive und Partizipien stehen nach Mengenangaben gewöhnlich im Genitiv:

eine Horde *[randalierender] Halbstarker;* eine Anzahl *[steinreicher] Industrieller.*

1080

Zur Beziehbarkeit des attributiven Genitivs und des attributiven Präpositionalgefüges

Von einem attributiven Genitiv können weitere attributive Genitive abhängen:

> die Schilderungen *der Personen dieses Dramas* (Personen dieses Dramas werden geschildert); die Schilderung *des Charakters der Personen dieses Dramas* (der Charakter der Personen dieses Dramas wird geschildert).

Aus Gründen sprachlichen Wohlklangs sollte man die Aneinanderreihung von mehr als zwei attributiven Genitiven vermeiden. Besonders unschön ist die Häufung von Genitivattributen, wenn dieselbe Form des Artikels oder Pronomens verwendet wird (z. B.: *die Anerkennung des Beschlusses des Ausschusses des Bundestages*).

Zu vermeiden ist in jedem Fall die Nebeneinanderstellung von zwei attributiven Genitiven auf gleicher Abhängigkeitsebene:

> (Nicht:) Die Bilder *des Museums aller Art* (= Die Bilder gehören dem Museum, es handelt sich um Bilder aller Art).

Gelegentlich werden hier falsche Beziehungen hergestellt:

> (Nicht:) Geschäftsinhaberinnen *modischer Artikel* (Die Zeit), (sondern:) Inhaberinnen von Geschäften *für modische Artikel*.

Oft kommt es vor, daß ein Bezugssubstantiv gewählt wird, für das es keinen präpositionalen Anschluß gibt. Man wählt dann fälschlicherweise den Präpositionalanschluß des Bestimmungswortes:

> Die Abfahrtszeit *nach Kassel*. Die Aussagekraft *über die altrussische Kunst* (Börsenblatt, Leipzig). Die Alliierten nehmen lediglich ihre Zugangsrechte *in die Stadt* wahr. (Die Welt) Unter den Dokumenten befindet sich eine mit T. unterzeichnete Eintrittserklärung *in die Pfeilkreuzlerpartei*. (Der Spiegel)

1081

2.5 Die deutschen Satzbaupläne

2.5.1 Allgemeines zu den Satzbauplänen

In den vorangehenden Abschnitten war es um den Innenbau des einfachen Satzes im Deutschen gegangen. Wir hatten gezeigt, wie sich Sätze aus voneinander abgrenzbaren Satzteilen, nämlich Satzgliedern, aufbauen, die eine bestimmte Form haben und im Satz unterschiedliche Aufgaben erfüllen. Im Anschluß daran hatten wir uns mit dem Innenbau der Satzglieder beschäftigt.

Ein weiterer Aspekt der Strukturiertheit des Satzes ist nun, daß man auch ganzen Sätzen eine abstrakte Struktur, eine Ordnung zuweisen kann. Das bedeutet, daß man hinter der grundsätzlich unendlich großen Zahl konkreter deutscher Sätze eine endliche und überschaubare Anzahl von abstrakten Bauplänen sehen kann. Man spricht hier von Satzbauplänen.

Im Folgenden geht es um die Begründung und um die Beschreibung solcher Satzbaupläne.

1082

Zentral für die Begründung von Satzbauplänen ist der Begriff der Valenz. Bezogen zunächst auf das Verb meint er dessen Fähigkeit, um sich herum bestimmte Stellen zu eröffnen, die in einem Satz durch Satzglieder zu besetzen sind.[1] In diesem Sinne eröffnet z. B. das Verb *schenken* eine Stelle für das Subjekt zur Nennung eines Schenkenden, eine Stelle für das Dativobjekt zur Nennung eines Beschenkten und eine Stelle für das Akkusativobjekt zur Nennung eines Geschenks

---

[1] Die Denkweise, die diesem Ansatz zugrunde liegt, leitet sich vom Atommodell her. Damit ist allerdings zunächst nur ein recht anschauliches Bild gewonnen, das unter sprachtheoretischen Gesichtspunkten dringend genauer zu sichern und zu begründen wäre.

in dem Satz *Sie schenkt ihm ein Buch* (vgl. auch 1021). Neben der Valenz des Verbs wird auch eine Valenz bei anderen Wortarten angenommen, beim Adjektiv, beim Substantiv und bei Partikeln:

> *Auf deinen Bericht* bin ich gespannt. (abhängig von *gespannt*)
> *Für solche Feinheiten* hat er kein Gespür. (abhängig von *Gespür*)
> *Die Treppe* geht sie nie hinunter. (abhängig von *hinunter*)

Grundsätzlich kann man, bezieht man sich auf eine bestimmte Sprache, mindestens zwei unterschiedliche Valenzbegriffe unterscheiden.[1] Sie sind in den Bemerkungen zu unserem Beispiel oben einmal mit Bezeichnungen wie *Subjekt, Dativobjekt* und *Akkusativobjekt*, zum andern mit Bezeichnungen wie *Schenkender, Beschenkter, Geschenk* angedeutet. Sehr vereinfachend könnte man hier von einem eher formal und einem eher inhaltlich orientierten Valenzbegriff sprechen.

Entsprechend dieser Unterscheidung könnte man sich nun grundsätzlich auch die Begründung und Beschreibung von Satzbauplänen auf verschiedenen Ebenen vorstellen. Auf der einen Seite könnten dann die Elemente, aus denen sich Satzbaupläne zusammensetzen, rein formal bestimmt werden; es handelte sich dabei gleichsam um Hülsen, um formale Muster, in die sich verbale Wortketten „einpassen", wenn sie zu Sätzen formuliert werden. Auf der anderen Seite könnte man an die Heranziehung von Inhalts- und Handlungsmustern denken; ihre Beschreibung müßte mittels semantischer und eventuell logischer Verfahren erfolgen.[2]

Im Folgenden werden für die Beschreibung der Satzbaupläne der deutschen Sprache sowohl form- und funktionsbezogene als auch inhaltliche Kategorien gewählt. Wir gehen dabei von diesen Überlegungen aus:

1. Als strukturelles Zentrum des Satzes betrachten wir das Verb, bezogen auf den Satz kann man auch sagen: das Prädikat (vgl. auch 1023). Vom Verb hängt zunächst ab, wie viele Stellen im Satz noch besetzt sein müssen oder können (quantitativer Aspekt); darüber hinaus entscheidet sich vom Verb her auch, wie diese Stellen inhaltlich charakterisiert sein müssen (qualitativer Aspekt). Jedes Verb hat also eine spezifische Ergänzungsbedürftigkeit. Auskünfte darüber finden sich in Valenzwörterbüchern[3]. In der Syntax hingegen werden global Baupläne aufgestellt, denen sich die einzelnen Verben mit den von ihnen aufgerufenen Stellen dann zuordnen.

1083

---

[1] Eine dritte Ebene der Valenz, die außersprachlich und universal ist, unterscheidet G. Helbig in G. Helbig/W. Schenkel: Wörterbuch zur Valenz und Distribution deutscher Verben. Leipzig [4]1978, S. 65. Vgl. zum Gesamtproblem auch G. Helbig (Hg.): Beiträge zur Valenztheorie. Halle/Saale 1971; B. Engelen: Untersuchungen zu Satzbauplan und Wortfeld in der geschriebenen deutschen Sprache der Gegenwart. München 1975; M. D. Stepanowa/G. Helbig: Wortarten und das Problem der Valenz in der deutschen Gegenwartssprache. Leipzig [2]1981.

[2] Es hängt vorwiegend mit unterschiedlichen Entscheidungen in diesem Bereich zusammen, wenn verschiedene Grammatiken zu verschiedenen Satzbauplänen gelangen. In der Tradition dieser Grammatik liegt es begründet, wenn im Folgenden sowohl eher form- und funktionsbezogene als auch inhaltliche Kategorien gewählt werden. Dabei bleibt die Vermischung der Ebenen ein theoretisches Ärgernis, das freilich im Moment nicht vermeidbar erscheint; zum einen ist eine Begründung und Beschreibung von Satzbauplänen nur bezogen auf inhaltliche Gesichtspunkte noch nicht zu leisten; zum andern hätte ein vollständiger Rückzug auf formale Gesichtspunkte zwar den Vorzug wünschenswerter theoretischer Einheitlichkeit, müßte aber Dinge ausblenden, die für den Sprachunterricht interessant sind.
Wenn wir den eingeführten Namen *Satzbauplan* beibehalten, so geschieht das trotz der Einsicht, daß hier das Programm, das dem Konzept des Satzbauplans zugrunde liegt, nicht voll einzulösen ist. Vgl. dazu L. Weisgerber: Grundzüge der inhaltsbezogenen Grammatik. Düsseldorf 1962, S. 372 ff.; ders.: Die ganzheitliche Behandlung eines Satzbauplans. Düsseldorf 1962. Einen guten Einblick in die Forschungsgeschichte und die bestehenden Probleme vermittelt B. Engelen (vgl. Anm. 1). Vgl. im übrigen auch U. Engel: Die deutschen Satzbaupläne. In: Wirkendes Wort 20 (1970), S. 361–392; ders.: Syntax der deutschen Gegenwartssprache. Berlin 1977.

[3] Hier sind zu nennen G. Helbig/W. Schenkel: Wörterbuch zur Valenz und Distribution deutscher Verben. Leipzig [4]1978; U. Engel/H. Schumacher: Kleines Valenzlexikon deutscher Verben. Tübingen [2]1978; K. E. Sommerfeldt/H. Schreiber: Wörterbuch zur Valenz und Distribution deutscher Adjektive. Leipzig 1974; dies.: Wörterbuch zur Valenz und Distribution der Substantive. [2]1980.

In Sätzen gibt es dann Stelleninhaber, die vorkommen müssen, und solche, die vorkommen können. Wir nennen erstere **obligatorische**, letztere **fakultative Ergänzungen** und sprechen zusammenfassend von **konstitutiven Gliedern**. An zwei Beispielsätzen erläutert:

> Der Gärtner bindet die Blumen.
> Der Bauer pflügt (den Acker).

Obwohl das Akkusativobjekt nur im ersten Satz stehen muß, also obligatorisch ist, erscheint es dennoch sinnvoll[1], auch für das Verb *pflügen* einen Satzbauplan mit konstitutivem Akkusativobjekt anzusetzen. Im Rahmen konstitutiver Ergänzungen kann man dann weglaßbare als **fakultativ** bestimmen. Prädikat und Ergänzung(en) bilden den **Prädikatsverband**.

1084 2. Neben den Ergänzungen, die konstitutiv sind, können im Satz Satzglieder auftreten, die nicht an das in der Prädikatsstelle stehende Verb gebunden sind; sie können in der Umgebung ganz verschiedener Verben vorkommen. Man spricht hier von **freien Satzgliedern**.
Zu den freien Gliedern rechnen wir Satzglieder im Dativ, wenn es sich dabei nicht um Objekte im strengen Sinne handelt. Der **freie Dativ** ist eine Dativkonstruktion, die durch *für*+Pronomen ersetzbar ist, oder ein Dativus ethicus (vgl. 1061):

> *Mir* (für mich) leuchten die Sterne. Er ist *mir* ein lieber Freund. Die Zeit verging *uns* schnell. Karl trägt *seinem Freund* den Koffer zum Bahnhof.
> Du bist *mir* ein hübsches Bürschchen. Du bist *mir* der Rechte. Komm *mir* ja nicht zu spät!

Als freies Glied kann man den Subjektsnominativ ansehen, wenn er in der Form eines Personalpronomens im Aufforderungssatz steht, weil das Subjekt in der Imperativform schon enthalten ist:

> Sprich *du* mit ihm!

Freie Satzglieder sind ferner Angaben, die sich auf einen Ort, eine Zeit, eine Art und Weise oder einen Grund beziehen:

> Der Gärtner bindet die Blumen *im Gewächshaus/am Abend/nachlässig* ...

Diese Angaben rekrutieren sich also aus den adverbialen Bestimmungen des Raums, der Zeit, der Art und Weise und des Grundes. Doch sind – unter dem Aspekt der Beschreibung von Satzbauplänen – diese adverbialen Bestimmungen im Deutschen nicht notwendig alle Angaben; sie können auch (konstitutive) Ergänzungen sein, z. B. in Sätzen wie

> Silke wohnt *auf dem Lande.*
> Die Sitzung dauerte *zwei Stunden.*

(Anders formuliert: Angaben entsprechen immer den adverbialen Bestimmungen, aber umgekehrt adverbiale Bestimmungen nicht immer Angaben.)
Unter Berücksichtigung ihrer Leistung im Satz fassen wir die Angaben genauer als **freie Umstandsangaben** und unterscheiden (vgl. 1053):
- freie Umstandsangaben des Raumes
- freie Umstandsangaben der Zeit
- freie Umstandsangaben der Art und Weise
- freie Umstandsangaben des Grundes
Bei den freien Umstandsangaben handelt es sich also nicht um verbspezifische Elemente. Sie sind die freien Ausbaustücke konkreter Sätze und begründen keine Satzbaupläne.

---

[1] Dafür sind vor allem Ökonomiegründe anzuführen: Ein anderes Vorgehen müßte die Anzahl der Satzbaupläne vermehren.

3. Satzbaupläne werden begründet durch Verben und ihre obligatorischen und fakultativen Ergänzungen. Als Ergänzungen gelten z.T. Elemente, die unseren Satzgliedern entsprechen (vgl. 1027 ff.), z.T. überschreitet man für die Bestimmung von Ergänzungen unter Berücksichtigung inhaltlicher Gesichtspunkte Grenzen, die dort gezogen worden sind. Im einzelnen sind zu unterscheiden:

1085

- Subjekt
- Gleichsetzungsnominativ
- Gleichsetzungsakkusativ
- Akkusativobjekt
- Dativobjekt
- Genitivobjekt
- Präpositionalobjekt
- Raumergänzung
- Zeitergänzung
- Artergänzung
- Begründungsergänzung

Für die Bestimmung des Subjekts vgl. 1031, der Gleichsetzungskasus 1033 f. und der Objekte 1035 ff.; Raumergänzung, Zeitergänzung, Artergänzung und Begründungsergänzung decken sich mit den entsprechenden adverbialen Bestimmungen (vgl. 1053), soweit diese konstitutiv sind.

Wichtig ist, daß hier auch die Satzadjektive und Satzpartikeln unter inhaltlichen Gesichtspunkten aufgeteilt werden. Dabei ordnen sich die Satzadjektive im wesentlichen den Artergänzungen zu. Zugeordnete Glieder fallen z.T. unter Artergänzungen, z.T. kann man sie – aus inhaltlichen Gründen bei bestimmten Verben – auch als Varianten der Gleichsetzungskasus betrachten.

Unter Berücksichtigung dieser Elemente lassen sich zunächst 23 Hauptsatzbaupläne aufstellen.

4. Nun gibt es außer den aufgewiesenen Elementen auch konstitutive Glieder, die nur mittelbar abhängig, „zweitabhängig" sind. Es sind dies Ergänzungen zweiten Grades.

1086

Die Zweitabhängigkeit entsteht dadurch, daß an der Stelle einer Ergänzung ein Wort steht, das seinerseits eine Stelle eröffnet, also ebenfalls eine Valenz hat:

> Wolfgang machte *mich auf dieses Mädchen aufmerksam.*

In diesem Satz sind – abgesehen vom Subjekt *Wolfgang* – das Akkusativobjekt *mich* und die Artergänzung *aufmerksam* unmittelbar vom Verb abhängig:

> Wolfgang machte *mich aufmerksam.*

Das Präpositionalobjekt *auf dieses Mädchen* hängt hingegen von *aufmerksam* ab, d.h., es ist nur mittelbar vom Verb abhängig. Man spricht in einem solchen Fall von einem Ergänzungsverband (Ev.):

$$\text{Wolfgang} - \text{machte} < \frac{\text{mich}}{\text{aufmerksam} - \text{auf dieses Mädchen}}$$
$$\text{Ev.}$$

Auf der Grundlage dieser Art von Zweitabhängigkeit lassen sich insgesamt 9 Satzbaupläne aufstellen. Wir sprechen hier von Nebenplänen und charakterisieren sie als Nebenpläne mit einer Adjektiv- oder Partikelvalenz.

5. Eine Zweitabhängigkeit findet sich schließlich auch dort, wo ein Pertinenzdativ steht (vgl. 1061). Dazu gehören Beispiele wie

1087

> Ich klopfe *meinem Freund auf die Schulter.*
> Ich verbinde *dem Kind die Hand.*

In allen diesen Fällen kann die Dativergänzung in ein Genitivattribut oder in ein Possessivpronomen umgewandelt werden:

Ich klopfe auf die Schulter meines Freundes. – Ich klopfe auf seine Schulter.
Ich verbinde die Hand des Kindes. – Ich verbinde seine Hand.

Die Abhängigkeit der Ergänzungen ist in diesen Beispielen die folgende:

Ich – klopfe – auf die Schulter – meinem Freund.

Der Pertinenzdativ steht immer dann, wenn in der Ergänzung, auf die sich der
Dativ bezieht, ein Körperteil genannt wird (wie in den obigen Beispielen) oder
wenn bei dem, was in der Ergänzung genannt wird, ein „Zugehörigkeitsverhält-
nis" im weiteren Sinne besteht:

Der Regen tropft *mir* auf den Hut.
Rehe laufen *mir* über den Weg.

Auf der Grundlage dieser Art von Zweitabhängigkeit lassen sich insgesamt
5 Satzbaupläne unterscheiden. Wir sprechen hier von Nebenplänen mit einem
Pertinenzdativ.[1]

| 1088 | ## 2.5.2 Die Satzbaupläne im einzelnen

Im Folgenden werden die Satzbaupläne des Deutschen geordnet zusammengestellt.[2] Die Stellen für die einzelnen Ergänzungen sind dabei abstrakt beschrieben. Es heißt also z.B. *Subjekt;* nicht eingegangen wird auf die mögliche unterschiedliche Besetzung dieser Stelle durch ein einfaches oder komplexes Satzglied,
durch ein Pronomen, eine Substantivgruppe oder einen Teilsatz usw. Hinweise
auf inhaltliche Besonderheiten von Satzgliedstellen (wie sie besonders unter
1052 ff. skizziert worden sind) werden gegeben, wenn das für detailliertere Unterscheidungen hilfreich ist.
Den einzelnen Satzbauplänen werden Listen von Verben (bei den Nebenplänen
auch von Adjektiven und Partikeln) beigegeben, die sich im Satzbau den entsprechenden Plänen zuordnen. Die Listen versuchen das Wichtigste zusammenzustel-
len, ohne Vollständigkeit anzustreben. Nicht berücksichtigt sind Besonderheiten
der Intonation und der Wortstellung.
Von Satzbauplänen sollte man nur dort sprechen, wo ein Muster mehrfach belegt
ist. Nur ein- oder zweimal belegte Fälle sind daher von vornherein nicht berücksichtigt worden: Sie gehören in das Lexikon. Ebenfalls nicht berücksichtigt werden Einwortsätze (vgl. 1142); sie werden als Ellipsen betrachtet.
Die Abschnitte 1089–1121 enthalten die Hauptpläne, die Abschnitte 1122–1132
die Nebenpläne mit Adjektiv- oder Partikelvalenz, die Abschnitte 1133–1137 die
Nebenpläne mit Pertinenzdativ.

Hauptpläne

| 1089 | ## Subjekt + Prädikat

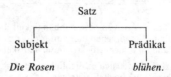

[1] Vgl. dazu P. v. Polenz: Der Pertinenzdativ und seine Satzbaupläne. In: Festschrift für H. Moser zum
60. Geburtstag. Düsseldorf 1969, S. 146–171.
[2] Die graphische Darstellung der Satzbaupläne dient nur der Veranschaulichung und beabsichtigt
keine Aussage über Beziehungen nach Art der Stemmata, wie sie etwa in der generativen Transformationsgrammatik verwendet werden.

Zu diesem Satzbauplan gehören folgende Verben (die hier unter Berücksichtigung inhaltlicher Gesichtspunkte zu Gruppen zusammengestellt sind):

Ich frühstücke, vespere, skate, geige, fische, musiziere, experimentiere.
Ich büff[e]le, ochse, hamstere, mause, robbe, strolche, vagabundiere, sächs[e]le, berlinere.
Ich filme, mauere, blute, buttere; die Glocke tönt, die Kuh kalbt, das Pferd fohlt, die Sau ferkelt, das Schaf lammt.
Ich schneidere, kellnere, tischlere, schriftstellere.
Ich padd[e]le, rudere, hämmere, tromm[e]le.
Ich singe, lache, scherze, albere, blöd[e]le, fromm[e]le.
Ich fensterle; das Flugzeug landet; die Ente gründelt.
Ich erwache, erröte, verarme, verstumme, vergreise, verwaise; das Glas splittert, das Wasser verdampft, verdunstet, der Boden versumpft, das Land verödet, die Blume verblüht, der See friert zu.
Das Eisen rostet, der Käse schimmelt, etwas verschmutzt, verstaubt, versandet.
Ich hungere, dürste, zürne, wüte, trauere, zweif[e]le, fröst[e]le.
Ich verhungere, verdurste, erfriere.
Äpfel verfaulen, Eisen verrostet, Brot verschimmelt.
Die Wiese grünt, das Pferd lahmt.

Hier sind auch die Verben einzuordnen, bei denen die Subjektstelle durch *es* besetzt ist (vgl. 1032):

Es schneit, regnet, donnert, friert, nieselt.
Es grünt, blüht, sprießt, raschelt, knistert, stinkt.

Subjekt + Prädikat + Akkusativobjekt $\qquad$ 1090

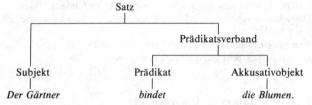

Zu diesem Satzbauplan gehören zunächst Verben, die unbeschränkt passivfähig sind, z. B.:

etwas bauen, stricken, weben, schreiben, sagen;
etwas erwärmen, verlängern, schärfen, weiten, halbieren, befeuchten, reinigen, schultern, speichern; pulverisieren, vermosten, filtern; (einen Ball) köpfen, (Wasser) pumpen; speichern;
etwas pudern, wachsen, stempeln, bepflanzen, ankleiden, verschleiern, bebildern;
etwas teilen, parzellieren, gliedern, sortieren, buchstabieren; schälen, entkernen, entschlacken, demaskieren;
(den Tag) verschlafen, (die Zeit) verbummeln, (Geld) verschwenden, vertelefonieren, verrauchen, vertrinken, (Wasser) vergießen, (Milch) verschütten;
etwas gewinnen, erlisten, erkämpfen, erheiraten;
etwas verbiegen, versalzen, verkochen, verlesen, (ein Klavier) verstimmen, etwas mißverstehen, mißdeuten;
etwas verschicken, verlegen, verschenken;
etwas zerbeißen, zerreißen, zerschneiden, zerrupfen;
etwas verkleben, vernageln, verriegeln, versiegeln, verstopfen;
etwas erlernen, verwandeln, zerreiben, zerbrechen, zerstückeln;
jemanden lieben, hassen, beneiden, loben, grüßen, ohrfeigen, beherbergen;
jemanden bedienen, belauschen, befremden, brüskieren, belästigen, beschuldigen, verdächtigen, entmutigen, enteignen, beanspruchen, beaufsichtigen, beeindrucken, bevormunden, benutzen, bekämpfen, narren, knechten;

jemanden vergiften, erschießen, erstechen, erschlagen;
jemanden erzürnen, beruhigen, langweilen, beschämen, ängstigen, erfrischen, sättigen,
peitschen, foltern, kasernieren, beerdigen;
jemanden verjagen, vertreiben; jemanden erretten, erlösen.

1091 Eine ganze Gruppe von Verben, die diesem Satzbauplan zuzuordnen sind, werden dadurch charakterisiert, daß sie nur beschränkt oder gar nicht passivfähig sind; hier kann man unterscheiden:

– unechte reflexive Verben:

sich waschen, sich töten, sich retten usw. (vgl. dazu 175).

– Verben mit einem Akkusativobjekt, das einen Körperteil bezeichnet:

Ich hebe die Hand, breite die Arme aus, schüttle den Kopf.

– Verben mit einem inneren Objekt:

Ich habe einen schweren Kampf gekämpft usw. (vgl. dazu 1060).

– Verben, nach denen das Akkusativobjekt eine Quantitätsbestimmung bezeichnet:

Das Faß enthält 100 Liter. Der Saal faßt 1000 Menschen usw. (vgl. dazu 1060).

– Verben mit einem Subjekt, in dem etwas bezeichnet wird, was nicht agensfähig ist (vgl. 296 ff., 1059):

Der Finger juckt mich. Sein Verhalten wundert mich.

– Verben mit einem neutralisierten Subjekt:

Es hagelt Vorwürfe usw.

– Verben mit einem Akkusativobjekt, die eine feste Verbindung bilden:

Ich faßte Mut, schöpfte Atem, lief Gefahr, trug Sorge, verlor die Besinnung, spiele Flöte, stehe Kopf.

– Verben mit einer *haben*-Perspektive[1] (vgl. auch 1060):

haben, bekommen, behalten, erhalten, besitzen, empfangen usw.

1092 ## Subjekt + Prädikat + Dativobjekt

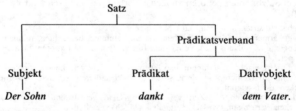

Die Stelle des Dativobjekts ist in Sätzen nach diesem Plan überwiegend persönlich besetzt. Im einzelnen kann man unterscheiden:

1093 ### Sätze mit „persönlichem" Subjekt und „persönlichem" Dativobjekt:

In dieser Gruppe stehen Sätze, in denen an der Stelle des Subjekts und des Dativobjekts mindestens im weiteren Sinne Personenbezeichnungen stehen:

---

[1] Vgl. H. Brinkmann: Die deutsche Sprache. Gestalt und Leistung. Düsseldorf ²1971, S. 542 ff.

Ich sage ihm ab.
Ich gehöre einer Gruppe an.
Ich schließe mich ihr an.
Ich applaudiere ihm (vgl. aber 1139).
Ich assistiere ihr.
Ich lauere ihm auf.
Ich weiche ihr aus.
Ich pflichte ihm bei.
Ich springe ihr bei.
Ich stehe ihm bei.
Ich stimme ihr bei.
Ich trete dem Verein bei.
Ich danke ihm.
Ich diene ihm.
Ich rede ihm drein.
Ich drohe ihm.
Ich entfliehe ihm.
Ich gehe ihr entgegen.
Ich trete ihm entgegen.
Ich entgehe meinem Verfolger.
Ich entkomme ihm.
Ich entstamme diesem Geschlecht.
Ich erliege der feindlichen Übermacht.
Ich fehle ihr.
Ich fluche ihm.
Ich folge ihm.
Ich gefalle ihr.
Ich sitze ihm gegenüber.
Ich trete ihm (furchtlos) gegenüber.
Ich gehorche ihm.
Ich gehöre ihr.
Ich tue ihm genug.
Ich gratuliere ihr.
Ich grolle ihm.
Ich helfe ihr.
Ich huldige ihm.
Ich imponiere ihr.
Ich kondoliere ihm.
Ich kündige ihm (vgl. aber 1139).
Ich lausche ihr.
Ich mißtraue ihm.

Ich blicke ihr nach.
Ich eifere ihm nach.
Ich eile ihr nach.
Ich fahre ihm nach.
Ich schaue ihr nach.
Ich spüre ihm nach.
Ich gebe ihr nach.
Ich trauere ihm nach.
Er nähert sich dem Mädchen (= versucht ihre Bekanntschaft zu machen).
Ich pariere ihm.
Ich telegrafiere ihr.
Ich traue ihm.
Ich trotze ihr.
Ich unterliege ihm.
Ich unterstehe ihr.
Ich vertraue ihm.
Ich verzeihe ihr.
Ich eile ihm voraus.
Ich stehe der Gemeinde vor.
Ich laufe ihr weg.
Ich wehre dem Unheil.
Ich tue ihm weh.
Ich weiche der Gewalt.
Ich helfe ihm weiter.
Ich widerspreche ihr.
Ich widerstehe ihm.
Ich winke ihr zu.
Ich blinzle ihm zu.
Ich geselle mich ihnen zu.
Ich höre ihr zu.
Ich jauchze ihm zu.
Ich proste/trinke ihr zu.
Ich rate ihm zu.
Ich rede ihr zu.
Ich schaue/sehe ihr zu.
Ich setze ihm zu.
Ich stimme ihr zu.
Ich trinke ihm zu.
Ich zürne ihr.
Ich komme ihm zuvor.

Sätze mit einem „sachlichen" Subjekt und einem „persönlichen" Dativobjekt:

1094

Etwas fällt mir auf.
Etwas geht mir auf.
Etwas stößt mir auf.
Etwas behagt mir.
Etwas bekommt mir.
Etwas beliebt mir.
Etwas bleibt mir.
Etwas steht mir bevor.
Etwas fällt mir ein.
Etwas leuchtet mir ein.
Etwas entfällt mir.
Etwas entgeht mir.
Etwas entgleitet mir.
Etwas fehlt mir.
Etwas gebührt mir.
Etwas gefällt mir.

Etwas gehört mir.
Etwas gelingt mir.
Etwas genügt mir.
Etwas gerät mir.
Etwas gilt mir.
Etwas glückt mir.
Es graust mir (vgl. aber 1139).
Es graut mir (vgl. aber 1139).
Etwas fällt mir leicht.
Etwas hilft mir.
Etwas imponiert mir.
Etwas wird mir klar.
Etwas leuchtet mir ein.
Etwas liegt mir.
Etwas mißfällt mir.
Etwas mißglückt mir.

Etwas mißlingt mir.	Etwas schwebt mir vor.
Etwas mißrät mir.	Etwas fällt mir schwer.
Etwas geht mir nahe.	Etwas unterläuft mir.
Etwas nutzt/nützt mir.	Etwas widerfährt mir.
Etwas obliegt mir.	Etwas widerstrebt mir.
Etwas passiert mir.	Etwas tut mir wohl.
Etwas paßt mir.	Etwas ziemt mir.
Etwas reicht mir.	Etwas sagt mir zu.
Etwas schadet mir.	Etwas fällt mir zu.
Etwas schmeckt mir.	Etwas steht mir zu.
Etwas schmeichelt mir.	Etwas stößt mir zu.

1095 **Restgruppe:**

Keiner der beiden Gruppen lassen sich folgende Verben zuordnen, die zu diesem Satzbauplan gehören:

ähneln, sich angleichen, gleichen, entsprechen; anhaften, anheimfallen, beiwohnen, entsagen, abschwören, absagen, entgegensehen, entgegenstehen, (sich) entgegenstellen, sich nähern, unterliegen (‚unterworfen sein‘), vorangehen, vorausgehen, vorbeugen.

1096 **Subjekt + Prädikat + Genitivobjekt**

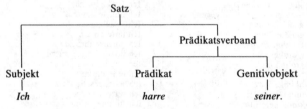

Zu diesem Satzbauplan gehören folgende Verben (es handelt sich vorwiegend um echte Reflexiva):

sich jemandes/einer Sache annehmen	sich jemandes/einer Sache entledigen
sich einer Sache bedienen	einer Sache entraten
jemandes/einer Sache bedürfen	sich einer Sache entwöhnen
sich einer Sache befleißigen	einer Sache ermangeln
sich einer Sache begeben	sich jemandes/einer Sache erwehren
sich jemandes/einer Sache bemächtigen	jemandes/einer Sache gedenken
sich einer Sache entäußern	sich einer Sache rühmen
sich einer Sache enthalten	sich jemandes, einer Sache vergewissern

Darüber hinaus ist das Genitivobjekt noch in einigen stehenden Wendungen fest:

sich eines Besseren besinnen, seines Amtes walten, der Ruhe pflegen, jeder Beschreibung spotten, jeder Grundlage entbehren, sich seiner Haut wehren.

Wo das Genitivobjekt sonst noch als einzige Ergänzung auftritt, steht es bereits in Konkurrenz mit anderen Kasus (vgl. dazu 1139):

Ich schäme mich *seines Verhaltens.* – Ich schäme mich *wegen seines Verhaltens/über sein Verhalten.*

An Stelle von früher üblichen Genitivobjekten findet sich in der Gegenwartssprache häufig das Akkusativobjekt und besonders das Präpositionalobjekt.

Subjekt + Prädikat + Präpositionalobjekt

1097

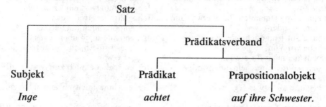

Zu diesem Satzbauplan stellt sich eine große Anzahl von Verben. Mit ihm sind bestimmte Möglichkeiten gegeben, die bei Satzbauplänen mit reinen Objektskasus nicht bestehen, z. B.:

1. Die Präpositionen gestatten – wenn auch begrenzt und nicht so frei wie bei den Angaben – einen präziseren Ausdruck der Beziehung zwischen Verb und Ergänzung.

2. Mit Hilfe der Präpositionalobjekte ist es – begrenzt – möglich, Aktionsarten (vgl. 119) auszudrücken:

> Ich schreibe einen Roman. – Ich schreibe *an einem Roman*. (= Ich bin dabei, einen Roman zu schreiben.)

3. Verben mit Präpositionalobjekt erlauben in besonderem Maße den Anschluß umfangreicherer Inhalte über ein Pronominaladverb in Verbindung mit einem Inhaltssatz (vgl. 1213):

> Ich kümmere mich *darum,* daß morgen, wenn die Gäste kommen, die Tische gedeckt sind und der Wein bereitsteht.

4. Sätze mit einem Präpositionalobjekt lassen sich besonders leicht in ein attributives Gefüge umformen, wodurch wieder leichter Anschlüsse und zusätzliche Attribuierungen im Text möglich werden (vgl. 1063):

> Die Polizei schreitet schnell gegen die Demonstranten ein. – Das schnelle Einschreiten der Polizei gegen die Demonstranten ...

Wir ordnen die Verben, die ein Präpositionalobjekt als einzige Ergänzung verlangen, danach, wie das Subjekt jeweils bestimmt ist:

Sätze mit „persönlichem" Subjekt:

1098

Ich hänge von jemandem ab.
Ich finde mich mit etwas ab.
Ich sehe von etwas ab.
Ich habe es auf jemanden, etwas abgesehen
Ich mühe mich mit etwas ab.
Ich plage mich mit etwas ab.
Ich wende mich von jemandem ab.
Ich ziele auf etwas ab.
Ich achte auf jemanden, etwas (vgl. auch 1139).
Ich gebe auf jemanden, etwas acht.
Ich fange mit etwas/von etwas an.
Ich gebe mit etwas an.
Ich ängstige mich vor jemandem, etwas/ um jemanden, etwas.
Ich knüpfe an etwas (seine Worte) an.
Ich lege es auf etwas an.

Ich lege mich mit jemandem an.
Ich setze zu etwas (zum Sprung) an.
Ich spiele auf jemanden, etwas an.
Ich stoße auf jemanden, etwas an.
Ich trete zu etwas (zum Dienst) an, gegen jemanden an.
Ich appelliere an etwas (die Vernunft).
Ich arbeite an jemandem/für/gegen/über jemanden, etwas.
Ich höre mit etwas auf.
Ich passe auf jemanden, etwas auf.
Ich raffe mich zu etwas auf.
Ich rege mich über jemanden, etwas auf.
Ich schwinge mich zu etwas auf.
Ich breche in etwas (Tränen, Gelächter) aus.
Ich gehe auf etwas aus.
Ich hole zu etwas aus.

Ich spreche mich über oder für etwas/gegen jemanden oder etwas/mit jemandem aus.

Ich bange vor jemandem oder etwas/um jemanden oder etwas.

Ich baue auf jemanden oder etwas.

Ich bebe vor Wut.

Ich bedanke mich für etwas.

Ich befasse mich mit jemandem oder etwas.

Ich beginne mit etwas (vgl. auch 1139).

Ich begnüge mich mit etwas.

Ich beharre auf etwas/bei etwas.

Ich trage zu etwas bei.

Ich beklage mich über jemanden oder etwas/wegen etwas.

Ich bekümmere mich um jemanden oder etwas.

Ich belustige mich an etwas oder über etwas.

Ich bemühe mich um jemanden oder etwas.

Ich berichte über jemanden oder etwas/von jemandem oder etwas.

Ich berufe mich auf jemanden oder etwas.

Ich beschränke mich auf etwas.

Ich beschwere mich über jemanden oder etwas, wegen etwas.

Ich besinne mich auf jemanden oder etwas (vgl. auch 1139).

Ich bestehe auf etwas.

Ich bett[e]le um etwas.

Ich beziehe mich auf jemanden oder etwas.

Ich blamiere mich mit etwas/durch etwas.

Ich bleibe bei etwas (bei meinem Entschluß).

Ich brüste mich mit etwas.

Ich buche für eine Fahrt.

Ich büße für etwas.

Ich bin zu etwas/für jemanden oder etwas da.

Ich debattiere über jemanden oder etwas.

Ich denke an jemanden oder etwas.

Ich distanziere mich von jemandem oder etwas.

Ich dränge nach etwas/auf etwas/ zu etwas.

Ich drücke mich um etwas/von etwas/vor etwas.

Ich dürste nach etwas.

Ich gehe auf jemanden oder etwas ein.

Ich eigne mich zu etwas/für etwas.

Ich einige mich mit jemandem über etwas oder auf etwas.

Ich lasse mich auf etwas/in etwas ein.

Ich schreite gegen jemanden oder etwas ein.

Ich setze mich für jemanden/etwas ein.

Ich stelle mich auf jemanden/etwas ein.

Ich trete für jemanden oder für etwas/in etwas (eine Verhandlung) ein.

Ich bin mit etwas einverstanden.

Ich willige in etwas ein.

Ich empöre mich über etwas.

Ich entrüste mich über etwas.

Ich entscheide mich für/gegen jemanden oder etwas.

Ich entschließe mich zu etwas (Aufbruch, Studium).

Ich entsinne mich an jemanden oder etwas (vgl. auch 1139).

Ich erbarme mich über jemanden (vgl. 1139).

Ich ereifere mich über etwas.

Ich erfreue mich an etwas (vgl. 1139).

Ich erhole mich von etwas.

Ich erinnere mich an jemanden oder etwas (vgl. auch 1139).

Ich erkenne auf etwas. (jur.)

Ich erkranke an etwas (der Ruhr).

Ich errege mich über jemanden oder etwas.

Ich erröte über jemanden oder etwas.

Ich erschrecke vor jemandem oder etwas.

Ich experimentiere mit etwas.

Ich fahnde nach jemandem oder etwas.

Ich feilsche um etwas.

Ich feuere auf jemanden oder etwas.

Ich fiebere nach etwas.

Ich fische nach etwas.

Ich flehe um etwas.

Ich fliehe vor jemandem oder etwas (vgl. auch 1139).

Ich fluche auf jemanden oder etwas/über jemanden oder etwas.

Ich frage nach jemandem oder etwas.

Ich freue mich an jemandem oder etwas, auf jemanden oder etwas, über jemanden oder etwas.

Ich füge mich in etwas.

Ich fürchte mich vor jemandem oder etwas (vgl. auch 1139).

Ich gebiete über jemanden oder etwas.

Ich gehöre zu jemandem (zu den besten Spielern der Mannschaft).

Ich geniere mich vor jemandem.

Ich gewinne an etwas (an Ansehen).

Ich gewöhne mich an jemanden oder etwas.

Ich grabe nach etwas (Kohle, Erz).

Ich gräme mich über etwas/wegen etwas.

Ich greife nach jemandem oder etwas/zu etwas (einem Mittel).

Ich grüb[e]le über etwas.

Ich hafte für jemanden oder etwas.

Ich halte auf etwas (auf Anstand, Sitte, Kleidung).

Ich halte mich an jemanden.

Ich hand[e]le mit etwas (mit Früchten, Kartoffeln).

Ich hänge an jemandem oder etwas.
Ich hasche nach jemandem oder etwas.
Ich falle über jemanden oder etwas her.
Ich herrsche über jemanden oder etwas.
Ich ziehe über jemanden oder etwas her.
Ich arbeite auf etwas hin.
Ich rede mich auf etwas hinaus.
Ich weise auf jemanden oder etwas hin.
Ich hoffe auf jemanden oder etwas.
Ich höre auf jemanden oder etwas/von jemandem oder etwas.
Ich hungere nach etwas.
Ich hüte mich vor jemandem oder etwas.
Ich interessiere mich für jemanden oder etwas.
Ich intrigiere gegen jemanden.
Ich jammere über jemanden oder etwas.
Ich jub[e]le über jemanden oder etwas.
Ich kämpfe um jemanden oder etwas/für jemanden oder etwas/mit jemandem oder etwas.
Ich klage über jemanden oder etwas; auf etwas oder gegen jemanden (jur.).
Ich komme zu einer Sache/auf eine Sache/zu etwas/an jemanden oder etwas.
Ich konzentriere mich auf jemanden oder etwas.
Ich korrespondiere mit jemandem.
Ich kümmere mich um jemanden oder etwas.
Ich lache über jemanden oder etwas.
Ich lasse von jemandem oder etwas.
Ich lästere über jemanden oder etwas.
Ich lechze nach etwas.
Ich leide an etwas/unter jemandem oder etwas/für jemanden oder etwas/um jemanden.
Ich lese (trage vor) aus etwas (aus eigenen Werken).
Ich komme von jemandem oder etwas [nicht] los.
Ich sage mich von jemandem oder etwas los.
Ich mache mich an etwas (an die Arbeit).
Ich meditiere über etwas.
Ich wirke bei etwas/an etwas mit.
Ich murre über etwas.
Ich denke über jemanden oder etwas nach.
Ich suche um etwas nach.
Ich neige zu etwas.
Ich passe zu jemandem oder etwas.
Ich philosophiere über etwas.
Ich plädiere für etwas.
Ich poche auf etwas (mein Recht).
Ich polemisiere gegen jemanden oder etwas.
Ich prahle mit etwas.
Ich präsidiere bei etwas.
Ich protestiere gegen jemanden oder etwas.

Ich räche mich an jemandem oder etwas/für etwas.
Ich reagiere auf etwas.
Ich rechne auf jemanden oder etwas/mit jemandem oder etwas.
Ich referiere über etwas.
Ich reflektiere auf etwas.
Ich richte mich nach jemandem oder etwas.
Ich ringe um jemanden oder etwas.
Ich schäme mich vor jemandem/für jemanden oder etwas.
Ich schaue nach jemandem oder etwas.
Ich schelte auf jemanden oder etwas/über jemanden oder etwas/mit jemandem.
Ich scherze über jemanden oder etwas/mit jemandem.
Ich scheue mich vor jemandem oder etwas.
Ich schimpfe auf jemanden oder etwas/über jemanden oder etwas/mit jemandem.
Ich schreibe an jemanden (die Regierung) oder etwas (an einem Roman)/über jemanden oder etwas/gegen jemanden oder etwas/für jemanden oder etwas/von jemandem oder etwas.
Ich schwärme von jemandem oder etwas/für jemanden oder etwas.
Ich schwöre auf jemanden oder etwas/bei jemandem oder etwas.
Ich sehe nach jemandem oder etwas.
Ich sehne mich nach jemandem oder etwas.
Ich sinne auf etwas (Abhilfe)/über etwas.
Ich sorge für jemanden oder etwas.
Ich sorge mich um jemanden oder etwas.
Ich spekuliere auf etwas.
Ich spiele mit jemandem oder etwas.
Ich sperre mich gegen etwas.
Ich spotte über jemanden oder etwas.
Ich spreche für/über/gegen jemanden oder etwas/von/zu jemandem.
Ich stehe zu jemandem oder etwas/gegen jemanden oder etwas.
Ich sterbe an etwas/für jemanden oder etwas.
Ich stimme für jemanden oder etwas/gegen jemanden oder etwas.
Ich stöhne über etwas.
Ich störe mich an jemandem oder etwas.
Ich sträube mich gegen jemanden oder etwas.
Ich strebe nach etwas.
Ich streite für/gegen/um jemanden oder etwas.
Ich subskribiere auf ein Buch (vgl. 1139).
Ich suche nach jemandem oder etwas.
Ich tauge zu etwas (zu schwerer Arbeit).
Ich täusche mich über etwas/in jemandem oder etwas.
Ich habe teil an etwas.

Ich trachte nach etwas.
Ich trage (schwer) an etwas.
Ich trage mich mit dem Gedanken, Plan, der Absicht.
Ich traue auf jemanden oder etwas.
Ich trauere um jemanden oder etwas.
Ich träume von jemandem oder etwas.
Ich trinke auf jemanden oder etwas.
Ich überwinde mich zu etwas.
Ich gehe mit etwas um (mit einem Plan, Gedanken).
Ich urteile nach etwas/über jemanden oder etwas.
Ich verbürge mich für jemanden oder etwas.
Ich verfalle auf jemanden oder etwas.
Ich verfüge über jemanden oder etwas.
Ich verlange nach jemandem oder etwas.
Ich verlasse mich auf jemanden oder etwas.
Ich verlege mich auf etwas.
Ich verstehe mich auf jemanden oder etwas.
Ich verstoße gegen etwas.
Ich vertraue auf jemanden oder etwas.
Ich verwand[e]le mich in jemanden oder etwas.
Ich verzichte auf jemanden oder etwas.

Ich warte auf jemanden oder etwas.
Ich wehre mich gegen jemanden oder etwas.
Ich weine über/um jemanden oder etwas.
Ich wende mich gegen jemanden oder etwas/an jemanden.
Ich wetteifere mit jemandem.
Ich wette auf jemanden oder etwas (auf einen Boxer, Platz oder Sieg).
Ich weiß von/um etwas.
Ich wundere mich über jemanden oder etwas.
Ich zähle auf jemanden oder etwas/zu jemandem oder etwas.
Ich zittere vor jemandem oder etwas/um jemanden oder etwas.
Ich zögere mit etwas.
Ich nehme an Erfahrung, Weisheit zu.
Ich komme auf jemanden oder etwas zurück.
Ich schrecke vor jemandem oder etwas zurück.
Wir finden uns zu einem Zweck zusammen.
Ich stoße mit jemandem oder etwas zusammen.
Ich zweifle an jemandem oder etwas.

1099 Sätze mit einem „Sachsubjekt":

Etwas hängt von etwas/von jemandem ab.
Etwas hebt sich von etwas ab.
Etwas drückt sich in etwas aus.
Etwas geht von etwas aus.
Etwas basiert auf etwas.
Etwas trägt zu etwas bei.
Etwas beruht auf etwas.
Etwas besteht aus etwas (Kupfer)/in etwas (Leben in Arbeit).
Etwas dient zu etwas.
Etwas duftet nach etwas.
Etwas eignet sich zu etwas/als etwas (ein Buch zum/als Geschenk), für jemanden (ein Film für Kinder).
Etwas endet auf etwas/mit etwas (ein Wort mit einem k).
Etwas ergibt sich aus etwas.
Etwas erhellt aus etwas.
Etwas erstreckt sich auf jemanden oder etwas.
Etwas erwächst aus etwas.
Etwas folgt aus etwas.
Etwas führt zu etwas.
Etwas fußt auf etwas.
Etwas geht über etwas.

Etwas gehört zu etwas.
Etwas gewinnt an etwas (ein Flugzeug an Höhe).
Etwas gilt für jemanden oder etwas/von jemandem oder etwas.
Etwas gründet sich auf etwas (eine Meinung auf einen Befund).
Etwas handelt von jemandem oder etwas/über jemanden oder etwas.
Etwas läuft auf etwas hinaus.
Etwas liegt an jemandem oder etwas.
Etwas reimt sich auf etwas.
Etwas resultiert aus etwas.
Etwas richtet sich auf etwas/gegen jemanden oder etwas/nach etwas.
Etwas riecht nach etwas.
Etwas schmeckt nach etwas.
Etwas stimmt zu etwas.
Etwas stinkt nach etwas.
Etwas taugt zu etwas.
Etwas wird aus etwas.
Etwas wetteifert mit etwas (ein Land mit dem anderen).
Etwas hallt von etwas wider. (Das Schulzimmer hallte von Gelächter wider.)

1100 Sätze mit *es* als Subjekt:

Es kommt auf jemanden oder etwas an.
Es sieht nach etwas aus (nach Regen).
Es fehlt an jemandem oder etwas (an Geld, an Lehrern).

Es geht um jemanden oder etwas (um ihn, ums Ganze).
Es handelt sich um jemanden oder etwas (um sie, um eine wichtige Sache).

Subjekt + Prädikat + Gleichsetzungsnominativ

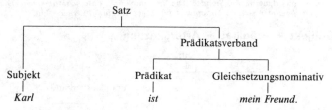

Zu diesem Satzbauplan gehören nur wenige Verben, die allerdings häufig gebraucht werden:

sein, werden, bleiben, sich dünken, heißen, scheinen.

Subjekt + Prädikat + Raumergänzung

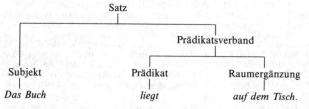

Sätze mit Raumergänzung sind häufig. Von den Verben gehören naturgemäß die hierher, die von ihrem Inhalt her mit räumlichen Verhältnissen zu tun haben. Dafür einige Beispiele:

Er befindet sich *in Frankfurt.* Er bleibt *in München.* Sie wohnt/lebt *auf dem Lande.* Er haust *in einem Keller.* Sie hält sich *in Berlin* auf. Er parkt *auf dem Marktplatz.* Er zeltet *am Fluß.* Der Adler horstet *in Felsspalten.* Sie übernachtete *in Hamburg.* Das Unglück ereignete sich *am Bahnhof.* Die Versammlung fand *im Rathaussaal* statt. Sie begab sich *nach Rom.* Er geriet *in den Sumpf.* Diese Ereignisse spielten sich *in Frankreich* ab. Er irrte *vom Weg* ab. Er kroch *durch den Zaun.* Der Bergsteiger schwebte *über dem Abgrund.* Die Herren verweilten kurz *vor der Tür.* Der Ziegel fiel *vom Dach.* Das Boot trieb *an das Ufer.* Das Schiff sticht *in See.* Er blickte *zum Himmel* auf. Er steht *auf dem Teppich.* Der Vater sitzt *im Sessel.* Mainz liegt *am Rhein.* Maria fährt *nach Bremen.* Torsten fliegt *nach London.* Die Kinder springen *ins Wasser.* Der Wald erstreckt sich *bis Holzhausen,* dehnt sich *bis Holzhausen* aus. Vera geht *ins Theater.*

Subjekt + Prädikat + Zeitergänzung

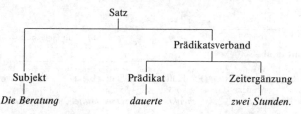

Verben, die eine Zeitergänzung verlangen, sind selten:

> Das Spiel dauerte *zwei Stunden.* Die Versammlung währte *bis Mitternacht.* Die Bera-
> tungen dehnten sich *bis Mitternacht* aus, zogen sich *bis Mitternacht* hin.

| 1104 | **Subjekt + Prädikat + Artergänzung**

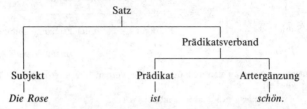

Artergänzungen stehen vor allem bei Verben, die (im weiteren Sinne) ein Sichver-
halten bezeichnen. Beispiele für Sätze nach diesem Satzbauplan sind:

> Er steht da *wie ein Ölgötze.* Er tritt auf *wie ein Baron.* Er beträgt sich *gut.* Sie benimmt
> sich *schlecht.* Er verhält sich *einwandfrei.* Er zeigt sich *dankbar.* Er gibt sich *wie ein
> Fürst.* Er gebärdet sich *wie toll.* Er führt sich *gut.* Er führt sich *wie ein Betrunkener* auf.
> Er stellt sich *ungeschickt* an. Diese Änderung erscheint *wünschenswert.* Ihre Stimme
> trägt *gut.* Das Geschütz trägt *weit.* Etwas liegt *schwierig.* Die Pyramide läuft *spitz* zu. Er
> fühlt sich *als Held.* Sie gilt *als reich.* Er gilt *als Dummkopf.* Sie weist sich *als Künstlerin*
> aus. Das alte Schloß dient *als Museum.* Er stellt sich *krank.* Er zeigt sich *erkenntlich.* Sie
> arbeitet sich *müde,* schläft sich *gesund,* ärgert sich *krank,* schreit sich *heiser,* läuft sich
> *warm.* Er wirkt *komisch.* Er sieht *schlecht* aus. Das Haus steht *leer,* das Fenster *offen.*
> Sie ist *glücklich.* Er ist *frohen Sinnes, guter Dinge.* Etwas versteht sich *von selbst.*

| 1105 | **Subjekt + Prädikat + Begründungsergänzung**

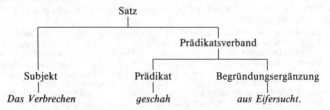

Diesem Satzbauplan ordnen sich nur wenige Verben zu:

> Der Mord geschah *aus Eifersucht.* Viele Unfälle ereignen sich *infolge Übermüdung des
> Fahrers.* Der Brand entstand *aus Unachtsamkeit.*

| 1106 | **Subjekt + Prädikat + Dativobjekt + Akkusativobjekt**

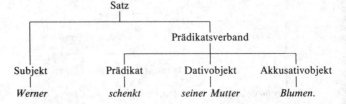

Die Liste der Verben, die in diesem Satzbauplan an Prädikatsstelle stehen können, ist recht groß. Als geschlossene Gruppen heben sich die Verben des Gebens oder Nehmens, des Mitteilens oder Verschweigens heraus. Im wesentlichen gilt hier: Subjektstelle und Dativobjektstelle sind „persönlich", Akkusativobjektstelle „sachlich" bestimmt:

Ich gewinne ihm etwas ab.
Ich gewöhne ihm etwas ab.
Ich gucke ihr etwas ab.
Ich kaufe ihm etwas ab.
Ich lausche ihm etwas ab.
Ich spreche ihm etwas ab.
Ich trotze ihr etwas ab.
Ich verlange ihm etwas ab.
Ich gewöhne ihm etwas an.
Ich hefte ihm etwas an.
Ich laste ihm etwas an.
Ich messe ihm etwas an.
Ich stecke ihm etwas an.
Ich vertraue ihr etwas an.
Ich binde ihm etwas auf.
Ich nötige ihr etwas auf.
Ich rede ihm etwas auf.
Ich setze ihm etwas auf.
Ich befehle ihm etwas.
Ich bringe ihm etwas bei.
Ich beichte ihm etwas.
Ich berichte ihr etwas.
Ich bescheinige ihm etwas.
Ich besorge ihm etwas.
Ich borge ihr etwas.
Ich beweise ihm etwas.
Ich danke ihm etwas.
Ich lege ihm etwas dar.
Ich dediziere ihm etwas.
Ich erkläre ihm etwas.
Ich flöße ihm etwas ein.
Ich gebe ihm etwas ein.
Ich schärfe ihm etwas ein.
Ich trichtere ihm etwas ein.
Ich empfehle ihm etwas.
Ich bringe ihr etwas entgegen.
Ich halte ihm etwas entgegen.
Ich schleudere ihm etwas entgegen.
Ich trage ihm etwas entgegen.
Ich entgegne ihr etwas.
Ich entgelte ihm etwas.
Ich entlocke ihm etwas.
Ich entreiße ihm etwas.
Ich entziehe ihm etwas[1].
Ich erlaube ihm etwas.
Ich ermögliche ihm etwas.
Ich erschwere ihr etwas.
Ich erspare ihm etwas.
Ich erweise ihm einen Dienst.
Ich erzähle ihm etwas.
Ich gebe ihr etwas.
Ich genehmige ihm etwas.
Ich gestatte ihm etwas.

Ich gestehe ihm etwas.
Ich gewähre ihm etwas.
Ich gönne ihm etwas.
Ich schreibe ihr etwas gut.
Ich zahle ihm etwas heim.
Ich gebe ihm etwas heraus.
Ich haue ihm eine herunter.
Ich hinterbringe ihm etwas.
Ich mache ihm etwas klar.
Ich leihe ihr etwas.
Ich liefere ihm etwas.
Ich melde ihm etwas.
Ich mißgönne ihr etwas.
Ich gebe ihm etwas mit.
Ich teile ihm etwas mit.
Ich bringe ihr etwas nach.
Ich rede ihm etwas nach.
Ich rufe ihm etwas nach.
Ich schicke ihr etwas nach.
Ich sende ihm etwas nach.
Ich spreche ihr etwas nach.
Ich trage ihm etwas nach.
Ich weise ihm etwas nach.
Ich bringe ihm etwas nahe.
Ich lege ihr etwas nahe.
Ich rate ihm etwas.
Ich schenke ihm etwas.
Ich schulde ihr etwas.
Ich nehme ihm etwas übel.
Ich übergebe ihm etwas.
Ich überlasse ihr etwas.
Ich schicke ihm etwas.
Ich übertrage ihm etwas.
Ich binde ihm etwas um.
Ich unterbreite ihm etwas.
Ich untersage ihm etwas.
Ich unterstelle ihr etwas.
Ich veranschauliche ihm etwas.
Ich verbiete ihm etwas.
Ich verdanke ihr etwas.
Ich verdeutliche ihm etwas.
Ich verkünde ihm etwas.
Ich verleide ihr etwas.
Ich vermache ihm etwas.
Ich verschaffe ihm etwas.
Ich verschreibe ihm etwas.
Ich verspreche ihm etwas.
Ich verübele ihr etwas.
Ich verwehre ihm etwas.
Ich verweigere ihm etwas.
Ich habe ihm etwas voraus.
Ich enthalte ihr etwas vor.
Ich gauk[e]le ihm etwas vor.

---

[1] Hier kommen auch nichtpersonale Besetzungen der Subjekt- und Dativobjektstelle vor: *Die Sonne entzieht dem Boden die Feuchtigkeit.*

Ich jammere ihm etwas vor.	Ich mute ihm etwas zu.
Ich lese ihr etwas vor.	Ich raune ihm etwas zu.
Ich mache ihm etwas vor.	Ich rufe ihr etwas zu.
Ich sage ihm etwas vor.	Ich sage ihm etwas zu.
Ich schwindele ihm etwas vor.	Ich schanze ihr etwas zu.
Ich singe ihr etwas vor.	Ich schreie ihm etwas zu.
Ich nehme ihm etwas weg.	Ich sende ihr etwas zu.
Ich widme ihm etwas.	Ich spiele ihm etwas zu.
Ich zeige ihr etwas.	Ich spreche ihm etwas zu.
Ich billige ihm etwas zu.	Ich traue ihr etwas zu.
Ich eigne ihm etwas zu.	Ich weise ihm etwas zu.
Ich erkenne ihr etwas zu.	Ich wende ihr etwas zu.
Ich flüstere ihm etwas zu.	Ich werfe ihm etwas zu.
Ich gestehe ihr etwas zu.	Ich erstatte ihr etwas zurück.
Ich leite ihm etwas zu.	Ich zahle ihm etwas zurück.

Nur wenige Verben lassen hier auch im Akkusativobjekt eine Personenbezeichnung zu:

> Ich schicke ihr *jemanden* entgegen. Ich stelle ihm *jemanden* vor. Wir überlassen *ihn* seinen Feinden, seinem Schicksal.

Bei dem Verb *vorziehen* kann selbst die Stelle des Dativobjekts mit einer Sache besetzt werden:

> Ich ziehe ihn *jemandem* vor. – Ich ziehe Wein *dem Bier* vor.

[1107] Subjekt + Prädikat + Akkusativobjekt + Genitivobjekt

Die Konstruktion mit dem Genitiv neben dem Akkusativobjekt ist heute auf wenige Verben beschränkt, die vorwiegend dem gerichtlichen Bereich angehören; im Akkusativ wird dann eine Person, im Genitiv ein Sachbetreff, ein Inhalt oder ein Vorwurf genannt (vgl. auch 1062):

> anklagen, anschuldigen, berauben, beschuldigen, bezichtigen, entbinden, entheben, überführen, verdächtigen, zeihen; (aber auch:) belehren, entledigen, unterziehen, versichern, würdigen.

Doch auch hier ist in verschiedenen Fällen Wechsel zu anderen Satzbauplänen zu beobachten (vgl. 1139).

[1108] Subjekt + Prädikat + Akkusativobjekt + Präpositionalobjekt

Die verhältnismäßig große Anzahl von Verben, die hierher gehören, läßt sich danach ordnen, ob die einzelnen von ihnen aufgerufenen Stellen „persönlich" oder „sachlich" besetzt sind.

Verben mit „persönlichem" Subjekt und „persönlichem" Akkusativobjekt: | 1109 |

Ich halte sie von etwas ab.
Ich härte ihn gegen etwas ab.
Ich lenke sie von etwas ab.
Ich taste ihn nach etwas ab.
Ich flehe ihn um etwas an.
Ich halte ihn zu etwas an.
Ich rege ihn zu etwas an.
Ich fordere sie zu etwas auf.
Ich ersehe ihn zu etwas aus.
Ich frage sie nach etwas/nach jemandem aus.
Ich autorisiere ihn zu etwas.
Ich beauftrage ihn mit etwas.
Ich bedenke ihn mit etwas.
Ich beeinträchtige sie in etwas.
Ich befördere ihn zu etwas.
Ich befrage sie über jemanden oder etwas/nach jemandem oder etwas.
Ich befreie ihn von jemandem oder aus etwas.
Ich begeistere sie mit etwas/durch etwas/für etwas.
Ich beglückwünsche ihn zu etwas.
Ich belaste ihn durch etwas, mit etwas.
Ich beneide ihn um jemanden oder etwas.
Ich benenne ihn nach jemandem oder etwas.
Ich berede ihn zu etwas.
Ich beruhige ihn mit etwas.
Ich beschäftige sie durch etwas/mit etwas.
Ich beschirme ihn vor jemandem oder etwas.
Ich beschütze ihn vor jemandem oder etwas.
Ich bestärke sie in etwas.
Ich bestimme ihn zu etwas/für etwas.
Ich betrüge ihn um etwas/mit jemandem.
Ich beurteile sie nach etwas.
Ich bewahre ihn vor jemandem oder etwas.
Ich bewege ihn zu etwas.
Ich bitte sie um etwas/zu etwas (Fest).
Ich bombardiere ihn mit etwas.
Ich brauche ihn zu etwas.
Ich bringe sie um etwas.
Ich bringe ihn auf etwas.
Ich bringe ihn zu jemandem/zu etwas.
Ich degradiere ihn zum Gefreiten.
Ich dispensiere ihn von etwas.
Ich dränge sie zu etwas.
Ich durchsuche ihn nach etwas.
Ich lade sie zu etwas, jemandem ein.
Ich teile ihn zu etwas ein.

Ich entbinde ihn von etwas.
Ich entlaste ihn von etwas.
Ich entschädige ihn für etwas.
Ich erhebe ihn zu etwas.
Ich erinnere sie an etwas.
Ich erkenne ihn an etwas.
Ich erlöse ihn aus etwas/von etwas.
Ich ermächtige ihn zu etwas.
Ich ermahne ihn zu etwas.
Ich ermutige sie zu etwas.
Ich ermuntere ihn zu etwas.
Ich ernenne ihn zu etwas.
Ich ersuche sie um etwas.
Ich erziehe ihn zu etwas/durch etwas.
Ich frage sie nach jemandem oder etwas.
Ich spreche ihn von etwas frei.
Ich gewinne sie für jemanden oder etwas/mit etwas.
Ich gewöhne ihn an etwas.
Ich halte ihn für jemanden oder etwas.
Ich fordere sie zu etwas heraus.
Ich hindere ihn an etwas/bei etwas.
Ich weise ihn auf jemanden oder etwas hin.
Ich tröste ihn über etwas hinweg.
Ich informiere sie über etwas, von etwas.
Ich interessiere ihn an etwas oder für etwas.
Ich konfrontiere sie mit jemandem oder etwas.
Ich lade ihn zu Gast.
Ich lenke seine Aufmerksamkeit auf jemanden oder etwas.
Ich mache ihn zu meinem Stellvertreter.
Ich mißbrauche ihn zu etwas.
Ich necke sie mit jemandem oder etwas.
Ich nötige ihn zu etwas.
Ich orientiere ihn über jemanden oder etwas.
Ich plage sie mit etwas.
Ich reize ihn zu etwas.
Ich schütze ihn vor jemandem oder etwas.
Ich sichere ihn gegen oder vor etwas.
Ich treibe sie zu etwas.
Ich überrede ihn zu etwas.
Ich überschütte ihn mit etwas.
Ich übertreffe ihn in/mit/an einer Sache.
Ich überzeuge sie von etwas.
Ich unterrichte ihn über etwas.
Ich unterstütze ihn bei etwas.
Ich veranlasse ihn zu etwas.
Ich verberge ihn vor jemandem.
Ich verdamme ihn zu etwas.
Ich vereine ihn mit jemandem.

Ich verführe ihn zu etwas.
Ich verheirate ihn mit jemandem.
Ich verklage ihn wegen etwas.
Ich verleide ihm zu etwas.
Ich verlocke ihn zu etwas, mit etwas.
Ich verpflichte sie zu etwas, durch etwas, mit etwas.
Ich verrate ihn an jemanden.
Ich versehe ihn mit etwas.
Ich verständige sie über etwas/von etwas.
Ich verteidige ihn gegen etwas.

Ich vertröste ihn mit etwas.
Ich verurteile ihn zu etwas, wegen etwas.
Ich verweise sie an jemanden, auf eine Sache.
Ich bereite ihn zu etwas vor (zum Examen).
Ich sehe ihn für etwas vor.
Wir wählen sie zur Vorsitzenden, Präsidentin u. a.
Ich warne ihn vor jemandem oder etwas.
Ich zähle ihn zu meinen Freunden.
Ich zwinge ihn zu etwas.

1110 **Verben mit „persönlichem" Subjekt und „sachlichem" Akkusativobjekt:**

Ich abstrahiere etwas von etwas.
Ich addiere eine Zahl zu einer anderen.
Ich adressiere einen Brief an jemanden.
Ich ändere etwas in etwas oder an etwas.
Ich wende etwas für etwas oder jemanden auf.
Ich baue etwas zu etwas aus.
Ich gebe etwas für etwas oder jemanden aus.
Ich spreche etwas über jemanden oder etwas aus.
Ich teile etwas an jemanden oder unter jemanden (seltener: jemandem) aus.
Ich beende etwas mit etwas (eine Rede mit einem Zitat).
Ich trage etwas zu etwas bei.
Ich benenne etwas nach etwas.
Ich benutze etwas zu etwas.
Ich beschränke etwas auf etwas.
Ich beurteile etwas nach etwas.
Ich brauche etwas für oder zu etwas.
Ich bringe etwas vor ein Gericht.
Ich dividiere eine Zahl durch eine andere.
Ich durchsuche etwas auf oder nach etwas (ein Auto nach Waffen).
Ich stelle die Zeit auf 6 Uhr ein.
Ich empfinde Freude an etwas, Furcht vor etwas, Reue über etwas, Liebe für jemanden.
Ich entnehme etwas aus etwas.
Ich erkenne etwas an etwas.
Ich ersehe etwas aus etwas.
Ich finde eine Gelegenheit zu etwas.
Ich folgere etwas aus etwas.
Ich gebe etwas für etwas/Anlaß zu etwas.
Ich habe Anspruch auf etwas/einen Eindruck von etwas/Grund, Anlaß, Veranlassung, Recht zu etwas/etwas zu tun mit jemandem oder etwas.
Ich lese etwas aus etwas heraus.
Ich gebe meinen Namen, mein Geld für etwas her.
Ich höre etwas von jemandem über jemanden.
Ich knüpfe meine Entscheidung an etwas.

Ich lege Wert auf etwas.
Ich lerne etwas aus etwas/über etwas.
Ich liefere etwas an jemanden/für jemanden.
Ich mache mir einen Vers auf etwas/Gebrauch von etwas.
Ich mache etwas aus etwas/aus jemandem.
Ich bringe etwas für jemanden mit.
Ich multipliziere eine Zahl mit einer anderen.
Ich nehme Rücksicht auf jemanden oder etwas/Notiz von jemandem oder etwas/etwas für etwas/etwas gegen etwas.
Ich rechtfertige etwas mit etwas/etwas vor jemandem.
Ich richte etwas (eine Bitte, ein Gesuch) an jemanden.
Ich rümpfe die Nase über jemanden oder etwas.
Ich runz[e]le die Stirn über jemanden.
Ich sage efwas über etwas oder jemanden/gegen etwas oder jemanden/zu jemandem oder von jemandem.
Ich schließe etwas aus etwas/etwas mit etwas.
Ich schnitze etwas aus etwas.
Ich schreibe etwas an jemanden/an etwas/für jemanden/über etwas oder jemanden/gegen etwas oder jemanden.
Ich sehe eine Aufgabe, Verlockung in einer Sache.
Ich setze meine Bemühungen, meinen Ehrgeiz, meinen Stolz in eine Sache/etwas (Vertrauen) auf/in etwas oder jemanden.
Ich subtrahiere eine Zahl von einer anderen.
Ich tausche etwas mit jemandem.
Ich arbeite etwas in etwas oder zu etwas um.
Ich biege etwas in etwas um.
Ich funktioniere etwas in oder zu etwas um.
Ich vereinbare etwas mit jemandem.
Ich verhänge eine Strafe über jemanden/

etwas mit etwas (ein Fenster mit einer Decke).
Ich verkaufe etwas an jemanden/etwas für etwas.
Ich verkleide etwas mit etwas.
Ich verknüpfe etwas mit etwas.
Ich verlange etwas von jemandem/für jemanden.
Ich verteile etwas an jemanden/unter jemanden.

manden.
Ich verwand[e]le etwas in etwas.
Ich verwende etwas zu etwas/für etwas/ (Mühe, Zeit, Energie) auf etwas.
Ich wende etwas an jemanden oder etwas/etwas von jemandem oder etwas.
Ich weiß etwas von jemandem/über jemanden/etwas aus etwas/von etwas.
Ich zerreibe etwas zu etwas.

Verben mit „sachlichem" Subjekt und „persönlichem" Akkusativobjekt: | 1111 |

Etwas hält jemanden von etwas ab.
Etwas lenkt jemanden von etwas ab.
Etwas regt jemanden zu etwas an.
Etwas spornt jemanden zu etwas an.
Etwas begeistert jemanden für etwas.
Etwas bestärkt jemanden in etwas.

Etwas bewegt jemanden zu etwas.
Etwas erinnert jemanden an etwas.
Etwas gemahnt jemanden an etwas.
Etwas hindert jemanden an etwas.
Etwas reizt jemanden zu etwas.

Subjekt + Prädikat + Akkusativobjekt + Raumergänzung | 1112 |

In Sätzen nach diesem Plan können an der Stelle des Prädikats alle Verben stehen, die eine Tätigkeit ausdrücken, durch die jemand oder etwas im Raum betroffen wird. Beispiele dafür sind:

> Ich lege *das Buch auf den Tisch, aus der Hand.* Ich befestige *den Schirm am Koffer.* Die Mutter näht *den Knopf an den Mantel.* Der Schüler wirft *den Ball ins Tor.* Ich ziehe *den Vorhang zur Seite.* Er barg *das Papier in der Brusttasche.* Er klopfte *den Schnee von seinem Hut.*

Subjekt + Prädikat + Akkusativobjekt + Zeitergänzung | 1113 |

Sätze mit Zeitergänzungen sind auch nach diesem Plan selten. Als weiteres Beispiel kann gelten:

> Ich verschiebe die Arbeit *auf die nächste Woche.*

1114 **Subjekt + Prädikat + Akkusativobjekt + Artergänzung**

Hierher gehören Beispiele wie die folgenden:

> Der Jäger schießt *den Hasen tot*. Die Mutter färbt *das Kleid blau*. Der Maler streicht *die Wand weiß*. Ich reibe *den Spiegel blank*. Er macht *die Säge scharf*. Sie macht *ihn glücklich*. Die Ärztin schreibt *den Patienten krank*. Sein Verhalten stimmt *mich nachdenklich*. Er reitet *das Pferd zu Tode*. Sie trug *die Haare kurz*. Ich empfinde *das als kränkend*.

1115 **Subjekt + Prädikat + Artergänzung + Präpositionalobjekt**

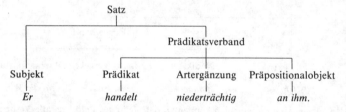

Hierher gehören z. B.:

> Ich gehe *behutsam mit ihm* um. Es steht *schlecht um unsere Pläne*. Ich verhalte mich *ihm gegenüber nachlässig*.

1116 **Subjekt + Prädikat + Artergänzung + Raumergänzung**

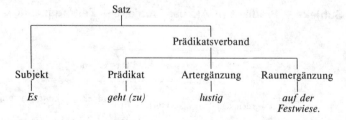

Dieser Satzbauplan hat eine sehr spezielle Charakteristik. In der Subjektstelle steht immer *es*, in der Prädikatstelle am häufigsten *zugehen* oder *hergehen*:

> *Bei dem Fest* ging es *harmonisch, natürlich, gesittet* zu. *Auf der Geburtstagsfeier* ging es *toll, hoch, laut* her.

Subjekt + Prädikat + Akkusativobjekt + Gleichsetzungs-akkusativ   `1117`

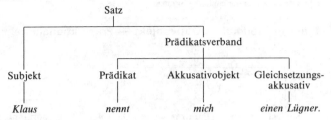

Regulär gehören zu diesem Satzbauplan die Verben *nennen, heißen, schelten, schimpfen, schmähen, taufen.*

Subjekt + Prädikat + Akkusativobjekt + Akkusativobjekt   `1118`

Die Konstruktion mit zwei Akkusativobjekten ist nur bei wenigen Verben üblich, am häufigsten bei *lehren* und *kosten:*

> Er lehrte *mich die Lieder Schuberts.* Das kostet *ihn seinen Kopf, den Hals, den Kragen, ein Vermögen, einige Mark.* Sie hört *ihn die Vokabeln* ab. Ich frage *ihn das Gedicht* ab. Sie hat *mich schwierige Dinge* gefragt.

Deswegen besteht bei diesen Verben eine starke Tendenz zu den üblichen Konstruktionen mit Dativ- und Akkusativobjekt:

> Lange hatte er scheinbar vergeblich sich bemüht, ihn zu belehren, ihm die Sprache zu lehren. (H. Hesse) Und dieses Zögern kostet seinem Sohn das Kaiserreich und ihm selbst die Freiheit. (St. Zweig) Das kann mir den Hals kosten. (Brecht) Aber dem Zilpzalp kostet es das Leben. (Hausmann) Die Großmutter ... würde ihm den Katechismus abfragen. (Böll) Der freundliche, sehr melancholische Vater ... hörte ihm die Vokabeln ab. (Böll)

Im Passiv ist der Dativ schon ziemlich fest geworden:

> Mir ist Dankbarkeit gelehrt worden. Ihr wurden die Vokabeln abgefragt.

Das persönliche Passiv, wie es nach transitiven Verben eigentlich richtig ist, kommt jedoch noch vor einem Nebensatz oder satzwertigen Infinitiv vor:

> Ich bin gelehrt worden, daß dies meine Pflicht ist. Wir sind gelehrt worden, dankbar zu sein.

Wird die Sache, die gelehrt, die abgefragt wird, nicht genannt, dann steht die Personenbezeichnung im Akkusativ:

> Sie lehrte auch die fremden Kinder.
> Er hat die Klasse abgefragt.

Falsch ist die Verwendung von *lernen* an Stelle von *lehren*. Man kann nicht sagen:

> Ich lerne ihn (ihm) die englische Sprache.

1119 **Subjekt + Prädikat + Dativobjekt + Präpositionalobjekt**

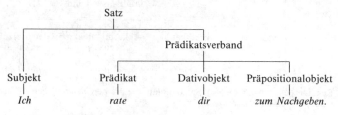

Hierher gehören:

> Mein Freund berichtete *meiner Mutter über mein Examen*. Ich verhelfe *meinem Freund zu einer Stellung*. Es fehlt *mir an Geld*. Es liegt *mir an deiner Freundschaft*. Dieses Laster wird *ihm zum Verhängnis*. Sie gratuliert *mir zum Geburtstag*.

1120 **Subjekt + Prädikat + Dativobjekt + Artergänzung**

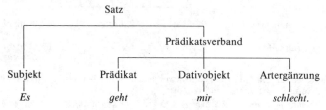

Hierher gehören:

> Es tut *mir leid*. Es wird *mir zu bunt*. Dein Benehmen steht *dir frei*. Diese Arbeit fällt *ihr leicht*. Deine Liebe tut *ihm wohl*. Wir begegnen *ihm schroff*. Das Kleid steht *ihr gut*. Der Wein bekommt *mir schlecht*. Die Rechtsprechung dient *diesen Leuten als bloßes Werkzeug*. Das erscheint *uns merkwürdig*. Das kam *ihm zugute, zupaß, zustatten*. Das gereichte *ihr zum Schaden, zum Nutzen*. Das wurde *mir zuteil*. Ich stehe *ihm zu Diensten*. Ich bin *ihm gewogen*.

1121 **Subjekt + Prädikat + Präpositionalobjekt + Präpositionalobjekt**

Beispiele für diesen Satzbauplan sind:

Ich einige mich *mit ihm über die Höhe des Schadensersatzes.* Ich wette *mit ihm um eine Flasche Bier.* Ich lasse mich *mit ihr in ein Gespräch* ein. Er klagt *auf Schadensersatz gegen Herrn Meier.* Er stimmt *mit mir in dieser Frage* überein. Sie rächte sich *an ihm für diese Schmach.*

Nebenpläne

Subjekt + Prädikat + Artergänzung + Dativobjekt 2. Grades [1122]

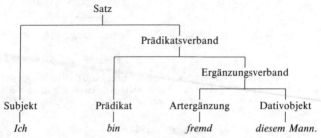

(Normale Wortstellung: *Ich bin diesem Mann fremd.*)

Nach dem vorliegenden Satzbauplan werden konstruiert:

abhold, ähnlich, analog, angeboren, begreiflich, behilflich, bekannt, bekömmlich, benachbart, bewußt, dienlich, dienstbar, eigen, ergeben, feind, fern, fremd, freund, gemäß, genehm, geneigt, gewogen, gleich, gleichgültig, gram, leid, lieb, nachteilig, nahe, nützlich, schädlich, treu, untertan, verderblich, verwandt, zugetan, zuwider.

Subjekt + Prädikat + Artergänzung + Genitivobjekt 2. Grades   [1123]

(Normale Wortstellung: *Er ist des Diebstahls schuldig.*)

In Sätzen nach diesem Bauplan wird vom Adjektiv ein Genitivobjekt gefordert. Regelmäßig steht ein Genitivobjekt nach folgenden Adjektiven:

ansichtig, bar, bedürftig, bewußt, eingedenk, geständig, gewärtig, gewiß, habhaft, (un)kundig, ledig, mächtig, schuldig, sicher, teilhaftig, verdächtig, verlustig, würdig.

In Konkurrenz mit dem Genitiv steht ein Akkusativ oder ein Präpositionalgefüge bei den Adjektiven *fähig, gewahr, müde, satt, überdrüssig, voll, wert:*

Ich bin *neuer Eindrücke/zu neuen Eindrücken* fähig. Ich bin *seiner/ihn* überdrüssig.

1124 **Subjekt + Prädikat + Artergänzung + Präpositionalobjekt 2. Grades**

Satz
│
Prädikatsverband
│
Ergänzungsverband

Subjekt	Prädikat	Artergänzung	Präpositionalobjekt
Ich	*bin*	*gespannt*	*auf deinen Bericht.*

In Sätzen, die nach diesem Satzbauplan aufgebaut sind, fordert die Artergänzung ein Präpositionalobjekt; verhältnismäßig viele Adjektive können die Stelle der Artergänzung besetzen. Sie sind meistens mit „persönlichem", seltener mit „sachlichem" Subjekt verbunden:

1125 **Artergänzungen mit „persönlichem" Subjekt:**

Ich bin abhängig von jemandem oder etwas.
Ich bin angewiesen auf jemanden oder etwas.
Ich bin ärgerlich über oder auf jemanden oder etwas.
Ich bin aufgebracht über jemanden oder etwas.
Ich bin begierig auf/nach etwas.
Ich bin bekannt mit jemandem oder etwas.
Ich bin beliebt bei jemandem.
Ich bin bereit zu etwas.
Ich bin besorgt um jemanden oder etwas/über etwas.
Ich bin bestürzt über etwas.
Ich bin durstig nach etwas.
Ich bin eifersüchtig auf jemanden oder etwas.
Ich bin eingebildet auf etwas.
Ich bin einverstanden mit jemandem oder etwas.
Ich bin empfänglich für etwas.
Ich bin entrüstet über jemanden oder etwas.
Ich bin entschlossen zu etwas.
Ich bin ergrimmt über jemanden oder etwas.
Ich bin erhaben über jemanden oder etwas.
Ich bin erstaunt über jemanden oder etwas.
Ich bin fähig zu etwas (vgl. aber 1123).
Ich bin fertig mit jemandem oder etwas/zu etwas.
Ich bin frei von jemandem oder etwas/für jemanden oder etwas.

Ich bin freundlich zu jemandem.
Ich bin froh über etwas; schweiz. und südd.: um etwas.
Ich bin gefaßt auf etwas.
Ich bin gefeit gegen etwas.
Ich bin geeignet zu etwas.
Ich bin gehalten zu etwas.
Ich bin geneigt zu etwas.
Ich bin gesonnen zu etwas.
Ich bin gewandt in etwas.
Ich bin gewillt zu etwas.
Ich bin gierig nach jemandem oder etwas.
Ich bin gleichgültig gegen jemanden oder etwas/gegenüber jemandem oder etwas.
Ich bin grausam gegen jemanden/zu jemandem.
Ich bin hart gegen jemanden/zu jemandem.
Ich bin interessiert an jemandem oder etwas.
Ich bin krank an etwas/vor etwas/von etwas.
Ich bin mißtrauisch gegen jemanden oder etwas/gegenüber jemandem oder etwas.
Ich bin müde von etwas (vgl. aber 1123).
Ich bin neidisch auf jemanden oder etwas.
Ich bin stolz auf jemanden oder etwas.
Ich bin streng gegen jemanden/mit jemandem/zu jemandem.
Ich bin traurig über jemanden oder etwas.
Ich bin tüchtig in etwas.
Ich bin ungeduldig über etwas.

Ich bin verliebt in jemanden oder etwas.
Ich bin verlobt mit jemandem.
Ich bin zornig auf jemanden/über jeman-

den oder etwas.
Ich bin zufrieden mit jemandem oder etwas.

Artergänzungen mit „sachlichem" Subjekt: | 1126 |

Etwas ist arm an etwas (z. B. Früchte an
  Vitaminen).
Etwas ist bezeichnend für jemanden oder
  etwas.
Etwas ist genug für jemanden oder et-
  was.
Etwas ist interessant für jemanden.
Etwas ist nachteilig für jemanden oder et-
  was.
Etwas ist nützlich für jemanden oder et-
  was.

Etwas ist passend für jemanden.
Etwas ist reich an etwas (z. B. der Wald an
  Wild).
Etwas ist schmerzlich für jemanden.
Etwas ist vergleichbar mit etwas.
Etwas ist voll von etwas (z. B. ein Schrank
  voll von Kleidern; vgl. aber 1123).
Etwas ist wesentlich für jemanden oder
  etwas.
Etwas ist wichtig für jemanden oder et-
  was.

Subjekt + Prädikat + Artergänzung + Dativobjekt | 1127 |
2. Grades + Präpositionalobjekt 2. Grades

(Normale Wortstellung: *Er ist mir an Ausdauer überlegen.*)

Hierher gehören:

Sie ist *ihm im Charakter gleich/ähnlich.* Er wird *ihm an Tapferkeit ebenbürtig* sein. Bri-
gitte war *mir in der Musik* voraus.

Subjekt + Prädikat + Artergänzung + Raumergänzung | 1128 |
2. Grades

(Normale Wortstellung: *Er ist in München ansässig.*)

Zu diesem Satzbauplan gehören vor allem Partizipialformen von Verben, die dem Wortfeld des „Wohnens" angehören; die Konstruktion kommt häufig in der Amts- und Verwaltungssprache vor:

> Er war *in Sachsen begütert, in Magdeburg beheimatet, in Köln wohnhaft, in Zürich heimatberechtigt.*

1129 **Subjekt + Prädikat + Akkusativobjekt 2. Grades + Artergänzung**

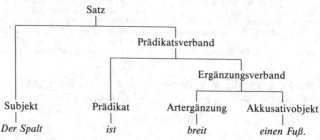

(Normale Wortstellung: *Der Spalt ist einen Fuß breit.*)

Zu diesem Satzbauplan gehören verschiedene Adjektive, die in Verbindung mit der genaueren Bestimmung eines Maßes allgemein die Bedeutung ‚eine bestimmte Dimension habend' ausdrücken (nur bei dieser Bedeutung ist das Akkusativobjekt ein konstitutives Glied). Die Maßbestimmung steht dann im Akkusativ. Die betreffenden Adjektive sind *alt, breit, dick, entfernt, hoch, lang, tief, schwer, wert:*

> Er ist *10 Jahre alt.* Das Brett ist *2 cm dick, 4 m lang.* Das Haus liegt *nur 500 m vom Fluß entfernt.* Der Turm ist *15 m hoch.* Das Loch ist *10 m tief.* Der Stein ist *10 Pfund schwer.* Das Bild ist *1000 Mark wert.*

Es ist hier wie bei den folgenden drei Nebenplänen oft schwierig, zwischen Satzglied und bloß attribuiertem (Teil)glied zu unterscheiden.

1130 **Subjekt + Prädikat + Akkusativobjekt 1. Grades + Akkusativobjekt 2. Grades + Artergänzung**

(Normale Wortstellung: *Er wirft den Ball 70 m weit.*)

Auch das Adjektiv *weit* hat die allgemeine Bedeutung, die unter 1129 für eine ganze Gruppe von Adjektiven herausgestellt worden ist; es tritt hier allerdings neben einem Akkusativobjekt 1. Grades auf. Weitere Beispiele für Sätze nach diesem Satzbauplan sind:

> Ich mache *den Graben 10 m breit.* Er gräbt *das Loch 8 m tief.* Er stößt *die Kugel 20 m weit.* Sie schießt *den Pfeil 50 m hoch.* Ich stricke *den Schal 80 cm lang.* Er schmiert *die Butter zwei Finger dick.* Sie hängt *das Bild 30 cm höher.*

Auch bei diesem Satzbauplan ist es schwierig, die Grenze zwischen Satzglied und bloß attribuiertem (Teil)glied zu ziehen.

Subjekt + Prädikat + Akkusativobjekt 2. Grades + Raumergänzung

1131

(Normale Wortstellung: *Er geht die Treppe hinunter.*)

Hierher gehören:

> Wir stiegen *den Berg hinauf.* Sie geht *die Straße hinunter.* Ich schlendere *die Wiesen entlang.* Er lagerte *einen Steinwurf von hier.* Mein Freund sitzt *drei Reihen weiter.*

Auch bei diesem Satzbauplan ist es schwierig, die Grenze zwischen Satzglied und bloß attribuiertem (Teil)glied zu ziehen. Bei *hinuntersteigen, hinaufsteigen, entlangschlendern* usw. wird in den infiniten Formen die Abhängigkeit des Akkusativobjekts 2. Grades von der Raumergänzung durch die Zusammenschreibung verdeckt.

Subjekt + Prädikat + Akkusativobjekt 1. Grades + Akkusativobjekt 2. Grades + Raumergänzung

1132

(Normale Wortstellung: *Sie warfen ihn die Treppe hinunter.*)

Hierher gehören:

Sie zogen *den Schlitten den Berg hinauf.* Ich rollte *den Wagen die Böschung hinunter.*
Sie schoben *die Leiter drei Regale weiter.* Sie ließen *ihn 5 m hinunter.*

Auch bei diesem Satzbauplan ist es wie bei den drei vorangehenden Nebenplänen oft schwierig, zwischen Satzglied und bloß attribuiertem (Teil)glied zu unterscheiden. Die Abhängigkeit des Akkusativobjekts 2. Grades von der Raumergänzung wird in den infiniten Formen durch die Zusammenschreibung (*hinunterwerfen, hinaufziehen, weiterschieben* usw.) verdeckt.

| 1133 | **Subjekt + Prädikat + Pertinenzdativ**

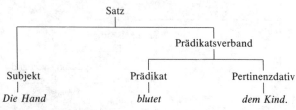

(Normale Wortstellung: *Dem Kind blutet die Hand.*)

Hierher gehören folgende Beispiele:

Dem Mann schmerzt das Bein (= sein Bein). *Ihr* tränen die Augen, zittern die Hände, brennen, schmerzen die Füße, friert die Nase. (Auch:) *Dem Bauern* verendet das Vieh. *Ihm* brannte das Haus ab.

In allen diesen Fällen ist der Pertinenzdativ auf das Subjekt des Satzes bezogen.

Bei verschiedenen Verben, die ein körperliches Empfinden bezeichnen, steht der Akkusativ mit dem Dativ in Konkurrenz. Man spricht dann von einem Pertinenzakkusativ:

Die Füße schmerzen *mich.* Ihn juckt das Fell.

| 1134 | **Subjekt + Prädikat + Akkusativobjekt + Pertinenzdativ**

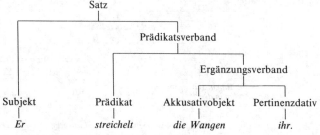

(Normale Wortstellung: *Er streichelt ihr die Wangen.*)

Hierher gehören folgende Beispiele:

> Sie kämmt *dem Kind das Haar*, reinigt *ihm die Fingernägel*. Er wäscht *ihm den Wagen*.
> Er bürstet *dem Pferd das Fell*. Er bricht *dem Käfer ein Bein*. Sie zog *ihm einen Zahn*.

Der Pertinenzdativ ist in diesen Fällen auf das Akkusativobjekt bezogen.

Subjekt + Prädikat + Akkusativobjekt + Artergänzung + Pertinenzdativ

1135

(Normale Wortstellung: *Der Arzt richtet ihr die Nase gerade.*)

Hierher gehören die folgenden Beispiele:

> Ich mache *ihm die Hand heil* (= seine Hand), *den Fuß gesund, das Auto kaputt.* Sie hält
> *ihr die Wohnung sauber.* Der Friseur färbte *ihm die Haare blond.*

Auch hier ist der Pertinenzdativ auf das Akkusativobjekt bezogen.

Subjekt + Prädikat + Raumergänzung + Pertinenzdativ

1136

(Normale Wortstellung: *Ich klopfe ihm auf die Schulter.*)

Hierher gehören folgende Beispiele:

> Ich schaue *ihr in die Augen.* Ich springe *ihm auf den Rücken.* Der Regen läuft *mir in die
> Schuhe.* Ich schaue *ihm in den Hals.* Er schlägt *ihm ins Gesicht.* Ich streichle *ihr über das
> Haar.* Ein Stein fiel *ihm auf den Kopf.* Das Haar klebte *ihm an den Schläfen.* Rehe lie-
> fen *ihm über den Weg.* Sie ging *mir aus dem Weg.* Ich stehe *ihm zur Seite.* Die Lokomo-
> tive fuhr *dem D-Zug in die Flanke.* Er tritt *dem Hund auf den Schwanz.*

Der Pertinenzdativ ist hier auf die Raumergänzung bezogen.

Bei den Verben, die eine körperliche Berührung ausdrücken, steht oft an Stelle des Pertinenzdativs ein Pertinenzakkusativ; das gilt besonders für die Verben *bei-ßen, küssen, stechen, stoßen, kneifen, zwicken:*

> Der Hund hat *mir* oder *mich* in das Bein gebissen. Die Wespe stach *ihr* oder *sie* ins Bein. Er stieß *ihn* (auch: *ihm*) in die Seite. Sie zwickte *ihm* oder *ihn* ins Bein. Er hat *sie* (umgangssprachlich auch: *ihr*) auf die Stirn geküßt.

Bei übertragenem Gebrauch überwiegt der Dativ:

> Der Rauch biß mir (selten: *mich*) in die Augen.

Bei den Verben *boxen, hauen, klopfen, schießen, schlagen, schneiden, treten* ist der Dativ häufiger als der Akkusativ:

> Ich haue *ihm* ins Gesicht. (Auch:) Morgen früh haut Jumbo *mich* mit dem Bootshaken übern Schädel. (Hausmann) Ich boxe *ihm* in den Magen. (Auch:) Er wurde in den Leib geboxt. (Spiegel)

Die Schwankung kann beim gleichen Autor auftreten:

> Er sah ... wie sie *ihm* ins Gesicht schossen. (Ott) Dabei schossen sie *den IWO* durch den Kopf. (Ott) Dreißig Minuten später schossen sie *ihm* noch ein Torpedo in den Bauch. (Ott) Er erinnerte sich, daß sie *ihn* in den Bauch geschossen hatten. (Ott)

1137 **Subjekt + Prädikat + Akkusativobjekt + Raumergänzung + Pertinenzdativ**

(Normale Wortstellung: *Er legt ihm die Hand auf die Schulter.*)

Hierher gehören:

> Er schlägt *ihm das Handtuch um die Ohren.* Sie wirft *ihm den Ball ins Gesicht.* Er jagt sich *eine Kugel durch den Kopf.* Er schnallt *dem Kind den Ranzen auf den Rücken.* Er reibt *ihm die Salbe auf die Wunde.* Sie hat *mir Farbe an den Rock* geschmiert / *Tinte über die Hose* gegossen / *Salz in den Kaffee* geschüttet. Der Gärtner pflanzt *uns Blumen in den Garten.*

Auch in diesen Fällen ist der Pertinenzdativ auf die Raumergänzung bezogen.

1138 ## 2.5.3 Zu einigen Detailfragen bei den Satzbauplänen

1. Bei der Aufstellung von Satzbauplänen in den vorstehenden Abschnitten wurden nur Sätze genutzt, an deren Satzgliedstellen unterschiedliche Besetzungsmöglichkeiten gegeben waren. Das heißt: Feste Wendungen wurden nicht berücksich-

tigt, obwohl auch sie ihrer äußeren Struktur nach bestimmten Satzbauplänen entsprechen; sie gehören ins Wörterbuch:

> Er lügt das Blaue vom Himmel herunter. Sie ärgerte sich die Schwindsucht an den Hals. Er jagte ihn ins Bockshorn. Sie versetzte die Zuhörer in Begeisterung.

2. Manche Sätze, die üblicherweise als einfache Sätze gelten, werden vernünftigerweise nicht auf einen Satzbauplan bezogen, sondern auf eine Verknüpfung von zwei Satzbauplänen:

> Ich höre ihn ein Lied Schuberts singen. – Ich höre ihn: Er singt ein Lied Schuberts.

Wir treffen hier auf die gleichen Probleme, die wir schon bei der Abgrenzung des einfachen Satzes vorgefunden haben (vgl. 1020). Die Verben, um die es hier geht, sind *lassen, hören, sehen, fühlen, spüren, heißen:*

> Ich höre ihn ein Lied singen. Ich sehe sie kommen. Sie fühlt, spürt den Winter kommen. Wir heißen euch hoffen. Sie lassen ihn kommen.

Diese Verben können vor Sätze ganz unterschiedlichen Baus treten. Wollte man für jede dieser Möglichkeiten einen eigenen Satzbauplan ansetzen, müßte man deren Anzahl in unökonomischer Weise erhöhen.

3. Nicht immer ordnen sich Verben fest einem bestimmten Satzbauplan zu. Auch bei gleicher Bedeutung gibt es nicht selten Schwankungen in der Rektion. Das gilt z. B. in folgenden Fällen: $\boxed{1139}$

abfragen, abhören: jemanden/(auch:) jemandem etwas –

achten: auf jemanden oder etwas/(veraltet oder gewählt:) jemandes oder einer Sache – (vgl. 1098)

angleichen: etwas einer Sache/an eine Sache –

anklagen: jemanden eines Vergehens/wegen eines Vergehens – (vgl. 1107)

ankommen, anwandeln: etwas kommt, wandelt mich/(veraltet:) mir an;

applaudieren: jemandem –; (auch mit persönlichem Passiv:) die Schauspieler wurden applaudiert (vgl. 1093);

bedeuten: ich bedeute ihm/(veraltet:) ihn, daß ...

bedürfen: jemandes oder einer Sache/ (veralt.:) jemanden oder etwas – (vgl. 1096)

begehren: jemanden oder etwas/(veraltet:) jemandes oder einer Sache –

beginnen: etwas/mit etwas – (vgl. 1098)

beißen: (vgl. B 1136)

bescheren: jemandem etwas –; (auch schon:) jemanden [mit etwas] – (vgl. S. 183, Anm.)

besinnen: sich auf jemanden oder etwas –; (aber:) sich eines Besseren – (vgl. 1096)

danken: jemandem für etwas –; (aber:) ich danke der Nachfrage;

dünken: mich/mir dünkt ...

ekeln: mir/mich ekelt vor jemandem oder etwas; (aber nur:) ich ekle mich vor jemandem oder etwas;

entbehren: jemanden, etwas –; (aber:) das entbehrt jeder Grundlage (vgl. 1096);

entbinden: jemanden von etwas/(gewählt:) einer Sache – (vgl. 1107)

entfliehen: jemandem/vor jemandem –

entsinnen: sich jemandes oder einer Sache/ sich an jemanden oder etwas – (vgl. 1098)

erbarmen: sich jemandes/über jemanden – (vgl. 1098); er erbarmt mich; (österr.:) er erbarmt mir (= tut mir leid);

erfreuen: sich einer Sache/an einer Sache – (vgl. 1098)

erinnern: sich an jemanden oder etwas/ (veraltet oder gewählt:) sich jemandes oder einer Sache – (vgl. 1098); (landsch. auch:) etwas –

fliehen: vor jemandem/(veraltet:) jemanden – (vgl. 1098)

fürchten: jemanden –; (aber:) sich vor jemandem – (vgl. 1098)

[ge]trauen: ich [ge]traue mich/ (seltener:) mir ...

grauen: mir/(seltener:) mich graut vor jemandem oder etwas (vgl. 1094);

grausen: mir/(seltener:) mich graust es (vgl. 1094);

gruseln: mir/mich gruselt vor etwas;

harren: jemandes oder einer Sache/(gelegentlich auch:) auf jemanden, etwas –

klingeln: jemandem/nach jemandem –

klopfen: (vgl. 1136)

kneifen: (vgl. 1136)

kommen: vgl. *stehen*

kosten: das kostet mich/mir das Leben (vgl. 1118);

kündigen: etwas –; etwas ist gekündigt worden; (aber:) jemandem/(ugs.:) jemanden –; jemandem/(ugs.:) jemand ist gekündigt worden (vgl. 1093);

lehren: jemanden/(auch:) jemandem etwas – (vgl. 1118)

lohnen: es lohnt die/(auch:) der Mühe
nicht;
machen: jemanden/jemandem bange,
heiß –
rufen: jemanden –; (vor allem südwestd.
und schweiz.:) jemandem –
sagen: jemandem/zu jemandem etwas –
schaudern: mir/mich schaudert vor jemandem oder etwas;
schauern: mir/mich schauert bei diesem
Gedanken;
schlagen: (vgl. 1136)
schmerzen: mir/mich schmerzt etwas;
schneiden: (vgl. 1136)
schreiben: jemandem/an jemanden – (vgl.
1098)
schwindeln: mir/(selten:) mich schwindelt; (aber nur:) mir schwindelt der
Kopf;
spotten: über jemanden oder etwas/(veraltet oder gewählt:) jmds., einer Sache –
stechen: (vgl. 1136)

zu stehen kommen: das kommt mir/(häufiger:) mich teuer zu stehen;
subskribieren: ein Werk oder auf ein Werk
– (vgl. 1098)
trauen: vgl. *getrauen*
treten: (vgl. 1136)
überzeugen: sich von etwas –; (aber
noch:) sich eines Besseren –
unterstehen: untersteh' dich/(selten:) dir,
das zu tun!
vergessen: jemanden oder etwas –; (süddt.
oder österr.:) auf jemanden, etwas –;
(veraltet oder gewählt:) jemandes, einer
Sache –
versichern: ich versichere Ihnen/(veraltet:) Sie, daß … ich versichere Sie meines Vertrauens/ich versichere Ihnen
mein Vertrauen; (aber nur:) versichere
dich, ob … ich versichere Sie gegen …
(Unfall);
wurmen: es wurmt mich/(veraltet:) mir;
zwicken: (vgl. 1136)

1140 4. Für das Gewicht eines Satzbauplans ist nicht nur die Anzahl der ihm zugehörigen Verben, sondern auch die Häufigkeit ihres Gebrauchs von Bedeutung. So finden sich Sätze nach Satzbauplan 6[1] („Gleichsetzungssätze") relativ oft, obwohl
ihm nur fünf gebräuchliche Verben zuzuordnen sind; allerdings befinden sich
darunter so häufige Verben wie *sein* und *werden.*
Eine zur Feststellung der Häufigkeit von Satzbauplänen vorgenommene Auszählung von 50 Seiten aus Thomas Manns „Buddenbrooks" ergab bei 1802 Sätzen
folgendes Bild:

2 = 29,8%	5 = 6,5%	11 = 2,5%
7 = 17,0%	14 = 5,9%	3 = 1,7%
1 = 12,9%	6 = 5,6%	26 = 1,2%
9 = 10,2%	13 = 3,3%	24 = 0,55%

Alle anderen Satzbaupläne (etwa 3%) lagen unter 0,5% oder waren überhaupt
nicht belegt.
Eine Auszählung des täglichen Leitartikels einer großen Zeitung über einen längeren Zeitraum ergab folgendes Bild (bei 1794 Sätzen):

2 = 26,1%	6 = 7,2%	11 = 2,9%
5 = 12,8%	13 = 5,3%	14 = 2,0%
1 = 11,7%	3 = 3,2%	16 = 1,6%
9 = 11,5%	26 = 3,2%	24 = 1,2%
7 = 8,1%		

Alle anderen Satzbaupläne (3,2%) lagen unter 0,4% oder waren überhaupt nicht
vertreten.
Nach Untersuchungen von P. Braun[2] kommen im Durchschnitt Siebenjährige in
ihren Aufsätzen mit ca. zwei (2,3), Achtjährige mit wenig mehr als vier (4,5),
Neunjährige mit knapp sechs (5,7) und Zehnjährige mit 6,5 Satzbauplänen aus.
Bei allen untersuchten Altersstufen steht Plan 7 an erster und Plan 2 an zweiter
Stelle: Beide zusammen erreichen fast 50%. Bei den Siebenjährigen stehen daneben noch die Pläne 9, 1, 5 und 6 und mit 11% die *haben*-Sätze *(Ich habe eine Puppe.),* deren Häufigkeit dann bei den folgenden Altersstufen stetig abnimmt.

---

[1] Die Numerierung der Satzbaupläne orientiert sich an der Aufstellung unter 1141.
[2] P. Braun: Geläufige Satzbaupläne in Aufsätzen der Sieben- bis Zehnjährigen. In: Westermanns
Pädagogische Beiträge 17 (1965), S. 13ff.; vgl. auch G. Rickheit: Zur Entwicklung der Syntax im
Grundschulalter. Düsseldorf 1975, S. 52–69.

2.5.4 Die Satzbaupläne im Überblick

	Satzbauplan	Beispiel
1.	Subjekt + Prädikat	*Die Rosen blühen.*
2.	Subjekt + Prädikat + Akkusativobjekt	*Der Gärtner bindet die Blumen.*
3.	Subjekt + Prädikat + Dativobjekt	*Der Sohn dankt dem Vater.*
4.	Subjekt + Prädikat + Genitivobjekt	*Ich harre seiner.*
5.	Subjekt + Prädikat + Präpositionalobjekt	*Inge achtet auf ihre Schwester.*
6.	Subjekt + Prädikat + Gleichsetzungsnominativ	*Karl ist mein Freund.*
7.	Subjekt + Prädikat + Raumergänzung	*Das Buch liegt auf dem Tisch.*
8.	Subjekt + Prädikat + Zeitergänzung	*Die Beratung dauerte zwei Stunden.*
9.	Subjekt + Prädikat + Artergänzung	*Die Rose ist schön.*
10.	Subjekt + Prädikat + Begründungsergänzung	*Das Verbrechen geschah aus Eifersucht.*
11.	Subjekt + Prädikat + Dativobjekt + Akkusativobjekt	*Werner schenkt seiner Mutter Blumen.*
12.	Subjekt + Prädikat + Akkusativobjekt + Genitivobjekt	*Der Richter beschuldigte ihn des Diebstahls.*
13.	Subjekt + Prädikat + Akkusativobjekt + Präpositionalobjekt	*Er verriet ihn an seine Feinde.*
14.	Subjekt + Prädikat + Akkusativobjekt + Raumergänzung	*Ich hänge das Bild an die Wand.*
15.	Subjekt + Prädikat + Akkusativobjekt + Zeitergänzung	*Er zog das Gespräch in die Länge.*
16.	Subjekt + Prädikat + Akkusativobjekt + Artergänzung	*Die Mutter macht die Suppe warm.*
17.	Subjekt + Prädikat + Artergänzung + Präpositionalobjekt	*Er handelt niederträchtig an ihm.*
18.	Subjekt + Prädikat + Artergänzung + Raumergänzung	*Es geht lustig zu auf der Festwiese.*
19.	Subjekt + Prädikat + Akkusativobjekt + Gleichsetzungsakkusativ	*Klaus nennt mich einen Lügner.*
20.	Subjekt + Prädikat + Akkusativobjekt + Akkusativobjekt	*Herr Meier lehrt uns die französische Sprache.*
21.	Subjekt + Prädikat + Dativobjekt + Präpositionalobjekt	*Ich rate dir zum Nachgeben.*
22.	Subjekt + Prädikat + Dativobjekt + Artergänzung	*Es geht mir schlecht.*
23.	Subjekt + Prädikat + Präpositionalobjekt + Präpositionalobjekt	*Er sprach zu den Kindern über seine Reise.*
24.	Subjekt + Prädikat + Artergänzung + Dativobjekt (2. Grades)	*Ich bin diesem Mann fremd.*
25.	Subjekt + Prädikat + Artergänzung + Genitivobjekt (2. Grades)	*Er ist des Diebstahls schuldig.*
26.	Subjekt + Prädikat + Artergänzung + Präpositionalobjekt (2. Grades)	*Ich bin auf deinen Bericht gespannt.*
27.	Subjekt + Prädikat + Artergänzung + Dativobjekt (2. Gd.) + Präp.-Obj. (2. Gd.)	*Er ist mir an Ausdauer überlegen.*
28.	Subjekt + Prädikat + Artergänzung + Raumergänzung (2. Grades)	*Er ist in München ansässig.*
29.	Subjekt + Prädikat + Akkusativobjekt (2. Gd.) + Artergänzung	*Der Spalt ist einen Fuß breit.*
30.	Subjekt + Prädikat + Akk.-Obj. (1. Gd.) + Akk.-Obj. (2. Gd.) + Artergänzung	*Er wirft den Ball 70 m weit.*
31.	Subjekt + Prädikat + Akkusativobjekt (2. Gd.) + Raumergänzung	*Er geht die Treppe hinunter.*
32.	Subjekt + Prädikat + Akk.-Obj. (1. Gd.) + Akk.-Obj. (2. Gd.) + Raumergänzung	*Sie warfen ihn die Treppe hinunter.*
33.	Subjekt + Prädikat + Pertinenzdativ	*Dem Kind blutet die Hand.*
34.	Subjekt + Prädikat + Akkusativobjekt + Pertinenzdativ	*Er streichelt ihr die Wangen.*
35.	Subjekt + Prädikat + Akkusativobjekt + Arterg. + Pertinenzdativ	*Der Arzt richtet ihr die Nase gerade.*
36.	Subjekt + Prädikat + Raumergänzung + Pertinenzdativ	*Ich klopfe ihm auf die Schulter.*
37.	Subjekt + Prädikat + Akkusativobjekt + Raumergänzung + Pertinenzdativ	*Er legt ihm die Hand auf die Schulter.*

2.6 Die Ersparung von Redeteilen (Ellipse)[1]

2.6.1 Allgemeines zur Ersparung

Nicht immer müssen die syntaktischen Strukturen, die wir in den vorangehenden Kapiteln behandelt haben, ganz ausgefüllt werden. Vielmehr können Ersparungen auftreten, die sich in erster Linie nach pragmatischen (den Redezusammenhang betreffenden) und grammatischen Gesichtspunkten unterscheiden lassen. Beispiele für pragmatische Gesichtspunkte sind die sogenannten Einwortsätze, wie sie in folgenden Belegen vorliegen:

> *Hilfe!* (= Ich brauche Hilfe!); *Feuer!* (= Dort ist Feuer!); *Herein!* (= Kommen Sie herein!); *Wunderbar!* (= Das ist wunderbar!); *Guten Tag!* (= Ich wünsche Ihnen einen guten Tag!); *Willkommen!* (= Seien Sie uns willkommen!); *Hunger!* (= Ich habe Hunger!); *Geduld!* (Habe Geduld!).

Es können aber auch weitere Redeteile stehenbleiben (die ausgelassenen Redeteile stehen in eckigen Klammern):

> [Ich] *Danke schön.* [Ich] *Komme sofort.* [Das] *Wird erledigt! Wozu* [ist] *diese große Mühe* [erforderlich]? *Er will heute nach Frankfurt* [fahren]. *Sie ist noch nicht 16 Jahre* [alt]. *Laß das* [sein]!

Bei solchen Reduktionsvorgängen können auch ganze Sätze ausfallen:

> *Wenn du mich fragst,* [dann antworte ich,] *es war um 9 Uhr. Welchem Ideal man auch huldigt,* [ist hier gleichgültig,] *man muß anerkennen, daß* ...

In der Literatur werden Redeteile häufig aus stilistischen Gründen erspart. Vor allem wird die Auslassung des pronominalen Subjekts und des Hilfsverbs gern als Stilmittel verwendet:

> Hast [du] mich denn auch lieb? fragte sie. (H. Hesse) ... daß das persönliche Unbehagen, das ihm zugefügt worden [war], mit Arnheim zusammenhängen müsse. (Musil) Die Herren wüßten, daß er gegen die Welt hier oben manches auf dem Herzen habe, sooft er es sich bereits davon heruntergeredet [habe]. (Th. Mann)

Wir gehen hier auf stilistische und inhaltliche Gründe für die Ersparung nicht weiter ein, sondern beschränken uns auf die grammatischen.

2.6.2 Die Ersparung von Redeteilen aus Gründen der Sprachökonomie

Der Ersparung von Redeteilen liegt das Bestreben zugrunde, Gemeinsames nur einmal auszudrücken. Wir können hier unterscheiden:

Ersparung von gemeinsamen Redeteilen in gleichwertigen Sätzen

Wenn gleichwertige Sätze Redeteile gemeinsam haben, braucht das Gemeinsame nur einmal ausgedrückt zu werden:

> Stephan *fährt* nach Italien, Ines an die Nordsee. *Weil du* böse warst und deine Aufgaben nicht gemacht hast, bleibst du zu Hause. *Auf dem Hofe* ... gingen *die Schüler* in Reihen auf und nieder, standen in Gruppen, lehnten halb sitzend an den glasierten Mauervorsprüngen des Gebäudes. (Th. Mann)

Die Zusammenfassung gleichwertiger Sätze mit gemeinsamen Satzgliedern kann, wie die normale Reihung, asyndetisch (ohne Konjunktion) oder syndetisch (mit Konjunktion) erfolgen:

---

[1] Griech. *élleipsis* ‚Auslassung'; zu diesem und dem folgenden Kapitel vgl. A. Betten: Ellipsen, Anakoluthe und Parenthesen. Fälle für Grammatik, Stilistik, Sprechakttheorie und Konversationsanalyse. In: Deutsche Sprache 4 (1976), S. 207–230.

(Asyndetisch:) Klaus liest ein Buch, Lutz eine Zeitung. (Syndetisch:) Er war immer krank *und* verdiente *deshalb* wenig. Sie hat es *weder* gewußt *noch* geahnt. Bei einem Verstoß muß eine gebührenpflichtige Verwarnung ausgesprochen *oder* ein Bußgeld festgesetzt werden.

Man beachte hier:

1. Ein gleichlautendes Pronomen in zwei gleichwertigen Attributsätzen darf nicht erspart werden, wenn es sich um verschiedene Kasus handelt:

> (Nicht:) Welch eine Inbrunst lag in dem herrlichen Gesang jener, die *uns* haßten, ja vielleicht einige Tage vorher feindlich gegenübergestanden hatten. (Kanu-Sport) (Sondern:) ..., die *uns* (= Akkusativ) haßten, ja vielleicht ... *uns* (= Dativ) ... gegenübergestanden hatten.

2. Gelegentlich wird in zusammengefaßten Sätzen fälschlich von zwei Hilfsverben eines ausgelassen, obwohl die beiden Hilfsverben im Numerus unterschieden sind:

> Die Kontrolle *wurde* verstärkt und in einem Monat zehn Schmuggler verhaftet (statt:) ... in einem Monat *wurden* ...

3. Die Ersparung und die Zusammenfassung gleichwertiger Sätze ist nicht möglich, wenn das Verb, das erspart werden soll, in der Bedeutung oder Konstruktion abweicht, in einer festen Wendung steht oder eine unterschiedliche syntaktische Funktion hat:

> Die Uhr *schlug* Mitternacht und der Mann *schlug* mit der Faust auf den Tisch (= Bedeutungsunterschied). Wir *danken* herzlich für die vielen Kranz- und Blumenspenden, und wir *danken* allen, die dem Verstorbenen die letzte Ehre erwiesen haben (= Konstruktionsunterschied). Sie *warf* noch einen Blick auf ihn, und er *warf* das Fenster zu. Der Vater *nahm* das Gepäck, die Mutter *nahm* Abschied von den Kindern (= feste Wendung: *einen Blick werfen*, *Abschied nehmen*). Er *ist* Artist und *ist* schon oft hier gewesen (= Vollverb/Hilfsverb). ... ob jemand zu streichen *ist* oder [ob] jemand neu hinzugekommen *ist* (= unterschiedliche syntaktische Funktion).

4. In Aufforderungssätzen kann das *Sie* nicht erspart werden, ebenso nicht das Reflexivpronomen:

> Bitte seien *Sie* so freundlich und teilen *Sie* uns mit... Er schrieb, daß *sich* der Vater gefreut habe und *sich* nicht mehr um uns sorge.

5. Die Ersparung eines Pronomens wirkt manchmal unschön:

> Für Ihren Bescheid möchten *wir* Ihnen verbindlich danken, und *[wir]* freuen uns... (Aber bei Vorfeldstellung des ersten Pronomens:) *Wir* möchten Ihnen für Ihren Bescheid ... danken und freuen uns ...

6. Nicht möglich ist die Ersparung der Infinitivkonjunktion *zu:*

> Er begann, seine Vorgesetzten *zu* beschimpfen und *zu* beleidigen.

Ersparung eines Attributs, das mehreren Substantiven gemeinsam ist | 1144 |

Steht das gleiche begleitende Pronomen oder das gleiche adjektivische Attribut vor zwei oder mehreren Substantiven, so braucht es nur einmal gesetzt zu werden, wenn die Bezugssubstantive in Numerus und Genus übereinstimmen:

> Sie beschäftigt sich mit *französischer* Literatur und Geschichte. Er freut sich über die *bunten* Kleider und Tücher. *Meine* Bücher und Bilder bereiten mir Freude. *Die* Kraft und Tiefe seiner Gedanken. (Nicht:) Sie erledigte diesen Auftrag mit *großer* Umsicht und Verständnis. (Sondern:) ... mit *großer* Umsicht und *großem* Verständnis. (Nicht – bei gleicher Form, aber verschiedenem Numerus –:) Die Einfachheit *ländlicher* Natur und Sitten ... (Sondern:) Die Einfachheit *ländlicher* Natur und *ländlicher* Sitten. (Nicht:) Sehr *geehrter* Herr und Frau Schulze! (Sondern:) Sehr *geehrter* Herr Schulze, sehr *geehrte* Frau Schulze!

Wenn der Genusunterschied der Bezugssubstantive nicht zum Ausdruck kommt und Übereinstimmung im Numerus besteht, ist die Ersparung möglich:

die Versorgung *des* Hauses und [des] Gartens, die *schönen* Plastiken und [schönen] Gemälde, *seine* Brüder und [seine] Schwestern.

Ein genitivisches oder präpositionales Attribut braucht nur einmal zu stehen, wenn es sich in gleicher Weise auf die Bezugssubstantive bezieht:

Die Bäume und Sträucher *unseres Gartens* (oder: *im Garten*) blühen.

Bezieht sich dagegen das genitivische oder präpositionale Attribut nur auf das letzte Substantiv, dann muß man, um Mißverständnisse zu vermeiden, andere Formulierungen wählen:

(Nicht:) Von dort siehst du die Burgen, die Weinberge und die Gärten des Königs.
(Sondern z. B.:) ... die Burgen, die Weinberge und die *königlichen* Gärten.

Eine Ersparung ist gleichfalls nicht möglich, wenn es sich um Genitive handelt, denen unterschiedliche inhaltliche Interpretationen zuzuordnen sind (vgl. 1075):

(Nicht:) Beschreibung und Arbeitsweise *der Maschine.* (Sondern:) Beschreibung *der Maschine* und Arbeitsweise *der Maschine.* (Oder:) Beschreibung *der Maschine* und *ihrer* Arbeitsweise.

| 1145 | Ersparung eines Substantivs, das mehreren Attributen gemeinsam ist

Beziehen sich mehrere Attribute auf gleiche Substantive, so braucht das Substantiv nur einmal zu stehen:

Das alte und das neue *Rathaus* ... Die weißen und die roten *Rosen* ... Des Wassers und des Feuers *Kraft* ...

Hier ist allerdings zu beachten:

1. In den ersten beiden Beispielen ist die Ersparung des Artikels nicht zu empfehlen, weil die beiden Adjektive nicht Eigenschaften benennen, die demselben, sondern verschiedenen Objekten zugesprochen werden.

(Also nicht:) Das alte und neue Rathaus ... Die weißen und roten Rosen ...

2. Ein Substantiv wird gelegentlich auch dann erspart, wenn an Stelle des zweiten Attributs ein Bestimmungswort steht. Stilistisch gesehen sind diese Ersparungen jedoch unschön:

zahme und Wildschweine; öffentliche und Privatmittel. (Auch umgekehrt:) Geld- und andere Sorgen.

3. Wenn das gleiche Substantiv im Singular und im Plural in Verbindung mit Attributen gebraucht wird, dann wird bereits häufig eine der Substantivformen ausgelassen:

das große und die kleinen Häuser, das große Haus und die kleinen; mit einer oder zwei Nuten, mit einer Nute oder zwei; für einen oder mehrere Betriebe, für einen Betrieb oder mehrere.

| 1146 | Ersparung bei Zusammensetzungen, bei Verben mit einem Verbzusatz und bei Ableitungen

Zusammensetzungen und Verben mit Verbzusatz

Wenn diese Wörter einen Bestandteil gemeinsam haben, dann wird er gewöhnlich nur einmal gesetzt:

Feld- und Gartenfrüchte, Ein- und Ausgang, Waren auf- und abladen, Lederherstellung und -vertrieb, Bundeswirtschafts- und -finanzminister.

Ableitungen

Ersparung ist hier im allgemeinen nicht möglich:

> Wahr*heit* oder Falsch*heit,* von solchen Seltsam*keiten* und Nichtig*keiten,* die Arbeiter-
> *schaft* und Angestellten*schaft.* (Aber zur Hervorhebung von Gegensätzen:) *be-* und *ent-*
> laden.

2.7 Redeansätze und Satzbrüche $\boxed{1147}$

Redeansätze

In mündlicher Rede kommt es vor, daß ein Sprecher mehrmals ansetzen muß, bevor ein syntaktisch korrekter Satz gelingt. Das tritt vor allem bei ungeübten Sprechern oder bei großer innerer Erregung ein:

> Was? Ich? Ich soll –? Ich soll das Geld gestohlen haben?

Satzbrüche

Ein Satzbruch oder Anakoluth[1] ist diejenige Form der Rede, in der das Ende eines Satzes der am Anfang gewählten Konstruktion nicht entspricht, der Satz also
nicht so zu Ende geführt wird, wie der Anfang erwarten läßt. Es handelt sich dabei zunächst um Fehler aus Nachlässigkeit oder Unachtsamkeit.

> Wenn ich nach Hause komme, *und der Vater ist noch da,* dann ... (Statt:) Wenn ich
> nach Hause komme und [wenn] der Vater noch da ist, dann ...

Literarisch wird der Satzbruch oft als (Stil)mittel benutzt, um die Umgangssprache oder sprunghaftes Denken zu charakterisieren:

> Da trat der Leutnant einen Schritt zurück, steckte die Daumen vorn unter das Koppel
> und sagte mit listigem Lächeln, *das stand ihm nicht schlecht in der schmalen Visage:* Die
> Sturmgeschütze konnten Sie tatsächlich nicht finden. (H. Kolb)

Hierher rechnet man auch die (standardsprachliche) Heraushebung eines Satzgliedes und dessen Wiederaufnahme oder Vorausnahme durch ein Pronomen:

> *Der dicke Graue mit der Brille und dem Strubbelbart, haben* Sie *den* gesehen? (Fallada)
> Und wer sie liebte, der mußte *es* wohl mitlieben, *dieses verfluchte Genie.* (Carossa)

2.8 Die Negation $\boxed{1148}$

2.8.1 Allgemeines zur Negation[2]

Eine Aussage kann im Deutschen auf verschiedene Weise ganz oder teilweise negiert werden, z. B.:

– durch Einführung von Wörtern und festen Wendungen mit negierender Bedeutung:

> Er *bestreitet* die Richtigkeit der Aussage. Ich *zweifle,* daß er kommt. Sie hat es *ohne Er-*
> *folg/erfolglos* versucht.
> Ich frage *den Henker* danach. Darum kümmere ich mich *den Teufel.*

– durch Einführung eines Negationselements in Wörter auf dem Wege der Wortbildung, z. B. *un-, a-, des-, in-* bei Substantiven *(Desintegration, Indiskretion)*
  und Adjektiven *(unvernünftig, amoralisch, indiskutabel); miß-* bei Substantiven

---

[1] Griech. *anakóluthon* ‚das [der Satzkonstruktion] nicht Folgende oder Entsprechende'.
[2] Vgl. zur Negation G. Stickel: Untersuchungen zur Negation im heutigen Deutsch. Braunschweig
1970; G. Helbig/H. Ricken: Die Negation. Leipzig ³1977.

(Mißverständnis), Adjektiven *(mißgebildet)* und Verben *(mißverstehen)*; nicht-
bei Adjektiven *(nichtöffentlich)*, Partizipien *(nichtrostend)* und Substantiven
bzw. Substantivierungen *(Nichtangriffspakt)*;
– durch die sogenannten N e g a t i o n s w ö r t e r.
Wir konzentrieren uns hier auf die Negationswörter, weil nur sie im Zusammenhang der Syntax systematisch erfaßbar sind.

2.8.2 Die Negation im einzelnen

Die Negationswörter

Zur Gruppe der Negationswörter werden gerechnet:

1149

1. Negationspronomen:
Negationspronomen an der syntaktischen Stelle von Subjekt oder Objekt sind *keiner, niemand* und *nichts:*

> *Keiner/Niemand/Nichts* kommt.
> Ich höre *keinen/niemanden/nichts.*

Negationspronomen an der Stelle eines Attributs sind

– *kein:*

> Ich habe *kein* Glück. – *Kein* Glück habe ich. (Mit Nachdruck:) Glück habe ich
> *kein[e]s.*

– *niemand:*

> *Niemand* anderer ist gekommen.

– *nichts* (in Verbindung mit substantivierten Adjektiven):

> Ich habe *nichts* Rechtes gegessen.

1150

2. Negationspartikeln:
Negationspartikeln an der syntaktischen Stelle von Satzpartikeln sind *nicht, nie,
nie und nimmer, niemals, nirgends, nirgendwo, nirgendwoher, nirgendwohin, keinesfalls, keineswegs.* Diese Negationswörter können allein eine syntaktische Stelle
ausfüllen:

> Sie wohnt *im Haus.* – Sie wohnt *nirgends.*

Sie können aber auch zu anderen Gliedern hinzutreten, z. B. zu Satzadjektiven,
Satzpartikeln oder Präpositionalgefügen; in diesem Fall negieren sie die Glieder
an dieser syntaktischen Stelle (vgl. dazu 1152f.):

> Er schläft *nie.* – Er schläft *lange.* – Er schläft *nie lange.*

Das Negationswort steht in diesem Fall vor dem Glied, auf das es sich bezieht:

> Er schläft *nie* lange. (Nicht:) Er schläft lange *nie.*

Einen Sonderstatus in dieser Gruppe hat *nicht.* Während die anderen Negationswörter ohne Folgen für die Beziehbarkeit der Negation allein vor das Finitum in
Zweitstellung treten können, trifft das für *nicht* nicht zu:

> Der Lift funktioniert *nie.* – *Nie* funktioniert der Lift.
> Der Lift funktioniert *nicht.* – (Nicht möglich:) *Nicht* funktioniert der Lift.

Möglich wäre nur:

> *Nicht* der Lift funktioniert.

In diesem Fall negiert *nicht* aber lediglich das Subjekt, nicht den ganzen Satz; es
wird hier zum Attribut.
Ein erweitertes *nicht* kann hingegen vor das Finitum treten:

> *Ebenfalls nicht* gilt Regel 3.

Ein Sonderfall ist *nicht* in der Verbindung *nicht ein;* es steht hier in einem bestimmten Austauschverhältnis mit *kein* (vgl. 1155). Zu den Stellungsproblemen bei *nicht* vgl. 1153 f.

Alle bisher aufgeführten Negationswörter können
– verstärkt werden durch Partikeln wie *gar, überhaupt, absolut:*

Das ist *gar* kein Problem.
Ich bin *überhaupt* nicht eifersüchtig.

– zeitlich modifiziert werden durch die Partikeln *noch* und *mehr:*

Ich war *noch* nie in Spanien.
Ich habe kein Geld *mehr.*

3. Das Negationswort *nein* als Satzäquivalent (d. h., es entspricht einem negierten Satz): |1151|

Kommt sie? – Nein. (= Sie kommt nicht.)

Da das Negationswort *nein* nur außerhalb eines Satzrahmens vorkommt, ist es hier nicht weiter zu behandeln.

Nicht als eigentliche Satzäquivalente betrachten wir *keinesfalls* oder *keineswegs* in Fällen wie

Hilft er ihr? – Keinesfalls!

Wir verstehen solche Fälle als Ellipsen. Ebenso kann verstärktes *nicht* elliptisch vorkommen:

Hilft sie ihm? – Überhaupt nicht!

Ja, *nicht* kann elliptisch sogar allein vorkommen, etwa im Sinne von *Mach das nicht!*

„Satznegation" und „Sondernegation" |1152|

Je nachdem, ob durch ein Negationswort die ganze Aussage oder nur Teile von ihr negiert werden, spricht man von Satznegation oder Sondernegation.
Bei der Satznegation wird die Aussage insgesamt negiert:

Ich habe dich nicht geliebt. (= Es trifft nicht zu, daß ich dich geliebt habe.)

Bei der Sondernegation bleibt die Aussage insgesamt positiv, lediglich der negierte Teil wird davon ausgenommen:

Ich habe nicht dich geliebt. (= Ich habe geliebt, aber nicht dich.)

Diese Unterscheidung ist theoretisch sinnvoll und in der Praxis meist hilfreich. Es gibt allerdings auch Fälle, wo sie Schwierigkeiten bereitet. Das hängt mit folgenden Umständen zusammen:
– Satznegation und Sondernegation können zusammenfallen, dies geschieht oft bei einem Prädikat *sein,* aber auch sonst gelegentlich:

Ich habe die Courage, du aber nicht.

Hier ist ein (elliptischer) Satz negiert, es liegt eine Satznegation vor.

Ich habe die Courage, du aber hast keine Courage.

Hier ist *kein* Attribut, damit liegt eine Sondernegation zu *Courage* vor. In Wirklichkeit ist aber der ganze Satz verneint.
– Die Negation des Verbs ist zumeist Satznegation; doch kann man dies nicht zur Regel erheben:

Ich fahre *nicht* nach London, ich fliege.

Hier liegt eine Sondernegation vor.

- Intonation und Wortstellung üben Einfluß aus:

Ich habe dich *nicht* geliebt.
Ich habe nicht *dich* geliebt.
Ich habe *dich* nicht geliebt.

Wir haben im Bereich der Satz- und Sondernegation also mit fließenden Übergängen zu rechnen.

Zur Stellung von *nicht*

Wie wir schon gesehen haben, verdient die Stellung von *nicht* besondere Beachtung.

Bisher hatten wir herausgestellt, daß *nicht* – bei Zweitstellung des Finitums – nicht allein vor das Finitum treten kann. Im übrigen kann man sich an zwei Faustregeln halten, die sich prinzipiell an der Unterscheidung von Satznegation und Sondernegation orientieren:

1. Negiert *nicht* ein Satzglied, einen Satzgliedteil, ein Wort oder einen Wortteil, so steht es in der Regel davor. Es ist hier Sondernegation.

Ich habe *nicht* dich geliebt. (= Geliebt schon, aber nicht dich, sondern ...)

Ausgenommen hiervon ist das Finitum, mit dessen Negation ja zumeist eine Satznegation einhergeht.

Ein spezielles Problem ist die Stellung von *nicht* innerhalb eines Satzgliedes. Hier ist zu unterscheiden:

a) Bei Gliedern, die im Kasus bestimmt sind, ist *nicht* nur möglich, wenn Attribute des folgenden Typs negiert werden sollen:

– Adjektiv/Partizip:

Wir haben den *nicht ausgeführten* Auftrag kurzerhand storniert.

– zugeordnetes Glied:

Ich greife die Psychologie *nicht als Wissenschaft* an.

Dagegen ist *nicht* nicht möglich:

– unmittelbar vor dem Gliedkern (d. h. zwischen Präposition bzw. Pronomen und Substantiv):

(Nicht möglich:) Sie steht *vor nicht dem Haus* (, sondern vor der Garage).
(Möglich, aber ohne vereindeutigende Betonung mehrdeutig:) Sie steht *nicht* vor dem Haus.

– vor einem attributiven Genitiv:

(Nicht möglich:) Das ist das Bild *nicht des Vaters* (, sondern des Onkels).
(Möglich, aber ohne vereindeutigende Betonung mehrdeutig:) Das ist *nicht* das Bild des Vaters.

– vor einem attributiven Präpositionalgefüge:

(Nicht möglich:) Ich habe den Schrank *nicht im ersten Stock,* sondern im Keller abgestellt. (Der Satz ist zwar nicht unkorrekt, doch hebt hier die Negation den Attributscharakter des Präpositionalgefüges auf.)

b) Bei attributiven Gliedern, die im Kasus nicht bestimmt sind, steht das Attribut meist vor dem Kern. Ein *nicht* tritt hier vor das ganze Glied. Es kann sich dann auf das Attribut, auf den Kern oder auf beide beziehen:

Sie ist *nicht* sehr schön. Sie ist *nicht* sehr schön (= nur mäßig schön). Sie ist *nicht* sehr schön, aber sehr klug.

Direkt vor dem Kern ist *nicht* nur möglich, wenn das Attribut ein Präpositionalgefüge ist:

Er ist in hohem Maße *nicht* erfolgreich.

c) Bei Reihung gleichartiger Satzglieder ist *nicht* innerhalb der Reihung immer möglich:

Ich habe den Mann, *nicht* die Frau getroffen.

d) Die Negation von Wortteilen betrifft hauptsächlich Vorsilben oder Bestandteile von zusammengesetzten Wörtern. Dabei gelten grundsätzlich die oben angeführten Regeln. Möglich ist beispielsweise:

Man hat die Sache *nicht* unter-, sondern überbewertet.

Nicht möglich ist z. B.

Das ist ein *nicht* Sommer-, sondern Wintermantel.
(Möglich:) Das ist *nicht* ein Sommer-, sondern ein Wintermantel.

2. Negiert *nicht* die ganze Aussage, so tendiert es dazu, im Satz relativ weit nach hinten zu treten. | 1154 |

Oft bildet es dann zusammen mit dem Finitum eine Klammer, die andere Satzelemente einschließt. Man kann hier von einer Negationsklammer sprechen.

```
        ┌                               ┐
Ich verreise wegen des schlechten Wetters nicht.
        └                               ┘
```

Da aber im deutschen Satz die nichtfiniten Prädikatsteile und andere verbnahe Elemente ebenfalls zum Satzende hin tendieren, erhält *nicht* dadurch eine Konkurrenz. Genaue Regeln lassen sich hier nur schwer angeben, zumal auch die Intonation eine wichtige Rolle spielt. Folgende Tendenzen lassen sich festhalten:

Endstellung vor *nicht* behaupten
– der Verbzusatz: Ich rufe dich nicht *an*.
– die infinite Form: Ich werde dich nicht *anrufen*.
– das Satzadjektiv: Ich finde das nicht *gut*.
– die Gleichsetzungskasus: Ich nenne ihn nicht *einen Lügner*.
– adverbiale Bestimmungen im Rang von Ergänzungen: Sie wohnt nicht *in Rom*.
– Objektskasus, die mit dem Verb zusammen einen festen Verband bilden (z. B. Phraseologismen): Ich spiele nicht *Klavier*.
Zum Verbleib in der Negationsklammer tendieren
– Satzpartikeln: Er kommt *trotzdem* nicht.
– adverbiale Bestimmungen im Rang von Angaben: Er kommt *wegen seiner Krankheit* nicht.

Zum Verhältnis von *kein* zu *nicht ein* und *nicht*

| 1155 |

Das Negationswort *kein* negiert als Pronomen ein Substantiv mit unbestimmtem Artikel oder ohne Artikel. Ein Problem ist hier, daß das an sich immer attributiv und damit als Sondernegation verwendete *kein* hinsichtlich seiner negierenden Leistung höchst schillernd ist, wie die folgenden Beispiele zeigen:

Ich habe *kein* Geld.
Ich habe *keinen* Menschen gesehen.

Das Negationswort *kein* ist zwar Sondernegation, faktisch ist im ersten Beispiel aber der ganze Satz negiert. Der zweite Satz ist mehrdeutig; gemeint sein kann

Ich habe niemanden gesehen.
Ich habe nicht einen Menschen (aber z. B. ein Tier) gesehen.

Diese Schwierigkeiten gilt es im Auge zu behalten. Bei der Verwendung von *kein* sind folgende Fälle auseinanderzuhalten:

1. Das Negationswort *kein* verneint ein Nomen im Singular mit unbestimmtem Artikel:

Ich habe einen Verdacht. – Ich habe *keinen* Verdacht.

In den Fällen, in denen *ein* auch als Zahlwort denkbar ist, könnte auch *nicht ein* als verstärkte Negation oder Negation des Zahlworts auftreten:

Ich habe ein Buch gekauft. – Ich habe *kein/nicht ein* Buch gekauft.

Ebenfalls ersetzbar durch *nicht ein* ist *kein* dann, wenn es speziell den Gliedkern negiert:

Ich habe *kein/nicht ein* Auto gekauft, sondern einen Sportwagen.

2. Das Negationswort *kein* verneint ein Nomen im Plural ohne Artikel:

Sie hat Brüder. – Sie hat *keine* Brüder.

Wie oben ist hier zu unterscheiden zwischen einem *kein*, das eine unbestimmte Mengenangabe ohne Artikel, und einem *kein*, das den Gliedkern negiert. Im ersten Fall ist *nicht* unmöglich:

(Nicht möglich:) Sie hat *nicht* Brüder.

Im zweiten Fall ist es möglich; es steht hier in einem Austauschverhältnis mit *kein*:

Sie hat *nicht* Brüder, nur Schwestern.

3. Das Negationswort *kein* verneint ein Nomen im Singular ohne Artikel:

Ich hatte Angst. – Ich hatte *keine* Angst. – Ich hatte *nicht* Angst.

Wo *kein* hier mit *nicht* austauschbar ist, wird *nicht* eher als Satznegation aufgefaßt.

4. Die Negationswörter *kein* und *nicht* bei nachgetragenen Gliedern:
Bei nachgetragenen Gliedern ist ein Austausch von *kein* und *nicht* nur bei unterschiedlicher Aussage oder gar nicht möglich:

Ich sage das *nicht* als Arzt. – Ich sage das als *kein* Arzt.
Sie arbeitet *nicht* als Psychologin. – (Nicht möglich:) Sie arbeitet als *keine* Psychologin.

5. Eigennamen:
Im Zusammenhang mit Eigennamen ist als Negationswort nur *nicht* möglich:

Das ist Isabelle. – Das ist *nicht* Isabelle. – (Nicht möglich:) Das ist *keine* Isabelle.

Nur wo Eigennamen den Charakter von Gattungsbezeichnungen annehmen, kann *kein* stehen:

Sie ist *keine* Sappho.

2.8.3 Zu einigen Detailfragen bei der Negation

1156 | Bis ins 19. Jahrhundert konnte eine Verdoppelung der Negation im deutschen Satz eine Verstärkung der Negation bedeuten:

Unsere Weiber haben *nie kein* Geld und brauchen immer viel. (Goethe) Alles ist Partei und *nirgends kein* Richter. (Schiller) Reiß dir deshalb *kein* Haar *nicht* aus! (M. Claudius)

In Dialekten und landschaftlichen Umgangssprachen hat sich das teilweise bis heute erhalten:

Das reicht zum Essen, für die Schuhsohlen und selten einmal für eine Tasse Kaffee; aber kaufen kann ich mir *nie nischt*. (Die Zeit)

Sonst heben sich in der Gegenwartssprache zwei Verneinungen im selben Satz auf, d. h., die Aussage ist bejahend:

> *Kein* einziger ist *nicht* gekommen. (= Alle sind gekommen.)

Eine noch geläufige Form doppelter Verneinung liegt allerdings vor in der Verbindung von Negationswörtern mit einem Wort negierender Bedeutung:

> Sie macht das *nicht ungern*. Die Prüfung ist *nicht schlecht ausgefallen*. Er hat es *nicht ohne Erfolg* abgeschlossen. Das ist *gar nicht unübel*.

Solche Fälle sind bekannte Stilmittel für den Ausdruck vorsichtiger Bejahung:

> Sie macht das *ganz gern*. Die Prüfung ist *recht gut* ausgefallen. Er hat es *mit einem gewissen Erfolg* abgeschlossen. Das ist *recht/ziemlich gut*.

Positiver Sinn entsteht auch, wenn sich ein verneinter Relativsatz an ein verneintes Substantiv anschließt:

> Es war *niemand* im Zimmer, der das *nicht* gewußt hätte. (= Jeder im Zimmer hatte das gewußt.) Es gibt *keinen* Menschen, der das *nicht* erfahren hätte. (= Alle Menschen haben das erfahren.)

Als nicht mehr korrekt gelten heute doppelte Verneinungen nach Verben des Verhinderns oder Unterlassens (*abhalten, sich in acht nehmen, ausbleiben, sich enthalten, fürchten, hindern, sich hüten, verhindern, verhüten, verweigern* u. a.), nach Verben des Abratens und Verbietens (*abraten, untersagen, verbieten, warnen, widerraten* u. a.) und nach Verben des Leugnens und des Bezweifelns (*bestreiten, bezweifeln, leugnen, zweifeln* u. a.). Noch in der Klassik war die doppelte Verneinung hier üblich: |1157|

> Was *hindert* mich, daß ich *nicht* eine der grünen Schnüre ergreife? (Goethe) *Hüte* dich, daß du mit Jacob *nicht* anders redest! (Lessing)

Wir könnten heute nur noch sagen:

> Was hindert mich, eine der grünen Schnüre zu ergreifen? Hüte dich, mit Jacob anders zu reden.

Nach verneintem Hauptsatz wird im Nebensatz die Negation *nicht* nicht gesetzt, wenn der Nebensatz durch die temporalen Konjunktionen *bevor, bis, ehe*[1] eingeleitet wird:

> Die Mutter geht *nicht* schlafen, *bevor* die Kinder zu Hause sind. Ich stelle *nicht* ab, *bevor* du deine Gründe sagst. (Frisch) Sie ließ ihn schwören, sie *nicht* mehr anzurühren, *ehe* sie es ihm erlaube. (Musil)

Wenn der Nebensatz dem Hauptsatz vorangeht, wird dagegen die Negation gesetzt:

> Bevor die Kinder *nicht* zu Hause sind, geht die Mutter *nicht* schlafen.

In Ausrufe- und Fragesätzen kann *nicht* stehen, ohne daß damit eine Verneinung ausgedrückt wird. Die Negation zeigt in diesen Fällen die gefühlsmäßige Beteiligung des Sprechers an:

> Was haben wir *nicht* alles zusammen gemacht! Hast du mich denn *nicht* gesehen?

In Fragesätzen signalisiert *nicht,* daß der Fragende eine Bestätigung seiner Vermutung erwartet:

> Waren Sie bei der Einweihung *nicht* zugegen? – Doch!

---

[1] Diese Konjunktionen enthalten bereits eine negative Aussage, denn sie drücken aus, daß das im Nebensatz genannte Geschehen o. ä. zu der Zeit des Geschehens im Hauptsatz noch nicht eingetreten ist: *Er ging auf den Bahnsteig, bevor der Zug einfuhr* heißt, daß der Zug noch nicht eingefahren war, als er auf den Bahnsteig ging.

2.9 Grammatische Kongruenz

Unter gr a m m a t i s c h e r K o n g r u e n z versteht man die grammatisch-formale Abstimmung von Satzgliedern oder zusammengehörenden Teilen von Satzgliedern. Sie ist ein Mittel, mit dem syntaktische Beziehungen gekennzeichnet werden. Die kongruierenden Wörter sind flektierbar (Substantive, Pronomen, Verben, Adjektive); ihre Formabstimmung bezieht sich auf die ihnen gemeinsamen grammatischen Kategorien, und zwar

– auf Numerus und Person bei Kongruenz zwischen Substantiv (Pronomen) und Verb:

Ich lese ein Buch. *Wir lesen* ein Buch. *Peter liest* ein Buch.

– auf Genus, Numerus und Kasus (in bestimmten Fällen auch auf die Person) bei Kongruenz zwischen Substantiv (Pronomen) und Artikel (Pronomen) oder Adjektiv:

das spannende Buch, der spannende Roman, in meinen neuen Büchern.

– auf Numerus und Kasus (mitunter auch auf das Genus) bei Kongruenz zwischen Substantiven (Pronomen):

Er ist mein *Freund.* Ich nenne *sie meine Freundin. Herr Meier, der Mechaniker,* hat das Auto repariert. Sie kommt aus *Hamburg, einer großen Hafenstadt.*

Schwankungen bei dieser formalen Abstimmung ergeben sich – auch in der Standardsprache – vor allem dann, wenn nicht nach grammatischen Gesichtspunkten, sondern nach dem Sinn entschieden wird. Diese Konstruktion nach dem Sinn wird Konstruktion k a t a s y n e s i n[1] oder Constructio ad sensum genannt:

Eine Reihe Demonstranten wurden verhaftet.

statt:

Eine Reihe Demonstranten wurde verhaftet.

2.9.1 Die Kongruenz zwischen Subjekt und Prädikat[2]

Kongruenz hinsichtlich der Person

Im Satz stimmen Subjekt und Finitum hinsichtlich der grammatischen Person überein, ebenso das Reflexiv- und das Possessivpronomen[3], sofern sie sich auf das Subjekt beziehen bzw. es vertreten:

1. Pers. Sing.: *Ich habe mich* über *meine* Geschenke gefreut.
2. Pers. Sing.: *Du hast dich* über *deine* Geschenke gefreut.
3. Pers. Sing.: *Er (Sie, Es) hat sich* über *seine (ihre, seine)* Geschenke gefreut.
1. Pers. Plur: *Wir haben uns* über *unsere* Geschenke gefreut.
2. Pers. Plur.: *Ihr habt euch* über *eure* Geschenke gefreut.
3. Pers. Plur.: *Sie haben sich* über *ihre* Geschenke gefreut.
Höflichkeitsform: *Sie haben sich* über *Ihre* Geschenke gefreut.

Schwierigkeiten ergeben sich, wenn das Subjekt aus Teilen besteht, in denen – grammatisch gesehen – verschiedene Personen genannt werden. Dabei spielt die Art der Verbindung der Teile eine Rolle; insbesondere ist Verbindung mit anreihenden Konjunktionen von solcher mit ausschließenden Konjunktionen zu unterscheiden.

---

[1] Griech. *katà sýnesin* ‚dem Sinne nach‘.
[2] Ausgenommen sind hier die Fälle mit Gleichsetzungskasus (vgl. dazu 1170).
[3] Aus praktischen Gründen werden diese Pronomen hier mit behandelt (vgl. sonst 1183 f.).

Mit anreihenden (kopulativen) Konjunktionen verbundene Subjektteile

1160

Das Subjekt kann aus mehreren, mit anreihenden Konjunktionen (z. B. *und, weder – noch, sowohl – als auch, wie*) verbundenen Teilen bestehen, die – grammatisch gesehen – in der Person nicht übereinstimmen. Hier gilt generell:

Bei mehrteiligem Subjekt mit unterschiedlicher grammatischer Person steht das Finitum im Plural; dabei geht 1. Person vor 2. Person, 2. Person vor 3. Person.

1. Person + 3. Person/2. Person   1. Person Plural
ich/wir + er/sie   du/ihr (= wir) haben uns über unsere Geschenke gefreut.

2. Person + 3. Person   2. Person Plural
du/ihr + er/sie   (= ihr) habt euch über eure Geschenke gefreut.

Häufig wird zur Verdeutlichung der Person das pluralische Pronomen *wir* oder *ihr* eingefügt:

> Meine Frau und ich, *wir* haben uns auseinandergelebt. Du und ich, *wir* sind die einzigen wirklich Aufrichtigen hier.

Möglich ist auch ein appositioneller Nachtrag der Subjektteile:

> Wir beide, *Leo und ich,* betrachteten unsere Eltern nur noch als eine Art Heimleiterpaar. (Böll) ... wir waren glücklich, *dein Vater, du und ich.* (Bild und Funk 1967) Die Welt haben wir gesehen – *Leopold und ich.* (Jaeger)

Abweichungen von der formulierten Regel ergeben sich gelegentlich dann, wenn das zusammenfassende pluralische Pronomen nicht gesetzt wird:

– Abweichung bei den Pronomen:

> Mein Büro und ich haben *sich* (richtig: *uns*) für die erste Schreibart entschieden und freuen uns (= richtig), daß Sie diese als korrekt bezeichnen. Meine Frau und ich würden *sich* (richtig: *uns*) über ihren Besuch sehr freuen. (Ott)

Wenn das Reflexivpronomen dem Subjekt vorausgeht und im ersten Subjektteil eine 3. Person genannt wird, steht im allgemeinen *sich:*

> Fernab vom Verkehr sonnten *sich meine Frau* und ich. Heute glaube ich, daß sich die Mühe, die *sich mein Freund* und ich gegeben haben ... (Bei nachgestelltem Pronomen:) ... begaben *meine Frau und ich uns* im Flugzeug nach Gagra. (Der Spiegel 1967)

– Abweichung beim Finitum:
Steht im Subjekt eine 2. oder 3. Person, dann wird das Finitum oft nicht in die 2. Person, sondern in die 3. Person Plural gesetzt:

> ... ohne die Versicherung, daß auch *du und deine Frau hingehen* (richtig: *hingeht*).

In Fällen, wo Subjektteile getrennt bzw. nachgetragen sind oder das Finitum eingeschoben ist, richtet sich dieses nach dem nächststehenden Subjektteil:

> Wenn *du* gekommen *wärest* und dein Freund ... (Gegenüber:) Wenn *du und dein Freund* gekommen *wärt* ...)

Mit ausschließenden (disjunktiven) Konjunktionen verbundene Subjektteile

1161

Bei disjunktiven Konjunktionen (z. B. *oder, entweder – oder*) sollte man ein gemeinsames Finitum vermeiden:

> Glaub ja nicht, daß *du* oder *die Richter* die Aufgabe *hätten,* eine Untat zu sühnen. (Tucholsky)

Man kann diese Konstruktionen durch Einfügung eines unbestimmten Pronomens umgehen:

> *Einer* von uns beiden – wir oder die Reeder – *wird* kaputtgehen, wenn der Streik länger

als zwölf Monate dauert. (Der Spiegel 1966) Er oder ich – *einer war* geliefert. (Tucholsky) In jedem Fall *muß* doch *einer* Haare lassen, entweder die FDP oder wir. (Der Spiegel 1966)

Wenn ein Subjektteil verneint ist, richtet sich das Finitum normalerweise nach dem nächststehenden Subjektteil:

Nicht ich, *du hast* das gesagt.

Allerdings empfiehlt es sich auch in solchen Fällen, das Finitum zweimal zu setzen:

Nicht *ich habe* das gesagt, *du hast* es gesagt.

Kongruenz bei relativischem Anschluß

Wird ein Relativpronomen auf ein Bezugswort in der 1. oder 2. Person bezogen, dann wird das betreffende Personalpronomen im Nominativ in den Relativsatz eingefügt, wenn dieser als Zwischensatz unmittelbar dem Bezugswort angeschlossen ist. Das Prädikat und das Reflexiv- oder Possessivpronomen richten sich dann nach der Person des Personalpronomens:

... *ich,* der *ich* in jenem Jahr Consul *war,* ... dann wirkt er auf *uns,* die *wir* keinen Durst *haben,* eine ganze Kleinigkeit albern. (Tucholsky) *Wir,* die *wir uns* so gefreut *haben,* ...

Die Auslassung des Personalpronomens ist zwar möglich, aber seltener. Das Prädikat und die Pronomen stehen dann in der 3. Person:

Du, der so etwas erlebt *hat* ... *Wir, die sich* so gefreut *haben*...

Wenn der Relativsatz als Nachsatz nur mittelbar dem Bezugswort angeschlossen ist, d.h., wenn der übergeordnete Satz vollständig dem Relativsatz vorangeht, dann kann das Personalpronomen wiederaufgenommen werden oder nicht:

Was kann *ich* tun, der *ich* krank und hilflos *bin?* (Auch möglich:) Was kann *ich* tun, *der* krank und hilflos *ist?*

Ist der übergeordnete Satz ein Gleichsetzungssatz, dann wird das Personalpronomen nicht wiederaufgenommen:

Wir waren *die Männer, die* das getan *haben.*

1163 Kongruenz bei subjektlosen Passivsätzen

Ein etwas anders gelagertes Problem der Personbeziehung zwischen Subjekt und Finitum liegt vor bei subjektlosen Passivsätzen:

Wie wird damit umgegangen?

In solchen Fällen steht das Finitum generell in der 3. Person Singular.

1164 Kongruenz hinsichtlich des Numerus

Im Satz stimmen Subjekt und Finitum hinsichtlich der grammatischen Zahl, des Numerus, im allgemeinen überein:

Die *Rose blüht.* – Die *Rosen blühen.*

Schwierigkeiten entstehen, wenn das Subjekt formal im Singular steht, inhaltlich mit ihm aber die Vorstellung einer Vielheit verbunden ist, oder wenn mehrere Subjektteile mit verschiedenem Numerus vorkommen. Im einzelnen läßt sich sagen:

1165 Subjekt im Singular

Von der genannten Regel, daß dem Singular des Subjekts der Singular des Finitums entspricht, gibt es zahlreiche Abweichungen.

1. Folgt einer singularischen Angabe wie etwa *1 Pfund/Gramm/Kilo[gramm]* die Stoffbezeichnung im Singular, dann steht das Finitum ebenfalls im Singular. Steht die Stoffbezeichnung im Plural, dann ist, streng grammatisch gesehen, das Finitum gleichfalls in den Singular zu setzen; doch findet sich gelegentlich, vor allem dann, wenn die Stoffbezeichnung im gleichen Fall wie das Bezugswort steht, auch der Plural des Finitums (Konstruktion nach dem Sinn):

> *Ein Gramm* Pfeffer *wurde* gekauft. *Ein Kilogramm* Linsen *reicht* (gelegentlich: *reichen*) aus für die Suppe. *Ein Pfund* dieser schönen Erbsen *kostet* (selten: *kosten*) 1,20 DM.

2. Wenn einer singularischen Mengenangabe wie *Anzahl, Bande, Dutzend, Gruppe, Hälfte, Handvoll, Haufen, Heer, Herde, Kreis, Masse, Mehrzahl, Menge, Million, Paar, Reigen, Reihe, Schar, Schock, Teil, Trupp, Unmasse, Volk, Zahl* das Gezählte im Plural folgt, dann müßte, streng grammatisch gesehen, das Finitum im Singular stehen:

> *Eine Menge* fauler Äpfel *lag* unter dem Baum. *Eine Menge* von faulen Äpfeln *lag* unter dem Baum. *Eine Menge* faule Äpfel *lag* unter dem Baum. Es *war eine Menge* Leute da. (Hesse)

Daneben findet sich auch in der Standardsprache häufig der Plural des Finitums (Konstruktion nach dem Sinn). Er steht vor allem dann, wenn das Gezählte im gleichen Fall wie die Mengenangabe steht:

> ... wo *eine Menge* sonderbare Sachen *herumliegen.* (Th. Mann) *Eine Menge* Freundschaften *waren* geschlossen. (Hesse) *Eine Unmasse* Familien *geraten* ins Elend. (H. Mann) ... *schreiten eine Anzahl* Pilger. (Nigg) *Eine Reihe* von edlen und nüchternen Geistern *haben* den Rauchtabak verabscheut. (Th. Mann) *Die Hälfte* meiner Gedanken *waren* immer bei ihr. (Grass)

Bei Mengenangaben, mit denen eine genaue Zahl genannt wird wie mit *Dutzend, Paar, Schock,* steht häufig der Singular des Finitums:

> *Ein Dutzend* Eier (= 12 Stück) *kostet* 3 Mark. *Dieses Paar* [Schuhe] *kostet* 30 Mark. (Aber unbestimmte Menge:) *Eine Anzahl* Angestellte *hatten* die Arbeit übernommen.

Selten ist heute der Plural des Finitums, wenn das Gezählte nicht genannt wird:

> Gewiß *würden eine Menge* die Gelegenheit benutzen. (A. Zweig)

3. Das Platzhalter-*es* (vgl. 1028) übt keinen Einfluß auf den Numerus des Finitums aus. Ist *es* dagegen Subjekt (bei unpersönlichen bzw. unpersönlich gebrauchten Verben, als Korrelat für einen nachfolgenden Teilsatz und als neutrales Personalpronomen), dann steht das Finitum im Singular:

> Es *werden acht Stunden* dazu benötigt. (*Acht Stunden werden* dazu benötigt.) Es *ist Brot* zu kaufen, und es *sind Schuhe* zu kaufen. (*Brot ist* zu kaufen, und *Schuhe sind* zu kaufen.) (Aber:) *Es nagt* wie tausend Skorpione an ihm. (H. Kurz. Wie tausend Skorpione *nagt es* ...)

4. Folgt einem singularischen Subjekt eine Apposition, die im Plural steht oder aus aneinandergereihten Teilen besteht, dann steht das Finitum grammatisch korrekt im Singular. Häufig richtet es sich aber auch nach der näher stehenden Apposition und weist Pluralform auf:

> *Die dritte Stufe,* die Stilratschläge, *ist* besonders gut. (Lebende Sprachen) (Aber auch:) ... beides, *Rahmen und Spiegel, waren* schmutzig. (Seelhoff) *Die moderne Literatur, Erzählung wie Drama, sind* durch eine seltsame Abwendung von der Figur des Helden gekennzeichnet. (Lüthi) Niemand, *weder die Mutter noch die Hausangestellte, hatten* das Röcheln des Sterbenden gehört. (Jens)

5. Folgt einem singularischen Subjekt ein substantivisches Attribut, das mit einer Präposition oder einem Partizip angeschlossen ist, dann steht das Finitum im Singular:

> Viele Grüße *sendet* (nicht: *senden*) dir *Karl nebst Familie. Frau Kater mit ihrer ... Toch-*

ter Susi brachten (richtig: *brachte*) gerade beim Matzerath ihr Beileid an. (Grass) *Pflege der Pflanzenwelt, gepaart mit Schädlingsbekämpfung machen ...* (richtig: *macht;* Quick 1958). *... der unlängst gemeinsam mit seiner Ehefrau und Bekannten* Freunde in Erfurt und Weimar *besuchte, ...* (Der Spiegel)

6. In Verbindung mit *ein* wird *je* zwar auf mehrere Exemplare bezogen, gemeint ist aber jedes Exemplar einzeln; deshalb steht das Finitum nur im Singular:

> *Je ein Exemplar* dieser Bücher *wurde* (falsch: *wurden*) an die Bibliotheken verschickt. Im Donautal bei Neuburg sowie in Wittmund ... *ist je ein Jagdgeschwader* stationiert. (Der Spiegel 1966)

7. Bei der Verbindung von *nichts, anderes, mehr, weniger* u. a. + *als* und einem pluralischen Attribut kann das Finitum im Ganzen gesehen im Singular oder im Plural stehen:

> *Anderes als leere Kartons fand/fanden* sich nicht in dem Verschlag. *Mehr als Lumpen war/waren* da nicht zu finden. In der Mappe *war/waren nichts als ein paar leere Bögen.*

Im allgemeinen wird jedoch das Finitum in den Plural gesetzt:

> *... an dem Ort, wo 1928 nicht weniger als hundert Tageszeitungen ... gemacht wurden.* (Der Spiegel 1966) *... wo nichts als Leichenbeine herausstarrten.* (Plievier) *Mehr als 50 Angestellte arbeiteten* im Kassenraum. (Der Spiegel 1966)

8. Nach *kein, jeder* und *niemand* + genitivisches Substantivattribut im Plural/attributives Präpositionalgefüge mit *von* wird das Finitum in den Singular gesetzt:

> Aber *keines* dieser Boote *ging* verloren. (Der Spiegel 1966) *Niemand* von ihnen *denkt* an die Folgen.

9. Sind *wenig* und *genug* Subjekt, dann steht das Finitum im Plural, wenn ein pluralisches Wort wie etwa *Menschen, Leute* ergänzt werden kann oder wenn ein pluralisches Genitivattribut hinzugefügt ist:

> *Wenig/Genug [Menschen] waren* dort versammelt. (Ohne ergänzbaren Plural:) *Wenig gehört* zum Glück!

1166 | **Subjekt im Plural**

Von der genannten Regel, daß dem Plural des Subjekts der Plural des Finitums entspricht, gibt es zahlreiche Abweichungen.

1. Pluralische Angaben mit *Mark, Pfennig, Pfund* usw. als Subjekt werden besonders alltags- und umgangssprachlich häufig mit dem Singular des Finitums verbunden, weil Zahl und Gezähltes als Einheit aufgefaßt werden. Standardsprachlich zieht man jedoch den Plural im Finitum vor:

> Mir *bleibt* (standardspr.: bleiben) noch *30 Pfennig[e]. Zwei Pfund ist* (standardspr.: *sind*) zuviel. (Standardspr.:) Daher *werden* für greifbare Ware *155 DM* verlangt. (Frankfurter Allgemeine Zeitung 1958) Als Preis *wurden DM 58,—* vereinbart.

Bei pluralischen Gradangaben steht standardsprachlich das Finitum im Plural:

> Es *herrschten 30 Grad* [Wärme].

Folgt den Pfundangaben u. a. ein singularisches Substantiv wie *Gewicht*, dann tritt gelegentlich die Konstruktion nach dem Sinn ein. Das Finitum steht dann im Singular:

> *20 Pfund Gewicht wurde* gewogen. (Ein Gewicht von 20 Pfund wurde gewogen.)

2. Folgt einer pluralischen Angabe mit *Kilo[gramm], Gramm, Pfund, Meter, Liter* u. a. die Stoffbezeichnung im Singular, dann ist im allgemeinen der Plural des Finitums üblich:

2 kg Fleisch reichen nicht aus (selten: *2 kg Fleisch reicht* [= Ein Stück von 2 kg reicht]
nicht aus). *100 g Brot kosten* (selten: *kostet*) viel. *300 g Speck werden* in Würfel geschnitten. *2 Pfund Kalbsleber werden* gebraten. *3 m Seide reichen* für dieses Kleid aus. *2 l
Milch müssen* noch eingekauft werden.

Folgt der pluralischen Angabe die Stoffbezeichnung im Plural, dann ist standardsprachlich nur der Plural des Finitums zulässig:

> *200 g Bohnen reichen* (nicht: *reicht*) aus. *4 kg Wurzeln werden* (nicht: *wird*) gekocht.

3. Bei pluralischen Prozent-, Bruch- und Dezimalzahlen als Subjekt wird standardsprachlich das Finitum in den Plural gesetzt. Der Singular ist mehr alltags-
und umgangssprachlich:

> *1,5 ml* des Serums *wurden* (alltagsspr. u. ugs.: *wurde*) vernichtet. *20 Prozent* des Materi-
> als *wurden* (alltagsspr. u. ugs.: *wurde*) beschlagnahmt. *Sechs Siebentel* des Buches *wur-
> den* von einem Wörterverzeichnis eingenommen. (Jellinek) *0,20 DM* in Briefmarken
> *sind* beigefügt. *40 Prozent* der demokratischen Wähler *plädierten* für Kennedy. (Der
> Spiegel 1966)

Folgt der Mengenangabe die Stoffbezeichnung im Nominativ Singular, dann ist
der Singular des Finitums auch standardsprachlich korrekt:

> *70% Kohle stammt* (neben: *stammen*) aus dem Ruhrgebiet. *1,5 ml Serum wurde* (neben:
> *wurden*) vernichtet. Nicht nur Fachleute wissen, daß in der Welt etwa *20 Prozent mehr
> Erdöl* gefördert als laufend verbraucht *wird.* (Die Zeit 1964)

4. Bei Rechenaufgaben mit allein stehenden pluralischen Zahlen steht in der
Standardsprache das Finitum in der Regel im Singular, doch kommt bei *sein* als
Prädikat auch der Plural vor:

> *Drei und drei ist/sind (macht/gibt)* sechs. *Fünf weniger drei macht* zwei. *Zwei mal zwei
> gibt* vier. *Zehn geteilt durch fünf ist/sind* zwei.

5. Ist der pluralische Titel eines Buches, einer Zeitung, eines Theaterstücks oder
dgl. Subjekt oder steht in der Subjektstelle die Abkürzung eines Pluralbegriffs
(USA, SBB), dann erscheint das Finitum im Plural. Das gilt zumindest dann ausnahmslos, wenn ein bestimmter Artikel o. ä. zum Titel gehört:

> *„Die Räuber"* haben immer eine starke Wirkung auf die Jugend ausgeübt. *Die Berliner
> Nachrichten berichteten* über dies Ereignis. (Aber ohne Artikel:) *„Gespenster"* erregte
> tiefes Interesse bei den Zuschauern. (Vgl. 1172.)

Stilistisch ist es besser, den Gattungsbegriff vor den Titel zu setzen:

> *Das Drama* „Die Räuber" *hat* immer eine starke Wirkung auf die Jugend ausgeübt.

Fremde Titel, etwa von Zeitungen wie *Times,* die von der Form her Plural sind,
werden in der Regel mit dem Singular des Finitums verbunden:

> ... *die „New York Times" ermittelt* sechs Millionen klampfespielende Amerikaner. (Der
> Spiegel 1966) *Die „Iswestija"* (im Russischen Plural) *bestätigt* in einem Leitartikel ...

6. Folgt einem Subjekt im Plural eine Apposition im Singular, dann steht das Finitum grammatisch korrekt im Plural. Häufig richtet es sich aber auch nach der
zunächst stehenden Apposition und steht im Singular:

> ... und *sie* (= die Neger), der schwarze Mittelstand, *sind* noch immer in der Überzahl.
> (Der Spiegel 1966) Die Leute hier, vor allem *die Landbevölkerung, ist* nie nationalsozia-
> listisch gewesen. (Der Spiegel 1966)

7. Folgt einem pluralischen Firmennamen eine Abkürzung wie *AG, GmbH,* dann
richtet sich das Finitum nach dem Numerus des Firmennamens und steht im Plural. Sind jedoch *Aktiengesellschaft, Gesellschaft mbH* das Grundwort des Firmennamens, dann richtet sich das Finitum nach diesem und steht im Singular:

> *Die Flottmann-Werke* AG/GmbH *suchen* Arbeiter. (Aber:) *Die Flottmann*-Werke-*Akti-
> engesellschaft hat* beschlossen ... (vgl. 1178).

Mehrere Subjektteile

| 1167 | *Ohne Konjunktion oder mit* und |

Wenn das Subjekt aus nebengeordneten Teilen ohne Konjunktion oder mit *und* besteht, dann wird im allgemeinen das Finitum in den Plural gesetzt. Dies gilt insbesondere dann, wenn beide Subjektteile oder ein Subjektteil im Plural steht:

> (Ohne Konjunktion:) ... *mein Hals, meine Brust, mein Kopf waren* entzündet. (Weiss) Eine unfehlbare *Sicherheit* des Geschmacks, eine lächelnde, gleitende *Überlegenheit machen* uns vibrieren. (Tucholsky) (Mit *und:*) *Links und rechts finden* doch nicht zusammen. (Der Spiegel 1966) *Sie und er hätten* ... *Freunde* ... *werden können.* (Pluralische Subjektteile:) *Bund, Länder und Gemeinden dürfen* ihre Anlagen ... selbständig gestalten. (Der Spiegel 1966)

Vor allem bei singularischen Subjektteilen ist allerdings auch der Bezug des Finitums auf einen Subjektteil und damit der Singular möglich, wenn auch seltener als der Plural (vgl. oben):

> *Der Haß, die Gewalttätigkeit nützte* nichts mehr. (Weiss) *Die Korruption und die Verkennung der Lage fraß* nach unten weiter. (Tucholsky) ... da sich in ihrem Haushalt noch *ihr 14jähriger Sohn und ihre 10jährige Tochter befinden* (seltener: *befindet*).

Die genannten Regeln gelten sowohl für Fälle, in denen wie in den angeführten Belegen das Subjekt dem Finitum vorausgeht, als auch für Fälle, in denen es ihm wie in den nachstehenden folgt:

> (Üblich Plural des Prädikats:) *Zwanzig Minuten danach* kamen er und der *andere.* (Der Spiegel 1966) Bei keinem anderen Teilproblem ... *wirkten sich Mangel* an Sachkunde und *technische Naivität* der Bonner Plänemacher so katastrophal aus. (Der Spiegel 1966) (Seltener Singular des Prädikats:) ... *wetteiferte Bürgerschaft* und ein Teil irregeleiteter Sozialisten ... (Tucholsky) Zwischen die drei Deutschen *hatte* sich nur *der Schwede* Kjell Sjöberg und der Russe Iwannikow geschoben. (Olympische Spiele 1964)

Eine Bevorzugung des Singulars bei vorangestelltem Finitum ist bei den mit *und* verbundenen Subjektteilen nicht feststellbar.

Dagegen scheint die Voranstellung des Finitums eine Rolle zu spielen
- bei folgenden Subjektteilen ohne Konjunktion:

> ... denn ohne sie *wäre die Frau, das Kind* vielleicht verhungert. (Der Spiegel 1966)

- wenn die Subjektteile durch Prädikatsteile voneinander getrennt sind:

> *Hermine Kleefeld gehörte* dazu wie *Herr Albin* ...; ferner ... *der Jüngling* ... (Th. Mann) Dort *kann* sowohl *die Menge* der Loden eines Baumstumpfs *gemeint sein* als auch *die Gesamtheit* aller Loden im Ausschlagswald. (Kehr)

- wenn die Subjektteile dem Prädikat in Form einer tabellarischen Übersicht folgen:

> Als Härtematerial *wird* empfohlen:
> Tapio
> Holzzement
> Duran
> Vorausgesetzt, daß uns ein entsprechender Antrag der Versicherungsnehmerin eingereicht wird, *beträgt*
>
> | die prämienfreie Versicherungssumme | 398,40 DM |
> | der Rückkaufswert | 119,80 DM |
> | das Dividendenguthaben | 210,35 DM |

| 1168 | Abweichend von dieser Grundregel ist in bestimmten Fällen die Neigung, das Finitum in den Singular zu setzen, besonders stark:

1. Gelegentlich wird das Finitum korrekt auf einen singularischen Subjektteil bezogen und in den Singular gesetzt, wenn dieser den anderen Subjektteil inhaltlich mit umfaßt:

Er und alle Welt redet darüber schon seit Wochen. *Die Mitschüler und jedermann gab* zu ... (Hesse)

Gelegentlich wird durch ein dem verbindenden *und* angefügtes *damit, somit, mithin* u. ä. angedeutet, daß der zweite Subjektteil inhaltlich mit dem ersten eng gekoppelt ist. In diesen Fällen sind Singular und Plural des Finitums möglich. Die Wahl der einen oder anderen Form hängt davon ab, ob das Finitum auf die Subjektteile als Mehrheit oder auf den inhaltlich weiteren Subjektteil bezogen wird:

> *Die Arbeit* in der EWG *und damit (somit)* auch *die Vertretung* der Interessen der deutschen Wirtschaft *stellen* (neben: *stellt*) hohe Ansprüche an die deutsche Delegation. Da sich zudem durch höhere Umdrehungszahl ... *die Luft-Anströmungsgeschwindigkeit* an den Rotor-Paddeln *und mithin der Auftrieb* noch beträchtlich steigern *läßt,* dürften ... (Der Spiegel 1966)

Der Singular im folgenden Beleg ist durch die Hervorhebung des zweiten Subjektteils zu erklären:

> *Das Blut* an H.s Schuhen *und vor allem die Freundschaft* zwischen H. und D. *schien* dem Kriminalkommissar zu genügen. (Quick 1958)

2. Bei formelhaften Subjekten, die oft aus Teilen ohne Artikel u. ä. bestehen, steht das Finitum im Singular, wenn das Subjekt als Einheit aufgefaßt wird. Der Plural ist zu setzen, wenn die Vorstellung einer Mehrheit ausgedrückt werden soll:

> *Grund und Boden darf* nicht zum Objekt wilder Spekulation werden. *Groß und klein* (= jedermann) *aß* davon. *Zeit und Geld fehlt* uns. *Krankheit und Müdigkeit macht* auch Bauern fein. (Kafka) *Positives und Negatives ist* zu beachten. *Barsänger und Sportsmann* [gleichzeitig, das] *verträgt* sich nicht. (Plural:) ... die verdrehten Vorstellungen, die *Freund und Feind* sich von diesem Lande *machen.* (Koeppen) Unaufhaltsam *wachsen* ... *Mißmut und Unbehagen.* (Der Spiegel 1966) Anhand knapper ... Beispiele *werden Ungewöhnliches und Strittiges* erläutert. (Börsenblatt 1966)

3. Wird in Sätzen mit zwei gleichlautenden Subjektteilen eines erspart, dann besteht vor allem bei Abstrakta die Möglichkeit, die durch die Ersparung zusammengerückten Subjektteile als Einheit aufzufassen und das Finitum in den Singular zu setzen:

> *Die technische [Begabung] und künstlerische Begabung* des Jungen *ist* (neben: *sind*) hervorragend. Das ist ein Beruf, für den *persönliche [Qualifikation] und berufliche Qualifikation erforderlich ist* (neben: *sind*). *Seine mündliche und schriftliche Ausdrucksweise ist* (neben: *sind*) klar. (Mit Konkreta:) Auf dem Tisch *liegt* (neben: *liegen*) *das alte und das neue Buch.*

Dies gilt auch dann,

– wenn die Subjektteile Zusammensetzungen mit einmal erspartem gleichem Grundwort sind:

> Während sich *die Kanzlei- und Geschäftssprache ... entwickelte* ... (v. Polenz). *Die Stahl- und Bauwirtschaft ... gelten* (neben: *gilt*) ... nicht länger als Wachstumsindustrien. (Der Spiegel 1966)

– wenn die Zusammengehörigkeit verschiedener Subjektteile durch ein gemeinsames Attribut betont wird:

> *Alle Zerstörungswut und Herrschsucht* in uns *durfte* sich entfalten. (Weiss) *Die unterschiedliche Behandlung und Ausgestaltung erfordert* (neben: *erfordern*) ... oft *geriet ihr Aussehen und Name* schon in Vergessenheit. (Kafka) Wir hoffen, daß Ihnen *viel Freude, Glück und Gesundheit beschieden sei* (neben: *seien*).

4. Folgt den Subjektteilen eine Apposition im Singular, dann steht das Finitum im Plural, wenn es auf die Subjektteile bezogen ist. Es steht im Singular, wenn es auf die zusammenfassende Apposition bezogen wird. Beide Konstruktionen sind korrekt:

Schmidt u. Co., Buchdruckerei, drucken (neben: *druckt*) für Behörden und Private schnell und billig. *Turm und Brücke – das Hoechster Firmenzeichen – ist* in allen Erdteilen zu Hause. (Chemie hat Zukunft 1964)

5. Ist das Subjekt der Titel eines Theaterstückes u. ä., dessen Teile durch *und* verbunden sind, dann wird das Finitum in den Singular gesetzt, weil hier das Subjekt als Einheit aufgefaßt wird. Der Plural gilt in diesen Fällen nicht als korrekt:

„*Hermann und Dorothea*" *wird* (nicht: *werden*) heute kaum noch in den Schulen gelesen. „*Romeo und Julia*" *wurde* (nicht: *wurden*) in drei Theatern aufgeführt. „*Schneewittchen und die sieben Zwerge*" *wird* (nicht: *werden*) auch heute noch oft gelesen.

6. Sind die aneinandergereihten Subjektteile Infinitive, dann wird das Finitum im allgemeinen in den Singular gesetzt:

Zu Hause *sitzen* und nichts tun *können* und auf die Bomben ... *warten ist* grauenvoll. (Feuchtwanger) *Schimpfen, Lachen* und *Schwatzen drang* durch mehrere Türen... (Th. Mann)

Wenn beide Infinitive einen Artikel haben oder wenn statt eines Infinitivs ein Verbalsubstantiv steht, scheint der Plural häufiger zu sein:

So *tauchten das Füttern* ... *und das Nähren* ... auf höheren Stufen ... mit gewandelter Bedeutung wieder auf. (Der Spiegel 1965) *Schlafen und Doping* waren verboten. (Die Zeit 1966) (Mit gemeinsamem Artikel, vgl. 3:) *Das Morden und Brennen wurde* immer ärger. (Der Spiegel 1966)

7. Wenn den singularischen Subjektteilen *kein, jeder, mancher* vorangestellt ist, dann steht das Finitum gewöhnlich im Singular, weil diese Wörter als stark vereinzelnd angesehen werden. Der Plural des Finitums ist jedoch auch möglich, weil ein zweiteiliges Subjekt vorliegt:

Jeder Kunde und *jeder Mitarbeiter macht* sich klar, daß ... (Auch möglich:) *Jeder Ehemann und jede Ehefrau dürften* selbst entscheiden, ob ... (Mannheimer Morgen) *Keine Ärzte-Organisation, kein Offizierskorps hat* Kollegen und Kameraden öffentlich zur Verantwortung gezogen. (Tucholsky) ... dem *mancher Gelehrte* und *[mancher] Bibliothekar* skeptisch *gegenübersteht/-stehen*.

Wenn die genannten oder ähnliche Pronomen als Subjektteile gebraucht werden, wird das Finitum in der Regel in den Singular gesetzt:

Jeder und jede fühlte sich wohl dabei.

| 1169 | *Mit bestimmten verbindenden Wörtern*

1. Wenn singularische Subjektteile mit *nicht nur – [sondern] auch* verbunden sind, wird das Finitum im allgemeinen in den Singular gesetzt, weil mit dieser Verbindung der einzelne Subjektteil besonders betont wird:

Nicht nur der jüdische Tischler Emanuel Blatt, *auch ein Widerstandskämpfer ... hat* sich in das Kloster geflüchtet. (Bild und Funk 1966) Bisher *hat nicht nur der US-Präsident, sondern auch Rotchina* gewissenhaft jeden Schritt vermieden, der ... (Der Spiegel 1966)

Das gleiche gilt für die Verbindung *nicht – sondern:*

Er behauptet, daß *nicht die Tochter, sondern der Sohn* auf die Anklagebank *gehört.*

2. Wenn singularische Subjektteile mit *weder – noch* oder mit *[so]wie* verbunden sind, sind Singular und Plural des Finitums möglich. Der Plural ist häufiger, wenn das Subjekt dem Finitum vorausgeht:

Weder Pippig noch ein anderer wußte davon. (Apitz) *Weder er noch ein Mitarbeiter ... hatten* es unterschrieben. (Der Spiegel 1966) ... wobei *seine würdige Erscheinung sowie die wache Präzision* seiner Aussage allgemeine Anerkennung *erntete.* (Habe) *Die* tatsächliche sowjetische *Kräfteverteilung sowie die Präsenz* der Atomwaffen in Ost und West *führen* uns zu einem Lagebild ... (Der Spiegel 1966)

Steht das Subjekt dagegen nach dem Finitum, ist der Singular häufiger:

> Im Fall Rupp *war weder Ruhm noch persönliche Genugtuung* zu finden. (Baum) In seinem ... Gesicht *waren weder Scheu noch Neugier.* (Strittmatter) Für jeden Etat *ist ein Kundenberater ... sowie eine „kreative Gruppe"* von Textern und Graphikern zuständig. (Der Spiegel 1966)

Wenn ein Subjektteil im Plural steht, wird das Finitum in der Regel ebenfalls in den Plural gesetzt.

3. Wenn singularische Subjektteile mit *sowohl – als/wie [auch]* verbunden sind, wird das Finitum häufig in den Plural gesetzt; der Singular ist jedoch auch möglich:

> ... muß ich darauf hinweisen, daß es *sowohl Gewissenhaftigkeit wie Integrität* des Forschers *gebieten ...* (Jens). *Sowohl die Konzeption* seines Werkes *als auch der Film* selbst *bestand* zu diesem Zeitpunkt nur in Fragmenten. (Bild und Funk 1966)

4. Wenn singularische Subjektteile mit *oder, entweder – oder* oder *beziehungsweise (bzw.),* also mit disjunktiven Konjunktionen, verbunden sind, wird das Finitum im allgemeinen in den Singular gesetzt, weil durch die Konjunktion einer der Subjektteile ausgeschlossen wird:

> ... und wenn einmal *die öffentliche Meinung oder gar das Parlament* allzusehr Sturm *läuft ...* (Tucholsky) *Entweder Vater oder Mutter hat* das gesagt. *Die Firma Meier bzw. die Firma Müller wird* dazu Stellung nehmen.

Vor allem bei Voranstellung des Subjekts findet sich jedoch auch schon relativ häufig der Plural:

> Tatsächlich sind auch beim Menschen – noch bevor *Vernunft oder Moral zum Zuge kämen* – eben die gleichen ... Mechanismen wirksam. (Der Spiegel 1968)

Wenn einer der Subjektteile im Plural steht, dann hat das Finitum den Numerus des ihm zunächst stehenden Subjektteils:

> Der Vater oder *alle müssen* die Verantwortung dabei übernehmen. Alle oder *ich muß ...* Dann *würden ... zwei Prozent ...* oder knapp eine halbe Million arbeitslos sein. (Der Spiegel 1966) (Bei Ersparung eines gleichlautenden, im Numerus nicht übereinstimmenden Substantivs, vgl. 1145,3:) *... kann* sehr wohl *ein [Teil]* oder auch zwei Teile wegfallen. Ein [Teil] oder *zwei Teile können* wegfallen.

Von den Sätzen mit mehreren Subjektteilen sind zusammengefaßte Sätze zu unterscheiden, in denen gleichlautende Prädikate oder Prädikatsteile ausgelassen sind (vgl. 1143):

> Bei einem Unfall wurde der Fahrer getötet und [wurde] der Beifahrer verletzt. Ich zog die Schublade heraus, links lag ein Stoß Schreibmaschinenpapier, rechts [lag] Durchschlagpapier, dahinter [lag] eine Mappe mit Kohlepapier. (Kreuder)

2.9.2 Die Kongruenz im Gleichsetzungssatz und in inhaltlich verwandten Konstruktionen

1170

In diesem Abschnitt werden die Sätze mit einem Gleichsetzungsnominativ oder -akkusativ und inhaltlich verwandte Konstruktionen zusammen behandelt. Zu letzteren rechnen wir bestimmte Sätze mit Präpositionalgefügen, die in der Regel mit *zu* oder *für* eingeleitet werden, und bestimmte Sätze mit zugeordneten, im Kasus bestimmten Gliedern:

> Er ist *Präsident.* Er wird *für das Präsidentenamt* vorgeschlagen. Sie wird *zur Präsidentin* gewählt. Sie wird *als Präsidentschaftskandidatin* aufgestellt.

1171 Person und Numerus des Finitums

Person

Das Finitum kongruiert in der Person mit dem Subjekt:

Dieser Mann *bin ich. Bist du* es? *Seid ihr* es? *Ich bin* es.

1172 Numerus

Stehen Subjekt und Gleichsetzungsnominativ im Singular, dann steht auch das Finitum im Singular:

Ilse *ist* Apothekerin.

Stehen Subjekt und Gleichsetzungsnominativ oder nur eines von ihnen im Plural, dann steht in der Regel auch das Finitum im Plural. Das gilt auch bei einem mehrteiligen Gleichsetzungsglied:

Beide Männer sind Angestellte. Besonders *Rechtschreibfehler waren* ihm immer ein Greuel. *Du und deine Tochter* [, ihr] *seid* das.

1. Wird ein pluralisches Substantiv nur nach seiner Lautgestalt bewertet, dann steht das Finitum im Singular:

„Häuser" *ist (heißt)* der Plural von „Haus".

2. Das gleiche gilt bei der Vorstellung einer Einheit oder Ganzheit, besonders wenn sie durch ein singularisches Gleichsetzungsglied gestützt wird (vgl. 1166,5):

„Die Räuber" *heißt* ein Drama von Schiller. „Die Verdammten" *ist* ein Roman, der ... „Pioniere in Ingolstadt" *ist* unsere nächste Lektüre.

3. Ist eines der Gleichsetzungsglieder eine pluralische Angabe wie etwa *100 Kilogramm* u. ä., dann sind Singular und Plural des Finitums möglich:

Tausend Kilogramm ist (neben: *sind*) ein großes Gewicht. Eine Mark *ist* (neben: *sind*) *hundert Pfennig[e]. Hundert Mark ist* (neben: *sind*) viel Geld.

4. Folgt einer Angabe wie *Reihe, Menge, Gruppe* ein Substantiv im Plural, dann muß, streng grammatisch gesehen, das Finitum (und das Gleichsetzungsglied) im Singular stehen. Daneben aber findet sich auch der Plural des Finitums:

... eine *Reihe* von Studenten *waren* (neben: *war*) bereits *Parteimitglieder* (neben: *Parteimitglied;* W. Leonhard). ... eine ganze *Gruppe* von Lautungen *sind* (neben: *ist*) *Träger* eines Inhalts. (Porzig)

Die Kongruenz des Gleichsetzungsgliedes oder eines anderen inhaltlich hierher gehörenden Gliedes mit Subjekt oder Objekt

1173 Im Genus

1. In vielen Fällen gibt es für die Bezeichnung einer männlichen und einer weiblichen Person ein besonderes Wort:

Abiturient	Abiturientin	Hersteller	Herstellerin
Abonnent	Abonnentin	Kollege	Kollegin
Agent	Agentin	Konkurrent	Konkurrentin
Anhalter	Anhalterin	Konsument	Konsumentin
Anwärter	Anwärterin	Kunde	Kundin
Beifahrer	Beifahrerin	Landsmann	Landsmännin
Bürger	Bürgerin	Läufer	Läuferin
Chef	Chefin	Lebensgefährte	Lebensgefährtin
Erbe	Erbin	Partner	Partnerin
Favorit	Favoritin	Sieger	Siegerin
Freund	Freundin	Teilnehmer	Teilnehmerin
Gewinner	Gewinnerin	Vorgänger	Vorgängerin

In all diesen Fällen ist die Kongruenz möglich. Regel ist sie dort, wo die Subjektstelle durch eine Personenbezeichnung oder einen persönlich gedachten Begriff
besetzt ist. Doch sind Ausnahmen davon gar nicht selten:

> *Petra* ist *Besitzerin* eines Hauses. *Tobias* ist *Besitzer* eines Hauses. *Sie* gilt als beste *Kun-
> din* dieses Ladens. *Er* gilt als bester *Kunde*. Karl nennt *Peter* seinen *Freund/Petra* seine
> *Freundin*. Der *Löwe* ist der *König* der Tiere. (Als Apposition:) *Petra, Besitzerin* eines
> Hauses, ... *Karl, Besitzer* eines Hauses. ... Frau *Müller*, als beste *Kundin* dieses Ladens ...
> (Abweichend:) ... *Marika Kilius* ... gehörte in Innsbruck zu den sichersten *Anwärtern*
> auf olympisches Gold. (Olympische Spiele 1964)

Bei sächlichen Wörtern für Personen wird im allgemeinen als Gleichsetzungsglied
das männliche Substantiv gewählt. Wenn das Subjekt eine weibliche Person bezeichnet, ist jedoch auch die Konstruktion nach dem Sinn möglich:

> Das *Kind* ist *ein Dieb*. Das *Mädchen* ist *ein strenger Richter* (auch: *eine strenge Richte-
> rin*). Das *Fräulein* ist *ein guter Fürsprecher* (auch: *eine gute Fürsprecherin*).

Haben Sachbezeichnungen (Abstrakta und Konkreta) maskulines Genus, dann
tritt Kongruenz ein:

> Der *Motor* ist *ein treuer Helfer* der Menschheit.

Sind sie feminin, dann besteht keine feste Regel. Wenn feminine Wörter möglich
sind, sollten sie gewählt werden:

> Die *Autoindustrie* ist *der beste Abnehmer* (auch: *die beste Abnehmerin*) für Kunststoffe.
> Die *Not* ist *ein echter Lehrmeister* (auch: *eine echte Lehrmeisterin*). Die *Not als der beste
> Lehrmeister* (auch: *als die beste Lehrmeisterin*).

Sind sie sächlich, dann steht meist das Maskulinum:

> Das *Gesetz* ist *der Freund* der Schwachen. *Deutschland* – größter *Autoexporteur* der
> Welt.

2. Keine Kongruenz tritt ein, wenn das Gleichsetzungsglied oder ein anderes inhaltlich hierher gehörendes Glied mit dem Prädikat eine feste Verbindung bildet.
In einigen Fällen schwankt der Sprachgebrauch:

> Ich machte mir dadurch *die alte Dame zum Freunde* (nicht: *zur Freundin*). Die *Regie-
> rung* ist *Herr* der Lage (nicht: *Herrin* der Lage).

3. Auch von Berufsbezeichnungen und Titeln gibt es oft weibliche Formen; ihr
Gebrauch ist im Zunehmen begriffen:

> Lehrerin, Ärztin, Schaffnerin, Staatssekretärin, Amtsgerichtsrätin, Choreographin,
> Fernsehansagerin, Locherin, Ministerin, Raumpflegerin, Reporterin u. a.

4. Steht bei einem Gleichsetzungsglied in Form eines Adjektivs im Komparativ
oder Superlativ ein neutrales Attribut, das eine Person weiblichen Geschlechts
bezeichnet, dann tritt heute meist grammatische Kongruenz ein:

> Gisela war *das hübschere/hübscheste* (selten: *die hübschere/hübscheste*) dieser Mädchen.
> (Als Apposition:) Gisela, *das hübschere/hübscheste* (selten: *die hübschere/hübscheste)
> dieser Mädchen* ...

Im Numerus | 1174 |

Im allgemeinen entspricht der Numerus der Gleichsetzungsglieder o. ä. dem des
Subjekts (oder Objekts):

> *Ilse* ist *Apothekerin*. Die *Männer* sind *Angestellte*. ... *der Zorn und die Ungeduld* sind
> *schlechte Begleiter* für einen Slalomfahrer. (Olympische Spiele 1964) Ich nenne *ihn ei-
> nen Lügner*. Wir wählen *sie zur Vorsitzenden*.

Von dieser Regel gibt es einige Ausnahmen:
1. Ein pluralisches oder mehrteiliges Subjekt (oder Objekt) kann mit einem singularischen Kollektivum gleichgesetzt werden, aber nicht umgekehrt:

Die *Römer* waren das tapferste *Volk* des Altertums. Dieser *Schrank* und dieser *Tisch* bleiben mein *Eigentum*. (Aber nicht:) Meine *Familie* sind *Frühaufsteher*.

2. Das fragliche Glied kann ferner trotz des pluralischen Subjekts (oder Objekts) im Singular stehen, wenn es Teil einer feststehenden, unveränderlichen Verbindung ist wie *Zeuge sein, Gast sein, Herr sein*:

> *Nur Wachsfiguren* waren *Zeuge*. (Romantitel) Er machte *sie alle* zum *Zeugen* seiner verwerflichen *Tat*. Beide *Brüder* werden *Ingenieur*. ... sondern kommen Millionen *zu Gast* ... (Die Zeit 1965) *Wir* waren nicht mehr *Herr* der Lage.

1175 | **Im Kasus**

Von den Präpositionalgefügen abgesehen, müssen die Gleichsetzungsglieder o. ä. mit dem Subjekt (oder Objekt) im Kasus kongruieren:

> (Bezug auf das Subjekt:) *Sie* ist *meine Freundin*. *Er* lebt ... als *poetisches Symbol*. (K. Mann) *Er* trug die Haare wie *ein Beatle*. *Wilhelm* hat *als Freund* an mir gehandelt. (Bezug auf ein Objekt:) ... er ... heißt *ihn einen Schurken*. (Sieburg) Lehrer Gerber behandelte *ihn* in der Schule wie *einen Kranken*. (Strittmatter)

Bei den Präpositionalgefügen wird der Kasus von der Präposition bestimmt:

> Ich hielt ihn *für einen Freund*. Wir wählten sie *zur Vorsitzenden*.

1. Bei den unechten reflexiven Verben (vgl. 175) ist sowohl der Bezug auf das Subjekt als auch der Bezug auf das Reflexivpronomen möglich. Das angeschlossene Substantiv steht dann entsprechend im Nominativ oder im Akkusativ. Der Nominativ überwiegt:

> (Nominativ:) Der Film läßt keinen Zweifel daran, daß sich *Lawrence* letzten Endes als *chaotischer Verlierer* empfand. (Deutsche Zeitung) ... wenn *er* sich für 1969 als *aussichtsreicher Gegenspieler* ... aufbauen will. (Der Spiegel) (Akkusativ:) Nachher frage ich mich, warum ich *mich* nicht wirklich als *ihren Freund* empfinde. (Frisch)

2. Wenn ein Satz mit einem Gleichsetzungsnominativ durch *lassen* u. ä. erweitert wird (vgl. 1138), dann ist der Akkusativ des Gleichsetzungsgliedes heute im Veralten, kommt aber in festen Redewendungen und in der (vor allem älteren) Literatur vor:

> Sie läßt *den lieben Gott einen guten Mann* sein. Laß *ihn* niemals *einen Hirten* werden. (Bergengruen) Die Nacht ... umarmt mich sanft und läßt *mich ihren Freund* und *ihren Bruder* sein. (Hesse)

Demgegenüber dominiert heute der Nominativ:

> Laß *den wüsten Kerl*, den Grobitzsch, meinetwegen *ihr Komplize* sein. (Hartleben) Laß *mich dein treuer Herold* sein. (M. Hartmann)

2.9.3 Die Kongruenz des attributiven Adjektivs und des begleitenden Pronomens (Artikels)

1176 | **Adjektiv (Partizip)**

Das attributive Adjektiv (Partizip) kongruiert in Kasus, Numerus und Genus mit dem Substantiv, dessen Attribut es ist:

> ein *starker Mann*, eines *starken Mannes;* die *kluge Frau*, der *klugen Frau;* ein *schönes Kleid, schöner Kleider*.

Vgl. dazu 474. Zum Gebrauch flexionsloser Adjektive vgl. 443.

Artikel (Pronomen)

1177

Der Artikel und die wie der Artikel gebrauchten Pronomen kongruieren in Kasus, Numerus, Genus mit dem Substantiv, dessen Attribut sie sind (zur Beziehungskongruenz bestimmter Pronomen vgl. 1183 ff.):

> Ich gehe gerne in *meinen Garten. Dieses Buch, diejenigen Leute, dasselbe Mädchen, welchem Bilde, alle Schuld, einiger Polizisten, die Frau.*

Vgl. dazu 534. Zum Artikel vgl. 352.

Besondere Fälle

1178

1. Bei der sächlichen Verkleinerungsform männlicher und weiblicher Vornamen auf *-el* richtet sich das Adjektiv oder Pronomen im allgemeinen nach dem natürlichen Geschlecht (dem Sexus) des Namensträgers (vgl. 335):

> *Lieber, guter* Hansel!; *der* dumme Hansel; *Mein guter* Hansel!; *die fleißige* Liesel; *Liebe Bärbel!; Meine liebe* Bärbel!; (mdal.:) *das* Bärbel.

2. Steht ein Pronomen (Artikel) oder ein Adjektiv bei Fügungen wie *Fräulein Tochter, Fräulein Schwester,* dann bezieht man es heute im allgemeinen auf *Fräulein* und nicht auf *Tochter* oder *Schwester* und gebraucht die sächliche Form:

> *Ihr Fräulein* Tochter; *ihr Fräulein* Schwester; (entsprechend in Verbindung mit Namen:) *das Fräulein* Irmgard; *Liebes Fräulein* Irmgard!, *das Fräulein* Duske; *Liebes Fräulein* Duske!

3. Bei Firmennamen mit Abkürzungen wie *GmbH, AG* ist das Genus des Firmennamens ausschlaggebend:

> die Bilanz *des* Deutschen *Milchhofs* GmbH; *das* Bibliographische *Institut* AG.

Bilden jedoch *Aktiengesellschaft, Gesellschaft mbH* u. ä. das Grundwort des Firmennamens, dann ist ihr Genus bestimmend:

> Aktien *der* Flottmann-Werke-*Aktiengesellschaft* (vgl. 1166,7).

2.9.4 Die Kongruenz des substantivischen Attributs (Apposition) in Genus, Numerus und Kasus

1179

Für die Kongruenz des substantivischen Attributs gilt hinsichtlich des Genus grundsätzlich, was unter 1173 gesagt worden ist.
Hinsichtlich des Numerus besteht meist Kongruenz, doch sind Abweichungen dort möglich und üblich, wo im Gliedkern ein Plural steht und das substantivische Attribut einen Kollektivbegriff enthält (und umgekehrt):

> Wir verdanken *den Franzosen, der großen Nation,* Werke von unschätzbarem Wert.
> … und *sie* (=die Neger), *der schwarze Mittelstand,* sind noch immer in der Überzahl.
> (Der Spiegel 1966) *Die moderne Literatur, besonders lyrische Gedichte und Dramen,* ist schwerer zugänglich.

Komplizierter liegen die Verhältnisse hinsichtlich des Kasus. Als generelle Regel kann hier gelten, daß Appositionen im gleichen Kasus stehen wie ihr Bezugswort. Doch gibt es Abweichungen von dieser Regel, besonders dann, wenn Appositionen auf ein Präpositionalgefüge bezogen sind. Im einzelnen kann man unterscheiden:

Kasusabweichungen bei der Apposition:

1180

1. Die Apposition steht häufig im Nominativ, wenn sie ohne Artikel nach einem attributiven Genitiv steht:

Das Wirken dieses Mannes, *Vorkämpfer* (seltener: *Vorkämpfers*) für die Rassengleichheit. ... Der Tod dieses Gelehrten, *Begründer* (seltener: *Begründers*) der Strahlenheilkunde) ...

Steht die Apposition in diesen Fällen mit Artikel (und einem attributiven Adjektiv), dann steht sie im gleichen Kasus wie das Bezugssubstantiv:

> Das Wirken dieses Mannes, *eines mutigen Vorkämpfers* ... Der Tod dieses Gelehrten, *des Begründers* der Strahlenheilkunde, ...

2. Die Apposition ohne Artikel muß aber im gleichen Kasus stehen wie das Bezugssubstantiv, wenn Mißverständnisse möglich sind:

> ... der Sohn des Grafen, *Günstling des Herzogs* (= der Sohn ist Günstling). (Aber:) ... der Sohn des Grafen, *Günstlings des Herzogs* (= der Graf ist Günstling).

3. Steht das zusammenfassende *all* oder das einleitende *jeder*, wird oft eine Kasusangleichung vorgenommen, weil man die durch sie eingeleiteten Glieder als Appositionen auffaßt. Sie lassen sich aber oft besser als Teile eines elliptischen Gleichsetzungssatzes verstehen. Kasusangleichung ist dann fehl am Platze:

> Die Expedition bestand aus Finnen, Norwegern und Schweden, *alles Männer* aus echtem Schrot und Korn (nicht: ... *alles Männern* aus ...). Die Gruppe bestand aus Schriftstellern, Malern und Schauspielern, *alles junge Menschen* der Nachkriegsgeneration (nicht: ... *alles jungen Menschen* ...).

4. Wenn die Apposition – in gehobener Sprache – von ihrem Bezugssubstantiv getrennt und zur Hervorhebung vorangestellt wird, dann muß sie im Nominativ stehen; oft kann man das Glied dann auch als einen absoluten Nominativ (vgl. 1044) auffassen:

> *In zahlreichen Familien ein gerngesehener Gast,* betraute man ihn mit dieser Aufgabe (statt: *ihn, einen gerngesehenen Gast*).

5. Nicht selten wird die Apposition – vor allem nach Präpositionalgefügen – fälschlich in den Dativ gesetzt, obwohl das Bezugswort in einem anderen Kasus steht[1]:

> Was bisher geschehen ist, läßt sich am besten am Beispiel Brasiliens, *dem größten Land* (statt: *des größten Landes*) des Subkontinents zeigen. (Die Zeit) Der Preis für Brot, *dem Grundnahrungsmittel* der Bevölkerung (statt: *das Grundnahrungsmittel* der Bevölkerung), ist gestiegen.

| 1181 | **Kasusabweichungen bei appositionellen Gliedern mit *als*** |

Von der Grundregel, daß das appositionelle Glied mit *als* im gleichen Kasus steht wie das Bezugssubstantiv, gibt es Abweichungen zugunsten des Nominativs, die heute auch in der Standardsprache vorkommen und als korrekt gelten.
Das appositionelle Glied mit *als* steht heute oft im Nominativ, wenn sein Bezugswort ein attributiver Genitiv ist. Dies ist besonders der Fall, wenn der attributive Genitiv von einem Verbalsubstantiv abhängt: *die Verhaftung* (Verbalsubstantiv) *des Generals* (attributiver Genitiv) *als Drahtzieher* (appositionelles Glied). Der

---

[1] Für dieses Ausweichen auf den Dativ, das sich schon in der ersten Hälfte des 19. Jahrhunderts nachweisen läßt, können neben der allgemeinen Scheu vor dem (gehäuften) Genitiv besonders zwei Gründe angeführt werden: Oft ist es die Verwechslung des Genitivs weiblicher Substantive mit dem gleichlautenden Dativ, die den falschen Dativ der Apposition nach sich zieht (... *unweit der* [= Genitiv] *alten Festung Germersheim, jenem* [= falscher Dativ] *traditionellen Manöverfeld in der* Kaiserzeit [Mannheimer Morgen, 14. 10. 1970, S. 12].); in anderen Fällen ist es die Wirkung einer vorangehenden Präposition, die fälschlicherweise den Dativ der Apposition bewirkt (*Mit* [= Präposition + Dativ] *Hilfe des Allerflüchtigsten ..., dem Gespinst* [= falscher Dativ] *von Gerede, Klatsch und Gerüchten* ... [Börsenblatt 20 (1970), S. 1676]).Vgl. dazu H. Eggers: Beobachtungen zum ‚präpositionalen Attribut' in der deutschen Sprache der Gegenwart. In: Wirkendes Wort 8 (1957/58), S. 257 ff.; W. Winter: Vom Genitiv im heutigen Deutsch. In: Zeitschrift für deutsche Sprache 22 (1966), S. 21 ff.

Regel gemäß müßte in solchen Fällen Kasusgleichheit zwischen dem attributiven Genitiv und dem *als*-Anschluß hergestellt werden. Dies führte in vielen Fällen aber zu Genitivformen, die fremdartig wirken. Im einzelnen kann man festhalten:

1. Der attributive Genitiv als Bezugswort des *als*-Anschlusses steht beim Subjekt:

> Das Wirken Albert Schweitzers *als Tropenarztes.*

Meist üblich:

> Das Wirken Albert Schweitzers *als Tropenarzt.*

Die Unterlassung der Kasusangleichung erfolgt heute auch häufig noch dann, wenn ein Adjektiv ohne Artikel vor solchen *als*-Anschlüssen steht:

> Das Ansehen meines Onkels *als ehrbarer Kaufmann* (statt: *als ehrbaren Kaufmanns*).
> Die Würdigung Meiers *als bester Turner* (statt: *als besten Turners*).

Die Kasusangleichung findet jedoch statt, wenn der Artikel steht:

> Die Entlarvung des Generals *als des eigentlichen Drahtziehers* (und nicht: *als der eigentliche Drahtzieher*).

2. Der attributive Genitiv als Bezugswort des *als*-Anschlusses steht beim Objekt:

Hat der attributive Genitiv mit einem *als*-Anschluß ein Substantiv in der Objektrolle als Bezugswort, dann ist die Kasuskongruenz zwischen dem Genitiv und dem *als*-Anschluß völlig unüblich. Dafür wirkt aber nun das Objekt als Bezugssubstantiv auf den *als*-Anschluß ein:

> Ich schätze den Einfluß dieses Mannes *als politischer Berater des Präsidenten.* (Häufig auch Einwirkung des Akkusativobjekts, was jedoch n i c h t korrekt ist:) Ich schätze den Einfluß dieses Mannes *als politischen Berater des Präsidenten.* (Völlig unüblich:) *Ich schätze den Einfluß dieses Mannes als politischen Beraters des Präsidenten.*

Beachte: Wenn der *als*-Anschluß ein Substantiv (Pronomen) im Dativ oder im Akkusativ als Bezugswort hat, ist dagegen Kasusübereinstimmung zwischen dem *als*-Anschluß und seinem Bezugswort üblich:

> Das schadet *ihm als Abgeordnetem* (nicht: *als Abgeordneter).* Das steht *mir als Ältestem* (nicht: *als Ältester*) zu. Mit *Französisch als zweiter Fremdsprache* (nicht: *als zweite Fremdsprache*) ... Sie feierten *ihn als Größten* (nicht: *als Größter*). Für *ihn als gläubigen Katholiken* (nicht: *als gläubiger Katholik*) ist das keine Frage.

In den folgenden Fällen handelt es sich nicht um Kasusabweichungen, sondern um die unzulässige Unterlassung der Deklination bei schwach gebeugten männlichen Substantiven im Dativ und Akkusativ Singular:

> mir *als Dozent* (richtig:) mir *als Dozenten;* ihn *als Held* (richtig:) ihn *als Helden.*

Kasusabweichungen bei appositionellen Gliedern mit *wie* | 1182 |

Appositionelle Glieder mit *wie* werden oft als elliptische Vergleichssätze empfunden. An Stelle einer Kasusangleichung an das Glied, auf das sie bezogen sind, findet sich daher oft der Nominativ:

> Es geschah an einem Tag *wie jeder andere ([ist];* statt:) Es geschah an einem Tag *wie jedem anderen.* ... in Zeiten *wie die heutigen ([sind]);* statt:) ... in Zeiten *wie den heutigen.*

Das gleiche kann beim Komparativ auftreten:

> Es gibt nichts Schlimmeres *als ein Betrunkener* (*[= als es ein Betrunkener ist]*; statt:) Es gibt nichts Schlimmeres *als einen Betrunkenen.*

2.9.5 Die Beziehungskongruenz des Pronomens als Stellvertreter eines Wortes

| 1183 | **Allgemeines zur Beziehungskongruenz**

Pronomen kongruieren im allgemeinen in Numerus und Genus mit dem Wort, an dessen Stelle sie stehen, mit ihrem Bezugswort (vgl. 534). Im besonderen beachte man: Das Personalpronomen der 1. und 2. Person und der 3. Person Plural muß im Numerus und in der Person, das Personalpronomen der 3. Person Singular auch im Genus mit der gemeinten Person oder Sache bzw. – in der 3. Person – mit dem Bezugswort kongruieren. Die Demonstrativ- und Relativpronomen müssen in Numerus und Genus mit ihrem Bezugswort kongruieren. Der Kasus ist durch die Konstruktion des betreffenden Satzes bestimmt:

> Kannst *du* mir zu essen geben? Der *Vater* ist nicht zu sprechen, *er* schläft. *Die Mutter* ist im Garten. Bringe *ihr* bitte die Schaufel! *Unser Kind* ist krank. Wir können *es* deshalb an dem Ausflug nicht teilnehmen lassen. *Meine Eltern* haben sich sehr über das Geschenk gefreut, das ich *ihnen* zu Weihnachten machte. *Seine Schwester* und *deren* Verlobter. Hast du *Freunde?* Ich habe *deren* wenige. Folgende Fragen. *Diese* sind: ... Die *Frau,* von *der* ich dir erzählte.

Das Possessivpronomen stimmt mit dem Substantiv, bei dem es als Attribut steht, in Kasus, Numerus und Genus überein (vgl. 1177). Darüber hinaus steht es in Beziehungskongruenz mit dem Wort, das es vertritt. Das Possessivpronomen der 1. und 2. Person und der 3. Person Plural kongruiert in diesem Falle im Numerus und in der Person:

> *Ich* kenne doch *meinen Freund* (*meine* Freunde)! Hast *du dein* Heft (*deine* Hefte) gefunden? *Wir* haben *unsere* Verwandten eingeladen.

Das Possessivpronomen der 3. Person Singular kongruiert ferner auch im Genus:

> *Er/Es* kennt *seinen* Freund genau. *Sie* kennt *ihre* Kinder genau.

Zur Kongruenz des Possessiv- und Reflexivpronomens in der Person mit dem Subjekt *(Er und ich [, wir] haben uns über unsere Geschenke gefreut.)* vgl. 1159.

| 1184 | **Spezielle Probleme der Beziehungskongruenz**

1. Wird durch ein Personal- oder Demonstrativpronomen innerhalb desselben Satzes ein Satzglied wiederaufgenommen, dann kongruiert es im allgemeinen auch im Kasus:

> *Das unendliche Leid* der Flüchtlinge, *es* läßt ihn kalt. Und erst *die Fans, sie* waren völlig aus dem Häuschen.

Seltener ist die Wiederaufnahme in einem anderen Kasus:

> *Die friedlosen Steppenwölfe* ..., die sich zum Unbedingten berufen fühlen und doch in ihm nicht zu leben vermögen: *ihnen* bietet sich ... (Hesse)

2. Ohne Konjunktion aneinandergereihte oder durch kopulative Konjunktionen wie *und* verbundene singularische Substantive werden durch ein pluralisches Personal-, Demonstrativ- oder Relativpronomen wiederaufgenommen:

> *Holger und Kathrin* waren vergnügt, weil *sie* nicht in die Schule zu gehen brauchten.
> *Ein Heller und ein Batzen, die* waren beide mein.

Der Singular des Pronomens ist in diesen Fällen nur zulässig, wenn die Wortgruppe genusgleiche Substantive enthält und eine Einheit bildet:

> Er zeigte sich loyal gegenüber seinem Präsidenten und *von einer menschlichen Wärme und Herzlichkeit, die* überraschend wirkte. (Der Spiegel 1966)

3. Wenn zwei singularische Bezugswörter durch eine disjunktive (ausschließende) Konjunktion wie *oder* verbunden sind, dann richtet sich das Pronomen nach dem zunächst stehenden Substantiv. Es steht im Singular und hat das entsprechende Genus:

> Das Buch oder *die Schrift, die* mein Interesse erregte, habe ich leider nicht erhalten.
> Entweder ein einzelnes Wort oder *die ganze Wendung, die* ihm zu Ohren kam, hatte ihn verletzt.

4. Wenn einem Substantiv eine Apposition folgt, die ein anderes Genus hat, richtet sich das Genus des folgenden Relativpronomens danach, welchem der beiden Substantive das Hauptgewicht zukommt oder mit welchem der beiden Substantive sich der Inhalt des Relativsatzes am ehesten verbindet:

> Unser Kunde, *die Firma Meier, die* uns diesen Auftrag vermittelt hat...

In diesem Fall liegt das Hauptgewicht des Satzes auf der Bezeichnung der Firma. Der Bezug auf *Kunde (Unser Kunde, die Firma Meier, der uns diesen Auftrag vermittelt hat...)* ist in diesem Fall grammatisch auch korrekt, aber weniger üblich. Ähnlich ist auch folgender Satz zu beurteilen:

> Es gab *eine Art Brei, die* ich nicht kannte.

Der Relativsatz bezieht sich inhaltlich stärker auf *Art* als auf *Brei*, deshalb der Anschluß mit *die*. In dem Satz:

> Es gab eine Art *Brei, der* mir sehr gut schmeckte.

bezieht sich der Relativsatz inhaltlich stärker auf *Brei*, deshalb der Anschluß mit *der*. In beiden Fällen ist die Verwendung des jeweils anderen Pronomens grammatisch auch korrekt, aber weniger üblich.

5. Die neutralen Singularformen vieler Pronomen können sich auf Substantive gleich welchen Genus und welcher Zahl beziehen. Oft stehen sie zusammenfassend oder vereinzelnd:

> Sie hält sich für eine *Künstlerin,* ohne *es (das, dies)* zu sein.
> (Zusammenfassend:) Früh übt sich, *was* ein Meister werden will (Sprw.)
> (Vereinzelnd:) *Die Messer und die Gabeln* stechen, drum rühre *keins* von beiden an!
> *Fundevogel und Lenchen* hatten einander so lieb, daß, wenn *eins das andere* nicht sah, *es* traurig war. (Grimm)

Bei Nennung zweier Personen mit verschiedenem Geschlecht kann auch die maskuline Form des Pronomens stehen. Sie ist heute üblich:

> *Der Vater und die Mutter* waren einverstanden, *jeder* wollte mitfahren.

6. Der Plural des Pronomens wird trotz eines vorausgehenden Singulars gelegentlich gebraucht, wenn entweder eine Verallgemeinerung ausgedrückt werden soll oder der Singular kollektive Bedeutung hat (Konstruktion nach dem Sinn). Der Singular ist natürlich auch möglich:

> Der Fremde trug *ein Gewand,* wie *sie* bei Zirkusleuten üblich sind ... einen blanken, niedrigen *Hut,* wie ich *solche* an unseren Droschkenkutschern zu sehen gewohnt war. (R. Huch)

7. Bezieht sich ein Relativpronomen auf das neutrale Gleichsetzungsglied *es*, dem ein Personalpronomen als Subjekt gegenübersteht, dann wird nicht die neutrale, sondern entsprechend dem natürlichen Geschlecht die maskuline oder die feminine Form gewählt:

> *Ich* bin es, *der* (oder: *die*) das getan hat.

8. Bezieht sich ein Personal-, Demonstrativ-, Relativ- oder Possessivpronomen auf ein Substantiv mit neutralem Genus, das eine Person bezeichnet, dann tritt heute in der Regel grammatische Kongruenz ein:

> Was macht Ihr *Söhnchen?* Ist *es* noch krank? – *Das Mädchen, das* mir vor einiger Zeit aufgefallen war, lief gerade über die Straße. Ein kleines, schwarzes *Männlein, welches* auf der Bank an der anderen Seite der Tür saß ... (Raabe) *Das Fräulein* an *seinem* Arbeitsplatz... (Der Spiegel 1966)
> (Veraltet:) Bitte, grüßen Sie *das gnädige Fräulein, die* so gut ist... (Fontane) Als mich *das Mädchen* erblickt, trat *sie* den Pferden näher. (Goethe)

Nur wenn das Pronomen in einem langen Satz oder im folgenden Satz weiter entfernt steht, kommt dem natürlichen Geschlecht entsprechend das jeweilige Genus des Pronomens vor:

> Ein ... *Mädchen* ... strich dicht an Hans Castorp vorbei, indem *es* ihn fast mit dem Arme berührte. Und dabei pfiff *sie* ... (Th. Mann) ... stürzten sich auf *das Mädchen, das* in der Ecke stand, und drohten *ihr* mit Erschießen. (Quick)

Tritt zu *Fräulein* ein Name, dann zeigt das Pronomen, abweichend von dem Gebrauch bei *Fräulein* ohne Namen, weibliches Genus:

> *Fräulein Becker* wird sich durch *ihren* Personalausweis ausweisen. *Sie* ist berechtigt ... *Fräulein Lieschen Wendriner* übt etwas, was *sie* nie lernen wird ... (Tucholsky)

Grammatische Kongruenz tritt immer ein, wenn ein feminines Substantiv einen Mann bezeichnet:

> *Eine Mannsperson, deren* Kleidung sich nicht deutlich erkennen ließ.

1185 | ## 2.9.6 Die Kongruenz im Numerus beim Bezug einer Sache auf eine Mehrzahl von Personen

Das Substantiv für eine Sache (Konkretum oder Abstraktum), die sich in gleicher Weise auf eine Mehrzahl vor allem von Personen bezieht, kann im Singular stehen. Dieser Singular hat distributive Bedeutung (vgl. 362). Der Plural ist hier selten:

> *Die Herren* zündeten sich *eine Zigarre* an. (Ompteda) *Alle* hoben *die rechte Hand. Haltet den Kopf* gerade! *Viele* haben *ihr Leben* dabei verloren. Auf der *Titelseite der Illustrierten* ... ... *alle* mit *ihrem krummen Messer.* ... *alle* drehten *ihren Kopf* (Frisch). (Aber auch:) *Alle Nachbarn* drehten sofort *ihre Köpfe.*

In manchen Fällen ist der Sinn des Satzes zu berücksichtigen:

> *Die Antragsteller* werden gebeten, *das ausgefüllte Formular/die ausgefüllten Formulare* rechtzeitig einzureichen.

Hier bedeutet der Plural *die ausgefüllten Formulare,* daß jeder Antragsteller mehrere Formulare einreichen soll. Und in dem Beispiel

> *Die Kinder* bekamen *einen roten Kopf/vor Aufregung rote Köpfe.*

meint der Singular *einen roten Kopf* im Gegensatz zum Plural weniger den konkreten Vorgang als den zugrundeliegenden Akt des Sichschämens.

3 Der zusammengesetzte Satz

1186

3.1 Allgemeines zum zusammengesetzten Satz

3.1.1 Teilsätze in der Satzverbindung und im Satzgefüge

Im folgenden Kapitel geht es um die Form und vor allem um die wechselseitige Beziehung zwischen Teilsätzen in zusammengesetzten Sätzen. Diese Teilsätze können – in der Satzverbindung – sehr lose miteinander verknüpft sein bzw. einen hohen Selbständigkeitsgrad behalten. Enger ist ihre Verknüpfung im Satzgefüge. Die Teilsätze eines Satzgefüges haben einen unterschiedlichen Rang: Satzgefüge bestehen aus (mindestens) einem Hauptsatz und einem Nebensatz (vgl. 1012).

1187

Die Teilsätze einer Satzverbindung können syndetisch (mit Konjunktionen) oder asyndetisch (ohne Konjunktionen) miteinander verknüpft sein. Dabei kann die Beziehung, die durch die Verknüpfung gestiftet wird, den Wert einer bloßen Anreihung (= kopulative Verbindung) oder Ausschließung (= disjunktive Verbindung) haben:

> Es ist spät geworden, und wir müssen gehen.
> Entweder du läßt mich in Ruhe, oder ich gehe nach Hause.

Es können aber auch speziellere Werte (z. B. der Begründung, der Bedingung, der Folge usw.) vorliegen. Auf sie werden wir im Folgenden näher eingehen.

In asyndetischen, gelegentlich auch in syndetischen Satzverbindungen können besondere sprachliche Mittel die wechselseitige Beziehung der Teilsätze unterstreichen:

- Ein Pronomen oder eine Partikel des zweiten Satzes weist auf den ersten zurück:

  > Auf dem Tisch liegt ein Buch; *es* gehört mir.
  > Ich war in München, *da* war es großartig.

- Die Teilsätze beginnen mit dem gleichen Wort oder der gleichen Wortgruppe (man spricht dann von einer Anapher[1]):

  > *Stille herrschte* in den Räumen, *Stille herrschte* auch draußen.

- Zwischen den Teilsätzen besteht eine Antithese[2]:

  > Friede ernährt, Unfriede verzehrt.

- Die Antithese kann durch die symmetrische Überkreuzstellung von Satzgliedern noch verstärkt werden (man spricht dann von Chiasmus[3]):

  > Groß war der Einsatz, der Gewinn war nur klein.

- Ein Teilsatz steht als Einschub in einem anderen Teilsatz (man spricht dann von einem Schaltsatz; er wird oft in Gedankenstriche eingeschlossen):

  > ... und er verzweifelte – *es ist furchtbar zu sagen* –, er verzweifelte an Wissenschaft und Fortschritt. (Th. Mann)

Die Teilsätze eines Satzgefüges sind entweder Hauptsätze oder Nebensätze. Nebensätze können sein:

1188

---

[1] Griech. *anaphorá* ‚Beziehung, Wiederaufnahme'.
[2] Griech. *antithesis* ‚Gegensatz'.
[3] Nach der Form des griechischen Buchstabens Chi = X.

1. Teilsätze mit einleitender Konjunktion + Finitum in Endstellung:

   Weil er völlig entkräftet war, gab er das Rennen auf. Wieder wurde erwähnt, *daß die Regenfälle zu großen Schäden geführt hätten.*

2. Teilsätze mit einleitendem Relativpronomen oder einleitender Relativpartikel + Finitum in Endstellung:

   Sie löste das Problem, *das sie schon lange gequält hatte.* Sie verließen das Land, *wo sie lange gelebt hatten.*

3. Teilsätze mit einleitendem Fragepronomen oder einleitender Fragepartikel + Finitum in Endstellung:

   Sie fragte, *wer noch komme.* Sie fragte, *wann er komme.*

4. Teilsätze mit Finitum in Spitzenstellung, ohne einleitende Konjunktion:

   Kommt er heute nicht, werde ich anrufen. *Ist die eine Wohnung zu klein,* so ist die andere zu weit entfernt.

5. Teilsätze mit Finitum in Zweitstellung, bei bestimmten Konjunktionen *(als* im Sinne von *als ob):*

   Sie verhielten sich, *als wären sie das erste Mal auf dem Platz.*

6. Teilsätze mit Finitum in Zweitstellung ohne Konjunktion in Fällen angeführter Rede und bei verwandten Erscheinungen:

   Man hat uns wissen lassen, *es werde noch eine Weile dauern.* Ich dachte, *ich sehe nicht recht.*

|1189| Den Nebensätzen rechnen wir im Folgenden auch zu:

7. Satzwertige Infinitivkonstruktionen:

   Es freut mich, *ihm ein bißchen geholfen zu haben.*

Es handelt sich hier um Infinitivkonstruktionen, die – etwa in der Ersatzprobe – für Teilsätze eintreten können. Wie diese erfüllen sie die Aufgaben von Satzgliedern im übergeordneten Satz: So steht der einfache Infinitiv mit *zu* wie der *daß*-Satz in der Rolle des Subjekts, des Objekts oder des Gleichsetzungsnominativs, die Infinitive mit *um – zu, ohne – zu* oder *anstatt – zu* in der Rolle von Angaben.

8. Satzwertige Partizipialkonstruktionen:

   Vom plötzlichen Einbruch der Nacht überrascht, war er ohne Orientierung.

Man spricht hier auch von Partizipialsätzen. Sie werden vornehmlich in der gehobenen Sprache verwendet. Syntaktisch stehen sie in der Rolle eines Attributs oder eines freien Glieds.

|1190| Hauptsatz und Nebensatz sind einander zugeordnet: Ein Hauptsatz ist immer Hauptsatz zu einem Nebensatz, ein Nebensatz immer Nebensatz zu einem Hauptsatz.
Sind mehr als zwei Teilsätze zu einem Satzgefüge verknüpft, so kann ein Nebensatz (zu einem Hauptsatz) seinerseits Hauptsatz zu einem weiteren Nebensatz sein. Der auf den ersten Hauptsatz bezogene Nebensatz ist dann der Nebensatz ersten Grades, der auf diesen (als Hauptsatz) bezogene Nebensatz der Nebensatz zweiten Grades usw.:

Nebensatz	Nebensatz	Nebensatz
1. Grades	2. Grades	3. Grades

Ich glaube, daß es leichter geworden ist, seit wir wissen, was die Ursache ist.

Einander nebengeordnete Nebensätze haben den gleichen Grad der Abhängigkeit vom Hauptsatz:

Nebensätze 1. Grades

Er ging nach Hause, weil es schon spät war und weil er noch zu tun hatte.

Satzgefüge und Satzverbindungen bzw. konkreter: Hauptsätze, Nebensätze und selbständige Teilsätze lassen sich zu kunstvollen Gesamtsätzen vereinigen, die man Perioden nennt. Dafür ein Beispiel: | 1191 |

> Dies Verhältnis ist das zentrale Kapitel seiner Biographie, und eine wie große Bedeutung die Begegnung, diese auf Gegensätzlichkeit, Polarität gegründete Freundschaft auch für Goethe besessen haben mag, wie hoch er sie, namentlich nach des anderen Tode, gehalten hat – der ihr eigentlich Verfallene, immer tief mit ihr Beschäftigte, mit ihr Ringende, der, dem sie Leid und Glück jeder Liebesheimsuchung ersetzte, war Schiller, und Goethes Verhalten darin war kühl und affektfern im Vergleich mit der zu ihm drängenden Haßliebe des Partners, der seinen Egoismus schilt, von ihm als von einer spröd-hochmütigen Schönen redet, der man „ein Kind machen" müsse, ganz und gar der Werbende ist; dessen erregt antithetisches Denken ganz vom Dasein des anderen bestimmt ist und dessen Gefühl für dieses dem seinen so fremde Dasein sich in Gedankenlyrik ergießt, welche in schwermütiger Demut, wenn auch mit vollkommener Manneswürde, die heldische Mühe, die sein Teil und Los ist, der Begnadung unterordnet und sich verbietet, ihr zu „zürnen". (Th. Mann: Versuch über Schiller)

Bei der folgenden Darstellung gehen wir den Möglichkeiten gestufter und in sich komplexer Abhängigkeit zwischen Teilsätzen nicht weiter nach; in der Regel werden wir mit Beziehungen zwischen zwei Teilsätzen arbeiten. Die Aussagen dazu lassen sich unschwer auf komplexere Gebilde übertragen.

3.1.2 Die Ordnung der Nebensätze

Nebensätze können unter verschiedenen Gesichtspunkten geordnet werden:

1. Nach der äußeren Form:

| 1192 |

Hier berücksichtigt man vor allem Unterschiede der Nebensatzeinleitung. Man unterscheidet:

- Konjunktionalsätze (Nebensätze, die durch eine Konjunktion eingeleitet werden);
- Relativsätze (Nebensätze, die durch ein Relativpronomen oder eine Relativpartikel eingeleitet werden);
- indirekte Fragesätze (Nebensätze, die durch ein Fragepronomen oder eine Fragepartikel eingeleitet werden);
- uneingeleitete Nebensätze;
- satzwertige Infinitivkonstruktionen;
- satzwertige Partizipialkonstruktionen.

2. Nach der Satzgliedstelle im Hauptsatz, die der Nebensatz ausfüllt:

| 1193 |

Dieser Einteilung liegt folgende Überlegung zugrunde: Satzgefüge können wie einfache Sätze der Satzgliedanalyse unterzogen werden. Diese Analyse kann sich auf jeden Teilsatz gesondert beziehen; sie kann aber auch den Satzgliedwert des Nebensatzes insgesamt für den Hauptsatz berücksichtigen. So steht z.B. in dem Satz *Wer andern eine Grube gräbt, fällt selbst hinein* der Nebensatz *Wer andern eine Grube gräbt ...* insgesamt an der Stelle des Subjekts des Hauptsatzes. In gleicher Weise können Teilsätze an Stellen anderer Satzglieder, ja von Teilgliedern (Attributen) stehen. Im einzelnen bestehen hier folgende Möglichkeiten:

Der Nebensatz steht als	Beispiele
Subjekt	Kann befreien, *wer selbst unterworfen ist?* *Daß du mir schreiben willst,* freut mich besonders. *Ob er kommt,* ist völlig ungewiß. *Euch zu helfen* ist mein größter Wunsch. Nun trat in Erscheinung, *wie stark die Regierung war.*
Gleichsetzungs- nominativ	Er ist heute, *was ich vor fünf Jahren war.* Sein Ziel war, *Politiker zu werden.*
Gleichsetzungs- akkusativ	Ich nenne ihn auch heute, *was ich ihn schon früher genannt habe,* nämlich einen Lügner.
Akkusativobjekt	Sie fragte, *woran er gestorben sein soll.* Er sah, *wie sie auf ihn zukam.* Ich weiß nicht, *ob sie kommt.* Ich weiß nicht, *kommt sie oder kommt sie nicht.* Ich weiß, *daß du ein Künstler bist.* Er sagte, *er sei krank gewesen.* Er sagte: *„Ich bin krank gewesen."* Sie beschloß, *eine kleine Atempause einzulegen.*
Dativobjekt	Ich konnte nur zusehen, *wie die Überschwemmung zurück- ging.*
Genitivobjekt	Er brüstet sich, *daß er unschlagbar sei.* Ich erinnere mich, *sie hatte weiße Haare.* Ich erinnere mich nicht mehr, *ob ich sie wirklich gesehen habe.* Sie darf sich rühmen, *das entdeckt zu haben.*
Präpositional- objekt	Er erkundigte sich, *was ich im Theater gesehen habe.* Er war erstaunt, *daß sie plötzlich lächelte.* Ich zweifle, *ob dieser Versuch gelingt.* Er war erstaunt, *wie klein sie war.* Ich bitte dich, *das nicht zu glauben.*
adverbiale Bestimmung	*Wo früher Wiesen waren,* stehen jetzt Häuser. *Als es dunkel geworden war,* gingen wir nach Hause. Sie wagten sich nicht herein, *weil sie sich fürchteten.* *Seid ihr aufgeregt,* dann gelingt euch gar nichts. *Aus dem Dunkel heraustretend,* stand er geblendet im Son- nenlicht.
Attribut	Diejenigen Hunde, *die bellen,* beißen nicht. Die Ungewißheit, *ob sie kommt,* beunruhigt mich. Er hat den Fehler, *daß er jeden Tag in die Kneipe geht.* Er hat den Fehler, *jeden Tag in die Kneipe zu gehen.* Oft erschienen mir Gestalten, *wie ich sie im Traum gesehen habe.* Das geschah zu der Zeit, *als man noch zu Pferde ritt.* Der Auftrag, *das Gesamtwerk zu übersetzen,* war zu schwie- rig. Albrecht Dürer, *gestorben 1528,* war für Humanismus und Reformation gleichermaßen aufgeschlossen.

Unter Berücksichtigung dieser Möglichkeiten unterscheidet man Subjektsätze, Objektsätze, Adverbialsätze und Attributsätze. Ein fester Name für Nebensätze, die an der Stelle eines Gleichsetzungskasus stehen, hat sich noch nicht eingebürgert. Nebensätze, die an der Stelle eines Satzgliedes stehen, nennt man auch Gliedsätze.

3. Nach dem Wert der Beziehung zwischen Hauptsatz und Nebensatz:

Diese (inhaltlichen oder, wie man auch sagt, kategorialen) Werte werden oft durch den Nebensatz angezeigt. Ein Beispiel: | 1194 |

Da er völlig entkräftet war, gab er das Rennen auf.

Zwischen Haupt- und Nebensatz liegt hier eine Beziehung der Begründung vor, man kann auch sagen: ein kausaler Wert. Erkennbar ist das in diesem Fall an der Konjunktion *da* in Verbindung mit Endstellung des Finitums. Der kausale Wert ist einer von vielen möglichen Werten, die für die Beziehung zwischen Teilsätzen angesetzt werden.

Wir werden für unsere Darstellung den letzten Gesichtspunkt in den Vordergrund stellen:[1] Er ist von der Sache her der zentrale und zugleich der umfassendste. Dabei können Unterschiede der äußeren Form von Nebensätzen (vgl. 1192) mit beachtet werden; der Gesichtspunkt des Satzgliedwerts der Nebensätze wird dagegen eher in den Hintergrund treten.

Die Orientierung an kategorialen Werten zielt auf Begriffe wie z. B. *Grund/Ursache, Folge, Bedingung* bzw. auf grammatische Kategorien wie *Kausalität, Konsekutivität, Konditionalität.* Dabei werden wir uns darum bemühen, diese Werte nicht nur im Satzgefüge aufzuweisen, sondern auch in der Satzverbindung: Kausalität z. B. liegt ja nicht nur in zusammengesetzten Sätzen wie dem vor, den wir als Beispiel herangezogen haben, sondern in der ganzen folgenden Reihe:

a) Da er völlig entkräftet war, gab er das Rennen auf.
b) Er war völlig entkräftet, weswegen er das Rennen aufgab.
c) Er war völlig entkräftet, deswegen gab er das Rennen auf.
d) Er gab das Rennen auf, denn er war völlig entkräftet.
e) Er gab das Rennen auf, er war völlig entkräftet.

Will man die Linie in den einfachen Satz hinein verfolgen, so kommen noch dazu:

f) Er gab das Rennen völlig entkräftet auf.
g) Wegen völliger Entkräftung gab er das Rennen auf.

Bei der Darstellung der verschiedenen kategorialen Werte werden wir jeweils von der Verknüpfungsweise von Hauptsatz und Nebensatz ausgehen, wie sie Beispiel a entspricht; daran schließen sich knappere Ausführungen zu den durch die Beispiele b–e illustrierten Möglichkeiten an.

Was zum kategorialen Wert von Beziehungen zwischen Teilsätzen in der Satzverbindung gesagt wird, ist übertragbar auf die Beziehung zwischen einfachen Sätzen, denn in kategorialer Hinsicht ist es unwichtig, ob zwischen Sätzen ein Komma, ein Semikolon oder ein Punkt steht.

Wenn wir im Folgenden eine Ordnung der Beziehungen zwischen Teilsätzen aufstellen, so ist dabei zu beachten: Die verschiedenen kategorialen Beziehungen, die im Deutschen zwischen Teilsätzen bestehen können, bilden insgesamt nicht ein logisches System, innerhalb dessen einzelne Positionen in wohlgeordnetem Verhältnis zueinander stünden. Vielmehr hat sich die Gesamtmenge der kategorialen Werte im Verlauf der Geschichte unserer Sprachgemeinschaft nach und nach entwickelt, gesteuert von wechselnden Bedürfnissen und daher durchaus be-

---

[1] Die Darstellung folgt hier im grundsätzlichen dem Ansatz von W. Boettcher/H. Sitta: Deutsche Grammatik III. Zusammengesetzter Satz und äquivalente Strukturen. Frankfurt/M. 1972.

grenzt systematisch. Damit hängt es zusammen, daß einzelne Bereiche sehr differenziert ausgebaut sind, andere sehr pauschal, einige Werte sehr nah beieinanderliegen, andere sehr viel weniger.

1195 Im Gesamtbereich der kategorialen Werte unterscheiden wir zunächst Typen. Damit sind Verknüpfungswerte gemeint, die selbständig bestimmbar sind und nicht aufeinander bezogen werden müssen. Deutlich unterschiedliche Typen in diesem Sinn liegen etwa in folgenden Beispielen vor:

> Er gibt das Rennen auf, weil er völlig entkräftet ist.
> Er gibt das Rennen auf, wenn er völlig entkräftet ist.

Im ersten Fall liegt eine Beziehung der Begründung (kausaler Wert) vor, im zweiten eine der Bedingung (konditionaler Wert). Anders verhalten sich die beiden folgenden Beispiele zueinander:

> Ich gab ihm Geld, um ihn loszuwerden.
> Ich würde ihm einfach Geld geben, um ihn loszuwerden.

Zunächst einmal könnte man für beide Fälle einen gemeinsamen Typ ansetzen, dessen Wert in der Angabe einer Motivation liegt. Andererseits gibt aber der erste Nebensatz das Motiv für ein bereits vergangenes Geschehen an, während der zweite ein nur gedachtes oder denkbares Motiv für ein auch nur angenommenes Geschehen nennt. Eine streng sinngebundene Ersatzprobe würde hier auf folgende Formulierung führen:

> Ich würde ihm einfach Geld geben, wenn ich ihn loswerden wollte.

1196 Für solche Fälle wollen wir – aus ökonomischen Gründen – keinen eigenen Typ ansetzen, sondern sprechen lediglich von unterschiedlichen Varianten. Wieder anders verhält es sich mit folgenden Beispielen:

> Er gab das Rennen auf, da er völlig entkräftet war.
> Er gab das Rennen auf, zumal [da] er völlig entkräftet war.

Man kann beide Fälle als kausal verstehen. Während aber im ersten Beispiel gleichsam eine uncharakterisierte, nicht näher bestimmte Begründung vorliegt, finden wir im zweiten Beispiel eine gewissermaßen zusätzliche, verstärkende Begründung. Wichtig dabei ist, daß sich der im zweiten Beispiel vorliegende Wert nachvollziehbar (gewissermaßen durch Addition) aufbauen läßt, und zwar aus der im ersten Beispiel gegebenen unspezifizierten Begründung und einer Zusatzcharakteristik. Der unspezifizierte Wert wird gleichsam modifiziert, es entsteht eine Modifikation. Auch auf solche Unterschiede wird in der folgenden Beschreibung einzugehen sein.

Typ, Variante und *Modifikation* sind als Orientierungsbegriffe gedacht, die es erlauben, eine verschieden große und verschieden geartete Ähnlichkeit oder Unterschiedlichkeit zwischen einzelnen Werten zu beschreiben.

1197 ### 3.1.3 Zum Aufbau der Darstellung

Um einer übersichtlicheren Darstellung willen gliedern wir den Gesamtbereich der Teilsatzbeziehungen im Satzgefüge in drei Teilbereiche:
Für die Bestimmung des ersten Teilbereichs bedienen wir uns eines zunächst äußerlichen Merkmals: Wir nehmen die Satzgefüge zusammen, in denen die Nebensätze durch Relativpronomen oder Relativpartikeln eingeleitet werden und beide Teilsätze über eine gemeinsame Stelle miteinander verbunden sind (für eine detailliertere Bestimmung vgl. 1198 ff.). Wir sprechen hier von Relativbeziehungen.
In einer zweiten Gruppe fassen wir alle die Satzgefüge zusammen, in denen die Nebensätze durch ein Fragepronomen oder eine Fragepartikel eingeleitet werden

(man spricht hier von indirekten Fragesätzen), und die Satzgefüge, in denen die Nebensätze durch *daß* eingeleitet werden. Dazu kommt eine Reihe von Nebensätzen, die zwar nicht durch *daß* eingeleitet werden, aber leicht einen solchen Anschluß erhalten könnten (für eine detailliertere Bestimmung vgl. 1213). Man nennt solche Sätze I n h a l t s s ä t z e. Unter Berücksichtigung dieses eingeführten Namens sprechen wir für diese Gruppe von I n h a l t s b e z i e h u n g e n.
Die dritte Gruppe kann man zunächst negativ abheben: Sie umfaßt alle Satzgefüge, die nicht in die Relativbeziehungen und nicht in die Inhaltsbeziehungen gehören. Die Teilsätze sind hier nicht über ein beiden gemeinsames Element miteinander verknüpft; ihre Anschlußmittel sind anders und vielfältiger als bei den Inhaltsbeziehungen, und die Ersetzbarkeit durch einen *daß*-Anschluß ist kaum gegeben. Nach ihrem Satzgliedwert gehören hier die meisten Nebensätze zu den Adverbialsätzen. Man bezeichnet diese Sätze auch als V e r h ä l t n i s s ä t z e. Unter Bezugnahme darauf kann man hier von V e r h ä l t n i s b e z i e h u n g e n sprechen. Für eine detailliertere Bestimmung vgl. 1232 ff.
Wir haben von Relativbeziehungen, Inhaltsbeziehungen und Verhältnisbeziehungen gesprochen, weil es um die Beziehungen zwischen Teilsätzen in zusammengesetzten Sätzen geht. Insofern aber dabei der spezielle Wert der Satzverknüpfung an den einzelnen Teilsätzen ablesbar ist, kann man diese abkürzend auch R e l a t i v s ä t z e, I n h a l t s s ä t z e und V e r h ä l t n i s s ä t z e nennen.

3.2 Relativbeziehungen

3.2.1 Allgemeines zu den Relativbeziehungen

Von einer Relativbeziehung sprechen wir dort, wo der Nebensatz durch ein Relativpronomen oder eine Relativpartikel eingeleitet ist und die beiden Teilsätze durch eine gemeinsame Stelle miteinander verbunden sind. Diese Stelle ist im Nebensatz durch das Relativpronomen oder die Relativpartikel besetzt; im Hauptsatz hängt die Besetzung davon ab, ob in seinem Plan der Nebensatz die Position eines Satzglieds oder eines Gliedteils (Attributs) einnimmt.

$\boxed{1198}$

Relativpronomen sind *der, die, das; welcher, welche, welches; wer, was.* Relativpartikeln sind z. B. *wo, wie, wohin, woher, wodurch.* Relativsätze, die durch Relativpartikeln eingeleitet sind, lassen sich ohne Veränderung des Sinns in pronominal eingeleitete Relativsätze überführen:

> Sie verhält sich *[so], wie* man sich im Kindergarten verhält.
> Sie verhält sich *in der Weise, in der* man sich im Kindergarten verhält.

Die Einleitewörter des Relativsatzes stehen regulär in Erststellung; nur eine Präposition kann sie von dort an die zweite Stelle verdrängen:

> Der Fluß, *der* Hochwasser führte, ...
> Der Fluß, in *dem* noch viele Fische sind, ...

Die für die Relativbeziehung charakteristische Gemeinsamkeit einer Stelle können die folgenden Beispiele belegen:

> Ich erfuhr lediglich *[das], was* er auch schon erfahren hat.
> Sie verhält sich *[so], wie* man sich im Kindergarten verhält.
> *Wodurch* wir belästigt wurden, *dadurch* werdet auch ihr belästigt werden.
> Der Besuch kam just *(da), als* wir ihn schon nicht mehr erwarteten.
> *Wo* sonst Kinder herumtollen, *[dort]* ist es jetzt leer.

Man kann diese Gemeinsamkeit der Stelle dadurch deutlicher herausheben, daß man sie im Hauptsatz und im Nebensatz mit einem Nomen besetzt; dabei lockert sich allerdings die Enge der Teilsatzverknüpfung:

> Ich erfuhr lediglich *den Grund; den Grund* hatte auch er schon erfahren.

Relativsätze können – zusätzlich zu ihrer jeweiligen Grundprägung – Zusatzcharakteristiken aufweisen; die jeweilige Grundprägung wird dadurch nicht außer Kraft gesetzt. Eine solche Zusatzcharakteristik ist etwa die der Beliebigkeit:

> Sie nahm, was man ihr gab. – Sie nahm, was *auch immer* man ihr gab.
> Er sang, wo er sich befand. – Er sang, wo *auch immer* er sich befand.

Die Zusatzprägung Beliebigkeit erfolgt über das *auch immer*.

1199 Relativsätze können (für die Konstruktion des Satzgefüges) notwendig oder nicht notwendig sein. Notwendiger Anschluß liegt z. B. in folgendem Satzgefüge vor:

> Sie verhält sich, wie man sich im Kindergarten verhält.

Der Relativsatz kann hier nicht weggelassen werden, sonst entsteht ein ungrammatischer Satz:

> Sie verhält sich.

Nicht notwendig wäre der Relativsatz in folgendem Beispiel:

> Sie verhält sich kindisch, *wie man sich im Kindergarten verhält.*

Kriterium für die Unterscheidung von notwendigem und nicht notwendigem Anschluß ist die Möglichkeit, das Satzgefüge bei strenger Bindung an den Ausgangssinn in eine Satzverbindung umzuformen. Ist das möglich, handelt es sich um einen nicht notwendigen Relativsatz; ist es hingegen nicht möglich, so ist der Relativsatz notwendig:

> Sie verhielt sich kindisch; so verhält man sich im Kindergarten.
> (Aber nicht:) Sie verhielt sich; so verhält man sich im Kindergarten.

1200 Nicht notwendig sind auch die Relativsätze, die als weiterführende Relativsätze bezeichnet werden:

> Wir wollten unsere Lehrerin besuchen, die aber nicht zu Hause war.
> Er suchte eine Telefonzelle, die er schließlich auch fand.

In solchen Satzgefügen sind Sachverhalte aufeinander bezogen, die inhaltlich voneinander unabhängig sind. Dabei sollte relativische Weiterführung auf Fälle beschränkt bleiben, wo die beiden Teilsätze durch ein (in den Relativsatz) eingefügtes *aber, dann, denn, auch* o. ä. hinreichend voneinander abgesetzt werden:

> (Nicht:) Er öffnete den Schrank, dem er einen Anzug entnahm. (Sondern:) Er öffnete den Schrank und entnahm ihm einen Anzug. (Oder:) Er öffnete den Schrank, dem er *dann* einen Anzug entnahm. (Nicht:) Sie machte einen Versuch, der restlos scheiterte. (Sondern:) Sie machte einen Versuch, der *aber* restlos scheiterte.

Unproblematisch ist dagegen der weiterführende Anschluß mit der Relativpartikel *wo:*

> Ich komme eben aus der Stadt, *wo* ich Zeuge eines Unglücks gewesen bin.

Wo man den Informationsbeitrag von Relativsätzen ins Auge faßt, unterscheidet man auch freie, beschreibende von unterscheidenden Relativsätzen.[1] Letztere stehen in engerer Verbindung mit ihrem Hauptsatz; sie werden daher, wenn sie unmittelbar auf ihr Bezugswort folgen, auch ohne wahrnehmbare Sprechpause angeschlossen[2]:

> Waren, die im Preis herabgesetzt sind, werden nicht zurückgenommen.

---

[1] Vgl. J. Erben: Deutsche Grammatik. Ein Abriß. München ¹²1980, S. 293.
[2] Vgl. H. Seiler: Relativsatz, Attribut und Apposition. Wiesbaden 1960, S. 26 f.

In Satzgefügen mit notwendigen Relativsätzen sind im Hauptsatz verschiedene
Verweisungselemente auf den Nebensatz möglich; man kann hier neutrale (in der
Regel Partikeln) von eher charakterisierenden (in der Regel Substantive) unterscheiden. Beide sind auch miteinander kombinierbar. Wir zeigen die Möglichkeiten an einem Beispielsatz:

> Wo er jemanden traf, blieb er stehen.

Mögliche Verweisungselemente sind hier:

1. wiederaufnehmend (neutral):

> Wo er jemanden traf, *dort* blieb er stehen.

2. vorwegnehmend (neutral):

> *Dort,* wo er jemanden traf, blieb er stehen.

3. wiederaufnehmend + vorwegnehmend (neutral):

> *Dort,* wo er jemanden traf, *dort* blieb er stehen.

4. wiederaufnehmend (charakterisierend):

> Wo er jemanden traf, *an der Stelle* blieb er stehen.

5. vorwegnehmend (charakterisierend):

> *An der Stelle,* wo er jemanden traf, blieb er stehen.

6. wiederaufnehmend + vorwegnehmend (charakterisierend):

> *An der Stelle,* wo er jemanden traf, *an jeder Ecke* blieb er stehen.

In dem letzten Beispiel sind bereits die Grenzen des stilistisch Zulässigen erreicht.

3.2.2 Die Relativbeziehungen im einzelnen

Im Teilbereich der Relativbeziehungen lassen sich folgende Möglichkeiten unterscheiden:

Uncharakterisierte Relativsätze

Hier ist die beiden Teilsätzen gemeinsame Stelle nicht speziell charakterisiert.
Einleitewort im Nebensatz ist ein Relativpronomen. Der Relativsatz kann notwendig oder nicht notwendig sein. Notwendig ist er in folgenden Beispielen:

> *Wer diese Auffassung vertritt,* ist ein Verbrecher. Ein Mensch, *der diese Auffassung ver-
> tritt,* ist ein Verbrecher.

Nicht notwendig ist er in folgendem Beispiel:

> Volker, *der gern angelt,* hat gestern zwei Fische gefangen.

In einer Satzverbindung kann das gleiche Verhältnis in folgender Weise ausgedrückt werden:

> Volker – er angelt gern – hat gestern zwei Fische gefangen.

Modale Relativsätze (Vergleichssätze)

1. Hier ist die beiden Teilsätzen gemeinsame Stelle modal im Sinne einer Vergleichsbeziehung geprägt. Auch hier kann der Nebensatz notwendig oder nicht
notwendig sein. Notwendig ist er in Satzgefügen wie den folgenden:

> Sie handelte, *wie sie es gelernt hatte.* Wir möchten ein Boot, *wie sie es haben.*

1201

1202

1203

Um einen nicht notwendigen Relativsatz handelt es sich dagegen im nächsten Beispiel:

Sie handelte sehr anständig, *wie sie es gelernt hatte.*

Die gleiche Beziehung kann in einer Satzverbindung so ausgedrückt werden:

Sie handelte sehr anständig; so hatte sie es gelernt.

2. Oft wird die relativische Vergleichsbeziehung gleichsam erweitert um ein Bedingungselement:

Er läuft, *als wenn/wie wenn* (oder: *als ob*) *es um sein Leben geht (ginge).*
Er ballt die Faust, *wie um zu drohen.*

Der kategoriale Wert dieser Beziehung kann durch folgende Umformung verdeutlicht werden:

Er läuft, wie er laufen würde, wenn es um sein Leben ginge.
Er ballt die Faust, wie er sie ballen würde, wenn er drohen wollte.

3. Im Rahmen der relativischen Vergleichsbeziehungen können zwei Sachverhalte auch als unterschiedlich charakterisiert werden, und zwar als insgesamt unterschiedlich („anders") oder als im einzelnen bestimmbar unterschiedlich; in letzterem Fall gibt es verschiedene Möglichkeiten, die sich nicht aus der Grammatik, sondern aus dem Wortschatz herleiten. Im Satzgefüge kommen hier nur notwendige Relativsätze vor:

Sie handelte anders, *als sie es gelernt hatte.* Sie handelte weniger anständig, *als wir es erwartet hatten.*

Nur in der Satzverbindung ist die Anführung nicht notwendiger Vergleichsangaben möglich:

Sie handelte nicht sehr anständig; sie hatte es anders gelernt. Sie handelte nicht sehr anständig; wir hatten es anständiger erwartet.

Zu dieser Modifikation kann man auch die folgende Möglichkeit stellen:

Lieber hänge ich mich auf, *als daß ich mit dir gehe.*

Es geht hier um die Formulierung der entschiedenen Ablehnung eines möglichen Verhaltens gegenüber einem anderen.

4. Besteht bei den relativischen Vergleichsbeziehungen Gleichheit, dann steht die Konjunktion *wie,* besteht Ungleichheit, dann steht die Konjunktion *als:*

Er verhält sich, *wie* sich auch sein Bruder in solchen Situationen verhalten hat.
Ilse ist schöner, *als* es ihre Mutter im gleichen Alter war.

Die Partikel *als* steht jedoch auch bei Gleichheit, wenn es sich um die fest gewordenen Konjunktionspaare *als ob, als wenn* (auch: *wie wenn*) handelt:

Er gibt sein Geld aus, *als ob* er Millionär wäre.

 ## Kausale Relativsätze

Hier ist die beiden Teilsätzen gemeinsame Stelle kausal geprägt, d.h., der Wert der Beziehung zwischen den beiden Teilsätzen ist – bei formal relativischer Konstruktion – kausal. Ein Beispiel für einen notwendigen Relativsatz dieses Typs ist:

Er kam deswegen nicht, *weswegen auch ich nicht kam.*

Ein nicht notwendiger Relativsatz liegt hingegen in folgendem Beispiel vor:

Er kam wegen des schlechten Wetters nicht, *weswegen auch ich nicht kam.*

Hier ist eine Darstellung in der Form der Satzverbindung möglich:

Er kam wegen des schlechten Wetters nicht; deswegen kam auch ich nicht.

Instrumentale Relativsätze

Die beiden Teilsätzen gemeinsame Stelle ist hier instrumental geprägt, d.h., es geht um die Angabe eines Mittels oder Werkzeugs. Notwendig ist der Relativsatz innerhalb dieser Beziehung in folgendem Beispiel:

> *Wodurch sie Bewunderung erregte,* dadurch hatte schon ihre Mutter gewirkt.

Nicht notwendig ist er in folgendem Beispiel:

> Ihre Mutter hatte durch ihre Klugheit gewirkt, *wodurch auch sie Bewunderung erregte.*

In der Form der Satzverbindung wird diese Beziehung so ausgedrückt:

> Ihre Mutter hatte durch ihre Klugheit gewirkt; dadurch erregte auch sie Bewunderung.

Lokale Relativsätze

Hier ist die beiden Teilsätzen gemeinsame Stelle lokal geprägt; es handelt sich um die Bestimmung eines Ortes. Ein Beispiel für einen notwendigen Relativsatz im Rahmen dieser Beziehung bietet folgendes Satzgefüge:

> Er stand noch immer, *wo sie ihn verlassen hatte.*

Nicht notwendig ist der Relativsatz in folgendem Beispiel:

> Er stand noch immer am Strand, *wo sie ihn verlassen hatte.*

Die äquivalente Formulierung in der Form der Satzverbindung lautet hier:

> Er stand noch immer am Strand; dort hatte sie ihn verlassen.

Spezielle Probleme relativer Satzverknüpfung

Temporale Satzgefüge

1207

Temporale Satzgefüge, Satzgefüge also, in denen es um eine Zeitbeziehung geht, haben eine besondere Stellung. Sie folgen einerseits Gesetzen, die für relative Beziehungen gelten; andererseits haben sie charakteristische Besonderheiten mit Satzgefügen gemeinsam, die sich zu den Verhältnisbeziehungen stellen. Zu ersterem gehört, daß Temporalsätze in uncharakterisierte Relativsätze (vgl. 1202) umgeformt werden können, wie das folgende Beispiel zeigt:

> Das Fest beginnt, *wenn alle Platz genommen haben.* – Das Fest beginnt in dem Moment, *in dem alle Platz genommen haben.*

Zu letzterem gehört, daß bei manchen temporalen Satzgefügen, wenn man die Teilsatzinhalte umgekehrt auf Hauptsatz und Nebensatz verteilt, Satzgefüge möglich werden, die bei den übrigen Relativbeziehungen ausgeschlossen sind:

> Nachdem sie fertig gegessen hatte, ging sie nach Hause. – Sie aß fertig, worauf sie nach Hause ging.

Im letzten Beispielsatz handelt es sich – obwohl eine Relativpartikel vorliegt – nicht mehr um eine Relativbeziehung in unserem Sinn, weil die Teilsätze nicht über eine beiden gemeinsame Stelle miteinander verbunden sind. Das kann eine Umformungsprobe erweisen:

> Sie aß fertig, worauf sie nach Hause ging.
> (Aber nicht:) Sie aß darauf fertig; darauf ging sie nach Hause.

Unter Berücksichtigung der hier vorliegenden Bedingungen (und weil es praktisch ist, die temporalen Beziehungen zusammen an einer Stelle zu behandeln) gehen wir auf die temporalen Satzgefüge insgesamt erst bei der Darstellung der Verhältnisbeziehungen ein (vgl. 1239).

| 1208 | **Zum Problem der Abgrenzung von Relativsätzen** |

Wir sind im letzten Abschnitt darauf gestoßen, daß Nebensätze zwar durch Relativpronomen bzw. -partikeln eingeleitet sein können, daß die beiden Teilsätze aber nicht über eine beiden gemeinsame Stelle miteinander verbunden sind. Sie sind damit keine Relativsätze im definierten Sinn. Das gilt auch für Beispiele wie die folgenden:

Er hat es versprochen, *was mich gefreut hat.*
Es hat alles seine Ordnung, *wie sie sagt.*
Es wird eine Baustelle eingerichtet, *weswegen es eine Umleitung gibt.*
Du bist zu spät gekommen, *wofür du eine Runde zahlen mußt.*
Er hatte die Probezeit bestanden, *wonach es etwas leichter war.*
Er zerhieb den Knoten, *wodurch er die Aufgabe löste.*

Zwischen solchen Sätzen und den eigentlichen bzw. echten Relativsätzen besteht ein deutlicher Unterschied; oft wurde ihm dadurch Rechnung getragen, daß man erstere den weiterführenden Relativsätzen zuschlug (vgl. 1200). Im Folgenden wird sich aber zeigen, daß zwischen den Teilsätzen dieser Satzgefüge Beziehungen nach Art der Inhalts- und Verhältnisbeziehungen bestehen. Wir behandeln sie daher nicht hier, sondern kommen an den entsprechenden Stellen der Kapitel 3.3 und 3.4 auf sie zurück.

Einzelbemerkungen zu den relativen Anschlüssen

| 1209 | 1. Anschluß des Relativsatzes:

Der Anschluß des Relativsatzes an das Bezugselement soll möglichst eng sein, um Unklarheiten oder gar Komik zu vermeiden:

Ein *Klavierspieler, der nicht ständig übt,* wird es niemals zur Meisterschaft bringen.

Aber nicht:

Wir bieten eine *Wohnung* für eine größere Familie, *die frisch instand gesetzt ist.*

Die Trennung vom Bezugswort ist dann möglich, wenn der Relativsatz Satzteile trennt, die eng zusammengehören:

(Nicht:) Bei mir stellte sich eine starke *Abneigung, deren ich nicht Herr werden konnte,* gegen Richards Freund ein. (Sondern:) Bei mir stellte sich eine starke *Abneigung* gegen Richards Freund ein, *deren ich nicht Herr werden konnte.*

Man beachte hier besonders:

a) Der relativische Anschluß an das letzte von mehreren Substantiven mit *welch letzterer* usw. ist sprachlich unschön:

Aus Italien kommen Weintrauben und Pfirsiche, *welch letztere* besonders saftig sind.

Wenn man diesen Anschluß vermeiden will, muß man entweder das letzte Substantiv von dem vorausgehenden distanzieren, oder man muß mit einem neuen Satz beginnen:

Aus Italien kommen Weintrauben und *außerdem* Pfirsiche, die besonders saftig sind.
Aus Italien kommen Weintrauben und Pfirsiche. Die Pfirsiche sind besonders saftig.

b) Wird ein einzelner oder ein einzelnes aus einer Gesamtheit herausgehoben und schließt sich ein Relativsatz an das die Gesamtheit bezeichnende Wort an, dann steht das Pronomen dieses Relativsatzes nicht im Singular, sondern im Plural:

Er war *einer der ersten, die* das taten (und nicht: *der* das tat). De Valera ... war damals *einer der letzten, der* sich ergab. (Die Zeit; richtig: ..., *die* sich ergaben.)

| 1210 | 2. Relativer Anschluß mit *das* oder *was:*

Große Unsicherheit herrscht heute bei der Verwendung von *das* oder *was. das* wird gebraucht, wenn das Bezugswort ein sächliches Substantiv oder aber ein substantiviertes Adjektiv (Partizip) ist, das etwas Bestimmtes oder etwas Einzelnes bezeichnet:

> Das Werkzeug, *das* man an der Ausgabe bekommt ... Das Kleine, *das* sie im Arm hielt ...

was wird gebraucht, wenn das Bezugswort ein substantiviertes Adjektiv (Partizip) ist, das etwas Allgemeines, etwas Unbestimmtes oder etwas rein Begriffliches ausdrückt:

> All das Schöne, *was* wir in diesen Tagen erlebten, war zerstört.

was wird im allgemeinen gesetzt, wenn das Bezugswort ein substantivierter Superlativ ist. *was* bezieht hier den Relativsatz auf die Gesamtheit der verglichenen Dinge und nicht auf das, was aus der Gesamtheit der verglichenen Dinge durch den Superlativ herausgehoben wird:

> Das ist das Komischste, *was* ich in meinem Leben gehört habe. (Th. Mann) (= Das ist das Komischste von allem, was ich bisher gehört habe.)

was wird auch gebraucht, wenn das Bezugswort *das, dasjenige, dasselbe, alles, einiges, nichts, vieles* oder *weniges* lautet:

> *Das, was* du sagst, ist nicht wahr.
> *Alles, was* ich besitze, gehört auch dir.
> *Vieles, was* hier gesagt worden ist, stimmt nicht.

Nach *etwas* steht im allgemeinen *was:*

> Er tat etwas, *was* man ihm nicht zugetraut hatte. ... etwas anderes, Erschütterndes, *was* er neulich gesehen hatte. (Th. Mann)

Gelegentlich wird auch *das* gesetzt:

> Auch die Fische sind seltsam ... sind sie doch wie etwas, *das* der Mensch nicht sehen sollte. (Koeppen)

3. Anschlüsse mit Relativpartikeln wie *wo, wohin, woher, womit, worauf, wodurch, wovon:*   **1211**

Die Relativpartikel *wo* und auch *da* können sich nur auf ein Substantiv beziehen, das den Ort bzw. die Zeit bezeichnet:

> Die Krankenschwester führte den Schlosser ... in einen kleinen Raum, *wo* Kranke in ihren Betten lagen. (Sebastian) Aber wir leben heute in einer Zeit, *wo* Verkaufen arm macht. (Remarque) ... aus den Tagen, *da* die Generation ... das Leben genießen wollte. (Koeppen)

Der Bezug von *wo* auf Substantive, die nicht Ort oder Zeit bezeichnen, ist stark umgangssprachlich oder mundartlich. Also nicht:

> Das Geld, *wo* auf der Bank liegt.

Die mit einer Präposition verschmolzenen Relativpartikeln (*wobei, womit, wodurch, worin, woran, woraus, worauf, worunter, wovor* u. a.) können sich auf alle Sachsubstantive beziehen:

> Nur einen Napf trug er bei sich, *worin* er sich gelegentlich ... ein wenig Suppe holte. (Nigg) Matrosen liegen umher und singen das Lied, *wovon* die Rede gewesen ist. (Frisch)

In der Gegenwartssprache werden diese Relativpartikeln jedoch mehr und mehr durch Relativpronomen in Verbindung mit einer Präposition verdrängt, besonders bei Personenbezeichnungen. Es heißt jetzt zumeist:

> Die Stelle, *an der* (seltener: *wo*) das Unglück geschah. Dies ist der Dolch, *mit dem* (seltener: *womit*) er sich erstach. Das Bett, *auf dem* (seltener: *worauf*) ich schlafe, ist hart.

Bezieht sich der Relativsatz auf Pronomen wie *das, alles, manches, etwas,* dann wird die Relativpartikel gebraucht (*das, woran* du denkst, ...).

1212 | ## 3.2.3 Die Relativbeziehungen im Überblick

Typ	Variante bzw. Modifikation	Anschlußmittel	Beispiele
uncharakterisiert		*der, die, das; welcher, welche, welches; wer, was*	Wer diese Auffassung vertritt, ist ein Verbrecher. Volker, der gern angelt, hat zwei Fische gefangen.
modal		*wie*	Sie handelte, wie sie es gelernt hatte.
		wie wenn; als ob, als; wie um	Er läuft, wie wenn es um sein Leben geht. Er ballt die Faust, wie um zu drohen.
	unterscheid. Vergleich	*als*	Sie handelte anders, als sie es gelernt hatte.
kausal		*weswegen, weshalb*	Er kam deswegen nicht, weswegen auch ich nicht kam. Er kam wegen des schlechten Wetters nicht, weswegen auch ich nicht kam.
instrumental		*wodurch, womit*	Wodurch wir belästigt wurden, dadurch werdet auch ihr belästigt werden. Auch ihr werdet durch Eingriffe von außen belästigt werden, wodurch (schon) wir belästigt wurden.
lokal		*wo, wohin, woher*	Er stand noch immer, wo sie ihn verlassen hatte. Er stand noch immer am Strand, wo sie ihn verlassen hatte.

1213 | ## 3.3 Inhaltsbeziehungen

3.3.1 Allgemeines zu den Inhaltsbeziehungen

Als allgemeinste Charakteristik für Satzgefüge, die dem Teilbereich Inhaltsbeziehungen zuzuordnen sind, hatten wir oben (vgl. 1197) bestimmte Anschlußmerkmale herausgestellt: Einleitung des Nebensatzes durch Fragepronomen oder Fragepartikel, durch *daß* oder bestimmte andere mit *daß* austauschbare Anschlußmittel. Bevor wir uns mit Einzelheiten hierher gehörender Anschlußmöglichkeiten und Anschlußwerte beschäftigen können, müssen wir zunächst auf wichtige Gemeinsamkeiten der Satzgefüge eingehen, die hierher gehören.

Inhaltssätze können folgende Anschlußmerkmale haben:
1. *daß* + Endstellung des Finitums:

> Es hat mich gefreut, *daß er das versprochen hat.*
> Er sagt, *daß alles seine Ordnung hat/habe.*
> Es ist wichtig, *daß er einmal kommt.*

2. Infinitivanschluß mit und (manchmal) ohne *zu:*

> Es hat mich gefreut, *ihn gesehen zu haben.*
> Sie behauptet, *darüber betroffen zu sein.*
> Er vermochte *dies nicht einzuschätzen.*
> (Er konnte *dies nicht einschätzen.*)
> Es würde mich freuen, *ihn zu sehen.*
> Sie war so freundlich, *uns zu helfen.*

3. *wenn* + Endstellung des Finitums (in nicht konditionaler und nicht temporaler Bedeutung):

> Es würde mich freuen, *wenn ich ihn sehen würde.*

4. *als* + Endstellung des Finitums (in nicht temporaler und nicht vergleichender Bedeutung und nicht austauschbar mit *als ob*):

   Es hat mich gefreut, *als er das versprochen hat.*

5. *als* + Zweitstellung und *als ob* + Endstellung des Finitums (gegenseitig austauschbar):

   Mir schien, *als wüßte er nicht weiter.*
   Mir schien, *als ob er nicht weiter wüßte.*

6. *wie* + Endstellung des Finitums (in nicht temporaler und nicht vergleichender Bedeutung):

   Ich merkte, *wie meine Kräfte nachließen.*

7. Akkusativ mit Infinitiv:

   Ich sah *sie näher kommen.*
   Sie ließen *ihn gehen.*

8. Angeführter Satz mit Finitum in Zweitstellung:

   Sie sagte, *sie komme später.*

9. *ob* + Endstellung des Finitums:

   Er fragte, *ob ich käme.*
   Er weiß, *ob sie kommt.*
   Es ist ganz egal, *ob sie kommt (oder nicht).*

10. W-Anschluß (= Fragepronomen oder Fragepartikel) + Endstellung des Finitums:

    Er fragte, *wann er komme.*
    Sie wird dir sagen, *wie es richtig ist.*
    Es spielt keine große Rolle, *wer kommt.*

Orientiert man sich an diesen Merkmalen, so wirft die Bestimmung eines Nebensatzes als Inhaltssatz keine besonderen Probleme auf. Verwechslungsmöglichkeiten bestehen allenfalls gelegentlich mit Relativsätzen, und zwar deswegen, weil Relativpronomen und -partikeln im Deutschen lautlich und formal von Interrogativpronomen und -partikeln, die Inhaltssätze einleiten, nicht immer unterschieden sind. Dazu kommt, daß gelegentlich Hauptsätze, die einen Inhaltssatzanschluß zulassen, auch einen relativen Anschluß haben können. Ein Beispiel für die angesprochene Schwierigkeit ist folgendes Satzgefüge: | 1214 |

   Er weiß nicht, was er will.

Es kann den Relativbeziehungen zugeordnet werden, nämlich dann, wenn zu verstehen ist:

   Er weiß (das) nicht, was er will.

was wäre dann Relativpronomen; die beiden Teilsätze sind über eine gemeinsame Stelle miteinander verbunden, die im Hauptsatz durch *das* besetzt sein kann. Der Satz kann aber auch als Inhaltssatzgefüge verstanden werden, nämlich dann, wenn man das Einleitewort als Fragewort auffaßt. Eine Entscheidung über das „richtige" Verständnis kann ohne Berücksichtigung des Zusammenhangs nicht getroffen werden.

Etwaige Verwechslungsmöglichkeiten mit Verhältnissätzen (sie bestehen bei den Anschlußmitteln *wenn, als, als ob* und *wie*) lassen sich auflösen durch Beachtung des jeweils verschiedenen Wertes, der hinter den äußerlich gleichartigen Anschlußmitteln hier und dort steht (vgl. dazu 1223-1226).

Als charakteristisch für die Anschlußmöglichkeiten von Inhaltssätzen hatten wir schon oben (vgl. 1197) die Konjunktion *daß* herausgestellt, die oft auch für andere Anschlußmittel eintreten kann (und umgekehrt). Dabei verändert sich zwar das | 1215 |

Verhältnis der Teilsätze zueinander, nicht aber die Charakteristik des Nebensatzes als Inhaltssatz. So kann z. B. an Stelle eines *daß*-Anschlusses in dem Satz *Es freut mich, daß ich sie sehe* auch stehen:

- ein Infinitivanschluß mit *zu:*

    Es freut mich, *sie zu sehen.*

- ein *wenn*-Anschluß mit Endstellung des Finitums:

    Es freut mich, *wenn ich sie sehe.*

- ein *als*-Anschluß mit Endstellung des Finitums (allerdings nur bei Vergangenheitstempora):

    Es hat mich gefreut, *als ich sie gesehen habe.* (Vgl. dazu 1224.)

An Stelle des *daß*-Anschlusses in dem Satz *Mir scheint, daß er nicht weiterweiß* kann *als* + Zweitstellung des Finitums oder *als ob* + Endstellung des Finitums treten:

    Mir scheint, *als wüßte er nicht weiter.*
    Mir scheint, *als ob er nicht weiterwüßte.*

An Stelle des *daß*-Anschlusses in dem Satz *Er sagte, daß alles seine Ordnung habe* kann ein angeführter Satz mit Finitum in Zweitstellung treten:

    Er sagte, *alles habe seine Ordnung.*

Möglich ist hier auch:

    Er sagte: „Alles hat seine Ordnung."

Schließlich kann an Stelle des *daß*-Anschlusses in dem Satz *Ich sah, daß sie näher kam* ein Akkusativ mit einem Infinitiv, aber auch ein Nebensatz mit *wie* + Endstellung des Finitums stehen:

    Ich sah *sie näherkommen.*
    Ich sah, *wie sie näherkam.*

Wo ein *ob*-Anschluß möglich ist, ist auch ein W-Anschluß möglich (das gilt aber nicht immer auch umgekehrt; vgl. 1230). Der *ob*-Anschluß entspricht dabei (im einfachen Satz) oft einer Satzfrage, der W-Anschluß einer Wortfrage (vgl. 1011), doch wird hier später noch genauer zu unterscheiden sein (vgl. 1229):

    Sie fragte, *ob er käme.* – Kommt er?
    Sie fragte, *wann er käme.* – Wann kommt er?

1216 Inhaltssätze lassen sich nicht an jede Art von Hauptsatz anschließen. Möglich ist ihr Anschluß z. B., wenn im Hauptsatz ein Ausdruck der Äußerung, der Wahrnehmung oder des Gefühls, auch des Denkens oder des Wollens steht. Dieser Ausdruck muß nicht notwendig ein Verb sein:

    Ich *behaupte/beobachte/habe den Eindruck/meine/wünsche,* daß er kommt. *Die Behauptung,* er komme, ist verfrüht. *Bestrebt,* schnell zu kommen, warf er alles weg.

Aber auch, ob ein Hauptsatz verneint ist oder in welchem Tempus sein Prädikat steht, kann eine Rolle spielen, mindestens dafür, ob bestimmte Inhaltssatzanschlüsse möglich sind. Die Verhältnisse sind hier sehr kompliziert (vgl. 1220).

1217 Was als Nebensatz zu gelten hat, haben wir bisher immer f o r m a l bestimmt: Anschlußmittel und Stellung des Finitums waren die wichtigsten Merkmale. Nun kommt, wie wir gesehen haben, bei Inhaltssatzgefügen ein weiteres, und zwar ein inhaltliches Merkmal dazu: bestimmte Bedeutungsmomente im Hauptsatz. Ein Problem bei den Inhaltssatzgefügen ist nun, daß formale und inhaltliche Merkmale nicht immer zusammenfallen. Sie fallen zusammen in Sätzen wie

    Mich freut, daß er doch noch gekommen ist.

Verteilt man aber die Teilsatzinhalte umgekehrt auf Hauptsatz und Nebensatz, so treten sie auseinander:

> Er ist doch noch gekommen, was mich freut.

Man mag hier von einem umgekehrten Inhaltssatzgefüge sprechen. Ob ein solches Satzgefüge überhaupt möglich ist, hängt in gleicher Weise von Ausdrücken wie *sich freuen* ab wie im Hauptsatz. Aber dieser entscheidende Ausdruck steht jetzt im Nebensatz.

Wir führen hier eine zusätzliche Unterscheidung ein: Wie bisher sprechen wir von einem Hauptsatz und einem Nebensatz, wenn wir ein Satzgefüge unter dem Gesichtspunkt seiner Form betrachten, also besonders Anschlußmittel und Stellung des Finitums berücksichtigen. Teilsätze nun, die im besprochenen Sinne inhaltlich dafür bestimmend sind, daß ein anderer Teilsatz angeschlossen werden kann, nennen wir d o - m i n a n t e   S ä t z e. An diese angeschlossene Teilsätze nennen wir d e p e n d e n t e (abhängige) S ä t z e. Dominante Sätze können Hauptsätze sein und sind es auch sehr oft, aber müssen es nicht. Dasselbe gilt für die dependenten Sätze als Nebensätze:

Auch bei den Inhaltssatzgefügen gibt es im Hauptsatz die Möglichkeit der Verweisung auf den Nebensatz (vgl. auch 1201); wie bei den Relativsatzgefügen können wir unterscheiden: | 1218 |

> Daß sie das Angebot gemacht hat, freut mich.

1. wiederaufnehmend (neutral):

> Daß sie das Angebot gemacht hat, *das* freut mich.

2. vorwegnehmend (neutral):

> (Gerade) *dies,* daß sie das Angebot gemacht hat, freut mich.

3. wiederaufnehmend + vorwegnehmend (neutral):

> (Gerade) *dies*, daß sie das Angebot gemacht hat, *das* freut mich.

4. wiederaufnehmend (charakterisierend):

> Daß sie das Angebot gemacht hat, *diese Großzügigkeit* freut mich.

5. vorwegnehmend (charakterisierend):

> *Die Tatsache,* daß sie das Angebot gemacht hat, freut mich.

6. wiederaufnehmend + vorwegnehmend (charakterisierend):

> *Die Tatsache,* daß sie das Angebot gemacht hat, *diese Großzügigkeit* freut mich.

Bei den Inhaltsbeziehungen spielen satzwertige Infinitivkonstruktionen eine wichtige Rolle. Dabei ist hinsichtlich der Satzwertigkeit einer Infinitivkonstruktion und besonders der Notwendigkeit, eine Konstruktion mit oder ohne *zu* zu wählen, eine Übergangszone anzusetzen. Im einzelnen kann man festhalten: Nach *lehren, lernen, helfen, heißen* steht der Infinitiv ohne *zu,* wenn das Verb allein folgt: | 1219 |

> Sie lehrte mich schwimmen. Er half mir graben.

Der Gebrauch des *zu* schwankt, wenn zu dem Verb eine Ergänzung oder Umstandsangabe tritt:

> Er hieß ihn[,] den Raum *[zu]* verlassen. Sie half ihm[,] das Feuer an*[zu]*fachen.

Treten mehrere Glieder zu dem Verb, so daß die Infinitivgruppe an Gewicht gewinnt, dann steht im allgemeinen der Infinitiv mit *zu:*

> Mein Professor lehrte mich, dieses Instrument nur so an*zu*wenden. Er ... lernte auch, die Frauen in ihrer Mannigfaltigkeit *zu* sehen, *zu* fühlen, *zu* tasten, *zu* riechen. (Hesse)

Wenn ein satzwertiger Infinitiv in der Rolle des Subjekts oder des Gleichsetzungsnominativs steht, dann kann der Infinitiv mit oder ohne *zu* stehen:

> Ein Tier *[zu]* quälen ist böse. Für sie *[zu]* kochen müßte ein Vergnügen sein.

1220

3.3.2 Die Inhaltsbeziehungen im einzelnen

In der Grammatikforschung[1] hat man den Anschlußmitteln bei Inhaltssätzen lange Zeit gar keinen speziellen Verknüpfungswert zuschreiben wollen. Partikeln wie *daß* und *ob* galten als Konjunktionen, die eine Aussage in einen Nebensatz umformen können; darin erschöpfte sich ihre Funktion.

In der Tat ist der Verknüpfungswert von Teilsätzen in Inhaltssatzgefügen weniger deutlich zu fassen als bei anderen Satzgefügen. Die Tatsache aber, daß bestimmte Möglichkeiten wechselseitigen Austauschs zwischen Anschlußmitteln für Inhaltssätze bestehen und daß sich bei einem solchen Austausch die Beziehung der Teilsätze zueinander faßbar ändert, legt es nahe, doch unterschiedliche Werte anzusetzen.

Eine Schwierigkeit für die Darstellung ist dabei, daß hinter äußerlich gleichen Anschlußmitteln unterschiedliche Werte stecken und umgekehrt gleichartige Werte durch unterschiedliche Anschlußmittel angezeigt werden können. Aus diesem Grunde gehen wir im Folgenden etwas anders vor als bisher: Wir orientieren uns zunächst an den Anschlußmitteln und bestimmen die unterschiedlichen Werte, die sie anzeigen. Erst im Abschnitt 1231 kehren wir die Perspektive um, gehen von Werten aus und ordnen diesen Anschlußmitteln zu. Die Namen, die wir dabei einführen, versuchen nachvollziehbare Charakteristiken zu geben.

1221

daß + Endstellung des Finitums

Mit Hilfe eines *daß*-Anschlusses können recht unterschiedliche Werte angezeigt werden:

1. Der Inhalt des Inhaltssatzes wird tatsächlich gegeben, als faktisch gesetzt. Seine Realität besitzt er unabhängig von dem geistig-seelischen Verhalten im weitesten Sinne, das im dominanten Satz genannt ist:

> Es hat mich gefreut, *daß er das versprochen hat.*
> Es ist sehr vernünftig, *daß er kommt.*

Man könnte hier geradezu auch sagen:

> Er hat das versprochen, und das hat mich gefreut.
> Er kommt, und das ist sehr vernünftig.

Das „geistig-seelische Verhalten" kann – wie im ersten Beispiel – ein Fühlen sein oder – wie im zweiten – ein Urteilen. Derartige (und weitere) Unterscheidungen müssen im dominanten Satz (vgl. 1217) getroffen werden. Der Wert des Anschlusses ist unabhängig davon in beiden Beispielen gleich. Man kann hier von einem faktischen *daß*-Anschluß sprechen.

2. Der Inhalt des Inhaltssatzes kann durch einen *daß*-Anschluß auch als Ergebnis des geistig-seelischen Verhaltens gesetzt werden, das im dominanten Satz genannt wird:

> Sie sagt, *daß alles seine Ordnung hat/habe.*
> Mich freut ihr Bericht, *daß alles seine Ordnung hat/habe.*
> Ich dachte, *daß alles seine Ordnung hat/habe.*
> Sie hatte das Gefühl, *daß alles seine Ordnung hat/habe.*

„Geistig-seelisches Verhalten" ist hier sprachliches Verhalten, gedankliches Hervorbringen, geistig-sinnliches Wahrnehmen. Auch hier liegen Einzelunterschiede primär im dominanten Satz und müßten dort klassifiziert werden. Eine Umformung des Satzgefüges in der Weise, wie sie unter 1 vorgenommen worden ist, ist hier nicht möglich. Man kann hier von einem anführenden oder referierenden *daß*-Anschluß sprechen.

---

[1] Vgl. z. B. H. Pollak: Gibt es Wortklassen vom Standpunkt der Bedeutung? In: Beiträge zur Geschichte der deutschen Sprache und Literatur (Tübingen) 80 (1958), S. 33 ff.; L. Tesnière: Eléments de syntaxe structurale. Paris 1959, S. 547 f., 550, 554.

Daß durch diesen Anschluß der Inhalt des Inhaltssatzes als Ergebnis einer sprachlichen, gedanklichen, wahrnehmenden usw. Tätigkeit gesetzt wird, schließt nicht aus, daß es sich bei ihm zugleich um eine Tatsache handelt:

Ich weiß, *daß alles seine Ordnung hat.*

Faktische und referierende Charakteristik können sich also in einem Satz überlagern. Welche höhere Priorität hat, hängt einmal von der Bedeutung des dominanten Satzes und seinen Tempus- und Modusverhältnissen ab, daneben aber auch von inhaltlichen Bedingungen der Gesamtaussage. Ein sehr sicherer Test ist hier die Frage, ob es möglich ist, im Inhaltssatz einen Konjunktiv zu setzen. Ist das möglich, so kann man den Anschluß als referierend verstehen.

Je nach Charakteristik bestehen auch unterschiedliche Umformungsmöglichkeiten in ein Satzgefüge mit umgekehrter Verteilung der Teilsatzinhalte auf Haupt- und Nebensatz:

– mit referierender Charakteristik im Vordergrund:

Es hat alles seine Ordnung, *wie* er sagt.

– mit faktischer Charakteristik im Vordergrund:

Es hat alles seine Ordnung, *was* er ihm (auch) gesagt hat.

Dem entspricht bei Umformung in eine Satzverbindung:

Es hat alles seine Ordnung, *so* sagt er.

Das *so* kann in diesem Fall auch wegfallen:

Es hat alles seine Ordnung; *das* hat er ihm auch gesagt.

3. Der Inhalt des Inhaltssatzes kann durch einen *daß*-Anschluß in einen modalen Rahmen im weitesten Sinne gestellt werden:

Es ist wichtig, *daß sie einmal kommt.*
Er ist nicht dazu gemacht, *daß er uns hilft.*
Er ist nicht in der Verfassung, *daß er uns hilft.*

Man kann sagen, dieses *daß* dient (wie der entsprechende Infinitivanschluß, mit dem es grundsätzlich austauschbar ist) dazu, Inhaltssätze an Ausdrücke anzuschließen, die sich zu einer großen Gruppe unter dem gemeinsamen Nenner Modalität zusammenstellen lassen.

Hierher gehören zunächst Ausdrücke, die im weiteren Sinne ein Dürfen, Können, Mögen, Müssen, Sollen oder Wollen und deren Gegenteil bezeichnen, d. h. Ausdrücke, die die Modalverben inhaltlich ausdifferenzieren. In diesem Sinne gehören in die Rubrik *Können* z. B. *in der Lage sein, die Fähigkeit haben, imstande sein, Möglichkeit, Fähigkeit, Gelegenheit* u. a.; zu *Wollen* ordnen sich etwa *begehren, wünschen, das Bestreben* usw. Aber nicht nur diese Modalität im engeren Sinne bestimmt die hierher gehörenden Ausdrücke, sondern auch das, was man gelegentlich „Handlungsmodalität" nennt: Ausdrücke also, die eine nähere Bestimmung von Handlungs- oder Tätigkeitsabläufen darstellen, die Anfang, Verlauf, Ende, Versuch, Üblichkeit usw. bezeichnen, z. B. *(damit) anfangen, (damit) beschäftigt sein, (damit) aufhören, probieren, gewohnt sein, es so gewöhnt sein, es so halten.* Wir sprechen hier von einem modalen *daß*-Anschluß.

Wie bei dem referierenden *daß*-Anschluß gilt auch hier: Grundsätzlich modaler Wert des Anschlusses schließt nicht aus, daß der Inhalt des Inhaltssatzes zugleich als tatsächlich gegeben gesetzt wird. Das ist z. B. dann besonders häufig, wenn das Satzgefüge in der Vergangenheitsform steht. Die Verbindung zwischen dominantem Satz und dependentem Satz wird dann lockerer:

Daß sie gekommen ist, war wirklich wichtig.

Danach läßt sich auch hier eine Unterscheidung treffen zwischen Sätzen mit primär modaler und solchen mit primär faktischer Charakteristik. Das ist insofern wichtig, als nur für die faktisch bestimmten Sätze die Darstellungsform mit umgekehrter Verteilung der Teilsatzinhalte auf Hauptsatz und Nebensatz möglich ist: Dem Satzgefüge

> Sie ist gekommen, was wirklich wichtig war.

entspricht in der Satzverbindung

> Sie ist gekommen; das war wirklich wichtig.

1222 Infinitivanschluß mit und ohne *zu*

Auch ein Infinitivanschluß kann unterschiedliche Werte anzeigen. Sie stimmen z. T. mit denen überein, die schon für den *daß*-Anschluß aufgewiesen worden sind. Im übrigen ist hier zu beachten: Wenn ein *daß*-Anschluß nicht einfach durch einen Infinitivanschluß mit *zu* ersetzbar ist, kann das seinen Grund darin haben, daß Infinitivanschlüsse grundsätzlich nur dort möglich sind, wo Haupt- und Nebensatz in einem Satzglied(teil) übereinstimmen; dabei muß dieses Element im Nebensatz nicht ausdrücklich sichtbar werden.

1. Wie beim *daß*-Anschluß kann durch einen Infinitivanschluß (mit *zu*) der Inhalt des Inhaltssatzes als tatsächlich gegeben, als faktisch gesetzt werden. Man kann hier von einem **faktischen** Infinitivanschluß sprechen.

> Es hat mich gefreut, *sie gesehen zu haben.*
> Es ist sehr vernünftig, *hierher zu kommen.*

Vgl. im übrigen 1221.

2. Ebenso kann ein Infinitivanschluß (mit *zu*) den Inhalt des Inhaltssatzes als Ergebnis eines geistig-seelischen Verhaltens setzen, das im dominanten Satz genannt ist; wir sprechen hier – wie beim entsprechenden *daß*-Anschluß – von einem **referierenden** Infinitivanschluß.

> Er behauptet, *darüber betroffen zu sein.*
> Sie hatte das Gefühl, *alles in Ordnung gebracht zu haben.*

Wie beim *daß*-Anschluß ist auch hier Überlagerung des referierenden durch den faktischen Infinitivanschluß möglich (zu den Einzelheiten vgl. 1221).

3. Auch ein infinitivischer Anschluß kann den Inhalt des Inhaltssatzes in einen modalen Rahmen stellen. Wir sprechen hier von einem **modalen** Infinitivanschluß. Der Wert dieses Anschlusses entspricht voll dem des analogen *daß*-Anschlusses. Er kommt mit und ohne *zu* vor.

– mit *zu:*

> Er vermochte *dies nicht einzuschätzen.*
> Er konnte es sich leisten, *das nicht zu wissen.*
> Sie sehnte sich danach, *ins Ausland zu reisen.*
> Es drängte sie, *ihr Votum abzugeben.*

In diesem Zusammenhang dürften auch Wendungen der folgenden Art zu sehen sein:

> Das bleibt noch zu besprechen.
> Das gilt es noch fertigzumachen. Das war noch abzuschließen.

– ohne *zu:*

> Er konnte *das nicht einschätzen.*
> Er mußte *das nicht wissen.*
> Sie wollte *ins Ausland reisen.*

Beispiele wie diese werden normalerweise nicht als zusammengesetzte Sätze behandelt, weil die Infinitive nicht satzwertig sind. Wir gehen hier und weiter unten (vgl. 1227) auf solche Fälle wenigstens kurz ein, um darauf aufmerksam zu machen, daß formale Einteilungen (wie satzwertiger oder nicht satzwertiger Infini-

tiv) und Fragen nach dem inhaltlichen Wert zu unterschiedlichen Ergebnissen führen können. Dabei droht Zusammengehöriges auseinanderzufallen.
Was für den modalen *daß*-Anschluß hinsichtlich der Überlagerung von modaler und faktischer Charakteristik gesagt worden ist (vgl. 1221), gilt auch hier; das betrifft auch die Möglichkeit der Umformung in andere Darstellungsweisen.
4. Keine Entsprechung zu einem *daß*-Anschluß hat ein vierter Infinitivanschluß (mit *zu*). Wir finden ihn in Sätzen wie den folgenden:

> Es würde mich freuen, *ihn zu sehen.*
> Es wäre sehr vernünftig, *hier nachzugeben.*

Dieser Anschluß ist dort möglich, wo – allerdings bei Indikativ im Hauptsatz – auch der faktische *daß*-Anschluß möglich ist:

> Es freut mich, *daß ich ihn sehe.*

Der Infinitivanschluß bezeichnet aber keine Faktizität, sondern setzt den Inhalt des Inhaltssatzes als angenommen, bloß denkbar oder hypothetisch (genauso wie ein *wenn*-Anschluß, der hier auch möglich ist; vgl. dazu 1223). Wir sprechen hier von einem **hypothetischen** Infinitivanschluß. Im dominanten Satz stehen oft Ausdrücke, die eine gefühlsmäßige Reaktion, eine innere Einstellung oder Einschätzung bezeichnen. Bei Endstellung – und, wo das möglich ist, bei Zwischenstellung – des Inhaltssatzes ist bei solchen Satzgefügen ein Verweisungselement wie *es* im Hauptsatz üblich.

wenn + Endstellung des Finitums (in nicht konditionaler und nicht temporaler Bedeutung) | 1223 |

Für den *wenn*-Anschluß läßt sich nur ein Wert bestimmen: Er entspricht ganz dem des hypothetischen Infinitivanschlusses:

> Es würde mich freuen, *wenn ich ihn sehen würde.*
> Es wäre sehr vernünftig, *wenn man hier nachgeben würde.*

Dieser Anschluß ist nicht zu verwechseln mit konditionalem Anschluß bei den Verhältnissätzen, mit dem er allerdings die bedingende Grundprägung gemeinsam hat (vgl. 1244ff.). Zur Unterscheidung: Inhaltssätze mit *wenn* können immer auch in solche mit *daß* umgeformt werden (wobei man allerdings im Hauptsatz den Indikativ einführen muß), Konditionalsätze nicht.
Bei End- oder Zwischenstellung des Inhaltssatzes ist in diesen Satzgefügen ein Verweisungselement wie *es* im Hauptsatz üblich; bei Voranstellung des Inhaltssatzes ist dies notwendig. Es erscheint dann oft als *das:*

> Wenn ich ihn sehen würde, würde mich *das* sehr freuen.

als + Endstellung des Finitums (in nicht temporaler und nicht vergleichender Bedeutung und nicht austauschbar mit *als ob*) | 1224 |

Auch für den *als*-Anschluß läßt sich nur ein Wert bestimmen. Wir treffen ihn in Sätzen wie dem folgenden an:

> *Als er plötzlich auftauchte,* freute mich das ungemein.

Der Wert dieses Anschlusses läßt sich am besten in Abhebung von dem faktischen *daß*-Anschluß beschreiben, in den er jederzeit überführbar ist:

> *Daß er plötzlich auftauchte,* (das) freute mich ungemein.

In beiden Fällen wird der Inhalt des Inhaltssatzes als tatsächlich gegeben gesetzt; mittels des *als*-Anschlusses wird aber über diese Charakteristik hinaus zusätzlich der Verlaufscharakter einer Handlung, eines Geschehens oder dergleichen angegeben.
Dieser Anschluß darf weder mit dem noch zu behandelnden zweiten Inhaltssatzanschluß mit *als* (austauschbar mit *als ob*) verwechselt werden (vgl. 1225) noch mit

dem temporalen Anschluß (vgl. 1239). Er wird allerdings von vielen wegen der Konjunktion *als* als stark temporal geprägt empfunden.

als + Zweitstellung und *als ob* + Endstellung des Finitums (gegenseitig austauschbar)

Der Wert dieses Anschlusses ist deutlich von dem des eben behandelten *als*-Anschlusses zu unterscheiden. Äußeres Kennzeichen der Unterschiedlichkeit ist schon, daß der *als*-Anschluß dort nicht in einen *als-ob*-Anschluß überführbar ist, was hier immer möglich ist. Beispiele für diesen Anschluß bieten folgende Satzgefüge:

> Mir schien, *als wüßte er nicht weiter.*
> Mir schien, *als ob er nicht weiter wüßte.*
> Es hatte den Anschein, *als wüßte er nicht weiter.*
> Es hatte den Anschein, *als ob er nicht weiter wüßte.*

Für Ausdrücke im dominanten Satz, die diesen Anschluß erlauben, gilt eine gemeinsame Charakteristik, die man etwa mit dem Stichwort „undeutliche Wahrnehmung" oder „ungenaue Einschätzung" beschreiben kann. Der Anschluß verstärkt diese Charakteristik ausdrücklich (das unterscheidet ihn von dem *daß*-Anschluß, der hier auch möglich ist): Der Inhaltssatz enthält gleichsam versuchsweise die Interpretation einer noch undeutlichen, noch ungeklärten Wahrnehmung oder ungenauen Einschätzung.

Der Anschluß kommt selten vor. Formal betrachtet, ist Verwechslung mit den modalen Relativsätzen (vgl. 1203) möglich, die auch über *als (ob)* miteinander verbunden sind. Eine einwandfreie Unterscheidung ist mittels zweier Operationen möglich:

– Die dort mögliche Umschreibung über *wie – wenn* ist hier nicht möglich:

> Er lief, *als ginge es um sein Leben.* – Er lief, *wie er laufen würde, wenn es um sein Leben ginge.*
> Mir schien, *als wüßte er nicht weiter.* – (Nicht:) Mir schien, *wie es mir scheinen würde, wenn er nicht mehr weiterwüßte.*

– Dafür ist in jenen Fällen die Konstruktion mit *daß* nicht möglich:

> Mir schien, *daß er nicht weiterwußte.*
> (Nicht:) Er lief, *daß es um sein Leben ging.*

wie + Endstellung des Finitums (in nicht temporaler und nicht vergleichender Bedeutung)

Zu den Inhaltssätzen, die über *wie* mit Endstellung des Finitums angeschlossen sind, gehören Beispiele wie das folgende:

> Ich merkte, *wie meine Kräfte nachließen.*

Dieser Anschluß kommt ausschließlich bei einer Gruppe von Ausdrücken vor, die eine geistig-sinnliche Wahrnehmung bezeichnen (z. B. *fühlen, beobachten, spüren*). Bei ihnen ist immer auch der referierende *daß*-Anschluß möglich:

> Ich merkte, *daß meine Kräfte (allmählich) nachließen.*

Von diesem *daß*-Anschluß hebt sich der *wie*-Anschluß dadurch ab, daß durch ihn der intensive Wahrnehmungsverlauf deutlich gemacht wird, der bei *daß*-Anschluß allenfalls durch zusätzliche Wörter wie *allmählich* hereingebracht werden kann. Im übrigen darf man diese Inhaltssätze nicht mit modalen Relativsätzen mit *wie*-Anschluß (vgl. 1203) verwechseln.

Akkusativ mit Infinitiv

Wir für manche Infinitivanschlüsse (vgl. 1222) gilt für den Akkusativ mit Infinitiv, daß er nur höchst bedingt den zusammengesetzten Sätzen zuzuordnen ist. Wir erwähnen ihn hier kurz aus den oben genannten Gründen (vgl. 1222). Ein Akkusativ mit Infinitiv kommt im Deutschen in zwei im allgemeinen gut unterscheidbaren Zusammenhängen vor:

1. Sein Wert entspricht dem des *wie*-Anschlusses; man kann hier von einem **verlaufsdarstellenden** Akkusativ mit Infinitiv sprechen:

> Ich sah *sie näher kommen.*
> Ich hörte *ihn schreien.*

Das Objekt der dominanten Aussage ist hier zugleich Subjekt des Inhaltssatzes; der Anschluß erfolgt ohne *zu*. Diese Anschlußmöglichkeit ist im heutigen Deutsch auf wenige Verben beschränkt (*sehen, hören, fühlen, spüren;* vgl. 1138,2).

2. Der zweite Wert eines Anschlusses mit Akkusativ und Infinitiv ist gleich dem der bereits vorgestellten modalen Anschlüsse. Man kann hier von einem **modalen** Akkusativ mit Infinitiv sprechen:

> Sie ließen *mich gehen.*
> Wir heißen *euch hoffen.*

Angeführter Satz mit Finitum in Zweitstellung

1228

Angeführte Sätze mit Finitum in Zweitstellung geben ihren Inhalt als Ergebnis des geistig-seelischen Verhaltens, das im dominanten Satz genannt ist. Geistig-seelisches Verhalten ist dabei in erster Linie sprachliches Verhalten und gedankliches Hervorbringen. Der Wert des hier vorliegenden Anschlusses entspricht damit grundsätzlich dem der schon behandelten referierenden Anschlüsse (mit *daß* und mit *zu*), nur mit der Besonderheit, daß das Ergebnis nicht nur global referiert, sondern in getreuerer Anlehnung an den Wortlaut aus der referierten Situation wiedergegeben wird. Das ist am deutlichsten in der sogenannten direkten Rede:

> Er sagte: „Ich bin selbst schuld."

Mittelbarer geschieht es in der sogenannten indirekten Rede[1]:

> Er sagte, *er sei selbst schuld.*

Die Möglichkeit des Anschlusses dieser Art von Inhaltssätzen ist, wie schon gesagt, an Ausdrücke gedanklichen und sprachlichen Hervorbringens im dominanten Satz gebunden. Dabei ist auffällig, daß diese Ausdrücke gar nicht immer tatsächlich stehen müssen. Sie können im Verstehensprozeß ergänzt werden, wenn der Inhaltssatz bestimmte Merkmale, z. B. den Konjunktiv, enthält. Der Konjunktiv allein kann Aussagen schon als referiert kennzeichnen. So ist es möglich zu sagen:

> Er kann nicht kommen, *er sei krank.*

Dabei hat der erste Satz gleichsam eine faktische Charakteristik, der zweite referierende. Und diese referierende Charakteristik kann jeder Satz oder Teilsatz aufgeprägt bekommen, selbst wenn er noch andere Charakteristiken hat. So kann man einem Kausalsatz die referierende Charakteristik aufprägen:

> Er kann nicht kommen, *weil er krank sei.*

Schließlich kann sogar ein Ausdruck im dominanten Satz, der von sich aus gar nicht die Charakteristik sprachlichen oder gedanklichen Hervorbringens hat, diese dadurch erhalten, daß ein auf ihn bezogener angeführter Satz deutlich referierende Funktion hat:

> Sie lächelte, *das sei doch nicht so schlimm.*

---

[1] Direkte und indirekte Rede unterscheiden sich darüber hinaus durch Verschiebung der Pronomen (*ich – er, mein – sein* usw.) und durch Besonderheiten im Modus- und Tempusgebrauch (vgl. dazu 273).

lächeln erhält in diesem Zusammenhang – gewissermaßen sekundär – die Bedeutung ‚lächelnd sagen'.

Angeführte Sätze können auch die Form einer Frage haben:

> Er fragte: „Kommt er?"
> Er fragte: „Wann kommt er?"

Derartige Möglichkeiten sind im Zusammenhang zu sehen mit den *ob*-Anschlüssen und den W-Anschlüssen, auf die noch eingegangen wird (vgl. 1229 f.).

1229   *ob* + Endstellung des Finitums

Inhaltssätze mit *ob*- und W-Anschluß werden gemeinhin zusammenfassend als indirekte Fragesätze klassifiziert. Man kann diesen eingeführten Namen beibehalten, muß sich aber bewußt sein, daß sich hinter einer solchen einheitlichen Klassifizierung im einzelnen sehr unterschiedliche Beziehungen verbergen. Will man hier eine treffendere einheitliche Charakteristik geben, so bietet sich etwa an „Offenheit eines Sachverhalts". Man kann hier weiter unterscheiden:
1. Durch einen *ob*-Anschluß wird der Inhalt des Inhaltssatzes als global fraglich gesetzt; damit verbunden ist immer eine referierende Charakteristik. Im dominanten Satz stehen Ausdrücke des sprachlichen oder geistigen Hervorbringens:

> Er fragte, *ob ich käme.*
> Sie überlegte, *ob sie nachgeben sollte.*

Man kann hier von einem f r a g l i c h k e i t s d a r s t e l l e n d e n *ob*-Anschluß sprechen. Dieser Anschluß liegt immer dann vor, wenn es möglich ist, den *ob*-Satz in eine direkte Frage umzuformen; wir sprechen hier von einer a n g e f ü h r t e n Frage.

> Er fragte: „Kommst du?"
> Sie überlegte: „Soll ich nachgeben?"

Dabei ist die oben (vgl. 1228) angesprochene Notwendigkeit der Verschiebung der Pronomen, des Tempus und des Modus zu beachten.
2. Ein anderer Anschlußwert liegt in folgenden Beispielen vor:

> Sie weiß, *ob er kommt.*
> Sie wird dir sagen, *ob das richtig ist.*

Von den Beispielen mit fraglichkeitsdarstellendem *ob*-Anschluß sind diese dadurch abgesetzt, daß keine Umsetzung in eine direkte Frage möglich ist:

> (Nicht:) Sie weiß: „Kommt er?"
> (Nicht:) Sie wird dir sagen: „Ist das richtig?"

Die Fraglichkeit des Sachverhalts, der im Inhaltssatz angegeben ist, ist hier gleichsam aufgehoben. Eine mögliche Umformung des ersten Beispiels, die diesen Sachverhalt sichtbar machen kann, wäre etwa:

> Sie weiß *(die Antwort auf die mögliche Frage anderer,) ob er kommt.*

Man kann hier von einem f r a g l i c h k e i t s a u f h e b e n d e n *ob*-Anschluß sprechen.
3. Wieder ein anderer Anschlußwert liegt in Beispielen wie den folgenden vor:

> Es ist nicht so wichtig, *ob er kommt (oder nicht).*
> Es spielt eine große Rolle, *ob er kommt (oder nicht).*

Wo dieser Anschluß vorliegt, ist immer auch der *daß*-Anschluß möglich; dabei handelt es sich um den faktischen *daß*-Anschluß. In Abhebung von dessen Wert kann man den hier vorliegenden so bestimmen: Der Inhalt des Inhaltssatzes wird als offen gegenüber zwei Möglichkeiten gegeben, die als Alternativen angesetzt sind. Man kann hier von einem a l t e r n a t i v s e t z e n d e n *ob*-Anschluß sprechen.

W-Anschluß (= Fragepronomen oder Fragepartikel) + Endstellung des Finitums

Unter dem Namen W-Anschluß werden im Folgenden alle die interrogativen Inhaltssatzeinleitungen zusammengefaßt, die mit einem *w-* beginnen (z. B. *wer/was, welcher/welche/welches, wie, wo, wann, wohin, woher, wieso, weshalb*). Die internen Unterschiede zwischen diesen Anschlüssen werden nicht berücksichtigt, obwohl man auch hier, wie bei den Relativsätzen, weiter differenzieren könnte. Wichtig ist, daß alle derartigen Anschlüsse möglich sind, wenn einer als möglich erweisbar ist.

Für die W-Anschlüsse gilt weitgehend dasselbe wie für die *ob*-Anschlüsse, weshalb oft nur auf diese verwiesen wird. Der grundsätzliche Unterschied zwischen beiden Anschlußformen ist, daß es bei den *ob*-Anschlüssen um die globale Fraglichkeit, Offenheit usw. eines Sachverhalts geht, während durch die W-Anschlüsse ein spezieller Gesichtspunkt zum Thema wird – ein temporaler, ein lokaler usw. Letztlich geht es auch hier um den Unterschied von Wortfragen und Satzfragen (vgl. 1011). Im einzelnen kann man unterscheiden:

1. Analog zum fraglichkeitsdarstellenden *ob*-Anschluß gibt es einen fraglichkeitsdarstellenden W-Anschluß. Der Wert beider Anschlüsse ist grundsätzlich gleich, der Unterschied liegt darin, daß sich der W-Anschluß nicht global auf den Satz, sondern speziell auf einen Teilgesichtspunkt bezieht, der durch das Fragewort bestimmt ist:

> Sie fragte, *wann er komme.*
> Er überlegte, *wo er nachgeben sollte.*

Wie dort ist hier Umformung in eine direkte Frage möglich:

> Sie fragte: „Wann kommt er?"
> Er überlegte: „Wo soll ich nachgeben?"

2. Gleichermaßen gibt es einen W-Anschluß, dessen Wert dem des fraglichkeitsaufhebenden *ob*-Anschlusses grundsätzlich gleich ist (bei der gleichen Einschränkung wie unter 1). Wir sprechen hier von einem fraglichkeitsaufhebenden W-Anschluß. Auch dafür ist Umformung in eine direkte Frage nicht möglich:

> Er weiß, *wann er kommt.* – (Nicht:) Er weiß: „Wann kommt er?"
> Sie wird dir sagen, *wie es richtig ist.* – (Nicht:) Sie wird dir sagen: „Wie ist es richtig?"

3. Schließlich gibt es einen W-Anschluß, der auf den alternativsetzenden *ob*-Anschluß beziehbar ist. Beispiele dafür sind:

> Es ist nicht so wichtig, *wann er kommt.*
> Es spielt eine große Rolle, *wer kommt.*

Man kann hier interpretieren: Beim ersten Beispiel ist klar, daß jemand kommt; es geht um verschiedene Möglichkeiten des Wann. Im zweiten Beispiel ist klar, daß irgendwer kommt; es geht um verschiedene Möglichkeiten („Alternativen") des Wer. Wir sprechen hier von einem alternativsetzenden W-Anschluß.

4. Keine Entsprechung bei den *ob*-Anschlüssen hat ein W-Anschluß, der in folgendem Beispiel vorliegt:

> Mich hat geärgert, *was da behauptet worden ist.*

Er ist dort möglich, wo ein *ob*-Anschluß nicht, wohl aber ein faktischer *daß*-Anschluß möglich ist:

> (Nicht:) Mich hat geärgert, *ob das behauptet worden ist.*
> (Wohl aber:) Mich hat geärgert, *daß das behauptet worden ist.*

Dieser Anschluß umreißt eine Stelle, die in keiner Weise fraglich, sondern nur nicht konkretisiert ist (umreißender W-Anschluß).

3.3.3 Die Inhaltsbeziehungen im Überblick

Wir stellen im Folgenden die herausgearbeiteten Anschlußmöglichkeiten in einem zusammenfassenden Überblick dar. Dabei geht es zunächst darum, gleichwertige Anschlüsse auch bei unterschiedlichen Nebensatzformen einander zuzuordnen. Darüber hinaus werden aufeinander beziehbare Anschlußwerte in größeren Gruppen zusammengefaßt.

Eine systematische Zusammenstellung, wie das für Relativ- und Verhältnisbeziehungen möglich ist, kann hier nur sehr mühsam erreicht werden. Wir haben es hier mit der Gruppe von zusammengesetzten Sätzen zu tun, die in sich am wenigsten systematisch durchorganisiert ist. Das dürfte damit zusammenhängen, daß sie wohl die sprachgeschichtlich älteste ist.

Unter diesen Umständen gliedern wir grob nach den Stichworten *kategorialer Wert – Anschlußmittel – Beispiele.*

Kategorialer Wert	Anschlußmittel	Beispiele
faktisch	*daß*	Es hat mich gefreut, daß er das versprochen hat.
	Infinitiv	Es hat mich gefreut, sie gesehen zu haben.
– verlaufsdarstellend	*als*	Als er plötzlich auftauchte, freute mich das ungemein.
– hypothetisch	Infinitiv	Es würde mich freuen, ihn zu sehen.
	wenn	Es würde mich freuen, wenn ich ihn sehen würde.
referierend	Infinitiv	Sie behauptet, darüber betroffen zu sein.
	daß	Sie sagt, daß alles seine Ordnung hat/habe.
– indirekte Rede	angeführter Satz	Er sagt, er sei selbst schuld.
– direkte Rede	angeführter Satz	Er sagt: „Ich bin selbst schuld."
– verlaufsdarstellend	*wie*	Ich merkte, wie meine Kräfte nachließen.
	Akk. mit Infinitiv	Ich sah sie näher kommen.
– undeutliche Wahrnehmung	*als/als ob*	Mir schien, als wüßte er nicht weiter. Mir schien, als ob er nicht weiterwüßte.
modal	*daß*	Es ist wichtig, daß sie einmal kommt.
	Infinitiv	Er vermochte dies nicht einzuschätzen. (Er konnte dies nicht einschätzen.)
	Akk. mit Infinitiv	Sie ließen ihn gehen.
Offenheit eines Sachverhalts global fraglichkeits-darstellend		
indirekt	*ob*	Er fragte, ob ich käme.
direkt	angeführte Frage	Er fragte: „Kommst du?"
– fraglichkeits-aufhebend	*ob*	Sie weiß, ob er kommt.
– alternativsetzend	*ob*	Es spielt eine große Rolle, ob er kommt.
speziell fraglichkeits-darstellend		
indirekt	W-Anschluß	Sie fragte, wann er komme.
direkt	angeführte W-Frage	Sie fragte: „Wann kommst du?"
– fraglichkeits-aufhebend	W-Anschluß	Er weiß, wann er kommt.
– alternativsetzend	W-Anschluß	Es spielt eine große Rolle, wer kommt.
– umreißend	W-Anschluß	Mich hat geärgert, was da behauptet worden ist.

3.4 Verhältnisbeziehungen

3.4.1 Allgemeines zu den Verhältnisbeziehungen

Die dritte Gruppe von zusammengesetzten Sätzen, die wir unter dem Namen Verhältnisbeziehungen zusammengestellt haben (vgl. 1197), ist weniger leicht durch gemeinsame – vor allem formale – Merkmale zu bestimmen als die beiden anderen Gruppen. Zum einen sind die Teilsätze hier nicht über ein gemeinsames Element miteinander verbunden und werden nicht durch gleichartige Einleitewörter eingeleitet wie bei den Relativbeziehungen; zum andern sind die Anschlußmittel anderer Art und vielfältiger als bei den Inhaltsbeziehungen. Sie sind nicht in besonderer Weise um einen Mittelpunkt gruppiert wie dort um *daß* oder um Fragewörter, und der Wert der Beziehung zwischen den Teilsätzen ist – anders als bei den Inhaltssätzen (vgl. 1216 f.) – völlig unabhängig von der jeweiligen inhaltlichen Füllung des dominanten Satzes. Man bezeichnet die Nebensätze, die ihren Inhalt gewissermaßen in einem freieren Verhältnis auf den Hauptsatz beziehen, als Verhältnissätze. Zu diesen Nebensätzen kann man zählen:

1232

- Kausalsätze
- Konsekutivsätze
- Konzessivsätze
- Nebensätze in einer Folgerungsbeziehung
- Temporalsätze
- Konditionalsätze
- Nebensätze in einer Relevanz-/Irrelevanzbeziehung
- Finalsätze
- Modalsätze
- Nebensätze in einer Konfrontationsbeziehung
- Nebensätze der Aussagenpräzisierung

Weil diese Verhältnisse jeweils durch sehr unterschiedliche Anschlußmittel bezeichnet werden können, orientieren wir uns hier nicht an diesen Mitteln, sondern gleich an den kategorialen Werten, die auch den Bezeichnungen der Nebensätze (in der oben gegebenen Aufstellung) zugrunde liegen. Bei der jeweiligen Einzeldarstellung werden wir dann auf die Anschlußmittel eingehen.

Die Darstellung der kategorialen Werte von Beziehungen ist nicht an Satzgefüge mit Nebensätzen, wie sie oben aufgeführt worden sind, gebunden. Gerade bei den Verhältnisbeziehungen sind alternative Darstellungsweisen besonders gut ausgebaut. Wir werden zwei Möglichkeiten verfolgen:
1. Darstellung im Satzgefüge bei (gegenüber dem Ausgangsbeispiel) veränderter Verteilung der Teilsatzinhalte auf Hauptsatz und Nebensatz. Es handelt sich hier um die Darstellungsform, die 1194 unter b aufgeführt worden ist:

1233

    a) Da er völlig entkräftet war, gab er das Rennen auf.
    b) Er war völlig entkräftet, weswegen er das Rennen aufgab.

Als Einleitewort im Nebensatz steht hier immer eine Relativpartikel; die dadurch eingeleiteten Teilsätze sind aber keine Relativsätze (vgl. 1208).
2. Darstellung in verschiedenen Formen der Satzverbindung. Entsprechend den beiden Möglichkeiten im Satzgefüge ist hier zu unterscheiden:

    c) Er war völlig entkräftet, deswegen gab er das Rennen auf.
    d) Er gab das Rennen auf, denn er war völlig entkräftet.

Nicht sehr systematisch sind bei den Verhältnisbeziehungen die Möglichkeiten der Verweisung ausgebaut. Zwar gibt es auch hier die Möglichkeit wiederaufnehmender und vorwegnehmender, neutraler und charakterisierender Verweisung und deren unterschiedliche Kombinationen (wie bei den Relativ- und Inhaltsbe-

1234

ziehungen), sie sind aber nicht überall gleichermaßen realisiert. Was grundsätzlich möglich ist, kann an einem Beispiel aus den kausalen Satzgefügen vorgeführt werden:

> Weil es regnete, kam er nicht.

1. wiederaufnehmend (neutral):
   > Weil es regnete, *deswegen* kam er nicht.

2. vorwegnehmend (neutral):
   > *Deswegen*, weil es regnete, kam er nicht.

3. wiederaufnehmend + vorwegnehmend (neutral):
   > *Deswegen*, weil es regnete, (nur) *deswegen* kam er nicht.

4. wiederaufnehmend (charakterisierend):
   > Weil es regnete, *aus diesem Grunde* kam er nicht.

5. vorwegnehmend (charakterisierend):
   > *Aus dem Grunde*, weil es regnete, kam er nicht.

6. wiederaufnehmend + vorwegnehmend (charakterisierend):
   > *Aus dem Grunde*, weil es regnete, (wirklich nur) *aus diesem Grunde* kam er nicht.

Wichtig ist hier die Möglichkeit je spezifischer Korrelate zu Nebensatzkonjunktionen im Hauptsatz. Wir werden bei den einzelnen Kategorien auf solche Korrelate hinweisen.

3.4.2 Die Verhältnisbeziehungen im einzelnen

| 1235 | **Kausalsätze** |

1. Zwischen zwei Teilsätzen besteht ein Begründungsverhältnis; im wesentlichen wird in dem einen der beiden Teilsätze die Ursache für das im anderen Satz genannte Geschehen, das Motiv für eine Handlung oder der logische Grund für eine Aussage gegeben. Als Anschlußmittel für Kausalsätze dienen vor allem *da* und *weil:*

> *Da/Weil eine Baustelle eingerichtet wird,* gibt es eine Umleitung.

Im Hauptsatz kann als Korrelat *darum, deswegen* oder *deshalb* stehen, bei *da* auch *so.* Zwischen *da* und *weil* bestehen, obwohl sie oft gegeneinander austauschbar sind, feine Unterschiede. *weil* wird oft dann verwendet, wenn das im Nebensatz genannte Geschehen verhältnismäßig gewichtig oder neu ist; der Nebensatz steht dann überwiegend hinter dem Hauptsatz. Dagegen wird *da* häufig verwendet, wenn das im Nebensatz genannte Geschehen ohne besonderes Gewicht oder schon bekannt ist.

Bei veränderter Verteilung der Teilsatzinhalte auf Hauptsatz und Nebensatz bezeichnen *weswegen* oder *weshalb* das kausale Verhältnis:

> Es wird eine Baustelle eingerichtet, *weswegen/weshalb es eine Umleitung gibt.*

Für die Darstellung des kausalen Verhältnisses in der Satzverbindung gibt es – entsprechend den beiden Darstellungsformen im Satzgefüge – zwei Möglichkeiten:

> Es wird eine Baustelle eingerichtet; *deswegen* gibt es eine Umleitung.

Statt *deswegen* kann hier auch *daher, deshalb* oder *darum* stehen.

> Es gibt eine Umleitung; es wird *nämlich* eine Baustelle eingerichtet.

Statt *nämlich* kann hier auch *denn* (in Spitzenstellung) oder *ja* stehen. Ja, auch eine völlig asyndetische Anfügung kann kausal verstanden werden:

> Es gibt eine Umleitung, eine Baustelle wird eingerichtet.

Möglich sind hier auch Partizipialkonstruktionen:

> *Von seiner schauspielerischen Leistung überzeugt,* ging er zum Theater (= weil er ... überzeugt war).

2. Der Begriff „Kausalität" darf auf sprachliche Äußerungen der Alltagssprache nicht im wissenschaftlich strengen Sinn angewandt werden; je nach inhaltlicher Füllung der Teilsätze kann er recht Verschiedenes meinen. Dafür ein Beispiel:

> Weil der Motor kaputt war, brannte auch das Lämpchen nicht mehr.
> Weil das Lämpchen nicht mehr brannte, war der Motor kaputt.

Die unterschiedlichen Beziehungen zwischen den beiden Teilsätzen der zwei Beispiele lassen sich mit Hilfe einer Paraphrase deutlich machen:

> Daß der Motor kaputt war, *war der Grund dafür,* daß auch das Lämpchen nicht mehr brannte.
> Daß das Lämpchen nicht mehr brannte, *war ein Zeichen dafür,* daß der Motor kaputt war.

In Beispielen der ersten Art steckt hinter dem *weil* eine Kausalbeziehung im strengen Sinn; den zweiten Fall kann man etwa als Symptombeziehung verstehen.

3. Gelegentlich ist der Kausalsatz nicht auf einen bei ihm stehenden, sondern auf einen gleichsam zu ergänzenden, mitzudenkenden Hauptsatz zu beziehen[1]:

> Das läßt sich – *weil du mich gerade fragst* – nicht aufrechterhalten.

Nicht etwa wegen der „Frage", die in dem *weil*-Satz angesprochen ist, läßt sich etwas nicht aufrechterhalten; zu verstehen ist vielmehr:

> Das läßt sich – *ich sage das, weil du mich gerade fragst* – nicht aufrechterhalten

In der Satzverbindung entspricht dem:

> Das läßt sich – *du fragst mich gerade* – nicht aufrechterhalten.

4. Als eine Modifikation im Rahmen des kausalen Verhältnisses ist folgende Möglichkeit zu verstehen:

> Sie blieb gern im Bett, *zumal (da) sie ein bißchen Fieber hatte.*

Der Nebensatz führt hier einen zusätzlichen, sekundären Grund an, wodurch eine primäre Begründung (die aber nicht gegeben ist) verstärkt wird. An Stelle von *zumal (da)* kann auch *um so mehr als* stehen. In der Satzverbindung entspricht dem:

> Sie hatte ein bißchen Fieber, um so lieber blieb sie im Bett.

5. Dem kausalen Verhältnis ist schließlich ein weiterer Typ zuzurechnen, bei dem es um ein Ausgleichsverhältnis geht: Der im Nebensatz genannte Sachverhalt ist Begründung für den im Hauptsatz aufgeführten Sachverhalt, dieser demgegenüber Ausgleich für jenen:

> *Dafür, daß du zu spät kommst,* mußt du eine Runde zahlen.

Bei veränderter Verteilung der Teilsatzinhalte auf Haupt- und Nebensatz könnte das gleiche Verhältnis in folgender Weise dargestellt werden:

> Du bist zu spät gekommen, *wofür du (jetzt) eine Runde zahlen mußt.*

Dem entspricht in der Satzverbindung:

> Du bist zu spät gekommen; dafür mußt du (jetzt) eine Runde zahlen.

---

[1] Wir treffen auf diese besondere Weise der Zuordnung von Nebensätzen auch sonst bei den Verhältnisbeziehungen; vgl. dazu grundsätzlicher 1244 ff. und im übrigen 1237, 1251, 1252, 1253, 1255.

| 1236 | **Konsekutivsätze**

1. Zwischen zwei Teilsätzen besteht ein Folgeverhältnis[1]; in einem der beiden Teilsätze wird eine Folge, eine Wirkung des im anderen Teilsatz genannten Geschehens oder Sachverhalts angeführt. Als Anschlußmittel für Konsekutivsätze dienen *daß, so – daß, so daß, um – zu, zu* und *als daß:*

> Es regnete stark, *so daß die Wanderung recht anstrengend wurde.*

Innerhalb dieses Typs kann man eine große Vielfalt von Varianten und Modifikationen unterscheiden.

2. Der Konsekutivsatz kann an ein im Hauptsatz stehendes *so* anschließen; er bezieht sich aber nicht nur auf dieses, sondern darüber hinaus auf den Inhalt des Hauptsatzes insgesamt:

> Er ließ das Radio *so* laut laufen, *daß sich alle Nachbarn aufregten.*

In der Satzverbindung entspricht dem (bei umgekehrter Verteilung der Teilsatzinhalte):

> Alle Nachbarn regten sich auf, so laut ließ er das Radio laufen.

3. Der Konsekutivsatz kann an eine im Hauptsatz nicht besetzte, aber erschließbare Stelle mit *so* anschließen:

> Er ließ das Radio laufen, *daß sich alle Nachbarn aufregten.*

4. Im Konsekutivsatz kann ein Wunsch als Folge dessen angeführt werden, was im Hauptsatz formuliert ist:

> Sie war dabei glücklich, *um in die Luft zu springen.*

Der besondere Wert dieses Anschlusses wird noch besser sichtbar, wenn man den hier auch möglichen *daß*-Anschluß wählt; im Konsekutivsatz wird dann nämlich ein Ausdruck (in der Regel ein Modalverb) mit W o l l e n charakteristik notwendig:

> Sie war dabei (so) glücklich, *daß sie hätte in die Luft springen wollen.*

Dem entspricht in der Satzverbindung:

> Sie hätte in die Luft springen wollen, so glücklich war sie dabei.

5. Der Konsekutivsatz kann auch eine nur mögliche Folge dessen angeben, was im Hauptsatz genannt ist:

> Er hatte den Einfluß, *den Beschluß durchzusetzen.*
> Er hatte so viel Einfluß, *den Beschluß durchzusetzen.*
> Er hatte Einfluß genug, *den Beschluß durchzusetzen.*

Wenn man in diesen Beispielen einen *daß*-Anschluß einführt, wird im Nebensatz die Einführung eines Ausdrucks (in der Regel eines Modalverbs) mit K ö n n e n charakteristik notwendig:

> Er hatte den Einfluß, *daß er den Beschluß durchsetzen konnte.*
> Er hatte so viel Einfluß, *daß er den Beschluß durchsetzen konnte.*
> Er hatte Einfluß genug, *daß er den Beschluß durchsetzen konnte.*

Dem entspricht in der Satzverbindung:

> Er konnte den Beschluß durchsetzen, so viel Einfluß hatte er.

Daß es sich hier um eine nur mögliche Folge handelt, geht auch daraus hervor, daß bei der Umformung in den *daß*-Satz noch ganz andere – die Möglichkeit betonende – Formulierungen stehen können:

> Er hatte den Einfluß, *daß er den Beschluß hätte durchsetzen können.*

---

[1] Von diesem Verhältnis heben wir ein Schlußfolgerungsverhältnis ab, das unter 1238 behandelt ist.

Bei Konsekutivsätzen mit einem Infinitiv mit *um – zu* steht im übergeordneten Satz gewöhnlich eine Graduierungspartikel wie *genug, nicht so, noch eben,* auch *solch einer, kein* kommen vor:

> Er ist reich *genug,* um dieses Haus zu kaufen (= daß er dieses Haus kaufen kann). Er ist nicht *so* dumm, um das nicht verstehen zu können (= daß er das nicht verstehen kann). Man gab ihm *genügend* Proviant mit, *um auch das letzte Ziel zu erreichen* (= so daß er auch das letzte Ziel noch erreichen konnte). Jeden Samstag brüllte er das „Schweigen im Walde", trank *genug* Bier, *um fast zu platzen* (= so daß er fast platzte; Remarque). ... *keine* Bartstoppeln standen, *um an ihnen herumzuzupfen* (= so daß man an ihnen herumzupfen könnte; Becher).

6. Der Konsekutivsatz kann auch eine negative Folge dessen nennen, was im Hauptsatz genannt ist:

> Er ist zu müde, *als daß er heute noch kommt.*

Bei Umsetzung in die Konstruktion mit *daß*-Anschluß müßte das heißen:

> Er ist so müde, *daß er heute nicht mehr kommt.* (Oder:) Er ist zu müde, *so daß er heute nicht mehr kommt.*

In der Satzverbindung entspricht dem:

> Er kommt heute nicht mehr, er ist zu müde (dazu).

7. Der Konsekutivsatz kann schließlich eine nicht wünschbare, notwendige oder mögliche (d. h. eine in irgendeiner Form „modalisierte") Folge aus dem nennen, was im Hauptsatz mitgeteilt ist:

> Ich bin zu alt, *um darauf noch zu hoffen.*

Eine Umformung in die Konstruktion mit *daß*-Anschluß ergäbe hier:

> Ich bin so alt, *daß ich darauf nicht mehr hoffen will/darf/kann.* (Oder:) Ich bin zu alt, *als daß ich darauf noch hoffen wollte/dürfte/könnte.*

Dem entspricht in der Satzverbindung:

> Ich will/darf/kann darauf nicht mehr hoffen; ich bin zu alt dazu.

Konzessivsätze   1237

1. Zwischen zwei Teilsätzen besteht ein Verhältnis des unzureichenden Gegengrundes: In einem der beiden Teilsätze wird ein Sachverhalt formuliert, der zwar im Gegensatz zu dem des anderen steht, aber nicht ausreicht, um dessen Geltung außer Kraft zu setzen. Wir können hier einen Typ u n z u r e i c h e n d e r Gegeng r u n d ansetzen.

Als Anschlußmittel für Konzessivsätze dienen *obgleich, obwohl, obschon, wenn auch, wenngleich, wennschon,* seltener *ungeachtet, gleichwohl* (ugs. auch *trotzdem*); als Korrelat im Hauptsatz ist *trotzdem* oder *dennoch* möglich:

> *Obwohl er sich sehr beeilte,* kam er nicht zurecht.

Dem entspricht in der Satzverbindung (bei unterschiedlicher Verteilung der Teilsatzinhalte):

> Er beeilte sich sehr; trotzdem kam er nicht zurecht.
> Er kam nicht zurecht; dabei hatte er sich sehr beeilt.

Nicht immer wirklich äquivalent, aber zweifellos immer kategorial ähnlich ist

> Zwar hatte er sich sehr beeilt, aber er kam nicht zurecht.

2. Nicht immer ist hier in den Satzgefügen der Verhältnissatz auf den bei ihm stehenden Hauptsatz zu beziehen; möglich ist auch Zuordnung zu einem zu ergänzenden, mitzudenkenden Hauptsatz der Art *Ich sage das* ... (vgl. dazu 1235,3 und Anmerkung):

Sie ist mir – *obwohl wir eigentlich persönliche Stellungnahmen vermeiden wollten* – etwas unheimlich.

Dem entspricht in der Satzverbindung:

Sie ist mir – wir wollten eigentlich persönliche Stellungnahmen vermeiden – etwas unheimlich.

3. Im Nebensatz kann ein Sachverhalt auch in der Form einer Einräumung formuliert sein, der (trotz des Einräumungscharakters) gleichwohl nicht ausreicht, die Geltung des im Hauptsatz Ausgesprochenen zu entkräften; hier wäre eine eigene Variante anzusetzen. Ein Beispiel dafür ist:

Wenn das Buch auch sehr gut ist, (so) ist es doch für mich wenig hilfreich.

In der Satzverbindung entspricht dem:

Das Buch ist (zugestandenermaßen) sehr gut, es ist jedoch/allein es ist/trotzdem ist es für mich wenig hilfreich.

Den Unterschied zwischen den beiden Möglichkeiten kann man in folgendem sehen: Während bei unzureichendem Gegengrund eine Tatsache (gewissermaßen objektiv) der Geltung des im Hauptsatz formulierten Sachverhalts entgegensteht, wird hier dieses Entgegenstehen von vornherein zugestanden, wenn auch als etwas Unwichtiges. Das kann so weit gehen, daß die Einräumung zum bloß formalen Mittel wird, die tatsächlich ausgesprochene Ablehnung vor dem Gesprächspartner abzuschwächen. Hier wäre folgende Umschreibung möglich:

Ich will ja gern zugeben, daß das Buch sehr gut ist – aber für mich ist es doch wenig hilfreich.

4. In diesen Zusammenhang gehört schließlich auch die Möglichkeit, einer zugestandenen Eigenschaft als Gegengewicht eine entgegenstehende gegenüberzustellen (dabei entspricht das Letztgenannte häufig der eigentlichen Einstellung des urteilenden Sprechers):

So gut das Buch ist, so wenig hilfreich ist es.
Wenn das Buch auch sehr gut ist, so ist es doch andererseits sehr wenig hilfreich.

Dem entspricht in der Satzverbindung:

Das Buch ist (gewiß) sehr wissenschaftlich, andererseits ist es aber sehr wenig hilfreich.

1238 Nebensätze in einer Folgerungsbeziehung

Charakteristisch für das gesamte hier vorliegende Verhältnis ist: Was in einem Teilsatz aufgeführt ist, gibt Anlaß für Schlußfolgerungen, die im zweiten Teilsatz genannt werden. Hier kann man unterschiedliche Möglichkeiten (Typen) antreffen, denen auch unterschiedliche Anschlußmittel entsprechen. Wir gehen wieder von Satzgefügen aus.

1. Während im Nebensatz ein Befund als offensichtlich gesetzt wird, schließt man im Hauptsatz vermutungsweise auf die Ursache für diesen Befund zurück. Der Inhalt des Nebensatzes dient also als Grundlage für eine Vermutung im Hauptsatz; es kann aber auch so sein, daß der Hauptsatz (als Vermutung oder Frage geäußert) die Ursache für den Sachverhalt enthält, der im Nebensatz genannt ist. Im Hauptsatz des Satzgefüges (bzw. in dem Teilsatz, der ihm in der Satzverbindung entspricht) muß immer ein „Vermutungselement" vorkommen; das kann ein Modalverb sein, Frageform für den ganzen zusammengesetzten Satz oder auch eine Partikel wie *sicherlich, wahrscheinlich* o. ä.:

Sie muß krank sein, *daß sie nicht gekommen ist.*
Ob sie krank ist, *daß sie nicht gekommen ist?*
Vielleicht ist sie krank, *daß sie nicht gekommen ist.*

In der Satzverbindung entspricht dem:

> Sie ist nicht gekommen; demnach muß sie krank sein.
> Sie ist nicht gekommen; demnach kann sie nur krank sein.
> Sie ist nicht gekommen – ob sie krank ist?

Man kann hier von einem Typ Vermutungsbeleg sprechen.

2. Einen anderen Typ kann man hier für folgenden Fall ansetzen: Die Feststellung, die im Nebensatz steht, dient als Anlaß zur Formulierung einer Konsequenz im Hauptsatz:

> *Wie sich die ganze Geschichte entwickelt hat,* trete ich aus.
> *Angesichts dessen, daß sich die ganze Geschichte so entwickelt hat,* trete ich aus.

Temporalsätze[1]

1239

Bei temporalen Satzbeziehungen besteht zwischen zwei Teilsätzen ein Verhältnis der Zeitlichkeit. In den Satzgefügen, von denen wir ausgehen, dient die Nebensatzaussage im wesentlichen der zeitlichen Situierung der Hauptsatzaussage. Eine Unterscheidung von Typen in diesem Bereich ist nicht einfach. Das könnte damit zusammenhängen, daß das Verhältnis der Zeitlichkeit eine relativ unspezifische Kategorie darstellt. Ein zeitliches Verhältnis liegt ja auch anderen Beziehungen zugrunde, z. B. der kausalen oder der konsekutiven, nur daß diese darüber hinaus noch näher charakterisiert sind.

Die Grundunterscheidung innerhalb der temporalen Beziehungen gilt der Frage, ob das im Nebensatz angesprochene Geschehen gleichzeitig mit dem im Hauptsatz genannten abläuft, davor (= vorzeitig) oder danach (= nachzeitig). Nach diesem Kriterium werden auch die Anschlußmittel für Temporalsätze eingeteilt:

– Gleichzeitigkeit bezeichnende Konjunktionen:

> während, indem, indes, indessen, solange, sobald, sowie, sooft, als, wie, wenn.

– Vorzeitigkeit bezeichnende Konjunktionen:

> nachdem, als, seit, seitdem, sobald, sowie, wenn.

– Nachzeitigkeit bezeichnende Konjunktionen:

> bis, bevor, ehe.

Als Hauptsatzkorrelate stehen die Zeitpartikeln *da, damals, dann, darauf, jetzt* u. a.

Ob in einem Satzgefüge tatsächlich ein Verhältnis der Vorzeitigkeit usw. besteht, ist nicht allein an der Konjunktion ablesbar. Auch Tempus und Modus wirken hier mit.

Eine weitere Unterscheidung gilt (beim Verhältnis der Gleichzeitigkeit) der Frage, ob eine zeitliche Parallelität oder die Einbettung eines kürzeren in einen längeren Zeitraum bezeichnet wird.

Wir nutzen die Merkmale, die hier genannt sind, im Folgenden als Grundlage für eine differenzierende Beschreibung. Unter Berücksichtigung der genannten Kriterien unterscheiden wir:

Vorzeitiges Verhältnis

1240

1. Der Inhalt des Nebensatzes geht – nicht weiter spezifiziert – dem Inhalt des Hauptsatzes (zeitlich) voraus; er ist abgeschlossen:

> *Nachdem sie die Probezeit bestanden hatte,* war es leichter.

---

[1] Vgl. 1207.

Bei umgekehrter Verteilung der Teilsatzinhalte auf Haupt- und Nebensatz ist auch möglich:

> Sie hatte die Probezeit bestanden, *wonach es leichter war.*

Dem entspricht in der Satzverbindung:

> Sie hatte die Probezeit bestanden; danach war es leichter.

Man kann hier von einem Typ nicht weiter spezifizierter Vorzeitigkeit sprechen.
2. Diesem Typ kann man eine Modifikation zuordnen. Der Inhalt des Nebensatzes wird als dem des Hauptsatzes unmittelbar vorausgehend charakterisiert. Der Wert des Anschlusses addiert sich gleichsam aus dem Wert des unter 1 beschriebenen Typs und einem Element der Unmittelbarkeit (etwa *sofort nachdem*):

> *Sobald (= sofort nachdem) er das Haus verlassen hatte,* gab es Alarm.

Bei umgekehrter Verteilung der Teilsatzinhalte auf Hauptsatz und Nebensatz ist auch möglich:

> Kaum hatte er das Haus verlassen, *als es Alarm gab.*

Diese Darstellungsform ist allerdings in erster Linie gebräuchlich, wenn die Teilsätze in einem Vergangenheitstempus stehen. Im Hauptsatz sind hier Unmittelbarkeitssignale wie *kaum, soeben, gerade* usw. nötig. Als Satzverbindung entspricht dem:

> Er hatte kaum das Haus verlassen, da gab es Alarm.

3. Eine Variante setzen wir für Beispiele wie das folgende an:

> *Seit[dem] er umgezogen ist,* lebt er viel entspannter.

Auch hier gilt für den Inhalt des Nebensatzes Vorzeitigkeit; im Hauptsatz wird aber nun der gesamte Zeitbereich in seiner Ausdehnung in den Blick genommen. Dieser ist in Richtung auf die Gegenwart nicht abgeschlossen.
In der Satzverbindung entspricht dem oben angeführten Beispiel:

> Er ist umgezogen; seitdem lebt er viel entspannter.

1241 Nachzeitiges Verhältnis

1. Analog zum vorzeitigen Verhältnis können wir auch einen Typ für Fälle ansetzen, wo der im Nebensatz genannte Sachverhalt – nicht weiter spezifiziert – zeitlich später liegt als der im Hauptsatz genannte:

> *Bevor sie die Probezeit bestanden hatte,* war es schwer.

In der Satzverbindung entspricht dem:

> Sie hat die Probezeit bestanden; vorher war es schwer (gewesen).

Wir sprechen hier von nicht weiter spezifizierter Nachzeitigkeit.
2. Für diesen Typ können wir eine Modifikation ansetzen, die in folgendem Beispiel gegeben ist:

> *Bevor du die Probezeit nicht bestanden hast,* darfst du nicht Urlaub nehmen.

Dem entspricht in der Satzverbindung:

> Du mußt zuerst die Probezeit bestehen; vorher darfst du nicht Urlaub nehmen.

Der spezielle Wert dieses Anschlusses liegt darin, daß zwar (wie im vorgenannten Beispiel) hier auch die Angabe eines zeitlichen Nacheinanders enthalten ist; darüber hinaus aber geht es hier zusätzlich und wesentlich um die Aussage, daß etwas (was im Hauptsatz genannt wird) nicht gewährt wird oder nicht eintritt, wenn nicht vorher eine Bedingung erfüllt ist. (Diese Bedingung wird im Nebensatz genannt.) Die zusätzliche Charakteristik F o r d e r u n g / W e i g e r u n g signalisiert auch das *nicht* im Nebensatz (das logisch hier eigentlich nicht vertretbar ist).

3. Von einer weiteren Variante sprechen wir (wie bei der Vorzeitigkeit) auch hier, wenn der gesamte Zeitbereich vor dem Geschehen, das im Nebensatz genannt ist, in den Blick genommen wird:

> *Bis er umzog,* lebte er sehr angespannt.

In der Satzverbindung entspricht dem:

> Er ist umgezogen; bis dahin lebte er sehr angespannt.

4. Zu dieser Variante wiederum kann man eine Modifikation ansetzen; sie enthält zusätzlich zum Merkmal der Zeitdauer das Merkmal der Forderung oder der Bedingung:

> Ich genehmige dir den Urlaub nicht, *bis du (nicht) die Probezeit bestanden hast.*

Dem entspricht in der Satzverbindung:

> Besteh erst die Probezeit; bis dahin genehmige ich dir den Urlaub nicht.

Wie in 2 geht es hier einmal um ein zeitliches Verhältnis, darüber hinaus aber wesentlich um die Formulierung einer Bedingung.

Gleichzeitiges Verhältnis

| 1242 |

Hier liegen die Dinge einfacher. Man kann zwei Typen unterscheiden:
1. Der Inhalt des Nebensatzes wird in seiner zeitlichen Erstreckung als parallel zu dem des Hauptsatzes gesetzt:

> *Während er schrieb,* gingen wir spazieren.

Bei umgekehrter Verteilung der Teilsatzinhalte auf Hauptsatz und Nebensatz ist möglich:

> Er schrieb, *während wir spazieren gingen.*

Dem entspricht in der Satzverbindung:

> Er schrieb; währenddessen gingen wir spazieren.

Man kann hier von einem Verhältnis parallelisierender Gleichzeitigkeit sprechen.
2. Für einen zweiten Typ in diesem Verhältnis gilt: Ein zeitlich kürzeres Geschehen o. ä. wird in ein zeitlich längeres gewissermaßen eingebettet. Merkmal für die Bestimmung des zeitlich als länger charakterisierten Geschehens ist: In dem entsprechenden Teilsatz steht (oder kann stehen) ein Ausdruck, der einen Zeitausschnitt bezeichnet, z. B. *gerade.* Durch diesen wird gleichsam aus dem zeitlich längeren Geschehen der Zeitausschnitt herausgehoben, innerhalb dessen sich das kürzere Geschehen ereignet:

> *Als er (gerade) schrieb,* brachen sie auf.
> *Als sie aufbrachen,* schrieb er *(gerade).*

Bei umgekehrter Verteilung der Teilsatzinhalte auf Haupt- und Nebensatz ist auch möglich:

> Er schrieb gerade, als sie (plötzlich) aufbrachen.

Dem entspricht in der Satzverbindung:

> Er schrieb gerade, da brachen sie plötzlich auf.

Probleme beim korrekten Gebrauch temporaler Konjunktionen

| 1243 |

1. Bei dem Gebrauch der temporalen Konjunktionen *als* und *wie* besteht oft Unsicherheit wegen des zu setzenden Tempus. Bei der Vergangenheit steht standardsprachlich im allgemeinen *als:*

> *Als* wir nach Hause kamen, war die Tür geöffnet.

wie ist bei der Vergangenheit weitgehend auf den umgangssprachlichen Bereich beschränkt:

> Er kam, *wie* der Arzt noch an der Leiche herumhantierte. (Dürrenmatt) ... wie die Alte tot war, da ist er zu mir gekommen und hat mich umarmt. (V. Baum) ... ich hatte sie gegrüßt, gleich *wie* sie eintrat. (H. Kolb)

Bei der Gegenwart wird dagegen *wie* auch in der Standardsprache verwendet:

> *Wie* sie das Haus betritt, bemerkt sie den Gasgeruch. Und nachts, *wie* die Kinder schlafen, da sagt er ... (V. Baum)

Daneben tritt in Darstellungen mit historischem Präsens (vgl. 229) auch *als* auf:

> *Als* er dann zu ihr in die Küche kommt, laufen ihre Augen ... *als* sie oben sind, stoßen sie auf eine Schneise. (Fallada)

2. Die Konjunktion *nachdem* wurde früher temporal und kausal verwendet. Der kausale Gebrauch ist in der Standardsprache heute jedoch nicht mehr üblich; er findet sich nur noch landschaftlich, vor allem im Süden des deutschen Sprachgebiets; z. B:

> *Nachdem* die Staatssekretärin erst später kommen kann, muß die Sitzung verschoben werden. (statt:) *Da/Weil* die Staatssekretärin ...

Es empfiehlt sich also, *nachdem* nur noch temporal zu verwenden, und auch nur dann, wenn das Geschehen im Nebensatz vor dem Geschehen im Hauptsatz vollendet ist:

> *Nachdem* das Urteil verkündet worden war, wurde die Sitzung geschlossen.

3. Die temporale Konjunktion *wenn* darf nicht mit dem Fragewort *wann* verwechselt werden. Es muß also heißen:

> *Wann* kommst du?

und nicht (wie häufig in der Umgangssprache):

> *Wenn* kommst du?

Konditionalsätze

1244 1. Zwischen zwei Teilsätzen besteht ein Voraussetzungsverhältnis der Art, daß im Satzgefüge durch den Inhalt des Nebensatzes etwas genannt wird, was Bedingung für die Existenz oder Gültigkeit des im Hauptsatz Ausgeführten wird. Man kann hier von einem Verhältnis des möglichen Grundes sprechen (im Gegensatz zum wirklichen Grund, der in kausalen Satzgefügen vorliegt). Wie beim kausalen Verhältnis ist die Kategorie der Voraussetzung nicht zu streng im logischen Sinne als Kategorie der reinen Bedingung zu verstehen, d. h. in dem Sinn, daß etwas die Existenz oder Gültigkeit eines anderen notwendig bedingt. Vielmehr ist hier mit einem breiten Band von Möglichkeiten zu rechnen. Das zeigt sich auch daran, daß Satzgefüge recht unterschiedlicher Prägung in ein konditionales Verhältnis eingebracht werden können. Möglich ist z. B. sowohl:

> *Wenn der Motor kaputt ist,* brennt auch das Lämpchen nicht mehr.

als auch:

> *Wenn das Lämpchen nicht mehr brennt,* ist der Motor kaputt.

Das heißt, ein konditionales Satzgefüge läßt sich sowohl auf kausale Beziehungen im strengen Sinn als auch auf „Symptombeziehungen" beziehen (vgl. dazu 1235). Und man kann etwa auch sagen:

> *Wenn ich traurig bin,* bin ich gern allein.

Dieses Beispiel wiederum steht den temporalen Satzgefügen nahe, es ist leicht umzusetzen in:

> *Während/Zu Zeiten, wo* ich traurig bin, bin ich gern allein.

Konditionales Verhältnis im Satzgefüge kann in unterschiedlicher Weise angezeigt werden: durch die Konjunktionen *wenn, wofern, sofern* und *falls;* durch komplexere Fügungen, die sich der Möglichkeiten des Inhaltssatzanschlusses bedienen, wie *im Fall, daß; unter der Voraussetzung, daß; unter der Bedingung, daß; vorausgesetzt, daß; gesetzt den Fall, daß;* schließlich auch durch einen uneingeleiteten Nebensatz mit Finitum in Spitzenstellung. Als Korrelat im Hauptsatz kann *dann* oder *so* stehen.

2. Unter Berücksichtigung der Modi in den Verbformen konditionaler Satzgefüge unterscheidet man drei Gruppen konditionaler Gefügebildung:

| 1245 |

a) In beiden Teilsätzen steht der Indikativ:

> Wenn er gewählt *wird, bleibt* er.

Man spricht hier vom Realis.

b) In beiden Teilsätzen steht der Konjunktiv II:

> Wenn er gewählt *würde, bliebe* er.

Man spricht hier vom Irrealis der Gegenwart.

c) In beiden Teilsätzen steht die umschreibende Form des Konjunktivs II:

> Wenn er gewählt *worden wäre, wäre* er *geblieben.*

Man spricht hier vom Irrealis der Vergangenheit.

Für die weitere Darstellung führen wir eine zusätzliche Unterscheidung ein, die die oben gegebene Einteilung an einer wichtigen Stelle noch verfeinert: Wir unterscheiden je nachdem, ob die im Nebensatz formulierte Bedingung als nur gedacht oder als tatsächlich gegeben charakterisiert ist, zwischen einer hypothetischen Bedingung und einer faktischen Bedingung. Diese Unterscheidung betrifft in erster Linie den Realis: Modus und Tempus geben hier im Deutschen nicht genau Auskunft, ob eine Bedingung als nur gedacht oder als tatsächlich gegeben gesetzt wird.

Für die Beschreibung setzen wir einen Typ an; wir sprechen vom Typ der Voraussetzung. Diesem Typ werden wir verschiedene Modifikationen zuordnen, für deren interne Unterscheidung die Differenzierung von faktischer und hypothetischer Bedingung wichtig werden wird.

3. Wir finden den Typ der Voraussetzung in folgenden Beispielen:

| 1246 |

> Wenn sie jetzt gewählt ist, bleibt sie auch da.
> Wenn sie uns nicht hilft, sind wir verloren.
> Wenn sie noch einen Punkt macht, ist sie Siegerin.

Wir verstehen die Bedingung im ersten Beispiel als eindeutig faktisch; die Bedingung in den beiden anderen Beispielen ist dagegen als hypothetisch zu verstehen.

Wenn der Nebensatz negiert ist, ist auch Darstellung mit umgekehrter Verteilung der Teilsatzinhalte auf Haupt- und Nebensatz möglich; das gilt allerdings nur, wenn die Bedingung hypothetisch ist. Dieser Status der Bedingung muß bei der Umsetzung erhalten bleiben. Das kann geschehen durch Einfügung eines modalen Ausdrucks wie *hoffentlich* oder *vielleicht:*

> Hoffentlich hilft sie uns, *sonst wären wir verloren.*

Darstellung in der Satzverbindung ist in allen Fällen möglich. Wenn die Bedingung im Ausgangssatz hypothetisch ist, muß dies in der Satzverbindung erhalten bleiben:

> Sie ist jetzt gewählt, dann bleibt sie auch da.
> Hoffentlich hilft sie uns, sonst sind wir verloren.
> Vielleicht macht sie noch einen Punkt, dann ist sie Siegerin.

Für das letzte Beispiel wäre auch möglich:

> Sie *muß* noch einen Punkt machen, und dann ist sie Siegerin.

Das notwendige modale Element kommt hier durch *müssen* herein. In einer Reihe von Beispielen (zumal in mündlicher Rede) kann es auch durch einen Imperativ hereingebracht werden:

> Mach noch einen Punkt, und du bist Sieger!

Der Imperativ meint hier (im Wortsinn) die Aufforderung, etwas zu tun. Das Umgekehrte ist der Fall bei dem folgenden (ähnlichen) Beispiel:

> Sag noch ein Wort, und du fliegst hinaus!

Die entsprechende Darstellung im Satzgefüge wäre hier:

> *Wenn du noch ein Wort sagst,* fliegst du hinaus.

Gemeint ist hier mit dem Imperativ nicht die Aufforderung, etwas zu tun, sondern ein Verbot. Was im konkreten Fall wirklich gemeint ist, ist allein an syntaktischen Merkmalen nicht mehr zu erkennen.

| 1247 | 4. Dem Typ der Voraussetzung können folgende Verhältnisse als Modifikationen zugeordnet werden:

a) Im Nebensatz wird eine Ausnahmevoraussetzung gegeben, unter der die im Hauptsatz formulierte Aussage nicht gilt; diese Modifikation ist nur bei Beispielen mit hypothetischer Voraussetzung möglich:

> Ich komme heute noch vorbei, *außer wenn es sehr spät wird.*
> Ich komme heute noch vorbei, *außer es wird sehr spät.*
> Ich komme heute noch vorbei, *es sei denn, daß es sehr spät wird.*
> Ich komme heute noch vorbei, *es sei denn, es wird sehr spät.*

Die beiden letzten Beispiele *daß es sehr spät wird* und *es wird sehr spät* sind im Grunde Inhaltssätze zu *es sei denn;* beides zusammen wird hier als ein komplexes Anschlußmittel betrachtet, das den Anschlußmitteln in den beiden ersten Beispielen äquivalent ist. Man nennt solche Sätze auch Exzeptivsätze (vgl. 269).

b) Im Nebensatz wird ein Geschehen genannt, das das im Hauptsatz genannte Geschehen auslöst:

> *Wenn er nur an sie dachte,* wurde er schon ganz froh.

Bei umgekehrter Verteilung der beiden Teilsatzinhalte auf Hauptsatz und Nebensatz ist auch möglich:

> Er brauchte nur an sie zu denken, *um schon ganz froh zu werden.*

Dem entspricht in der Satzverbindung:

> Er brauchte nur an sie zu denken, dann wurde er schon ganz froh.
> Er brauchte nur an sie zu denken, und schon wurde er ganz froh.

c) Im Hauptsatz werden bereits präzisierende Angaben zu einem Sachverhalt gemacht, dessen Eintreten selbst noch nicht gesichert ist, ja durch die Aussage im Nebensatz als ausdrücklich ungesichert bestimmt wird. Innerhalb dieser Modifikation sind nur Beispiele mit hypothetischer Bedingung möglich:

> Er stimmt wahrscheinlich mit Nein, *wenn er überhaupt stimmt.*

Das *überhaupt* kann dann wegfallen, wenn das *wenn* stark betont ist.

d) Zwei Sachverhalte, der eine im Hauptsatz, der andere im Nebensatz, werden einander als korrelierend zugeordnet:

> *Je mehr sie sich um ihn bemühte,* um so spröder wurde er.

In der Satzverbindung entspricht dem:

> Sie bemühte sich immer mehr um ihn, da wurde er um so spröder.
> Sie bemühte sich immer mehr um ihn, und er wurde um so spröder.

Daß dieser Fall als konditional hier eingeordnet wird, hängt damit zusammen, daß man ihm eine Wenn-dann-Beziehung zugrunde legen kann, und zwar in folgender Weise:

Wenn sie sich (immer) mehr um ihn bemühte, wurde er (entsprechend) spröder.

Man spricht hier auch von Proportionalsätzen.

e) Die beiden Teilsätze eines konditionalen Satzgefüges können Beurteilungen
zweier Personen, Dinge, Sachverhalte u. a. enthalten; mit Hilfe des Anschlusses
wird ein angemessenes Gleichgewicht der beiden Beurteilungen gesucht, und
zwar ausgehend von einer (dem Sprecher unangemessen erscheinenden) vorliegenden Beurteilung einer der beiden Personen, Sachverhalte usw.:

Wenn ihr liberal seid, dann sind wir ja Anarchisten.

Wollte man die gleiche Beziehung angemessen innerhalb des (nicht modifizierten) Typs der Voraussetzung darstellen, so müßte man formulieren:

Wenn ihr liberal seid, *dann muß man sagen,* daß wir geradezu Anarchisten sind.

Wir hätten damit einen Fall, wo sich der Nebensatz nicht direkt auf den bei ihm
stehenden Hauptsatz bezieht, sondern auf einen gleichsam zu ergänzenden, mitzudenkenden Hauptsatz (vgl. dazu auch 1235 und den hier folgenden Abschnitt).

5. Die eben beobachtete auffällige Zuordnungsweise treffen wir in konditionalen
Satzgefügen noch öfter an; dabei gibt es interne Unterschiede, die wir an den fol-
genden Beispielen aufzeigen können: | 1248 |

Wenn ich mich nicht irre, geht sie nach Amerika.
Er ist, *wenn Sie mir ein offenes Wort gestatten,* ein Dummkopf.
Das Buch erschien, *wenn Sie sich erinnern,* erstmals 1982.

Haupt- und Nebensatz sind einander in diesen Beispielen in charakteristisch unterschiedlicher Weise zugeordnet. Man kann es auch so sagen: Die Voraussetzung
betrifft jeweils Unterschiedliches. Die Unterschiedlichkeit kann mit Hilfe sinnge-
bundener Umformungsproben sichtbar gemacht werden, die in gleicher Weise
auf alle derartigen Satzgefüge angewendet werden können:

a)

Wenn ich mich nicht irre, geht sie nach Amerika.
Wenn ich mich nicht irre, *trifft die folgende Behauptung/das folgende Urteil zu:* Sie geht
nach Amerika.

Die Bedingung oder Voraussetzung betrifft hier die Gültigkeit der Aussage.

b)

Er ist, wenn Sie mir ein offenes Wort gestatten, ein Dummkopf.
Wenn Sie mir ein offenes Wort gestatten, *mache ich die folgende Äußerung:*
Er ist ein Dummkopf.

Die Voraussetzung betrifft hier die Möglichkeit, sich überhaupt zu äußern.
Charakteristisch ist für diesen Fall eine auffällige Stellungsregularität: Bei Voranstellung des Nebensatzes steht im Hauptsatz das Finitum immer in Zweitstellung:

Wenn Sie mir ein offenes Wort gestatten – er ist ein Dummkopf.

Man kann nicht sagen:

Wenn Sie mir ein offenes Wort gestatten, ist er ein Dummkopf.

Für diesen Fall ist übrigens auch Darstellung in einer Satzverbindung möglich:

Er ist – gestatten Sie mir ein offenes Wort – ein Dummkopf.

c)

Das Buch erschien, wenn Sie sich erinnern, erstmals 1982.
Wenn Sie sich erinnern, *können Sie folgendes bestätigen:* Das Buch erschien erstmals
1982.

Die Voraussetzung betrifft hier die Feststellbarkeit bzw. Nachprüfbarkeit eines

Sachverhalts. Auch für diesen Fall ist Darstellung in einer Satzverbindung möglich:

Das Buch erschien – erinnern Sie sich – erstmals 1982.

1249 Weitere Hinweise auf die Unterschiede der Zuordnungsweisen lassen sich durch eine Negationsprobe gewinnen. Dabei führt man in den Nebensatz (und dann auch in den Hauptsatz) eine Negation ein (bzw. tilgt eine vorhandene) und beobachtet die Konsequenz dieser Veränderung für das Ausgangsbeispiel. Die Probe wird im folgenden gleich unter Berücksichtigung der Ergebnisse aus den sinngebundenen Umformungsproben vorgenommen, kann also auch über diese kontrolliert werden:

a)

Wenn ich mich nicht irre, geht sie nach Amerika.
(Nicht:) Wenn ich mich irre, geht sie nicht nach Amerika.

Vielmehr:

Wenn ich mich nicht irre, geht sie nach Amerika.
Wenn ich mich nicht irre, *trifft die folgende Behauptung zu:* Sie geht nach Amerika.
Wenn ich mich irre, *trifft die folgende Behauptung nicht* zu: Sie geht nach Amerika.

Ändert sich die im Nebensatz aufgeführte Voraussetzung, so hat das Folgen für die Gültigkeit der Aussage, die im Hauptsatz steht, nicht für die Geltung des dort genannten Sachverhalts.

b)

Er ist, wenn Sie mir ein offenes Wort gestatten, ein Dummkopf.
(Nicht:) Er ist, wenn Sie mir kein offenes Wort gestatten, kein Dummkopf.

Vielmehr:

Er ist, wenn Sie mir ein offenes Wort gestatten, ein Dummkopf.
Wenn Sie mir ein offenes Wort gestatten, *mache ich die folgende Äußerung:* Er ist ein Dummkopf.
Wenn Sie mir kein offenes Wort gestatten – muß ich notgedrungen schweigen.

Ändert sich die im Nebensatz aufgeführte Voraussetzung, so hat das Folgen für die Möglichkeit, sich überhaupt zu äußern.

c)

Das Buch erschien, wenn Sie sich erinnern, 1982 in erster Auflage.
(Nicht:) Das Buch erschien, wenn Sie sich nicht erinnern, 1982 nicht in erster Auflage.

Vielmehr:

Das Buch erschien, wenn Sie sich erinnern, 1982 in erster Auflage.
Wenn Sie sich erinnern, *können Sie folgendes bestätigen:* Das Buch erschien 1982 in erster Auflage.
Wenn Sie sich nicht erinnern, *können Sie folgendes nicht bestätigen:* Das Buch erschien 1982 in erster Auflage. (Das ändert aber nichts daran, daß es 1982 in erster Auflage erschien.)

Ändert sich die im Nebensatz aufgeführte Voraussetzung, so hat das keine Folgen für die Geltung des im Hauptsatz genannten Sachverhalts, sondern lediglich für die Feststellbarkeit bzw. Nachprüfbarkeit dieses Sachverhalts. Oder anders: Der Sachverhalt *Erscheinen des Buches* ist (wie unter a der Sachverhalt *nach Amerika gehen* von meinem Irren unabhängig ist) unabhängig von einer Erinnerungsfähigkeit oder der Feststellbarkeit des Sachverhalts.

1250 In gleicher Funktion wie diese durch *wenn* eingeleiteten Sätze stehen Partizipialkonstruktionen:

Obwohl dies, wie er wußte, eigentlich schwierig und, *realistisch betrachtet* (= wenn man es realistisch betrachtete), schon wegen der betäubenden Gase kaum möglich war. (F. Thieß) *Metaphysisch betrachtet,* sieht die Sache anders … aus. (H. Hesse)

Sie sind oft geradezu zu Formeln erstarrt:

> oberflächlich betrachtet, aus der Entfernung betrachtet, äußerlich betrachtet, von einem heiteren Gesichtspunkt aus betrachtet, mit aller Ruhe betrachtet, von außen/innen betrachtet, allgemein betrachtet, durchschnittlich betrachtet, klinisch betrachtet, nüchtern betrachtet, mit den Augen des Dichters betrachtet, bei Licht betrachtet, objektiv betrachtet, stilistisch betrachtet, körperlich betrachtet, theoretisch betrachtet, metaphysisch betrachtet, realistisch betrachtet; auf die Dauer gesehen, aus der Ferne gesehen, im großen gesehen, mit Augen gesehen, von den politischen Institutionen aus gesehen, soziologisch gesehen, juristisch gesehen, durchschnittlich gesehen, unabhängig gesehen, rein praktisch gesehen, objektiv gesehen; die Sache so angesehen;
> mit dem nötigen Vorbehalt verstanden, wie auch immer verstanden, verstanden als ein sich täglich wiederholendes Plebiszit, antipodisch verstanden;
> angenommen, daß ...; zugegeben, daß ...;
> in einem gesagt, rundheraus gesagt, besser gesagt, in Kürze gesagt, ohne Beschönigung gesagt, richtig gesagt;
> räumlich ausgedrückt, in der Sprache der Feministinnen ausgedrückt, besser ausgedrückt, positiv ausgedrückt, auf das knappste ausgedrückt, zeitgemäß ausgedrückt, vereinfacht ausgedrückt.

Besonders ausgeprägt ist der partizipiale Gebrauch von Wendungen mit dem Verb *nehmen, z. B.*:

> im Grunde genommen, genau-, strenggenommen, beiseite/in die Mitte genommen, in Augenschein genommen, in Schutzhaft genommen, ins Gebet genommen, einmal in die Hand genommen; leicht/ernst/wörtlich/beim Verstand/beim Wort genommen, alles in allem genommen.

Nebensätze in einer Relevanz-/Irrelevanzbeziehung

1251

1. Bestimmend für das Verhältnis zwischen den hier analysierten Teilsätzen ist die Kategorie der Relevanz (Wichtigkeit, Bedeutsamkeit) bzw. Irrelevanz (Unwichtigkeit, Unerheblichkeit): Was im Satzgefüge im Nebensatz aufgeführt ist, wird als relevant oder irrelevant für die Geltung dessen bestimmt, was im Hauptsatz aufgeführt ist. Wir setzen zwei Typen an, den Typ der Irrelevanz und den Typ der Relevanz. Innerhalb der beiden Typen stehen verschiedene Anschlußmöglichkeiten zur Verfügung, die an unterschiedliche Varianten gebunden sind.

2. Eine erste Variante des Typs Irrelevanz fassen wir unter dem Stichwort *Irrelevanz einer Sachverhaltsreihe:* Im Nebensatz wird hier eine Reihe denkbarer oder tatsächlich gegebener Sachverhalte als irrelevant für den im Hauptsatz genannten Sachverhalt zusammengefaßt. Die Stelle, an der sich diese Sachverhalte unterscheiden, wird durch ein Wort mit Fragecharakteristik bestimmt. Zusätzlich notwendig sind jeweils Irrelevanzsignale wie *auch, immer*:

> Ich stehe zu ihr, *was auch immer geschehen mag.*

Hier eine andere Anschlußmöglichkeit (Spitzenstellung des Finitums):

> *Geschehe auch noch so Schlimmes,* ich stehe zu ihr.

Bei beiden Anschlußmöglichkeiten ist, wenn der Nebensatz vor dem Hauptsatz steht, im Hauptsatz Zweitstellung des Finitums notwendig. Dieses Merkmal ist wichtig zur Unterscheidung dieses Anschlusses von anderen. Er kann z. B. leicht verwechselt werden mit einem Relativanschluß mit Beliebigkeitsprägung (vgl. 1198):

> *Was immer ich ihr zeigte,* ihr gefiel nichts. (= Irrelevanzbeziehung)
> *Was immer ich ihr zeigte,* gefiel ihr nicht. (= Relativbeziehung)

Im ersten Beispiel ist Spitzenstellung des Finitums im Hauptsatz nicht möglich; andererseits ist nur hier der Nebensatz weglaßbar.
Eine zweite Verwechslungsmöglichkeit besteht gegenüber konzessiven Satzgefügen:

So nett er sich auch immer benahm, man gab ihm keine Antwort. (= Irrelevanzbeziehung)

So nett er ist, für diesen Posten ist er ziemlich ungeeignet. (= konzessiv)

Im ersten Beispiel ist statt *so* auch *wie* möglich, im zweiten nicht. Ferner ist für das konzessive Beispiel (bei Einfügung eines *doch*) auch Spitzenstellung des Finitums im Hauptsatz möglich, nicht jedoch für das andere Beispiel:

So nett er ist, ist er doch für diesen Posten ziemlich ungeeignet.

(Nicht:) *So nett er sich auch immer benahm,* gab man ihm doch keine Antwort.

Schließlich kann das für den Irrelevanzanschluß notwendige Beliebigkeitselement *auch, auch immer* usw. im konzessiven Beispiel fehlen.

Wie bei anderen Verhältnissen ist auch bei den Relevanz-/Irrelevanzbeziehungen Zuordnung des Nebensatzes zu einem zu ergänzenden, mitzudenkenden Hauptsatz möglich (vgl. 1235):

Er ist, *was immer du dagegen einwenden magst,* ein widerlicher Kerl.

Zu ergänzen ist hier in folgender Weise:

Er ist – *ich mache die folgende Äußerung, was immer du dagegen einwenden magst* – ein widerlicher Kerl.

Dem Satzgefüge entspricht die Satzverbindung:

Er ist – *du magst dagegen alles Mögliche einwenden* – ein widerlicher Kerl.

3. In einer zweiten Variante wird eine Sachverhaltsalternative als irrelevant für die Geltung des im Hauptsatz Angeführten dargestellt:

Ich stehe zu ihr, *ob sie es nun gesagt hat oder nicht.*

Wie bei der ersten Variante gilt hier:

– Als Anschlußmöglichkeit kommt auch Spitzenstellung des Finitums ohne Konjunktion vor:

Ich stehe zu ihr, *sei das nun von ihr gesagt worden oder nicht.*

– Steht der Nebensatz vor dem Hauptsatz, so ist in diesem Zweitstellung des Finitums obligatorisch:

Ob sie es nun gesagt hat oder nicht, ich stehe zu ihr.

Auch hier ist wieder Zuordnung des Nebensatzes zu einem zu ergänzenden, mitzudenkenden Hauptsatz möglich:

Er ist, *ob du etwas dagegen einwenden kannst oder nicht,* ein widerlicher Kerl.

Dem entspricht in der Satzverbindung:

Er ist – *du kannst etwas dagegen einwenden oder nicht* – ein widerlicher Kerl.

4. In einer dritten Variante wird ein einzelner Sachverhalt (formuliert im Nebensatz) als irrelevant für den im Hauptsatz gegebenen Sachverhalt dargestellt:

Ich stehe zu ihr, *auch wenn das wahr ist.*

Hinsichtlich der anderen Anschlußmöglichkeiten und der Stellung des Finitums, wenn der Nebensatz vor dem Hauptsatz steht, gelten die gleichen Regeln wie bei den anderen Varianten:

Ich stehe zu ihr, *sei das auch wahr.*

Auch wenn das wahr ist – ich stehe zu ihr.

Und auch hier ist Zuordnung des Nebensatzes zu einem zu ergänzenden, mitzudenkenden Hauptsatz möglich:

Er ist, *auch wenn du anderer Meinung bist,* ein widerlicher Kerl.

In der Satzverbindung entspricht dem:

Er ist – *du kannst ruhig anderer Meinung sein* – ein widerlicher Kerl.

5. Der zweite Typ betrifft die Relevanz eines Sachverhalts. Im Rahmen dieses Typs lassen sich zwei Varianten unterscheiden:
a) Einmal kann eine Sachverhaltsalternative als relevant gesetzt werden: Ob das, was im Hauptsatz genannt ist, geschehen, eintreten, Gültigkeit erhalten usw. wird, hängt ab von der im Nebensatz aufgeführten Sachverhaltsalternative:

Wir werden uns treffen, *je nachdem, ob es die Sachlage erfordert* (oder nicht).

Für die Darstellung in der Satzverbindung muß man stärker umformen:

Möglicherweise erfordert es die Sachlage (möglicherweise auch nicht) – je nachdem werden wir uns treffen.

b) Zum andern kann eine ganze Sachverhaltsskala als relevant gesetzt werden: Ob das, was im Hauptsatz genannt ist, geschehen, eintreten, Gültigkeit erhalten usw. wird, hängt vom Zutreffen eines aus einer ganzen Skala von Sachverhalten ab, die im Nebensatz genannt werden:

Wir werden uns vielleicht bald treffen, *je nachdem, wie sich die Dinge entwickeln.*

Auch hier bedarf es für eine Darstellung in der Satzverbindung einer aufwendigeren Veränderung:

Die Dinge können sich in sehr unterschiedlicher Weise entwickeln – je nachdem werden wir uns vielleicht bald treffen.

Finalsätze

1252

1. Zwischen zwei Teilsätzen besteht ein Zweck- oder Eignungsverhältnis; im wesentlichen wird in einem der beiden Teilsätze ein Zweck, ein Motiv, ein zu erreichendes Ziel oder eine angestrebte Wirkung der Handlung angegeben, die im anderen Teilsatz genannt ist. Im Satzgefüge stehen als Konjunktionen *damit, daß, auf daß, um – zu.* Wir unterscheiden hier zwei Typen, den Typ der Motivation und den Typ der Eignung.
2. Der Typ der Motivation erscheint in zwei Varianten:
a) Im Nebensatz wird ein Zweck, eine Absicht oder eben eine Motivation für eine im Hauptsatz angegebene Handlung genannt. Die Motivation ist letztlich kausal begründet:

Sie ließ die Rolläden herunter, *um das Licht zu dämpfen.*

Probe auf das Vorliegen dieser Variante ist die Frage, ob sich der Finalsatz sinngebunden in einen (hier durch *wollen*) modalisierten Kausalsatz umformen läßt:

Sie ließ die Rolläden herunter, *weil* sie das Licht dämpfen *wollte.*

b) Im Nebensatz wird ein Zweck, eine Absicht, eine Motivation als gegeben angenommen, der im Hauptsatz eine passende Handlungsweise zugeordnet wird. Die Motivation ist hier letztlich konditional begründet:

Um das Licht zu dämpfen, brauchst du nur die Rolläden herunterzulassen.
Um das Licht zu dämpfen, würde ich einfach die Rolläden herunterlassen.

Probe auf das Vorliegen dieser Variante ist die Frage, ob sich der Finalsatz sinngebunden in einen (auch hier durch *wollen*) modalisierten Konditionalsatz umformen läßt:

Wenn du das Licht dämpfen *willst,* brauchst du nur die Rolläden herunterzulassen.
Wenn ich das Licht dämpfen *wollte,* würde ich einfach die Rolläden herunterlassen.

Da diese Variante an eine hypothetische Bedingung im Nebensatz (vgl. 1244 ff.) gebunden ist, sind Beispiele mit einem Vergangenheitstempus nur möglich, wenn es sich nicht eigentlich um einen vergangenen (faktischen) Sachverhalt handelt, sondern z. B. um eine verallgemeinerte Erfahrung:

Um das Licht zu dämpfen, brauchte ich immer nur die Rolläden herunterzulassen.

Bei Umformung in einen *wenn*-Satz ergibt sich hier:

> *Wenn* ich das Licht dämpfen *wollte,* brauchte ich immer nur die Rolläden herunterzulassen.

3. Im zweiten Typ, der durch das Merkmal der Eignung bestimmt ist, bezieht sich der Nebensatz nur auf ein Element innerhalb des Hauptsatzes (z. B. auf ein Substantiv) und erklärt eine bestimmte Eignung des Gegenstands oder der Sache, die durch dieses Element bezeichnet wird:

> Einen Lastwagen, *um das Holz aus dem Wald abzufahren,* haben wir nicht.

Den besonderen Anschlußwert können zwei Umformungsproben deutlich machen, die zugleich als Identifikationsoperationen herangezogen werden können:

> Einen Lastwagen, *der (dazu) geeignet ist,* das Holz aus dem Wald abzufahren, haben wir nicht.
> Einen Lastwagen, *mit dem* man das Holz aus dem Wald abfahren *kann,* haben wir nicht.

4. Für die Verwendung satzwertiger Infinitivkonstruktionen in diesem Bereich ist zu beachten: Der mit *um – zu* angeschlossene Infinitiv bezieht sich r e g u l ä r auf das Subjekt des übergeordneten Satzes:

> Er beeilt sich, um den Zug zu erreichen. (= Er will den Zug erreichen.)

Anschlüsse an das Objekt des übergeordneten Satzes wie im folgenden Beispiel gelten allgemein als ungrammatisch:

> Man bezahlt Angestellte, um zu arbeiten (= Sie sollen arbeiten).

Bei den Verben *schicken, senden* und *bringen* ist allerdings Bezug auf das Objekt öfter zu hören, und zwar dann, wenn an Objektstelle ein belebtes Wesen genannt wird:

> Die Mutter schickte das Kind zum Bäcker, um Brötchen zu holen (= das Kind soll Brötchen holen). Der Vater sandte den Sohn auf die Universität, um Theologie zu studieren (= er soll Theologie studieren). Man brachte die Kinder auf das Land, um bei der Ernte zu helfen (= sie sollen bei der Ernte helfen).

Vom Gebrauch dieser Konstruktionsweise ist abzuraten, weil leicht Mißverständnisse auf Grund der doppelten Beziehbarkeit entstehen:

> Der Vater schickte seinen Sohn, um den Streit beizulegen.

Wer will oder soll hier den Streit beilegen? Eindeutig dagegen:

> Der Vater schickte seinen Sohn, um durch ihn den Streit beilegen zu lassen (= der Sohn legt den Streit bei). (Oder:) Der Vater schickt seinen Sohn, um dadurch den Streit beizulegen (= der Vater legt den Streit bei).

1253	## Modalsätze[1]

1. Zwischen zwei Teilsätzen besteht ein modales Verhältnis; im wesentlichen werden in einem der beiden Teilsätze Mittel und Umstände genannt, die das im anderen Satz genannte Geschehen charakterisieren. Für das Satzgefüge stehen – relativ zu den verschiedenen Typen – unterschiedliche Anschlußmittel zur Verfügung:

2. Im Nebensatz wird genauer erläutert, wie eine Handlung ausgeführt wird, die im Hauptsatz genannt ist:

> Er löste die Aufgabe, *indem er den Knoten zerhieb.*
> Er löste die Aufgabe *dadurch, daß er den Knoten zerhieb.*

---

[1] Vgl. hierzu die Darstellung der modalen Relativsätze (1203), wo auch die Vergleichssätze behandelt werden.

Ein anderes Anschlußmittel ist *so – daß:*

Er löste die Aufgabe *so, daß er den Knoten zerhieb.*

In solchen Fällen ist Verwechslung mit konsekutiven Satzgefügen möglich, wenigstens bei bestimmten Satzinhalten, z. B.:

Sie ließ das Radio *so laufen, daß sich alle Nachbarn aufregten.*

Die beiden Typen können an Hand folgender Kriterien auseinandergehalten werden:

– Nur in konsekutiven, nicht in modalen Beispielen ist nach dem *so* ein qualifizierendes Adjektiv möglich.
– Nur in konsekutiven, nicht in modalen Beispielen ist das *so* ohne größere Sinnänderung weglaßbar.
– In modalen Satzgefügen ist *so – daß* durch *indem* und *dadurch – daß* ersetzbar, in konsekutiven nicht.

Bei umgekehrter Verteilung der Teilsatzinhalte auf Hauptsatz und Nebensatz ist auch möglich:

Er zerhieb den Knoten, *wodurch er die Aufgabe löste.*

Dem entspricht in der Satzverbindung:

Er zerhieb den Knoten; dadurch löste er die Aufgabe.

3. Im Nebensatz wird eine Handlung angeführt, die eine andere (im Hauptsatz angegebene) begleitet:

Er wehrte sich heftig, *wobei er die Brieftasche verlor.*

Dem entspricht in der Satzverbindung:

Er wehrte sich heftig; dabei verlor er die Brieftasche.

Auch satzwertige Partizipialkonstruktionen sind hier möglich:

So blieb er liegen … lag still, *die Hände hinter dem Kopf verschränkt.* (Th. Mann) Da lag sie, *die plumpen, geschmückten Hände von sich gestreckt,* unfähig, sich zu regen. (L. Feuchtwanger)

Eine Verstärkung oder Betonung dieses Verhältnisses kann man in folgender Form sehen:

Sie warf ihm das Buch an den Kopf, *nicht ohne ihn heftig anzuschreien.*

4. Im Nebensatz wird eine Handlung, ein Sachverhalt oder dgl. als gerade nicht zusammen mit der im Hauptsatz genannten Handlung usw. vorkommend charakterisiert; man kann darin eine Art Gegenmöglichkeit zu dem vorangehenden Typ sehen:

Er tat alles, *ohne jedoch Erfolg zu haben.*
Er tat alles, *ohne daß er jedoch Erfolg hatte.*

Wenn hier eine Infinitivkonstruktion gewählt wird, so ist als deren Subjekt das Subjekt des übergeordneten Satzes anzusetzen. Abweichungen von dieser Regel kommen gelegentlich in der gesprochenen Alltagssprache vor:

Die Mutter schickte die Kinder ins Bett, *ohne zu essen* (= sie haben nichts gegessen).

Bei dieser Konstruktionsweise können zudem Mißverständnisse auftreten, wenn an der Subjektstelle und als Agens eines passivischen Satzes Personen genannt sind:

Die Kinder wurden von den Eltern ins Bett geschickt, *ohne ein Wort zu sagen.*

Wer sagte hier kein Wort? Man sollte solche Formulierungen vermeiden.

Wie in anderen Satzgefügen ist hier Zuordnung des Nebensatzes zu einem zu ergänzenden, mitzudenkenden Hauptsatz möglich:

Du bist, *ohne dich damit kritisieren zu wollen,* sehr selten dabeigewesen.

Dem entspricht in der Satzverbindung:

Du bist – ich will dich damit nicht kritisieren – sehr selten dabeigewesen.

1254 Nebensätze in einer Konfrontationsbeziehung

Wir stellen in dieser Gruppe verschiedene (inhaltlich nicht weiter miteinander verbundene) Beispiele für Verhältnisse zusammen, innerhalb deren zwei Aussagen in irgendeiner Weise einander konfrontierend zugeordnet werden. Den verschiedenen Typen entsprechen jeweils besondere Anschlußmöglichkeiten.

1. Zwei Aussagen, Sachverhalte usw. werden einander adversativ zugeordnet; dabei ist es relativ gleichgültig, welcher der beiden Sachverhalte im Hauptsatz und welcher im Nebensatz aufgeführt wird:

Während die eine Wohnung zu klein war, war die andere zu weit entfernt.

Bei diesem Typ gibt es Identifikationsprobleme: An Stelle von *während* ist oft auch *wenn* möglich; in solchen Fällen kommt Verwechslung mit Konditionalsätzen vor. Eine Trennung ist hier unter Beachtung folgender Punkte möglich:
- In adversativen Satzgefügen ist außer *wenn* keine der in Konditionalsätzen vorkommenden Anschlußmöglichkeiten gegeben.
- Bei adversativen Satzgefügen kann der Nebensatz nicht hypothetisch bestimmt sein (vgl. 1244ff.).
- Für den adversativen *wenn*-Anschluß ist nur Anfangsstellung des Nebensatzes möglich. Diese Einschränkung besteht bei Konditionalsätzen nicht.

Bei umgekehrter Verteilung der Teilsatzinhalte auf Hauptsatz und Nebensatz ist hier auch möglich:

Die zweite Wohnung war zu weit entfernt, *wo[hin]gegen die erste zu klein (gewesen) war.*

Dem entspricht in der Satzverbindung:

Die zweite Wohnung war zu weit entfernt; dagegen (demgegenüber) war die erste zu klein (gewesen).

2. Zwei Handlungsweisen werden einander substitutiv gegenübergestellt. Das heißt: Eine Handlungsweise hätte realisiert werden sollen, wurde es aber nicht; demgegenüber wurde eine andere realisiert, die es nicht hätte werden sollen:

Statt zu schlafen, las sie.
Statt daß sie schlief, las sie.

In der Satzverbindung entspricht dem:

Sie hatte schlafen sollen; statt dessen las sie.

3. Im Nebensatz wird eine Handlungsweise (oder dgl.) der im Hauptsatz genannten ausgrenzend gegenübergestellt; dabei lassen sich zwei Nuancen unterscheiden: In einem (gleichsam negativ geprägten) Fall geht es um die Nichterfüllung einer Erwartung, im anderen (positiv geprägten) Fall geht es um das Überbieten einer Erwartung:

(Negativ:) *Außer daß er eingekauft hat,* hat er nichts getan.
Außer einzukaufen, hat er nichts getan.
(Positiv:) *Außer daß er eingekauft hat,* hat er auch noch gekocht.
Außer einzukaufen, hat er auch noch gekocht.

Dem entspricht in der Satzverbindung:

(Negativ:) Er hat (lediglich) eingekauft; sonst hat er nichts getan.
(Positiv:) Er hat eingekauft; außerdem hat er (auch) (noch) gekocht.

4. Zwei Sachverhalte werden miteinander verknüpft, die in irgendeiner Hinsicht eine ungewöhnliche, schicksalhafte, unerwartbare Konstellation bilden. Diese

Verknüpfung wird in der Regel als Stilmittel gewählt, um komische Wirkungen zu erzielen:

Sie stellte den Regenschirm neben sich, *um ihn dann doch noch zu vergessen.*
Er kam in seine Heimatstadt zurück, *um dort kurz darauf zu sterben.*

5. Zwei unter irgendeinem Gesichtspunkt vergleichbare oder ähnliche Sachverhalte werden miteinander in Zusammenhang gebracht. Ein besonderer Wert der Verbindung läßt sich darüber hinaus nicht nennen. Er kann in Satzgefüge dieser Art durch weitere (lexikalische) Mittel zusätzlich eingebracht werden:

So *wie du gern angelst,* spiele ich gern Tischtennis.

Nebensätze der Aussagenpräzisierung

1255

1. Bei einer ganzen Reihe von Satzgefügen, die wir in den Abschnitten 1235–1254 dargestellt haben, gab es die Möglichkeit, daß sich ein Nebensatz nicht auf den bei ihm stehenden, sondern auf einen zu ergänzenden, mitzudenkenden Hauptsatz bezog (vgl. dazu besonders 1235 u. Anm. und die Konditionalsätze unter 1244 ff.); insgesamt galt jedoch, daß die Zuordnung des Nebensatzes zu einem bei ihm stehenden Hauptsatz als normal, die zu einem zu ergänzenden Hauptsatz als Sonderfall zu betrachten war. Demgegenüber ist nun das hier angesprochene Verhältnis der Aussagenpräzisierung dadurch charakterisiert, daß der Bezug auf einen nicht realisierten Satz der normale ist.

Für alle hier zusammengestellten Nebensätze gilt also, daß sie – in je besonderer Weise – ergänzenden, mitzudenkenden Hauptsätzen zuzuordnen sind. Weiterhin ist ihnen gemeinsam, daß sie die im gegebenen Hauptsatz stehende Aussage in irgendeiner Weise präzisieren. Wir unterscheiden wieder verschiedene Typen und charakterisieren die jeweils vorliegende Zuordnungsweise durch Einfügung einer erläuternden Übergangsstruktur.

2. Im Nebensatz wird ein Vorbehalt gegenüber der Gültigkeit des im Hauptsatz Ausgesagten formuliert:

Er ist eigentlich ganz korrekt, *außer daß/nur daß er recht nachgiebig ist.* (= Er ist eigentlich ganz korrekt; diese Aussage trifft zu unter dem Vorbehalt, daß er recht nachgiebig ist.)

In der Satzverbindung entspricht dem:

Er ist recht nachgiebig; im übrigen/sonst ist er eigentlich ganz korrekt.

3. Der Nebensatz gibt eine Eingrenzung der Aussage, die im Hauptsatz steht:

Der Plan ist, *was die statischen Berechnungen angeht,* in Ordnung. (= Der Plan ist in Ordnung; diese Aussage trifft zu bezogen nur auf die statischen Berechnungen.)

Im Nebensatz stehen hier immer Verben wie *angehen, betreffen* u. a.

4. Nicht wie beim vorangehenden Typ der Ausschnitt, sondern der Aspekt, unter dem die im Hauptsatz gegebene Aussage eingegrenzt wird, wird im Nebensatz genannt:

Das Ergebnis ist, *insofern hier erstmals Jugendliche mitgearbeitet haben,* durchaus zufriedenstellend. (= Das Ergebnis ist durchaus zufriedenstellend; diese Aussage trifft unter folgendem Aspekt zu: Es haben erstmals Jugendliche mitgearbeitet.)

Dem entspricht in der Satzverbindung:

Erstmals haben hier Jugendliche mitgearbeitet; insofern ist das Ergebnis durchaus zufriedenstellend.

5. Durch den Nebensatz wird die Gültigkeit der Aussage des Hauptsatzes eingeschränkt; diese Einschränkung hängt mit begrenztem Wissen, begrenzter Urteilsfähigkeit usw. (oft des Sprechenden) zusammen:

Soviel ich weiß/Soweit ich weiß, ist der Erdumfang 40 000 km. (= Soviel/Soweit ich weiß, trifft die Aussage zu, daß der Erdumfang 40 000 km ist.)

6. Im Nebensatz werden die Umstände genannt, die zu berücksichtigen sind, wenn man die im Hauptsatz gemachte Aussage beurteilen will:

Dafür, daß sie nur 1,40 m groß ist, springt sie sehr hoch. (= Die Aussage, daß sie sehr hoch springt, trifft zu unter Berücksichtigung des Umstands, daß sie nur 1,40 m groß ist.)

Bei umgekehrter Verteilung der Teilsatzinhalte auf Hauptsatz und Nebensatz ist auch möglich:

Sie ist schließlich nur 1,40 m groß, *wofür sie (doch) (wirklich) sehr hoch springt.*

Dem entspricht in der Satzverbindung:

Sie ist (schließlich) nur 1,40 m groß; dafür springt sie (doch) (wirklich) sehr hoch.

7. Der Aussage des Hauptsatzes wird im Nebensatz begleitend eine Aussage hinzugefügt; deren Status ist nicht durch syntaktische Regeln festgelegt:

Seine Forderung ist übertrieben, *wobei ich über ihre Logik nichts sagen will.* (= Seine Forderung ist übertrieben; dazu ist zu sagen, daß ich über ihre Logik gar nichts sagen will.)

In der Satzverbindung entspricht dem:

Seine Forderung ist übertrieben; dabei will ich über ihre Logik nichts sagen.

8. Im Nebensatz wird ein Thema angesprochen und zugleich eingegrenzt. Der Nebensatz steht hier stets vor dem Hauptsatz; er ist gebunden an die Verwendung von Verben wie *angehen, betreffen* u.ä.:

Was nun diese Geschichte angeht, so ist festzuhalten: ...

Das *nun* als verstärkendes Signal für einen Themenwechsel ist hier im Nebensatz häufig.

1256 | 3.4.3 Die Verhältnisbeziehungen im Überblick

Wir stellen im Folgenden die herausgearbeiteten Anschlußwerte bei den Verhältnisbeziehungen tabellarisch geordnet zusammen. Dabei verwenden wir, soweit vorhanden, die grammatischen Termini, ansonsten die Stichworte, die wir bei der Herausarbeitung zu ihrer Charakterisierung herangezogen haben. Die Anschlußmittel lassen sich nur zum Teil einzelnen Typen zuordnen, oft gelten sie für eine ganze Gruppe. In diesem Fall stehen sie in der Regel am Anfang des entsprechenden Teilbereichs. Die Aufstellung folgt im übrigen der Abfolge der Darstellung in 3.4.2.

Typ	Variante bzw. Modifikation	Anschluß-mittel	Beispiele
Kausalsätze (unspezifiziert) kausal		*da, weil*	Da/Weil eine Baustelle eingerichtet wird, gibt es eine Umleitung.
	sekundärer Grund	*zumal [da]* *um so mehr als*	Sie blieb gern im Bett, zumal [da] sie ein bißchen Fieber hatte.
Ausgleich		*dafür, daß*	Dafür, daß du zu spät kommst, mußt du eine Runde zahlen.
Konsekutivsätze		*daß, so – daß, so daß, um – zu, zu, als daß*	

Typ	Variante bzw. Modifikation	Anschluß- mittel	Beispiele
konsekutiv	allgemein	*so daß*	Es regnete stark, so daß die Wanderung recht anstrengend wurde.
	speziell	*so – daß*	Er ließ das Radio so laut laufen, daß sich alle Nachbarn aufregten.
	Wunsch	*um – zu*	Sie war glücklich, um in die Luft zu springen.
	mögliche Folge	*zu*	Er hatte den Einfluß, den Beschluß durchzusetzen.
	negative Folge	*zu – als – daß*	Er ist zu müde, als daß er heute noch kommt.
	modalisierte Folge	*zu ..., um – zu*	Ich bin zu alt, um darauf noch zu hoffen.
Konzessivsätze		*obgleich, obwohl, obschon, obzwar, wenn auch, wenngleich, wennschon* (ugs. *trotzdem*)	
unzureichender Gegengrund			Obwohl er sich sehr beeilte, kam er nicht zurecht.
	Einräumung		Wenn das Buch auch sehr gut ist, ist es doch für mich wenig hilfreich.
Folgerung Vermutungsbeleg		*daß*	Sie muß krank sein, daß sie nicht gekommen ist.
Konsequenz		*wie*	Wie sich die ganze Geschichte entwickelt hat, trete ich aus.
Temporalsätze 1. Vorzeitigkeit		*nachdem, als, seit, seitdem, sobald, sowie, sooft, als, wie, wenn, kaum daß*	Nachdem sie die Probezeit bestanden hatte, war es leichter. Kaum hatte er das Haus verlassen, als es Alarm gab. Seitdem er umgezogen ist, lebt er viel entspannter.
2. Nachzeitigkeit		*bis, bevor, ehe*	Bevor sie die Probezeit bestanden hatte, war es schwer. Bevor du die Probezeit nicht bestanden hast, darfst du nicht Urlaub nehmen. Bis er umzog, lebte er sehr gespannt. Ich genehmige dir den Urlaub nicht, bis du nicht die Probezeit bestanden hast.
3. Gleichzeitigkeit		*während, indem, indes[sen], solange, sobald, sowie, sooft, als, wie, wenn*	
parallelisierend			Während sie schrieb, gingen wir spazieren.

Typ	Variante bzw. Modifikation	Anschluß-mittel	Beispiele
einbettend			Als sie (gerade) schrieb, brachen wir auf.
Konditionalsätze		*wenn, wofern, sofern, falls; uneingel. Nebensatz*	
Voraussetzung			Wenn sie jetzt gewählt ist, bleibt sie auch da.
	Ausnahme-voraussetzung	*außer wenn, es sei denn ...*	Ich komme heute noch vorbei, außer wenn es sehr spät wird.
	auslösendes Geschehen		Wenn er nur an sie dachte, wurde er schon ganz froh.
	Rahmenbedingung		Er stimmt mit Nein, wenn er überhaupt stimmt.
	Proportionalität	*je – desto/um so*	Je mehr sie sich um ihn bemühte, um so spröder wurde er.
	Urteilsgleichgewicht		Wenn ihr liberal seid, sind wir ja Anarchisten.
Relevanz/Irrelevanz			
Irrelevanz	Sachverhaltsreihe	W-Anschluß + *auch immer*	Ich stehe zu ihr, was auch immer geschehen mag.
	Sachverhaltsalternative	*ob – oder*	Ich stehe zu ihr, ob sie es nun gesagt hat oder nicht.
	einzelner Sachverhalt	*auch wenn*	Ich stehe zu ihr, auch wenn das wahr ist.
Relevanz	Sachverhaltsalternative	*je nachdem, ob*	Wir werden uns treffen, je nachdem, ob es die Sachlage erfordert (oder nicht).
	Sachverhaltsskala	*je nachdem, w-*	Wir werden uns vielleicht bald treffen, je nachdem, wie sich die Dinge entwickeln.
Finalsätze		*damit, daß, auf daß, um – zu*	
Motivation	kausal		Sie ließ die Rolläden herunter, um das Licht zu dämpfen.
	konditional		Um das Licht zu dämpfen, brauchst du nur die Rolläden herunterzulassen.
Eignung			Einen Lastwagen, um das Holz abzufahren, haben wir nicht.
Modalsätze			
Handlungsausführung		*indem, dadurch – daß, so – daß*	Er löste die Aufgabe, indem er den Knoten zerhieb.
Handlungsbegleitung		*wobei*	Er wehrte sich heftig, wobei er die Brieftasche verlor.
fehlender Begleitumstand		*ohne zu + Infinitiv, ohne daß*	Er tat alles, ohne jedoch Erfolg zu haben.
Konfrontation			
adversativ		*während, wenn, wo[hin]gegen*	Während die eine Wohnung zu klein war, war die andere zu weit entfernt.

Typ	Variante bzw. Modifikation	Anschluß-mittel	Beispiele
substitutiv ausgrenzend		*statt* *außer daß,* *außer zu*	Statt zu schlafen, las sie. Außer daß er eingekauft hat, hat er nichts getan.
Aussagenpräzi-sierung Vorbehalt		*außer daß,* *nur daß*	Er ist eigentlich ganz korrekt, nur daß er recht nachgiebig ist.
Aussageneingren-zung		*was ...*	Der Plan ist, was die statischen Berechnungen angeht, in Ordnung.
Aspekteingrenzung		*insofern*	Das Ergebnis ist, insofern hier erstmals Jugendliche mitgearbeitet haben, zufriedenstellend.
Aussagekompetenz		*soviel, soweit*	Soviel ich weiß, ist der Erdumfang 40 000 km.
Berücksichtigung		*dafür, daß*	Dafür, daß sie nur 1,40 m groß ist, springt sie sehr hoch.
Aussagebegleitung		*wobei*	Seine Forderung ist übertrieben, wobei ich über ihre Logik nichts sagen will.
Themaeingrenzung		*was ...*	Was nun diese Geschichte angeht, so ist festzuhalten: ...

4 Die Wortstellung

Wörter, Teilglieder im Satzglied, Satzglieder im Satz und Teilsätze im zusammengesetzten Satz sind nicht beliebig angeordnet. Für ihre Anordnung gelten Regeln. Allerdings spielen hier nur zum Teil grammatische Gesichtspunkte eine Rolle wie z. B. der Satzgliedwert einer Wortgruppe oder die Wortart verwendeter Wörter. Einen wichtigen Einfluß haben daneben die Wortbedeutungen, der Ausdruckswille des Sprechers und die damit zusammenhängende Intonation. Dazu kommen Einflüsse der jeweiligen Situation.
Im Folgenden wird es vorrangig um grammatische Regularitäten der Wortstellung gehen.[1] Den Ausgangspunkt bildet dabei die Stellung des besonders stellungsfesten Prädikats bzw. seiner Teile (vgl. 1021, 1025 f.).

`1257`

4.1 Die Prädikatsteile
4.1.1 Die Stellung des Finitums

Grundsätzlich steht das Finitum, die Personalform, im Satz an zweiter, erster oder letzter Stelle:

`1258`

Peter *hilft* seinem Vater im Garten. *Hilft* Peter seinem Vater im Garten? ... daß Peter seinem Vater im Garten *hilft*.

---

[1] Wichtige neuere Beiträge zur deutschen Wortstellung, denen die folgende Darstellung verpflichtet ist, sind vor allem U. Engel: Regeln zur Wortstellung. Mannheim 1970; ders.: Regeln zur „Satzgliedfolge". Zur Stellung der Elemente im einfachen Verbalsatz. In: Linguistische Studien I. Düsseldorf 1972, S. 17–75; U. Hoberg: Die Wortstellung in der geschriebenen deutschen Gegenwartssprache. München 1981.

Sätze mit dem Finitum an zweiter Stelle nennt man Kernsätze. Man spricht auch von einer Mittel- oder Achsenstellung des Verbs. Alle diese Namen betreffen nur die Wortstellung; sie wollen darüber hinaus nichts weiter aussagen.

Von Zweitstellung des Finitums spricht man auch in Sätzen wie dem folgenden:

> Denn sie *hatte* die Geldbörse vergessen.

Strenggenommen steht das Finitum hier an dritter Stelle. Man kann aber sagen: Das *denn* ist vor den Satz als Ganzes getreten (vgl. dazu auch 1266).

Sätze mit dem Finitum in Zweitstellung können sein:

– Aussagesätze:

> Gaby *ging* um 8 Uhr ins Theater. Der Gewitterregen *schlug* die Blüten von den Bäumen. In diesem Jahr *war* der Winter zu warm.

– Angeführte Sätze ohne Konjunktion (vgl. 1228):

> Ich erinnere mich, sie *trug* einen Hut. Ich glaube, er *war* dabei.

– Ergänzungsfragen:

> Wann *kommt* ihr? Was *kannst* du?

– Entscheidungsfragen:

> Ihr *kommt* doch morgen? Du *rauchst* doch nicht etwa?

– Ausrufesätze:

> Du *hast* aber einen langen Bart!

– Sätze mit der 3. Pers. Sing. des Konjunktivs I zur Kennzeichnung eines Wunsches, Begehrens:

> Sie *lebe* hoch! Der Herr *sei* mit euch.

1259 Sätze mit dem Finitum an erster Stelle nennt man Stirnsätze. Sie können sein:

– Entscheidungsfragen:

> *Kommt* ihr morgen? *Liebt* sie dich?

– Ausrufesätze:

> *Wird* der Augen machen! *War* das eine Hetze!

– Aufforderungssätze:

> *Schweigen* Sie! *Tu* das bitte! *Seien* Sie bitte so freundlich! *Gehen* wir!

– Irreale Wunschsätze:

> *Käme* er doch! *Hätte* sie doch länger gelebt!

– Uneingeleitete Nebensätze:

> *Versagen* die Bremsen, dann ... *Ist* es auch dunkel, wir ...

1260 Sätze mit dem Finitum an letzter Stelle nennt man Spannsätze. Sie können sein:

– Ausrufesätze:

> Wie schön das alles *ist!*

– Irreale Wunschsätze:

> Wenn er doch *käme!* Wenn er doch länger gelebt *hätte!*

– Eingeleitete Nebensätze:

> Der Unfall ereignete sich, weil der Fahrer übermüdet *war*. Ich bin sicher, daß sie *kommt*. Ich weiß nicht, ob er Klavier *spielt*.

Das Finitum steht in diesen Sätzen nicht notwendig an letzter Stelle; möglich ist oft auch Ausklammerung (vgl. 1267) und manchmal Voranstellung des Finitums vor die infiniten Formen (vgl. 1262). Aber auch dann steht das Finitum jedenfalls immer später als an zweiter Stelle.

4.1.2 Die Stellung der Prädikatsteile bei mehrteiligen Prädikaten

Das Prädikat kann allein vom Finitum gebildet werden, kann aber auch – wenn infinite Form und/oder Verbzusatz vorkommen (vgl. 1024) – mehrteilig sein. In diesem Fall gilt: | 1261 |

Das Finitum des mehrteiligen Prädikats steht in Kern- und Stirnsätzen an derselben Stelle wie in Sätzen mit einteiligem Prädikat, nämlich an zweiter oder erster Stelle. Die nichtfiniten Prädikatsteile stehen am Ende des Satzes oder – bei Ausklammerung (vgl. 1267) – zum Ende des Satzes hin:

> Peter *hat* seinem Vater *geholfen*. – *Hat* Peter seinem Vater *geholfen?* Peter *will* seinem Vater *helfen*. – *Will* Peter seinem Vater *helfen?* Peter *hilft* seinem Vater *aus*. – *Hilft* Peter seinem Vater *aus?*

Wenn das Prädikat aus mehr als zwei Teilen besteht, steht der Verbzusatz links von der infiniten Form; die anderen Teile stehen um so weiter rechts, je eher – bei Umwandlung des Prädikats in Prädikate mit je einem Bestandteil weniger – der einzelne Teil Finitum wird:

> Sie *hätte* wirklich *heimkommen sollen*. – Sie *sollte* wirklich *heimkommen*. – Sie *kommt* wirklich *heim*.

In Spannsätzen stehen alle Prädikatsteile – auch das Finitum – am Ende des Satzes oder – bei Ausklammerung (vgl. 1267) – zum Ende des Satzes hin. Der Verbzusatz steht links von den anderen verbalen Teilen. Für sie gilt die Regel aus dem vorangehenden Absatz, die – stichwortartig formuliert – lautet: *rechts determiniert links.* Das Finitum steht dabei in der Regel rechts von allen anderen Prädikatsteilen:

> ... obwohl er nicht *aufschreiben will*. – ... obwohl er ihn *reden gehört hat.* – ... weil sie ihn *kommen gelassen haben wird.*

Der Infinitiv der Verben, von denen der sogenannte „Ersatzinfinitiv" gebildet wird (vgl. 318), sowie dieser selbst steht immer am Ende des Prädikatskomplexes. Prädikatsteile, die nach der Regel *rechts determiniert links* an sich rechts zu stehen hätten, stehen dann links; in Spannsätzen wird dabei der Prädikatskomplex mit dem Finitum eröffnet: | 1262 |

> ... obwohl er nicht *hat schreiben können.* Er wird nicht *haben kommen können* (oder: Er wird nicht *kommen gekonnt haben*. Vgl. 1261.). ... obwohl er ihn *hat reden hören* (oder: ... obwohl er ihn *reden gehört hat*. Vgl. 1261.). ... weil er nicht *wird haben kommen können* (oder: ... weil er nicht *kommen gekonnt haben wird*. Vgl. 1261.). ... daß sie für immer *werden* in Heimen *leben müssen*. ... weil sie ihn *wird kommen lassen.*

4.2 Satzklammer und Stellungsfelder

4.2.1 Die Satzklammer | 1263 |

In Kern- und Stirnsätzen bilden Finitum und nichtfinite Prädikatsteile eine Klammer, in die die Satzglieder eingeschlossen sind; ausgenommen davon ist immer das Satzglied, das im Kernsatz die Erststellung hat. (Zur Ausklammerung von Gliedern vgl. 1267.)

Kernsatz: Peter ⌐*hat*⌐ seinem Vater im Garten ⌐*geholfen.*⌐

Stirnsatz: ⌐*Hat*⌐ Peter seinem Vater im Garten ⌐*geholfen?*⌐

In Spannsätzen wird die Klammer aus dem Einleitewort und dem Finitum gebildet:

Spannsatz: ... ⌐*daß*⌐ Peter seinem Vater im Garten ⌐*hilft.*⌐
geholfen hat.

Man nennt diese Klammer Satzklammer.

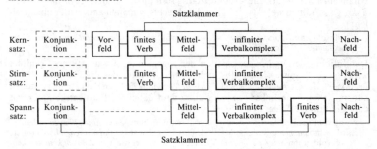

1264

4.2.2 Die Stellungsfelder

Von der Stellung der Klammerteile her gliedert man den Satz in Stellungsfelder. Das Feld vor dem ersten Klammerteil nennt man Vorfeld, das Feld zwischen den Klammerteilen nennt man Mittelfeld. In bestimmten Fällen kann man Teile des Satzes auch aus der Klammer herauslösen und hinter den zweiten Klammerteil setzen; man spricht dann von Ausklammerung und nennt das Feld hinter dem zweiten Klammerteil Nachfeld.

1265

4.2.3 Satzklammer und Stellungsfelder im Überblick

Auf Grund der Klammerbildung im deutschen Satz läßt sich folgendes allgemeine Schema aufstellen:

	Satzklammer					
Kernsatz:	Konjunktion	Vorfeld	finites Verb	Mittelfeld	infiniter Verbalkomplex	Nachfeld
Stirnsatz:	Konjunktion		finites Verb	Mittelfeld	infiniter Verbalkomplex	Nachfeld
Spannsatz:	Konjunktion			Mittelfeld	infiniter Verbalkomplex	finites Verb	Nachfeld

Satzklammer

4.3 Die Besetzung der einzelnen Stellungsfelder

1266

4.3.1 Die Besetzung des Vorfelds

In Spann- und Stirnsätzen ist das Vorfeld nicht besetzt. Im Kernsatz ist es immer besetzt, in der Regel mit einem Satzglied (vgl. aber 1028).

Vorfeld		Mittelfeld	
Susanne	hat	gestern für ihren Freund ein Geschenk	ausgesucht.
Gestern	hat	Susanne für ihren Freund ein Geschenk	ausgesucht.
Für ihren Freund	hat	Susanne gestern ein Geschenk	ausgesucht.
Ein Geschenk	hat	Susanne gestern für ihren Freund	ausgesucht.

Allgemein kann man sagen: Mit Ausnahme des klammerbildenden Prädikats kann jedes Satzglied im Vorfeld stehen. Im einzelnen gilt:

1. Wenn das Subjekt im Vorfeld steht, spricht man auch von G r u n d s t e l l u n g (gerader Wortstellung):

> *Susanne* hat für ihren Freund ein Geschenk ausgesucht.

Wenn ein anderes Satzglied als das Subjekt im Vorfeld steht, spricht man von G e g e n s t e l l u n g (ungerader Wortstellung oder Inversion):

> *Für ihren Freund* hat Susanne ein Geschenk ausgesucht.

2. Im Vorfeld kann neben einem Satzglied auch noch eine nebenordnende Konjunktion wie *denn* oder *und* stehen. Solche Konjunktionen sind nur Verbindungswörter (vgl. 654 f.), keine Satzglieder. Sie beeinflussen daher auch die Wortstellung nicht. Die Besetzung des Vorfelds allein mit *und*, wie sie gelegentlich in der Amts- und Kaufmannssprache zu beobachten ist, gilt als nicht korrekt:

> Die Abhaltung der Prüfung wird auf den 10. Juni festgesetzt und sind die Gesuche (statt: *und die Gesuche ... sind*) um Zulassung zu derselben bis zum 1. Juni einzureichen.

3. Das Vorfeld kann auch mit einem Nebensatz besetzt werden:

> *Als er nach Hause kam,* setzte er sich zu Tisch.

4. Häufig nennt der Sprecher mit dem Satzglied im Vorfeld etwas, was dem Hörer bekannt ist bzw. was als bekannt vorausgesetzt wird; oder der Sprecher schließt mit dem Satzanfang an etwas an, was bereits gesagt worden ist.[1] In diesen Fällen wird das Satzglied im Vorfeld nicht besonders betont und hervorgehoben:

> *Susanne* hat ein Geschenk ausgesucht. *Das Geschenk* ist für ihren Freund. *Es* ist federleicht. – *Peter* war gestern im Schwimmbad. *Er* war drei Stunden dort. *Dann* ging er ins Kino.

Der eigentliche Kern der Aussage steht dann im Mittelfeld, und zwar häufig dem Ende des Satzes zu.

5. Der Sprecher kann aber auch das Satzglied, mit dem er etwas Neues, ihm Wichtiges angeben will, ins Vorfeld setzen. Es wird dadurch besonders betont und hervorgehoben, mitunter auch zur Andeutung eines Gegensatzes:

> *Nach Hause* ist sie nicht gegangen. *Ihm* habe ich das nicht gesagt, wohl seinem Bruder. *Herrn Müller* habe ich gesehen. *Schnell* ist er nicht gelaufen.

Oft ist diese Ausdrucksweise Anzeichen für starke innere Beteiligung:

> *Niemals* wird das geschehen! *So* habe ich das nicht gemeint!

Diese Stellung nennt man A u s d r u c k s s t e l l u n g .
In die Ausdrucksstellung kann auch ein Prädikatteil gebracht werden, ebenso eine Satzgliedfolge, deren einzelne Teile betont sind:

> *Gelogen* hat er! *Gewonnen* haben wir nicht, aber auch nicht verloren! *Auf* fällt, daß keiner einen Anspruch anmeldet! *Mit den Hühnern ins Bett* gehen sie.

---

[1] Man hat versucht, derartige Beobachtungen systematischer zu beschreiben, und zwar unter textlinguistischen Gesichtspunkten. In der sogenannten Prager Schule ist das unter dem Stichwort „funktionale Satzperspektive" geschehen. Der Grundgedanke dabei ist, daß die verschiedenen Elemente eines Satzes bezüglich ihres Aussagecharakters und Neuigkeitswert der mitgeteilten Information einen unterschiedlichen Status haben. Die schon bekannte, vorauszusetzende oder zu erschließende Information wird als Thema gefaßt, die neue (= was über das „Thema" ausgesagt wird) als Rhema. Die Thema-Rhema-Struktur eines Satzes ist nicht mit seiner Subjekt-Prädikat-Struktur gleichzusetzen, obwohl zwischen beiden Beziehungen bestehen. Detailliertere Hinweise gibt etwa der Artikel „Textlinguistik" in: H. P. Althaus/H. Henne/H. E. Wiegand (Hg.): Lexikon der Germanistischen Linguistik. Tübingen 1980, S. 242–258.

6. Nur im Vorfeld steht *es* in Platzhalterfunktion; es fällt weg, wenn ein Satzglied ins Vorfeld gestellt wird (vgl. 1028):

> *Es* wartet jemand auf dich. – *Jemand* wartet auf dich.

7. Partikeln wie *nicht, [so]gar, eben (So geht es eben nicht.), halt, schon (Es ist schon gut;* vgl. auch 596) und normalerweise Verbzusätze (vgl. aber 5) sowie generell das Reflexivpronomen der echten reflexiven Verben (vgl. 172) können nicht ins Vorfeld gestellt werden.

| 1267 | ### 4.3.2 Die Besetzung des Nachfelds – die Ausklammerung

Bestimmte Teile des Satzes können ausgeklammert, d. h. ins Nachfeld gestellt werden. Grammatisch notwendig (wie in manchen Fällen der Vorfeldbesetzung) ist das nie. Doch können stilistische Gründe eine Ausklammerung nahelegen. Generell spielt die Länge des Elements eine Rolle; so werden umfangreiche Satzglieder und längere Nebensätze häufig ausgeklammert. Daneben spielt das Gewicht eines Elements eine Rolle. Im einzelnen gilt:

1. Wenn ein Satzglied besonders umfangreich ist, kann es ins Nachfeld gestellt werden. Dadurch wird verhindert, daß der zweite Klammerteil „nachklappt":

> Die Kunst des herrschenden Geschmacks im vergangenen Jahrhundert ist zwar verschwunden, ihr Einfluß *dauert* jedoch *fort* in der Gefühlsstruktur des Publikums, der großen und der kleinen Diktatoren, der demokratischen Politiker und Regierungsleute.

Das ist oft der Fall bei Wortreihen oder Teilen von ihnen:

> Ich *drang ein* in die Musik, in die Architekturen der Fugen, in die verschlungenen Labyrinthe der Symphonien, in die harten Gefüge des Jazz. (Weiss) Slalom und Abfahrtslauf gelten als Domäne der Jugend, *die* den Rausch der Geschwindigkeit *liebt* und das Risiko. (Olympische Spiele 1964)

2. Nebensätze und satzwertige Infinitive werden häufig ausgeklammert, weil ihr Eigengewicht groß ist:

> Man *forderte* am folgenden Tag den Künstler zum Empfang des Preises *auf,* den er sich durch seine mühevolle und hervorragende Mitarbeit an diesem großen Werk zweifellos mit Recht verdient hatte. Sie *sprach* die Hoffnung *aus,* daß sie bald fahren könne. Danach *fing* er *an,* bitterlich zu weinen.

Bei Nebensätzen in attributiver Funktion wird oft auch das Satzglied ausgeklammert, auf das sich der Nebensatz bezieht. Dadurch kann die direkte Verbindung zum Bezugswort erhalten werden:

> Sie *kamen* dann nicht *vorbei* an der Tatsache, daß Hans Renners Kunststoffmatten ... eine wichtige Rolle spielen. (Gast) Sie *nahm* die Hände *weg* vom Gesicht, das nicht starr war. Sie *will* nichts mehr *wissen* davon, was hier in der Kajüte geschehen ist vor siebzehn Jahren. (Frisch)

3. Einzelne Satzglieder können ausgeklammert werden, wenn man sie als unwichtig nachtragen oder aber – umgekehrt – durch Nachtrag besonders herausheben will:

> Ich *möchte* nicht *verreisen* in diesem Sommer. Morgen *soll* ich meinen Dienst *antreten* in diesem Hause. (Th. Mann) Sie *haben* den Mut *bewundert* in den Versen unserer Dichter. (Frisch) Er *wird sich rächen* für seinen eigenen Verrat. (Frisch)

Bei den hier ausgeklammerten Gliedern handelt es sich im allgemeinen um Präpositionalgefüge.
Nie oder nur höchst selten stehen im Nachfeld dagegen Nomen aus Funktionsverbgefügen, Gleichsetzungsnominative und -akkusative, Adverbialkasus und

Satzadjektive. Auch das Subjekt und die reinen Objekte (d. h. Objekte ohne Präposition) werden nicht ausgeklammert, zumal wenn sie pronominal gebildet sind.
Man kann z. B. nicht sagen:

> Ich habe getroffen den Chef. Er geht, wenn bei der Versammlung eingebracht wird eine
> Resolution.

Demgegenüber ist die Ausklammerung von Appositionen und gewissen Nachträ-
gen (z. B. mit *und zwar, und dies*) häufig:

> ... so *wurde* eine vierte Volksschicht *geschaffen:* der sogenannte Pöbel. Hier *sollen* sie
> möglichst *gruppiert oder aufgereiht sein,* und zwar quer zur Sparrenrichtung.

Desgleichen stehen Glieder und Teilsätze in Vergleichsbedeutung allgemein außerhalb der Klammer:

> Gestern *hat* es mehr *geregnet* als heute. Manchmal ... *kommt* er mir *vor* wie der liebe
> Gott. (Frisch) Man *muß* den Kopf *drehen* wie ein Flamingo. (Gast)

4.3.3 Die Besetzung des Mittelfelds | 1268 |

Im Mittelfeld können grundsätzlich alle Satzglieder vorkommen. Meistens stehen
hier mehrere nebeneinander. Ihre Abfolge gehorcht komplizierten Regeln; dabei
ist wieder auf den Einfluß von nichtgrammatischen Faktoren (Situation, Ausdruckswille) hinzuweisen. Von den grammatischen Faktoren spielen eine Rolle:
– der Satzgliedwert eines Elements;
– die formale Besetzung einer Satzgliedstelle (besonders pronominale gegen
  nichtpronominale Besetzung);
– in einigen Fällen auch Bedeutungsmerkmale.
Die verschiedenen Faktoren wirken so zusammen, daß sich nur Faustregeln formulieren lassen.
Grundsätzlich gleichartiges Stellungsverhalten zeigen folgende Satzglieder: | 1269 |
– Umstandsergänzungen
– Gleichsetzungskasus
– Präpositionalobjekte
– Genitivobjekte
– prädikativ gebrauchte Satzadjektive.
Wir fassen diese Satzglieder in einer Gruppe I zusammen: Wenn Satzglieder der
Gruppe I im Mittelfeld stehen, tendieren sie dazu, dort ans Ende zu treten:

> Er hat ihm grob den Ball *aus der Hand* geschlagen. Die Ferien dauern in diesem Jahr
> leider nur *drei Wochen.* Er sagte, daß Frau Meier in dieser Stadt am Gymnasium *Lehre-*
> *rin* wird. Susanne kümmert sich seit dem Tod der Mutter aufopfernd *um ihren kleinen*
> *Bruder.* Sie gedachten gestern auf dem Friedhof in einer kurzen Feier *der Gefallenen.*
> Ist Karl trotz der Operation und des langen Erholungsurlaubs immer noch *kränklich?*

Wenn diese Stellen pronominal besetzt sind, tendieren sie dazu, weiter nach vorn
zu treten:

> Andreas ist trotz der Operation und des langen Erholungsurlaubs immer noch *kränk-*
> *lich.* Er ist *es* trotz der Operation und des langen Erholungsurlaubs immer noch.

Präpositionalobjekte, Umstandsergänzungen und Genitivobjekte 2. Grades können vor oder nach ihrem Bezugswort stehen:

> Er ist mir *an Fleiß* überlegen/überlegen *an Fleiß.* Er ist ansässig *in München/in Mün-*
> *chen* ansässig. Er ist *des Diebstahls* schuldig/schuldig *des Diebstahls.*

Eine weitere Gruppe (= Gruppe II) bilden Subjekt, Dativobjekt und Akkusativ- | 1270 |
objekt. Falls die Glieder dieser Gruppe im Mittelfeld stehen, tendieren sie dazu,
vor die Satzglieder der Gruppe I zu treten.
Die Reihenfolge von Subjekt, Dativobjekt und Akkusativobjekt untereinander

hängt von der formalen Besetzung ab. Dabei gelten folgende Regeln:
1. Wenn das Akkusativobjekt kein Personalpronomen ist (*es, ihn* usw.), steht es in der Regel nach dem Dativobjekt. Dabei ist ferner zu beachten:
a) Sind auch Subjekt und Dativobjekt keine Personalpronomen, dann gilt in der Regel die Folge Subjekt – Dativobjekt – Akkusativobjekt:

> Gestern hat *Thomas seinem Freund ein Buch* geschenkt. Er sagte, daß Thomas gestern *seinem Freund ein Buch* geschenkt hat.

b) Diese Folge gilt auch, wenn nur das Subjekt ein Personalpronomen (oder *man*) ist:

> Gestern hat *er seinem Freund ein Buch* geschenkt.

c) Sie gilt auch, wenn zudem das Dativobjekt ein Personalpronomen ist:

> Gestern hat *er ihm ein Buch* geschenkt.

d) Wenn nur das Dativobjekt ein Personalpronomen ist, steht es häufiger vor dem Subjekt:

> Gestern hat *ihm Thomas ein Buch* geschenkt. (Seltener:) Gestern hat *Thomas ihm ein Buch* geschenkt.

2. Wenn das Akkusativobjekt ein Personalpronomen ist, geht es in der Regel dem Dativobjekt voraus. Hier ist zu beachten:
a) Sind auch das Subjekt und das Dativobjekt Personalpronomen, dann gilt in der Regel die Folge Subjekt – Akkusativobjekt – Dativobjekt:

> Gestern hat *er es ihm* geschenkt. (Aber mit Apostroph:) Gib mir's!

b) Diese Folge gilt auch dann, wenn neben dem Akkusativobjekt auch das Subjekt ein Personalpronomen oder *man* ist:

> Gestern hat *man es seinem Freund* geschenkt.

c) Wenn nur das Subjekt kein Personalpronomen ist, dann steht es häufiger nach den beiden Objekten:

> Gestern hat *es ihm Thomas* geschenkt. (Seltener:) Gestern hat *Thomas es ihm* geschenkt.

d) Wenn nur das Akkusativobjekt Personalpronomen ist, dann steht es häufig vor dem Subjekt:

> Gestern hat *es Thomas seinem Freund* geschenkt. (Seltener:) Gestern hat *Thomas es seinem Freund* geschenkt.

3. Wenn das Subjekt ein Personalpronomen oder *man* ist, geht es immer beiden Objekten voraus; indefinite Satzglieder dieser Gruppe (*jemand, keiner,* unbestimmter Artikel + Substantiv) sind in ihrer Stellung ziemlich frei.
Die genannten Regeln 1–3 können entsprechend auch angewandt werden, wenn nur eines der Objekte im Satz steht, und sie gelten auch für das Reflexivpronomen an Objektstelle.
Generell gilt für Satzglieder der Gruppe I wie der Gruppe II, daß das rechts stehende stärker hervorgehoben ist als das links stehende. Die Hervorhebung ist stärker, wenn von der Normalfolge abgewichen wird.

1271 Eine Gruppe III bilden die freien Umstandsangaben (vgl. 1084). Sie werden als eröffnende oder anschließende Satzteile oft ins Vorfeld gestellt:

> *Gestern* war Peter im Schwimmbad. *Heute* geht er zum Sportplatz.

Wenn sie im Mittelfeld stehen, gehen sie in der Regel den Satzgliedern der Gruppe I voraus:

> Die Äpfel liegen *seit drei Tagen* im Kühlschrank. Andreas ist *trotz der Operation und des langen Erholungsurlaubs immer noch* kränklich. Susanne kümmert sich *seit dem Tode der Mutter aufopfernd* um ihren kleinen Bruder.

Innerhalb der freien Umstandsangaben kann man nach der unterschiedlichen inhaltlichen Bestimmung unterscheiden[1]:

Gruppe 1a:
damals, in der heutigen Zeit; dort, da, in einer solchen Umgebung; mit seiner/ihrer Hilfe, damit, dafür, zu diesem Zweck u. a.

In dieser Teilgruppe stehen Temporal-, Lokal- und Kausalangaben.

Gruppe 1b:
bald, endlich, plötzlich; immer, wieder, manchmal, bei verschiedenen Gelegenheiten u. a.

Innerhalb der Gruppe 1 stehen in der Teilgruppe b Angaben, die zusätzlich eine Bewertung des Sachverhalts *(endlich)* oder aber eine Unbestimmtheit mit ausdrücken *(manchmal)*.

Gruppe 2:
hoffentlich, natürlich, sicherlich, vermutlich, vielleicht, wahrscheinlich, zweifellos u. a.

In dieser Gruppe stehen die Angaben, die sich – gewissermaßen von außen – auf die Aussage als Ganzes beziehen (vgl. 1053). Sie sind Ausdruck einer Stellungnahme. Man bezeichnet sie daher auch als Existimatoria[2].

Gruppe 3:
nicht, kaum, niemals, keineswegs u. a.

Diese Gruppe umfaßt im wesentlichen die Negationspartikeln.

Gruppe 4:
schnell, gern, sorgfältig, gelb, frisch u. a.

Diese Gruppe umfaßt vor allem adverbiale Satzadjektive (vgl. 1045).
Innerhalb der Gruppe III stehen die unterschiedlichen freien Umstandsangaben (UA) regulär in folgender Abfolge:

Klammer	UA 1a	UA 2	UA 1b	UA 3	UA 4	Klammer
weil (sie)	morgen	wahrscheinlich				kommt.
weil (er)	trotz der Operation	vermutlich	immer			(kränklich) bleibt.
weil (er)	wegen des Beinbruchs	zweifellos		nicht	schnell	laufen kann.

Unter Berücksichtigung der Abschnitte 1269–1271 ergibt sich folgendes Grundschema für die Abfolge der Satzglieder im Mittelfeld (wobei zu betonen ist, daß hier eine Normalfolge beschrieben wird; es gibt darüber hinaus viele Möglichkeiten der Umstellung):

1272

Klammer	Gruppe II	UA 1a	UA 2	UA 1b	UA 3	UA 4	Gruppe I	Klammer
weil	sie ihm das Buch	gestern				eigenhändig		gegeben hat.
weil	der Mann	wegen der Verletzung	wahrscheinlich		nicht	schnell		laufen kann.
daß	er	trotz der Operation	vermutlich	immer			kränklich	bleibt.
weil	sie	an dieser Schule	sicherlich		nicht		Lehrerin	wird.

---

[1] Diese relativ grobe Aufteilung ist nach der von U. Engel: Regeln zur Wortstellung. Mannheim 1970, S. 48 ff. vorgenommen worden. Seine Gruppen sind umfangreicher und weiter in Untergruppen aufgeteilt, deren Stellung zueinander im einzelnen beschrieben ist. Diese feinere, aber auch kompliziertere Darstellung kann hier nicht referiert werden.

[2] Lat. *existimare* ,meinen, glauben, dafürhalten'.

Freier in ihrer Stellung sind Glieder, die außerhalb des eigentlichen Satzverbandes stehen (vgl. 1044); in der Hauptsache geht es dabei um Interjektionen und Anredenominative. Hier gilt:

1. Interjektionen stehen, wenn sie weder als Satzglied noch als Attribut in einen Satz eingebaut sind, im allgemeinen vor dem Satz:

> *Oh,* wie ich dich beneide! *Ach,* wären wir zu Hause!

Gelegentlich werden sie auch in den Satz eingeschoben. Sie stehen dann gewöhnlich vor dem Element, auf das sie sich beziehen:

> Sie hat alte Stiche, *oh,* hervorragende Sachen.

Als Bestandteil eines Satzes oder einer festen Verbindung (z. B. *miau machen,* vgl. 682) werden die Interjektionen hinsichtlich der Wortstellung genauso behandelt wie Wörter anderer Wortarten an dieser Stelle.

2. Der Anredenominativ ist in seiner Stellung im Satz prinzipiell frei. Im allgemeinen steht er bei stärkerer Affektgeladenheit eher am Anfang des Satzes, bei geringerer eher später:

> *Klaus,* deine Mutter hat schon lange nach dir gerufen. Komm, *Anne,* wir müssen jetzt gehen.

4.4 Die Wortstellung innerhalb des komplexen Satzglieds

Komplexe Satzglieder (vgl. 1063) bestehen aus mehreren Wörtern, genauer: aus einem Kern und den diesem Kern angefügten Teilen, den Attributen. Die komplexen Satzglieder hatten wir danach unterschieden, ob sie in ihrem Kern im Kasus bestimmt oder nicht bestimmt sind. Im Folgenden geht es um die Wortstellung innerhalb solcher komplexer Satzglieder. Was hier ausgeführt wird, gilt dann analog auch für die Wortstellung innerhalb komplexer Glieder, die nicht selbständig, sondern ihrerseits wieder angefügt sind.

4.4.1 Die Wortstellung innerhalb komplexer, im Kasus bestimmter Satzglieder

Im Kern eines komplexen, im Kasus bestimmten Gliedes steht regulär ein Substantiv oder ein substantiviertes Wort anderer Wortart. Im Kapitel 2.4 (1063 ff.) hatten wir feststellen können, daß Attribuierungen sowohl links als auch rechts vom Kern vorkommen. Analog zu der Einteilung nach Stellungsfeldern im Satz können wir nun auch Stellungsfelder im Satzglied unterscheiden. Dabei ergibt sich folgende Einteilung:

| Vorfeld | Kern | Nachfeld |

Wir legen unserer Darstellung diese Einteilung zugrunde.

Die Besetzung des Vorfelds

1. Ein im Kasus bestimmtes Glied wird oft mit einem Artikel oder einem Wort der Wortartcharakteristik Pronomen eröffnet; man kann hier – zusammenfassend – von einem Pronominalteil im Vorfeld sprechen:

> *das* neue Buch, *die* zahlreichen Bücher, *ein* kleines Kind, *meine* große Schwester, *alle* ehemaligen Schulkameraden, *jener* falsche Prophet usw.

Zu den nicht häufigen Kombinationen von Pronomen wie in *alle meine [Bücher], ein jeder [Mensch], manch ein [Kind]* vgl. im einzelnen 532.

2. Zwischen Pronominalteil und Kern können attributive Adjektive stehen. Wir sprechen hier von einem Adjektivteil. Der Adjektivteil kann auch mehrfach besetzt sein. Das Stellungsverhältnis verschiedener Adjektive im Adjektivteil zueinander richtet sich nach bestimmten Merkmalen der Adjektive. Grob kann man folgende verschiedene Gruppen unterscheiden[1]:

a) Nur attributiv verwendbare Zahladjektive u. ä. (vgl. 448,3):

beide, viele, wenige, verschiedene, zwei, drei, vier usw., andere, sonstige, weitere, solch, derartig, erste, zweite, dritte usw.

b) Nur attributiv verwendbare Adjektive, mit denen eine zeitliche oder räumliche Lage angegeben wird (vgl. 448,1):

damalig, heutig, gestrig, morgig, morgendlich, diesjährig, einstig u. a.; dortig, hiesig, linke, rechte, vordere, hintere, äußere, innere usw.

c) Qualitative Adjektive und Farbadjektive:

groß, klein, mangelhaft, schlecht, zuverlässig, gut, böse, fleißig, faul usw.; blau, grün rot usw.

d) Nur attributiv verwendbare Adjektive, mit denen die stoffliche Beschaffenheit, die Herkunft, der Bereich bezeichnet wird (vgl. 448,2):

Goethisch, Drakonisch, französisch, bayrisch; steuerlich, schulisch u. a.

Für die Stellung dieser Adjektive gilt folgendes Grundschema:

Pronominalteil	Adjektivteil				Kern
	a	b	c	d	
diese	weitere		schlechte	schulische	Leistung
jenes	andere		neue	steuerliche	Problem
meine	zweite	gestrige	unerwartete		Begegnung

Innerhalb der Gruppe gilt das Stellungsgesetz *links determiniert rechts*.
Wie die Adjektive verhalten sich die Partizipien; sind sie erweitert, stehen die von ihnen abhängigen Teile vor ihnen:

Die *in diesem Jahr besonders zahlreich auftretenden* Maikäfer ...

3. Die Besetzung des Vorfelds durch attributive Genitive ist heute nur noch üblich bei Namen und namenähnlichen Substantiven sowie in festen Redewendungen:

Goethes Werk, *Petras* Hut, [des] *Vaters* Segen, *der Mutter* Hilfe; (aber:) *Mutters* Hilfe, *aller Laster* Anfang.

Die Voranstellung des namenähnlichen Substantivs wird vor allem dann bevorzugt, wenn das Bezugswort selbst noch durch Appositionen, Präpositionalgefüge, ein anderes Genitivattribut o. ä. näher bestimmt ist, weil sonst das Attribut zu weit von seinem Bezugswort entfernt stünde:

Vaters Nichte Susanne (für: *die Nichte Susanne des Vaters*); *Mutters* Bilder der Hochzeit.

Es bedeutet eine Erschwerung des Verständnisses, wenn man einen attributiven Genitiv einem anderen Genitiv, von dem er abhängt, voranstellt:

Meines Freundes Vaters Haus, das Haus *meines Freundes* Vaters. (Verständlicher:) Das Haus des Vaters *meines Freundes*.

Das vorangestellte Genitivattribut steht vor dem adjektivischen Attribut:

Vaters neuer Wagen; ... *seiner Schwester* wildsanfte Entschlossenheit. (Musil)

---

[1] Vgl. wieder U. Engel: Regeln zur Wortstellung. Mannheim 1970, S. 98 ff.

1277 **Die Besetzung des Nachfelds**

1. Im Nachfeld steht regulär der attributive Genitiv (vgl. aber auch 1276); er steht dann unmittelbar hinter dem Kern, in jedem Falle, wenn dem Bezugswort der Artikel oder ein Pronomen vorangeht:

> Das Haus *meiner Schwester;* der Giebel *unseres Hauses;* die Werke *Goethes.*

2. Im Nachfeld können auch attributive Partikeln und Präpositionalgefüge stehen. Ist ein attributiver Genitiv vorhanden, folgen sie ihm in der Reihenfolge Partikel – Präpositionalgefüge:

> das Haus *dort,* die Sitzung *gestern,* das Haus *an der Straße,* die Explosion *am letzten Mittwoch,* seine Hoffnung *gestern auf Hilfe,* die Hoffnung *des Soldaten auf Hilfe,* die Hoffnung *des Soldaten gestern auf Hilfe.*

Das gilt aber nicht immer; zu beachten ist hier:
– Gelegentlich können Präpositionalgefüge und ihnen äquivalente Partikeln auch vor dem Kern stehen, und zwar dann vor dem Pronominalteil:

> *dort* das Haus, *gestern* die Sitzung, *links* der Wald, *an der Straße* das Haus.

– Partikeln, die sich auf das Satzglied als Ganzes und nicht nur auf den Kern beziehen, stehen – je nach Partikel – teils vor der ganzen Substantivgruppe, teils hinter ihr:

> *Nur* die Nachbarn haben einen Garten. – Die Nachbarn *allein* haben einen Garten.

Davon sind die Fälle zu unterscheiden, bei denen ein Gliedteil innerhalb der Wortgruppe mit einer Partikel attribuiert wird:

> ... in *fast* allen Fällen. (Im Gegensatz zu:) ... *fast* in allen Fällen.

Zum besonderen Problem der Stellung der Negationswörter vgl. 1148.

3. In poetischer oder archaisierender Sprache werden Adjektive, vor allem solche der Adjektivgruppe c (vgl. 1276,2), gelegentlich nachgestellt, und zwar dann auch unflektiert:

> Alles geben die Götter, *die unendlichen,* ihren Lieblingen ganz, alle Freuden, *die unendlichen,* alle Schmerzen, *die unendlichen,* ganz. (Goethe) Auf der Flut, *der sanften, klaren,* wiegte sich des Mondes Bild. (Lenau) Bei einem Wirte *wundermild,* da war ich jüngst zu Gaste.

Aber auch sonst ist die Nutzung des Nachfelds für die Attribuierung von Adjektiven möglich, wie folgende Beispiele aus der Gegenwartssprache belegen können:

> Lump, *elender!* Schaf, *dummes!* Hast du die Bestie, *die verfluchte?* (Carossa) Gewehrkugeln, *groß* wie Taubeneier und *klein* wie Bienen. (Brecht) Eine Katze, *groß und wohlgenährt.* Schrauben, *verzinkt;* Muttern, *sechseckig.* Band *80,* Heft *1,* Seite *46,* auf Platz *7.*

4. Trennung eines attributiven Adjektivs von seinem Bezugswort und Versetzung zum Satzende hin vermögen es besonders hervorzuheben:

> Beweise hat sie *äußerst triftige* vorgebracht.

1278 ## 4.4.2 Die Wortstellung innerhalb komplexer, im Kasus nicht bestimmter Satzglieder

Im Kern eines komplexen, im Kasus nicht bestimmten Gliedes steht regulär ein unflektiertes Adjektiv oder eine Partikel. Sie können durch Wörter attribuiert werden, mit denen etwas über den Grad ausgesagt wird. Diese Attribute gehen dem Kern in der Regel voraus:

> Der Wind ist *empfindlich/überaus/in höchstem Grade/sehr/ziemlich/ein wenig* kalt. Er

ist *gut* gelaunt. Sie ist *gut* erzogen. Er kam *überaus* gern. Sie sitzt *weit* hinten. Sie steht *genau* daneben.

Nachgestellt wird im allgemeinen (die Partikel) *genug:*

Sie ist gescheit *genug.*

4.5 Die Stellung von Präpositionen und Konjunktionen

4.5.1 Die Stellung der Präpositionen

Gewöhnlich steht die Präposition vor ihrem Bezugswort. Die Präpositionen

1279

entgegen, entlang, gegenüber, gemäß, unbeschadet, ungeachtet, wegen, zufolge, zugunsten, zunächst, zuungunsten

können voran- oder nachgestellt werden; *nach* kann nur bei modaler Verwendung nachgestellt werden; nur nachgestellt werden *halber* und *zuwider:*

deinen Anweisungen *entgegen/entgegen* deinen Anweisungen; den Bach *entlang* (neben: *entlang* dem Bach/[seltener:] des Baches); dem Bahnhof *gegenüber/gegenüber* dem Bahnhof; (aber bei Pronomen nur:) mir *gegenüber,* euch *gegenüber;* deinem Wunsche *gemäß* (seltener: *gemäß* deinem Wunsche); des großen Vergnügens *halber; nach* meinem Erachten/meinem Erachten *nach; unbeschadet* seiner verwandtschaftlichen Gefühle/seiner verwandtschaftlichen Gefühle *unbeschadet; ungeachtet* des Wetters/des Wetters *ungeachtet; wegen* des Kostüms (in gehobener Sprache häufig nachgestellt: des Kostüms *wegen*); ihrem Wunsch *zufolge/zufolge* ihres Wunsches; *zugunsten* seines Sohnes/seinem Sohne *zugunsten; zunächst* dem Hause/dem Hause *zunächst;* ihrem Vorschlag *zuwider.*

Bei zweiteiligen Präpositionen wird das Substantiv u. ä. zwischen die Teile gesetzt:

von Rechts *wegen; um* des lieben Friedens *willen.*

4.5.2 Die Stellung der Konjunktionen

Nebenordnende Konjunktionen

1280

Die Konjunktionen *und, [so]wie, oder, allein, sondern, denn* (vgl. 654) stehen immer vor dem Wort oder an der Spitze des Satzes, den sie nebenordnen:

Wiesen *und* Felder ... Er grübelte *und* er grübelte. Frauke hat gute Anlagen, *allein* sie ist faul.

Die Konjunktionen *aber, [je]doch* und *nur* sind in ihrer Stellung freier:

Ich ginge gerne spazieren, *aber* das Wetter ist zu unsicher. Sieben Jungfrauen saßen im Kreis um den Brunnen; in das Haar der siebenten *aber,* der ersten, der einen ... (Th. Mann) Er ist streng, *aber* nicht brutal/nicht *aber* brutal.

Das eingangs Gesagte gilt auch für den zweiten Teil der Konjunktionen *sowohl – als auch* und *entweder – oder.* Der erste Teil ist in der Stellung freier:

Sowohl der Vater *als auch* die Mutter/der Vater *sowohl als auch* die Mutter. *Entweder* er kommt, *oder* er geht. Sie kommt *entweder, oder* sie geht.

Unterordnende Konjunktionen

1281

Die unterordnenden Konjunktionen (vgl. 662) stehen an der Spitze des Nebensatzes:

Karl ging nach Hause, *weil* ich ihn geärgert hatte. Ich hoffe, *daß* er wiederkommt.

| 1282 | **Satzteilkonjunktionen** |

Die Satzteilkonjunktionen *(wie, als, denn; desto, um so;* vgl. 660) stehen immer vor dem Satzteil, der mit ihnen angeschlossen wird:

Sie gilt *als* zuverlässig. Er benimmt sich *wie* ein Flegel. Je eher, *desto/um so* besser.

| 1283 | **Infinitivkonjunktionen** |

Die Infinitivkonjunktion (vgl. 661) *zu* steht immer unmittelbar vor dem Infinitiv eines einfachen oder fest zusammengesetzten Verbs:

Er hoffte *zu* kommen. Sie beschloß, das Buch *zu* übersetzen.

Bei unfesten Zusammensetzungen steht *zu* zwischen dem mit dem Verb zusammengeschriebenen Teil und dem Infinitiv:

Er hoffte, pünktlich an*zu*kommen. Sie wünschte, diese Nachricht bekannt*zu*machen.

Die Teile *ohne, um, [an]statt* stehen an der Spitze der Infinitivgruppe:

Er verließ den Raum, *ohne* seinen Bruder eines Blickes *zu* würdigen. Ich ging in die Stadt, *um* die Weihnachtseinkäufe *zu* erledigen. Er spielte Fußball, *statt* seine Schulaufgaben *zu* machen. Sie träumte, *statt* aufzupassen.

4.6 Die Stellung von Teilsätzen und von satzwertigen Infinitiven und Partizipien im zusammengesetzten Satz

| 1284 | Teilsätze und ihnen gleichwertige Konstruktionen (satzwertige Infinitive und Partizipien) können im zusammengesetzten Satz einander folgen, sie können aber auch ineinandergefügt sein. In letzterem Fall besetzt ein Teilsatz einen Platz in einem bestimmten Stellungsfeld eines anderen Teilsatzes. Je nachdem unterscheidet man
- Sätze, die im Vorfeld stehen: Vordersätze
- Sätze, die im Nachfeld stehen: Nachsätze
- Sätze, die im Mittelfeld stehen: Zwischensätze oder Schaltsätze
Unter grammatischem Gesichtspunkt ist nur die Wortstellung im Satzgefüge ein Problem. Hier ist bezüglich der Stellung von Nebensätzen und ihnen gleichwertigen Infinitiv- und Partizipialkonstruktionen wichtig, welche Satzgliedstelle sie in dem Hauptsatz besetzen, auf den sie bezogen sind. Dazu kommt, daß sich Teilsätze gelegentlich anders verhalten als Infinitiv- und Partizipialkonstruktionen. Im einzelnen kann man unterscheiden:
1. Der Teilsatz steht an Subjekt- oder Objektstelle. Er kann dann im Vorfeld oder Nachfeld stehen; im Mittelfeld können Subjektsätze nicht, Objektsätze nur beschränkt stehen:

Wer das nicht erlebt hat, kann diesen Punkt nicht beurteilen. Diesen Punkt kann nicht beurteilen, *wer das nicht erlebt hat.* Völlig ungewiß ist, *ob er kommt. Ob er kommt,* ist völlig ungewiß. *Daß du mir schreiben willst,* freut mich besonders. Besonders freut mich, *daß du mir schreiben willst.*
Er tat, *was ich wollte. Was ich wollte,* tat er. Ich weiß nicht, *ob er kommt. Ob er kommt,* weiß ich nicht. Er sagte, *Inge sei krank. Inge sei krank,* sagte er.

2. Der Teilsatz steht an der Stelle einer adverbialen Bestimmung. Er kann dann in allen drei Feldern stehen; eher kommt er im Vor- und Nachfeld vor, im Mittelfeld seltener.

Sie gingen nach Hause, *als es dunkel wurde. Als es dunkel wurde,* gingen sie nach Hause. Sie gingen, *als es dunkel wurde,* nach Hause.

3. Der Teilsatz steht an der Stelle eines Attributs. Er folgt dann seinem Bezugswort. Steht dieses im Vorfeld, dann steht der Attributsatz im Vor- oder Nachfeld;
steht das Bezugswort im Mittelfeld, steht der Attributsatz im Mittel- oder Nachfeld:

> *Der Mann, der dies getan hat,* ist bekannt. *Der Mann* ist bekannt, *der dies getan hat.*
> Seit heute ist *der Mann, der dies getan hat,* bekannt. Seit heute ist *der Mann* bekannt,
> *der dies getan hat.*

4. Infinitivgruppen können in den Satz einbezogen sein. Der Infinitiv ist dabei
Bestandteil des zweiten Klammerteils und die mit ihm gegebenen Satzteile werden nach den bisher beschriebenen Regeln gestellt:

> Die Welt versteht *ihn* nicht *zu würdigen.* Denn *in einen Raum, in dem Gregor ganz allein
> die leeren Wände beherrschte,* würde wohl kein Mensch außer Grete jemals *einzutreten*
> sich getrauen. (Kafka) Jener Schüler, mit dem sie *in diesem Winter den Euklid zu studie-
> ren* begonnen hatte.

Wenn die Infinitivgruppe unter einem eigenen Teilbogen steht, dann kann sie als
Subjekt dem Satz vor- oder nachgestellt sein; als Objekt folgt sie ihm im allgemeinen; als adverbiale Bestimmung kann sie im Vor-, Mittel- oder Nachfeld stehen,
und als Attribut folgt sie wieder ihrem Bezugswort:

> *Euch zu helfen* ist mein größter Wunsch. Mein größter Wunsch ist *euch zu helfen.*
> Er beschloß, *eine kleine Atempause zu machen.* Sie ließ ihn pausenlos reden, *um ihn an-
> sehen zu können. Um ihn ansehen zu können,* ließ sie ihn pausenlos reden. Sie ließ ihn,
> *um ihn ansehen zu können,* pausenlos reden. Er betrat, *ohne zu grüßen,* das Zimmer.
> *Ohne zu grüßen,* betrat er das Zimmer. Er betrat das Zimmer, *ohne zu grüßen.*

Für Partizipialgruppen gelten entsprechende Regeln:

> Der kleine, feste Mann war, *die Fäuste geballt wie ein Boxer,* auf mich eingedrungen.
> (St. Zweig) *Die Fäuste geballt wie ein Boxer,* war der kleine, feste Mann auf mich einge-
> drungen. Der kleine, feste Mann war auf mich eingedrungen, *die Fäuste geballt wie ein
> Boxer.* Albrecht Dürer, *geboren 1471, ...*

Im übrigen sollte man hier beachten:

                                                   1285

– Zwischensätze werden regulär nach dem Finitum des Hauptsatzes eingeschal-
tet; ausgenommen von dieser Regel sind jedoch Attributsätze:

> Wir bleiben heute, *weil wir arbeiten wollen,* zu Hause.

Die Stellung nach dem ersten Satzglied dient der besonderen Betonung:

> Der Zug, *wenn er wirklich noch kommt,* wird fürchterlich überfüllt sein. Das Flugzeug –
> *es handelt sich um die Maschine aus Frankfurt* – ist auch verspätet.

– In einen Nebensatz sollte ein Zwischensatz erst nach dem Satzglied eingefügt
werden, das dem Einleitewort folgt:

> ... weil wir, *wie uns Frau Meier mitgeteilt hat,* erst morgen an der Reihe sind.

Die Einschaltung eines Nebensatzes unmittelbar nach dem Einleitewort erschwert das Verständnis:

> Es zeigt sich, daß, *wenn Karin uns hilft,* dies nur aus Eigennutz geschieht. (Mit drei
> Konjunktionen:) Man sieht aber auch, *daß, wenn – wie wir noch besprechen werden –* die
> Menschheit einmal die Vernunft verlieren sollte, die Atombombe die Welt zerstören
> wird.

5 Die Klanggestalt des Satzes

5.1 Zur Klanggestalt des Satzes allgemein

1286

An dem vernehmbaren Sprachschall, der Schallform der Rede, können wir die Reihe der Sprachlaute (Phoneme) und deren rhythmisch-melodische Ausgestaltung unterscheiden. Diese Gestaltung beachten wir als Hörer nur, soweit sie für den Sinn des Gesagten wesentlich wird. Wir deuten die jeweilige Schallform als sprachliche Gestalt. Dabei kümmern wir uns nicht um die Elemente des Sprachschalls, wie sie die instrumentelle Phonetik herauslöst und als jeweilige Tonhöhe (Grundfrequenz), Tonstärke (Amplitude) usw. mißt, sondern fassen diese Elemente in ihrer Verbindung und Beziehung auf. Die Gesamtheit dessen, was am Sprachschall über die Reihe der realisierten Laute (Phone) hinaus als sinnträchtige akustische Gestalt gebildet und aufgefaßt wird, nennen wir K l a n g g e s t a l t. „Klang" geht also hier über den physikalischen Begriff hinaus – ähnlich wie wir auch vom „Ton" der Rede sprechen. Andererseits geht es uns hier um Rhythmik und Tonhöhenbewegung der Rede, während wir die Klänge und Sprechweisen, soweit sie vornehmlich der persönlichen Sprechart und dem Gefühlsausdruck dienen, beiseite lassen.

Eine Grammatik der Klanggestalt des Deutschen kann es freilich nicht geben. In der lebendigen Rede verbinden sich darstellende Mittel der Sprache aus Wortschatz und Grammatik mit solchen des Sprachklangs. Jene vermitteln objektive Bedeutungen, diese subjektive Einstellungen zu ihnen. Doch kann der ursprünglich in jeder Redelage besondere stimmliche Ausdruck des Sprechers in der Sprachgemeinschaft gebräuchlich und überdies durch darstellende Sprachmittel ersetzt werden. Nur persönliche Eigenheiten lassen wir hier ebenso beiseite wie zumeist auch jene Fehl- und Zufallsformen, die dem Sprecher unterlaufen, wenn ihm die Planung der Rede mißlingt, wenn er stockt, sich verspricht oder gar abbrechen muß.

Wir stehen hier auf der Schwelle von der Sprache zum Sprechen, von der Bindung, die das überlieferte Gemeinschaftsgut „deutsche Sprache" dem einzelnen um der allgemeinen Verständlichkeit willen auferlegt, zu der Freiheit, die diese Sprache ihm zum Ausdruck seines jeweiligen Aussagebedürfnisses läßt. Darum kann unsere Schilderung der Klanggestalt des deutschen Satzes für das einzelne Beispiel nicht unverbrüchlich gelten. Sehr oft sind auch andere Gestaltungen der Lautreihe möglich – dann freilich mit zumindest teilweise anderen Sinndeutungen desselben Textes. Wir können nur das Spiel der Kräfte in der jeweiligen Klanggestalt zeigen und sagen: Wenn man so spricht, klingt es deutsch!

5.2 Der Tonfall

1287

Die Rede stellt die Einheit einer Äußerung in der Gestalt eines S p a n n b o g e n s dar. Dieser trennt die Äußerung von der Vor- und Nachrede, dem Kontext, ab (vgl. 1317) und schließt die Aussageglieder zusammen:

Herr K. sah eine Schauspielerin vorbeigehen

und sagte: „Sie ist schön."

Sein Begleiter sagte: „Sie hat neulich Erfolg gehabt,

weil sie schön ist."

Herr K. ärgerte sich und sagte:

„Sie ist schön, weil sie Erfolg gehabt hat."   (B. Brecht)

Der Spannbogen erscheint vornehmlich als Tonhöhenbewegung der Äußerung. Diese wird jedoch durch Gliederung und Schwereabstufung (vgl. 1301) vielfältig ausgestaltet.

Da die häufigste Satzform, die feststellende Aussage, aus einer mittleren Tonlage aufsteigt (Aufast; vgl. 1307) und tiefer fällt, als sie begann (Abast), und vor allem der Abschwung zum Ende hin ins Ohr fällt, spricht man allgemein vom Tonfall der Rede. Der Steigton des Aufastes zieht den Hörer beunruhigend in die Aussage hinein, der Tiefton des Abastes löst die Spannung auf:

Dem Unkraut ⫶ schadet der Frost nicht.[1]

Der junge Zöllner geht weiter an der Grenze
entlang ' bis zum verlassenen Gehöft.[1] (S. Lenz)

Der Spannbogen ist keine geschlossene Tonhöhenbewegung. Diese wird vielmehr durch gliedernde Pausen sowie durch alle stimmlosen Laute unterbrochen, überdies durch die Hervorbringungsart der Laute abgewandelt. Der Hörer beachtet an den stimmhaften Lauten gewöhnlich nur die betonten Silben (genauer: die Schwerpunkte ihrer Silbenkämme), die damit zu Führtönen werden.[2]

| 1288 |

Der Satz

Er kam an, als es Abend war und schon dunkel wurde.

hat folgende instrumentalphonetisch gewonnene Tonhöhenkurve[3]:

er kaman   al se sabən   tvar   un tšon   duŋ kəlvur   də

Seine Umschrift in Führtönen, wobei jeder Sprechsilbe ein Notationszeichen (Punkt, Strich) entspricht, sieht folgendermaßen aus:

Vergleiche auch:

Maß und Ziel ' im Ernst, im Spiel.

Zumal in verbindlich gesprochener Rede entstehen bei hervorgehobenen Wörtern größere Auf- und Abschwünge der Tonhöhe (Schleiftöne):

Ist das (auch) wahr?

---

[1] Zur Erklärung solcher Markierungen wie ⫶ und ' vgl. 1306.
[2] E. Sievers: Rhythmisch-melodische Studien. Heidelberg 1912, S. 80.
[3] Nach W. Kuhlmann: Die Tonhöhenbewegung des Aussagesatzes. Heidelberg 1931, S. 68.

1289 In nüchtern mitteilender, vor allem aber in willensbestimmter Rede entstehen dagegen deutliche stufende Tonschritte (Intervalle):

> Wovon wird hier gesprochen? (Heraus mit der Sprache!) Willst du wohl hören? Wollen wir nicht endlich anfangen? (Schluß mit dem Gerede!) Du bist hier nicht allein! (Sei nicht so laut!)

Am deutlichsten wird der Einfluß des Willens auf Tonlage und Tonstufen, wenn sich grammatische Aussageweise und Ton verbinden:

> Schau mir ins Auge! – Geh nun (endlich) an die Arbeit!

Der Charakter eines Satzes oder Teilsatzes wird vornehmlich bestimmt durch das Ende des Spannbogens, die sog. Kadenz[1]. Die Figur der Kadenz setzt ein mit der letzten unbeschwerten (unbetonten) vor der letzten beschwerten Silbe. Läuft ein Satz oder Teilsatz auf eine beschwerte Silbe aus, so sprechen wir von stumpfer Kadenz, folgen der beschwerten Silbe dagegen noch eine oder mehrere leichte (unbeschwerte) nach, sprechen wir von klingender Kadenz:

> (stumpf:) Wir gehen nach Haus.
> (klingend:) Wir gehen nach Hause.

Wir unterscheiden dabei vier Kadenzformen:

Vollschluß (\\):	Wir gehen nach Haus.	Die Stimme fällt zur Lösungstiefe (fast bis zur unteren Stimmgrenze) ab.
Halbschluß ('):	Wir gehen nach Haus (aber nicht sofort).	Die Stimme fällt merklich ab, doch nicht zur vollen Tiefe.
Schwebekadenz (ˉ):	Wir gehen nach Haus (wenn es regnet).	Die Stimme bleibt in der Höhe schweben.
Steigkadenz (/):	Wir gehen nach Haus?	Die Stimme steigt auf der letzten Silbe an.
	Wir gehen nach Hause?	Die Stimme steigt auf der letzten beschwerten und der folgenden leichten Silbe an – oder auch nur auf dieser leichten Silbe.

1290 ## 5.2.1 Ausdrucksformen des Tonfalls

Die Gestalt des Spannbogens wird vielfältig abgewandelt, bleibt aber als Grundform erhalten, ob der Satz nun einsilbig ist (z. B. *Schluß!*) oder vielgliedrig. Dabei zeigen der Spannbogen und insbesondere sein Schluß, die Kadenz, ob die Äußerung den Ausdrucksdrang des Sprechers entladen (Kundgabe), ob sie dem Hörer etwas mitteilen oder ob sie ihn zu einer Antwort oder Handlung veranlassen soll (Auslösung). Der Spannbogen ist dabei bezogen auf die grammatisch-syntaktische Form, aber nicht an sie gebunden, so daß z. B. ein Aussagesatz durch hohe Tonlage des Schlusses zur Frage werden kann (vgl. 1294).[2]

Nach dem Ausdrucksgehalt unterscheiden wir in der Kadenz drei Grundformen des Tonfalls: den entladenden Ausruf, den fordernden Anruf und die darstellende Aussage.

1291 Der Ausruf entlädt die Ausdrucksspannung möglichst früh. Er beginnt sehr hoch und fällt zur Lösungstiefe der Stimme ab (Vollschluß):

> (Erleichtert:) Ja! Ach! Peinlich!
> Wie lange das dauert! So ein Pech!   \\

---

[1] *Kadenz* ‚Schlußfall' (zu lat. *cadere* ‚endigen').
[2] Vgl. dazu O. v. Essen: Grundzüge der hochdeutschen Satzintonation. Ratingen 1971, S. 53; W. Flämig: Grundformen der Gliedsätze im Deutschen und ihre sprachlichen Funktionen. In: Beiträge zur Geschichte der deutschen Sprache und Literatur 86, (1964), S. 337.

Hochschluß des Spannbogens (Steigkadenz) fordert dagegen als A n r u f eine Antwort oder Handlung des Angesprochenen heraus:

> Hinaus! Stillgestanden!
> Machen Sie, daß Sie fortkommen!

Als grammatische Sprachmittel benutzt das Fordern besonders Imperativ (vgl. 290ff.), Konjunktiv I und II (vgl. 253) sowie Modalverben (vgl. 130) und bedarf dann nicht mehr notwendig des Hochschlusses.

Die Steigkadenz dient vor allem der Entscheidungsfrage (vgl. 1011); je höflicher und verbindlicher sie gestellt wird, desto flacher schwingt der Tonbogen aus:

> Allein? Ist sie krank? Kennen wir uns? Wir kennen uns?

Je schroffer oder nachdrücklicher eine Forderung vorgebracht wird, desto mehr löst sich der Tonbogen in Stufen auf, und die Tonlage der gesamten Äußerung rückt ein Stück nach oben:

> Wird's bald?
> Wollen Sie mir nun endlich die Wahrheit sagen?

Die darstellende A u s s a g e hebt die ursprünglichen Ausdruckskräfte weitgehend auf. Sie verbindet Auf- und Abschwung und ebnet die Tonhöhenbewegung entsprechend ein: | 1292 |

> (Sie ging) hinaus. (Zustimmend:) Ja. (Feststellend:) Er ist krank. Gesagt, getan. Gut, mit dieser Regelung bin ich einverstanden. Kaum hatte er die Tür hinter sich geschlossen, als der Zug auch schon abfuhr.

Je eindeutiger der Sprecher etwas feststellt oder behauptet, um so entschiedener fällt der Spannbogen zur Lösungstiefe ab (Vollschluß):

> Du hast recht. Die Summe der Winkel eines
> Dreiecks beträgt 180°.

Bei Unsicherheit und Zweifel oder der Absicht, Weiteres nachzutragen, läßt der Sprecher die Aussage durch Halbschluß offen:

> Es scheint, du hast recht.
> Sie kann sich auch geirrt haben.

Zur Kennzeichnung der Aussageabsicht wirken verschiedene Mittel der Sprache zusammen: begrifflich bezeichnende (semantische) Sprachmittel (z. B. Fragewörter), Wortstellung und Tonhöhenbewegung (Intonation).[1] | 1293 |

Bei mitteilender Aussage fällt die Stimme am Schluß zur Lösungstiefe ab:

> Er kam gestern an.

Rückt der Sinnkern vor, so übernehmen die folgenden leichten Silben den Schlußfall (Nachlauf, vgl. 1304):

> Er kam gestern an.

oder die beschwerte Silbe schleift selbst zur Lösungstiefe herab:

> Er kam gestern an.

Ein Satz mit gerader Wortstellung (vgl. 1266,1) kann durch Steigkadenz zur Entscheidungsfrage (vgl. 1011) werden: | 1294 |

> Sie kam gestern an.   Sie kam gestern an?
> Du warst in München.   Du warst in München?

---

[1] H.-G. Hang: Die Fragesignale der gesprochenen deutschen Standardsprache. Göppingen 1976.

Die Steigkadenz wird überflüssig, wenn die Frage schon durch Spitzenstellung des Verbs angezeigt wird:

Kam sie gestern an?   ＼   Warst du in München?   ＼

Die Strenge dieses Tonfalls aber wird gemildert, die Äußerung verbindlicher, wenn der Sprecher auch hier hoch schließt.
Ebenso bei der Ergänzungsfrage. Sie spart mit einem Fragewort gleichsam die Stelle aus, die der Partner mit seiner Antwort ausfüllen soll. Wenn es dem Sprecher nur um eine sachliche Erkundigung geht, schließt er tief (Informationsfrage)[1]:

Wann kam er an? Wie geht es Ihnen?
Wie wollen Sie mit ihm in den Wahlkampf ziehen? (Fs.)[2]   ＼

Geht es dem Sprecher jedoch zugleich um die persönliche Verbindung zum Angesprochenen (Kontaktfrage), so kann auch die Ergänzungsfrage hoch schließen:

Wann kommt er an? Wie geht es Ihnen?   ／

Da hier bereits das Fragewort die Frageabsicht des Sprechers ankündigt, bleibt die Kadenz frei für den Ausdruck der Rede.
Stets hoch und mit Beschwerung des Fragewortes schließt die Nachfrage[3]:

Wánn kommt er an?   ／

Die Alternativfrage, die dem Hörer gegensätzliche Sachverhalte zur Wahl stellt, schließt im ersten Teil hoch, im zweiten tief[4]:

Kommt er nun ′⁄ oder kommt er nicht? ‖\ – Handelt es sich um eine Pendelbewegung ′⁄ oder um eine Tendenz von Dauer? ‖\ (Fs.)

1295   Auch die Aufforderung schließt meist tief, weil im Deutschen gewöhnlich bereits ein Imperativ die Absicht zu fordern ausdrückt:

Geh mir aus dem Weg!   ＼

Kommt zur grammatischen Form des Imperativs die Steigkadenz hinzu, so wirkt die Aufforderung dringlicher:

Geh mir aus dem Weg!   ／

Das gilt selbst dort, wo die Aufforderung in Frageform gekleidet ist:

Willst du wohl kommen?   ／

5.2.2 Ordnungsformen des Tonfalls

1296   Neben anderen Sprachmitteln weist auch die Ausgestaltung des Spannbogens auf das Verhältnis der Satzglieder einer Aussage zueinander hin.
Sofern der Satz von Glied zu Glied fortschreitet, führt er den Spannbogen, unbeschadet der Ausgestaltung durch die Schweren und Leichten (vgl. 1298 ff.), bruchlos fort. Wir sprechen hier von Einordnung der Glieder in den Spannbogen:

---

[1] E. Stock/Chr. Zacharias: Deutsche Satzintonation. Leipzig 1971, S. 137.
[2] Die mit „Fs." gekennzeichneten Beispiele sind aus Fernsehsendungen notiert, wie sie gesprochen wurden.
[3] H. H. Wängler: Grundriß einer Phonetik des Deutschen. Marburg ²1967, S. 217.
[4] Zu den verwendeten Zeichen vgl. 1298 und 1306.

> Aber für Demokratenohren ⋮ gab es
> alarmierende Töne. ‖\ (Fs.)
> Im Instinkt ist Streben und Wissen gleichsam noch eins. (M. Scheler)
> In keinem Lebensalter hat der Mensch ein so starkes Bedürfnis nach Verstandenwer-
> den wie in der Jugendzeit. (E. Spranger)

Sofern der Satz einzelne Glieder nebenordnend aufreiht, wiederholen diese den
Teil des Spannbogens, den das erste Glied einnimmt (Neuansatz, vgl. 1318):

> An einem der letzten Tage des Mai, ʼ/, Pfingstsonntag, ʼ/
> ruft mich meine Frau an. ‖\ (G. Fussenegger)
> Diese ganzen Sachen, ⌐ diese ganzen Sätze, ʼ/ sie gehen keinen was an außer mir. ‖\
> (G. Wohmann) Wir haben auf die sozialrechtlichen, ⌐ sozialökonomischen Vor-
> schriften, ⌐ Anweisungen, ⌐ Erwartungen verzichtet. ‖\ (Th. Heuss)

Am Ende der Äußerung stehend, fällt erst das letzte Glied zur Lösungstiefe ab:

> Ihnen drohen Verbote, ʼ/ Kontrollen, ʼ/ Untersuchungen. ‖\ (Fs.)
> Die Besucher sehen, ⌐ staunen, ʼ/ denken nach. ‖\ (Fs.)

Auch unverbunden gereihte Sätze erscheinen mit Neuansatz:

> Der Verkauf stockte, ⌐ die Gewinne sanken. ‖\ (Fs.)
>
> Das sei schade und schlimm; ʽ/ es sei
> bedenklich; ʽ/ es sei gefährlich. ‖\ (Th. Mann)

Im sogenannten reihenden Sprechen, das nicht ganze Sinnschritte (vgl. 1308), sondern nur Wortblöcke vorplant und sogleich ausspricht, aber auch bei ungewand-
tem Lesen werden die Glieder – bis auf den Schluß – vielfach sinnwidrig mit
Neuansatz gesprochen:

> Es war einmal ʼ/ eine alte Geiß, ʽ/ die hatte ʼ/ sieben junge Geißlein, ʽ/ und sie hatte
> sie lieb, ʼ/ wie eine Mutter ihre Kinder lieb hat. ‖\ (Grimm)

Ergänzende und erläuternde Glieder und Sätze können den Spannbogen als Einschub unterbrechen (vgl. 1313) und sich dem Rahmensatz unterordnen, bei schwa-
chem Sinngewicht als Mulde, bei starkem als Kuppe:

> Nun haben Sie in einem Artikel ⌐
> (ich glaube sogar derselben Ausgabe) ʼ
> davor gewarnt, ʽ/ ... (spontan)
> Denn Sie mußten doch wissen ⌐ (und Sie wußten bestimmt), ʼ daß sich ... (spontan)
> Die Duse gilt überall, ʼ/ in Rußland bis nach Mexiko, ⌐ für die größte Schauspiele-
> rin unserer Zeit. ‖\ (H. Bahr)
> Wie oft hat ein einziger poetischer Gedanke, ʼ
> ein einziger(!), ⌐ eine geistige oder künstleri-
> sche Bewegung hervorgerufen. ‖\ (E. Peterich)

Dabei setzt der Rahmen nach dem Einschub in der gleichen Tonhöhe wieder ein,
wo er vorher abbrach. Die Mulde pflegt rascher zu laufen, die Kuppe kann langsamer laufen als der Rahmen.[1]

| 1297 |

5.3 Die Schweren und die Leichten

5.3.1 Beschwerungsweisen und Abstufung

Unter Schwere verstehen wir das Gewicht, mit dem eine Silbe ins Ohr fällt. Die
Rede bedient sich dabei verschiedener stimmlicher Mittel. Schwer wirkt eine
Silbe vornehmlich, wenn sie entscheidende Stufen der Auf- oder Abschwünge des
Tonfalls übernimmt (musikalischer Akzent). Daneben hebt meist zugleich ver-

| 1298 |

---

[1] Chr. Winkler: Der Einschub. In: Festschrift für H. Moser. Düsseldorf 1969, S. 282ff.; ders.: Untersuchungen zur Kadenzbildung in deutscher Rede. München 1979, S. 119ff.

mehrte Lautheit (Betonung durch Atemdruck) die Silbe heraus (dynamischer Akzent)[1]. Auch Dehnung des Vokals kann eine Silbe beschweren (temporaler Akzent). Anderes, z. B. eine Stauung des Redeflusses vor einem Wort, auch Klangwechsel, kann mitspielen. Gewöhnlich verbinden sich diese Beschwerungsweisen. Im Deutschen fällt, etwa im Vergleich mit dem Französischen, die Betonung durch Lautheit auf; doch bleibt auch in der deutschen Rede der musikalische Akzent entscheidend.[2] Einseitige Beschwerung durch Tonerhöhung und Lautheit vereinzelt das Wort, weist feststellend auf seinen begrifflichen Kern und wirkt darum verstandesmäßig, obendrein monoton.
Die Abstufung der Sinngewichte ist unendlich. Es kommt dabei nicht auf das absolute Gewicht der Silben an, sondern auf ihr Verhältnis zu den Nachbarn in dem Redeteil, der als durchgegliederte Sinneinheit vor dem Bewußtsein des Sprechers steht, im Sinnschritt (vgl. 1308). Wir beschränken uns hier auf vier Stufen. Sie werden mühelos unterschieden und erlauben, alles sprachlich Wesentliche darzustellen:

overschwer (´): gewöhnlich laute Steigspitze oder entschiedener Schlußfall;
vollschwer (`): gewöhnlich geringere Tonerhöhung bei vermehrter Lautheit;
kaumschwer (˘): gewöhnlich leicht steigend, aber noch laut;
leicht (bleibt
unbezeichnet): schwach und meist abfallend.

Die Schwere steigert den Wortton, d. h., sie hebt im Deutschen die Stammsilben der Wörter stärker hervor:

Er hat sich vor zwei Jahren verheíratet.

Doch kann eine besondere Mitteilungsabsicht zu einer Änderung der Betonung führen:

Er hat nicht * gé*heiratet, er hat sich *vér*heiratet. Lies *lebé*, nicht *lebén*. Wer ein Gedicht *ér*lebt, *bé*lebt es.

|1299| Gewöhnlich pflegen sich bereits die Satzglieder als solche durch unterschiedliches Gewicht abzustufen, und zwar absteigend vom Gleichsetzungsglied über Präpositional-, Akkusativ- und Dativobjekt, ferner Richtungsbestimmung und Subjekt bis zu Verb und Zeitbestimmung[3], wobei speziell der Ersatz von Subjekt oder Objekt durch *es* das Gewicht dieses Gliedes zusätzlich schwächt. Diese Abstufung der Satzglieder kann aber vom jeweils besonderen Aussagebedürfnis aufgehoben werden. So kann der Sinnkern und damit die Überschwere an den Anfang der Aussage rücken und damit besonders auffallend werden:

Érnsthaft allerdings ist die Wahrheit. (Th. Mann)

Auch unabhängig von der Wortstellung kann die Beschwerung bei gleicher Lautreihe verschiedenen Sinn aufzeigen:

Wir sind zusammen *gekómmen*, um ... Wir sind *zusámmen*gekommen, um ... – Ich ziehe Köln *Düssel*dorf vor. Ich ziehe *Köln* Düsseldorf vor. – Ein *Kind* stellt die ganze Wirtschaft auf den Kopf. Ein Kind stellt die ganze Wirtschaft auf den *Kópf*.

Daneben folgt die Schwere auch rhythmischen Bedürfnissen (vgl. 1310), gelegentlich auch landschaftlichen Sprechergewohnheiten:

Das Schiff ist mit *Mánn* und *Maus* úntergegangen.
(Bei Wortpaaren liegt der Ton auf dem zweiten Glied – es sei denn, daß wie hier die Überschwere unmittelbar darauf folgt.)

---

[1] Eine unserem Höreindruck entsprechende maschinelle Aufzeichnung des dynamischen Akzents ist bisher nicht gelungen. G. Lindner: Einführung in die experimentelle Phonetik. München 1969, S. 215.
[2] A. V. Isačenko/H. J. Schädlich: Untersuchungen über die deutsche Satzintonation. Berlin 1966, S. 22.
[3] J. Pheby: Phonologie. In: K. E. Heidolph u. a.: Grundzüge einer deutschen Grammatik. Berlin 1980, S. 871.

5.3.2 Die Verteilung der Schweren und Leichten im Satz

1300

Die Äußerung setzt auf der ersten Schwere hoch ein (Einschaltspitze) und schafft damit die Aussagespannung:

Spánien hat eine leistungsfähige Industrie aufgebaut. (Fs.) Für *Demokrátenohren* gab es alarmierende Töne. (Fs.)

Ihr Sinngewicht kann gering sein:

Das Hórn des Spiéßers rùft überall nach rückwärts. (E. Bloch) *Wèr* kann schon für Áufrüstung sein. (Fs.) Je *üppiger* die Pläne blühen, um so verzwickter wird die Tàt. (E. Kästner)

Der ruhig gesprochene Aussagesatz läuft auf den Sinnkern zu, der überschwer am Satzende steht, sofern ihm nicht Prädikatsteile folgen. Die Überschwere verstärkt in solch neutral mitteilender Rede den allgemeinen Tonfall des Spannbogens und übernimmt den Abfall zur Lösungstiefe (vgl. 1292, Vollschluß). Da ein so entschiedener Tonfall stark beschwerend wirkt, bedarf es hier keines besonderen Nachdrucks durch Lautheit. Soll aber der Hörer auf den Sinnkern nachdrücklich hingewiesen werden, so springt die Tonhöhe auf der beschwerten Silbe nach oben und schleift auf der gleichen Silbe zur Tiefe hinab, gleichgültig ob der Vokal lang oder kurz ist:

	(neutral:)	(nachdrücklich:)
Ich bràchte meinem Fréund das Bùch.		
Esel dulden stumm, ' állzu gùt ist dùmm.		

Am Ende der Satzfrage springt die Tonhöhe nach oben oder schleift hinauf (Steigkadenz):

Du kommst hèim? Kommst du hèim?   (oder:)

Ebenso bei der Ergänzungsfrage, sofern sie den Kontakt zum Hörer betont (vgl. 1294):

Wánn kommst du hèim?   (oder:)

Die Informationsfrage dagegen schließt wie die Aussage tief (vgl. 1294).

Führt ruhig mitteilende Rede auf den Sinnkern der Aussage hin, so will sich starke Ausdrucksspannung dagegen rasch entladen und rückt darum den Sinnkern oft an den Anfang. Die Tonhöhe fällt dann von der Überschwere, die hier zugleich Einschaltspitze ist, bis zum Ende ab:

Hàb' ich dich nicht gewarnt? Só etwas Schönes hab ich mein Lebtag noch nicht gesehen.

Der den Sprecher beherrschende Vorstellungsinhalt bricht dabei zuerst hervor (Sofortstellung), ohne Rücksicht auf den Mitvollzug des Gedankens beim Hörer:

Die Áugen möchte ich ihm auskratzen! Nímmermehr wird das geschehen!

5.3.3 Die Leistung der Schweren und Leichten

Überschwer wird neben dem Sinnkern des Satzes meist etwas im Lauf der Rede neu Auftauchendes, etwas Besonderes oder Entscheidendes gesprochen. Auch Ausdrucksdrang und Wirkungswille können zu auffälliger Beschwerung führen (Nachdruck):

1301

Die Kúnst bráucht keine Freiheit, ' sie *ist* Freiheit. (H. Böll) Lében ist immer *lebensgefährlich.* (E. Kästner) Humór ist, ' wenn man *trôtzdem* làcht. (W. Busch) Toleránz heißt, die Fehler des anderen *entschúldigen.* Tákt heißt, sie nicht *bemêrken.* (A. Schnitzler) ... und sauste scharf und gerade auf Jupps *Kópf* hinunter; Jupp hatte blitzschnell einen *Hôlzklotz* auf seinen Kopf gelegt. (H. Böll)

Dementsprechend bleibt das Wiederholte leicht:

Die Fabrík *unserer Zeit* ist ein Quèrschnitt durch das Lében *unserer Zeit.* (Nordhoff) Der Mensch ist zwar der *letzte* Schréi, aber nicht das *letzte* Wôrt des Schöpfers. (K. Lorenz) Man nimmt den Múnd nicht *voll,* wenn man die Schnàuze *voll* hat. (E. Kästner)

Das gilt nicht, wenn das doppelte Genannte ausdrücklich als dasselbe hervorgehoben werden soll:

Für *Lebéndiges* muß man *Lebéndiges* einsetzen – sich sélber. (Rosegger) Wir sind für nichts so dánkbar wie für *Dànkbarkeit.* (M. v. Ebner-Eschenbach)

Bei nachdrücklicher Beschwerung weicht die vorhergehende leichte Silbe oft nach unten aus und vergrößert damit auffallend das Intervall zur Schwere:

Nur für ándere gelebtes Leben ist lebenswêrt. (A. Einstein) Auch das Verzéihen setzt schon eine Art Verûrteilung voraus. (M. Frisch)

Eigens beschwert werden besonders gegensätzliche Glieder:

Die Nàrren reden am liebsten von der Wéisheit, die Schùrken von der Tùgend. (P. Ernst) Erwáchsen sein heißt: vergéssen, wie untrôstlich wir als Kinder oft gewesen sind. (H. Böll)

Dabei werden die bejahten Glieder gewöhnlich stärker beschwert.[1]

Nicht das Argumént, sondern die Persón überzeugt. (F. Sieburg) Wer nichts wéiß, muß álles gláuben. (M. v. Ebner-Eschenbach)

Ist das zweite Glied eines Gegensatzes nicht genannt, aber mitgemeint, so weist die Schwere den Hörer an, es mitzudenken:

(Ist all dein Vieh verbrannt?) Das Kálb wurde gerettet.
(Wie stehst du mit dem Ehepaar?) Îhn schätze ich.
Álte Ziegen lecken áuch gern Salz.

Dementsprechend können ausgesprochene Gegensätze zurücktreten:

Große Wórte, *kleine* Wèrke. In einen hohlen Kópf geht viel Wìssen. (K. Kraus)

Ausdrucksdrang beschwert Wörter, die in ruhig mitteilender Rede leicht blieben:

Denn es wìrd ja verhandelt, sogar schon sehr lange. (Fs.) In drei Wochen ìst es so weit. (Fs.) Die Frágen sind es, aus denen das, was bleibt, entsteht. (E. Kästner)

Wirkungswille beschwert häufig und fast gleichmäßig:

Jéder mùß natürlich für Ábrüstung sein. (Fs.)

1302 Das Gewicht der Voll- und Kaumschweren bleibt hinter dem der Überschweren zurück. Auch sie machen sich vor allem durch mehr oder minder große Tonerhöhung geltend – es sei denn, sie übernehmen selbst den Schlußfall.
Attribute bilden mit dem Kern ihres Satzgliedes einen Block, der in der Regel am Ende beschwert wird, unabhängig von der Reihenfolge der Gliedteile:
Man vergleiche folgende angefügte Genitive:

das Schlóß des Kónigs – des Königs Schlóß. Die sanfte Gewàlt der Vernúnft ... (B. Brecht) Von einem Gefûhl der Spúkhaftigkeit angerührt bei der Wìederkehr dieses Wórtes. (Th. Mann)

---

[1] F. Trojan: Deutsche Satzbetonung. Wien 1961, S. 25; J. Pheby: Intonation und Grammatik im Deutschen. Berlin ²1980, S. 139.

Folgt auf einen solchen Block unmittelbar der Sinnkern, so rückt die Vollschwere vor:

... der jedoch im Láufe des Tàges náchläßt. (Fs.)

Ebenso wenn Kern oder Beifügung unterscheidend beschwert wird:

(... an der Fûhrung der CDÚ.) Ich habe an der Fûhrung der CDU nichts kritisíert. (Fs.)

Dichterische Rede stellt den beschwerten Genitiv auch voran:

des Sómmers Nächte (R. M. Rilke); gefrorener Físche Kälte (K. Krolow).

Auch bei vermehrten Attribuierungen liegt der Ton meist am Ende:

... ein néues Kapitel der Wéltgeschichte. ... am 7. Apríl vorigen Jáhres. ... auf behàrrliches Drängen des deutschen Áußenministers. (Fs.)

Doch kann der Sinnzusammenhang immer auch zu anderer Abstufung führen:

... die úblichen Frágen der Journalísten. (Fs.)

Ebenso werden Glieder mit attributiven Präpositionalgefügen meist am Ende beschwert:

das Wìrtshaus an der Láhn; die Veréinigten Staaten von Euròpa. ... ein gewísses Maß von Gléichberechtigung. (Fs.)

Am Ende beschwert wird auch der Block mit nachgestelltem Substantiv (Apposition):

Kàrl der Kûhne – Réis, der Erfínder des Télefons – Der Gründer des Reiches, Bísmarck, wurde vom Kaiser entlássen. ... und Marcelino Orèja, der spanische Áußenminister, hat Grùnd, sich zu fréuen. (Fs.)

Die attributiven Adjektive und Partizipien bleiben leichter als der Gliedkern:

... in der héutigen Sítzung. (Fs.) Der gesunde Ménschenverstand ist blind sowohl für das äußerst Bóse wie für das äußerst Gúte. (K. Jaspers) ... während die blanke Schnéide in einem Bündel letzter Sónnenstrahlen wie ein goldener Físch schimmerte. (H. Böll)

Nur wenn das Substantiv wiederholt wird oder das Attribut nachdrücklich unterscheiden soll, liegt der Ton auf dem Attribut:

... ein lángjähriges Programm. (Fs.) Das béste Altersheim ist die Famílie. (Lübke) Die Phantasie ist die schönste oder éine der schönsten Gaben des Dichters. (R. Huch) Euròpa ist kein geográphischer, sondern ein kulturéller Weltteil. (O. Kokoschka)

Werden die Attribute gehäuft, so gewinnen sie an Gewicht, ohne jedoch das des Gliedkerns zu erreichen:

Er stellte sich auf zwei bràune, schlánke und muskulöse Béine. (v. Doderer)

Das gleiche gilt, wenn ein Adjektiv seinerseits attribuiert wird:

... die géostrategisch wíchtigste Mácht. (Fs.) ... so Potiphars Weib in ihren trúnken überschärften Gedánken. (Th. Mann)

Es sei denn, das eine attributive Adjektiv sei unterscheidend oder nachdrücklich beschwert:

... aus gänzlich ánderer Sicht. (Fs.)

Das Gewicht adjektivischer Attribute wird gewöhnlich abgeschwächt, wenn sie mit *und* oder *oder* verbunden sind:

An einem únfreundlichen *und* kalten Novémbertage. ... aus dem wéichen *und* ernsten Knábengesicht. (R. Huch) Die kàlten weißen Bógenlampen waren gnádenlos und machten alles nàckt *und* kláglich. (W. Borchert)

Die *und*-Verbindungen logisch gleichwertiger Glieder tragen den Ton auf dem zweiten Glied:

> Mànn und Máus; Hìnz und Kúnz; bràun und bláu schlagen.

Folgt dem Paar jedoch eine Überschwere, so rückt der Ton auf das erste Glied vor:

> Das Schiff ist mit Mánn und Maus ùntergegangen. Tűr und Fènster waren geschlóssen. Der Künstler braucht keinen Staat, da er genug Órdnung und Frèiheit in sich hat. (H. Böll)

1303 Die Negationswörter (vgl. 1149 ff.) bleiben meist unbeschwert. Beziehen sie sich nur auf einen Teil des Satzes, so fallen sie im allgemeinen leichter als dieser. Offenbar bleibt das *nicht* formales Minuszeichen, während sich der Sprecher an den eigentlichen Bedeutungsträger hält. Deshalb tut ein zwar negiertes, aber eben ausgesprochenes Wort dennoch seine Wirkung:

> Da ist für Kìnder und Júgendliche *kein* Plátz. (Fs.) Stréiks sind so gut wie *nie* vòrgekommen. (Fs.) Es ist *nicht* álle Tage Sónntag. *Nicht* der Fórscher verfolgt die Wáhrheit, sondern sie verfolgt ìhn. (Schlechta) Ein Árzt, der *kein* Kűnstler ist, ist auch *kein* Árzt. (C. Goetz)

Auch bei der Satzverneinung[1] bleibt das Verneinungswort gewöhnlich leicht:

> Das wèiß ich *nicht*. (Fs.) Das màchen wir *nicht* nur nicht mìt, sondern wir … (Fs.) Der Teufel schläft *nicht*.

Das aber gilt gewöhnlich nicht, wenn die Verneinung eigens ans Ende oder an den Anfang gerückt ist:

> Zu Zwìschenfällen kam es *nicht*. (Fs.) Dem Únkraut schadet der Fròst *nicht*. – *Nie* sollst du mich befràgen. (R. Wagner)

Auch wo ein bereits genannter oder noch zu nennender Begriff nachdrücklich verneint oder ein denkbarer Gegensatz ausgeschaltet werden soll, gewinnt die Verneinung an Gewicht:

> Wáffen seien *kèine* dabei. (Fs.) *Kèine* Réisegesellschaft, die ich nicht besìchtigt, kèine Stádtrundfahrt … (W. Koeppen) *Kéine* Antwort ist àuch eine Antwort.

Die beschwerte Verneinung wirkt hier nachdrücklich feststellend. Die Rede bekommt dann leicht etwas lehrhaft Verstandesmäßiges:

> … auf die Unterhaltung, die ich mir gönne und die dú mir *nícht* gönnst. (Th. Mann)

Auch der Ausdruck beschwert oft die Verneinung:

> *Kéin* Mensch mùß müssen. Es geht *kéin* Ruf von nìchts aus.

Zeigschweren verweisen auf etwas in der Redelage zu Findendes oder auf ein früher oder später in der Rede selbst gefallenes Wort:

> Zeigen Sie mir mal dèn Stoff. Vìele Direktóren bevorzugen sólche Mitarbeiter. (Fs.) Dér hat gut tànzen, dem das Glück aufspielt.

1304 Die leichten Wörter haben nur schwachen Atemdruck und damit geringe Lautheit. Soweit sie als Vorlauf[2] der ersten Schwere vorangehen, fallen sie meist aus einer mittleren Tonhöhe ab. Auch alle zwischen den schweren liegenden leichten Silben fallen:

> Wir sind eine Generatión ohne Bìndung
> und ohne Tiefe. (W. Borchert)
> In èiner der Fértigungshallen stellte er sich für ein Fòto auf. (Fs.)

---

[1] W. Weiß: Die Negation zwischen Satzbezug und Verselbständigung. In: Wirkendes Wort 11, (1961), S. 134.
[2] O. v. Essen: Grundzüge der hochdeutschen Satzintonation. Ratingen. 1971, S. 16.

Folgen der Überschwere noch leichte Silben nach, so bleiben sie in der gleichen Tiefenlage wie diese (Nachlauf):

(... indem er nicht Stéine, ') sondern Félsbrocken | ..
ins Wasser geworfen hatte. (Fs.)

Das wird besonders deutlich beim Vergleich verschiedener Sinnerfüllung des gleichen Textes:

– entweder: (Sinnkern: der Blinde)

Der Lahme führte den Blinden.   – oder: (Sinnkern: das Führen)

– oder: (Sinnkern: der Lahme)

Der entscheidende Tieffall bezeichnet den Sinnkern und kann nicht durch Lautheit ersetzt werden:

– entweder: (Sinnkern: das Tun)
Ich habe getan, was mir
befohlen war.
– oder: (Sinnkern: der Befehl)

Bei hoch schließenden Fragen können die der letzten Schwere folgenden Leichten noch über jene hinausschlagen:

(Hieß es nicht etwa, daß Jonas)
mich verschlingen sollte? (G. Eich)

Der Nachlauf kann auch allein die Fragekadenz übernehmen:

Kommt sie heute?

Der Tonsprung wird besonders auffällig, wenn die Silben davor weit nach oben (bei der Aussage) oder nach unten (bei der Frage) ausweichen:

Was für Kritikpunkte? (Fs.)

Sie wollen Hérr ihrer èigenen Entschlüsse sein. (Fs.) Man kann nicht schréiben, was man nur noch veráchtet. (K. Tucholsky)

Bestimmte Wörter bleiben im allgemeinen immer leicht. Hierzu gehören das Relativpronomen, der Artikel, die Infinitivkonjunktion *zu, am* und *als* bei der Steigerung und das unpersönliche *es.*[1] Vor allem fällt auf, daß das finite Verb, sofern es nicht selbst inhaltlicher Kern der Aussage ist, leicht gesprochen wird: | 1305 |

Auf trüben Mórgen *folgt* heiterer Tág. Erínnern *heißt* áuswählen. (G. Grass) Charlótte *fand* seine Ausdrucksweise áltklug. (Th. Mann)

Schwerer fällt das Verb z. B. in

Wo Geschíchte *spricht,* haben die Persónen zu schwéigen. (G. Benn) Man háßt immer die Menschen, denen man Únrecht tut. (St. Zweig) Der junge Rítter stand lächelnd áuf und *ging* seine Freundin súchen. (R. Musil)

Der am Ende stehende Verbzusatz ist oft beschwert:

Der fröhliche lètzte Tág fällt der Mutter oft éin. (G. Wohmann) Entwicklungspsychologisch geht nun der Tätigkeitsdrang dem Scháffensdrang voráus. (Ph. Lersch)

---

[1] E. Stock und Chr. Zacharias: Deutsche Satzintonation. Leipzig 1971, S. 60.

Beim Lesen, aber auch im freien Sprechen werden oft Verbteile, die die Äußerung abschließen, auch dann beschwert, wenn sie sinnschwach sind. Dadurch kann das Verständnis des Hörers irregeleitet werden:

> Dann erkannte er, daß er erleichtert war, jetzt ein Gespräch führen zu müssen. (J. Bekker; statt: *Gespräch*) ... die nur noch zürnender Nachhilfe bedürftig gewesen sein möchte. (Th. Mann; statt: *Nâchhilfe*)

Solche „schematischen Endschweren" wirken allenfalls als Schlußsignal der Äußerung.

5.4 Die Gliederung der Rede

1306 | 5.4.1 Die phonetischen Mittel der Gliederung

Zur Gliederung der Rede verbinden sich mehrere phonetische Mittel. Die tieferen Einschnitte (von der Fuge | an aufwärts) erlauben eine Atempause und haben davor eine kennzeichnende Kadenz (Steig- oder Schwebekadenz, Halb- oder Vollschluß). Die flacheren Einschnitte (vom Gelenk ' an abwärts) erlauben keine Atemerneuerung, sondern stauen den Fluß der Laute, verlängern auslautende Vokale oder Konsonanten oder gliedern gegebenenfalls durch Neuansatz oder Wendung der Tonhöhenbewegung. Auch Tempowechsel wirkt gliedernd. Für unsere Zwecke genügt es gewöhnlich, drei verschieden tiefe Gliederungseinschnitte zu unterscheiden:

– der Strichbalken ‖ bezeichnet eine Pause zwischen Äußerungen.
– der Strich | bezeichnet eine deutliche Fuge im Redefluß.
– der Kurzstrich ' bezeichnet eine Stauung im Redefluß.

Nach Bedarf kann man darüber hinaus einen Doppelbalken ‖, einen Balken | (tiefe Fuge), einen Kurzbalken ' (kräftige Stauung) und einen Punktstrich ⋮ (schwache Stauung) notieren.

5.4.2 Die Gliederungseinheiten

1307 |

Der Redeabschnitt, vergleichbar mit dem Absatz im Buchtext, ist tonlich dadurch gekennzeichnet, daß sich der Redefluß davor verlangsamt und die Stimme bei der Aussage zum Vollschluß herabsinkt. Wir bezeichnen ihn durch den Doppelbalken ‖.

Am Ende der Äußerung, die gewöhnlich einer grammatischen Satzeinheit (einschließlich der Nebensätze) entspricht, folgt die Stimme mit Steigkadenz, Halboder Vollschluß dem Ausdrucksgehalt der Äußerung (vgl. 1300). Der Sprecher schöpft neuen Atem. Wir bezeichnen diesen tiefen Einschnitt mit dem Strichbalken ‖. Im Schriftbild stehen dafür der Punkt, das Ausrufe- oder Fragezeichen.

Der Spannbogen eines Aussagesatzes gliedert sich in einen spannenden Aufast, der den Gegenstand oder die Voraussetzung der Äußerung enthält, und den lösenden Abast. Am Scheitel des Spannbogens entsteht eine Stauung des Redeflusses, kaum merklich bei kurzen Sätzen, vertieft bei langen. Das letzte Glied vor dieser Stauung gewinnt damit an Schwere (Ballung, Höhepunkt).

Auf- und Abast können mit dem grammatischen Subjekt und Prädikat zusammenfallen:

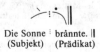

Die Sonne ⋮ brânnte. ‖
(Subjekt) (Prädikat)

Ebenso:

> Ein unglaublicher Zwischenfall ' ereignete sich im vorigen Jahr an einer Straße von Wien. ‖ (A. Lernet-Holenia)

Grundsätzlich aber ist für die Gliederung des Spannbogens nicht die Abfolge von grammatischem Subjekt und Prädikat, sondern die Gliederung von Aussagegrundlage (Thema) und Aussageziel (Rhema) maßgebend – unabhängig davon, welche grammatische Form sie annehmen.

Mit einem plötzlichen Rúck ' warf er das Messer hóch. ‖ (H. Böll)
(Umstandsangabe)   (Prädikat – Subjekt – Objekt)

Ebenso:

> Blicken wir von hier aus noch einmal zurück ' auf unsere gesamte bisherige Untersuchung. ‖ (R. Otto)

Auch mehrere grammatisch selbständige Sätze können unter einem einzigen Spannbogen zusammengefaßt werden, wenn ihr inhaltlicher Zusammenhang gekennzeichnet werden soll (rhetorische Bindung). In einer solchen Satzreihe fällt dann erst der letzte Satz zur Lösungstiefe ab (vgl. 1317). Umgekehrt kann ein Satz in mehrere Äußerungen aufgegliedert werden, gewöhnlich um der Aussage größeres Gewicht zu verleihen (rhetorische Auflösung):

> Man muß an sich zweifeln gelernt haben, | um jemals aufzusteigen. ‖\ (H. Mann) Die mißgestimmten Mássen gleichen Núllen, | die freilich furchtbar zählen werden, ˦ sowie ein neuer Éinser ihnen Bedéutung gibt. ‖\ (E. Jünger)

Der flachste Einschnitt, der es noch erlaubt, Atem zu schöpfen, die Fuge | , trennt die Sinnschritte. Wie Wort und Satz für sich genommen eine Bedeutung tragen (z. B. *Die Tür steht auf.*), so läßt der Sinnschritt das mit diesen Wörtern in der Wirklichkeit Gemeinte erkennen (in unserem Beispiel: *Es zieht; mach die Tür zu!*). Im Fluß der Rede wird damit der Sinnschritt verständlich, auch wenn die gesamte Äußerung noch nicht beendet ist, z. B.: | 1308 |

> Als wir wieder in das andere Zimmer kommen, | erkundigt er sich bei Lola, wie sie sich fühlt, | ganz gut, sagt sie, | dann stellt sich heraus, daß sein Telefon gestört ist. ‖ (J. Bekker)

Häufig fallen die Sinnschritte mit einfachen Sätzen oder mit den Teilsätzen eines zusammengesetzten Satzes zusammen; sie können aber auch innerhalb eines einfachen Satzes stehen oder zwei Teilsätze umfassen (vgl. 1311 ff.). Das Schriftbild bezeichnet diese Fugen mit Semikolon, Komma oder auch (z. B. vor *und*) gar nicht.

Der Sinnschritt steht unter einem eigenen Teilbogen, der sich dem Spannbogen der gesamten Äußerung einfügt. Er wird, sofern er nicht die Äußerung beschließt, mit Steigkadenz gesprochen, wenn er stumpf (auf beschwerte Silbe) ausgeht; bei klingendem Ausgang (auf leichte Silbe) mit Steig- oder Schwebekadenz. Sinkt die Stimme ab, so wirkt die Fuge gewöhnlich tiefer; wir bezeichnen sie dann mit dem Balken | . Bei Schwebe- oder Steigkadenz wirkt der Einschnitt flacher und wird mit dem Strich | bezeichnet.

Sofern Sinnschritt und Satz nicht zusammenfallen, stuft die Rede gewöhnlich den Sinnschritt ab, nicht den Satz. Das Gewicht, das ein Sprecher den einzelnen Sinnschritten in der gesamten Äußerung zumißt, wird oft nicht nur durch die Abstufung, sondern auch durch das Zeitmaß angezeigt: tragende Schritte spricht er langsam, beiläufige übergeht er rasch.

Gegenüber der Grobgliederung der Äußerung bezeichnen wir die Feingliederung des Sinnschritts durch Kurzbalken ', Kurzstrich ' und Punktstrich ⋮. An diesen

Gliederungseinschnitten wird der Fluß der Rede nur mehr oder minder gestaut, eventuell durch Dehnung des Auslauts:

Er kám, ' sàh ⋮ und sìegte. ‖\

Atemerneuerung ist hier nicht mehr möglich.

Unberücksichtigt läßt unsere Notierung die Wortblöcke. Sie entsprechen zunächst den Satzgliedern, werden „wie ein Wort" gesprochen und tragen nur eine beherrschende Schwere:

Die Frúchte / wachsen / am Énde des Zweiges. ‖\

Je rascher und je weniger nachdrücklich gesprochen wird, um so mehr verschmelzen minder gewichtige Glieder im Redefluß mit stärker sinnträchtigen (vgl. 1309). Die Gliederung ist in spontaner Rede für die Störungen der Redeplanung weit anfälliger als Beschwerung und Intonation (vgl. 1319).[1]

5.5 Der Akzent der Rede

5.5.1 Allgemeines

| 1309 | Die Gliederung des Spannbogens verbindet sich mit der Schwere zum Akzent der Rede.

Die gleiche Lautfolge kann durch unterschiedlichen Akzent ganz verschiedenen Sinn bekommen[2]:

Hínrichten, ' nicht begnádigen! ‖ Hinrichten nícht, ' begnádigen! ‖ Èr wíll, ' sìe nícht. ‖ Er wíll sie nicht. ‖

Alltagsrede verläuft rasch, gliedert wenig und stuft nur grob ab:

Haben Sie gut geschláfen? ‖ Wir sind gestern spazìerengegangen. ‖ Das hab ich mir doch glèich gedácht. ‖ Da líefen also die Hühner herum. ‖ Das hèißt, die Hühner waren èingespérrt, ⎸ und die Küken liefen herum, ⎸ und auch sónst war es mehr dreckig als sáuber. ‖ (spontan)

Dabei hebt sich die schwere Silbe auf Kosten der leichten heraus – bis zu deren Verschwinden:

Gott bewáhre (mich)!
(Das) weiß Gótt!

Die dicht gefüllte und nachdrückliche Rede verläuft langsam, gliedert und stuft vielfältig und fein ab:

Lében hèißt, ' die Bestímmung der Stúnde ⋮ fühlen ⎸ ùnd danach hándeln. ‖ (F. Kayssler) Dàrum ist auch dás, ' was wir ⋮ im Ùnterschied von Trieb und Instínkt ' den sògenannten „freien Wíllen" des Menschen nennen, ⎸ nìcht eine positive Kraft des Scháffens und der Hervórbringung, ' sòndern des Hémmens und Énthemmens von Triebimpulsen. ‖ (M. Scheler)

In jedem Teil der Rede pflegt eine Silbe alle anderen an Gewicht zu übertreffen: im Sinnschritt die Überschwere, im Glied die Vollschwere; die jeweils niederen Schweregrade können mehrfach auftreten:

Zum Múßiggang ⋮ gehören hòhe Zínsen ' oder hòhe Gálgen. ‖ (Sprw.) Wéiter sich ins Èinsame vòrzuwagen, ' schien nicht gehéuer, ⎸ und sò waren wir im Begríff, ' den Rück-

---

[1] H.-W. Royé: Segmentierung und Hervorhebungen in gesprochener deutscher Standardsprache. Aachen 1981, S. 165 ff.
[2] H. Wode: Pause und Pausenstelle im Deutschen. In: Acta Linguistica Hafniensia 11 (1968).

zug anzutreten, | als in unser Gespräch ' ein Láut, ' ein Rúf, ⫶ halb Stóhnen ⫶ drang, | der uns die Füße fesselte. || (Th. Mann)

Wo Schweren aufeinandertreffen, werden sie durch Stauung des Redeflusses getrennt:

Wo der Húnger ⫶ ánfängt, ' hört der Verstánd ⫶ áuf. || (Eschenburg) Bei jèdem Betrúg ' áltert das Hèrz. || (R. G. Binding) Der Dánk ⫶ ist immer eine schöne ⫶ Pflícht. ||

Eine Sprechart, die verdeutlichen will, kennzeichnet besonders umfängliche Attribute durch Stauung nach dem Spannglied der Klammer. Im Gegensatz zum Einschub (vgl. 1313) liegt die Stauung hier vor dem Zwischenglied. Mit der Stauung kann sich Neuansatz (vgl. 1318) verbinden:

… die ' in ihr wìrksamen Kräfte; ||\ der ' in seinen Tèilen erst allmählich wirksam werdende Plán. ||\
Der Únfähigkeit zu tráuern ' ist also unsere ⫶ wèniger éinfühlende ' als auf Sélbstwert-bestätigung erpíchte ⫶ Àrt zu líeben ⫶ vorángegangen. ||\ (A. Mitscherlich)

Dieselbe Stauung ist in spontaner Rede häufig und zeigt an, daß das Attribut in den sonst fertig vorgeplanten Satz erst nachträglich eingefügt wurde:

… der ' vorher stárkere, ⫶ jetzt unterlégene Hirsch … (spontan)

Es liegt in der menschlichen Natur, Bewegungen, also auch den Fluß der Rede, zu rhythmisieren. Das kann bis zu versmäßiger Gliederung führen: $\boxed{1310}$

éins zwei drèi vier fünf sechs sìeben …

Wir wählen oder ordnen die Wörter gern so, daß beschwerte und leichte Silben regelmäßig wechseln (Gewichtswechsel) oder von Schwere zu Schwere ein taktähnlich gleicher Zeitabstand entsteht.[1] Darum werden Glieder von Aufzählungen, die nach ihrem Sinngewicht gleichen Wert haben, dennoch verschieden beschwert (vgl. 1316):

Sónne, Mònd und Stérne; schwàrzrotgóld; … sondern als Aróm, ' zàrter Éinschlag, ' hèikle Bedéutung, ' verschwiegener Úntergrund ⫶ in durchàus jeder Beziehung, ⫶ auch der schàuerlich-héiligsten, ' gègenwärtig war. || (Th. Mann)

Auch sonst werden Wortgruppen gern in dieser Weise rhythmisiert. Das fällt besonders bei gleicher Gliedform auf:

Gòtt sei Dánk! Die hèiligen drei Kŏnige. In der chirùrgischen Klínik des Gehèimrats von Ó. … (Weiß) Das Schwärmen der Séele ⫶ über der Àsche der Vérgangenheit … (I. Seidel)

Die Neigung, die Rede zu rhythmisieren, macht sich vor allem geltend in stark gefühlshaltiger Rede und auch in dichterischer Prosa. So oft im Eingang von Erzählungen, die dann anschließend in einen unregelmäßigeren, „prosaischeren" Rhythmus überzugehen pflegen:

Óh, Charlótte! Dú, kúck dir blóß mal dèn da án! Dá, den klèinen Kúrzgeschorenen. Dèr kommt sicher von drüben, ' wèißt du. || Der tùt noch so nèu. || Die tun álle so. || (W. Borchert) Die álten Götter wáren tòt, | jene hèiteren, déutlichen und lìebenswerten Götter, | die man so gern verèhrt hatte, | weil man wúßte … (v. Niebelschütz)

Kritisch bedachte Rede dagegen gliedert und stuft gewöhnlich streng nach dem Sinngewicht:

Der Fríede ' ist der Mènschheit ⫶ in ùnserem Jahrhúndert ' zur bewüßten Áufgabe geworden. || Das liegt éinerseits ⫶ an der Entwícklung der Téchnik, ' zumal den übergroßen Wáffen, | ándererseits ⫶ an einem veränderten Bewùßtsein der Menschheit ⫶ von sich sélbst. || (C. F. v. Weizsäcker)

---

[1] J. Pheby: Phonologie. In: K. E. Heidolph u. a.: Grundzüge einer deutschen Grammatik. Berlin 1980, S. 851.

Ganz besonders aber in metrisch gebundener Rede, im Vers, werden Wortton und Satzakzent dem Rhythmus oft so untergeordnet, daß logisch leichte Silben auf die Hebung fallen, logisch beschwerte Silben dagegen in die Verssenkung gedrückt werden:

> Die Stérne stéhn *vollzählig* überm Lånd. (H. Carossa)
> So wéit im Lében *íst* zu nåh am Tód, ... reiß *ích* mir *vón* der Érde méinen Téil. (I. Bachmann)

5.5.2 Besonderheiten des Akzents bei bestimmten Gliedern und Teilsätzen

| 1311 | **Anredenominativ** |

Anredenominative können ohne Redezusammenhang für sich stehen:

> Herr Schúlze! |¦' (Sie haben das Wort.)

Sind sie in die Rede einbeschlossen, so bleiben sie tonlich unselbständig und schwach, gleichgültig, ob sie der Rede vorausgehen, ihr folgen oder in sie eingefügt werden:

> Bleibe rúhig, *mein Kind!* |¦\ *Friderike,* ¦⁻ du solltest dich wírklich mehr zusámmennehmen! |¦\ (G. v. Le Fort) Verzéiht, *Eminenz,* ' aber mir schéint, daß ... (S. Andres)

Werden die Anreden umfänglicher oder mit einer Interjektion verbunden, so spalten sie sich ab; nach ihnen setzt der Spannbogen neu ein:

> „Ach Gótt, *Mamachen!*" |⁻ sagte Ìda, ¦⁻ die mit dem Dòktor béi ihm stand, |⁻ „Christian, dem Jungen, ist går so schlecht!" |¦\ (Th. Mann)

Der Beginn angeführter Rede, Anredenominativ und zwischengeschobene Redeeinführung werden, wenn sie nicht zu umfänglich sind, ohne Gliederungseinschnitt gesprochen:

> Wég, ¦' Kleiner, sagte er mühsam, |⁻ bring mich hier wég! |¦\ (S. Lenz)

| 1312 | **Interjektion** |

Die Interjektion kann tonlich selbständig sein:

> Nanú, |' woran líegt das? |¦\ (spontan)

Meist aber leitet sie, den Ausdrucksdrang entladend, die Aussage ein:

> *Na* spring doch, du Feigling! |¦\ (spontan) *O,* das mácht nichts!" ' sagte der Hèrr. |¦\ (J. Roth) „Óh, mein Gótt, ' was ist dás", rief sie aus, |⁻ und ... (E. Pentzoldt) „Ah", fuhr der Kutscher áuf, |⁻ „der Kerl soll sein Mául halten!" |¦\ (A. Lernet-Holenia)

| 1313 | **Einschub** |

Eine besonders häufige und vielgestaltige Intonationsform ist der Einschub. Der Sprecher kann in einem fertig vorgeplanten Sinnschritt ein Satzglied ergänzend oder erläuternd wiederholen sowie ein neues, vom Verb nicht gefordertes Glied, aber auch einen Schalt- oder Teilsatz einfügen. Diese Einschübe unterbrechen dann, wenn sie sinnschwach sind, als Mulde, wenn sinnstark, als Kuppe den Spannbogen. Der Satzrahmen nimmt danach den Spannbogen an der gleichen Stelle wieder auf, wo er unterbrochen wurde:

> ' Aber natürlich, ⁻ *Sie haben völlig récht,* ¦'
> hat das seine Áuswirkungen. |¦\ (spontan)
> ... und erst Énde des vorigen Jahrhúnderts, ' *1882–84,* ' erscheint ein Wörterbuch ...

(spontan) Das gánze Leben des Kósmos ist, ' *im grö*ß*en wie im éinzelnen,* |‾ eine Entwícklung immer differenzierterer Gestalten. ||\ (J. V. v. Weizsäcker)
Jéder Ménsch, ' *auch wenn er kein Schrift-*
steller ist, ‾ erfindet seine Geschíchte. ||\ (M. Frisch)

Der Einschnitt v o r dem Einschub pflegt dabei flacher zu sein als der danach. Der Einschub selbst verläuft gewöhnlich rascher und unbeschwerter als der Rahmen:

Wir müssen, ' *ob wir wòllen oder nicht,* ' das Írrationale ⠐ als den wíchtigsten Fáktor des Geschehens éinsetzen. ||\ (Hasenclever) Der Túrnlehrer, ' *ein junger Offizier mit hartem, braunem Gesícht* ⠐ *und höhnischen Áugen,* |/ hat Fréiübungen kommandiert. (R. M. Rilke)

Sofern dem Einschub nur noch e i n Wortblock folgt, liegt der tiefere Einschnitt vorn:

Wíe würden Sie eigentlich die Áufgaben des Schríftstellers ' *gerade in unserer Zeit* definíeren? ||\ (spontan) Eines Ábends saß ich im Dòrfwirtshaus vor ' *(genauer gesagt hinter)* einem Glas Bíer. ||\ (W. Hildesheimer)

Vielgebrauchte Einschübe können sich dem Spannbogen eingliedern, z. B. *Gott sei Dank, gottlob, Gott weiß wieviel, mir nichts – dir nichts.* Auch eingeschobene Zeitbestimmungen gehen häufig in dem Gesamtbogen der Äußerung unter. Neben

Schlíeßlich fánd ich ⠐ – *Gott sei Dánk!* – den Wég. ||\

auch

Schlíeßlich fánd ich ' *Gott sei Dánk* den Wég. ||\

Einschübe werden, besonders in spontaner Rede, oft gehäuft:

Den Zéitgenossen schon, ‾ *víelen von ihnen,* ⠐ *éinigen,* ⠐ *éinzelnen,* |‾ war diese gewáltige Persönlichkeit ' ein Lícht und eine Beglückung. ||\ (Th. Mann)

Oder es wird in einen Einschub ein weiterer eingefügt:

Kőnnte man das vielleicht auf die ' *(áuch wieder sehr,* ⠐ *[zúgegebenermaßen] sehr kurze)* Fòrmel bringen, |‾ daß ... (spontan)

Zusatz | 1314 |

Während der Einschub den Spannbogen der Äußerung unterbricht (vgl. 1313), wiederholt der Zusatz mit Neuansatz den Spannbogenteil des Gliedes, das er ergänzt. Ein Beispiel dafür ist etwa die Apposition:

Háns, ⠐ *sein Brùder,* ' kam gestern zurück. ||
... und Mazuréwa, ' *der dérzeit wohl bedéutendste schwarze Politiker Rhodèsiens,* ' zeigt sich vólksnah. || (Fs.) Bértrand, ⠐ *ein Jùnggeselle,* ' fuhr jeden Mórgen ... (F. Werfel)

Auch der Zusatz kann sehr unterschiedliche grammatische Formen annehmen. Die Höhe des im Neuansatz wiederholten Teilbogens richtet sich nach seinem Sinngewicht:

... läuft mítten in der Wéihnachtszeit, ' *erst rècht am Áltjahrsabend,* ' ein Stück ... (E. Bloch) Jene Zèiten, ' *Burckhardts Júgend,* ' sind jéne Jahre, | die dem Úntergang Napóleons folgten. || (v. Niebelschütz)

Ob ein Satzglied als Zusatz oder Einschub (vgl. 1313) zu verstehen ist, zeigt oft nur der Zusammenhang. Innerhalb einer Aufzählung nimmt man das betreffende Glied zur Unterscheidung immer als Einschub:

Dichte Rèihen von Schinken und Würsten, ' *lètztere in allen Farben und Fórmen,* | *weiße,* ⋮ *óckergelbe,* ⋮ *ròte und schwárze,* | sólche, ⋮ die prall und rùnd waren wie Kúgeln, | sowie lánge, ⋮ knòtige, ⋮ strickartige, | verdùnkelten das Gewölbe. ‖ (Th. Mann)

Neuansatz findet auch statt, wenn dem Satz Glieder unter eigenem Teilbogen vorangestellt werden, die ein Pronomen oder Adverb später wieder aufnimmt. Die Vorsenkungen ordnen sich dann nicht dem Spannbogen ein, sondern liegen tief:

Der Tág, ' er ist nicht mehr fèrn. ‖

Auch bei bloßer Voranstellung, insbesondere von Zeit- und Ortsbestimmungen, sprechen wir häufig mit Neuansatz:

Vor dem Gesétz ' steht ein Türhüter. ‖ (F. Kafka)
Nicht lànge nach dem Tode meines Váters ' faßte meine Mùtter den Entschlúß, ⋮ einen Winter in Itàlien zu verbringen. ‖ (G. v. Le Fort) *Außer diesen beiden Únglücksfällen* ' hatte nichts vermocht, ⋮ ihn fèrnzuhalten. ‖ (G. Hauptmann)

1315 ## Nachtrag

Der Zusatz (vgl. 1314) ergänzt ein Satzglied und ist häufig ausgeklammert (vgl. 1267). Wo einem ganzen Satz oder Sinnschritt ein Nachtrag angefügt wird, richtet sich die Tonführung nach seinem Sinngewicht. Der sinnschwache Nachtrag folgt dem Schlußfall in der Tiefe:

Freilich war Elìsabeth ⋮ in ihrer Art fürsorglich wie von jè bemüht ⋮ *um die alte Fràu.* ‖ (I. Seidel)

Gewinnt der Nachtrag an Sinngewicht, so wiederholt er den Schluß des Sinnschritts unter eigenem Teilbogen. Aber auch dann bleibt der Aussageinhalt zu schwach, um einen eigenen Sinnschritt mit neuer Überschwere auszubilden (vgl. 1319):

Das Schiff kommt wöchentlich èinmal, ' *und zwar sónntags.* ‖

Sie stehen sich beide gegenüber, ' *nùr durch den Bach getrénnt.* ‖ (spontan) Es frèute ihn nicht, ' Leute seines Jàhrgangs begrüßen zu müssen, ' *ehemalige Mitschüler mit Bàuch und Glátze.* ‖ (M. Frisch)

Werden Aussageglieder ausdrücklich mit lexikalischen Mitteln wie *also, besonders, etwa, das heißt, übrigens* usw. als nachgetragen gekennzeichnet, so wird davor bei schwächerer Ausgliederung häufig Steig- oder Schwebekadenz gesprochen:

Darf ich darum bìtten, ¯ hìnten vielleicht einen ' der Stècker einzustecken, ʽ *und zwar den bráunen.* ‖ (spontan)

Ebenso wenn ein Aussageglied wiederholt wird, um Weiteres anzuschließen:

… daß ' der technische Fòrtschritt … erhebliche Erlèichterungen mit sich gebracht hat, ¯ *Erléichterungen,* ¯ die die Arbeit verbessern … (spontan)

Die Beziehung von Aussagegliedern ist im Lesetext, im Gegensatz zur gesprochenen Sprache, nicht immer eindeutig und erlaubt gelegentlich verschiedene Auffassungen:

[1]Wenn ich ein Pflanzengebilde nachtastend ergründen möchte, | [2]so darf ich das keine Tätigkeit nennen, | [3]höchstens ein inneres Beschäftigtsein. ‖ (H. Carossa)

[3]als Nachtrag genommen: [2]und [3]zusammengefaßt:

Aufzählungsglieder

Neuansatz haben vor allem Aufzählungsglieder:

Wenn wir von *Tássen,* *Dòsen,* *Scháchteln,* ' *Kä-*
sten, *Schränken oder Öfen* träumen, |⁻ träumen
wir gewöhnlich von Fráuen. ‖\ (S. Freud)

Záuber, ' *elektrische Schläge,* ' *Erschütterungen mit schwerem Hérzklopfen,* | sind dàmals
von diesem schlichten Schultertuch áusgegangen. ‖\ (G. Hauptmann)

Steht die Aufzählung am Ende, so übernimmt das letzte Glied den lösenden
Schlußfall:

Kunst ist *Órdnung,* ' *Máß,* ' *Proportiôn.* (Strawinsky)

Diese drei dicken Fráuen hatten nämlich schon vor 25 Jáhren da gestanden, | *genàu
an der gleichen Stélle,* ' *vor dem Krämerladen.* ‖ (H. E. Nossack)

Gehäufte Aufzählungen ordnet man zu Gruppen:

Spréchchöre, ' *Lieder,* ' *Demonstratiônen,* ' *Plakáte,* ' *Schlägzeilen,* ' *Transparénte,* | dás
ist das Bíld dieser Demonstration. ‖ (spontan) *Die Referendäre,* ' *Assessóren,* ' *Stáats-
anwälte,* ' *Advokáten,* ' *Kámmerräte,* ' *Archivàre,* ' *Sekretäre,* ' *Rendánten und Richter,* '
eine éhrwürdige Hierarchíe. ‖ (G. Wassermann)

Werden Aufzählungsglieder erläuternd eingeschoben (vgl. 1313), dann wiederholen sie die Mulde bzw. Kuppe im Spannbogen:

… daß genáuso viele Studénten in diese Senàtssitzung, ' *in diese Senatssitzung,* ' *in
keine ándere* ' gerufen werden … (spontan) Er hat sehr édle Gestalten geschaffen, die
soziàl bürgerlich sind, | *den Diener Lúkas,* ' *den Piérre im „Geretteten Venèdig",* | und
auf dem ánderen Brett … (v. Niebelschütz)

Neu angesetzte Aufzählungsglieder und Einschübe werden im Spannbogen deutlich geschieden:

Auf einem kleinen Fúßpfad, ' an Wéiden entlang '
und später an Zwétschgenbäumen, *aber die*
Früchte waren noch nicht réif, | bin ich dann in ein
Dörflein gekommen. ‖ (E. Roth)
Von der Sèite blickte die Töchter ihr über die Schúlter, | die hübschen, èbenmäßig ge-
bogenen Áugenbrauen *(sie hatte sie von der Mútter)* ' zur Stirn gehoben, | den Múnd
mokant verschlòssen und verzógen. ‖ (Th. Mann)

Sind die Aufzählungsglieder mit *und* verbunden, so pflegen Gliederungseinschnitt und Neuansatz schwächer zu sein oder ganz wegzufallen, denn was wort-
begrifflich ausgedrückt ist, braucht nicht betont zu werden:

Garderóbenständer mit *Hüten und*
Mänteln stehen herúm. ‖ (A. Döblin)
Friedrich von B. leistete in der Hóchschulklinik ' *allerlei kléine,* ' *aber doch únentbehrli-
che und veràntwortungsvolle* Dienste. ‖ (E. Weiß)

Gelegentlich bindet die Rede auch nichtverknüpfte Aufzählungsglieder in den
Spannbogen ein:

Die Sònne schien durch die *hòhen,*
vorhanglosen Fénster. ‖ (Meuffels)

Syndetisch gebildete Gruppen werden als Glieder behandelt:

Tàg und Nácht, ' *Mòrgen und Ábend,* ' Winter
und Frühling ' kehren immer wíeder. ‖
Knecht hatte Plínio als einen *stürmischen und héiteren,* ' *mítteilsamen und glänzenden*
Jüngling gekannt. ‖ (H. Hesse)

Bildet bei zwei attributiven Adjektiven das zweite mit dem Gliedkern einen Gesamtbegriff (vgl. 500), so entfällt der Neuansatz (es steht hier auch kein Komma):

> ... köstlicher *weißer Wein*. Das dreizehnte *große Messer* ' stak wie ein tödlicher Pfeil dort ... (H. Böll)

Wird ein Aufzählungsglied als selbständiger Sinnschritt nachgetragen, so erhält es einen eigenen Teilbogen und eigene Überschwere:

> Ich nenne ihn einen Lügner |\ und einen Dummkopf. ||\ Es hat ein paar Wochen lang kein Fleisch gegeben |\ und nur gefrorene Kartoffeln. || (L. Rinser)

Der Neuansatz entfällt, wo er die Sinnschrittfolge beunruhigen würde:

> ... ich wickelte mir Strang um Strang um Arm und Hände, |⁻ zog und entwurzelte |⁻ und sah mit Vergnügen, ⁻ wie ... (H. Carossa)

1317	## Folge von Sinnschritten

Wie Aufzählungsglieder den Fluß der Rede durch Neuansatz stauen, so auch gereihte [Teil]sätze. Sie fügen sich dem Spannbogen des Gesamtsatzes ein, bilden aber eigene Teilbögen und Sinnkerne aus und erlauben, an der entstehenden Fuge neu Luft zu schöpfen. Es handelt sich also bei den in einer Äußerung gereihten [Teil]sätzen um eine Folge von Sinnschritten:

> Eine ganze Horde und Generation ⋮ empfänglich gesunder Buben ' stürzt sich auf das Werk des kranken Genies, |⁻ bewundert, ' preist, ' erhebt es, |⁻ führt es mit sich fort, |/ wandelt es unter sich ab, |/ vermacht es der Kultur, |/ die nicht vom hausbackenen Brot der Gesundheit ⋮ allein lebt. ||\ (Th. Mann)

Bei stumpfem Ausgang (vgl. 1289) wird dabei Steigkadenz gesprochen, bei klingendem Ausgang meist Schwebekadenz:

> Das sei schade und schlimm; |/ es sei bedenklich, |⁻ es sei gefährlich. ||\ (Th. Mann) Erwarte nichts. |\ Heute. ⁻ Das ist dein Leben. ||\ (K. Tucholsky) Wir leben ⁻ und wissen nicht wozu. |/ Wir sterben ⁻ und wissen nicht wohin. ||\ (E. Bloch) Der Lebensstandard ' ist der Gott dieses Zeitalters, |⁻ und die Produktion ist sein Prophet. ||\ (H. Freyer)

Zwischen solchen zu einer Äußerung vereinigten selbständigen Sätzen (rhetorische Bindung) setzt der Schreiber gewöhnlich Komma oder Semikolon statt Punkt:

> Das Leben ' will ernst genommen sein; |⁻ die Kunst ' will es erst recht. ||\ (Th. Mann) Schleudert nur Samenkörner in diese verworrene Zeit, |⁻ es werden sich schon Herzen finden, ' in denen sie aufgehen. ||\ (v. Delius)

So faßt der Sprecher zumal in fortlaufender Rede sinngemäß zusammengehörige Sätze durch Schwebe- und Steigkadenz zu einer Äußerung zusammen und grenzt erst diese durch Vollschluß gegen eine neue Äußerung ab, wie es in dem folgenden Wetterbericht geschah:

> Heute nacht und morgen ist es in Deutschland überwiegend stark bewölkt ⋮/ bis bedeckt. |/ Im Nordwesten kann später gelegentlich die Bewölkung etwas auflockern. ||\ Verbreitet kommt es zu Niederschlägen. |⁻ Im Westen, ⋮ Süden ' und auch im Osten ' werden zum Teil sehr heftige Niederschläge niedergehen. ||\ Die Höchsttemperaturen ' steigen zum Teil nur wenig ⋮ über den Gefrierpunkt an. |/ Zum Teil werden sie ihn noch nicht einmal erreichen. |/ Nachts herrschen im allgemeinen leichte, |/ einzelnen Orts auch mäßige Fröste. ||\ (Fs.)

Die heutige Schreibweise, besonders im Brief, gibt mit den Satzzeichen kaum einen Anhalt für die Einheit der Äußerung. Ob die Sätze weiterweisend durch

Schwebe- oder auch Steigkadenz verbunden oder durch Halbschluß mehr getrennt werden, bleibt oft dem Verständnis des Lesers überlassen. Mit dem Halbschluß stehen wir bereits vor der rhetorischen Auflösung, die bei den nachstehenden umfangreichen Äußerungen besonders deutlich wird:

> Offenbar fehlte ihm nichts, |⁻ denn er begnügte sich immer mit einem kurzen Betasten der Tasche oder Taschen, ||\ und diese in Abständen sich wiederholende Gebärde ' kam manchmal fast einem Zucken gleich. ||\ (F. Torberg) Strom und Straße sind uns zu langsam. |⁻ Sind uns zu krumm. |\ Denn wir wollen nach Hause. ||\ Wir wissen nicht, ' wo das ist: ' Zu Hause. |⁻ Aber wir wollen hin. ||\ Und Straße und Strom sind uns zu krumm. ||\ (W. Borchert)

Neuansatz

1318

Sind Haupt- und Nebensatz kurz, dann führen wir den Sinnschritt gewöhnlich ohne Gliederung in einem Spannbogen fort:

> Ich kann heute nicht ins Theater gehen, ⌐
> denn ich habe Dienst. ||\

Es sei denn, der Sprecher hat, wie es in spontaner Rede oft geschieht, die Sätze einer Äußerung, obwohl sie kurz sind, nacheinander geplant, die Einheit der Äußerung gleichsam vor den Augen des Hörers erst hergestellt. Dann fährt er nach Fuge und Halbschluß mit Neuansatz fort:

> Ich kann heute nicht ins Theater gehen, |\
> denn ich habe Dienst. ||

Wachsende Glieder

1319

Wird ein Sinnschritt durch die Zahl seiner Glieder oder ihre Attribuierungen für den Sprecher unüberschaubar und den Hörer unfaßlich, so wird er aufgespalten; die Glieder werden selbst Sinnschritte:

> All die zahllosen komplexen und zweckmäßigen Baupläne ⋮ der Tier- und Pflanzenkörper verschiedenster Art |/ verdanken ihr Dasein ' der geduldigen Arbeit, |/ die seit Jahrhunderten von Mutation und Selektion vollbracht wird. ||\ (K. Lorenz) Die Radikalität der Gottesgewißheit ' gewann durch Jesus eine bis dahin unerhörte Steigerung |⁻ durch die Erwartung des unmittelbar bevorstehenden Weltendes. ||\ (K. Jaspers)

Abspaltung

1320

Sind abhängige Nebensätze (von denen einer auch durch eine Infinitivgruppe ersetzt werden kann), einander untergeordnet, dann treten sie unter Abspaltung des ersten von seinem Hauptsatz eng zusammen:

> Und im Zusammenhang damit ⋮ stellt sich die Frage, |⁻ ob wir nach Kriegsende tatsächlich alles getan haben, ⌐ um Gewalttaten von uniformierten Verbrechern im Dritten Reich ⋮ aufzuklären. ||\ (Fs.) Wahrscheinlich ist der Mensch das einzige Geschöpf der Erde, |⁻ das den Willen hat, ⋮⁻ in ein anderes hineinzuschauen. ||\ (H. Carossa) Menschen werden schlecht und recht schuldig, |/ weil sie reden und handeln, ⋮⁻ ohne die Folgen ihrer Worte und Taten vorauszusehen. ||\ (F. Kafka)

Dasselbe gilt, wenn sich ein Nebensatz nur auf das letzte Glied einer Aufzählung bezieht:

> Der Kammergang aber war ... voll von ... Schüsseln, ' Bierschläuchen, ' langhalsigen Weinkrügen in schönen Gestellen |⁻ und Blumen dazu, sie zu bekränzen; |\ ... (Th. Mann)

Sind die Nebensätze nebengeordnet, dann unterbleibt die Abspaltung:

Ìmmer noch bezwéifeln sie's, ⌐ daß ich die Quelle sèlbst mit der Wünschelrute gefùnden habe |⌐ und daß es ein gegàbelter Hàselzweig gewesen sei. ||\ (H. Carossa) Aber Lángloff schnarchte sò mächtig, |′ daß Kòrtüm sich aus dem Fènster lehnte, |⌐ um nàchzusehen, ⌐ ob dieses Schrèibzimmer etwa über dem Spèisesaal läge |⌐ und der Kapitän die Unterhàltung der Hochzeitsgesellschaft beèinträchtigen könne. ||\ (K. Kluge)

Doppelsetzungen

Bei Doppelsetzungen, insbesondere von Gegensätzen, wahrt die Tonführung, auch wenn die Glieder umfänglicher werden, die Einheit der Äußerung und kennzeichnet die Glieder durch Staupause und Schwebekadenz:

Aus den Áugen, ⌐ aus dem Sìnn. ||\ Was du ándern zufügst, ⌐ das fügst du dìr zu. ||\ (Chr. Morgenstern)

Wenn eine Konjunktion die Beziehung anzeigt, wird der Spannbogen flacher:

Dúmme Gedanken hat jèder, '\ *aber* der Wèise verschwèigt sie. ||\ (W. Busch) Nìcht das Argumént, '/ *sondern* die Persòn überzèugt. ||\ (Fr. Sieburg)

So bei überschaubaren Fügungen mit den mehrgliedrigen Konjunktionen *weder – noch, je – desto, entweder – oder, sowohl – als auch, nicht (nur) – sondern (auch), teils – teils, hier – dort, einerseits – andererseits, bald – bald:*

Das ist weder Físch '/ noch Flèisch. ||\ Je älter er wird, ⌐ desto beschèidener wird er. ||\ Tèils waren die Früchte verfàult, |′ tèils waren sie wùrmstichig. ||\

Dabei werden beide Gegensatzglieder beschwert, das zweite oder das bejahte Glied jedoch stärker.[1]

Nìcht die Kőlner, ⌐ sondern die Berlìner ⋮ kontrollièren im zweiten Drittel das Geschehen auf dem Éis. ||\

Weiten sich die Glieder von Doppelsetzungen aus, so werden sie selbständig (vgl. 1319). Das erste Glied wird dann oft mit Halbschluß gesprochen:

Vermag der Hèitere ⋮ ganz ìnnerlich und verschwìegen zu sein, |⌐ so ist der Lústige ⋮ immer mit einer gewissen Betrìebsamkeit nach àußen gewandt. ||\ (Ph. Lersch) Deshalb finden wir bei den Zyklothýmen allenthalben viel warme Árbeitsfreude, ' flüssige, praktische Energie, |\ aber wir finden bei ihnen nìcht in erster Linie ⋮ die hàrte, ⋮ zielfeste, ⋮ ùnbeugsam bis zum Énde durchgreifende Tàtkraft ⋮ gewisser schizoider Temperamente. ||\ (E. Kretschmer)

Relativsatz

Der Relativsatz wird nach Art, Gewicht, Umfang und Zusammensetzung verschieden gesprochen. Am engsten schließt er sich an den Hauptsatz an, wenn er das Subjekt oder ein Akkusativobjekt vertritt – gleichgültig, ob er diesem vorausgeht oder folgt. Ist die Äußerung kurz, hat sie nur eine Überschwere:

Wer wägt, ·/ gewìnnt. ||\ Was vòr ihr lag, ⌐ schien kein Mènsch mehr zu sein. ||\ (P. Härtling) Kòste es, was es wòlle. ||\ Was es bringt, '/ werden wir sèhen. ||\ (Fs.) In lètzter Zeit kàuften sie núr, '/ was sie bezàhlen können. ||\ (Fs.) Wenn die Erwàchsenen áhnten, ⌐ was Kìnder von ihnen wìssen! ||\ (O. Bumke)

---

[1] F. Trojan: Deutsche Satzbetonung. Wien 1961, S. 25; J. Pheby: Intonation und Grammatik im Deutschen. Berlin ²1980, S. 139.

Am häufigsten ist der Relativsatz als Attribut. Je größer er ist, um so tiefer ist der Einschnitt gegenüber dem Trägersatz, um so eher bildet er eine eigene Überschwere aus:

> Lùdwig ' war der èrste, der ankam. ||\ Ein ùnsichtbarer Krèis ist um sie gezogen, |⁻ den zu betrèten ⫶ man sich schèut. ||\ (Chr. Wolf) Vórurteile sind das Allerhȧltbarste, ⌐ was es in der menschlichen Sèele gibt. ||\ (A. Mitscherlich) Dann sollte sie wenigstens eine Fȧssung erhalten, |⁻ die sich als ein Mèisterwerk ⫶ sèhen lassen konnte. ||\ (R. G. Binding)

Gelegentlich spaltet der Relativsatz sein Beziehungswort vom Hauptsatz ab:

> Die mèisten Menschen vergèssen ihre Kindheit |⁻ wie einen Schírm, ⫶ den sie ìrgendwo in der Vergangenheit stèhen lassen. ||\ (E. Kästner)

Ist der Relativsatz in den Hauptsatz eingeschoben, so führt er, wenn er kurz ist, den Spannbogen ohne Bruch fort:

> Ich kann das Gèld, das Sie mir ȧnbieten, ' ⌐‾‾|⸜|| nicht nèhmen. ||\ (J. Roth)
> (Die Schweiz) wȧr, was sie hèute ist; |⁻ únabhängig, ' neutràl, ' frèi. ||\ (M. Frisch)

Meist jedoch wird der eingeschobene Relativsatz als Mulde (vgl. 1313), bei besonderem Sinngewicht als Kuppe gesprochen:

> Als sie ein Ábteil gefunden hatten, ⫶⁻ in dem niemand sàß, ⸍ sàgte er ... (M. Walser) ... und der Schritt des Gärtners, ⌐ der am Tòr auf den Wàgen der Perchtmanns wartete, ⸍ knirschte. ||\ (P. Härtling) ... und ein LKW̏-Fahrer, |⁻ der bei 30° minus die eingefrorene Benzìnleitung durchpustet, |⁻ zeigt wènig Idealfigur. ||\ (Fs.) Mènschen, ' die „mit dem Leben fèrtig" sind, |⁻ sind eigentlich Ùnmenschen. ||\ (H. Böll)

In fortlaufender Rede muß sich der Bogen des Relativsatzes dem des Gesamtsatzes gut einfügen. Er darf den Spannbogen höchstens als Mulde oder Kuppe unterbrechen, weil er sonst den Zusammenhang sprengt. Erst am Ende des Satzes kann der Relativsatz einen eigenen Teilbogen tragen:

> Die Tèchnik hat den Menschen in Lȧgen gebracht, ⸍ die ihm über den Kòpf wachsen, |\ und sein Überlèben mag dávon abhängen, |⁻ ob er die Sèlbstkontrolle aufbringt, |⁻ dàs, ⫶⸍ was er tèchnisch lèisten kann, ⌐ únausgeführt zu lassen. ||\ (J. Herz)

Inhaltssatz

1323

Mit *daß* eingeleitete Inhaltssätze (vgl. 1213) und ihnen entsprechende einleitungslose Hauptsätze bilden, wenn sie kurz sind, gewöhnlich keinen eigenen Sinnschritt, sondern schließen sich meist pausenlos, allenfalls mit Stauung an den regierenden Satz an; am engsten die Hauptsätze, danach die Inhaltssätze in der Rolle von Akkusativ- und Präpositionalobjekt. Klingende Kadenz vor dem Inhaltssatz wird meist mit Schwebe-, stumpfe Kadenz mit Steigton gesprochen:

> Ich sèhe, ⁻ (daß) sie kömmt. ||\

Bilden Inhalts- und Hauptsatz e i n e n Sinnschritt, so kann der Sinnkern je nach Situation und Kontext im einen oder anderen Teilsatz liegen:

> Ich weiß genáu, ⸍ daß er mich belògen hat. ||\ (kein Zweifel möglich) – Ich weiß genáu, ⸍ daß er mich belògen hat. ||\ (nicht die Wahrheit sagte)
> Er äußerte sich überzèugt, ⸍ daß die Streitkräfte nicht ... èingreifen würden. ||\ (Fs.)
> Frèunde sind gùt; |\ voráusgesetzt, ⁻ daß man sie nicht nötig hat. ||\ (Roda Roda)

Spontane Rede, die oft Teilsatz nach Teilsatz plant und ausspricht, trennt Haupt- und Inhaltssatz häufig durch Atemfuge und gibt beiden Teilsätzen gleiches Gewicht:

Ich weiß genáu, |′ daß er mich belógen hat. ||\ Àlle Beteiligten wìssen, |′ daß sie in die Plèite rennen, |\ aber ... (Fs.)

Das geschieht immer, wenn Haupt- und Inhaltssatz sich ausweiten:

Doch auch èr weiß, |′ daß sich vor dem èndgültigen Béitritt ' ein Bèrg von Problèmen auftürmt. |⁻ (Fs.) Es stèllt sich plötzlich heràus, |′ daß bestimmte Dinge ¦⁻ – wie zum Beispiel das Benzín ′′ – durch Zahlung allèin ' nìcht mehr zu beschàffen sind. ||\ (C. Amery) Ich muß Sie um Entschúldigung bitten, |⁻ daß ich Sie mìtten in meine Af- färe hinèinziehe, |⁻ aber ... (E. Glaeser)

1324 ## Rede und Redeeinführung

Geht die Einführung der direkten Rede voran, so wird sie gewöhnlich mit Fuge ausgegliedert, bei stumpfem Ausgang mit Steigkadenz, bei klingendem Aus- gang meist mit Schwebekadenz:

Wórtlich sagte Ċ. am Schlúß: |′ „Ich habe mich von nìemand und von nìchts ¦ zu di- stanzíeren." ||\ (Fs.) Der kleine Mánn rief: |⁻ „Bleiben Sie stèhen, Mann!" ||\ (J. Bek- ker) Herr Kòrtüm bedáuerte: |\ „Ich habe Bàusorgen." ||\ (K. Kluge)

Einfache Bejahung und Verneinung wird dabei gern zum einführenden Verb ge- zogen:

Da sagte er: „Já, |′ das läßt sich hören." ||\ (spontan)

Folgt die Einführung der direkten Rede nach, so hat sie gewöhnlich geringeres Sinngewicht und wird, oft nach Halbschluß, ohne Einschnitt und melisch als Nachlauf angeschlossen:

Mággy ' mit großem Àbstand in Fûhrung", \ berichtete heute der Daily Exprèss. ||\ (Fs.) „Só kannst du nicht zu mir sprèchen", |\ sagte mein Vàter. ||\ (S. Lenz) „Ich kann es nicht ertrágen!" ⁻ redete ich ihn àn. ||\ (H. Lange)

Wird die Einführung in die direkte Rede eingeschoben, bleibt ihr Sinngewicht ebenfalls schwach, und sie folgt dem ersten Teil der Rede ohne Einschnitt:

„Wenn dú ¦ Dàniel wärst", fragte ich, |⁻ „würdest dú dich stèllen?" ||′ (S. Lenz) „Unser Alt-Musíkmeister", sagte Knecht, ⁻ „ist ja dein Lèhrer gewesen, |⁻ und ... (H. Hes- se)

Auch die Einführung indirekter Rede wird kaum ausgegliedert:

Dìes sei eine normale Ûbung, ⁝\ hieß es inoffizièll. ||\ (Fs.) Nùn aber ságen Sie, ⁻ die Zusàmmensetzung sei sehr gùt ′′ und ... (Fs.) Es sei nicht nötig, ⁻ meint die Frau da ... (v. Doderer)

1325 ## Verhältnissätze

Teilsätze, die Verhältnisbeziehungen ausdrücken, bleiben intonatorisch selbstän- diger als solche, die Relativ- und Inhaltsbeziehungen vermitteln. Sie werden im allgemeinen durch eine Atemfuge abgetrennt und tragen je eine eigene Überschwere[1] – gleichgültig, ob sie dem dominanten Satz folgen oder ihm voran- gehen. So z. B. bei Temporal- und Bedingungsverhältnissen:

Wenn ein Stéin aus einer Màuer fällt, |′ wird derselbe wieder hinèingesetzt. ||\ (P. Handke) Wenn dem Díchter sein Wèrk geglückt ist, |′ trägt es kèine Spuren seiner Entstèhungsgeschichte mehr àn sich. ||\ (E. Staiger) Wenn ich nòch ein Jahr gedíent habe, |′ kaufe ich auch eine Ûhr. ||\ Dann kann ich die Zèit ¦ stíllstehen lassen, |′

---

[1] V. Petrović: Zur Satzmelodie der Ausrahmungssatzstrukturen. In: Zeitschrift für Phonetik 31 (1978), S. 174.

wenn ich fröhlich bin. ||\ (B. Frank) Bònn kann mit Stéuergeldern èrst nachhelfen, |⁻ wenn das Kultùrabkommen in Kraft ist. ||\ (Fs.) Dàs sieh mal in deinen Papieren nach, |⁻ wenn du sie gerade bèi dir hast. ||\ (A. Döblin)

Auch wenn der abhängige Satz zwischengeschoben ist – ob als Einschub gesprochen oder nicht –, trägt er eine eigene Überschwere:

Wir sind schon aus geogràphischen oder geopolìtischen Gründen, ⁻ wenn man diesen Àusdruck nicht übelnimmt, ⁻ dabèi und interessìert daran. ||\ (Fs.) Nee, ' verdìenen, ' wenn's dàrum ist, |⸍ sehr nötig hat er es nicht. ||\ (A. Döblin) Aber nùn, ' da er so aufdringlich schwieg, |⸍ entstand eine Verlègenheit. ||\ (R. Hagelstange)

5.5.3 Beispiele beschreibender Notierung

1326

Abschließend seien die vorgestellten Mittel der Klanganalyse an zwei längeren Textabschnitten dargestellt; dabei handelt es sich im zweiten Fall um die Notierung nach einer Schallaufnahme[1]:

Sókrates, ' der Sohn der Hèbamme, '⸍ der in seinen Zwìegesprächen ' so gùt und lèicht ⫶ und unter so kräftigen Schérzen ' seine Frèunde wohlgestalter Gedánken entbinden konnte |⁻ und sie so mit èigenen Kìndern versorgte, |⁻ anstàtt ⫶ wie ándere Lehrer ' ihnen Bàstarde aufzühängen, |⸍ galt nicht nur ⫶ als der klügste aller Griechen, |⁻ sòndern auch als einer der tàpfersten. ||\ (B. Brecht)

Mit jèdem Fòrtschritt der Wìssenschaft ' wird die Schwìerigkeit der Aufgabe des Fòrschers '⫶ immer größer, |⁻ die Ànforderungen an seine Lèistung immer stärker. ||\ Und es stèllt sich ' immer dringender ' die Nòtwendigkeit einer ⫶ zwèckmäßigen Arbeitstèilung ein. ||\ Vor àllem ⫶ hat sich seit etwa einem Jahrhùndert ' die Tèilung in Experimént und Theorìe ⫶ vollzogen. ||\ Der Experimentátor steht in vòrderster Linie. ||\ Èr ist es, ⁻ der die entschèidenden Versuche und Messungen àusführt. ||\ Ein Versúch '⸍ bedèutet ' die Stéllung einer an die Natùr gerichteten Fràge. ||\ Und eine Mèssung ' bedèutet ' die Entgègennahme ⫶ der von der Natùr darauf erteilten Àntwort. ||\ Aber èhe man einen Versuch àusführt, |⸍ muß man ihn ersinnen, |\ d. h., '⸍ man muß die Fràge an die Natùr ⫶ formulìeren. ||\ Und ehe man eine Mèssung verwèrtet, |⸍ muß man sie dèuten, |\ d. h.: '⸍ man muß die von der Natùr erteilte Àntwort verstèhen. ||\ (M. Planck)

---

[1] Schallplatte M. Planck: Über exakte Wissenschaft. Frankfurt/M. (Akademische Verlagsanstalt) o. J.

Ausblick

1327 Die Grammatik einer Sprache ist das System von Regeln, das Inventar an sprachlichen Möglichkeiten, auf Grund dessen richtige Sätze gebildet werden können. Eine Darstellung dieses Systems von Regeln ist in den zurückliegenden Kapiteln gegeben worden; dabei ist nach Möglichkeit eine einheitliche Betrachtungsweise und ein bestimmter einheitlicher Abstraktionsgrad durchgehalten worden: Mögliche oder tatsächliche menschliche Äußerungen wurden – herausgelöst aus ihrem Verwendungszusammenhang und isoliert – unter bestimmten Gesichtspunkten betrachtet, z. B.:
- Was für Laute sind an einem Wort zu erkennen?
- Welche regulären Abwandlungsmöglichkeiten haben Wörter einer bestimmten Wortart?
- Welche Möglichkeiten der Wortbildung gibt es?
- Wie ist ein Satz aufgebaut?

Nun ist aber Sprechen mehr als Sätze bilden, einander verstehen mehr als Sätze analysieren. Mit Sprache kann man denken und handeln, versprechen und drohen, man kann trösten und zärtlich sein, aber auch lügen, verletzen und unglücklich machen. Die grammatikorientierte Fragestellung erschließt diese Dimension nicht; will man sie erschließen, muß man neue Perspektiven wählen. Man muß dann beispielsweise nach der Bedeutung und dem Sinn einer sprachlichen Einheit – eines Wortes, eines Satzes oder eines ganzen Textes – im Prozeß der menschlichen Verständigung fragen, nach Entstehungs- und Wirkungsbedingungen sprachlicher Äußerungen, und man muß größere sprachliche Gebilde als den Satz in seine Betrachtungen mit einbeziehen.

Wenn man dies tut, werden auch wieder Regeln erkennbar, Regeln anderer Art freilich als in einer grammatischen Darstellung. Gesichtspunkte, von denen dort ausdrücklich abstrahiert worden ist, rücken hier ins Zentrum. Es geht um Regeln des Einsatzes sprachlicher Mittel in Situationen, um Sprechen und Schreiben also. Pointiert spricht man hier manchmal auch von einer Grammatik des Sprechens oder der Sprachverwendung und stellt sie der Grammatik im engeren Sinn als Grammatik des Sprachsystems gegenüber.

Mit einer solchen Gegenüberstellung ist eine Reihe von Fragen aufgeworfen, auf die wir im Folgenden wenigstens kurz eingehen wollen. Systematische Abhandlung und Vollständigkeit wird dabei nicht angestrebt; viel eher geht es um die Formulierung von Fragen, begrenzt auch von Forschungsperspektiven.

Zum Problem der Satzbedeutung

1328 Schon unter 1007 hatten wir festgehalten, daß Sätze nicht nur grammatische und intonatorische, sondern auch inhaltliche Einheiten sind. Man kann auch sagen: Sätze haben eine Bedeutung. Das Problem, das sich aus einer solchen Aussage ergibt, ist nun, wie Satzstruktur und Satzbedeutung miteinander vermittelt sind. Es stellt sich deswegen, weil „Satzstruktur" und „Satzbedeutung" offenbar Einheiten sind, die zwar aufeinander bezogen, aber doch in ihrer Existenz auch losgelöst voneinander betrachtet werden können. Das ergibt sich aus der sprachpsychologischen Erkenntnis, daß man eine Satzbedeutung im Gedächtnis behalten und auch wiedergeben kann, daß aber beides nicht unter Beibehaltung der Struktur geschehen muß, in der man den Satz aufgenommen hat.

Wir erläutern das an einem einfachen Beispiel: Die beiden folgenden Sätze sind hinsichtlich ihrer Struktur deutlich verschieden, hinsichtlich dessen, was hier „Bedeutung" genannt wird, jedoch identisch bzw. mindestens äquivalent:

Der Gärtner mäht den Rasen mit der Sense.
Der Rasen wird von dem Gärtner mit der Sense gemäht.

Ein und derselbe Sachverhalt wird hier einmal in aktivischer, einmal in passivischer Formulierung festgehalten; was in der aktivischen Formulierung als Subjekt erscheint, erscheint in der passivischen als Präpositionalgefüge. Sprachpsychologische Forschungen haben nun ergeben, daß bei der Informationsübermittlung Momente der Satzstruktur nur sehr kurz im Gedächtnis behalten werden, Momente der Satzbedeutung hingegen viel länger.[1] Man hat daraus den Schluß gezogen, daß die Bedeutung eines Satzes zwar mit aus seiner Struktur erschlossen wird, daß diese aber, sobald die Bedeutung aufgenommen worden ist, schnell vergessen wird.

Wenn das richtig ist, muß man eine isolierte oder mindestens isolierbare Ebene der Bedeutung ansetzen, und man muß für deren Beschreibung ein Begriffssystem entwickeln, das unabhängig von dem Begriffssystem ist, welches für die Beschreibung der Satzstruktur herangezogen wird. Das ist in der Sprachpsychologie geschehen. Man bezeichnet dort das, was auf der Bedeutungsseite – unabhängig von der Satzstruktur – z. B. den beiden oben herangezogenen Beispielsätzen gemeinsam ist, als Pro position. Die Proposition ist also eine Bedeutungseinheit, und sie ist zugleich die zentrale Einheit des semantischen Gedächtnisses eines Sprachteilhabers. Als solche ist sie keine (einzel)sprachliche Einheit, sie enthält nur die Gedanken, die wir mitteilen, wenn wir in einer (Einzel)sprache sprechen.

1329

Eine Proposition besteht in diesem Verständnis immer aus einem sogenannten „Prädikat" und aus einem oder mehreren „Argumenten". Dabei ist zu beachten, daß dieser Prädikatsbegriff nicht identisch ist mit dem grammatischen Prädikatsbegriff, obwohl er auf der Ebene der Sprachstruktur praktisch häufig das gleiche trifft; er hat seinen Ursprung vielmehr im Prädikatenkalkül der formalen Logik. Wichtig ist ferner, daß er – wie der Begriff des Arguments – nicht eine sprachliche Struktur meint (obwohl zu seiner Darstellung immer Wörter, also sprachliche Einheiten, herangezogen werden), sondern eben eine reine Bedeutungseinheit. Unseren beiden Beispielsätzen oben liegt das Prädikat MÄHEN zugrunde (man wählt diese Schreibweise, um anzudeuten, daß hier die Bedeutung, nicht das Wort *mähen* gemeint ist). Argumente sind hier GÄRTNER, RASEN, SENSE. Für die Darstellung der diesen Sätzen zugrundeliegenden Proposition bedient man sich folgender Schreibung:

MÄHEN (GÄRTNER, RASEN, SENSE)

oder abstrakter:

PRÄDIKAT (ARGUMENT$_1$, ARGUMENT$_2$, ARGUMENT$_3$)[2]

Sprachlich lassen sich Propositionen als einfache Sätze darstellen; konkreten Sätzen können aber auch mehrere Propositionen zugrunde liegen. So beruhen die folgenden Sätze auf jeweils zwei Propositionen:

> Er nahm den Hut und verließ das Zimmer.
> Der Stuhl, der in der Ecke steht, ist kaputt.
> Es stellte sich heraus, daß sie schuldlos war.
> Nachdem sie nach Hause gekommen war, spielte sie Klavier.
> Nach Hause gekommen, spielte sie Klavier.
> Karl, mein Freund, ist Künstler.

---

[1] Wir stützen uns bei diesen und den anschließenden Ausführungen auf folgende Literatur: J. Engelkamp: Semantische Struktur und die Verarbeitung von Sätzen. Bern 1973; ders.: Psycholinguistik. München 1974; ders.: Satz und Bedeutung. Stuttgart 1976; H. Grimm/ders.: Sprachpsychologie. Handbuch und Lexikon der Psycholinguistik. Berlin 1981.
[2] Für nähere Angaben zu diesem ganzen Komplex vgl. die Literatur unter 1328, Anm.

Es handelt sich dabei um Beispiele aus dem komplexen Satzbau. Aber auch die Komplexität von Satzgliedern kann auf der Setzung von mehreren Propositionen beruhen:

Der im Wasser versunkene Sack konnte nur mit Mühe geborgen werden.

Prädikate und Argumente werden uns begrifflich in dem Maße verfügbar, in dem es gelingt, sie nach Typen zu ordnen. An diesem Problem wird gearbeitet, eine allgemein akzeptierte Kategorisierung liegt jedoch noch nicht vor. In der Sprachpsychologie spielt eine Einteilung der Prädikate eine Rolle, die auf den amerikanischen Linguisten W. L. Chafe zurückgeht.[1] Er unterscheidet als Kategorien „Zustand", „Prozeß" und „Aktion".

Für die Kategorialisierung der Argumente waren lange Zeit die Arbeiten von Ch. J. Fillmore sehr wichtig. Er war davon ausgegangen, daß Argumente aus verschiedenen universalen, möglicherweise angeborenen Vorstellungen bestehen, die auf bestimmte Urteilskategorien zurückzuführen sind, nach denen der Mensch auf Ereignisse seiner Umwelt reagiert. Dazu gehören Fragen wie *Wer hat etwas getan?, Was ist geschehen?, Wem ist etwas geschehen?* Auf der Grundlage einer solchen Betrachtungsweise ergeben sich dann Argumentkategorien wie die folgenden[2]:

- Agentiv (Auslöser einer Tätigkeit/Handlung)
- Instrumental (Mittel)
- Lokativ (Angabe eines Ortes) usw.

Ch. J. Fillmore war der Ansicht, daß es eine endliche Anzahl solcher Kategorien gibt, doch ist auch hier das letzte Wort noch nicht gesprochen.

1330 An praktischen Versuchen, Satzstrukturen insgesamt oder Teilstrukturen Einheiten auf der Ebene der Satzbedeutung zuzuordnen, hat es in der Geschichte der Grammatik, besonders auch der deutschen Grammatik, nicht gefehlt, doch können die Bemühungen darum noch nicht als hinreichend erfolgreich betrachtet werden. Als vorläufig letzter Versuch darf die Darstellung der Syntax in diesem Band gelten, die Traditionen fortzuführen sucht, die die Dudengrammatik seit 1959 immer wieder verfolgt hat. Sie war dabei zunächst stark Ansätzen in den Arbeiten von H. Brinkmann, H. Glinz und L. Weisgerber verpflichtet, einer Richtung also, die das Konzept einer inhaltbezogenen Grammatik verfolgte.[3] Ganzen Sätzen, aber auch einzelnen Satzgliedern wurden dabei inhaltliche Interpretationen zugeordnet. H. Glinz hat in seinen späteren Arbeiten[4] seine ersten Ansätze noch ausgebaut und theoretisch untermauert. Er unterscheidet in seinem Schichtenmodell der Sprache (u.a.) zwei Ebenen, die Morphosphäre und die Nomosphäre, von denen erstere unserer Ebene der Satzstruktur, letztere annähernd einer Ebene der Bedeutungen entspricht. Doch hat auch er noch keine vollständige Beschreibung der Nomosphäre vorlegen können. Aus der generativen Transformationsgrammatik hat die Unterscheidung von Oberflächenstruktur und Tiefenstruktur Einfluß auf die hier sich stellenden Fragen ausgeübt. Von ihr wie von der

[1] Vgl. W. L. Chafe: Meaning and the Structure of Language. Chicago 1970, S. 95 ff.

[2] Ausführliche Informationen dazu findet sich bei Ch. J. Fillmore: Plädoyer für Kasus. In: W. Abraham (Hg.): Kasustheorie. Frankfurt 1971. S. 1–118.

[3] Vgl. dazu z. B. H. Brinkmann: Die deutsche Sprache. Gestalt und Leistung. Düsseldorf ²1971; H. Glinz: Die innere Form des Deutschen. Bern, München ⁵1968; ders.: Der deutsche Satz. Düsseldorf ⁶1970; L. Weisgerber: Grundzüge der inhaltbezogenen Grammatik. Düsseldorf ³1962; ders.: Die ganzheitliche Behandlung eines Satzbauplans. Düsseldorf 1962; ders.: Die vier Stufen in der Erforschung der Sprachen. Düsseldorf 1963.

[4] Vgl. z. B. H. Glinz: Grundbegriffe und Methoden inhaltbezogener Text- und Sprachanalyse. Düsseldorf 1965; ders.: Deutsche Syntax. Stuttgart ³1970; ders.: Textanalyse und Verstehenstheorie I/II. Frankfurt/M. 1973 bzw. Wiesbaden 1978.

Kasustheorie Ch. J. Fillmores her hat besonders die Sprachpsychologie wichtige Anregungen erfahren.[1] Vorhandene ältere Ansätze sind auch in das Konzept eingegangen, das G. Helbig vorgelegt hat.[2] Die Diskussion wird hier mit Sicherheit noch einige Zeit weitergeführt werden müssen.[3]

Zum Verhältnis von Satz und Äußerung

Schon unter 1007 hatten wir kurz zwei verschiedene Betrachtungsweisen voneinander unterschieden, unter denen sprachliche Einheiten untersucht werden, die grammatische und die pragmatische. Grammatische Betrachtungsweise legt sich sprachliche Einheiten als Sätze zurecht; ihr ist z. B. die Syntaxdarstellung dieser Grammatik verpflichtet. Demgegenüber nimmt pragmatische Betrachtungsweise sprachliche Einheiten als Äußerungen ins Visier. Hier werden Fragestellungen wichtig, wie wir sie schon unter 1007 skizziert haben, also z. B.:

1331

- Wer ist es, der hier spricht oder schreibt?
- An wen wendet er sich?
- In welcher Situation befinden sich Sprecher/Schreiber und Hörer/Leser?
- Welche nichtsprachlichen Begleitumstände müssen gegeben sein, damit die angestrebte Verständigung gelingt?
- Was will ein Sprecher/Schreiber bewirken?

Grammatische und pragmatische Sprachbetrachtung bilden nicht eigentlich Gegensätze linguistischer Forschung. Beide legen sich aber ihren Gegenstand in so unterschiedlicher Weise zurecht, daß ihre Ergebnisse einander auch nicht direkt ergänzen. Vielmehr handelt es sich um zwei relativ autonome Betrachtungsweisen mit je eigenem Recht. Pointiert verkürzt, lassen sich die unterschiedlichen Ansätze etwa in folgender Weise einander gegenüberstellen:

1. Pragmatische Betrachtungsweise interessiert sich für Sprachverwendung in Situationen. Für sie ist deshalb alles wichtig, was zu einer Sprachverwendungssituation gehört: die Sprechenden mit ihren psychischen und sozialen Bedingungen, ihre Erwartungen aneinander, ihre kommunikativen Vorerfahrungen und Einstellungen, Ort und Zeit – und innerhalb dieses Zusammenhangs das Gesagte. Grammatische Betrachtungsweise demgegenüber interessiert sich für die Sprache – und das gerade situationsenthoben.

2. Konsequent bestimmt pragmatische Betrachtungsweise ihren Gegenstand als (sprachliches) Handeln, Handeln verstanden als gewollte, als sinnvoll gesehene, regelgeleitete Tätigkeit. Grammatische Betrachtungsweise interessiert sich demgegenüber für Sprache als System bzw. als mindestens auf Systematik hin angelegtes Gebilde.

Die Wissenschaft vermag heute eine präzise Darstellung des grammatischen Systems einer Sprache zu geben, also Grammatiken zu schreiben. Sie verdankt diese Möglichkeit einer inzwischen drei Jahrtausende alten Tradition und einer relativ einheitlichen Gegenstandsbestimmung.

Demgegenüber ist es unendlich viel schwerer, eine systematische Darstellung unter Zugrundelegung pragmatischer Betrachtungsweise zu geben. Viele Disziplinen müßten unter einer einheitlichen Perspektive zusammenarbeiten, um das zu leisten, und dazu so unterschiedliche wie Philologie, Psychologie, Soziologie, Ethnologie und Kulturanthropologie. Hinzu kommt, daß systematische Analysen unter pragmatischer Sicht keine lange Tradition haben; sie verdanken sich neueren

---

[1] Vgl. dazu die unter 1328, Anm. 1 angegebene Literatur.
[2] Vgl. G. Helbig: Die Funktionen der substantivischen Kasus in der deutschen Gegenwartssprache. Halle/Saale 1973.
[3] Einen ersten, detaillierteren Überblick über die verschiedenen Ansätze gibt F. Hundsnurscher in dem Artikel „Syntax" des Lexikons der Germanistischen Linguistik, herausgegeben von H. P. Althaus/H. Henne/H. E. Wiegand, Tübingen [2]1980, S. 211–242, besonders S. 232–235.

Tendenzen. Nur skizzenhaft läßt sich unter diesen Umständen abstecken, was eine pragmatikorientierte Sprachbetrachtung leisten könnte.

1332 | Sprachliche Äußerungen sind zu verstehen aus ihrem Zusammenhang und vor dem Hintergrund der Situation, in der sie gemacht werden. Grammatischer Betrachtung gilt normalerweise der Satz als oberste Einheit. Ihm wird eine Struktur und eine Bedeutung zugeordnet. Pragmatische Betrachtungsweise fragt demgegenüber zunächst nach dem Sinn einer Äußerung; sie kann diese Frage aber gar nicht beantworten, ohne daß weitere Zusammenhänge einbezogen werden, in denen die Äußerung steht. Diese Zusammenhänge bilden Text und Kontext; erweitert man die Perspektive, so kommt die Situation dazu.

Es bedarf hier keiner weiteren Belege, daß Äußerungen aus Text und Kontext heraus zu verstehen sind.[1] Etwas detaillierter dagegen müssen wir auf die Einflußgröße „Situation" eingehen.

Situationen werden einmal durch gewissermaßen objektive Faktoren bestimmt; daneben spielt subjektive Deutung eine Rolle. Objektive Faktoren, die eine Situation bestimmen, sind z. B.

- die Anzahl der Gesprächspartner: Sie entscheidet über den Grad an Vertrautheit oder an Formalität, der möglich oder nötig ist; sie verbietet oder erlaubt eine bestimmte Herzlichkeit, Nonchalance usw.;
- die Anwesenheit oder Abwesenheit weiterer Beobachter: Sie entscheidet über den Grad an Öffentlichkeit bzw. Intimität;
- lokale Bedingungen: Auch sie haben Einfluß auf den Gesprächsablauf. Gespräche zwischen Gesprächspartnern aus verschiedenen Gesellschaftsschichten etwa verlaufen sehr unterschiedlich, je nachdem, ob sie z. B. im unmittelbaren Einflußbereich eines der beiden (z. B. Dienstzimmer des Vorgesetzten) oder aber auf „neutralem" Boden (z. B. in der Kneipe oder am Urlaubsort) stattfinden;
- zeitliche Bedingungen: Sie zwingen, andere Sprechstrategien einzusetzen, je nachdem, ob man weiß, ein Gespäch kann nur fünf Minuten oder aber eine halbe Stunde dauern oder ist zeitlich überhaupt nicht begrenzt;
- Geschlossenheit oder Offenheit einer Situation und damit verbundene Störungsmöglichkeiten: Kommunikation kann anders ablaufen, wenn man weiß, daß man zusammen mit einem Partner für andere eine gewisse Zeit nicht erreichbar ist (z. B. bei einer gemeinsamen Autofahrt), als wenn man immer wieder mit Störungen (z. B. durch Telefonanrufe) rechnen muß.

Eine Liste solcher Faktoren ist prinzipiell nicht abgeschlossen und nicht abschließbar. Nach diesen Faktoren jedenfalls organisieren wir unsere Sprachverwendung, im Hinblick auf sie reagieren wir auf die Sprachverwendung unserer Partner.

Neben derartigen („objektiven") Faktoren spielen die individuellen Deutungen der Beteiligten eine Rolle. Sie stimmen im Idealfall mit dem zusammen, was sich aus den „objektiven" Faktoren ergibt; das muß aber nicht so sein. Je offener (von den „objektiven" Faktoren her) eine Situation ist, um so weiter ist der Spielraum für persönliche Deutungen.

1333 | Der Mensch redet nicht nur mit Worten. Menschliche Rede ist – vor allem in mündlichen Verständigungssituationen – immer „untermalt" von nicht eigentlich sprachlichen Verständigungsmitteln, die für Sinn und Bedeutung der sprachlichen Äußerung eine wichtige Rolle spielen. Man spricht hier von nichtsprachlichen oder nonverbalen Mitteln. Die hier gegebenen Möglichkeiten kann man in folgender Weise ordnen:

---

[1] Vgl. dazu detaillierter 1337.

- an sprachliche Strukturen gebundene nichtsprachliche Mittel (z. B. Akzentrege-
  lungen, syntaktisch bedingte Veränderungen der Intonation, etwa im Fragesatz);
- von der Sprache getragene nichtsprachliche Phänomene (Stimmhöhe, Tonlage
  oder Klangfarbe im mündlichen Bereich, Schriftduktus im schriftlichen);
- sprachprozeßbegleitende nichtsprachliche Mittel (Mimik, Gestik, Augenkon-
  takt);
- sprachprozeßerweiternde nichtsprachliche Handlungen (einen Blumenstrauß
  überreichen, jemanden schlagen, jemanden streicheln, umarmen);
- persönlichkeitsdarstellende nichtsprachliche Aktivitäten im weitesten Sinn (die
  Art, sich zu kleiden, sich zu geben; das, was man auch „Lebensstil" nennt), soweit sie einer bestimmten Persönlichkeit eigen sind und die Eigenheit dieser
  Persönlichkeit zugleich stabilisieren.

Der Beitrag nichtsprachlicher Elemente zum Kommunikationsprozeß und ihre
Verknüpfung mit sprachlichen kann sehr unterschiedlich sein, und entsprechend
riskant ist es, bei der Analyse von Äußerungen von nichtsprachlichen Anteilen zu
abstrahieren. Grob kann man etwa folgende Möglichkeiten unterscheiden:
- Nichtsprachliche Mittel werden eingesetzt, um sprachliche Kommunikation
  vorzubereiten: Bevor man jemanden anspricht, sucht man einen passenden Abstand zu ihm, wendet sich ihm mit einer Körperbewegung zu, sucht Augenkon-
  takt zu ihm usw.
- Nichtsprachliche Signale verstärken oder sichern den inhaltlichen Ausdruck
  des sprachlich Mitgeteilten: Eine verbal freundlich gehaltene Äußerung wird
  auch in freundlichem Ton gemacht.
- Nichtsprachliche Signale kommentieren oder situieren den inhaltlichen Ausdruck des sprachlich Mitgeteilten. Hier ist an Fälle gedacht, wo sprachlicher
  Inhalt und nichtsprachlicher Rahmen differieren, etwa bei der ironisch gemeinten Freundlichkeit oder der freundlich gemeinten Bösartigkeit.
- Nichtsprachliche Mittel werden eingesetzt, um sprachlich unvollständige zu ergänzen oder sprachliche ganz zu ersetzen, z. B. in Situationen erschwerter
  sprachlicher Kommunikation.

Für die Analyse beispielsweise eines Gesprächs kann man auf die Einbeziehung
dieser Mittel nicht verzichten.

In ihrer Ausgestaltung verweisen sprachliche Äußerungen zurück auf Absichten
und Ansprüche von Menschen, in ihrer Aufnahme sind sie bestimmt durch deren
Erwartungen und Deutungen. Wie Menschen in Kommunikationsstituationen
miteinander umgehen, das ist stark beeinflußt davon, was sie voneinander wollen
und erwarten. Dies gilt für alle Dimensionen dieses Umgangs – und eben auch
für die sprachliche. Wer von einem anderen etwas haben will, kann dies auf unterschiedliche Weise zu erreichen suchen: Er kann befehlen, fordern, wünschen,
bitten – je nach der Situation, in der er sich befindet, werden die Strategien, die
sein sprachliches Verhalten bestimmen, andere sein. Das gleiche gilt für seinen
Interaktionspartner: Je nach dem Verhalten, das er von anderen erwartet, bestimmt sich sein eigenes Verhalten, eingeschlossen wiederum das sprachliche.
Das heißt zugleich, daß die Weise, wie Kommunikationsparter ihr Verhältnis zueinander und darüber hinaus die Bedingung ihrer Kommunikation sehen, Einfluß
auf ihr Sprechen hat.

Deutung der Situation und des kommunikativen Verhältnisses, Orientierung an
Gewolltem und Berücksichtigung von Erwartungen und Deutungen anderer sind
nun keineswegs Prozesse, die voll bewußt ablaufen. Aus der Psychologie wissen
wir, daß sogar die unmittelbaren Antriebskräfte unseres Handelns, die Intentionen, uns nur zum Teil bewußt sind. Insoweit pragmatische Sprachbetrachtung
diese Bereiche mit einbezieht, begibt sie sich ausdrücklich in die Nähe psycholo-
gischer Betrachtungsweise.

1334

1335

Das menschliche Gespräch dient nicht allein dem Austausch von Informationen, von Nachrichten also, die der andere nicht kennt und die man ihm daher mitteilt. Es dient auch der Begründung, Aufrechterhaltung oder Sicherung zwischenmenschlicher Beziehungen, sei es auf psychischer, sei es auf sozialer Ebene. Es gibt ganze Bereiche, in denen diese Funktion des Gesprächs bis zur Ausschließlichkeit dominiert, die Gespräche zwischen Liebenden etwa oder die bekannten „Gartenzaungespräche". Pragmatische Sprachbetrachtung bezieht hier eine Dimension mit ein, die bei grammatischer Betrachtungsweise ganz ausgespart bleibt: Die Dimension des über den reinen Satzinhalt hinaus Mitgemeinten bzw. Angesprochenen unter dem Gesichtspunkt der Beziehung. Was grammatischer Betrachtung eine Aussage oder eine Frage ist, kann hier Ausdruck der Sympathie, Versuch der Sicherung sozialer Verhältnisse, Anerkennung, Bestätigung sein. Mit jemandem n i c h t mehr sprechen muß in diesem Sinne nicht bedeuten, jemandem Informationen vorzuenthalten, sondern kann z. B. heißen, daß jemand aus einer Gemeinschaft, für die das Gespräch als Form des bestätigenden Austauschs konstitutiv ist, ausgeschlossen wird.

1336

Unter dem Blickwinkel pragmatischer Sprachbetrachtung gewinnen, wie wir gesehen haben, viele neue Faktoren an Gewicht. Grammatische Betrachtungsweise ist demgegenüber in gewisser Hinsicht vereinfachend, weshalb es auch leichter ist, für die Grammatik Regeln zu formulieren. Aber auch in pragmatischer Sicht geht es um die Formulierung von Regeln: Auch Äußerungen folgen Regeln, und wer Äußerungen untersucht, sucht nach Regeln oder Regelverletzungen. Es liegt auf der Hand, daß diese Regeln von anderer Art sind als die grammatischen, bei denen es um die (grammatische) Korrektheit von Sätzen geht: Welche Regeln sind zu beachten, um sie zu erreichen, gegen welche Regeln ist verstoßen worden, wenn sie nicht erreicht ist? Bei pragmatischer Betrachtungsweise geht es demgegenüber z. B. um das Gelingen von Äußerungen. Das ist nicht das gleiche: Eine Äußerung kann als Satz grammatisch unkorrekt sein und trotzdem gelingen; und sie kann grammatisch korrekt sein und dennoch mißlingen.

Gelingens- und Mißlingensbedingungen sind in hohem Maße mit nicht- und außersprachlichen Faktoren verknüpft, mit sozialen und psychischen, mit kulturellen und historischen. Sprachwissenschaftliche Bemühungen öffnen sich damit der Zusammenarbeit mit anderen wissenschaftlichen Disziplinen.

1337 ## Satz, Äußerung und Text

Gegenstand praktischer grammatischer Arbeit sind üblicherweise Wort und Satz, Gegenstand pragmatischen Interesses ist meistens die einzelne Äußerung. Dabei verkennt man auf beiden Seiten nicht, daß diese sprachlichen Einheiten normalerweise in größere sprachliche Einheiten integriert sind, nämlich in Texte. Bezogen auf diesen Gegenstand hat sich in den letzten Jahren eine eigene linguistische Teildisziplin entwickelt: die Textlinguistik. Dabei weichen die Auffassungen darüber, wie man „Text" genau bestimmen soll, noch sehr stark voneinander ab.[1] Pointiert formuliert läßt sich sagen: Die Differenzen hängen damit zusammen, ob man „Text" stärker als eine Einheit grammatischer oder mehr als eine Einheit pragmatischer Sprachbetrachtung auffassen will. Wir stellen diese beiden Auffassungen im Folgenden stichwortartig abgekürzt einander gegenüber:

---

[1] Einen sehr detaillierten Einblick in die hier vertretenen unterschiedlichen Auffassungen bietet das Buch von J. S. Petöfi: Text vs. Sentence. Hamburg 1979, einen knappen Überblick über die Probleme der Artikel „Textlinguistik" von W. Kallmeyer/R. Meyer-Hermann in H. P. Althaus/H. Henne/H. E. Wiegand (Hg.): Lexikon der Germanistischen Linguistik. Tübingen ²1980, S. 242–258.

1. Für die grammatische Sprachbetrachtung galt lange Zeit der Satz als oberste Einheit linguistischer Beschreibung. Erst in den 60er Jahren wurde die Hierarchie der Beschreibungsebenen um die Ebene des Textes erweitert. Man ging dabei von der Auffassung aus, daß nicht nur die Bildung von Sätzen, sondern eben auch die Bildung von Texten durch das sprachliche Regelsystem organisiert und von allgemeinen, systematisch bestimmten Gesetzmäßigkeiten gesteuert wird. Der Text wird in dieser Auffassung verstanden als eine zusammenhängende (kohärente) Folge von Sätzen oder präziser: als „eine kohärente Folge von sprachlichen Zeichen und/oder Zeichenkomplexen, die nicht in eine andere (umfassendere) Einheit eingebettet ist"[1]. Aufgabe der Textlinguistik ist es unter diesen Umständen, die Gesetzmäßigkeiten, nach denen Texte organisiert sind, zu beschreiben.

2. Für die pragmatische Sprachbetrachtung steht der Aspekt der menschlichen Verständigung (Kommunikation) im Vordergrund. Für sie ist daher die (grammatische) Verknüpfung von sprachlichen Zeichen, besonders von Sätzen, nicht mehr primäres Interesse; vielmehr geht es ihr um die kommunikative Funktion von Äußerungsfolgen – das ist das entscheidende Kriterium, nach dem sich Texte bestimmen: „Ohne kommunikative Funktion ergibt sich kein Text"[2]. Texte sind danach komplexe kommunikative Prozesse mit einer bestimmten Funktion, prinzipiell dynamisch und grundsätzlich nicht allein bestimmt durch grammatische Kriterien. Man kann auch sagen: Texte in diesem Verständnis sind Handlungseinheiten.

Fragen, um deren Beantwortung es textlinguistischer Arbeit unter diesen Voraussetzungen geht, sind z. B.:
– Welcher Art sind die Beziehungen, die zwischen den einzelnen Elementen eines Textes bestehen, fasse man diese nun als Sätze oder als Äußerungen auf?
– Welcher Art sind die Verknüpfungen zwischen Sätzen bzw. Äußerungen in Texten?
– Welche Unterschiede hinsichtlich des Informationswertes für den Gesamttext gibt es zwischen den Elementen, die den Text konstituieren?
– Wie sind Texte zu gliedern?
– Was für Typen von Texten (Textsorten) lassen sich unterscheiden?
Ziel der Beschäftigung mit diesen Fragen könnte die Erarbeitung einer „Textgrammatik" sein, die einerseits eine „Satzgrammatik" ergänzen könnte, andererseits geeignet wäre, Aussagen zu machen über die Struktur kommunikativer Handlungen, die unser sprachliches Zusammenleben ausmachen.

---

[1] K. Brinker in J. S. Petöfi: Text vs. Sentence. Hamburg 1979, S. 3.
[2] U. Oomen: Systemtheorie der Texte. In: Folia Linguistica 5 (1972), S. 12–34.

Verzeichnis der verwendeten Abkürzungen

a. a. O.	am angegebenen Ort	jmdm.	jemandem	Sportspr.	Sportsprache
		jmdn.	jemanden	sprachw.	sprachwissen-
aengl.	altenglisch	jmds.	jemandes		schaftlich
afrz.	altfranzösisch	jur.	juristisch	Sprw.	Sprichwort
ahd.	althochdeutsch	kaufm.	kaufmännisch	standard-	standard-
Akk.	Akkusativ	Kinderspr.	Kindersprache	spr.	sprachlich
Akt.	Aktiv	Konj.	Konjunktiv	s. u.	siehe unten
alltagsspr.	alltagssprachlich	landsch.	landschaftlich	Subst.	Substantiv
amerik.	amerikanisch	landw.	landwirtschaftlich	südd.	süddeutsch
Anm.	Anmerkung	lat.	lateinisch	südwestd.	südwestdeutsch
bayr.	bayrisch	latinis.	latinisiert	techn.	technisch
Bez.	Bezeichnung	mask./	maskulin/	Temp.	Tempus
Bd.	Band	Mask.	Maskulinum	theol.	theologisch
bergmänn.	bergmännisch	mdal.	mundartlich	trans.	transitiv
bes.	besonders	med.	medizinisch	u.	und
bzw.	beziehungsweise	met.	meteorologisch	u. a.	und andere
ca.	circa	mhd.	mittelhochdeutsch	u. ä.	und ähnliche
chem.	chemisch	mitteld.	mitteldeutsch	u. a. m.	und andere mehr
Dat.	Dativ	mlat.	mittellateinisch	Übers.	Übersetzung
ders.	derselbe	neutr./	neutral/	übertr.	übertragen
d. h.	das heißt	Neutr.	Neutrum	übl.	üblich
dicht.	dichterisch	nhd.	neuhochdeutsch	u. E.	unseres Erachtens
dt.	deutsch	niederd.	niederdeutsch	ugs.	umgangssprachlich
ebd.	ebenda	Nom.	Nominativ	usw.	und so weiter
eigtl.	eigentlich	nordd.	norddeutsch	u. U.	unter Umständen
engl.	englisch	Num.	Numerus	v.	von
etw.	etwas	o. ä.	oder ähnliche	v. a.	vor allem
Ev.	Ergänzungsverband	oberd.	oberdeutsch	v. Chr.	vor Christus
f(f).	(und) folgende	Obj.	Objekt	verächtl.	verächtlich
	(Randziffer[n])*	o. dgl.	oder dergleichen	veralt.	veraltet
fachspr.	fachsprachlich	ostmitteld.	ostmitteldeutsch	vgl.	vergleiche
fem./Fem.	feminin/	österr.	österreichisch	volkst.	volkstümlich
	Femininum	Part.	Partizip	Wahlspr.	Wahlspruch
frz.	französisch	Pass.	Passiv	weidm.	weidmännisch
Fs.	Fernsehsendung	Perf.	Perfekt	Wetterk.	Wetterkunde
Fut.	Futur	Pers.	Person	z. B.	zum Beispiel
Gd.	Grad	physik.	physikalisch	z. T.	zum Teil
gebr.	gebräuchlich	Pl[ur].	Plural	Zus.	Zusammensetzung
geh.	gehoben	Plusq.	Plusquamperfekt	z. Z.	zur Zeit
geleg.	gelegentlich	Präp.	Präposition		
Gen.	Genitiv	Präs.	Präsens		
Ggs.	Gegensatz	Prät.	Präteritum		
griech.	griechisch	roman.	romanisch		
H.	Heft	s.	siehe		
hg./Hg.	herausgegeben/	S.	Seite		
	Herausgeber	sächs.	sächsisch		
hochd.	hochdeutsch	schles.	schlesisch		
hochspr.	hochsprachlich	schwäb.	schwäbisch		
idg.	indogermanisch	schweiz.	schweizerisch		
Ind[ik].	Indikativ	Sg./Sing.	Singular		
Inf.	Infinitiv	s. o.	siehe oben		
intrans.	intransitiv	sog.	sogenannt		
ital.	italienisch	span.	spanisch		
i. w. S.	im weiteren Sinne	spätahd.	spätalthoch-		
Jh.	Jahrhundert		deutsch		
jmd.	jemand	spätlat.	spätlateinisch		

---

* Die Abkürzung *f.* bzw. *ff.* erübrigt sich, wenn die Randziffer neben einer Überschrift steht; dann bezieht sie sich auf den jeweils durch die Überschrift gekennzeichneten Abschnitt.

Verzeichnis der Fachausdrücke

Die folgenden Erklärungen zu den meistgebrauchten Fachausdrücken dieser Grammatik wollen lediglich erste Verständnishilfen bieten. Fehlende Bezeichnungen, ausführlichere Erläuterungen und Beispiele findet man über das Register S. 778 ff.

A

Abkürzung: nur der geschriebenen Sprache angehörende Kürzung eines Ausdrucks auf Buchstaben[folgen] ohne Wortcharakter

Abkürzungswort: sowohl der geschriebenen als auch der gesprochenen Sprache angehörende Kürzung eines Ausdrucks auf Buchstaben- bzw. Silbenkombinationen mit Wortcharakter

Ablaut: regelmäßiger Wechsel des Stammvokals etymologisch zusammengehörender Wörter und Wortformen

Ableitung: Art der Wortbildung mit Hilfe von (Halb)suffixen (in Verbindung mit [Halb]präfixen = kombinierte Präfixableitung); das aus diesem Wortbildungsverfahren hervorgegangene Wort; zur impliziten A. vgl. Nullableitung

Abstraktum: Substantiv, mit dem etwas Nichtgegenständliches bezeichnet wird; Begriffswort

Adjektiv: deklinier- und komparierbares Wort, das eine Eigenschaft, ein Merkmal bezeichnet; Eigenschafts-, Art-, Bei-, Wiewort, Qualitativ

Adverb: unflektierbares Wort, das einen lokalen, temporalen, modalen oder kausalen Umstand angibt; Umstandswort

Adverbialakkusativ: adverbiales Satzglied im Akkusativ, dessen Kasus durch kein Element seiner Umgebung festgelegt ist

adverbiale Bestimmung: vgl. Bestimmung

Adverbialgenitiv: adverbiales Satzglied im Genitiv, dessen Kasus durch kein Element seiner Umgebung festgelegt ist

Adverbialsatz: Nebensatz an der Stelle einer adverbialen Bestimmung (Kausal-, Temporalsatz usw.)

Affix: unselbständiges Wortbildungselement; vgl. Präfix, Suffix

Affrikate: Verbindung aus Verschluß- und Reibelaut mit ungefähr gleicher Artikulationsstelle

Akkusativ: einer der vier Kasus; 4. Fall, Wenfall

Akkusativ, absoluter: unabhängiges Satzglied im Akkusativ

Akkusativobjekt: Satzglied im Akkusativ

Aktionsart: die Art und Weise, wie das durch ein Verb bezeichnete Geschehen abläuft; Geschehens-, Verlaufsweise, Handlungsart

Aktiv: verbale Kategorie neben dem Passiv, die ein Geschehen als „täterzugewandt" darstellt; Tatform, Tätigkeitsform

Allograph: Realisierungsvariante eines Graphems

Allomorph: Realisierungsvariante eines Morphems

Allophon: Realisierungsvariante eines Phonems

Angabe: vgl. Umstandsangabe

Anredenominativ: stellungsfreies, weglaßbares Satzglied im Nominativ, das den Angeredeten bezeichnet; Vokativ

Antonym: Gegenwort, Gegensatzwort, Oppositionswort

Antonymie: Bedeutungsgegensätzlichkeit von Wörtern

Appellativum: vgl. Gattungsbezeichnung

Apposition: substantivisches Attribut, das im Kasus mit seinem Bezugswort meist übereinstimmt; Beisatz

Artikel: deklinierbares Wort, Begleiter des Substantivs; man unterscheidet den bestimmten A. *(der, die, das)* vom unbestimmten A. *(ein, eine, ein);* Geschlechtswort

Aspiration: Behauchung der Konsonanten *p, t, k*

asyndetisch: konjunktionslos verbunden

Attribut: syntaktisch nicht notwendige Anreicherung eines Satzglieds, bes. Satzgliedkerns; Beifügung, Gliedteil

Attributsatz: Nebensatz an der Stelle eines Attributs

Aufforderungssatz: Satz, der eine Aufforderung, einen Befehl oder einen Wunsch beinhaltet; Wunschsatz

Augmentativbildung: Vergrößerungsbildung

Ausdrucksstellung: Satzstellung mit dem kommunikativ wichtigsten Satzglied im Vorfeld

Ausklammerung: Verlagerung von Satzteilen oder Nebensätzen aus dem Mittelfeld des Satzes ins Nachfeld

Ausrufesatz: Satz, der einen Sachverhalt mit starker innerer Anteilnahme ausdrückt

Ausrufewort: vgl. Interjektion

Aussagesatz: Satz, der einen Sachverhalt behauptet oder mitteilt

Äußerung: auf den Satz beziehbare, jedoch nicht unter grammatischem, sondern unter kommunikativem (pragmatischem) Aspekt (Beteiligte, Situation, Absichten, sprachliche Mittel, Wirkungen) betrachtete sprachliche Einheit

B

Befehlsform: vgl. Imperativ
Begleiter des Substantivs: vgl. Artikel, Pronomen
Beifügung: vgl. Attribut
Beisatz: vgl. Apposition
Bestimmung, adverbiale: adverbial gebrauchtes Satzglied, das sich entweder auf eine Aussage insgesamt oder den Satz- bzw. Verbinhalt bezieht; man unterscheidet: a. B. (Umstandsbestimmung) des Raumes, der Zeit, der Art und Weise, des Grundes; die syntaktisch notwendige (konstitutive) a. B. heißt Umstandsergänzung, die nicht notwendige (freie) Umstandsangabe
Bestimmungswort: vgl. Zusammensetzung
Beugung: vgl. Flexion
Bindewort: vgl. Konjunktion

C

Consecutio temporum: die Abfolge der Tempora im zusammengesetzten Satz bzw. Text; Zeitenfolge

D

Dativ: einer der vier Kasus; 3. Fall, Wemfall
Dativobjekt: Satzglied im Dativ
Deklination: Formabwandlung, Beugung von Substantiv, Artikel, Pronomen und Adjektiv
Demonstrativpronomen: Untergruppe der Pronomen; hinweisendes Fürwort
Denotat: außersprachlicher Bezugspunkt eines sprachlichen Zeichens (Wortes)
Denotation: die dem Denotat entsprechende (begriffliche) Bedeutung eines sprachlichen Zeichens (Wortes)
Determinativzusammensetzung: vgl. Zusammensetzung
Diminutivbildung: Verkleinerungsbildung
Dingwort: vgl. Substantiv
Diphthong: Doppellaut, Gleitlaut aus zwei Vokalen
durativ: vgl. imperfektiv

E

egressiv: vgl. resultativ
Eigenschaftswort: vgl. Adjektiv
Einwortsatz: Form der Ellipse
Einzahl: vgl. Singular
Elativ: Form des Adjektivs zum Ausdruck eines sehr hohen Grades; wie der Superlativ gebildet, aber außerhalb eines Vergleichs verwendet; absoluter Superlativ
Ellipse: Auslassung, Ersparung von Redeteilen
Entscheidungsfrage: Fragesatz mit dem Finitum an erster Stelle, der einen Sachverhalt als Ganzes in Frage stellt; Satzfrage
Ergänzung: durch die Valenz des Verbs bedingtes konstitutives (obligatorisches oder fakultatives) Satzglied; E.en ersten Grades sind unmittelbar, E.en zweiten Grades nur mittelbar vom Verb abhängig
Ergänzungsfrage: Fragesatz mit einem einleitenden Fragewort und dem Finitum an zweiter Stelle, der einen Sachverhalt unter einem bestimmten Aspekt in Frage stellt; Wortfrage
Ergänzungsverband: Verband aus Ergänzungen ersten und zweiten Grades
Ersatzinfinitiv: Infinitiv, der nach einem reinen Infinitiv an die Stelle des 2. Partizips tritt
Etymologie: Lehre von der Herkunft, Geschichte und Grundbedeutung der Wörter
Exzeptivsatz: Form des Konditionalsatzes

F

Fall: vgl. Kasus
Femininum: eines der drei Genera (vgl. Genus); weibliches Geschlecht; Substantiv mit dem Artikel *die*
Finalsatz: derjenige von zwei Teilsätzen, in dem ein Zweck, Motiv oder Ziel oder eine angestrebte Wirkung des im anderen genannten Geschehens oder Sachverhalts angegeben wird
Finitum: Verbform, die nach Person, Numerus, Modus und Tempus bestimmt ist; finite Verbform, Personalform
Flexion: zusammenfassende Bezeichnung für Deklination und Konjugation; Beugung
Flexionsmorphem: unselbständiges Morphem zur Bildung der jeweils korrekten Form eines Wortes im Satzzusammenhang
Fragesatz: Satz, der einen Sachverhalt in Frage stellt; als Nebensatz heißt er indirekter Fragesatz

Fugenzeichen: Verbindungselement zwischen Wortbildungsbestandteilen

Funktionsverbgefüge: Verbindung aus einem inhaltsarmen Verb und einem sinntragenden Substantiv

Fürwort: vgl. Pronomen

Futur I: Tempus mit Zukunftsbezug; erste, unvollendete Zukunft

Futur II: Tempus, das den Vollzug oder Abschluß eines Geschehens als (vermutete) Tatsache für den Sprech- bzw. einen zukünftigen Zeitpunkt feststellt; zweite, vollendete Zukunft, Vorzukunft, Futurum exactum

G

Gattungsbezeichnung: Substantiv für eine Gattung von Lebewesen oder Dingen und zugleich für jedes Lebewesen oder Ding dieser Gattung; Appellativum, Gattungsname

Gegen[satz]wort: vgl. Antonym

Gegenstellung: Satzstellung mit einem anderen Satzglied als dem Subjekt im Vorfeld; ungerade Wortstellung, Inversion

Gegenwart: vgl. Präsens

Genitiv: einer der vier Kasus; 2. Fall, Wesfall

Genitivobjekt: Satzglied im Genitiv

Genus: grammatische Kategorie des Substantivs (Artikels, Adjektivs, Pronomens); grammatisches Geschlecht

Genus verbi: verbale Kategorie zur Kennzeichnung eines Geschehens als „täterzugewandt" (Aktiv) oder „täterabgewandt" (Passiv)

Geschlecht: vgl. Genus

Geschlechtswort: vgl. Artikel

Gleichsetzungsakkusativ: Satzglied im Akkusativ, das in besonders enger Beziehung zum Akkusativobjekt steht

Gleichsetzungsnominativ: Satzglied im Nominativ, das in besonders enger Beziehung zum Subjekt steht

Gleichsetzungssatz: Satz mit einem Gleichsetzungsnominativ oder -akkusativ

Gliedsatz: Nebensatz an der Stelle eines Satzgliedes

Gliedteil: vgl. Attribut

Graph: Buchstabe

Graphem: dem Phonem entsprechende Einheit des Schriftsystems

Graphematik: Lehre von den Schreibsystemen; Graphemik

Grundform: vgl. Infinitiv

Grundstellung: Satzstellung mit dem Subjekt im Vorfeld; gerade Wortstellung

Grundstufe: vgl. Positiv; -wort: vgl. Zusammensetzung; -zahl: vgl. Kardinalzahl

H

Halbpräfix: Wortbildungselement zwischen unselbständigem Präfix und selbständigem Wort

Halbsuffix: Wortbildungselement zwischen unselbständigem Suffix und selbständigem Wort

Hauptsatz: in einem Satzgefüge der übergeordnete Teilsatz

Hauptwort: vgl. Substantiv

Hilfsverb: *haben, sein, werden* als Bestandteil einer zusammengesetzten Verbform

Höchststufe: vgl. Superlativ

Höherstufe: vgl. Komparativ

Homonymie: Gleichklang und -schreibung verschiedener Wörter

Hypotaxe: syntaktische Konstruktion nach Art eines Satzgefüges

I

Imperativ: Modus, der eine direkte Aufforderung an eine oder mehrere Personen ausdrückt; Befehlsform

Imperfekt: vgl. Präteritum

imperfektiv: die zeitliche Unbegrenztheit eines Geschehens ausdrückend

inchoativ: den Beginn eines Geschehens ausdrückend

Indefinitpronomen: Untergruppe der Pronomen; unbestimmtes Fürwort

Indikativ: Modus, der ein Geschehen oder Sein als tatsächlich und wirklich, als gegeben darstellt; Wirklichkeitsform

infinite Verbform: vgl. Verbform

Infinitiv: Nenn-, Grundform des Verbs; vgl. Verbform, infinite

Infinitiv, modaler: modale Konstruktion aus *sein/haben* + Infinitiv mit *zu*

ingressiv: vgl. inchoativ

Inhaltsbeziehung: inhaltliche Beziehung in einem Satzgefüge mit einem Inhaltssatz; entsprechende Beziehung in einer Satzverbindung

Inhaltssatz: Nebensatz mit einem Fragewort oder *daß* (o. ä.) als Anschlußmittel

intensiv: die stärkere oder schwächere Intensität eines Geschehens ausdrückend

Interjektion: unflektierbares Wort zum Ausdruck einer Empfindung, Gemütsbewegung o. ä.; Empfindungs-, Ausdrucks-, Ausrufewort

Interrogativadverb: Untergruppe der Adverbien; Frageumstandswort

Interrogativpronomen: Untergruppe der Pronomen; Fragefürwort

intransitiv: nicht transitiv

Inversion: vgl. Gegenstellung

iterativ: die Wiederholung eines Geschehens ausdrückend

K

Kadenz: Stimmverlauf am Ende eines [Teil]satzes

Kardinalzahl: z. B. *null, zwei, dreißig;* Grundzahl

Kasus: grammatische Größe, die die Beziehungsverhältnisse der deklinierbaren Wörter im Satz kennzeichnet (vgl. Nominativ, Genitiv, Dativ, Akkusativ); Fall

Kausalsatz: derjenige von zwei Teilsätzen, der Ursache, Grund oder Motiv des im anderen genannten Geschehens oder Sachverhalts angibt

Kernsatz: Satz mit dem Finitum an zweiter Stelle

Kollektivum: vgl. Sammelbezeichnung

Komparation: Steigerung; vgl. Vergleichsformen

Komparativ: Vergleichsform des Adjektivs (und einiger Adverbien) zum Ausdruck des ungleichen Grades; Mehr-, Höherstufe

Komposition, Kompositum: vgl. Zusammensetzung

Konditionalsatz: derjenige von zwei Teilsätzen, der Voraussetzung und Bedingung des im anderen genannten Geschehens oder Sachverhalts angibt

Kongruenz: Abstimmung von Satzgliedern oder Satzgliedteilen in Person, Numerus, Genus und Kasus

Konjugation: Formabwandlung, Beugung des Verbs

Konjunktion: unflektierbares Wort, das der Verknüpfung von Wörtern, Wortgruppen und Sätzen dient; Bindewort

Konjunktionalsatz: Nebensatz mit einer Konjunktion als Anschlußmittel

Konjunktiv: Modus, der ein Geschehen oder Sein nicht als wirklich, sondern als erwünscht, vorgestellt, von einem anderen nur behauptet darstellt; Möglichkeitsform

Konkretum: Substantiv, mit dem etwas Gegenständliches bezeichnet wird; Gegenstandswort

Konnotation: gefühlsmäßige, wertende Nebenbedeutung eines sprachlichen Zeichens (Wortes)

Konsekutivsatz: derjenige von zwei Teilsätzen, der eine Folge, eine Wirkung des im anderen genannten Geschehens oder Sachverhalts angibt

Konsonant: Laut, bei dessen Artikulation der Atemstrom während einer gewissen Zeit gehemmt (gestoppt) oder eingeengt wird

Kontamination: vgl. Wortkreuzung

Konversion: Wortartwechsel ohne Wortbildungsmorphem

Konzessivsatz: derjenige von zwei Teilsätzen, der eine Einräumung, einen Gegengrund zu dem im anderen genannten Gesehen oder Sachverhalt angibt, ohne ihn zu entkräften

Kopulativzusammensetzung: vgl. Zusammensetzung

Kurzwort: Form der Ausdruckskürzung, die einen zusammenhängenden Teil eines Wortes darstellt

L

Laut: kleinste akustisch-artikulatorische Einheit der gesprochenen Sprache

Leideform: vgl. Passiv

Lexem: kleinster selbständiger Bedeutungsträger des Wortschatzes

M

Maskulinum: eines der drei Genera (vgl. Genus); männliches Geschlecht; Substantiv mit dem Artikel *der*

Mehrstufe: vgl. Komparativ; -zahl: vgl. Plural

Meiststufe: vgl. Superlativ

Mitlaut: vgl. Konsonant

Mittelfeld: vgl. Stellungsfeld; -wort: vgl. Partizip

modal: die Art und Weise eines Geschehens o. ä. bezeichnend

Modalsatz: derjenige von zwei Teilsätzen, der Mittel und Umstände des im anderen genannten Geschehens oder Sachverhalts angibt

Modalverb: Verb, das in Verbindung mit dem Infinitiv eines anderen dessen Inhalt modifiziert; *dürfen, können, mögen, müssen, sollen, wollen*

Modifikation: grammatische, semantische oder stilistisch-pragmatische Wortabwandlung mit Hilfe von Wortbildungsmorphemen

modifizierendes Verb: vgl. Verb

Modus: verbale Kategorie zur Verdeutlichung des Geltungsgrades einer Aussage; Aussageweise

Möglichkeitsform: vgl. Konjunktiv

momentan: vgl. punktuell

Morph: kleinste bedeutungstragende Spracheinheit

Morphem: Einheit des Sprachsystems, die alle bedeutungsgleichen (Allo)morphe repräsentiert

Morphophonem: Phonemwechsel innerhalb der Allomorphe eines Morphems

Motion: vgl. Movierung

Motivation: semantische Bestimmung einer Wortbildung (Zusammensetzung, Ableitung, Präfixbildung) durch ihre Bestandteile

Movierung: genusändernde Ableitung eines Substantivs aus einer Personen- oder Tierbezeichnung; Motionsbildung

N

Nachfeld: vgl. Stellungsfeld

Nebensatz: in einem Satzgefüge der untergeordnete Teilsatz an der Stelle eines Satzglieds (= Gliedsatz) oder Attributs (= Attributsatz)

Negation: Verneinung einer Aussage

Negationspartikel: vgl. Negationswort

Negationswort: zusammenfassende Bezeichnung für Negationspronomen *(keiner, niemand, nichts)* und -partikeln *(nicht, wie* usw.)

Nennform: vgl. Infinitiv

Neutrum: eines der drei Genera (vgl. Genus); sächliches Geschlecht; Substantiv mit dem Artikel *das*

Nomen: vgl. Substantiv

Nomen acti: Substantivableitung, die den Abschluß oder das Ergebnis eines Geschehens o. ä. bezeichnet

Nomen actionis: Substantivableitung, die ein Geschehen, einen Vorgang, eine Handlung bezeichnet

Nomen facti: vgl. Nomen acti

Nomen agentis: Substantivableitung, die den Träger eines Geschehens o. ä. bezeichnet

Nomen instrumenti: Substantivableitung, die ein Werkzeug, Gerät bezeichnet

Nominativ: einer der vier Kasus; 1. Fall, Werfall

Nominativ, absoluter: unabhängiges, aber stellungsfestes Satzglied im Nominativ

Nullableitung: Ableitung ohne Suffix; implizite Ableitung

Numerale: vgl. Zahladjektiv

Numerus: grammatische Kategorie des Substantivs (und Verbs), die angibt, ob etwas einmal (Singular) oder mehrmals (Plural) vorhanden ist; Zahl

O

Objekt: in seinem Kasus direkt durch das Prädikat (Satzadjektiv) bestimmtes Satzglied

Objektsatz: Nebensatz an der Stelle eines Objekts

Onomasiologie: Bezeichnungslehre

Ordinalzahl: z. B. *erste, zweite, dritte;* Ordnungszahl

Ordnungszahl: vgl. Ordinalzahl

P

Parataxe: syntaktische Konstruktion nach Art einer Satzverbindung

Partikel: unflektierbares Wort

Partizip: zum 1. P. (Mittelwort der Gegenwart, Präsenspartizip) und 2. P. (Mittelwort der Vergangenheit, Perfektpartizip) vgl. Verbform, infinite

Partizipialsatz: satzwertige Partizipialkonstruktion

Passiv: verbale Kategorie neben dem Aktiv, die ein Geschehen als „täterabgewandt" darstellt; näherhin als Vorgangs- oder *werden*-Passiv bezeichnet; Leideform

Perfekt: Tempus, das den Vollzug oder Abschluß eines Geschehens als gegebene Tatsache für den Sprechzeitpunkt feststellt; vollendete Gegenwart, Vorgegenwart, zweite Vergangenheit

perfektiv: die zeitliche Begrenzung eines Geschehens ausdrückend

Periode: aus mehreren Teilsätzen (kunstvoll) zusammengesetzter Gesamtsatz

Person: verbale Kategorie; 1. Person = Sprecher/Schreiber, 2. Person = Angesprochener, 3. Person = Besprochener/ besprochene Sache

Personalform: vgl. Finitum

Personalpronomen: Untergruppe der Pronomen; persönliches Fürwort

persönliches Verb: vgl. Verb

Phon: Sprechlaut

Phonem: kleinster bedeutungsunterscheidender Sprachlaut

Phonetik: Lehre von der Lautbildung

Phonologie: Lehre von der Funktion der Sprachlaute

Plural: Mehrzahl; vgl. Numerus

Plusquamperfekt: Tempus, das den Vollzug oder Abschluß eines Geschehens als gegebene Tatsache für einen Zeitpunkt der Vergangenheit feststellt; vollendete Vergangenheit, Vorvergangenheit, dritte Vergangenheit

Polysemie: Mehrdeutigkeit eines Wortes

Positiv: Vergleichsform des Adjektivs (und einiger Adverbien) zum Ausdruck des gleichen Grades; Grundstufe

Possessivpronomen: Untergruppe der Pronomen; besitzanzeigendes Fürwort

Prädikat: das die Struktur des Satzes bestimmende (ein- oder mehrteilige) Verb

Prädikatsverband: Verband aus Prädikat und Ergänzung(en)

Präfix: vor ein Wort oder einen Wortstamm gesetztes unselbständiges Wortbildungsmorphem; Vorsilbe

Präfixableitung, kombinierte: vgl. Ableitung

Präfixbildung: Art der Wortbildung mit

Hilfe von [Halb]präfixen (Zusatzbildung); das aus diesem Wortbildungsverfahren hervorgegangene Wort (Präfixkompositum)

Präfixoid: vgl. Halbpräfix

Pragmatik: Lehre von den sprachlichen Äußerungen; Pragmalinguistik

Präposition: unflektierbares Wort, das die Beziehung, das Verhältnis zwischen Wörtern kennzeichnet; Verhältniswort

Präpositionalgefüge, adverbiales: Satzglied mit im Unterschied zum Präpositionalobjekt inhaltlich wichtiger Präposition und einem loseren Verhältnis zu den übrigen Satzelementen

Präpositionalobjekt: Satzglied mit im Unterschied zum adverbialen Präpositionalgefüge inhaltlich unwichtiger Präposition in enger Prädikatsbindung

Präsens: Gegenwartstempus; Gegenwart

Präteritum: Vergangenheitstempus; (erste) Vergangenheit

Pronomen: deklinierbares Wort, Begleiter oder Stellvertreter des Substantivs; Fürwort

Pronominaladverb: Untergruppe der Adverbien; Stellvertreter einer Fügung aus Präposition + Substantiv/Pronomen; Umstandsfürwort

Proportionalsatz: Form des Konditionalsatzes

punktuell: ein Geschehen ohne zeitliche Ausdehnung ausdrückend

R

reflexives Verb: vgl. Verb

Reflexivpronomen: Untergruppe der Pronomen; rückbezügliches Fürwort

Rektion: Eigenschaft von Verben, Adjektiven und Präpositionen, den Kasus eines abhängigen Wortes zu bestimmen

Relativadverb: Untergruppe der Adverbien; bezügliches Umstandswort

Relativbeziehung: inhaltliche Beziehung in einem Satzgefüge mit einem Relativsatz; entsprechende Beziehung in einer Satzverbindung

Relativpronomen: Untergruppe der Pronomen; bezügliches Fürwort

Relativsatz: Nebensatz mit einem Relativpronomen oder einer Relativpartikel als Anschlußmittel

resultativ: das Ende eines Geschehens ausdrückend

reziprokes Verb: vgl. Verb

Rhema: die bezüglich des Themas neue Information eines Satzes

Rückbildung: Ableitung durch Suffixtilgung

S

Sammelbezeichnung: Substantiv im Singular, mit dem eine Mehrzahl gleichartiger Lebewesen oder Dinge bezeichnet wird; Kollektivum

Satz: aus Wörtern und gegliederten Wortgruppen aufgebaute sprachliche Einheit, deren relative grammatische und inhaltliche Selbständigkeit und Abgeschlossenheit auch in Stimmführung, Rechtschreibung (Anfangsgroßschreibung) und Zeichensetzung (Schlußpunkt, Ausrufe-, Fragezeichen) zum Ausdruck kommt; vom einfachen Satz mit einem zugrundeliegenden Verb ist der zusammengesetzte auf der Basis mindestens zweier Verben zu unterscheiden

Satzadjektiv: im Kasus nicht bestimmtes Satzglied mit einem (unflektierten) Adjektiv oder Partizip im Gliedkern; im einzelnen werden prädikative und adverbiale bzw. präpositionale und zugeordnete Satzadjektive unterschieden

Satzart: vgl. Aussagesatz, Aufforderungssatz, Fragesatz

Satzaussage: vgl. Prädikat

Satzbauplan: abstraktes Satzmuster, begründet durch das Verb und die Art und Anzahl seiner (konstitutiven) Ergänzungen

Satzform: vgl. Satz, Satzgefüge, Satzverbindung, Teilsatz

Satzgefüge: zusammengesetzter Satz aus mindestens einem Hauptsatz und einem Nebensatz

Satzgegenstand: vgl. Subjekt

Satzglied: kleinstes selbständiges Satzelement (Wort, Wortgruppe), das nur geschlossen verschiebbar und zugleich insgesamt relativ frei ersetzbar ist; man unterscheidet einfache (einwortige) Satzglieder von komplexen, bestehend aus syntaktisch notwendigem Satzgliedkern und einem oder mehreren Attributen

Satzgliedkern: vgl. Satzglied

Satzklammer: im Kern- und Stirnsatz aus dem Finitum in Zweit- bzw. Erststellung und den nichtfiniten Prädikatsteilen in Endstellung gebildeter Stellungsrahmen für die Satzglieder; im Spannsatz aus Einleitewort und Finitum gebildet

Satzlehre: vgl. Syntax

Satzpartikel: im Kasus nicht bestimmtes Satzglied mit einer Partikel im Gliedkern; im einzelnen werden präpositionale und zugeordnete Satzpartikeln unterschieden

Satzverbindung: zusammengesetzter Satz

aus mindestens zwei einfachen und voneinander unabhängigen [Teil]sätzen
Selbstlaut: vgl. Vokal
Semantik: Bedeutungslehre
Semasiologie: Wortbedeutungslehre
Semiotik: allgemeine Zeichenlehre
Silbe: kleinster Bestandteil eines Wortes, der sich beim langsamen Sprechen ergibt; Sprechsilbe
Silbenwort: vgl. Abkürzungswort
Singular: Einzahl; vgl. Numerus
Sinnbezirk: vgl. Wortfeld
Spannsatz: Satz mit dem Finitum an letzter Stelle
Stamm: vgl. Wortstamm
Stammvokal: der tontragende Vokal des Wortstamms
Steigerungsformen: vgl. Vergleichsformen
Stellungsfeld: syntaktische Position im Hinblick auf die Satzklammer; vor dem ersten Klammerteil liegt das Vorfeld, hinter dem zweiten das Nachfeld, zwischen beiden das Mittelfeld
Stellvertreter des Substantivs: vgl. Pronomen
Stirnsatz: Satz mit dem Finitum an erster Stelle
Subjekt: dasjenige Satzglied (im Nominativ), das formaler Ansatzpunkt (Satzgegenstand) des durch das Prädikat bezeichneten verbalen Geschehens ist
Subjektsatz: Nebensatz an der Stelle eines Subjekts
Substantiv: deklinierbares, mit dem Artikel verbindbares Wort, das ein Lebewesen oder eine Pflanze, einen Gegenstand oder einen Begriff bezeichnet; Nomen, Nenn-, Namen-, Ding-, Hauptwort
Substantivierung: Bildung von Substantiven ohne Wortbildungsmorphem (Konversion)
Suffix: an ein Wort oder einen Wortstamm anzufügendes unselbständiges Wortbildungsmorphem; Nachsilbe
Suffixoid: vgl. Halbsuffix
Superlativ: Vergleichsform des Adjektivs (und einiger Adverbien) zum Ausdruck des höchsten Grades; Meist-, Höchststufe
syndetisch: durch Konjunktion verbunden
Synonymie: (annähernde) Bedeutungsgleichheit von Wörtern und Konstruktionen
Syntax: Lehre vom Satzbau, der Struktur von Sätzen

T

Tatform: vgl. Aktiv
Tätigkeitswort: vgl. Verb
Teilsatz: Bestandteil eines zusammengesetzten Satzes

Temporalsatz: derjenige von zwei Teilsätzen, der die Aussage des anderen zeitlich festlegt
Tempus: verbale Kategorie zur Bestimmung eines Geschehens oder Seins als vergangen, gegenwärtig oder zukünftig; Zeit, Zeitform
terminativ: vgl. perfektiv
Thema: schon bekannte, vorauszusetzende oder zu erschließende Information eines Satzes
Tmesis: (umstellende) Trennung zusammengehörender Wortteile durch dazwischentretende andere Wörter
transitiv: ein Verb mit einem passivfähigen Akkusativobjekt bezeichnend; zielend
Transposition: Wortart- bzw. Wortklassenwechsel (-umwandlung) mit Hilfe von Wortbildungsmorphemen

U

Umlaut: Bezeichnung für die Vokale *ä, ö, ü, äu*
Umstandsangabe, freie: im Unterschied zur verbspezifischen syntaktisch notwendigen (konstitutiven) Ergänzung freies Ausbaustück eines konkreten Satzes
Umstandsbestimmung: vgl. Bestimmung, adverbiale; -ergänzung: vgl. Ergänzung; -wort: vgl. Adverb
unpersönliches Verb: vgl. Verb

V

Valenz: Fähigkeit des Verbs (und mancher Substantive, Adjektive und Partikeln), um sich herum Stellen zu eröffnen, die im Satz durch bestimmte Ergänzungen zu besetzen sind
Verb: konjugierbares Wort, das einen Zustand oder Vorgang, eine Tätigkeit oder Handlung bezeichnet und mit dem das Prädikat des Satzes gebildet wird; Zeit-, Tätigkeits-, Tuwort
Verb, modifizierendes: Verb, das in Verbindung mit dem um *zu* erweiterten Infinitiv eines anderen dessen Inhalt modifiziert
Verb, persönliches: Verb, das in allen drei Personen bzw. in der 3. Person nicht nur mit *es* in Subjektposition gebraucht werden kann; Personale
Verb, reflexives: Verb in Verbindung mit einem Reflexivpronomen
Verb, reziprokes: reflexives Verb, dessen Reflexivpronomen kein rück-, sondern

ein wechselbezügliches Verhältnis angibt

Verb, unpersönliches: Verb, das nur mit *es* in Subjektposition gebraucht werden kann; Impersonale

Verbform, finite: vgl. Finitum

Verbform, infinite: Verbform, die nach Person, Numerus, Modus und Tempus unbestimmt ist (Infinitiv, 1. und 2. Partizip)

Verbzusatz: (präfixartiger) erster Bestandteil eines Verbs, der sich bei dessen Verwendung im Satz meist ablösen läßt und der keinen Satzgliedwert hat

Vergangenheit: vgl. Präteritum

Vergleichsformen: Formen des Adjektivs (und einiger Adverbien), mit denen sich verschiedene Grade einer Eigenschaft, eines Merkmals kennzeichnen lassen; Steigerungsformen, Komparation

Verhältnisbeziehung: inhaltliche Beziehung in einem Satzgefüge mit einem Verhältnissatz; entsprechende Beziehung in einer Satzverbindung

Verhältnissatz: Nebensatztyp, zu dem insbesondere die Adverbialsätze gehören

Verhältniswort: vgl. Präposition

Vokal: Laut, bei dessen Artikulation die Stimmlippen im Kehlkopf schwingen und die Atemluft ungehindert durch den Mund ausströmt

Vokativ: vgl. Anredenominativ

Vollverb: Verb mit lexikalischer Bedeutung und der Fähigkeit, allein das Prädikat zu bilden

Vorfeld: vgl. Stellungsfeld

Vorgangspassiv: vgl. Passiv

W

Wemfall: vgl. Dativ

Wenfall: vgl. Akkusativ

Werfall: vgl. Nominativ

Wertigkeit: vgl. Valenz

Wesfall: vgl. Genitiv

Wirklichkeitsform: vgl. Indikativ

Wort: kleinster selbständiger, akustisch und orthographisch isolier- und verschiebbarer Bedeutungsträger im Satz

Wortbildungsmorphem: vgl. Präfix, Suffix

Wortfamilie: auf einem einzigen Ausgangswort basierende Wortgruppe

Wortfeld: Gruppe semantisch eng zusammengehöriger Wörter; Sinnbezirk

Wortkreuzung: Verschmelzung von (zwei) Wörtern oder Wendungen, die gleichzeitig in der Vorstellung des Sprechenden auftauchen, zu einem neuen; Kontamination, Wortmischung

Wortnische: durch ein Wortbildungsmorphem mit einer spezifischen semantischen Funktion geschaffene Wortgruppe; semantische Nische

Wortstamm: der um Wortbildungs- und Flexionsmorpheme verkürzte Teil eines Wortes; beim Verb der um die Infinitivendung verkürzte Wortteil

Wortstand: Gesamtheit aller semantisch zusammengehörigen Wortnischen

Wunschsatz: vgl. Aufforderungssatz

Z

Zahladjektiv: Adjektiv, das eine Zahl bezeichnet

Zeichen, sprachliches: vgl. Wort, Lexem

Zeitwort: vgl. Verb

Zukunft: vgl. Futur

Zusammenbildung: Art der Wortbildung (Zusammensetzung oder Ableitung) auf der Basis von Wortgruppen; das aus diesem Wortbildungsverfahren hervorgegangene Wort

Zusammenrückung: Wortbildung ohne Wortbildungsmorpheme durch Zusammenschreibung von Wortgruppen; das aus diesem Wortbildungsverfahren hervorgegangene Wort

Zusammensetzung: Art der Wortbildung mit Hilfe selbständiger Wörter (Komposition); das aus diesem Wortbildungsverfahren hervorgegangene Wort (Kompositum); sind dessen Bestandteile gleichgeordnet, spricht man von Kopulativzusammensetzung, ist der erste Bestandteil (Bestimmungswort) dem zweiten (Grundwort) untergeordnet, von Determinativzusammensetzung

Zustandspassiv: Passivvariante, die nicht wie das Vorgangspassiv eine Handlung, einen Vorgang ausdrückt, sondern den sich daraus ergebenden Zustand; *sein*-Passiv

Zustandsreflexiv: eine mit dem zweiten Partizip bestimmter reflexiver Verben gebildete Verbform aktivischer Bedeutung

Literaturverzeichnis

Admoni, W.: Der deutsche Sprachbau. München ⁴1982.

Althaus, H. P.: Graphetik/Graphemik. In: Lexikon der Germanistischen Linguistik. Tübingen ²1980, S. 138–142 u. 142–151.

Altmann, H.: Gradpartikel-Probleme. Zur Beschreibung von *gerade, genau, eben, ausgerechnet, vor allem, insbesondere, zumindest, wenigstens.* Tübingen 1978.

Augst, G.: Lexikon zur Wortbildung. Morpheminventar A–Z. 3 Bde. Tübingen 1975.

Augst, G.: Wie stark sind die starken Verben? In: Augst, G.: Untersuchungen zum Morpheminventar der deutschen Gegenwartssprache. Tübingen 1975, S. 231–281.

Back, O.: Zur Groß- und Kleinschreibung im Deutschen: Probleme und Standpunkte. Hg. v. Bundesministerium für Unterricht und Kunst. Wien 1979.

Bartsch, W.: Tempus, Modus, Aspekt. Die systembildenden Ausdruckskategorien beim deutschen Verbalkomplex. Frankfurt/M. 1980.

Bausch, K.-H.: Modalität und Konjunktivgebrauch in der gesprochenen deutschen Standardsprache. Sprachsystem, Sprachvariation und Sprachwandel im heutigen Deutsch. Teil 1. München 1979.

Behagel, O.: Deutsche Syntax. Eine geschichtliche Darstellung. 4 Bde. Heidelberg 1923–1932.

Bergenholtz, H./Schaeder, B.: Die Wortarten des Deutschen. Stuttgart 1977.

Bergenholtz, H./Mugdan, J.: Einführung in die Morphologie. Stuttgart 1979.

Bettelhäuser, H.-J.: Studien zur Substantivflexion der deutschen Gegenwartssprache. Heidelberg 1976.

Bierwisch, M.: Regeln für die Intonation deutscher Sätze. In: studia grammatica VII. Berlin ²1971, S. 99–201.

Bierwisch, M.: Schriftstruktur und Phonologie. In: Probleme und Ergebnisse der Psychologie 43 (1972), S. 21–44.

Boettcher, W./Sitta, H.: Deutsche Grammatik III. Zusammengesetzter Satz und äquivalente Strukturen. Frankfurt/M. 1972.

Boost, K.: Neue Untersuchungen zum Wesen und zur Struktur des deutschen Satzes. Der Satz als Spannungsfeld. Berlin ⁵1964.

Brekle, H. E./Kastovsky, D. (Hg.): Perspektiven der Wortbildungsforschung. Bonn 1977.

Brinker, K.: Das Passiv im heutigen Deutsch. Form und Funktion. München 1971.

Brinkmann, H.: Die deutsche Sprache. Gestalt und Leistung. Düsseldorf ²1971.

Brünner, G./Redder, A.: Studien zur Verwendung der Modalverben. Tübingen 1983.

Bühler, K.: Sprachtheorie. Jena 1934.

Burgschmidt, E.: System und Norm im Bereich der Wortbildung. Aufsätze I–III. Erlangen 1973–1975.

Buscha, J./Heinrich, G./Zoch, J.: Modalverben. Leipzig ³1979.

Calbert, J. P./Vater, H.: Aspekte der Modalität. Tübingen 1975.

Coseriu, E.: Sprache. Strukturen und Funktionen. Tübingen ²1971.

Die deutsche Sprache. Kleine Enzyklopädie. 2 Bde. Leipzig 1969 u. 1970.

Drach, E.: Grundgedanken der deutschen Satzlehre. Darmstadt ⁴1963.

Drosdowski, G./Henne, H.: Tendenzen der deutschen Gegenwartssprache. In: Lexikon der Germanistischen Linguistik. Tübingen ²1980, S. 619–632.

Duden 6, Aussprachewörterbuch. Mannheim, Wien, Zürich ²1974.

Engel, U.: Syntax der deutschen Gegenwartssprache. Berlin ²1982.

Erben, J.: Deutsche Grammatik. Ein Leitfaden. Frankfurt/M. 1968.

Erben, J.: Deutsche Grammatik. Ein Abriß. München ¹²1980.

Erben, J.: Einführung in die deutsche Wortbildungslehre. Berlin ²1983.

Eroms, H.-W.: Beobachtungen zur textuellen Funktion des Passivs. In: Kritische Bewahrung. Festschrift für W. Schröder. Berlin 1974, S. 162 ff.

Eroms, H.-W.: Valenz, Kasus und Präpositionen. Untersuchungen zur Syntax und Semantik präpositionaler Konstruktionen in der deutschen Gegenwartssprache. Heidelberg 1981.

Essen, O. v.: Grundzüge der hochdeutschen Satzintonation. Ratingen 1971.

Essen, O. v.: Allgemeine und angewandte Phonetik. Berlin ⁵1979.

Ettinger, St.: Form und Funktion in der Wortbildung. Die Diminutiv- und Augmentativmodifikation im Lateinischen, Deutschen und Romanischen. Ein kritischer Forschungsbericht 1900–1970. Tübingen 1974.

Fanselow, G.: Zur Syntax und Semantik der Nominalkomposition. Ein Versuch praktischer Anwendung der Montague-Grammatik auf die Wortbildung im Deutschen. Tübingen 1981.

Flämig, W.: Zum Konjunktiv in der deutschen Sprache der Gegenwart. Inhalte und Gebrauchsweisen. Berlin 1959.

Fleischer, W.: Wortbildung der deutschen Gegenwartssprache. Leipzig [4]1975.

Forstreuter, E./Egerer-Nöslein, K.: Die Präpositionen. Leipzig 1978.

Gelhaus, H.: Zum Tempussystem der deutschen Hochsprache. Ein Diskussionsbeitrag. In: Wirkendes Wort 16 (1966), S. 217–230.

Gelhaus, H.: Das Futur in ausgewählten Texten der geschriebenen deutschen Sprache der Gegenwart. Studien zum Tempussystem. München 1975.

Gelhaus, H. (unter Mitarbeit von W. Schmitz): Der modale Infinitiv. Tübingen 1977.

Gelhaus, H./Latzel, S.: Studien zum Tempusgebrauch im Deutschen. Tübingen 1974.

Gerstenkorn, A.: Das „Modal"-System im heutigen Deutsch. München 1976.

Gewehr, W.: Lexematische Strukturen. Zur Didaktik der Wortfeldtheorie und Wortbildungslehre. München 1974.

Gipper, H.: Sprachwissenschaftliche Grundbegriffe und Forschungsrichtungen. Orientierungshilfen für Lehrende und Lernende. München 1978.

Glinz, H.: Geschichte und Kritik der Lehre von den Satzgliedern. Bern 1947.

Glinz, H.: Die innere Form des Deutschen. Eine neue deutsche Grammatik. Bern, München [5]1968.

Glinz, H.: Der deutsche Satz. Wortarten und Satzglieder wissenschaftlich gefaßt und dichterisch gedeutet. Düsseldorf [6]1970.

Glinz, H.: Deutsche Grammatik I. Satz–Verb–Modus–Tempus. Frankfurt/M. 1970.

Glinz, H.: Deutsche Grammatik II. Kasussyntax–Nominalstrukturen–Wortarten–Kasusfremdes. Frankfurt/M. [2]1975.

Graf, R.: Der Konjunktiv in gesprochener Sprache. Tübingen 1977.

Harlass, G./Vater, H.: Zum aktuellen deutschen Wortschatz. Tübingen 1974.

Hartung, W.: Die Passivtransformationen im Deutschen. In: Studia Grammatica I (1965), S. 90–114.

Hartung, W.: Die zusammengesetzten Sätze des Deutschen. Berlin [4]1970.

Hauser-Suida, U./Hoppe-Beugel, G.: Die Vergangenheitstempora in der deutschen geschriebenen Sprache der Gegenwart. Untersuchungen an ausgewählten Texten. Düsseldorf, München 1972.

Helbig, G. (Hg.): Beiträge zur Klassifizierung der Wortarten. Leipzig 1977.

Helbig, G./Buscha, J.: Deutsche Grammatik. Ein Handbuch für den Ausländerunterricht. Leipzig [6]1980.

Heidolph, K. E./Flämig, W./Motsch, W. u. a.: Grundzüge einer deutschen Grammatik. Berlin 1981.

Henne, H.: Gesprächswörter. Für eine Erweiterung der Wortarten. In: Henne, H./Möhn, D./Weinrich, H. (Hg.): Interdisziplinäres Wörterbuch in der Diskussion. Düsseldorf 1978, S. 42–47.

Herbermann, C.-P.: Wort, Basis, Lexem und die Grenze zwischen Lexikon und Grammatik. Eine Untersuchung am Beispiel der Bildung komplexer Substantive. München 1981.

Heringer, H.-J.: Deutsche Syntax. Berlin, New York [2]1972.

Heringer, H.-J.: Theorie der deutschen Syntax. München [2]1973.

Hofrichter, W.: Die Abkürzungen in der deutschen Sprache der Gegenwart. Berlin 1977.

Höhle, T. N.: Lexikalistische Syntax. Die Aktiv-Passiv-Relation und andere Infinitkonstruktionen im Deutschen. Tübingen 1978.

Holmlander, I.: Zur Distribution und Leistung des Pronominaladverbs. Das Pronominaladverb als Bezugselement eines das Verb ergänzenden Nebensatzes/Infinitivs. Uppsala 1979.

Holst, F.: Untersuchungen zur Wortbildungstheorie mit besonderer Berücksichtigung der Adjektive auf -gerecht im heutigen Deutsch. Hamburg 1974.

Humboldt, W. v.: Gesammelte Schriften. 17 Bde. Hg. von der Preußischen Akademie der Wissenschaften. Berlin 1903–1936 (Nachdruck 1968).

Isačenko, A. V./Schädlich, H. J.: Untersuchungen über die deutsche Satzintonation. Berlin 1966.

Jäger, S.: Der Konjunktiv in der deutschen Sprache der Gegenwart. Untersuchungen an ausgewählten Texten. München, Düsseldorf 1971.

Jäntti, A.: Zum Reflexiv und Passiv im heutigen Deutsch. Eine syntaktische Untersuchung mit semantischen Ansätzen. Helsinki 1978.

Kaufmann, G.: Das konjunktivische Bedingungsgefüge im heutigen Deutsch. Tübingen 1972.

Kaufmann, G.: Die indirekte Rede und mit ihr konkurrierende Formen der Redeerwähnung. München 1976.

Kohler, K.J.: Einführung in die Phonetik des Deutschen. Berlin 1977.

Kohrt, M.: Generative Phonologie und deutsche Orthographie. In: Münstersches Logbuch zur Linguistik 1 (1978), S. 49–76.

Krivonosov, A.T.: Die modalen Partikeln in der deutschen Gegenwartssprache. Göppingen 1977.

Kürschner, W.: Zur syntaktischen Beschreibung deutscher Nominalkomposita. Tübingen 1974.

Latzel, S.: Die deutschen Tempora Perfekt und Präteritum. München 1977.

Leisi, E.: Der Wortinhalt. Heidelberg ⁴1971.

Liebrucks, B.: Sprache und Bewußtsein. Bd. 1. Frankfurt/M. 1964.

Lindgren, K.B.: Über den oberdeutschen Präteritumschwund. Helsinki 1957.

Lipka, L./Günther, H. (Hg.): Wortbildung. Darmstadt 1981.

Ljungerud, I.: Zur Nominalflexion in der deutschen Literatursprache nach 1900. Lund 1955

Lötscher, A.: Satzakzent und funktionale Satzperspektive im Deutschen. Tübingen 1982.

Lütten, J.: Untersuchungen zur Leistung der Partikeln in der gesprochenen deutschen Sprache. Göppingen 1977.

Lyons, J.: Semantik. 2 Bde. München 1980 u. 1983.

Mangold, M.: Laut und Schrift im Deutschen. Mannheim 1961.

Martens, C. u. P.: Phonetik der deutschen Sprache. München 1961.

Martens, P.: Verfahren zur Darstellung des deutschen Lautsystems. In: Sprache und Sprechen 6 (1977), S. 11–89.

Matzel, K./Ulvestad, B.: Futur I und futurisches Präsens. In: Sprachwissenschaft 7 (1982), S. 283–328.

Matzke, B.: Zur Problematik der Passivsynonyme im Deutschen, dargestellt an den Fügungen „Reflexivpronomen + Verb", „sein + zu + Infinitiv" und „lassen + sich + Infinitiv". Jena 1977.

Meinhold, G./Stock, E.: Phonologie der deutschen Gegenwartssprache. Leipzig 1980.

Motsch, W.: Syntax des deutschen Adjektivs. Berlin 1966.

Mugdan, J.: Flexionsmorphologie und Psycholinguistik. Tübingen 1977.

Nerius, D./Scharnhorst, J. (Hg.): Theoretische Probleme der deutschen Orthographie. Berlin 1980.

Oberaspach, F./Luise, D.M.: Grammatik und Konversation. Stilistische Pragmatik des Dialogs und die Bedeutung deutscher Modalpartikeln. Amsterdam 1979.

Pape-Müller, S.: Textfunktionen des Passivs. Untersuchungen zur Verwendung von grammatisch-lexikalischen Passivformen. Tübingen 1980.

Paul, H.: Deutsche Grammatik. 5 Bde. Halle/Saale 1916–1920.

Philipp, M.: Phonologie des Deutschen. Stuttgart 1974.

Polenz, P.v.: Funktionsverben im heutigen Deutsch. Sprache in der rationalisierten Welt. Düsseldorf 1963.

Polenz, P.v.: Wortbildung. In: Lexikon der Germanistischen Linguistik. Tübingen ²1980, S. 169–180.

Reinwein, J.: Modalverb-Syntax. Tübingen 1977.

Rettig, W.: Sprachsystem und Sprachnorm in der deutschen Substantivflexion. Tübingen 1972.

Ronca, D.: Morphologie und Semantik deutscher Adverbialbildungen. Eine Untersuchung zur Wortbildung der Gegenwartssprache. Bonn 1974.

Rüttenauer, M.: Vorkommen und Verwendung der adverbialen Proformen im Deutschen. Hamburg 1978.

Saltveit, L.: Studien zum deutschen Futur. Bergen, Oslo 1962.

Sandberg, B.: Die neutrale -(e)n-Ableitung der deutschen Gegenwartssprache. Lexikalisierung bei den Verbalsubstantiven. Göteborg 1976.

Saussure, F. de: Cours de linguistique générale. Edition critique par T. de Mauro. Paris 1978; dt. Übers. v. H. Lommel: Grundfragen der allgemeinen Sprachwissenschaft. Berlin ²1967.

Scheerer, E.: Probleme und Ergebnisse der experimentellen Leseforschung. In: Zeitschrift für Entwicklungspsychologie und pädagogische Psychologie 10 (1978), S. 347–364.

Schoenthal, G.: Das Passiv in der deutschen Standardsprache. Darstellung in der neueren Grammatiktheorie und Verwendung in Texten gesprochener Sprache. München 1976.

Scholz, H.-J.: Untersuchungen zur Lautstruktur deutscher Wörter. München 1972.

Schonebohm, M.: Wortbildung, Text und Pragmatik. Am Beispiel der Teil-von-Relation im Bereich der deutschen Nominalkomposition. Lund 1979.

Schrodt, R.: System und Norm beim Konjunktiv in deutschen Inhaltssätzen. Wien 1980.

Serébrennikow, B. A. u. a.: Allgemeine Sprachwissenschaft II: Die innere Struktur der Sprache. München, Salzburg 1975.

Shaw, J. H.: Motivierte Komposita in der deutschen und englischen Gegenwartssprache. Tübingen 1979.

Siebs, Th.: Deutsche Aussprache. Berlin ¹⁹1969.

Sitta, H.: Semanteme und Relationen. Zur Systematik der Inhaltssatzgefüge im Deutschen. Frankfurt/M. 1971.

Sommerfeldt, K.-E./Schreiber, H.: Wörterbuch zur Valenz und Distribution deutscher Adjektive. Leipzig ²1977.

Starke, G.: Zur mittelbaren Wiedergabe von Rede- und Reflexionsinhalten im Deutschen. In: Zeitschrift für Phonetik, Sprachwissenschaft und Kommunikationsforschung 33 (1980), S. 664–676.

Steinitz, R.: Der Status der Kategorie Aktionsart in der Grammatik oder Gibt es Aktionsarten im Deutschen? Berlin 1981.

Stepanowa, M. D./Helbig, G.: Wortarten und das Problem der Valenz in der deutschen Gegenwartssprache. Leipzig ²1981.

Steube, A.: Temporale Bedeutung im Deutschen. Berlin 1980.

Storch, G.: Semantische Untersuchungen zu den inchoativen Verben im Deutschen. Braunschweig 1978.

Stötzel, G.: Ausdrucksseite und Inhaltsseite der Sprache. Methodenkritische Studien am Beispiel der deutschen Reflexivverben. München 1970.

Pheby, J.: Intonation und Grammatik im Deutschen. Berlin ²1980.

Porzig, W.: Das Wunder der Sprache. Probleme, Methoden und Ergebnisse der modernen Sprachwissenschaft. München ⁵1971.

Royé, H.-W.: Segmentierung und Hervorhebungen in gesprochener deutscher Standardsprache. Aachen 1981.

Stock, E./Zacharias, Chr.: Deutsche Satzintonation. Leipzig 1971.

Tancré, I.: Transformationelle Analyse von Abstraktkomposita. Tübingen 1975.

Trojan, F.: Deutsche Satzbetonung. Wien 1961.

Ulmer-Ehrich, V.: Zur Syntax und Semantik von Substantivierungen im Deutschen. Kronberg 1977.

Vachek, J.: Zum Problem der geschriebenen Sprache. In: Travaux du Cercle Linguistique de Prague 8 (1939), S. 94–104; auch in: Grundlagen der Sprachkultur. Teil 1. Berlin 1976, S. 229–239.

Vater, H.: Das System der Artikelformen im gegenwärtigen Deutsch. Tübingen ²1979.

Vögeding, J.: Das Halbsuffix *-frei*. Zur Theorie der Wortbildung. Tübingen 1981.

Wälterlin, K.: Die Flexion des Adjektivs hinter Formwörtern in der neuen deutschsprachigen Presse. Zürich 1941.

Wängler, H.-H.: Grundriß einer Phonetik des Deutschen. Marburg ²1967.

Weigl, E.: Zur Schriftsprache und ihrem Erwerb – neuropsychologische und psycholinguistische Betrachtungen. In: Probleme und Ergebnisse der Psychologie 43 (1972), S. 45–105.

Weinrich, H.: Tempus. Besprochene und erzählte Welt. Stuttgart ³1977.

Weisgerber, L.: Grundzüge der inhaltbezogenen Grammatik. Düsseldorf ³1962.

Weisgerber, L.: Die sprachliche Gestaltung der Welt. Düsseldorf ³1962.

Weisgerber, L.: Die ganzheitliche Behandlung eines Satzbauplanes. Düsseldorf 1962.

Welke, K.: Untersuchungen zum System der Modalverben in der deutschen Sprache der Gegenwart. Berlin 1965.

Werner, O.: Das deutsche Pluralsystem. Strukturelle Diachronie. In: Sprache. Gegenwart und Geschichte. Düsseldorf 1969, S. 92–128.

Werner, O.: Phonemik des Deutschen. Stuttgart 1972.

Weydt, H. (Hg.): Aspekte der Modalpartikeln. Tübingen 1977.

Weydt, H. (Hg.): Die Partikeln der deutschen Sprache. Berlin, New York 1979.

Wichter, S.: Probleme des Modusbegriffs im Deutschen. Tübingen 1978.

Winkler, Chr.: Untersuchungen zur Kadenzbildung in deutscher Rede. München 1979.

Deutsche Wortbildung. Typen und Tendenzen in der Gegenwartssprache. Bd. 1 v. Kühnhold, I./Wellmann, H.: Das Verb. Düsseldorf 1973; Bd. 2 v. Wellmann, H.: Das Substantiv. Düsseldorf 1975; Bd. 3 v. Kühnhold, I./Putzer, O./Wellmann, H. u. a.: Das Adjektiv. Düsseldorf 1978.

Großes Wörterbuch der deutschen Aussprache. Leipzig 1982.

Wunderlich, D.: Tempus und Zeitreferenz im Deutschen. München 1970.

Zifonun, G.: Zur Theorie der Wortbildung am Beispiel deutscher Präfixverben. München 1973.

Züst, H. P.: Zum Gebrauch des Konjunktivs in Briefen. Bern, Frankfurt/M. 1977.

Sachregister, Wortregister und Register für sprachliche Zweifelsfälle

Wörter und Zweifelsfälle sind in diesem Register im Unterschied zu den Fachausdrücken o. ä. kursiv gesetzt. Die Zahlen verweisen auf die Randziffern im Text; halbfette Zahlen heben besonders wichtige Stellen hervor.
Da aus Platzgründen für einen Zweifelsfall nicht alle Wörter oder Wortformen verzeichnet werden konnten, muß der Benutzer gegebenenfalls unter der jeweiligen Grundform oder dem fraglichen Wortbestandteil nachschlagen, also z. B.

– *gesandt* oder *gesendet* unter *senden;*

– die Aussprache von *König* unter *-ig;*

– *staubgesaugt* oder *gestaubsaugt* unter *ge-;*

– *des Automats* oder *des Automaten* unter *-s* bzw. *-en;*

– den Plural von *Briefbogen* unter *Bogen.*

Register	780

Aspiration 19, 42
Ästhetenpräteritum 234, Anm.
asyndetisch 1069 f., 1143, 1187
-*at* Substantivsuffix 889 · vgl. auch -*[i]at*
-*(at)ion* 847, 888
-*(at)iv* 916, 918, 926
atlantischer Störungsausläufer? 444
Atlas Deklination 398, 405, 407
-*(at)or* 867, 873, 882, 888
attribuierende Deklination 476
Attribut 1063 ff., 1144 f. · Betonung 1302 ·
  Kongruenz 1176 f. · Stellung 1274
attributive Bestimmung 1074 · der Art
  und Weise 1074 · des Grundes 1074 ·
  des Raumes 1074 · der Zeit 1074
Attributsatz 1193
-*(at)ur* 850, 888
auch Abtönungspartikel 596
auf Adverb *(aufe Tür?)* 607 · Präposition
  (an für auf) 618, 640 · *auf es/was* oder
  darauf/worauf vgl. Pronominaladverb
auf- Halbpräfix 757
Aufast 1307
auf daß Konjunktion 1252
Aufforderungssatz 1010 · indirekte Rede
  277 · Intonation 1295
auf Grund/aufgrund Präposition 615, 628,
  641
auf'm 360
aufs/auf das (+ Elativ) 358, 520
aufnehmen in Rektion 640
Aufzählung(sglied) Intonation 1316
Augenblicksbildung 685, 696, 701, 803
Augmentation 1018
Augmentativbildung 828
August Deklination 434
Aula Plural 407
aus Präposition 631, 637 · *aus was/woraus*
  vgl. Pronominaladverb
aus- Halbpräfix 754
ausbleiben doppelte Verneinung 1157
Ausdrucksstellung 1266,5
ausgangs Präposition 641
Ausklammerung 1264, 1267
Auslage/Auslagen 370
Auslautverhärtung 75, 81
aus'm 360
Auspizium/Auspizien 370
Ausrufesatz 1009, 1291 · -zeichen 101
Aussagesatz 1009 · indirekte Rede 275 ·
  Intonation 1292 ff., 1300, 1307 · irreal
  260
Aussageweise 249
ausschließlich Präposition 641
außer Präposition 632, 642
außer- 890, 903
außer daß 1254 f.
Äußere Deklination 504
außerhalb Präposition 641
äußerste 515
Äußerung 1007 f., 1011, 1307, 1331 ff.
außer zu 1254
Auto- 835

Autobezeichnung Genus 340
Automat Deklination 436
Autosemantikon 948

B

Baby Plural 404
Bach Genus 346
Backe/Backen 350
backen 213, 220
Baedeker/Baedekers 411
bald Vergleichsformen 605
Balg Genus 348 · Plural 388
Balkon Plural 407
Ballon Plural 407
Band Genus 348, 390
Bande Kongruenz 1165
bange] jemandem/jemandem b. machen
  1139 · Vergleichsformen 518,2
Bank Plural 389
-*bar* 895, 911, 918
Bär Deklination 382,2; 389, 436
Barbar Deklination 436
Barock Deklination 435 · Genus 347
Bast Genus 346
Bau Plural 389
Bauer Genus 347 f.; 382,2; 390
Baumbezeichnung Genus 334,2
be- 738, 746
be- + -*t* Adjektiv 938
Beamter Deklination 502 ff.
bedeuten Rektion 1139
Bedeutung des Satzes 1328 ff. · des Wortes
  943 ff., 968
Bedeutungserweiterung 975 · -übertra-
  gung 979 · -verbesserung 977 · -veren-
  gung 976 · -verhüllung 981 · -ver-
  schlechterung 978 · -wandel 969
bedürfen Rektion 1139
-*bedürftig* 917
befehlen 206, 220
Befehlsform 290 ff.
befleißen 220
Begehr Genus 347
begehren Rektion 1139
beginnen 206, 220 · Rektion 1139
Begleiter des Substantivs 108, 351, 530 f.
Begriffsschrift 63, 92
Begründungsergänzung 1085, 1105
beharren auf/bei etw.? 1098
Behauchung 19, 42
behufs Präposition 627, 641
bei statt *zu* 619 · *bei lautem/beim lauten
  Rufen* 361 · Rektion 638 · *bei was/wo-
  bei* vgl. Pronominaladverb
bei- Verbzusatz 769
beide für *zwei* 458,7 · + attributives Adjektiv 484 · + substantiviertes Adjektiv
  502
beiderseits Präposition 641
Beifügung vgl. Attribut
beige Deklination 443
beim/bei dem 358 · + subst. Inf. *(Lesen
  usw.)* + *sein* 124, Anm. 1; 358

beißen 220 · Rektion 1136
Bekannter Deklination 502, 504
bekommen Rektion 304
Beliebigkeit des sprachl. Zeichens 951
Bengel Plural 388
Bereich Genus 347
-*bereit* 915
bereits/schon 588, 594 · *b. schon*? 608
bergen 208, 220
Bergname Genus 336,3
bersten 220
Berufsbezeichung 332,2; 829
besagt Deklination des ff. Adjektivs 481
bescheren Passivfähigkeit 303,2 (Anm. 1) · Rektion 1139
besinnen, sich Rektion 1139
besitzanzeigendes Fürwort 544
-*beständig* 915, 936
Besteck Plural 388
bestimmt Modaladverb 595
bestimmt b.er Artikel 351 · b.e Verbform 313
Bestimmung, adverbiale vgl. adverbiale B. · attributive vgl. attributive B.
Bestimmungswort 707; 722,1; 723
bestreiten doppelte Verneinung 1157
Betonung 27, 46
betreffend Präposition 615, 633
betreffs Präposition 627, 641
Beugung vgl. Deklination, Konjugation
bevor + Negation 1157 · Konjunktion 663, 1239 ff.
bewegen 213, 220
Bewegungsverb 741
Bewirkungsverb 786
beziehungsweise Kongruenz 1169,4
bezüglich Präposition 627, 641
bezügliches Fürwort 558
Bezugsadjektiv 448, Anm. 2
bezweifeln doppelte Verneinung 1157
bi- 907
Biedermeier Deklination 435
biegen 208, 220
Bier- 828
bieten 220
Bilabial 16
binden 208, 220
Bindestrich 811 · -wort 653
binnen Präposition 639
binnen- 903
Biotop Genus 347
bis + Negation 1157 · Adverb/Präposition 591 · Konjunktion/Präposition 675 · Konjunktion 663, 1239 ff. · Präposition 622, 634
bißchen Indefinitpronomen 566
bislange Lehre u. ä.? 607
bitten 208, 220
bitter- 901
blasen 208, 220
blaß Vergleichsformen 518,2
bleiben 208, 220 · + *zu* + Infinitiv/Passiv 304

bleichen 220
bleu Deklination 443
Blickfang-h 94
Blitz- 828
Block Plural 389
blöd/blöde 440
Blondine Deklination 505
Blumenbezeichnung Genus 334,2
blut- 901
Boden Plural 388
Bogen Plural 388
-*bold* 865
Bomben- 828
Bonbon Genus 347
Bord Genus 348
boxen Rektion 1136
brand- 901
braten 220
brauchen oder *gebraucht*? 318 · *brauchte/bräuchte*? 206, Anm. · mit/ohne *zu* 141; 661, Anm. 1; 1025
brechen 211, 220
Breisgau Genus 347
brennen 214, 220
Brikett Plural 401, Anm. 4
bringen 215, 220
Brosame/Brosamen 370
Bruch Genus 347
Bruchzahl 465 · Kongruenz 1166,3
-*bruder* 870
Bub/Bube 382 · Deklination 436
Buchstabe Deklination 382
Buchstabe 54 ff., 66 ff., 71 f., 83, 92 · substantiviert 343
Buchstabenschrift 1, 63 · -wort 697 f.
Bühnenaussprache 21
bummeln haben-/sein-Perfekt 201
Bund Genus 348, 390
Bursche/Bursch 382 · Deklination 436
Butter Genus 346
bzw. Kongruenz 1169,4

C

Cartoon Genus 347
Casus obliquus, C. rectus 372, Anm. 4
Cello Plural 406
Ch- Aussprache 49
chamois Deklination 443
Chemie Aussprache 49
Chemikalie/Chemikalien 370
-*chen/-elchen* 827
Chiemsee Aussprache 49
China Aussprache 49
Chor Genus 347
City Plural 404
Consecutio temporum 246
Constructio ad sensum vgl. Konstruktion nach dem Sinn
creme Deklination 443
Curry Genus 347

D

etwa Abtönungspartikel 596
etwaig Deklination des ff. Adjektivs 481
etwas 569 · + Adjektiv 475
etwelch 579
etwelch- + attributives Adjektiv 487 · +
    substantiviertes Adjektiv 502
Etymologie 968
euer Possessivpronomen 544 · *eu[e]rem/*
    euerm 546 · *eu[r]en/euern* 546 · *Euer/*
    Eure Exzellenz 546, Anm.
euer/eu[e]rer fünf? 539, Anm.
Euphemismus 981
-eur 829, 868
-euse 829, 868
evangelisches Pfarrhaus? 444
Ex- 834
Examen Plural 406 f.
exklusive Präposition 641
exozentrische Zusammensetzung 793, 805
Explosiv 15
Exponent Deklination 436
extraes Geschenk? 607
extra- 901, 903
Exzeptivsatz 269, 1247

F

Fabel- 833
Fabrikant Deklination 436
Fabrik[s]arbeiter 821
-fach (-fältig/-faltig) 467
Fächerung 995
Fachmann vgl. *-männer/-leute*
Fachsprache 723 · (Halb)präfixe 835, 903
fähig Rektion 1123
-fähig 890, 911, 916 f., 936
fahren Konjugation 208, 220 · *haben-/*
    *sein-*Perfekt 198 ff.
Faktitivum 786
Faktorenanalyse, semantische 973 f.
Fall 372
-fälle pluralanzeigend 690,2 a; 722,4 c
fallen 208, 220
falls Konjunktion 670, 1244
-faltig (-fältig) 467
Familienname Artikel 356 · Deklination
    410 · Genus 335 · Plural 363
fangen 208, 220
Farbadjektiv 443,5 · -bezeichnung 901,
    909, 1000
Faß Mengenbezeichnung 368
Fasson Genus 348
Februar Deklination 434
fechten 220
fehl- 750
Fehl- 833
feig/feige 440
Feld, sprachliches 947, 996 ff.
Fels/Felsen 381, Anm. 4; 382
Femininum 331
fern Präposition 637
ferners 605
-fertig 915
-fest 915, 936

Festbezeichnung Numerus 371
Feuerwehrmann vgl. *-männer/-leute*
Filter Genus 347
final f.e Konjunktion 673 · f.es Adverb
    601
Finalsatz 258, 1252
Finanz/Finanzen 370
finden 220
Finitum 183, 311 ff., 1024 f. · Betonung
    1305 · Stellung 1258 ff.
-fink 870, 872
Fink Deklination 436
Firma Plural 405
Firmenname Deklination 425 · Kongru-
    enz 1166,7; 1178,3
fit 449
Flasche Wein/Weines? 433
*flattern haben-/sein-*Perfekt 200
Flause/Flausen 370
flechten 220
Fleck/Flecken 382
flehen/flehn? 195
Fleischer/Metzger 984
Fleisch und Blutes 429
Flexion vgl. Deklination, Konjungation
Flexionskasus 372 · -morphem 688
fliegen Konjugation 220 · *haben-/sein-*
    Perfekt 200 f.
fliehen 220 · *f./fliehn* 195 · *flohen/flohn*
    195 · *geflohen/geflohn* 317 · Rektion
    1139
fließen 208, 220
Flügel Bedeutung 985
Flugzeugname Genus 339
Flur Genus 348, 390
Flußname Genus 336,5
fob 615
folgend- + attributives Adjektiv 488 ·
    + substantiviertes Adjektiv 502
Folgerungsbeziehung 1238
Formenzusammenfall 190, 286, 288
-förmig 935
fort/weg 587
Fortis 18
Forum Plural 407
Fossilie/Fossilien 370
fragen 220
Fragepartikel 1213, 1230 · -pronomen
    (-fürwort) 558, 1213, 1230 · -zeichen 101
Fragesatz 1011 · indirekt 276, 1192, 1197 ·
    irreal 260
Fraktur 67
Französisch/Französische 382
Fratz Deklination 382,2
Frau Bedeutung 972 · Deklination 381,
    Anm. 5
Fräulein als Namensteil 415 · Bedeutung
    972 · Kongruenz 1173,1; 1178,2;
    1184,8 · Plural 388
frei Präposition 615
-frei 932
freier Dativ 375
Freitag Deklination 434

Anm. · *in* + Jahreszahl 461, 623 · Präposition 618 (Ort), 619 (Richtung), 640 (Rektion) · *in das/was* usw. oder *darein/worein* usw. vgl. Pronominaladverb

in- beim Adjektiv 890, 897, 1148 · beim Verb 750
In- 832, 1148
-in geschlechtsanzeigend 332, Anm. 2; 689, 829; 994, Anm. 2; 1173
inchoativ 120
Indefinitadverb 609 · -pronomen 564
indefinites Zahlwort 564
indem modale Konjunktion 664, 1253 · temporale Konjunktion 663, 1239 ff.
indes/sen/ Konjunktion 663, 1239 ff.
Index Plural 406 f.
Indikativ 250
indirekte Rede 273, 1324 · Modusumwandlung 281 ff. · Tempusumwandlung 279 f.
-ine 829
infinite Verbform 314, 1024
Infinitiv 314 f. · Kongruenz 1168,6 · modal 163
Infinitivkonjunktion 661 · Betonung 1305 · Stellung 1280
Infinitivkonstruktion (mit/ohne *zu*) 1189, 1192, 1213, 1219, 1222, 1252 f. · Stellung 1284
Infinitivprobe 125
Infix 688
infolge Präposition 628, 641
Informationsfrage Intonation 1294, 1300
Infra- 835
ingressiv 120
Ingressivum 785
Inhalt des Wortes 943 ff., 968
inhaltbezogene Grammatik (Betrachtung) 971 ff., 1330
Inhaltsbeziehung 1197, 1213 ff. · -satz 1197, 1213 ff., 1323
Initialabkürzung, -wort 697 f.
inklusive Präposition 641
inmitten Präposition 641
in'n 360
inner- 890, 903
Innere Deklination 504
innerer Monolog 289 ff.
innerhalb Präposition 641
innerste 515
ins/in das 358
/in/sofern Konjunktion 666, 1255
/in/soweit Konjunktion 666, 670, 1255
Instrumental 1059, 1329
instrumentales Adverb 598
instrumentales Verb 782
Intellektueller Deklination 502
intensiv 123
inter- 903
Interjektion 109, 677, 1273, 1312 · Interjektionalsatz 681
Internationale Lautschrift 1 f., 57, 63

Interrogativadverb 609 · -pronomen 558
Intervall 1289
Intonation 1293
intra- 903
intransitiv 167
Invalider Deklination 505
Inversion 1266
-ion 847, 888
ir- 897
Irak [der] 357
Iran [der] 357
irgendeiner 567
irgendwas 569
irgendwelch- 579 · *i.* + attributives Adjektiv 489 · *i.* + stantiviertes Adjektiv 502
irgendwer 580
irr/irre 440
irrealer Aussagesatz 260 · Fragesatz 260 · Konditionalsatz 264 ff., 1245 · Konsekutivsatz 271 · Konzessivsatz 268 · Wunschsatz 263
Irrelevanzbeziehung 1251
-isch 861, 890, 909, 918, 921 · vgl. auch *-/er/isch*
-isieren Verbsuffix 774, 778, 786 ff.
-(is)iert Adjektivsuffix 938
-ismus 852 f., 859 ff., 888
iso- 906
Iso- 835
-ist Substantivsuffix 861, 3; 869, 875, 888
-istisch 861, 909
-it Substantivsuffix 889
Italienisch/Italienische 382
-ität 859 ff., 888
iterativ 122
Iterativum 790
-itis 723, 889
-iv vgl. *-(at)iv*
-izität 861, 4

J

ja Abtönungspartikel 596
Jahreszahl 461
Jahreszeit Genus 334,1
Januar Deklination 434
je 632, Anm.; 635 · je + Kardinalzahl 460 · Kongruenz 1165,7
jede(r), jedes 570 · Kongruenz 1165,8; 1168,7
jedermann 570
/je/doch 654 · Adverb/Konjunktion 658 · Stellung 1280
jedwed- + Adjektiv 476
jedweder 570
jeglich- + Adjektiv 476
jeglicher 570
jemand 571 · *j. anders* 471 · *j. und* Genus 332
Jemen [der] 357
jen- + Adjektiv 476
jene(r), jenes 551 · *j. – diese(r), dieses* 512,4
jenseits Präposition 641

Kontamination 696, 743
Konto Plural 405 ff.
Konus Plural 407
Konversion 691, 700 ff.; 890, Anm. 3
konzessiv k.es Adverb 600 · k.e Konjunktion 672
Konzessivsatz 1237 · Modus 268
Konzil Plural 407
-kopf 870
Kopfform 694, 1
Koppel Genus 390
kopulative Konjunktion 656
Kopulativzusammensetzung 707, **792**, 891, 940
Korporal Plural 401
kosten Bedeutung 985 · Rektion 1118
Kotelett Plural 370; 401, Anm. 4
kraft Präposition 641
-kraft 829
Kraftfahrzeugbezeichnung Genus 340
Kragen Plural 388
Kran Plural 388
krank Vergleichsformen 518,2
Kredit Genus 348
Kreis Kongruenz 1165
kreischen 220
kreuz- 901
kriechen 220
kriegen + 2. Partizip/Passiv 304
Kristall Genus 348
krumm Vergleichsformen 518,2
Kumpel Plural 388
Kunde Genus 348
kündigen Rektion 1139
Kunststilbezeichnung Deklination 435
küren 220
Kurrentschrift 67
Kürzel 697 f.
Kurzwort Deklination 427 · Genus 342 · Wortbildung 691 f., 694 f.
küssen Rektion 1136

L

-la Verkleinerungssuffix 827
Labiodental 16
laden 220
Laden Plural 388
Lady Plural 404
Lager Plural 388
Lakai Deklination 436
Lama Genus 349
Lampion Genus 347
Land *Lande/Länder* 389 · *aus aller Herren Länder/Ländern* 438
Ländername Artikel 357 · Deklination 419 ff. · Genus 336,1 · Numerus 363
Länge eines Lautes 3, 27
längs Präposition 645
längsseits Präposition 641
Laryngal 16
lassen 220 · *sich l.* + Infinitiv 180 · *l.* oder *gelassen?* 318 · *l.* + Gleichsetzungssatz u. Kongruenz 1175,2

Lasso Genus 347
Laster Genus 349
Lateral 15
laufen Konjugation 208, 220 · *haben-/sein*-Perfekt 201
Lause- 833
laut Präposition 630, 632, 641
Laut 3, 54, 57, 70, 83 · einschlägig 15 · geschlagen 15, 31 · mehrschlägig 15 · Laut-Buchstaben-Beziehung 58
Lautmalerei 944
Lautschrift 1 f., 57, 63
-le Verkleinerungssuffix 827
-leer 932
Lehnbedeutung 987 · -bildung 722,3 · -schöpfung 722,3; 987 · -übersetzung 722,3; 987 · -übertragung 722,3; 987 · -wendung 987
lehren (oder *lernen?*) 1118
-lei 941
leiden 212, 220
leider Modaladverb 595
leihen 220
-lein 827
leis/leise 440
Leiter Genus 349, 390
Lenis 18
Leopard Deklination 436
-ler 872 ff., 888, 994
lernen oder *gelernt?* 318 · *l.* oder *lehren?* 1118
lesen 211, 220
letztere(r) Deklination des ff. Adjektivs 481 · *l. – erstere(r)* 512,4
leugnen doppelte Verneinung 1157
-leute 830 · *-leute/-männer* 389, Anm. 2; 994
Lexem 686 ff., 961, 974
Lexikalisierung 710, 805; 827, Anm. 3; 863
Lexikon Plural 406 f.
-li Verkleinerungssuffix 827
Libanon [der] 357
Liberaler Deklination 501
-lich 890, 895, 909, 912, 916, 918, 922
Lieblings- 833
liegen Konjugation 208, 220 · *haben-/sein*-Perfekt 199 · *l. u. ä.* + *haben* + *zu* 661
Lift Plural 407
lila Deklination 443
Liliput- 827
-ling 865, 873, 876 f., 888
-lings 941
links Rektion 615
Lippenlaute 16, 32 ff.
Liter Maßbezeichnung 369 · *Liters Weins?* 433 · Genus 347 · Kongruenz 1166
LKW Deklination 427
Lobby Plural 404
lohnen Rektion 1139
Lokaladverb 583
lokale Präposition 617

rufen 208, 220, 1139
Ruin/Ruine 350
rum 604
runter 604

S

s (*ss, ß*) Schreibung 75
-s- Fugenzeichen, vgl. *-(e)s*
-s *-s* oder *-en*? Deklinationswechsel 436 · Adverbialendung 602, 941 · Genitivendung 379 · Pluralendung 383, 404: bei einfachen Buchstaben usw. 391; familienanzeigend 391 · Singulartyp 378 · Unterlassung der Deklination 428
Sachbezeichnung Genus 334 · Kongruenz 1173, 1 · Wortbildung 871, 876
sächlich(es Substantiv) 331
Sack Mengenbezeichnung 368
sagen Rektion 1139
Sakko Genus 347
salzen 220
-sam 909, 914, 916, 918
Same/Samen 382
Sammelbezeichnung 329 · Numerus 365
Samstag/Sonnabend 984 · Deklination 434
samt Präposition 637
sämtlich Indefinitpronomen 578
sämtlich- + attributives Adjektiv 492 + substantiviertes Adjektiv 502
satt Rektion 1123
Satz Mengenbezeichnung 368
Satz 1007, 1011 · dependent, dominant 1217 · einfach 1012, 1020 ff. · und Äußerung 1331 ff. · zusammengesetzt 1012, 1186
Satzadjektiv 1045 ff., 1058 f., 1085 · -art 1008 · -bauplan 1081 ff. · -bedeutung 1328 · -bruch 1147 · -form 1012 · -frage 1011, 1230, 1300 · -gefüge 1012, 1187, 1190 f., 1197 ff. · -klammer 752, 1263 ff. · -negation 1152 f., 1155, 1303 · -partikel 1048 ff., 1085, 1150 · -perspektive, funktionale 1266, Anm. · -reihe 1307 · -struktur 1328 ff. · -verbindung 1012, 1187, 1190 f.
Satzglied 1012 f., **1023**, 1027 ff., 1052 ff., 1063 ff., 1081 ff., 1158 ff. · einfach 1063, 1088 · frei 1084 · Intonation 1299 · komplex 1063, 1088, 1274
Satzteilkonjunktion 660 · Stellung 1282
sau- 901
saufen 208, 220
saugen 208, 220
Sauregurkenzeit 444
Schaden[s]ersatz 821
schaffen 208, 220
-schaft 830, 852, 855, 878, 888
schallen 208, 220
Schaltsatz 1187
Schar Kongruenz 1165
schaudern Rektion 1139
schauern Rektion 1139

-sche geschlechtsanzeigend 689
scheiden 220
schein- 900
scheinen 220
Scheinpartizip 938
scheiß- 901
scheißen 220
Schelm Deklination 381, Anm. 3
schelten 220
Schema Plural 407
Schema 63, 83 ff., 94 · -differenzierung 64, 87 · -konstanz 63 f., 80, 84, 86
Scherbe/Scherben 350
scheren 220
schieben 220
schießen 220 · Rektion 1136
Schiffsname Genus 338
Schild Genus 348, 390
Schilling Münzbezeichnung 368
schinden 208, 220
schlafen 220
schlagen 220 · Rektion 1136
schleichen 220
schleifen 220
Schleifton 1288
schleißen 220
schließen 220
schlingen 220
Schloß Bedeutung 962, 973
schmal Vergleichsformen 518,2
schmeißen 220
schmelzen 220
schmerzen Rektion 1133, 1139
schnauben 220
schneiden 212, 220 · Rektion 1136
Schock, Genus 349 · Kongruenz 1165
schon/bereits 588, 594 · Abtönungspartikel 591
Schreck/Schrecken 382
schrecken 220
schreiben 220, 966, 1139
schreien 220 · *sch./schrein* 195 · *schrieen/ schrien* 195 · *geschrieen/geschrien* 317
schreiten 220
Schrift, deutsche 67
Schritt Maßbezeichnung 368
schrittweise Reduktion? 607
Schrot Genus 347
Schurz/Schürze 350
Schuß Mengenbezeichnung 368
Schutzmann vgl. *-männer/-leute*
schwach *sch.e* Deklination 392, Anm.; 476, 501 · *sch.es* Verb 183, Anm.; 203
-schwach 932
Schwan Deklination 381, Anm. 3
Schwanzform 694,2
schwären 220
schweigen 220
Schweinebraten/Schweinsbraten 823
schwellen 220, 290
-schwer 932
schwerlich Modaladverb 595
schwertun, sich *ich tue mir/mich schwer* 173

DUDEN-
TASCHENBÜCHER

Herausgegeben vom Wissenschaftlichen Rat der
Dudenredaktion:
Professor Dr. Günther Drosdowski ·
Dr. Rudolf Köster · Dr. Wolfgang Müller ·
Dr. Werner Scholze-Stubenrecht

**Band 1: Komma, Punkt und alle anderen
Satzzeichen**
Sie finden in diesem Taschenbuch Antwort auf
alle Fragen, die im Bereich der deutschen
Zeichensetzung auftreten können. 165 Seiten.

Band 2: Wie sagt man noch?
Hier ist der Ratgeber, wenn Ihnen gerade das
passende Wort nicht einfällt oder wenn Sie sich
im Ausdruck nicht wiederholen wollen.
219 Seiten.

**Band 3: Die Regeln der deutschen
Rechtschreibung**
Dieses Buch stellt die Regeln zum richtigen
Schreiben der Wörter und Namen sowie die
Regeln zum richtigen Gebrauch der Satzzeichen
dar. 188 Seiten.

Band 4: Lexikon der Vornamen
Mehr als 3 000 weibliche und männliche Vornamen enthält dieses Taschenbuch. Sie erfahren,
aus welcher Sprache ein Name stammt, was er
bedeutet und welche Persönlichkeiten ihn getragen haben. 239 Seiten.

Band 5: Satz- und Korrekturanweisungen
Richtlinien für die Texterfassung.
Mit ausführlicher Beispielsammlung.
Dieses Taschenbuch enthält nicht nur die Vor-
schriften für den Schriftsatz und die üblichen
Korrekturvorschriften, sondern auch Regeln für
Spezialbereiche. 268 Seiten.

**Band 6: Wann schreibt man groß,
wann schreibt man klein?**
In diesem Taschenbuch finden Sie in mehr als
7 500 Artikeln Antwort auf die Frage „groß oder
klein?". 252 Seiten.

Band 7: Wie schreibt man gutes Deutsch?
Eine Stilfibel. Der Band stellt die vielfältigen
sprachlichen Möglichkeiten dar und zeigt, wie
man seinen Stil verbessern kann. 163 Seiten.

Band 8: Wie sagt man in Österreich?
Das Buch bringt eine Fülle an Informationen
über alle sprachlichen Eigenheiten, durch die
sich die deutsche Sprache in Österreich von dem
in Deutschland üblichen Sprachgebrauch unterscheidet. 252 Seiten.

Band 9: Wie gebraucht man Fremdwörter richtig?
Mit 4 000 Stichwörtern und über 30 000 Anwen-
dungsbeispielen ist dieses Taschenbuch eine
praktische Stilfibel des Fremdwortes. 368 Seiten.

Band 10: Wie sagt der Arzt?
Dieses Buch unterrichtet Sie in knapper Form
darüber, was der Arzt mit diesem oder jenem
Ausdruck meint. 176 Seiten.

Band 11: Wörterbuch der Abkürzungen
Berücksichtigt werden 36 000 Abkürzungen,
Kurzformen und Zeichen aus allen Bereichen.
260 Seiten.

Band 13: mahlen oder malen?
Hier werden gleichklingende aber verschieden
geschriebene Wörter in Gruppen dargestellt und
erläutert. 191 Seiten.

Band 14: Fehlerfreies Deutsch
Viele Fragen zur Grammatik erübrigen sich,
wenn man dieses Duden-Taschenbuch besitzt. Es
macht grammatische Regeln verständlich und
führt zum richtigen Sprachgebrauch. 204 Seiten.

Band 15: Wie sagt man anderswo?
Dieses Buch will allen jenen helfen, die mit den
landschaftlichen Unterschieden in Wort- und
Sprachgebrauch konfrontiert werden. 190 Seiten.

Band 17: Leicht verwechselbare Wörter
Der Band enthält Gruppen von Wörtern, die auf
Grund ihrer lautlichen Ähnlichkeit leicht ver-
wechselt werden. 334 Seiten.

Band 18: Wie schreibt man im Büro?
Es werden nützliche Ratschläge und Tips zur
Erledigung der täglichen Büroarbeit gegeben.
176 Seiten.

Band 19: Wie diktiert man im Büro?
Alles Wesentliche über die Verfahren, Regeln
und Techniken des Diktierens. 225 Seiten.

Band 20: Wie formuliert man im Büro?
Dieses Taschenbuch bietet Regeln, Empfehlungen und Übungstexte aus der Praxis. 282 Seiten.

**Band 21: Wie verfaßt man wissenschaftliche
Arbeiten?**
Dieses Buch behandelt ausführlich und mit vielen praktischen Beispielen die formalen und
organisatorischen Probleme des wissenschaftlichen Arbeitens. 208 Seiten.

DER KLEINE DUDEN

Deutsches Wörterbuch
Der Grundstock unseres Wortschatzes.
Über 30 000 Wörter mit mehr als 100 000 Angaben zu Rechtschreibung, Silbentrennung, Aussprache und Grammatik. 445 Seiten.

Fremdwörterbuch
Ein zuverlässiger Helfer über die wichtigsten
Fremdwörter des täglichen Gebrauchs. Rund
15 000 Fremdwörter mit mehr als 90 000 Angaben
zur Bedeutung, Aussprache und Grammatik.
448 Seiten.

Bibliographisches Institut
Mannheim/Wien/Zürich

LEXIKA

MEYERS ENZYKLOPÄDISCHES LEXIKON IN 25 BÄNDEN

mit Atlasband, 6 Ergänzungsbänden und 10 Jahrbüchern.
Das größte Lexikon des 20. Jahrhunderts in deutscher Sprache.
Rund 250 000 Stichwörter und 100 enzyklopädische Sonderbeiträge auf 22 000 Seiten. 26 000 Abbildungen, transparente Schautafeln und Karten im Text, davon 10 000 farbig. 340 farbige Kartenseiten, davon 80 Stadtpläne. Halbledereinband mit Goldschnitt.

Ergänzungsbände:
Band 26: Nachträge/Band 27: Weltatlas/ Band 28: Personenregister/Band 29: Bildwörterbuch Deutsch-Englisch-Französisch/ Band 30–32: Deutsches Wörterbuch in 3 Bänden.

MEYERS GROSSES UNIVERSAL-LEXIKON IN 15 BÄNDEN

mit Atlasband und 4 Ergänzungsbänden.
Das perfekte Informationszentrum für die tägliche Praxis in unserer Zeit. Mit dem einzigartigen Ergänzungsdienst.
Rund 200 000 Stichwörter und 30 namentlich signierte Sonderbeiträge auf etwa 10 000 Seiten. Über 20 000 meist farbige Abbildungen, Zeichnungen, Graphiken sowie Karten, Tabellen und Übersichten im Text.
Das Werk ist in zwei Ausstattungen erhältlich: gebunden in echtem Buckramleinen und in dunkelblauem Halbleder mit Echtgoldschnitt und Echtgoldprägung.

MEYERS NEUES LEXIKON IN 8 BÄNDEN

mit einem Zusatzband „Aktuelle Daten" und Weltatlas. Das praxisgerechte Lexikon in der idealen Mittelgröße.
Rund 150 000 Stichwörter und 16 namentlich signierte Sonderbeiträge auf etwa 5 600 Seiten. Über 12 000 meist farbige Abbildungen und Zeichnungen im Text. Mehr als 1 000 Tabellen, Spezialkarten und Bildtafeln. Fester, farbig bedruckter Einband, polyleinenkaschiert.

MEYERS GROSSES STANDARDLEXIKON IN 3 BÄNDEN

Das aktuelle Kompaktlexikon des fundamentalen Wissens.
Rund 100 000 Stichwörter auf etwa 2 200 Seiten. Über 5 000 meist farbige Abbildungen, Zeichnungen und Graphiken sowie Karten, Tabellen und Übersichten im Text. Gebunden in Balacron.

MEYERS GROSSES HANDLEXIKON

Das moderne Qualitätslexikon in einem Band. 1 072 Seiten mit rund 60 000 Stichwörtern. Über 2 200 meist farbige Abbildungen, Zeichnungen, Graphiken sowie Tabellen und Übersichten. 35 Kartenseiten.

MEYERS GROSSES TASCHENLEXIKON IN 24 BÄNDEN

Das ideale Nachschlagewerk für Beruf, Schule und Universität.
Rund 150 000 Stichwörter und mehr als 5 000 Literaturangaben auf 8 640 Seiten. Über 6 000 Abbildungen und Zeichnungen sowie Spezialkarten, Tabellen und Übersichten im Text. Durchgehend farbig. 24 Bände zusammengefaßt in einer Kassette.

Meyers Jahresreport
Das kleine Taschenlexikon mit den wichtigsten Ereignissen eines Jahres in Daten, Bildern und Fakten. Jede Ausgabe 180 Seiten.

GEOGRAPHIE/ATLANTEN

MEYERS ENZYKLOPÄDIE DER ERDE in 8 Bänden

Das lebendige Bild unserer Welt – von den Anfängen der Erdgeschichte bis zu den Staaten von heute und den aktuellen Weltproblemen. 3 200 Seiten mit rund 7 500 farbigen Bildern, Karten, Tabellen, Graphiken und Diagrammen.

DIE ERDE

Meyers Großkarten-Edition
Ein kostbarer Besitz für alle, die höchste Ansprüche stellen.
Inhalt: 87 großformatige Kartenblätter (Kartengröße von 38 × 51 cm bis zu 102 × 51 cm bzw. 66 × 83 cm), 32 Zwischenblätter mit Kartenweisern, geographisch-statistischen Angaben und Begleittexten zu den Karten. Register mit 200 000 geographischen Namen. Alle Blätter sind einzeln herausnehmbar.
Großformat 42 × 52 cm.

Meyers Großer Weltatlas
Ein Spitzenwerk der europäischen Kartographie. 604 Seiten mit 241 mehrfarbigen Kartenseiten und einem Register mit etwa 125 000 Namen.

Meyers Neuer Handatlas
Der moderne Atlas im großen Format für die tägliche Information. 354 Seiten mit 126 mehrfarbigen Kartenseiten. Register mit etwa 80 000 Namen.

Meyers Universalatlas
Der beliebte Hausatlas von Meyer mit dem umfassenden Länderlexikon. Groß im Format, klein im Preis. 240 Seiten, 66 mehrfarbige Kartenseiten, 33 Seiten thematische Darstellungen, Länderlexikon, Register mit 55 000 geographischen Namen.

Meyers Neuer Atlas der Welt
Der Qualitätsatlas für jeden zum besonders günstigen Preis. 148 Seiten mit 47 mehrfarbigen Kartenseiten. 23 Seiten mit thematischen und tabellarischen Übersichten sowie einem Register mit 48 000 geographischen Namen.

Bibliographisches Institut
Mannheim/Wien/Zürich